徐　勇　邓大才　主编

李俄宪　　　　主译

满铁农村调查

（总第1卷·惯行类第1卷）

中国社会科学出版社

图书在版编目（CIP）数据

满铁农村调查．总第1卷，惯行类．第1卷／徐勇，邓大才主编，李俄宪主译．—北京：中国社会科学出版社，2016.8

ISBN 978-7-5161-7581-1

Ⅰ.①满…　Ⅱ.①徐…②邓…③李…　Ⅲ.①农村调查—中国—近现代　Ⅳ.①D693.79

中国版本图书馆 CIP 数据核字（2016）第 012313 号

出 版 人	赵剑英	
责任编辑	冯春凤	
责任校对	张爱华	
责任印制	张雪娇	

出　　　版	中国社会科学出版社
社　　　址	北京鼓楼西大街甲 158 号
邮　　　编	100720
网　　　址	http：//www.csspw.cn
发 行 部	010 - 84083685
门 市 部	010 - 84029450
经　　　销	新华书店及其他书店

印刷装订	环球东方（北京）印务有限公司
版　　　次	2016 年 8 月第 1 版
印　　　次	2016 年 8 月第 1 次印刷

开　　　本	787×1092　1/16
印　　　张	51.25
插　　　页	12
字　　　数	1216 千字
定　　　价	298.00 元

凡购买中国社会科学出版社图书，如有质量问题请与本社营销中心联系调换

电话：010 - 84083683

《满铁农村调查》编辑与翻译委员会

主　编　徐　勇　邓大才

主　译　李俄宪

编辑委员会成员（以姓氏笔画为序）

丁　文　邓大才　石　挺　冯春凤　刘义强　刘金海
刘筱红　李俄宪　李海金　任　路　肖盼晴　陆汉文
陈军亚　杨　嬛　张晶晶　郝亚光　徐　勇　徐　剑
徐增阳　黄振华　熊彩云　赵剑英

翻译委员会成员（以姓氏笔画为序）

王　霞　尹仙花　石桥一纪　汉　娜　吕卫清　李俄宪
李　莹　李雪芬　金英丹　娜仁图雅

翻译顾问　石桥一纪

本卷译者　李俄宪

本卷校订　邓大才　张晶晶

编 译 说 明

（第 1 卷）

在编译本套丛书的过程中，我们发现了一些具体问题，如文字表记、图表处理等。经编译委员会商量，决定对这些问题进行如下处理：

1. 原书第一卷的序和跋分别用日文和英文写成，其内容相同。经商议，编译后的书稿分别用中文、英文来表记；

2. 原书中收录了大量的政府公文、民间文书（如分家单等），其表记方式为繁体汉字、竖排版。为适应现代阅读习惯，我们将其均转换为简体汉字、横排版。对于原书中未进行断句的引文，为了避免改变原文语义，对这部分内容的处理方式是不断句、不加标点；对于原文已断句或未完全断句的引文，则保留原文断句或在原文基础上补齐断句，并按现代汉语习惯加标点；

3. 为防止在重排图片时出错，将原书中比较清楚的图片，直接用于编译后的书稿中；

4. 原书中纵向排列的族谱、坟墓示意图等，均按原书标准进行纵向排列；

5. 表示图中方位的文字，按原书顺序排版；

6. 在原书中，调查员与应答者之间的问答是用"＝"隔开的。我们将"＝"前的问句，统一加了"？"，"＝"后的回答，统一加了"。"。

邓大才

2015 年 12 月

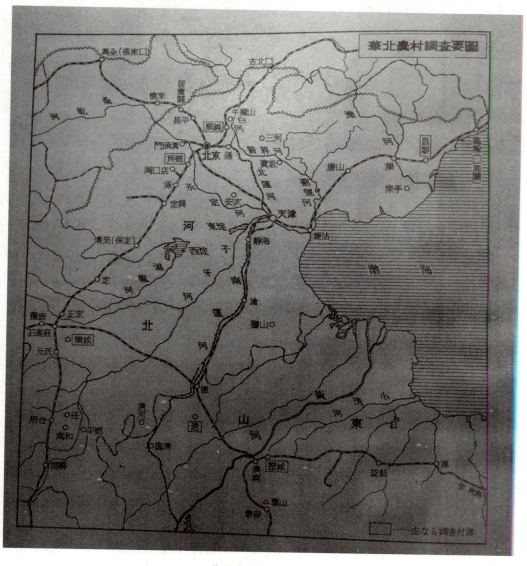

华北农村调查要图

□——主要调查村落

［上］从顺义县牛栏山镇遥望南方的白河
［下右］北京东郊的菜园灌溉（从井将水引到田里）
　［下左］顺义县沙井村的村名来源于图上所示的井

［右上，中］顺义县沙井村的农家和农具

［右下］通县的农村的磨（石磨）

［左上］北京东郊的农家和农民

［左下］顺义县的农具（两个犁杖）

［上］顺义县牛栏山镇的市集——市场打扫人从每一个粮物袋里抓一把粮食作为打扫费（左），粮栈掌柜的正在写账本（中）谷物交易市场（右）

［中］牛栏山镇的铁匠铺〔1〕（右）和烧锅（用来酿酒）（左）

［下］顺义县城内的白石幢〔2〕（这里现在是短工市场）

---

〔1〕　原文中为锻治屋。

〔2〕　石幢（zhuang）：是出于南阳一处景点的名字，据当地向导说，很多人对五道石幢的名字产生了浓厚的兴趣，"石幢"这个字在《现代汉语词典》上查不出来，是当地人千百年来代代相传留下来的俗称，可读作 zhuang，意思是石坎（崖）和瀑布。五道石幢，就是五道石幢石坎（崖）和五条瀑布。

［上左］顺义县公署的内部

［上右］顺义县公署的征税情况

［下左］顺义县牛栏山镇商会的牌匾（为了感谢调停土地争执的牌匾）

［下右］顺义县城东北角城墙的大士阁

［上左］顺义县沙井村的婚礼（新郎新娘的礼拜）

［上右］顺义县公署的承审室（桌上的木片在开庭的时候用来敲打桌子）

［下左］顺义县沙井村的新坟

［下右］顺义县沙井村的杨姓祖坟

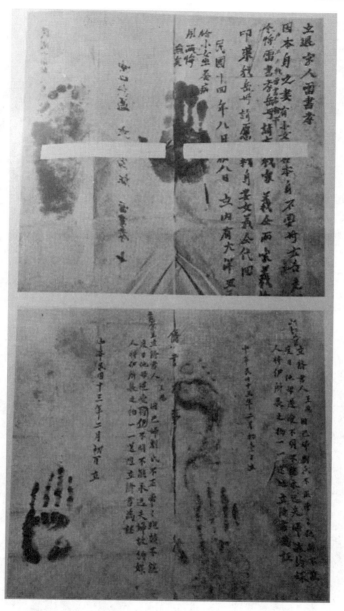

顺义县的离婚协议（上面是中华民国十四年；下面的是中华民国十三年）

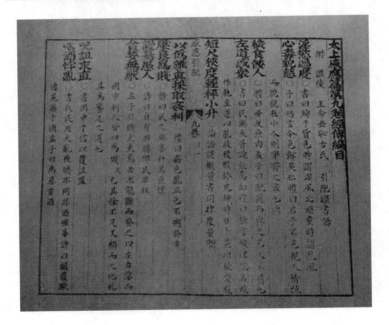

功过格（上）和太上感应篇（下），都是通俗道教的经典

目录

概况篇

李氏家系　离村者和本村人　李氏的村长　会首　村长的选举　选举人　口头
选举　会首的协议　参会人数　缺席者　村民的协商　村长的资格　副村长的
选举　副村长的系谱　副村长的资格　会首的姓名　迁来者和本村人　入村手
续　会首的资格　会首的辞任　会首的任命　清代的会首　村民的集会　甲内
的集会　没有会首的集会无效　会首和村民的协议　出勤分配的协议　只有村
长、会首的协商

村长的系谱　会首的姓名　会首的资格　村长、副村长的资格　会首的交替
旧会首的姓名　会首的人数　只有村长、副村长、会首的协商　村民的不满
村民的异议　村民的诉讼　村民的集会　会首的力量　村民的意见申述　村长
的选举　同姓的弃权　副村长的连任　村长的推荐

村长的辞任　继任的推荐　会首的协商　村民协商　近亲的避讳　同族的制约
村长的职务　村费征集的时间　会首的垫付　收支明细单　村民的异议　决定
支出的人　纷争的仲裁

李氏村长　会首的姓名　会首的辞任　出钱的会首　香头和会首　办五会的日
期　聚餐　庙的修理　会叶　会的出席者和缺席者　参会者的资格　本村人的
资格　村费征集的时期　会首的垫付　劳役分派的决定者　分配标准

村长、副村长的称呼　街坊的辈分　辈分和年龄　辈分的称呼　街坊和乡亲　村民间的
称呼　方式辈分的功能　同族关系和会首　家族关系和会首　会首的姓名
会首中的主要人物　孩子的代理　父子的继承　青苗钱的数额　村民的不满
摊工　村民的会合

杜复新的经历　公会地的佃农　佃农投票　出工　有偿出工　按土地亩出工
代理人　无偿出夫　夜巡的出工　出工方法的决定　对村政的不关心　办五会
不参加的理由

办五会的日期　会帖　会费　会帖的张数和发布对象　宴会的用餐　出席者的
资格　不参加者　白地摊款　出工　村规　村长的仲裁　向县里的上诉　会首
的仲裁　仲裁者纷争的原因　族人的仲裁　土地的纷争

村长的系谱　村长选举　会首的资格　村长的资格　纷争的仲裁者　仲裁场所
纷争的原因　分家的纷争　族长的仲裁　同族、舅舅的仲裁　分家人的仲裁
土地纷争　和外村人的纷争　本村人的纷争　村长的仲裁　诉讼　村内的解决
族长和村长　小偷的处置

1942 年 12 月（村落篇第 14 号） ······································· (403)

家族篇

借子和同族 亲戚照管 叔伯照管 照管人的权限 孤子靠亲 照管的实例 养老地的再分割 给已出嫁女儿分赠遗物 卖地和分家单 分家、出生、结婚等事的呈报 同族数和族长名 族长的任务 同族的相互扶助 同族坟地的耕作人和祭祖 坟地和田赋、摊款 同族坟地的卖却 五服

顺义县全图
沙井村村民住宅区划图
沙井村土地所有区划详图
顺义县沙井村户别调查统计表

总　序

我们华中师范大学中国农村院是专门从事农村问题研究的机构，并以调查为基本方法。我们将满铁农村调查资料翻译成中文出版的设想已有 10 多年。

满铁农村调查资料是指 20 世纪上半期由日本"南满洲铁道株式会社"（简称"满铁"）支持的对中国调查形成的资料。由"满铁"支持的中国调查长达 40 多年，形成了内容极其庞大的调查资料。"满铁调查"的目的出于长期侵占中国的需要，但由这一调查形成的资料对于了解当时的中国有重要的参考价值，其调查方法也有其独特性。

中国是世界农业文明古国，也是世界农村大国，但从学理上对中国农村进行专门与系统的研究时间不长，有影响的论著还不多。10 多年前，一系列由美国籍学者撰写的关于中国农村研究的专著被翻译成中文，并在学界引起很大反响，成为专业领域研究的必读书。如黄宗智的《长江三角洲的小农家庭与乡村发展》、《华北的小农经济与社会变迁》，杜赞奇的《文化、权力与国家：1900—1942 年的华北农村》，马若孟的《中国农民经济——1890—1949：河北和山东的农民发展》等。这些书的共同特点是在利用日本满铁调查资料基础上写成的。日本满铁调查也因此广泛进入当今中国学界的视野。一时间甚至有人表示："中国农村在中国，中国农村调查在日本；中国农村在中国，中国农村研究在美国。"无论这一说法是否成立，但满铁农村调查的影响却是不可忽视的。只是美国学者运用满铁资料都是日文的，中国学者在阅读和了解日文资料方面有困难。尽管有国内出版社出版了部分满铁调查资料，也主要是日文的影印版，仍然难以让更多学者使用。为此，我们有了将满铁农村调查资料翻译成中文，让更多学者充分阅读和使用这一资料的念头。

与此同时，我们华中师范大学中国农村研究院在整合过往的农村调查基础上，于 2006 年开启了"百村观察计划"，对中国农村进行大规模调查和持续不断的跟踪观察。为了实施这一调查计划，我们邀请了国内外学者进行有关方法论的训练，同时也希望借鉴更多的调查资料和方法。日本满铁调查资料的翻译出版进一步进入我们的视野。在 2006 年启动"百村观察计划"时，我们甚至提出在农村调查方面要"达到满铁，超越满铁"的雄心勃勃的目标。翻译满铁调查资料的想法更加明晰。当本人将这一想法告知时任华中师范大学社会科学处处长的石挺先生时，得到他积极赞同。但这项工程的重点是日汉翻译，需要一个高水平的强有力的翻译团队，于是他引荐了华中师范大学外国语学院副院长、日语系主任李俄宪教授，同时还给了一定的经费支持。此事得到专门从事日本语教学和研究的李俄宪教授的积极响应，并同意率领其团队参与这项工作。受华中师范大学中国农村研究院的委托，时任副教授的刘义强负责联系保存有满铁日文资料的国内相关机构，并得到支持，正式翻译工作得以启动。由于原文资料识别困难，最初的翻译进展较为缓慢，几经比对审核。进入出版程序之后，得到了中国社会科学出版社社长赵剑英先生的鼎力支持，该出版社的编辑室主任冯春凤女士特别用心，还专门请专家校订和核实。2013 年底，负责编辑翻译资料的刘义强教授出国访学。2014 年，时任华中师范大学中国农村研究院执行院长的邓大才教授具体负责推进翻译出版联系工作。在各方面努力下，由华中师范大学中国农村研究院和黑龙江档案馆联合编译的《满铁调查》一书，于 2015 年 1 月由中国社会科学出版社正式出版。

100 多万字的《满铁调查》出版后，中国学者得以从较大范围一睹满铁调查资料的真容，这在中国学界也是一件大事。2015 年 1 月 23 日，由华中师范大学中国农村研究院与中国社会科学出版社共同主办的《满铁调查》中文版出版发行学术研讨及新闻发布会在北京召开。此次会议非常重要。来自中国农业博物馆、南开大学、北京交通大学等高校和科研机构的"满铁调查"研究专家参加了会议，并提了很好的建议。其中，南开大学的张思先生长期利用满铁调查资料从事研究，并有丰硕成果。特别是在中国农业博物馆工作的曹幸穗先生，长期从事满铁资料的整理和研究，并专门著有以满铁调查资料为基础撰写的《旧中国苏南农家经济》一书。在他看来，"满铁对农户的调查项目之翔尽，可以说是旧中国的众多调查中绝无仅有的"。此次会议的重大收获是，曹幸穗先生建议我们主要翻译满铁农村调查方面的资料。

曹先生的建议引起我们高度重视。2015 年 1 月 26 日，华中师范大学中国农村研究院专门召开了满铁调查翻译出版推进会，调整和重新确立了翻译的主要方向和顺序，形成了新的翻译计划。新的计划定位为"满铁农村调查"，主要翻译"满铁调查"中有关农村方面的内容，并从著名的中国农村惯行调查资料翻译开始。这之后，我们又先后邀请曹幸穗和张思先生到华中师范大学讲学，他们对新的翻译计划提出了进一步的建议。曹先生还多次无私地向我们提供了相关资料目录和线索，供我们翻译出版使用。同时，我们也从整体上充实和加强了资料收集和翻译编辑的力量。

《满铁农村调查》翻译出版计划是在已出版的《满铁调查》一书基础上形成的，但已是全新的设计，资料来源更为广泛和直接，翻译出版的进展也大大加快。同时，它也是与由华中师范大学中国农村研究院主持的 2015 版大型中国农村调查工程相辅助的翻译计划。我们希望能够通过《满铁农村调查》的翻译为我们正在实施的中国农村调查及其学界提供有益的借鉴。

《满铁农村调查》的翻译出版是一个庞大的计划，付诸实施难度很大，特别是没有固定的经费支持。但我们认为，中国是一个正在崛起的大国，理应有相应的文化工程。好在主持与参与《满铁农村调查》翻译出版的人都有些许明知有难而为之的理想主义精神，愿意为此事作出贡献。特别是由华中师范大学日语系主任李俄宪教授担任主译的翻译团队在翻译方面作出了巨大贡献。李教授团队可以说是举全系师生之力，包括日籍教授，来从事这一工作。他们不是简单的翻译，而是将其作为一项事业。在翻译过程中，他们遇到了《满铁调查》中使用的语言、专业词汇、地名等大量难题，但本着对事业高度负责的精神，认真校核，精心推敲，力求准确。这项事业的推进凝聚了翻译团队的大量心血。目前，这一得到多方面支持和多人参与其中的浩大工程已步入快车道，现已翻译两千万字，计划为1亿字左右。

我们向参加这一工程的人员表示真诚的谢意和敬意！为这一工程作出任何贡献的人士都将镌刻在这一工程史册之中！

徐 勇

2015 年 7 月 15 日

村落、家族与村庄治理

——日本满铁农村惯行调查第一卷

　　日本满铁调查是 20 世纪最大规模的调查，4000 人 40 年的持续调查，形成了浩如烟海的调查资料。在日本满铁调查中又以"中国农村惯行调查"最为重要，简称"惯行调查"或者"惯调"。[1]"惯行调查"由满铁北支经济调查所第三班（1941 年改为惯行班）共 13 人完成。[2] 惯行调查是在台湾、东北的旧惯行调查的基础和经验上的一次新调查，1940 年开始准备，1941 年 11 月开始调查，1943 年 11 月调查结束，整个调查历时 2 年。调查人员共完成了 114 册调查资料。"中国农村惯行调查"就是根据这 114 册整理出版而成。

　　第一、二卷的调查对象是靠近北京的顺义县，第一卷主要以沙井村为主要调查对象，同时对沙井村周边的村庄以及从北京到沙井村路途的村庄进行附带调查，出现在第一卷中的村庄有 35 个。调查人员有完整的调查提纲，按照调查提纲进行调查，当然针对不同的人有不同的内容选择。调查人员首先从顺义县公署的"明白人"，如县政府的人员、商会人员等开始调查，了解全县农村的基本情况。在从北京到沙井村的途中对沿途村庄的村长、会首（会长）以及保甲长、自卫团人员、警察分所人员等进行调查。从沙井村来看，调查人员选择调查对象也有一定的顺序，一是新老村长、保甲长；二是会首（会长）、学校教员、看青的、记账的（也称为司库或司房）、看庙的老道；三是乡、镇长、分驻警员及与沙井村有关或者了解沙井村的县公署工作人员；四是沙井村各族（姓）的"明白人"或者族长；五是各个职业的"明白人"，如做蜜供的、做小贩的、做生意的等；六是沙井村 70 户逐一调查。

　　日本满铁调查员有一个统一的调查提纲，基本的问题会对每一个人进行提问，因此对不同的问题会有不同的结论，或者说法不一，如青苗会是什么时候建立的？有的说是光绪三十年，有的说是民国四五年。不同的地方会有不同的回答，这些不同的回答一方面说明

---

　　[1]　对于"惯行"这个词的翻译，翻译团队与专业学术团队曾进行过多次严肃的讨论。"惯行"，是一个日语词汇，在汉语中找不到合适的对应词汇。从语言学角度来说，可以翻译为"惯行"，但是这一词汇无法完全包含"惯行"的含义。我们征求了多方面的意见，发现学者们已经约定俗成，在研究中使用"惯行"这种提法。因此，我们也沿用了这个翻译习惯。

　　[2]　后有 5 位转移到其他调查业务，又有 2 位新加入进来，不久 2 位新加入者又转去其他地方。

了既使相隔如此近，也会有地方差异；另一方面说明回答是有差异，这些差异不影响调查的质量，这需要读者有一个甄别的过程。但从总体来看，这些差异能够从共识、多数中辨识出来。满铁调查员如实记载了这些差异性的回答，并没有试图"校正"或者"更正"，当然有些调查员用括号注明了，如"好像在说谎"、"可能不真实"。调查员对不同的人会有不同的侧重点，如对明白人会问更多的问题，对分所的警察会对治安问题问得多点，对负责钱粮的会对田赋及其征收问得更详细。调查员的目标是通过对不同的人问不同的问题或者相同的问题，以便展示一个真实的、全面的、完整的乡村社会。

在第一卷中，调查员在编辑时分为三类：村庄概况、村落和家族。村庄概况主要是调查从北京前往沙井村沿途的一些村庄的调查，主要包括村庄人口、职业、耕地、家族制度、土地制度、金融制度、交易制度、租佃关系、生产情况等，通过对 34 个村庄概况的调查，从总体上了解顺义县乡村社会的情况，特别是从中得出一些共性结论，同时也为深度调查、解剖沙井村打下基础。

村落的调查有完整的提纲，主要包括如下几个方面：一是村落的名称、范围、面积和沿革等；二是村落的聚落形态，包括散居制、聚居制、围居制等；三是村落的地理条件；四是村落人口及职业；五是村的行政组织；六是村落的治理及秩序；七是村落内的纠纷及调解；八是村落的财政；九是村落的产业；十是村落的公共服务和建设；十一是村落中的宗族与文化；十二是村落的对外关系；十三是村落与县的行政关系；十四是村落和家族的关系；十五是村落的变化、解体及方向，以及与村落有关的一些其他问题。

家族的调查也有完整的提纲，主要包括如下几个方面：一是家族制度的历史考察；二是家族的成员及内容；三是家长及其权威；四是家族的社会关系；五是家族的财产关系；六是分家、分居；七是家族成员的职业及家计状况；八是家族的大小、范围及内容；九是家族的集会；十是族长；十一是各种仪式中的同族关系；十二是家族内的经济关系；十三是家族内同族的社会结合机能；十四是家庭在家族中的地位，以及与家族有关的一些其他问题。

虽然在第一卷中主要是探讨村庄概况、村落、家族的关系，但也涉及土地制度、赋税制度、租佃制度、金融制度、市场和交易制度等。因此，惯行调查内容相互交错、相互交叉，要将其彻底分开是完全不可能的。

日本满铁的惯行调查，虽然是对实态进行调查，即调查当时的社会习俗和惯例，但也大量涉及了历史及其惯行的变化。调查时间是 1941 年到 1943 年，但是很多内容涉及 20 世纪前 40 年，主要有四个阶段：一是晚清时期；二是北洋军阀时期；三是民国初期；四是日据时期。四个时期的治理结构及其形式有较大的变化，很复杂，乡村社会的一些惯行发生了巨大的变化，而大部分的习俗和惯行依然维持。满铁的调查员将这种"变"与"不变"均通过调查予以呈现。

日本满铁的惯行调查目标，"不是为了得到立法或者行政的参考资料，而是为了了解中国的民众是如何在习俗下经营社会生活的。换言之，就是通过了解中国社会的习俗，生动地描绘出当时社会的特点"。即"本调查的特点就是通过调查法律的习惯，从而了解中国社会的特质"。平野义太郎认为，"如果不了解在旧社会民众所创造出的接近民主的庶民惯行，也就不能理解长久的民族文化的特长是如何延伸至今这一革命的根本问题"。或者说这些习俗是支撑中国集权的、官僚封建制度的基础。

根据这一调查目标，我们可简单概括为，在传统时期乡村社会如何自我运转、自我治理；这种自我运转和治理又是如何支撑几千年的专制制度，成为专制制度的基础。满铁调查者认为，农村惯行维持着乡村秩序、维持乡村自我运转，以农村惯行为核心的乡村治理体系支撑着中国几千年来专制主义。从惯行调查的第一、二卷来看，村庄如何运转是核心内容，第一卷侧重乡村运转的隐秘机制；第二卷侧重农民与市场、国家关联中的习俗和惯例。我以"村落、家族与村庄治理"为主题介绍第一卷的调查内容；以"土地买卖和佃、税费与村庄治理"为主题介绍第二卷的调查内容。

一　村落制度及其治理

（一）村治结构及其沿革

1. 治理单元

晚清以来，顺义县村落制度发生了比较大的变化：一是在晚清和民国初年，以村庄为治理单元。从调查来看，顺义县的村庄大多是自然村，即行政村就是自然村。这与南方有很大的区别。从调查员在前往沙井村调查之前的 34 个村庄来看，村庄人口规模一般在 1000 人以下，300—800 人以上的居多，超过 1000 人的仅有五个。因此北方以自然村为行政单元，行政村与自然村合二为一。沙井村 70 户，396 人。二是国民政府实放"编乡制"，沙井村与望泉寺村合并成为一个乡，望泉寺为主村，沙井村为副村，望泉寺的村长成为乡长，沙井村的村长成为副村长。虽然两者之间是主村和副村的关系，但是两村相互独立，没有任何组织上的往来，县政府的文件或者命令也不通过望泉寺村传达，而是直接传达到沙井村。三是日本人统治后实施"大乡制"，以县城（仁和镇）为中心数十个村子被编成一个大乡。虽然名义上存在大乡，实际上各个村庄有自己的公有财产，自己征集村费，还有实际的村庄及其负责人，各村保持着以往的自主性和独立性。可见，虽然治理单元发生了变化，但是村庄做为一个小型的共同体，做为一个基本的治理单元没有改变，"编乡制"、"大乡制"的成效没有彰显。

从乡村治理机构的变化，我们也可以看到，从晚清的县—村二级治理体系变成了民国或者日据时期的县—乡（镇）—村三级治理体系。在 40 年的时间，县、村之间多出了一个治理层级，虽然这个治理层级比较虚，但是毕竟增加了治理层级。

2. 治理机构

从调查来看，村庄的治理机构发生了两次变化，在晚清时期，村庄有村长、副村长，还有一个司库，即记账员。参与庙会或者香会的香头，也称为会首或者会长，是村庄治理的重要人员。在沙井村，香会最初是由一些信佛的人成立的，后来村长和副村长要求参加，第一次请求被拒绝了，第二次请求就同意了，村长、副村长也变成了香头或者会首，村长、副村长就会同会首一起治理村庄。

民国初年，县政府要求成立村公会，与此同时成立了青苗会。顾名思义，青苗会就是为了看护庄稼而成立的一个社会组织。在沙井村，村公会、庙会（或香会）或者"五会"和青苗会"三位一体"。村公会就设立在庙中，庙是村公会的办公场所。青苗会成立后聘请看青的，即"青夫"、"土棍"、"看青的"。庙里有"老道"。此时村庄的治理机构是村公会，治理的主要人员：村长、副村长，会长或会首，在沙井村会首有 10 人，这些人构成沙井村治村的组织者、决策者。村公会有"司库"即记账的；庙里有"老道"，即看庙的；青苗会有看青的，即"青夫"。

民国十八年顺义县将传统的自治方式转换为保甲制度，有些乡村保甲长取代了会长或会首，有些名义上叫保甲长，其实还是那几个人在做事。保甲长有对上的功能了，即对上负责；会首或会长只对本村负责，没有对上的功能。村公会变成了村公所，后来又成为了乡公所，或者变成了保甲办公室，村民们不知这些变化，依然称为村公会或者村公所，乡长也称为村长，保长也称为村长。因为沙井村是副村，只有副乡长，保甲制还要求有一个监察员。保长、甲长及监察员成为了治理主体。保甲制对保长和甲长有年龄限制，因此很多上了年纪的会首就无法再担任甲长。虽然沙井村按照法律规定建立了保甲制度，但是决定其村庄治理事务的依然是过去的村长、副村长和会首，而且随着保甲制度的建立，因为村庄事务增多，会首或者甲长还有所增加。从满铁调查员对 35 个村庄的调查来看，大部分村庄会首人员增加了。

（二）治理人员资格及产生

1. 村长、会首的资格

村长、会首选择的依据主要有四个：学识、品格、能力和土地。村长和会首一定要有土地；光有土地不行，还要有能力；光有能力还不行，还要有品格；在村庄里威望还要比较高。村长必定是有土地的，也有人品，还要有能力的人。会首识字与否没有关系，一定要有土地，没有土地成不了会首。没有土地的人、穷人、不会处理事情的人不能成为会首。另外沙井村还有不成文的规定，女性不能成为村长和会首。

副村长，也叫村副，又叫村富，一定是村里最有钱的人，因为副村长要垫支各项临时费用。为什么村长、副村长、会首一定要有土地呢？因为有了土地才有空闲的时间，不为吃饭天天奔波，才会有时间处理村庄公共事务。天天为吃饭而烦恼的人，没有心情处理村庄公共事务的，因此不能当村长、副村长。从沙井村看，家庭土地变少、变穷的人，自己或者后代就不能当村长了。

2. 村长、会首的产生

村长和副村长都是选举产生的。民国以后，要求一年选举一次村长、副村长，但是一旦选出来后，只要自己不辞职，可以一直干下去。在选举日，分所警察会拿着选票过来，老道或者其他人会通知大家去村公所投票。

按照选举法，成年人都有投票权，实际是每家一人投票就行了，愿意参加就参加，不愿意参加也不勉强，妇女也可以投票。每次选举就二三十人，会首大部分会参加投票，非会首也会有一些人参加。在沙井村，乞丐、精神病人不给选票，不能投票。

投票先给会写字的人，然后再给不会写字的人（不会写字的人请别人代写）。不过这种情况比较少。每次警察只带二三十张选票，先到先给选票，给完后就没有了。投票后，不是当场唱票，警察将票拿到分所后计票，然后再公布。民国后村长需要县公署任命。

村长选举时，同族人不参加投票，姑舅也不参与投票，主要是避嫌。村长一般非同族人选出来的。村长和村副决不能同族。如果村公所开会，会首是村长的兄弟，可以参会，但是不能发言。会首参加不了会议，成年儿子可以代替开会，但是发言比较谨慎，或者干脆不发言。

会首可以是大家选举产生，也可以是村长选择、拜托。一般而言，只要家庭财富没有发生变化，父亲是会首，儿子也是会首。

（三）村长、会首职责和报酬

村长和副村长主要职责：一是催收田赋；二是决定村庄摊款；三是负责兵差、力役的安排；四是负责村庄自卫和治安；五是负责村庄公共事务，包括道路、水井、学校、庙宇等的维修；六是草契监督证（土地买卖的见证人）；七是上传下达。村长在村公所（祠庙里）办公，每天都会过来。

保甲长的职能与村长有所不同，主要是治安，其次是收税，因此保甲长由警察分局管理，而传统乡村社会的地方，村正或者村长（俗称）由县公署管理。甲长是没有薪水的，每年根据工作辛苦程序找村庄要一点；村长为村里工作也是没有报酬的。后来土地买卖需要购买草契，村长当见证人，可以提取一定费用做为报酬。保长、甲长与过去的村长、会长不同，在村庄中地位不高，威望不高，而且也不是特别有钱，甲长有时还是比较贫穷的人。

在保甲制实施之前，村长和会首年纪比较大，在村庄中威望比较高，比较受人尊重，即便如此，人们也不愿意担任村长、副村长。保甲制以后，由于要催收钱粮，征收百捐和公摊，村庄内部事务多、会议多，很多有威望的人都不愿意担任。沙井村的村长一直想辞职，就利用保甲制度推荐副村长担任保长。

（四）村务管理、决策和监督

沙井村没有村民大会，也没有户代表会或者家长参加的大会，只有会首参加的会议，会首会议也不是所有的会首都参加，大部分会首参加就具有合法性了。重大事情村长、副村长和会首商量就可以定下来。村长、副村长召集会首开会商议村庄公共事务，主要是甲公费的摊派、力役等。只要会议决定了每亩摊派数量，农民一般不反对，即使有意见也没有用。沙井村有人议论过，但是没有作用。

如果没有会首或者甲长参加，甲里的人们单独开会，会议形成的决议没有效力；如果是村庄会议，没有村长或副村长参加，会议形成的决议没有效力。

顺义县各个村庄也包括沙进村没有成文的村规，也没有成文的民约，村庄的管理都是凭习俗或惯例。村民们相信村长及其会首，他们做出的决定，如村费的分摊、力役的派遣以及其他村务活动一般都会被认可。

村庄要将每年的开支用纸写好，贴出来公示。"编乡"制后村庄有了监督员，按理说监督员可以进行村务监督，但是沙井村民大部分人不知道监督员是谁。另外，乡里也有事务员，事务员主要是做预算、做账，也有一定的监督作用。

（五）村庄纠纷和调解

村民不愿意打官司，有了纠纷，一般是请人调解。沙井村的调解主要是村长、副村长、会首以及前任村长、有威望的人。纠纷调解人要有如下能力：一是威望高，有公信力；二是会说话，能劝导；三是年龄一般比较大。有些人虽然有威望，但不会说话不行；有些人虽然年龄比较大，但没有威望的不行；有些人虽然会说话，但没有威望和年龄不大也不行。年轻的不行，不会说话的不行，没有威望的不行。在沙井村有七八位有威望的人做调解。

纠纷产生主要有三种原因：一是土地纠纷；二是分家；三是吵架。土地纠纷、边界的纠纷最多；其次是分家纠纷。调解分为两种，一是被请求调解，或者委托调解，如果某甲与某乙发生了纠纷，甲、乙中的某一位委托村庄中有威望，会说话的人去调解。调解一般是几位有威望的人集体进行，很少有一个人去调解的。二是如果发生比较严重的纠纷，村中一些有威望的头面人物会主动介入进行调解，以避免事态的扩大。

调解是有级别的，或者说是有层级的。首先是有威望的会首或者前村长等进行调解；其次是村长调解，如果会首及其有威望的人调解不成功，就请村长出面调解。在沙井村，村长很少参与调解。最后如果村长都调解不了，就只能去县里诉讼了，也称为打官司。村民一般不愿去县里打官司，村长也不愿意村民去打官司：一是打官司成本很高；二是打官司觉得不好，至于为什么不好，调查员没有问。所以有了纠纷尽量调解，即纠纷不出村。

调解一般是两三次，如果多次调解仍然解决不了，也就不调解了。村长调解不了，就去打官司；纠纷当事人打官司之前会对村长说一声，如果不说，沙井村民认为不好。如果不对村长告之就直接诉讼了，村长就不管了，任其发展。调解时，会首和有威望的人可能会劝导，对于年轻的可能会训斥；对于村长来说，也只能训斥训斥，不能惩罚。村长和会首都没有强制的权力。在整个村庄，只有村长和族长可以训斥其他人，前者对不守规则的村民，后者对族人，但是均没有强制力，被训斥者可听，也可不听。

沙井村打官司的人很少，几十年都没有一起，主要是调解做得比较好，调解做得好，主要有两个原因：一是村民之间有惯行，按照惯例行事，就不会有纠纷；二是如果有了矛盾纠纷，按照惯例调解，对越轨的人纠偏，或者双方各退一步问题就解决了。另外，村民视打官司为不好或丢脸的事情，更重要的是打官司成本高昂。

（六）摊款、摊工、摊物及其决定

晚清和民国初年，村庄公共事务并不多，随着民族国家的建设，公共机构的增多，公共事务增多，从事公共事务的人员增多，农民的负担也加重了。

村庄公共事务最重要的事情就是摊款的决定。在晚清，村庄的公共事务很少，国家管理层级也比较少，县直接联系村庄。村庄几乎不需要任何摊款，如果有公共费用也只有一些如修庙的费用，称为会费。对沙井村而言，只凭庙里的香火地就能够解决村庄的公共事务。后来成立了青苗会，同时也有了村公会。在青苗会成立之前，村民各自看青，有些人也会请一些穷人看青，看青成本还是比较高的。民国初期，县里要求各村成立青苗会，专门请人看青。这就需要钱，这个钱就称为青苗款。同时村庄还有其他的公共事务，如修路、接待费用等，也需要向农民摊款，在香火田收入不够时，村长和会首们就会商量向村民摊款，其摊款与青苗钱一起收，或者说以青苗会的机制来收村庄摊款。所以，村民看称之为青苗款。从沙井村看，村庄收入来源主要有三个：香火地一部分；看青费收款；还有其他支出的摊派的收款。

村庄摊款。摊款分为两种：一是青苗费，按照土地耕作的亩数，主要是向耕作者收取，既使是佃农也要交，顺义县有些村庄由佃农和地主分摊，在沙井村由耕作者交青苗费。二是村庄摊款，向土地所有者征收，即以家庭所拥有的土地实际面积征收。青苗会成立后，青苗会成了一"筐"，所有的费用都向里装，费用就比较多了，收费由村长、副村长及各位会长决定，支出与收入还是有对应关系，也考虑了农民的承受能力。

白地摊款。还有一些临时摊款，称为白地摊款，即土地上没有庄稼时的摊款，主要是应付县里、警察分所或者军队需要时临时向村民摊款。保甲制后，村长变保长，部分会长变成了甲长，增加了乡以及国家机构，收费由县里根据以前年份的支出进行"预算"，县里的预算叫"亩捐"，收费由县里说了算，村庄没有收费的权力，但是有做事的责任，而且不能收费。

摊款的变化。从满铁调查员来看，农村土地承担费用就有：田赋、亩捐、村摊（享有预算）。田赋为省里征收；亩捐为县里征收；村摊为村庄需要征收。三种摊派的收取对象有差异：所有的土地都必须交田赋（除旗地外）；所有耕种的土地都要交看青费；摊款包括亩捐和白地摊款都是以家庭所有地为征收对象。摊款从青苗费中剥离出来可以减轻佃农的负担。

摊款的历史。从历史上看，摊款经历了会费、青苗费（包括村庄需要的公共开支）、亩捐三个阶段，有些村庄还有白地摊款。民国二十九年以前，村庄的公摊费用，与县里（国家和政府）无关，但是民国二十九年以后县里要审核管理村庄公摊费用，有上限限制。

摊款的收取。摊款收取分为两次，一是六月麦子收割时收取一次，称为麦秋；二是九月份收取一次，称为大秋。收取有两种方式，一是青夫收取，再转给司库；二是村民直接交到司库。在第二次征收时基本都能够收齐，即使当时交不了的，等几天也会交过来，在沙井村没有拖欠村摊费用的。记账员记账也比较简单，不给收据，交一个人就在名字上画一个圈。说明熟人社会诚信比较好。收摊款时，青夫会敲锣通知，也会贴告示，告示上写着收费日期，并写"清茶候"、"粗茶候"，后者是指吃饭。开完谢秋会后就吃饭，只要10亩地以上的家庭参与吃饭，每家一人，妇女也可以吃，如果两个人吃就要交钱了。谢秋会时，只吃饭，不喝酒，菜就很普通。

力役的摊派。除了摊款外，还有力役，力役主要是警察分所、铁路需要人力时向各个村征派劳力。力役按照土地摊派，如沙井村是10亩摊派1个人，不够10亩的不摊派，如果家里男丁不够，需要雇人出役；如果家里有长工时，一般会让长工出役。出役主要是修公路、铁路及其他公共事务。修路时，时间比较长，今天出不了，可以下次去，只要按照土地面积出够就行了。出力役一般不给报酬，也不吃饭，但是在日本人调查的这几年也开始吃饭了，费用从村公费用中支出。日本人修铁路也会要求各村安排劳动力，修铁路是给报酬的。报酬一般交给村长，村长转给出役之人。如果日本人不给，村里就会负责支付。村民们一般不愿意给日本人做事，因为经常会挨打。

干草车马摊派。除了摊款、摊役外，还有摊干草和车马的。这种摊派主要是军队和警备队。一般是村公所购买，然后再将费用向村民分摊。

村里记账有三个人，记流水账一人，即支出账；收入账一人，即谢秋、大秋时收取；老道收"善会款"也要记账，在沙井村称为"五会款"。一般是村长记流水账，然后交给司库（记账的）誊写。编乡制后有了事务员，村庄的账要交给事务员，事务员也要记账。其实事务员记账与否，村庄都有一本账。每年要将这些收入开支抄写贴在村公会的墙上公示，农民也没有提出要查账。在沙井村，村长说是多少就是多少。不过在其他村庄，因为不满村庄开支，村民们向县里告状，请求撤换村长。

摊款、摊工、摊其他的物件，都是由村长、副村长和会首们商量。村长和会首们一经商量确定，就贴出来或者安排青夫去通知或收取。农民一般不反对，也少有怨言，即使有怨言也没有办法，农民只能接受。对于摊工，村里用纸贴出来，农民一般不过问，按照村庄安排出工就行了。摊款、摊工、摊物的确定说明了三个问题：一是整个决策是村庄精英协商来完成的；二是农民接受，其接受说明，农民信任村长和会首；农民没有办法；农民比较老实只能接受；三是随着国家基层政权建设或者国家政权建设，农民的负担在逐步加重。

（七）自卫团、青年自卫团

村庄原来没有自卫组织，都是各家各户自己保卫自己。日本人进驻北平后，社会混乱，土匪增多，县政府鼓励村庄建立自卫队或者保卫团，地方武装开始出现。沙井村也成立了自卫团和青年自卫团。这两种自卫组织也是根据家庭土地来参与，一定的所有土地要有一定的人丁参与。每年县里还会组织训练，沙井村有人参与训练。按照要求，参加训练是不给报酬的，也不供饭食，但是沙井村从村公费用拿出一部分费用给参加训练的村民吃饭。

（八）共有地类型及使用

香火地。北方多寺庙，少宗族，即使有宗族的概念，也没有多少族山、族田，但是每个村庄都会有一定的香火地，香火地又称为香灯地。香火地主要有三种来源，一是善男信女捐赠；二是寺庙和尚化缘购买；三是村民筹资购买。沙井村的香火地和寺庙均由村民筹资购买。因此村庙和香火地的所有权属于村公所。过去村庙有和尚，但是老和尚死后，就没有和尚了，村里请了一位比较贫穷的人守庙，守庙的人称为"老道"。

如果有和尚，香火地出租、收入均由和尚处理，村庄不得干预；如果没有和尚，就由村庄处理。沙井村有二十亩香火地，香火地对外租赁，开始租赁时就由村长决定租佃者，后来租佃人比较多，因此采取投票。想租佃者自己出价，然后由村民投票。从调查来看，投票都主要是家里比较贫穷的人。谁出的地租最多，香火地就由他来租佃。后来沙井村的香火地由守庙的老道租种。

沙井村的香火地的收入，一部分用来举行庙会或者上供会，一部分用来维持庙里的正常开支，如维修等。如果还有剩余收入，交给村庄，与青苗费一起用来支付其他村庄公共开支。

砂地，无法耕种之地，农民可以清理出来做晒谷场，这类地没有地契，不交田赋。沙井村民均可以自主使用作为晒场，不需要与村公会的人说，自己清理就行了，可以连年使用，老人逝世后也可以传给后代，但是没有契约，没有继承权，也没有清理占用权，只有一定阶段的晒场使用权。有两个基本原则：谁清理谁使用，先占先用。如果被别人占用后就没有办法了，自己想办法建立晒场。砂地外村人不能使用。

粪坑，因为当时没有化肥，需要取土与人畜粪混合做成肥料。要做农家肥就需要取土，只要是村公会的荒地，任何人都可以取土，但是外村人不允许。长年取土就形成了坑，人们称之为"粪坑"。

死坑，死坑也是取土留下的，死坑如果栽了芦苇，就得交田赋，只要荒着就可以不交。

义地，也称为坟地，主要是给村庄的穷人来做坟地的土地，只有穷人才可以使用，自己有地的人不能使用。

村庄只有上述这些公地，所有权在村公会，但是村公会没有契约，这些地如果荒着就不交田赋，如果耕种就得交田赋。

（九）村庄财产

在传统乡村社会，村庄的财产不多，只有村民共同生产、生活所必须的一些设施或者财产，从沙井村来看，除了共有地外，就只有村庙中的一些器具、水井及四村共有的学校。

村庙。沙井村有两座村庙，一座比较大，做了村公所，几十年前由村民筹资进行过比较大的维修，主要由上供会、善会的人筹集会费进行维修和管理。

官井。村里有 1 口水井，水井为全村筹资所建，其所有权为村庄，但是全村人都可以使用。水井的维修，理论上村庄派工，但实际上是村庄周围的人帮助，维修时请木匠　一般两个工，经费从村公费中支付。

村物。村庙中还有一些梯子、夯、墙板、桌椅、器具等，大家都可以使用，不需要付费，借后在墙上贴一张条子就行了，坏后也不赔偿。村庙旁边还有碾子、磨刀石等资产。调查员问万一坏后怎么办，村民回答，这些东西很夯实，不会坏；如果坏了，也不用赔偿。

村道。村庄的道路从理论上讲属于村庄，但是与共用土地一样没有契约。村道由村庄组织维修。在村公所建立后，维修需要村长向县里打报告申请维修，当然县里也不会给经费。维修费用从村公费中支付。维修道路时各家也要派工，派工按照家庭所有土地数量，需要很多人时，少地或者无地的家庭也会派工出活。

村校。在晚清和民国初年没有公立的学校，各个村有一些私塾。民国建立后开始建立学校。沙井村的学校开始将村庙做为学校，后来与周边石门村、望泉寺村、梅沟营四村合作建立一所县公立小学。学校的建设、运转、维修费用由四个村来分摊，沙井村是一个比较小的村庄，大约承担四分之一的费用。沙井村的村长是小学的校长，主要负责筹资，不干预学校如人事、财务、教学等具体事务。学校的预算或者收支也不向沙井村汇报，而是直接向县里报告。对于教师，村庄没有选择权，但是村庄可以向县教育科打报告请求某位老师来本村学校教学。

（十）其他村庄公务

招待费用。除这些村务活动外，村庄重要的公务活动就是接待。从沙井村的流水账可以看到，除了大笔开支外，在日常开支中，吃饭比较多，80% 的记录是吃饭。各类公务人员进村，到了吃饭时间，就得请吃饭。如果到吃饭时间，不请吃饭，也会给一点饭费。如日本满铁调查员调查时的招待费用，也从村公费开支。至于招待公务人员由哪些人、多少人做陪，调查没有涉及。农民对这些吃吃喝喝是否有意见也没有调查。

村务借款。村务活动或者摊款，从村公费用开支，但是当村公费用没有钱时，就由村长、副村长垫付，待收了村摊费用后再还钱。有时还从县城的一些商店借支。借支有时有利息，一般是月息 2 分，也有 3 分的；有时没有利息，村庄借款的本息均从村公费开支，由村民负责。

（十一）村庄与外部关系

晚清和民国初期的村庄外部联系主要有两种，一是横向联系，与其他村庄的关系；二是纵向联系，主要是分所、乡或镇公所、县。前者比较少；后者比较多。

1. 横向的关系

从沙井村来看，北方的村与村之间交往不多，联系比较少。概括起来就是三个方面。

连圈。对于连圈的成立时间，调查对象有不同的说法，大体可以确定是民国初年。在连圈成立前，各个村庄之间有边界，但是边界随着土地买卖而变动。为此县里要求各地成立青苗会统一看护庄稼。虽然青苗会成立了，但是土地不断的买卖。这就导致村与村之间存在利益的分割，如何处理这些利益的分割是一个大问题。于是周边村庄就成立连圈，如沙井村和周边的望泉寺、石门村成立了连圈。连圈的意思是相互看护外村人在本村拥有的土地。

连圈比较容易，但是利益分割就比较难。如 A 村的人在 B 村拥有 150 亩地，B 村的人在 A 拥有 50 亩地（指所有地），如果 A、B 两村不是连圈，则 A 村的人将 150 亩地的青苗费交给 B 村，B 村的人将 50 亩地的青苗费交给 A 村。为了避免麻烦，相邻的村庄成立了连圈，如 A、B 两村成立连圈后，A 村在 B 村拥有土地的人，将青苗款交到本村，B 村在 A 村拥有土地的人也是如此，两村之间转差价。如在这个例子中，A 村就要将 150 - 50 亩即 100 亩地的青苗费交给 B 村。连圈村庄相互看护，费用交给本村，只转相差数据。

虽然邻村之间成立了连圈，但是村庄边界的土地，还是会影响村庄边界，因此县里规定，从规定之日起连圈之间的村界一律不变，即从"活圈"变成"死圈"。在满铁惯行调查中，连圈的调查特别多，调查设计者主要目的是考察村与村之间的横向关系。

仪式交往。除了连圈外，村与村之间的交往就是求水时，游行队伍可能相互通过，当然某一个村求雨时，会邀请其他村民参与求。如望泉寺村求雨时就邀请了沙井村参加，沙井村去了 5 人，5 人的吃饭费用由村公费开支。

学校联结。学校联结主要发生在几个村庄共同办学的村庄之间，如沙井村的县公立小学，由四村合作办学，每年四个村庄的村长要在一起商量学校的预算和费用分摊。除了上述三种村庄交往外，其他公共性交往几乎不存在。虽然沙井村与望泉寺村是一个编乡，但是除了村长去开几次会外，基本没有往来，沙井村直接与县、分局、镇公所联系，或者县、分局、镇公所直接与沙井村联系。

2. 纵向的关系

村庄与外部纵向关系，主要是在第二卷，但是在第一卷也有所涉及，这也是村庄治理的重要内容，在此简单介绍。在晚清时期，村庄、村民的纵向联系只有交田赋，如果农民没有土地，可以不与国家发生任何联系。但是随着民国政府的建立，特别是国家的政权建设，许多公共机构、公共设施的建立，村庄、村民与国家的纵向联系越来越多。

首先，国家要求成立村公所，即将原来村公会改为村公所。其次，设立学校，学校建设、运转以及教师的工资均需要村庄和村民负责。老师每个月 32 元，学款是村民最早增加的摊款，也是村摊费用中最多的款项。再次，警察分所的建立，传统村庄的部分治安事务交给警察，其实这时的警察分所是一个综合性机构，有治安、催税、户口等多项功能，警款费用也摊入所管辖的村庄。最后，是乡公所及事务员制度，每个乡公所或每个村或两个村有了一个事务员，专门传达上级的通知及做报表。事务员是每个月 30 元的薪水。第五，政府其他机构及建设，县政府开始向农民征收亩捐。从沙井村来看，产业和职业没有发生任何变化，但是所有的国家建设、基层政权建设经费需要村庄和村民分摊，农民的负担越来越重。同时国家与乡村的联系也越来越紧密。

二、社会制度及其治理

传统乡村社会公共治理的范围和内容其实不多，大量的治理是社会自身的治理以及家族、家庭内部的治理。社会治理是村庄正常运行，保持村庄秩序的重要支撑。

（一）社会结构

姓氏结构。从日本满铁调查员所调查的 35 个村庄（包括沙井村）来看，在北方很少有单姓村庄，大部分是杂姓村，每个村少则十多个姓，多则几十个姓。每个姓的家庭和人口所占的比重不大，一个姓最多十几户。为躲避土匪抢劫，大家庭在分小。因此家庭变小是日本人调查时的一个趋势。

在沙井村，同姓之间不选举，所以村长并不是家庭数量最多的姓氏，而是土地比较多，品格比较高的人。会首比较多，但是其选择也不与姓氏挂钩，并不是所有姓氏都要有一名会首，即会首与家庭姓氏不一一对应，而是根据土地、做事能力而定，即宗族对村庄治理的影响很小。

职业结构。顺义县大部分的村民在务农，因为离北京比较近，外出务工经商的人比较多。沙井村大部分的人在务农，但是年轻在家的比较少，大多外出务工、经商，如当厨师的，也有在商店打杂的，有二三十人做蜜供，也有几人在外面贩买贩卖，还有几人在北京当学徒，学徒每年收入 50 元左右。村庄有乞丐 1 人，教员 2 人，但是教员不属于沙井村人，长工 1 人。村长及会首 10 人。

财富结构。财富结构主要是土地。沙井村 963 亩地，户均 14 亩，人均 2.5 亩。没有土地的 15 户，占全村户数 21%；5 亩以下的农户 18 户，占全村户数的 26%，即 5 亩以下的农户占到全村户数的 47%。另外 1 户的土地在 60—80 亩，1 户的土地超过了 100 亩。沙井村没有大地主，但是土地分化也还是比较大，2 户土地最多的农户占了全村耕地的18.9%。31 亩地以上的富裕户只有 9 户，9 户占了村庄土地的一半以上。

虽然土地分化比较大，但是整个沙井村的劳动分化并不严重，所有的家庭都劳动，土地最多的两户虽然雇人耕种，但是家庭成员也参加劳动，不劳动的家庭几乎没有。两户土地比较多，其土地是前一两代人辛苦劳动挣钱买地积攒而来。从沙井村来看，土地变化比较大，分家、丧葬、灾害是家庭土地减少的几个主要原因，其中分家最为严重。另外家庭经营不善也是重要的因素。

虽然有土地分化，家庭也有贫富之分，但是贫富并没有固化。在几十年间，有的家庭上升，有的家庭下降，家庭的富裕程度随着土地买卖不断的变动，可以说几十年可以富一家，几十年也可以败一家。在沙井村甚至在调查其他 34 个村，有阶层，但是没有阶级；有变动，没有固化；有富人，没有剥削。只要勤劳，人人都有希望。很符合俄罗斯农学家恰亚诺夫的家庭"扩张—收缩"模型。

教育结构。沙井村人文化水准比较高，大部分的人识字，但是女人不识字的多，而且女人因为不识字，也无法参与村庄政治。贫穷的人因为没有空闲的时间，也没有财力，所以识字的不多。因为是凭借力气挣钱，因此识字少并不影响其家庭富裕和上升。沙井村建立公立小学后，女孩开始上学。虽然政府倡导小孩上学，但大部分人都读不到小学毕业，不上学和退学的学生比较多。在调查时，沙井村竟然没有一位毕业生。

信仰结构。沙井村村民没有信基督教的，也没有信伊斯兰教的，都是信佛教，信仰比较一致。

（二）社会组织

沙井村的村庄治理机构不发达，社会组织比较发达。民国政府建立后一些政府推动的社会组织也在发育，不过在沙井村发育得并不好。沙井村最重要的社会组织是青苗会、上供会，前者为生产服务，后者为信仰服务。

1. 青苗会

华北地区最重要的社会组织就是青苗会，即为了看护庄稼而组成的社会组织。在民国初年，为了保护庄稼，政府要求各地成立青苗会，组织专人看护庄稼。全村耕作的家庭均是青苗会成员。青苗会有会长、副会长和会首。一般是村长兼任会长，副村长兼任副会长。上供会和村公会的其他人员兼任青苗会的会首。青苗会与村公会、上供会"三会合一"。虽然它成立时是一个社会组织，但是在现实中它具有一定的行政职能。青苗会在民国十八年后因为保甲制度的实施而取消。

青苗会聘请青夫看青，青夫每年大约50元到100元的收入，每家还给一束麦子秸秆。如果有的家庭庄稼被偷，青夫要赔偿，其实青夫也赔不起，象征性赔一些。在看青期间，青夫每天都会巡逻，以防小偷，抓住小偷后送村公所。每家每户耕种亩数由青夫确定，以此确定青苗款。因为都是熟人，土地即使更换了租佃者，青夫也一清二楚，因此对每家每户耕作面积比较了解。谢秋会由青夫通知。青夫一般是穷人，但是有些村庄和村民对青夫印象不好，认为他们是坏人，称之为"土棍"。

青苗会除了看护庄稼外，还有一个更重要的职能就是村庄的摊款，以青苗款的方式征收。即青苗款中除了真正的交给青夫的款项外，还包括村庄所需要的其他村庄摊款。可以说青苗款是一种村庄筹款的机制。一年的青苗款由村长、副村长及会首商量决定。在民国十八年后青苗会取消，村庄再也不允许私下向村民摊款。

2. 上供会

上供会也称为善会、烧香会，有些地方的农民称为"吃会"，因为祭祀后的祭品可以用来吃。沙井村的上供会又称为办"五会"，是光绪二十年重修村庙时，有人提议成立，"五会"就是五次聚会，即正月十五日、二月十九日、四月八日、六月二十四日、七月三十日的时候，香头聚集到庙里举办宴会。"五会"由十多人发起，发起者称为香头，这些人都是一些信神佛的人。办上供会时，老道会拿着会叶去有关家庭，通知开会，开会的人要交一定的餐费。老道去的家庭，都是有把握参加的，不参加的一般不送会叶。村民可以选择参加，也可以选择不参加。上供会主要是上香，然后再吃饭。吃饭时会邀请教师吃饭。在吃饭时不讨论村庄事务。村民只要申请，就可以当香头。香头必须有土地，没有土地的人不能当香头。上供会有17个香头，其中10人是村公会和村苗会的会首。可以说，上供会是村庄中最重要的社会组织，村公会的人员均是香头。

在晚清和民国初年，上供会会选出值年香头，办会费用由香头支付。但是随着经济的不景气，以及办会比较麻烦，值年香头采取轮换的方式。每年3名香头一起办香会。当然如果不愿意办也可以退出来。办香会是一种典型的自愿、民主方式。

3. 新民会

新民会是一个外生型的合作社组织，是政府要求成立的。要求各村三分之二的家庭参加，按照户口注册，交3元钱就能够入会。新民会有很多分会，如妇女会、青年会、医务会等。加入新民会合作社的人可以借低息春耕贷款，利息只有9厘；在新民会购买商品，价格比一般商店要便宜。新民会会训练青年。沙井村有10人参加了新民会，村长是村里的常务委员会委员。沙井村的新民会会员除了交钱加入外，没有参加任何活动，也没有贷过款，也没有购买过合作社的物质。这是一个外生型的社会组织，村民没有将其当回事，远远没有上供会重要。

4. 铁路爱护村

这是一个外生型的社会组织，由日本人铁路部门组织建立。它是一个以村庄为单位加入的社会组织。沙井村所在的爱护村事务所包括通山、顺义县共 60 个村庄。每月按照顺序指定某村召开村长会议，主要任务就是铁路两边的植树、分配种苗、巡逻及防卫铁路，还为铁路提供劳工，铁路会给劳工支付报酬。铁路爱护村虽然有一定扶持功能，但是沙井村的农民参与并不深入，良种和植树作用也不是特别明显。

5. 钱会

在日本满铁调查员调查的 35 个村庄中，有些村庄有钱会。所谓钱会就是农民自己的金融合作组织，每人出一笔钱，然后抽签借给某个人使用，一定时期后偿还，再交给另外的人使用，如此循环往复。这是一种农民相互帮助的合作组织。在北方的农村比较普遍。沙井村没有钱会。据村民讲，以前曾经有过。

6. 打猪会

沙井村没有猪会，在西杜兰村有。每 4 户为 1 组，各户出 2 元，用来买猪；又出 2 斗黑豆，4 户中的一户收集，收集的那一家买来 1 头猪养大，到年底的时候给其他 3 户 16 斤肉和 1 斤油。剩下的负责养猪的那一家收下。第二年另外一户按照上述方式饲育。负责买猪养猪的用从其他 3 户收的钱买猪，钱不够的时候需要自己掏。如果猪死了，负责养猪的要自己在市场上买肉和油，提供给其他 3 家。

7. 打老人会

沙井村没有打老人会，白辛庄有。其基本原理是：集结二十家或者三十家家里有老人的成为一组，在会里设置会头。老人逝世的话，会头就在该老人所属的组里，每家收两三块钱作为办葬礼的费用。打老人会是穷人相互帮助的一种社会组织。

另外，顺义县还有其他一些合作、协作的社会组织，如路灯会、戏会、果供会。这些都是一些民间的社会组织，自我组织，自我筹资管理。青苗会建立后替代了一部分会，随着国家的逐渐介入，很多会被取消或替代，如钱会被合作社取代，路灯会被行政预算取代。所以，近代国家建构的过程，也是传统自治消失，传统社会组织消失的过程。

（三）社会关系

顺义县乡村宗族不发达，人们不以家族、宗族来论亲疏，而是以个人之间的社会关系论远近。在沙井村，村庄是一个共同体，大家相互熟悉，但是还有更亲近的关系，这些亲近的关系体现在，如在借钱时，不见得非得找同族，也许找同村关系比较好的外姓朋友更方便。如在搭套中，也可能与外姓好朋友一起搭套。在婚丧、建房时，关系好的会来帮忙。

在街坊邻居中，也讲辈分。一是同一个村内部都讲辈分，既使是非同姓之间也要讲辈分，辈份先于年龄。二是与外人村交往，以年龄来确定位置和大小。三是在酒席上先讲辈分，再讲年龄。四是在公务活动方面，如会首会议，不讲年龄，也不讲辈分，不讲职务；

讲是否有道理，谁有道理听谁的。五是长辈直呼晚辈名字，晚辈要尊称长辈，即使不同姓也是如此。当然如果村长是晚辈，长辈会叫村长。按照社会学家说法，外姓之间讲辈分是宗族关系的模仿。长辈称晚辈的职务也有一些以"官者"为尊的意思。

街坊辈分有两种确定方式，第一种，以某一个人为参照，与某一个长辈一起生活和工作过的就以这个人为"参照系"来确定辈分，与之同辈的就是叔伯等，比之大的就是爷。第二种，以引进村的某人为"参照系"，如某人将另外一个人引进村庄，就以这个人为主确定进入者在本村的辈分。

（四）社会救济

晚清和民国没有建立社会救济机制，如沙井村经常发生水灾，大水来时，大家自己跑向村庄高地，没有人组织，也没有给送饭，更没有组织救济。所以，灾难就是水灾，没有国家和社会组织支援，村民自我救助，自己想办法解决吃、穿、住的问题，或者投奔亲友。这说明了两个问题，一是国家建设能力不强；二是社会组织不发达。

虽然如此，村民之间也还是有一定的救济机制：一是村庄的香火地，一般租给穷人；二是如果穷人没有房子，可以住在庙里，还有一户穷人在村庄的公地上建了房子，不过没有土地产权，死后房子要归村公所；三是如果特别穷的人可以给一点饭吃，当然是相对富裕的人给穷人一点吃的。给与不给在于慈善心，不太稳定；四是穷人死后，可以埋坟地。当然村庄的这种救济不稳定，也不可靠。

（五）社会文化

在传统乡村社会，敬神拜佛比较多。从顺义县祭祀的对象来看有三类：一是拜祖宗；二是拜神仙；三是拜鬼神。从祭祀的地点来看也有四类：一是庙祭；二是家祭；三是坟祭；四是河祭。在此介绍三种祭祀，坟祭在家庭制度及治理中介绍。

1. 家祭

家祭主要是在家中祭拜的神仙、祖先，祭祀时间可以每天上香，可以一年或者一个月某几个时间点祭祀。祭祀时间要根据祭祀对象而定。家祭主要包括佛、关老爷、财神、南海大士、灶王、天地爷、马王。对于佛、财神和灶王，每家都得拜或者上香。房子小的话就不供奉财神。养有家畜的家庭，在过年的时候祭拜一次马王，有的时候买画来供奉。为了保佑孩子健康茁壮成长就拜张仙爷，这需要每天上香，特别是孩子成长得不好的人家多供奉。

祭拜活动。大年三十除夕；正月初一拜年；正月初二祭财神；正月初八祭星；正月十五日元宵节；正月十六日祭财神；二月一日供太阳；二月二日龙抬头（蛰伏初始）；二月十九日（观音）菩萨会；三月三日至五日清明节；四月八日大佛生日；五月三日端午节（一般的地方是五月五日，只有顺义是五月三日，不知缘由）；五月里初伏，夏至后十三（夏至三庚即初伏）；中伏，初伏后十天；末伏，中伏后十天；五月十三日单刀会（当前开始只流传名称）；六月六日"六月六"（没有名称）吃宴席；六月二十四日关帝的生日（关老爷生日）；七月七日七夕会；七月十五日盂兰会，也称为鬼节；七月三十日幽冥会三生日（菩萨的名称）；八月一日来风糕（那天作饼，祈愿风神吹风）；八月十五日中秋节；十月一日送寒衣，即给鬼送衣服；腊八，吃腊八粥；十二月二十三日祭灶君（神）。各种敬礼的日子都有讲究，吃什么，如何拜都比较讲究。因为是敬神的日子，所以不喝酒。菜是素菜，不吃肉（荤菜）。

2. 庙祭

北方没有祠堂，但是有庙，一般的村庄都会有两三座庙，如郝家疃有 3 座庙，九圣庙 2 座，关帝庙 1 座，没有和尚。沙井村有 2 座庙，1 座比较大，1 座比较小。因此村民们除了平时的祭拜以外，还有庙祭，即到庙里去祭拜上香。庙祭的时间是从正月初一到初五，村民各自前来祭拜，每天都会来烧香。如九圣庙祭祀着九位神、观音、关帝、二郎（杨戬）、喜神、财神等。祭祀的时候也会有一些娱乐活动，会首、高跷会和吵子的人们会过来。在庙与庙之间的路上，一边办活动，一边祭拜各个庙。庙祭在阴历的年底那一天（三个庙都是这样）。首先是烧香行礼；然后有高跷会、吵子之类的活动。庙祭的活动经费从村庄摊款中支付。

3. 河祭

为了求雨或者风调雨顺，还祭拜河神；有时为了祈雨，还在各村游行，祈求下雨。在祈雨仪式上下雨的时候会唱戏。这两种祭拜都是家、庙、坟之外的地方。

（六）社会活动

在顺义县，沙井村最重要的社会活动就是谢会，谢秋会与青苗会同时出现。谢秋会分为两种：一是麦秋会，即 5 月收麦子，6 月召开谢秋会。二是大秋会，8 月收麦子，9 月开大秋会。开会前，青夫会通知，约定在某时某刻参加。谢会主要是督促村民们缴纳村公摊费。村民们带着钱过来交钱。从沙井村看，两次谢秋会后，村民的公摊费用基本交齐，基本没有拖欠。

召开谢会之前写上"清茶候"、"粗茶候"。"清茶候"的时候只上茶不请吃饭。写"粗茶候"的时候有请吃饭。费用由村公所负责，其实也是从村公摊费支付。一年两次谢秋会，请客吃饭多是大秋的时候。缴纳临时摊款时没有谢会。在沙井村，只有八亩以上的土地所有者可以吃。如果一个人有三亩另一个人有五亩，二人的土地算在一起，可以去一个人吃饭。主要吃面条、馒头。如果当天不交钱，事先打招呼说两三天内缴纳的话，也可以吃饭。也就是说在乡村社会，有规矩但是也有灵活性。在民国初期，有些地方谢秋会时还唱戏。日本人占领北平后，随着物价的上涨，谢秋会已经不吃饭了。

（七）社会意识

坏人。沙井村人对坏人坏事有一个排序，他们认为，最坏的事情是男女通奸；其次是子女打父母；最后是偷盗。

绅士。所谓绅士就是有品格、有学问的人，有一定的公益精神，与财富没有太大的关系，但是绅士都会有一些财产。顺义县的农民认为，光有钱是成不了绅士，光有学问也成不了绅士，一定要公益精神，品格比较高尚。村民认为，沙井村就只有前村长周绍棠是绅士。

舆论。在村庄，没有村规，也没有民约，即没有文本的东西，但是惯行是有的。非成文的村庄规则比较多。这种惯行没有强制性，依靠的是舆论和道德自觉。因此遇到不怕舆论，不担心道德的人就会成问题。

三　家族制度及其治理

顺义县宗族、家族并不发达，从满铁调查员所调查的村庄来看，同姓同宗的家族至多也只有一二十家，家庭人口最多也只有二十多口人。在村庄生活中，家族、宗族的作用不特别明显。北方的村庄有族长、老坟，有些家族也有族谱（相对于南方比较简单），有祖屋，但是没有祠堂、没有公田，也没有族规。

（一）族长

顺义县各个村庄都是多姓村庄，很少有单姓村庄。每个姓氏不管人数、户数的多少，都会有一个族长，在沙井村又称为"家族长"。成为族长主要有两个标准：一是辈分最高；二是年龄最大。符合这两个条件就成为本族的族长。一般是同辈中最年长的人。同年的话按出生年月日来定。女人不能成为族长。

族长没有特别权力，也只有一些简单的功能，或者说只有一些仪式性功能。主要是：一是祭祀牵头功能，春节、清明、结婚时，均以族长为中心祭祀祖先，如清明祭祖时站在前面，先拜祭祖先。二是分家，分家前会委托族长仲裁，如果族长仲裁不成功，就请别人仲裁。在沙井村分家时中保人只能是族长和舅舅，否则分家难成。三是纠纷调解，族长在调解本族的纠纷时，可以训斥，但是没有惩罚权，在调解不成功时，族长、会首、村长可以向县诉讼。在向县里诉讼时，族长一般是证人。家庭、家族内有纠纷，族长可以调解，但是不能惩罚。四是家里死人后，一定会告诉族长。五是在收外姓的养子时，要与族长沟通。

结婚、出嫁并不需要取得族长同意，土地买卖也不需要族长同意。当族长出席这些仪式吃饭时，一般坐上席。春节拜年，首先拜族长，一则他是辈分最高之人；二则也是年龄最大之人。

（二）族谱

北方的家族人数不多，代际不明显，纵向连接薄弱，家族横向联系不紧密，大家只能知道五代以内的事情，五代以外就不清楚了。在顺义县很多家庭没有族谱。有些家庭有族谱，但是北方的族谱与南方相比，大多是一张图，主要记载家族祖先系图。族谱一般保存在长房手中，父母去逝或者分家时，族谱由长子保管。

（三）老宅子

北方没有华南宗族的祖屋，但是有老宅子。老宅子就是与父母一起住或者自己成长起来的房子，即分家前的房子。分家后，父母可以住老宅子，也可以与儿子住，老宅子不见得就是长房住。这也说明北方的宗族没有祖屋的概念。老宅子没有赋予太多的神圣性。

（四）坟地

满铁调查员对坟地调查比较多，也比较深入。从调查员的调查来看，北方宗族不太发达，大部分的家庭没有祖坟，但是有一些家庭也有坟地。主要有如下特点：一是安葬方式，主要有两种——排葬、人字葬，旗人多是人字葬，体现了与汉民族的差异。汉族人主要是排葬。二是老坟地，如果家族时间比较长，坟就会比较多，这样的坟地就称为老坟地，但是村民也不知老祖宗的坟是哪座。只记得前三代或者五代的坟。过了五代基本不清楚了。可见在北方"五代后不亲"是有实践基础的。三是安葬时比较讲风水，因为要讲风水，所以整个坟地就会比较散乱，这也体现家庭主义，而不是家族主义，即以个体家庭为主，不是以家族整体为主。四是老坟地的资格，老坟地主要是葬成年人，即结过婚的人，一个人30多岁了，还没有结婚也不能称其为成年人。这与南方有些地方不同，南方是有后代就能够进祖坟。五是埋葬时有讲究，一般是夫妻合葬，即两个棺材，丈夫在左边，妻子在右边，如果有两个妻子，第二个妻子在第一个妻子的右边。六是移坟，移坟不多见，很多人离开家乡时并不会理会祖坟，遇上征地等也会移坟，移坟又称为拔坟。

一般的家庭坟地还会有一定土地，可以耕作，这称为护坟地、祭祖田、祭祀田。护坟地有多有少，有的只有一亩左右，多的有十亩，但是没有南方的规模大。护坟地不交田赋，但是要交青苗费和摊款。护坟地一般交给家族中比较贫穷的家庭耕种，但是贫穷家庭要承担清明祭祀费用，即"办清明"，如买祭品和当天会餐费用。如果家族有两家都比较贫穷，就由两家各耕种一半护坟地。护坟地的耕种者的选择，族长无法做主，主要是头一年清明节时，同族人商量决定，族长在否没有关系。也就是说，北方的护坟地也有一定的济贫作用，只是这种作用很小。

（五）祭祖

与南方的宗族一样，北方也祭祖，北方祭祖有三种：一是春节祭祖，即在大年三十时，以族长为中心在家里进行祭祀，祭拜祖先。二是结婚时要祭祀祖先，这是一种临时性祭祀。三是清明祭祀，清明祭祀是一种重要的祭祀。

清明祭祀有些地方称为"清明冬儿"、"办清明会"。在清明节时，各家各户都去坟地，先是祭祀始祖，再祭祀自己比较近的长辈。祭祀时族长站在前面，先添土，再敬香，然后祭拜，有时祭祀时还要植树。

祭祀结束后，还要吃饭，吃饭主要是祭祀田出租的收入，有两种情况：一是让本族人耕种，不交租金，主办清明，即办清明会的费用由耕种者支付；二是土地出租，用租金支付。有些地方可能没有祭祀田，办清明时就采取轮值的方式，每家每年举办一次，轮流进行。

（六）同宗、同姓与亲疏

1. 同宗和同族

北方各个村庄姓氏比较多，区分同宗同族很重要。同宗是指一个老祖宗繁衍出来的后代；同姓是指在自己的知识范围内没有同一老祖宗的同姓氏人。同宗有明显的血缘关系，同姓只能说是相同的姓氏，至于是否为远亲，则不在自己的知识范围内。

2. 亲疏

顺义县讲亲疏关系，认为在五代内都比较亲，出了五代就不亲了。五代又称为"五服"，五服以内为"近当家子"，五服以外叫"远当家子"。有顺义县，"五服"以内本家，"五服"以外不管多远都叫本族。根据远近还分为远同族、远当家子或近同族、近当家子。

其实，沙井村本族人之间并不见得就会比外族之间更亲密，很多时候如借贷、信任、合作，并不见得都是同族之间要先于或者优于异族人。同宗只有血缘上的联系，至于情感上的亲近，则是一种个人的社会关系。有时后者远胜于前者。在土地、祖屋买卖时，传统的法律有同族优先的条款，民国二十四年以后，已经不再强调，按照市场机制来决定，谁出价高就卖给谁。

四 家户制度及其治理

与家族制度相比，北方的家户制可能更为发达，家户是乡村的基本单元，也是参与社会的基本单元。如果说华南宗族依靠"宗族—家户"来维持秩序，北方则依靠"家户—村庄"维持秩序和运转。前者以宗族为先，后者以家户为先，这体现了北方和华南两种不同的制度及治理。

（一）家与户

族是血缘相同的人群。在南方，宗族是一个比较大的单元，也是一个治理单元，族下面会有房、支、户、家。但是北方，宗族不发达，只有简单的族，族下的单元，从顺义县的调查来看，可能不是户，而是家；户则是具有另外一种功能的单位。因此，从族到家的中间单元比较少，或者说从族到家的链条比较短。这也是宗族不发达的一种表现。

家是在一口锅吃饭的单位。从调查来看，在一口锅中吃饭的人称为一家人，可能要包括在一起耕作，一起居住。核心标准是在一起吃饭，只要在一起吃饭，就是一家人。分家时要吃一顿"散伙饭"，"散伙饭"后就各自为家，就不是一家人了，而是一族人。

户是一个行政单位。从调查来看，顺义县的户是保甲制度以后才有的单位，即是一个统计人口和以治安为目标的单位。如三兄弟分家后，就有三个门牌，则有 3 户。当是 3 户也就是 3 家。在这里户与家是同一的。其实，如果这一姓氏整个村庄只有 3 户，则可能构成了一个宗族。有时家长、户长、族长三位一体，既是家长，又是户长，还是族长。户长在有些地方又称为户籍长。

（二）当家

家是北方农村的基本单元，家是组织社会的基本单位。在这一组织中有家长，在北方，称之为当家人，或者当家的，或者主事的。日本满铁调查员对当家的调查最多，内容也最丰富。

1. 当家的选择

沙井村的当家人的选择是有规矩的，一是当家人根据能力、辈分、年龄来选择。二是如果一个当家人当家了，一般不更换，直到死都是当家人。三是一般是长子做为当家人。即使是过继儿子、养子为长子，也应该是当家人。四是当儿子尚小，丈夫去世时，妻子可以作为代理当家人，但是当儿子在 15 岁或者 20 岁后当家人要让给儿子。五是比较复杂的是当家人逝世后，还有同胞兄弟两人，且三个兄弟都有儿子情况下，如何接任当家人，有规矩。A、B、C 为三父辈兄弟，分别为长房、二房、三房；甲、乙、丙分别 A、B、C 的儿子，且年龄为甲＞乙＞丙，现在 A 是家长，如果不在了，则是 B 接任；如果 B 不在了，C 接任。如果 C 出了问题了，甲、乙、丙分别接任。

当家的是一家的"法人代表"，当家的基本原则：有父不言子；有男不言女。即有父亲在时，儿子不能当家；有男人在时，女人不能当家。儿子能够当家主要是父亲年纪比较大时或者逝世后，儿子当家。女人当家只有三种情况：一是寡妇且没有儿子可以当家；二是父母均已去世，也没有兄弟，女儿可以当家；三是丈夫去世了，儿子尚小，妻子可当家，但是代理当家人，儿子再小也是家庭的"法人代表"。

如果兄弟三人分家后，父母健在，跟着长子生活，父亲还可是家长，儿子是户长；其他两兄弟既是家长，也是户长。如果父亲跟着小儿子过，小儿子未成年，则父亲既是家长，也是户长，待小儿子成年后再交家。也有分家后，父母根本不管事，兄弟仁既是家长，也是户长。

2. 交家

如果当家的年纪比较大，或者外出务工经商，长期不在家，或者有病无法料理家务，一是可以将家务委托给儿子，这样父亲是"老当家的"，儿子是"小当家的"。儿子以父亲的名义管理家务，如与外签订契约，必须说或者写上"奉父命"。二是父亲可以干脆将家交给儿子，这样就叫"交家"，父亲不再是当家人，儿子成为当家人。"交家"时，老当家人将家交给新当家人时，就是移交各种管理权，包括钥匙、地契、家谱等。

3. 当家的权利和责任

当家人负责一家的管理和运行，要保证物质生产和人口再生产的可持续性，责任重大。在顺义县，当家人有如下权利：一是财产以当家人的名义所有，有时父亲健在时还挂在父亲名义下，可以说父亲是家庭单位的"法人代表"。二是在对外关系中，当家人为家庭的代表，如投票、开会，当家人代表全家；如签订协议，当家人签订，其他人签订没有合法性；如祭祀，当家代表全家祭祀。三是当家人安排全家的生产生活，家庭其他成员，包括兄弟、兄弟媳妇都必须听从当家的安排。四是当家人也是户代表，是纳税的责任人。五是当家人具有家庭财政权利，如当家人可以决定借债、买卖土地。虽然当家人有管理财产的权利，但是在做重大决策时要与家人，特别是兄弟、叔叔商量。这些人不在时，要与母亲商量。

结婚时要征得当家人同意，如果当家人不同意，无法结婚；如果当家人不同意结婚，而孙子的父亲同意，也无法成婚。结婚必须得到家长同意。当然也有一种情况，家长（即爷爷）同意孙子的婚事，但是父亲不同意，也能够结婚。因为在婚书上可以直接用家长（爷爷）的印章。结婚时，如果没有分家，孙子辈结婚，在证书上要写祖父的名字。离婚时可以不需要征求家长同意，夫妻同意且女方的父亲同意就可以离婚了。

4. 当家与债务

家长有借债的权利。如果家长比较坏，借债吃、喝、嫖、赌，家庭成员只能规劝，也可以委托亲戚朋友规劝；如果规劝无效，也无法中止其家长地位，可以说家长的权利地位是"天赋的"。家长的负债，全家人都得负担。家长借债后，如果分家，债务由儿子承担，儿子平均承担家庭债务，即"父债子还"。当然分家时如果还有较多的地，父亲可征求儿子们的意见，如果大家不愿意承担债务就先将土地变卖还债，剩下的再由兄弟们偿还。

如果儿子不经过父亲同意，向外借了债务，也需要作为家长的父亲偿还，即家长、家庭及家庭成员具有责任，即"子债父还"，这也说明了一个家庭是一个具有"无限责任"的"法人单位"。因此家是一个独立的单位，是财产的所有者，是行为的承担者，也是债务的承受者。如果三兄弟已经分家，尚住在一个宅子中，某个兄弟产生的债务与其他兄弟没有关系。

（三）分家

分家也是满铁调查员非常关注的问题，它体现了家的治理及家的分裂和成员之间的社会、血缘关联和义务。

1. 分家

所谓分家，分家就是分割财产另立新家，非常重要的标志就是分灶吃饭；其次是财产分割；最后是人员的分割。分家以后，不见得马上搬出去另立新住处，还是住在老宅子，但是已经分灶吃饭。

2. 分家理由

从顺义县，特别是沙井的调查来看，分家主要有五个理由：一是兄弟吵架，兄弟吵架又来源于妯娌不和，即兄弟之间的妻子不和睦；二是父母去世，一般父母逝世都会导致兄弟分家，父亲去世后分家的比较多；三是为了防止土匪抢劫，家里田地多，就会被土匪盯上，因此分家；四是家里人多了分家；五是家里比较贫穷分家。

3. 分家方法

分家首先要兄弟提出，如果有三兄弟，有一个兄弟不同意都无法分家。只有三个兄弟同意时才能分家，分家时请族长、族人或者村长做见证人。有些地方分家还必须得到舅舅做为中间人参加。分家时，财产一定是平均分配，一般按照财产价值均分。财产分割主要是抽签决定，如果不好抽签时，由家长或者族长来调解。

分家时女儿不能分得财产，但是可以获得一定衣服、工具等，还可以得到婚嫁费，婚嫁费可以土地形式来体现，称为妆奁地或者姻粉地。女儿出嫁时将妆奁地卖掉，一部分做为嫁妆，一部分做为出嫁费用。分家后，如果父母没有财力，兄弟要共摊出资为妹妹购置嫁妆。女儿不分财产，也就不对父母养老。

分家时要为父母留出养老地，养老地一般比较多，如 20 亩可能要留 10 亩，如 12 亩可能要留 8 亩。因为兄弟们年轻，可以挣钱，父母年纪大了，需要更多的地生活。养老地由父母处置，兄弟合作或者单独分开帮助父母耕种。养老地也可以出租。分家后父母可以跟着长子生活，如果小儿子年龄小则跟着小儿子生活。父母死后，养老地卖掉来办理丧事，如果某个兄弟愿意拿出同样多的钱购买也可以。一般是卖掉。卖掉后丧葬剩下的养老地，兄弟平分。如果没有养老地，父母在几兄弟之间轮流居住，由兄弟们轮流供养。

4. 分家权利

分家一般而言只能一次分家，但是父母健在时，也可以长兄先分家，其他的兄弟不分家。分家要保证各个兄弟的权利，如果有一个兄弟在外面，分家时也一定要有他的财产。如果某个兄弟死亡，由他的儿子代替分得财产。分家一定是"诸子均分"。

如果父亲在去世前立下遗嘱，某个兄弟可以多分土地或者财产。这样的遗嘱被认为无效，其他兄弟不会认可，也不会执行。任何遗嘱都不能违背"诸子均分"的惯行。因此在父母去世时，其遗嘱或者遗言也只有"兄弟团结"、"相亲相爱"之类的话语，而不能涉及财产的分配。

5. 分家单

分家一定要立分家单，分家单上写明房产、土地、财产等数量、位置等。分家单要有中保人或保证人，立字人（兄弟们），代字人。有几个兄弟就得写几份分家单，分家单是拥有财产的凭据。分家单写主要的财产，如土地、房产、牛、猪等，其他的碗、筷等小件就不写了。中保人一般为族长、族人、舅舅、村长等。

6. 分家与契约、家谱

分家后，土地和房产的契约保存在长房手中，分家后土地一般不过割。如果分家后，长兄要将土地或者房产卖掉，则需要立新契，如果卖给弟弟，则新契、老契都要交给弟弟。分家后家谱由长兄保存，家里如有祖宗牌位也由长兄保管。当然父母都在时，仍然可以由父母保管，父母去世时可以交给长房，这叫香火接续。

7. 分家、分居与另过

分家，是财产分割，要按照正式程度写分家单。另过，是家长还在，不分财产，某个兄弟搬出另住。另住时，父亲可以给些田地。分居，如果某家有妻、妾，妻子不愿意住在一起，可以分居。

8. 散伙饭和报告

分家单签署后，全家要吃散伙饭，散伙饭也请中保人、代字人及全家参加。分家后，要向甲长报告，甲长向村长报告，村长向分局报告，以此确定各新家的门牌，也就是我们现在说的立户。

9. 分家的观念

对顺义县的村民而言，分家不是一件好事情，因此不能打听别人分家，也不能同别人分家，更不能谈别人分家。如果有兄弟提出要分家，族长、族人或者亲戚朋友要进行调解，尽量不分家。正如中国的俗话："劝合不劝分"。调解不了的才分家，当然分家分得不好，还可以诉讼。在沙井村，父母都健在时一般不分家。村民认为，父母在时分家是比较悲惨的事情。

（四）婚嫁

1. 订婚和结婚

南方和北方的结婚、出嫁、丧事都有程序和规则。日本满铁调查员没有如民俗学家一样调查结婚的程序、细节，而是探讨个人与父母、个人与家长、个人与族长、家庭与族长之间的关系，以及个人、家庭与村庄、国家的关系，特别惯行的关系。一是结婚的时间，一般男孩十五六岁、女孩二十岁左右就可以结婚了。在顺义县一般女孩比男孩大三五岁，女孩年龄大是为了给家里做事，即找一个做事人。二是结婚需要媒人，媒人在双方说合，然后再请算命先生选择吉日，吉日一般有两个，上旬一个，下旬一个，主要是为了避开女方的月经。在顺义县村民看来，结婚遇到月经不吉利，所以要尽量避开。三是媒人说合后，双方会打探对方，女方主要打探男方家里的财产；其次是品格，至于长相不在考虑之列。如男方家庭有 60 亩地，但是有三兄弟；另外一家只有一个儿子，30 亩地，则后者家里条件要好些。

媒人说合后，双方如果同意就订婚了，订婚后两三个月就可以结婚了。结婚主要取决于男方。订婚后男女双方不能见面，是丑是乖都不能悔婚，只能认命，真有"嫁鸡随鸡，嫁狗随狗"的特点。在沙井村还没有一起订婚后悔婚的事情。通婚一般不找本村人，村民认为这样不好：一是经常见面，原则上要求订婚后不能见面；二是可能打乱辈分，如果女方辈分较低，男方与女方结婚后，男方的辈分会降低；三是夫妻经常吵架，比较麻烦。顺义县农民的通婚圈不大，基本都是邻近村庄相互通婚。

顺义县通婚还有一个习俗和惯例，同宗不能通婚。同族五服外的可以通婚，同姓不同宗可以通婚。

在沙井村结婚就意味着成年了。结婚是成年的标志。如果家里条件不好，结婚需要借钱，但不需要卖地。而丧葬一般需要卖地。这就说明了当时的沙井村或者顺义县，丧葬比结婚更重要。丧葬的花费比结婚要高。

结婚时，祖父是家长，则结婚证明上既要写上祖父的名字，也要写上父母的名字。前面说过，如果祖父家长反对，则无法结婚；如果父亲反对，但是祖父家长同意，可以结婚。父母不在了，哥哥为家长，弟弟结婚，要与哥哥商量。如果哥哥反对，则不能结婚。可见在顺义县，家长的权威最大。另外，订婚、结婚不需要征得族长同意，但是结婚时临时祭祀祖先需要族长参加。

结婚时一般会通知亲友，也会通知同族人，但是不会通知外姓人。结婚需要人帮忙，只有委托时才会去帮忙；不委托一般不会帮忙。丧葬也是如此。这与建房形成了鲜明的对比，建房时街坊邻居没有被委托，也会前去帮忙，关系友好的甚至会雇人帮忙。结婚时外族一般不送礼祝贺。

2. 出嫁

女儿出嫁时，如果家里条件好，娘家可以赠送女儿金钱或者土地。这些土地称为妆奁地或者姻粉地。这份财产为女儿单独保持，可以不交给夫家，甚至不交给丈夫。当然也可以与丈夫共享，契约可以丈夫的名义立，也可以妻子的名义立。妻子或者夫妻可以单独出租，收入完全归自己或者夫妻所有。家长无权干涉。也就是说在家庭为重的条件下，有一些小的个人财产自由。

3. 离婚

在顺义县沙井村，村民们一般不能离婚，真正离婚的很少。离婚的主要原因是夫妻不和，最重要的是夫妻中，如果有一方通奸，就会离婚。当然也有例外，如果家里条件不好，也只能容忍。离婚涉及多方面的关系。

离婚与男方的家长没有关系，夫妻两人商量即可，不需要家长同意，更不需要找族长。仅仅夫妻之间商量，离不了婚，男方与女方的父母商量，如果父母同意就可以离婚；如果女方的父亲、母亲，只要有一方不同意，都得诉讼；离婚不需要女方的家长、族长同意。男方的父母双方或者一方反对，反对无效，只要媳妇同意离婚就行了。

在民国以前，离婚书就是休书，这是民间的约定。民国以后，离婚要到县署判次才能离婚，离婚证明是国家颁发。因此离婚也从民间证明转成了国家界定。这是国家进入农民生活的一种表征。

离婚的女人，马上回家，如果有孩子，不能带走孩子，孩子是男方的。休书由女方父母保管。在离婚前，丈夫将妻子轰回家，妻子还是丈夫家族的人，只有写了休书或者离婚书以后，才不是家族中人了。

4. 改嫁、再嫁

如果丈夫去世后，妻子可以改嫁，改嫁不能带子女，也不能带走财产。如果丈夫去世后，家里没有任何人，财产归妻子，改嫁时可以带走夫家的财产。妻子也可以接一个养子，也可以为丈夫过继一个儿子来继承财产。

如果与丈夫离婚后可以再嫁，再嫁时不需要与任何人商量。如果丈夫去逝后，也可以改嫁，改嫁时不需要得到公公婆婆的同意，但是可以征求娘家父母、兄弟的意见。有俗语："初嫁由爹娘，再嫁由自己。"这与南方有一定的区别。

如果一位姓杨的女人嫁到了李家，叫李杨氏；再改嫁到张家，叫张杨氏；如果再次改嫁到王家，叫王杨氏。如果嫁出去的姑娘回到了娘家，不叫其姓，可称为大姑娘或二姑娘等。

如果一位姓杨的女人嫁到了李家，再嫁时不能乱嫁，不可嫁给同宗的李姓，但是可以嫁给不同宗的李姓。如果二婚的丈夫去世，不能再回李家，而只能回娘家。回娘家要征得娘家的家长同意。

（五）丧葬

丧葬是人生中最重要的事情，丧葬花费比较多，少的几百元，多的上千元，而结婚只需要一百元左右。所以丧葬一般要卖地，如果有养老地就卖养老地；如果没有分家，没有养老地，就卖家中的地；如果家中没有地，兄弟就筹措经费，甚至借债安葬父母。

家族有人去世后要通知族长，丧葬会请人帮忙，一般是亲朋好友，还有族人。出殡时近亲全部参加，远亲家庭会有一个人参加，本村每个家庭也会有一人参加葬礼。

如果是本族没有后代人的穷人去世后，本族人会安葬；如果没有族人，则村里安葬。

小孩子死后，基本就是用一张草席子裹着丢掉，或者草草浅埋，有时甚至于野狗咬食。至于为什么这样对待，满铁调查员没有进行深入调查。

（六）性别及继嗣

满铁调查员对于生育问得不多，特别是对于生男生女、生多生少涉及得比较少，但是对继嗣调查得多。

1. 性别

虽然日本调查员没有专门调查性别的问题，但是相关问题都涉及性别。虽然北方宗族不发达，对祖宗的崇拜不多，甚至尊敬也不够，但对性别还是挺看重的。如当家人只能是男人，即使儿子年龄再小，女儿年龄再大，也只能儿子成为当家人；如财产继承只能是男性，财产分配是儿子之间的事情，与女儿无关；虽然北方不看重家谱，但是上家谱只能是男性，女儿无法进入家谱；如会首、村长只能是男性；女孩基本不上学，只是在调查员调查的这年才开始有女孩上学；在家里女孩基本没有自己的房间，出嫁之前只能与父母住在一个房间；女性没有投票权，没有参与村庄事务的权利，虽然民国后男女平等，女性也可以投票，但是因为女性大多不识字，也无法参与。可见，北方基本上是一个男权社会，也是一个重男轻女的社会。

2. 过继

北方虽然没有宗族，但是对于后代也很重视。有两句重要的原则"绝次不绝长"，"一子两不绝"，"爱子过继"。"绝次不绝长"是如果两兄弟，弟弟有一个儿子，则要过继给哥哥。"一子两不绝"，两兄弟一个儿子，如果不分家，则儿子为两兄弟所有，家里财产全部传给这个儿子。"爱子过继"，如果兄弟两人，弟弟有3个儿子，哥哥一个儿子也没有，弟弟要将最爱的儿子给哥哥。

如果父辈三兄弟，只有三弟有一个儿子，一是可以按照前面的方式过继给大哥；二是其他两兄弟可以为弟弟的儿子再娶两个妻子，这两位妻子生育的儿子给两位哥哥，即三弟的儿子可以娶三个妻子，从而保证了三兄弟都有后代传承。虽然在调查中没有娶三个妻子的情况，但是娶两个妻子的情况在一些村子中存在。一个妻子生的儿子为自己家传宗接续；另外一个妻子生育的儿子为兄弟传宗接续。

过继同宗的小孩，只需要兄弟商量就行了；如果过继外姓的小孩就需要与族长商量。

过继一般选择近亲，近亲找不到时再找同族远亲，万不得已才过继外族小孩。按照由近至远的原则来寻找。过继时需要写过继单，因此需要族长、族人见证。过继后，过继子的父亲不能反悔，即使过继子父亲的儿子死了（即过继子的兄弟），过继子也不能回去继承家业。当然如果过继子父亲家没有继承人，其财产归这位过继子。

3. 抱养

如果在同宗同族无法找到好的过继子，就需要抱养小孩。过继一般是同族过继，抱养是从外姓中认养。过继时一般是一二十岁，三十岁都会有；养子则比较小。过继会有过继单，养子则不需要证明。如果收养了孩子后，自己又生了另外的孩子，养子和亲子权利平等，父母要平等对待养子，而且养子是未来的家长。

如果某家儿子出生，有人说难养，就要认一个爹，以便好养，这叫认干爹。干儿子不进入家庭，也不进入族谱。只是在礼仪上存在"父子关系"。

4. 妾

男人在 40 岁时，妻子还没有生育，或者没有生育男孩，丈夫可以娶妾。当然家中有钱，即使妻子已经生育了男孩，也可以娶妾。娶妾后，妻子称为大奶奶，妾称为二奶奶。妾叫妻子姐姐，妻叫妾为妹妹。娶妾后，一般妾在家里做事。妾生的孩子与妻子生的孩子权利是平等的，家产平均分配。如果妾生的男孩大于妻生的男孩，妾的孩子今后还是当家的。即使妾的孩子当了家，也不能改变母亲做为妾的地位。妾的孩子叫妻子大妈妈，叫自己的妈为妈。妾的儿子使当家了，不能也不应该刁难大妈妈。

顺义县和沙井村民对妾并无恶意，如果是没有男孩纳妾，大家都会体谅他，而且也不会瞧不起妾，因为妾都是穷苦人家的女孩。

5. 靠人

如果一个男子没有结婚，也没有订婚，在外面有了女人，这个女人就叫"靠人"。如果"靠人"生育了孩子，特别是生了男孩，靠人也能变成二奶奶，孩子进入家谱，成为家族中人。当然"靠人"要成家中人，还需要得到家长的批准。如果家长不同意，只能孩子成为家中人，而"靠人"不能成为家中人。如果"靠人"的儿子为长，也可以成为未来的家长。

（七）家庭养老

顺义县和沙井村，养老一般与分家结合在一起，分家时就要确定父母的养老问题。如果家中有地，就要设置养老地，如果没有地要确定父母养老的方法。主要有两种：一是父母在兄弟中轮流养老，即兄弟轮流供养父母亲；二是父母跟着某位兄弟，其他兄弟分摊养老费用。

分家时设置养老地的目的是"生养死葬"，即在生时过得好，死后有钱安葬。只有分家，才会设置养老地。如果有三个儿子，分家后，父母有了养老地，与长子过在一起，则父亲的养老地可以由长子处置并负责丧葬，与二男三男无关，这叫"生不养，死不葬"。但大部分情况是三兄弟都负责父母的养老，父母死后，土地卖掉来安葬父母，如有剩余的土地，兄弟平分。

（八）家庭财产

1. 家产

在家庭中，财产为家庭所有成员共有共享、共有，在分家时只有兄弟才能够均分家产。家庭财产以家长的名义占有和使用以及交易。家庭中有不同的财产：家产、祖产、私产。祖产是祖上留下来的；家产就是家里的所有财产，包括地、房、钱、坟等；私产，家里人一般没有私产，也不允许有私产。

2. 贴己地

一个小家庭，不允许有个人财产；如果一个比较大的家庭，可能存在个人私有财产。这种个人私有财产称为"贴己地"，或者"贴己财产"。主要有两种情况：一是妻子过来时，岳父给的金钱以及土地。这些金钱和土地可以为妻子个人所有，也可以为夫妻两人共有。当然也可以拿出来接济家庭，在南方称为"私房钱"。岳父送的土地称为妆奁或姻粉地，妻子或者丈夫可以单独出租，收入归妻子或者夫妻所有。二是如果家里兄弟比较多，其中一个兄弟或者几个兄弟利用空闲时间租地或者做生意，赚的钱也是归个人所有。

五　几个基本的结论

通过阅读满铁惯行第一卷，可以证实很多学者的观念，也会有很多有趣的发现，在此主要从治理层面谈谈我的观点。

第一，传统乡村依靠惯行来治理村庄。

在晚清时，国家除征收田赋外，基本不进入村庄。村庄的治理主要是自治，依靠的是长期以来形成的惯行，按照惯行办事就是守规矩，就是正确的，否则就是不正确的。治理者是有地之人、有识之人、有能之人、有道之人。村庄治理有一定的民主性。这种民主性也受习俗惯行左右。民国建立后，虽然国家机构不断向下渗透，但是除了向农民收费外，依然是村庄自治，但是自治受到了一些约束，如治理人员要符合要求，治理费用也有规定。国家介入村庄反而加大了治理的难度，很多人不再愿意担任村长，不愿意治理村庄。但是保甲制并没有完全取代传统的治理体系，还得依附、依靠传统的治理体系和治理机制。

第二，以"家政村治"维持村庄运转。

如果说华南宗族有一个基本的治理单元——宗族，那么顺义县的传统乡村，家的重要性大于族，家的重要性更大于村。农民以家庭为单元进行生产、生活、交往和政治参与，家是最基本的生产单元、生活单元、交往单元、政治单元，还是一个"法人单位"。家庭与村庄之间的宗族相当弱化，只有一些仪式上的功能。因此，"家政"是最主要的治理单元，但"家政"的很多活动是在村庄内进行，而且农民很多生产生活都以村庄为单位进行，因此"家政"与"村治"是一种互补的关系。我们可以将顺义县的农村治理称为"家政村治"，即是一种以家庭为主的"家户—村庄"型治理结构。不管是家政，还是村治都是以惯行为治理依据。

第三，国家政权建设加剧了农村衰败。

晚清结束后的北洋政府、民国政府和日本统治下的政府都致力于国家建构，国家政权触角不断向下延伸，从学校、警察、乡镇以及其他现代官僚化、科层化的政权建设，给人民没有带来看得见的好处，但是却带来了沉重的负担。因为顺义县和沙井村，产业结构没有发生根本变化，财富没有新的增长机制，但是国家政权建设的所有费用都必须由乡村来承担。可以明显地看到，随着国家政权的现代化、规范化，农民的负担越来越重。农民的负担加重进一步加剧了农村的衰败。可以进一步推断，没有工商业的现代国家建构、民族国家建构可能加剧国家与农民之间的矛盾。

第四，家政体现为家长制和长老制。

家政主要体现为家长治家。家政中有两个支柱，一个支柱是土地；一个支柱是家长。土地是家庭中最重要的物质财富，家长是家庭治理中最重要的因素。家长有习俗规定的权利、义务，家长的产生、接替也必须按照惯行来处理。家长是家政的核心。同时家长又体现为长老制，即家长往往是家庭中的男性长辈，年龄往往比较大。家政与村治还有不同，村治还有一定的民主因素，或者说"集体领导"，但是在家庭中可能更看重等级、尊卑。家庭成员很少有自己的自由和财产。当然以等级和尊卑为重的家政制也会有一定的协商，如兄弟之间协商、重大事情家庭协商，可以称为协商式的家长制。

第五，国家政权建设具有破坏和替代"家政村治"的功能。

虽然晚清以来国家的政权建设没有完全取代村庄自治、家政治理，但是国家政权建设对"家政村治"具有破坏和替代作用。国家实施政权建设过程中基本没有遭遇到抵抗，也就是说，国家政权开始时顺义县和沙井村没有类似于西方的"公民社会"存在，国家政权建设先于公民社会的培育。国家政权建设在一定程序上破坏了乡村的治理体系，特别是警察分所、保甲制的实施，使传统的士绅治理、长老治理受到破坏。另外，由于国家官僚科层制的逐渐建立，很多由村庄和家庭的治理功能逐渐由国家替代。但是国家的替代主要体现在两个方面：一是底线功能，即对乡村秩序的最终维持；二是财政的吸取功能。其他的治理依然是"家政村治"，习俗和惯例超越在形式法律之上支撑着乡村社会的运转。

邓大才

2015 年 11 月

原书序

　　本书是战争期间在末弘严太郎博士的指导下，根据法社会学的方法，对华北农□□家族、村落、土地所有、佃农、水利、赋税、金融以及贸易等等农村社会的所有生活□□进行精细的记录，从而写下的调查资料。本出版刊物一直以来都是被国内外学界所期□□文献。今天来看，那个时候正值中国农村解放前夜。根据这个资料，我们可以知道中□□期发展的历史社会前提。不仅是对中国的研究者，本书对法学、经济学、社会学、历□学、民俗学的研究者也提供了宝贵的资料。

　　这个华北农村惯行调查计划是 1939 年 10 月，由东亚研究所第六调查委员会的□□部委员会（委员长山田三良博士），与华中商事惯行调查计划以及其他的一些计划一起□定出来的。农村惯行调查相关的调查研究员是以东京大学的相关人员为主构成的。与这□计划相呼应，南满洲铁道股份有限公司调查部在北支经济调查所中成立了惯行调查班，□从杉之原舜为首、有才能、活跃的学者整合成为农村调查的班底。前面提到的学术部委□会和此调查班底紧密合作，商讨调查项目，协商调查方针，研讨调查方法，以求在东京□学问研究和在华北农村的资料收集做到万无一失。

　　我认为，在 1937 年以后的我国，作为真正意义上的期待学术进步的良心事业，□个惯行调查活动可以说是极其难能可贵的。当时学术部委员会的优秀指导者末弘博士对□个调查的目的作了以下叙述：

　　　　这次调查的目的不是为了得到立法或者行政的参考资料，而是为了了解中国□民众是如何在习俗下经营社会生活的，换言之，就是通过了解中国社会的习俗，□□地描绘出当时社会的特点。

　　从他的这段叙述，我们可以看出此次调查的真正目的所在。

　　华北农村惯行调查由于战争的爆发而中断，1943 年以后几乎不可能再继续进行□去。在那之前，在杉之原氏指导下的各个调查员不懈努力下，主要对河北省的四个村落以及山东省的两个村落的习俗进行了大规模的调查。调查记录书的干燥式印刷版[1]达到□□辑（累计 123 卷）。学术部委员会还把由满铁调查部送交的调查记录书在会内发布，也□对这

---

　　[1]　译者注：此处疑为日本当时印刷版型的一种，译者翻译为干燥式印刷版。原文为"ドラ・タイプ版"。

些调查记录书进行亲自复制，以同样的方式进行散发的情况存在。但是由于这些调查记录书的数量稀少，如今现存的这个调查记录书的完整版更是罕见至极，这种状况给研究者带来了巨大的不便。

战争的发展和结局把我们这些惯行调查的相关人员置身于暂时的颠沛流离的命运里，但是在战后的两三年里，大多数人都聚集到东京这里来了。无论如何，把已经不能再继续调查下去的调查结果公布于世，并让它成为学术界的共有财产，这就是那个时候大家不期而合的愿望——从今后的华北的状况来看，即使调查，可能也已经不能再次得到性质相同的调查内容了。其次，这个调查资料到今天为止已经能够产生出一些优秀的研究报告，而且今后能够成为更多的研究论文的源泉！——我们满怀着这样热切的期望，一旦出版会组织就尝试着去筹集出版费，尽管筹集出版费并不是一件容易的事。直到 1951 年，同年度接受了下发的文部省研究成果出版费辅助金，在末弘博士的关照下，从政治经济研究所（所长伊藤武雄氏）得到出版辅助金。除此以外，又得到岩波书店将经济利益置之度外的出版承诺，渐渐地将其第一册（河北省顺义县沙井村的概况、家族以及村落的部分）按照进展出版发行。我们向对本刊发行给予的各方面帮助表达深深的感谢之意。这次的出版对于全部资料的出版计划而言只不过是才刚刚开始而已。直到全部资料出版完成之前，还需要相当的经费和时间，所以也衷心希望各位今后提供援助。

在这个出版事业的途中，1951 年 9 月 11 日，我们非常遗憾地失去了我们的调查研究指导者，出版会的代表者末弘博士。但是，我们想继承他的遗志完成这项事业。

中国农村惯行调查出版会

代表者　　仁井田陞（升）

1952 年 3 月 1 日

中国农村惯行调查出版委员会委员

标有 * 的是第 1 卷编辑委员

（顾问）	山田三良
（前会首）	末弘严太郎
	矶田进
	内田力藏
	戒能通孝
	德田良治
（代表者）	仁井田陞 *
	平野义太郎
（干事）	福岛正夫 *
	我妻荣
	田中清次郎
	天海谦三郎
	伊藤武雄
	押川一郎
（干事）	幼方直吉 *
	（以下是旧满铁调查部惯行班）
	杉之原舜一
	安腾镇正 *
	内田智雄 *
	小沼正 *
	佐野利一
	盐见金五郎
	杉浦贯一
（干事）	旗田巍 *
	早川保
	本田悦郎 *
	前田胜太郎 *
	村田久一
	山本义三
	山本斌

简　介

一

中国拥有五千年的历史和光辉文化，与希腊、罗马等民族不同，它是拥有 4 亿 ˥ 千万人口的世界性大民族（尤其是第一大农业社会），至今依然在坚韧不屈地发展。我们对这个大民族孜孜不倦地经营和创造的实际生活充满兴趣。尤其是因为这个第一大历史社会正在经历着大变革，到底是由于什么旧的支配制度而造成社会窒息？尽管如此，到底是什么民族性潜在势力使民族正在复苏？到底是被什么旧制度而束缚，它是如何变革的？现在又是如何在进行变革的？了解这些内容，是今日中国学的课题。

尽管如此，不具体了解被变革的旧社会是怎样的社会（半封建半殖民地社会），我们就不可能具体得知此次变革的对象和目标，以及变革的现实过程和方向。

在尊重民族性形式的同时，如果不了解在旧社会中民众所创造出的接近民主的庶民具行，也就不能理解长久的民族文化的特长是如何延伸至今这一革命的根本问题。

所以，现在正在进行的大革命是社会革命，本调查探究了成为变革对象的旧社会的实际状态，包括所有的方面——政治、经济、社会以及历史、文化的各个领域——为关注中国问题的人们提供参考资料。

实际上对于日本的中国研究者而言，中国社会实态是混沌不清的，尽管对此有所了解，却是一个非常复杂、多方面，因而难以理解的社会。过渡期的中国社会已出现的崔农"阿 Q"是一种混沌的象征，从这种象征所见的时代出发，去掌握和理解"阿 Q"当时的社会是相当困难的。我们力求能够运用鲁迅描写"阿 Q"的方法来捕捉中国社会的实际贯行，于是开展了这项调查工作。

二

这个工作刚开始的时候，关于中国农村科学研究的根本任务是研究集权的、官僚主义的封建制度下亚洲特性的基础在农村中是怎样卸下根性，是如何一步步解体的。

如果能够把握中国农村内部组织和生活的变化，也就能够明白中国社会的特性。因此，中国农村的实态调查是亚洲研究者们共同的愿望。日本从古至今的"中国学"仅仅都是对经书字句上的理解，并不了解这些经书在多大程度上通过读书人和士绅的传播渗透到了人民生活中，或者说并未明确指出这些根本就成为了乡绅阶级统治农民的道具，以及道教的生活规范通过庙神是如何成为农民尊奉的道理等等的儒、道、佛教的意识形态的实态。所以，研究者期待能通过惯行调查来弄清这些实态。

还有，日本有史以来的"东洋史"，未能捕捉中国发展过程中农村生动的实际状态：在如同走马灯一样变动的王朝的转变之中，生产关系在渐渐进化，特别是从清末民初到资本民主主义革命必然化所带来的长期封建半封建的土地所有制的颠覆，而是仅仅停留在"停滞中国"和安居乐业的空想之中。并不了解农村的劳动人民一边痛苦地承受着封建地主、高利贷以及商人的三位一体制度，一边从底层突破的挣扎的实际状态。因此，明确地了解这些，也是历史学家们的强烈希望。

而且，研究中国法律的学者了解从汉律到中华民国六法的内容，却没有探究这些法律在县级以下的乡村之中是如何被人们作为实效性的法律规范去尊奉的。反过来也可以这样说，他们并没有研究在规范农民生活意识方面起作用的法律究竟是什么，而仅仅是停留在对于法律条文的解释而已（《中国法》，1936 年，谷口知平译，昭和十一年），以及国民政府行政委员会的《浙江、江苏、云南、陕西农村调查》（民国二十三年）也不例外，且这些研究调查也是不充分的。因此，对有效的法律进行探究的法律社会学者们和研究农村社会的学者们一定要在这个农村惯行调查之中，用心捕捉有价值的法律，抓住农民的实际生活进行研究。

这种针对农村习俗的实态调查，恰好对这些学问的各个领域中有史以来的中国研究的根本缺陷进行了修正，试图填补这些空隙。也试图弄清楚拥有悠久历史的、伟大民族力量的社会原动力的农村里的那些活生生的惯行。

而且，明确了这些内容，第一，我们也就能够具体把握亚洲第一大农业社会的历史的结构和秩序的内部机构。

第二，能够明白代表旧的生产关系束缚的旧的、黑暗的、专制的官僚支配之中，庶民内部的大众习俗的发展是如何一步步地接近民主的（乡约、义坡、社仓、搭套）。明白自治的实体又是什么（青苗会、会首、人民裁判）。也能了解明白梁漱溟的乡村三自运动（自治、自养、自卫）对中国社会从古至今的"特殊性"（尤其是现在梁漱溟的自我批判——这两年间我是如何转变的。中国研究所译编《人间革命》，1952 年收录）。

第三，从具有中国的旧社会特征的宗族、家族制度、家产均分主义开始，到佃农习俗、牙税等的赋税为止，可以详细了解这些细小的实态究竟是什么。

第四，针对成为旧地主支配基础的封建的、半封建的土地所有制的矛盾。同时也可以了解贫农是如何打破这一矛盾的。了解贫农对旧式富农、中农、贫农、雇农各个阶级的构成和乡绅地主、土豪劣绅的反感情绪。也可以详细知道在这个斗争之中形成新秩序的力量和方向。

当时，我们虽然还没有阅读毛泽东的《湖南农民运动考察报告》（1927 年）。但是我们却能充分了解在这份报告中写到的"宗祠、族长、城隍、土地菩萨的神权和夫权"的权力系统。毛泽东指出具有特征的四种权力的支配，就是中国旧社会的特质：

　　"中国的男子，普遍要遍三种有系统的权力的支配，即：（一）由一国、一省、一县以至一乡的国家系统（政权）；（二）由宗祠、支祠以至家长的家族系统（族权）；（三）由阎罗天子、城隍庙王以至土地菩萨的阴间系统以及由玉皇上帝以至各种神怪的神仙系统——总称之为鬼神系统（神权）。至于女子，除受上述三种权力的支配以外，还受男子的支配（夫权）。这四种权力——政权、族权、神权、夫权，代表了全部封建宗法的思想和制度，是束缚中国人民特别是农民的四条极大的绳索。"[1]（毛泽东选集，日译第一卷收录《湖南农民运动考察报告》57 页）这四条绳索，我们在华北农村惯行调查之中当然也进行了仔细的调查，但是，关于进步的农民如何摆脱这四条地主、乡绅赋予的枷锁，上文毛泽东的报告所述内容，是目前最恰当的解释。

三

　　说起来，中国社会作为典型的亚洲农村社会，从 20 世纪 20 年代（第一次世界大战之后）开始就有大量的学者对其展开了科学的研究。那个时候，作为决定中国革命前进道路的理论问题，有关于亚洲的生产方式的大争论（关于其经过参考西岛定生，亚洲的生产方式《世界历史辞典》第一卷，1951 年），马扎尔《中国农村经济研究》（1928 年日译，希望阁）、《中国问题概论》（1936 年日译，严文阁），魏特夫《中国的经济和社会》（1930年，平野监译，中央公论社），托洛茨基、罗伊、严灵峰对于任曙的评论（平野《中国研究的两种途径》12 章《农业问题和土地变革》所收，昭和二十三年，日本评论社），马洛夫《中国·社会史》（早川二郎译，昭和九年，白杨社）。与此同时，中国方面也如《中国农村》杂志和《中国经济》杂志的论战，《中国农村社会性质论战》、《中国社会史论战》（神州国光社）对其进行采纳，薛暮桥《中国农村经济概论》（中国农村派）（平泽秀夫译）是最初的日译，特别是李立三的论文《关于中国最近的农民运动和农民问题》（丛文阁）被翻译成日文。除此之外，陈翰笙、王寅生、李景汉、顾颉刚、孙晓村他们的调查 Agrarian China 1938（《中国农村问题》杉本俊朗译，昭和十五年），以及方显廷《中国的民族产业》（平野译网，昭和 17 年）也被翻译成日文。

　　学者之间也只是在议论共同体的旧制度（血缘的宗族村落），狭义的封建制（有无身份的隶属，有无禁止土地买卖），乡绅、会首、地主＝高利贷＝商人官僚制度的分支机构的三位一体制度，而没有进入农村对其进行全面的实际状态的调查，只是纸上谈兵是不能解决问题的。因此，学者们都对中国农村调查表示关心，都抱有只要有任何机会都想参与其中的希望。那个时候亚瑟·史密斯 Village Life in China 1899《中国的村落生活》（盐谷、仙波日译）和卡尔佩《南中国的村落生活》（喜多野清一、及川宏译）同时都参考了

---

　　[1]　译者注：中文引自《湖南农民运动考察报告》，载《毛泽东选集》（第一卷），人民出版社　99年版，第 31 页。

我们的调查，在那之后被作为标本的费孝通《中国的农民生活》（1936 年，盐谷、仙波日译）在太湖附近的养蚕地带的调查被大家所尊重。如此一来，这个农村惯行调查就是根据具体的实际状态明了中国社会特殊的半封建的发展以及解体根据，这就是日本方面学究者的长年的愿望。

其次，我们国家的冈松参太郎博士等的《临时台湾旧惯调查会调查报告书》（第一回明治三十六年，第二回明治三十九年），和旧惯调查会的织田万博士等的《清国行政法》（总论明治三十八年，各论明治四十三年）以及满铁、天海谦三郎等的《满洲旧惯调查报告书》（大正三—四年），不仅是对台湾、满洲，而是可以被认为是对广大旧中国的土地制度、行政法等相关的具有学术意义的旧惯行调查。但是因为我们必须根据庶民的生活来获取社会内部的生活习俗，所以吸收这个旧调查的研究成果的同时，我们也应该怀着批判的态度。我们这个调查就像这个旧的惯行调查一样，不是为了统治或者立法而准备的，而是为了纯正的学术意图而存在的。

根据上述情况，我们日本一直以来获取中国研究的精粹的方法就是在学习先前知识的同时，为了查明中国社会的实际状态，也要发展新的领域。换言之，昭和十四年，东亚研究所第六调查委员会学术部委员会成立了，尤其是在末弘博士的指导下，平野义太郎、戒能通孝、福岛正夫、仁井田陞、德田良治他们作为委员进行的关于华北农村的法律上的惯行调查，首先，征求一直以来中国研究领域的泰斗——织田万博士、津田左右吉博士、加藤繁博士、和田清博士、狩野直喜博士等的意见，并且开始调查广泛的文献。与此同时，在学术部委员会内部，根据末弘博士的调查方针（本书收录），经过数月的共同讨论从而作成的关于土地习俗的调查项目。这个作为调查方针具体化的调查项目对本调查的进行具有很大的作用。满铁内的调查员方面也得到了这个调查项目。但是满铁方面在此之后，也针对华北农村的具体事情，制作了另一个与土地习俗相关的调查项目。关于这件事，另一个叫《调查事业的沿革》的项目中有详细的介绍。虽说这两个调查项目彼此之间是存在差异的，但都是在东京方面提出理论的问题，在满铁内部调查员了解了具体的调查实施方案的基础上制作的重要资料，所以本书也将其收录其中。本调查就是在这样周到的学术准备基础之上进行的。

四

我们的惯行调查是根据以下的方针进行的。

"我们的调查目的是通过明了中国社会的习俗，从而生动如实地描绘出当时社会的特质。"正因为如此，"虽说同样是法律的惯行调查，但是很明显，原来在台湾进行的旧惯调查也像这样不是以立法或者是得到行政的参考资料为目的进行的。"（末弘严太郎《调查方针的相关笔记》本书收录）——本调查是在中日战争这样困难的社会环境下进行的，绝对不会限制学术调查的自由，我们会尽可能达到这个目的。

"虽说是同样写出了中国社会的实际情况，但是方法可能是千差万别的，因为我们的任务是调查法律习俗，像社会学者的社会调查一样，不仅仅只是满足于查明社会关系的构成形式，而是遵守社会关系，成立法律的习惯，换言之就是通过明确法律规范，尽力明确当时实际的组织和运行的机构。例如，调查关于家族构成的实际情况，不能仅仅着眼于家族构成人员的数量、居住状况和其他的一些外形构成，而是应该主要留意家族内部的规律或者关系的构成、扶养的关系等相关人员是如何规范意识的。正因如此，本调查的特点就是通过调查法律的习惯，从而了解中国社会的特质。"

"经济惯行调查是以一边描绘作为实际习惯的经济生活，一边明确其因果关系的法则为目的的。我们不认为作为客观事实的法律习惯和经济习惯是不一样的存在。它们都是作为客观事实存在的东西，科学地掌握的东西。因为在每个不一样的地方，法律惯行调查和经济惯行调查都具有各自的独立性，所以相互之间并没有什么重复或者冲突的地方。而应该是形成了相互补足的关系"（末弘博士，上述论文）。

而且，惯行必须是如实生动地捕捉相关内容，努力如实掌握新旧两种秩序过渡的过程。

"所谓法律的习惯，因为相当于'生动的法律'，从来都不是以固定不变的形式而存在的，是与现实的生活一起，流动的、生动的东西。传统上来讲，正是因为法律习惯存在的实际情况就是拥有固定的倾向，在原本的秩序和不断日益生成的新的社会形成力的接触面不连续线的涡流的形状不停的发生变动。特别是像现在的中国，一方面，依然强有力也残留着很久以前就有的传统要素；另一方面，关于因政治的、经济的和其他各种原因而不断形成的革新要素具有强有力作用的情况，其产生涡流的宽度以及变化也是相当巨大的。因此，通过记述的方式对其进行理解，不断地留意这些方面，写下传统的和革新的东西之间斗争的样子的同时，也要尽力如实地写出真实形态的变化。这是非常必要的"（末弘博士，上述论文）。

如实地视察并记录下传统的要素和革新的要素之间的斗争和不连续的涡流。通过这种方法努力描绘出在中国解放前夜作为民族形式存在的旧的传统和新的社会形成力和变化的接触面之间的涡流。

这个观点成立的时候，本调查详细调查的村落，从村落的会首（有势者、乡绅）、土地制度、地主、佃农、水利、村里的共同地、积谷会、青苗会、家族制度、婚姻、离异、夫权、家产均分、祠堂、风水和庙神、土地的买卖。典、养老地、村落的社书、里三、牙纪、华北特有的皇室庄田到回教徒的部落——所有的解放前夜的农村制度和习俗是怎样的，如何不停变化的——本调查全部如实地反映出来了。

五

毛泽东曾说过，"在乡下，在县城，召集有经验的农民和农运工作同志开调查会，仔细听他们的报告，所得材料不少。许多农民运动的道理，和在汉口、长沙从绅士阶级那里听得的道理，完全相反。许多奇事，则见所未见，闻所未闻"[1]（《湖南农民运动考察报告》日语选集第一卷，26 页）。按照这样，从劳动农民的嘴中听到的生活事实（还有生活规范）以及从绅士阶级嘴中听到的道理完全不一样。我们的调查也是听取了两种不同的声音，虽然在这里收录进来，也感受到同样的东西，但是我们在当时的情况下，像毛泽东那样接触真正参与农民运动的人是不可能感受到的。充分听取劳动农民的生活感情，即使存在疑问，处于外部调查者身份的我们虽然不可能站在那种立场去体会毛泽东箴言的精髓，只能从学术的角度出发去研究。但是我们会努力向其靠近。这是农村调查所必须的。

因此，本书的读者依然觉得，如果能将本调查和最近公开的毛泽东的《怎样分析农村阶级》——"地主""富农""中农""贫农""包含雇农的劳动者"——（选集日译第一卷，191 页以下）、论查田运动工作（土地调查活动）（同 210 页）、《兴国调查》（1931 年）（同 215 页以下）等的资料比较参考的话，就能了解其与解放后的现代中国农村事情的关系。比方说，我们的调查对"游民"和"乞丐"有疑问，可是始终不能进行调查。针对这个问题，在毛泽东的《兴国调查》中涉及了从冒险、道士、运势、占卜到乞丐的调查（284 页），详细描绘了租佃和高利贷的榨取情况（242 页），公堂（同族的公共财产）和义仓被恶绅占为己有的情况（244 页）。还有针对土豪劣绅的刑罚现象的描述可以参考《湖南农民运动考察报告》（45 页以下）。

因此，根据本资料而完成的著作和论文（参考附录《相关著作论文目录》）已可以证实本资料的价值。结合今后中国的现实，日本以及国际的中国研究者使用消化本资料的时候，应该就会越发感受到这本书的价值所在。而且，战后日本的学界对于这个调查报告也有极高的评价。可以参考日本评论社编《日本的法学》（224—246 页）或者是《法社会学》2 号（末弘博士与惯行调查）（72—76 页）。

总而言之，我们的调查当然也要承认毛泽东的《湖南农民运动考察报告》缺少积极面的负面情况。

在当时的环境以及方法下，这是无可奈何的。与此同时，学者们怀着对中国社会无限的爱和以学术的方式查明社会实际情况的热情，以及对待学问的良心，他们认为日本的中国研究具有巨大的正面形象，忠于实际地捕捉了旧社会生动的习俗。

平野义太郎

---

[1]　译者注：中文引自《湖南农民运动考察报告》，载《毛泽东选集》（第一卷），人民出版社 1991 年版，第 12 页。

调查事业的沿革

一　满铁北支经济调查所惯行班的调查活动

虽然满铁对华北农村惯行的正式调查是从昭和十五年开始的，但是调查的准备工作在昭和十四年就开始了。也就是说，由满铁北支经济调查所第三班（昭和十六年改称为惯行班）的村田久一、山本斌、佐野利一、安腾镇正、小沼正、盐见金五郎、刘钧仁进行了地方志的惯行资料的检索、京汉、京古、正太沿线农村的概况调查、绥远土地关系资料的整理等的相关工作。昭和十五年，杉之原瞬一、杉浦贯一、早川保、本田悦郎、内田智雄、旗田巍新加入到第三班中，杉之原成为了调查的总指导者，新旧调查员一起对调查方法进行了全面的探讨。从同年 6 月开始到 10 月为止，首先全力集中制作调查项目。项目制作所选的负责人如下：土地所有权——杉浦，土地买卖——早川，佃农——山本，水——杉浦，地籍以及土地公证——盐见，赋税——佐野、小沼，金融交易——安腾，家族——内田、早川，村落——村田、旗田。针对各自的草案，全员对其进行了评论以及多次的改订。这次热烈讨论产生的结果在另一项《调查项目》中。

根据调查项目的制作，明确了调查的方向、重点，同时也明确了调查题目相互之间的关系。在此基础之上，经历各种各样的研究生活，具有不同研究对象、研究方向的调查员们在这个项目制作的探讨过程中，在发挥各自个性的同时也产生了投身共同研究的强烈意愿。

在这个调查项目的基础上，针对从调查地的农民以及其他的渠道听到的具体的问题制作了问题事项。

在进行纸上谈兵式准备活动的同时，调查员们也选定了调查地点。调查将少数特定的农村作为调查对象，全角度地展开详细反复的专研调查。与此同时，专门对广阔的地区全体进行了鸟瞰式的状况调查。其中，前者是项目的重点。调查地点的选定也是经过了各个角度的考虑，结果由于治安方面成为了最大的问题，所以选择从这个角度出发。

昭和十五年 11 月—12 月进行了第一回的实态调查，之后也进行了几回，全体调查员参加的大调查如下所示。

第一回　昭和十五年 11 月—12 月　河北省顺义县沙井村、同栾城县寺北柴村、山东省历城县冷水沟庄

第二回　昭和十六年 2 月—3 月　河北省顺义县沙井村

第三回　昭和十六年 5 月—6 月　河北省栾城县寺北柴村、山东省历城县冷水沟庄

第四回　昭和十六年 10 月—12 月　河北省栾城县寺北柴村、山东省历城县冷水沟庄

第五回　昭和十七年 2 月—3 月　山东省历城县路家庄、河北省栾城县寺北柴村、同顺义县沙井村

第六回　昭和十七年 5 月—6 月　河北省昌黎县侯家营、同良村县吴店村、山东省恩县后夏寨

第七回　昭和十七年 10 月—11 月　河北昌黎县侯家营、同良村县吴店村

除了上述的调查之外，小规模的补充调查、概况调查、水利调查以及其他的特殊问题调查等都是随时进行的。

我们在进行实态调查的同时，也进行了文献调查。不仅是对内部外部的书籍进行调查，也进行了现地采集和记录。尤其是从顺义、获鹿、临榆各县庞大的档案和古书入手，十分努力地进行了调查。

在这个调查的过程之中，我们与东亚研究所第六调查委员会学术部委员会，以及满铁上海事务所的商事惯行调查班的调查员取得联系。我们在北京的人从北京到东京、京都、上海去的同时，东京、京都、上海的委员来北京进行访问，有时会去满铁惯行班协助他们进行实态调查。

在此期间，调查员有过人员变动。村田、佐野、盐见、山本（斌）、刘钧仁转移到其他的业务中去了，山本义三、前田胜太郎新加入进来，这两个人不久后也转去其他地方了。

二　调查资料和调查报告

实态调查是尽可能详细的记录调查员的问题和应答者的回答，问题应答录作为调查资料进行干印刷。其中，在那时的对话中也包括游离于问题主题的模糊应答，但都是按原本的样子保留下来的。根据调查员的判断对记录进行整理和体裁的调整，之后成为评价发生变化时，由于丢弃的东西不可能再次取回，所以还是按照原来冗长的样子保留下来。这些调查员和农民（或者其他的）之间的问答内容是以生动的姿态呈现出来的。

在制作没有经过处理的调查资料的情况下，就要指望惯行班的资料制作了。像这样产生的资料在别的地方有记录，合计 114 辑（参考《调查资料总目录》）。除此之外还残留着许多户口簿、户别调查表、文书类等尚未发表的资料。这些资料也尽可能地收录在本书之中。

根据这些众多的资料，从昭和十七年秋开始着手制作调查报告书。在此之前，虽然也进行过部分的报告书以及口头报告，但是由于忙于资料的募集，没有时间制作正式的报告书。昭和十七年秋以后，停止了线索的实态调查，大家都全力专注于报告书的制作。每个人总结一节，大家一起浏览评论，然后再由杉之原瞬一进行详细紧密的评论。但是由于资料太庞大，将其进行整理并总结成报告书不是一件容易的事，直到最后也没能完成，惯行

调查事业也全部终止了。

三　惯行调查事业的停止

最初，惯行调查事业是以查明中国社会的法律规范的纯学问的研究为目标的。它是一个长期持续的事业，从第一期开始到第一期结束再到后来第二期计划继续的实施持续了一年。因此，这个调查是远离政治目的的，专心致志对事物本身进行调查的。它不是不求质量只求速度制作出来的报告书，而是把根本性地研究中国农村社会作为研究目的。在炮声中进展的中日战争，右倾的计划是不被允许的。只重视对战局有用的东西，而对于对战局没有用的东西就被当做不用不着急的东西被否定。这个变化不仅是针对惯行调查而言的，而是对满铁的调查全体的重压。昭和十八年以后，全体调查方向的转换是先决条件。因此，大幅缩小在北京的调查所的规模，所有人员的一大半的命运都是撤回大连。像惯行调查这样对时局没有什么贡献的，尤其是没有用不着急处理的东西，在昭和十九年三月，惯行调查事业就被停止了。惯行班也遭到了解体。调查员好不容易开始调查，调查刚刚上了轨道，即将要结束准备期间，感觉要得到优秀的研究成果的时候，却早早地停止了调查。对这次停止调查的反对，以及其他机构的再建运动的失败导致最后在昭和十九年三月，惯行调查事业终止了。之后，一部分人离开满铁留在了北京，一半撤回了满洲，分别继续进行个人自己的研究。然后不久战争结束了，因此，惯行班总结的报告书到最后也没能公布于世，只不过是一些个人的研究报告分散的展现而已（参考《相关著作论文目录》）。

末弘博士的调查方针

关于华北农村惯行的实态调查方针，末弘严太郎博士的三篇论文收录在此。

调查方针等相关记录

本次从东亚研究所派遣的第六调查委员会相关人员，同大连、北京以及上海的满铁调查部相关人员关于调查的根本方针进行会谈，本文简单整理了双方商讨后达成共识的要点。

本调查不仅依靠各方的帮助，还第一次同调查相关人员达成一定程度上的共识，否则在实施调查的时候，会发生步调不一致，以及调查效率无法提高的问题。

第一，确定调查方针的必要

为了确定合适的期限，一方面考虑到调查目的以及适合其目的的调查方法，与此同时，这种调查方针也要能充分探究其他方面调查的特质。

正因为本调查因各方的协助得以实施，首当其冲要与调查相关人员达成共识，在此基础上确定调查方针，在此方针的指导下进行调查。

第二，本调查的目的

本调查是在中国社会进行的法的惯行调查。虽然同样是法的惯行调查，但与以前在台湾进行的旧惯行调查相比，此次调查的目的并不是获得立法乃至行政的参考资料。说到本调查的最终目的，那就是，中国人民怎么在惯行的社会下生活，换言之，之所以能将中国社会的习俗明了化，都是因为如实记述，所以把该社会的特征如实记述下来才是我们的调查目的。

同样是记述中国社会的实情，方法可以各种各样。因为我们是进行法的惯行调查，所以与社会学者的社会调查不同，不是单纯地探究社会关系的构成形式，而是规范社会关系组成的法的惯行，也就是通过使法的规范明了化，着力于将其实质的组织和动态机构明了化。比如，即使对家族构成的实态进行调查，不能单纯的只着眼于家族成员的居住状况等其他外形的构成，而是主要调查家族内部的规律以及权威的关系，抚养的关系等相关人员的规范意识到底是怎样的。这里通过法的惯行来了解中国社会的特质才是本调查的特征。

再者，为了使中国的实情明了化，从经济学角度观察描写关于经济生活、生产、交易等惯行是非常重要的。这种调查和法的惯行调查是不同的，即使调查对象及其经济生活是同一的，在法的惯行调查中，并不以规范其生活关系，掌握法的规范为目的。经济惯行调查是将经济生活本身作为惯行的事实进行描述，将其发生的因果法则明了化才是目的。我们认为将客观事实作为法的惯行和经济惯行是不同的存在，这种想法是不对的。作为客观的事实存在的东西即使是相同的。从科学角度出发掌握到的东西确实各不相同，法的惯行调查和经济惯行调查都有各自的独立性，两者之间没有丝毫的重复之处，也没有相互抵制的地方，不如说是两者互补。

第三，调查的对象

本调查的调查对象是在中国社会里实施的法的惯行，也就是在中国的规范各种关系而成立的法律规范，就像"有社会的地方就有法律存在"说的一样，社会正因为有所有的法律规范才成立的，我们现在的工作就是追踪中国社会的法律规范。

此项工作在落实上出现了不少问题，希望能注意以下主要的二、三点。

一　法的惯行是以怎样的形态存在

本调查是关于现在中国社会里有实效性的法律规范，也就是实际地将中国社会的各种关系规范起来而成立的法的惯行，如实地掌握此惯行才是目的。单纯的调查旧习，也就是已经或者正在消亡的传统惯行不是我们的目的。但是在调查实施的过程中，一部分惯行具有实效性，一部分惯行已经失效，这种情况我们多少能预想到。我们有必要从理论的角度去思考出法的惯行是以怎样的形态存在的。

法的惯行，也就是所谓的"活着的法律"不是以一种亘古不变的形式存在的，与现实生活一起在变化着。遵循传统有着固定倾向的秩序和日积月累出现的社会形成力的接触面以不连续线的涡流的形式持续运转，这种才是法律上的习俗存在真相。特别是像现在的中国，一方面从久远的过去一直流传下来的传统要素依然强有力地保留着，而且在其他方面上，由于政治、经济及其他各种各样的原因而引发的革新要素，也强有力地存在着。此时，产生的涡流的广度以及相当大的变动也不得不令人深思。即使将这记述性地捕捉下来，也不能全部记下。必须竭尽所能记录下传统和革新的东西相互竞争的样态以及真实的动态。不断消亡的和不断新生的法的惯行，一边留意它们的动态，一边记录下来。不得不说这对于我们来说才是最重要的任务。

二　探究法律规范和其他社会规范关系时的主要问题

规范一定社会而形成的规范中，从理论上除了法的相关以外，有德义的，礼仪的，宗教的等各种规范存在。然而这些规范相互之间的明确区分是非常困难的。在现实中，这些规范一边互补一边形成社会秩序。一味的从理论上捕捉规范，特别是指挑出法的相关东西来研究是错误的，而且也没必要那么做。

特别是在中国社会，宗教及其他规范在现实中规范社会关系起着强有力的作用，一旦留意这些地方在调查中是有必要的。在我们看来即使像迷信这种东西，只要作为社会的规律要素有实效性就不能抛开它进行调查。

三　作为规范的惯行和作为事实的惯行之间的关系

本调查的目的虽然是掌握法的惯行，但实际上掌握法的惯行时，也掌握了作为事实的惯行。通过记述作为事实的惯行，也能描述出在其间运动的惯行的规范，没有必要绞尽脑汁地一味从理论上严加区分作为规范的习俗和作为事实的习俗。想要划分它们也是错误的。边记述事实边描述出其中不断跃动的规范，恐怕是掌握法律性惯行的最佳方法。

四　制定法和法的惯行的关系

解释法学的教条是政府制定一定的命令，社会现实的法律规范要依据命令而更改，虽然制定法令作为社会的法律规范有实效性，但现实与那完全不同。特别是像中国这样政府政治力量渗透力极低的国家，探讨政府制定法令的社会实践性需要十分慎重。

一方面，在调查法律习俗时，把制定法规放在范围之外是错误的；另一方面，制定法律已经是作为法律规范，有社会实效性的想法也是错误的。

而且，在中国绅士读书人阶级的农村里，社会地位是根据传统来的。通过他们，由历代政府制定法产生的法律法规以及法律意识在农村里有规律的实效性，历代各朝的制定法中展现出的法律思想对现在农村拥有支配势力的绅士读书人阶级之间有着传统力量，与之相比，狭义的惯行也就是不仅从民间的惯行中出现的法律规范，还以历代各朝的制定法为源泉不断发展并且实际通过绅士阶级的力量，拥有社会实效性的法律是法律习俗调查上不可忽视的重要地方。

五　对以上调查资料以外的资料的探讨要注意以下几点

（1）判案，通过判案的研究找出有社会实效性的法的惯行，比如某些事作为判案确立了，单纯地只是把它放在裁判所处理，作为现实的规律对社会没有任何影响的情况下，立刻排除它作为法的惯行的根据。这一点是政府的政治力量在社会里渗透程度，比如根据地方的不同，与永佃相关的历来的惯行主要是经济方面的各种事情不断地进行变化。对于它的变化的倾向，判案也或多或少有促进作用。因此，在思考判案的惯行的价值时，考虑到各地方的实情是很有必要的。

（2）行政的解释的训令处理例，这与司法裁判所的判案相比，不如说对于现实的社会关系规律力更强。特别要留意各省各县各市政府的特别规则命令等。

（3）乡约村规以及其他的自治规约。同业人的协约，同业人之间进行的仲裁调停等的事例是作为中国社会特质上的惯行调查特别要重视的地方。

（4）习俗规范（狭义的习俗法律规范）基于多年的民间惯行，惯行成立的习俗伴随的法律规范意识，民众违反这些的行为会被视为反社会，更进一步来说，因此不得不接受社会制裁的这种意识的普及之下，即使是在我们的法律正义意识看来不当的内容，也必须有原封不动接受它的准备。

第四，调查的方法

关于调查实施时的方法要思考的点很多。下面列出了其中特别重要的事项。

一、本调查的目的是将法的惯行作为资料描述出中国社会，不是为了获得立法资料的惯行调查。尽量不要对既成的法的概念进行捕捉，而是要将现实原封不动得描述出来，这对于资料的收集以及资料的讨论和整理都是十分重要的。

面对以现有的法律概念无法定位的实例，就应该以事实来记述，进一步形成新的法律概念，所以绝不能有虚假成分存在。比如，判断一定的惯行的永佃是否有分割所有权，首先要弄清楚分割所有权是什么，判别是否是分割所有权的基准是什么，探讨这些十分有必要，所以在资料收集时，非常期待如何如实地掌握事实这样的记述。轻率地进行概念的断定是需要慎重的。

二、由于该调查无法完成全地域的实况调查，调查实施的村落选择必须非常慎重，尽可能在一个地带选出标准的村落。

法的惯行作为规范来进行的调查结果，最好是能够或在一定程度上根据地带区分，风土、政治、经济等各种要素。

因地域不同法的惯行结果也有地带差异。

找出地带惯行的差异以及同一地带特别出现的时候，究明其原因是很有必要的。直线的把不同地方记述下来对现行的惯行进行调查的价值将减半。

且让实态调查的地方分布适当的同时，也要定期选择特殊的地方对其进行调查。有必要像这样深入调查。

三、在实态调查时，比如当提出"对违反惯行者要如何制裁"这样的问题时，得到"没有违反者的事例，因此这一点是不明确的"回答很少时，相关场合该惯行作为习俗规范，不如说有大大的实效性，因为没有被制裁所以该惯行没有法律的合适性这种想法是不对的。违反习俗规范的事例越多，村落没落得越快。没有违反事例则说明规范的实效性很完美。

并且在掌握与制裁相关的惯行时，不管是刑事的还是民事的，都不能放过一看就很不具法律的事例。就像中国的司法机关、执行机关普及的社会，因为私刑制裁或自立救济由强制执行非常广泛地进行着，这些一看就很不具法律性及违反法的正义的事例，不要等它们原封不动地记述下来。

四、关于调查要纲和调查之间的关系，就像在自然科学研究中的假说和实验的关系。最初要制定要纲，确定调查方针，否则调查将不可能实施。之后随着调查的进行，要对要纲进行探讨。有必要进行修正补足，这样随着修正补足后要纲进一步进行调查时，觉得应该重新修正补足要纲时，便立马执行，如此反复才能慢慢做出完美的调查。应该保持这样的态度来完成工作。

为了达成此次目的，实地调查人员和分析整理调查结果的人员要密切的进行交流者机械性地收集资料，后者只是对获得的资料进行理论上的总结，像这样是绝对无法得出好的结果。两者应该齐心协力，在一贯执行的方针下，从所有的资料中尽可能地获取完全的材料，将这些材料集合起来写成出色的调查报告才是我们最想要看到的。

调查研究和预测

彭加勒的名作《科学与假说》中写的，不仅限于自然科学，其他社会科学都适月。在调查大概事物时，首先有必要预测一下调查结果。根据科学的预测能力，事先完成与调查全过程相关的构想，这样我们就能在无限大的范围内特定调查对象，从而能够筛选调查资料。从这些筛选出的资料中归纳出一定的结论能有一些新发现。如果没有任何准备就走一步看一步随便地收集资料，绝对不可能进行科学的调查。仅仅知识渊博的人无法创造科学就是这个原因。

但是，作出科学的预测进行的调查和一味地预测结果进行的非科学的调查是要严格区分的。因为实物的研究调查很容易陷入后者的弊端。我们的惯行调查要严格提防这种情况。在以往研究名义下发表的东西，最初都会预测一定的结论，在调查的名义下为了导出预测的结论，只收集有用的资料，从最开始就无视了与之相悖的资料，或者按照符合自己预测的结论的方向进行解释，从丰富的资料中科学地归纳出结论。但实际上只不过是用自己随便找的资料来粉饰自己随便假设的结论。这种情况是非常多的。我所说的在调查研究的最初有必要进行科学的预测，和这种预测是完全不同的。我指的是给研究调查赋予一定的指导原理，也可以说是臆说。那最多是作为假说，一方面收集与此数据相符合的东西，一方面也要收集与这些数据不相符合的东西。随着调查的进行，能预测出现的相反数据则是作为修正材料的。正因为如此，作为调查人员从最初开始就不要害怕遇到这类问题，不如说应该朝着不漏掉这些而努力。像这样最先进行科学的假说，将此作为调查的指导原理，根据从调查得到的数据毫不偏见地精炼假说，有必要时，要毫不犹豫地对其进行修正，进一步进行新的调查，假说和调查之间不断进行交流修正，像这样努力下去，才是符合科学的调查研究。

从事风俗调查开始，我才变得这么疯狂地翻阅文献。一方面，只是机械地收集知识；另一方面，从预先判断出发非科学的研究态度始终贯穿整个过程的情况非常多。我们发现了这些之后，痛感自己前途多难。如果我们的调查随便做，急于求成的话，很容易陷入以上两种弊端中。假说和调查之间要反复地进行交流和修正，有了这样的毅力才算是真正在科学的名义下进行研究，希望大家不要忘了这点。

最后关于中国惯行调查，对满铁调查部特别是华北经济调查所以及上海事务所的惯行班作出的不懈努力表示谢意。我们已经收到华北、河北省顺义县沙井村、栾城县寺北柴村、山东省历城县冷水沟庄的实态调查报告并进行探讨。另外实态调查报告书的撰写采用问答的形式，调查人员并不急于将材料进行选择加工得出结论，而是基于实态调查，将资料原封不动的汇报出来，这是创新点。希望我们在华北地区的调查人员的这种志向能够得到更好的收获，使我们受益。

法律和习惯
—关于日本法理探究方法的考察—

一

以日本法学理论的探究、日本法理学的树立为目标，学者们提出了各种方法。尽管如此，这些方法还处于相互批判的阶段。在不久的将来，定会通过这些方法取得一定成果，这也是我所期待的。

但是，这些方法虽都有可取之处，却同时有排他倾向，而不是独具权威，其效力和功用有一定的局限性。我认为，对它们每个的局限性进行探讨，并将它们全部并用，这才是达成目的的最正确的方法。

拜托诸位提出有别于先人之研究的方法，也不是没有意义的。关于意义，我首先就"惯行调查方法"的要点进行说明，请大家赐教。当然，这个方法在效力上也有一定的局限性。但与其他方法相比较，此方法可以得出用其他方法所得不到的成果，或者是其他特别的成果。

我想到这个方法的主要动机是，因几年前受东亚研究所委托，开始对华北农村进行惯行调查，作为调查前的准备，我把之前在各方面进行的惯行调查的报告文件、与习惯法理论相关的众多文件研究了一下，慢慢地将其与"社会秩序的力学性结构"这样的构想关联起来了。

为此，下面首先介绍构想的大致内容，引用了上面调查准备书的一节。

"法的惯行是以怎样的样态存在"

"本调查的目的在于如实把握当前中国社会中有实效性的法律规范，也就是实际地将中国社会的各种关系规范起来的法的惯行。单纯的调查旧习，亦即已经或者正在消亡的传统惯行不是我们的目的。但是在调查实施的过程中，一部分惯行具有实效性，一部分惯行已经失效，这种情况我们多少能预想到。我们有必要从理论的角度去思考出法的惯行是以怎样的形态存在的。"

"法的惯行，也就是所谓的'活着的法律'不是以一种亘古不变的形式存在的，它与现实生活一同在发生变化。传统的固有秩序与日渐形成、发展的新的社会形成力，二者的接触面上出现不连续线的涡流并不断活动，这才是法的惯例习俗存在的实际样态。特别是像现在的中国，一方面从久远的过去一直流传下来的传统要素依然强力地保留着，而另在其他方面，由于政治、经济及其他各种各样的原因而引发的革新要素也强有力地活动着。此种情况之下产生的涡流的广度及活动幅度也是相当大的。我们应该清楚，即使把这些记录下来了，也难免会有疏漏之处。我们必须竭尽所能记录下传统和革新的东西相互竞争的样态，以及真实的动态。不断消亡的和不断新生的法的惯行，一边留意它们的动态，一边记录下来。不得不说，这对于我们来说，才是最重要的任务。"

也就是说，现实中存在的社会秩序不是以静止不动的形式存在的，而是力学性地与各种社会因素相互作用下形成的。为赋予社会一定的规制力而发挥作用的政治力，与该社会固有的传统力及支配社会的社会法则、经济法则相接触，形成了一定的秩序。这正类似于高气压和低气压在接触面的位置形成的不连续的涡流，乍看是静止安定的，其实只不过是相克的力在相互作用。更多时候是力与力相互作用不断地寻求安定，在安定和动摇的连续运动中形成了秩序。在相对比较稳定的社会中，因力的平衡而日趋安定的秩序逐渐被确立下来，这里也是力与力在相互作用才保持了安定。与之相反，在转变期的社会中，力与力相互作用带来的动摇一般非常明显，但这也是在不断动摇中寻求着安定。

法的惯行，作为活着的法律正是像这样存在着，在认清这个事实并调查特定社会的法的惯行时，我们在理解社会特质的同时，作为该社会中政治力表现形式的法律，能动性地把握社会中变幻万千的实相。

在中国社会中，由于中央政府的政治力对社会的渗透不彻底，理解其特质的方法之一就是应该从以上观点出发，开展法律惯行调查，我们提倡这一点也是基于这个理由。

二

那么，我们要怎样通过这种方法来把握日本法理的特质呢？为了使法理明了，我们使用物理现象的比喻。对某物施加某种程度的力量就会产生某种抵抗。众所周知，通过测出抵抗力的大小，就能得出物质的性质。最近，为求简单迅速地找出地下资源而被广泛利用的物理探矿方法，正是这个道理。使用棱镜将特定星球发出的光线进行分析，从而得知组成此星球的物质也是这个道理。我们准备把这个道理类推到社会现象，从而得出社会的特质。比如，我国明治维新时期就利用这个方法，导入欧美文化的同时，其特有的经济法则、社会法则也逐渐流入日本社会，产生了不可抗的支配力。而且，明治政府模仿欧美的法制，树立了各种制度机构，逐渐形成了新的社会法则。这些依靠政治力量而得以实施的新制度，究竟受到了我国固有传统的多大程度的抵抗呢。将抵抗的事实精确地记录下来的话，我们将得出我国的传统到底是什么样态，从而将我国社会的特质明了化。同时，也为探讨适合我国社会的法的特质，亦即日本法理的理想形态，提供了依据。

下面用具体的例子来说明这个道理。

第一，我们通过研究案例，就能知道法官运用法理念和法技术的事实。若法官接受的全是欧美风的法学教育，其运用的也主要模仿欧美风所制定的法令。然而在运用时表现出来的法理念不一定跟欧美的一致，其运用的法技术也有我国的特色。将这些特色精确地收集起来分析，一方面，我们可以捕捉到裁判的对象，亦即我国社会的各种情况；另一方面，也能看出该法官的独特的法律思维方式。如此一来，我国社会固有的传统力量和司法官对欧美风的法制和法学在不知不觉中产生了怎样的抵抗，据此我们就能科学地测定出作为日本法理基础的日本社会的特质了。我们深切体会到逐个研究明治时期的此类案列是很有必要的，衷心地希望有同仁能从事此项工作。

第二，通过对我国民间法的惯行进行调查，可以了解法律实际上起到了多大的作用，并据此推算我国社会对国家法律的抵抗力的大小，进而分析社会的特质。因为一个国家的法律实际上在它的社会里被实行到了何种程度，是与该法律的社会适合性及该国家的政治力量强弱成比例的，像我国这样政治力量的渗透程度非常高的国家，法律的实施程度要远远高于中国，即使这样也不能说法律完全按照立法者的意图来实行的。比如，民法的亲属篇及继承篇的规定。虽借助户籍制度的力量使其法律规定在实际生活中在很大程度上得以实施，但不可否定在民间与法律不同的习俗也是广泛存在的。因此，通过科学地调查这种习俗就能知道在我国社会中身份性的规制是如何与国家法的规范相抵触的，这样就能明白我国社会的特质，进而发现与这个社会相适应的法原理和法技术。

总而言之，案例也好，民间法的惯行也好，对这些进行有组织地调查，就能知道我国国民以及社会是怎样抵触明治时期占支配地位的西方法理念和法技术，据此明确日本法的特色。

<h1 style="text-align:center">三</h1>

为了能正确理解我的上述思想，很有必要再次探讨我国之前的教科书上所记录的习惯法。但是那些教科书并没有将所谓的习惯法真正的样态明了化，只不过模糊地承认习惯法作为法源的一种存在于法律之外，而且这里的习惯法和我们所说的作为活着的法律的惯行在本质上是不同的。

根据一般教科书的记载，国家作为因政治而形成的社会，制定且强迫实行有权的规范法。国家政治力认可上述规范法之外的习惯法的存在。这些习惯法是由长年存在的社会贯行所形成的，它可以取代国家政治力，依靠其他社会力量而存在。习惯法与法律相比而言经常处于劣势，比如法例第二条、商法第一条，习惯法只有在不超越法律规定的范围内，其效力才能被承认。并且，习惯法也不具有废止法律的效力。

关于习惯法的这种思考方式，很明显继承了十九世纪末德国的私法学，但德国当时关于习惯法论并未完全照搬德国的私法学。尤其是十八世纪以后，德国习惯法论从法律优势论渐渐转变为习惯法优势论，最终又变回法律优势论。之所以会这样，都是因为无视学说变迁背后起关键作用的政治性因素所造成的。从科学上来说，不得不承认这是难以掩饰的缺点。

回顾德国习惯法理论的历史转变，首先是十八世纪末以自然法论为武器的法律优势论，作为当时的革新政治力以法律理性的一面打破濒临崩坏的旧秩序习惯法，因此，这个包含判例法的习惯法就是整个旧秩序法律的规范，它与我们现在所讲的现有的法律习俗完全不同。

接着，以萨维尼、普赫塔为代表的习惯法优势论，与反对当时自然法论的立法反对论有着密切的关系。那时所展开的法典论争，也不过是主张运用旧秩序中传入的普通法去制定德国统一法，和主张运用自然法论立法去统一德国法这两派之间的斗争。所以，法典论争的主要契机是政治上的，其所涉及的所谓的习惯法也和我们现在所讲到的现有的法律习俗是完全不同的。

更一步来说，十九世纪末的法律优势论，与伴随着当时制定法体系逐步完善而出现的司法政策论有着密切的关系。国家制定法体系日趋完善的话，就不再借助习惯法的力量，而是可以"用法律来裁判"。另外，从司法经济学的角度来看的话，也是很便利的。所以，当时的论争已经不是在争论法律与习惯法之间的优势，而是看天主教徒与德语学家在法典编纂中谁更具优势。

总而言之，十八世纪末以后，德国围绕习惯法举行的论争都是政治论，它与我们现有的法律习俗完全不同，与此相关的议论几乎全是法律学受到社会学以及民族理学等其他学科的洗礼之前的独断论，基本都欠缺科学性。不过在这其中也有像贝塞勒的《民族的法律与法律人的法律》这种著作出现，不难看出通过它，能更快地将注意力集中到我们所说的活着的法律上。以上就是转变的过程。

四

在以上的争论中，我屡次提到了国家政治力与社会法则之间的力量均衡，介绍了它们的对立、相克关系，就一直以来人们对国家及社会的普遍认识做了批判。在此想通过叙述自己的一部分观点，来解开大家的误解。

在 19 世纪历史派法律家中，就能看出主张社会独立存在的观点的原生态。分析派的法律家将政治性社会机关强制设定的有权规范作为法律，认为不能被权力直接支持的就不是法律。与此相对，历史派法学家认为，因政治性因素的影响而形成的社会具有完全独立的起源，法规背后所存在的社会压迫——舆论、服从的惯习、同辈的不满等其他因素，依此而得以成立的习惯规范就是法律的本体。据此可以看出，历史派法学家主张社会不需要通过国家的政治力，也不需要政治组织就可以创造出法律。

主张社会独立于国家而存在的观点，自 19 世纪以后至今日能变成有力说，其主要原因我认为是 19 世纪以后世界经济蓬勃发展，超越了国与国的界限，要求各国具有经济自然法则，与各国内部的政治相比来看，这些法则以不可抗之力展现出其自身优势。经济法则、社会法则所支配的社会变为对政治具有不可抗的权威。认可国家与社会的对立的观点，可以说是世界主义，也可以说是偏向了主张经济的相对于政治抑或是法律来说，具有优位性的唯物论的方向。并且这种观点之所以会有力化，是因为 19 世纪的世界，乃至各国的国情证明了此观点。

最近世界经济秩序逐渐崩坏，特别是否定世界支配的各国内部，主张政治与经济相互之间具有优势的观点开始抬头。这就是使得那些视肯定国家与社会对立的观点为歪门邪道的思想成为主流的最主要原因。就这样，各国的政治很自然的沿着这条线走了下去。

但是区别国家与社会的观点，从科学角度来说很难全盘否定，毕竟它作为研究国家的方法还是有可取之处的。只是，否定经济秩序的世界支配，仅将其作为一国内的问题来对待，即使如此，一国之内有一定的经济法则在施行，也有一定的社会法则在施行，这是不可否认的事实。然而，肯定这些法则的存在，并解明其本质，在此基础上将其利用在政治上才是政治的真面目和使命。在物质文化方面，首先是通过物理化学以及其他基础学科解释支配自然的法则，适当利用法则中应该被利用的东西来实现文化目的。其中包含着支术科学的使命。与此相同，我们在思考政治、法律时，都是从基础科学的观点出发努力解明经济法则与社会法则是什么，然后再思考如何将它们利用在政治目的上。事实上政治意识有否无关，它是通过方法来执行的。政治学、法律学作为实用科学只有通过这个方法进行研究才对得上科学之名，否则政治就会陷入自以为是，政治性法律学陷入专断，进而会遇到很多阻碍，发挥不出实用价值。

当然，经济法则或社会法则都不是绝对的，会根据政治方针的变化而产生变化。完全无视法则的支配力，认为任何事都是依靠政治力来形成，这种思维是一定不能有的。为了防止产生恶劣影响，将作为政治力表象的国家与作为社会法则表象的社会相分离，让二者相对立，与此同时研究国家、政治、法律。我认为，对于方便科学研究来说，这才是最合当的方法。

将国家与社会加以分离，使其形成对立，也不过是为了方便科学考察。所谓的国家，也就是透过观察过滤器看到的政治、法律方面的假象，而社会就是透过观察过滤器看到的经济文化方面的假象，实际存在的东西也就是作为社会实体存在的"国家"。以我国为例来解释这个道理的话，实际存在的东西指日本，这才是被称为"国体日本"或"本体日本"的东西。但是，从政治、法律方面观察的话，就能看出"法治国日本"，从经济、文化方面观察的话，就能看出"社会日本"。然而，就上述国家与社会分离形成对立的观点来看，前者相当于国家，后者相当于社会，"法治国日本"即不外在于日本国政治法生生组织的机构，"社会日本"即由日本国的社会法则支配的经济、文化方面。也就是说，尽管两者都不过是为了科学观察便利而看到的假象，但为了追求对我国的政治、法律进行科学性研究的正确性，探求源于"国体日本"的日本原理当中包含的最好、最后的指导原理，将其作为中心，一方面置于"法治国日本"，考虑其政治请求；另一方面置于"社会日本"，考虑其社会请求。在使两者对立的同时，通过相互的行为形成安定与秩序，我们必须深刻地认识到这个道理。

以日本本体的道义原理为基本理念，肯定社会法则支配的同时理解它、克服它，努力把它利用在政治上，应该为法制国日本的法秩序变得有道义且合理开辟科学的道路。

我相信，形成有道义且合理的法秩序观念，是我们现在的重大任务。国内外实行的那些不相左的道理，必须有道义并且合理。

调查项目

其一（东京方面）

甲　以土地关系为中心的惯行调查事项

第一、以编成土地法的各主体的探明及分析
（包含历史和社会学的考察）

一、个人——在人格法上的地位

（1）士绅和平民的关系、在土地关系支配上的特异地位

（2）在个人家族里的地位——家族制度的分化是怎样表现在个人的人格表面的，士绅和平民的对比

（3）外国人的地位

二、家族——家族制度对中国土地法关系产生了多大影响

（1）家族作为土地法关系的主体可能吗——如果可能的话，那么法律的构成是怎样的

（2）家族的社会学的构成——家族和家长的关系

（3）家产——关于其构成、利用、处分的法律关系——包括家族关系的解体和家产处分及相继关系

三、宗族、同族

（1）宗族和家族的相关关系——同族关系在华北的残留程度以及它的形态

（2）在家族村落的族产、祭田、学田、义田等的管理

四、寺庙和其他的祭祀、宗族的各种设施

五、村落——村落的构成对土地关系的影响

六、国家或国家的设施

（1）中国的国家对土地法的全体构成产生了怎样的影响——王土思想、田赋、税捐、清丈

（2）国家的审判制度和土地法的形成

第二、土地的所有形态

一、因身份和血缘的制约而产生的土地所有形态

一直以来的关系以怎样一种程度残留下来，农民的私有土地是怎样在转换

 （1）皇产（对于清朝个人私有财产清理条例在别的适用情况）

 （2）旗产、八项旗产

 （3）屯田

 （4）寺庙地

 （5）家产

 （6）族产、祭田、学田、义田

 （7）坟墓

 （8）村屯公产

 （9）应该与日本的入会地类比关系的有无——其私有化的经过

 关于这一点清朝一直以来的政策

二、私有地

 （1）从国家的、身份的制约怎样到不断生成纯粹的近代个人所有、关于土地所有的租税负担的结成方法

 （2）分割所有关系

 关于田面、田底权中国固有法的特殊性，近代所有权化是怎样进行的（不是法典上的处理方法，在实际问题中，是永佃权化还是负担附所有权化等各种问题）

 （3）相邻关系——相邻者的权利关系——留意先买权等的效力

 附：根据其他的土地（例如官产、无主的荒芜地、苇地、芦地、沙地），法律的性质及开垦是怎样私有化的

第三、关于地籍和土地的公证

一、清丈以及地籍的管理

 （1）土地台账及其他的公簿（与征税一般公示的机能相关联）——关于各种公簿的管理者、管理方法

 （2）地籍的组成

 ①清丈

 ②公簿里记载的目的、方法以及公簿的可信度——不论是公簿上记载的土地——还是与公簿记载不相符的土地、浮多地、帽子粮地及其他

 黑地——处分方法、罚则

 无主的荒地——促进开垦的制度

 芦地、苇地——地籍组成方面的问题

 河淤地、河川的三角洲、河道变迁引起的旧河床地的归属关系

 地籍组成方面的费用负担

二、关于土地权利变动的公证制度

（1）税契

（2）过割

（3）公证制度和惯行公示力——有多少人来处理公证事物

地券的性质——当地券连续性破坏时该怎么处理

关于双重买卖的问题——分割所有关系的公示方法

从案例来看被广泛承认的公示力的极限

（4）除了以上有惯行公示作用的各种制度以外、民国政府对于有不动产登记条例的土地，其权利关系的公示方法以及实施后的实际情况

三、政府机关一般的地籍整理状况

（1）地政机关

（2）地籍整理特别是官产和旗产的整理状况

附：土地时效的取得

第四　关于土地利用的法律

一、总论

土地所有与农地经营的关系

（1）土地的分配关系（从大土地所有到零细所有）——土地零细化的事情和分头相继制的影响——目租佃地的分布——在华北的农村阶级分化问题——农民生活的实态

（2）土地的经营关系——大经营和小经营——副业、家内工业——农村雇佣劳动——农业、日工、人身买卖关系中的农业劳动者、家族劳动、外出打工、散工

（3）土地分配上一般规定农地经营的各种各样自然以及社会的条件——水灾、旱灾、虫灾、恐慌、兵匪、战乱、骚扰、外国商品、资本的侵入

（4）业主权、佃农形态的社会经济史的特质

二、租佃

（1）在中国的租佃关系的一般经济史的发展阶段（西方、日本租佃关系的对比）

①在中国的力租、物租、钱租等各种复合形态的一般经济史的意义

②租佃关系和身份的制约——佃农在村落内所占的地位——对于佃农在租佃关系中所占的地位——隶属农奴关系的租佃关系的存亡（还有随地佃农的事实）

（2）租佃权的种类

关于租佃权实态调查的注意事项

A 不受民法上的物权债权的区别的限制、只关于租佃关系的实体进行调查

B 民国民法、土地法、租佃法等确定的东西和实态的对比——民法其他的规定是怎样在实际中适用于租佃惯行的

C 询问提问表里从权利的内容推测到的事实、特别留意土地取得权以及地主

经营（从耕作的调制、到丧装）相关关系

D 诸如榜青之类的，不应该把它对应到分成租佃的一般范畴里来掌握

①从法律的观点来看以租佃权的强度为中心的各种阶梯

（a）分割所有权与欧洲那边的差异不仅仅是租佃征收权相凑合，而是针对田面或田底的具体的所有者意识的内容

（b）永佃权——和前者的关系——中国民法上的永佃权和日本民法的永租佃权是一样的，比如隶农的永佃、株佃（以借用土地、农具种子、肥料等为代价的耕作关系）等类似农奴性质——和开垦租佃之间的关系

（c）长期租佃——有期租佃和无期租佃之间效力的差异——长期租佃和短期租佃之间效力的差异——长期租佃权的转让、转租相关限制的有无——长期租佃权的对抗要件以及对抗力——长期租佃权的价格和地价的比率

（d）短期租佃——关于短期租佃的前述问题

（e）不定期租佃（地主随意获取耕地）——关于不定期租佃的前述问题

（f）关于前面各种的以下事项的调查

　　ⅰ 关于地主的租佃契约的解除和土地获取的权利——其执行方法

　　ⅱ 关于以租佃权为中心的相继事项——地主死亡时——佃农死亡时

　　ⅲ 转租的问题

　　ⅳ 弃佃租

②以租佃为中心的租佃权的种类

（a）实物缴纳、货币缴纳、劳役租佃——各自的特异性（特别是存在地方集团的时候的理由）

（b）分成租佃、内青、榜青

③特殊的租佃契约

（a）在转租佃农、族田的总佃农

（b）皇产、旗地、寺庙地等的租佃关系

（c）开垦地的租佃关系

（d）根据公司组织经营的场合

（e）典租佃

（3）租佃契约

①契约的方式——契约书的有无（关于各种租佃关系，特别是永佃权的有无）——契约成立执行时仪式的有无

②手附金、敷金（押金）、保证人——押金废止运动

③租佃权的公示方法

④契约当事者的问题、特别是与土地管理人的关系

⑤短期租佃的更新方法——默示还是明示

（4）租佃

①租佃的形态——从租佃的观点来看分成租佃、实物缴纳、货币缴纳、徭役租佃——分收、包租——根据地租的支付形态的各种租佃关系的特质

②租率——租率的决定方法——双作、一年一作和其他作物的差异

③减免惯行、定免、增租

④纳租的时期——预租、其废止的运动

⑤缴纳地租以及催缴方法——验看（特别是根据地主组织）

⑥地租滞纳时的处置及制裁——强制征收的方法——获得土地方面的问题

附：最近二十年间的减额纷争的实况和解决后的状况——民国政府减租政策的实际成绩

（5）地租以外的负担

①赋役等劳动的提供及贡纳

②赋税的负担

（6）租佃关系中的中间介绍者、特别是租佃地管理人——地主和管理人的关系

（7）关于佃农的佃租经营地地主的（佃农的租佃经营地和地主之间的关系）——作物、施肥、除草、收获、关于脱壳调制等相关事务程度。特别是分成租佃的场合

（8）佃农的身份制约

①村落内佃农的社会地位

②地主、佃农间的礼仪关系

③地主对佃农生活的干涉——地主对佃农所谓的恩惠施舍

④隶农的、农奴的关系——佃农随着土地变卖而产生关系（原有随地佃客一类）的有无

⑤佃农身份制约的变化——由于近代资本主义的影响隶农关系变质、强化乃至消除——因农民运动而产生的租佃关系近代化的问题

第五、土地买卖其他权利处分以及以土地为中心的金融

一、土地的买卖

对于一般商品的买卖和不同土地的买卖特有关系应注意的问题

（1）买卖契约成立所必要的条件——契约书的方式、见证人的有无、（以家族关系为基础）亲属、相邻者的同意与否、手附金

（2）买卖契约的效果及履行——代金支付的方法、占有的转移关于其他买卖契约的履行手续、担保责任、契约接触以及契约强制履行的相关问题、杜绝买卖是怎样在起支配作用的

（3）买卖的公示手段（地券、公证、其他民俗手段的有无）

（4）土地的买卖对田面、附属品、附和物等的影响

二、土地的强制征收

（1）土地的公用征收——目的、要件、手续等

（2）法律外的强制征收、特别是国家权威中隐藏的士绅和庶人的关系为中心

三、买青苗（田面的买卖）

四、以土地为中心的金融关系

（1）取得买卖形式的土地金融——买回权附土地买卖（活卖）——物上负担的设定——分割所有关系的有无

（2）质权以及抵当权——包含典权及其他

（3）参与以土地为中心的金融关系的各种主体的一些探明——为了理解关于高利贷、银行、合作社、无尽等土地金融关系必要限度的各事项

（4）担保权的效力及执行方法

物的有限责任的有无、担保流程的处置（证书及其他）、拍卖的有无及态度

第六、关于水利灌溉的事项

一、从灌溉的立场看水利

（1）华北农地灌溉的意义——土壤的性质和灌溉的关系——耕作方法和灌溉关系问题（对于各种作物灌溉的意义）

（2）利用河川进行灌溉——在自然河川和人工水路利用关系上的差异——水源地和灌溉利用者及上游者下游者间的利用关系——与惯行相反的水的利用和执行方法——水利惯行的证明方法——关于水争的裁断方法和执行方法——村落内水争和村落对村落水争之间的解决手续上的差异——根据以前的情况或者关于特定地域农民在其他地域农民在关于灌溉上特别优越的处理方法的有无——关于水流变更的问题——堤防其他防水设施和灌溉的关系——河川灌溉的对价关系

（3）井户——是在怎样的地域怎样利用井户来进行灌溉——井户的所有及支配关系（包含使用料的关系）——对于井户的地役关系（也与通行权相关联）——井户的共同利用关系和那种场合下的管理关系——井户的水是怎样被运到耕地的——附近有井户会对耕地地价产生高低差异吗——井户的开垦和地下水的问题——关于井户的利用关系是怎么裁断的——井户的利用关系和村落家族的协同性相关问题

（4）贮水池——贮水池在灌溉上是怎样根据地方分布的——贮水池的所有以及支配关系以及管理关系——贮水池和池底的关系是怎样的——其他前述问题中特别跟贮水池的利用关系关联的地方

（5）湖沼——关于湖沼的前述的各种问题——关于湖沼的渔业及其他采取业与灌溉的利用关系

（6）以灌溉水利为中心的农民协同设施、协同团体——村落和水利的关系——灌

溉用器械的使用关系——水利组合的存在及机能

二、从动力的立场看水利、水轮机和灌溉

三、从防水的立场看水

华北河防的意义（和华中华南在对照上的）——各种防水设施、与之必要的公共劳动以及水利经费和其他公法负担的有无及内容——关于渗水后修复工作问题

四、以运输为中心的水的问题

河川运河的使用关系和灌溉、防水的关系

五、以水为中心的农村协同设施以及因水而来的农民以及耕作地的负担关系

第七、以农地关系为中心的赋税

中国的赋税与近代国家的租税体系不同，沿袭了清朝的遗制积弊很多，也应注意阻碍其农村经济发展

一、近代土地课税和中国税制的对比

课税对农民人格权上的地位有影响吗——小自耕农的赋税与佃农的租佃的对比

二、田赋等赋税的种类、折征率以及财政上的地位

　　（1）田赋（正赋及附加税的警捐、学款、区公所经费、经费等）

　　（2）牙税及地方杂捐、契税、官产税、兵差、徭役

　　（3）地亩税

三、地主、自耕农及佃农的赋税负担状况

四、征收组织——自封投柜、社书制、包封制、粮柜、粮催、帮忙的征收方法——区乡的摊款。科则。征收上的流弊特别是包税制度

五、征收的时期

六、逾期未缴时引起的效果、社书拘押、打板的制度。逾期未缴者的法律拘禁、差押、劳役、公卖处分、怎样以刑法上的犯罪来对待

关于经济上影响（农地兼并等）要考虑的问题

七、逃税及抵抗的实情

大土地所有的场合、所谓的庄园化倾向、帽子粮地、黑地的逃税手段以及处罚

八、民国政府的租税制度改革（与土地解放相关联）

第八、农业以外的土地利用关系

一、监田

自古以来的专卖制度和关系——盐法、制盐特许的条件、监田的经营关系

二、住宅地

土地和建筑物的关系——借地关系、特别是都市及农村住宅用借地关系里表现出的特质问题——借家关系

第九、民国政府以后的各种土地政策

一、民国政府的各种立法

三民主义里标榜的各种立法及其实施状况

关于民法、土地法、保障佃农办法原则等

二、山西阎锡山的土地村公有及其他农业立法

三、赤区及剿匪区土地关系的各种立法

  （1）赤区土地法——以往的惯行及影响

  （2）剿匪区内各省农村土地处理条例

第十、农村的流通及金融的各种问题

流通及金融的各种关系是在第二部分处理的、这里只是具体讲农家经济相连接的部分
明确化

一、农村生活中的金钱和谷物借贷

  （1）个人金贷（官僚、寺庙、豪绅、富农、商人等）

    ①社会性质中的金融特异性

    ②家族、亲属中特别要明确实际债主

  （2）农村金融机构

    ①合会、义仓

    ②质屋（当铺、押当）

    ③信用合作社——特别是关于农村金融中介的机能

    ④银行资本是怎么进入农业金融的

  （3）借贷关系的种类

    ①实物借贷是否存在特异性

    ②契约的方式——有无写证书、证书的方式、有无见证人、有执行证
书的有无

    ③利息——先取、有无基准利息、违约金、利息制度

    ④催缴及不履行时的效果——自立执行、差押、拘禁、劳役的清偿等、
有无执行限制（坟墓、祭具等）

    ⑤有无消灭时效

  （4）担保

    ①物的担保

     各种担保——以担保为目的的所有物的种类及其方法（典当、押、
压）

    ②人的担保

     保证的各种别、连带（注意民国法典中出现的形式及其差异）

二、以农民为中心的交易关系

（1）市集、庙会

市集、庙会的特殊性，如何卖，有多少人买——管理者，市集、庙会的时期，代金支付的方法

（2）牙行、经纪、行家、号家

（3）加工业者（水车业者、磨坊、油坊、烧锅）

（4）粮栈

（5）棉花、烟草等外国资本支配下的商业作物的买卖机关、买办

（6）各种杂货铺

（7）洋行

乙　商事及金融相关的习俗惯例调查事项（略）

丙　家族及村落的相关习俗惯例调查事项

第一、家族、同族

一、家族制度和土地制度、村落、乡党关系

（1）家族制度和土地制度——土地的家族所有和家族制度的根据之间的关系

（2）家族制度和村落（参考第二部分第三点）

（3）家族观念和乡党关系

①家族观念对于异地做官者、移居者、外出打工者等及范围

②异地做官者、移居者、外出打工者和旧家族之间的关系——相互联系的方法，汇款、汇寄的关系，归乡的情况

③异地做官者、移居者、外出打工者相互的关系——公会、帮等

二、作为制度、思想的家族制度和现实家族制度的对比

（1）旧来的中国法一般在儒教中的家族制度

那是怎样在家族关系里实际应用的（关于都市和农村以及士绅和庶民的各种情况）

（2）中国民法规定的现实执行方法

是怎样影响家长权、夫妻间的地位，特别是户籍制度的实施状况及其影响

三、家族的构成

（1）家族的大小（成员数）

（2）家族的构成内容——经济上一个家族内同居亲属的范围（特别是旁系亲属）及非亲属（雇人、仆奴、童养媳等）的范围、妾是怎样存在家族里的、在以上问题中家族感情是怎样的

（3）家族构成与农民经济

①家族构成和家族劳动力的组成——亲属、非亲属的不同以及性别、年龄的

不同而引起的劳动分化的样态

②劳动构成和农民经济——劳动分化和寄予生计的方法

（4）家庭

①大家庭与土地所有以及政治社会权利的关系

②大家庭的构成内容

③大家庭的家计、家族劳动的组织以及家长的指挥

（5）家族的分裂

分家、分居的方法、财产分离的方法、进行的程度及最近的倾向

附：家族一员从出人头地、没落产生的作用

四、家长的地位

（1）家长——什么样的人才能当上

（2）家长职务本分的各种内容

①司祭、家族统制、家产管理指导

②和家族劳动的关系、其指挥及家族劳动所得的应得份额

③家的代表

（3）家长的义务及责任——扶养及祖宗祭祀、家族成员行为的有关责任

五、家族的生活

（1）家族成员对家长的态度、老人在家族内占的地位、家族内的父子、夫妻关系及女子的地位

（2）家族成员的特有财产——在怎样的范围里被认可、特别是和家族成员收入的关系

（3）家族内的家族成员的职务本分

（4）家族成员的衣食住及娱乐

（5）住房内的房屋构造、配置及用途——家族内房的相互关系

六、家产及财产继承

（1）家产——其内容、权利主体及管理关系（特别是祖先死后共同财产的场合）、处分的法律关系（家族的同意权、先买权的有无）

（2）家产分割及财产继承

①家产分割一般的继承原因及其具体方法

②家产均分及分头继承

（a）家产均分制及分头继承制的现状、长子必须多分、特别是和家已继承的关系是怎样的、对于女子的家产权利

（b）其土地所有及农业经营的零细化及作用——有经营上的极限　三于极限的解决方法（有借子传孙的制度）

（c）产业资本及商工业经营之间的关系——资本分割的方法、经营是怎样实现的、同族会社等的财产保全处分

③遗留家产、养赠财产的处置

④债务的继承——父债子偿的惯行及其现状和趋向

（3）家产的升迁分割及遗言——是否在农村进行，商人间的实际情况

七、同族

（1）同族结合的分布，及其大小

（2）在同族结合中的团结及组长支配的样态——祭祀、宗庙、族产的管理、纷议的解决、同族会议等——同族间的金钱和谷物借贷

（3）同族的结合及农业经营

①共同作业的及其种类（河防、修道堤、凿井、除草）、想日本"结"的惯行的有无

②农具、役畜等的共有、有无共同利用

③对于以上惯行货币经济侵入的影响

④家族间的租佃关系（特别是与组员外的人的场合的对比）

（4）同族及同族村落、部落——其存否、一姓一屯、实际的血缘关系

（5）两个地方以上的同族在一个村内居住时相互的交涉关系（特别是关于村落行政及土地庙）

（6）同族的社会机能

①相互扶助——对于贫困者、学生扶助的样态

②对于经济政治的团结的作用——商业资本的结合。特别是公会、财阀的发展，一员在政治上立身时的阀族关系

③同族和株连罪

第二、村落

关于本项提及村及村落的时候说成自然村，与法律上的"行政村"区分开来。村长等的用语也与此相对应。

一、村落里村民的基本意识和关系

（1）村民的协同意识

①村民的共同防卫及产业上的共同作业间的协同——协同事项及范围、是因谁发起的、协同的强制特别是违反者的制裁

②村的财产、负债对外行动的协同——存在的程度

③对于村的公共事业及公共建筑物、村民的观念

（2）村民间的支配及平等关系——村长、村里长辈的威信及与之对应的一般村民的态度、一般村民间的相互关系

二、行政村和自然村的关系

（1）国家的村落统治政策和村落自治

①以往的乡村、保甲制中表现的政策实际成绩

②民国政府及新政府的地方自治制、保甲制的实施状况

（2）行政村的编成及对自然村的影响

①行政村的区化——其区划标准（是以户数还是以人口）及大小、自然村分合是村民的团结及对自然的影响

②行政村的组织——在行政村里的自然村的村里长辈的职务、一般村民的地位（特别是像部落聚会）

③行政村的作用——征税、治安、军役的机能和自然村的利用、规制的样态

（3）自然村的生活力——要如何不拘泥行政村的变动，让自然村继续存在的各种样态

三、家族、同族和村落

（1）村落内的家族、同族

①村落内的家族制度——作为村落构成单位的家——分家的时候是否要征得村的同意

②村落内的同族关系——村内姓的种类、同族关系的村政及影响（特别是两个以上的同族的存在场合）

（2）血缘村落（部落）和地缘村落（部落）

①其分布状态——特别是村落的地带的、地理的、交通的以及产业的特征和关系

②对于血缘村落（部落）同族意识的自然的、社会的各种条件（天灾、变乱、货币经济的侵入）的影响

③血缘村落（部落）和地缘村落（部落）和村落自治上的差异

四、村落的构成

（1）聚落的形态（散居制、聚居制等）

（2）村落的名称（包含沿革）及村落成立的样态（特别是与新村的关系）

（3）地域的构成——其位置（与县城及近邻的都邑、村落的关系）——其面积——耕地及山林、原野、湖沼等的宽度——飞地及有无外租土地（行政村、自然村的种种）

（4）社会构成

①其户数及人口（包含其移动状况）

②构成的内容（不仅仅是下面这些的数的比率、资产特别是土地所有、经营规模、生活状态，这些在村政里的职务）

（a）退绅、乡绅、董士——与其村民的接触、特别是文化的交往程度

（b）地主——大地主在村里定居吗，不在地主和村民的接触，庄头、催头和村落的关系，地主和乡绅及金融业者的关系

（c）自耕农

（d）佃农

（e）贱民及乞丐

（f）商人及工匠——其职业需要获得村里的同意吗、是否有都邑和村联络用的类似便利屋一样的地方、商业资本的侵入和他们的地位

（g）教员、技术者、官吏，其他领薪水生活的人

　　③他乡人——其数量及职业的种类，村内的地位特别是是否要征得居住、职
　　业相关的村民同意及其方式，村内土地的获得，是否能经营，村政及村财
　　产的有无及程度
五、祠堂、神庙、寺院及祭祀、戏剧和村落的结合作用
　　（1）祠堂、神庙、寺院的宗教性、祭祀性的各种设施——村里的数量及祭神、灵
　　殿（灵验）、建立时村民的发起、布施等的关系、特别是各村共同的有无、村内
　　寺庙不需要时的处置
　　（2）祭祀及戏剧——祭祀中村民协议及裁判、戏剧和村民的集合
　　（3）庙会及市集——其日期、场所，及所持有的村落结合作用
　　（4）神庙、寺院的维持一般祭祀的费用——庙寺产的样态及其收益、不足的费用
　　是否由村民负担、负担方法
六、村落的组织
　　（1）村落的理事者
　　　　①理事者的任选及其地位
　　　　（a）其名称一般人员数、一个人是否管理好几个村落
　　　　（b）选任方法、任期——事实上的世袭或者轮流担任的有无——选举的
　　　　有无及方法、选举权者及被选举者的资格要件——年龄、财产（特别是
　　　　土地所有）、能力（特别是读写能力）——关于理事者是都有保证人
　　　　（c）和村内有能力者的关系——村里长辈及资产家会成为理事者吗、不
　　　　成为的话，怎么实际左右村政、村内党派的有无
　　　　（d）报酬——接受公家报酬吗、其金额及来源是怎样的、事务处理上的
　　　　手续费收入、不公开的收益样态
　　　　（e）在村内的地位——受尊敬的程度如何，是否经营商业、借贷业、工
　　　　业，这些职业和职权的关系，在村的祭祀及村民婚丧嫁娶等中的地位
　　　　②理事者的职务、权限
　　　　（a）对于职务的观念——是劳役的一种还是特权呢
　　　　（b）职务的内容——其种类、谁是主要的、是否存在行政委任事务及和
　　　　村的固有事务的比率
　　　　（c）关于村民的权限——在征税、治安、产业中村民的统治权、强制力
　　　　的程度、特别是惩戒及资金征收的权限
　　　　（d）对于外部的村及村民的代表
　　　　（e）补助机关（司赈、司库）选任——要怎么选人、他们的工资及实际
　　　　的职务
　　　　（f）对于不正行为的责任——要怎么背负、是否有连带责任（特别是关
　　　　于补助者的行为）
　　　　③村落的公所——是否利用自家、学校、寺庙，是否有公所（那种场合下
　　　　的建设资金的出资方式）

④理事者和县官的关系——县官对于村的理事者的选任及职务执行的监督三涉程度、是否有像地保一样的中间机构

（2）村落的协议及决议

①是否存在像村委会一样的机构，没有时村内的重要事项是由谁怎么决定的，村长、村里长辈的职务

②村委会

（a）是临时的还是定期的，举办的场所、召集者和祭祀的关系是怎样的

（b）出席者——其资格要件（以家为单位吗、佃农是怎样的）、出席的义务及对于缺席的制裁

（c）协议的方法——议事的主宰者、出席者间发言权的差别、是否有少数服从多数的政策、将决定公示给村民的方法

（d）协议的内容——村的会计、相互扶助、公共事业等，是否进行会计监查

（e）协议的效力——协议遵守的观念、违反时的处置

③代议的机关或者总代制的有无及其机能

④近期的乡镇民大会制度的实施状况

（3）对于村的理事者及村民的关系——对于理事者不正行为村民的纷议及解决状态、近期的监察委员会的实况

（4）邻间等村落的细胞——邻间长是怎么参与村政的、与村的理事者及村委会的关系

七、村的治安维持

这是根据以往的保甲制及民国政府改编而共同进行处理的

①保甲制

（a）保甲制的组织——保甲制的单位（与邻间相同吗）、保甲长的选任方法、他们在村内的地位、职务

（b）保甲制的职责——主要的职务是什么、共同连带责任

（c）保甲制与传统的自治

　　ⅰ对善邻结合关系的破坏作用或者防止区乡长的权力滥用等

　　ⅱ保甲费和村民经济的关系

　　ⅲ保甲制和军阀等的结合关系

②乡勇——与保甲的关系

③保卫团

（a）组织——是部落单位吗、县保卫团统一了吗

（b）团丁——其义务、警备的方法、武器、训练的状况（团练、言集、会操）

（c）与村里有力者的关系

（d）保卫团费和村民经济的关系

（2）村民自卫的治安维持

①村民的自卫力——是否有城壕望楼、器的所有及使用状态、有多少人指挥

②近邻各村落在自卫上的结合关系的有无

（3）对于犯人、旅人、他乡人村民的处置

八、村落内的司法

（1）村落内裁判的规范及纷议、犯罪的样态

①村规——其内容、制定者（是村里长辈还是村委会）及制定方法、保管的场合、是否对村民的公示及方法

②习俗、先例、道德的观念——其适用方法

③纷议及犯罪事件的数量、种类一般的样态，是怎样被解决的

（2）村里长辈的司法机能

①村落内部司法机关——村里长辈是一个人还是多个人、他们和村的理事者的关系、是否有主宰者

②权限——处理的纷议及犯罪的限度、其外村子及其外村子的村民的交涉事件的处置、科刑的种类及限度

③调停、裁判的方法——场所、传唤和深入调查、调停和裁判间的关系、裁判的宣判、费用的负担方法

④调停、裁判的内容——村规、先例等是怎样被援用的、村的有力者的意向的反映程度

⑤调停、裁判的执行——当事者不服从裁定时的执行方法、刑的执行者、作为处罚的金钱及谁来享受飨宴、村里长辈们不得不执行裁判时行政厅的处置

（3）对于村落内不司法村民的观念

①尊重村里长辈们的裁判并且对裁判服气的程度、是否有阻止上诉的倾向

②近邻者相互的裁判权、惩罚权的有无及样态

③村民的自救行为是怎样进行的

（4）对于村落内的司法国家的态度

①传统的态度——到裁判所直接提诉在事实上被认为是越诉

②和民国政府的司法制度的关系——会及调停委员会制度的运用、其与村里长辈的关系

九、村的财政

（1）村的财政的内容

①通常的收支内容——收入的费用项目、特别是寄附金额及公有财产的收入程度——支出费用，特别是官的强制催缴、治安费、人件费的比例，公共事业支出的程度

②临时的赋役、费用

除了以上几点与农民的税捐支出比率及对村财政是否有官的监督、样态

（2）村级费用及其分摊和催缴

①形态——劳役、实物、金钱，其相互换用

②分摊者（村长或者集会）以及分摊的标准（地亩数、地价额、户数、人头数、牛马数等，特别是与支出费用的关联）——佃农要负担村级费用吗

③村级费用是提前收取还是推后收取、是否做预算——为了村级费用是否有村借财现象

④催缴人，催缴的时期、场所、方法——包税制度是怎样进行的，和村级费用催缴之间的关系

⑤不交费时的处置、制裁——租税和处理有不同吗

（3）村级费用的支出、决算及监查

①支出者及支出的方法

②决算的方法——剩余金的处置、是否对村民进行公示

③决算的监查——其有无、村民产生疑问时的处理方法

（4）关于部落费用（会费）、看青会费、水利关系费、害虫驱除费等上述事项、佃农要负担上述各种费用吗

十、村的财产及债务

（1）怎样确认村的财产或负债——从村财产到个人所有的转化样态

（2）财产的种类及内容

①类——公所学校的建筑物、地皮、森林、牧地、墓地、庙地等——道路、沟渠、溜地、闸等的公用财产——磨碾、日常用具及其他动产及备荒储备的金钱和谷物

②村财产的数额、村内其他财产（特别是族产、庙产等）的对比

（3）财产的取得、管理、处分等

①是否存在原始村有财产

②财产取得的方法、样态、特别是村民同意的关系

③财产的名义人

④财产的管理——管理者是谁、怎么放置、管理的样态、关于财产费用的分担等

⑤对于财产村民的使用收益权——是否存在身份财产的差异、使用费用用于贫困者扶助等

⑥财产的处分、分割——处分权者、村民同意的关系、处分的代价是怎样分配的、分割是怎样进行的、其分配

（4）村的债务

①债务的原因（村费用、纳税、土木、灾害复兴费）

②债务的形式——是理事者的名义、还是村内有力者的名义等

③对于村的债务村民的责任、其样态

十一、村的产业

（1）以往的劝农——村里长辈、老农的作用、作物种类及耕作方法相关统一管理

（2）村民的共同作业

①与日本的"结"相类似的近邻和劳力融通惯行的有无

②作物的监督、害虫驱除、求雨等的共同作业——特别是看青会、治蝗会的组织、这些的出征及各种费用的分配

③沟渠、闸、挖井及疏通等的共同作业

（3）新式农业技术及产业团体的导入和村的产业

①泵的种类的采用及农学校等的指导对村民共同作业及农业生产力向上的影响

②合作社、水利组合、农会等与村落的关系——村里长辈等有力者在其中的地位、作用

十二、公共事业、教育、教化及善举、恤政

（1）公共事业——道路、堤防的修建、渡船场、桥梁的设置经营、在这些中的出役分配及材料费负担的方法

（2）教育、教化

①在村里长辈等的教育、教化的作用——村里长辈及村的有识之士的教育、教化的作用（以代读·代写为首日常言行的影响力、劝学、就学奖励的方法）

②村民的教育程度——文盲的比率、此等学问及文字尊重的理念和有识之士的地位、势力的关系

③学校教育——就学率，教师的地位、收入，识字运动，学校的经营、管理，学田等的财产收入

④民国政府以后的教育政策——教育费的负担状况

（3）善举、恤政

①孝子、烈女等的表彰

②在冠婚葬祭等中的相互扶助

③义仓、社仓、义井、义桥等的用途及管理

④义塚的管理

⑤村内贫困者的救济、天灾事变中困难户的救助

十三、村的对外关系

（1）数村的共同关系——产生的场合、是一时的还算是永久的、统辖者、费用的筹措及分担方法

（2）数村的共同财产所有、利用关系——上面记述的事项特别是使用费用的关系及用益的范围、限制

（3）村的契约关系——契约的方式及效力等

（4）村子相互间的对立、诉讼、争斗

①对立的发生原因——水利、土地、财产问题等

②诉讼及调停——谁代表了村，调停、诉讼的机关，诉讼等的费用的负担

③争斗——机关等的实力解决时及其实力

十四、村落生活和故乡的、同乡的观念及影响

（1）村民的同村意识——对其外村民的观念、离村及归村的处置、特别是家乡的财产处理方法（关于豪绅、庶民的各种）、村的分派场合里的姐妹村关系、在他乡的同乡人的同乡意识

（2）同乡观念的商人、工业家、工人以及对官僚团体的影响

　　①商人、工业家（包含华侨）

　　（a）同乡意识的范围、相互扶助作用和社会根据

　　（b）公会、帮——同乡公会和同族、同职公会的关系

　　（c）对资本形成的影响——同乡财阀关系的生长、与政治的势力接触关系

　　②劳动者——给予同乡关系的工人阶级的方便、与父子关系及社会礼节的性格、近代劳动运动的关系

　　③官界中的乡党关系——和商人、财阀的关系

十五、村落生活和县

（1）在农民生活中县的地位

　　①县内封锁的自足关系——风俗、习惯、言语及经营的各方面、由此产生的同乡观念的样态

　　②县城——县内的县城地位、交通及市场的关系、县内对于其他都邑的县城的意义

　　③县和村民——对于村民的县城、县衙门及县官、吏的观念

　　④商业资本的侵入及地方行政改革伴随的上述各种关系的变化趋势

（2）县行政和村落统治

　　①进入县官、吏的村落的方法（以就科举制度为基础的县官、吏的组其及性格）

　　②关于村落统治的县行政内容

　　（a）征税中的社书包收制的实施状况及社书、政务警、村里长辈等之间的关系

　　（b）保甲、保卫团中村与县的关系

　　（c）县裁判和村落裁判的关系

　　（d）对于公共事业村的分摊

　　③近期县行政改革的实际成绩和前代积弊残留样态及其对村落自治的影响

调查项目

其二（满铁方面）

第一、关于土地所有权的调查项目（杉浦贯一）

一、业主权的历史发展

二、所有形态

各形态的分布状况、其比例、所有关系、管理关系、利用关系、私有化的过程及倾向

（1）皇产（2）旗产、八项旗产（3）屯田（4）寺庙地（5）家产（6）旗产、祭田、学田、义田（7）坟墓地（8）村屯公产（9）私有地

三、入会权

（1）入会的土地惯行的沿革

（2）入会权者和入会地的所有关系及管理关系

（3）成为入会权者的资格

（4）入会权的内容

A 入会的目的

B 入会权行使的方法及限制

C 对于入会地的负担关系

（5）入会权的得丧变更

A 原因——分割请求或处分是否被允许

B 手续及方式

C 效果

D 公示方法的有无

E 对于滥用入会权的制裁

F 关于入会的纷争及解决方法

G 关于侵害入会权的救济方法

H 农村生活在入会的依存程度

I 入会关系的消灭倾向及原因

四、相邻关系

第二、关于以土地买卖为中心的所有权变动

调查项目（早川保）

一、土地买卖的当事者——不是当事者的比率

(1) 地主、自耕农、佃农等相互间

(2) 亲属、同族间

(3) 出典地、抵押地的当事者间

(4) 拍卖的场合

(5) 官公有地出让的情况

(6) 其他

二、作为买卖客体的土地

(1) 融通性土地的有无及种类

(2) 土地融通性有限制的有无和种类

以上（1）（2）对官庄、公田、学田、屯田、牧场、祭田、旗地（旗民不交产权）、衙所屯田、义地、墓地及其他地的注意

(3) 关于上述各种土地买卖是否有处分、其形态、内容——注意钻法律空子的行为

三、土地买卖的时期及原因、其比率

(1) 春夏秋冬哪个季节比较多、阴历月单独算及其比率、理由，外加歉收、丰收的关系

(2) 生活的窘迫——水旱灾害、恐慌、苛捐杂税的增高、其他

(3) 需要特别资金——婚丧嫁娶、病患、转业、其他

(4) 战祸

(5) 其他——官吏、土豪劣绅的强迫、军阀、红匪、土匪的强制、大地主及高利贷的收夺对佃农的转落

以上各种场合里土地担保是要先进行借债吗（农民对土地的留恋之心）

四、土地销售对家族及农村的影响

五、土地买卖的形态、其性质、比率、目的

(1) 普通的买卖（杜绝买卖）

(2) 特殊的买卖

A 活卖——和买回一起看

B 立卖契的典、押

C 其他

(3) 进行买卖形式的买卖、其效力、特质

A 典名义的买卖——典价和拔价、回购的有无

B 出租名义的买卖（如旗地）——纳税义务者如何等

C 押名义的买卖

D 推契和卖契

E 其他

（4）拍卖

（5）出让

六、土地买卖的手续

（1）卖主权限的证明

地照、红契、登记，地邻、乡村长的证明

卖主的财产处分权、承管人的权限证明

（2）土地的评价

A 评价的要素、作物的种类、赋税、租佃的高低、地味、水利、其他

B 价格的决定——决定者、决定方法、标准、面积等

（3）实地调查

亲属、有无地邻的见证、有无丈量

契约要先执行吗

（4）是否有手附（定银）的交付、其金额、其时期、其效力

（5）中见人、介绍人、中保人、见证人等的资格、责任

（6）契约

A 口头契约——有无、比率、形式、种类、只有老契交付的所有权转移

B 契字的制造——制造时期、要项、形式、数量、保管者

用纸——官定草契、白纸

记载事项——原因、坐落、四至、地种（荒熟等）地积、代价、随附土地的关系、其他

署名者——当事者（卖主）、中保人、立会人、亲属、代字人等

（7）关于买卖的费用、其负担——中介人手续费（成三破二等）、其他的谢礼、亲属画押钱的有无

七、土地买卖的效力

（1）当事者间的效力

A 买卖成立的时期

B 所有权转移的时期、与契字制造时期、买卖成立的时期、土地交易时期、代价交接时期的关联

土地交易——交易的方法

C 代价的交接及时期

与所有权转移时期的关联

代价的支付方式、老契交付的有无、其他关系文书的有无

D 契字记载事项和事实不一时的效力，该署名的人没有署名时，花押、押印时的效力

E 契约解除的有无、解除的条件、解除的效果

F 不履行契约的场合

　　　　①是否强制履行、其方法、限制

　　　　②是否有损害赔偿、条件、金额

　　G 先买权者——亲属、相邻者、典权者、其他，其顺序

　　无视先买权的买卖效力（有同意权者时同上）

　　H 土地买卖和对土地买卖的负担的关系

　　　　①典关系——典契的交付、典契的名义变更、其他

　　　　②出租地——佃农的租权，其继续手续、条件

　　　　③其他——押关系、地役关系等

　　I 客体土地的一体性

　　从物的范围——例、住房和地皮、土地耕作物（田面）等

　　J 瑕疵担保的问题——是否有担保责任、条件、内容

　　K 其他

（2）对于第三者的效力

　　A 公示方法的有无、形式（民俗的公示方法、税契、过割、不动产登记等）、效力

　　B 两个以上公示方法竞争时的效力

第三、关于租佃的调查项目（佐野利一、山本斌）

一、规定租佃关系的各种条件

（1）调查地域的位置、地势、水利、土性、气候等（特别要注意华北的特寻性）

（2）土地分配关系

　　A 农家户数及其所有耕地面积

　　B 土地分配动向

（3）土地利用关系

　　A 自耕农、自佃、租佃的户数及各经营耕地面积（所有、借入面积另算）

　　B 小经营化的倾向

（4）因土地整理而引起的租佃关系变动（主要是官产、旗产的整理）

（5）民法和其他法规的适用状况及其影响

（6）租佃纠纷

　　A 各种原因

　　B 解决方法和对租佃关系的影响

　　　　①施政者的场合

　　　　②公共机关的场合

　　　　③有力者的场合

　　　　④其他

　　C 租佃纠纷和农民运动

（7）资本的农村进出伴随的农作物商品化及其对农业经营的影响

（8）兵匪、战乱、骚扰、恐慌对租佃关系的影响

（应注意以下各项地方的不同及上述地种差异的有无、旱田［例——棉、小麦及其他各作物栽培地、菜园、果树园等］、水田、开垦地等）

二、租佃契约

（1）当事者（包含地主、佃农和租佃管理人的关系）

（2）契约手续

　　A 口头契约——有无、形式

　　B 契字的制造——制造时期、样式、用纸、数量、保管者、记载事项（原因、坐落、四至、地种、租金、纳入期、租佃权存续期间等）、署名者等

　　C 租帖——记入时期、样式、用纸、保管者、记载事项、署名者等

　　D 上述各场合仪式的有无及样式

　　E 保证人、中人、立会人

　　F 手附金、押金（押租银）纳入的目的、金额、标准、纳入期

　　G 上述各项（从 A 到 F）是怎么进行的、其比率、效力上的差异

（3）立约时、引渡时和租佃权成立时的相互关系

（4）契约更新方法

（5）租佃权公示方法

三、租佃权

（1）存续期间（特别注意与地目、地种的关系）

　　A 决定标准

　　B 存续期间种类的数量、地域的比率

　　短期租佃、长期租佃、定期租佃、不定期租佃、永佃

　　（以下各项目特别要究明租佃权的种类因［B］产生的差异）

（2）成立原因及成立年代

（3）佃农对租佃地所有意识的有无及其强弱、以及地主的上述租佃地的所有意识的程度

（4）租佃权的买卖、让渡、继承、担保及转贷借相关限制的有无（特别是租佃权处分中是否需要地主的承诺、也就是包含没有场合承诺时处分的效力及租佃权买卖价格和地价比率）

（5）租佃地的使用目的及其限制

（6）租佃权消失时佃农及地主的权利义务（关于土地恢复原状、设施物等）

（7）地主的租佃契约解除及关于土地受理上的权利、及其执行方法

　　A 地租滞纳时

　　B 没有地租滞纳时

（8）租佃权和田赋及其他赋税负担关系

（9）租佃权及租佃地的转移和税契、过割的关系

（10）租佃权处分和我其公示方法的有无、及其对抗力了

四、地租

（1）形态

A 缴纳手续的样态（实物、货币、徭役及其他各种中间形态）进行的数量、比率及地域分布状况

B 根据纳入的形态（定额、分成、榜青、折租等）进行的数量、比率及地域分布状况

（2）因金额引起的比率

A 决定者

B 决定要素（土地生产力、赋税等）

C 金额引起的比率的普及数及地域的分布状况

（3）缴纳期及缴纳方法

A 先缴、后缴、分期缴纳

B 佃农送租，地主自收，地主派人征收，上述各场合进行的数量、比率及地域分布状况

（4）增租和减租、定免

五、地租以外的佃农负担（以租佃契约为基础）

（1）赋役等劳动的提供

（2）赋税（包括村摊）的负担

（3）土地改良（施肥、除草等）、收获、脱壳调制、搬运等费用负担

（4）其他

六、特殊的租佃关系

又租佃、典租佃、分成租佃、榜青、包佃等

七、佃农对地主的隶属关系

（1）地主对佃农身份关系的干涉

（2）地主对租佃经营的干涉

（3）地主对佃农的恩惠

（4）佃农对地主的侍奉——节庆婚丧嫁娶时的贡物、劳务提供等

八、佃农的家族状况（与其他的对比）

（1）收入——生产物收益、副业收益、其他

（2）支出——生活费、经营费、租佃、赋税、其他

九、雇农（包含隶农、农业劳动者）

（1）成为雇农的原因

（2）契约关系

A 当事者（包含雇主、雇农和中介者的关系）

B 雇佣目的与实际

C 契约方式

①口头——有无、比率、形式

　　　　②契字的制造——制造时期、样式、用纸、数量、保管者、记载事项、署名者等

　　　　③其他

　　上述各场合仪式的有无、各场合上述各项是怎么进行的（从①到③）、其比率、其效力上的差异

　　　　D 保证人

　　（3）劳动期间及时期

　　　　A 决定者

　　　　B 决定要素

　　　　C 金额

　　　　D 支付手段及支付方式

　　　　E 支付期

　　（5）契约外的劳务及负担

　　（6）关于雇农的衣食住行、劳动用具等是否有雇主的负担及程度

　　（7）登记及公示方法

　　（8）家计状况

第四、关于水的调查项目（杉浦贯一）

一、规定华北水利灌溉的各种条件

　　（1）华北的自然条件、地势、地质、雨量的稀少和不平均——水旱灾害的循环乃至此起彼伏

　　（2）治水水利政策及其实况——政治的贫困和耕地的退化

　　（3）民众对于治水的传统观念

二、华北水利灌溉的作用

　　（1）对作物及农耕法的影响

　　（2）湿地带的排水设施——碱土壤的问题

三、水利关系——关于河川、沟渠、井户、贮水池、湖沼等的调查

　　（1）水利设施（沟渠等）的设施者

　　如个人、组合及其他协同的团体、官方的机关等

　　（2）水利设施的所有关系

　　　　A 主体——单独所有、公有、总有

　　　　B 管理关系

　　　　C 费用负担

　　（3）水利权

　　　　A 主体——是否有总有关系

　　　　B 取得原因

　　　　C 内容及限制——与水流的远近，对上游、下游利用关系的异同——面积成

比例吗——是否因官宦、大地主导致的水源分配不当——沿革上特别地区的水利用权的优劣的有无——水流变更时的影响

        D 使用的代价

（4）地皮的关系

        所有关系及管理关系等

（5）关于水利的地役关系

（6）关于水的纷争及解决办法

        村落内的东西——村落及其他团体间的东西

第五、地籍及土地公证的相关调查项目（盐见金五郎）

一、地籍

（1）地籍的组成

    A 丈量

    B 关于地籍的公簿

      ①登记事项

      ②登记手续及方法——田面权、田底权的记载方法、注意是否进行实质的审查

      ③登记的效力——登记与实际不一致时、浮多地、帽子粮地等

      ④管理者及管理方法

    C 地籍组成方面的费用负担

    D 黑地——其处分方法、罚则

    E 无主的荒地、苇地、河游地、河川的三角洲。河道的变迁引起的新旧河床地——地籍编成上的处理

（2）地籍整理

    A 整理机关

    B 整理方法——清丈（特别是官产、族产、皇产等）

    C 整理状况

二、公证制度

（1）权利归属的公正——地券

    A 红契

      ①种类

      ②名称

      ③发放机关及发放日期

      ④发放理由

      ⑤契约的形式

      ⑥效力

      ⑦是否有实质的审查

　　　　⑧其他
　　　B 白契
　　　　①立契的种类及方法
　　　　②契约内容
　　　　③契约形式
　　　　④效力
　　　　⑤其他
　　（2）权利的设定及转移时的公证
　　　A 税契
　　　　①沿革
　　　　②目的
　　　　③机关
　　　　④种类及税率、费用负担者
　　　　⑤手续（与过割的关系、是否有实质的审查）
　　　　⑥效力
　　（3）权利的再确认
　　　A 验契
　　　　①目的
　　　　②机关
　　　　③方法及手续
　　　　④以往的实施状况
　　　　⑤效力
　　　　⑥税率
　　　B 补契
　　　　①机关
　　　　②目的
　　　　③方法及手续
　　　　④以往的实施状况
　　　　⑤效力
　　　　⑥税率
　　（4）登记
　　　A 根据不动产登记条例的登记制度的实施状况
　　　B 与其他公证制度的关系

第六、关于农村赋税的调查项目（小沼正、本田悦郎）
一、中国税制的沿革——为了了解中国税制的特异性
　　（1）正赋的固定化

（2）附加杂捐的复杂化

（3）田赋和地代的关系

（4）注意正税和附加杂捐的比率等

二、赋税的种类、税额、税率、税的形态（包含折征率）及负担者——与课税目的物的关联

（1）田赋

A 地丁——民粮、地粮

B 漕粮

（2）租课

A 皇庄

B 旗地

C 其他官公租

（3）田赋正税附加及亩捐其他

（4）地方摊款及其他

（5）差徭、兵差

（6）契税

A 买契税

B 典契税

C 退契税

D 契税附加

（7）其他

三、征税机关

（1）中央政府财政总署

（2）省财政厅

（3）县征税处

（4）其他——社书、乡村长、政务警、勤务警

四、征税手续（注意征税方法——包税制度等）

（1）公簿及关系书籍

A 公簿——鱼鳞册、实征册、地粮比簿等

①编制目的

②种类

③名称

④形式

⑤编制的手续方法

⑥与其他账簿的关系

⑦其他

B 关系书籍——串粮票、征收田赋收据、纳税通知书、缺粮、花户单等〔细

则以 A 为准）

（2）征税区域——社、甲、里、闾等

（3）征收时期——上忙、下忙

（4）征解、交代

（5）秋收

（6）减免

（7）民缺和实收

（8）逾期未缴及脱税的处置

五、征税上的弊害

（1）因征税机关产生的弊害——社书制等

（2）因征税方式产生的弊害——预征、寄庄、飞洒、诡寄等

六、清赋

（1）机关——清赋总局等

（2）方法——清丈、改租等

（3）实施状况

七、农村赋税的负担状况

（1）地主、自耕农、佃农的负担状况

（2）富农、中农、贫农的负担状况

（3）赋税和农民所得的关系

（4）地主对佃农转嫁赋税

八、免租地——三园、荒地等

第七、农村金额及交易相关调查项目（安藤镇正）

一、金融组织

各种组织经常以关于高利贷金融项目为基准进行调查

（1）私人间的非高利贷的借贷关系

（2）以往的金融组织

A 高利贷金融

①借贷形态——谷物借贷、金钱借贷、各借贷形态的数量

②利息形态——金纳利息、壳纳利息、劳纳利息、利息形态相互的比率
先取、销账、手续费等的有无

③手续形式——是否有中证人、介绍人（手续以下的项目从和借贷形态、
利息形态的关联来看）

④利率——利息限制的有无、最高、最低、平均利率、复利的有无及其计
算方法

⑤借贷期间

⑥担保——有无、性质、效力、比率等

　　　　　a 物的担保——作为不动产担保的典、押及其他

　　　　　b 人的担保——保证、连带等

　　　　⑦还债方法

　　　　⑧不履行时的处置——自立执行、差押、拘禁、劳役、延滞利息、违息

　　　金、违约金等的补偿、执行限制（坟墓、祭具）等

　　　　⑨更改——特别是到期限时、当事人死亡时

　　　　⑩是否有消灭时效及要件

　　　B 自然发生的协同组合金融——合会

　　　　①钱会、标会

　　　　②谷会、抽签会、摇会、押会、四总会、大总会等

　　　C 作为社会设施的金融组织——义仓（大平仓、救济仓）等

　（3）近代的金融组织

　　　A 作为资本家金融机关的银行——与高利贷金融机关的关联

　　　B 近代协同组合金融机关的农业金融合作社、春耕贷款合作社、春苗贷款金

　　　融会等

　　　C 作为农民救济设施的金融机关——中央政府、各省的各种农村救济委员

　　　会，民间农村建设运动委员会，慈善团体等的农村救济会，赈灾会等

　（4）亲属同族间的借贷关系

二、负债状况（负债金额及人口数的统计调查）

　（1）因债务者差异（富农、中农、贫农、雇农、地主、自耕农、自佃农、佃农

　　　等）而引起的各种金融机关的利用状况

　（2）借钱户数、借谷户数差异

　（3）一户平均负债额及增加倾向

　（4）负债的目的差异——是生产的贷款、还是一般消费贷款、还是婚丧嫁娶贷

　　　款等

三、金融关系和家族关系

　（1）作为金融当事者的家族是否是家族个人

　（2）家长或对于家族的第三者借贷关系，在同一家族里，对他人产生了怎样影

　　　响

　（3）对于金融关系的成立效力等因家族身份产生的制约

四、在农村的交易关系

　（1）农产物商品化的过程

　（2）农村必需品购入过程

第八、关于家族及同族的调查项目（内田智雄、早川保）

一、家族制度的历史考察

　（1）以往家族制度的形态及内容

（2）家族制度及其思想背景

（3）家族制度的社会经济背景

（4）家族制度的社会机能

一般庶民阶级的家族构成、内容、形态和关联

（5）中国民法规定的先是影响

二、家族的成员及内容

（1）其大小（成员数）——平均数——因地区、财产、社会地位、职业、种族、宗教差异引起的区分

（2）家族的内容

A 亲属——父母等差异

B 非亲属的人——机组的职业和雇人、仆奴等的职分的关系及数量

C 妾及其他

D 在他乡的家族成员——外出做官者、移居者、打工人等

三、家长

（1）成为家长的资格、家长和家长权行使的关系

（2）家长权的内容

A 司祭

B 家族统制

C 家产管理

D 对于家族成员特有财产的干预

E 家的代表

F 扶养及祖宗祭祀

G 对于家族成员的债务及行为的责任

（3）家长权的限制

四、家族的精神结合关系

通过下面项目的经济结合关系的各条目看出其精神结合关系

（1）住房内的房屋结构、配置及用途

（2）家族的各种庆典及年度节庆——特别是衣食住行、信仰、娱乐等的关系

（3）家族的本职

（4）家族成员的相互关系

A 家长和家族成员

B 父子

C 夫妇

D 家族成员相互之间

E 老人在其他家族成员家里占的地位

F 近来青年男女的思想倾向和家族生活

五、家族的经济的结合关系

通过前项的精神结合关系的各条目来看其经济的结合关系

（1）家族制度和土地制度

土地的家族所有及与家族制度的根据的关系

（2）劳动的分化和给予生计的方式

（3）家产及财产继承

　　A 家产——家产成立的缘由，其内容，权利主体、管理关系及用途，关于处分的法律关系（家族的同意权、先买权的有无）、其私有化倾向

　　B 家产分割及财产继承

　　　①家产分割及继承的原因、手续、方法及继承人的范围、排序

　　　②家产分割及分头继承的影响

　　　　a 土地所有及产地经营的影响——土地所有的零细化、是否有经营上分割的界限、其解决方法

　　　　b 产业资本及商业资本的影响——经营是怎样进行的、同族社会等白财产保全处分等

　　　③家产分割时置于分割外的财产——与目的、种类、家产的比率、管理

　　　④债务继承的有无与家产分割的关系

（4）家产的生前分割及根据遗言分割

（5）家族成员的特有财产

由来、限度、种类、管理、对其他家族成员的关系

六、分家分居

（1）分家分居的理由

（2）分家分居的方法、财产分离的方法、进行的程度及近期的倾向

（3）分家分居和本家的关系

（4）分家分居相互间的关系

七、农村的职业地位差异而引起的家计状况

（1）其各项统计的考察和平均值

（2）以各农村为单位的概括

八、同族的大小、范围及内容

（1）同族的大小、范围——和族谱的关联

（2）同族的内容——职业、社会地位、财产等的区分

九、同族的集会

种类、组织、协议事项、场所、决议方法及其执行、规约

十、族长

决定方法、资格、职务、期间、报酬、交替、同族员及同组员集会的关系

十一、宗教的仪式中展现的同族结合关系

十二、同族内的经济结合关系

（1）农业经营中展现的结合关系

　　　　A 共同作业的有无及其种类（河防、修道堤、凿井、除草等）

　　　　B 农具、役畜等的共有、共同利用的有无

　　　　C 其他

　　（2）族产——产生的原因、种类、比率、用途、管理人、管理及经营方法、相对同族成员私有地的比率、是否获得分割请求——族产的私有化倾向

　　（3）同族间的租佃关系

　　（4）同族间的钱和稻谷借贷及其他关系——与异族的对比

　　（5）同族的相互扶助

十三、社会关系中的同族结合机能

十四、同族内的家族地位

第九、关于村落的调查项目（旗田巍、村田久一）

一、村落的名称、范围、面积、沿革

二、聚落的形态——散居制、聚居制、围居制

三、村落的地理条件

　　（1）自然条件

　　（2）县城及近邻的都邑

　　（3）产业状态——生产物的种类、数量

四、构成村落社会的人的要素（包含其移勤状况）

　　（1）按姓来分的户数、人口

　　（2）按种族分的户数、人口

　　（3）按出生乡党分的户数、人口

　　（4）按他乡人的职业分的户数、人口

　　（5）按宗教分的户数、人口

　　（6）按职业、身份、阶级分的户数、人口（包含数的比率、资产、土地所有、经营规模、生计状态）

　　　　A 退绅、乡绅、董绅——其出身、经历，地主及金融业者的关系

　　　　B 地主——其出身、经历，有无不在村地主，土地管理方法，乡绅及金融业者的关系

　　　　C 自耕农

　　　　D 自佃农

　　　　E 佃农

　　　　F 雇农

　　　　G 资本家

　　　　H 劳动者

　　　　I 商人、手艺人

　　　　K 贱民、乞丐

　　　　L 打工者、移居者

　　　　M 无赖之徒

五、村的行政组织

　　（1）理事者

　　　　A 名称、数量，一个人是否管辖多个村子

　　　　B 选任方法、任期

　　　　C 报酬、获利

　　　　D 职务、权限

　　　　　①职务的种类

　　　　　②对村民的权限

　　　　　③对外部村落或村民的代表权

　　　　　④补助机关的选任

　　　　　⑤职务上的责任

　　　　E 理事者和村内有力者、有力团体的关系

　　　　F 村内理事者的社会地位

　　　　G 执务场所

　　（2）村落的协议及决议

　　　　A 集会

　　　　　①名称、种类、举办时期、场所，与祭祀的关系

　　　　　②召集方法

　　　　　③协议方法

　　　　　④协议内容

　　　　　⑤协议的执行及效力

　　　　B 无集会场合重要事项的决定方法

　　　　C 近期的乡镇民大会制度的实施状况

　　（3）邻间等的村落的细胞

六、村落的治安维持

　　（1）作为统治政策的治安维持

　　　　A 保甲制

　　　　　①保甲制的沿革

　　　　　②保甲制的组织——其组成，保甲长的选任方法、任期，他们在权力的地位、作用

　　　　　③保甲的职制及作用

　　　　　④保甲的经费

　　（2）因村民自卫而有的治安维持

　　　　A 村落的自卫——组织的有无、自卫方法、设施、治安维持的对象及处理

　　　　B 特殊的自卫组织（细则参考 A）

C 个人的自卫方式

七、村落内的司法

（1）村落内的纷议、犯罪的种类、样态、件数

（2）村落裁判的规范

A 村规——其内容、制定者及制定方法、保管的场所、是否对村民进行公示

B 习俗、先例

（3）调停及裁判

A 司法的机关——其构成者、是一个人还是多个人、他们和村内有力者的关系、是否有主宰者、场所

B 司法机关的权限——操作中可能遇到的纷议及犯罪的种类和范围、与其外村子及其外村民交涉事件的处置、科刑的种类及限度

C 调停、裁判的方法——手续、调停和裁判之间的关系、费用的负担方法

D 调停、裁判时的村规、先例等的适用——调停、裁判和有力者的关系

E 调停、裁判的执行——执行者、被执行着、执行方法、执行范围

（4）纷议、犯罪的私下处置

A 近邻间的相互纷议、犯罪的处置

B 自救的行为

（5）村落内的司法和国家司法的关系

八、村落的财政

（1）财政的收支内容

A 经常的收支内容

①是否有预算作成及其内容

②收入——其项目（目的及源泉分开）、金额、比率

③支出——其费用条目、金额、比率

B 临时的收支内容

（2）村费的分摊、催缴及支出

A 形态——劳役、实物、货币

B 分摊者、分摊的标准（地亩数、地价、户数、人头数、牛马数、特别是和支出费用条目的关联）及负担者

C 催款人，催款时期、场所、方法——与包税制度的关系

D 对于滞纳的处置

E 支出者及支出方法

（3）村落费、看青会费、水利关系费、害虫驱除费等的分摊、催缴及管理

（4）财产

A 确定的标准及方法

B 种类、金额，与其他财产（特别是族产、庙产等会）的关系

C 获得、管理、处分的方法

　　　　①获得的原因及手续

　　　　②管理——管理者、名义人、管理方法、费用的分担方法

　　　　③村民的使用收益权

　　　　④处分方法

　　（5）债务

　　　　A 原因

　　　　B 负担的手续及形式

　　　　C 偿还方法

　　　　D 对于村的债务村民的责任

九、村落的产业

　　（1）农业

　　　　A 生产的样式——特别是用具、设施及劳动力的组成

　　　　B 指导及统制——指导者、统治者，生产物的种类及对生产样式的指导与统制

　　（2）农业以外的各产业（细则以（1）为准）

十、公共事业及设施

　　（1）种类

　　（2）土木事业

　　　　A 其种类

　　　　B 土木事业

　　（3）教育、教化

　　　　A 教育、教化的设施及其管理关系

　　　　B 教师的资格、任免、地位、收入，在村里长辈等的教育、教化的作用

　　　　C 教育、教化的目的、方法、内容

　　　　D 教育程度——就学率、文盲的程度

　　　　E 善举

　　　　F 政府的教育政策

　　（4）其他

　　　　A 义仓、社仓、义井、义桥、义冢等的用途及管理

　　　　B 村内贫困者的救济、天灾等事变时对穷困者的救助

十一、村的宗教设施、行事及婚丧嫁娶中村民的结合关系

　　（1）宗教的设施——其数量、祭神、灵验、村民参拜的样态、建立的方法

　　（2）行事

　　　　A 祭祀、戏剧——目的、方法、范围、日期、场所、主办人、费用，与市集的关系

　　　　B 其他行事（细则以 A 为准）

　　（3）婚丧嫁娶中的相互扶助

十二、村的对外关系

（1）与邻村及众多村子的共同关系——其产生的场合（祭祀、共同财产、维持治安、土木专业等的共同作业）

（2）村落相互间的对立关系

　　A 问题的种类

　　B 发生原因

　　C 解决方法——调停、诉讼、实力行使等

（3）村的契约关系——其产生的场合、方式、效力

十三、村政和县行政的关系

（1）村落的行政组成——其区别、组织

（2）村政和县行政的关系

（3）国家的村落统治政策

十四、村落和家族

十五、村落的变质、解体及其方向

上面各种情况对村落的构成、组织、机能、村落生活及村民的意识造成的影响

（1）商品经济的侵入

（2）交通机关的发展

（3）政治的变动

（4）天灾

调查资料总目录

（带 * 者收录在第一卷里）

续表

辑	篇	号	调查地	调查人	调查年月 （公元）
14	农村金融及交易	2	河北省栾城县寺北柴村	安藤镇正［刘峻山］	1940.11 —1940.12
15	家族制度	2	河北省栾城县寺北柴村	佐野利一、安藤镇正 ［刘峻山］	1940.11
16	村落	2	河北省栾城县寺北柴村	杉浦贯一［霍满春、 刘峻山］	1940.11 —1940.12
17	土地买卖	3	山东省历城县冷水沟庄	早川保	1940.12
18	租种	4	山东省历城县冷水沟庄	早川保	1940.12
19	赋税	4	山东省历城县冷水沟庄	村田久一、刘钧仁	1940.11
20	土地所有权	3	山东省历城县冷水沟庄	村田久一、刘钧仁	1940.11 —1940.12
20	水	3	山东省历城县冷水沟庄	村田久一、刘钧仁	1940.11
20	赋税	5	山东省历城县冷水沟庄	村田久一、刘钧仁	1940.11 —1940.12
21	农村金融及交易	3	山东省历城县冷水沟庄	村田久一、刘钧仁	1940.11
22	家族制度	3	山东省历城县冷水沟庄	内田智雄、早川保	1940.11 —1940.12
23	村落	3	山东省历城县冷水沟庄	村田久一、刘钧仁	1940.11 —1940.12
24	土地所有权	4	河北省顺义县沙井村	杉浦贯一［李寻春］	1941.02 —1941.03
24	水	4	河北省顺义县沙井村	杉浦贯一［李寻春］	1941.02 —1941.03
25	土地买卖	4	河北省顺义县沙井村	早川保［郭文山］	1941.03
26 *	土地买卖	5	河北省顺义县沙井村	旗田巍、安藤镇正 ［郭文山、李寻春］	1941.03
27 （1）	租种	5—1	河北省顺义县沙井村	佐野利一［刘峻山］	1941.03 —1941.04

续表

辑	篇	号	调查地	调查人	调查年月（公元）
27（2）	租种	5—2	河北省顺义县沙井村	山本斌	1941.03 —1941.04
28（1）	赋税	6—1	河北省顺义县沙井村	本田悦郎〔郭文山〕	1941.02 —1941.03
28（2）	赋税	6—2	河北省顺义县沙井村	小沼正〔刘峻山〕	1941.02 —1941 03
29	赋税	7	河北省顺义县沙井村	盐见金五郎	1916.02 —1916 03
30	农村金融及交易	4	河北省顺义县沙井村	安藤镇正〔霍满春、达光〕	1941.03
31 *（1）	家族制度	4—1	河北省顺义县沙井村	内田智雄〔达光〕	1941.03
31 *（2）	家族制度	4—2	河北省顺义县沙井村	早川保〔郭文山〕	1941.03 —1941 04
32 *	村落	4	河北省顺义县沙井村	旗田巍〔王运祺〕	1941.03 —1941 04
33	租种	6	河北省栾城县寺北柴村	山本斌〔徐颖〕	1941.05
34（1）	赋税	8—1	河北省栾城县寺北柴村	小沼正〔王运祺〕	1941.05
34（2）	赋税	8—2	河北省栾城县寺北柴村	本田悦郎〔徐颖〕	1941.05
35	农村金融及交易	5	山东省历城县冷水沟庄	安藤镇正〔刘峻山、郭文山〕	1941.05 —1941.06
36	家族制度	5	山东省历城县冷水沟庄	内田智雄〔郭文山〕	1941.05 —1941.06
37	土地买卖	6	河北省栾城县寺北柴村	杉浦贯一〔孙希中〕	1941.10 —1941.11
38	租种	7	河北省栾城县寺北柴村	本田悦郎	1941.11 —1941.12

续表

辑	篇	号	调查地	调查人	调查年月（公元）
39	租种	8	河北省栾城县寺北柴村	佐野利一	1941.11
40	赋税	9	河北省栾城县寺北柴村	盐见金五郎 [孙希中]	1941.11—1941.12
41	农村金融及交易	6	河北省栾城县寺北柴村	安藤镇正 [李志鸿]	1941.10—1941.11
42	家族制度	6	河北省栾城县寺北柴村	早川保 [李志鸿、刘峻山]	1941.10—1941.11
43	村落	5	河北省栾城县寺北柴村	旗田巍 [郭文山]	1941.10—1941.11
44	土地买卖	7	山东省历城县冷水沟庄	杉浦贯一 [达光]	1941.11—1941.12
45	租种	9	山东省历城县冷水沟庄	本田悦郎 [刘峻山]	1941.10—1941.11
46	租种	10	山东省历城县冷水沟庄	佐野利一	1941.10—1941.11
47（1）	赋税	10—1	山东省历城县冷水沟庄	盐见金五郎 [杨公为]	1941.10—1941.11
47（2）	赋税	10—2	山东省历城县冷水沟庄	小沼正 [杨立勋]	1941.10—1941.11
48	家族制度	7	山东省历城县冷水沟庄	早川保 [刘峻山]	1941.11—1941.12
49	村落	6	山东省历城县冷水沟庄	山本义三 [郭文山、杨立勋]	1941.11—1941.12
50	村落	7	山东省历城县冷水沟庄	旗田巍 [郭文山]	1941.11—1941.12
51	概况	2	京津线及津浦线	内田智雄 [郭文山]	1941.08
52	概况	3	山西省同蒲及东路沿线	盐见金五郎、山本斌	1941.07—1941.08

续表

辑	篇	号	调查地	调查人	调查年月（公元）
67	租种	12	河北省栾城县寺北柴村	佐野利一［刘峻山］	1942.03
68	土地买卖	8	河北省栾城县寺北柴村	杉浦贯一［达光］	1942.03
69	水	5	河北省邢台县第五区东汪村	山本斌［郭文山］	1942.04—1942.05
70	村落	9	河北省昌黎县侯家营	杉之原舜一［孙希中、郭文山］	1942.05
71	家族制度	10	山东省恩县后夏寨	内田智雄［达光、张庆普、杨立勋］	1942.05—1942.06
72	村落	10	河北省良乡县吴店村	旗田巍［金英杰］	1942.05—1942.06
73	农村金融及交易	8	河北省良乡县吴店村	早川保、佐野礼一［刘峻山］	1942.05—1942.06
74	家族制度	11	河北省良乡县吴店村	早川保、佐野礼一［潘孤松、刘峻山］	1942.05—1942.06
75	赋税	13	河北省良乡县吴店村	盐见金五郎	1942.05—1942.06
75	土地买卖	9	河北省良乡县吴店村	盐见金五郎	1942.05—1942.06
76	租种	13	河北省良乡县吴店村	佐野利一［刘峻山］	1942.05—1942.06
77	概况	11	河北省静海县上口子门及冯家庄	旗田巍、盐见金五郎［金英杰］、早川保［潘镇亭］、杉之原舜一［孙希中］、佐野利一［刘峻山］	1942.05
78	村落	11	山东省恩县后夏寨	山本义三［达光］	1942.05—1942.06
79	土地买卖	10	山东省恩县后夏寨	杉浦贯一［达光］	1942.05—1942.06

续表

辑	篇	号	调查地	调查人	调查年月（公元）
79	农村金融及交易	9	山东省恩县后夏寨	杉浦贯一［达光］	1942.05—1942.06
80	赋税	14	山东省恩县后夏寨	本田悦郎［杨公为］	1942.06
81	租种	14	山东省恩县后夏寨	本田悦郎［杨公为］	1942.05—1942.06
82	家族制度	12	河北省昌黎县侯家营	安藤镇正［何凤岐］	1942.05
83	农村金融及交易	10	河北省昌黎县侯家营	安藤镇正［何凤岐］	1942.05—1942.06
84	土地买卖	11	河北省昌黎县侯家营	小沼正［徐秋仁］	1942.05—1942.06
85	赋税	15	河北省昌黎县侯家营	小沼正［徐秋仁］	1942.05—1942.06
86	租种	15	河北省昌黎县侯家营	山本斌［郭文山］	1942.05—1942.06
87	水	6	河北省昌黎县侯家营	山本斌［郭文山］	1942.06
88	水	7	河北省涿县玛头镇	山本斌［达光］	1942.06
89	水	8	河北省涿县玛头镇	山本斌［达光］	1942.06
90	水	9	河北省天津县第七区小站乡	山本斌［孙希中］	1942.09
91	水	10	河北省天津县第七区小站乡	山本斌［孙希中］	1942.09
92	家族制度	13	河北省良乡县吴店村	杉之原舜一［钟汉秋］	1942.11
93	村落	12	河北省良乡县吴店村	旗田巍［刘国芳］	1942.10
94	农村金融及交易	11	河北省良乡县吴店村	安藤镇正［刘正惇］	1942.10—1942.11
95	赋税	16	河北省良乡县吴店村	小沼正［刘正惇］	1942.11
96	家族制度	14	河北省良乡县吴店村	早川保［刘国芳］	1942.11
97	土地买卖	12	河北省良乡县吴店村	杉浦贯一［钟汉秋］	1942.11
98	租种	16	河北省良乡县吴店村	本田悦郎［刘正惇］	1942.10

续表

辑	篇	号	调查地	调查人	调查年月（公元）
99	家族制度	15	河北省昌黎县侯家营	杉之原舜一［郭文山、姜佑用］	1942. 10 —1942. 11
100	村落	13	河北省昌黎县侯家营	旗田巍［郭文山、姜佑用］	1942. 10 —1942. 11
101	农村金融及交易	12	河北省昌黎县侯家营	安藤镇正［郭文山］	1942. 10
102	赋税	17	河北省昌黎县侯家营	小沼正［姜佑用］	1942. 10
103	家族制度	16	河北省昌黎县侯家营	早川保［刘峻山］	1942. 10
104	土地买卖	13	河北省昌黎县侯家营	杉浦贯一［郭文山］	1942. 10
105	租种	17	河北省昌黎县侯家营	本田悦郎［刘峻山］	1942. 10 —1942. 11
106	水	11	河北省南和县任县、邢台县第三区、平乡县	山本斌	1942. 11 —1942. 12
107	水	12	河北省邢台县第五区孔桥村	郭文山	1942. 11
108	家族制度	17	河北省顺义县城内及沙井村	内田智雄［刘峻山］	1942. 07
109	家族制度	18	河北省良乡县吴店村	内田智雄［刘周芳］	1942. 10 —1942. 11
110	家族制度	19	河北省昌黎县侯家营	内田智雄［刘峻山］	1942. 10
111	概况	12	河北省安次县祖各庄、东王庄	内田智雄·杉浦贯一	1943. 11
112 *	村落	14	河北省顺义县沙井村及石门村	旗田巍［刘峻山］	1943. 12
113 *	村落	15	河北省顺义县沙井村	旗田巍［刘峻山］	1943. 11
114 *	村落	16	河北省顺义县沙井村	旗田巍［杨恩贵］	1944. 08
114 *	租种	18	河北省顺义县沙井村	本田悦郎［杨恩贵］	1944. 08

参考本调查资料的相关著作、论文目录

（顺序不同、有《 》的是单行本著作）

仁井田陞

华北农村的家族分裂实态（东洋文化研究第四号、昭和二十二年六月）

中国法史中主妇的地位和关键——包含华北农村的法习俗（国家学会杂志第六十卷第四号、五号、昭和二十二年十月、十一月）

中国农村的离婚法习俗——丈夫专权离婚及其制约（中国研究第二号、昭和二十二年十一月）

中国的家——中国农产家族劳动力的规律（"东洋的家和官僚"昭和二十三年十二月、生活社刊）

中国农村社会和家父长权威（"近代中国的社会和经济"昭和二十六年三月、刀江书院刊）

中国农村社会的家族共产制（"东洋文化研究所纪要"第二册、昭和二十九年九月）

中国买卖法的沿革（法制史研究第一号、昭和二十七年五月）

《中国法制史》（岩波全书）（昭和二十七年六月）

《中国的农村家族》（东洋文化研究所报告、昭和二十七年八月）

平野义太郎

鸟瞰华北中部的农村聚落（东亚研究所报十号、昭和十六年六月）

会、会首、村长——从河北省顺义县沙井村的报告来看关于中国村落的内部结构（《中国惯行调查汇》昭和十六年）

最为中国北方村落的基础要素的宗族及山庙（《中国农村惯行调查报告书》第一辑、昭和十八年）

《中国北方的村落社会》（《惯行调查报告》昭和十九年八月）

规范中国乡党社会合作生活的民族道德——以功过为中心（法律时报第十五卷十一号）

中国农村的庄稼偷盗现象（法律时报第十六卷七号）

中国的县政（《近代中国研究》好学社所收、昭和二十四年）

新民主主义的地方行政及司法变革（《近代中国的社会和经济》刀江书院所收）

旗田巍

华北农村的"开叶子"惯行 附、拾落穗、柴草的采集——对村落共同体关系的再讨论（史学杂志第五十八号）

华北村落协同关系的历史性格——"看青"的发展过程（历史学研究三九号）

华北的村落自治的一种形态——关于河北省顺义县沙井村的村公会（〈加藤博士六十岁纪念东洋史集说〉）

中国的专政主义和"村落共同体理论"（中国研究第十三号）

中国土地改革的历史性格（东洋文化第四号）

中国社会的封建性——封建社会的村子和中国的村子（日本人文学会编"封建遗制"所收）

内田智雄

关于家族制度和"辈分"（支那学第十卷第四号）

冥婚殓（支那学第十一卷第三号）

华北农村的诉讼事件（东光第四号）

义子——华北农村养子的一种习俗（东洋史研究第十卷第三号）

中国农村结婚和世代的问题（同志社法学第一、二号）

关于中国的下级裁判所——以河北省顺义县承审处为中心（同志社法学第五号）

华北农村祖先祭祀的意义（同志社法学第六号）

中国农村家族的分家缘由的考察（同志社法学第八号）

关于中国农村土地的"先买权"（同志社法学第十、第十三号）

《中国农村的家族与信仰》（昭和二十三年九月、弘文堂刊）

戒能通孝

中国土地法惯行序说——华北农村的土地所有权及其具体特征（"支那土地法农村惯行调查报告书"第一辑、昭和十八年）

（本稿之后改名为"支那土地法序说"、同一个人著有"法律社会学的各种问题"昭和十八年、中收录）

华北农村的惯行该说（"东亚研究所资料"昭和十九年）

矶田进

华北的租佃——其特征及其法律（法学协会杂志六〇卷七、十二号、昭和十七年、六一卷

三、五、七号、昭和十八年）

华北租佃的法律关系（"支那农村惯行调查报告书"第三辑、昭和十九年、东亚研究所刊）

（但是本书、前记论稿从六〇卷七号到六一卷五号都是相同的）

柏祐贤

《华北的农村经济社会——其构造及展开》（昭和十九年六月、弘文堂刊）

八木芳之助

华北的租佃制度（东亚经济论丛书第二卷第三号昭和十七年九月）

华北的金纳租佃制度（经济论丛书第五十五卷第三号昭和十七年九月）

华北的物纳租佃制度（经济论丛书第五十六卷第一号昭和十八年一月）

山崎武雄

华北土地所有的移动、分布及土地开垦（"关于经济的中国惯行调查报告书"昭和十九年）（与八木芳之助共同完成）

华北的农村金融（经济论业第五十九卷第五号、昭和十九年十一月）

石田文次郎、清水金二郎

华北农村的土地、赋税的研究（支那农村惯行调查报告书第二辑、昭和十九年一月）

小沼正

关于河北省顺义县官旗产清理的雍和宫香灯地的影响（加藤博士六十岁纪念东洋史集记，昭和十六年十二月）

华北农村市集的"牙行"（和田博士六十岁纪念东洋史论丛书，昭和二十六年十二月）

川野重任

从租佃关系看华北农村的特质——关于河北省顺义县沙井村的事例（支那农村惯行调查报告书，第一辑）

德田长治

村的区域和村民的资格——由满铁华北经济调查所惯行班访谈的事情所见（支那惯行调查

报汇报，昭和十六年）

根岸信

《中国社会的指导层》（昭和二十二年十月）

清水金二郎

《契约的研究》（昭和二十年九月）

松村祐次

《中国经济的社会态制》（昭和二十四年七月）

福武直

《中国农村社会的结构》（昭和二十一年十月）

天野元之助

《中国农业的各种问题》（昭和二十七年九月）

杉之原舜一

典的法律性质（法律时报第十九卷一号、昭和二十二年一月）

中村治兵卫

华北农村的村费（近代中国的社会和经济中收录）

今堀诚二

《北平市民的自治构成》（昭和二十二年）

盐见金五郎

关于华北农村不动产权利变动的公证制度（满铁调查月报二二卷十二号、昭和十七年十二月）

河北省顺义县沙井村的概况

顺义就在从北京到古北口铁路的中间驿站那里。从那开始，往东不超过一千米的地方，就是顺义县城了。这条铁路是战争中日本因军事需要而铺设的。在此建成之前，从北京到古北口的街道经由顺义县城，和怀柔、密云一样，是街道上的交通要道。顺义县城复叫作仁和镇，是以往顺义县的政治、经济中心。清朝的时候，县城的东门外驻扎着旗人部队，县下一带有很多各种旗地。

从县城出发，沿着铁道向西大约两千米（从驿站开始大约一千米）的地方，就是沙井村。沙井村在历史上并不出名。听说，是明代初期从山西省洪洞县来的移民开辟了这个村子。虽然村民所有地中含有各种旗地，但这个在河北省平原地带司空见惯，并不值得特别强调。

沙井村的现状很平常。大约有七十户、四百人口，村子的规模和华北村落的一般规模一样。村民分了十几种姓，最大的姓占了十三户，没有同姓部落色彩，也展示了华北村落的一般特征。作物有高粱、玉米、豆、落花生、薯、麦、粟等，这一点也没有特色。农具、农法也没有特征。土地是平坦的华北平原的一部分，白河的支流很近，因为它有时泛滥，所以沙地要比其他地方多。

从整体看，农民的生活很贫困。村民所有地总计约 10 公顷（1 公顷等于 100 亩、1 亩大约是日本的 6 亩），平均每户有 14 亩，平均每人有 2.5 亩。要想过自给自足的普通生活，至少人均要有 5 亩土地，而这里的人只有这一半的土地。即使考虑了黑地（瞒报税款的地），也改变不了整体上缺乏土地的事实。而且这些少之又少的土地中，因为土地的分配不公平，多数农民处于劣势。无土地者及十亩以下的极零细土地所有者有 40 户（60%），生活上富裕有 31 亩以上的仅有 9 户。这 9 户占了全部村民所有地的一半。

耕作地的分配

亩数	户数	%	亩数合计	%
0	7	10	0	0
1—5	15	21	58.5	5
6—10	14	20	105.1	9
11—15	5	6	64	5
16—20	9	13	164	14

续表

亩数	户数	%	亩数合计	%
21—25	5	7	121	11
26—30	5	7	140.5	12
31—40	4	5	140	12
41—50	2	3	87.1	7
51—80	3	4	188.4	16
81—100	0	0	0	0
100 以上	1	1	110	9
计	70		1178.6	

所有地的分配

亩数	户数	%	亩数合计	%
0	15	21	0	0
1—5	18	26	59	6
6—10	9	13	75	8
11—15	3	4	37	4
16—20	10	14	171	18
21—25	5	7	120	12
26—30	1	1	20	3
31—40	4	6	141	15
41—50	3	4	137	4
51—80	0	0	0	0
81—100	1	1	83	9
100 以上	1	1	110	10
计	70		963	

　　上面的倾向从耕地分配上也能看出。耕地的分配与所有地的分配相比，无论怎样缓和土地的分配差，其缓和程度也是非常微小的，而且分配差别是明显存在的。这样，没有土地的人和极零细的土地的人，就很难对他人的土地进行租佃。而且，大土地所有者不出租土地，而是自己经营，也就显示了租佃关系的不发达。

　　村民中将自己的土地租出的有两人，其土地合计 11 亩。而且，两人中的其中一人，是因为急需钱，提前拿到了货币缴纳的出租土地钱，这也是为了金融不得已而为之。另外一人是因为土地离他很远，耕作不方便才租出的。因此村民当中没有因地租而生活得像地主的地主。相当多的土地所有者也是自己经营，没有将土地租出。因此，村民之间获得租佃土地是非常困难的。村民的租佃地有 208 亩，其中大部分（166 亩）都是外村人所有，沙井村的公有地（31 亩）很大。村民为了租佃地，要么拜托外村人（主要是县城的人），要么只能竞争共有地。

土地不均造成了村民生活上很大的悬殊。而且不是地主和佃农的阶级分化，乍看之下与自家经营的方式相同，其实存在很大差异。拥有大量土地的人，有充足的农具、役畜、资金，家庭劳动以外，也使用长工、短工来经营，也就是富农的经营。与此同时的是：缺乏生产手段和资金，自己经营农业的同时，有时做长工、短工，有时外出打工、做小商人，好不容易才勉强为生，这是贫农、雇农。村民间的阶层分化是在富农和贫农、雇农的两极展开进行。两者的中间，也有人自行耕种自家土地、不请人，或者极少请人耕种，这是中农。沙井村富农很少，中农也很少。大部分属于贫农、雇农。

像这样，特定的家里并不存在阶层固化。家的地位在不停地上升、下降，不停变动，土地转移在频繁地进行，家的地位也随之变动。这是由于缺少均分继承的本家、分家关系，随着纵向家族连接的稀薄性，以传统的村子为中心，阻碍了家世、血统、格式等的身份优势及身份隶属关系的生成。那时根据家的实力（主要是土地所有）来决定社会地位。这种实力主义与日本的旧农村是完全相反的。本来，家的地位是变动的，就无法否定阶层的存在。这其中即使包含着家的出入，阶层还是作为阶层存在，那在村落生活中有着重要意义。成为村里的头面人物，操控村的财政、公有地管理、祭礼等，这是村里高层人才有的特权，底层的人没有发言权。

从中国农村整体情况来看，沙井村的文化水准是很高的。以前有私塾，现在有公立小学，村里的男人识字，也能写自己的姓名。但是没有新闻杂志，入学率也很低。即便上了学，识字后马上就会退学，女人基本不识字。对于贫穷的人来说，没有学习的时间，即使学了也没有用的机会。

沙井村与邻近的石门村、望泉寺、南法信，签订了看护作物（看青）方面的协定。虽然相互协助。在行政方面，日本军占领以前，沙井村和望泉寺隶属于一个编乡。望泉寺为主村，沙井村为副村。但实际上，两村相对独立，没有任何组织上的关联。之后，形式上两村仍然是一个编乡。到了昭和十八年，实行大乡制度，以县城（仁和镇）为中心的数十个村子被编成了一个大乡。但只是名义上存在大乡，实际上各个村子有自己的公有财产，征集村费，有实际的村长、负责人，各村保持着以往的自立性。

沙井村并不是被周围孤立的存在。沙井村民的土地和邻近其他部落农民的土地明显混在一起。沙井村民和石门村民住的地方仅隔十几米，两村基本上是近似于连接聚落的关系。沙井村与望泉寺也只相隔了数百米。然而，沙井村与近邻各村落之间的来往很少。在交易关系上，该村与县城的集市、商店关系密切。以沙井村为首，附近各村子的人到县城里去买自己生活必须品的同时，将自己剩余的东西卖掉。以县城的集市、商店为中心，与周围的农民建立了经济关系。因为农民要购入各种日用品，所以货币经济渗透到了农民的生活当中，对县城的商店、集市的经济依赖度高。像这样，以县城作为媒介，各村的人们在经济上有了密切的关联，但还是没有将各村组织成一个大团体的动向。编乡也好，大乡也好，本身没有起到任何作用，各村还是单独进行活动。

我们在选择调查对象时，对沙井村进行了多次调查，与村民的关系极度亲密。我们曾在村中小学的院内开运动会，不光是儿童，老人和年轻人也参加了，大家愉快地度过了一天。也曾有过这样的经历，一直送我们送到车站的孩子们，在离别的时候流下了眼泪，我们约定再见，以此安慰他们。村民也曾委托我们调解村民间的纷争，解决县城的和尚夺取村有土地的事件（这些事件的记录都包含在本书的村落篇里）。我们和沙井村民之间不仅仅是调查关系，而是诞生了一种亲切的信赖之情。村里的人们来过北京很多次。无法忘记战争结束后的痛苦时期，住在北京的村里人扛着美国的袋子来看我们的情景。在日本军事统治这种无法逾越的障碍当中，得以实行这次学术调查的很大原因之一，就是上述与农民们建立了亲密的关系。

附：沙井村户调查总计（根据卷末的户别调查集计表制作，昭和十七年即民国三十一年一、三月调）

租种地亩数		亩	户
		203.5	23
地主所在地	外　村	77.5	9
	县　城	87	6
	本　村	9	3
	本村庙地	30	5
出典地		4	1
承典地		24.5	4
贷付地		16	2

经营地亩数（亩）	户数（户）	总地亩数（亩）
0	5	
1—10	28	156.1
11—20	15	240
21—30	10	261.5
31—40	4	140
41—50	2	87
51—60	2	111.7
61—80	1	76
101—110	1	110
合计	68	1182.3

所有地亩数（亩）	户数（户）	总地亩数（亩）
0	13	
1 未满	2（一户拥有0.5）	1.0
1—10	23	126.6
11—20	15	243
21—30	6	150
31—40	4	141
41—50	3	136.7
51—60	1	
61—80	1	76
101—110	1	110
合计	68	984.3

（除去李广田和刘张氏和柳荣，这里面有荒地不能耕作）

凡　例

1. 本资料由满铁华北经济调查所第三班（后改成为惯行班）整理完成，主要部分是原封不动地记录调查员和农民及其他回答者的问答。

2. 资料的原本是采取干式印刷的誊写印刷版本，但初期资料，即到昭和十六年三月调查记录为止，为东亚研究所第六调查委员会有再次印刷的复制本。这次的出版，以原本为底本，不得已时才使用复制本，同时也尽量参考原本。

3. 调查时调查员除进行自己的调查项目外，有时还会兼顾其他项目。原则上，原本是以一个调查员在一个时期、一个地点调查得到的资料为一个项目，制成一辑。其间也有可能在同一辑中，有两人在同一时期、同一地点收集的调查资料。那时，像一和二这样的调查员必须分开。

4. 这次的出版因调查地域不同而大不相同。其中以项目进行区分，对于同一项目按照调查时期顺序来排列。

5. 根据上面的方法，河北省顺义县，特别是同县沙井村的相关调查中，其概况、村落、家族的三篇组成第一卷、同地域的赋税（包含土地所有权、地籍公证）、租佃、土地买卖、农村金融，及交易、水等各篇组成第二卷。

6. 同一项目按调查时期的顺序来排列时，原本因时期不同而记录到了不同册子里，本资料是以那个时期来看问题，除了调查时期，还登载了辑号数及调查员和助手（口译）的名字。

7. 上述项目更进一步根据新历来细分调查日期，以时间为副标题。时间后应记录应答者名字，及其身份、应答的场所等。有时能看到调查员、助手的名字，意味着当天进行了人员交换来进行应答。相反，在时间之后没有记载应答者时，则说明调查期间，应答者是同一人。

8. 副标题的调查日期之后的标题（九点活字），表示的是那一整天应答的主要内容。应答的最初加了【　】，从这里开始到下一个【　】为止都是这个内容。

此内容是为了方便翻译附加的，不是必须制作的。

9. 提问和回答用＝连接、＝前是提问、＝后是回答。

10. 假名的使用改成了现代假名使用，固有名词及其他汉字保存原本的样子。

中文意思明确，就原封不动地使用，难懂的地方附上日语翻译。调查员都是亲自提问并且做笔记，口语、书面语会混在一起用。按当时残留的情况来看，并没有统一。

11. 提问部分虽然不是主要部分，但与之相关的资料还是尽量插入到相关地方。这时只要是能够将资料册分类的，就尽量分开插入到相关地方。无法插入的地方，也将它们附加到各个项目的末尾。

12. 事项索引没有附加在第一卷。河北省顺义县，特别是同县沙井村的相关调查资料一概而论，准备在第二卷的卷末附加。

13. 照片全是当时调查时拍摄的，但未必都是顺义县的。我们选择了能作为本书翻译参考的东西。

14. 地图中，华北农村调查要图是新制成的。顺义县全图是在调查时，在该县县公署影印的。沙井村土地区划详图及沙井村土地所有区划详图是调查员山本斌、助手郭文山亲自制成的。

概　况　篇

1941 年 11 月—12 月

华北农村惯行调查资料第 53 辑

概况篇第 4 号　　河北省顺义县概况
　　　　调查员　山本斌
　　　　翻　译　高津武男

11 月 28 日

（1）顺义县城——杨各庄

○**视察记**

从东边的白河到达县城，就能看到以前的大木桥因今年的河水而被冲坏了，只剩下几根桥墩。据县顾问说："白河河堤沙质层厚，桥修好的一两年桥墩不稳根本没法用。县里对架桥要出很多的钱，并且不实施没有实效的方针。现在是村里人建造的小木桥，牛栏山附近有两处，县城附近有一处，渡船场和苏庄附近也有其他的，对居民的交通无影响，汽车也能在县城附近的木桥上通过。"现在小木桥的结构是在木脚上铺设圆木，再上面铺上高粱杆与土的混合物作为步行道。木桥附近的警察监视所，设在木桥架设者的看守小屋。

白河对岸有宽广的沙原。其中一部分在民国二十八年洪灾之前，都是肥沃的土地，之后到了俸伯村。这一带是白河河流直接冲入村子的地域，所以每次遇到水灾时损失惨重。警备道路从东边一直到达杨各庄。沿路的村落总的来说都是稍微高点的土地，村落入口处道路比起住房更加低一些。

作为村落的主要部分的外围和众多墓地的地方有很多树。与白河西岸相比，树林多是东岸的特征。村的树林起到了相当大的防风作用，但村落却大量砍伐树木。南彩村附近，走过箭杆河的石桥，就有修筑时立的碑。河水还是比较丰富的，并且是清水。可彩村、北彩村附近都是县内屈指可数的良田，即使遭遇了今年的大旱灾，麦子也比其他地方的发芽率要高。土质是黑色的，感觉水分充足。沿路的村落附近有许多苇的采土坑。下疃村附近，路慢慢变高，到杨各庄有大的土岗子。杨各庄的镇都是在这个高地上建成的，河再怎么出现洪灾，杨各庄也没有被淹过。

11 月 29 日

（2）杨各庄

○视察记

杨各庄镇里寺庙有七十二处。因镇的风水而建，所以这地方风水非常好。这地方包含三河县西部，镇中心商店很多。各机关有日本守备队、县警备队、县警察分所、镇公所、商会等。这一天县公署主办了日满支相互承认一周年纪念会。杨各庄附近的村民代表、红枪各村的自卫团、小学生等在杨各庄东边的小学前的广场集合，这里县公署教育科长，新民会石职员进行庆祝演讲。有两组踩着高跷在村内游行。据说高跷会由镇外村落的人组成，请他们来的费用由杨各庄商会垫付，之后由商务会、镇公所、其他外村的公所均摊。在庆祝大会广场附近、杨各庄东部的街道上有一处属于旧三河县的插花地。虽然是市街地，但也是杨各庄繁荣后的村子，由于事变后行政上的诸多不便，就移到顺义县名义下管辖了。

这天记录员要带着头面人物忙碌整个庆祝大会，因此不能进行调查，晚上通过商务会，找到了会员中的熟人进行了下面的提问。

【杨各庄的今昔】杨各庄在清代时，与关外蒙古交易频繁。这里的商人主要引进关外的牛羊，到镇附近的店里开牛、羊市集，那时来得多的是北京附近的商人。蒙古人把牛、羊带到这里，进行布类的物物交换。集市是在牛肥大的八月举办。这种牛羊的交易在民国后渐渐消失了。

然而，杨各庄作为三河县的接壤地，三河县物资的集散地附近，从三河县经由同县张各庄的粗粮（玉米、谷子、高粱等）聚集，从白河东部的顺义县各区也有粗粮搬入，也就是第二区的出产是全部，第八区主产稻米，粗粮的大部分都聚集在杨各庄，第三区在县城、李遂镇、杨各庄集合。到三河县西部及顺义县白河东部的布匹、绸缎、杂货等的日用品是通过这里的商人运到顺义、通州、北京的。还有大规模的烧锅四户。白酒、豆腐、馒头也是本镇非常著名的特产。

【商会】从光绪年代开始就有商会。是根据当时农商部的指令成立的。民国后也继续存在，会首一名，副会首两名，若干常务员。事变后华北政务委员会成立的同时，以往的商会改组成了商务委员会，有主席一名、副主席两名、董事十七名、监查委员一名。但是现在只有董事没有达到定额。商会的上述职员通过选举产生，任期两年。有上述以外的会员，经营商业的人全部都是商会的会员，现在会员百余户。

【农村金融】应答者 李常芳（兰亭）（杨各庄后街粮店"广意常"），李仲贤（同横街儿路南布铺"丰裕泰"）（都是第三区井上村出身）。

农民借钱的原因＝按葬礼、婚事、买粮食的顺序，钱是怎么借的？＝小额向村里朋友借，巨额时卖土地。也有典、押，但是在农村卖土地的情况较多。

一般是信用借贷比较多，还是担保借贷比较多？＝小额（五十元以下）就是信用借贷。五十元以上的需要担保。

农民在信用借钱的时候从谁那里借，顺序是怎么样的？＝朋友、商店、亲戚、同族。

典和指地借钱哪个比较多？＝不明。

今年是好年头吗？＝平常的一年。

井上村的每亩地价多少？＝一百元。

典价及押价是怎样的？＝典价三四十元，押价没有很大差别稍微便宜一点。

典期及押期是怎样的？＝押期一年，典期三年乃至五年（典的回赎开始的时期）。

押期到来时不还钱土地怎么办？＝变成债主所有。

但实际上有把押改典的情况吗？＝延长押期。总的来说，押期不允许两次延长。改成典的情况也非常少。

借增是典、押共同进行的吗？＝基本不同时进行。借增又叫提价。

村民没有粮食怎么办？＝大多数情况向村里朋友借。很少借钱去买粮食。

借粮和赊账哪个比较多？对象是谁？＝从朋友那借得比较多，像赊账基本没有。

借钱的对象是村内人多，还是村外人多？＝小额时从村里朋友那借钱的情况比较多。

借钱是否要打借条？＝根据亲密关系，金额不一定。因为老百姓借钱，一般就是二三十元，所以信用借贷很多。从熟人那借来的，不用打借条。典、押时要打借条。

利息是按月还是按年算？＝按月算。

利息最高、最低及普通率＝最高三分，最低两分，一般两分。

历代利息的变迁＝和现在没有多大差别。

高利是什么时候才有？＝收获不好时。

从什么人那借钱是高利？＝没有诚意的人，或者商人。

有借钱没中间人的情况吗？＝朋友。

打借条时，带利息借的时候，总的来说有中间人吗？＝正是如此。

作为借钱中介人都是怎样的？＝介绍人和保人。只有介绍人介绍。保人在借债人不还钱时要负责任。一般是两人。视金额的多少、信用的程度，也会有三人的时候。

出典者，入典者的名称＝出典人叫立字儿，也叫立字人，入典者没有名称。用有债主意思的文字。

出典及指地借贷的时期？＝秋天收获后到年底比较多。

回赎的时期＝惊蛰多。

有钱会吗？＝没有。

有破产的前例吗？＝破产时叫「クイレイ」[1]（汉字不明）

典约示例

---

〔1〕　译者注：此处中文无对应。

　　立典契文约人×，因手乏无钱使用，今将祖传土地，计一亩，烦中人说合，情愿典与×××名下承种。同中人言明，不计年限，清钱十元大洋。其钱笔下交足，不欠分文，各无反悔。恐后无凭，立字存照。

中华民国　年　月　日

立典地人　某人

说合人　　〇〇

代字人　　〇〇

　　【杨各庄和第三区井上村的农村交易关系】你出身的井上村的主要产物是？＝沙地很多，收获量少，但也产高粱、玉米、谷子。

　　作物是何时，何地卖给谁？＝阳历十一月、十二月的时候在杨各庄合作社内的集市卖给商人。

　　主要卖什么？＝不一定。

　　在集市之外卖过作物吗？＝基本上在集市卖。也不允许在集市以外卖。

　　杨各庄的集市？＝一、六日是大集市，三、八日是小集市，粮市、猪市叫小市，其他的驴、牛、马等大规模叫大市。

　　卖作物的时候需要中间人吗？＝经纪人（也叫斗局子，一般是商人）当中间人，税也平摊。

　　今年的农作物价格如何？＝一斗高粱 3.5 元，玉米 8 元，豆类 4.5 元（每 1 元向局子缴纳 1 分至 2.5 分的税）。

　　井上村是否有物物交换？＝豆腐和豆子之类。

　　井上村人去哪里买东西？＝来杨各庄。村里没有商人而且杂货的行商也会来，大型购物要去杨各庄。

　　在杨各庄购物时，常去的商铺是固定的吗？＝不一定。

　　有在杨各庄赊账的人家吗？＝大家基本现金购买。我认为没有赊账。

　　【家族制度】这个村的大家庭中人口最多的有多少？＝有三十个人的占多数。最多的是四十人。

　　上述什么职业的家较多？＝代代做农活的家占多数。商人的家人很少。

　　一家之中最大的人叫什么？＝"当家的"、"管事的"，前者经常使用。

　　当家的只限于男性吗，还是说女性也可以？＝家里有男性的话就只能是男性。

　　家里没有男性，或者有男性尚年少时谁来当家？＝老太太。

　　男性几岁以上可以当家？＝二十岁以上可以当。但是不可靠的时候，还是老太太当家，但对外还是说男性当家。

　　上述男性当家时，家人结婚、土地买卖是否要经过老太太同意？＝当家的男性给予结婚的许可、土地买卖的决定。

　　如果老太太反对上述情况怎么办？＝卖之前老太太就不同意的话，孩子要听从母亲，所以不能卖。

要是老太太随便卖掉了怎么办？＝老太太不是当家的，所以在土地买卖契约上不需签名。因此卖不了。但实际上，任何时候的契约，亲戚中会有人当中间人，也会询问老太太的意见，上述情况不太可能会出现。

杨各庄的埋坟是怎样的？＝叫作排葬，如下图所示。没有人字葬。人字葬在白河的西边居多。

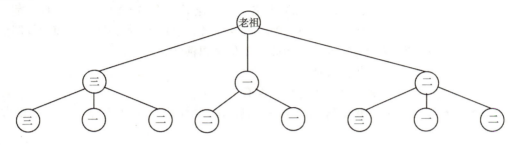

11 月 30 日

（3）杨各庄外村落

根据顾问的指示，访问白河东部的第二、三、八区的保甲长训练所（在杨各庄），从正午开始到一点之间对各地的保甲长的出身地进行调查。

受训中的保甲长有六十人，当初预定的是六十人全部分配到若干班收集各地情报，随着调查的实施，以集体为对象很难进行调查。总的来说，保甲长以年轻人居多，一个人回答了，其他人也是类似情况，不能达到当初的目的。他们因为记录的训练，没有闲工夫。只调查过两小时。傍晚因商会周旋，对进入村中的于辛庄，及其他属于旧密云县的顺义县内的飞地村的村长进行了调查。

夜晚，访谈密云县的顺义县内飞地情况

①第二区、第三区村落（道口、高各庄、王辛庄、田家营、小店、郭子坞、王各庄、太平新庄）概况

应答者 道口村—李阴荣（32 岁），高各庄—萧玉山（33 岁），王辛庄—殷泣森（27 岁），小店—张永才（31 岁），郭子坞—陈广田（30 岁），王各庄—周德新（36 岁），太平新庄—赵某（36 岁）

【以户数、村长、副村长、会首数，村公所及小学建筑等为中心】

道口村＝76 户，428 人。有村长，无副村长。会首以前有一人。有村公所。庙在远地，因此使用民有土房。小学和村公所在同一处。

高各庄＝120 户，676 人。有村长，副村长。事变前会首有 10 人，现在有 15 人。村公所在庙里。小学使用新建的民房。

王辛庄＝大约 100 户，564 人。有村长，无副村长。会首数不明。村公所不在庙里。

使用三间房子（民有）。

田家营 ＝249 户，972 人。无村长、副村长。以前会首有 22 人，每三个月每五人交换执行村务。县城附近出村代表时，选出责任者五名中时间方便的人。

小店 ＝289 户，1567 人。村长，副村长各一名。会首 11 名。村公所和学校在庙里。

郭子坞 ＝287 户，1378 人。村长，副村长各一名。会首 17 名。村公所和学校同前。

王各庄 ＝130 户，579 人。村长，副村长各一名。会首八九名。村公所和学校同前。

太平新庄 ＝200 户，1090 人。村长，副村长各一名。会首 12 名。村公所和学校同前。

村公所是什么时候成立的？ ＝（青年多，不知道以前的事）。

会首又叫什么？ ＝会头儿，首事人。

保甲制度实施后会首制是否废止过？ ＝没有。

与事变前相比会首数有变化吗？ ＝是一样的，还是增加了。一般是增加的。还没有增加一倍的村子。

为什么会增加？ ＝跟事变前相比，村子的工作和负担增多了。

会首的任期决定了吗？ ＝没有。

只干一年的会首多吗？ ＝总体来说没有。

多的是干了几年的？ ＝七八年。

不识字的人能当村长或会首吗？ ＝能。

女性呢？ ＝不能。

年龄是怎样的？ ＝三十岁以上，总的来说五六十的人占多数。

村里人在其他地方经营商业可以当吗？ ＝不可以。

村内的商人呢？ ＝不可以。

没有土地的人呢？ ＝不可以。

尽管没有土地、但有钱的人呢？ ＝可以。

会首的选择方法？ ＝高各庄根据村民的选举，其他是通过会首会议决定。像各姓派一名代表当会首的情况是没有的。

各村都有青苗会吗？ ＝有。

那是做什么的会？ ＝指的村公所。

会首全部都能当上保甲长吗？ ＝没有当上的人占多数。

有全村民的会议吗？ ＝没有。

有全村当家人的会议吗？ ＝没有。

有只有地主和佃农参加的会议吗？ ＝没有。

有只有甲长参加的会议吗？ ＝有。只在县命令下的集合场所。

有只有会首参加的会议吗？ ＝有。叫合村公会。不定期举行。只有在县下达造桥修路时才开。

一个村子里有一个姓甚至三个姓，这样的村子存在吗？ ＝没有。

道口村的姓是怎样的？ ＝高、祖、李、赵、王几姓中，姓高的最多，村长也姓高。

有三十名以上大家庭的村子吗？ ＝没有。最大的二十名，这个也很少。

家里的老大叫什么？＝当家的。

女性在什么时候可以当家？＝成为寡妇，而且那一家没有男性。

几岁以上可以当家？＝不根据年龄来。八十岁的老人若能好好工作也可以当家。

有钱人和穷人哪种更容易分家？＝（没有回答）。

有二十人的家族总体来说是贫还是富？＝穷人较多，要是富人经常出现争夺财产也有害怕碰到土匪，所以分家。

分家时财产是均分吗？＝是的。

女儿也能分到份额吗？＝给衣服、家具。不给钱和土地。

分家时的财产分配是商谈决定吗？＝抽选的情况比较多。小店村是商谈。有老人时，由老人做决定，无老人时拜托公会人（合村会首）决定。

有一个家族共同使用的地吗？＝没有。

祭祀祖先时有特别设置的祠堂吗？＝没有。

在各村有关系好的朋友之间相互借牲畜的情况吗，叫作什么？＝各村都有。叫作耆套或者合作帮忙儿。

道口村的各种事情＝村附近有河，因此沙荒地很多。土地不好，不长小麦，作物主要是高粱、玉米、花生。也种不了蔬菜。不使用河水、井水灌溉。耕地里有若干井，一般灌溉只用雨水。坑不用来贮水，是每年需要在别的地方用到土而自然挖出的坑，是村子所有地。村里的耕作面积有十二三顷。村内外村人的土地很少。自耕农有三成，佃农有七成，佃农主要租佃本村地主的地。佃农在生活困难时，到他乡打工的比率也很小。租佃契约全部靠口头，缴纳货币，先付，每年改变租佃期限。没有实物缴纳（卖青苗地也不得要预止了）。

小店村的各种事情＝村的耕作面积为21顷。村内没有其外村人的土地。其中七八成都是下等地。不种小麦，主要产物有高粱、玉米、花生。村附近没有河水。没有普及井水灌溉。全村户数有七成是佃农，主要租佃本村人的土地。最大的地主有五十亩地。佃农很少到北京、顺义打工。要养活五口之家，耕地面积要有七十亩。租佃大多缴纳货币，缴纳实物的只有三四桩。货币租地是先付，每年不同。实物租地是地主、佃农共同耕作，地主提供牲畜、农具。收成折半。这种租佃关系称为伙种，在重感情的人之间进行。

村费每亩三元，有佃农时，其负担由地主、佃农共同商量决定。也有地主全额负担的情况，也有地主、佃农折半负担的情况。出役时，十亩地出一个人。

郭子坞的各种事情＝（无人应答，这个村子里地租是后纳制。出役时五亩地派一个人）。

高各庄的各种事情＝村子的面积约16公顷。村内外村人所有地很少。沙地非常多，主产谷子、玉米、花生。自耕农有八成，佃农有两成，最大的地主有三十亩地。地租是先付货币，每年不同。没有实物地租。可供五口之家维持生活的面积是75亩。

各村有长工吗？＝有。

长工最长在一家做多久？＝长期做的现在很少。每年都在变。

几个村子有短工？＝只有白河东部的李遂镇有。

　　白河东部的短工主要去李遂镇吗？＝不被自村雇佣时，就去近地的李遂镇。没有人特地跑到县城的短工集市去。郭子坞有 300 名短工，其中 15 人去李遂镇，剩下的被本村或者邻村雇用。

　　白河东部实行一字葬或者人字葬吗？＝不实行。

　　白河东部有回教徒、基督教徒多的村子吗？＝没有。

　　②第二区、第三区村落（东营、南辛庄，柳各庄、李遂镇、李各庄、沟北村、牌楼村、北务村）概况

　　应答者 东营村—孙律玉（25 岁），南辛庄—葛玉林（25 岁），柳各庄—吴玉萃（31 岁），李遂镇—孔繁仁（32 岁），李各庄—李树臣（28 岁），牌楼村—张廷惠（27 岁），北务村—李兆榜（33 岁）

　　【主要关于水】李遂镇

　　白河的水完全不用于灌溉吗？＝完全不用。

　　民国后有几次水灾？＝民国二年、八年、二十七年、二十八年有水灾。

　　洪水的原因是什么？＝白河上游地方降雨大时会引起。上游无水的山岳地多，一有降雨从山上就有洪水流入白河。

　　洪水出现后水流变化的情况多吗？＝多。

　　洪水即将到来前村子里会商讨预防措施吗？＝没有商讨的时间。一瞬间水就能淹没村子。

　　所以平常为了预防水灾，会事前安排好避难场所和救护方法吗？＝不会。

　　洪水到了邻村，邻村就会撞钟来联络吗？＝虽说是邻村，但也有一定的距离，不可能联络到。

　　水到村里时，村民上哪避难？＝因为村里地基高，如果是小水灾就不用避难，如果是洪水灾，就要到村里的高处避难。

　　避难处由谁来照看？＝没有人照看。各自管各自。

　　会一起吃饭吗？＝不会。

　　民国二十八年的浸水程度＝除去避难处，全村浸水从二丈到五六丈。

　　民国二十八年的受害情况如何？＝没有死伤者，只剩下瓦房，其他都破损了。

　　村里以前没有堤防吗？＝以前堤防的规模很大，可是洪水来一次就会破损一点，现在只剩下小的堤防，是村里人做的。

　　每次遇水灾好地就减少吗？＝从白河上流过来大量的砂，退水后变成沙地。沙土有二三丈厚，仅凭人力无法解决。

　　浸水的全部地方变成了沙地吗？＝主要是河道附近的地。其他的地在水灾后，突然反而变得肥沃了，比往年的收获要增加两倍。

　　民国二十八年度的各村水灾土地状况如何？＝

　　东营村 61 户，463 人。村耕地面积十七顷。村内六七顷成为了沙地。该村以往沙地就多，二十八年增加得更多了，本来是种玉米的田，变成沙地后种不了，变成种花生了。

　　南辛庄 87 户，460 人。沙地主要在村东。以前有五六顷。二十八年度村子浸水后沙

子不流过来了。

柳各庄 321 户，1656 人。耕地面积三分之一的沙地在增大。

李遂镇 406 户，2451 人。耕地面积的三分之二变成了沙地。

李各庄 水灾后没有变化。

沟北村 173 户，985 人。比白河远，村子一部分浸水了，沙地增大很小。

牌楼村 325 户，1883 人。其他同前。

北务村 280 户，1633 人。其他同前。

没有一般预测水灾的方法吗？ ＝没有。

除去李遂镇的其他各村的场合，水灾时要去哪避难？ ＝住土房的人马上去高地，或迁到家里地基很高的熟人家，没有去外村避难的情况。

水灾时，妇人、孩子有没有朝县城或山地方向移动？ ＝村与村之间都是孤立的，根本做不到。水灾前也做不到。水出现的一两个小时里，就能变成一两丈高。二十八年早上十点，传言有水灾，那是水已经逼近村子附近了。

为了水灾避难，村子里平常会备船吗？ ＝白河东部没有，西部有。

③于辛庄及红寺村（旧密云县飞地）概况

应答者 于辛庄—范秦，红寺村—白某

【村落制度】各村的面积如何？ ＝于辛庄五公顷，红寺村二十多公顷。

于辛庄的飞地的沿革？ ＝除了传言是密云县人移居过来形成的，县以外没有别的信息。

红寺村的沿革？ ＝在密云县前清时代有里甲的称呼。密云县的人即使移住到县外的远地，依然是作为密云县的人来对待，里人甲人也作为密云的人对待，长年来有了孤县村的称号（以上是笔谈）。

两村中成为飞地的故事记录在碑石上，是否有文献？ ＝没有。

红寺村里有红寺吗？ ＝现在没有以前有。有坏和尚在。

两村的土质如何？ ＝于辛庄沙洼地很多，沙土种植落花生。

密云县人的移住大概在几年前？ ＝约 200 年前，第一次有人来，后来慢慢增多。

做什么而来？ ＝不明（也有传言说是来开垦）。

有没有密云县所属的兵营？ ＝没听说过。

何时归属了顺义县？ ＝今年五月一日。

户口职业如何？ ＝于辛庄 54 户，红寺村 182 户，全部是农民。

有没有与其外村子不相同的副业？ ＝席子业都很盛行。于辛庄占全户的五成，红寺村占全户的八成。

附近的村子有没有做席子的？ ＝不仅仅是这个村子，其他村子也大量在做。

现在想再确认一次土地性质 ＝于辛庄一带沙洼地很多。红寺村里一带五里四方的河边沙地多。

上述做席子的是从这个村里的人开始的吗？ ＝不是。最近才开始。

两村的姓是怎样的？ ＝于辛庄姓刘、金的人最多。姓王的其次。其他很少。全部密云人。红寺村姓徐、王（各占全户数的三分之一）的人多，其次是李、白、赵、刘的顺序排列。

两村都是飞地，感情有没有特别好？＝没有，反而与附近村子的关系好。两村有相当一段距离，没有亲密的交际。村里结婚的人也不多。结婚基本上是跟邻村的人。

顺义人有差别对待吗？＝没有。

红寺村的村政是谁进行的？＝村长下有一名副村长，会首（也叫会头，首事人）有二十人扶持。

会首在民国初年及事变前有几人？＝十八名，最近增加了一些。

甲长会成为会首吗？＝以前的会首基本上就是甲长。

一旦成为了会首一生都要做下去吗？＝没有年期，但也是如此。

在于辛庄又是怎样的？＝村长，副村长各一名，其下有会首五人。事变前总的来说三五人，现在增加了。因为村里工作多了。任期同前。

成为会首的资格是怎样的？＝多少有土地，有信望及能力。不识字的人或从别的村移居过来的人也没有资格。要求二十岁以上的男性，总的来说四十岁以上的人居多。

村长、副村长的选择方法是怎样的？＝三年或者五年改选一次，时间不一定。记名投票。要求尊长，有土地能力。

有青苗会吗？＝以前就有，只不过是叫获田会（红寺村）。

青苗会是干什么的？＝做村公所干的事。

有看青吗？＝于辛庄有 3 个看夫，红寺村有 4 个看夫，青夫负责农作。

青苗会是不是让大家一起务农的会？＝一开始或许是，但现在就和村公所一样。

组建自卫团、经营小学可以说是青苗会的工作吗？＝虽然这是村公所的工作，但经费都出自于青苗，所以可以说是青苗会的工作。

有全是佛教徒的集会吗？＝念佛会，只有信仰很深的佛徒才能去。

上文所说的不管哪个村子都有吗？＝有。

有上供会和粮谷会吗？＝没有。

有没有其他会？＝没有。

村子里有些什么集会？＝大家开会。

大家是指村子里的所有人吗？＝是的。

什么时候举行大家开会？＝村子发生大事时。

比如说什么情况下会举行？＝决定摊款时诸如此类的事。

那个时候大家都会到齐吗？＝不会。只有会首参与。

什么集会大家会全部参加？＝只有会首集会。

有保长、甲长的集会吗？＝有。

有没有村民的集会？＝没有。

上文所说的会首集会是什么？＝没有特定的名字，就叫开会。

上文所说的集会有定时开展吗？＝没有。

【家族制度】村子里一户人家，成员最多有多少？＝于辛庄最多 15 人。红寺村最多，

30 人。

家族成员众多的家族都富有吗？＝不一定。

家里的中心人物怎么称呼？＝当家的。

女性能成为当家的吗？＝如果家族内有男性的话，必定会选男性。

年少的男性也能当吗？＝当男性小于二十岁时，他母亲能成为当家的。

最近分家多吗？＝很多。

与事变前比如何？＝没太大差别。

分家的情况下，父母怎么配额？＝有钱的人家会设养老地。一般条件的人家都不会设立养老地，父母轮流到分家后的儿子家，由其照顾。

兄弟姐妹怎么配额？＝平分。

有女儿时又怎么分？＝财产与土地都不会分，不过结婚的时候，兄弟姐妹都会出钱帮助。

分家时会有证明吗？＝会写分家单，族人负责解释。

兄弟姐妹的配额如何决定？＝家、土地以及其他财产很少按各自意愿分配，基本都是抽签决定。

妻子有自由支配的财产吗？＝没有。

妻子以外的人有自由支配的财产吗？＝没有。

同姓的人之中有首领吗？＝有。

怎么称呼他？＝族长。

家族中的重大事件（土地买卖、结婚等）需要族长的许可吗？＝不需要。

那么，什么情况下需要族长的许可？＝没有特别的情况需要。

有没有什么仪式需要族长站在最前列？＝清明节上坟时，族长要先拜。

有没有同族的家庙或祠堂？＝没有共同的，但各自都有祭拜先祖的家庙。

每个同姓的家族都要选出一定数量的会首吗？＝不会。

如何埋坟？＝以祖坟为中心，每个年代相对于祖坟的中央位置埋放年长者，然后右左右左地埋放，埋法遵从风水先生的指示。

坟越来越多土地越来越少怎么办？＝并没有出现因埋坟导致土地严重减少的现象。

一亩地上有很多坟怎么办？＝向风水先生请教坟地的情况，把坟迁移到更适宜的地方去，以往的坟还是按原样，这称之为拔坟。

上面的埋法称之为什么？＝排葬。

听说过一字葬、人字葬吗？＝没有。

【村费等】最近几年村费多少？＝于辛庄 1000 元，红寺村 2000 元左右。

右边说的东西叫什么？＝村公款。

右边有临时加入的东西吗？＝全额。

有地的人每年要交多少公款？＝于辛庄一千元多，红寺村两元。

所有地不位于村内时怎么办？＝向土地所在的村公所交该村一半公款，另一半交给自己村的村公所（本村人在外圈种地，需缴纳获田会款十分之五，向本村纳公款十分之五白氏记述）。

当本村与外村公款额有差距时，在外村有土地的人与一般人负担有差异，不会有不公平吗？＝邻村之间公款额基本没什么差别。就算有差异，就直接特别处理。把公款额调为所有者村子的公款额。

佃农需要缴纳公款吗？＝地主、佃农按 4∶6 的比例上缴。

村外的佃农又如何缴纳公款呢？＝佃农全额缴纳，地主不需要缴纳。虽然不公平，但一直是这样。

与邻村有连圈吗？＝有。

连圈是什么？＝甲乙两个村的人，双方在对方的村里都有土地，就可以抵消看青的费用，当甲村人在乙村有土地时，需要向甲村缴纳公款，可以与乙村人在甲村有地的公款相抵消（各村要从公款中支付大约一百元的费用给看青）。

根据上文的方法，公款可以维持村费吗？＝可以。基本足够，但是临时费重叠时，土地所有者需要按亩缴纳白地捐（也称临时摊款），不过很少有这种情况（之前铺设道路时出现过一次），明年一月一日以后实施的大乡村制准备费用已经达到高额，一个村子大概需要花费两千元左右。在这种情况下，公款不足时，地主需要按亩负担。

公款缴纳期是什么时候？＝于辛庄是麦秋和大秋，红寺村是旧历六月。

如何征用壮丁？＝不是按家，而是根据土地的亩数，所有地每五亩一人，租佃地每十亩一人。

有没有征用物品的情况？＝没有。

有没有说为了建立桥梁或其他东西需要提供树木？＝有，用村费买。

村子的旗地有什么？＝村里没有旗地。

现在没有旗地，以前有没有呢？＝一样没有，不过附近有，是民国十八、十九年官产局整理，向民众出售，转变为民地。

【租佃制度】按顺序指出村里的主要农作物＝于辛庄是白、红高粱、玉米以及部分其他东西，因为是洼地所以没有谷子，红寺村是落花生、玉米、谷子等。

旱地与井地的比例＝没有井地，大部分都是沙地。

有大地主吗？＝有三四十亩地的是大地主。

村外人有地吗？＝红寺村没有，但于辛庄有很多地是县城和杨各庄人的，耕地的四分之一是他们的。

一般是自耕农多还是佃农多？＝基本都是自耕农。

五口之家一般需要多少亩地？＝四十亩以上。

佃农有契约吗？＝没有契约，都是口头证明。

如外村人、外族人租佃时怎么办？＝不允许相关人员租佃。

租佃契约是一年还是无期限？＝每年都会修改。

租佃契约需要介绍人吗？＝不一定（不过变卖时必须要）。

租佃费是用钱缴纳还是物？＝基本都是预先付钱。于辛庄每亩十五元到二十元，红寺村十元左右。

有称为伙种的东西吗？＝于辛庄没有，红寺村有一点点，会把农作物一分为二。

田赋由佃农自己承担吗？＝不，由地主。

有很多代都是佃农的人家吗？＝没有。

出典人能优先租佃出典地吗？＝不行，典主有权租给任何人。

地主需要向佃农提供牲口、大农具、肥料、种子之类的东西吗？＝不用。

佃农需要帮地主做农务、家务吗？或者说需要送东西吗？＝不用。

好朋友之间会相互借家畜吗？＝会，称为搭套。

【与还是飞地村的密云县的关系】村内的土地全部由密云县管辖吗？＝不，于辛庄全部面积五百亩中，只有五十亩在密云县的管辖内。

红寺村全部面积二十顷田中有一顷在密云县的管辖内。

上文提到的密云县管辖内土地税契，过割怎么处理？＝土地买卖需要先往密云县公署办理手续。

村里有密云县的机关单位吗？＝密云县地方（也叫保正）有人常驻那里（现在已经废弃）。

出什么事密云县公署才会与地方联系？＝全是地方给县村下达指令，主要是催缴田赋。

地方斡旋土地买卖的相关手续吗？＝不。

屠宰税按多少比例缴纳？＝与屠宰数无关，缴纳一定金额即可。

警款缴纳多少？＝县下达通知说一定金额就行。

上文都是由地方催促吗？＝是的，指示全由地方下达。

粮食买卖相关的税收怎么处理？＝因为是在杨各庄进行的买卖，所以都上缴给顺义县。

催缴田赋由地方负责，但征收由谁进行呢？＝于辛庄里密云县管辖的土地所有者是王、陈、鲍三人，红寺村是刘、何、白三人。他们直接缴纳给密云县即可。

上文的密云县管辖地都在同一个地方吗？＝不，与顺义县管辖地交错。

地方以外有警察吗？＝没有常驻的警察。

来调查户口时（以前为了征收物资经常来），会不会要求缴纳密云、顺义两重税？＝飞地整理前不需，整理前后有些许重叠。

密云县的税收，与顺义相比，哪个更重？＝密云县的杂款与顺义相比低了很多，主要是很久以前起就不怎么催款。

【杂】白先生（红寺村村长）什么时候进村的？＝康熙年间。

这个时候，村子已经是飞地了吗？＝据说从明代起就是飞地。

您的祖先在这片地做了什么？＝出了两个秀才、一个举人，因为是名门所以不务农，一直在玩。

您的祖先同样也是村长吗？＝不，我是第一个被推荐当村长的。

村里最老的地券是什么年代的？＝没有明代的，有乾隆年代的，最多的是道光年代的。

清代时附近有没有庄头？ ＝于辛庄没有，红寺村有。

那红寺村有没有庄头管理的土地？ ＝庄头属于内务府，管理的土地不在县内，他仅仅是住在这里而已，他管理的土地在张家口那一带（而且他买了张家口那一带的毛皮，进贡给了皇室）。

您家的土地当中有旗地吗？ ＝村内的土地从很久以前就是老民粮地。三河县、平谷县里有部分属于镶红旗，现在用于租佃。

现在村子里有几户旗人？ ＝五六户白姓人家。

第三区井上村和侉子营（旧密云县飞地）的关系

应答者 井上村——李村长

井上村与侉子营距离多远？ ＝间隔一条道路。

侉子营称为密云县飞地吗？ ＝飞村。

有个营字是因为以前有密云县的兵营吗？ ＝不知道。

两村有多少户人家？ ＝井上村一百户，侉子营七十户。

做过整理飞村的手续吗？ ＝外村的情况不了解，但听说在整理中。

随着飞村沿革，有什么不明白的吗？ ＝以前有若干人从密云县入县，之后请来同县人之后就属于密云县的管辖之内了，现在全都成为了密云县人。

那些人是为什么来密云县的？ ＝不知道。

是为了开垦吗？ ＝有这个说法，但不一定。

井上村的祖先从哪来的？ ＝古北口外。

井上村、侉子营有旗人吗？ ＝以前就没有，全部是汉人（白河以西旗人多）。

侉子营里姓什么的人最多？ ＝姓田、刘的最多，占全村人数 80％，然后还有小部分姓张、李、鲍的。

井上村呢？ ＝姓李的占 60％，然后比较多的就是刘和高。

侉子营村长姓什么？ ＝刘。

两个村子有多少名会首？ ＝井上村四五人，侉子营五六人。

事变后会首人数有增加的倾向吗？ ＝跟以前一样。

两个村子的会首姓什么？ ＝侉子营会首全部姓刘，井上村姓李的多。

井上村和侉子营有主副村关系吗？ ＝没有，都是独立村，对等关系。

有把双方村子的会首会聚一堂的情况吗？ ＝没有。

侉子营的人是不是与密云县的人交往最多？ ＝不是，虽然名字是飞村，但交往与外村一样。

侉子营有没有关系特别好或是特别坏的村子？ ＝没有。

比如求雨这样的行为，两个村子会联合组织吗？ ＝民国七八年井上村举行求雨，是有侉子营的人参加，之后就再没有过了。

现在侉子营有和其他外村一同求雨的情况吗？ ＝在村里的关帝庙举行求雨，不会和外村一起。附近的村子都是这个情况。

但是，求雨的队伍也会去井上村吗？ ＝是的，在井上村关帝庙求雨时，也会去侉子营。

有两个村子共同的事业吗？　＝没有。

两个村子之间发生问题时，双方的会首和村长会集会吗？　＝只有连圈问题的时候集会过一次（询问侉子营、会首、村费、村会议、村约相关问题时，也只会回答一句别的村子的事，不知道）。

井上村的家族之长怎么称呼？　＝族长。

什么人才能成为族长？　＝老年那一辈的上层人员。

族人都知道族长是谁吗？　＝有很多人不知道。

为什么？　＝因为族长没有任何权势。

什么事必须和族长商量？　＝没有。

什么事需要族长出面？　＝清明节要族长先上坟添土，祭拜老坟。

同族结婚需要和族长商量吗？　＝只需结婚家族的一家之主许可就行，与族长没关系。

两个村子里有没有家族的共同祠堂、族产之类的？　＝没有。

李先生（井上村）的同族时呢？　＝没有。

井上村家里人数最多有多少人？　＝十四人左右。

为什么会最多？　＝县边境有匪害，为了能将财产细分而频繁分家，或者是兄弟之间吵架。

上文哪个是最主要的原因？　＝后者。

父母双方在世时，也会分家吗？　＝孩子们关系差时会。

分家时，父母的份额怎么分？　＝家里土地多时，拿出一部分给父母做养老地，或是分家后每三天轮流照看父母。

兄弟的分配怎么办？　＝均分。

均分会不会出现给哥哥房子和土地，弟弟只给土地的情况？　＝不会遵循兄弟的意愿分配，因为按意愿来最后肯定会吵架，所以抽签。

分家时女儿没有份额吗？　＝没有。

坟的埋法　＝（与于辛庄、红寺村一样）虽然白河以东没有人字葬，但白河以西有。不过不知道地名。

关系好的人之间会借贷牲畜、农具吗？　＝会。

上文的这种关系称为什么？　＝搭套、打帮儿。

上文借贷牲畜、农具以外的东西也可以这样叫吗？　＝只有借牲畜时才行。

借牲畜时需要人也跟着去吗？　＝一般需要。

村民借钱的原因？　＝主要是葬礼、结婚，买食物借钱比较少。

需要钱时怎么办？　＝小数额时卖农作物，大数额（百元以上）时卖地，借钱基本都发生在歉收年。

信用借钱与有担保借钱的比例是？　＝小额都是信用借，大额就需要担保，比例不明。

信用借大概能借多少钱？　＝不一定，要看双方的关系和家产，百元以上的金额基本都需要担保。

借钱向谁借呢？＝小额信用借贷直接找村民，担保借钱需要找村子的朋友或是杨各庄的商人。

借钱是典多还是指地借钱多？＝后者多（典，指地借钱的契约叫活字儿；绝卖、卖地的契约叫死字儿）。

④第三区井上村概况

应答者　井上村村长 李常青（66 岁）同小学校长 史姓（60 岁）

地　点　杨各庄商会

【村落制度】村子里大约有多少户＝大约一百户，六百人（男女人数差不多）。

村公所的历史＝光绪时代没有村公所，民国十年设立的村公所。

之前或许不叫村公所，但有事务所吗？＝有，在村长家办公（村长也称为村正），副村长称为副村长。

当时帮村子办公的人叫什么？＝会首，或是会头儿。

上文提到的人以前有多少人？现在又有多少人？＝以前是六七人，现在是十六七人。

事变前有多少人？＝六七人。

最近为什么人数增多了？＝因为工作和集会增加了。

民国十年是谁下的命令建立了村公所，又建立在了何处？＝因为本村的庙位于北端，所以就没有用庙，而是对破旧的民房进行修理，然后至今一直把村公所放在那里，命令是县下达的。

没有土地的人也能成为会首吗（包括以前）？＝绝对不行。

如果是没有土地，但有其他财产或是经商的人呢？＝可以。

总体上来说，会首有多少亩地？＝八亩到三十亩之间。

有商人或外地移居者当会首的情况吗？＝以前全是农民。在村里没有房子、外出打工的人（比如住在县城从事商业的人）不能成为会首。

不识字的人也能成为会首吗（包括以前）？＝不能。

多大年龄才能成为会首（包括以前）？＝二十岁以上。

女性能成为会首吗（包括以前）？＝不能。

以前成为会首的人的家族是固定的吗？＝不一定，最近成为会首的人很多，以前是会首现在不是会首的家族也有，关键还是看能力与信望。

李村长家代代都出村长吗？＝自光绪年父亲那一代开始都是村长。

只要成为了会首，这一辈子都是会首吗？＝得到大家的信任就行，基本上只要没犯大错误都能一直当下去。

父母是会首，那孩子都能成为会首吗？＝不一定。

如何进行村长选举？＝根据县令举行，每个家的当家的记名投票，保甲长的时候也是这样。

如何进行会首选举？＝召集会首一起商量，选择适当的人成为会首（不需要全部村民来选）。

村费的保管，会计由谁负责？＝去年，县选了事务员，村里决定的事务由他来写成公文，负责计算管理。

之前是怎么办的？＝随便选一个能写字的人。

青苗会是什么时候开始有的？＝很久以前村子刚成立的时候就有了。

村子有雇佣看青的吗？＝以前会出钱雇。

上文提到的钱是由青苗会负责筹备吗？＝不，青苗会负责村子里的一般工作，就像村公所一样。

村长和会首相当于青苗会的什么人？＝与村公所一样。

除了青苗会还有其他会是村民们自己创立的吗？比如上供会，积谷会＝一直没有。

有没有全部村民或是每家派出一个人，参加的集会？＝没有。

有仅限地主参加的集会吗？＝没有。

有仅限甲内的人参加的集会吗？＝没有。

有仅限甲长参加的集会吗？＝有。

有仅限会首参加的集会吗？＝有，叫开会，但不是定期举行，还有就是年底事情会增加，也会有集会。

村费如何负担？＝土地所有者按亩数征收，没有土地的人不用缴纳，最近村费的负担很高。

有没有村规、村约？＝没有。

【杂】为了夜间调查，对村落制度进行了以上的问答，关于其他项目在杂谈中得到了以下的结论。

旗地＝村子周围，以前都是老民粮地，没有旗地。

自耕、租佃的比例 ＝自耕六、租佃四的比例。

最大地主＝一顷左右，普通地主是四五十亩。

五口之家需要多少面积地才能生活下去？＝四五十亩。

租佃形态＝大多为货币地租（事前支付，每年更改）。也有实物地租，称为"伙拿粮"主要在亲戚之间进行，这种情况下地主把种子、牲畜、农具，借给租佃农，田赋都由地主承担。

灌溉＝附近没有河流，井水都是用来喝的，灌溉只能依靠雨水。

村内几乎没有外村人的地。

村费＝按照属地主义征收，今年一亩两三元，不管是自耕农还是佃农都承担相同的比例。举行连圈

出役＝不根据亩数，按家算。

姓＝李和其他一些姓，姓李的占半数。

分家＝事变后频繁出现，在边境常常遭匪贼盯上家产，于是把家中的财产分散。

外出挣钱的人＝没有外出的人，再怎么困难，村民都尽量不离开村子。

12 月 1 日

（4）杨各庄—业兴庄—东府

○视察记

今天，我们跟随县公署教育科长张连以及职员徐颜声、仇鸣楼，新民会石学昌各位先生的治安强化运动工作班，从杨各庄北行，经过第八区的边境业兴庄，往同区中心东府村进发，从杨各庄北上，会通过一条比耕地更低的道路，继续往前走，渐渐转变为高地，到沟东村附近时，西方第八区的平地朝西倾斜，不是沙质土地，可以视为中等级别的土地。

下午两点抵达业兴庄新建的村公所（民国三十一年一月一日以后 预定为乡公所）。县下达命令派警卫队驻守在村公所和边境地区。村里没有类似大地主的人家。县工作班演讲期间，利用三十分钟进行了下文所述的调查。因为时间不够，导致调查没有成果，但是质朴的村民们欣然地回答了我们的问题。尤其是沟东村的刘、齐二人对旗地的事情很清楚。三点从业兴庄出发，往西走去。通过连续起伏的平原，渐渐抵达低地。当到了能看见东府村的地方时，可以将村子南边的整个水田地带尽收眼底。

① 第八区业兴庄

应答者　王少山（会首）

【村落制度】一百一十户，六百七十四人，村子成立于清朝后，没有旗人，但有东陵和满洲那边移住过来的人。村子以前有青苗会，村里的所有事都由它来做。村长称为首事人，会首称为会头或董事。光绪年间有三四名会首，事变后人数有增加，变成了七八人。

本村姓张姓洛的会首比较多，那是因为这两个姓的人家比较多。之所以会增加，是因为以前只要做青苗会的工作，现在还要负责县和其外村子的工作。事变后保甲制度得以实施，会首制也依然在执行，同时还有若干名身兼会首与保甲长的人。通常二十岁以上擅长处理公务的人能成为会首，但一般都是老人，不识字的人也能当。虽然土地与金钱不是硬性条件，但会首基本不是穷人。

有村长和副村长。中年处理事物能力强，能识字，有一定的财产，就能成为村长。选举方法，村民每户人家当家的进行记名投票，即使当家的是女的，也不能参加投票，村长不需要竞选，基本都是会首连推荐适当的人选，宣读此人的名字。就算不投票，成为村长的人也是已经决定好的，选任会首由会首连讨论决定，不需要村民投票。村费按照县指定的每亩六角征收，只需要地主负担，佃农无需承担，本村内有外村人的所有地时，按本村的率例征收，村费缴纳时间为五、六月和九、十月两次。村长决定缴纳日通知给村民，基本三天内缴齐，出役不按家，所有地每五亩算一人，但是当家里没人的时候，会雇人做代理人，相互借贷牲畜的关系称为搭套，农具以及其他东西的借贷不能称为搭套。

【家族制度】村民姓张、洛、李、王等，其中张、洛二姓的人尤其多。家族之长称为族长，清明节上坟需要站在最前面，其他方面没有权限。同族的墓地称为祭祖地，因为墓地名称不是墓的附属地，同族人必须埋葬在祭祖地里。有十七户大家庭，都是普通人家，不是财主。

【土地制度】过去本村附近有黄寺的喇嘛地，九爷府的吴庄头，而且村内还有某庄头，负责管理内务府的土地。他在民国十七年搬到别的地方。这些土地得以免田赋。不过要缴纳租费。民国十五年官产局整顿后，现在全部变为了民粮地。

② 第八区沟东村

应答者　刘信甫　齐×辰（都是会首）

【村落制度】一百一十户，五百七十八人、村子的起源不明，村长、副村长各一名，会首以前有五六名，事变后增加了二三人。保甲制度实施后，会首制依然存在，本村刘姓与张姓占总人数的一半，但并不是刘姓与张姓占会首的一大半。会首的资格，村长、副村长的资格，选任方法与业兴庄一样，村费每亩一元五角，但是有租佃地时，地主七角，租户八角，当村内有其外村人的所有地时，按本村的比率征收，不过出役的情况没有一定的规矩。村长调查贫富关系以及家业是否繁忙，给予分配，相互借贷家畜的行为称搭套，搭套仅限借贷牲畜。

【家族制度】村民的姓有刘、张、齐、陈、周等，其中刘、张各四十户，家族之长称为族长，清明节时族长要站在最前面上坟。除此之外，族长与其他事务无关。族里有祭祖地，祭祖地的意思是很古老的墓地。如果地有富余，同族人埋葬在祭祖地。只有女性是寡妇时，才能成为当家的。事变后经常发生分家，主要是为了躲避匪贼，而且有利于把财产分开放，分家时财产平均分配，只不过女性得不到分配（不过北京以西的某些地方女性也是均分）；主要还是依靠抽签来分配。

【土地制度】过去有黄寺的喇嘛地，九爷府的吴庄头，还有收纳地租的土地，但不知道叫什么名字，民国十五年后由官产局进行整顿。

本村的土地是中等地，主要农作物为谷子、老玉米、高粱，养活一家五口需要二十五亩地，村内还有一二顷其外村子的地，是三河县和杨各庄人的地，称他县人的地为"飞地"。大地主占有四五十亩左右的地，一般人是二三十亩，自耕农多，佃农少，租佃契约大部分都是口头的，偶尔立字儿，全部是用钱缴纳，事前支付租佃制，期限每年都会更改，地租每亩八九元。

12 月 2 日、3 日

（5）第八区东府

〇视察记

东府一带是以白河支流的箭杆河的一支流为中心开拓出的水田地域。从业兴庄到东府东门附近有一大片墓地。能看到地方都是排葬的样式。在这块墓地的北边有山坡，村民们积极采土，将其搬到车马上运出。据说，这片地是农民私有地，黄土以一立方丈为单位被卖出。黄土用于制造坑用砖，这些砖的纹饰每年都有所不同。往坡的北边，穿过水田畦后有清流。附近有泉源（龙潭），这一带水田中也有许多小泉源，据说在水田地区泉源可达上千个。

进入村庄后只有水稻的田地，稻草秸秆铺顶的住房，小屋和瓦屋都相当多，各占一半。村子的四周是用高粱秆制成的土塀。面对街道的房屋隔开了一个四角隔间作杂货店。这里是没有商家和饭馆的纯农业村。村子位于第八区的中心地，内有县警察分所。我们和县工作人员一起住在村公所里。深夜，我们拜托王自卫团长带路，去视察了自卫团的警备状况。在村子的三处主要入口有泥房。聚集约五六人，以两人为一组，交替在村外进行彻夜监视。团长白天休息，夜晚每一小时进行一次巡视。至于武器，每个门配有一座洋炮，其他都是红枪。当匪贼袭来时，点燃焰火召集自卫队全员（约五十名）或是联络邻村。村里只会给团长提供食物作为酬劳，一般自卫团员都没有酬劳。同行的县工作班则是以本村公所为中心在附近村落进行工作，本村村长和会首等人则是忙于县吏的接待工作，我们没能向合适的人物听取介绍，只能得到下面的一些零碎的调查。

【村落制度】共三百五十一户、一千七百七十人。村长、副村长各一名，会首在事变前有约十名，在实施保甲制度后不复存在。但是村长会听取村里的老人的意见，以确信村政没有遗漏。看青的约有四名，报酬约为一百二十元，在麦秋、大秋时各支付一半。看青费每亩一角。附近村子定价相同。村费由土地所有者按亩负担。至于佃农，由地主和佃农共同商量负担关系。村里有外村人的土地时，外村人按本村村费率向本村缴纳村费。外村里有本村人土地时，同上按外村村费率向外村缴纳村费。但是，连圈的时候收取定价的一半。今年村费每亩一元多。

【家族制度】姓氏有杨、赵、李、王等。这四姓的人家占了大半。最大家庭是王家的三十人。分家一般每年会有一两户。比起事变之前来说，算少的了。财产分配，由商谈来决定的情况比抽签更多。

【土地概况】村里的耕作地约八十顷。很少外村人的土地。水田对旱田的比率为一比三。一般碱性土地很少，水田地区更是完全没有碱性土地。

【水田】东府一带的稻田基本上都是靠村子东北方的泉水（龙潭又名龙尾沅）灌溉，完全没有使用井水灌溉。一般掘地四五尺便有地下水涌现，不会枯竭。水温冬暖夏凉。因此都经由水沟进行灌溉。因此耕作情况也有着独特的样式。在别的地方能见到养芽子（制秧田），本地却不用这种方式。东府西南方向的鲁各庄就实行打芽子。按季节来看水稻的耕作，第一步是打梗（制畦）。这一步在三月三日（旧历）清明节前后在这一带进行，是稻田耕作不可或缺的预备工作。这个地方的打埂不像日本式那样花费工夫。因为前年秋收到今年春中旬这里都是一块闲地，可以省去一些麻烦。先由水沟涓水（把水引到田里），为了防止田里漏水，马上就进行打梗。只用扒手在旧畦填上土打梗就结束了。接着是翻土地，在日本冬季也会种麦子所以要花更多的工夫，如前文所述，这个地方冬季土地闲置不进行耕作，因此土地保持平整，只需要将冻硬的土地松软即可（具体方法未能得知）。

点种（播种）——在给田里浇水后，直接进入播种。将稻子分散撒开，省去插秧的工夫，过程十分简单。这一步结束后大体上第一步的插秧就结束了。

接下来将进行除草，即馒稻芽子。[1] 在点种结束两星期过后，稻秧长到一寸多长时，进行第一次除草。在这之后，稻田耕作一般都是涓水、馒稻芽子、使粪，这三项工作交互进行，直到秋收。以下简单说明其顺序。

回数 （拔草）	第一回	第二回	第三回	第四回	第五回 （找大草）
日期	点种约三周后	第一回十五六日后进行	第二回十五六日后进行	第三回十六七日后进行	第四回至收割期间
使粪有无	有	无	有	无	无
备注	期间不进行涓水（后有说明）		与第一回相同		大草在土语（东府一带）被叫作，相当于日之的禅草

如上表所示，基本上每隔两三周就进行馒稻芽子，第一回和第三回进行施肥。这在华北地区也很少见，因为使用泉水灌溉，所以缺少富含水分的泥土（运河沿线和利用河川灌溉的稻田一般不用施肥）。使粪（施肥）主要是用炕坯土（把炕上用的土弄成粉状，为黑色）和鸡粪、大粪、泥土等。第一次馒稻芽子的时候芽子大约长到一寸五分，老百姓在芽子之间弯腰拔除杂草，同时用手拨土松软土地。施肥在这之前进行。施肥之后立即关坝当水（阻挡水流）并停止涓水。这是为了防止肥料流失，并且促进肥料的融化作用，每块田都会进行这样的程序。在这一时期，农民之间争水现象很常见。第二回、四回、五回不施肥是为了能随意涓水，至第五回的拔草和施肥结束后进行涓水，至旧七月中旬前后停止涓水。到这个时期就是稻穗收割的时期。以上记叙的所有工作都是人力完成。

收割一般是旧八月上旬前后，用镰刀进行。收割后的稻子，直接在水田里晒上约一司后收家（借助牲口或人力将稻子运回家）。运回家的稻子分成小束，成捆晒上约两司。这是为了让稻谷干燥，便于用磨扇给稻子脱皮。当稻子足够干燥后，就用上述提及的磨扇（石头制成的圆臼）将稻穗打碎。此地现在仍未使用机械，而是使用一些低效的器具。这些工作大部分都从旧八月下旬到九月进行。然后就开始获毛稻。这是利用风来吹除稻子中的灰和毛稻。获毛稻又称获场，前后进行两回。这一步结束后，又晒上几天，进入最后制作粗米的工序。这一步凭借人力用木笼不断筛过稻子。这样稻壳就会飞出，只有白米留下，精确地被分开来。这样就终于成了市场上出现的粗米，这一步大致在十月上旬至十二月进行。以上就基本上是稻作的顺序，但灌溉方法仍未知其详。特别是施肥期间，村民之间的相互灌溉方法应该十分复杂。

东府一带贩卖大米基本上都是运送到东府西北方的杨各庄，据说还有一部分会运去牛

---

[1] 馒稻芽子：原文如此，应当是当地用语。

栏山。

大致的价格如下所示，今年是

上　　一石（二百八十斤）约二十五元（一斗二十八斤）

中　　一石（二百八十斤）约二十元（一斗二十八斤）

下　　一石（二百八十斤）约十八元（一斗二十八斤）

各镇都有斗局子，每斗需要缴税二十钱。这二十钱由买主和卖主平摊。

关于施肥时因灌溉用水引起的纠纷，我们提出了很多问题，但是一是因为村民使用土语过多，二是没有具体的实例，没能了解真实情况。因此下述均为片段性记录。

如下图所示土地，接水（指引水）某一方有优先权吗＝没有。没有缺水的情况，甲打开引水口的时候，乙、丙同时也能引水。

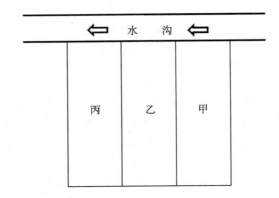

相对水少的地方，或者和甲相比丙的地势高，水源无法很好延伸的地方怎么办？＝这样的情况很少。几乎没有。就算有这样的情况，也不是高地势的人就有优先引水权。没有地势优势也不能抱怨。

如果上图中丙为分家的长子、乙是次子、甲是三子的话又如何？＝如上述，无变化。

村与村之间有关于接水的纷争吗？＝六七月份接水时有时会有理论和争吵。

私人之间争水的情况最多的是什么时候？＝接水的时候。

想听听关于上图的示例＝想不出来。

有如下图所示，经过甲田到乙田接水的情况吗？＝有。

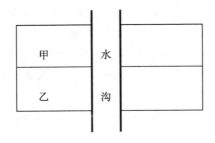

一般上图的情况，接水的时候是甲乙一起接吗？＝是。

施肥的时候，是商议之后再把水沟封起来吗？＝是。

施肥后想要给甲田换水的时候，可以直接放水到乙田去吗？＝一定要和对方商量。

乙需要水的时候可以擅自打开甲的引水口吗？＝需要和甲商量。

打破如上的规定导致的争吵多吗？＝基本上一直在吵。

那么在没有水沟或排水沟的土地，所有人可以延长邻地的沟或者在邻地做新沟吗？＝不行。一定要和对方商量。

多雨导致的水灾或者白河的水灾会波及这里吗？＝都会有。

上述假设中如果是旱地，那么下一年作物会增收吗？＝会。

如果是水田呢？＝与旱田相反，下一年会没有收成，第三年能收成一点，第四年能恢复往常。

【佃农制度】（路学诗，是东府村公所伙役。本村出身。北京东郊第一高级小学毕业后，在汉口京汉铁路工作，母亲留在东府，和家人一起赴任时遇上事变。最近回村，现在是村公所的伙计。关于此期间东府的土地管理进行提问如下）

留在东府的老母亲是谁在照料？＝没人照料，靠地的收入维持生计，并没有汇信。

家里有多少亩地？＝十二亩。

家里的土地什么样？＝旱田，能种高粱、玉米、稗子的中地。

您离开东府时是怎样处理土地的呢？＝和母亲商量后，决定和母亲的弟兄一起合伙耕种。

有立下契约吗？＝口头契约。

合伙耕种是怎样进行的呢？＝收成均分。

种子、肥料、役畜这些由谁负担？＝母亲的弟兄。

其他还有什么协议吗？＝田赋和村费平摊（田赋一亩二十五钱。村费每年不同，以前一亩两三角，现在四五角，总费用折半后由母亲缴纳）。

这附近合伙耕种的人多吗，一般什么时候合伙耕种呢？＝一般不合伙耕种。本村大概就十个吧。一般是土地所有者比较穷养不起牲畜，或者是男丁出去打工家里没人的时候合伙耕种。有钱人搞合伙耕种的也有。而且比较多。一般是地主和佃农关系好的时候合伙耕种。

合伙耕种的时候田赋、村费都是平摊吗？＝不一定，互相商量决定。

作为土地所有者把土地租给缴纳现金的佃农和进行合伙耕种哪一种得益高？＝之前没有很大差别，但是现在谷子贵，合伙耕种获利比较大。现在看来旱地一亩租佃能收入十七八元，合伙耕种收入能有二十多元。

有把收成的一部分当租金的做法吗？＝没有。

【佃农制度】（以下为东府自卫团长王怀礼的回答）

您有多少亩地？＝五六亩旱地，外村没有地。

租来耕种的地呢？＝稻田二十亩。

是什么时候租的呢？＝光绪年间。

地主和您家里是什么关系呢？＝不是亲戚，但是关系很友好。

最初立下约定的时候有契约书吗？＝口头约定，没有契约书。

租金是如何决定的呢？＝一亩四升，总计八斗。

租金一直没有变化吗？＝没有。

地主没有要求过增租吗？＝增租是地主的自由，但是我们感情好就没涨。

如果您延迟交租金地主可以马上回收土地吗？＝可以。但是双方感情好，可以稍后补交租金。

就您租地的情况来看，如果地主要把这块地卖给别人的话需要和您商量吗？＝这是地主的自由。

如果地主没有得到您的谅解把地卖给别人，新地主会承认这是以前租下来的，所以让您继续租吗？＝不会。

您在租地使用的种子、肥料、役畜费用由谁负担？＝我自己。

租金什么时候交？＝收割后马上交，或者到十月十五日之前缴纳。

地主会送些季节性的礼物或者帮助干活吗？＝不会。

以上所述的佃农关系叫什么呢？＝叫交死粮。

如果是那种粮食收获对半分的叫什么呢？＝叫交活粮。

本村进行交死粮的有几户？＝十户。

交活粮有几户？＝大概十户。

12 月 2 日

（6）东府—前鲁各庄

○视察记

跟着县公署治安强化工作班一行人，前往今天的工作班区前鲁各庄。通过与东府西边邻接的西府。细长的村街头夹着中央道路，街头有村公所的贴纸，上面写着"村民不得随意伐木、挖土。而且王、杨姓的人都会进行监视"等等。还有"想卖黄土，一杯二元"的广告。

经过仇家店进入鲁各庄。这一带和东府地区一样是水田地域。鲁各村是个大村，周围有高粱垣围绕。村落里有相当多的菜园。还有不少规模不小的住宅。村里有一部分引水种植麦子的地方。村公所和小学都在庙里。附近的村民和学生都在这里集合等着工作班。

工作班稍做休息之后，就去村西的张堪庙，在那边的广场做了演讲。村里的干部基本上都服从工作班，所以我们也去了张堪庙。张堪是汉代渔阳太守，是治理顺义一带的、山东出身的官吏。他知道从鲁各庄到东府之间有很多涌出来的泉水后，把金钱借给农民还给他们食物让他们开垦这一片的水田。据口传记载，每亩借五十两，年息取两成。庙西边有箭杆河。这一带水田多。村附近引这里的水灌溉的麦秸栽培地和养鱼池。村西的入口有一座石桥，河边有从河底疏浚出来的黑土堆成一块一块的（天津南的小站碱性土地比较多，排水沟比较发达；这里碱性土地少，所以基本上没什么排水沟）。这些土就这样放到明年，开始种田时，就把它们洒在地面上当肥料。桥边有草棚，自卫团员不分日夜进行监视。

县工作班的演讲结束后，村公所举行了招待宴。村民忙于接待县吏，我们在吃饭中向村长询问调查的事项，记录如下。

照当初的预定，是随行县工作班进行各村调查的，但是各村的能人都尽心接待工作班，结果我们没有机会向他们询问调查，因此随行工作班就到今天为止。我们决定从明天开始到其他地方展开新调查。今天晚上还是回东府休息。

在前鲁各村龙王庙附近，有村公所张贴的民国三十年七月二十四日官地出租的条约布告。大意如下。

一、地点：西园水地。西园旱地。温泉源苇子。玉皇庙西。金家坟。坏场。含道北。

二、投票截止时间：八月一日。

三、不论是不是本地租户，将地租给票数最多的人。

四、投票人需要缴纳十元，在租户决定之后会从租金里扣除。落选者会退还亥文，若到八月十五日仍未领取将被没收。

第八区前鲁各庄概况

【村落制度】二百一十三户，一千三百零九人。村长、副村长各一名。会首现在有十名。因为村里的壮士增加，会首人数比起事变前增加了。

村费全由地主按亩负担，佃农只用负担看钱。看青的看夫又叫青夫，有三四名，也同时监视本村内外村人的地。付给看青的工资叫付看钱。看钱不分旱田水田，由土地所有者按每亩一角支付，钱交给村里的总青夫。租地的话地主不用出钱由佃农出钱。这附近一直以来看钱都是一角。

【土地制度】以前在本村附近有吴庄头的管辖地，民国十七年左右由官产局整理。附近还有约七顷的雍和宫地。这些旗地、雍和宫地和旱田水田没有区别。

旱地七成、水田三成。旱地里的主要农作物是玉米、谷子、高粱，水田是稻子。自耕居多、租佃居少。租佃契约靠口头约定，付定金，租地期限为一年，每年有变动。用实物代替租金的情况很少不过收成对半。就叫伙种。

【家族制度】大家庭有十五人左右，大概有十户。与事变前相比，分家数量稍有增加。埋坟用排葬，没有人字葬。

12 月 4 日

（7）东府—魏家店—呼奴山—上辇村—牛栏山—张喜庄

○视察记（东府—牛栏山）

上午九点从东府出发，往西北前行。

东府村的北部有很大的水沼。村东北的龙潭和其他泉源的水沼的水都是向西行，汇入箭杆河。又听说大泉源里有个叫西夹峪的地方。走过石桥度过水沼。看到在水面上有渔船正在撒网。撒网捞鱼一般是穷人的副业。往北去道路的两侧有流水，相当于附近灌溉水的排水沟。这些沟一直延续到魏家店。从道路能眺望的范围内，处处都是涌泉。从东府—魏家店的中部开始，西面水田与旱田交叉的地带增加。并不是每一块地的面积都是固定的。到了魏家店南门，有高粱秆做成的村门。夜间村门是关闭的。门旁有两名拿着红枪的自卫团员在守备。从村内贯通南北的道路途中向左边前进，就能看到白云观的大伽蓝，它是这一带的信仰的中心。我们由道士带路参观了牌楼、数栋庙宇。治愈元代皇子疾病的张真人是这里的始祖，附近能看到许多碑碣。

但没看到关于香火地的碑，村附近就有香火地，同时也被当作租地。最初想去访问的时候，因香火地的警戒很严格，每次都没能调查到。帮我们带路的村民说，庙里围起来的一块，西面张真人的墓地和东边相邻的建筑物就是佃农和耕马的居所，还说里面有放农具的地方和打谷场。

这个白云观和北京的白云观目前还没什么交流。道士有两三人，观的经费靠香火钱和县内外信徒们的捐款。事变前记载着捐款人和捐款额的账簿被埋在尘土里保存着。登上了观西面的呼奴山（高度约一百米），能够一眼望见白河东的平原。这一带的水田地区在脚下展开来，从山北的沿头村到西北的北府村，同面积的旱田和水田整齐地交替排列，在田间南北方向有引水沟和排水沟。其他方向也有这样的旱水田交错地，但是没有这一片这么整齐。呼奴山的西边山麓有采石场和砖窑。这附近有相当数量的散居房屋。从山的西面下山，向南经过汉代孤奴旧城址，进入上鄹村。这一带有几条从北流向南的泉水，全部都用来灌溉水田。

上鄹村中央有看似于财主（有钱人）的家，侧壁有碉堡风的瞭望楼。从村子西面出去，往西前行，沿路有小河流水，从北方流来的泉水向着这条小河直面冲来，合成一条水流。到达北小营的时候周围已经没有水田。但是和（旱地）土地边界处被挖得很深，作为多雨时候的排水设施。从北小营向西行，到达了榆林的东门，但是不知道是不是出于治安考虑，这个村的东门和南门都紧闭着。

我们迂回到北门。村附近有水坑，里面蓄着浊水，方便利用，有差不多十亩地的菜园使用桔槔（汲井水的吊竿）。从北门到西门出去后，白河沿岸的土质一下变差了很多。最后从河岸出去后，眼前的大沙洲中有三条河水流动。现在河的幅度较窄，水流相当湍急。河岸高度约三丈，有几处几乎破损。跨过第一条河流的草桥边，有一处望风小屋，农民监视着桥和人。万一草桥破损了，附近放置着一条船底很浅的长方形木船可以用。到达中洲后，某种程度上含湿土的地方较多。到夏季出水时，中洲会变成河底，但是相对地势较高的砂地还留下了种植作物的痕迹。这种大型的中洲上游比本地多。据望风农民所说，在县最北边的第七区边境地方，在中洲之上还有好几个村落。要是遇到出水，这一片，尤其是孙各庄要首先遭殃。在民国二十八年，全村进水一丈高多，房屋都毁坏冲走。村民都濒临生命危险的时候，当时的牛栏山警察分所刘所长（现在是杨各庄分所长）提出了有效的救护策略，只出现了数个死伤者。刘所长先让小孩和妇女避难，然后又给了粮食救济。这件事之后，刘所长名声大噪，因此都称他为刘佛爷。

到了西岸后，就是牛栏山（山名）。现在盛行采石灰石。还能看到烧石灰的小窑。黄穿山脉，黄昏时到达牛栏山镇，在镇公所休息。去年东研的人也来牛栏山做过概况调查，我们就不做当地调查，在今天就前往第五区张喜庄。

在镇公所还见到了第六区石槽村的村公所书记，进行了其他项目调查。

第六区北石槽村（阎景复、三十岁、叙述）

村落的形成年代不明，也有说是从山西迁移过来的（山西洪洞县以外的地方）。现在县内有河津营、红铜营（和洪洞发音相同）、夏县营，还有其他冠以山西县名的村子，大概都是从山西迁移过来的。一共一百六十五户、八百七十人。村名石槽的由来，是以前代替碾子使用石槽调谷留下的。村长、副村长各一名。会首以前有十名，在实施保甲制度后废除了会首制度。但是一部分会首担任了保甲长。

相互之间有牲畜的互借关系，但是没有特定叫法，搭套的话语不通用。姓有张、李、王、梅、阎等，特别是前三个姓氏村民很多。但是没有哪一姓占全村户数的半数以上。比如张家，占了全村户数的两成。大家庭家里大概三十人。村里有财主，也有贫困户。一般家里有三四十亩地的人家比较多。没有人字葬，全部用排葬。

没有清代的旗地。村附近雍和宫的地比较多。关于其总结现状不明。村子的耕作面积约四十顷，其中外村人的土地有五六顷。土性一般是下等地，自耕农居多，佃农居少。租地靠口头契约、缴租金、定金的方式，每年更改。没有实物抵押租金。

在清代石槽村里有行宫，外卫兵（旗人）驻扎充当守护，各户都被给予土地和房屋。民国初年该地曾被整治，详细不明。现在他们的子孙（王、彭姓）约二十户也在继续从事农业。

○视察记（牛栏山—张喜庄）

从牛栏山镇南关外向西行，穿过警备道路，到达一片丘陵形土地。通过一段高低曲折的道路，最终到达向西边倾斜的平原，看到了小中河畔。沙井村附近之后，通过了晏子、前晏子、蓝家营，但是天色稍暗看不太清什么样子。村公所和庙的显眼的白墙上写着下午七点以后不准通行的大字。在村子的出入口都有黑黑的采土坑。顺道路过小中河。河里只有一点点流水，姚店村的村基相当高，在北边的高地有一座新建的庙。通过良正卷之后，眼前是一片广阔的平原。

像这种平原，笔者至今应该在县下见到过四五处。应该不是用来种麦子的地。寒风渐渐强烈起来，让双脚感到寒冷的寒风又往西吹过蛮子营。虽然村子叫蛮子，但是是汉人的村落。接着我们走上连接县城和昌平县高丽营的警备公路。北面有一条和路平行的沟，听说是方氏渠的一部分。沟的北部是一片平缓广阔的丘陵地带，多雨时水会积攒在各处，保障耕作用水。清代居民将这个排水渠的设置方法上奏给通过此地的皇上。接着还有方姓的人献策，清室听从其意见多处设渠。现在一般渠内没有流水，只在雨季起到排水作用，不用来灌溉。有养鱼用的堰。沿着渠道向西到达张喜庄，我们住在了关帝庙的村公所里。

12 月 5 日

（8）张喜庄

○视察记

　　绕村巡视一圈。给我们带路的村长和其他有权势的人都是张姓，在杂谈之间，也听闻村里张姓都是些大人物。在村长家里进行了其他调查，撰写了张家家族的族谱和墓地的配置图。调查后，我们被带到张家老坟地和村长家里的墓地。张家老坟地约有一亩，面向南边，以张家先代五门祖先的墓为中心的土坟很多，但是村长也不知道具体是谁的坟。带路的两三个张家人就五门的祖坟进行了争论。因为现在墓地面积越来越小，最近每家都是和风水先生商量之后，决定方位然后起坟。五门的坟地分散在村北、村南、老坟地的西边等地。因此，以前附近都是张家的地，甚至有两百顷，现在最大的地主（村长）也只有一顷地。张家老坟地的南边有采土场，几十名村民正在采土、用马车搬出。村民可以自由采土，没有采掘量的限制，也没有使用户的顺序，这一点很好。土可以用作粪土、坑的砖。采土的地方在低洼地，雨期好像会变成池塘。这么推测，是因为在附近菜园看到汲池水用的秸秆。

　　张家老坟地南和西面道路包围起来的旗人墓地面向南边，面积大概有三亩，呈长方形。据村长所说，在西边有通路的墓地叫轿子地，是风水绝好的墓地。这个旗人是戴姓，曾担任九江道尹。他以前住在村子里，但是清末没落，房屋、土地和这片墓地都卖了，搬到别的地方去了。现在这个墓还保存完好，是因为有买了土地也不破坏墓地的习惯。现在人字葬的土坟有两处。东边是老坟，西边是拔坟移墓过去的。人字葬的埋法又叫雁排翅。至于旗人的埋坟方法村长就不知道了。

　　村子东边有两三家应该是富豪的大宅邸。其中一个是现在在警察分所的"马老公"的家。马老公是受到西太后信任的山东出身的宦官，据熟人介绍买了这块地，建了大宅子。房屋的构造概要如下页图。

　　马老公以萧林堂的名义买下本村附近的土地，现在已有约百顷的地，作为地界放置着萧林堂的石界。家人住在北京北池子，土地的管理人是刘姓的老人，常年住在这个宅子里。他侍奉马老公已有很长时间。我们和刘老人会面，并且尝试调查，但是话题主要是围绕土地，基本没什么收获。我们能弄明白的是，马老公的地不是旗地，而是自古以来的民粮地，本村有差不多二十户佃农，租地模式和附近完全一样，不立字据，先缴货币地租制。每年佃农基本上都会换，刘老人自己也要耕作约百亩的地，这些收入都算作管理报酬，全部都算刘老人的钱。

　　【第五区地势】（张村长叙述）第五区总体没什么地势起伏，很平坦，南边稍微地势高一些。河边有沙地，也有不少散地，总体来说黑地很多，在县内算是中等的土地。主要作物有高粱、玉米、谷子等，没有特产。本区东部有从北边向南流的

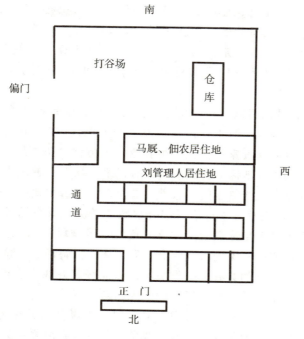

马老公宅邸图

小中河，因在海洪上流水量很少，到海洪附近就有涌水使得水量增加。温榆河的支流桑园水除了雨期都能在本区前渠河村看到流水。前渠河村附近向东到张家庄之间，从同村到西边有古老的人工河，就是乾隆年代直隶总督方开垦的方氏渠。因为这一带土地地势低，多雨时浊流会在这一带聚集导致通行不便，因此方氏才修建了这条渠道。

张家庄概况

应答者　张楚乡、张永盐、张树屏、张弼亭、万钟

【村落制度】260 户，1410 人。村公会成立年代不明，以前存在于关帝后日。村长、副村长各一名。会首（又叫首事人）在光绪之后有十二名，现在十五名。会首制在事变后实施保甲制度之后也仍然存在。要成为会首，只要是二十岁以上的男人，居住在本村，品德良好具有办公能力就行，没有土地或者不识字都没有问题，也没有对职业的限制。选人上不依靠选举，而是历来的会首连商量之后，去拜托合适人选当会首。会首也不会定期见面开会。在有重要问题的时候，村长会召开会首临时会议，现在村公所的工作主要是在忙县公署的命令。比如说大乡村公所的设置、道路修理的出差等。派去外出的人按家里田的亩数来定，不过现在是村长雇用村里的合适人员，从村费里抽出餐费作为报酬。但是自卫团的情况就不同，每天二十名团员交替制巡视，按亩数出人头。

村里没有公共设施。采土场、排水用的水坑算公有地，村民可以自由使用或者采土。村费今年一亩一元五角。土地所有者按亩付费。把田租出去的场合，地主不用付费，佃农以低于原价两三角的价格负担村费。和邻村有土地交叉的情况，这时村与村之间商量，决定好每亩各自的定价后，算出差价进行清算，一般每亩为村费定价的半价。今年是五角。农民之间有牲口和没牲口农户之间相互借用牲畜的关系叫作搭套。只限牲畜。

【家族制度】本村共两百六十户，张姓约占九十户，张姓家族很久以前就是这一带的名望家族（光绪代时全村共一百七十户，张家占三十户）。张姓中最早在本村定居的五家的孩子，分别成为了以后这五家的祖先。这五位先祖俗称"五老哥"。很久以前张姓家族每门都有两百顷地，是这个地区的大地主，还有很多参加文武考试飞黄腾达的人，但是从明末清初之后，渐渐没落。光绪年间，张姓里有坐拥三百亩的地主，但是现在有两百亩就是最大的地主了。（附近某姓占了村里大部分户数的情况，有东马各庄的史姓，占了全村的三分之二，也是老家的名望家族。河津营的黄姓占了全村的两成。）现在没有同族进行的共同事业，但是，清末时张家的人互相商量后，从外村聘请了一位孙姓的举人，让他开设私塾教了十几年书。同族的共有地叫作祭田，以前张家好像也有这样的祭田。（县城那边的村子现在也还有有祭田的家族。祭田的收入用来维持共同墓地，也用来出清明节时候的伙食费。有名的军营世家并且还出过举人的李家、吴家营的吴家都是这样。）张族有族长，是有年龄和辈分的人，但是仅是被族人尊敬，并没有必须遵从其指令或是就某问题与其商谈。但是过年的时候，族人一定要向族长拜年，清明节时，族长也要站在最前头对祖先祭祀。

每户的中心人物叫当家的。寡妇要是家里没有十六七岁以上的男丁，也可算是当家的。

在张姓大家庭的家里有二十人左右。最近分家比以前多了，可以推断尤其是事变之后变多的。分家时财产均分。财产分割时兄弟间争论较多，因此一律按抽签决定。女儿没有财产分割权，但是能得到一定的婚费。还有的比较罕见，分家时会为女儿保留三亩到十亩的妆奁地（又称胭粉地），以备结婚时的费用之需。

张永丰的讲述＝我的妻子是康姓，从别的村子嫁过来的，结婚时带来了以妻子名义的胭粉地，现在也在妻子名下，不在我家当家的名下。这片土地就不算我家的，而是夫妇的所有物。娘家当家的可以随意把这块地卖出去。

【土地制度】有作为旗地的庄头管理地。庄头名不明。内务府、雍和宫、钟杨宅的地也有。（钟杨宅的地一直到县下，其他县里也有，总面积约千顷，但是近代不断地被卖出）

土地属于县内的中等地，主要作物是玉米、高粱、谷子。五口之家维持生计的土地面积大概四十亩。大地主有一顷至两顷，村内有几家。自耕占七成，佃农占三成。

佃农靠口头契约、租金、定金，每年更改租地期限。持续租地的时候，以四年为一期的居多。但是期限每年都会更改。租金今年每亩上地十五元、中地十二元。没有以实物抵租金的。灌溉靠雨水。村里有公共井六口、私井六口。公共井作饮水用，私井作饮水用和灌溉用。砖井少、土井多。以前曾经尝试过很多次掘井，花了两个月，把长铁管打进地里，但是完全没涌水的情况居多。也有在地底三丈就涌水的地方，但是下层多是砂层容易干枯。公共饮水井的水不允许引到田里灌溉。村民可以自己租用饮水用井。井水少的时候，也没有使用顺序。一般住在井附近的人就在该井打水，但是该井井水不够的时候，也可以去别的井打水。井的水浚三年进行一次，三四月份的时候全村村民一起进行。

【农村金融】村民借钱的原因＝婚丧的时候居多。特别是办葬礼的时候。

被借钱的时候一般会怎样？＝小额的话会借，大金额的话要押地。

一般信用借钱和有担保借钱的比例是怎样？＝五六十元的话就不能只靠信用，需要担保。

什么情况靠信用借钱比较多？＝一般都是找村里的朋友，然后是商人和亲戚。

典当和押地借钱哪种比较多？＝比例相当。也不是金额大的时候就需要典当。

地价百元的土地，用典当和押地借钱各能借多少？＝典当能借七十元，押地（告地借钱）能借五十元。

典当和押地借钱的期限呢？＝典当的回赎为三年后，押地为三年到五年不等。

到了押期未能还款的时候，押地一般会怎样？＝归借主所有。

像上述情境中改为典当的情况多吗？＝相当多。

借了一次，想继续追加借款的时候有吗？＝不怎么多，但是也有。叫作找价。

粮食不足的时候，借粮和借钱哪个更多？＝借粮一般没有。都是借钱。

借粮和赊粮哪个多，对方是什么人？＝借粮赊粮都没有。

借钱的对象是村里的多，还是其他镇、村子的人多？＝村民一般都尽量向外部的主人借钱。

村里亲近的朋友和县城附近的商人，哪个能借的钱更多？＝小额的向村里的朋友借，大额的向县城的商人借。

借钱需要立契约吗？＝十元、二十元的时候不需要，超过这个金额都要立契约。

利息的标准怎样？＝一般每月两分。借得多的时候也有按年收利息，一般是按月。

历年的利息变化？＝不明。

高利和低利还有普通的利息是怎样？＝最贵是每月三分，但是这种情况很少，一般就是最低利息两分。高利息一般都是面向没什么诚意的借款人。

借钱有没有中间人？＝没有。

中间人一般分怎样的人？＝除了介绍人以外，还有保证借主债务的中保人，一般是两个人，大额的时候有三四个人。其他就没有了。

卖地人叫什么？＝卖地人、置地人。

买地人叫什么？＝买地人。

出典者叫什么？＝立典契人、出典地人。

入典者是？＝承典人、受典人。

出典者是？＝一般就是借主，借钱人。

入押者是？＝贷主，钱主儿。

典当和押地什么时候进行？＝不一定，从秋收开始到过年，或者是婚葬时。

卖地什么时候进行？＝从秋收到过年比较多。

典、押的回赎期？＝旧十月十五日左右。就是卖了收获的作物收入增加的时期。

有钱会或者类似的组织吗？＝本村没有。在商人之间有抓会，本村不知道有没有。

有破产的情况吗？＝没有。

【农村交易】在县城西边哪里有集市？＝本村附近的话就是高丽营（三、六、八、十日），北边的第六区的板桥有今年合作社成立的集市。南边的第九、十区成立集市的村子比较多。

高丽营和县城的集市，村民去哪边比较多？＝从以前开始，就是去县城的比较多。事变前还有去高丽营卖粮的，事变后基本上没有了。

主要卖什么农作物？＝白玉米、黄玉米。其他的很少。

上述作物是何时、何处，向谁卖呢？＝现在，向县城的粮房卖。

在集市以外的地方可以卖农作物吗？＝不能。不被允许。

在县城的集市可以买到什么？＝米、面、菜、豆腐。买不到其他的谷类。

买东西的时候要中介人吗？＝有斗经纪在其中周旋。

有物物交换吗？＝现在没有。光绪年代有过用布和粮食交换的时候。

买东西到哪里买，向谁买？＝从县城的商人买。大部分情况买主已经决定了。

挂买和现金买是什么比例？＝基本上都是现金买。但是最近夏季挂买的人也多了起来。因为夏季农民经济困乏，而且带着现金会担心路上碰到强盗。

	光绪十七年二月既望撰修		张氏宗谱	
始　祖	讳　芪	貤赠	登仕郎	
祖	妣　樊氏	貤赠	孺　人	
二世祖	讳　仲银			
祖	妣　庞氏			
三世祖	讳　福禄	妣	张氏	
	讳　福寿	妣	社氏	
	讳　福宁	妣	李氏	
四世伯祖	讳　文举	妣	李氏	
	讳　文智	妣	张氏	
	讳　文科	妣	王氏	
太高伯祖	讳　大明	妣	谢氏	
太高叔祖	讳　大亮	妣	萧氏	
太高组	讳　大洪	妣	张氏	西茔穴始此
高　祖	讳　君佑	妣氏	傅、苗	张氏昌盛自此祖始
高叔祖	讳　君辅	妣氏	龚	无嗣

高 叔 祖	讳	君弼	妣氏	王		
从堂叔祖	讳	君辐		葬于太高祖大明公塚前		
曾 祖	讳	成王	妣氏	周、高		
先 祖	讳	殿元	武庠生	祖妣氏	郭	南狼塚
叔 祖	讳	登元	武庠生	祖妣氏	徐	
叔 祖	讳	佩元	武庠生	祖妣氏	钟	郑各庄
					陈	于家庄
叔 祖	讳	廷元	武庠生	祖妣氏	杨	马坡
					李	军营
					曾	口头村
叔 祖	讳	淑元	武庠生	祖妣氏	李	乔梓村

长门　　先祖殿元公之嗣

胞伯	讳	振邦	武庠生	伯妣氏	张	长店村
胞伯	讳	振声	武庠生	伯妣氏	李	赫家疃
					张	苏各庄
胞伯	讳	振旅	武庠生	妣 氏	李	玛瑢[1]

二门　　先叔祖讳登元公之嗣

堂伯	讳	文瑞	伯妣氏	李		马头庄
				王		南桃山
堂伯	讳	文铎	文庠生	伯妣氏	赵	小高营
					赵	去碑营
堂伯	讳	文铭	伯妣氏	王		牛栏山
堂伯	讳	文饰	文庠生	单		红铜营
			伯妣氏	董		大丰落
				张		小东庄
堂叔	讳	文锉	婶妣氏	虞		稷小营

三门　　先叔祖讳佩元公之嗣

堂伯	讳	文焕	伯妣氏	金		南王路
堂伯	讳	文炳				
堂伯	讳	文燦	伯妣氏	陈		三家店
堂伯	讳	文烯	伯妣氏	刘		蛮子营
堂伯	讳	文辉	伯妣氏	郝		于家庄

---

〔1〕　译者注：此处汉字为王＋谷，现代汉语无此字。

堂伯	讳	无嗣				
堂伯	讳	文烟	无嗣			
堂叔	讳	文煌	婶妣氏			赵各庄

四门　　先叔祖讳廷元公之嗣

堂叔	讳	文德	武庠生	婶妣氏	吴、刘	高力营
堂叔	讳	文禧	武庠生	婶妣氏	李	军营
					李	顺义县

五门　　先叔祖讳淑元公之嗣

堂伯	讳	文英	伯妣氏		线	路家园
						西三寄
堂叔	讳	文华	武庠生	婶妣氏	郝	马房
					赵	南阁

〇此二公系高叔祖讳君弼公之嗣

| 堂会叔祖 | 讳 | 成德 | | 祖妣氏 | 魏 | 本村 |
| 堂会叔祖 | 讳 | 成功 | | 祖妣氏 | 王 | |

〇此郎堂会祖讳成德之嗣

						杨
从堂叔祖	讳	继元	文庠生	祖妣氏	杜	
						李

〇此公系堂会祖讳成功之嗣

从堂叔祖	讳	士元		祖妣氏	李	
再从堂伯	讳	恒泰		伯妣氏	藩	水坡
再从堂叔	讳	文魁		婶妣氏	郭	南郎畷[1]

先伯祖讳振邦公之嗣

| 从堂伯祖 | 讳 | 鸿年 | | 祖妣氏 | 孙 | 吴家营 |

此先伯祖讳振声公之嗣

从堂伯祖	讳	鸿达		祖妣氏	董	姓落
						无嗣
从堂伯祖	讳	鸿志		祖妣氏	许	
从堂伯祖	讳	鸿秀		祖妣氏	王	纲圈村

二门再从堂伯祖讳文瑞公之嗣

| 三从堂伯祖 | 讳 | 鸿儒 | | 妣氏 | 杨 | 古城村 |

---

〔1〕　译者注：此处汉字为田＋冢，现代汉语无此字。

| 三从堂伯祖 | 讳 | 鸿举 | 姚氏 | 汪 | 北店村 |

此二门再从堂伯祖讳文钟公之嗣

三从堂伯祖	讳	鸿恩	姚氏	徐	北法信村
三从堂伯祖	讳	鸿经	姚氏	李	辛堡村
					无嗣

此二门再从堂伯祖讳文铭公之嗣

三从堂伯祖	讳	鸿猷	姚氏		
三从堂伯祖	讳	鸿音	姚氏	孙	董各庄村
三从堂伯祖	讳	鸿训	姚氏	张	田各庄村
三从堂伯祖	讳	鸿誉	姚氏	吴	顺义县

此三门再从堂伯祖讳文锦公之嗣

三从堂伯祖	讳	鸿仪	姚氏	茹	海洪村
三从堂伯祖	讳	鸿泽	姚氏	石	阎家营村
三从堂伯祖	讳	鸿	姚氏	张	铁匠营村

二门再从堂叔祖讳文锉公之嗣

三从堂伯祖	讳	鸿麻	姚氏	李	北郎中村
三从堂祖	讳	鸿炯	姚氏	李	水坡村
					羊房村

三门再从堂祖讳文焕公之嗣

| 三从堂伯祖 | 讳 | 朝良 | 姚氏 | 孙 | 蛮子营 |

三门再从堂祖讳文灿公之嗣

| 三从堂伯祖 | 讳 | 朝宗 | 姚氏 | 郭 | 狼中 |

三门再从堂祖讳文烯公之嗣

| 三从堂伯祖 | 讳 | 朝耿 | 姚氏 | 刘 | 马坡 |

再从堂祖讳文辉公之嗣

| 三从堂伯祖 | 讳 | 朝思 | 姚氏 | 陈 | 临河 |
| 三从堂伯祖 | 讳 | 朝贵 | 姚氏 | 王 | 牛庄 |

再从堂祖讳文煌公之嗣

| 三从堂伯祖 | 讳 | 朝富 | 姚氏 | | |
| | | 朝有 | 姚氏 | | |

四门再从堂祖讳文德公之嗣

| 三从堂伯祖 | 讳 | 占鳌 | 姚氏 | 蒋 | 河津营 |
| 三从堂伯祖 | 讳 | 占魁 | 姚氏 | 罗 | 董各庄 |

四门再从堂祖讳文禧公之嗣

| 三从堂伯祖 | 讳 | 占甲 | 姚氏 | 李 | 白浪河 |
| | | | | 于 | 高力营 |

五门再从堂祖讳文英公之嗣

　　三从堂伯祖　　讳　　鸿达　　妣氏　　徐　　白辛庄

　　　　　　　　　　　　　　　　　　　　梁　　石各庄

　　　　　　　　　　　　　　　　　　　　赵　　羊　房

　　三从堂伯祖　　讳　　鸿　　　妣氏　　　　　高力营

　　三从堂祖　　　讳　　鸿集　　妣氏　　李　　河各营

　　　　　　　　　　　　　　　　　　　　　　　马前营

　　三从堂叔祖　　讳　　鸿　　　妣氏　　　　　二　庄

五门再从堂叔祖讳文华公之嗣

　　三从堂伯祖　　讳　　鸿谈　　妣氏　　丁　　庄子

　　　　　　　　　　　　　　　　　　　　靳　　石庄

　　　　　　　　　　　　　　　　　　　　李　　大曹

　　三从堂祖　　　讳　　鸿翔　　妣氏　　　　　四家屯

老二门三从伯祖讳恒泰公之嗣

　　四从堂伯祖　　讳　　维翰　　妣氏　　汤　　狼塚

　　　　　　　　　　　　维贤　　妣氏　　杨　　古城

老二门三从堂伯祖讳文魁公之嗣

　　四从堂叔祖　　讳　　维成　　妣氏　　陆　　望泉村

　　　　　　　　　　　　维宽　　妣氏　　张　　牛栏山

先考　　　　讳　　树官　　　　　妣氏　　张　　小东庄

　　　　　　　　　　　　　　　　　　　　　　　本　村

教　　　　　讳　　树　　　妣氏　　　　　　　　古　城

伯祖讳鸿眉公之嗣

　　堂伯　　讳　　树檀　　　　　妣氏　　张　　兰子营

　　堂伯　　讳　　树　　　　　　妣氏　　　　　大官庄

　　堂伯　　讳　　树　　　　　　妣氏　　范　　半壁店

　　堂伯　　讳　　树和　　　　　妣氏　　　　　渠　河

　　堂伯　　讳　　树　　　　　　妣氏　　　　　南郎塚

　　　　　　　　　　　　　　　　　　　　　　　相各庄

堂伯祖讳鸿年公之嗣

　　从堂伯　　讳　　树　　　　　妣氏　　杨　　楼子庄

　　从堂伯　　讳　　树　　　　　妣氏　　　　　十里庄

堂伯祖讳鸿志公之嗣

　　从堂伯　　讳　　树成　　　　妣氏　　　　　窪子

堂伯祖讳鸿秀公之嗣

　　从堂叔　　讳　　树　　　　　妣氏　　　　　半壁店

张氏墓地图如下所示。

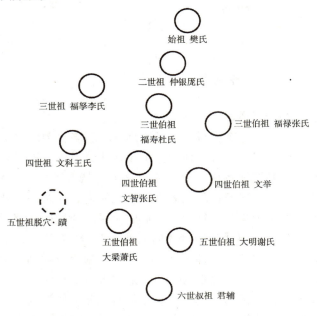

张氏墓地图

"张氏选了这块地以来，代代都住在顺义县城西边的张喜庄村。墓地在村子里边，始祖的风水面向乾山巽（东南方向），五世祖之后的墓地移到别处，风水为面向壬山之丙"。

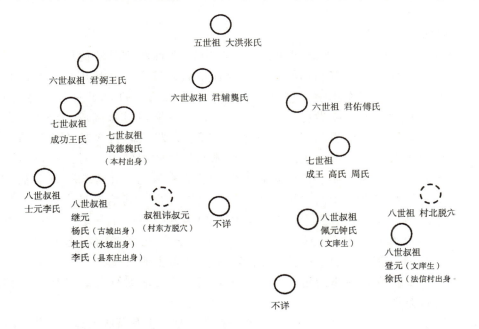

12 月 6 日

（9）张喜庄—回回营—李家桥

○视察记（张喜庄—回回营）

　　早上从张喜庄出发，直接去李家桥。村子附近有相当多作为地界标的石头。张喜庄以南有小河道。多雨的时候，只起到排水作用。下流连接龙道河。通过东马各庄往南，田间有正在建造的大型瓦房，是东马各庄最近分家出来的有钱人的房子。到达古柳树的北门。大概因为治安考虑北门关着。迂回过附近的水坑进入村内。村基一头比较高，有起伏，道路在极低处。路上有三四家大宅子。村村相连形成大村。到达回回营村，参观礼拜寺内的村公所和回民小学。往年一提到"枯柳树的回回营人"，路边的行人都避之不及，回回营就是这么有势力，到民国初年为止都是大兴县公署（本地最近被编入顺义县）里的一颗烫手山芋，但是现在也丧失了活力。民家的结构，是在入口处有回教徒使用的阿拉伯文的符纸，房屋的配置和汉人没什么区别，不过东西厢房的位置不如汉人一般整齐。因为回民讨厌猪，就没有看到过跟汉人家里一样的猪舍。也没有看到像汉人正房里祭祀土地爷、龙王爷、财神爷、观音一样的地方。内部的炕和家具的摆设和汉人的没什么差别，但是会挂回教历和装饰封面为麦加的照片。因为村公所没人，所以就去向小学老师问话。学生约四十名，全部都是回民的小孩，教师也是顺义县城师范学校毕业的回教徒。

第九区回回营概况

　　【村落制度】村子起源于明末清初，由从西边迁移而来的回教徒所建。附近有营名的村子有七十二处，回回营和那些村子的变迁不同，没有过驻兵历史。村西礼拜堂的一片是回教沐浴场，还有小学和村公所。礼拜堂的校长，即阿訇一名（姓唐），他作为教务管理礼拜堂，不需要做村里的工作。清代和古柳树村邻接成一个村，在宣统年间成为独立村。以前村民提到"古柳树的回回营"，路上的行人都纷纷让道，这一带的人们畏惧回回营，对其敬而远之。他们依靠回教徒的团结力，对外村施压，但当时也并不是特别财力雄厚。而且最近随着他们生活的贫困化，在势头上反而输了汉人一截。现在的总户数二百一十六户中，回民占一百零九户，其他都是大教。人口总数男性四百九十二名，女性四百三十九名，其中回民男性二百一十一名，女性一百七十七名。村长（吕显庭）副村长（杨某）都是回民。会首在事变前有七八名，回民占了过半（村长副村长都算会首）。事变后，随着保甲制度的实施，十六名保甲长代替会首辅佐村长，负责商议村里的重要事务。十六名中十三名是回民，其他是大教。看青的以前一直都是四名。

　　村民没有公共设施和公共地。礼拜堂里有一些香火地，但是其收入算是寺里的（村公所的入口有出租的贴纸。在旧历十月十五日下午七点在村公所投票决定租出人）。

村费平摊，按亩收费。佃农的情况，有地主不用交费，由佃农全额负担，也有地主和佃农相互商量决定。有连圈关系。

【家族制度】人口最多的姓有金、杨、吕、马姓等。还有最近移居进村的人。大家庭有二十一二名成员。但不一定是富贵人家，而是家族和睦的人家。回教徒没有家庙、祠堂，宗教上的仪式都在礼拜堂举行。近年分家不多。财产均分，靠抽签或者和同族商量决定。分家时女性能保留一部分的土地，当作胭粉地，为结婚前出婚费而用。土地一般都会在结婚前卖掉，不会带到结婚对象那边去。回民结婚一般是嫁到外村。主要对象有牛栏山南门外、李家桥西门外和北京北郊等地的回民。回民以外的对象很少（顺义新民会义氏不能迎娶其他宗教信仰的信徒）。

家族内的矛盾由当家的仲裁，还是解决不了的话，拜托村长或者阿訇来仲裁。

回民埋坟不用棺材，把尸体的头摆向北埋葬。夫妇埋在一起。埋法和排葬一样，是没有孤坟。没有结婚的人去世了的话，就埋在家里的坟地里。坟的上部和大教徒的样式不同，呈四角横向细长的土堆。

【土地制度】作物有玉米、高粱。肥料，由于宗教关系不用猪粪。用北京大粪场的干粪或者家畜（鸡、羊、驴、骡、狗）的粪。没有大地主，多的也就是三四十亩。比起自耕，租地的人更多。回民的地主也租地给汉人的佃农，没有特别优先选择回民，也有回民租汉人地的情况。

○视察记（回回营—李家桥）

在回回营休息差不多一个小时，雇了村民的车驶向李家桥。这一天，在某村吕家举办婚礼。村里的干部都去参加婚礼。伴随着轿子前行，道路边有铜锣、笛子、大鼓一同奏乐，一直到婚家入口的道路。乍一看和汉人的婚礼没什么两样。家里入口设了喜棚，院子里有让客人喝茶的茶棚。老幼男女共聚一堂。能感到他们的样貌和汉人有些不同。特别是女性感觉更显著。还有很多不缠足的老太太。本来想看看新娘的，但是习惯上，正结婚日是不让他教徒看到面容的。

从村东出去，有不少散在的回教徒墓地。和汉人的坟差不多大，但是横向比较大，上部有四角的突起，突起的数量与尸体的数量对应。有的坟上有三个突起，这是夫妇和妾共葬的坟。坐在摇晃的马车驶出回回营朝东南前行。途中和赶车的闲谈。赶车的是回回营的老居民，不是回教徒。村民里有相当一部分非回教徒的汉人，汉人一般避免做出回教徒厌恶的事，也不吃猪肉。他家里母子共三人，有十五亩地，只靠种地满足不了生计，所以也兼职用马车在村子和李家桥之间送货。最近各种税、村费也贵，今年交的村费已经包括教育费二十八元、青苗费三元，还有治安强行运输二作班的巡视接待费、大编乡制度实施之后的乡公所建设费，还有各种各样的村费。总计已经达到两百元。

途中遇到在李家桥的集市卖白菜回来的回回营村民。这一带的中心在李家桥。过了马各庄到达塔河村。这一带地势低，能看见小中河的流域。河水还算丰富，但是新水到地方挺多。

在河中处处能见到木片、高粱秆做成的堰区划河流。河底的泥土很多，农民会来采土进行肥土。直接通过三营、二营、头营来到秀才营。这边在村子的中央有巨大的宅邸，那就是大地主的宅子。村子周围有土壕（至今去过的村子都没有）。铁道附近的村子是在铁路局警务段的怂恿下在事变之后设置的。横穿过铁路，从警备道路出来以后就是李家桥镇。有县警察分所、县警备队、镇公所，所见到的街道上大概有二十家杂货店、布店、饭馆、车行等。经由警察分所的斡旋，我们在饭馆子住下了。

12 月 6 日

（10）第四区李家桥—苏庄

○视察记

李家桥镇在这一带的高地，从镇子东边出去后突然变成低地。一眼看去是沙土地带，还留有黄白河的痕迹，都成了耕地。但是种不出来庄稼的土地就直接放任不管，或者变成杂林。通过北河村、北桃村两个贫困村，看到的是蔓延的树林地带。那是引河堤防的植树林。河心的水很少。度过草桥，从引河东岸的堤防上通过，向东前行。途中看到堤防的河心中间地有农民正在采木。就在这问了一些话。土地是官地，主要由河务局管理。这边的采木河务局员也会在场。河务局每年秋季收获前会发布砍伐树木的布告，募集伐采者。个人投标情况较多，没有村公所投标的情况。投标单价以伐木一根为单位。今年投标胜出的是六钱五厘的单价。胜出人一般是这个地方的村民。决定人选后河务局会指定一定的时间允许伐木。现在在这里采木的人就是投标胜出人雇来的短工，还有小女孩也一起雇来了。伐木工人在现场——按河务局的监督者的指示伐木。不允许砍伐幼苗或是砍伐指定区域以外的树木。采木后用马车装载，运到白河畔的河务局进行点检。枯木的话谁都能自由砍伐。河心和堤防的中间有几处空地，也是受河务局管理，以投标制将地租出。作物有玉米、高粱等。

沿着堤防出引河河口（白河畔）有一个小闸。是为了从这里把白河河水引向天津而挖掘的闸。引河用来调节白河河水，起到运输沿岸地方货客船的作用，但是从民国二十八年白河洪水灾时一直闭闸到现在，而且完全没有受到水灾的损伤。小闸的东边有横截白河的大闸。二十八年的洪灾时，过半的闸都被激流冲走。大闸是为了阻止水流，引水到引河而设置的。原来大闸还有路，作为白河东西两岸的通路，但是现在已经破损不用，白河中洲到对面之间有渡船场，是附近的志愿者设置的，利用渡船的各村用村费支付村民的渡船费。不这样做的村子里的村民想要渡河时就要自己付钱。金额不定，人一般是两三角，牲畜和车要四五角。还有一家面向渡船客卖烟草、饼、果子类的茶店开在停船的地方。我们在这里的苏庄村公所里住下。

12 月 7 日

（11） 第四区苏庄

应答者　白玉林（警察分所）、赵村长、辛懋宏

【村落制度】户数一百六十五、人口数九百二十九名。村长、副村长各一名，事变前有十几名会首（民国十六年我当村长的时候有十二名）。民国二十九年保甲制实施废止会首制，村里重要事项的商谈由保甲长参加。现在有甲长一名、保长十六名。村里看青夫（看青的）有四五名。一般每年有变动，但是也有连续看青四五年的人。今年给看青的工资（工后结）有四五十元。看青的除了工资以外，收获后每亩可得两束麦子杆和一些额外的钱。村费叫青苗费。按所有者的亩数征收。今年差不多每亩三元。佃农的情况由地主全额负担。村里有外村村民土地时，按本村标准征收。外村里有本村村民土地时，按各村标准。有连圈关系。

本村因为临近白河，几度遭遇洪水。在民国元年、十八年、二十八年有大洪水。在元年和二十八年两次房屋浸水，一些房屋因此毁坏。村里的防水设备只有村东的引水口。引水坝是小规模的水泥堤防，民国十八年由村费（所有地按亩负担）建造。建造大规模的堤防很花钱，所以白河沿岸各村从以前开始就向县公署请愿建造，但是县公署没有同意。水灾时村民到高处避难。没有时间逃往外村。避难村民搭起棚子居住等待水潮褪去。布子和食物的费用都由个人负担。而且村与村的联络都已断绝，也无法用船来往（船现在是个人的所有，村子没有船）。饮用水有用井水和白河水。没有专门的"卖水的"，但是有相当一部分贫困的人每天给各户供水。他们的报酬不一定，钱给的很少，一般给玉米。给有钱人供水的人比较固定，但是也不限于自家佃农。

【家族制度】姓氏有赵、张、刘、毛、田、杨，赵姓占了四十户以上。赵家是七三年前从山东那边迁移过来的，在此地定居后专务农业，清代出了一名贡生、五名秀才、一名禀生、一名举人。这些考试合格者也没有当官，而是在村里务农。最初的定居者叫老杨，他有四个儿子，这四个人作为先祖发展家族成员，在民国初年有三十户、现在约四十户。赵家祖先的本家邻接村里的中央大道，其气派构造在县下很罕见。房屋面积很大，另有有三个大门。入口处有陈旧的悬匾。现在这一带有三户分家。

上述赵本家北边道路夹着的地是赵姓的家祠。差不多有两亩多地，外观和普通民家相同，里面有正房，东西有厢房。

【关于赵家家祠】（以下是赵村长的回答）

这个家祠一般叫什么？＝祠堂。

县下祠堂多吗？＝应该只有本村有吧（山本注，后来发现苏江北的汪家场已有祠堂）。临县的三河县祠堂多。

这个祠堂是什么时候、由谁发起的呢？＝民国二十六年由我（村长）的父亲发起。

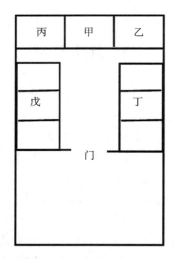

您父亲为什么想要发起建祠堂呢？＝除了祭祀共同的祖先，家族四十户还要各自准备婚丧仪式的所需器具，很浪费钱，就一起把这些准备着。

发起的时候和哪些人商谈过吗？＝赵家里有最初移居过来的先祖的四位后代分成了四大门儿，每门出两个人，聚齐八个人做出提议后得到了赞成。

祠堂建设费和费用怎么分担？＝当时建设费花了两千元。因为是瓦房所以挺贵的。这个费用按所有地的亩数分担。

土地由谁提供？＝买的。加上买地钱两千元。

木材由谁提供？＝用的赵家坟地的树。

甲房间的用途？＝房间里有祖宗祠，正面悬挂族谱（家族祖先的系图），进行祭祀。

乙房间＝家族的亲戚、朋友来村里的时候当作客房。不限于婚丧时，一般来客也住在这里。不过现在丁室用作村里的学校教室，教师都住在乙室。

丙房间＝看房的住在这里。

看房的雇佣条件和要做的工作＝雇用同族的贫困户，家里没地，还有两个孩子的赵姓人，主要保护族谱、保管器具、打扫。赵族的各户会给他一定的粮食（量不定，够生活。还有在家族都忙的时候去帮忙会得到一些收入）。

丁房间＝和戊房间一直用于放置共同器具。但是因为现在在实施大乡村政策，以前的村公所变得很小，就把那边的小学移过来了。不过是临时场所，正在寻找适合建小学校舍的地。

戊房间＝一直都用来放共同器具。

有哪些器具？＝桌子、椅子、灯等一些婚丧宴会时用的东西。

什么时候会在这个祠堂召集同族人？＝一般一年两回。过年和清明节的时候。过年的时候以族长为中心祭拜祖先、交换年贺礼、吃年饭。座位没有特别的规矩。清明节的时候，同族人先分别去祭祀始祖的坟然后去自家的坟，回来的时候聚集在祠堂一起吃饭。

婚丧时会使用祠堂吗？＝会用作和尚和客人做准备的地方和住处。不用作举行婚礼丧礼。

同族人会在这里举行会议吗？＝除了上述情况没有族人聚集的时候。

祠堂前面的广场有什么用处？＝现在是小学的操场，原来没什么特别用处。不用作同族的打谷场。

有为了维持这个祠堂的土地吗？＝没有。

这个祠堂西边和小路夹着的小庙是＝五帝庙，村里死了人的时候要在这里报备 祠堂是赵家的，五帝庙是村子的。

除了上述之外，还有赵家家族的公共设施和共有土地吗？＝没有。

现在本村最大的家庭也就是十人左右。分家比事变前多了。分家一般都是兄弟感情不好的时候。

埋葬是排葬。完全没有人字葬、一字葬。

【土地制度】村子在白河西岸附近。村基较高免于水灾，但是耕地地势较低谁为受到损害。没有上等地，一般是中等地或以下。村子的西北方向还有相当多的沙子地。可过没有碱性土地。作物主要有高粱、谷子、玉米、花生。村子面积约二十顷。

自古就只有民粮地。完全没有旗地。以前有过大地主，现在只有几户最多有一垧左右土地。一般都是三十亩左右，自耕八成、租地两成。事变后，治安良好，地主没有迁徙者。

佃农不用物品抵租金，全部交钱，还有定金，不立契约书（口头契约），每年不变动。租金最低的土质不良地五六元，最高的有十五六元。

【北运河引河相关】（以下为辛懋宏的回答）民国初年成立的顺直水利委员会，在民国十年前后，就白河的治水和利用，进行了实地调查和测量，到民国十二年选了现苏庄北边的地，在英美方的技师的指导下，设置了两个闸。一个是从苏庄到对岸的大闸（铁桥兼闸），一个是连接苏庄旁的铁桥的上流处设置的闸，然后从此闸向西边开垦运河，以便调节白河河水和方便船只通运，还设置了往天津的发电装置。

顺直水利委员会先着手铁桥的架设，开始收用新开垦运河（又叫引河）的地基、河道和两侧的堤防共占二十多顷，河边几个村民的所有地都被收用，各村落联合进行了反对陈述，派了三百名代表，到委员会所在的天津，就运河开垦进行了反对运动。但是委员会仍然不断进行测量和施工，农民的反抗没有成果。事后支付了很少的收用地价（村长的均在大闸的附近）。于是民国十二年到十五年的三年间，花费总经费两三百万元完成了大闸和小闸。

大闸是白河闸，又叫泄水闸，有三十个闸。每个闸的设施区间长七米，全长二百一十米。从水底到桥顶的高度为二十八尺，闸的宽度为六米。闸的桥脚挖掘深三十尺，内部为混凝土，外部被砖瓦包围，呈圆形。每个闸重五吨。在闸设施所为了控制闸的升降设置了五十四个铁轮。但是在民国二十八年因洪水在七月十五日半数都被毁坏，现在完全没有使用。小闸叫引河闸或进水闸，有十个闸。设施规格和大闸没什么差别。从水底到桥头为二十七尺，为了控制闸的升降设置了五十二个铁轮。

闸的直接管理者叫闸夫（北京西郊那样的闸夫长叫闸目）。关于闸的管理，因为闸夫不在，没能问到详细内容，概要如下。大闸的三十个孔在白河水量少的时候全部打开 七八月雨期的时候全部关闭，阻挡白河河水。期间从七月七日持续到九月二十八日。另一边小闸全年不关闭，经过大闸的河水通过小闸流入引河。但是小闸的流水量高度（河底到水面的高）为二十六米，一旦超过就需要关闭一部分小闸，用以调节引河水量（不这样的话引河本身会引起洪水）。另一边开大闸放水。河边和各闸有指示水量的标识，闸夫经常看这个标识，根据水量多少决定闸的开闭。比如水量高度二十八米的时候，大闸的三十孔全开。三十六米的时候开十五孔。民国二十八年的洪水灾时高度达到三十米以上，为了避免引河发洪危及天津小闸全部关闭，大闸全部打开。因此避免了引河引发的洪水。同年大闸的半数因激流而被破坏，小闸从那时起就一直关闭到现在。

事变前管理引河和堤防的是河务局。局舍现存在苏庄北、靠近白河的引河北岸。河务局的内部机构不明，职员全部约二十名，工作有白河水量的调查、雨量测定、河道和筑堤的管理、监视造林区（还有造林警一同监视）、开闭闸、闸设施的修理（因此现地有铁工厂）等。以前军队管理过引河一段时间。事变时该局职员有相当大的变动，但是其中也有一部分留任。事变前河务局分为南北两个运河管理所，事变后进行合并，统一到河北省公署直属下的河北省南北运河河务局（住址天津）管理。引河作为北运河的一部分也归于该局管理。（注：河北省公署有河区委员会，河务局与之没有关系。）因此现在南北运河分成六段。现在的河务局苏庄闸管理事务所的构成为一名主任（因长期没有闸管理事务现已归任北京）、一名书记、四名闸夫、一名铁匠、四名听差。因大闸已被破坏现在事务所基本没什么业务，但是用晴雨计检查雨量和水量记录的工作还在进行。现在河务局管下的造林区管理有一名主任、一名事务员、一名书记、五名树林警（为了防止有人偷伐树木）。

河务局造林区管下的土地事务——最开始挖掘引河时，运河所用地在民国十一二年以每亩约二十元的价格被政府买收。

引河河道和堤防部分的构造如下图所示。挖掘引河河道后，为了护堤在堤冈上植树，在一部分河傍地植树，还有一部分一般作为租地。事变前的土地管理情况详细不明，现在是苏庄在管理河务局第六巡段的引河河口到通州东关外平家疃的土地。正在出租。土地面积上，造林地约十顷，出租地约十三顷（或是十七顷）。

放贷地一般都是土质不良的土地，但是南海寺一带相对还算良地。一般作物是玉米和谷子。没有禁止的作物但是不准植树。放贷有下记样式的执照发行。记载的事项没有大的区别。地租存查交给河务局，地租征验一张给省财政厅，一张给省建设厅，地租执照给租户（借受人）。借受人的地租执照上和另三张有不同的地方的"注意"，写着"承租租户不许转租，违反者严惩。续交下年份租款时应将此照缴验"。

河务局管理地的地租存根样式

<table>
<tr><td rowspan="6">图示丈尺

长宽
公尺

四　至

东南西北
至至至至

附　注</td><td colspan="3" align="center">地　　　租　　　存　　　根</td><td rowspan="6">图示丈尺

长宽
公尺

四　至

东南西北
至至至至

附　注</td></tr>
<tr><td colspan="3">中华民国　　年　月　日
　　　　　　　　　此联田总征工巡段存根
字第一零五零号
　河北省南北运河河务局为存根事，今据顺义县吴村祖户张孔量年卅二岁承租
　　蔴课
　　滩甲地五亩〇分〇厘每亩租价五元〇角
　　荒　　　　　　　　　　　〇分
　　苇
　　蒲
　　籽粒　　　　　　　　　自卅年一月
日起租保人一住一县一村缴纳一运河第一工巡段
卅年份租款国币二十五元〇角〇分
业经如数收讫除发给执照并分慎缴验存查汇送外
合慎注存根备案经征员一运河第一工巡段段长</td></tr>
</table>

现在租地人约两百名，租地面积最多十亩，一般两三亩。租赁是从民国十三年开始的，当时是用投票来决定租地人的。一般是附近村民借的情况较多。当时的租赁甲地一亩三元、乙地两元、丙地一元，和附近同种地的租金比起来非常便宜。租赁期限没有特别的规定，但是每年迟交租金时会被解约，不得续耕。因为租金很便宜，都能继续负担，一般不会受到迟交的解约，大致上最初的租地人现在还在续租。事变后修正了租金，现在为甲地七元、乙地六元、丙地五元。租金的缴纳期限为秋收十天以内，交钱的时候，需要出示上年度的地租执照，然后收到新执照。因为租金不贵，租地人会马上去造林区的事务员那里缴费。

〔注：关于租金向苏庄村长询问如下。租金每年相对都比较稳定，上地五元、中地四元、下地三元。现在的情况不清楚。〕

执照的转让是被禁止的，但是事实上转让的情况也相当多。造林区方面的人只要有收入就行，实际上不关心耕作者是谁。

〔注　苏庄村长说，因为事变后有河务局职员擅自耕作造林区的一部分还将其出租，省公署来了检查员来调查。出租地租地人大部分都是有钱人，会通过转租来谋财。〕

【造林区的伐木】植树是从民国十三年左右开始渐渐实行的。现在堤防上有壮观的行道树林，河傍地也处处是造林。堤防上的树原则上是禁止砍伐的，河傍地的树会通过支标制允许村民砍伐。民国三十年五月河务局的某布告上写明某地的柳条儿（柳树的枝）支标会于五月一日正午十二点在河务局举行，投标最低价五百元，等等。

投标成功的时候，在造林区指定的区域伐木是得到省公署的承认的。一般会在指定地区的数个段进行伐木。省公署认可时，在河务局张贴布告，指定日期招募投标人。时期不一定，一般是在晚秋农闲期间布告。投标人只限个人，不能是村子或者其他团体。投标单价以一棵树为单位。今年最高是一棵树六分五。根据投标决定胜出人后，马上就要付全树木金额的三四成（基本上是两百元以下），剩下的在伐木时缴纳。不一定有伐木期限。胜出者迟迟不来伐木时监视员会来催促，但是没有因为不在期限内伐木而取消资格的。现场伐木时造林区的监视员也会在场，伐木者不能砍伐指定以外的树木。

不允许砍伐堤防上的树木的树干，但是有时也会砍伐树枝。这时要根据布告获得采伐许可，提示树枝的大小以及一个区域内可以砍伐的数量。堤防和河傍地的结缕草、枯木造林区没有限制。一般一片区域不会成为特定村民的采集地。想采取的人可以随时随地采集。

12 月 7 日

（12）苏庄—后桥—李家桥—张辛站

○视察记（苏庄—后桥）

正午从苏庄出发，朝旧白河地带向西北前行。往引河北白河附近前进，地势逐渐变低，土地也变成沙质，土质很不好，落花生和高粱地很多。从旧白河河口出来。旧白河在民国初年已经没有流水，变成了现在的样子。河道变更时，大片良田淹入水底，光苏庄村民就要丧失三十顷土地。然后村民会向县公署请愿免除丧失土地的田赋。旧河口还留着旧堤防的石垣的基部。附近都是沙土完全不能耕种。进入旧河口后西边有以旧河底为中心的广阔平原。南边有很多植树地的高地应该是旧河岸。这片平原除了河口附近其他都是良地。通过旧河道畔的村子、南房子、西房子村，继续前往顺义县第一富豪所在的富村，到达汪家场（王姓的人很多，据说地主有上百顷的地。又有一说现在的地主没落到只剩三十顷还是七十顷左右的地）里宛如城郭的宅邸。向从苏庄送我们来的巡警询问这不就是那个汪家场的传闻后答说"事变前大地主家里有三人甚至到十人的护院的。护院的是精通武术的人，来保护地主的宅邸，和长工不一样不碰农事。事变后村里成立了自卫团，个人要是留着会武艺的人会被官员盯上整天提心吊胆"。从平野向西前行，在北边看到临河的大庙宇。路上向农民询问，临河村是个约五百户的村子。保甲制度实施后，会首制被废止。村里的重要事情由村长、副村长和保甲长进行合议。看青的有十二名。自耕三分之一，租佃三分之二，有不少的佃农都在汪家场的地主家种地。临河没什么大地主。以前徐家（汉人）在本县和他县有约千顷的土地，现在家道中落已经没有土地。

临河村如其名就是在临近旧白河的台地建立的村子，这片台地地带是河南村—临河村—后桥村一路的南端，延伸到北边的县城。横截旧白河地带，因为现在已经用作耕作河道的地点无法判明。到达临河村西边台地的后桥村，在庙内的村公所休息约三十分钟后，进行了以下的访谈调查。

第四区后桥村概况（看青夫任某叙述）

村长、副村长各一名，会首七名，保甲制度实施后会首制度仍然存在。保长两名，甲长三十名，身为会首兼任甲长的情况也有。看青的也叫青苗夫，是头目负责指导手下的人，他决定每个人负责的区域。村公所有张贴出生登记表，在新生儿出生四五天内真写其父母名、职业、出生日期、出生地点。村公所每月向县警察分所提交出生死报告。饲养牲畜的有无相互借用叫作搭套。村民中吴和赵姓最多。吴家是这个村里有势力的名望家族，会首里吴姓的也很多。人数最多的家里大概有二十人，不一定是富户，而是家族内或亲好的一家。分家跟事变前比起来增加了。通过村子中央的道路西侧有一片疑似富户的房子。这一片原来是一家，现在已经分家了。没有分家后共同使用的打谷场、猪舍、农具。也没有哪一家有公共的祠堂和公有地。有出了秀才、应守义的名门，也没有祠堂（以前家里没什么财产，现在家里有十亩地，家里人是本村小学的教师）。

村里的耕作地为三十九顷。有和吴庄头有关系的旗地，其他没有。自耕七成，租地三成。租地基本上是定金租金制，期限每年更新。以物抵租发生在收成高的地主和佃农之间，称为"伙种"。

民国二十八年洪水灾害的时候，村里八十户土房都被冲倒损坏。瓦房却幸存下来。当时村民们都到高处避难，搭窝棚等待水潮退去。

○视察记（后桥—李家桥—张辛站）

后桥村位于县城以南，面对通往李家桥的警备道路。从道路往南边下去，可以看到东边旧白河一带几处放羊群。再回到李家桥，继续南行。和同行的农民聊天，他说"李家桥有三百多户，会首在保甲制度实施后仍然存在，约有五六名。看青的有五名。大地主张某家里有约二十顷地、六名长工、六头马"（今年给长工的工钱为一百五十元）。通过英各庄，到达张辛站。在等汽车的途中向本站勤务多田友次氏询问铁路爱护村的事情。他说，本站管辖的爱护村约六十村，包括通县和顺义县的村子。通县相对民风淳朴。每月会按顺序指定某村，让各爱护村村长集合起来举行会议。越靠近旧白河地区土质越好。当有水灾时，土地浸入洪水之间得以肥土，水灾后的收成会变好。水灾后的第二年能增收平时的七八成，再过一年增收率会下降，但是降到到往常一样的收成也要三四年。一般给高地多施肥，低地少施肥（但是低地在经历水灾的第二年不需要施肥）。铁路局每年春期会放贷种子，今年贷了十草袋子的麦子，但是因为旱灾，回收的期望渺茫。以前贷出的种子已经全额回收。局里还在对掘井进行奖励，但是因为经费的问题难以前进。

附一　从顺义县新民会石学昌笔记中摘录整理的河东部各村的物资调查的要点

说明（1）栏是是否能自给自足

（2）栏是主要作物和谷类产量

（3）栏是谷物输出地区

（4）栏是必需品的来源地

（5）不足物资

（6）地势

（7）备注

前鲁各庄、后鲁各庄、桥头村、北小营

（1）能，（2）黄黑豆、稻米、玉米等 2939 石，（3）（4）杨各庄、牛栏山、李遂镇、县城，（5）洋火、洋油、面粉，（6）东高、北平坦、南西洼下，（7）五乡自卫团 249 人、土炮 20、箭杆河涨河时有水患

业兴庄、徐庄、别庄、陈陀、陀头、沟东、李各庄

（1）能，（2）玉米、高粱、落花生等 2450 石，（3）（4）杨各庄，（5）洋油、洋火、布匹、食盐，（6）平底

王泮庄、后王各庄、陈各庄、蒋各庄

（1）能，（2）玉米、花生、高粱、小米等 2700 石，（3）（4）顺义、杨各庄，（5）洋油、火柴、布、食盐，（6）东北高，西南有些低

东府、西府、仇家店、望集、荣各庄

（1）能，（2）大米、蘡荠、藕、花生，945 石，（3）（4）县城、杨各庄，（5）洋油、火柴、食盐、布，（6）东南高、西北洼

前俸伯、后俸伯、河北村

（1）维持现状，（2）豆、高粱、玉米，70 石（?），（3）（4）顺义、杨各庄，（5）同前，（6）东高、西洼

太平庄、水屯、汗石桥、于辛庄、辛庄户、魏辛庄、王辛庄、安集庄

（1）丰足，（2）玉米、高粱、豆类，40 石（?），（3）（4）县城、杨各庄，（5）同前，（6）西北比东边高一点

北彩、小营、双营、柳行、洼里

（1）丰足，（2）玉米、高粱、豆类，500 石，（3）（4）县城、杨各庄，（5）同前，（6）东北高，南洼

南彩、前薜庄、后薜庄、九王庄、杜各庄、坞里村

（1）自足，（2）玉米、高粱、豆类，500 石，（3）（4）县城、杨各庄、李遂镇，（5）同前，（6）东南洼，西北高

江头、红寺、东町、夏营、下坡

（1）自足、（2）花生、玉米、豆，（3）天津、北京（花生）、通州、县城，（4）县城、杨各庄，（5）同前，（6）北高、南洼，（7）有箭杆河水灾

杨各庄、张家、沙子营

（1）特别困难，（2）玉米、豆，1500 石，（3）杨各庄，（4）天津、通州、县城，（5）同前，（6）东方高、西方洼

附二　民国三十年九月十三日顺义县公署建成，从大乡制实施计划书中整理的要点

顺义县接受道公署的指令以民国三十一年一月一日为期实行大乡制度。目标为农村的自卫、自给、自治的强化和充实，使顺义县成为名副其实的模范县。机构概况如下。

（1）废除从前的村公所，以千户为标准在中心村落设置乡公所。

（2）乡里有一名乡长（义务职，兼任联保长）、一名助理员（副连保主任，中学毕业文化程度，工资五十元）、三名事务员（小学毕业文化程度，负责总务、户口、会计，工资三十五元）、总务委员（每百户选择一名就任。兼任保长）、监察员（每村一名）、三名夫行（工资二十元）。

（3）乡公所的事务　村子相关的内外事务（土地调查、道路桥梁等建筑管理、推进保甲制度、推进新民工作、卫生、通信等）在乡公所执行。

乡公所有以下部门

户口部—人事登记（居住、出生、死亡、婚姻、继承、分居、迁徙、失踪）、青年工作、辅助户籍警察、编组保甲自卫团

会计部—预决算（废除以前的摊款制转为乡预决算制）、出纳保管、代收县税

（4）县行政也顺应大乡制度，在乡公所所在地设置警察派出所，包括一名所长（警长）、三名警士。小学转到附近的乡公所所在地，新设的乡立小学会收到千元以下的补助费。

1941 年 12 月

（华北农村惯行调查资料第 55 辑）

概况篇第 6 号　　河北省顺义县概况
调查员　　　山本斌、山浦贯一
翻　译　　　达光、孙希中

○视察日记

12 月 18 日　从北京到达顺义。那天加入燕京道李道尹一行参加牛栏山视察，下午五点到达。但是镇上的重要人物基本上都忙于接待李道尹，我们的调查没有什么进展。接着在商务会住了一晚。当夜偶然遇到自称从北京来的叫モーロー[1]的新闻记者在向商务会副会首强卖商品，之后副会首说这样的家伙最近频繁出没在各村闹事。

12 月 19 日　赴往镇东的元圣宫。庙建在高台之上，规模壮大，让人怀想旧日盛观，但现在已然荒废。现在除了十八名道士之外，还有一些伙计。在本殿西边有属于庙所的马厩、打谷场、菜园。据说以前庙内还居住着租种庙产的佃农。

在这里，访谈了一个伙计，了解庙产的概要。

接下来赴往处于白河河畔碧霞宫的牛栏山。农民在热火朝天地挖掘石灰岩。下山到达河畔的下坡屯。因为接近白河，房屋的基部（石头）差不多有四五尺，而且用大量石头建成的房屋很多，应该是为了防水。村公所在村子中央的庙内。在这里进行调查。在村内漫步能看到一些大房子，一家看起来很有钱的大户人家经营着送三（送葬的仪式）。从元圣宫出了四五名道士到村公所准备，然后到那家进行法会。在家的入口放置着纸做的人形和车，家里设了棚子，在里面祭祀着去世者的肖像。在吵闹的铜锣声中，和逝者生前亲近的人都一起烧香磕头。在村子转了一圈，看到有高墙的屋子比较多，院子也很广。而且作为这个村的特征，道路也很宽广。从村子南下，能看到小麦蓬勃发芽的耕地，不过土质好像不怎么好。在下坡屯的西边有下坡寺屯，跟下坡屯比起来算是小村庄，两个村子很接近。在进入张家庄跟前有很多散落的房屋。张家庄很贫穷，很多房屋都没有厢房，村子也没有活力，看起来民国二十八年受过白河水灾的影响，现在还没有恢复。村公所在村庙高地的庙内。在村公所做了些许调查之后，朝县城南下。途中有丰村、向阳村。这一带的西侧有蜿蜒相连的耕地。这些耕地向西边延伸，就成了平原，被称作上坡地。与上坡地相反，

---

〔1〕　译者注：此处为人名，中文无对应。

到崖的东白河的土地被叫作下坡地。下坡地是因白河水流的作用河岸已被侵蚀毁坏而形成的土地，与上坡地相比水分充足，因此麦子的发芽状态很好。道路两侧的田里有几处被挖了洞的土堆。这是为了防止车子碾坏土地。东乐丰的村子在下坡地一带，相比较高地势的土地被选作打谷场。村里有采土场。也有财主（有钱人）的大宅子附带着巨大打谷场。接着朝向阳村前行，在村子的附近看到两三亩湿地上有种植过稻子的痕迹。在村子南面有很大的菜园、几口井，还有看菜房。听说这一片盛行种蔬菜。和下坡屯比起来，到县城的路上墓地很少，大概是考虑到水灾都把墓地迁到高地去了吧。在下坡地石标很多。界标上没有写所有者的名字，就是放置着普通的石头而已。路上遇到一路人用车载着一条大船运向县城。说是乡下的床，要送到县城修理。在田中开辟的大路路边有人卖灯泡、落花生等杂货，他们蹲着等待买主。

已近傍晚，群雁由西向东、西北向东南方向移动。这一带栖息着无数大雁，它们会糟蹋麦芽，农民们视它们如蝗虫。回到县城后住在商务会。

12 月 20 日　早上从县城出发，沿着白河河边南下。出了县城南门爬上上坡地看到很多县城人的墓。之后通过大东庄、小东庄，上坡地和低地的分界上都有一些裂痕（大概是受雨侵蚀）。这两个村相接，村里都是土砌的围栏，没有墙。往南前行到达赵古营。

村南有很多墓地，白河河畔有砖窑。这一带的平原基本上都没种麦子。通过胡各庄旁边。在村西有带着大院子的房子，大概是财主的家。农民正在热火朝天地修理这边的各道路。向东南方向前行，到河南村附近都是旗人的大规模墓地。都是标准的人字葬。

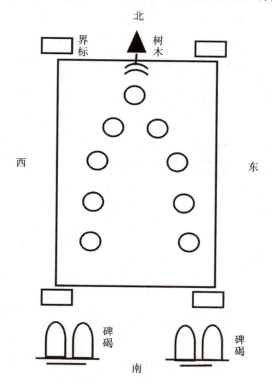

进入河南村时，村口的防卫门（用高粱秆制作的）把守很严。关帝庙里有警察分署司

乡公所。庙的西邻是合作社。村子以模范村的称号为傲，一眼看去各种设备都有。小学看上去很庄严。在合作社有醋、豆腐、纸马等日用杂货，还有一名专任的事务员。

因村长不在，向副村长和警察分署的员工进行了一个多小时的调查。之后参观了村子。道路很宽，大房子也很多。在下坡屯见到过的类似的房子，很多都在房子下边垫着石头。出村子南门朝向临河村出发。途中有下坡地和上坡地的边界。路上还有许多散户的农家。之后到达临河村。地势高低不平，上坡地作为村基的情况比较多，下坡地一带的很少，有坡道穿过其间。我们第一次看到这样的村子，觉得非常稀奇。之后到达村东庙内的乡公所。与三十多岁的年轻村长、副村长见面，进行夜间调查，然后住了一晚。

12 月 21 日　在临河村内转了一圈。村子的南边是已成荒漠的旧白河地带。村里很多的排水设施都是朝向下坡地而不是上坡地，一般都是石头堆积的，也有水泥建成的（大概宽五尺，长二十尺）。一般其中的流水都会流入水坑。

村里有十几个庙，大部分都是老屋。大房子小房子都零散地分布着。距村西五里的地方能远望到"陶家坟"。呈人字葬。陶家坟还是住在北京旗人的坟，往时有看坟的负责看守。

视察完后，在疾风之中向东前行赶向王家场。途中见到旧白河一带的下坡地，土地广润。南边远处有旧白河东岸的林业地带相连。这一带进行了彻底地开垦，土质良好。接近王家场能看到如同衙门一般壮观的宅邸（王家）。我们在村中央的路上前行，到达村东的村公所。结束调查后视察了村子。村民的过半是旗人，不过已经与汉族同化，看不到什么旗人的特征了。之后被带到村子第一大财主王家参观。这么豪华壮观的宅邸，在顺义县其他地方也是很难见到的。结构见下图。

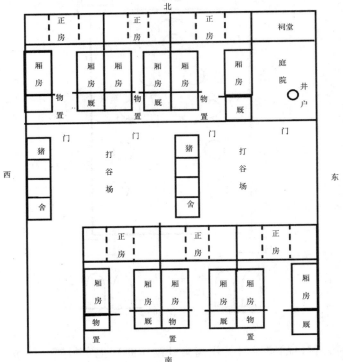

先进入祠堂。正面悬挂着家谱图，前有香炉。现在虽未进行，但清明节时王家家族都要集中在这里祭祀祖先，举行会餐。在本村低地一带的墓地容易遭受水灾，因此王家的墓地建在临河村北的上坡地。在那里有附属的七亩坟茔地，由租此地得的费用来维持祠堂。祠堂西边是王家的宅邸，三家都在一个地方。各个入口悬挂着很大的匾额，能料想往日的辉煌，即是有相当一部分当上了官吏。进门后右边有饲养着三头马的马厩，左边用来放置杂物和养牲畜的小屋，再穿过一个门后，左右都是厢房，里边儿是正房，在门上墙上都有精美的花鸟图和题诗。正房里神位的配置和沙井村大致相同，入口是龙王，正面是佛爷，其下方是土地爷，佛爷的左边祭祀着财神庙。正房里的起居室里有相当豪华精致的全身镜、金钟、大柜子，还装饰着清末大官的照片。西邻的两间结构都和右边相同，不过现在没有人住，只当作堆放杂货的地方。从这一片出去后有一处宽广的打谷场，还有一排王家公共的猪舍。有很多猪粪制成的粪土。打谷场前还有一处建筑，构造与前述大致相同，但是建造年代比较新。

这一片建筑面对街道，因此为了防偷盗设置了望楼。离开王家后在村子转了一圈。其他的房子都很普通，不过大部分家里的场地很宽，还有菜园。

从王家场出发朝苏庄前行。出村后看到旧白河河口的堤防。这附近一带沙地很多耕地渐少。特别是沙孚村情况更严重。沙孚村附近的土地地基很高，直达引河（注：运汀）堤防。堤防上有延续到引河河口的榆木业林。河水已经冻结。从白河附近出去后，能看到河务局的华丽建筑。白河和引河的接点处有两处大闸。接着访问了闸附近的苏庄村公所，调查后住了一晚。

12月22日　从苏庄出发，坐渡船北上到达对岸。白河河流直面冲撞河岸的地方设了用石块建成的坚固堤防。民国二十八年的水灾也未损分毫。附近有祭祀着龙王、河王、水王的小龙王庙。通过这一带后到达李遂店镇。镇外有高粱秆包围。村南有很多菜园。进入镇子左边有很大的娘娘庙（小学）和关帝庙。街头放置着棺材。这是此地特产，作为样品陈列着等待买主。镇子的中心街横穿东西，有很多布店、杂货店、饭馆子、茶碗店在街边，相当热闹。我们在旧警察分署里的新乡公所里进行调查。

来年正月将会实行大乡村制，乡公所里甚至设置了电话设施做好准备。从李遂店镇出发，在北门附近有水坑，有几个用来浇水灌溉的秸秆。在其他地方没见到这样的情景。附近有财主的大宅子。出了北门是屠宰场。这附近有很多散落分布的农家。土地向东方高地延伸，呈大平原。在柳各庄还看到马医的广告牌。之后到达沟北村。为避免白河水灾村基相当高。村中央有小沟、石桥和草桥。村东关帝庙内是村公所，旁边是孚佑宫。孚佑宫中祭祀着昌祖，是这附近的信仰中心，宫中悬挂着上面写着捐赠人的名字。神签分为内、外、妇、皮肤、眼等科。在庙里有印刷御经和神签的印刷设备，事务员约有二十名。结束村公所的调查后回县城。途中经过葛代子、九王庄、河北村。一般村子东侧都有业林，还有很多土馒头（墓）。附近能看到看坟人住的房子。这样的墓地是县城人或是北京人的，看坟的每人有约十亩的坟茔地，作为看坟的报酬可以免费耕作。这些村子和白河西边的村子比起来相对富裕，有很多散落分布的大房子。道路也常被清扫，路边高粱秆做成的墙排列整齐，我们路过这附近时甚至有种身在日本内地农村的感觉。和白河西比起来，每个村子都有大片显眼的树林。河北村的村落如下图所示。

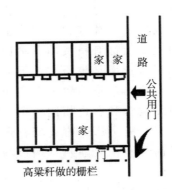

特别是河北村的高粱秆栅栏，按照约定做得很高，很多甚至看不到屋檐。村外的土地上只有打谷场，没有村民居住。站在俸伯村前前后后的警备道路上。这附近树木特别多。村子里的男孩子在用棒状的东西打路边树上的枯枝。他们也不管这些是谁的树，拾了枯木谁都不会抱怨。

往西边前行不久就出了白河畔。附近有一片广大的沙地。向河北村村民打听，听说这一带以前是几十顷的良田，因水灾（民国二十八年）变成了荒地。下流的河北村附近，也有很多地方的良田变成了沙地，但却仍然要向县里交田赋。还有农民说河附近的沙地的沙层太厚，不管人力如何耕种都无法恢复成耕地。

有钱人为了免受水灾会移住到村外，或是移住到村里的高地。横穿过沙地前行，有宽五十米左右的白河流淌。渡过河上的草桥后，到达山东庄。耕地的一角插着一束香，在晚霞中点燃一抹红色。这是十分虔诚的农民在向丫髻山祈愿。

12 月 23 日   从县城南门出发，经过望泉寺，往西南前往十里堡。期间在小中河一带的平地转回。小中河的水并未干涸，现仍冻住。接近十里堡能看见田与田之间的分界线有很深的沟。起到排水的作用。在村东的低地看到很多的墓，墓是村子旧人家的。过了墓地，在小中河一带的下坡地向村西转回的上坡地边界，有一个位于稍高处的村子。所以不会有遭遇水灾或是家中进水的情况。

村公所位于最高处的庙里。庙后面的低地上有坑，村民们正在村子的共有地热火朝天地采土，然后用车把土搬出。土会用来做粪土。

我们到达村公所的时候，正好房间里有两三个有权势者（？）[1] 在计算田赋杂派。接着有不少村民都聚集过来了，但是因为看到我们在，于是就在房间外面等着。结束调查后，一位农民带着我们绕村子一圈。道路曲折，还有时要通过几个门才能进到一户人家

---

[1]   译者注：原文如此。

里。村子的入口、家周围一些地方都有高粱秆包围。然后前往村西的马家营。马家营里大地主比较多。远处都能看到那些大房子。到达村子东门时大门紧闭。我们又绕到育门过村。有不少的人家里都有很大的打谷场。

在关帝庙内小学兼村公所进行调查。从马家营向西前往回回营。在逐渐靠近村子的途中，有零散的回教式墓。到达回回营的礼拜堂时已是日暮时分。虽然有请求过宿舍，但没有合适的地方留宿，不得不返回县城。

12月24日　在通往北京的顺京公路上朝西南前进，前往天竺村、孙河镇。在十里堡附近爬坡前行，看到这一带是宽广的平原。风雪强劲，因太过寒冷临时拜访路边不远处的冯家村公所边取暖边进行调查。这一天县工作班也路过这片，因此村子的各个门都有红枪自卫队驻扎着。从村子南下后完全看不到部落，只有广阔的土地。路边有一处相当大的采土场，听说是冯家大地主的土地。进入第九区管内时，注意到很多写着姓名的石标。这一带土质良好。到达天竺村。村北门有水坑。入口的二郎庙里驻扎着县警备队。这一天因县工作班入村，到黄昏为止我们都没法调查。在村里转了一圈，发现在村里的要处有十几个庙，都是建在道路十字路口稍高的地方。这个村子算是相当大的村子，村中心街横穿南北，有一家饭馆、一家杂货店、两家布行、一家车行等。这一带在今年五月从大兴县转到顺义县移管前土匪肆虐，但在顺义县管辖后，以县警备队为主力进行了诸般肃清，现在已不见匪影。因天竺村没有宿舍，我们在傍晚前往孙河镇。路过时左侧是薛大人庄。听说这个村子有大地主坐拥二十多顷地。村子外面也有零散的房屋。到达孙河镇天已黑。因联络稍迟了，在镇子入口被自卫团呵斥表明身份。后来才弄明白，因是接近年底，每天二十名自卫团员都要交替着强化夜间警备。与警务分署交涉后，我们住在镇里的商民联合会。这个会也是在本地区顺义县接管后（今年五月之后），由镇里的商人筹钱建设起来的，接受附近驻扎的日军守备队长的来访，打听这附近发生的旗地纷争。

事变前，民国二十六年百田某，从金姓的旗人那买了四十二顷旗地。契约上是每亩两元，但实际上付的是每亩十元，还说他当时卖地时向当地农民打听了土地的一些信息，作了充分的调查。事变后，百田用陈姓的假名登记，虽然向大兴县公署缴纳了田赋，且当时农民也有执照，因而也交了田赋。最近作为北京水源地的孙河水厂被废除（北京东直门外进行着大规模的掘井，北京水道用水除了夏季都不需要从孙河水厂引水），因此计划利用水厂附近的河水进行水田经营，带了几名日本人到本地实施测量。农民现在主张那块耕地也是自己的所有地，引发了骚动，守备队就召集了双方代表，请求出示相关文件，但关于该地的事情太过复杂，未能得到解决，只决定暂定处置，在纷争解决之前，不准日本人进行实测。还有据县顾问说，该地转租给了几个村，在治安考虑上也是要求尽快解决纷争，从大兴县接收的土地台账也没有关于该地的文件，对怎样处理很头疼。守备队长希望青铁调查员能专门调查这一项。

12月25日　今天在孙河镇警察分署（庙内）前的广场有打倒英美大会的活动，附近一带的农民参加了此项活动。村里的有势者很忙碌，于是我们中止了本镇的调查，走访北京水道水源地孙河水厂。据说是民国二十年左右开设的。水厂现在驻扎着日军和北京警察分驻所警官三十名。引北边流动的孙河水到北京。有几座滤过装置、发电所、西式的事务室，都被包围在水泥墙壁之中。

结束内部参观，朝南边的康家营前进。水厂附近有几个人字坟，康家营的入口也有。后来知道这是村长（汉人）家的坟。在村公所进行调查。本村是回旗汉三民族的混住地，我们着重于这一点进行调查。在村里转了一圈，汉人和回民的居住地都是分开的，回民住在村西的礼拜堂附近。礼拜堂内有只为回民开设的小学。学校的老师不是回教徒。康家营的"康"来自于村子旧家的"康"姓，康姓是清末大盗康小八出的姓。虽然他没有后代，但是据说他的家在村长的家里。从康家营到孙河镇附近的有派出所，等待县顾问的汽车，之后就与顾问同行去往北京。从这里到北京市东郊地区还很近，旗人墓地随着汽车前进时有时无。全都是人字坟。我们这八天的概况调查很顺利。这个县的治安很好，一个人走路也不会觉得危险，农民又质朴纯良，是惯行调查非常好的调查对象。

12 月 18 日、19 日

（1）第七区牛栏山镇

应答者　陈茀亭（副会首）、李某

地　点　商务会

【家族制度】本镇户口＝八百九十三户、四千五百八十三人。

本镇以前的名望家＝清代秀才、擅长写字的张子云、张待元、王炜识、周显廷、屈端峯、王子达、张云路等，都是科举之士。

上述提及的人物家里有钱吗？＝有句谚语叫穷文富武，正如这所说的，文官和武官比起来家里的财产都不太多。在牛栏山这里也是这样。本地没有人当上大官，因此都没有什么了不起的财产。

现在怎样呢？＝都没什么钱，都渐渐变穷了。

像上述的名家有家谱流传吗？＝大概不到一半吧。

现在的商铺店面都很大，从以前就开始做生意了吗？＝是。从以前做生意就很盛行。

这些家里都留了家谱吗？＝基本上没有。

家里人多的有多少？＝事变前家里将近二十人的有二三十户，事变后因为害怕土匪，就分家，现在都没有人多的家族了。最多就十人左右。事变前家庭不仅只是因为做生意或是出秀才，也不论富贵，家里感情好的人就多。

一家之长叫当家的。男人来当，寡妇也能当，但是不知实例。家庭成员的财产都是家里的财产。结婚时有妻子带来的土地。这种不多见。这种土地叫胭粉地。结婚时稍过一段时间转到丈夫名下。而不是当家的名下。因此丈夫可以不用当家的承认而处理这块地。地的收获也归夫妻收入。分家时只有这块地不被分割。

【关于元圣宫】位置＝顺义县牛栏山。元圣宫是子孙院（1）据说是庙里的方丈多年积蓄和化缘（2）得来的钱建造的，但是何时建造的已不可考。然而最早的重修是在明朝时代，据境内的石碑记载，元圣宫至少是明朝以前建造的。元圣宫的庙产不是香火地（3），而是方丈的私有物。清乾隆嘉庆时代是元圣宫的黄金时代，香火最盛。据说那时庙产达到了七顷以上。

〔注（1）寺院根据其性质分为十方院和子孙院。十方院实行方丈选举制，庙产为全部僧侣共有，子孙院是方丈世袭制，庙产为方丈私有。（2）僧侣祈求布施。（3）作为香火钱在寺里布施的田地。〕

光绪末年以来庙产逐渐减少。原因有以下几点。一是因为僧侣们逐渐过上浪费奢侈的生活。二是因水灾耕地变成了河流或是沙地。三是出租的土地年限太长导致不能增租。

现在的庙产只留下两顷。这些地租给三十多个人耕作。租金从清朝时代就是一亩三吊钱，民国之后，货币不通用，变成了国币七角。在民国十五年时，元圣宫的方丈提出要增租，但被拒绝，后打算上诉到县里，在牛栏山商会的调停下，租金涨到每亩一元三角。近年来所有的负担都变重了，因此在今年十月，方丈又对佃农提出关于土地的一切费用和摊款都由他们负担，佃农接纳了这个要求。

现在庙里有八名僧人和一名伙计。方丈的名号是学海。

【土地的永佃权】土地的永佃权从清朝开始就存在，在民国之后仍旧有效。永佃权有以下几种情况。一、地主和佃农共同开垦荒地（地主出地、佃农出工）。二、借了三公贝勒的土地耕作。以上的情况佃农拥有永佃权，地主不能夺地增租或是夺佃。〔注：夺佃是指收回租给佃农的土地转租给其他人〕

【寺院的种类】寺院根据其性质分为十方院和子孙院两种。区别如下。

十方院

　　（1）寺院是官公建造的。

　　（2）庙产作为香火地为僧侣共有。

　　（3）允许挂单（挂物）。

子孙院

　　（1）寺院是方丈的积蓄和化缘得来的钱建造的。

　　（2）庙产为方丈私有物。

　　（3）不允许挂单。

【建造寺院时各种化缘方法】（一）和尚到各家请愿。（二）藉由拉锁、礼锥让人感动使其出资。〔注：拉锁是将锁的一端的针插入体内，拉着锁在街上走。礼锥是把桌子放在街道正中央，用嘴衔着锥子往桌子上刺。〕

【关于阴阳宅和风水】建造房屋（阳宅）时或是选墓地（阴宅）时，一定要看风水的好坏。看风水的人叫风水先生，风水先生是精通易的人。风水先生看风水时要用一种叫罗盘的东西，可以用它看出五行（金、木、水、火、土）的好坏。罗盘上写着二十四向。用图表示如下。

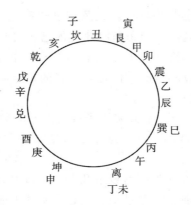

风水的吉凶依次为长生、沐浴、冠带、临冠、帝旺、衰、病、死、墓绝、胎、养、税十二种。长生、冠带、临冠、帝旺、胎、养为吉，沐浴、衰、病、死、墓绝、税为凶。

看阴阳宅的风水是一样的，没有什么差别。有句话叫"洼地取高，高地取低"，就是在低地就取高地，高地就取低地的意思。

最理想的风水就是前有水、后有山。前有水是（1）玉带环腰的意思，后有山是（2）后背有靠山。〔注（1）高贵的意思。（2）后面有能依靠的地方，就是安稳的意思〕用图表示现在北京故宫的风水如下。

【昭穆葬和顺穴葬】昭穆葬的埋葬方法是携子抱孙，用图表示如下（右为长）。

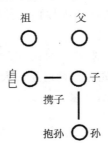

清朝的皇室用昭穆葬的有两处皇陵。东陵在河北省苏县，西陵在河北省易县。

顺穴葬就是普通的埋法，用图表示如下。

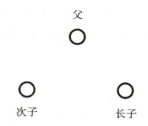

但是义地里的埋法都是乱七八糟的。

12 月 19 日

（2）第七区下坡屯

应答者　商熙五

〈村落制度〉一百六十二户，九百五十六人。村公所是民国十七八年建造的，小学是民国四年建造的，都建在庙里。村公所以前叫青苗会。有村长和副村长。会首变事前有十人左右。现在有保甲长，没有会首。过去会首里老人居多，但保甲长是年轻人担任。以前的会首不会辅佐现在的村长。看青的是和南边的张家庄一起各出两人（因为土地和张家庄有相互交叉的地方）。虽然名义上是一起雇用，但巡视的区域是固定分开的。麦收时酬金是二十元、大秋二十二元，共计四十二元。没有以庙为中心的开会。没有钱会。

村子的共有地＝没有。虽然有义地，这是孚佑宫的一亩土地，并不是村子的。但是村子里没有坟地的人可以埋在这里。

有桥（白河上）。是草桥，用木头和草制成。这是四五个村一起做的，因为离得近实际管理是本村人负责。没有公有的打谷场、碾子。没有共有船。有共有的井。只限于未饮用（其他私有井只用来灌溉）。

祈雨是村里的老太太们到河边的龙天庙进行的，并不是村子的仪式。衙门村的祈雨是临时摊款，需要出一定的钱。这些钱在我们被招待时拿出来一部分当饭钱。村子会出几名代表到衙门村出席祈雨。人数不一定，都是村里的有权势者。

民国二十八年水灾时，有三十户房子崩毁，没有死者。很多良田变为沙地。民国十八年以后，因洪水而从良地变成沙地的土地达到七八顷以上。洪水时村民连放警报的工夫都没有，大家都大声呼叫，逃到牛栏山（山名）的高处。村公所不会进行救助或是施舍。民国二十八年时逃进山里。过了一天退水之后下山回村。没了房子的人到亲戚朋友的家里借住，或是自己做窝棚，一直住到新家建好。

牲畜的互相借贷叫搭套。有时会在三户之间进行，但是不是那么常见。一般就是两户之间进行。只在感情好的几户之间进行，时长为五年，一般是三年左右。

村费又叫青苗费或是摊款。村里的土地不管是内村的还是外村的，地主都要向所在地，即向本村缴纳每亩两元以下的费用。如果是租地，就由地主和佃农共同分担。除了上述费用，没有白地款、杂派。

没有村规、村约。

备注：这个村子因水灾较多，房子基部的两三尺由石头制成。这些石头是从有娘娘庙的牛栏山搬过来的。这个山不是村有的。在明代是有所持主的，到清代主人不明，由娘娘庙的和尚进行管理。因此本村人要采集这座山里的石头需要向和尚交香钱，然后就可以分得石头。

【家族制度】商姓占了全村的三分之一。没有哪家出过前清代秀才。最大家庭有十四到十七人。

家长＝表面只限男人，事实也是如此。但是有寡妇家里只有年幼的小孩时，寡妇也可以当家长。

分家＝两三年前很多，现在没有。

分家时土地和房子都分。价格均等。女儿没有分得财产。分配用抽签（不过兄弟有异议时由当家的或是村里的有势者来指定公平的均分）比较多。

家族里没有个人财产。家族没有族长。问了谁是族长也没人知道。没有同族有家庙或是祠堂。没有族产。

埋坟叫"排葬"。

有人家里有妾吗＝没有。

各村出的四个看青的里面没有头目。

【土地制度】旗地＝有内务府、定王府（也叫朗贝子府）、肃王府的地，但是民国十年后由官产局进行整理。没有其他的旗地了（匠役地在村外的北边）。

土质＝靠近白河，荒沙地比较多。三分之一的地什么都种不出来。本村人的土地相当白河河道里的土地。

农作物＝主要是高粱、玉米。

五口之家若是没有二十亩就无法维持生计。

自耕过半，自耕兼租佃占剩下的过半，纯租佃的很少。

村界里的地有十八顷（其中牛栏山、张家庄、大辛庄人的地占三四顷，剩下的是本村人的地）。

租地的七成都是交租金，三成以物抵租。租金每年更改，提前付现。以物抵租是将收成对半，叫伙种，有二十户左右。地主在很远的地方时（例如牛栏山等地）不进行伙种。不如说和亲戚或是家里没人的时候，也就是说地多人少的时候进行伙种。

【先买权】根据以前的习惯，卖地之前要先问同族的要不要，如果同族说不想买，才能卖给其他人。卖出典地时要先和同族、再和承典者商量。如果同族关系恶劣，同族之间不商量就卖给其他族的人，往往会引起纠纷。不过在民国十八年以后，实行监证制度，村长成为监证人之后，这样的事情也逐渐消失了。现在卖主拥有自主权，同族不满也没什么用。

【过割手续】清代至今都在县公署的粮房办理手续。分家时老契放在长门那里　不进行过割。

（3）第七区张家庄

应答者　张荣久（村长）

【村落制度】一百二十五户，七百零四人。村公所建于民国四年，小学大概建于民国十年，都建在庙里。在村公所之前，是青苗会管理村里的事情。村长、副村长各一名，事变前会首六名，保甲制度实施后，会首仍然存在。张姓占了七成，但并不是张家独与会首名额，还有姓汪、姓齐的人。看青的本村有三人（并不和下坡屯共有）。每年给其六一元，事后付款。其中一个看青的只监视本村内外村人的土地。他的工资由村里支付，之后村子会从外村收到等额的金额。

庙中心会＝没有。

积谷会、钱会、讲演＝没有。

村公有的义地、义桥船＝没有。

公共设施、碾子、打谷场＝没有。

有公有的井，作饮用，村民可以自由使用。牲畜之间的相互借贷叫作搭套。主要在两家之间进行，没有三户之间互借。长的借四年，一般是两三年。

共同的土木工事只有修路，按亩出工，五亩出一工，和佃农没有关系。村费又叫青苗费。没有白地款、杂派。土地所有者按每亩一元两角负担（含看青费两角）。村费按土地所在村的上缴率交到该村。有佃农时，一直都是地主和佃农各付一半（本村人在别书村子租地的情况也是一样）。

村约＝没有。

【家族制度】名家有以前是秀才的张久远家，其他出过秀才的还有两家。他们以前很富裕，现在一般。张姓占了全村的七成。张家的祖先只有一人，没有祠堂。以前就有张家的墓地。家里人多的有十七人，并非有钱人家。分家和事变前没什么区别，每年只有一两户。财产分配多用抽签。没有商量着分财产的。没有族长也是一样，并不需要族长的许可。

当家的原则上是男人，寡妇也能当，但至今没有这样的实例。

有一家娶了妾，那家的土地有七十亩，因为没有孩子，所以娶了妾。家族成员没有个人财产。妻子不能把娘家土地带过来。

【关于水灾】民国二十八年洪水灾的时候村子浸水达到三尺。二十户（两百多间）房屋被毁坏。村子没有做预防水灾的堤防。因为做了也没用。洪水逼近时，大家都到村西高地的村公所所在的庙里避难。吃饭的钱不靠村费，各自出钱。到房子修好之前，就住到亲戚朋友家里。村子不会为建房而提供钱或是树（村里没有能提供建房树木的森林）。

【土地制度】村里的十八顷（今年的土地调查结果）地中，本村人的地十顷，外村的地有八顷。

旗地＝邻村的下坡屯有旗地，本村完全没有（官产局整理这一带是在民国十七年）。

土质＝下地多。下地指白河附近的沙地。完全没有碱性土地。

农作物＝高粱、玉米、谷子。

灌溉不用白河水，园地用私有井水灌溉。

五口之家没有二十亩地就无法维持生计。

自耕七成，自耕兼租地两成，租地一成。

最大的地主张丽家一顷，王景霖九十四亩。五十到六十亩的有两户，二十亩的有十户，五亩到二十亩的有二十户，三亩到五亩的有五十户。剩下的三十户完全没有土地。其中佃农有十户做生意，二十户做长短工。

租地付租金，租前付现，每年有更改，不进行以物代租。

和民国二十年的时候相比较，耕地几乎没有增减，生活逐渐变得艰苦，游手好闲的人也渐渐没有了。

地价＝以每亩为单位，上地两百元，中地一百七十元，下地七八十元。

【土地买卖】进行买卖时一定要做新的文书，任何场合都不能只提交老契，不做新文书。

本村进行土地买卖最多的时段是民国二十七年的时候。那一年因水灾全村大概十分之一的地都卖了出去。不过都是在本村民之间进行买卖，并没有卖到别的村里去。

【关于先买权】以前最先是承典者，然后是同族（五服以内）。但是大概从民国二十四年之后，同族逐渐丧失了先买权，现在卖给谁都是卖主的自由，出价相同可以卖给一般承典者。没有同族、四邻、本村人、外村人之间的优劣。

12 月 20 日

（4）第一区河南村

应答者　张松岩、马励、王伯昭（副乡长）

【村落制度】户口数＝七百九十六户、四千零三十一人。村公所建在庚子年后，小学建在民国二年后，都建在庙里。村长一人、副村长一人，事变前有十几名会首，还有十名闾长、二十五名邻长，事变后实施保甲制度，会首、闾邻长都被取消了。

会首中有"八家神童"，事变前关于村里的重大事情都会协助村长，但是现在不如事变前那般积极了。

在事变前甚至有过二十名看青的时代，最近也是逐渐减少，现在是十名看青的。吴斌（无土地，二十年前就专任看青的）是看青的头儿（头目）。看青的工资今年年额匹十五元，收获后支付。如果有作物被偷了，会从工资扣除相应金额。除此之外还有每亩一束玉米秆的酬劳。

和临河村、汪家场、平各庄、胡各庄连圈。

村费又叫青苗费，今年每亩两元五角。（其中包含大乡村实施的一元村费）

以前有白地款和杂派款，今年没有。

（1）本村内的本村人土地的情况——本村人自耕的话，每亩一元五。本村人租地的话，地主付八角、佃农交七角（其中看青费不由地主负担，由佃农负担，金额大概是五钱左右）。佃农为外村人的时候，如果是连圈，佃农交给所属村，不连圈则按上述金额交给本村。

（2）本村内的外村人土地的情况——地主直接交给本村。佃农是本村人的话地主付八角、佃农交七角，都交给本村。佃农是外村人的话仍旧按上述基准，连圈的话交给佃农的村子，不连圈交给本村。

牲畜之间的相互借贷叫搭套，最多三人，一般是在两人之间进行，最长年限是一年，一般是三四年。一百户里大概有一户进行搭套。

共同的土木施工大多是修路，只有家里有地的人才要出工。每五亩出一工。佃农不用出工。没有和别的村子一起祈雨（这里说一下别的村子，去年从衙门村寄来了祈雨白请帖，参加的村子要交四元左右的"上供许戏"费。本村从以前都没有收到过衙门村白请帖）。在本村白河附近的黑龙潭、白龙潭，有限定本村人的祈雨，民国二十八年的洪水灾时本村也有浸水，八十户土房崩毁。没有死者出现。没有用村费扶助失去房子的人，或是拿粮食接济。受害者会逃到关系较亲密的人家，或是自己出钱到高地造"窝棚"，等待水潮退去（因民国二十八年水灾，光本村就有二十顷的地变成沙地，这些地现在也什么都种不出来。都被免除了田赋）。

村内其外村村人的土地（根据连圈的账簿整理）

平各庄地亩清单

王风明	5.50	苏继文	10.00
苏瑞祥	3.30	苏继祥	17.85
苏殿举	5.70	苏佩田	16.00
蔡茂荣	15.00	李万氏	5.00
言　俊	11.00	苏瑞山	5.20
苏殿英	10.00	苏继瞻	8.00
张永恒	13.32	苏景和	10.00
苏朝必	7.00	苏瑞堂	12.20
苏殿如	30.03	苏瑞露	8.60

苏友会	32.80	苏瑞森	15.44
宋瑞山	5.00	蔡得春	3.00
康永贵	4.50	史廷俊	4.00
苏继昆	3.00	苏瑞章	3.12
苏继波	11.12	蔡荣茂	3.00
苏瑞中	3.00	唐　佐	8.00
苏瑞福	3.12	张庆才	5.00
苏瑞恒	3.12		8.50
苏瑞昌	11.82	共地	3.2851 顷

胡各庄地单

五寿元	33.70		

石各庄地单

李茂亭	18.00	马福山	8.00
吴连魁	5.50	金国珍	14.00
马玉山	8.00	共地	53.5 亩

平石胡合计地 4.1571 顷

【家族制度】"五大姓"＝王、张、姚、黄、巩。这些姓的人占了全村的一半以上。会首也大多是五大姓的人，不过也有五大姓之外的有名望的人当上会首。在这其中有属于名家的姚（出过贡生）、王（秀才、禀生）、巩（秀才、禀生）、张（武秀才），以前是很有钱，但是现在都不一定了，现在的有钱人反而是以前的名家之外的人，像那些从商务农积蓄下来的人成了有钱人。

家族之长叫族长。族长会对争吵进行裁判。这不是因为族长的义务，而是因为族长擅长调停纷争。族长也就做做清明节时的祭司，没有干涉别人的身份、财产的权力。

祠堂、同族的共有地＝没有。

最大的坟地是姚家的，有八到十亩，以前姚家只用这一块基地，但是现在户数太多，各户都各自有别的坟地。

最大家庭＝张永祥，家里二十多人。并不是特别有钱，就是普通的一家，大家关系很好。这个村里并不是钱越多家里人越多。

分家和事变前比起来变多了。原因是生活变得贫苦，考虑到小家庭分配粮食比较有利。另外，把钱都集中到一个地方会被匪贼袭击，就将财产分割到小家。分家时，大多用抽签均分财产。

只有寡妇的情况，是允许女人做当家的。

家里有妾的＝有四五家。有钱人的比较多（但是穷人家里没孩子时也会娶妾）。

【土地制度】旗地＝本地人所有耕地总计百顷，以前庄头地只有三顷。不过喇嘛地也有挺多〔注：不知具体有多少〕。

清代一人的皇粮庄头是从皇帝那得来的二十七顷土地。

　　庄头大多都在北京，本地有催头代替庄头进行各种关于土地和租金的工作。当上催头会得到庄头的几十亩乃至一顷的土地免费耕作。剩下的土地租给佃农进行耕作。一般租二三十亩地进行耕作，其中租五六十亩乃至一顷的也有。

　　民国十五年，庄头接受政府命令开始卖庄头地。从那时开始皇粮地开始转变为民地。当时的买主几乎全都是佃农。当时的庄头地价是官定价格，上地五元、中地三元、下地两元。

　　船户地＝清朝河南村在北京到丫髻山间的往返路线上，京师官民到丫髻山寺庙朝拜者必须要在河南村的摆渡口（渡河场）渡过白河。白河的河底是砂质，没办法造出永久性的桥梁，在顺治代清室封了三十六名河南村民（汉人）为"船户"，让他们每年建造草桥。船户手持叫作龙票的任命书被派遣过来，虽是官差（官厅的夫役），他们除了建桥以外就是普通百姓。清室给他们一顷土地，其收入算作草桥的建设费用。

　　船户地零散分布在河边各地，不过在河边的居多，现在因民国二十八年的水灾不少都变成了河道。和旗地一样不用交田赋，也不用向清室交租金。但是其收入的一半要用于修建草桥，一半算作船户的收入。

　　〔注：船户地除了河南村以外，县下就没有了。〕

　　船户一般就是百姓，不过因为必须要在庙会前完成架桥，到冬天他们出钱准备木材和桥梁材料进行架桥，庙会结束后，撤去草桥，到夏初就经营摆渡口的船（船户共有，现在也是这样）。以前没有对丫髻山的朝拜者收过河钱，万不得已的时候收一点（差不多一大钱）。不会向河南村的村民收取过桥费或是过河费，但是对其他村民会收。在民国初年因官产局进行船户地的整理而变成了民地，以后架桥都从过河收取的资金里拿钱，按每三五户的顺序进行架桥。资金不足时用河南村村费资助。现在的过河费用是一人一角，牛牲畜和行车的时候是四角。不过使用过河服务频繁的村子可以最后一起付钱。虽说船户地被整理过，但是船户仍旧存留下来，建设草桥是"船户"的特权。事变后县公署禁止个人随意造桥，最近要建草桥船户需要向河南村长提交申请书。

呈为呈请建筑草桥以利交通由

　　为呈请建筑草桥以利交通事，窃民村草桥历年于秋间建筑春初拆卸，现届秋尽亟应修建藉便行旅民等拟即采购木料，兴工建筑并决拟坚实宽大，以免发生意外。倘有发生意外或中间损坏，不立即兴修，有误要公时及有共匪行踪与形迹可疑之人，不立即报告，民等情愿认相当惩罚。除所觅保证人列名外，为此呈请鉴核准予转呈迅予派员验收，以便于桥而利交通，实为公便。谨呈乡长姚

　　具呈人河南村度口建筑草桥

邢春才
于至安
张永贵
杜正芳
保证人　王廷镜
张青兴
张德利
李士青

中华民国三十年十一月六日

河南村人口职业经济概况统计表（由村公所制作）

民国三十年三月据县指令调查在本村内所在的祗德堂土地，记录如下

张有田	二亩五	常守邦	二亩五
于　江	一亩八	范先贵	五亩
刘永章	三亩三二	金安荣	四亩
王　勉	六亩二		

关于香火地所在的资料

（一）民国三十年的碑碣调查（据县指令）

　　　　名　　称　顺天府昌平州顺义县河南村献戏地碑记

　　　　内　　容　普降甘霖丰平大府理应献戏以谢神因屯合村等款买地以为历年献

　　　　　　　　　戏之资金并立碑以记其事碑额碑阴有字俱楷书

　　　　地　　址　河南村关帝庙

　　　　经过情形　全村等款买地以为献戏之资勒碑以记其事

（二）河南村香火地碑记

　　　　地　　址　关帝庙内

　　　　内　　容　晨昏叩首早晚焚香的足数佛之忱合村等款购地为每日香火之费并

　　　　　　　　　立碑以记下碑

　　　经过情形　清嘉庆廿年会首王功派班苟等资购地并勒石为碑

（三）河南村乡灯地碑记

　　　　地　　址　关帝庙内

　　　　内　　容　上元之夜火树灯山天上人间神人共悦万全村等款购地为元宵佳节

　　　　　　　　　香灯元资立屯碣

　　　　经过情形　清嘉庆内寅年会首李佑等款购地

（四）河南村和老坟彰伟功绩碑记

　　　　道光元年七月十一日立

　　　　此碑经和老坟锡宅主人保管

村子的面积一百五十顷

村里人的所有地有百顷（但是包括大量变成白河河道的土地）

　　土地分为能种麦子的上地，和经常种高粱玉米的中地，还有只能种落花生和豆的下地，中地和下地最多。平均五口之家没有二十五亩就无法维持生计。白河水不用来灌溉。只有菜园用井水灌溉。基本上都是自耕。但是也有租地的。

　　民国三十年顺义县第一区农作物收量姚连起

情形调查表

种别	小麦	大麦	谷子	高粱	玉米	黍	稗	甘蔗	黄豆	黑豆	小豆	绿豆	芝麻	花生
种植亩数	1100	50	1100	900	5738	150	10	100	500	100	30	100	20	30
每亩收量	九斗	十斗	十斗	二斗	十斗	二斗	十斗	五百斤	八斗	八斗	五斗	五斗	二斗	一百斤
量(市斤石)	9000	500	11000	9900	57380	1650	100	50000	4000	800	150	500	40	3000
消费量	12000	700	20000	20000	60000	2000	1000	80000	2000	1000	200	600	100	2000
备注														

关于土地买卖中的先买权

（1）清朝时代 = 土地买卖时同族有绝对的先买权。当时想卖出典了的土地，必须要问同族想不想买，然后才能向承典者卖地。那时先买权的顺序是同族、承典者、村民，和四周的邻居没有什么关系。

（2）民国成立以来到民国二十九年 = 习惯上还是存在同族的先买权，实际上不把地卖给同族，他们也不能做什么，因此同族的先买权也逐渐消失了。

编组保数					保组							
					第一保	第二保	第三保	第四保	第五保	第六保	第七保	第八保
全村户数	七九四		各保户数		100	100	100	100	94	106	127	67
全村人口	男	2075	各保人口	男	242	253	287	251	225	290	364	163
	女	2052		女	234	264	277	283	200	269	372	153
	计	4127		计	476	517	564	534	425	559	736	316

编　组　保　数		保						组	
		第一保	第二保	第三保	第四保	第五保	第六保	第七保	第八保
人口年龄	10	23.1%	2.4%	3.0%	3.4%	2.8%	2.4%	2.8%	4.7%	1.6%
	10—20	18.6%	2.2%	2.4%	2.8%	2.8%	1.5%	2.5%	3.2%	1.3%
	20—30	12.6%	1.6%	1.8%	1.9%	1.3%	1.2%	1.5%	2.4%	0.9%
	30—40	14.3%	1.8%	1.4%	1.9%	2.0%	1.6%	2.3%	2.6%	0.8%
	40—50	10.6%	0.8%	1.5%	1.3%	1.4%	1.2%	1.9%	1.8%	0.9%
	50—60	9.9%	1.5%	1.1%	1.2%	1.3%	0.8%	1.2%	1.6%	1.2%
	60	9.9%	0.9%	1.4%	1.3%	1.2%	1.5%	1.3%	1.5%	

		类　　　别		全村	等　　级	户　　数	供给人数
财产	不动产	田亩	上等田	1850	10 亩以内	40.3%	45.7%
					10—20	13.6%	15.7%
			中等田	2500	20—30	7.5%	7.9%
					30—50	5.3%	6.0%
			下等田	5547	50—100	4.8%	4.4%
					100—200	0.9%	2.1%
			淤田	7453	200—300	0.4%	1.0%
					300—400	0.4%	1.0%
					400—500	%	%
		房舍	瓦 房	658			
			土 房	2995			
			合 计	3653			
	动产		100 元以内者			10.0%	%
			100 元—500 元			27.0%	%
			500 元—1000 元			63.0%	%

编组保数				保				组			
				第一保	第二保	第三保	第四保	第五保	第六保	第七保	第八保
职业	农	全　村		自　耕　农		半自耕农		佃　农		雇　　农	
		类别	数目	百分率							
		户数	762	96.2%	19%		53.9%		16.4%		6.9%
		人口	3828	92.6%	18.4%		58.2%		13.4%		2.5%
	商	全　村		独　有　业		合　有　业		代　营　业		雇　　商	
		类别	数目	百分率							
		户数	11	1.3%	1%		0.3%		%		%
		人口	250	6.2%	0.4%		0.3%		%		5.5%
	工	全　村		瓦工	木工	油工	编席工				
		类别	数目	百分率							
		户数	21	2.7%	0.9%	1.1%	0.4%	0.3%			
		人口	34	0.8%	0.2%	0.4%	0.1%	0.1%			
	学　　　界										
	政　　　界			0.4%							

（3）民国二十九年二月以后（实施土地调查之后）＝民国二十九年二月之后卖土地买卖一定要使用官定用纸，必须要有监证人。同时同族的先买权完全消失。然而要卖房产和祖茔地时同族还是有绝对的优先权。

土地买卖时的过割

（一）以前不用过割，直接顶着他人名义的情况很多。

（二）民国二十九年二月实施土地调查之后一定要过割。

关于出典的土地的回赎年限＝出典的土地超过一定年限没有回赎的话，承典人可以到报粮升科把土地据为己有。但是其年限有所不同，区别如下

（一）民国初年—民国二十年　　　　　三十年

（二）民国二十一年—民国二十五年　　二十年

（三）民国二十五年—现在　　　　　　十五年

耕地人开拓地主的荒地，经过一定时间变成自己所有地的实例＝光绪年间顺三县第二

区某村有个姓田的地主，在顺义县第八区呼奴山麓有砖厂。在那里雇了某个姓王的工人。王某住在工厂的房子里，闲暇时开拓了差不多四亩工厂附近的荒地，一部分植树，一部分耕地。然而最近地主那边想要取回这片地，种地人说这是自己开拓的土地，拒绝返还地主，双方陷入纷争状态。最后村长调停说地主可以砍伐长出来的树，但是耕地和砍了树的那片地都归种地人。

土地买卖时老契怎么处置＝土地买卖时一定要立新契约书，老契可以交给买主也可以自己留着。

一　把土地全卖了的时候交老契。这时在新契上写上"随带根契一纸"。

二　只卖老契上写的亩数的一部分的时候，不用交老契，就在老契上面写"由此纸内卖于○○○名下○○亩"。

关于分家之后兄弟之间的土地买卖问题＝即使是分家之后，兄弟之间的土地买卖，也一定要立新契。理由如下

一　为了让出土地所有权

二　防止以后的纷争

三　转让纳钱粮的义务

以前兄弟分家的时候不过割，契约书称为共有老纸，保存在长门那里。哥哥如果把自己分家得到的财产全部卖给弟弟时，要把共有老纸和新契一起交给弟弟。哥哥如果把财产的一部分卖给弟弟时，一定要写新契，还要在共有老纸上面写上"由此纸内卖弟○○○名下○○亩"来注明。

关于土地名称的问题＝土地一定有其名称。根据土地的地势或地形、或是其中有什么而命名。由地势得名的有"老顷"。由地形得名的有"车网地"。由山中的东西得名的有"张家坟"。

关于土地边界的问题＝土地和土地一定有其边界，会有某种标识。分为自然地界和人工地界两种。

一　自然地界　小路

二　人工地界　石桥、马莲、树座、土岗、沟

地界如下图所示

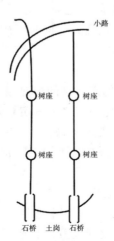

关于土地的四至＝以前在契约书上一定会写上四至，一般只写姓不写名。然而在民国二十九年二月实施土地调查之后一定要连名带姓一起写上。

12 月 21 日

（5）第四区临河村

应答者 阜国融（临河大编乡长）

【村落制度】五百七十二户，三千人。基本是农家，商人很少。

村公所以前叫青苗会，民国二十年左右，村公所设在娘娘庙里。

小学是民国元年时设在庙里的。

临河村和小临河村不是一个村，后者是副村。

有村长、副村长。都是临河村的人。

以前的村长姓何（大概六十岁），民国二十九年村长变更为三十二岁旧山东省政府吏员的单某。村长换人时副村长也换人，换成了朝阳大学出身的王某。

会首差不多有十个人。实施保甲制度后没有了会首制。村里的重要事情都有村长、副村长和保甲长来决定。

看青的有十名。基本上成员每年都会变，但是其中一个人家里没地，十几年都只做看青的。每年薪酬六十元。

村内有几处河南村人贴的贴纸。看护是看青的别名。看护△角的意思是，本村人耕作河南村里的土地时，需要向河南村交三角的看护费。同时也代表本村人在河南村有七角耕的情况，也需要向河南村交△角的看护费。

要是本村里也有外村人租地耕作或者有地耕作的时候，也会在本村和各村贴这种声明。

以庙为中心的会＝没有。

积谷会、钱会、讲＝没有。

村规、村约＝没有。

村里的公有地＝以前就有四五亩义地。义地是以前皇帝赐给各村的。用来埋村里的贫困户和途中倒下的人。

村里有九口井。没有民有井。村里人在哪个井都可以打水（不限于离家的远近）。但是修理的时候只要附近的人家出钱。

本村在西北的上坡地和东南的下坡地之间，北部和东部地势高，西部和南部地势低。村里的路也有坡，形成了非常特殊的部落格局。在地形高的地方有排水沟。大规模的排水沟都有三四个。

排水沟不是村民想设就能设的，一定要听大家的意思。排水沟必须要做得牢固、不容易毁坏。崩了的话会波及附近人家。排水沟的水通过排水沟连接到垃圾场或者坑里。一般连接到水坑的地方去，有六七处这样的情况。

【关于香火地】香火地又叫香灯地，在大庙里（村里有十几个庙）。在小学里的是道光年代的永兴寺，是在本村有房子的正白旗汉军司政使许世昌重修的寺庙，现在也是香灯地。所在地不仅限一处，各地都散落分布。和尚进行管理，会租给亲密的人耕作，收入都归和尚，不交给村公所。形式和收入折半的伙种一样，其他庙的香火地也有很多进行这样的伙种。为口头契约。

其他庙也多多少少有些香火地。总计有三四十亩。看庙的会自己耕作。

【关于坑】在村子的东、西、南部有六七处坑。

被划为"官家的"东西。

坑用地和民地之间并没有标识。周围没有耕地，而是茔地或是道路，边界并没有划分得很清楚。

坑里的水在水量不足的时候使用。还用作采土或是种莲藕。

外村人不能进行采土，本村人谁都可以不限量采土。不会决定先后顺序。完全免费。

坑土的土是黄土，每年作为新的土做砖。（作为肥料的黑土不从坑里采，一般就从田里采）

村子周围有壕沟。这是村子决定做成的。村民每家出一人当劳工（只有女人的家里不用出人，也不用出钱）。

村子共有的碾子、打谷场＝没有。

牲畜的相互借用叫搭套。最多在三户人之间进行，一般就在两户之间进行，没有持续借三年以上的情况。一般就是两三年。

祈雨只在本村进行。地点在关帝庙。不在衙门或是别的村子进行。

【水灾】民国二十八年洪水灾时。本村原来就在上坡地，遭受水难的比较少，在下坡地的十几户受灾，最终房屋崩毁。下坡地的人们到上坡地村里的朋友、亲戚那里避难。并不去庙里或村公所避难。这种时候村子都不会出粮或是发补助金。本村遭受水灾时上地并不会变成下地。离白河非常近的地方河地经常会有这种情况，但是在本村完全相反。

一般每年都要给上坡地和下坡地施肥，但是水灾时下坡地成为浸水地区，吸收了洪水中的肥料，因此水灾后的第二年不施肥也大概能得到以前的三倍收获。再过一年稍微给一点肥料，还能大概收到以前的两倍，到第三年、第四年的时候就差不多恢复到原来的土性了。

【家族制度】按姓氏的人数多少排列，善（占三成）、王（两成）、张（一成）、何（五分）及其他。

出过秀才、贡生的有阮、许、善家、刘家等。

以前是很有钱，现在变得相当贫困。现在有钱人大多是从商务农的人家。家里人多的有郝姓，约三十人，并不是特别有钱。然而一般大多是五六人成一家。

没有家庙、祠堂。

有族长。年纪大辈分高的人当族长。

"分家"、"婚姻"、"土地买卖"时需要得到族长的许可，但是最近不要许可也可以进行。但分家时仍然需要许可。族长还会在葬礼、清明节的时候站在前头，指挥办事。在正月大家还都要去族长家里拜年。

当家的原则上是男人。寡妇也可以做当家的，可以自由买卖土地。

分家比事变前多了。大部分是按抽签来均分财产。女人分家时分不到财产。

有一家有妾。刘家有正妻和两妾。刘家主人的哥哥和弟弟都没孩子，兄弟就又娶了女人当妾，约定生了孩子之后分别继承当作后代。

墓的方式为排葬。本村没有人字葬，村西的"陶家坟"（旗人）是人字葬。

【土地制度】旗地＝官产局不进行整地。以前庄头和催头都没有旗地。

村民的所有地＝六千亩（包含在其他村里的所有土地）。

灌溉（井水）＝只用园子地的私有井灌溉。

作物＝按顺序为谷子、高粱、玉米。

土性＝分为上坡地和下坡地，下坡地是白河一带的低地，上坡地是村子所在地到西北的高地。

上坡地六成，下坡地四成。土性比其外村更好，上坡地和下坡地相比较，下坡地的生产力相对更高。很少有什么都种不出来的沙地，大概只有四十亩。五口之家有二十五亩地就可以维持生计。自耕八成，自耕兼租地耕地占一成，租地耕地占一成。

靠近白河的土地在旱魃[1]的时候同样什么都种不出来。并不是浸润了白河的水土壤里的水分就更多。

租地每年都要更改契约，实行提前交租金制，口头契约。很少以物抵租。不然就叫拿粮或者伙种，有两种方式，一是不管是否丰收缴纳一定作物，二是将收成对半分的两种方式。后者的情况比较多。以物抵租的情况也不立契约书。

村费＝虽然说土性比别的村子好，但是村费也不会因此就比较高（田赋也是一样）。

以下　应答者　副村长

【农村金融】村民借钱主要是因为葬礼。就只有葬礼会突然需要一大笔钱，这种时候经常会借钱。完全没有因为结婚和买粮而借钱的情况。

农民需要钱的时候，一百元以下可以卖粮食，一百五十元的话就向朋友亲戚借钱，两三百以上的话就要卖牲畜，到了一千元就要卖地了。

一般不单依赖信用借钱，大多是担保借钱。

信用借钱在朋友亲戚那里行得通。不会向同族和商人信用借钱。

指地借钱比典当要多。要借很多钱的时候大多通过典当或者卖地。

地价一百元的土地的典当价和指地借钱都差不多是五十元，没什么差别。

大多典当的回赎开始期是三年，指地借钱差不多一年。

指地借钱到期限还没能还钱的时候，大多会改成典当的形式。

---

〔1〕　译者注：传说中引起旱灾的怪物。

押的意思＝抵押借钱，即指地指钱的意思。押一般不押动产，大多是"押土地"。

找价是指通过典当或者指地借钱来增加借的金额。就用找价这两个字，没有其他的说法。

粮食不足的时候一般不借粮，大部分借钱。

赊粮比借钱多。从朋友那里能借很多。

借钱大多从县城的商人那里借，从李家桥那里借的人还挺少。利息一般按月算，一般是二分（百分之二），最高二分五厘，最低一分五厘。没有算年利的。一般从商人那里借钱利息高。朋友之间可以无利息借钱。

借钱没有中间人的情况＝从朋友那里借钱可以不要中间人。或者有担保的话，就不需要中间人或者保证人。但是担保的时候需要小心保管契约，大多数情况还是有中间人。

借钱的时候只有介绍人和保证人（中保人）两种。介绍人一人，保证人两人的情况比较多。

典出人叫出典人，受典人叫典主，指地借钱中借钱的人叫指地借钱人，借出钱的人没什么特别称呼。

出典、指地借钱、回赎的时期＝秋收之后到惊蛰之前。

钱会＝没有。

没有破产的情况，破产就叫破产。

【农村交易】集市在李家桥那边。带三、七、十的日子开，每月九回，有卖菜、卖粮食、卖牲畜的市场。

本村人卖高粱、谷子、玉米、豆类。

一般在秋收到年底卖东西。

到李家桥卖的总量占两三成，主要是卖到县城。换句话就是七八成卖到县城，以前就这样了。

因为税的关系，不能到集市之外的地方卖，可以卖给商人。

以前卖东西的时候要中介人即经纪人，现在在合作社的交易所卖，所以不需要中介人了。

物物交换＝没有。

买的各种东西＝日用杂货类到顺义或者李家桥买。对半分。

赊账在顺义、李家桥的商店都可以，但是基本上都是现金交易。十人之中有一两个人会赊账买杂货。

【关于先买权】清朝时代进行土地买卖时，出价相同，同族具有先买权，先买权的顺序如下。一、本族，二、承典者，三、本村人，四、外村人。然而民国以来，先买权逐渐消失。不过现在也有例外。卖出祖基地和连着一个院子的房子的时候，同族还是拥有先买权。

【土地的名称】土地都由其性质、形状、地势、地里的东西而命名。由地质得名的有碱地，由形状得名的有车网地、月河，由地里的东西得名的有五家坟、鸭子场、大猪圈、獾窝。

【地界】土地和土地的边界一定有标识。标识的种类有壕沟、土岗、树座、马莲、石桥等。然而一般地界的标识不那么明确。一是因为关于地界发生纷争的情况很少，一是因为以前这一带都是旗地。

【分家之后兄弟间的土地买卖】现在兄弟分家了之后，一定要立新契过割，不过以前一般不过割。那时老契由长房保管。

如果兄弟间要买卖土地就要立新契。不过不写新契的也有，这种情况要求互相信任。

【关于金融借贷和典当】需要钱的时候，一般找亲戚朋友借钱。多的能借到三四十元。一般不要利息，借得多的时候，每年付二分的利息。这个村子典地的比例大。占全耕地的十分之二到十分之三，都被出典了。以前有典租佃，现在没有。典地的期限是三五年，超过期限也可以回赎。期限以内得到承典者同意也可以回赎，但是没有回赎金折扣。到了期限再回赎的话回赎金多少有点折扣。一般典价每一百元能折扣两三元，三百元就能折扣差不多十元。出典的时候不一定要先问同族人。同族承典的情况很少。承典了土地也一般是自己耕作而不会租给别人，主典也非常少。

【典房】在乡村出典房子的非常少。典房的年限一般是十年。典价随年限正比例上升。要是出典房子的话就必须迁出。承典房子主要是为了自己住，不会出借给其他人。

【土地买卖】想卖地的时候会先拜托熟人打听买主。那个熟人就成为中间人。中间人被卖主委托负责土地买卖的时候，一定会先去卖主的同族家里听取意见，如果同族不买的话，才去找其他买主。

如果价格相同就一定卖给同族，不过事实上价格相同，不卖给同族的情况也有。因为同族之间平时就有借贷的关系，所以要是以相同价格卖给同族的话，就要把借贷的钱从收到的钱中扣掉。如果价格相同不卖给同族想卖给其他人，同族拿出了钱无论如何都要买的话，即使已经和别人立了契约书，还是要卖给同族。这种情况，就要取消立好的契约书。卖主还要赔偿前买主的损失。前买主的损失就是丈量土地的时候请客（接待的意思）时花的钱。但是现在必须做三部契约书（县公署一枚、区公所或者乡公所一枚、买主一枚），并到县里做税契，税契之后就不能解除买卖契约。另外据本村习惯，丈量的时候四邻一般不参加。亩数对不上的时候才叫上四邻。丈量之后的一天要写契约书请客。请客会请卖主、说和人、丈量人、乡长。

土地买卖今年有五六件，去年有十几件，前年五六件。

【作物】本村的作物有黄白玉米、高粱、粟子、黄豆、小豆、大麦、小麦、黑豆等。这些产量和不足如下所示。

名　称	产　额	剩　余	足不足	出口地及入口地
黄玉米	3000 斗	2000 斗	足	顺义市场

白玉米	1000 斗	自村消费	
高　粱	600 斗	自村消费（牲畜用）	顺义市场
		不足 50 斗	
粟	400 斗	自村消费	足
黄　豆	400 斗	自村消费	足
		（豆腐用原料）	
小　豆	300 斗	自村消费	足
大　麦	40 斗	自村消费（牲畜用）	足
小　麦	400 斗	100 斗　　足	顺义市场
黑　豆	50 斗	自村消费（牲畜用）	足

【其他】村里土地总计＝六十顷。

全村牲口数＝驴三十匹、骡十匹、牛四头、羊五双、猪六百头（差不多三百户都在养猪）。

（6）第四区汪家场

应答者　王佐唐

【统计】总面积＝三平方公里（km）。

耕地＝四十顷。

人口＝一千七十一人（男五百二十三人、女五百四十八人）。

识字者＝男一百九十五人、女三十一人，合计两百二十六人。

不识字者＝男三百二十八人、女五百一十七人，合计八百四十五人。

户数＝两百零一户。

顺义县汪家场人口年龄和性别统计表（村公所制表）

年　　龄	男女数	百分率	男　数	女　数
5 岁以下			44	72
5—10			62	61
11—15			45	45
16—20			49	50
21—25			49	43
26—30			39	45
31—35			29	30
36—40			39	39

续表

年　　龄	男女数	百分率	男　数	女　数
41—45			31	30
46—50			42	34
51—55			26	19
56—60			21	20
61—65			19	17
66—70			19	21
71—75			8	11
76—80			1	10
81—85			0	1

　　姓氏比例＝王60%、白10%、宋5%、张5%、李、陈、庄、杨等。

　　乡长＝王焕亭、副乡长＝王绍增。乡长从以前都是王姓，没有其他姓的人。

　　关于作物见下表。

品　　名	产　额（斗）	耕作面积
黄 玉 米	200	3 顷
白 玉 米	1000	10 顷
小　　麦	2000	8 顷
白 高 粱	200	3 顷
红 高 粱	100	1 顷
大　　麦	50	60 亩
黄　　豆	1000	2 顷

　　会首＝以前有十二三人，现在一个人都没有了。民国二十八年实施保甲制度后废止了会首制。以前的会首中上了年纪的人比较多，而现在的保甲长都是年轻人。

　　佃农＝本村的佃农差不多有三十户，纯佃农有二十户。其中伙种的只有两户。租金每年二十元，全部是现租交钱。所以租地期限都是一年，没有租单，伙分则是交粮。

　　地亩的分配＝本村没有大地主。有四顷地的有一人，二顷的有一人，一顷以上的有十户，五十亩到一顷的有四户，三十亩到五十亩的有三户，十亩到三十亩的有三四十户，十亩以下的有五十户。

【土地买卖中的先买权】以前土地买卖的时候同族有绝对性的先买权。现在习惯上同族的先买权依然存在，但是实际上并不是这样。

想要卖出出典的土地时，承典者已经耕作至今，因此比同族拥有优先权。实际上承典者买地的情况比较多。即使价格稍高承典者也可以从其中抵消典价来买这块地，一般就是承典者买地的情况比较多。

【分家后兄弟间的土地买卖】分家之后兄弟间的土地买卖也一定要立契约书。理由是为了避免以后的纷争，有必要立契约书作为证据。

【最近三年间典卖的桩数】今年土地买卖一桩，典地五桩。去年土地买卖一桩，典地三件，前年因为有过水灾土地买卖有十四桩。

土地买卖和出典有钱人的情况比较多。一般贫困的人家即使忍受贫困生活也不会卖地。买卖和出典最多的就是土地，很少买卖和出典房子。

【民国二十八年的水灾】日期—民国二十八年七月十六日（阴历六月二十八日）。前年的水灾从出水到退潮仅有三十六个小时，水深八尺，村里的房子倒了三百多间。因此有七八顷耕地变成了沙地，完全没有作物收获。

【摊款】交给衙门的钱粮和村公所的费用一般是每亩四元，挖壕沟和修理道路时摊款另算。

【现在土地的价格】上地—二百六十元，中地—二百元，下地——百五十元（每亩）。

（7）　第四区苏庄

应答者　赵清浦（副村长）

户数一百七十三户，人口一千六百多人。村长是赵学田，副村长是赵清浦，都是从民国二十三年起就担任村长、副村长的。事变前有四五名会首做村里的工作，事变后会首成了村长和副村长。

【关于土地买卖】土地买卖时不是非要中间人或是决定谁是中间人，而是根据情况有所不同。一般农民当然能当中间人，不是本村人也能当。

中间人又叫中保人、保人。

中间人没有钱拿，只在买卖成立之后差不多一个月会收到一些茶和点心。若是朋友关系的话就什么都不送。中间人在土地买卖中的责任不轻。举个例子，一家有兄弟二人，弟弟没得到哥哥同意就想卖地，哥哥一定会抗议，中间人就一定要详细调查确认无误，不然就当不了中间人。

还有兄弟二人中哥哥是家长时，哥哥也必须要和弟弟商量。作为家长的哥哥想要卖地的时候，即使理由正当，也必须要和弟弟商量。如果父母中母亲建在，那也需要得到母亲的同意。文书中的"奉母命"就是这个意思。不过这也是分情况的。家族和睦的话不在文书上写"奉母命"也可以，如果中间人、买主不知道这个情况的话就一定要写上。如果没和母亲商量就卖地，只要理由正当（比如为了婚礼、葬礼的费用），那母亲也不会说什么，但是如果儿子是放荡之徒，为了吸鸦片或者去妓院而卖地的话，母亲可能会去县里告儿子。不过上诉到县里之前，母亲会到中间人或者买主的地方去交涉取消土地买卖（如果买主不回应的话，一般村民在感情上也会同情母亲），不行的话就用最后的手段起诉儿子拿回土地。

不过在实施监证制度之后，监证人会详细调查一些责任上的问题，像这样的在土地买卖之后的纷争事例都变少了。在这之前倒是经常有这样的事。

买卖土地时的丈量一般是中间人来做。中间人不会丈量的时候就叫丈量人。

因为现在有监证制度，卖契由村长来写，以前由谁来写都可以。代笔人又叫代字人。

丈量日卖主、买主、中间人都会参加。四邻不用参加。丈量之后如果亩数和老契不一致的时候就按那个亩数来付钱。如果中间人把四邻的土地也算进去测量，导致测量亩数（比老契亩数）偏高的时候，四邻事后可以不承认。然后四邻先和卖主交涉进行再测量，不过这样的例子基本上没有。

丈量结束当天或是过几天，作好卖契，买主请客，一般都是当天办。

完成土地买卖契约之后要付定金。不过这样的例子也很少。不知道那笔钱该■什么。不是用定金这个词的。以前不做税契，但是现在都要税契了。

买主承担税契费和监证费。

以前不登记。去年才开始大家都登记。登记不需要交钱。

有指地借钱，最低一亩两三元，最高不超过一百元。

现在的地价大概一亩三百元。

房子和那片地叫房产。像这种买卖我在本村还没见过。本村有钱人和穷人之间的差别很小，大家都过普通的生活，很少有人要卖房卖地。

【关于典当】民国以前典当很多，近期变得很少了。现在要钱的时候大家都卖地。因为，现在币值下降物价上涨，以前一亩地能典成三十元，三年后物价上涨货币贬值，出典人还是按原来的价格回赎，这对承典人非常不利，所以就很少有人典当了。

本村大多人都没有拥有很多的土地，但是大部分的人都没有生活困难，三年间卖地的人一个都没有。

民国二十年时土地买卖很多。其中出典人将那块出典地卖掉的情况比较多。出典人大多贫困，要全部回赎很困难，所以就回赎一部分，卖掉一部分。因为地价变高所以这样做也可行。

可以向承典者要求免费拿回一部分土地。毕竟地价变高了，如果承典者不答应，而出典人又拿不出钱的时候，可以卖一部分来赎回一部分。

有钱的话就没有必要卖地。能全部赎回。一般像这种时候用这个二分法就可以。

卖出典地的时候，若出价相同可以按卖主意思卖给同族、承典人、四邻的任意一方。就算出价不同，也可以卖给出价低的一人。

【关于养老地】要是父母尚存的时候分家，分家单上面一定要写清养老地。养老地的亩数各家都不一样。分家了之后，各家长可以不和父母商量，卖掉所有地。

分家之后，父母还可以卖掉养老地，或者把地给女儿。儿子不能干涉此决定。

就算分家，女儿也得不到任何财产。嫁人时的费用，要是父母养老地多的时候，可以从地的收入里面出。地少的时候，由兄弟摊款出资。

12 月 22 日

（8）第三区李遂店镇

应答者　刘品一、王育庭

【村落制度】四百零六户，两千四百五十一人。

主要是农家，作为这一带的中心镇，商家也有二十四户。

镇长、镇副各一人。事变前有会首六七名，现在也是这么多人。保甲制度实施之后会首仍然存在。

看青的有四人，其中有看青几年的人。但是多数都是两三年换人。今年年收入是一百元。

镇公所、小学都在民国后设在老爷庙里（第二年正月由旧警察建筑移到乡公所）。

民国前有青苗会的称呼。

从以前就没有村规、村约。

没有其他以庙为中心的集会。

没有钱会那样的组织。

有商会。在民国十五年成立。商会的会首是由商人推举的。不和镇长为同一人物。商会里没有像会首那样的人物，有要紧事的时候临时招来商户商量。商人都加入商会，但是没有会员这一称呼。

为了筹学校教育费，在民国十年设了一处十亩的学田。

村里没有公有地、义桥。没有公有的船，没有义地。公共井有十四口。都是镇子共有的，不是几家共有井。本村人不分远近都可以使用。

关帝庙有庙产十亩，奶奶庙十亩，其他五道庙、龙王庙没有地。庙产又叫香火地，由该寺庙的和尚或是道士自由管理，不必用投票来决定是否租给其他人。香火地又分为和尚自己耕作的地和租出去的地。租金每年都会变，比一般地的租金要便宜。一般租金和佃农每年都会变。

在村落的入口有用高粱秆做成的墙。这是村公所出钱雇人建的东西。并不是让村民按比例出劳工来建的。除了入口以外的墙则是由那片地的归属人个人出资建的。

牲畜之间的借贷叫搭套，最多三户，一般在两户之间进行。最长持续五年，一般持续两三年。

祈雨只在本村进行。不会出代表去衙门村和其他地方祈雨。

民国二十八年洪水灾时，镇内浸水大概五尺，但房屋没有崩毁，也没有人死亡。大概有两百顷地从熟地变成了荒沙地。水灾时村民到高地避难，等待退潮。本村时常有水灾，因此建房屋都选在高地。

村费也叫摊款、青苗费，地主按土地付费。今年征收了三四回，每亩差不多两元，有佃农的情况收费不一定，但大多数情况是按地主一元五角，佃农五角的比率征收。

【家族制度】有很多姓氏，其中朱、张、李较多。朱姓有二十户，张姓有十五户，是同族里的最大户。

镇长家是大家庭，有三十人，并没有很多人口多的家庭。

原则上只有男人当家长，寡妇的情况女人也能当。

分家和事变前比起来也没有很多。分家时要分土地房屋等全部财产，都是按价格均分的。女儿没有财产。财产分配会靠抽签或是商谈决定。

家族成员没有作为个人财产的土地和房屋。

家族有族长。辈高年长者担任。族长不用在清明节时站在前头烧香磕头之类的，不过正月或是婚丧时，同族人要和族长打招呼。其他的不需要得到族长许可。

没有人家里有祠堂、家庙。没有家族共有财产。赵、朱姓的两户自古是名门，出过秀才，以前挺有钱，现在财产普通。

有两三家有妾。没有人家里有两人以上的妾。有钱人娶妾的情况比较多。

墓的排法只有"排葬"。

【金融交易】商店有二十四户，最近统制物资之后三户休业。按商店分的话如下所示。

其他还有四家小饭铺、一家旅店、四家小贩（行商人），粮商并不是正式经营。本镇还有五个粉贩，专门收集粉食到北京或者通州去卖，镇里的商店都是为农民开的。

商店分类统计表

商店名	户数
杂货商	10
布　　铺	6
烧　　锅	1
盐　　店	1
铁　　铺	2
药　　铺	4
合　　计	24

集会及农作物的集散 = 李遂镇的集会为四、九集，四日和九日、十四日、十九日、二十四日、二十九日进行。日子到了附近五十几个村的人都会过来。农民们主要是在镇里卖农作物（玉米、黄豆、红粉、芝麻、小麦、白菜、葱），买杂货、布和纸回去。

集名	李遂镇	牛栏山	杨各庄	李家庄	县城
日期	4、9、14、19、24、29	4、7、9、14、17、19、24、27、29	1、6、11、16、21、26（大集） 3、8、13、18、23、28（小集）	3、7、10、13、17、20、23、27、30	双数日

农民们卖粮食的时候，会把粮食带到行情最好的地方去卖，而买东西时则从自己的熟人那里买。其中也有不在集市卖，而是带到北京、通州去卖的情况。

在镇里买粮食、蔬菜、牲畜时一定要付现金，买杂货、布之类的时候有 10% 的人会挂买。

李遂镇和北京、通州、天津之间的关系图 =

【土地制度】村子面积 = 二十多顷。

村里人所有土地面积 = 不明。

土性 = 土质还挺好的，白河附近沙地比较多。

作物 = 大多是高粱、玉米，麦子、豆、落花生（但是今年因为旱魃麦子收成不好）。

灌溉 = 只有菜园用井水灌溉。井水灌溉的园地约有十几个。

最大地主 = 有十几顷地。有四五十亩的地主比较多。七成自耕，出租三成。五口之家有二十亩地就能维持生计。

租地基本上都是口头契约，提前交租金制。以物抵租是将收成抵押每年租金。很少有推车伙种。伙种大多是地主家里人少的时候进行。

【旗地】这附近以前旗地非常多。种类有会计司、造办处、王公府爷、网户船户。以前柳各庄会计司非常多。

　　旗地转为民粮地时全部土地基本上都由佃农收买。庄头和催头是"收租人"，没有租的地，所以想买也买不了。

　　李遂镇大乡

前后营村　年龄、性别、统计表（村长　程得仲）

年　龄　组	男　子　数	女　子　数	
5岁以下	23	12	
5—10	25	30	
11—15	35	23	
16—20	21	21	
21—25	23	17	
26—30	22	26	
31—35	20	20	
36—40	24	15	
41—45	17	18	
46—50	9	6	
51—55	17	17	
56—60	8	13	
61—65	16	17	
66—70	5	8	
71—75	2	3	
76—80	3	5	
81—85	1	5	
95		1	
总计	269	259	528

前后营村职业类别统计表

职　　业	男	女	
农	156	194	
工	5		
商	7		
公　　务	5		

职　　业	男	女	
自由职业	2		
人事服务	9		
无　　职	83	65	
失　　业	2		
总　　计	269	259	528

太平新庄

村长　石志金

人口一千十五人　男五百人　女五百一十五人

太平新庄职业分类统计表

职　　业	男	女
农	401	455
工	5	
交通运输	2	
商	5	4
公　　务	10	
自由职业	6	
人事服务	65	22
无　　业	3	1
总　　计	500	515

高各庄

村长　刘进魁

人口七百五十人　男三百六十五人　女三百八十五人

高各庄职业分类统计表

职　　业	男	女
农	265	267
工	13	
交通运输	1	

续表

职　业	男	女
商	4	
公　务	11	
自由职业	6	
人　事	25	
无　职	30	118
总　　计	365	385

小店乡初级小学学年统计表

学　年	男
一　年　级	12
二　年　级	6
三　年　级	16
四　年　级	9
总　　计	43

（9）第三区沟北村

应答者　徐梓轩（乡长）、李肃忱

【村落制度】户口及姓氏＝户数一百九十四户，亩数三十五顷。姓氏分别是徐占1/4，于占1/4，李占1.5/4，魏、赵、王、张、陶。

村里办事人＝首先是乡长和副乡长，下面有闾邻长，即会首人。以前五户为一邻有邻长一人，二十五户为一闾有闾长一人。本村以前闾长有六人，邻长有三十一人。

从本村移住到外村的黄允中原来是北陈各庄的人，但是因为和父亲关系不好，就带着妻女移住到本村。在本村的李华庭家里作为长工受雇约八年。那时就在主人李华庭家里作为副户住下了。不过他父亲今年去世了，就又回去了。依照户籍章程的话，不住到十二年就成不了本村人，但实际上在本村有了户口就被认为是本村人了。

摊款按地算，在本村没有地就不用摊款，摊工按户算，住在本村就一定要摊工。不过，刚移居来本村的人，没有房子借住在亲戚家时不用摊工，当独立成一户时才需要摊工。

别的村子的人想要典买本村的房子住的时候，一定要和乡长商量。

从别的村子迁居到本村来的李文博（李遂镇的商人），和本村的陶福亭是好朋友，所以不付租金，直接借住在陶福亭家里。

作物＝玉米、高粱。

【地主和佃农】纯佃农有二十户，耕作着差不多一顷地。自己有一些地，然后租别人的地耕作的有约十户，耕作面积约四十亩。

亩数	人数
>2 顷	2
1 顷—2 顷	4
50 亩—1 顷	6
30 亩—50 亩	最多
<10 亩	30
0	30

沟的作用 = 沟北村的正中间有一条沟，以前是从沟北边建村的，因此得名。这个沟水量很少，灌溉排不上什么大用场，但是灌菜园子还是够的。

12 月 23 日

（10）第四区十里堡

应答者　刘土安（乡长）、李塚

【村落制度】十里堡是顺义县城往西十里处的寨村，一百三十五户，七百八十三人，宗教是大教。民国十八九年之后邻村哨马营成为附村，该村有六十户，三百人。村长是十里堡的人，副村长是哨马营的人。以前的会首数不明，在保甲制度实施后会首制不再进行，村里的重要事情由十里堡的一名保长、十三名甲长、哨马营的一名保长、六名甲长商量。村公所是从民国二十八年开始有的。

从祈雨就能看出和哨马营之间的村落关系。本村在七圣祠祈雨时哨马营的代表要参加。主体是本村，哨马营是客人身份。到三年前还有从衙门村来的祈雨请帖，之后就没来过了。因此不参加。

洪水时村东会浸水，这个时候村里人也不会相互扶持。人们就只是逃到高处（有村公所的庙）。

牲畜的相互借贷叫搭套，穷人比较多因此很盛行。在两三户之间进行，持续两三年。

之前（到民国初年为止）称作乡公所。乡公所之前叫青苗会。不同时代的事务所都在庙里。

小学是民国七年设在庙里的。村里雇的看青的有三四名，没有地的人就干这个。采土场是村里的共同财产，本村人不管是谁、什么时候都能采土，但是哨马营的人不行。没有义地。没有公共碾子。

本村及哨马营的村政实际上是分别进行的。摊款和看青（本村四人、哨马营两人）也是分开，这两个村之间有青苗会的连圈关系。只有学校是本村的，但是可以共同使用。

女性没有当家长的。寡妇的情况可以当家长，目前没有实例。寡妇没有能力的时候，有什么事就和亡夫家里商量。没有家里娶妾的。

分家和事变前比起来多了。主要是因为户口增多。财产分配时同族亲友都聚集在一起商量，由家长或是族长平等决定。不靠抽签决定。

【土地制度】本村基本上是老民粮地，旗地很少，只有一些公爷府的地。这也是民国十七年官产局整的地。

村子在丘陵之上。低地延续到小中河一带的平地，高地延伸到西边的平地。土地和上述低地＝下坡地为上地，高地＝上坡为中地。作物有高粱、谷子、老玉米、兜子、豆子（村东的小中河一年都有流水，但是不用来灌溉。白河发洪水的时候，白河只要决堤洪水就会流到小中河一带引起水灾，除了这种情况小中河自身不会引起水灾）。

亩数＝一千五百二十五亩。

地亩的分配（所有分类）

亩数（亩）	户数（户）
0—10	75
10—20	23
30—50	22
50—100	2
总计	122

乡经费每年3113.08元，每亩两元摊款。

【农产物】

品　名	数量（石）
大　麦	10
小　麦	90
小　米	70
高　粱	210
玉　米	420
豆	210

续表

品　　名	数量（石）
黍	70
芝　　麻	5
总　　计	1085

　　每年的生产量为一千零八十五石，本村的消费量为一千五百三十八石，还差四百五十三石，农产值两万一千两百元，畜产值五百元，村子每年总计出产两万一千七百元。

　　【租佃关系】本村很穷的五十多户人家租着邻村马家营、冯家营、塔河的梅沟营地主的两三顷地进行耕作。

　　本村的租地介绍人约有十人，他们不付钱先向各个邻村借了土地分别租给五十多人的佃农。租金为现金十元，地主过来取租金的时候，佃农直接交给地主就行。

　　租地期限是一年，结期为每年秋末十月份左右。

　　其他＝本村完全没有土地的超过三十户，这些人在附近做短工，同时也做一些打扫卫生工业。其他还有十人行商，卖些糖或者落花生。

　　本村的牲口只有三十多头，其中有两头牲口的有六户，有一头的有二十户。其他养猪的有十户左右，养了约十头猪。

　　先买权＝土地买卖时同族有绝对优先权。卖典出去的土地时先买权顺序为同族、承典人、村民。

（11）第五区马家营

应答者　张茂（乡长）、周寿旭

　　【村落制度】本村在十里堡西边二里处，感觉上还是个富裕的村子。

　　户数——一百四十二户，人口——八百零二人（男三百八十八人，女三百四十四人）。本村清代时也没有旗人，只有汉人农家。

　　到北京和顺义做小生意的和出去挣钱的年轻男人约五十名。

　　有村长和副村长。会首以前有四人，保甲制度实施后也仍然存在。会首都是张姓（本村最大的同族）。

　　村公所于民国初年设于关帝庙，之后小学也设在这里，延续至今。现在庙里还有教平民识字的学校，民国三十年由县里命令而设立的。没有其他私塾。

　　关帝庙有香火地三十亩。和村公所没有关系，

　　和尚可以自由租地耕作，和一般的提前交租金制没有什么区别。按时交租金的时候，才能续耕〔注：村公所里有公会地亩底账（民国二十九年），村吏给我们看了这个。拿复印本就可以〕。

　　本村从前就不祈雨。也不参加衙门村和其他祈雨。

　　牲畜的相互借贷叫搭套，基本在两户之间进行，长则持续四五年。

村费＝今年四千七百元。村费按所有地亩数上交。今年收了两次，第一次每亩一元六角，第二次每亩五角，共计两元一角。但是村民的所有地在村外的时候，按所在地的村子的村费率上交给那个村子。佃农不用交村费。

看青费＝每亩交一角以下，从耕作人那里收取。出工的时候按亩出人，不按户。村公所会出钱雇用合适的人数。

【家族制度】张姓占了九成，其他有王、赵姓等。

张家为名门，还是大地主，连附近的农民也租他的地耕作。张家有钱人很多，但是以前不是当官的，而是务农一点一点积累起来成了大地主。

有家里出过秀才、贡生的，但是家里也不怎么富裕。

张家有共同的祠堂，婚丧时的用具也共有。但是没有祠堂的附属地，也没有其他公有地。打谷场、养畜场都是各户各自拥有。张家的老坟地有十亩，张一家都使用这块地。没有雇看坟的。

没有女人做当家的。家里只有女人的时候寡妇也可以做当家的。

分家和事变前相比并没有变多。财产分配时族长、家长、亲戚、村长、邻人聚集商量决定，要是兄弟间有不服的时候也用抽签决定。家族成员没有个人能自由处置的财产。妻子不会带土地过来。

张姓的一户有妾。并不是因为生不出孩子，所以娶了妾。他住在北京，并不是有钱人，但是生性放浪，在北京有个女人，本村有个女人（正妻）。

【土地制度】耕地面积一三十二顷。

地亩的分配（所有类别）

亩数	人数
完全没有	30
0—10 亩	20
10—20 亩	8
20—40 亩	5
40—50 亩	4
50 亩—1 顷	4
1—2 顷	2
4—5 顷	2
6 顷以上	1
总计	76

地主租地分配

地主名	出租地	出租给本村人	出租给别村人
张英	3 顷 50 亩	1 顷	2 顷 50 亩（南法僧、十里堡、哨马营、谢家营、刘家河各 50 亩）
张茂	2 顷	1 顷	1 顷（南法僧、十里堡各 50 亩）
张	2 顷	2 顷	0
张文贤	70 亩	70 亩	0
张振蝉	40 亩	40 亩	0
张文成	1 顷	1 顷	0
香火地	15 亩	15 亩	0
总计	9 顷 75 亩	6 顷 25 亩	3 顷 50 亩

旗地本来很少，民粮地很多。旗地有一点公爷府的地，但民国十四年时官产局整顿。村子西南面有清代草厂，关于那片土地的事不明。

土地在上坡处，上地占三、中地占二、下地占一的比例。作物是玉米、高粱、谷子，没什么特产。要养起五人家族需要五十亩地。地主和自耕户占二成五分、自耕兼租地占三成五分、佃农占四成。

称得上大地主的有十顷左右的地。张家里面很多。大地主家里也自己耕作。没有专门做财产管理的管事人。佃农可以经由中间人，或者直接到地主家里申请租地。契约为口头契约。租金每亩十五元。

已提过的十里堡里约有十户村民租着张家一顷的地耕作。十里堡的人不是选出代表来请求租地。张家的大地主有一二户雇着五六个长工。长工最多做五年。全村纯自耕的有二十户，半佃农的有四五十户，纯佃农二十户。

现租金为一亩十五元。

长短工及其工钱＝本村长工有十八人、短工三十八人。长工的工钱每年最多一百五十元，一般一百元，最少七八十元。

村东有大坟地。旗人、郭（在北京）的坟地，原来是山东出身的苦力，是汉人。有个姓赵的人，自己耕作坟地的附属地（墓茔地），赵已经去世了。

关于先买权＝土地买卖时同族拥有先买权，但是卖出典的土地时，承典者比同族拥有先买权。

【借贷关系】村中的借贷关系就是借钱，没有借粮食，在同族之间也没有借粮。

普通的借钱从二十元到一百元。需要很多钱时就只有卖地了。

【关于土地典卖】本村典地比卖地要多。典价只有一百元左右，最近地价的变卖非常激烈，不承典而收购的情况比较多。

近年来，土地买卖非常少了。卖得最热的时候是民国二十年，因为年头不好，买卖达到了十几件。

典地的期限一般是三五年，没有超过五年的。

12 月 24 日

（12）第九区冯家营（旧大兴县）

应答者　刘勋（乡长）、赵兰亭

【村落制度】一百四十八户，八百一十六人（男女各半），满洲人占了大半，剩下的是汉人，宗教是大教。村民包括满洲人，一直以来从事农业。

姓氏分类＝刘五十户、赵五十户、孙、王等。

村政由青苗会掌管，民国十四年改称村公所，有村长、副村长。小学于民国八年设立。村公所和小学都设在关帝庙，延续至今。

村政以前是村长、副村长和会首负责，会首从民国初年到事变前有八九人，现在是十三人，满汉各占一半。满、汉双方并不按比例来选会首，而是有人格魅力的、有地的男人当会首。保甲制度实施后会首制度仍然存在。

看青的由村子雇没有地的人做看青的。工资按月计算为八元，冬期也算工资，一年为九十六元。

牲畜的相互借贷扶持关系叫合养活，也叫搭套。在两三人之间进行，最长持续五年。

祈雨不和其外村一起进行。不被叫到衙门村祈雨。以关帝庙为中心祈雨，走必经之路路过杨家湾、马家营、回回营、铁营、杨二营、二十里堡、孙家湾等时，各村要用茶水接待，由村里的代表迎接送别。

【家族制度】没有人家里出过秀才（以前顺义县出秀才的定额为二十七人）。

没有同族的祠堂和共有地。

家族之长叫族长。家族人的婚姻、借钱、土地买卖并不怎么需要族长的许可，族长也就是清明节站在前头焚香，还有新年要比其他家先接受贺礼。

没有女户主，但是寡妇可以当家长。寡妇没什么能力的时候由亡夫的哥哥当，亡夫没有哥哥时由他儿子当家。

没有人家里有妾。

这附近没有人字葬，都是排葬。

【土地制度】耕地面积—三十二顷。

本村农家之间地主有两户，自耕五十人，佃农有四十户，半佃农有三十户。

本村以前旗人占了全人口的一半以上。他们是清初移民过来的。到清末为止旗户有差不多五顷。民国十四年由河北省官产总处的命令全部卖成了民粮地。

耕地的分配（所有类别）

亩数	户数
4 顷以上	1
3—4 顷	2
2—3 顷	1
1—2 顷	6
80 亩—1 顷	4
50 亩—80 亩	2
30 亩—50 亩	10
20 亩—30 亩	10
10 亩—20 亩	10
10 亩以下	20
0	40

庙有老爷庙、三神（?）庙、五道庙。只有老爷庙有二十亩的香火地，和尚自己耕地，充当庙经费和生活费。香火地不由村公所管理。

大地主是旗人刘家。作为最有势力的人居住在北京，为了管理其所有地，雇了一个管事人在村内的刘家常驻。管事人把地租出去，现在的佃农已有数百户。佃农手续只需要希望耕作的人直接向管事人申请就可以。刘的同族租地拥有优先权。租金是口头契约，提前付现制，租金每年都会变。管事人在佃农台账上详细的收纳记录。租地期限是一年，只有按时交钱才能续租，最长能达到二十年。虽然刘家族人数众多，但没有共同的农业设施或农具。

除此之外虽然佃农非常多，但没有一户是分种。租金都是现租，一般一亩十元，交粮和事后付租也有一些，期限为一年。

先买权＝同族、承典者有先买权。

分家之后兄弟间的土地买卖＝兄弟分家之后，老契保管在长门那里，不过割。如果期间发生土地买卖的情况一定要写契约书。

税契＝以前写税契的非常少，从今年所属顺义县以来就一定要写税契了。

社书＝虽然过去没有社书，但是在非常远的县城那里有催粮的人。过割的时候委托那个人就行。钱粮也是交给那个人。现在是沙河县负责征钱粮了。

集＝要去集市的话就要到顺义县或者天竺村。去集市卖粉食（玉米、黄豆），买杂货和纸。

和北京的关系＝每年出口北京玉米九百石、黄豆一百石。从北京买布、纸、杂货回来。

本村位于北京到顺义的高速公路途中，运输都走这条路，用大车搬运。

（13）第九区天竺村（旧大兴县）

五百五十户、两千九百零三人，村公所在虫王庙里。除了村长和副村长有十五名会首。会首在保甲制度实施后仍然存在。看青的十名。村里寺庙十二座，差不多一半有香火地。搭套大多在两户之间进行，长的能持续五六年。香火地在看庙的或者和尚的管理下，和村公所没有关系。香火地一般会出租耕作，出租关系为提前付租制，租金每年不定，今年每亩十五元。一般民地的出租关系与上述相同。但是香火地的租地期限可以是长期的。

没有同族共有的祠堂或土地。

分家和事变前相比没什么变化。财产均分，抽签决定。

12 月 25 日

（14）第十区康家营（旧大兴县）

应答者　张子杰

【村落制度】姓氏类别＝尚四十户、张三十户、王二十户、丁二十户、陶十二户、秦十户、段八户。

最初在明朝时代到本村来的是姓康的回教徒。

人口＝二百六十四户、一千四百八十四人，男七百七十一人，女七百一十三人。

去别的地方的男八十六人、女九人。本村和北京非常近，所以村里的年轻人去北京工作的还挺多。今年的统计为男八十六人、女九人。女人去北京一般是当保姆。

这里是回民、汉人、旗人的杂居村。回民的居住地一般都在村子西南面的清真寺。从这个回教村出过清末非常有名的巨盗康小八。汉人、旗人不信大教。回民和汉人、旗人会有日常交往。即回民和汉人、旗人关系好的时候，会互相送礼品，或者是汉人在正月时向回民赠送礼物。如上所述，并没有敌对关系，但是回民的例行活动，则坚持只让回民参加。回民也不会和其他教徒通婚，会和古柳树的回回营或李家桥、南二十里的长营、高丽营、平西的回回营通婚。

村长、副村长都是从汉人、旗人中选出。会首有四名回民，从大教那边出了九名，不过从前会首也不是按一定比率决定的。会首人数和以前比没什么变动，但是有逐渐减少的倾向。

保甲制度实施后，会首制依然存在。但是有兼任保甲长和会首的人。当会首不问职业、经历、家系的资格，不识字的人也可上任。没有地的人、没有德望和才能的人当不了会首。回教、大教那边的会首也不会聚集起来开单独会议。回教那边有丁世旺、张文亮作代表来和大教会首商量。丁世旺是回民的头目。

清真寺的阿訇、张远山不涉村政，他管理寺庙，主持回民的例行活动。他以前不是村民，而是立聘书招聘来的人，阿訇要是不受村民待见的话，可以随时更换。

看青的从以前就有七名。一般每年都有变动，其中也有持续看青八九年的人。今年加上餐费总共一百二十元，地主还会给些玉米秆（明年也是一百二十元）。七名看青的之中，大教那边的有尚、张、陶、王，回民那边的有康、丁、张三人。他们各自划分区域，但是不会特意把回民的地划分出来单独监视。

祈雨 = 在村里的龙王庙祈雨。巡行龙王只在本村进行。回民不参加，不受衙门村或其外村邀请去祈雨。

村费也叫青苗费。青苗费按所在地的村子的村费率上交给该村。有佃农时价格折半。

有连圈，即看青的费用由同部落的人清算。

【家族制度】名望家有村长家。不过自古以来就是务农。这个村从前就没有人家里出过秀才。

大家庭的人家有汉族民的二十三人，三代都住在一个房子里。回民就八人左右。有二十三人的家庭不是富户，就是家庭关系很好。一般一个家庭有十人左右。

家长限定男人。寡妇也不能当家。亡夫的本家或是亲密的亲戚当家。

家族成员没有能自由处置的财产。

没有家庙、祠堂。

没有人家里有妾。

王村长的墓在村北。是人字葬。本村这一带人字葬比较多。不只限旗人，汉人也会人字葬。也询问了村里的老者，但是哪种说法都不一定。回民的坟为一字坟。埋法不明。

【土地制度】旗地 = 没有钟杨宅、崇祝寺、雍和宫。附近有ロージュン[1]、庄王府的地，但是本村没有。

以前本村礼王府的土地有差不多十顷。官产局没有进行整顿，庄头在北京，催头（看坟的）住在本村，庄头地有差不多三顷租出耕作。民国六年时把地全部卖掉了。买主都是本村人，收购价格为一亩十八元。一般买三到十亩，最多的买了七十亩。

庙产又叫香灯地，老爷庙（九亩）、奶奶庙（二亩）、五圣庙（九亩）、灵官庙（没有），都不由村公所管理。

老爷庙的地租出去耕作，五圣庙和灵官庙的地由看庙的自己耕作。

清真寺（又叫礼拜寺）有三亩香火地，由阿訇管理，收入归寺院。

土性 = 普通。种植高粱、玉米、谷子、豆等。

只有园地用井水灌溉。因为回教徒讨厌猪，没有猪舍，肥料就用羊粪和牛粪。

地主六成、自耕兼租地二成、佃农二成。

大地主中王村长有四顷地，回教徒韩庆丰有三顷。

大教的地主会租地给回民耕作，回教的地主也会租地给大教徒耕作。在回民、汉、旗人之间也会进行土地买卖典当。回教民买卖典当土地的时候，回民不一定就有先买权。

---

〔1〕　译者注：此处为地名，中文无对应。

租地形式都是提前交租金、每年更改、口头契约。以前有以物抵租，但是现在没有了。

大地主家里有五六名长工。没有长年居住的，最长就是五六年前到地主家的（到三村长）。

耕作地面积＝四十顷。

耕地的分配

亩　　数	户　数
4 顷以上	3
1—4 顷	5
50 亩—1 顷	8
50 亩以下	10
没有地	70

回教徒之间没有地的人很多都做屠夫或者卖肉的。村里卖羊肉的占到了三十户以上。

除了长工二十人、短工二十人，还有拉洋车的（车夫）六人。

租佃关系＝本村完全自己耕地的仅有十户，自耕兼租地的有十户，完全租地还有五十人，租地面积约十二顷，分别从五名地主那边租来的。

租金现在是一亩十元，事变前也有交粮的。

农作物＝如下。

农作物统计表

品名	产量（石）	（＋）余额或（－）不足（石）
玉米	2000	＋1000
高粱	300	－100
黄豆	500	＋300
粟	500	－100
计	3300	＋1100

食物＝本村农民常吃的食物有玉米、粟子、黄豆，新年和节日吃面粉和米。面粉的消费量每年五十袋，米的消费量每年一千斤。

家畜＝如下所示。

名称	数量	单价（元）	金额（元）
马	4	300	1200
驴	50	200	10000
骡	30	600	18000
牛	10	300	3000
羊	40	40	1600
猪	100	100	10000
鸡	200	4	800

先买权＝卖地时同族拥有绝对先买权。不管是谁买，都要先向卖主的同族通知一声。

分家之后兄弟间的土地买卖＝分家之后兄弟之间买卖土地时，一定要立新契约书。理由是为了防止后日纷争。

【金融交易】集＝集市在沙河镇。把玉米、高粱、黄豆带到集市上去卖，从集市买回白菜、杂货。

和北京的关系＝每年运输约一千石的粮食到北京卖，除此之外还去卖羊肉。从北京买回布、纸、杂货等。

借贷＝村里借钱的很少。理由有二，一是需要付利息，二是愿意贷款的很少。所以村民一旦需要钱，除了卖粮食、家畜或者土地之外别无他法。

典地＝本村的典价相对较高，出典的还挺多。今年的出典数为六户，卖出数为三户。卖价一亩上地一百六十元，典价为八十元。

1942 年 3 月

（华北农村惯行调查资料第 64 辑）

概况篇第 9 号　　河北省顺义县概况
　　　调查员　　杉之原舜一
　　　翻　译　　金英杰
　　　应答者　　卢锡寿（县民政科员）

3 月 9 日

地点　　县商会

【关于应答者】出身地是哪里？＝板桥村。

今年贵庚？＝三十八岁。

何时在县公署工作？＝从民国二十四年就在县政府工作。

在县政府的工作是什么？＝自治指导员，成为县公署之后是学务科员、民政科员。

母校是哪里？＝河北省区长训导所（在北京），民国十九年毕业，期间为两个月，之前是在顺义县城里的师范讲习所（期间两年），民国十四年毕业之后成了小学教师（到民国十八年为止）。

在哪所学校教书？＝良善庄（三年）、板桥村（一年）。

您家在板桥村吗？＝是。

您家里有几口人？＝五人。太太一人、孩子三人（男孩两人、女孩一人）。

您家里户长是谁？＝我自己。

父亲还在吗？＝在。

您兄弟呢？＝五人（其中一人去世）。我是四儿子。

【分家】兄弟五人分家了吗？＝分家了。去年五月分的家。

父亲在哪个家里呢？＝和继室分居。

父亲和孩子吃饭也是分开的吗？＝分开的。

分家时孩子们得了多少土地？＝大哥在民国十三年一个人分家得了不到四十亩。其他人去年分家每人分四十亩。

父亲分家时给自己留土地吗？ ＝留了一百亩。

分家时候剩下的土地叫什么？ ＝养老地或者养老费。

那个养老地谁来耕作呢？ ＝兄弟四人一起。

一百亩是分开耕作吗？ ＝每人二十五亩。

二十五亩是除了之前的四十亩吗？ ＝是的。

五人兄弟只有一个人分家也可以吗？ ＝没问题。

民国十三年大哥分家时，写了分家的证书（叫分家单）吗？ ＝写了。

还记得写了怎样的分家单吗？ ＝哥哥一个人分家和剩下的兄弟四人分家的情况，写分家单的方式不太一样。举例如下。

①兄弟五人其中一人先分家，之后兄弟四人再分家时的分家单

立分家单人何某（四人的姓氏）兹因人口日繁成度日高家务管理颇感困难经请示老夫同意邀请亲属议妥父亲留地〇〇亩作养老费外将其余动产及不动产肥瘠配搭按四股均分受分数目分列于后受自分之后各立门户当思老人创业维艰守成不易务须勤劳奋勉克振家声欲后有凭立分单同式四纸各收其一永远为证

计　开

次门受分地〇亩房〇间

监 证 人　何　某（三名）

中华民国　年　月　日　立分单人　何　某

代 字 人　何　某

②父亲有孩子五人，只有长子分家的情况下的分家单

立分家单人何某长子某次子某三子某四子某五子某均已成立现家务纷繁管理不易经请亲友族长作证商定将所有财产按五股均分又恐幼四子不能自理除长子外暂为监管计长收分地〇〇亩房〇〇间自分之后各谋发展至于百年之后归四子均分长子不得争论恐后无立分单为证

监 证 人　何　某（三名）

中华民国　年　月　日　立分单人　何　某

代 字 人　何　某

做了②这样的分家单之后剩下四个儿子分家时要做①那样的分家单吗？ ＝是的。

父亲去世之后，兄弟五人之间也可以长子一个人先分家吗？ ＝不能。

不管弟弟年纪多小都可以分家吗？ ＝可以。

只有在父亲健在的时候，才可以只有一个孩子分家吗？ ＝是。

父亲健在，孩子也都大了，可以自己看好土地的时候，也有长子一人分家的情况吗？ ＝有。没什么影响。

兄弟中一个人先分家的情况多吗？ ＝比较少。

像上述的实例县里整体都有吗？ ＝有。

【同宗】您和同宗的家共多少户？ ＝十一户。

那十一户有一个长吗？ ＝父亲最年长，就是那个长。

　　那个长有什么叫法？　＝叫族长，也叫家长。

　　族长和家长会各有其人吗？　＝不会。

　　同宗的家整体叫什么？　＝本家。

　　同宗但是不叫本家的情况有吗？　＝血缘关系近的就叫本家，血缘关系远的就叫当家。

　　不管多远的血缘关系都叫本族吗？　＝五服以内为本家。五服以外不管多远都叫当家。

　　本族也称作同族和当家子吗？　＝都有叫。根据远近还分为远同族、远当家子或是近同族、近当家子。

　　普通农民用哪种说法？　＝用当家子。

　　【族长、家长】族长是指什么样的人呢？　＝辈分最高的人，最年长的人。

　　辈分的高低在哪个范围中决定呢？　＝不论远近，在全体当家子中决定。

　　您家当家子中谁是族长、家长呢？　＝父亲既是族长又是家长。

　　族长和家长不是同一人的情况有吗？　＝有。

　　在哪一家有这样的情况？　＝这种情况很少。在板桥村一家姓郑的人家。

　　族长之下有几名家长的情况有吗？　＝有。在板桥村的刘家，当家子中有六名家长。

　　您那边当家子中有几名家长？　＝只有父亲一名。

　　您那边当家子的十一户都是五服以内吗？　＝是。

　　近当家子的一户卖地时必须要和家长或是族长商量吗？　＝不商量。

　　当家子的一户必须要和家长、族长商量吗？　＝不用。

　　族长或是家长需要做些什么事？　＝结婚或是死了人的时候和他商量。

　　结婚的时候家长反对就不能结婚吗？　＝可以结婚。只是家长在办宴会方面比较有经验，所以只负责商量而已。

　　族长和家长不同人的时候和谁商量呢？　＝和家长。

　　宴会时双方都会出席吗？　＝会。

　　哪一方坐上席？　＝族长。

　　【家族和公职】您家里有人当过村长吗？　＝有。

　　谁当的呢？　＝祖父当的村长（光绪二十九年到三十二年）。父亲没有当过村长。父亲从民国十五年到二十四年担任过会首。

　　您的土地是谁在耕作呢？　＝租给别人耕作，十亩自己耕作（短工三个月，没有长工）。

　　您的兄弟有当村长或是会首的吗？　＝三哥当了保长。幺弟是怀柔县新民会的会员。

　　其他兄弟三人都在板桥村务农吗？　＝长兄去世了，其他人在板桥村务农。

　　【村子规模】顺义县户数最多的村子是哪？　＝河南村，有差不多七百户。

　　有多少户的村子才算户数多呢？　＝一百户到一百五十户。

　　房屋都用土墙或是其他东西圈起来的村子有吗？　＝有。

　　有很多吗？　＝不多。以前没有这样的，但是事变后为了防土匪做成这样。

　　是哪里的村子呢？　＝李家史山、下西市村等。

　　房屋不集中在一处而是零散分布的村子有吗？　＝有。

哪里的村子呢？＝王家场、柳桁村。西房子和南房子属于王家场。

【农作物】县里一般种什么农作物呢？＝玉米、高粱、谷子、豆、麦、稻米（少许）、落花生、甘蔗。

根据地方不同作物也不同吗？＝西部南部是谷子、玉米、豆（高粱少）；东部北部是麦、高粱、豆、玉米（谷子少）。稻米在河东部；落花生、甘蔗在河东河西都有，有山岗的地方就种得出来。

白河东岸和西岸的农作物不一样吗？＝不一样。

有什么不一样呢？＝东边麦和稻米多；西边玉米和谷子比较多。

西边土质好的是哪里？＝向阳村，还有县城的北边。最好的是东岸的大沟地附近。

县里土质最差的地方是哪里？＝高各庄，那边沙地很多。

农作物的种植顺序＝

大麦　　　约旧二月初种植、旧五月收获　⎫

豌豆　　　约旧三月初种植、旧五月收获　⎭　收获后种植萝卜和晚玉米之类的

春麦　　　约旧二月中旬种植、旧五月收获　　收获后种小豆

高粱　　　约旧二月下旬种植、旧七月收获　⎫　间种豆类

谷子　　　在种植高粱过几天后种植、旧七月左右收获　⎭　收获后什么也不种

玉米和大豆（间种）在旧三月下旬种植、约旧七月收获

秋麦　　　玉米收获之后种植、约旧五月收获

同一块地每年一般能收获几回＝一回。两回的很少。在收获麦子之后种萝卜之类的可能会收两回。

【村民姓氏】有村里人都是同姓的村子吗？＝没有。

不是全部，但是大部分都是同姓，其他姓只有很少一部分的情况有吗＝有。

哪里的村子呢？＝郑家村（在地图上包含在板桥村里）——不到一百户中，差不多有七十户是郑姓。郝家疃——一百三十多户中李姓占三分之一。

除了上述情况还有吗？＝王家场——一百二十户中王姓有差不多八十户。

这样的村子少吗？＝非常少。

从以前就很少？＝是。

【大地主】县里拥有土地最多的人家里有多少地？＝约四十顷。

是谁？哪个村的？＝西马各庄的王某。

其他还有吗？＝刘某（东太平庄的人，在县公署民政科的工作）有约三十顷。

县里有十顷以上土地的人多吗？＝差不多三十户吧。

这样的人在哪一带比较多？＝白河东边的村子——比如李遂镇（朱姓一户）、南彩村（张姓一户）、沟北村（李姓一户）、郝家疃（李姓一户）、东营村（孙姓一户）。

有一顷以上土地的人多吗？＝挺多的。

【贫户】县里特别穷的村子在哪一片比较多？＝五家庄（三十户左右的村子）。西北部比较多。

县里特别富裕的村子在哪一片比较多？＝在河东比较多。因为土质好。

河西的村子比河东的村子穷吗？ ＝稍微穷一些。

【平均耕地】县里一般一户有多少地？ ＝五六十亩。

在县内有五、六十亩地的户数最多吗？ ＝是。

县里一般一户耕作多少土地？ ＝四五十亩。

【自耕租地状况】不从别人那里租地，只耕种自己土地的情况多吗？ ＝多。

耕作的土地大多是自己的土地，从别人那里租来的土地很少的情况多吗？ ＝不上。

耕作的土地大多是从别人那里租来的，自己的地很少的情况多吗？ ＝不少。

耕作的土地全部是租的别人的地，自己一点地都没有的情况多吗？ ＝少。

上述四种情况中哪种最多？ ＝最多是自己有一点地，大部分租别人的地。其次是只耕作自己的土地。

自己的地完全不耕作，全部租给其他人的情况多吗？ ＝少。

【村长、乡长】县里一般什么样的人当村长？ ＝民国十八年以后没有村长，换成乡长了。

民国十八年以后的乡是以一个村为单位吗？ ＝最少也要一百户以上，否则评不上乡。

乡长是什么样的人当？ ＝小学以上学历的人、小学教师、地方执行事务得到相当成果的人、被任命中央政府机关的人。

有完全没有土地但是具备以上资格的人当上乡长的实例吗？ ＝有，比如说夏县壹村的池某、白庙村的赵某，这两个人都没有地。

沙井村的乡长是谁？ ＝杨源。

乡长由谁来选？ ＝选民来选。

选民是指？ ＝在村里居住两年以上，年龄二十岁以上，身体强健没有精神病（不分男女）并登记的人（到乡长、副乡长那里登记提交到县里）。

实际上是选村里有势力的人吗？ ＝没有这回事，要这样的话会变成诉讼。

【村公所一会里】在村里一般有村公会吗？ ＝不是。

听过村公会这个说法吗？ ＝听过。

普通农民不用这个词吗？ ＝不用。

您在哪听过这个词？ ＝就是知道这个概念。普通农民就叫会里。

村长在做村子相关的事，比如决定村费比率的时候必须要和别人商量吗？ ＝要。

【闾长】向什么人商量？ ＝闾长。

什么样的人当闾长？ ＝善良的村民，不吸鸦片的良民。

一点地都没有可以当闾长吗？ ＝至少要有个十亩八亩。

闾长是什么时候出现的？ ＝民国十八年前。

现在还有闾长吗？ ＝没有。现在是保长和甲长。

【会首】村里有会首吗？ ＝帮助乡长做一些村里的事，这样的农民一般就叫会首。

会首是在村里有挺多地的人吗？ ＝一点土地都没有的会首很少。

会首是闾长没了之后有的吗？ ＝去会里关照村子的农民都是会首。

会首这个词是什么时候开始有的？ =从清代开始。

也把闾长叫会首吗？ =是。

选民在选乡长之前，会首会提前商量吧？ =有是有，其实这是不允许的。

有选民选出来的乡长不被县里准许的情况吗？ =会要求选两名候补人，选一人当县长。

【村民会议—村公约】一个村的所有村民聚集在一起商量决定某些事的情况有吗？ =有但是挺少的。叫村民会议。

什么时候会开这样的会呢？ =一年中最重要的时候开。

比如？ =决定村公约的时候，春季或秋季。

各个村都有村公约吗？ =都有。

是写在纸上吗？ =写了贴在墙上。

村公约一般都约定什么事情？ =道路卫生、造林、保护青苗、免除嗜好等。

除了村公约还有其他事需要开村民会议吗？ =没有。

开村民会议的村多吗？ =不多。

村民会议是从什么时候开始有的？ =民国十八年以后，现在仍存在。

【自卫】为了防匪贼，县里会命令村子做什么事吗？ =组成自卫团。二十岁到四十岁的男人都是团团。

没有县的命令，村里可以随意用些别的方法吗？ =不行。

在自卫团成立之前有用过别的方法吗？ =有，事变前有。

什么方法？ =每个人都有铁炮，有什么事就召集过来。

这些都是各村按各自的规则来决定的吗？ =有保卫团。

成立保卫团是县里的命令吗？ =是。

没有县里的命令、就在村里建立保卫团类似的组织的实例有吗？ =没有。

事变前遭受匪贼侵害多吗？ =经常有。

和事变后比起来情况怎么样？ =民国二十六年和二十七年比之前还严重。

【村费—摊款】村子的费用是各个村子集资吗？ =是。

农民一般把村里收费叫什么？ =乡经费。

普通农民那样叫吗？ =农民一般叫摊款，或者会钱。

会叫青苗钱吗？ =不会。

听说过青苗钱的说法吗？ =没有。

听说过青苗会的说法吗？ =听说过。

是干什么的？ =没有村公所时，村里商量事情的地方。

一般是指哪？ =庙里。

现在没有青苗会吗？ =没有，哪个村都没有。现在农民知道这个词，但是不用。

有地但是自己完全不耕作的人，不用交会钱吗？ =以前完全不交，耕地的人交。现在有些地方这种人还是要出点钱。

哪些村子地主也要交钱？ =胡各庄，其他不知道。

　　耕地人耕的不是自己的土地，在胡各庄就不用交钱吗？＝民国十八年之后，地主和佃农对半交钱。

　　没有地也不耕地的人不用交会费吗？＝不用。

　　除了土地家里有家畜或是有车的人要交会钱吗？＝不用。

　　县那边对于征收村费有进行监督、立下最高征收限额吗？＝民国二十九年前和县没有关系，民国二十九年后县里开始监督征收额。

　　【入会地】有那种所有村民都可进入砍柴拔草采石采土的土地、村子或是山吗？＝在牛栏山不管谁都可以采石。

　　只要是顺义县的人就可以吗？＝是。

　　顺义县之外的人不能采吗？＝没这回事。还没碰到别的县的人来采石。

　　有土地规定只能某个村子的人才能来砍柴拔草吗？＝没有。

　　【公有地—官地】有整个村子共有的地吗？＝有。

　　哪里的村子有？＝不管哪个村都有一些。

　　那种地叫什么？＝叫官地。农民也这么叫。

　　官地最多的村子是哪？＝河南村（约一顷）、火神营（约八十亩）、板桥村（约七十亩）、元来庙的土地多。

　　以前有不交田赋的地吗？＝有。

　　那种地叫什么？＝黑地。

　　有不交田赋也行的土地吗？＝没有。

　　【旗地】以前有旗地吗？＝有。

　　有很多吗？＝对。

　　以前哪边旗地多？＝在很多地方都有，不过柳各庄、萧家坡那边最多。

　　整个县有多少旗地？＝不知道。

　　旗地现在成了谁的地？＝以前耕作旗地的人从政府那里买下了。

　　有庄头买下很多旗地的情况吗？＝只买一些。

　　现在有没有有很多地的庄头？＝萧家坡一个叫吴治堂的人（现在很穷）。还有不知道名字的，沙浮村一个姓金的人（现在也有很多地）。

　　旗地是政府什么时候收下的？＝从民国初年。

　　以前是旗地，但是现在也不交田赋的土地有吗？＝说不定有。说不定有的地以前是旗地但我们不知道。

　　【黑地】现在也有很多黑地吧？＝去年县里做了土地调查，现在没有了。

　　说不定有调查漏的情况呢？＝大兴村那差不多五十个村的情况我不清楚。

　　在顺义县也有一些吧？＝说不定。

　　会有很多吗？＝说不定，实际上有那种五十亩报成六十亩、六十亩报成五十亩的情况。

　　没有报实际亩数的很多吧？＝有是有。

3 月 10 日

地点　　商会

【水利】县里有很多用来引水到农作物的井吗？ ＝田里不用，菜园要。

县里菜园多吗？ ＝不少。有的村子有两三个，有的村子一个都没有。

菜园多的村子是哪？ ＝向阳村、庄头村、海洪村、白浪河村（非常多）。

县里给田里引水的井多吗？ ＝少。

哪边井多哪边井少？ ＝没什么差别。

田里用的水从哪里引？ ＝利用雨水。

没有从河里引水的吗？ ＝东府、西府、北府那边引河水。

哪条河？ ＝箭杆河。

没有从运河引的吗？ ＝没有。

【护坟地】没有同姓同宗共有的地吗？ ＝没有。

墓地中有同族或本家共有的土地吗？ ＝有。

墓地周围的土地中也有同族或者本家的共有物吗？ ＝有。

那种地有什么叫法？ ＝叫护坟地。

有那种收入作为祭祀祖先的费用、同族共有的土地吗？ ＝有，就是护坟地。

有人家里有很多护坟地吗？ ＝没有。

一般有多少？ ＝二、三十亩。

护坟地一般是谁在耕种？ ＝在清明会的时候商量决定谁来耕种。

同族之外的人耕种的情况多吗？ ＝非常少。

大多是同族耕种吗？ ＝是。

【体己地（个人财产）】除了户长，有人拥有以自己名义的土地吗？ ＝有。

谁有那种地？ ＝非常多人。叫体己地。

在板桥村有体己地的人也很多吗？ ＝多。

比如有谁？ ＝李景廉。

李景廉不是户长吗？ ＝不是。

谁是户长？ ＝李春荣（景廉的父亲）。

李春荣家里住着多少人？ ＝十一二人。没有分家。

都是李春荣的孩子和孙子吗？ ＝两个男孩和其妻子。

李景廉怎么得到体己地的？ ＝他租别人的地耕作，卖收获的粮食攒下的钱买的。

除了户长之外，家里人租别人的地自己耕作，其收获的粮食都可以算自己的东西吗？ ＝可以。

租地的人只自己耕作，家里人不一起耕作吗？ ＝自己家里没什么事情时就可以自己耕地。

还有其他例子吗？＝卢锡恩。

过割体己地的时候算谁的名义？＝买地者本人的名义。

收会钱的时候，除了收户长之外也对体己地所有者征收吗？＝是。

以体己地所有者的名义收吗？＝是。

户长反对也可以卖体己地吗？＝可以。

田赋不以户长名义而是以体己地所有者名义上交吗？＝本人名义。

税契也是不以户长名义而是本人名义吗？＝是。

这样的实例多吗？＝不少。

【家庭】县里一户为单位住着最多的人有多少人？＝太平庄的刘继会（民政科员）家里有三十到四十人。

有一户人家里有三十人以上的例子吗？＝北关外的王润生的家里有三十人以二。

没有其他的了吗？＝没有。

【分家】至今为止一起住在一户的人家分别耕地、分别做饭叫什么？＝叫分家。

有分别耕地但是一起吃饭的例子吗？＝没有。

分了地吃饭也必须要分开吗？＝是。

有只分开吃饭但是一起耕地的例子吗？＝没有。有一起耕地但是收获的粮食对半分的例子。在一般的村子普遍有很多这样的。

这种时候吃饭也一起吗？＝分开的。

这就算分家吧？＝是分家。

有不分家但是一起耕地收粮对半分的例子吗？＝没有。

【分家和伙种地】上述的一起耕地是把一块地划分成两块来耕作，还是真的一起耕地只有收粮对半分？＝分家之后自己一个人耕不了地，就让其他分家的人来耕地，然后收粮给对方一半。这样的例子很少。

这种情况有特别的名称吗？＝叫伙种地。

上述情况和租别人的地耕作（自种地）的情况不一样吗？＝不一样。

哪里不一样？＝前者是收粮对半分，后者是除了交租金剩下的粮食都是自己的东西。

伙种地的情况不也是给对方一半收粮作为租金吗？＝不是租金。

有租别人的地然后把收成的一半付给地主的情况吗？＝租金要付钱。没有付一半收成的。伙种地的情况特殊。

不是耕作分家之后的地而是耕作完全不相关的人的土地，也叫伙种地吗？＝是。

分家之后大家一定要伙种地吗，不自种地吗？＝随便哪种都行，自种地比较多。

县里伙种地的情况多吗？＝少。

哪边伙种地比较多？＝没有区别。

【分家和土地分割】分家时土地分割的比例？＝按价格均分。

哥哥和弟弟，哥哥有两个孩子，哥哥去世后分家时按三人均分吗？＝按两人均分。

上述情景中，去世的哥哥的两个孩子也同时相互分家吗？＝不一定要分家。想分就分。

上述哥哥的两个孩子分家时，要再把土地均分吗？ ＝是。

还要做分家单吗？ ＝要。

如果哥哥和弟弟分家的同时，哥哥的两个孩子也要分家，要做多少分家单？ ＝弟弟和哥哥的两个孩子之间的分家单和哥哥的两个孩子之间的分家单共两份。

分家的时候不分体己地吗？ ＝不分。

【户长—当家的】一户的主人叫什么？ ＝户长。

以前就有户长这种说法吗？ ＝以前就有。

保甲制度实施前就有吗？ ＝有。

农民一般把户长叫什么？ ＝叫当家的。

不把户长叫家长吗？ ＝不叫。

什么样的人当户长？ ＝一户之中最重要的人当。

一户之中最重要的人是谁？ ＝一般是辈分最高的人。

同辈的人有两人以上的情况呢？ ＝年纪大的人当。

辈分最高且年纪是同辈最长也当不了户长的情况有吗？ ＝有。

什么时候当不了？ ＝比如年纪太大干不了活时。

上述情况在保甲簿上不把他写成户长吗？ ＝不写。

有那样的例子吗（辈分高也当不了户长）？ ＝向阳村的段家。

段家谁当户长？ ＝三子当。长兄去世后和二哥一起生活。

当家的去世了之后一般谁来做当家的？ ＝第二重要的人物。

女人也可以当户长吗？ ＝可以。

哥哥和弟弟，哥哥是户长，哥哥去世后，是哥哥的儿子当户长，还是哥哥的弟弟当户长？ ＝哥哥的弟弟当。

弟弟把户长让给哥哥的儿子当也行吗？ ＝可以。

有实例吗？ ＝陈各庄一家姓李的人家。

这样的情况多吗？ ＝少。

户长哥哥和弟弟，哥哥去世后，祭祀哥哥的，是哥哥的儿子还是弟弟？ ＝哥哥的儿子作为主人祭祀。

【旗地和买卖】县里有过不能买卖的土地吗？ ＝旗地不能。

不用卖这个字，实际上也有买卖旗地的情况吧？ ＝用推或者退字。

以前是旗地，现在卖这种地的时候也用推或者退吗？ ＝现在写作卖或者典。

3 月 11 日

地点　　商会

【家族和独立劳动】在板桥村，一户里除了户长，有人租其他人的地自己耕作吗 ＝有。

比如哪一家＝李景贤。

在板桥村这样的情况多吗？＝以前挺多的，现在分家之后很少有了。

李景贤的户长是谁？＝李春荣。

李春荣家里住了多少人？＝十一二人。只有春荣的两个孩子和其妻子。

李景贤是第几个孩子？＝第二个。

李景贤从别人那里租了多少地？＝约七八亩。

李春荣家里耕着多少亩地？＝约八九十亩。

那八九十亩是谁在耕作？＝春荣和他的两个儿子一起耕作。

景贤的七八亩地是景贤一个人耕作吗，父亲和哥哥会帮忙吗？＝父亲会帮忙。哥哥是一起耕作。

那七八亩和之前的八九十亩是分别算吗？＝八九十亩是家里的东西，那七八亩是分别算。

那七八亩是景贤一个人借的，还是和哥哥一起借的？＝和哥哥一起借的。

景贤可以不和哥哥一起，自己一个人借吗？＝可以。

自己家里都有八九十亩要耕作，还有耕那七八亩的时间吗？＝八九十亩是雇人耕作，有空就来耕这七八亩。

那七八亩的收成是父亲春荣的所有物吗？＝不是，是兄弟两人的。

那七八亩的收成兄弟怎么分？＝对半分。

那七八亩的收成全部卖掉吗？＝卖。

谁来卖？＝分了收成就各自卖，没分就两人中一人和别人商量卖掉。

卖粮得的钱是谁的？＝兄弟两人的。

父亲不拿吗？＝不拿。

七八亩的收成中只供自己吃的那部分要给父亲吗？＝不给。

县里像李景贤那样自己耕作别的地的例子多吗？＝有是有，不是很多。

以前就有这样的例子吗？＝以前就有。

【金融方法】像要结婚或者办葬礼的时候，是大多卖自己的地、还是不卖地向别人借钱？＝大多是卖地。

有办葬礼的时候大多卖地、结婚的时候大多借钱的情况吗？＝结婚时借钱的多。

为什么呢？＝结婚的时候只需要一些钱就好，办葬礼的时候需要很大一笔钱。

要很多钱的时候，为什么不借钱而卖地呢？＝借很多钱每年要算利息。

【指地借钱】有不卖地而是把土地担保借钱的情况吗？＝有。

这种情况叫什么？＝指地借钱。

指地借钱时要把土地给贷主吗？＝不给土地，给契约书。

还不了钱的时候那片地会怎样？＝交给贷主。

贷主得到地之后可以随意卖给其他人吗？＝不能。要是借主还钱了，就要把地还回去。

【土地买卖状况】县里买地的人大多是固定的吧？＝有钱人买。

买很多地的有钱人有谁？＝现在有钱也不买地。

为什么？ ＝买地时要交钱（税契费）、做契约的时候要给监证人交钱（监证费）、每年还要交田赋。

以前就会买地？ ＝是的。

以前不用交上面那些费用吗？ ＝民国十九年以前不用监证人的费用。民国二十年以前的税契费很便宜。到民国二十年为止田赋也很便宜。

不愿意买地是从事变前开始，还是事变后开始？ ＝事变后。

事变后为什么不怎么买地了呢？ ＝田赋和税契费变高，会钱也要多交。

最近县内土地买卖多吗？ ＝多，亩数大的比较少，但是亩数小的交易就很多。

最近逐渐变多的吗？ ＝逐渐变多。

和事变前比起来呢？ ＝事变前多。

为什么事变后变少了呢？ ＝有钱人不想买地，农民只要能靠收成果腹，是不想卖地的。

为什么有钱人不想买地？ ＝田赋增加了。

【同族的先买权】卖地的时候要先卖给同族吗？ ＝以前是必须要的，现在卖给谁都行。

顺义县内有村子里地必须卖给同族的吗？ ＝有。

哪里的村子？ ＝稷山营村、马卷村、白庙村、桑园村、寺上村、古城村、马家营村等。

县内那样的村子多吗？ ＝多。

同样的价格可以不卖给同族而自由卖给其他人，这样的例子在哪个村有？ ＝这种不是看各村，而是看各家情况。重视礼教的人就一定会卖给同族。

农民觉得不卖给同族，心里过意不去吗？ ＝是。

不卖给同族卖给别人，就会被农民说闲话吗？ ＝会。

不卖给同族卖给别人的情况多吗？ ＝渐渐变多了。

【说合人、中保人】有买卖土地的时候处于买主和卖主之间负责一些事的人吗？ ＝有。

那种人怎么称呼？ ＝农民叫说合人又叫中保人。

一定需要说合人或者中保人吗？ ＝一定要。

说合人或者中保人都要做什么事？ ＝说合人是中介。中保人在卖主买卖交易之后不承认的时候要做证明。两者都要在证书上写明名字。代字人也要写名字。

【买卖契约】卖地的时候一定要做证书吗？ ＝是的。

证书又叫什么？ ＝契约，农民之间又叫文书或者契纸。

证书上要写什么 ＝土地坐落、四至、价钱、随带原契（交原有的契约）、立契年月日、买主、卖主、中保人、代字人、说合人的名字，现在监证人的名字也要写。

上述契约做几份？ ＝做一份，买主保存。

【更名—税契】买卖土地时为了更改那片地的名义要去哪里申请？ ＝监证人到县那边申请。

买地的人不用申请吗？ ＝改粮名的时候需要申请。

改粮名的申请叫什么？ ＝叫更名。

不叫过割吗？＝农民叫更名。

去哪申请？＝原来是田赋征收处。现在还没定。

不久之前不是不用到田赋征收处而到别的地方申请吗？＝去粮房。

知道里书、社书这种说法吗？＝不知道。

粮房在县公署里面吗？＝在县城里有四五处。

在哪呢？＝北街、西街、南街。

为了把土地归于自己名义，买主需要到哪里去申请？＝由监证人申请。

那叫什么呢？＝田、房交易月报每个月会向县那边提出。

税契是监证人做还是买主做？＝买主自己做，和监证人无关。

农民一般把税契叫什么？＝税契（发音为顺契）。

买卖土地时农民是不是大部分都不做税契？＝原来不做税契的很多，现在很少。不做税契的叫白头契。

买卖之后一定要更名吗？＝不更名的也有。那种情况地在卖主名义下，实际上交田赋的是买主。

更名和不更名哪种情况更多？＝更名的更多。

不更名的也比较多吗？＝比较多。

土地买卖时一定要写证书吗？＝一定要。

有不做证书进行买卖的情况吗？＝没有。

【原契】卖地时一定要附上原契吗？＝买主一定要让他附上。

没有原契的情况怎么办？＝一定有原契。如果卖主忠厚老实的话，没有就算了，不老实的话，要把写有说明丢失原契的文书交给买主。

有地的人是不是很多人都没有当初买地时候的契约了？＝没有契约的非常少。像有几个人兄弟分家之后兄弟其中一人持有原契，其他人没有的情况倒是有。这种情况不用交原契。

【契约意义】为什么一定要契约呢？＝为了防止日后纷争。

土地交易之后又不买或者不卖的争端有吗？＝有是有，挺少的。

有听说过买卖成立但是不做契约的吗？＝没听说过。

【推一退】收了钱给别人地，除了买卖还用其他的词吗？＝没有。

说推或者退是什么情况？＝旗地的耕作者没有所有权而有永租权，把永租权卖给别人的时候就叫推或者退。

现在卖原来是旗地的地也叫推或者退吗？＝现在不这么叫。

【佃农—租地】借别人的地耕作叫什么？＝叫租地。农民这么叫。也叫大租地。

租地的人是交钱的多，还是交收获物的多？＝交钱的多。

有交收获物的情况吗？＝很少。

交钱和交收获物的称呼不一样吗？＝交钱叫租子，交收获物叫交粮。

不管交钱还是交粮都叫租地吗？＝都叫租地。

交收获物时没什么特别名称吗？＝没有。

租地时要做证书吗？ ＝不做，都不做。

租地是会规定一年两年的期限吗？ ＝规定一年。

有说好租一年以上的情况吗？ ＝完全没有。

以前也是这样吗？ ＝以前也是这样。

以前也没有约好租两三年的吗？ ＝没有。

到一年的期限结束后，地主可以不和上一年耕作的人商量就租给别的人吗？ ＝可以。

这样的例子多吗？ ＝多。

租子是约好租地的时候付，还是收获后付？ ＝约好租地的时候付。收获后付的很少。

交粮也是事先付吗？ ＝收获后付。没有约好租地的时候就付的。

租子一般是多少钱？ ＝一亩约十七八元。

最贵的要多少钱？ ＝一亩二十六七元。

县内根据地方不同有贵的地方和便宜的地方吗？ ＝有。

都在什么地方？ ＝土地好的贵、土地差的便宜。没有地方差别。

交粮一般交多少？ ＝一亩玉米或者五斗高粱等（市斗）。

最贵的呢？ ＝一亩交约七斗。

【伙种地】有把收获物的一半给地主的例子吗？ ＝租地的时候没有。伙种地时有。叫伙分粮。

伙种地的时候要做证书吗？ ＝不做。

伙种地的时候也有一年两年的期限吗？ ＝期限一年。

完全没关系的两个人之间也可以有伙种地关系吗？ ＝有。我和何长江就一起伙种地。

何长江和您是什么关系？ ＝邻居。没有亲戚关系。

伙种地的时候种子和肥料谁出？ ＝何出。我只出地。

农具之类的用谁的？ ＝用何的。

伙种地和租地哪里不一样呢？ ＝租地时要交租金，伙种地时不交租金。

伙种地和交粮有哪些区别？ ＝交粮是约定不管当年收成如何，都要交一定的粮食，但是伙种地一般是收成对半分。不过也有伙种地约定要交一定额的粮食的情况。

一开始就约好交一定粮食的情况，为什么不叫租地而叫伙种地呢？ ＝伙种地里有友谊。

没友谊的人之间就不做伙种地吗？ ＝不做。

耕作他人的土地时有从地主那里借骡马驴或者农具，或者得到种子肥料来耕作的情况吗？ ＝没有，以前就没有。

听说过吗？ ＝也没听说过。

有耕地主的地，住在地主院子里的例子吗？ ＝没有。

【永佃—佃农】知道佃农这个词吗？ ＝知道。

佃农指什么？ ＝租旗地或者别人的地自己耕作的人。

以前是只指租旗地耕作的人吗？ ＝两种都指。

现在也用佃农这个词吗？ ＝农民叫租户。不知道佃农这个词。

有只要一直交租或者交粮地主就不能收回的土地吗？ ＝没有，以前也没有。

知道永佃这个词吗？ ＝知道。

永佃是什么意思呢？ ＝耕作旗地。能够永久耕作。

县内以前就有永佃吗？ ＝没有。

顺义县里旗地很多，那些耕作者以前没有永佃权吗？ ＝以前有。叫佃农或者租尸。

那些佃农在顺义县是什么时候没有了的？ ＝现在也有。耕作着雍和宫香灯地的人是佃农。

除此之外的佃农是什么时候没有了的？ ＝约民国二十七年。

在那之前，那些佃农耕作的土地都被收回了吗？ ＝接受政府分配变成了自己的地。

雍和宫的香灯地有多大在哪一片？ ＝在白浪河村那片，亩数不知道。大概有几顷吧。

【转租】有租着别人的地耕作的人收钱再把那块地转给别人耕作的例子吗？ ＝有。

有很多吗？ ＝不多。

知道那个例子是哪个村的吗？ ＝仁和镇的陈某。

陈某是怎么把从别人那里借来的地又转借给其他人的呢？ ＝低价租了地主的地之后高价卖出。

像陈某那样把从别人那里借来的地又转借给其他人的行为叫什么？ ＝叫转租，农民也这么说。

县内转租的例子多吗？ ＝不多。

【押租钱】在约好租地的时候，除了向地主交租金和交粮之外还会给一定的钱吗？ ＝不会。

知道押租钱这个词吗？ ＝知道。定了年限就有押租钱。例如约好五年期限对方却三四年的时候就不干了，那就不会把押租钱还回去，租到期限满就会把押租钱还回去。

借土地的时候没有押租钱吗？ ＝没有。县城内一般借房子的时候会有押租钱。

【田赋】农民交的田赋是以什么为标准的？ ＝以亩数为标准。

在顺义一亩要交多少钱？ ＝一亩银子四分（现在换算的话约九钱二厘），交到省里。

县那边一亩去年是二十五钱，今年约五十钱。

有交田赋的时候农民不会每个人都过来，而是某个人收好统一交过来的例子吗？ ＝有。

谁来收钱？ ＝乡长收好交过来。只有下西市村这么做。

其他的村子以前也没有这样的例子吗？ ＝没有。

下西市村这样的是从以前就这样吗？ ＝我记得是从民国八九年时开始的。

有和田赋一起收的税吗？ ＝有。

什么税？ ＝只有田赋附加税。

【借钱】有村里一半以上的人家都不借钱的村子吗？ ＝有。

有很多吗？ ＝不少。

村里一半以上的人家都借钱的村子多吗？ ＝不多，挺少。

比如哪个村？ ＝西水泉村。

在县里也算富裕的村子是哪些？　＝沟北村、白浪河村的中后营村。

借钱的时候做证书和不做证书的情况哪种多？　＝以前不做的比较多，现在不做的比较少。

为什么做证书的多了呢？　＝防止之后起纷争。

什么时候不做证书？　＝借钱金额很少的时候，比如就几十块钱的时候。

同族之间也要写证书吗？　＝因人而异。老实忠厚那就不需要做。

证书上要写谁和谁的名字？　＝放钱人、借钱人（使钱人）、介绍人、代字人。

【利息】借钱的时候利息一般是多少？　＝月息二分、年利二分五厘。

县内最高的利息是多少？　＝月息三分。

借一百块收却只收到九十元，证书上却写着借一百块，并且利息也按一百块计算的例子有吗？　＝没有。有先收利息的情况，比如年利二分的时候一百块就收取八十元，到期还一百元的例子。这叫例扣利。

有每个月付原来利息中一定金额的例子吗？　＝有，不过很少。

那种情况叫什么呢？　＝没什么特别名称。

有每天付息的例子吗？　＝没有。

【典】有借钱的人把自己的地给贷主耕作，然后约好还钱的时候收回这块地的情况吗？　＝没有。和那类似的就是典。

典不是借钱的时候做吗？　＝借的时候不做。典也叫当。

典的时候不卖地吗？　＝不叫卖。

出典的土地是典出的人的东西还是受典的人的东西？　＝既是典出人的东西，也是受典的人暂有的东西。

需要钱的时候是典自己的地还是指地借钱比较多？　＝典更多。

【代还—中保人】有借钱的时候约好不由借主还钱而是其他人代还的情况吗？　＝有。

非常多吗？　＝不多。

以前就有吗？　＝有，但是不多。

代借主还钱叫什么？　＝叫代还或者替还。

借钱的时候在两人之间有协商一些事的人吗？　＝有介绍人。

没有中人或者中保人的叫法吗？　＝介绍人又叫中保人。

中保人在借主不还钱的时候一定要代为还钱吗？　＝要。

中保人和代还不一样吗？　＝是一样的。农民又把代还叫偿命人。

介绍人在借主不还钱的时候需要代为还钱吗？　＝有的时候介绍人就是中保人，一般是不同的两人。两边都要代为还钱。

证书上面要写代还某某或者偿命人某某吗？　＝写成中保人、介绍人，不写代还或者偿命人。

【担保的种类】有借钱的时候借主把自己的农具或者马、驴交给贷主的例子吗？　＝没有。

以前也没有吗？　＝没有。

有借钱的时候约好借主还不了钱的时候就把自己的农具或者马、驴交给贷主的例子吗？ ＝没有。

【辨济的方法】有借钱的时候不卖自己的地，但是做好买卖契约放在地主那里的例子吗？ ＝没有。

有借钱但是却还一些谷物或者其他农作物的情况吗？ ＝有。

有约好借谷物但是还钱的例子吗？ ＝有。

有很多吗？ ＝不多。

县内的哪个村子有？ ＝哪个村子都有。

板桥村也有吗？ ＝有是有，但不知道是哪一家。

借谷物的时候要付利息之类的吗？ ＝要，比如春天借谷物一斗三元的话，就约好秋天按三元五十钱还。

3 月 12 日

地点　　商会

【交粮】交粮是指什么？ ＝借地的时候商量好把收获物分给地主。

农民把这种收获物交给地主的行为叫什么？ ＝叫交粮。

那时带过去的东西叫什么呢？ ＝叫粮。

【动产金（当）】有当衣物或者其他家具之类的吗？ ＝以前有，现在没有。

具体怎么做？ ＝把东西当进去时从当铺那里收钱，还收到一枚证书，之后还钱时可以拿回当进去的东西。要算利息。

以前有是指到什么时候为止还有？ ＝民国二十七年以前。

从当铺收到的一枚证书叫什么？ ＝当票。

当票上写什么东西？ ＝当东西的年月日、当的东西的品名和数量、收取的金额、字号（当铺的号）。

不写期限吗？ ＝期限都是定的，在一开始就写着。

当的利息？ ＝每月二分。

贵的呢？ ＝每月三分。

期限有多久？ ＝一般三年。

期限到了也还不了钱的时候，当掉的东西就是当铺的东西吗？ ＝是的。

那时当铺可以不和当东西的本人商量就卖掉那个东西吗？ ＝可以。

顺义县有多少当铺？ ＝原来城内有两个、杨各庄有一个。

在农民之间不当东西吗？ ＝不当。

当掉的一般是什么东西？ ＝衣物、农具、家具、珠宝。

农民以前当农具的情况多吗？ ＝多。

现在农民之间有钱人也会收当掉的农具吗？　=没有。

农民之间借钱的时候要当什么东西吗？　=没有那样的情况，以前也没有。

【农产物交易—集市】要卖到县内的农作物有哪些？　=玉米、高粱、豆、谷子、麦。

从多到少排序的话 =玉米、谷子、高粱、豆、麦。

农民种的农作物一般卖到哪？　=交易场。农民叫集上、集市。在市上买卖东西叫赶集。

县里有多少交易场？　=原来有五个，现在有十个。

在哪些地方？　=原来的五个是在城内的县公署前、杨各庄镇、牛栏山镇、李遂镇、李家桥镇。现在的十个是把原来县公署前面的移到了新民公园，还有四个不变，剩下的是板桥村、张喜庄、东府村、天竺村、孙河镇。

从什么时候开始变成现在的十个交易场的？　=从三十一年开始。

现在除了在交易场就不能卖谷物了吗？　=不能卖。

在交易场外可以卖除了谷物的马和驴马吗？　=必须在交易场卖。

必须要在交易场卖的有什么？　=驴马、马、牛、骡、谷物。

在交易场出现之前是在哪里卖呢？　=交易场以前就有。

从什么时候开始？　=几千年之前就有。

两三年前是不是不叫交易场？　=不叫，叫集市。

从什么时候变成交易场了？　=三十年开始。

三十年前是不是不在集市卖谷物和家畜也可以？　=一定要在集市卖。

在集市以外的地方卖会怎么样？　=会罚钱。

不能把谷物带到县城的商店直接卖吗？　=在集市之外卖不了。

没有去农村直接卖谷物之类的人吗？　=没有。

【青苗卖（卖青苗）】有收获之前直接卖还种在地里的农作物的例子吗？　=有。

现在也有吗？　=有。

多吗？　=不多。

和以前比呢？　=现在比较多。

在收获前卖农作物叫什么？　=叫卖青苗。

谁来买？　=就是有钱的人。

同村的人吗？　=同村的人。

买的人也务农吗？　=是。

收获前买农作物的人一般不固定吗？　=不固定。

为什么卖青苗？　=急需钱。

卖青苗比收获后再卖价格便宜很多吗？　=比收获后便宜一些。

便宜多少？　=十分之一或二。

算钱的时候是怎么算收获量呢？　=估个大概来算。

定了大概但是收成比实际上少的情况要退钱吗？　=不退。

比实际多的话怎么办？　=多也不加钱。

难道不会估计得比每年收获量少很多吗？＝视作物情况而决定。

一般作物长到什么时候卖青苗？＝需要钱的时候，不管是苗还是马上收获，都没问题。

约好交易之后遇到水灾或者蝗害的时候，钱怎么办？＝钱不退，买家受损。

知道最近一次卖青苗的例子吗？＝两三年前有，现在没有。

【经纪】三十年前农民在集市买卖东西时，有在买家和卖家之间负责各种事务的人吗？＝有。

那种人被称为什么？＝叫经纪。

经纪会收多少手续费呢？＝不知道。

经纪非常赚钱吗？＝赚得多的就有钱，但是要向县那边交钱（牙税）。

【副业】农民除了务农之外还做些工作或者做些东西赚钱吗？＝会。

什么工作、做什么东西？＝编席、编筐、编柳（把谷物放进去的柳行李那样的东西），或者做砖。

上述的东西县内和地区有区别吗？＝编席是河东那片，编筐是河西那片，编柳是河东那片，做砖是河西那片。

【看青】有看守村子全体的农作物吗？＝雇一个人看守。

每个村子都有吗？＝都有。

看守叫什么呢？＝看青。

费用谁出？＝地主（地户）出。

地主不耕作也要出吗？＝原来不耕作的地主不用出，但是今年开始要出了。

今年开始没有自己的地而借别人的地耕作的人就不用出钱了吗？＝今年开始不用。

看青的费用就只收付给青夫的费用吗？＝不只是付给青夫的费用，某些时候还要收其他的钱。

比如什么时候收？＝治安不安定的时候，还有更夫，要收更夫的费用。

青夫是每个村一人吗？＝少则一两人，多的地方有七八人。

青夫走动看守的范围是固定的吗？＝是固定的。

只看守这个村子的人耕作的土地吗？＝是。

乙村的人耕作甲村人拥有的土地的时候，甲村的青夫不看守这块地吗？＝甲村的青夫看守。

乙村的青夫不看守吗？＝不看守。

看守的费用是乙村耕作的人出吗？＝乙村的耕种人出。

甲村直接向乙村的耕种人要吗？＝乙村的耕种人把钱拿来交给甲村。

甲村的人把自己的地卖给乙村的人，乙村人耕种的时候甲村的青夫看守那块地吗？＝甲村的青夫看守。

看守的范围叫什么？＝青圈。

从以前就是这个叫法没变吗？＝没变。

青苗会是什么时候出现的？＝很久之前。

青苗会是干什么的？＝保护村子全部的作物。

青苗会是看青的会吗？＝不是。

保护作物是做些什么事？＝雇青夫来看守。

【庙和和尚】有和尚的庙多吗？＝不多。

以前怎么样？＝挺多的。

以前大部分庙里都有和尚吗？＝都有。

是村里的人决定谁当和尚吗？＝不是。

想当和尚的人就能当吗？＝相当和尚的人要拜原来的和尚为师父才能当和尚。

师父同意了的话即使村里人反对也能当吗？＝没问题。

要是那个庙里以前一直没有和尚的话怎么才能当？＝要得到村里人的同意。

【庙的土地和管理】原来庙里有地吗？＝有。

原来庙里的地和村里的地不同吗？＝是。

现在庙里的地是村子的地吗？＝没有和尚的庙的土地会变成村公地。

有和尚的庙呢？＝那还是庙的土地。

成为村公地的地由谁来决定是卖给别人还是租给别人？＝乡公所决定。

成为村公地之前由谁决定？＝村公所决定。

有和尚的庙的地，由谁来决定是卖给别人还是租给别人？＝没有卖掉的。耕作是由和尚决定。

有和尚的庙的土地得来的租金和交粮都是和尚的东西吗？＝都是和尚的。

可以不和村民商量和尚自己用吗？＝可以。

把庙的地租出去或者把庙作为场地祭祀的时候，要和谁商量吗？＝租地的时候和尚自己决定；要修庙的时候要和村民商量出钱。

和尚的商量对象大多是定好的吗？＝和村公所的人商量。

原来有只作为和尚的商量对象的人吗？＝没有。

和尚去世后后继谁来决定？＝有徒弟的时候就由徒弟来继承；没有徒弟就由村民共同商量决定。

【钱会】有没有那种十个人每人每月出十元，然后用抽签决定总额一百元归谁的会？＝没有。

没有钱会吗？＝没有。

知道吗？＝知道，北京有。

有类似的组织吗？＝没有。

【树会】有没有什么会？＝树会（目的是造林，始于数十年前）。有果树园的村子有这个会。板桥村也有。

树会做些什么？＝保护树木（雇人看守）。

目的就只有看守吗？＝是的。

果树园的人都能进树会吗？＝都能。

没有什么限制吗？＝没有。

要交会费吗？＝包含在村里的会钱里。

你知道的有树会的村子有哪些？＝李家史山村、下西市村、板桥村（以上说的现在没有树会）。

【上供会】知道上供会吗？＝知道，农民叫吃会。

是做什么的会？＝祭祀关圣大帝、释迦牟尼、观音大师之类的会。

都做些什么？＝从村里人那里集资买贡品祭祀。祭祀完了之后，把贡品给交了钱的人吃。

管理上供会的人是固定的吗？＝固定的。

把那个人称为什么？＝没什么称呼。

至今有过上供会吗？＝不怎么清楚，民国二十五六年的时候板桥村有过，但是现在不知道。现在物价太高做不成了吧。

知道香头吗？＝不知道。

河北省顺义县第一区所管村落的分姓户口数

第　一　大　乡

大　东　庄

　东西大街

赵	一八		魏	一		李	六
王	五		许	一		宋	五
吕	三		屈	三		张	五
曹	一		苏	一		高	二
吴	一		桑	一		董	一
刘	二		杨	一			

　李家胡同

李	八		王	一		蔡	四
桑	一						

　苏家胡同

张	二		苏	二		屈	七
赵	一		孟	一			

　王家胡同

王	一		郑	九		郭	一
单	一						

　南北大街

郭	六		谭	二		许	一四
赵	三		尹	五		郑	二
姚	四		韩	一		单	二

邱	一		王	一		万	一
孙	一						

许家胡同

许	四		石	一		赵	一

村合计

赵	二三		许	一九		李	一五
郑	一一		屈	一〇		王	八
郭	七		张	七		宋	五
尹	五		蔡	四		姚	四
苏	三		军	三		吕	三
高	二		桑	二		刘	二
谭	二		魏	一		曹	一
吴	一		董	一		杨	一
孟	一		韩	一		邱	一
万	一		孙	一		石	一

共一四六家

户口册

民国三十年十月三十一日

户数　一四六户

男　　四三〇名

女　　四三八名

共　　八六八名

小　东　庄

张家胡同

赵	九		宋	七		崔	一
张	一八		史	一一		邱	一
李	二		何	一一		王	一
刘	二		傅	一一		宝	一
孙	一		张	一六			

王家胡同

赵	一		马	一		董	一
高	二		刘	二		谢	二
王	五		吴	一		骆	一

药王庙街

宋	九		杜	一		张	九
李	二		史	一〇		王	四
徐	二		李	一		赵	二

杨	一	仇	一	宝	一
宋	一一	冯	一	马	一
傅	一				

史家胡同

赵	一	史	二四	马	三
周	一	韩	一一	杨	三一
王	一	张	二一	李	一
郝	一	徐	一		

村合计

张	四五	史	三五	宋	一六
赵	一三	王	一一	李	六
马	五	刘	一三	徐	三
傅	二	宝	二二	谢	二
高	二	杨	二二	崔	一
邱	一	何	一	孙	一
董	一	吴	一	骆	一
杜	一	仇	一	朱	一
冯	一	周	一	韩	一
郝	一				

户口册

民国三十年二月

户数 一六四户

赵古营

丁字街

石	三	姚	一		

刀兔胡同

姚	二	于	一	石	一六
赵	二	杨	三	康	一

湾胡同

姚	二	赵	二		

钩胡同

石	八				

前大街

高	一	黄	二	冯	一
万	二	石	七	姚	一二
单	一	刘	一	赵	五
孟	一	许	四	葛	二

张	一	董	一	苏	一
白	一	马	一		

中　小　街

赵	九	石	三	姚	八
刘	一	白	一	马	一

西　横　街

姚	一一	李	二	石	二
赵	一一	董	一一	卢	二
杨	一	门	一		

村合计

石	三六	姚	三六	赵	一九
许	四	杨	四	黄	二二
万	二	葛	二	董	二二
白	二	刘	二	马	二二
李	二	卢	二	门	一一
于	一	康	一	高	一一
冯	一	单	一	孟	一
张	一	苏	一		

户口册

民国三十年十月三十一日造

户数　一二四户

男　三七六人

女　三七三人

共合　七四九人

石　门　村

刘　家　街

		王	一		
刘	九	杜	二	景	一
李	八				

任　家　街

李	六	任	五

景　家　街

李	五	刘	二	景	二
余	一	宝	一		

李　家　街

李	九	全	一

关帝庙前街

李	六	马	一	刘	一

景	一	王	一		

关帝庙街

杨	六	李	八	樊	四
王	一	杜	一	聂	一
赵	一	金	一	吴	一
刘	五	任	一	张	一

全村合计

李	四二	杜	三	袭	一
刘	一七	王	三	赵	一
任	六	金	二	张	一
杨	六	余	一	马	一
景	四	宝	一	樊	四
吴	一	计九四户			

户口册

三十年十月三十一日现在

户数　九七户（内三户移住）

男　一七三人

女　二三一人

计　四〇四人

沙井村

前街

李	一一	孙	一	杜	一
崇	一一	张	二	刘	二
王	二	任	一	赵	二
杨	一				

中街

周	一	杜	二	杨	五
张	三	李	二	赵	一

后街

杜	四	柳	一	景	一
柏	一	杨	五		

张家胡同

杨	一	张	四	赵	二
孙	一	傅	一		

刘家胡同

刘	五	孙	一		

张家胡同

张	三	吴	一	杨	一

总　计

李	一三	杨	一三	张	一二
刘	七	杜	七	赵	五
孙	三	王	二	崇	一
任	一	柳	一	景	一
柏	一	傅	一	吴	一
周	一	共七十户			

户口册

三十年十月三十一日现在

户数　七〇户

男　一九三人

女　二一四人

计　四〇七人

第 二 大 乡

河南村第一保

北关帝庙街

陈	一	段	一	于	七
王	一五	邵	一	刑	一〇
李	一	杜	一	姚	八
孙	三	张	一八	韩	一
毛	一	董	一	周	一
崇	一	邓	一	刘	一
石	一	杨	一		

药王庙街

吴	一	尹	一	张	六
杜	二	刘	二	董	二
杨	二	姚	四	刑	一
侯	一	王	一	马	一
石	一	许	一	李	一

总　计

张	二三	王	一六	姚	一二
邢	一一	于	七	杜	三
孙	三	刘	三	董	三
李	二	石	二	杨	二
段	一	邵	一	韩	

毛 一	陈 一	周 一
崇 一	邓 一	吴 一
尹 一	侯 一	马 一
许 一	共一百户	

户口册
户数 一〇〇户
男 二四二人
女 二三四人
共 四七六人
河南村第二保
　药王庙街

于 一	姚 五	张 八
刑 一	王 一一	崇 一
胡 一	通 一一	许 二
杜 九	李 二	刘 三
赵 一		

　二郎庙街

汤 一	张 一〇	王 二六
吴 二三	姚 三	李 二三
常 一	邵 一	崇董 一
许 二	刘 二	孟 一
巩 一	苏 一	

　总　计

王 三七	张 一八	杜 九
姚 八	刘 五	崇 四
许 四	李 四	吴 三
于 一	刑 一	胡 一
通 一	赵 一	汤 一
常 一	邵 一	董 一
巩 一	孟 一	苏 一

户数 一〇四户
男 二五三人
女 二六四人
计 五一七人
河南村第三保
　小　营　村

王 五五	刘 八	张 六

崇　四
高　二
杨　二
阮　二
潘　一
黄　一
任　一

袁　三
段　三
李　二
常　一
吴　一
茹　一

董　二
邱　二
于　二
屈　一
姚　一
朱　一

户数　一〇〇户
男　二八七人
女　二七七人
计　五六四人
河南村第四保
小　营　村
王　二
关帝庙街

胡　三
张　八
刘　四
于　二
姚　五
赵　一
朱　一二
巩　六

黄　一
黄　二
李　二
杜　七
贾　二
单　一
阮　一
魏　一
杨　一

胡　二
王　三八
许　一
治　一二
段　二
蔡　二
何　一
谢　一

总　计
王　四〇
巩　六
刘　四
治　二
段　二
许　一
阮　一
谢　一

张　八
胡　五
黄　三
于　二
蔡　二
单　一
何　一
杨　一

杜　七
姚　五
青　二
贾　二
朱　二
赵　一
魏　一
共　一〇〇户

户口册
户数　一〇〇户
男　二五一人
女　二八三人
共计　五三四人

河南村第五保

白　家　街

巩	一〇	李	三	姚	一
王	五	梁	一	盛	一
朱	九	刘	二	黄	一
田	一	岳	一	贾	一
宋	二	于	一	赵	
郭	一	郝	二	唐	一
张	一	陈	一		

关帝庙街

张	四	董	一	侯	一
李	一一	袁	一	唐	一
谢	一二	黄	一	周	一
马	二四	王	三	巩	一
田	一	吴	一	刘	一
杭	一	赵	一	姚	一三
杜	五	茹	一	仇	一
盛	一				

总　计

李	一四	巩	一一	朱	九
王	八	张	五	杜	五
姚	四	马	四	刘	三
盛	二	黄	二	田	二
宋	二	赵	二	郝	二
唐	二	谢	二	梁	一
岳	一	贾	一	于	一
郭	一	陈	一	董	一
侯	一	袁	一	周	一
吴	一	杭	一	茹	一
仇	一				

共计九三户（户口册没有总数）

河南村第六保

姚	二八	刘	一八	李	一四
张	九	赵	六	徐	三
周	三	高	三	于	三
谢	二	宋	二	黄	一
董	一	关	一	白	一
范	一	胡	一	茹	一

杜	一	傅	一	万	一
曹	一	陈	一	史	一

共计　一〇四户
男　二九〇人
女　二六九人
共　五五九人

河南村第七保

　黄　家　街

孟	一	巩	八	孙	九
王	一八	宋	二六	佟	一一
黄	四一	张	一六	贾	一一
赵	一三	刑	一	李	一一
于	一	徐	一	高	一一
刘	一	吴	一	姚	一一
杜	一	耿	一五	林	一一
彭	一	田	一四	樊	一
傅	一	锥	四		

　太　平　街

刘	三	张	二	李	一二
韩	二	王	三		

　总　计

黄	四一	李	一三	王	一一
孙	一九	巩	三八	张	一八
耿	一五	锥	四四	田	四二
刘	一四	赵	四三	宋	二一
韩	二二	孟	一一	佟	一一
贾	一一	刑	一一	樊	一一
傅	一一	于	一一	徐	一一
吴	一一	姚	一一	杜	一一
林	一	彭	一	高	一

共计　一二八户
男　三六四人
女　三七二人
共计　七三六人

河南村第八保

　东　南　街

杨	一〇	王	八	李	七

张	六	黄	六	陈	四		
于	四	朱	三	刘	二		
周	二	高	二	林	二		
田	一	杜	一	任	一		
陆	一	石	一	晏	一		
纪	一	邱	一	甯			
曹	一	计六六户					

河南村共计

户数　七九四户

男　二一五九人

女　一九六九人

共计　四一二八人

胡　各　庄

　王家大街

王	一五	范	三	张	三
鲍	一	胡	二	屈	一
苏	四	马	三	段	一
葛	三				

　东王家胡同

王	六

　西王家胡同

王	四	陈	一

九　圣　庵

鲍	一	赵	三	葛	二
张	一五	王	三	石	二
段	一	茹	一	陈	二

　全村合计

王	二八	张	一八	葛	五
苏	四	范	三	马	三
陈	三	赵	三	鲍	二
胡	二	段	二	屈	一
石	一	茹	一	吴	一
计七七户					

户口册

十月卅一日现在

户数　七七户

男　二二九人

女　二三六人
计　四六五人
十一月
户数　七七户
男　二二七人
女　二四〇人
计　四六七人

第 三 大 乡

军营村（军营乡）

九圣寺大街

性	一	崔	一二	杨	五
王	三	李	一二	刘	一
鲁	二				

杭家胡同

杭	二	鲁	一	崔	一
杨	一				

西大街

黄	三	李	一三	郭	二
刘	二	张	一		

张家胡同

张	三	郭	二	李	六
黄	一	王	一		

东前街

李	七	黄	四	张	八
王	一	崔	二	郭	八二
孙	一三	关	四	卢	一
刘	一				

东后街

李	一〇	关	一	蔡	四
郝	一一	卢	一	王	四
张	一一	刘	一	孙	一

总计

李	四八	崔	一五	张	一三六
王	九	黄	八	杨	五
郭	六	刘	五	关	五三
孙	四	蔡	四	鲁	三

卢	二	杭	二	性	一
郝	一	共一三二户			

户口册

户数　一三二户

男　三五一人

女　三七六人

计　七二七人

本各庄（军营乡）

　前苏家街

苏	一三	蔡	四

　后苏家街

苏	八	蔡	六	陈	四
蔡	一	丁	二	耿	一
李	一	康	七	闫	一
窦	一	史	一		

　西横街

张	二	冯	二	史	三
李	一	苏	一八		

　后苏家街

张	一	苏	一

　村合计

苏	四〇	蔡	一〇	康	七
陈	四	史	四	丁	三
张	三	李	二	冯	二
刘	一	耿	一	闫	一
窦	一	计七九户			

户口册

三十年十月卅一日现在

户数　七九户

男　二四〇人

女　二四〇人

计　四八〇人

石各庄

　东四大街

崇	一	秦	一	段	一
陈	二	杜	三	董	一
赵	二	马	一一	胡	一

雷	一	吴	四	王	二
靳	一	金	二		

东马家胡同

马	五	吴	一

南小街

赵	四	董	一	刘	一
张	一	茹	一	杨	一

靳家胡同

靳	四	赵	一	董	二

全庄合计

马	一六	赵	七	吴	五
靳	五	董	四	杜	三
陈	二	王	二	金	二
崇	一	秦	一	段	一
刘	一	张	一	茹	一
杨	一	胡	一	雷	一
		计五五			

户口册

十月卅一日现在

户数　　五五户

男　　一四八人

女　　一四八人

计　　二九六人

十一月现在

户数　　五五户

男　　一四八人

女　　一四七人

计　　二九五人

仓 上 村

北 大 街

于	一	祖	二	吕	一
果	一	单	三	李	二
杜	三	吴	一	冯	一
王	二				

中李胡同

赵	一	李	二	王	一

南 大 街

张	二	冯	七	赵	二
吴	四	王	七	杨	一
兰	四				

南北大街

兰	一	张	一	王	一

东李胡同

李	二	兰	五	彭	二
王	二				

村合计

王	一三	兰	一〇	冯	八
李	六	吴	五	单	三
杜	三	赵	三	张	三
祖	二	彭	二	于	一
吕	一	果	一	杨	一

共六二户

十月三十一日

户数 六〇户

男 一六九人

女 一八六人

共 三五五人

杜各庄村

东西大街

李	三七	王	四	杨	二
任	一一	赵	一一	陈	二
傅	二	张	二	裴	一
康	一	于	一	徐	一

霍家胡同

霍	七	常	二	徐	一
秦	一				

裴家胡同

裴	一五	和	一	赵	一
李	三	霍	一		

王家胡同

裴	一	王	八	佟	一

共一〇七户

村合计

李	四〇	裴	一七	王	一二
赵	一二	霍	八	杨	二
陈	二	傅	二	张	二
徐	二	常	二	任	一
康	一	于	一	秦	一
和	一	佟	一	共计一〇七户	

户口册

十月卅一日现在

户数　一〇七户

男　二九二人

女　三一〇人

计　六〇二人

梅沟营村

　南北大街

刘	三四	韩	一	王	二
宋	一	赵	一	牛	二
张	二	葛	一	马	一

　大庙小街

许	二	刘	一〇	张	一
李	一				

　村合计

刘	四四	张	三	王	二
韩	一	宋	一	赵	一
牛	一	葛	一	马	一
许	一	李	一		

户口册

十月卅一日现在

户数　五八户

男　一六八人

女　一七八人

共　三四六人

十二月

户数　五八户

男　一七三人

女　一七八人

共　三五一人

沙 坨 村
　后 街
　　　焦　九　　　　　　　刘　一
　中 街
　　　岳　一　　　　　　　杨　三　　　　　　　焦　四
　　　苏　一四
　前 街
　　　焦　二　　　　　　　刘　四　　　　　　　苏　一
　　　吴　二一　　　　　　杨　五
　东 南 街
　　　焦　八　　　　　　　梁　一
　全 村 合 计
　　　焦　二三　　　　　　杨　八　　　　　　　刘　五
　　　苏　五　　　　　　　岳　一　　　　　　　吴　一
　　　梁　一　　　　　　　计四四户

杨 家 菅
　童家胡同
　　　童　五　　　　　　　赵　一　　　　　　　刘　一
　东四大街
　　　张　三　　　　　　　王　二　　　　　　　朱　一
　　　刘　五　　　　　　　杨　二　　　　　　　单　一
　王家胡同
　　　刘　一　　　　　　　张　四　　　　　　　王　三
　北刘家胡同
　　　刘　一六　　　　　　赵　五　　　　　　　郭　一
　　　李　一
　北列家胡同
　　　李　一　　　　　　　童　一　　　　　　　姜　一
　　　季　一　　　　　　　张　一
　季家胡同
　　　季　六
　杨家横街
　　　杨　五　　　　　　　刘　一　　　　　　　王　一
　程家胡同
　　　程　一二　　　　　　常　一
　南 横 街
　　　程　五　　　　　　　刘　一

西　抗　沿
　　程　　六　　　　　　薛　　一
南刘家胡同
　　程　　二　　　　　　魏　　一　　　　　　刘　　五
西刘家胡同
　　孙　　一　　　　　　刘　　九　　　　　　王　　三
　　程　　一　　　　　　李　　一
常家胡同
　　冯　　一　　　　　　路　　一　　　　　　常　　三
　　张　　一
村合计
　　刘　三四　　　　　　程　二六　　　　　　张　　九
　　王　　九　　　　　　杨　　七　　　　　　季　　七
　　赵　　七　　　　　　童　　六　　　　　　常　　四
　　李　　三　　　　　　朱　　一　　　　　　单　一一
　　郭　　一　　　　　　姜　　一　　　　　　薛　一一
　　魏　　一　　　　　　孙　　一　　　　　　冯　　一
　　路　　一　　　　　　共一二一户

望泉寺村
　王家大街
　　王　一一　　　　　　郭　　一　　　　　　张　　九
　　周　　一　　　　　　路　　四　　　　　　刘　一一
　　席　　一
　张家胡同
　　张　　七　　　　　　仇　　一　　　　　　刘　　一
　路家大街
　　路　　四　　　　　　冯　　一　　　　　　刘　一七
　　白　　一　　　　　　李　　一
　刘家大街
　　路　　五　　　　　　刘　一五　　　　　　朱　　三
　　王　　九　　　　　　许　　三　　　　　　吴　一一
　　李　　二　　　　　　胡　　一　　　　　　言　一一
　　郝　　一　　　　　　张　　二　　　　　　王　　一
　　刘　　五　　　　　　王　　五
　村合计
　　刘　四九　　　　　　王　二八　　　　　　张　一八

路	一三	李	三	朱	三
许	三	郭	一	周	一
席	一	仇	一	冯	一
白	一	吴	一	胡	一
言	一	郝	一	共一三七户	

民国三十年

户数　一三七户

男　三四四人

女　三七九人

共　七二三人

第 四 大 乡

北法信村

　富 贵 街

徐	一六	赵	五	王	三
崔	三	邵	三	李	一二
隋	一	刘	一	杨	二

　吉 祥 街

邵	四	李	一六	隋	一
徐	三五	乔	一	王	一五
员	二	殷	一	董	一
卞	一	史	一	尹	一
刘	一	量	一	朱	一
孙	一	张	一	杨	一
茹	一				

　孙 家 胡 同

王	一	邵	二	杨	一
孙	二				

　全 村 合 计

徐	五一	李	二八	王	一九
邵	九	赵	五	杨	四
崔	三	孙	三	刘	二
员	二	隋	二	乔	一
殷	一	董	一	卞	一
史	一	尹	一	量	一
朱	一	张	一	茹	一
计一三八户					

南法信村

关帝庙街

丁（兴隆寺）	一	刘	四	冯	三
隋	一二	茹	二	杨	三
吴	二	侯	九	王	五
金	一	罗	一	任	三
李	五	亢	一	张	五
乡	一〇	白	一		

白家胡同

员	二	孙	一	冯	二
白	七	肖	一	隋	二
尹	一	刘	一	韩	一
金	二	茹	一	康	一
侯	一	吴	一		

张家街

侯	七	赵	一	乡	五
张	一一	茹	二	隋	一〇
白	一	亢	一	李	一
朱	五	肖	一		

后营村

张	七	亢	三	王	一
刘	一	丁	一	大	一

杨家坟

杨	二	傅	一

张家窑

张	一

全村合计

隋	二五	张	二四	侯	一七
乡	一五	白	九	刘	六
王	六	李	六	冯	五
杨	五	茹	五	亢	五
朱	五	吴	三	金	三
任	三	丁	二	员	二
肖	二	罗	一	赵	一
孙	一	尹	一	大	一
韩	一	康	一		
傅	一	计一五六户			

刘　家　河

　关帝庙街

郑	三		金	一		刘	三七
李	八		徐	六		林	一
韩	二		苏	一〇		邵	一
孙	一		赵	四		马	一
邱	二		张	一		王	二
冯	二		史	五		吴	一
陈	一		田	一			

　北　后　街

刘	三二		张	三	杭	一
邱	二一					

　南　横　街

李	八		刘	八		路	一
徐	一						

　北　胡　同

李	二		苏	一		刘	一
孙	一						

　全村合计

刘	七八		李	一八		苏	一一
徐	七		史	五		赵	四
张	四		郑	三		邱	三
韩	二		孙	二		王	二
冯	二		金	一		林	一
邵	一		马	一		吴	一
陈	一		田	一		杭	一
路	一		计一五〇户				

户口册

户数　一五〇户

男　三七七人

女　三六六人

计　七四三人

东海洪村

　北沿大街

崇	一		梁	六		程	一
方	一		李	二七		邓	一三
魏	一		任	一		王	一

茹	九	雷	七	高	三

李家胡同

李	五	宋	二		

张家胡同

茹	一四	雷	四	郑	一
张	六	任	一	李	一

孙家胡同

孙	五	茹	三	张	三
雷	二				

茹家胡同

史	一	茹	五	张	三
宋	一				

北园

李	三	雷	三	徐	二
王	三	茹	一	刘	一

总计

李	三六	茹	三二	雷	一六
邓	一三	张	一二	梁	六
孙	五	王	四	高	三
宋	三	任	二	徐	二
崇	一	程	一	方	一
魏	一	郑	一	史	一
刘	一	共一四一户			

户口册

全村共　一四一户

男　三八五人

女　三五六人

共计　七四一人

西海洪村

北大街

李	四	孙	三	张	二
苗	三	王	五	周	二

西大街

王	七	赵	三	茹	九
刘	六	柏	一	张	一
吴	一	李	一四	孔	
孔	一	周	八		

全村合计

王	一二	周	一〇	茹	九
李	八	刘	六	孙	三
张	三	苗	三	赵	三一
朱	二	柏	一	吴	一
孔	一	计六二户			

户口册

一次共计　六六户
男　一七六人
女　一七六人
计　三五二人
二次共计　六六户
男　一八三人
女　一七七人
计　三六〇人
三次共计　六五户
男　一八三人
女　一七九人
计　三六二人

第　五　大　乡

衙　门　村

吉　祥　街

马	二	程	六	王	二三
赵	一五	杜	四	周	三
韩	一七	张	五	陈	一三
朱	一	杨	一	田	三七
净	一	范	一〇	李	一
邵	二	刘	二	茹	一四
沈	二	吕	一	郭	一
庞	三	三	一	隋	
孙	一				

大　平　街

韩	五	张	八	赵	二〇
邓	四	高	一	王	四
周	一	单	一	田	六
绵	一	李	一	祝	一

段　　三　　　　　程　　三　　　　　茹　　二
程　　一　　　　　路　　三　　　　　英　　二
邵　　二　　　　　靳　　四　　　　　董　　一
永　乐　街
程　　二　　　　　孙　　一　　　　　刘　　二
李　　四　　　　　王　　九　　　　　昆　　一
韩　　一　　　　　张　　八　　　　　樊　一一
杨　　二　　　　　史　　一　　　　　邵　　四
田　　四　　　　　赵　　四　　　　　马　　二
路　　一　　　　　薛　　一
安　乐　街
李　　一　　　　　杨　　一　　　　　韩　　五
赵　　一　　　　　程　　一
西　门　外
田　　五　　　　　韩　　二　　　　　王　　九
樊　　一　　　　　杨　　一　　　　　绵　　一
村合计
王　四五　　　　　赵　三〇　　　　　韩　三〇
张　二一　　　　　李　二〇　　　　　田　一八
樊　一二　　　　　程　一〇　　　　　范　一〇
邵　　八　　　　　杨　　五　　　　　马　　四
杜　　四　　　　　周　　四　　　　　陈　　四
刘　　四　　　　　郭　　四　　　　　路　　四
邓　　四　　　　　靳　　四　　　　　茹　三二
庞　　三　　　　　殷　　三　　　　　沈　二一
孙　　二　　　　　绵　　二　　　　　朱　一一
净　　一　　　　　吕　　一　　　　　三　一一
隋　　一　　　　　昆　　一　　　　　董　　一一
史　　一　　　　　薛　　一　　　　　高
单　　一　　　　　祝　　一　　　　　吴

衔门村的户籍统表
三十年十月
户数　二七四户
男　八〇九人
女　七六八人
计　一五七七人
三十年十二月

户数　二七四户

男　八一二人

女　七八一人

计　一五九三人

现在户数　二七四户

良正卷村

　　东　西　街

裴	四		郭	一二		董	三一
马	三		刘	二		杨	一四
程	一		张	一九		何	八
赵	七		王	八		茹	三
梁	三		谢	三		高	四
唐	四		周	一		万	一
卢	一						

　　关　帝　庙

马	二		张	四		高	一
郭	三		邓	一		和尚（长海）	一

　　（乡公所）

　　良正卷村合计

李	三一		张	二三		郭	一五
杨	一四		何	八		王	八
赵	七		马	五		高	五
裴	四		刘	三		茹	三
梁	三		谢	三		董	一
程	一		唐	一		周	一
万	一		卢	一		和尚	一

　　共计一三九户

妙尔卷村

　　永　顺　街

李	七		程	一八		陈	一

　　安　乐　街

李	六		赵	一		程	二

　　太　平　街

程	八		孙	一		李	七
王	一						

　　妙尔卷村合计

李	二〇		程	二八		陈	一

赵	一	孙	一	王	一

共计五二户

南　卷　村

小　中　街

邵	三一	孟	一	宋	三
茹	一一	王	一	岳	三一
赵	二	闫	一	张	一

岳　家　街

何	五	岳	二三	曹	一一
赵	一	刘	一	王	二
程	一	邵	四	张	四
徐	三	李	一	孙	一

村　合　计

邵	三五	岳	二四	曹	一一
张	五	何	五	宋	一三
赵	三	徐	三	王	三
茹	一	闫	一	刘	一
程	一	李	一	孙	一
孟	一	共九九户（户口册没有总计）				

三家店村（衙门村乡）

中　街

耿	一	陈	一一	张	三
谢	一	王	四	胡	三六
李	三	刘	三	高	一
宋	三	牛	二	孙	二
尹	二	赵	一	乔	一
郝	一	候	一	顾	一
徐	二	蒋	一		

前　街

陈	二	贾	二

后　街

刘	五	胡	一	陈	八
郭	一	顾	一	李	五
董	一				

村　合　计

陈	二一	李	八	刘	八
胡	七	王	四	宋	三

张	三	牛	二	孙	二
尹	二	顾	二	徐	二
贾	二	耿	一	谢	一
高	一	赵	一	郝	一
乔	一	候	一	蒋	一
郭	一	董	一	共计七六户	

户口册

三十年十月三十一日现在

户数　七六户

男　一八八人

女　一七八人

计　三六六人

泥　河　村

　康　德　街

康	一一	韩	一	员	一
乔	一				

　王道庙街

康	一〇	员	四	张	一

　南　北　街

员	八	李	三	周	五
张	一	康	二		

　康家胡同

周	二	员	一	康	二
杨	一				

　全村合计

康	二五	韩	一	员	一四
乔	一	张	二	李	三
周	七	杨	一	共计五五户	

户口册

户数　五五户

男　一四七人

女　一四〇人

计　二八七人

东杜兰庄

　南　大　街

郭	一一	于	一	尹	七
李	三	刘	一	吴	三

陈	一	王	一	邵	一
赵	一				

村合计

郭	一一	尹	七	李	三
吴	三	于	一	刘	一
陈	一	王	一	邵	一
赵	一	计三〇户			

（户口册没有总计）

西杜兰庄

北大街

曲	二三	徐	一	张	五
段	五	王	六	冯	一九
樊	一	周	一	杨	三
崔	三	马	三	郁	一
仇	一				

南胡同

王	二	乔	六	贺	一
曲	二	韩	一	冯	一

李家胡同

曲	一	李	一	董	一

南大街

崔	一	冯	三		

庄全体

曲	二六	冯	二三	王	八
乔	六	张	五	段	五
崔	四	杨	三	马	三
徐	一	樊	一	周	一
郁	一	仇	一	贺	一
韩	一	李	一	董	一

共计九二户

第 六 大 乡

马卷村

北大街

刘	一	七吴	二	陈	五
路	一	王	四	周	一
秦	二五	孔	一	郭	三

李　　一　　　　　闻　　二　　　　　董　　一

姜　　一

南　大　街

王　　八　　　　　闻　　一　　　　　范　　一

邵　　一　　　　　陈　　三　　　　　秦　　九

董　　一　　　　　员　　一　　　　　直　　四

刘　　四　　　　　焦　　九　　　　　姜　　一

马　　四　　　　　候　　二　　　　　杨　　一

段　　二　　　　　张　　三　　　　　吴　　一

彭　　二　　　　　郭　　一　　　　　李　　二

孔　　一　　　　　勘　　二　　　　　史　　一

胡　　一　　　　　苏　　八　　　　　赵

秦家胡同

路　　一　　　　　刘　　一〇　　　　任　　一

周　　二　　　　　杨　　一　　　　　郭　　六

傅　　一　　　　　张　　一　　　　　秦　　九

陈　　二　　　　　郑　　一　　　　　王　　七

西　小　街

厉　　一　　　　　李　　一　　　　　郭　　一

雷　　一　　　　　姜　　二　　　　　贾　　一

焦　　一

全村合计

秦　　四二　　　　刘　　三一　　　　王　　一九

郭　　一一　　　　陈　　一〇　　　　焦　　一〇

苏　　八　　　　　李　　四　　　　　姜　　四

直　　四　　　　　马　　四　　　　　张　　四

吴　　三　　　　　周　　三　　　　　闻　　三

路　　二　　　　　孔　　二　　　　　候　　二

杨　　二　　　　　段　　二　　　　　彭　　二

勘　　二　　　　　董　　一　　　　　范　　一

邵　　一　　　　　董　　一　　　　　员　　一

史　　一　　　　　胡　　一　　　　　赵　　一

任　　一　　　　　傅　　一　　　　　郑　　一

厉　　一　　　　　雷　　一　　　　　贾

计一八九户

户口册

户数　一八九户

男　五四三人

女　五四五人

计　一〇八八人

荆　卷　村

　　东　大　街

史	二五	田	一	景	二
何	一	荆	一	康	二
王	一				

　　荆家胡同

荆	七	赵	一	秦	三
李	一				

　　西　大　街

史	八	张	一	荆	一七
郑	一	杨	一		

　　史家胡同

史	五	荆	一	秦	二
杨	一				

　　郑家胡同

郑	五

　　全村合计

史	三八	荆	二六	郑	六
秦	五	景	二	康	二
李	二	杨	二	田	一
何	一	王	一	赵	一
张	一	计八八户			

户口册

十月三十一日现在

户数　九一户

男　二一六人

女　二三四人

计　四五〇人

武　卷　村

　　刘　家　街

刘	一三	穆	五	董	一

　　全村合计

同　上	计一九户

户口册

十月三十一日现在

户数　一九户

男　七九人

女　五九人

计　一三六人

十二月

户数　一九户

男　八〇人

女　五五人

计　一三五人

秦 卷 村

　秦 家 街

　　　秦　二〇　　　　　　　穆　二　　　　　　　邵　二

　　　崔　一

　全 村 合 计

　　　同　　上　　　　　计 二 五 户

户 口 册

十月三十一日现在

户数　二五户

男　七八人

女　七一人

计　一四九人

十二月

户数　二五户

男　七六人

女　七五人

计　一五一人

姚 卷 村

　周 家 湾

　　　李　八　　　　　　周　四　　　　　　王　二

　　　丁　二　　　　　　韩　二　　　　　　赵　二

　　　刘　一　　　　　　徐　一　　　　　　候　一

　全 村 合 计

　　　同　　上　　　　　计 二 三 户

户 口 册

十月三十一日现在

户数　二三户

男　六七人

女　七八人

计　一四五人

白　各　庄

　　西萧家街

　　　　萧　一〇　　　　　彭　一　　　　　秦　二

　　　　薛　三

　　中萧家街

　　　　萧　三　　　　　董　一

　　萧家胡同

　　　　萧　二

　　中萧家街

　　　　萧　七　　　　　宋　一　　　　　崔　一

　　　　张　二　　　　　薛　二　　　　　言　一

　　　　徐　一　　　　　霍　一

　　关帝庙街

　　　　董　一　　　　　李　六　　　　　萧　三

　　　　崔　一　　　　　张　三　　　　　宋　一

　　薛家胡同

　　　　薛　三　　　　　萧　二

　　总　　计

　　　　萧　二七　　　　薛　八　　　　　李　六

　　　　张　五　　　　　秦　二　　　　　董　二

　　　　宋　二　　　　　崔　二　　　　　彭　一

　　　　言　一　　　　　徐　一　　　　　霍　一

　　　　共五八户

户口册

户数　五八户

男　一六六人

女　一七六人

计　三四二人

姚　店　村

　　赵家胡同

　　　　赵　一　　　　　郭　一　　　　　蔡　二

　　　　汤　一　　　　　王　一

　　乾金胡同

　　　　赵　三　　　　　胡　一

拐棒胡同

| 郭 | 四 | 赵 | 一 | 董 | 四 |
| 胡 | 一 | | | | |

通明大街

田	一	吴	一	郭	一
马	三	蔡	五	赵	三
王	三	周	四	胡	四
裴	一	史	一		

东 横 街

孙	一	钮	一	郭	二
李	二	许	一	马	二
段	一	龚	一	胡	二
康	三	邓	一	鸟	一
石	一	赵	一		

全村合计

赵	九	郭	八	胡	八
蔡	七	王	四	董	四
马	四	周	四	康	三
李	二	汤	一	田	一
吴	一	裴	一	史	一
孙	一	钮	一	段	一
龚	一	邓	一	鸟	一
石	一	计六六户			

户口册

户数 六六户

男 一五七人

女 一六五人

计 三二二人

毛 家 营

万 寿 街

乔	一三	李	三一	赵	一一
周	一	员	一六	翟	二
王	二三	张	六	刘	二
柳	一	邓	一	傅	一
段	一	范	一二	郝	一
魏	一	胡	二二	何	一
宋	一	任	二	孙	一

许	一	杨	一	甘	一

全村合计

李	三一	王	二三	员	一六
乔	一三	范	一二	赵	一一
张	六	刘	二二	胡	一二
任	二	翟	二二	周	二一
柳	一	邓	一一	傅	一一
段	一	郝	一一	魏	一一
何	一	宋	一一	孙	一一
许	一	杨	一	甘	一

计一三三户

第 七 大 乡

向阳村

东太平街

赵	三〇	刘	一二	李	一一
张	二四	吴	二二	丁	一一
段	四〇	董	二二	信	一〇
孟	三五	杨	六	冯	一一
万	三五	傅	二	邓	一
候	一	余	一	陈	一

朱家街

杨	四	赵	一	乔	一
周	一一	刘	三	张	三
李	一一	董	一		

西太平街

刘	二三	张	六五	王	一一
史	一七	高	一三	杨	一一
赵	一七	秦	一三	言	一一
郭	一一	李	二八	茹	一一
毛	一一	卞	一	吴	一一
宋	二	焦	八	董	二
许	一	何	一		

全村合计

张	九二	赵	四八	李	四〇
段	四〇	刘	三八	杨	一一
王	一一	信	一〇	焦	八

董	五	万	五	孟	三
吴	三	秦	三	傅	二
宋	二	丁	一	邓	一
冯	一	候	一	余	一
陈	一	周	一	乔	一
史	一	高	一	言	一
郭	一	茹	一	毛	一
卞	一	许	一	何	一
计三三八户					

户口册

一月三十一日现在

户数 三四四户

男 九一六人

女 九一二人

计 一八二八人

二月二十八日现在

户数 三四四户

男 九一四人

女 九二一人

计 一八三五人

十月三十一日

户数 三四四户

男 九一六人

女 九〇八人

计 一八二四人

大 营 村

吴 家 街

吴	九	孟	一

南北中街

孔	一	张	二	吴	一五
庞	一四	杜	一	刘	一
李	一	于	一	柴	一

小庙大街

杨	四	龚	一	李	一
王	一	刘	一	薛	二
郭	五	张	一		

张 家 街

张	一〇	苏	一	李	一三
刘	二	吴	二	顾	三
郭	二				

庵庙胡同

张	四	吴	七	庞	一
史	一	李	一		

老爷庙胡同

余	三	彭	八	吴	五
郭	一六	赵	一	孔	五一
王	二	李	一	董	一

娄家胡同

娄	六	李	一	蔡	一
张	一				

孔家胡同

李	二	余	一	娄	一
郭	二	萧	二	陈	一一

孔　家　街

李	四	吴	四	孔	一二
孙	一	萧	二	姚	二一
刘	五	赵	一	郭	一一
彭	一	秦	二	杨	二
王	一	藏	一		

全村合计

吴	四二	郭	二六	孔	一八
张	一八	李	一二	彭	九
娄	七	杨	二六	庞	五
余	四	王	四	萧	四
顾	三	赵	二	薛	二
秦	二	蔡	一	陈	一
孙	一	姚	一	藏	一
孟	一	杜	一	于	一
柴	一	龚	一	史	一
计一八六户					

户口册

一月十五日

户数　一八八户

男　五〇七人

女　四四〇人
计　九四七人
二月二十八日
户数　一八八户
男　五〇七人
女　四四〇人
计　九四七人
十月三十一日
户数　一八八户
男　五〇七人
女　四四〇人
计　九四七人
小孙各庄
　北　街

孙	一八	丁	八	杨	三
空	一	娘	一	耿	一
张	一	刘	一	李	一

　全村合计
　　　同　上　　　计三五户
一月二十四日
户数　三五户
男　九九人
女　九七人
计　一九六人
北　上　坡
　太　平　街

郭	四六	赵	四	陈	三
李	二	二	一	秦	一
如	一	任	一	史	一
杜	一	张	一	马	一
王	一	廉	一	刑	一

　全村合计
　　　同　上　　　计六六户
东马坡村
　北　大　街

刘	〇	萧	三	何	二
胡	二	杨	一	孔	一

韩	一	孙	一	李	一
张	一				

全村合计

同　上		计二三户	

户口册

一月五日

户数　二三户

男　六四人

女　六三人

计　一二七人

二月廿八日

户数　二三户

男　六四人

女　六七人

计　一二七人

十月三十一日

户数　二三户

男　六五人

女　六四人

计　一二九人

西马加坡村

前东西大街

杨	二八	吴	二	郭	一
李	一				

南北中街

杨	一九	杜	一	陈	三

后东西大街

王	二	杨	二	陈	一一
宋	一	张	三	姚	一
彭	一				

全村合计

杨	四九	陈	一四	张	三
吴	二	王	二	郭	一
李	一	杜	一	宋	一
姚	一	彭	一	计七六户	

户口册

户数　七六户

男　二一六人

女　二二七人

计　四四三人

萧　家　坡

　关帝庙街

吴	一四	李	一〇	张	二
杨	二	何	一	戚	一
赵	一	空	一	王	一

　全村合计

　　　同　　上　　　计三四户

户口册

户数　三五户

男　一〇二人

女　九七人

计　一九九人

东风乐乡

　中　大　街

董	一五三	王	六	赵	四
张	四	吴	三	李	三
茹	二	任	二	杨	三一
胡	一	刘	一	屈	一一
夏	一	穆	一	郭	一一
丁	一	周	一	戴	一一
魏	一	膺	一	陈	一
薛	一				

　全村合计

　　　同　　上　　　计一九二户

户口册

一月一七日

户数　一九二户

男　五六二人

女　五四三人

计　一一〇五人

西丰乐乡

　南　北　街

王	三七	许	二	韩	一
张	一	丁	一		

东　西　街

　　董　二〇　　　　　田　　六　　　　　王　　七

　　焦　　一　　　　　任　　一　　　　　尤　　一

　　孙　　一

全村合计

　　王　四四　　　　　董　二〇　　　　　田　　六

　　许　　二　　　　　韩　　一　　　　　张　　一

　　丁　　一　　　　　焦　　一　　　　　任　　一

　　尤　　一　　　　　孙　　一　　　　　计七九户

户口册

户数　八〇户

男　二〇一人

女　二一〇人

计　四一一人

1942 年 3 月

（华北农村惯行调查资料第 65 辑）

概况篇第 10 号　　　河北省顺义县概况（河北省顺义县前郝家疃）
调查员　　　杉之原舜一
翻　译　　　郭文山、金英杰
应答者　　　李云阶（新民会成员）

3 月 14 日

地点　　　县城商会

【关于回答者】从什么时候开始到新民会工作的？＝从民国二十八年四月开始。

那之前在干什么呢？＝是简易师范学校的校长（县城内的）——民国二十二年到二十八年。

哪个学校毕业的？＝京师公立第一中学。

在前郝家疃住到了什么时候？＝现在也住在那。

每天从那边过来上班吗？＝我在县城里跟二房和她女儿三人住在一起，从那边过来。

您家现在也在前郝家疃吗？＝是。

那边都住了谁？＝父母、前妻（已去世）的一个孩子、妻子、两个孩子、叔父、叔母、两个弟弟、他们的两名妻子、他们的四个孩子（男孩）、其中一个孩子的妻子、两个侄女。

上述的人物都没有分家吗？＝没有分家。

您家里的主人是谁？＝父亲是当家的。

保甲册上谁是户主？＝父亲。

您贵庚？＝四十一岁。

您家里有多少地？＝大约一顷五六十亩。

全部都是您家里耕种吗？＝是。

没有借出去的地吗？＝没有。

也没有租的地吗？＝没有。

有雇长工或者短工吗？ ＝现在有长工四人、月工每年大概一人、短工大致一年二十人。

您父亲以前当过村长之类的吗？ ＝父亲以前（民国十五年前）是乡长。

现在没有担任村里的什么职位吗？ ＝没有。

也不是会首吗？ ＝不是会首。一个弟弟在做甲长。

祖先里有当过乡长村长的人吗？ ＝没有。

您家里的一顷五六十亩地从以前就没变过吗？ ＝我六七岁的时候，只有约八十亩地。

【村子的沿革】您村子的名字从以前就没变过吗？ ＝没变过。

前郝家疃的起名有什么意义吗？ ＝疃是村子的意思。因为姓郝的以前住在村子里吧，现在村子的一端也有郝家坟。但不知其主。

现在也有郝姓的人家吗？ ＝完全没有。在后郝家疃也没有。原来前、后郝家疃是一个村，但是后来大概是因为人口增多，后郝家疃就分了出来。后郝家疃的街道现在也不怎么整齐。

还相传前郝家疃周围有树木，就派穷人在外面看守，人多了之后就变成后郝家疃了。现在从文化方面看后郝家疃也比较落后。在中文里把一排树木叫作树行。现在在前郝家疃的西边有西树行（一半在前郝家疃，另一半在后郝家疃范围里）这样的地方，南边有南树行（属于前郝家疃），北边有北树行（在后郝家疃里面），往东边二里处还有一个叫柳树行村的地方。从这里也能看出之前的传言可能是真的。即后郝家疃以前就是北树行那一块。

【村子的规模】村子有多大？ ＝只算房屋还是包括耕地？

一般问村子有多大，是指哪一种呢 ＝一般是指村子有房屋的范围。向农民问这个问题的话，会回答村子的户数或者街道的长度。

一般不说包含村子的耕地面积的大小吗？ ＝一般不会考虑这个。也没多少人问这个。

村子有房屋的范围大概有多大？ ＝东西约一里、南北约半里。

村民拥有的土地整体有多少？ ＝二十顷多。

村里的户数？ ＝约二百户。

人口？ ＝不详。

村子有房屋的地方整体没有土壁或者其他什么围起来吗？ ＝没有围起来。

以前也没有吗？ ＝以前也是这样。

县内里有那种被围起来的村子吗？ ＝现在有也是最近才做出来的。以前冬天因为治安关系，有在临时道路上做过垣。

村里的房子是集中还是散开分布？ ＝大部分都是集中的。在县内也算非常整齐的村子。只不过西树行和南树行是分开的。

【农耕】村子一般种什么农作物？ ＝麦、高粱、白黑豆、大豆、玉米、谷子（少）、糜子（少）、麻子（少）、稗子（少）。

上述由产量从高到低排顺序 ＝玉米、白黑豆、麦、高粱、其他差不多都很少。

不种米吗？ ＝完全不种。

附近有种的吗？＝三里外的村子能种。村子东边的箭杆河流域那边种。

前郝家疃不适合种米吗？＝不适合，没水。

村子里一年间同一块土地能收获几次？＝秋天播麦在第二年夏天收获。在那之前，即第二年春天间作玉米、高粱、大豆（间作的地预先空下），到秋天收获。

间作的方法如下所示。

```
         ○○○○○○○○○○○○     豆
麦      ----------------------------
麦      ----------------------------
         ○○○○○○○○○○○○     豆
         ·············     玉米或者高粱
         ·············     玉米或者高粱
         ○○○○○○○○○○○○     豆
麦      ----------------------------
麦      ----------------------------
         ○○○○○○○○○○○○     豆
```

除了上面的还有叫"花座子"的间作法

```
麦      ----------------------------
麦      ----------------------------
        △○△○△○△○△○△○→豆
        △○△○△○△○△○△○
                        →玉米或者高粱
麦      ----------------------------
麦      ----------------------------
```

垄的排列方法如上例，两列两列地排列时叫两垄两垄，又叫开裆裤。

平垄——同种作物种在所有垄上，在离河近的地方有这种方式——但是很少。在春天种大麦的时候是主要方式。河边流域比较早熟所以在阴历四月左右就能收获，防止水灾。

村子里有哪些姓？＝李姓中分两拨，一拨一百二十户，剩下三十户，郭姓三十户、宋姓六七户、汤姓一两户、曹姓一户、孙姓两户、杨姓一户、刘姓两户、王姓一户、张姓一户、虞姓一户、黄姓一户、乔姓一户、马姓一户。

【阶级构成】有把自己的土地全借出去自己完全不耕作的人家吗？＝没有。

不从别人那里租地只耕种自己有的地的人家多吗？＝多。

有多少户呢？＝有六七十户吧。

那些人家里一般都多少地呢？＝耕种五六十亩地吧。

自己家里没有地只能从别人那里租地的人多吗？＝有，但是很少。

大概有多少户呢？＝大概二三十户。

有耕作自己家里地的同时借别人家地耕作的吗？＝有五六十户。

有雇家人之外的人耕作的吗？＝有约三十户（都是长工）。

一般雇多少人？＝最少一人，一般三四人。半长工——工作三天回家三天或者被其他家雇着——雇半长工的人家很少。就一两户。

短工雇的很多吗？＝不少。

雇长工雇得最多的雇了多少人？＝六七人。有李梦麟、李梦凤、李梦云。

没有地或者只有一点地，主要靠被雇用为生的人家有吗？＝有是有，就十几户。

村内雇用的长工主要是本村人还是外村人？＝多是外村人。前郝家疃平均生活质量不错，做长工的很少。

主要是本村人雇用吗？＝大部分是本村的人家雇用。现在村里人手不足没有余力去别的村子。

村里有地最多的人有多少地？＝约六顷。叫李梦云。

村里有一顷以上的地的人有多少户？＝有十二三户吧。

有比村里拥地最多的人还富裕的人吗？＝土地最多的就是最富的。

有很多地的人都自己耕种吗？＝会租出去。

有不自己耕作全部租出去的人吗？＝没有。

村里拥地多的人有边耕作边做贷款或者生意的人吗？＝有贷款的，没有做生意的。

贷款的人家大致都是固定的吗？＝不固定。

出村到其他地方赚钱的有多少人？＝十二三户出去赚钱了。

主要是去哪？＝去各个村子的小学当老师，做县公署的职员之类。

最近逐渐变多了吗？＝变多了。

去年出去了多少人？＝我知道的，有十六人。

主要是去哪＝大多去县里的官衙。

【村长】在现在的乡成立之前有村长吗？＝有。

谁是村长？＝郭继顺。

郭村长有多少地？＝三十亩多。

什么时候成为村长的？＝大概前年的六月。

事变后村长变了好几次吗？＝大概一年变一回。事变前也是一样。因为村长要负责，所以不是谁都能当，是会首轮流担任。这点和其外村子不一样。

其外村子怎么样？＝其外村子是由县里委任。

您村子不从县里委任吗？＝被委任的村长和实际的村长不一样。实际的村长每年都会变，县那边委任的据我所知没变过。

县那边到大乡制实行为止委任的村长是谁？＝李树明。

他是什么时候被委任村长的？＝事变前就是他了。

李树明有很多地吗？＝实际上没那个人。

为什么是这样？＝一般谁都不想当村长，为了逃避责任就假装有个村长。要是说真名的话，那个人就要一直当村长，挺困扰的。

比如郭当村长时，有责任问题了实际上是谁负责？＝实际上干着工作的郭负责。像小学校长或者管村子财政的人每年都会变。不过管财政的人每年都变有个好处。因为每年都要换人，所以要明确收支交给后任，因此做不了什么坏事。

小学校长和管财政的人也分表面的和实际的吗？＝并不是。学校校长会说真名。财政也和县没什么关系所以就说真名。

县那边叫村长过去的时候，郭村长要装成李村长过去吗？＝县那边只要能办事就行不管去的是李还是郭都行。

村里的一些工作，比如决定村费的比例时村长和谁商量？＝和会首商量。

【会首】会首有多少人？＝应该是十六人或二十人。

当会首的人都有很多地吗？＝有很多土地是当会首的第一条件，接下来是有能力。

当会首的人大多有多少地？＝最多的人有五六顷，少的人有三十亩。前郝家疃有划分几个区间，每个区间会选出几个会首。

会首是谁选？＝至今担当会首的前任会去委托人当后任。

村子划分几个区间？＝各个同族选几个人。同族大多集中在一起，和胡同大多一致。

只有一两户的姓的人家怎么办？＝不会委托那种少姓的当会首。那些杂姓大多比较穷所以不会委托是因为从各族选出会首，村民之间都相互了解，像摊款出工之类的都比较方便。

从什么姓选会首呢？＝李、郭两姓。

各出几名？＝李出的比较多。

各个姓选的人数不固定吗？＝从以前就不定，因时而异。

原来的会首委托新会首的时候，不用和各姓的人们商量吗？＝不商量。

原来的会首可以擅自决定吗？＝可以。

选实际的村长是只有会首选吗？＝只有会首之间商量，不和村民商量，因为会首就是全村的代表。

村民也不投票吗？＝不投。

决定挂名的村长时村民投票决定吗？＝不怎么清楚，大概投票决定吧。

为什么投票？＝手续上向县里交代。

您村子有保长甲长吗？＝只是挂名的。

是会首当保长甲长还是别的人当？＝没必要是同一人物。

村里的工作以前实际上是会首做吗？＝是会首。

现在呢？＝现在是保长甲长。

去年是什么情况？＝去年是大乡制实施前，还是由会首做。

现在是原来的会首当保长甲长吗？＝以前的会首都上了年纪，而保长甲长有年龄限制，所以并不是原来的会首当。

保长甲长也是和会首一样从李、郭两姓中选吗？＝根据保甲条约选。

至今没出过会首的姓里也会出甲长吗？＝会。不过也就西树行、南树行那样的地方出。

李、郭姓的人多吗？＝多啊。

【村长的工作】以前村长做村子相关的什么工作？＝大致上遵守县区的命令做各种事。做些村子的摊款出工、自卫、道路维修、学校相关的事情。

村子有争端、结婚、葬礼的时候要周旋吗？＝和村长没什么关系。不过双方争吵以至负伤的时候要逮捕加害者并把他带到区里警察分所进行报告。但是现在没有那样的实例。

村里有争端的时候谁来仲裁？＝会首以个人名义仲裁，村长出面也是个人名义。谁当村长或者会首都不是问题。

为什么不成问题呢？＝村长或者会首被上面命令向村民收过分的摊款，良心上过不去又很烦恼。所以谁都不想当。还有夏天匪贼还会抓村长当人质，所以谁都不想当。

村里有人做了坏事的时候会由整个村子来决定惩罚吗？＝没有人做坏事。就夏天会有偷作物的人，那个时候敝庙里的钟会首就会集合，村民也会过来看。看他偷了多少，从而决定赔偿或者罚款。决定了之后向大家宣布。

同一个村子的人偷东西也一样吗？＝一样。偷作物的女人比较多。不过也不是故意来偷的，只是过来捡落穗的时候起了偷欲。在一定的时期内，在本村谁都可自己摘高粱叶。除了那段时间摘就算偷。

【采叶和收获】那一定的时期是什么时候？＝在高粱快熟的旧历六、七月有两回。

谁都可以摘吗？＝谁都可以摘，不摘的话成熟状况不好。

会有不能摘自己土地的高粱叶的情况吗？＝没有。这只是个习惯，自己的土地不到时间也不摘。到了时间采其他圈的叶子也行。时间到了就叫开圈。

玉米也是不到那段时间自己的土地就不会摘果实。要是被青夫看到了要罚钱。

到了时间只能摘自己的份吗＝只能摘自己的。收获前不会摘，收获前少了一个，都是青夫的责任。要是自己摘了还说是别人偷了，要青夫负责就麻烦了。

在一定期间是谁都可以摘高粱叶吗，还是所有者会先摘？＝没这回事，大家都一样的。

还有像收获前不能摘玉米果实的情况吗？＝大豆、高粱都是一样的。

【圈】圈是什么？＝一个村子的范围。虽说是一个村的圈，要是外村人的土地也在圈里的话，那个人也要负担该圈村子的摊款。

圈和青夫负责的范围不一样吗？＝一样的。

【摊款】有地但是全都借给别人耕作的人也要负担村子摊款吗＝根据情况不定。根据摊款种类也不定。某种摊款是耕作者负担，某种摊款是地主负担。这是对本村人而言的。

哪种是耕作者负担？哪种是地主负担＝经常摊款由耕作者负担，临时摊款由地主负担。

由地主负担的临时摊款有什么特别名称吗？＝没有。

不叫白地款吗？＝不知道。

别的村子的人是怎么负担的？＝外村人有村里的地的时候收看钱（看青的费用），一亩约二三十钱。

本村人借外村人的地耕作的时候，谁负担看青费？ ＝有地的外村人负担。

上述情况谁负担临时摊款？ ＝哪个村子的人交到哪个村子去，本村不收。

圈没有变更过吗？ ＝不变。所以又叫死圈。

去年您村里有几次地主负担的临时摊款？ ＝事变后一回都没有。

实际上有临时摊款吧？ ＝没有。

会首会商量决定村子的什么事？ ＝一般很少有大家集合商量的。管事的会首，即管财政的两个会首和校长（兼会首）还有村长商量大多的事，只有特别重要的事会召集其他会首商量。

村长可以不和会首商量自由做决定吗？ ＝不商量就能决定的就不商量。

会首都集合时的集会有什么名称吗？ ＝没有。

有村里的所有人都集合商量事情的吗？ ＝没有。至今都没有过。

【自卫】保甲制什么时候开始施行的？ ＝民国二十八年吧。

七八年前村子为了防匪贼平常会做什么？ ＝也没特地做过什么。事变之后，有钱人都逃到县城去了。

七八年前没用什么方法吗？ ＝没有。

匪贼要袭过来的话，村里怎么办？ ＝事变前都没有匪贼来袭过。

事变后怎么办？ ＝没做什么。没办法就逃，剩下的都是穷人。

村子没有成立过自卫团之类的吗？ ＝没有。

【看青】由整个村子来看守作物吗？ ＝有看青的（农民用语）——青夫。

有几个看青的？ ＝四人。看青的不叫几人叫几根棍（几根棒子的意思）。四人就叫四根棍。看青的头儿叫棍头。

四人中一个人是棍头吗？ ＝现在没有棍头。

四人的看守范围是一定的吗？ ＝一定的。

范围是谁定？ ＝四人商量决定。

给看青的钱还是谷物？ ＝大多给谷物。看守地的所有者一定要付。村里会付一点钱，每人二三十钱。

看守地的所有者各自付谷物吗？ ＝看青的到各家去收。

谷物的量每亩是一定的吗？ ＝不一定。

大致是多少？ ＝不一定。

没有几户共同看青的情况吗？ ＝没有。看青的不是好人，所以不能随便换。换下云了村民要担心他们要干什么坏事。他们冬天打更，夏天看青。

【村费－摊款】村子费用一年有多少？ ＝约三千元。

主要是什么费用？ ＝村子的办公费和学校、青年训练、保甲自卫团的费用、三摊款（这个最多）等等。

村子的办公费主要是？ ＝这个钱只有一点儿。

接待费少吗？ ＝不少。警察或者县那边有拨款。

收村费农民一般叫什么？ ＝叫摊款。

什么时候收摊款？ ＝一年一回，六月的时候。

秋天不收吗？ ＝不收。

突然需要用钱的时候村子从什么地方借钱？ ＝会首代付。

没有地又不耕作的人要负担摊款吗？ ＝不用。

【青苗会】您村子有青苗会吗？ ＝没有，一般农民把村公所叫青苗会。

您村里的人现在也这么叫吗？ ＝村公所买东西的时候，店里在收据上也会将其写成"会"。农民把村公所叫会里。会就是青苗会。

青苗会到什么时候为止还有？ ＝不怎么清楚，到清代时候吧。

知道青苗会什么时候成立的吗？ ＝不知道。以前把村长叫村正。那时还没有村公所与之类似的叫公会或者会里。

青苗会是做什么的会？ ＝以前没有什么村务，就只有看守作物，村正除了看守作物也没什么事做，我想正因如此现在也把村公所叫会。

3 月 15 日

地点　　县城商会

【村公所】知道村公会吗？ ＝知道。

您村里的人一般用村公会这个词吗？ ＝会首们一般叫会里。农民不知道村公所那样的词。农民一般说官中或者公中。

官中或者公中原来是什么意思？ ＝不怎么清楚，公中指公会中，公和官同义。

会里叫村公所吗？ ＝叫村公所。

有其他意思吗？ ＝村公所是最近义的词，农民不知道。农民一般把乡村行政叫会事。

会里就是有村公所的人家吗？ ＝有时指有村公所的地方，有时，比如村里出经费的时候就叫从会里出。因为会里在庙里，所以不说去会里，而说去庙里。

继续当会首叫进会，不当就叫不进会。

【摊款】农民一般把经常从耕作者那收的摊款叫什么 ＝叫地钱。

农民一般把从地主那收的临时摊款叫什么 ＝没有一定的名称。会根据用途取名。

您村子有青苗会吗？ ＝现在没有，以前有。

有用青苗钱这样的词吗？ ＝不用，也没听过。

自己没有地而借别人地耕作的人也要出地钱吗？ ＝要。

地主有五十亩，借给别人三十亩自己留二十亩耕作的时候，怎么分担地钱？ ＝地主只出二十亩的地钱。

自己没有地而从别人那里借地耕作的人要出摊款吗？ ＝不用。

自己圈里有邻圈人的地的时候，那个外村人要把看青费直接交给这边圈里吗？ ＝邻村的地主把钱送过来。一般看青夫会去收钱。

没有邻圈的会里收钱后送过来的情况吗？　＝没有。

听过连圈这个词吗？　＝听过，就是旁边的圈。

有连圈关系的时候，两个圈里的地主都相互拥有对面圈里土地的时候，土地所在圈的会里会分别收看青费然后算差价吗？　＝不那样做。

【协同—搭套】耕作或者收获的时候，会有几户互相帮忙的情况吗？　＝自己能独自完成的时候就自己耕作。人手不足、马和驴不够的时候会互相帮助。有钱人会雇人。我村子里互相帮助得很少。在秋天播种麦的时候会互相帮助，因为要在短时间内尽快播种。

农民一般把互相帮助的行为叫什么？　＝互相提供人力帮助的时候没什么特别名称。互相使用驴、农具的时候叫插套，又叫搭套。套是指用来连接拖车的驴马和骡马还有车身的绳子，插和搭指互相帮助，比如都只有一头驴的人会把驴带过去互相帮助。

搭套只用于用马或者驴互相帮助的情况吗？　＝驴，马，人或者农具的时候也这么叫。

甲家到乙家、乙家到甲家，人们不带役畜或者农具就只过去帮忙也叫搭套吗？　＝不这么叫。搭套是带骡马之类的时候叫。

只互相借用农具帮助的时候也叫搭套吗？　＝不这么叫。

什么情况叫搭套？　＝带着驴马、人也一起过去互相帮助的情况。

有只出驴马互相帮助的例子吗？　＝没有，那种叫借贷。

有那种借贷的例子吗？　＝有。

您村子搭套的例子多吗？　＝不多。

搭套一般是什么关系的人之间进行？　＝邻居。

不亲密的邻居之间也进行吗？　＝不做。

会有只限于同姓之间的搭套吗？　＝不限异姓或同姓。

同姓之间的搭套多吗？　＝我村子里同姓比较多，所以搭套的人是同姓。

异姓之间也有搭套吗？　＝有。

搭套只限两户之间还是三户四户之间也可以呢？　＝多少户都行。

一般是多少户？　＝两户或者三户。

三户四户的时候是指需要三头四头驴马的时候吗？　＝是。

搭套的时候吃饭怎么办？　＝各吃各的。

【役畜】有马、驴、牛的人家有多少户？　＝约一百户。

最多的一家有多少头？　＝有两户家里有四头骡。

一般有多少头？　＝两头或者三头。家里只有一头驴的就没有车。

【役畜农具的借贷】借骡或者驴使用叫什么？　＝就叫借。

这种情况需要付些钱吗？　＝不用付钱。使用后给贷主一些料，即高粱或者黄豆。

一般给多少？　＝一头驴马的时候给约一升的料。

为了借驴而去贷主家里帮忙耕作的例子吗？　＝有帮忙耕作的例子。

那种情况也要给料吗？　＝料不是谢礼。是给驴吃的粮食，和去帮忙是两码事。

那种情况一般都是去贷主那里帮忙吗？　＝时常有。

据经验，借一头驴一天一般需要帮忙多少天？＝相互亲密的情况，根据借主闲暇时间的多少天数不定。借主忙的时候可以不去，借主闲的时候可以帮忙好几天。

有借农具的例子吗？＝有，有很多。

那种情况谢礼怎么办？＝不用谢礼。

要给些什么吗？＝不用。

有时会去帮忙吗？＝闲的时候会去帮忙，也不是说借了农具就一定要去帮忙，大家都很熟了。

有几户一起买马、驴、骡、牛，一起养一起使用的例子吗？＝没有。

有共同买农具共同使用的例子吗？＝没有共同的农具，会互相借贷。

蝗虫袭来的时候村民会共同防御吗？＝农民认为蝗害是神的命令，就只会去庙里献贡品默祷。

有叫治蝗会的组织吗？＝有那样的词，但是没有实行过。

【水】给农作物浇水的时候从哪里引水？＝并不引水，只利用雨水。

不积攒雨水吗？＝不。

有几个井？＝五个。

那五个井是灌溉用吗？＝是饮用用。

那些井是村子的东西吗？＝两个是村子的东西，其他三个是私人井。虽然是私人的，但是谁都可以用。

使用私人井的时候也需要送谢礼吗？＝什么都不用送。修理的时候或者掘砂出来的时候，要帮忙。

不用出修缮的费用吗？＝一般不需要多少钱。需要钱的时候，井的所有者出钱。

挖村子的井时谁出钱？＝村公所出。需要人力的时候，每户出一个人。

那个费用按什么比例出？＝从经常摊款里面出。

【官坑（采土地）】您村子里有只要属于村子的谁都可以砍柴采草的土地或者山林吗？＝没有。

有村里人谁都可以采土采石的土地吗？＝只有采土的地。

那土地是谁的东西？＝会里的东西。

外村人不能采吗？＝不能。

那片土地周围没有种什么吗？＝只在那片土地周围种了苇。

土地面积有多少？＝约十五六亩。

那土用作什么？＝建房子的时候和肥料搅在一起用。

村民可以从那片地随意采多少土都行吗？＝没有苇的地方就行。春苇还未发芽的时候，其上约两寸厚度的土会成为好肥料，在冒芽之前可以采土。采那约两寸的土叫铲土。

像上述那种谁都可以采土的土地有特殊的叫法吗？＝叫官坑。农民一般那么叫。土地在村子西边所以叫西坑。

【庙】村里有庙吗？＝有。

有几个？＝三个。九圣庙（一般叫五道庙）两个、关帝庙（一般叫老爷庙）一个。

祭祀着什么呢？＝九圣庙祭祀着九位神、观音、关帝、二郎（杨戬）、喜神、财神等。

那个庙里有和尚吗？＝没有。在其中一个九圣祠（街内那边的）里有看庙的。

以前就没有和尚吗？＝以前就没有。

【祭】庙祭是哪一天？＝阴历的年底那一天（三个庙都是这样）。

除了那一天就没有了吗？＝没有了。

那一天要做些什么事？＝烧香行礼。之后有高跷会、吵子之类的活动。

那时候需要一些费用吧？＝这种会不需要费用。

庙祭的时候的各种费用从村民那里收集吗？＝从经常摊款中出。

庙祭的时候村民全部集中吗？＝村民不集中。以前会聚在一起现在不聚。从正月一日到五日每天都会来烧香。

祭祀的时候庙里会来些什么人？＝会首、高跷会和吵子的人们。

高跷会和吵子谁都能当吗？＝能者就能当。

那些活动在庙里进行吗？＝在庙与庙之间的路上，边办活动边祭拜各个庙。

庙有土地吗？＝没有。

有某块土地的收入来当作庙的修理费和祭祀的费用吗？＝没有。

以前就没有吗？＝没有。建庙和修庙的时候，都从村费里出，所以没有庙产。和别的村子一起建庙或者有和尚的时候，需要生活费所以庙产是必需的，但是本村白庙不是那样。

有负责庙祭或者庙里各种事情的会吗？＝没有。

没有上供会那样的吗？＝没有那种名称。每年六月二十四日会里们会在白河上供。费用由会里出。九月九日老婆婆们会到白河上供。其费用（叫会谊〔议？〕儿）是从村子各户另外收的。

上供有什么意义？＝六月二十四日水灾多，所以向龙王河神小圣祈祷。九月九日没有水灾，就向其谢礼。有水灾的时候，就祈祷明年没有水灾。

九月九日上供的老婆婆是村里的全部老婆婆吗？＝准备上供的是老婆婆们，去白河上供的是会首。

进行准备的老婆婆是固定的吗？＝习惯上是的。两三个内心真心期望祭祀龙王的老婆婆聚在一起商量此事。

那些老婆婆每年都是固定的吗？＝是的。

谁选的呢？＝不是选的。而是让有经验的老婆婆委托下一个。

【香头】有负责庙的一些事情，比如修理和祭祀的人吗？＝会里那边的人负责。

知道香头这个词吗？＝虽然不知道是香头还是乡头，不过我知道。一般农民听不懂会首。农民会把会首叫作"头里人儿"或者"香头"。一般用香头。

一般是谁用会首这个词？＝村里人都不用。会首自己也叫香头。

你为什么知道呢？＝从其外村那里听来的。其外村有会首这个词。

香头是几年一变？＝没有固定年限。

什么时候会变香头？＝上了年纪，或者变穷的时候。

进会是指什么情况？＝继续当香头或者别人让你继续当香头的时候，叫进会或者进庙。不干了就叫不进会。一般叫"还办会事呢"和"不办会事啦"。

一般不用进会和不进会。有的人知道这词有的人不知道。

【会—猪会】村里有青苗会或者治蝗会那样的会吗？＝没有。

没有钱会、合会吗？＝没有钱会。合会是指全村的会，就是会里。

普通农民用合会这样的词吗？＝不用。

有村里人几人为一组每月出一定的钱然后抽签决定钱归谁收的例子吗？＝没有。那就是钱会，但是村子从以前就没有。别的村子有叫猪会的。

猪会在哪里的村子有？＝在西杜兰庄。我也入了会。

是做什么的会？＝四户为一组，各户出两元——用来买猪——又出两斗黑豆，四户中的一户收集，收集的那一家买来一头猪养大，到年底的时候给其他三户十六斤肉和一斤油。剩下的负责养猪的那一家收下。第二年另外一户上述一样饲育。负责买猪养猪的用从其他三户收的钱买猪，钱不够的时候剩下的要全部自己掏。

同一个村子可以成立几组猪会吗＝不一样。

一组四户是固定的吗？＝习惯上一般四户。

您入的猪会是哪里的？＝西杜兰庄的猪会。

【学校】您村里有学校吗？＝有，村立的初级学校。

老师有几个人？＝一个人。

学生有几人？＝今年是四十四人。

有女生吗？＝没有。

校长是谁？＝一个叫李莳的人，是香头。他不教学生。

只有您村里的人才能入学吗？＝外村人也能。

您村里能识字的人多吗？＝多。

学校是什么时候成立的？＝宣统二年。

那之前是什么情况？＝有两家私塾。

经营私塾的是谁？＝李继荣、李荃。

郭和李是本村人吗？＝是。

那个人的子孙现在还在吗？＝李去世之后，子孙还在，郭现在还活着。

【公有地—其收入】有村子拥有的土地吗？＝有种着苇的土地。

除了那之外呢？＝没有。

那个苇卖吗？＝卖。

谁卖？＝会里。

会里的谁卖？＝会里的人商量着卖。买的人非常多。

卖苇得来的钱用在？＝当作会里的经常费。

谁来保管那个钱？＝乡长和校长还有其他两个会首保管。保管的人叫值年的。

其他两个会首是干什么的？　＝做村里的会计。

村子的收入支出会向全体村民通知吗？　＝一年的收支一般在约六月向农民公布。方法是在"清单"里写了收支贴在街头。

【圈界和摊款】有自己的村子和其外村子的边界吗？　＝有圈界。

圈界也是看青的范围吗？　＝是。

自己村子圈内的土地即便卖给其外村，也还是自己村子圈内的土地吗？　＝是自己村子的土地。

您村里的人在邻村圈内有二十亩地时，对于这二十亩地您村里也要负责摊款吗？　＝即使自己耕作那片土地也不用出。

那二十亩地是负担那边村子的摊款吗？　＝不出。不怎么清楚，但我认为不一定。

如果有外村的人在您村子圈内有土地耕作，除了看青的费用，也要负担摊款吗？　＝除了看青的费用之外不用付。

临时摊款也不用吗？　＝不用。

有外村人在您村子圈内拥有土地的例子吗？　＝有但是不多。

【家族数】一户里有五人以上十人以下居住的有几户？　＝一百三四十户。

一户里有十一人以上二十人以下的有几户？　＝约二十户。

二十人以上居住的有几户？　＝我家里就是二十人以上。其他有几户不太清楚。

住的人最多的是哪一户？　＝我家吧。

【分家】农民一般用分家或者分居吗？　＝一般用分家。

分家是在什么情况下发生？　＝太穷了、兄弟感情不好、人多的时候分家。

分家时要做什么？　＝分割财产自立生活。

按什么比例分割财产？　＝分家的时候亲戚和辈分高的人会集中在一起把财产均分，再由抽签决定。

有父母的时候要留一部分土地当作"养老地"。之后分家的孩子不管穷成什么样，都不能擅自卖了。

养老地谁来耕作？　＝养父母的人耕作。

会有父母自己耕作养老地的情况吗？　＝父母年事已高，无力耕田。

有借给别人耕作的例子吗？　＝没有。

父母去世之后那块养老地再分给孩子吗？　＝如有养老地十五亩，就全部变卖筹葬礼费。那个孩子有钱的话，出了相当于十五亩地的价钱就可以拥有那块地。

养老地很多的时候都要全部变卖作葬礼费用吗？　＝养老地不会留那么多的。

分家后有养老地，但父母和孩子们分别吃饭的有吗？　＝本村没有，别的村子有。

哪的村子？　＝其外村子大部分都有。

有分家后父母和孩子分开住的吗？　＝那种例子从惯行上看来，是很令人悲伤的。本村没有。

分家后父母大多和谁住在一起？　＝一般和长子住。长子的家太小了的话，就在长子家住一个月、次子家住一个月。次子家里大的话就住在次子家。

分家的时候要写什么证明吗？＝要写分家单。

分家时出席的有哪些人？＝亲戚（老表亲）、族里辈分高的人。发生争端的时候有调停人。

哥哥去世留下两个男孩，和去世的哥哥的弟弟（一人）分家时财产怎么分？＝对半分。

上述情况分家单上写谁和谁分家？＝哥哥的妻子也去世只留下两个孩子的话，是那两个孩子和弟弟。哥哥的妻子还活着的话，就以那位妻子和弟弟的名义分家。

那个时候作几份分家单？＝两份。

那时哥哥的两个孩子可以不用分家吗？＝不分也行。和弟弟分的同时两个孩子也想分的话，弟弟和哥哥的两个孩子之间作分家单，把其中一份给两个孩子中的长子，然后两个孩子之间再作两份分家单。

有不作分家单也可以分得财产的情况吗？＝没有财产的时候可以不作，有财产的时候就要作。

有把土地分开耕作但是不作分家单的例子吗？＝没有，不可能有不作分家单的分家。

有分家之后仍然一起吃饭的例子吗？＝没有。

有分别做饭但是一起耕地的例子吗？＝没有。

有未分家但是分别耕作土地的例子吗？＝没有。

父母尚存的时候分家的例子多吗？＝不少。

最近分家变多了吗？＝不怎么清楚，大概逐渐变多了吧。

【当家的】一户的主人叫什么？＝当家的。

不叫户主吗？＝一般农民不知道这个叫法。

当家的去世后下一个当家的是谁？＝辈分高的人。同辈的时候年长者当。

哥哥是当家的，哥哥去世之后是哥哥的孩子还是弟弟成为当家的？＝弟弟当。

一定是弟弟当吗？＝一定是弟弟当。

有弟弟不当的情况吗？＝弟弟生病或者不在的时候，由哥哥的儿子或者弟弟的儿子当。

有哥哥的儿子和弟弟的儿子时，弟弟的儿子比较年长，谁是当家的？＝弟弟的儿子。

祭祀家里的祖先时是当家的弟弟还是去世的哥哥的长子成为主祭？＝一户人一起祭祀。农民不知道宗祧或者主祭。

有女的做当家的吗？＝有。

什么情况时？＝丈夫到其他地方或者去世了，孩子又还小很多事都做不了的时候。

孩子长大了之后怎么？＝换成当家的。

到多大的时候？＝十八九岁的时候。

保甲册上有户主的时候是谁当户主？＝当家的是户主。

为什么别的村子的保甲册上有父母健在，孩子却当了户主的情况？＝因为父母年老了。

父母老了的话，即使健在也是孩子当家吗？＝有让给孩子的情况。这叫"交家"。

"交家"只在父母年老时进行吗？＝不只是年老，是因为各种原因把事情让出去。也有哥哥交家给弟弟的例子。

当家的老了之后大多会交家吗？＝因人而异。

您村子有到了某个年龄就交家的习惯吗？＝没有。

一户家里的土地是在当家的名义下吗？＝父母健在的时候，即使孩子是当家的，土地也算在父母名下。父母不在了，就在当家的名下。

哥哥和弟弟中，弟弟当家的话是在谁的名义下？＝一般是在当家的名义下，但是各家可能不同。

去世的哥哥的孩子当家时，他和去世的哥哥的弟弟谁名义上有地？＝一般是当家的名义下，但是各家不一样。叔父和外甥分家的居多。还有哥哥和弟弟分家的多。

【体己地】有不是当家的人有自己名义的地的吗？＝有。虽然有但是大部分都保密不说。要是当家的知道了的话，会起纷争，还会分家。我第二个弟弟也有地，那种地叫"体己地"。

体己地是自己耕种吗？＝借给别人耕。

没有自己耕的吗？＝没有。

买体己地的钱是怎么攒的？＝都是秘密，我不知道。

像您在新民会，每个月拿的工资都是自己花吗？＝都是。

有剩下的也不交给当家的吗？＝每个月都不够。

【当家的和家族结婚】当家的孙子结婚时，要是当家的反对，能结婚吗？＝据旧礼教就不能。

上述情况，婚姻证书写当家的名字，还是写孙子父母的名字？＝写当家的名字。孙子的父亲当家的时候，如果祖父健在，就要写祖父的名字。

分家后，孩子的孩子结婚时，如果祖父健在，要写祖父的名字，还是父母的名字？＝分家了的话，写那个孩子父母的名字。

那时祖父反对的话，能结婚吗？＝都分家了，祖父不会反对。如果反对的话，由对方毁约，不过没有这样的实例。

基本上都需要和祖父商量吗？＝守旧礼教的人会商量。

有不商量结婚的例子吗？＝分家之后有很多。

哥哥是当家的，弟弟的儿子结婚时，需要哥哥答应吗？＝要和哥哥商量，如果遭到反对，就不能结婚。

那时结婚证书上写谁的名字？＝一般写父亲的弟弟的名字，有时也写当家的名字。

父亲健在、与其子分家之后，各自成为各家的当家的？＝是的。

一般不把当家的叫家长吗？＝家长是指一户里面辈分最高的人。农民一般不知道家长这样的词。

父亲健在的时候和孩子分家了的话，把父亲称为什么呢？＝没什么特殊名称。

一户里面住的所有人叫作什么？＝叫一家子（农民用语）。

其他还有什么名称吗？＝没有。

3 月 16 日

地点　　商会

【同姓同宗—当家子】有同姓但是祖先并不相同的吗？ ＝有。

有哪些姓？ ＝只有李姓、孙姓。

李姓分成几部分呢？ ＝两部分，李姓有一百四五十户，分成东李家和上坡子李家还有南胡同李家，后面两个原来是不同宗的，但是民国十年的时候由于一些证据被看作是同宗。话虽如此坟墓却是分开的。命名的时候，比如上坡子李姓那边会取李校这样带木字的名字，下一辈会取李○春这样带春的名字。南胡同李姓那边和李校同辈的人，会取李恩这样带心字的名字，下一辈和上述李○春同辈的人，会取李宝○这样的名字。

东李家有一百多户，上坡子李家有约二十户，南胡同李家也是约二十户。

孙姓是怎么分的？ ＝只有两户，那两户的祖先不同。

同姓同宗的人整体叫什么？ ＝农民叫当家子。远离正统旁系的叫远当家子，近的叫近当家子。

有几代之外是远当家子，几代以内是近当家子这种说法吗？ ＝五服以内为近当家子，五服以外为远当家子。农民有时候把远当家子又叫出五服啦。

农民还有其他和当家子一样意思的词吗？ ＝没有。

没有同族这样的词吗？ ＝农民不用。

当家子之中有被称为所有人的头儿这样的人吗？ ＝没有。

有称呼当家子之中辈分最高的人或者同辈之中的年长者的名称吗？ ＝没有什么名称，那样的人在宴会的时候坐上席，要是那个人推辞的话，其他人就会说"您是老掌家局儿，就坐上席吧"。

不用族长这样的词吗？ ＝读过书的人知道这个词，农民不知道。

不说家长吗？ ＝不说。

有只是近当家子所有人的头儿吗？ ＝有，就是"老掌家局儿"。

一户当家子在什么情况下必须要得到老掌家局儿的同意？ ＝根据礼教要尊敬辈分高的人，但是也没什么必要商量。

一户当家子想要卖地、分家或者结婚时不需要和远当家子或者近当家子商量吗？ ＝卖地或者结婚的时候不需要商量。分家的时候要。没有孩子的时候，比如哥哥要收弟弟的孩子为养子的时候也要商量。还有分家或者收养子的时候，需要在证文上面写上名字以示证明。

老掌家局儿反对的话，就不能分家或者收养子吗？ ＝实际上没有反对的。相关的人之间有纷争的时候，他也没有裁判的权利，要变成诉讼。

老掌家局儿在所有当家子祭祀祖先的时候是主祭吗？ ＝农民之间没有。

　　清明节的时候不是所有当家子祭祀祖先吗？ ＝大家一起祭祀。村子每年祭祀祖先两回，清明节的时候叫添坟，还有年底的时候有送祖宗的祭祀。全体当家子拥有的土地带来的收入作为祭祀费用。清明节祭祀之后各户来一个人（不论男女）聚在一起开酒宴。这叫清明东儿。

　　上述祭祀祖先的时候，老掌家局儿会做一些指示吗？ ＝不做。

　　谁来做呢？ ＝各当家子有不同。我的当家子那边是定了四户人每年按顺序来。

　　从以前就定了那四户吗？ ＝从民国八九年的时候就定了。

　　上述四户是在您的当家子中最有钱的，还是有什么特殊的呢？ ＝是能负责各种事的人。农民认为没必要祭祀祖先，但是清明东儿这种传统节日很重要，关于宴会容易产生一些非议，比如说是不是虚报了费用之类的，会给负责的那户人家添麻烦。

　　那负责的四户被称为什么呢？ ＝没什么名称。

　　有全体当家子共有的土地吗？ ＝有，是为了筹备祭祀祖先的费用。

　　那样的土地有很多吗？ ＝约十几亩。

　　那样的土地被称为什么？ ＝没什么名称。

　　其他当家子有多少呢？ ＝上坡子李家有五六亩。南胡同李家有地，但是不知道多少亩，我想应该不多。郭姓也有，亩数不知道。其他的没有了。

　　您当家子那边谁耕作这十几亩地呢？ ＝之前说的那负责的四户每年按顺序耕作。耕作的人那一年也负责祭祀祖先。

　　那片土地的收入谁来保管？ ＝耕作的人保管。但是没有钱，只有租金。

　　耕作的人也要像普通租那样交租吗？ ＝要。

　　不比一般的租金便宜吗？ ＝不便宜。

　　租金多少？ ＝一亩约十元。实际上耕作的人只负担两回祭祀的费用。

　　费用比租金要便宜的时候，剩下的钱也是耕作者的吗？ ＝名义上是要全部花掉，但是剩下的话就是自己的钱。但是要保密。

　　其他当家子那边耕作全部的土地和负责祭祀祖先的情况，都和您当家子的情况一样吗？ ＝李姓和郭姓都和自己这边当家子是一样的。

　　一户当家子很贫困的时候，会互相帮助吗？ ＝会。

　　什么方法来互相帮助？ ＝贫穷的时候一般也不帮忙。只是结婚葬礼的时候会帮忙，不会出钱什么的。

　　远当家子之间也是这样吗？ ＝是的。

　　有远当家子或者近当家子聚在一起商量事情的吗？ ＝没有。

　　当家子之间会在耕作或者收获的时候互相帮助吗？ ＝不会。建房子的时候会帮忙，农民叫"帮工"。远当家子之间也这么做。闲暇时候不受对方拜托也会去帮忙，大致帮忙一两天。不会付钱但是会一起吃饭。

　　卖地的时候，有必须要卖给当家子的规定吗？ ＝要先和近当家子商量问他要不要买，对方想买的话就必须要卖给他。不用和远当家子商量。

　　其他人比近当家子出价高的时候，也不能卖吗？ ＝可以卖给其他人。

有当家子全体的墓地吗？＝有，农民叫老坟。

现在大家也都是埋在那里吗？＝有些人埋葬在老坟，有些人埋葬在其他土地，个人自由。

老坟周围有附带着全体当家子的地吗？＝有。

有多少呢？＝我这边有三四亩。让看坟的耕作。

其收成都给看坟的吗？＝清明节的前一天给过来祭拜墓地的当家子做小米饭吃。剩下的是看坟的。

【过继】自己没有孩子的时候，可以收下其他人的孩子吗？＝可以。

那叫作什么？＝过继儿子。

不是当家的也可以过继儿子吗？＝可以。

过继儿子有固定送给谁当孩子的吗？＝规定支派近的人收下。

收下过继儿子的时候需要作证书吗？＝一起居住的人之间过继儿子一般不作证书。我成为伯父的过继儿子的时候就没有作证书。

不住在一起的人之间一定要作证书吗？＝一定要。

那个证书叫什么呢？＝过继字儿。

能收下不是当家子的儿子当过继子吗？＝不是当家子的孩子也能收下。那时候叫"抱养儿子"。

有哥哥和弟弟，哥哥没有孩子，弟弟有一个孩子的时候，可以把弟弟的独生子过继成哥哥的过继儿子吗？＝不能过继。因为"绝长不绝次"。

没有同时作为弟弟的儿子和哥哥的过继儿子的例子吗？＝没有。

有兄弟三人，哥哥和二弟没有孩子，三弟有两个孩子的时候，能把其中一个当作哥哥和二弟的过继儿子吗？＝惯行上可以，但是没有实例。农民叫"一子两不绝"。

【旗地】有清朝时代被当作皇室的土地吗＝没有。

顺义县有吗？＝有。

在哪里有？＝萧家坡村、河北村、九王庄。

有多少？＝不知道。

那种地叫什么？＝以前叫八项旗租。农民叫老租儿地。

老租儿地现在怎么样了？＝都留置成农民的土地，即成了民粮地。

什么时候？＝民国八九年之后，到民国二十七八年之间。

有不能买卖的土地吗？＝没有。

【土地买卖】土地买卖多吗？＝不多。

一年有几户会卖地？＝四五户。

买地的人家大多固定吗？＝不固定。

卖地的主要是什么情况？＝葬礼或者债务重的时候。

结婚的时候不卖吗？＝那种时候不卖。

一年什么时候买卖土地？＝冬天的时候，旧历十月到十二月。

卖地的时候一定要作证书吗？＝一定要作。

那个证书叫什么？ = 农民叫文书。

那个文书上要写什么？ = 规定要用官制的纸。写买主、卖主、价格、年月日、监证人、中人的名字。

有在土地买卖的时候负责事的人吗？ = 有，叫中人。农民又叫跑地樟的或者来人儿。不怎么叫中人。

一手交钱一手给文书吗？ = 是。

约好买卖的时候买主要向卖主交一些定金吗？ = 不用。卖主向买主借了钱的时候，会把借的钱从地价里减掉。

有为了还钱向贷主卖地的情况吗？ = 有。

那个时候不会比卖给其他人价格更低吗？ = 没有这回事。说不定比卖给其他人价格还高些。

有卖地却不作文书的例子吗？ = 没有。

有实际上卖地但是不用卖这个字的情况吗？ = 叫杜绝。农民一般用出地这个词。

有实际上卖地但是用卖这个词不太好，所以用其他名称的情况吗？ = 没有。

不用推或者退这些词吗？ = 推和退是指旗产，本村没有旗产。

【更名—税契】有土地买卖的时候，买主需要把文书之类的送到官署，让官署手认土地是自己名下的吗？ = 要送到县公署的钱粮房让那边更名。

那就是改变收田赋的名义吗？ = 是的。

不改变那片土地的所有名义吗？ = 更名了就代表土地是自己的东西了，不用这样做。

有买卖的时候大家都更名吗？ = 也有不更名的情况。

更名和不更名哪种情况更多？ = 更名的更多。

不做税契吗？ = 做。

实际上更名了，却不税契的情况是不是很多？ = 一定要税契。其外村子不税契的很多。

不税契的话农民会亏损吗？ = 会因为漏税罚钱，也没有什么亏损。

漏税不罚钱的话，农民不税契也没影响啰？ = 没影响。

税契的文书和不税契的文书称呼不同吗？ = 税契的文书叫红契，不税契的叫白字头儿。农民这么叫。

农民之间还有其他叫法吗？ = 没有。

卖地的人一定要把自己一直拿着的文书交给买主吗？ = 手里有一般会给，没有的话就不给。有的话那个文书叫上身契。附带上身契的时候要在文书上写明。

【土地买卖和纷争】有做了土地买卖之后，又不卖了这样的纷争吗？ = 有，有在作文书之前和作文书的时候发生这种事。

经常发生吗？ = 很少。

什么情况会发生那样的纷争呢？ = 其他出价更高的人要买就卖给那个人，或者一人先定的价格和双方真正希望的价格不相符的时候。

有约好了一定的价钱买卖，但是还没有作文书的时候，一方擅自毁约的情况吗

=有。

毁约也没问题吗？　=买主非要买的时候会去诉讼，实际上那种情况就是买主不买了。

这样卖主毁约的例子经常有吗？　=不多。

有卖主作了文书之后又不卖这样引起纷争的情况吗？　=没有。

【土地的界线】会经常因为土地的界线和邻地人发生争吵吗？　=有但是不多。

土地的界线由什么来标识？　=根据垄来区别。在别人地的垄和自己地的垄之间埋石头，或者在垄之间种柳钵儿。自己村子和附近村子把两端有山沟的土地特别称呼为抱幅地。

以种柳为界限的土地叫抱幅地吗？　=叫抱幅地。

中人会为了做买卖的中介，事先让卖主写一些什么收好吗？　=不会。

约好买卖的时候，只能用从监证人那里买的纸作文书吗？　=是。

用从监证人那里买的纸作文书之前要作一些其他的文书吗？　=不用。

垄的排列方式

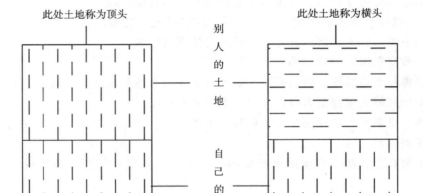

【租佃】借其他人的地耕作叫什么？　=叫租子地。

租子地是指从别人那里借来耕作的地吗？　=是的。

借租子地这个行为叫什么？　=叫租。贷叫租出去，借叫租。

租其他人的地的时候需要作文件吗？　=不作。

有作的时候吗？　=没有。

租的期间一般是几年？　=一年。今年的秋天到明年的秋天。

完全没有一年以上的吗？　=没有。续租的时候要重新约定。

一直都没有一年以上的吗？　=没有。

一年到期时，耕作者可以重新拜托地主同意耕作吗？　=想续耕的时候，必须和地主商量。前一年的耕作者不想续耕，地主把地贷给其他人的时候叫推地，耕作者希望续耕时，地主却收回了地叫拿地。

一般耕作者希望续耕地主就会让他续耕吗？　＝一般会让其续耕。

耕作者作为租金付给地主的叫什么？　＝叫租子或者地租。

租子是付钱还是付土地的收获物？　＝约好了交钱。

有用土地收成付租金的吗？　＝没有。有的话那是伙种地。

没有在收获后交租子的例子吗？　＝民国二十三、四年的时候有过那样的例子。

有过很多吗？　＝没有很多。

以前有不用钱付租子而用收获物的例子吗？　＝没有。

有借其他人的地耕作的人借地主的马、驴那样的役畜还有农具，或者拿种子、肥料耕作的例子吗？　＝没有。

以前就没有吗？　＝没有。

听说过那样的例子吗？　＝没有。

有租地的人除了付租子以外、要帮地主家里做家事的例子吗？　＝没有。

【伙种地】伙种地是指什么？　＝有地、但是人手不足或者没有役畜不能耕作的时候，自己出地，其他人出役畜或者农具，同时出种子和肥料进行耕作，收成对半分。比租给其他人得益多。

自己村子离能种水稻的地很远、以及不知道水稻的种植方法的有地的人，会和其外村的人一起伙种地。或者本村有能种瓜的土地，但是不知道种植方法的、以及知道方法但是需要看守的人，也会让别人种地成为伙种地。

以前伙种地就比租出的多吗？　＝少。

以前就有伙种地吗？　＝有。

伙种地以前比现在多吗？　＝没什么变化。

伙种地有在亲密的人们之间进行的倾向吗？　＝是。

不亲密的人之间为什么不弄伙种地呢？　＝因为要折半收获物，所以分给耕种者分量有被糊弄的危险。或者种瓜的时候，有谎报卖瓜得的钱。

伙种地的时候，不管收获物多少都是折半吗？　＝是的。

【老租地】有耕作其他人土地的人只要付租金就能永久耕作，地主不能擅自收回的土地吗？　＝没有。

以前也没有吗？　＝没有。

知道永佃这个词吗？　＝知道。

您村里没有这样的例子吗？　＝没有。农民一般把永佃叫老租地。一年的租地叫现租地或者小租地。

农民为什么知道老租地这个词？　＝因为别的村有这个词。耕作的旗地就叫老租地。

不租其他人的地，只是为地主耕作而得到一定的钱或者收获物的例子有吗？　＝没有。有的话那是伙种地。

有比一般的租地特别贵或者特别便宜的地吗？　＝没有。

有借其他人土地的人不自己耕作，又转给其他人耕作的例子吗？　＝没有。

知道有那种例子的村子吗？ ＝我觉得应该都没有。

【纳税—田赋】有那种必须农民自己直接带钱去县公署交的税吗？ ＝一般的税都是直接去交。

没有某个人收好了再去交的例子吗？ ＝没有。

一般农民都知道田赋一亩多少吗？ ＝知道。

贷给别人土地的时候，田赋是地主交还是耕作的人交？ ＝地主交。

没有耕作者交的例子吗？ ＝没有。

耕作地中没有不用交田赋的土地吗？ ＝自己的村子基本上没有。有的话是黑地。

有不是黑地，但是可以不用向县纳税的地吗？ ＝在邻村后郝家疃、马辛庄、鲁各庄、桥头村有，自己村里没有。

【船户地】邻村的那种地是怎样的地？ ＝是船户地。有六顷四十亩。

船户地是怎样的地？ ＝不知道从什么时候开始的，原来是官地。后郝家疃西边有白河，那条河没有桥，所以只能用船码头船渡河，那个地方叫船码头。负责渡船的人耕作着船户地。

有几个船码头？ ＝有很多。

县那边允许耕作吗？ ＝允许。

渡河要收钱吗？ ＝住在白河东边的人不用付。到秋天收获的时候给点小麦之类的收获物。渡船的直接去收。这个叫打季儿。那样的村子叫有季儿。

在河边两侧住着的人怎么办？ ＝要交钱，金额不定。交钱的人叫没季儿。

有谁都没在耕作也要交田赋的土地吗？ ＝我觉得有。白河河流改变的时候，土地会变成沙地，但是县里还是要收田赋。

【土地买卖的中人】作为土地买卖的中人会收手续费吗？ ＝不会。邻村有收的人。

作为中介的人什么报酬都得不到吗？ ＝没有一点报酬。只有写文书的那一天会在买主家吃饭。这一天中人、卖主、监证人，有特别情况的时候卖主还会去几个近当家子。只限于买主希望近当家子的人也来的时候。

从前有为土地买卖做中介收取手续费的人，那种人是固定的吗？ ＝不是的。

有叫作田房牙纪的人吗？ ＝没有。

在顺义县没有吗？ ＝没有。民国十六年左右短时间有过，直到大约民国十七年左右。叫作官中。

【夫役】县公署及其他方面有没有过征召村民干活的？ ＝有。修理通古公路，修理城墙，修理警备道路的时候。

一年之中被征召几次？ ＝一年三回以上。每回的人数不确定，不过非常多。

被征召去干那种活的时候，村里是怎么决定由谁去的？ ＝会首和乡长商议一天去几人，然后按顺序去。

没有土地的人家也要出人吗？ ＝不出。

每户出相同人数吗？ ＝每户只出一人去一次。

有没有拥有许多土地的人家要出许多人的情况？ ＝没有。

有没有耕作许多土地的人家要出许多人的情况？＝没有。

知不知道不同的村有拥有许多土地的人家要出许多人的事例？＝不知道，我们村没有。

去干活的时候，一天得到多少钱？＝得不到钱，会里也不给。

伙食怎么办？＝不知道。

有没有被县公署及其他方面命令不是交钱而是交物资的时候？＝修理警备路的时候，要求交木头、高粱秆。有时是马粮，这种时候日后军队会给钱。

修警备路的时候用木头呀、高粱秆不给货款吗？＝不给钱。

那种情况下，像上面说的东西怎样让村民分摊？＝会里这边买了交上去。

那笔买东西的钱从哪里募集？＝用会里的经常摊款买。

【借粮食】从别人那借谷物的事例多吗？＝非常少。

借谷物还的时候，只用还借的量吗？＝只用还借的量。

有还得比借的多一点的情况吗？＝没有。

借钱的时候要付利息，怎么借谷物的时候不多还呢？＝因为借谷物的时候是借少量而且借两三天。

有没有春天借秋天还的事例？＝有倒是有，非常少。叫作"接粮食"。

"接粮食"的时候有没有相当于利息的东西？＝"接粮食"的时候用钱还。

那种时候另外加利息吗？＝取决于借的时候的价格，当时是三元钱的话，还的时候要还更高价。

对那三元钱每月决定利息是多少呢？＝不会做那种事。

三元钱还的时候大约还多少？＝不大清楚。

"接粮食"的时候开证书吗？＝不开证书。这种情况有来人儿（保证人）在场。

以"接粮食"的方法借出谷物的人家在村里是固定的吗？＝不固定。

主要是有钱的人家这样做吗？＝是这样。

【借钱—抵押】借着钱的人多吗？＝不多。

借钱的情况一般是什么情况多？＝原来是有钱人的人变穷了不想卖土地的时候，葬礼的时候，急用的时候。

借出钱的人家是固定的吗？＝不固定。

借钱的话开证书吗？＝开。

那个证书叫作什么？＝农民叫它借字儿。

有没有不开借字儿的情况？＝金额少的时候不开。金额多的时候除了开证书，还要给抵押品。

给什么样的东西作为抵押品？＝给地契。

有没有给家具呀农具的情况？＝没有。

证书上写什么？＝放贷人、借主的名字、金额、利率、抵押品、中间人、年月日。

写上还的期限吗？＝一般三年或五年，那个也写。

金额多的时候给抵押品和不给抵押品哪种情况多？＝给的情况多。最近在文书上不写借而写典。

不是典当的时候也写典吗？ ＝实际是借的情况也写典。因为农民单纯，贷主让写典，不还钱的时候，就可以耕作其土地，因为有利可图。

明明不是典当却写了典当之后，不会出问题吗？ ＝因为是习惯，没办法。

实际不是典当但写了典当的时候，拿到钱马上就把土地给贷主让其耕作吗？ ＝不是那样。由借主耕作，不还钱的时候由贷主耕作。

借贷钱的时候，有没有居中做各种斡旋的人？ ＝有，一般叫作来人儿。

借主不还钱的时候，来人儿必须代为付钱吗？ ＝没那回事。不还钱的时候因为手上有地契，就耕作其土地。

有没有借钱时约定借主不还钱的时候、由某人代为还钱的事例？ ＝没有。

有中保人吗？ ＝就是来人儿。

3 月 17 日

地点　　商会

【当家子（本家）和土地买卖】据说当家子中的一户要分家或者过继子嗣的时候必须和老掌家局儿商议的，是和远当家子还是和近当家子的老掌家局儿商议？ ＝和近当家子的老掌家局儿商议。不和远当家子的商议

有没有卖土地的时候不去找近当家子商议，问他买不买就卖掉的事例？ ＝有。明明知道去问了也不会买的时候就不问。

有没有不明确知道不买的时候瞒着卖掉的事例？ ＝我想大概没有。即使想瞒着卖掉人也不会买，因为日后起了争端会输。

瞒着近当家子卖掉了的时候，如果近当家子说想买，能买吗？ ＝因为是已经卖出去的东西，近当家子不能那样说。

那种情况下近当家子和卖主之间会发生什么？ ＝会起争端。

【过继】有没有"绝长不绝次"的实例？ ＝没有实例。

有兄弟二人，哥哥无子弟弟有一子的时候，该弟弟之子并未过继给哥哥，有没有这样的事例？ ＝有。一个叫李爽的人。李爽是哥哥，他弟弟有个儿子，但是并没有过继给哥哥李爽。

谁也没有过继子嗣给李爽吗？ ＝谁也没有。

为什么没有过继弟弟的儿子以外的人？ ＝因为李爽死了。虽然过继子是临终或死后过继，但因为他弟弟的儿子没成为过继子，而其他的当家子中能成为过继子的人很多，关于决定是谁起了争端。

如果弟弟有两个儿子，其中一人毫无疑问会成为过继子吗？ ＝是的。

【顶名—卖地不卖粮】为什么会有买了土地却没有改名的情况？ ＝改名又要各种各样

的手续又要钱，所以买主用卖主的名字交税的话，可以省去手续而且不要钱。

原封不动借用卖主的名义，叫作顶名。

有即使卖了土地也不卖田赋的所谓"卖地不卖粮"的事情。比如拥有无粮黑地有粮民地的人，在卖有粮民地的时候，虽然将土地给买主但是没有改名，把有粮民地的田赋转到无粮黑地将之当做有粮民地，于是买主收到的有粮民地就变成无粮黑地。

如此事情只限于卖主买主双方都互相了解的时候。

"卖地不卖粮"的事例常常有吗？＝有倒是有，少。

【抵押—当】有没有拿农具或马驴用作抵押借钱的事例？＝没有。

知道所谓"当"这回事吗？＝知道。农民也知道。

所谓"当"是指做什么样的事？＝把衣服呀、饰物呀当给当铺。

有没有把农具之类当给当铺的情况？＝农具铁制的也可以当给当铺。

有没有不是在当铺而是农民之间那样做的事例？＝从来没有。

你们村有当铺吗？＝从来没有。

约定借了钱无法还的时候，就给衣服、饰物、农具等，有没有这样借钱的事例？＝没有。

别的村也没有吗？＝没有。

【典地】借钱的时候把自己拥有的土地交给贷主让其耕作，还上钱时让其归还土地，有没有在这样约定下借钱的事例？＝那是典地。

有没有借钱的人从贷主那儿把典了的地再租回来的事例？＝我想有，但村里有没有我不清楚。村民一般把那种做法叫作"卖马不离槽"。

赎回典地的期限一般是几年？＝一般写三年。最低是三年，三年以上多少年都行。契约上不管多少年都写三年。

典出的东西期限越短越好，收取典的东西就期限越长越好。有所谓"许赎不许推"的说法。意思是典当出去的东西，过了期限后也随时可以赎回，但是收取的典当的东西不管是在期限之前还是之后，都不能要求对方赎回。

为什么即使期限是三年以上时也写三年？＝三年意味着最低期限。

约定期限为五年的时候契约上也要写三年吗？＝没有五年或六年的情况。

现在典三年的话什么时候可以赎回？＝典大多在秋收后马上进行。

去年秋天典了的话什么时候可以赎回？＝从民国三十三年秋天起。

同一块土地两年间收获几次？＝一年两次。

有没有约定典三年，但过两年也可以赎回的习惯？＝没有。

如果还不上钱的话就把自己的土地交给贷主让其耕作，有没有这样约定来借钱的事例？＝没有。

【押—指地借钱】知道所谓"押"这回事吗？＝知道。

所谓"押"是什么样的事？＝是指从别人那儿借钱把自己土地的地契给对方，如果到期无法还钱就让贷主耕作该土地的情况。

知道所谓"指地借钱"这回事吗？＝跟抵押一样。

农民一般采用哪种方法？ ＝经常采用指地借钱的方法。

村里有指地借钱的事例吗？ ＝有。

指地借钱时一定要给地契吗？ ＝一定要给。

那个地契是红契和白头字儿哪个都可以吗？ ＝哪个都可以。

没有地契的时候怎么办？ ＝不存在没有地契的情况。

有没有实际不是典当但在证书上写典当的情况？ ＝那是一般情况。

那种情况也要给地契吗？ ＝也要给地契。

实际不是典当却在证书上写典当的情况，和指地借钱是两回事吗？ ＝实际上是一样的，不过农民一般在契约上写的时候写典，口头说的时候叫指地借钱。

写证书的时候有没有作为指地借钱的情况和像上面那样当作典的情况？ ＝两种都有。

上面那种情况证书的写法有不同之处吗？ ＝大概有。

什么地方不同？ ＝立典契/指地借钱文约△△△……这一点，以及指地借钱的时候一般期限是一年。所以写一年，而"立典契"的时候实际是一年也要写三年。但是两者都写利率。

在你们村，典当、指地借钱及形式上当作典当，哪种情况多？ ＝最多的是指地借钱用典契的形式，其次是真正的典当，指地借钱现在没了。

【借钱—利息】借了钱的人不能还钱的时候必须由某人代为偿还，有没有这样的事例？ ＝没有。

当家子之间也要写借钱的证书吗？ ＝写。

借钱的时候付利息的情况多么？ ＝全部都加利息。

少额的时候也是吗？ ＝少额的时候不加。即使是多额的时候，如果期限非常短也不加利息。

利息一般是多少？ ＝一般每月二分五厘。

最高多少？ ＝每月三分，最低二分。

不连本带利一次付清而是每月或每天付一点，有没有这样的事例？ ＝没有。

一般借钱的期限是几年？ ＝一般是一年，长的也在十年以下。

利息什么时候付？ ＝每年付一次。

有没有事先付利息的事例？ ＝没有那种事例，不过有类似的。比如有借五十元的时候抽出十元钱只拿到四十元钱，证书上写五十元，一年后付五十元那种事例。但是那种事例很少。

你们村也有吗？ ＝有，但是少。

比如借一百元的时候拿到手多少钱？ ＝根据其利率计算。

上面的例子那种情况，有没有在五十元上之外再加利息的事例？ ＝没有。

借钱的时候有没有迄今为止采用的方法以外的方法？ ＝没有别的。

【青田卖】有没有土地上还保留着未收获的作物就卖掉的事例？ ＝有，叫作出青苗

那种事例有很多吗？ ＝不多。

出青苗的人是哪里人？ ＝本村人。

出青苗后因为水灾等无法收获的时候怎么办？ ＝算买家的损失。

【谷物的交易】村里人到哪去卖作物？ ＝在县城和杨各庄的集市上卖。

主要卖什么样的谷物？ ＝玉米、豆子。玉米多。

有没有几个人一起合伙卖的事例？ ＝没有。

有没有直接去卖给县城的店铺的事例？ ＝即使有也非常少。

从店铺借了钱然后卖给该店铺收获后的谷物，有没有那种事例？ ＝没有，从来也没有。

有没有人到村里来买那种谷物？ ＝没有。

【必需品的购买】食品、衣服、农具、种子、肥料从哪里买？ ＝衣服从县城买的多。食品不一定。还有种子、肥料基本不买。买肥料的话在北京买。

买那种东西的时候，有没有几户人家一起去的情况？ ＝没有。

有没有某个人去买了回来再分给大家的事例？ ＝没有，各买各的。

【挂买】在店铺买东西的时候，不马上付款而是让店里记账日后一起付清，有没有这种事例？ ＝有。

那叫什么？ ＝叫赊买。

加利息吗？ ＝各家店不同，衣服之类的收费多少加点利息。

有没有不还钱而用谷物还的事例？ ＝没有。

【副业】村里在耕作以外的闲暇之时，有没有制作点什么去卖的事例？ ＝非常少。

制作什么样的东西？ ＝苇簾、蓑衣、蒲扇。

其材料从哪里买？ ＝芦苇从本村还有邻村买。其他的是野生的芦苇，所以自由去采回来。

在哪里卖？ ＝各镇还有县城的集市上卖。也在庙会上卖。

有没有村里共同去卖的事例？ ＝没有。

有没有农闲期去某地干活的事例？ ＝没有。

有没有借了钱用谷物付利息的事例？ ＝没有。

有没有借主借了钱到贷主那干活的事例？ ＝没有。

有没有还不了钱时到贷主那干活的事？ ＝没有。

村　落　篇

1940 年 11—12 月

（华北农村惯行调查资料第 8 辑）

村落篇第 1 号　河北省顺义县沙井村
　　调查员　旗田巍
　　翻　译　杜肇庆、李寻春、郭文山

11 月 15 日

村落概况

应答者　杨源（沙井村长）
地　点　商会

【名称】沙井村从前就叫沙井村吗？ ＝从前就这样叫。

村里的人是从哪里迁移而来的，还是从前就在的？ ＝从其外村来的是四家。任振列、邢润齐、赵绍亭、赵文友。

【户口】十年前大约有多少户？ ＝忘了。

现在呢？ ＝七十户，三百九十八人。

【原住地】听说你们是从山西来的？ ＝山西省洪洞县。在很久以前，明朝以前，霍元代。

从山西省洪洞县来的人，有没有在这一带另外建造村子？ ＝孙家来到了董各庄（第五区）。孙家是从沙井村去的人。

石门村不也是这样吗？ ＝石门村民是直接从洪洞县来的。

别的村呢？ ＝其他的还有很多，所以不清楚。这附近大体如此。

望泉寺呢？ ＝这个也一样。

【移居者】除孙家之外，还有其他人移居到别的村吗？ ＝姓耿的（平各庄）。名字不清楚。去到董各庄的孙家现在分家分成了许多家。这是四十年前（清朝）分的。

迁移的理由是怎么样的？ ＝因为过去很穷，成了董各庄的苦力，后来把家人也带去了。现在有钱了。

【作物】在沙井村现在种植什么样的作物？ ＝高粱、玉米。其他的还种白菜、韭菜、葱、南瓜等。但是这些不是所有人都种。

不种的人怎么办？ ＝买。也在村里买，村里没有的东西到顺义去买。

【交易】种蔬菜的人是在沙井村卖，还是在顺义卖？ ＝哪边都有。去顺义卖的人也只是担一点去卖。高粱、玉米等也是开市的日子（两天一次）去城里卖。

肥料怎么办？ ＝村民大多养了猪就以此获取肥料，不够的话就去买北京的人粪干（人粪尿）。耕田多的人需要的就多。这个是各人去买各自的。

农具是在顺义县城买吗？ ＝有时在海红村买（有铁匠），有时在城里买。

为什么要跑到海红村去买？ ＝因为海红村的村民是直接制作。铁匠就那一家。

不从海红村到沙井村来卖吗？ ＝沙井村民到海红村去订购。村民各自去委托。

沙井村有糕点店、农具店之类的吗？ ＝什么都没有。

有种子店吗？ ＝自己从前一年的作物获取种子。

蔬菜的种子怎么办？ ＝不一定。也有从顺义买来的。

有没有人从县城挑着毛巾之类的来卖？ ＝时常有。

那人都带着些什么？ ＝毛巾（手布）、化妆品、肥皂、茶壶、茶碗、日用品。

锅什么的怎么办？ ＝这个是到城里去买。

那人是每天来吗？ ＝城里几乎是每天来。

从城里到村里来卖的人怎么样？ ＝因为是在各村转，所以不一定。

为什么沙井村的农民去海红村买农具？ ＝城里农具较少的话，就去海红村买。因为春天时需求很多。

石门村的人也去买吗？ ＝那个村的人大多都去。

海红村的铁匠铺面很大吗？ ＝有三个手艺人。其他有小孩子当帮手。

那里有机器吗？ ＝有中国的老式道具。

去海红村买有没有什么特别的理由？ ＝价钱跟城里的一样，但是结实。

去城里和去海红村买的哪边多？ ＝城里多。

多很多吗？ ＝因为从北京拿来卖的质量好，老百姓也去买那个。

那样一来去海红村买的不是少了吗？大约有多少人去海红村？ ＝不知道。

【和邻村的关系】望泉寺和沙井村的关系怎样？ ＝望泉寺、沙井村、梅沟营、石门村一起办小学。

嫁到望泉寺去的人多吗？ ＝有很多。

嫁到石门村的怎么样？ ＝嫁去石门村的也多。基本上和去望泉寺的没什么不同。

和石门村、望泉寺的往来多吗？ ＝一直有往来。和哪边往来的程度都一样。

这四村之间的往来尤其多吗？ ＝和望泉寺、石门村之间的往来尤其多。梅沟村稍微少些。

村里有祭典的时候望泉寺、石门村的人来吗？ ＝祭典是各村各办各的。每月一日和十五日是祭典的日子，烧香。

四村以前是一个村子吗？ ＝从前就是四个村。

什么时候开始一起办小学的？ ＝从 1914 年起。

我想收获忙的时候会来互相帮忙，从石门村、望泉寺来帮忙的是不是尤其多？ ＝不来帮忙。也不去帮忙。所有村都各干各的。

【村里的有钱人】在沙井村最有钱的是谁？ ＝1. 张瑞　2. 杨源（村长，在顺义有首饰店）　3. 李如源　4. 张永仁　5. 杨泽。村长是民国十四年开始当的。

【村长】在那之前村长是谁？ ＝周树棠（得福），六十二岁。

那之前呢？ ＝杨斌。现在杨村长的祖父。

那之前呢？ ＝杨天祐。杨斌之父。

沙井村的其他有钱人，有没有另外在城里有家业的？ ＝只有村长，别的没有。

有在北京有家业的人吗？ ＝没有。

前任周村长有钱吗？ ＝有大约三十亩土地。一亩地价大约一百五十元。

【主要的姓氏】沙井村什么姓氏比较多？ ＝姓杨的十一户，姓张的十户，姓李的八户，姓赵的四户，姓孙的四户，姓杜的七户（原来是三户。民国二十七年春天分了家）。

【外来人】沙井村有没有从满洲、蒙古、朝鲜来的人？ ＝没有。所有人都是河北省的人。

村里有没有被叫作外地人的人？ ＝没有。所有人都视为同村人。

有没有做买卖的人被视为外地人？ ＝没有。

【外出干活】有没有去其他地方干活的人？ ＝年底去北京做"蜜供"。去三十人以上赚劳务费。也有人现在就已经去了。外出干活三个月左右。

有没有去年或今年新来沙井村的人？ ＝五六年前有个叫赵文友的人，从牛栏山门下坡村迁过来。

【宗教】沙井村有基督徒、回教徒吗？ ＝没有。只有佛教徒。

【庙】庙里都有些什么？ ＝大的是观音寺，跟小学在一起。小的叫作地藏王（三清洲叫作土地祠……新民会，杜氏的说明）。观音寺第一层供奉关帝——关云长，第二层供娘娘、财神、龙王、土地、青苗、二郎爷、托塔李天王、圈抱，第三层供佛、文殊、普贤、圣人。

村民在家里供佛吗？ ＝供着的。那基本上都是画在纸上的，有关帝、南海大士、财神、娘娘等。有钱人主要供奉关帝、财神；没钱的人主要供南海大士；孩子多的人供娘娘。

什么时候供地藏王？ ＝人死的时候先把魂送到地藏王那儿，再送到鬼的首领关帝那儿。人死的时候同族、亲戚穿着白衣一边哭一边前往地藏王庙，烧纸钱（杜氏的说明）。

村民都知道佛吗？ ＝村民知道个大概。

沙井村有信道教的人吗？ ＝没有。

生病的时候去拜关帝庙吗？ ＝生病的时候带着供品去，祈祷说如果康复了，就供上什么什么东西。一年有五次祭关帝，那时候村民都带着供品去，在那儿吃饭。其费用由村民分摊。

生病的时候，有没有什么特别要去拜的？ ＝去求药王爷（药之神）。

【绅士】称呼村里有势力的人，像村长那样的人为绅士吗？ ＝新民会分会员杨源、张瑞、李如源、杜祥、赵廷奎、张永仁、杨泽、杨润、周树棠、吴殿臣、刘长春是绅士。虽然是乡绅，平常不那么叫，叫先生。其他的人无论是对谁都叫先生。乡绅这个词在别的村也懂是能懂。……顺义县也有很多无赖汉，村长也拿他们没办法。那些无赖汉和土匪等有联络。

有没有人虽然有土地但是不被称为绅士？＝和人在一起的时候不说绅士。绅士是老叫法。

上面十一人中有没有原来是当官的？＝周树棠曾经是村长，现在也在帮村长。吴殿臣是小学的教员。刘长春是医生。

有没有以前在县里当官的人？＝周树棠在清朝时代做过"收发"（在县厅）。

那些人把土地租给佃农吗？＝因为是自己的田，不会租出去。

不租给佃农的时候，是只有自家的人耕作吗？＝只有自己家的人耕作。如果忙的话，临时雇别家的人。最忙的时候雇一两名。活干完了马上让其回去。现在一次的工钱是八十钱。

总是住进家里的只是亲戚吗，有没有其他人？＝没有。

【长工】有长工吗？＝有。杨源家有一人，张瑞家有两人，李广权家有一人，张守仁家有一人。

在杨先生家的人是什么样的人，和杨先生是什么关系？＝年纪三十多岁，从小就在杨家，已经待了十二年。是沙井村百姓的儿子，名字叫李广祥。

杨先生亲自巡视土地吗，有没有雇巡视的人？＝自己巡视。没有雇人。

【短工】有没有在村里打短工的人？＝有十人左右。那些是只有二亩、五亩的少量土地的人。一点土地都没有的人也有十二家。

11 月 16 日

村落概况

应答者　杨源（沙井村长）、李如源（会首，六十四岁）、赵廷奎（会首，四十一岁）、杨润（会首，三十六岁，村长的堂弟）

地　点　商会

【面积】村子的面积大约多少（包括耕地）？＝十三顷。这当中有三顷是外村人所拥有的土地。

村里的土地卖给了外村人的情况，那土地会怎么样，摊款会怎么样？＝土地就成了外村的。买了土地的人和村民上交一样的摊款。

假如卖掉了村子边缘的土地，村子的界线会怎么样？＝村子的界线会相应变窄。

【本村人】那里有村民居住的话会怎么样？＝村子边缘没有村民住。三顷土地在村子里面。是外村村民在沙井村里拥有土地的人，不被当作村民。

有没有卖了土地搬到外村去住的人？＝有耿家。四年前搬的。

村里有集会的时候那个人来吗？＝不来。

那个人在村里留有土地的话会怎么样？＝他把所有的地都卖了搬到外村去的。如果留有土地的话，就有作为村民的资格。邢润齐只自己一个人搬到顺义县城去做生意，家人都留在沙井村，他还是村民。

三顷土地的所有者承担摊款吗？＝和村民负担的一样。只年底交一次。

按什么样的比率承担呢？＝只在年底计算中以与村民同等资格承担一次。不承担村子临时的摊款。

村费怎么办？＝年底以与村民同等资格承担一次。

买了村子边缘的土地的人（外村人）承担村费吗？＝跟在村子中央买土地的情况一样承担。承担村费的范围和全部村民一样。

那种情况村子的界线会怎么样？＝界线不动，保持原样。

【土地的种类】十三顷地中有多少耕地？＝十顷。

住宅地呢？＝十顷以外约有一顷。

荒地呢？＝有一顷。

除那以外还有别的土地吗？＝没有别的。

有没有盐碱地？＝有。耕地中大约有两顷。不过不妨碍耕作。

有没有沼地、湿地之类的？＝有。十亩左右（十顷之中）。

有没有种藕的土地？＝没有。

对耕地有没有上、中、下的等级划分？＝有。

有没有上中上、上中中、上中下等的划分？＝没有。

从什么时候开始定的上、中、下等的划分？＝从民国初年起。

决定的级别是从税费方面规定的吗？＝县公署规定的。在税金上。

县公署规定的上、中、下的区分，和村里用的区分一样吗？＝和县公署规定的一样。但是有不同。

土地变差的话上等这个区分会怎么样？＝会变差。

土地的价格是怎样的？＝上等地二百元，中等地一百元，下等地四十元。

土地的大小是？＝上等地一顷，中等地二顷，下等地七顷。

是外村村民，在沙井村里有土地的人，对年底的摊款分派有怨言吗？＝毫无怨言很乐意交。

上面说的那人也参与分派的决定吗？＝不参与。

【农耕季节】播种大约是什么时候？＝新历的4月末左右，旧历的三月左右。

收获是怎样的？＝新历的9、10月左右。

大约什么时候下霜？＝旧历的九月下旬左右开始。

【村名的由来】望泉寺的名字是怎么来的？＝因为寺前有个喷涌水很旺盛的井。那口水井现在还在。

石门村呢？＝因为有个石头门。

沙井村呢？＝因为所有井里都有沙。别的村的井，有的也有沙，也有没有的。

【自然条件】下霜大约一直到什么时候？＝到阴历十二月下旬。

下得多吗？＝下得一片雪白。

作物的霜害怎样？ ＝很少。晚播种的玉米会受害，而白菜则无妨。

从前的霜害怎样？ ＝民国十七八年很大。那时候作物全部无法收获。

下雪吗？ ＝旧历十月左右下。因为是收获以后，没有危害。

降雨怎样？ ＝旧历正月下旬左右下雨。

六七月（夏天）呢？ ＝下。

大约什么时候最多？ ＝旧历六七月。不下雨的话作物不生长。也有洪水、干旱。

四季是怎样的？ ＝旧历正月到三月是春季。转暖是旧历二月左右。变热是五月左右。转凉是旧历七月左右。变冷是旧历十月左右。

【洪水】受到洪水的危害吗？ ＝经常受到。

有河流吗，白河倒是离得远？ ＝有小河。白河的支流在白河发洪水时会漫出来。

井大约挖多深能出水？ ＝十尺（中国尺）左右。

【交通】沙井村和其外村之间有马车定期往来吗？ ＝随意出入。

邮件是怎样的？ ＝投递。次数不定。

电话呢？ ＝没有。

有运货物去北京的情况吗？ ＝有。去买人粪。还有去买卖粮食。但是现在县公署禁止出入。禁止前去北京买卖玉米、粟、大豆等。

【外出干活的人】有没有外出干活的人？ ＝有。三四十名。木匠、苦力、制作蜜供等，主要去北京。

从其外村有人来干活吗？ ＝不来。

去外村当雇农吗？ ＝很少去。有四五名。

有雇农来吗？ ＝有三名作为长工来的。从石门村来一名，从望泉寺来一名，从南法信来一名。

去北京干活的人回来吗？ ＝新历 11 月左右去，旧历正月回。之后不会早去。有急事的话干活的中途也会回来。没有定居北京的人。

去北京的都有谁？ ＝张林权（北京的糕点屋的雇工，三年前去的。在村里有家人。没有土地）。李广权、李广庆兄弟（十年前去北京，成了花艺人的雇工。在村里有三十亩土地）。李万春（去年，北京，做蜡烛、线香的雇工。土地六十亩）。杨庆余（今年，北京，杂货店的雇工。土地三十亩）。杨戒（贩卖油盐店的雇工。去年，北京，没有土地）。周复兴（三年前，通州，石油贩卖人的雇工，土地三十亩）。杨陆（五年前，北京，油盐贩卖的雇工，土地十亩，家人留守）。……其他人的家人也都留在沙井村。……吴仲伍（两年前，北京，粮食贩卖的雇工，土地二十亩）。张守仁（二十年前，牛栏山，掌柜？ ＝店长，土地二十亩）。张树林（两年前，牛栏山，杂货店雇工，土地四亩）。赵仲（今年正月，布店雇工，土地十五亩）。杜（两年前，北京，制布雇工，土地十亩）。

上面那些人给村里的家人寄钱吗？ ＝都是学徒，一年工资五十元左右，所以不用寄钱。

什么时候回村？ ＝只正月回一次。

外出的理由是怎样的？ ＝为了将来谋生而学技术。为此要花十年左右时间。

所有地是外出以前就拥有的吗？ ＝以前就有。家人赖以为生。

村里的事情通知他们吗（比如村里造桥的时候）？ ＝不通知。

有没有当了官员去别的地方的人？ ＝没有。以前也没有。

军人呢？ ＝有一个。李秀悄。北京南部涿县的治安军通信班。

在北京有没有照顾这样外出干活的人们的人？ ＝有熟人，但是没有特别来照顾巨人。

在北京的村民有没有成立组织之类的？ ＝没成立。

有没有去满洲的人？ ＝没有。

有没有去满洲当苦力的人？ ＝没有。

【地主】"地主"有几人？ ＝六十六人。

出租土地的人呢？ ＝三十户。

【租佃】有没有租借外村人土地的人？ ＝没有。

前面说的三顷地的所有者是谁？ ＝因为很多人都有，所以不清楚。

除了自己的土地还租借别人的土地的人呢？ ＝三十户。

只耕作自己的土地的人呢？ ＝三户。傅菊从顺义县城内的张翼臣、龚良＝永安堂药店主人二人那租借了二十亩。李惠元从头营村的某个人那租借了十四亩，也当雇农。

【商人】有没有商人？ ＝村里没有。

【工匠】工匠呢？ ＝村子里有一个，柏成志。短工、长工都做。在村里做工三的活（铁器、农具）。也用拖车运道具到村外去做活。

【教员】教员有多少人？ ＝两人。有月工资。

【村干部】村公所的干部呢？ ＝十名。没有月工资。

杂工呢？ ＝没有。

【副业】有没有干副业的人？ ＝农闲期大家都去玩乐。

【乞丐】有没有乞丐？ ＝有一人。李张氏，六十岁。连家都没有。儿子三年前死了。有两个孙子。十七岁的那个在北京做铜器制作的雇工。十二岁的那个跟李张氏一起居住。从前住在沙井村的丈夫去世了。以前有土地，不过已经全卖掉了。三年前儿子死后，地成了乞丐，四处转悠乞讨。不和村民一起吃饭。

11 月 17 日

学校

提问者　山本斌

应答者　赵斌（沙井村小学教员）

地　点　商会

【赵斌的履历】先生的履历是怎样的？ ＝我是顺义县的人。世代居住于县城。来沙井村前在沿河村的初级小学供职。祖上是务农的。我这一代开始成了教育工作者。县城的师范讲习所出身（现在的师范学校）。学历是就读蒙养学校四年（光绪二十几年入学）、就读高级小学三年。之后在讲习所上了一年的课。

【学科】在蒙养学校有些什么样的学科？＝上论语、下论语、孔子、孟子、算术、国文、唱歌、体操、画图、手工、习字。

高级小学的科目呢？＝国文、算术、画图、手工、体操、诗经、古文、唱歌、习字、礼记。

在师范讲习所呢？＝国文、算术、体操、美术（画图）、艺术（手工）、音乐（唱歌）、教育学、教育史、心理学、教学法。

国文是什么？＝古文。

有没有历史、地理？＝在师范也学了地理、历史。

外语呢？＝没有。

师范毕业生只能在县里当老师吗？＝不仅是县里，在县外也能当老师。

【新生活运动】

提倡新生活运动的时代，政府教些什么？＝那不是以前，而是前年开始的。

没有和新民会的运动搞混吗？＝是新民运动。

新生活运动是怎样的？＝是礼义、廉耻、尊孔的运动。

关于这样的运动国家下达了什么样的指示？＝（没有回答）。

有没有关于改善日常生活的指示？＝只有鼓励孝悌、忠信、礼义、廉耻。

【教员的任命】成为老师的时候是县里任命的吗？＝是的。

学校是村立的时候也一样吗？＝需要县里的委任状。

县里采纳村民的选择意向吗？＝村民可以去县里报告老师的好坏，要求免职。县里调查实情后进行处置。

关于教员任命呢？＝县里不听取村民的意见，直接派遣。

当老师的时候县里有考试吗？＝有。

师范出身的人也有吗？＝只要毕业了就没别的考试。

先生在沙井村有没有特别亲近的人？＝没有。

其他的老师，本地出身的人就当本地的老师吗？＝其外村出身的人也可以。供职的村子每变一次，就有一次考试。比如，村民想让沙井村出身的人当沙井村的教员的时候，要向县里递交申请书。然后其本人如果考试合格，就成为沙井村的老师。该老师从沙井村转到外村任教时，不需要再接受考试。

【教员和村民】关于结婚的事，村民会找老师商量吗？＝不商量这种个人事情。

沙井村有没有和先生特别熟的人？＝和乡长、副乡长熟。普通村民里没有特别熟的。

和乡长、副乡长商量什么样的事？＝只商量教员的工资、学校的经费、用品等跟学校相关的事。

【学校经费】学校的经费一年多少？＝一千元。

其中详细情况是？＝教员的月工资是赵老师二十一元，刘老师二十一元。杂役的补贴是一年五十元到六十元左右（一名）。减去上面的费用剩下的余额用来买用品（煤、纸、书籍、粉笔、银珠、石油、茶、火柴、柴火、撢子等）。因为学校在庙里，所以不用交房租。煤从县城买。纸是教师用的纸。书籍也是教师用。因为县里不拨款，所以教师自用的书籍用学校的费用买。杂役干打扫、炊事、购物的活。其工钱很便宜，不过管理着庙里，免费耕作着三亩属于庙里产业的地。

对学校的经费有县里有补助吗？＝没有。

关于学校经费的支出要向县里交报告吗？＝不交。但是每年把用途明确详细地写出来给村民看。那个明细单由校长负责做。

【休假】学校放假是怎样的？＝麦秋假二周、大秋假三周、清明节三天、阳历年（正月一日）、双十节、孔诞。

有没有暑假？＝麦秋假就是。

休假中的教员的工资怎么办？＝照常。

先生从村民那便宜买东西吗？＝买东西一般都会便宜卖给我。也有村民送来谢礼的情况。不过沙井村很穷，所以没这种事。

【私塾】村里有私塾吗？＝没有。

以前有吗？＝学校开办以前有过。

学校开办是什么时候？＝民国二十四年。

那当时沙井村的孩子是去望泉寺的学校，还是去村里的私塾？＝（答不上来）。

民国二十四年以前是怎样的？＝有吴化南的私塾，他在自家教书。现在已经去世了，是沙井村的人。

他的学历是？＝是清朝的禀生。没当成官。现在他儿子死了，孙子吴殿臣是教育工作者，在当军营村的初级小学的老师。

当时私塾的名字是？＝没什么特别的名称。

当时私塾的学生，是小孩还是青年？＝有十几个。是幼童。每月学费不清楚，但是是收钱的。

当时教的内容是？＝百家姓、三字经、大学、中庸、孟子、上论语、下论语、五经。

顺义县现在也有这样的私塾吗？＝不知道。去官立、村立的学校的人多，想去私塾的人少。

望泉寺的学校和沙井村的私塾，去哪边上学的多？＝私塾比望泉寺的学校要古老。但是学校开办以后，私塾的学生也开始去学校。

【学校职员】现在学校的职员有哪些？＝校长一名，教师两名，杂役一名。

另一位老师是沙井村的人吗？＝是望泉寺的人。上班时往返于望泉寺和学校之间。我是住在学校。杂役是村里的人。

杂役是世代看管寺庙吗？＝从这人才开始变成看管寺庙的。自从学校从望泉寺搬过来。姓名叫杨永才。

杨永才的家人呢？＝有妻子、长子（杨明）、保姆、孙子（六七岁）。长子现在分了家。

杨家夫妇住在哪里？＝沙井村。他本人在学校，妻子在自家。

儿子孙子呢？＝沙井村。家是分开的。

杨永才有土地吗？ ＝有一点，不过不清楚多少亩。那土地他儿子在耕种。土地没有分。

【学生人数】学校的学生人数是？ ＝三十三名。

学生人数是固定的吗？ ＝不定。根据入学志愿。

沙井村的入学年龄是？ ＝一般从八九岁起入学。

沙井村有多少八九岁的孩童？ ＝不清楚。

这其中有多少入学了？ ＝三分之二不来学校。

现在沙井村的小学儿童有几人？ ＝六七名。

石门村呢？ ＝十二三名。

望泉寺呢？ ＝剩下全是。

有没有从梅沟营来的？ ＝一个人也没来。没有私塾，也不去学校。

学期什么时候开始？ ＝新历 8 月 1 日。

【招收学生】怎样招收学生？ ＝像下面这样写。

招生通告

一　凡年满六岁以上之男女儿童，至三十岁，均可入学

　　开学日期　年　月　　日

二　学费　免收

三　书籍　自备

四　毕业年限　四年

年　月　日　　　　　　校长签名

这样的事情是村公所办吗？ ＝（没有回答）。

入学手续是在学校办吗？ ＝在学校办。

【中途退学】毕业生大约有多少？ ＝没有。有也只是一两个人。多数中途退学。

以前的学生人数是怎样的？ ＝今年三月左右有四十六人。

中途退学的理由是？ ＝中途去工作。会认字就退学。

有会认字就退学的习惯吗？ ＝一般来说有。

退学率非常高吗？ ＝非常高，哪个村都多。

现在的学生的年龄是？ ＝十三岁的最多。

退学者的年龄呢？ ＝十三岁左右的多。

退学者去哪里？ ＝去向不定。离村外出的多。

有没有毕业生名册？ ＝没有。

【学校建设费】学校建设时的费用是怎么弄的？ ＝村里用摊款弄的。县里也有补助。后来因为县里的教育基金的缺乏补助中止了。民国十五年以前有补助。金额若干元，一个月五六元。以后就没补助了。

有没有从县里给的教材、用品的补助？ ＝没有。

有没有由教育部给的直接补助？ ＝没有。

有没有从河北省公署给的？ ＝没有。

村里的摊款是向村民分派一样的，还是募集捐款？ ＝根据土地的亩数分派。

有钱人的捐款呢？ ＝没有。

建设费大约要多少？ ＝不清楚。

学校建设需要县里的许可吗？ ＝需要。

私塾的话怎么样？ ＝不需要。

村公所的人员有什么人？ ＝乡长、副乡长、会首？ ＝首事人（李、赵、杜祥、栏等）。

经费支用跟先生有关系吗？ ＝没关系。必需品去跟乡长说，让乡长买。

【学区】有没有学区？ ＝没有。无论哪里的学生，上哪里的学校都可以。一般二村里的学校。上高级小学的时候去外村的情况也多（村里只有初级小学）。

有没有毕业者向学校捐款的事？ ＝没有。

【学田】有没有学田？ ＝没有。

【香火地】庙里的土地叫作什么？ ＝叫香火地。庙里的土地以及附属地。

那个在哪里？ ＝不知道。

亩数呢？ ＝不知道。

是在村里还是村外？ ＝不知道。

【村费和学校经费】制定学校经费的摊款时由谁来决定，和村民商量吗？ ＝乡长、副乡长、会首决定。不和村民商量。决定关于每亩地的比率。村费和学校经费在一起 然后从中把学校经费分出来。

学校有预算吗？ ＝没有。没有专门只为学校的摊款。从村费中分出来。根据需要从村费中拿。

村费是一年收一次，还是临时收？ ＝一般一年征收两次。麦秋和大秋。临时费习根据需要收取。

制定预算吗？ ＝制定大体的预算。

由谁来做预算？ ＝只由村里的首脑决定。

先生参加吗？ ＝不参加。

你承担村款吗？ ＝不承担。

学校最近有没有大的修缮？ ＝没有。

【庙】有几个庙？ ＝两个。

有学校的庙叫作什么？ ＝观音寺。

庙会是什么时候？ ＝一日和十五日。没有什么特别的集会。只不过是上香的日子。现在一个僧侣也没有。以前有三个。

【教员的调任】先生当教员多少年了？ ＝十九年。

在哪些学校待了多少年？ ＝临河村初级小学四年、顺义第一模范学校三年、海县（前面是红）村初级小学三年、大东庄同校一年、薛各庄同校一年、白各庄同校一年、前曲河同校一年、道口村同校二年、沿河村同校一年、傅各庄同校一年、沙井村同校一年。

一般在同一所学校工作大约多少年？ ＝不一定。有时村民希望调任，也有时老师希望。

教员去县公署希望调任时会怎么样？ ＝县里不答应其请求的情况多。

那是因为县里有熟人吗？＝跟有没有熟人没关系。

一般人事变动大吗？＝不大。

人事变动时期是什么时候？＝学期结束的时候。

有没有不经过审核考试就当老师的人？＝现在没有。

老师生病期间的代任怎么办？＝有时由村民代任。

有没有给老师送礼，尤其是成绩差的学生的父亲兄长？＝只来拜托特别指导，一般很少送礼。

【教科书】教科书是怎样的？＝是教育部审定的教科书。国语、常识、修身、算术、儿童识字。从县学务科买。

事变前的教科书呢？＝公民、社会，自然事变后没有了。

三民主义编入哪个教科书？＝高级小学有三民主义的教科书。初级小学各书里编入了一点。

现在新民会呢？＝没有新民主义的讲演。有时新民会会调查跟学校相关的事。

【奖学】学校有没有做奖励学问的宣传？＝没有。

乡长对村民上学不奖励吗？＝督促上学儿童的入学。仅此而已。

有没有命令上学？＝没有。不强制。

老师有没有访问学生家庭视察学生的日常？＝没有。

毕业生以能够毕业为骄傲吗？＝不。

普通村民尊敬毕业生吗？＝尊敬。

可以从村立学校转学到县立学校吗？＝可以。

有没有转校考试？＝只有上高级小学时有，一般没有。

【教员的工资】教员的工资是县里决定还是村里决定？＝县里决定。

涨工资呢？＝县里决定。老师特别好的时候，村民会加一点。

【上学目的】学生是为了当什么去学校？＝为了变得了不起，为了出人头地。

变得了不起是怎样的？＝（难以回答）。

毕业生的职业是怎样的？＝进入商界。学生中想做买卖的人多。

有没有志愿当军人的？＝没有。

希望当官吗？＝很多。

先生的学生中有没有出人头地的人？＝张朝斌（顺义人）在北京某银行当副经理。

【军人】对沙井村出身的治安军入伍者，村民怀有敬意吗？＝那不是沙井村出身的人。是别处雇来的。

前天不是从沙井村有六人来入伍吗？＝只是带四个人去县城接受检查。都是以两百元或一百元的报酬雇来的外村村民。

【成绩表】学校有成绩表吗？＝从现在起制作。

时间表呢？＝有。按时间表上课。

上面的事是县里决定吗？＝是的。

【出缺率】有出勤簿吗？＝有。

缺席的人多吗？ ＝多。

为什么？ ＝因为跟家里的活计有关。

多的时候大约缺席多少？ ＝大约一半。

【县里的监督】出缺席表要通知县里吗？ ＝不通知。

有没有什么学校向县里报告的？ ＝没有。

县里给学校发来公文吗？ ＝发来。

什么样的东西？ ＝厅令（县里中转河北省教育厅的命令）。

（一）教员资历审查

（二）学生一览表

（三）学校一览表

　　有一定的规定用纸，填写在上面

（一）上面写姓名、年龄、籍贯、性别、出身、月薪、任职年月日。（二）上面写姓名、年龄、性别、入学年月日、年级、家庭职业。上面分别填写各个学生的情况，最后写上学生总数。（三）上面写校长姓名、教员姓名和人员、学生姓名以及人员、用品、核合建筑经费。上面的"厅令"一般是一年来一次，不过今年来了两次。

县里的官员来学校看吗？ ＝督学、学务委员一年来学校视察两次，发表意见。今年是十一月十三日来的。

先生有没有被那种人要求什么？ ＝没什么特别的。只是讲了学生少这一点。

村里有没有把现在的学校变成县立的意向？ ＝有是有，但不可能。

至今为止有没有村立变县立的情况？ ＝李家桥初级小学是这样。民国二十一年。

那是因为村民的请愿吗？ ＝是的。

有没有为了支出学校经费而设的学校附属地？ ＝根据各个村情况。沙井村也有一点。

那个叫作什么？ ＝不知道。

【报纸杂志】有送报纸到学校来吗？ ＝只有《实报》来。《蒙疆报纸》《庸报》两家现在没来。

杂志呢？ ＝不来。

有没有村民取阅报纸杂志？ ＝没有。

有没有收音机？ ＝没有。

教学的时候把报纸当材料使用吗？ ＝不使用。

老师可以做教员以外的职业吗？ ＝不能。

教农业实习吗？ ＝常识课的书里多少教一点理论，但是没实习。

【青年团】村里的年轻人有没有团结起来对抗老人的倾向？ ＝没有。

有没有青年团？ ＝没有村里的青年团。有假如新民会青年团的人。有去接受新民会训练的人，不过我知道的只有一人。

那样的人受到尊敬吗？ ＝没有特别受尊敬。

那个人被认为是村里的中坚吗？ ＝因为是被选中的人，会成为中坚。

为了防范匪贼，村民有没有夜里巡逻？ ＝有类似自卫团的组织。

那不是年轻人吗？ = 全是村里的年轻人。

每个月集合一次吗？ = 没有集合。每晚十几人轮班出巡。

【铁路爱护村】关于爱护村？ = 沙井村也是爱护村。爱护村村长经常去车站。

车站对村落有什么要求？ = 防卫铁路、分配种子、植树。

种子是无偿的吗？ = 到了秋天以种子还。

一户大约多少？ = 不知道。大家都得到一点。根据亩数有不同。

关于农业改良，从铁路局来人吗？ = 乡长去车站听了意见，回村告诉村民。

有没有其他的？ = 有分配树苗，有时还会获得药物什么的。

邻近的爱护村和沙井村有联系吗？ = 有联系。

摊款的收费名目中有包含和爱护村集合相关的吗？ = 没听说过。

为了保护铁路村民有没有承担特别的费用？ = 没有。

没有提供物品的情况吗？比如枕木之类的？ = 去年有一次。

那是无偿的吗？ = 铁路方面付钱。

铁路损坏的时候有村民当苦力修理的情况吗？ = 从前就有。拿工钱。

那工钱会不会因为村民有修理的义务而特别便宜？ = 不会便宜。跟平常一样。

铁路方面的命令是从车站的警务段直接通知村里，还是从县里来？ = 命令大多是警务段通过县里的警察到村里来。

夜晚会为铁路警备出巡吗？ = 出巡。夏天的时候高粱长起来的时候匪贼很多。那个时候就要加以警备。那个是否有工资就不知道了。

【青年】村里的青年有没有带头参加村里的工作？ = 没有。

从学校毕业的青年有没有带头干村里的工作？ = 没有。

【人格高尚者】村里重要的事是老人决定吗？ = 听取人格高尚的人的意见。没有年轻人、老人这种标准。

沙井村的人格高尚者是谁？ = 已经去世的吴先生。李濡源先生。

11 月 17 日

阶级、身份、职业、村里的干部

提问者　小沼正

应答者　赵斌（教员）

地　点　商会

【绅士】人格高尚的人是谁？ = 乡长、张辑五、李如源（李濡源）。

不把他们称呼为绅士吗？ = 乡长、副乡长的时候有称呼过，现在没有。

以前怎么样，称呼什么，有什么样的人？ = 所谓绅士，是有学问，还可以商讨公众事务的人。

不叫作乡士吗？ ＝和绅士一样。

以前怎么样？ ＝（没有回答）。

绅士都是有钱人吗？ ＝从学问和人格方面来讲，和钱财方面没关系。

沙井村有绅士吗？ ＝没有。现在没有。

李如源不是绅士吗？ ＝光人格好，没学问，所以不行。

为什么不叫村长绅士？ ＝因为没有资格，所以不叫。

绅士的资格是什么？ ＝学问、品行端正、能够做和公益相关工作的人。

现在的吴氏怎么样？ ＝不叫绅士。不做公益工作。家里穷，只有十亩左右土地。

以前的吴氏拥有土地吗？ ＝十亩左右。

这种穷人也叫绅士吗？ ＝叫。

【有钱人】张瑞（辑五）怎么样？ ＝有九十亩左右地，是村里最有钱的。

其次有钱的人呢？ ＝李如元（濡源、如源），七八十亩。乡长是二三十亩。张玙被叫作有钱人，再没有其他人。杨润不怎么有钱。

张瑞只靠自家耕地吗？ ＝不知道。

有没有完全没有土地的人？ ＝不知道。

【乞丐】村里有没有乞讨的人？ ＝有一个。其他的不知道。是个有一个孩子的老婆婆。也去外村乞讨。村民觉得可怜，给了许多东西。那个女的六十岁。因为没人雇用，所以孩子不工作。老婆婆也因为孩子不想工作，而不去应聘工作。

【雇农】有没有去村里大户人家干活的人？ ＝没有。

【佃农】有没有耕种别人的田的人？ ＝有。村民几乎都这样。即使自己拥有三十亩左右土地，也都租借别人的。

【地主】有没有向他人出租土地的人？ ＝有。张瑞、李如源是这样。其他的不知道。

【商人】村里有做买卖的人吗？ ＝崇文起一人。卖烧饼。

【蜜供】村里有没有闲暇时干副业的人？ ＝有做ミークン[1]（蜜供）的人。去北京做。十、十一、十二月期间去。

铁路修好后去做蜜供的人变多了吗？ ＝去做蜜供是从张瑞的父亲推荐之后开始的。人数没有特别的变化。因为张氏从前是做蜜供的人的首领，现在变得有钱了。那个张云现在还活着。

【乡长】乡长是根据什么决定的？ ＝通过选举决定。

每年选举吗？ ＝（没有回答）。

什么时候选举？ ＝村长（前面说乡长）卸任的时候。此外底下的人反对村长时进行选举。

现在的村长当了大约多少年？ ＝当了十年以上。

【副乡长】副乡长呢？ ＝在职六七年。也是通过选举。

那之后有没有选举？ ＝没有。

---

[1] 译者注：此处后面括号中内容对此词做了解释，即蜜供。

【首事人】首事人选举吗？＝由乡长委任。

委任的时候不要求村民的赞成吗？＝按村长的推荐做。

村民不反对吗？＝不反对。

【选举】什么样的人参加村长的选举？＝全体村民参加。

一家出一人吗？＝一人。

选举是写在纸上投票吗？＝是的。

村民有没有大家聚在一起商量村长选举的情况？＝有。

县里不和村民商量指派村长，有没有这种情况？＝没有。

村民在选举的时候，关于其结果受到县里的认可吗？＝受到。

副乡长也是这样吗？＝是的。

首事人呢？＝不选举。

县里的许可呢？＝不需要。

【村长的工作和报酬】村长有月工资吗？＝没有。

有谢礼吧？＝没有。

那么，不是谁都不想当村长了吗？＝是的。

土地买卖的时候，村长会当证人（仲裁人）收取手续费吗？＝收取。

收多少？＝不知道。

还有什么其他的事有手续费？＝没有。

婚姻中介的手续费呢？＝没有。

诉讼时，村长当证人的时候呢？＝不当证人。

诉讼的时候，村长会不会被叫到县里？＝也有那种情况。

那时的手续费呢？＝没有。

村长的工作有些什么样的事？＝（不回答）。

有没有县里委派的工作？＝田赋、学校、兵差、保卫、草契监证（土地买卖的证人……李翻译的说明）。

村长和村民上交一样的租税吗？＝一样。

【村长的办公场所】村长干村里的工作时，是在村公所还是在自家干？＝在村公所干。

每天来村公所吗？＝几乎每天来。

【村里的集会】决定村里重要的事情时，有村民的集会吗？＝有。

那是什么样的时候集合？＝和村里的公益相关的事。

大约集合多少人？＝十到二十人。

甲长集合吗？＝集合。

其他主要是什么样的人集合？＝只有甲长、保长、乡长。其他的村民不集合。

没有从各家出一人集合的情况吗？＝没有。

这样的集会叫作什么？＝公益会。

开公会的时间是定好的吗？＝不定。

一年大概召开多少次？＝很少开。没有什么重大事件不开。

由谁决定召开？＝乡长。

不需要县里的许可吗？＝一般不要许可。

应该集合的人必须出席吗？＝不来也行。

推进会议的是谁？乡长吗？＝没有规定是谁。根据工作，以工作的提倡者为中心。

那种时候力排众议一锤定音的是谁？＝根据多数表决。

11 月 18 日

村里的干部

应答者　杨源（村长）、杜祥（司房）、杨哲（会首）、赵廷奎（会首）
地　点　村公所

【主村、副村】沙井村和望泉寺的关系是？＝望泉寺是主村，沙井村是副村。两村没有共同的乡长，两村各自有乡长。

【村长的系谱】前任村长是谁？＝周树棠。

再往前呢？＝杜如海。民国十一二年左右。当时村子的编成和现在不同，是独立寸。现在的杜守田是他的次子。

再往前呢？＝李振宗。民国八九年左右。李注源是他的独子。

再往前呢？＝李洪源。李振宗的外甥。民国二三年左右。

再往前呢？＝李汉源。李洪源的哥哥。光绪二十六七年左右。

再往前呢？＝李秀山。李汉源的父亲。

再往前呢？＝不清楚。

【村长的资格】村长是被选举出来的吗？＝是的。虽然不像现在这样使用投票纸，但是向村长推荐普通人都尊敬的人。年龄是老年的情况多。

年轻人也有可能吗？＝少。

什么样的人能够当村长？＝可以处理公私事务的人。不一定要有钱。识字是条件。

【选举】选举人和场所是怎样的？＝以前有和村公所类似的公会，在那里选举。现在也还有把村公所叫公会的人。选举场所是公会。参会者只有有势力的人。

选举的方法是？＝现在的选举方法和以前不同，让人在一张选票上写上乡长候补人，选得票多的当村长。过去只在口头投票。现在的投票者是一家只出一人。不根据家庭成员人数。乞丐之类的不投票。不过来者不拒，实际没人来。投票纸不发给乞丐。

在村里拥有土地的外村村民，也给投票纸吗？＝这样的人既不通知也不给选票。只限于住在村内的人。

小学的老师呢？＝不给，因为不是村民。

村里出身的外出干活的人家里呢？＝不通知。当然不给其本人票选票。女人不是投票人。

　　女人是户主的时候怎么样？ ＝不通知。不投票。没有选举权。但是她主动来的话，不能拒绝她投票。原则上任何人都有选举权。

　　什么时候开始使用选票的？ ＝从现任村长这一代开始的。民国十六七年就任。

　　填写选票的方法是怎样的？ ＝填上自己名字、被选举人名字。在村公所发放选票，让人在那里填写。票是印刷的，有一定的格式。是县里印的。没有投票箱之类的东西，就放在桌上。有一个人整理。见证人是县警察方面来人。投票者也作见证。开票者是警察局员。整理誊写开票结果的也是局员。

　　【任期】村长的任期是多长？ ＝不一定。好的时候也会考虑长期连任。

　　【辞职】村长的辞职、更迭是什么样的时候？ ＝村民不喜欢村长的时候，村长不想干了的时候向县公署递交公文，获得许可后方可辞职。不能自由辞职。

　　前面说的村长的辞职理由是？ ＝有的人是自己不想干了。周前村长在任一年。辞职理由是因为生活上的关系不干了。因为是名誉职位没有报酬，又很繁琐。周村长的选举是口头进行的。选举者只召集了会首，没召集村民。

　　现在的投票穷人也来吗？ ＝来。对全体住户通知要来，但是也有人不来。来的人有二三十户。因为工作关系不来的人很多。

　　出席投票有定员吗？ ＝定员没有明确的规则，不过作见证的局员至少要求二十人出席。

　　【职务权限】村长的职务是？ ＝主要是按照县公署发的公文做的工作，和自己村里的工作。

　　村里的工作是什么？ ＝仲裁争吵、制订学校经费的预算。摊款的比率是以村长为中心和村民商量后决定。修缮道路。

　　县里下令做的工作是什么？ ＝从县教育局发来休假规定之类的。征收田赋的通知。警察第一分局来通知调查户口。

　　村长的公职是什么？ ＝乡长、校长、新民会常务委员、爱护村村长、保长、看青会。上述之中乡长一职最忙。

　　有关农业改良的机关呢？ ＝没有。

　　戒烟会之类的呢？ ＝没有。

　　县里下令的工作和村里的工作哪个多？ ＝警察第一分局下令的工作很繁忙。有招兵、植树、修路、治安、调查户口、征集苦力等。县里直接来的只有征收田赋。田赋以外都是通过分局下达。关于招兵、植树等工作，和村民商议之后决定。

　　只用村长就可以决定的工作是什么？ ＝比如要三四个苦力的时候，不和村民商量就决定。

　　村长的商议对象是谁？ ＝和十余名作为村民代表的会首商议，不直接和村民商议。

　　村长指导农耕吗？ ＝不指导。

　　指挥婚礼之类的吗？ ＝不相干。

　　葬礼的时候呢？ ＝不相干。

　　对酒鬼提出忠告吗？ ＝训诫。可疑的时候也会调查。

那人听村长的话吗？＝听。

村民服从争吵的仲裁吗？＝听从的人多。不听的时候，村长不施加惩罚。没有施加刑罚的权利。不听的人告到第一分局听凭处理。最近没有争吵的事。以前也少。夫妻争吵有，不过是由邻居仲裁。

修理道路需要的苦力怎么征发？＝根据土地亩数决定分派人数。村长不直接通知村民，由夫役通知。

关于维持治安呢？＝村长有责任。夜巡每五亩地分派一人。没有不听分派的人，即使有不听的人村长也不处罚。

劝说儿童入学呢？＝通知是口头进行。主要让夫役通知。

县里来了征集田赋的公文的时候呢？＝村长命令夫役在村里鸣锣巡回。征收田赋以外鸣锣的还有祭典的时候，让村民上香的时候。匪贼来袭的时候不用。召集人的时候不用。锣保管在村公所。

县里向村民直接下指令吗？＝没有这种事。通过村公所下达。县里的指令不是通过主村来副村的村公所，而是直接来副村村公所。

村民有没有直接去县公署请愿的？＝有。关于对村长的不满等。因为治安不良去县里请求的时候，由乡长代表村里去。大多数事情都是村长作为代表去县里。

村民的诉讼会不通过村长告到县里吗？＝村长会暂且做仲裁，无法和解的时候当事人去县里。

庙里的祭日外村人来吗？＝不来。

有和外村共同进行道路的修理和建设吗？＝有。是公路的时候。

那种时候村长和外村交涉吗？＝因为是由分局决定分派，村长不和外村村长交涉。

有没有什么村长要和外村村长交涉的事？＝有。比如治安军要运货车的时候，关于雇车提供车要商量。

村民把土地卖给外村村民的时候村长介入其间吗？＝不特别干涉。但是买主会到村长这来要官契。所以本村村民向外村村民卖地的时候，买主要从外村村长那里拿契书。

关于维持治安有没有和外村共同进行的事？＝相当于联合起来维持治安。那种时候村长要和外村村长商议。

关于学校呢？＝是四个村合办的。学校的经费由四个村出。承担费用是把总数四十等分，各村村长商议决定比率。

关于两村村民之间的事项，和本村村长有关系的是怎样的？＝和私事没关系。是公事的时候有关系。

公事是什么样的事？＝（说不清）。

关于两村村长之间的约定，村民有没有反对？＝没有。村民事先有了解，所以至今没有受到过反对。

【辅佐职务】有没有辅佐村长的人？＝没有。

会首怎么样？＝辅佐。

有司账吗？＝杜祥。类似书记。

司库呢？　＝没有。

司账以外呢？　＝没有。大的村子有司库。

司账杜祥的工作是？　＝会计相关。记录村长的情况、经费等事。帮助征收摊款。其他的没有。光绪二十八九年开始当的司账。除他以外，没有别的司账。

11 月 19 日

村里的干部　集会

应答者　杜祥（司房）、赵廷奎（会首）、李广兴（村民）

地　点　村公所

【副乡长和蜜供】副乡长不在吗？　＝带着做蜜供的人去北京了。人数三十多名。副乡长是做蜜供的头领。去的地方是北京前门大街正明斋。做蜜供有六七十年的历史。每年旧历九月二十日左右去，正月二日左右回。副乡长是做蜜供的监督，决定各人负责的分担。

做蜜供领到的钱大约是多少？　＝不同人领的不同。没有经验的人很少，三元左右。有经验的人四十多元。伙食费对方出。

【司账】杜祥以外还有没有辅佐村长的人？　＝没有。司账本身也不是辅佐村长的职务，只是誊写村长写的会计文书、公文。会首等人在村长不在的时候，代替村长接待来客，或者说明村里的情况。

【会首的工作】会首和村长就摊款事宜协商吗？　＝协商后决定摊款。

关于治安相关的人员分派，会首也和村长商量吗？　＝和村长同心合力商议决定。

其他还有会首要和村长协商的事项是怎样的？　＝协商为了村里而成立的事项。不过学校的事，因为是四个村合办的，由四个村村长和校长之间商量。学校的用品、修理、新建设等，由校长负责和四个村村长商量。

县里下达到村里的指令怎么办？　＝村长宣读县里的公文给会首听。除会首以外，谁也不告诉。

杜氏当司账是根据村长的推荐吗？　＝以前学校在庙里，杜氏在那个学校上学。学生时代，老师让学生写字的时候，杜是写得最快最好的，所以当时的村正李秀山（村正？＝村长）指派他为司账，以后就连着当司账了。

【会首的选任】会首是村长任命吗？　＝村长看到人才然后任命。

赵氏的祖先是会首吗？　＝其父、祖父也是会首。从祖先起就是会首。是村里很有名望的家族。

其他的会首中有没有代代继任会首的家族？　＝杜祥家和杨润家也是如此。

换村长的话也换会首吗？　＝不是的。根据本人愿望，如果在新村长手下还满意就继续任职。

村长会不会要求会首辞职？　＝有可能。会首没有能力的时候是这样。

会首有固定人数吗？ ＝有增员的可能。

任命会首的时候通报县里吗？ ＝不需要报告。

决定会首的时候通知村民吗？ ＝没有特别通知。村子很小，村民自然就知道了。

决定会首的时候颁发任命书吗？ ＝不写那样的东西。

【清代的首事人】（庙里有日期为光绪十一年十月十五日的匾额。匾额正面写着护国佑民四个大字，左下方排列着沙井村首事人的名字。这些人名中间用金字写着李振珍、杨馗敬立，左右写着杜儿海、杨斌、赵良弼、李正、杜荣、赵才、杨忠、吴祥、崇德等名字）。

这块匾额是为什么制作的？ ＝是修理寺庙的时候挂上的。

金字李振珍、杨馗为什么要特别用金字写？ ＝两人是修理寺庙的负责人。

杨斌是什么样的人？ ＝杨源的祖父。

赵良弼呢？ ＝赵廷魁的祖父。

李正呢？ ＝李广兴的大祖父。

杨馗呢？ ＝杨斌的同族兄弟。

李振珍呢？ ＝李广田的祖父。

杜荣呢？ ＝杜祥祖父的叔伯兄弟。

赵才呢？ ＝不清楚。

杨忠呢？ ＝不清楚。

吴祥呢？ ＝吴殿臣的祖父。

崇德呢？ ＝崇文起（卖烧饼的）的父亲。

（此外根据别的匾额所述，给修理捐款的人中外村人很少，而且不论现在还是过去祭拜本庙的人只限于本村村民）。

【村长的工作】村长出席婚礼吗？ ＝明天在石门村有婚礼，旧历十一月十四日本村已有。村长不一定出席。村长和当事人有关系的时候会去，葬礼的时候也一样。

村长出席什么样的集会？ ＝不出席小事的集会。有大事的时候出席。过年的时候，村民不一定到村长这来恭贺新年。

村长有没有给人起名字？ ＝跟那种事无关。

村民来找村长商量什么样的事？ ＝生活困难的时候会来商量。普通的争吵以私人身份仲裁。

卖村里的土地时和村长商量吗？ ＝不商量。

村长有没有代村民写信？ ＝不一定，这种事拜托熟人。

村长有没有念书给村里的孩子听？ ＝没有。

村里的工作在哪里进行？ ＝在村公所做。没有在家里做的。

【村里的集会】修理寺庙呀，修建道路等时候，村民召开集会吗？ ＝村民不集合。只有会首集合。

有没有在村民家集会的情况？ ＝没有。

有没有只召集拥有土地者的事？ ＝有。村公所没有经费的时候，需要临时经费的时候，大家聚在一起商量。这种时候村长通过夫役发通知。在村公所集合。不过这种集会不常有。屡次召开的话，村子要破产了。最近有的，是民国十五年的奉直战争的时候，军队到村里来要求兵粮和提供住宿的时候召集过。去年发洪水的时候都没集会。那时候村长一个人去县里申请免除田赋。杜祥年轻的时候也没有。这种集会没有名称。

有没有只有没有土地的人参加的集会？　＝没有。

没有土地的人有没有向村长申请减免田赋和摊款？　＝没有。不过关于租佃直接跟土地主人说，关于税金不能提意见。

【会首的集会】会首的会议频繁有吗？　＝有。

那种日子是定下来的吗？　＝有事的时候开。

一个月有多少次？　＝不一定。取决于事情。

召集首事人的时候怎么召集？　＝村长通过夫役召集。多是召集全体。

有保长、甲长的会议吗？　＝没有。

年轻人有没有集合起来商讨关于爱护村的事？　＝没有。

看青会的参加者是谁？　＝村里的穷人"看青"。没有协会一样的组织。村长和会首协商雇用看青的人。

【公会】首事人聚在一起开会叫作"公会"吗？　＝集会和集会的场所叫公会。

所谓公会是什么？　＝以前清朝的时代把村公所叫作公会。

因为人们在村公所集会，所以叫作公会吗？　＝是的。

首事人集会的时候谁来主持会议？　＝首先村长进行说明，确立顺序。

首事人之中谁发言最多？　＝不一定。

首事人的发言发生冲突怎么办？　＝不会发生冲突。如果发生冲突以多数表决决定。

【副乡长的资格】上面的集会副乡长也出席吗？　＝出席。

副乡长张瑞的父亲是干什么的？　＝现在是八十岁老人。年轻的时候是苦力。现在什么也不干。

父亲以前是首事人吗？　＝不是的。

张瑞的祖先中有首事人吗？　＝没有。

谁来选定副乡长？　＝根据土地亩数的多少而定。要人品好的人。没有选举。村长和会首开会决定。

张瑞从什么时候开始当副乡长的？　＝民国二十五六年开始。

前副乡长是谁？　＝杜儿海是乡长的时候，杨斌（杨源是代理）是副乡长。

因为杨源土地多，所以当副乡长吗？　＝那时土地很多。

土地多的人一定当副乡长吗？　＝即使土地多，没有能力也不行。

副乡长要向县里申报吗？　＝本村原本没有副乡长，所以现在不需要申报。

杜祥氏还是孩子的时候，有没有副乡长？　＝有。

张瑞以前的副乡长是谁？　＝杨斌，他是杨源的叔父。杨斌因为年老，实际工作都是交给杨源做。

再往前呢？　＝杜荣。

再往前呢？＝不清楚。

【会首的协议事项】会首商议些什么样的事？＝会计、分派摊款、报告从前的经费等。在集会上还要出示使用用途的证据。

农事呢？＝因为是个人的事，不商议。

关于治安呢？＝商议临时人手的分派。会商议村里公益事业或与村民有关系的事。

上面的商议事项中最重要的是什么？＝跟金钱相关的事项。

不管什么事村长都和会首商量吗？＝是的。

首事人忙吗？＝很忙。夏天格外忙的时候、吃晚饭的时候去商量。

有没有一边吃饭一边商量？＝没有。

村长有没有请客？＝没有。

有没有分担首事人的工作？＝没有。

有没有会议记录之类的东西？＝没有。也不一定记录商议事项。

会议事项向县里报告吗？＝不报告。

11 月 20 日

新民会　邻间和保甲　战争的影响

应答者　周树棠（前村长）

地　点　村公所

周先生高寿？＝六十四岁。

当村长多长时间？＝从民国十四年到十五六年。

现在是会首吗？＝是保长。不是会首。

周先生的父亲呢？＝去世了。没当过会首。

【新民会会员】本村的新民会会员都有谁？＝

杨　源（常务委员、村长）　杨　泽（会首）

杨　润（班长、会首）　　　张辑五（同上）

杜　祥（会首）　　　　　　李秀芳

李濡源（同上）　　　　　　张　成

张永仁（同上）　　　　　　杨春旺

赵廷魁（同上）

（以上附民国二十八年三月一日文书）

新民会会员有集会吗？＝没开过。

有没有去县里和外村的会员交谈？＝没有。

新民会发的命令下达到谁那里？＝到常务委员村长那里。由村长传达命令。

发来命令的时候集会吗？＝没有集会过。

村长只传达命令吗？＝从新民会分会来命令。村长只传达这个，不和别人商议。去年来过关于合作社的股份（三元）的命令。

【合作社社员】合作社社员是哪些？＝杨源、张瑞、李濡源、杨泽、杨政、张永仁、李秀芳、任振刚、邢尚德、李庆全十人。

【自卫团训练】新民会会员以外的人也能成为合作社社员吗？＝能。

从新民会来的命令很多吗？＝不是的。

分会来的命令是什么样的？＝命令很少。春季和秋季训练青年。

在哪里训练青年？＝在城里。

村长有没有在村里做新民会的工作？＝没有。

接受了青年训练的有多少人？＝只有一人（今年春季）。分会的青年训练是今年春季开始的。那以前在城里有自卫团的训练。

谁去训练自卫团？＝县里有命令，第一分局负责训练。今年还没去。

去年接受自卫团训练的是谁？＝有二人。杜钦贤和杨宝森。姓杜的是杜祥的孙子。姓杨的是村长的外甥。

今年春季接受了新民会训练的是谁？＝赵立民（赵廷奎的外甥）。

赵立民是村里青年的指导者吗？＝因为有知识所以让他去接受训练，但是不一定在指导地位。也没有做过教村民关于农事改革之类的事。

【合作社的事业】新民会的工作只有合作社吗？＝新民会分会（县城内）和合作社。

县里会来关于合作社的命令吗？＝从新民会来。

合作社的事业是什么？＝开展面、石油、洋火、煤炭（现在不经营了）的贩卖、借贷、买卖等。贩卖品去县里买。

借钱的时候也去县里吗？＝从县公署借。县财务科兼办新民会的借贷。

在合作社的买卖是什么？＝没有卖给新民会的东西。村里的产品在市场上卖，新民会看到就买。新民会的人不来村里采购东西。

合作社的贷款、买卖呢？＝只贷给社员。煤炭也不卖给社员以外的人。

合作社有什么利润？＝有利润。比如每三元钱有利息，另外买十元钱的东西有十元的分红。可以非常便宜地买到东西。

因为有这样的利润而想加入的人多吗？＝很多人想。但是除了刚才的十人以外没有申请者，因而没加入。

【诊疗所】新民会的诊疗所是怎么运作的？＝村里每月给一元钱。只要是病人，无论是谁，村民都可以就诊。

就诊的人多吗？＝去是去，但是不多。

去看其他的医生吗？＝看外科的时候去诊疗所，但是看内科的时候不去。

看内科的时候去哪里？＝也有人去诊疗所，也有去县城里的药铺接受那里的大夫诊断，请大夫配药。本村也有小医院。杨沛森是西医，能够看内科，但是没什么高明之处。他是村长的外甥，前年开业的。在北京修习回来的。

有中医吗？＝有。刘长春是看内科的，以前就是医生。李濡源是外科医生。

上面的杨和刘两家患者都多吗？＝杨家在县城里，村民去那里就诊。刘家在村里。杨家那边患者多些。

【新民主义】新民主义是什么？＝（没有回答）。

有没有从分会听过新民主义的事？＝没听过。

有没有人从分会来讲过这个？＝没有。

有没有乡民大会？＝过去现在都没有。

（在村公所有监察委员会以及息讼会的门牌）。

【监察委员会】监察委员会是什么？＝民国三四年开始有的。没有村公所的地方有这样的会。随着民国十六七年村公所开设消失了。民国二十年左右就没有上面的会了。现在也没有。

监察委员会是做什么的？＝工作是监察村民。一有事件就向县里报告。

那个会有会员吗？＝有。全村村民都是会员。

那个会的负责人是谁？＝村长负责这个，会首辅佐。村长是会首人（会首）。

上面的委员会有没有常务委员之类的人？＝没有。

【息讼会】息讼会是什么？＝成立和消失的时期和上面的会一样。会员也和上面一样。有纠纷想要发起诉讼的时候，村长把当事人请来进行仲裁，希望不要发起诉讼。

上面两个组织是谁设立的？＝是政府设立的。

关于上面两会的事项，有没有召开村民的集会？＝没有。

【邻闾】有没有邻闾这个说法？＝原来有。现在叫邻居。

邻闾的意思是什么？＝过去有邻长、闾长。闾比邻大。

上面的和保甲制一样吗？＝是的。

闾是多少家？＝十家。

邻呢？＝五家。二邻聚在一起就成了闾。

邻闾是县公署让划分的吗？＝是的。

这种名称持续到什么时候？＝民国十五六年以后，这种名称就没了。

清代有没有上面的名称？＝有邻（十家）。没有闾。

现在的邻居是什么时候开始叫的？＝很久以前就有邻居这种说法。是邻的意思。

多少家聚在一起成邻居？＝不是那样的。意思是近邻。

这个村的人都叫邻居吗？＝村里不区分这个。

近邻之间有相互扶助的划分吗？＝没有划分。全村是一体。

【保甲】现在村里细分的只有保甲吗？＝是的。

保甲是什么时候开始成立的？＝民国二十七年开始。

保是多少家？＝一百家。

甲呢？＝十家。

连保呢？＝三百家。本村没有。有连的地方有连长。

这个村有保长吗？＝保长是村长。

甲长呢？＝有六人。第一甲李濡源，第二甲杨源，第三甲张永仁，第四甲杜祥，第五甲赵廷奎，第六甲张瑞。

【义和团事件】义和团事件的时候周先生多少岁？ ＝二十四五岁。本村附近没有战争，烧毁了城里的美国教会（现在的福音堂）。

村民逃走了吗？ ＝有逃走的也有没逃的。

县城里有骚乱吗？ ＝官吏没有逃，义和团一来就投降了。

烧了县公署吗？ ＝没烧。

杀人呢？ ＝没有。

各国军队怎么样？ ＝从村里可以看见在城里。县里的长官和军队交涉。和福音堂相关人员交涉。

信徒有没有被杀？ ＝没有被杀。

义和团团员住在城里吗？ ＝外国军队驻扎着，后来义和团军来了。

义和团有没有征收东西？ ＝没有。把农民叫到县城，让人烧线香。去不去也随意。我（周氏）当时有其他的工作所以没去烧香。

村民中有没有加入义和团的人？ ＝没有。

但是本村有没有基督教信徒？ ＝没有。

【奉直战争】奉直战争的时候这附近有战争吗？ ＝没有。

军队有经过这附近吗？ ＝经过附近的去北京的街道。

有在村里进行征用吗？ ＝没有。

村民逃走了吗？ ＝不逃。

奉直战的时候谁有权力？ ＝吴佩孚、张作霖。

纳税因为这场战争变重了吗？ ＝没有变重。

没有什么影响吗？ ＝没有。

有没有政变的时候纳税变重的事？ ＝没有。

【北伐】北伐军从这附近经过吗？ ＝不经过。从高丽营去密云那边。

有没有影响？ ＝没有。

北伐的宣传员来吗？ ＝不来。

知道县城里现在还用大字书写着国民党的宣传文吗？ ＝没见过。

国民党来北京后来宣传过新政吗？ ＝政治情况没有改变。没有特别的书面命令。

顺义县官吏也没变吗？ ＝没变。

北伐后人民的生活变了吗？ ＝没变。

年轻人对北伐军有好感吗？ ＝不关心。

村民有没有谈论关于因为政变政府首脑改变的事？ ＝不相干的事。

政府变的话纳税也会变，对这一点有没有担心？ ＝担心是担心，但是觉得没法子。

【辛亥革命】清朝变革的时候惊讶吗？ ＝当时觉得不得了了。

那时候官员变了吗？ ＝不清楚。

有没有随着中华民国成立发生变化的事物？ ＝没有。

断法令是什么时候？ ＝很久以前的事了；咸丰年代。

对于战争呀、政变不往深处想吗？ ＝想是想，但也没法子。有知识的人会担心 农民忙着干活。

【日华事变】生活有没有因为日华事变而改变？ ＝事变前后没有变化。只是生活水平变高了，物价上涨很苦恼。大家都卖了地。

卖地的理由是因为纳税上涨吗？ ＝为生活所迫卖的。

最花钱的是什么？ ＝纳税没什么大不了的。在衣服上花的钱多。

是因为农作物的价格追不上其他东西的物价上涨而生活艰苦吗？ ＝像穷人，必须从别人那里买东西。所以越穷越苦。

物价下跌和纳税变轻，哪个好？ ＝都降低好。要说哪个好，还是物价下跌好。

有没有兴起从前买的东西现在自己做的风气？ ＝以前就这样，衣服、帽子、鞋子、其他的小东西都变成自己做。

外出干活的人和做副业的有没有增加？ ＝副业想不出好点子。外出干活的人变多了。

物价高是世界性现象。怎样能使生活变轻松呢、有没有什么方法？ ＝没有方法。考虑中日合作，开发农村副业。

不能设法在死坑（村南）种上芦苇营利吗？ ＝因为没有水，所以不能。

通过农民的共同耕作节省劳力，考虑增加别的收入怎么样？ ＝方法非常好。但是时近既没有工厂，也没有适合外出干活的地方，所以无法实行。

像合伙购入马匹怎么样？ ＝那个在做。但是没有两家以上合伙的情况。

把"甲"合并为一个之类的方案怎么样？ ＝不实施这种方案，两家左右是适当的。

共同挖井进行灌溉怎么样？ ＝共用井很多。不觉得需要更多。

在田地中间挖井怎么样？ ＝挖掘的费用很高，结果得不偿失。水量也少。

11 月 21 日

维持治安

应答者　杨润、杨泽、张永仁（都是会首）
地　点　村公所

【甲长的集会】有没有只有甲长参加的集会？ ＝有六个甲长。保长如果从县公署接到命令，回村就召集所有甲长作报告。

甲长会议的名称是什么？ ＝没有。

上面的会议是定期召开吗？ ＝不一定。

保长从县里回来召集所有甲长的时候，只有保长作报告吗？ ＝有时只有报告，有时也会商议村里的事。

甲长同僚间有没有自发召开会议？ ＝有。商议村里的种种事务。比如关于土地的事。那商议的不是土地买卖，而是关于田赋和纳税的缴纳方法等。

会首聚在一起商议田赋的事吗？ ＝是的。

甲长的工作和会首的工作有没有分开？ ＝没有分开。

作为甲长召开的会议上主要商议治安的事情吗？ ＝有时候也商议这样的事。

甲长的会议上是否商议和治安相关的人手分派？ ＝保长、甲长协商决定。

【甲长的任免】甲长是由谁来决定的？ ＝向分局提交全村村民的名字，乡长和分局局长商议后决定。那种时候乡长选出适当的人选向分局局长报告。

甲的配置（区域决定等）由谁来决定？ ＝分局决定。

甲大致是将相邻的人家并为一甲吗？ ＝是的。相隔远的不算在里面。

甲长有任期吗？ ＝不一定。

甲长可以根据本人的意愿辞职吗？ ＝事先说明情况，得到许可后可以辞职。不能以工作繁杂的理由不干。

村长有罢免甲长的权限吗？ ＝根据情况取得会首的同意，和分局商议后可以罢免。只村长一人不能随意罢免。

【甲长的报酬】甲长有月工资吗？ ＝会首甲长都是名誉职位。

甲长集会的时候餐费怎么办？ ＝不用一起吃饭。

甲里的人有没有人向甲长送去谢礼？ ＝没有。

那么当了甲长不也没什么好高兴的了？ ＝不是的，高兴。因为是为了村里，个人的辛苦就忍着。

分局会不会说那个甲长不好别干了？ ＝分局不清楚村里的情况，所以不会说这种话。

【甲长和村民】甲长照顾甲里的十户人家吗？ ＝仲裁纷争。

甲长告知村民甲长会议上决定的事吗？ ＝是的。

甲长出席村民的婚礼吗？ ＝不一定去。只限于和结婚的人家有关系的情况。

甲里有关系不和的话，那是甲长的责任吗？ ＝跟甲长没关系。是闹不和的人家的错。

【甲的连带和共同】

抽调自卫团员的时候，是以一户为标准，还是以一甲为标准？ ＝以家为单位。

甲之中出了坏人的时候，甲里的其他人全都有责任吗？ ＝对别人没影响。

一个甲里面出了土匪的时候，甲长会受到县里的训斥吗？ ＝跟甲长没关系。

有没有只在一个甲里范围内凑钱购买共用水井或马匹什么的？ ＝没有。

甲里的人与其他的村民相比，特别亲近吗？ ＝村子本身就很亲近，所以没这种事。

一个甲里的人有困难的时候，同甲的其他人互相帮助吗？ ＝帮助。

那种时候其他甲的人也帮忙吗？ ＝是的，如果是好人，全村来帮。

一个甲里的人耕作人手不足的时候，同甲的人帮忙吗？ ＝帮忙。

甲外的人也帮忙吗？ ＝有时全村帮忙，有时甲里帮忙，不一定。

比起全村互相帮助，只在甲里互相帮助是不是多一些？ ＝没那种事。

有没有不是整个甲，而有四五家特别亲近的情况？ ＝没有。

【同姓的扶助】同姓的人是不是尤其互帮互助？ ＝是同族的时候尤其互帮互助。

同族的婚礼，同族的人全都出席吗？ ＝是的。

同族人之间的纷争，是由同族人仲裁吗？ ＝不一定，邻里的普通村民也做仲裁。

邻居是异姓的时候，跟远隔而居的同姓人和邻居，哪个要亲近些？ ＝跟同族亲近些。

【保甲自卫团】匪贼有没有来袭过？ ＝事变前后都没这种事。像去年那样一般治安不好的时候也没来。

有没有小偷？ ＝没有。

不锁门吗？ ＝锁门。

有没有只召集年轻人成立自卫团之类的组织？ ＝有不限于年轻人的夜巡团体。

夜巡团体的人数多少以及名称是什么？ ＝人数不定。叫作"保甲自卫团"。

夜巡是保甲施行的吗？ ＝根据分局的指令。

人手分派是根据什么决定？ ＝根据土地亩数决定。

【看青】村民有没有自发地进行部落防卫？ ＝有看守农作物。也就是"看青"。除此之外再没有其他的。

看青是什么样的工作？ ＝以全村为整体雇人。秋天收获的时候全村村民凑钱雇请"看青的"。看青的是村里的人。人数不一定，一个人也足够。

现在的看青的是谁？ ＝李注源。

【户口调查】甲长调查甲里的户口向村长报告吗？ ＝甲长有时报告。甲里的人外出干活的时候，外出干活的人向甲长报告，甲长把这事向保长报告。有人出生或死亡的时候也一样。

甲长有没有其他的工作？ ＝没有。

甲里的人卖土地的时候通知甲长吗？ ＝不通知。

订立土地买卖的契约的时候，甲长不当保证人吗？ ＝不是甲长，是保长即村长当保证人。

上面的情况，是以作为保长还是以作为村长的资格作保证的？ ＝作为村长。

分家的时候，甲长当分家单的证人吗？ ＝由作为说合人的中保人（多是熟人）作保证。

外村村民来本村借宿的时候怎样报告？ ＝本人向甲长报告，甲长向保长报告。

县里的官员有没有到村里来调查过？ ＝来调查过户口。这个每年都做。今年是四月、七月开展了两次。

甲长的报告保长再向哪里报告？ ＝要看情况。小事件向村长报告就行，大事要向分局或县里报告。

向分局报告和向县里报告是一回事吗？ ＝报告分局的时候多，报告县里的少。

户口向哪里报告？ ＝向分局。

有没有向主村报告的事项？ ＝没有。

【告密】分局有没有下达过甲内成员有连带责任的通知？ ＝这样的命令在组成保甲的时候有。

根据上面的命令保甲的人有被追加过连带责任吗？ ＝没有。

分局有没有出保甲内出了坏人要报告的密告？ ＝有。有公文的命令。

村民之间有没有因为告密而发生关系不和？ ＝没有。也没有告过密。

【自卫团的费用和武器】怎么感谢保甲自卫团员？ ＝不送谢礼。伙食费等经费自理。

有没有只在甲的范围内收钱？ ＝没有。

有没有以保为单位收钱？ ＝没有。

只有自卫团员参加的集会呢？ ＝没有。

自卫团的武器怎么办？ ＝不一定。有的拿棒子，有的拿洋炮。

武器是谁的？ ＝村公所交给团员。不过棒子自备。

村公所有多少门洋炮？ ＝三个。是县里发的。

洋炮是给的吗？ ＝不是，是从分局借用的。弹药在村公所买。

弹药费从哪里出？ ＝从村费。

村费当中有没有保甲费的项目？ ＝没有。

弹药费怎么分派？ ＝用村费买，秋天收获以后在摊款中分派给村民。

有没有保甲以外的自卫组织？ ＝没有。

户长向甲长报告户口变动吗？ ＝每次变动的时候报告。

上面的户跟平常说的家一样吗？ ＝一家和一户一样。

父子没分家但分居别处的时候也是一家吗？ ＝是一家。分开住也算一户。

保甲的时候上面是一家吗？ ＝是的。

分开住的时候，也可以属于同一个甲吗？ ＝既然没分家，就属于同一个甲。

"户"这个名称是从前开始使用的吗？ ＝很久以前。

自卫团有没有堡垒、壕沟、哨所之类的设施？ ＝没有。

紧急的时候警报怎么办？ ＝用爆竹。不用锣或钟。

【村里的夜间警戒】夜间警戒是只在夏天吗？ ＝全年进行。

现在夜间警戒的人数是多少？ ＝十余人。

分派方法是怎样的？ ＝按土地亩数决定顺序。不是根据甲来决定顺序。有分派表，遵守这个分派。不过弟弟可以代替哥哥去也行，雇请代理人也行，但是人数要凑齐。

雇请代理人夜巡是普遍在做吗？ ＝是的。

没有土地的人不去夜巡也行吗？ ＝夏天治安不好的时候（阴历六七月左右）要去。现在不去。对没有土地的人的出勤没有报酬（后面 221～222 页记载的表格上只有拥有土地的人）。

夜巡怎样进行？ ＝巡逻各处。不在一个地方集中。按顺序去睡觉（其场所不定）。巡逻者带着洋炮。不过没有用过炮。

【铁路警备】铁路警备怎么做？ ＝从八个村子各抽出一人让其巡逻，报告巡视的结果。

有没有红枪会、白旗会之类的？ ＝没有。附近其外村也没有。

自卫团抓到人的时候怎么办？ ＝马上带到分局。不在村里调查。

外村人来的时候村民全部通知自卫团吗？ ＝夜晚要检查。讯问夜里的行路人。

提问者　山本斌

应答者　杨润、杨泽、张永仁

【乞雨】举行乞雨吗？ ＝举行。祭祀龙王。

　　龙王庙在哪里？＝这里没有。不过这个庙里供着龙王。祈雨的时候把龙王的画像放在神舆上抬着在全村巡游，人们在各家各户门前烧香。祭祀五日。

　　有没有红卍会？＝没有。县城也没有。

　　【在里】有没有在里？＝有。赵廷魁。

　　有会这种组织吗？＝像宗教一样的东西。叫作礼门。

　　入会手续是什么样的？＝没有特别的手续。只是交一点钱作为香钱。

　　给谁？＝给主办人。

　　主办人在哪里？＝在顺义的东大寺。叫作老师。

　　附近的村子有很多在里吗？＝因为经济上的理由，为了存下钱。

　　有什么样的禁令？＝禁酒、烟草。还有鼓励做善事。

　　有没有跟蝗虫有关的会？＝没有。

　　有没有蝗灾？＝没有。

　　有没有传染病流行？＝有时有。每年夏天的时候有。

　　祛除方法是怎样的？＝注射和吃药。

　　为此不祭祀吗？＝又没有当成鬼怪作祟，所以不祭祀。

　　有没有西洋传教士来布道过？＝没有。

　　有没有发过圣经？＝去年和前年有。美国人来过。

　　【乞雨】乞雨的时候是以村长为中心进行吗？＝村长体察民意率先进行。

　　参加者怎么样？＝全村村民参加。

　　排成队伍巡游吗？＝是的。

　　村长带头吗？＝是的。

　　戴上用柳枝做的帽子吗？＝加入游行队列的人都这样。

　　由谁来决定乞雨？＝村长和会首商议。

　　不花钱吗？＝花一点费用。

　　那费用怎么出？＝从村费里出。从青苗（作物）中征收。

　　那是按照土地亩数出吗？＝是的。

　　有没有和其外村共同乞雨？＝没有。其外村有对游行队伍参加者补助伙食等。

　　队伍巡游到什么样的范围的其外村？＝周围十个村左右。

　　主办村的队伍互相交替着去其外村巡游吗？＝没有特别要求交替巡游的规定，巡游也随意。衙门村有个经常灵验的龙王庙，那龙王的故乡是铁匠营。衙门村是龙王的母亲之父的故乡，衙门村村民一去黑龙潭乞雨就一定会下雨，沙井村村民去了也不下雨。对于队伍一户必须出一人以上。但是只限男子。小孩也行。对衙门村的乞雨，县里发补助。

　　沙井村的乞雨也发补助吗？＝不发。因为村子小，乞雨不花什么费用。

　　其外村村民也参加衙门村的乞雨吗？＝其外村村民也参加。沙井村今年有六人去参加了。费用花了十六元。村公所出了六元，五人各出了二元。

　　出席者是谁？＝杨源、张永仁、李濡源、张瑞、杨永才、李秀芳。

　　这些人是受村里邀请去的吗？＝从衙门村给村公所发来邀请信。沙井村决定出席者。

那时候衙门村有演戏的，聚集了很多人。吃饭的小桌就排了三百张。即使没有邀请信，人们也会聚集过来。

11 月 22 日

长工和短工　相互扶助　庙产　有势力者

应答者　刘悦（沙井村教员）

地　点　商会

先生从前就住在望泉寺吗？ ＝祖祖辈辈。

什么时候从学校毕业的？ ＝民国二十五年，顺义师范毕业。

毕业后呢？ ＝在仁和镇供职一年。后来调任沙井村。

村民对学校热心吗？ ＝热心。

沙井村为什么未就学儿童多？ ＝因为家族对去学校的认识不足。

向村民讲解教育的义务怎么样？ ＝强制性说服的话，大概会就学吧。

【学生的家族】现在的学生都是生活无忧的人的子弟吗？ ＝不一定。其中也有穷人家的孩子。

有钱人家的孩子大都就学吗？ ＝是的。

是沙井村民子弟的学生名字是哪些？ ＝张树彬、张树桐（父、张守仁），张树荣（兄、（亡）张树林），张麟书、张麟春（兄、张麟荣），孙继儒（父、孙凤），赵明（父、赵廷魁），杨洪儒（祖父、杨永才），傅继良（父、傅菊），张守清（兄、张守俊）。

先生访问过学生家里与其家人商谈吗？ ＝有。

张守仁有钱吗？ ＝没有钱。在牛栏山做买卖，处于掌柜之类的地位。张树桐的小名叫张得生。

张守仁在村里拥有土地吗？ ＝有。但是亩数不清楚。

张守仁不是村里的负责人吗？ ＝不是。

只有张守仁住在牛栏山吗？ ＝是的。有事的时候回来。

家人在村里耕作吗？ ＝是的。

【长工】有雇工吗？ ＝有。他家里只有太太在，所以我想有长工。

那长工是什么时候开始在他家的？ ＝因为是很早的事了，所以不清楚。去年也在。

去年的长工是谁？ ＝李祥林，是邻居。饭在张家吃，睡觉在自家。

今年的长工呢？ ＝不清楚。

长工的报酬是多少？ ＝不一定。今年因为物价高，七八十元。明年大概变成百元以上吧。

报酬是预先支付吗？ ＝分期支付或者预先支付，没有后付款的。

长工的伙食和家里人一样吗？ ＝不一定。也有另外提供伙食的。

事先约好关于伙食的条件吗？ ＝不一定。不过请客的日子是定好的。

雇用的时候签订契约书吗？＝不签契约书。要找介绍人。

介绍人是什么？＝不是雇请长工的人寻找长工，而是长工自己找雇主。

村里长工多吗？＝不多。

本村大约有多少人？＝不清楚。

有没有本村人在外村做长工的？＝有。

本村人在本村内当长工的，和到外村当长工的，哪个多？＝前者多。

从外村来沙井村的长工，和沙井村民在村里当长工，哪个多？＝本村的长工多。

外出干活的人之中当长工的多吗？＝长工少，当商人的多。

其理由是什么？＝因为不喜欢长工干得多收入少。

找长工难吗？＝非常难。

有没有人至今一直雇用有长工，但是因为生活困难不再雇用长工？＝人手不足的话，还是会雇用。像因为物价上涨导致生活困难而停止雇用长工的情况，不是特别显著。

【短工】有短工吗？＝有。

长工和短工，哪个多？＝短工多。

长工和短工的差异是什么？＝短工以日为单位，长工以月或年为单位。

即使雇用一次后一直持续雇用，如果每天付工资就算短工吗？＝是的。

长工大约以几个月为单位？＝据说一般是一年。

从春天雇用到秋天叫作什么？＝长工。

短工从哪里来？＝出身的村子不一定。当短工的人每天早上早早聚集到县城的集市上，雇主直接亲自去集市上雇请（有塔的地方）。工钱按市场决定的价格付。雇用村民的时候也根据那个价格。

短工多是雇用村里的人吗？＝是的。

短工聚集在集市上的时候有头领吗？＝没有。

短工的工钱是多少？＝五六十钱。因为现在工作量小所以便宜。农忙期是一元三四十钱。

工钱和去年比怎么样？＝今年是去年的两倍。

短工的工作时间是多长？＝习惯是从日出到日落。

短工的伙食怎么办？＝由雇主提供。

可以让同族的人做长工或短工吗？＝也有那样的事。

雇用同族的和雇用别族的，哪个多？＝不一定。

有没有想尽量雇用同族的愿望？＝不一定。

短工或长工的应聘者中既有同族又有别族的时候，雇用哪个？＝没有申请应聘短工的人，和长工的情况不一样。长工的情况是雇用工作出色人格优秀的人，不怎么有尽量雇用同族的人的倾向。

【相互扶助】农忙时期除了长工、短工，其他的村民帮忙吗？＝关系亲近的帮忙。那在同族之间较多。这种情况也有送谢礼的，那送的不是钱而是点心，或者请客。这种风俗在哪个村都一样。

同族之间有没有轮流共同耕作各自的田地？＝相当多。同族以外的农户也这样做。

【搭套】这种共同作业叫作什么？ ＝叫作搭套。搭套意思是把绳子结成锁链的形状。这个在全年都进行。有车没马的时候，从别人那借来马也叫搭套。一般是两家一起进行，也有两家以上的情况。结成搭套的两家每年并不是一定的，持续性很小。持续两三年左右算时间长的。两家闹不和的话就解除了。

搭套是在什么情况进行？ ＝一个例子是一家有车，但是因为驴子体弱犯愁的时候，从别人家借来健马，得到了帮助。

借给物品互相帮助也是搭套吗？ ＝出劳力互相帮助叫作搭套。

搭套只在跟农事相关的时候吗？ ＝一般日常生活的时候也有。

进行搭套的人有没有合伙买农具？ ＝没有。农具不贵，所以各自买各自的。

牛马肥料等呢？ ＝不合伙买。

进行搭套的人共同播种吗？ ＝是的。

收获呢？ ＝共同。

盖房子的时候也共同盖吗？ ＝是的。

搭套多是几家？ ＝有三家的情况。这是例外。

有没有甲和乙搭套，乙和丙搭套，而甲和丙不搭套的情况？ ＝不会发生这种事。

【搭套的结成】进行搭套有约定吗？ ＝只是口头互相拜托的程度。

搭套是家长决定吗？ ＝是的。

关于建立搭套会不会被邻居抱怨？ ＝不会。不管跟谁合作都是私事，所以没有限制。

搭套只限于同族之间吗？ ＝如果是亲近的人，不是同族也可以，住在隔壁也不是条件。

约定搭套的时候有没有摆宴席之类的事？ ＝没有。

有没有明确什么的约定？ ＝没有。

【搭套的中止】中止搭套的时候怎么表示自己的意思？ ＝不特别表示意思。事实上不去帮忙的话，关系就没了。

搭套的人之间，有没有一方无视别人的希望的？ ＝没有。

搭套间有纷争吗？ ＝有。

【搭套的对象】有钱人是和有钱人组合吗？ ＝不是的。有钱人之间不搭套，有钱人和穷人组合，穷人总是为有钱人干活。

搭套人之间送谢礼吗？ ＝没有。

为什么一般是两家？ ＝两家组合正合适。没有特别找三四家的必要。

杨村长在和谁组合？ ＝杨源、杨政、杨泽三兄弟。

杨永才的组合对象是？ ＝不清楚。

杨润呢？ ＝不清楚。

张永仁呢？ ＝不清楚。

周前村长呢？ ＝李清源。

杜祥呢？ ＝不清楚。

李秀芳呢？ ＝不清楚。

村民知道谁和谁搭套吗？ ＝知道。

保甲内的人有没有互相帮助？＝没有。

【同族的扶助】同族间有互相帮助吗？＝有，很多。

同族里出现穷人的时候，同族成员帮助吗？＝很少帮助。即使有也只不过是给些东西的程度。

【庙产】杨永才是什么时候开始看庙的？＝有五六年了。

庙产是他在耕作吗？＝不是的。

他监视着那里吗？＝没监视。李注源看管土地。

谁来耕作？＝因为有很多人所以不清楚。庙前面的土地是赵廷魁（赵明之父）正耕作。庙里的土地有几十亩，也有说四五十亩的说法。耕作人数不清楚。

李注源收租佃吗？＝他跟租佃没关系。他只是看管不让作物被盗。租佃交给村长。

【看青】监视人只做看守工作吗？＝是的。

那种人叫作什么？＝叫作"看青的"。

庙产以外的土地，他也看青吗？＝是的。他的管辖区域是一定的，也监督石门村、沙井村、望泉寺等地村民的土地。

那些外村人的土地在哪里？＝也监视沙井村外的石门村民的土地。

李注源的监督领域是怎样的？＝监督圈里的土地。这其中包括石门村、望泉寺的人的土地。

圈和村子的区域是一样的吗？＝不是的。也涵盖村外。仁和镇的监督人也监督沙井村里的土地。

监督人是受土地主人委托去监督的吗？＝和土地主人没关系。他是从村公会拿钱监督的。

监督外村村民的土地时，从外村获得报酬吗？＝向外村的土地主人催要报酬。

监督外村村民的土地是因为受其本人委托吗？＝受到监督的那个土地主人交钱给沙井村公会。

望泉寺也有看青吗？＝有。

那么为什么望泉寺的看青的不监督他们村的人的土地？＝那是因为有固定的圈。这个圈是从前固定下来的。

【庙产的租佃】庙里的土地的租佃是用作物缴纳吗？＝用钱。

租佃的标准是多少？＝一亩十五元（此处按元计算似乎不合理）（今年），去年稍微便宜点。

每年的租佃变化吗？＝是的。

村长告知村民那个租佃的收入数额吗？＝一般不告知。只是记在账面上，账面由杜某（司账）管理和记录。所有的会首都知道这事。

那个钱由谁来使用？＝金额大的时候村长和会首商议。很少的时候不商议，事后报告。

学生中最穷的是谁？＝张麟春。二年级学生，父亲去世了。

没有土地吗？＝有一亩还是两亩左右。母亲每天从顺义买来烧饼在村里边走边卖。

从前就穷吗？＝不清楚。

有没有被别的学生瞧不起？＝没有被瞧不起。

成绩怎么样？＝良。二年级十一人中排二三名。

缺席多吗？＝不怎么请假。

【有学识的人】村里最有知识的人是谁？＝周前村长。

【有人望的人】最有人望的呢？＝李濡源。

【绅士】绅士是什么样的人？＝人格、智识、财产方面都很优秀，有统管群众能力的人。

劣绅是什么？＝不正当的士人。

已经去世的吴先生是绅士吗？＝是文人，不是绅士。

【匪贼】村民最憎恨的人是谁？＝没有。吴玉山的儿子吴光远是匪贼，去年烧了望泉寺五家人家，抢夺往子营的女性，在北京被捕拘留中。玉山已经从村里逃走了，从前就土地不多，当匪贼的原因是乱花钱，最后钱花光了。吴光远原来当过县里的警官（事变后）。

留下的财产怎么样了？＝放着不管。

吴光远是匪贼的时候，近邻的人受到什么惩罚了吗？＝不受惩罚。但是受到分局长的训斥，说应该互相监视并报告。

警官和军人，哪个被瞧不起？＝警官。

11 月 27 日

村里的财政

应 答 者　刘悦（教员）

地　　点　商会

【自卫团的出勤分派】保甲自卫团的当值分派是由谁决定？＝村长和会首商议决定。根据土地的多少决定当值次数。

没有土地的人不参加吗？＝不参加。

佃农完全不参加吗？＝如果耕作很多土地时要参加，耕作亩数少的时候不参加。

很多是什么概念？＝生活过得好的人参加。但是这个表（参见下面登载的表）当中看不到这样的人。只有拥有土地的人。

出勤分派是准确按照土地亩数的比例分配吗？＝五亩当值一天。十亩的话就两天。十二三亩的话就根据那一家男子的多少决定。

多少亩当值一天？＝我居住的望泉寺是五亩。沙井村恐怕也一样吧。

当值的顺序表是每年都制作吗？＝这是今年做的。以前的不知道。

今年什么时候？＝新历 4、5 月。

去年没有吗？＝没有。

保甲自卫团轮值表（民国二十九年）

一　日	二　日	三　日	四　日	五　日	六　日
张辑五	张辑五	张辑五	张辑五	张辑五	张辑五
杨政	杨政	杨政	杨政	杨政	杨政
李秀芳	李秀芳	李秀芳	李秀芳	李秀芳	李秀芳
李会元	李会元	杨永才	赵廷福	赵廷魁	赵廷魁
赵廷福	赵廷福	赵廷福	杨永才	杨永才	杨永才
吴殿臣	吴殿臣	杨春旺	杨绍增	杨绍增	杨绍增
杨永林	杨永林	杨永林	周宴	周宴	周宴

七　日	八　日	九　日	十　日	十一日	十二日
张辑五	张辑五	张辑五	张辑五	张辑五	张辑五
杨政	杨子泉	杨子泉	杨子泉	杨子泉	杨子泉
李秀芳	李秀芳	李秀芳	李秀芳	张永仁	李海廷
张诚	张诚	张诚	张诚	任振纲	张守仁
杨润	杨润	杨润	任振纲	李庆全	任振纲
周宴	周宴	周宴	李庆全	李海廷	李庆全
张永仁	张永仁	张永仁	张永仁	李祥林	李祥林

十三日	十四日	十五日	十六日	十七日	十八日
张辑五	张辑五	张辑五	张辑五	张辑五	张辑五
杨子泉	杨子泉	杨子泉	李海廷	李海廷	李海廷
李海廷	李海廷	李海廷	张永仁	张守仁	张守仁
张永仁	张永仁	张永仁	任振纲	任振纲	杨泽
任振纲	任振纲	任振纲	孙凤	孙凤	孙凤
李庆全	李庆全	李庆全	刘长春	刘长春	刘长春
李树林	李树林	李树林	李强林	刘贞	杜祥

十九日	二十日	二十一日	二十二日	二十三日	二十四日
张辑五	张辑五	张辑五	张辑五	张辑五	张辑五
李海廷	李海廷	李海廷	李海廷	李海廷	李海廷
张守仁	张守仁	张守仁	杨泽	杨泽	杨泽
杨泽	杨泽	杨泽	王悦	王悦	张麟荣
孙凤	孙凤	孙凤	杜守田	张麟荣	王春林
赵绍廷	赵绍廷	李清元	李清元	杨永元	赵文有
刘福	刘福	刘福	杜春	孙福	杨生

续表

二十五日	二十六日	二十七日	二十八日	二十九日	三 十 日
张辑五	张辑五	张辑五	张辑五	张辑五	张辑五
李海廷	李海廷	张麟荣	张麟荣	景德福	景德福
杨明旺	张麟荣	景德福	景德福	赵立民	李广德
张麟荣	赵立民	赵立民	赵立民	崇文启	关杨氏
杨　生	李广玉	杜钦贤	杜钦贤	张　珍	杜德新
赵立民	柏成志	张书代	孙有让	关杨氏	李注源
李广恩	景德福	杨黄氏	张守俊	傅　菊	张树林

去年也去夜巡吗？＝和会首等商量定好出勤的分派后去的。

去年也是五亩一天吗？＝土地多的人多去。

这个表大体上是显示有钱的排位吗？＝是的。

这个表只有村公所有吗？＝村公所只有一张。对村民只写当值的日期给他们。

先生赴任以后沙井村的会首变过吗？＝没有变化。

会首一定是有钱人吗？＝大致都是有钱人，也有不是那样的人。

【村费的明细表】村里有村费收支明细表吗？＝有。

那个叫作什么？＝不知道。

四桂册是什么？＝那个是用来向县里报告。

谁来写？＝杜祥。

村里留存的明细表和给县里的报告有没有差别？＝一样。

暂记流水（中华民国二十八年九月十九日乡公所）

　　由九月十九日结亏款十八点二三三元

　　出庙内高香两捆洋二点二元

　　入借款百二十元

　　出碾川钦贤一根洋一点三元

　　出警士恩寿饭洋二元

九月二十八日

　　出新兵摊款饭洋二点八四元

　　出警士饭洋三元

　　出车站开会饭洋五毛

　　出煤油洋六元

　　出局内饭洋三点五五元（泉松、存瑞、石、井四人）

　　出苇子兑保贩洋一元

　　出畑茶叶共洋五毛

十月一日

出青年训饭洋三点四元（王松泉、孙洪、瑞子、泉平）

出局内调查户口饭洋三元

十月二日

出局内有事饭洋二点九元

出新兵安家费四十二元

出秋冬学务杂款洋六十三元

十月十五日

出县政开会饭洋一点四七元（军、杜、梅、刘、井、石、衙七村）

出会首饭洋十元

出庙内供品金年十八元

出警士大秋饭洋二元

出会中写十二月份饭洋一点八元

出买茶叶煤油共洋四毛

出送德正洋八点八元

十月十二日

出写新民会分会开会洋一点一五元

入二十八年网圈大秋款洋六元

出铁路护路员洋一点二元

出实报全年共洋四点八元

出新兵饭洋一点六元

出杨三地方打网洋三元

出局内有事王孙南石井保正地方饭洋二点三元

十月十六日

出四刀仲三子泉饭洋二点三元（吴守成弟兄）

十月二十二日

出警士徐刀催工地调查饭九点五毛

十月二十四日

出车股应摊新兵劈柴九点七二毛

十月二十六日

出请孙洪瑞文仲三石井饭二点九元

出两次训练员两名有事三点七元

出看苇子饭洋一元

出县政开会调查土地饭洋二点五元（军、石、南、井）

出六村开会桥梁开支饭洋一点三元（松、军、梅、石、井、刘）

十一月二日

出会中写土地调查饭洋八点七五元

出督察办德正饭洋二点四元

出烟茶叶洋五毛

出孙警士洪瑞公议洋四元

出李警士要求饭洋一点二元

出县政当差李贺林洋一元

十一月四日

出庆祝会开会饭洋一点五元

十一月七日

出局内道工二名饭洋四毛

十一月八日

出南法信四万子泉饭洋一元

出杜作新木工洋一点六元

出送枕木饭洋五元

入枕木洋十九点六元

十一月九日

出车站领款车饭洋七毛

十一月十日

出新民会开会饭洋一点三元

出车站公议中田芳太郎洋二元

十一月十六日

出李长生警士催调查地亩饭洋一元

十一月十七日

出孙洪瑞仲三饭洋二点五元

十一月十八日

出车站有事刘南井石饭洋八毛

出局长公议应摊洋三点三二元

出新民会办公费支洋四元

出刘荣木匠工饭洋二点六元

十一月十九日

出公众写粮民征缴验申请书饭洋六点七元

十一月二十日

出甲长图章价洋一元

出锅盖茶叶洋六毛

十一月二十一日

出周鸥飞公议洋六元

出公会交粮洋一点四元

出车站公议饭洋三点二元

出车站公议饭洋二点五元

出三车股应摊洋劈柴价洋一点八八元

十一月二十八日

出石门沙井上站有事饭洋一点四一元

出训练青年饭费洋五点九七元

出警士郭李二位催训练饭费洋一点七五元

十二月二日

出局内开会石井堂饭洋三点三元

十二月四日

出车站开会饭洋一点六元

出车站小卖青年员饭洋六点三元

十二月五日

出邓警士来饭洋九毛

出车站护路警洋二点四元

出车站要种子办公饭洋三点七元

十二月七日

出警士教训练员饭洋九毛

出新民分会开办费洋四毛

十二月八日

出新民分会劝捐款洋一元

出车站麦种车辆石井摊洋七点五毛

十二月九日

出新民会催剑术开会饭洋一点三五元

十二月十日

出会中送礼白菜大葱六点二元

出会中送劈柴饭洋一元

出新民分会有事开会饭洋二点三五元

出车站韩老头烟叶八毛

十二月十三日

出青年训练员王留头饭洋五点三二元

十二月十四日

出车站开会饭洋一点二七元

出车站耘麻洋三点七元

出小实车站青年员工六点四元

出学校全年杂费洋十九元七五

十二月十五日

出上牛栏山取款饭洋二点三元

出《蒙疆报纸》洋一元（一月份）

出青夫酒洋三元

出车站大麦白薯洋三元

出杜林新木工洋二点一元

十二月十八日

出李孙警士饭洋二点五元

十二月二十日

出新民分会开会饭洋一点二五元

十二月二十一日

出送道饭洋二点五元

出警士邓进田公议洋二点六元

十二月二十三日

出警士孙刘石井支饭洋二点九元

十二月二十四日

出王德林警士洋三元

十二月二十五日

出训练员结术饭洋三点三元

出赔麻合洋一点二元（车站）

出警士饭洋四毛

出年上供用品洋十二元五

出写对子饭纸洋一元

出李秀忠青年饭洋二点四元

十二月二十六日

出新民会分局开会饭洋一点五元（八村）

出茶叶烟纸张共洋九点六毛（局内账）

出青年训练员三名二十七日饭洋四十一元一

出青年训练员牛套洋一点五元

出青年杉木秆一根洋二毛

出新民会仲亘牛洋三元

出窗户纸洋一点五元

十二月二十八日

出局内开会饭洋五毛

出供碗洋一元

出煤油一斤洋五毛

出茶叶五十包洋五毛

出桥木办公费洋五元收桥款洋十三元九四

出二十八年冬季警察费洋十三元九四

出慰劳花圈洋九毛四三

出府应摊沙井桥木款洋十元六六

出摊冬季服费洋三元〇五

出冬季警团洋十一元五〇八

出二月份蒙疆报洋一元

出王松泉公议洋五元

出修戏楼捐洋一元

出会中税奖用洋十四元七一

出仲亘新民分会洋二元

民国二十九年正月二十一日

出车站有事仲三鑫国洋七点七元

一月二十五日

出车站开会饭洋一点六五元

出杜特务饭洋二元

出车站收道饭洋四元

一月二十八日

出车站开会饭洋一点五元

出车站买烟洋车洋八毛

二月二日

出新民分会开会饭洋二点八元（石、井、纲）

二月四日

出买车站车股应摊饭洋二点二元

出警士饭洋二元

出劈柴车股应摊洋三点二二元

出茶叶烟纸张洋一点六元

二月八日

出警士饭洋二点七元

出春季学校支洋三十九元

二月十四日

出车站开会饭洋二点四八元（南、刘、井、洪、瑞）

出警士洋三元

出上车站送公示洋五毛

出新民会杂费洋三元

出三月份蒙疆报费洋一元

二月十七日

入借款洋一百六十元

出有事赴张泉饭洋三点二元

出会中二月十九日亏洋四点二元

二月二十日

出车站搭警团洋五元

二月二十二日

出车股有事饭洋一点三元

出车股劈柴洋九点二元

二月二十三日

出车站开会道工饭费洋二点五元

出局内纸费洋六毛

出局冬季服装费洋四点六元

二月二十四日

出局内开会饭费洋二点七元（石、井、赵三位）

二月二十六、二十七日

出水厂公议人情洋十七元八七

一号起十八号止共十八日

出道工支去洋四点六元

出车站所长人情洋七点四五元

二月二十八日

出四月份蒙疆报费一元

出邓进田警士洋六点五毛

出新民分会制服费洋一点二五元

三月二日

出新民会开会饭洋二点三元（石井训练员）

出车站黑豆耘子洋二十五点四元

三月四日

出新民会饭洋二点二元（石井望）

三月六日

出车站开会栽树饭洋一点五元（子泉南）

三月七日

出城隍庙新民会成立饭洋一点二元

出月刊费洋一元

三月八日

出新民分会训练员饭洋二点七元（立民、子泉二位）

三月十日

出土地调查饭洋二点八五元

三月十四日

出修顺京桥洋钉洋五毛

出栽树公路饭洋八毛

三月十五日

　　出新民青年饭洋八毛

　　出道工洋三元

三月十六日

　　出警士饭洋二点六元

　　出保正请客洋五元

三月十七日

　　出警士查户口洋十三元

三月二十日

　　出有事饭洋七点二元

三月二十三日

　　出茶叶烟洋五点五毛

　　入借款洋五十元

　　出会中锯锅盆洋二点四元

　　出土地调查纸帐费洋二点五元

三月二十九日

　　出车站开会饭洋二点八元

　　出五月份蒙疆报纸费洋一元

　　出新民青年饭费洋八元

四月四日

　　出局内开会王刘井石饭洋五点三元

　　出庸报费洋一点五元

四月七日

　　出新民会开会饭洋三点五元

四月九日

　　出车站开会学青年饭洋一点六元

　　出宣队长公议洋二元

四月十日

　　借洋七十元

　　出区开会土地调查饭洋三点七元

　　出车站护路员四个洋五点七五元

　　出四月初八日善会豆腐洋五元

四月十三日

　　出警士饭洋一点六元

四月十四日

　　出县政府新民会合作社开会饭洋一点五元

四月十八日

出警士饭洋四点七元

四月二十日

出分局开会饭洋一点七五元

出新民会杂费洋三元

借洋一百二十元

出新民分会训练员饭洋四元

出警士公议洋二元

四月二十五日

出车站送板饭洋五点六三元

出新民分会开会饭洋一点五五元

出杨三地方打网洋二点五元

出分局饭洋五点一元

四月二十八日

出车站开会工饭洋三元

出庸报六月份洋一点五元

出会中茶叶洋六毛

出刘荣放树木工饭洋一点五元

四月二十九日

出河沿送道板洋十四点五元（秀芳、永仁、海亭、广瑞、辑五、杨正、荣林七位）

五月六日

出二次警士饭洋五元

出会中茶叶烟洋四毛

出警士饭洋三元

五月十日

出局内开会修桥洋一点六元

出车站开会饭洋一点五元

五月十四日

出局内新民会合作社送表洋二点九元

出警士饭洋一点七元

五月十八日

出局内开会新兵户口饭洋一点五元

出铁条铁锁洋五元

五月二十一日

出过路饭费洋一元

五月二十四日

出县内有事饭洋二点五元

五月二十五日

清元存洋二毛

出造逻房轮流表饭洋三元

五月二十六日

出火药枪炮洋二点三元

出局内新兵教兵饭洋一点六元

五月二十七日

出车股摊新兵杂费洋八点一元

五月二十八日

出新民守备队开会饭洋三点三元（南、刘、泉、石、井）

出补六七月份蒙疆报费洋二元

出警士饭洋二点一元

收石门三班共洋五点四元

出护路员道工洋五点六四元

出第三股车价洋一点〇四元

六月四日

出宪兵开会饭洋二点七五元（刘、泉、石、井）

出三车股摊新兵洋十九点二三元

出谢会饭洋十一点一元

出杨三地方秋麦洋二点五元

六月五日

出逻房煤油洋一点三元

出警士饭洋六点六元

六月七日

出车站开会饭洋一点七五元

出学校夏季支洋五十五点七元

出拉子毛大捆茶叶洋五毛

六月十一日

出车站合作开会饭洋二点九元

出警士饭洋二点一五元

出警士公议洋二元

出网圈石门教员田瓜洋二点七元

六月十四日

出县内有事烟茶叶洋三点五元

出补郭恩寿饭账洋二点九元

六月十七日

出车站有事饭洋一点五元

出炒子枪炮洋一点六五元

六月十八日

出写户口牌饭洋二十四点二元

出小实报费洋三元

出车站摊小工洋六点九毛

出警士公议洋三点四元

出大药铁丝洋八点五元

入麦款洋三百五十八元九毛六分

出车站开会饭洋二点五元

出大药沙子洋五点二元

六月二十二日

出车站谷耘洋十六元

出青夫工饭洋二十一点六元

出电子大药共洋六点四元

出补写户口饭洋工人十三点三元

出枪砂炮共洋八元

六月二十九日

出车站开会饭洋一点五五元

出逻房坑席四头洋六点六元

出局内开会有事饭洋三点四元

出车股摊新兵草价洋一点八五元

出南法信麦秋贴图洋三点五元

出会中有事烟茶叶洋一点五元

出新民分会摊杂费洋三点二元

出警士公议洋二元

出车站勤劳奉仕小工洋三点六六元

七月六日

出局内赠礼洋二十三元

出警士饭洋二元

七月七日

出车站勤劳开支饭洋二点四元

出逻房九把洋三点三元

七月十日

出新民分会开会洋二点三元

出警察烟叶茶叶洋一点七元

七月十三日

出局内开会饭洋二点八元

七月十八日

　　出逻房大叶炮洋六点八元

七月二十二日

　　出警士饭洋一点七五元

　　出安子立合同饭洋六点八元

　　出局内招待费洋六点五三元

　　出户口牌价洋六点三元

　　出局内青年典礼洋六点九五元

　　出局内交补摊夏季警察费洋九点二元

　　出县政府捐款洋二元

　　出报费洋二点五元

　　出警士饭洋三元

　　出县政押催洋七毛

七月二十八日

　　出车站开会饭洋一点六元

　　出新民分找摊款洋一点三元

　　出新民分会开会饭洋一点六五元

　　出新民会诊疗费洋一元

　　出杨永才饭洋二点三元

　　出逻房炮雷洋三点七元

七月二十九日

　　出分局开会饭洋二点九元

八月五日

　　出警察长洋十五元

　　出逻房大药洋六元

　　出茶叶烟等共洋一点三五元

　　出七月三十日供品洋三元

　　出八月十五日供品洋二元

　　出蒙疆报洋一元

　　出警士饭洋二元

　　由七月二十六日起十三天

　　出铁道报告夜间工饭洋十五元

　　出车站夜间青年工饭洋一点五元

　　出放树电杆察队饭洋三元

　　出警士送公示饭洋五毛

　　出车站开会饭洋麦耘子烟三元

　　出逻房枪炮砂共洋一点九五元

出警士修顺京路饭洋四元

出县内有事饭洋一点五元

出会中煤油洋火洋一点四元

出警士查户口饭洋五点九元

九月三日

出新民分会开会饭洋三点五元（松泉、子泉）

九月八日

出车站爱路会摊洋十二点一九元

出局内长警公议洋十四点五元

出口西摊纸黄边纸烟洋一点八五元

九月十一日

出分局开会饭洋一点九元

九月十四日

出新民合作社饭洋二点五元

九月十七日

出警士顺京路饭洋五点五元

九月二十二日

出衙门村龙王降青洋六元

出县政开会饭洋一点七五元

二十七日、二十三、二十四

出土地调查饭费洋一〇七点五元

出警察查户口饭洋四元

十月四日

出北法信青夫饭洋二十六点九元

出局内要兵饭洋二点七元

出警士大秋饭洋五元

出新民分会开会饭洋二点三元

出纸茶烟洋一点五元

出警士刘东生大秋饭洋三点一元

出言科长公议洋一元

出局内摊修桥委员煤火杂费洋八点八六元

出局内补冬季警察队洋九点二元

出局内县公署摊款洋十七点五二元

出局内青年训练毕业典礼洋二点八八元

十月十四日

出分局开会饭洋二点六元

出警士高队长公议洋四元

出车站开会饭洋二点四元

出警士大秋饭洋三元

出秋冬两季学校款洋七十五点五元

出公会税契二张洋九点一元

十月十九日

出局内车股开会饭洋二点八元

出茶叶烟洋一点六元

出郭恩寿大秋饭洋五元

十月二十二日

出车股导账有事饭洋一点九元

出警士张注安饭洋一元

十月二十六日

出高队长追悼饭洋二点五元（刘望石井）

出警察队小费洋二元

入会中公款洋共合四百六十九元六

出警长人情洋二元

入补麦秋洋五点二元

出补砂子大药洋三毛

入大秋款洋七百二十六元六二

出谢会饭洋十五元

入劈柴洋五点五元

出高香洋六点五元

出李广恩大药洋二元

十月二十九日

出坑席洋六点五元

出赔白玉米洋四毛

出地方杨三饭洋三点二元

出青夫工饭洋四十二元

出青夫酒洋七元

出白菜洋一元

出老道工饭洋十元

出老道酒洋六点二元

出算账员油杂费洋八点三元

十一月份

出还借款洋一百二十元

出还利息洋二十八点八元

出还借洋二百二十元

出利息洋三十五点四元

三月份[1]

　　出还借款洋二百一十元

　　出还利息洋三十二点六元

　　出算月报饭洋五元

　　出保正大秋饭洋四元

　　入款洋一百五十元

　　出下路大秋饭洋二元

　　入款洋六十元

三月三日

　　出县有事饭洋二点四元

　　入款洋一百元

　　出小账口两毛纸洋五毛

　　出新兵安家费洋一百八十六点九元

　　出津贴大队部煤火饭洋六点五元

　　出新兵饭费乡长办公费洋三十点○九四元

　　出新民分会摊款共洋三元

　　出车股应摊柴草价洋六点七二元

　　出号树饭洋七元

三月七日

　　出车股算账饭洋三点一元（南、刘、望、石、井）

三月八日

　　修草桥

　　出警士饭洋二元

　　出警士饭洋五元（南、井）

三月九日

　　出新民分会开会饭洋二点五元

三月十日

　　出白菜李秀芳的价洋一元

　　出熟肉孩烟茶叶洋○元

　　出警士饭洋三点三三元

　　出警士高饭洋二元

三月十一日

　　出局内有事饭洋二点八元

---

〔1〕　译者著：原文如此。

【预算】村里做预算吗？＝不做。有事先借钱的情况。

【村里的借款】从谁那里借？＝从城里的商人那里借。

村长不垫付吗？＝如果是十元或二十元的小额，村长会垫付。

借的钱要付利息吗？＝要付。不过期限短的时候不付，一个月以上的时候付。

利率是多少？＝每个月两分，每十元二十钱。

【村费负担的基准】先生向沙井村交摊款吗？＝不交。

为什么？＝因为只有拥有土地的人交，我在村里又没土地。

对于村民在其外村子里拥有的土地，也分派摊款吗？＝麦秋时只对沙井村内有的土地分派。麦秋以外的时候对包括在外村内的土地也分派。

有没有人偷税？＝没有。

外出干活的人带了很多钱回来的时候呢？＝没有。

对于商业呢？＝没有。

分派的比率是否按照土地的上、中、下等级别有不同？＝否，只按照亩数收取，跟土地好坏没关系。

村长、副村长是好土地多些还是坏土地多些？＝不一定。

有对村里经费的捐款吗？＝没有。

村里的财产带来的收入是作为村费使用吗？＝是的。

村里的财产大约有多少？＝不知道。

【招待费】招待我们时的费用也向村民摊派吗？＝是的。

收入的总额一年大约多少？＝一年大约八百元。

【实物】摊派是只收钱吗？有没有以实物形式收取的？＝只收金钱。

有没有命令拿实物去的情况？＝没有。交摊款的时候农民把东西带到集市上去换钱。从前就如此。

【赋役】有没有命令服赋役的？＝有。如果是木匠就让其去修理公会等地，免除交钱。此外也有干活代替交钱的事，修理道路、庙宇、学校等。

允许按照本人的愿望干活代替交钱吗？＝缴纳摊款的命令出来后就不允许这样。命令出来以前，干活的人免除摊款。那个劳动是村公所委托的。

【支出费用和负担者】学校费用的摊款，学生的父兄和非学生的父兄之间的分派有没有差异？＝那是从麦秋摊款里出，所以没有像上面那样的差别。

麦秋摊款是最大的吗？＝大秋（旧历九月）最大。

摊款的分派是根据支出费用的项目不同而不同吗？＝全部只按照土地亩数一样征收，没有差别。

对这样的一样的摊派，村民有反对吗？＝没有反对。

【摊派人】摊派由谁来决定？＝村长和会首。

定好的摊派额记在纸上吗？＝记在账面上。在摊派前巡查村民拥有的土地面积，根据那个决定摊派额。

谁去巡查土地？＝看青的李注源巡查。

巡查的时间是固定的吗？＝马上要进入麦秋和大秋的时候。一年两次。

【谢会】征收的时候是去到村民家里收，还是村民带到村公所来交？＝村民带来。征收之前出个通知书召开"谢会"，谢会当天村民带来。

谢会是什么？＝没有特别的意思。只是收钱的意思。那个时候人们集合到村公所。

顺义县第一区沙井村

中华民国二十九年大秋会账（第一张）

姓　名	亩　数	交纳洋数
杜　德　新	六亩五分	三元九角
杨　　润	十二亩〇分	十二元〇角
刘　长　贵	五亩〇分	三元〇角
李　秀　芳	四十九亩半	二十九元七角
李　广　恩	十四亩〇分	八元四角
孙　有　让	三亩半	二元一角
杨　绍　增	十亩半	三元三角
杨　春　旺	五亩〇分	三元〇角
刘　长　春	三十六亩半	二十一元九角
柏　成　志	二亩〇分	一元二角
李　清　源	二十八亩三分七厘	十七元三角五
杜　　春	六亩半	三元九角
李　汇　源	十七亩〇分	十元二角
傅　　菊	二十四亩〇分	十四元四角
杨　　政	三十二亩半	十九元五角
张　麟　荣	二十九亩〇分	十七元四毛
孙　　福	十六亩〇分	九元六毛
王　春　霖	九亩〇分	五元四毛
张　守　俊	二十八亩〇分	十六元八毛
李　广　权	三十一亩〇分	十八元六毛
杜　守　田	十九亩〇分	十一元四毛
杜　钦　贤	十一亩〇分	六元（六六毛）
赵　绍　亭	四十亩〇分	二十四元〇毛
任　振　纲	七亩半	四元五毛
邢　润　齐	十六亩七分五	十元五毛
周　树　棠	二十八亩三分七厘五	二十三元〇二分五
张　树　林	四亩〇分	二元四毛
杨　明　旺	三亩〇分	一元八毛
杨　子　泉	四十一亩半	二十四元九毛

杨　　泽	三十四亩	二十元四毛
张 文 通	六十三亩半	三十八元一角
李 儒 源	二十五亩〇分	十五元〇角
李 广 志	二十四亩〇分	十四元四角
杨 永 才	二十七亩〇分	十六元二毛
赵 廷 奎	二十一亩〇分	十二元六毛
李 树 林	十六亩〇分	九元六角
赵 立 民	十八亩〇分	十元八角
杨 永 源	五亩〇分	三元〇角
刘　　贞	七亩半	四元五角
赵 文 有	八亩〇分	四元八角
王四奶奶	五亩〇分	三元〇角
张　　成	十八亩〇分	十元八角
杨 黄 氏	五亩〇分	三元〇毛
张 文 源	六十亩〇分	三十六元〇毛
李 广 夹	二十五亩〇分	十五元〇毛
张 文 仁	四十七亩	二十八元二毛
张 守 仁	二十四亩〇分	十四元四毛
杜　　祥	十五亩〇分	九元〇毛
张 庆 善	三亩〇分	一元八毛
李 祥 林	十三亩〇分	七元八毛
杨　　生	十亩〇分	六元〇毛
赵 廷 福	十八亩〇分	十元八毛
王　　悦	十六亩〇分	九元六毛
吴 殿 臣	二十六亩〇分	十五元六毛
杨 永 端	二亩〇分	一元二毛
杨 永 林	十五亩〇分	九元〇毛
李 广 玉	四亩〇分	二元四毛
刘　　福	二十四亩五分	十四元七毛
张 老 道	五亩〇分	三元〇毛
杜 泉 山	三亩〇分	一元八毛
孙　　凤	二十八亩〇分	十六元八毛
张 书 代	五亩〇分	三元〇毛
张 桃 气	七亩〇分	四元二毛
耿 士 成	二亩〇分	一元二毛

以上本村地十一顷八十五亩半合洋七百一十一元三毛

县城人	赵　权	五亩〇分	一元五毛
	刘志发	三亩七分	一元〇毛
	王永万	九亩〇分	二元七毛
	王　朝	八亩〇分	二元四毛
北法信人	吴先生	二亩七分	〇元八毛
	李荣禄	八亩〇分	二元四毛
	茄廷立	十五亩〇分	四元五毛
刘家河人 刘先生		三亩〇分	

本村地一千一百八十五亩半，每亩六角，共计七百一十一元三角

外村地五十一亩四分，共计十五元四角二分

共计本村外村一千二百三十六亩九分，共计洋七百二十六元七毛二分

那时候有没有请客吃饭的情况？＝不一定。也有请客的情况。召开谢会之前写上"清茶候、粗茶候"。"清茶候"的时候只上茶不请吃饭。写"粗茶候"的时候有请吃饭。

"粗茶候"由谁提供？＝村公所提供。

谁都可以去吃吗？＝只有八亩以上的土地所有者可以吃。如果一个人有三亩，另一个人有五亩，二人的土地算在一起，可以只去一个人吃。

只请去纳税了的人吃饭吗？＝如果事先打招呼说两三天内纳税的话，当天不纳税也可以吃。

那个时候商议什么吗？＝不商议。

谢会是一年两次吗？＝两次。请客多是大秋的时候。缴纳临时摊款时，没有谢会。

一年交多少次摊款？＝定期的就上面两次。

十二月有吗？＝有时也有。村公所从别处借钱的话十二月就没有。不借钱，十二月就有。

【收讫和保管】接收摊款的人是谁？＝杜祥。

开收据吗？＝不开。

钱保存在哪里？＝村长家。

收入总额告诉村民吗？＝不告诉。

【包税】有包税制度吗？＝有"包秤税"和"包屠宰税"。

包秤税是什么？＝在县公署通过竞拍决定谁来承包第一区的秤税。在竞拍中胜出，承包下第一区的秤税的人叫作"总包税的"。那个人从亲戚朋友中选人任命其承包一个区中的数个村的税。现在望泉寺的刘永泉承包着石门、沙井、望泉寺三个村。

包屠宰税是什么？＝和上面一样。石门村的李旺承包着石门、沙井、望泉寺三个村。

有没有村公所从村民收取送交县里的钱？＝没有。

【滞纳】对延期缴纳村费的人有没有罚金？＝村长不直接罚，去分局请求处罚。村长能够惩罚的只限于看青发现偷作物的人的时候。

有没有滞纳的人？＝没有。

【村费的支出】村费的支出由谁来实行？＝村长。

村长直接做吗？＝是的。村长支出后拿收据，让杜祥记录下来。新历 11 月左右，把一年的支出费用明细单写在一张纸上，贴在村公所外给村民看。

村长拿的收据给会首看吗？＝杜祥在账面上写的时候给会首看。

在一个甲当中，还有土地主人之间，还有共用水井的人们之间，有没有凑钱的事？＝没有。不过共用水井的人，有为了修理水井凑钱的情况。

【庙产】庙是谁的财产？＝庙产和公会的财产全都叫作"会里"的财产。庙和庙里的树是村里的财产。

【公会的器具、土地】还有其他的村里的财产吗？＝庙里的桌子、椅子也是村里的财产。庙前面的井、庙东西两边的树、村西的芦苇的一部分、村公所前面的石磨、土地、小庙、庙西南方的两三处死坑等。

有没有共同使用个人所有地的情况？＝有。蔬菜的贮藏所。

那不是村里的土地吗？＝是村里的土地。

赵廷魁在租佃耕作的是庙里的土地吗？＝是庙里的土地。庙里的土地跟村里的土地是一回事。

庙里的土地产生的收入，是不只为庙里也为村里使用吗？＝为两边使用。

有没有是荒地，谁都可以去拔草的土地？＝没有。不过墓地上的草都可以拔。

庙前面的磨是什么时候造的？＝不知道。

谁都可以用吗？＝可以。

要交使用金吗？＝不需要。

那个磨坏了的话怎么办？＝公会出钱修缮。

弄坏的人出钱吗？＝不出。

那个磨有没有管理员？＝看庙的杨永才。

庙旁边的树的监督者是谁？＝也是杨永才。

11 月 28 日

纷争和诉讼

应答者　张家实（承审员）
地　点　承审处

【村长的权限】村民是可以直接向承审处提起诉讼，还是需要村长的许可？＝可以直接提起诉讼。

有没有为此被村长训斥？＝也有那样的事。有承审处训斥村长的情况，也有村长训斥村民进行仲裁的事。

村长对村民的不良行为有责任吗？＝有行政人员把村长叫过去训斥的事，但是跟承审处没关系。

向承审处提起的诉讼村民保密吗？　＝也有那样的情况。

那是因为被村民知道会被村民说坏话吗？　＝因为被村长知道了，就会被仲裁而无法提起诉讼，所以保密。陷害别人的时候，怕报复而保密。

【越级上诉】承审处会不会训斥提起诉讼的人越级上诉？　＝不会。在中国，把县里的事件不告到县公署、而告到省公署，叫作越级上诉。村长没有实权，即使训斥，村民也不听。所以没人想当村长。

【村长的处罚权】有没有村里的事件是用村里的审判处理的？　＝如果村长审判村民，承审处会惩罚村长。

村里的小案件，比如小偷案件也要诉诸承审处吗？　＝警备队抓小偷进行审判。那样无法解决的时候送交警备队的上级机关大部队，罪行深重的时候送交宪兵队，不是死刑的时候转交承审处。

村里的小案件不在村里审判吗？　＝警察署抓到小偷，首先调查情况，后送到承审处来。

不至于送交承审处的小事件可以在村里解决吗？　＝那个村长训斥也可以。但是不能施加惩罚。小的事情村长可以裁决，但是大的要送交上级。

【自救】被偷的东西可以自己取回来吗？　＝法律上允许。

钱被偷的时候呢？　＝允许。

受害者沙井村民可以上加害者石门村民家中取回被偷的钱吗？　＝不问罪。允许直接夺回。如果知道是对方拿了自己的钱，自己不直接去而是诉诸承审处来不及的时候，允许直接夺回。这在六法全书上也是允许的。

那叫作自救吗？　＝叫作自救。

【复仇】复仇怎么样？　＝不允许。以前是允许的，但是现在不行。

实际上有没有复仇？　＝近年来减少了。

这附近同族和同族的对立多吗？　＝多。兄弟之间最多。

有没有比如李姓和王姓同族间的对立？　＝很少。牛栏山那边的回族纠集起来和汉族争斗。

【世仇】有没有两家世代对立的？　＝有。叫作"世仇"。

这样的事情发生是什么原因？　＝如果世代对立，即使是小事情也去告状想要陷害对方。

【分家之争】兄弟之间的争执，最多提起诉讼的事件是什么？　＝关于家产。

是关于分家吗？　＝是的。

【父母与子女的诉讼】有没有子女告父母的事？　＝有。非常少。原因是分家的时候家产分割方面的纠纷。

子女告父母会不会不受理？　＝多数是教训子女，或是警告父母了事。

【盗匪】一般诉诸承审处的事件中什么最多？　＝盗匪。

【土地纷争】土地的纷争怎么样？　＝多数是关于白河附近的沿岸土地。因为土地被洪水冲走，之后土地所有就变得不明。

有没有他人将没有红契的人的土地当做自己的报告上级的？＝现在将他人的土地当做自己的土地报告上级的事情屡屡发生。

有没有因此原所有者发起诉讼的？＝当然要发起诉讼。缴纳契税的他人（伪所有者）纳税五六年后，告到县公署试图将土地据为己有。

其结果土地转到新的申报人名下吗？＝告到县公署说"五六年前向原主人抵押了的，现在出钱想要拿回来，但是不还给我"，企图据为己有。

【土地登记】什么时候向承审处登记土地？＝从民国十七八年到二十五年。

那时登记的现在也还有效力吗？＝有。审判的时候出具登记证明书的话，马上就解决了，非常有力，效力在红契之上。

当时很多人登记了吗？＝很多。

现在也使用那个登记簿吗？＝如果土地主人持有登记证明书，就和原登记簿对照。

【家长、族长的权限】家族内的纷争提起诉讼的多吗？＝有，但是少。

那是由家长解决吗？＝家长可以解决。

家长可以惩罚子女吗？＝可以。

家长将孩子的手折断的时候要受罚吗？＝受罚，但是罪行很轻。相反对尊长的加害罪行加重一半。

有解决同族内纷争的情况吗？＝族长可以解决。不过不能惩罚族人。

关于同族内的纷争，可以不和族长商议告到承审处吗？＝可以。

为什么沙井村的诉讼少？＝因为村民人品好。

【诉讼手续】诉讼的手续是怎样的？＝关于民事，村民交六十钱买状纸，带到县公署里的"缮状处"写诉状。然后到"收发处"提交诉状。收发处的人看内容收钱，比如是土地的时候，一亩地百元以下的话，收四元五十钱，百元以上的话，收九元。不交钱的话不受理诉讼。

那个钱叫作"审判费"。如果当事人非常穷的时候会免除，但是需要村长的相关证明。交了钱就给传票，上面写着审判的日期，当天召集必要人物。

给证人发补贴吗？＝证人的费用由审判中输的一方出。

那个补贴一天多少？＝一天一元。

证人是法院能决定，还是起诉人决定？＝起诉人决定。

刑事的手续是怎样的？＝和民事一样。不过不需要审判费。

有没有村长或族长当证人的习惯？＝不一定。

【佃农的纷争】有没有佃农的纷争诉诸审判的？＝有。不交租佃的时候多。此外也有土地主人为了收回土地不收租佃的情况。因为两年滞纳租佃就可以收回土地。还有因为租佃贵的诉讼。

两年滞纳就收回租佃土地是法律上的规定吗？＝是的。

这样的事情也有实际的习惯吗？＝有。

有没有同一个土地主人的佃农联合起来提起关于租佃的诉讼的情况？＝有是有，但是少。

【息讼会】息讼会是什么样的组织？＝现在没有。有时有了纷争，那个会的会首进行仲裁。会员是村里通晓事理的人，会首多是村长，委员是会首和会员。会员数很少。

11 月 30 日

村长、会首的家系　体力劳动　搭套

应答者　杨源（村长）

地　点　商会

【村长、会首的家系】李濡源的家系中有当过村长或会首的人吗？＝没有当过村长的人。父亲李振杰是会首，儿子李兴治是村里的负责人，儿子李广兴代替父亲李濡源做村公所的事务。实际工作中上面两个儿子和会首一样。

116—2

赵廷魁家呢？＝父亲赵祥是副村长。祖父赵良弼是会首。

杨润家呢？＝杨振林是会首，杨斌是副村长。杨天祐、杨森、杨春茂也都是会首。

杨源家呢？＝父亲杨从林是会首。往下和杨润家一样。

吴殿臣家呢？＝祖父吴振江在村里开过私塾。

张瑞家呢？＝没有像上面那样的人。

张永仁家呢？＝没有这样的人。

杜祥家呢？＝不是很清楚。

成为会首的家族是固定的吗？＝不一定。

你当村长后会首变过吗？＝没变。

杜祥之前的司账是谁？＝因为是以前的事，不清楚。

【道路施工】去北京的新路是什么时候建造的？＝民国十七年。

当时就有那么宽吗？＝是的。

最近有没有修理过？＝有多次。最近是九月左右。

【给村里的出勤分派】那时候派出人员去修理的是哪个村？＝沙井、石门、望泉寺、南法信、刘家河、梅沟营。

那是县公署命令并分派的吗？＝村长察看道路的情况，发现有修理的必要时，就向县里报告，县里在其基础上发布命令。

上面的各个村是爱路村吗？＝是铁道爱护村不是爱路村。所以没有报告关于道路情况的特别义务。

谁来决定各村的出勤人员的分派？＝第一分局。

那个时候召集村长到分局商议吗？＝不去分局。只是分局给村里发来通知。

各村的出勤人数根据村子和道路的远近有不同吗？＝没有，不根据道路的远近，根据各村户数的多少决定人员。

【村里的出勤分派】接到分局来的命令时，沙井村谁来决定村民的出勤分派？＝村长和会首商量决定。

今年九月修理的时候，沙井村派出了多少人？＝派了四人。两天每四人轮换一次，总共八人。

【分派基准】村里给那些人付钱吗？＝不是雇请，是按照土地亩数派遣。

那种时候的亩数，是村民在村里拥有的土地亩数吗？还是也包括在村外拥有的土地？＝包括村里和村外两者。

一般摊款的时候也基于村里村外的土地统计进行分派吗？＝是的。

在村里只有很少的土地而在村外有很多土地的时候，也是土地多的人多出钱吗？＝根据两者的合计。

对在村里拥有土地的外村村民也分派吗？＝不分派。

还记得九月份的出勤者吗？＝不记得。

副乡长参加了吗？＝参加了。

村长呢？＝参加了。

李濡源（一甲一户）

李进忠	赵　氏	
李　义	刘　氏	
李得禄	姚　氏	
李成麟	张　氏	陈　氏
李　福	马　氏	
李文魁	靳　氏	
李　珍	张　氏	
李振杰	白　氏	
李濡源	张　氏	

李广兴	孙　氏	李广瑞	梁　氏	李广治	刘　氏
四中	三中	二中	女兜子	李万春	刘　氏
				小　闹	大　嘴

张永仁（三甲五户）

张学善	马　氏
张成敬	靳　氏
张庆云	李　氏
张纯儒	冯　氏
张自文	冯　氏
张永仁	庞　氏

长张　义	次张　荣	三张　忠	长刘　氏	次陈　氏	三傅　氏
大　秃	二　秃	孙兵头	俊　子｜	女大姑娘	二姑娘

杜　祥（四甲一户）

　　　　杜言仁　程　氏
　　　　杜成贵　韩　氏
　　　　杜广才　张　氏
　　　　杜　顺　刘　氏
　　　　杜芝旺　盛　氏
　　　　杜　祥　张　氏

杜存馨　唐　氏 | 杜作馨　李　氏 | 女老姑娘
　　　　男杜连生 女贞　子

杨　润（四甲十户）

　　　　杨凤祥　何　氏
　　　　杨朝相　焦　氏
　　　　杨国祯　黄　氏
　　　　杨　崑　王　氏
　　　　杨春茂　王　氏
　　　　杨　森　张　氏
　　　　杨天祐　赵　氏
　　　　杨　斌　刘　氏
　　　　　　　　张
　　　　杨振林　李　氏
　　　　杨　润　芊　氏
　　　　杨儒贞　女杨福贞　杨贵贞

杨　源（五甲一户）

　　　　　　　　杨凤祥　　　　何　氏
　　　　　　　　杨朝相　　　　焦　氏
　　　　　　　　杨国祯　　　　黄　氏
　　　　　　　　杨　崑　　　　王　氏
　　　　　　　　杨春茂　　　　王　氏
　　　　　　　　杨　森　　　　张　氏
　　　　　　　　杨天祐　　　　赵　氏
　　　　　　　　杨　斌　　　　刘氏　张氏
　　　　　　　　杨从林　　　　赵　氏 | 杨振林　李　氏

杨泽　董氏　杨正　刘氏 | 杨　源　　　郑　氏 | 杨　润　毛氏
玉环 正女玉中 大纲 女玉存 杨庆余 刘氏 | 玉仲 出阁玉臣 女玉拾玉印 | 玉金　玉瑞　儒贞　女
　　　　　　　　　　　　　　　　　　　　　　　　　　福贞　贵贞

李濡源呢？＝参加了。

李秀芳呢？＝参加了。

任振刚呢？＝参加了。

张永仁呢？＝我想是参加了。

杨泽呢？＝前年参加了，但是今年不清楚。

【自卫团的出勤分派】村里的自卫团的出勤分派，也是根据村里村外土地的总数决定的吗？＝是的。不过有时没有土地的人也参加。那是因为旧历七月左右是治安最乱的时候，必须让多人出勤，所以没有土地的人一个月也必须出勤一次。

土地的所有数额年年变化，以什么为标准决定出勤分派？＝因为每次土地买卖村公所都会上报，每次的出勤分派也会变化。

村里土地的转移多吗？＝没什么变化。

有没有因土地少但分派多而产生不满？＝没有。因为村公所公平分派。

出勤的分派向村民公示吗？＝只通知出勤的人。

【搭套】搭套大约持续多少年？＝长的持续十几年。张瑞和张林荣是同族，已经搭套十年以上。

搭套是同族多吗？＝不一定。

大约几月份的时候最需要搭套？＝三月左右的农忙期。

搭套是关于农耕的相互扶助吗？＝是的。主要关于农业劳动。

关于婚姻之类搭套吗？＝那在搭套的范围之外。

结成搭套的时候是口头约定吗？＝是的。只在口头上。

毁约的时候怎么办？＝放着不管就行。

12 月 11 日

看　青

应答者　李注源（看青的）

地　点　村公所

什么时候开始看青的？＝从四年以前。

【看青的范围】看青的范围是怎样的？＝只在本村。

【时期】几月左右看青？＝从四月到九月末。

【看青的人数】本村只有你一人吗？＝是的。只有一人。

【报酬】从村里得到谢礼吗？＝一年从村里得到四十五元。

有没有从其外村民那里得到东西？＝从村里获得十五元补贴。

其他的从村民那得到的呢？＝从村民那里每亩地得到一捆玉米壳，高粱壳也行，不得钱。

从在村里拥有土地的外村村民那里也得到吗？＝从那人那里也得到。

总共获得多少？＝六百捆。

土地应该有更多获得的却不是很少吗？＝因为获得的只是玉米和高粱的壳。

看青是看全部的作物吗？＝是的。

【受害的赔偿】听说村民的作物被偷的话，村公所会赔偿，看青的没责任吗？＝不，我自己要赔偿。

赔偿的时候赔得多吗？＝玉蜀黍（玉米）被偷两百穗赔偿金就是四元。高粱一百穗一元；麦子一亩十元；谷子十穗十钱；甘薯一个两钱；萝卜五个十钱；落花生两株一钱。对种在菜园的作物没有责任。

赔偿的情况多吗？＝今年一次也没有。

本村村民在外村有土地的时候，对那个土地上的作物看青吗？＝不看青。在外村的土地由外村的看青的来看守。不过要从本村村公所向那个村的村公所交钱，拜托那个村的看青的。

本村村民在外村拥有的土地里的作物被偷的时候会怎样？＝对方村子的看青的进行赔偿。

【连圈】看青的是一个人看守一个村吗？看守的区域和村子的区域不会不一致吗？＝一村一名。有叫作"连圈"的东西。南法信、仁和镇、沙井、石门、望泉寺五个村是连圈。连圈的村子之间，比如沙井村民在石门村有五十亩土地，石门村民在沙井村有八十亩土地的话，关于相差的三十亩的费用，沙井村公会向石门村公会缴纳。如果作物被偷，赔偿由村公会之间交涉。比如沙井村民在石门村的土地的作物被偷的时候，沙井村公所从石门村公所拿钱。石门村公所再向石门村的看青的收赔偿金。在连圈外的时候直接从看青夫那拿钱。

在沙井村的外村人的土地

石　门　村

李　五	四	亩
李　七	四	亩
李　春	四	亩
李佐亭	八	亩
李　凤	二亩五分	
李　增	十　八	亩
杨　德	二	亩
李　瑞	五	亩
李　镜	八	亩
杜芝茂	八	亩
石公会	十　六	亩
金志魁	六	亩
任守春	四	亩

景德发 八 亩
李 七 八 亩
窦志山 五 亩
景德福 六 亩
李 亮 五 亩
樊实贤 五 亩
共计一百二十六亩五

望 泉 寺

王 惠 四十六亩
张文通 八 亩
杢 大 七 亩
刘树悦 七 亩
刘树平 七 亩
刘景春 二十一亩
周德禄 十 亩
王 海 四 亩
许二先生 五 亩
刘成章 八 亩
李深源 九 亩
刘贵清 六 亩
王 金 二 十 亩
王 银 六 亩
张 九 二 亩
张 七 二 亩
王 折 二 亩
路延生 二 亩
朱佩终 十 五 亩
王 玉 四 亩
共计 一百九十一亩

县 内

董 秦 五 亩
言 绪 三十六亩
王 明 八 亩
赵 金 五 亩
李寿延 二十二亩

王永万　　二 十 亩

龚 良　　八　　亩

王书平　　十 八 亩

刘志发　　八　　亩

张 分　　六　　亩

何长源　　七　　亩

张景山　　七　　亩

董先生　　四　　亩

吴先生　　三　　亩

王景山　　八　　亩

刘先生　　三　　亩

许先生　　九　　亩

共计一百七十七亩

梅 沟 营

刘殿祥　　十 八 亩

杜景福　　九　　亩

共　计　　二 十 七 亩

在外村的沙井村人的土地

北法信　　九 十 四 亩

南法信　　二百二十九亩

望泉寺　　五 十 五 亩

顺 县　　十 八 亩

石门村　　七 十 亩

共　计　　四百六十六亩

12 月 12 日

看 青

应答者　李注源（看青的）

地　点　村公所

【李注源的祖辈】祖父曾经是村长吗？ ＝是的。父亲也曾是村长。

父亲的名字是什么？ ＝李振宗。

祖父的名字呢？ ＝李珍。

祖父或父亲那一代土地多吗？ ＝多。有两百亩左右。

为什么土地变得像现在这么少？ ＝祖父的时候，李正和李珍分了家，变成各一百亩，父亲的孩子有五人，所以分家的话一个人的土地就变成了二十亩。

现在大约拥有多少土地？ ＝四亩。父亲卖了。

父亲为什么卖了？ ＝因为旱灾和洪灾卖的。当时很便宜，一亩十元左右。

那是当村长的时候的事吗？ ＝不当村长后卖的。

当看青的以前是干什么的？ ＝耕作。没有打长工或短工，在做佃农，租佃对象和土地主人每年有变化，所以不怎么记得名字了。现在没有做佃农。

【看视方法】看青是怎么进行？ ＝一晚上出巡三次，不能出村外。带着棒子去。那个棒子是固定的棒子，是村公所发的。

【小偷的处分】有没有抓到过偷作物的小偷？ ＝有。

是村里人还是外村人？ ＝外村人。

把他怎么样了？ ＝抓起来带到村公所看守了一晚上，第二天早上叫来村长。村里进行惩罚。根据偷的作物的多少让其交钱。抓到的时候马上把偷到的东西还上就行。但是如果在那之前有作物被偷的事情，全部当作是那个人偷的，让其赔偿全部。

处罚的时候要把小偷所住的村子的村长叫来吗？ ＝一般不特别通知，不过对方村子马上会来人。比如要其赔偿十元的话，对方村子的人就会从中调解让这边减少一些。来的人不一定是村长。

小偷没有钱的时候谁来出钱？ ＝调解人出。

小偷所住的村子会出钱吗？ ＝如果和小偷关系不好，一开始就不会来当调解人。虽然关系好，出个钱很正常。

【看青夫的赔偿】看青夫进行赔偿的时候，是直接给受害人，还是由村公所垫付？ ＝大秋的时候看青夫给钱。不是被偷了马上给赔偿金。

什么时候拿到看青的工资？ ＝九月末大秋的时候。

偷作物的小偷送交警察吗？ ＝不听从处罚的时候送交警察。听从的话不送。如果小偷非常穷，也有不罚钱的情况。

【看青夫的职务】看青夫的工作只有巡视作物吗？ ＝是的。不巡视菜园。

村里分派摊款的时候，作为依据，需要巡查土地大小吗？ ＝巡查。

那是什么时候巡查？ ＝马上要大秋的时候（大秋＝谢秋）。

一年只有一次吗？ ＝一年两次。麦秋和大秋。

怎样调查土地的所有量？ ＝谁的土地在哪里全都知道。村民不知不觉间就全部巡查了。

为什么知道村民买卖土地，所有者发生变化的事？ ＝因为之前一直看着谁在耕作哪里土地，如果耕作的人发生变化，马上就被注意到。因为每天在看着，马上就认出到田里来的人。

麦秋是只对种麦子的土地进行分派吗？ ＝是的。

谢秋呢？ ＝不管什么作物的土地，全部包括进去进行分派。

也包括本村村民在外村拥有的土地吗？ ＝如果是本村村民的土地，不管在哪都全部包括。

知道在外村的土地情况吗？ ＝看青夫不去查看那个。所有者自己上报村公所。还有对方村子的看青夫报告本村的看青夫。然后对照本人的报告和看青夫的报告。

12 月 20 日

私塾和学校 相互扶助和合作 村界

应答者 吴殿臣（沙井村民、杜各庄的教员）
地 点 村公所

【吴振江的私塾】您祖父是谁？ ＝是吴振江。去世八年了，是私塾的老师。

父亲呢？ ＝吴玉魁。去世二十年了。

本村的学校是什么时候开办的？ ＝光绪三十三年开始开办的。在沙井村开办了沙井、石门、望泉寺、梅沟营四村合办小学。

当时学校的名称是什么？ ＝蒙养学校。民国五年开始改称初级小学。

吴振江当过老师吗？ ＝祖父曾经是县里的督学。是前清的秀才（文生）。

开私塾是什么时候？ ＝从七十岁开始。从民国十二三年到七十九岁。八十岁去世。

上私塾的人多吗？ ＝十二三人。

上私塾的学生现在还活着的人有谁？ ＝赵廷魁、周树棠、杨永才、刘老师的父亲和祖父、张永仁等。

上私塾的学生是大人还是小孩？ ＝十五六岁的人。村里的人大多学了。

教授的内容是什么？ ＝四书、五经、习字、作文。

是在自家教吗？ ＝在自家。

有没有村里的援助？ ＝没有，学生每月交学费。

指导关于村民生活的事吗？ ＝不指导。

有没有成为村民商谈个人境遇的对象？ ＝没有这种事。

教学生农活吗？ ＝不教。

督学是什么样的工作？ ＝去各村鼓励上学。

当时有女学生吗？ ＝没有。

即使现在去给吴老师扫墓的学生还是很多吗？ ＝现在没有。

村民现在也还记得吴老师的教诲吗？ ＝记得。

吴振江和现在学校的老师，哪个更受村民尊敬？ ＝以前的人更受尊敬。

私塾是受村民委托开办的吗？ ＝村民也请求，自己也希望开办。

是村公会委托的，还是村民个人委托的？ ＝想学习的学生的父兄委托的。

那个私塾是什么时候开办的？ ＝光绪十二三年。

学校开办的话私塾的学生减少了吗？ ＝是的。

您祖父之前有私塾吗？ ＝不知道。

私塾的学生有没有带头干村里的工作？ ＝工作得比较好。会首也基本都是私塾的学生。

会首会来和老师商谈关于村政的事吗？＝不会。

【学校的经费】现在的学校建成时的费用是怎么弄的？＝四村的公会出钱。

有县里的补助吗？＝没有。

捐款呢？＝没有。

学田呢？＝没有。

从蒙养学校的时代起就没有学田吗？＝没有。

那个时代的学校费用怎么办？＝用学生每月的学费。一年两吊钱。

那不够吧？＝因为东西便宜，够了。

现在县里会向学校下命令吗？＝有时来。

是什么样的事？＝关于休假、教员变动、督学来校时间。

有没有关于学校的经费的命令？＝没有。不过会询问前一年用了多少钱。

【中途退学】你所在的学校中途退学也多吗？＝不多。

中途退学只有本村特别多吗？＝不是的。哪个村都大致相似。因为无法帮家里干活。

学生家里有钱的多吗？＝不一定。

【识字运动】有识字运动吗？＝有时政府会调查学龄儿童。

有没有教不识字的大人识字的？＝有。

谁来教？＝学校老师。

那是因为政府的命令吗？＝是的。

现在也还在施行吗？＝也有还在施行的村子。

本村呢？＝没有。

沙井村和其外村相比对教育更热心吗？＝是的。识字的人很多。

那为什么退学的人却很多？＝沙井村的学生中没有退学的人。

【搭套的期间】在搭套方面，现在和过去有没有不同的地方？＝一样。

过去的年限更长吗？＝大致一样。

过去有没有五家六家搭套的？＝没有。最多四家。

四家的组合有很多吗？＝是的。

过去两家的很少吗？＝两家的更多。

过去是指什么时候？＝光绪时代。

【合作的范围】当时搭套是只在农忙期进行吗？日常生活中有没有？＝只在农忙期。

现在搭套只是关于播种和收获的时候，过去搭套是不是关于全部农活？＝没那回事。和现在一样。

【合作的对象】过去的搭套，同族间和外族间哪个多？＝同族间多。现在也没变。

过去的搭套是在有钱人之间进行吗？＝有钱人和有钱人，穷人和穷人。

现在呢？＝现在也大致这样。拥有土地大致相同的人家之间相互搭套。

【搭套的语意】"搭套"这个词的意思是什么？＝系驴马身体的绳子叫作套，搭是指互相混合。有"搭伙种地"这种说法。

搭套在这附近一带是一样的吗？＝都一样。

有没有表示和它相同的事的别的词汇？　＝没有。

过去有没有搭套自卫的？　＝没有。

过去有没有以此看守作物的？　＝没有。没有别的事，只是互相使用家畜和农具，人也参加。

为什么除草是分别进行？　＝只在使用家畜的时候合作。

有没有只互相使用农具的搭套？　＝那不叫搭套。

【帮工】有没有不用家畜共同耕作的？　＝有去帮忙的情况。相互之间关系好的话去帮忙。

那个时候只是没有家畜，内容和搭套一样吗？　＝除了家畜大致一样。

那叫作什么？　＝没有特别的名字。叫作"帮工"。

经常帮工吗？　＝不管什么时候都叫帮工。不管造房子还是干什么都帮忙。

帮忙办婚礼也是帮工吗？　＝是的。

帮工的人家大致是固定的吗？　＝不一定。

那么搭套的对象是固定的，而帮工的对象不固定，是吗？　＝是的。

但是没有定下来关系好的大致范围吗？　＝现在没有定下来。

过去搭套和帮工是一回事吗？　＝不是。

【打更】民国初年的时候，村里有什么样的自卫组织？　＝当时村公所雇用一个人，那个人每天晚上敲着木头巡回。

那叫作什么？　＝"打更夫"。

一个人可以值班吗？　＝他敲木头很急的时候村民都出去。

【邻间】当时有没有像保甲一样的村民之间的组合？　＝没有。

村民出去的时候有没有指挥的人？　＝没有。

保甲是什么时候成立的？　＝去年。

事变前也有吧？　＝没有。

邻间呢？　＝民国二十七年有的。有邻长、间长、户长。

和现在的保甲有什么区别？　＝十户为邻。二十五户为间。

邻长是做什么的？　＝十户之中如果有争吵的就进行仲裁。

不集中收税吗？　＝跟收税没有关系。"地方税"是县里来催收。

有户口本吗？　＝有。

间长是做什么的？　＝什么也不做，只是个名号。

现在的甲长仲裁争吵吗？　＝仲裁。

不听仲裁的时候怎么办？　＝放任不管。

那个时候村长不出面吗？　＝带到息讼会来由村长仲裁。

小偷也带到息讼会吗？　＝是的。

【柴草的采取】冬天的柴火从哪里取？　＝去买。

听说在村里有能免费获取柴火的地方，是什么样的？　＝只有没钱的人去原野拾取。

那在村里的任何地方都可以吗？　＝这附近哪里都可以。

外村村民来取也可以吗？　＝可以。

可以折断树木吗？　＝那个不行。

有没有特定的地方可以伐取树木？　＝没有。

可以采枯草吗？　＝草在哪里采都可以。

可以去外村采吗？　＝可以。

不和土地主人说也可以吗？　＝可以。

有钱的人去拾取会被训斥吗？　＝没关系。

买柴火和拾柴火的村民，哪个多？　＝拾柴火的多，现在没人买。

不买是因为用自家做的作物壳吗？　＝用那个。

去拾取的和用自己的作物壳，哪个多？　＝自己的作物壳多。

夏天喂马的草在哪里采？　＝从河岸和田里采来。

可以自由采摘吗？　＝可以。

自家有马的时候，会拒绝别人来割草吗？　＝不拒绝。

那种情况外村村民来采摘，也不拒绝吗？　＝是的。

【村界】沙井村的大小和过去一样吗？　＝没有变化。

村子边境的土地卖给外村村民的时候怎么样？　＝买主向沙井村交"青苗钱"。

青苗钱是什么？　＝大秋和麦秋。

那个青苗钱是和村民同时交吗？　＝是的。

金额也一样吗？　＝是的。

从前就是这样吗？　＝从前就这样。

1941 年 3—4 月

（华北农村惯行调查资料第 32 辑）

村落篇第 4 号　河北省顺义县沙井村
　　　调查员　旗田巍
　　　翻　译　王运祺

3 月 7 日

村长　会首　村民的集会　本村人的资格

应答者　李注源（看青的）
地　点　县公署

【李氏家系】你父亲的名字叫什么？ ＝李振宗。

父亲的兄弟的名字是？ ＝有五人。除了父亲还有李振英、振杰、振刚、振堂。

李振宗的儿子是谁？ ＝就我一人。

李振英的儿子呢？ ＝汉源、洪源、瀛源三人。

上面三人在沙井村吗？ ＝是的。

李振杰的儿子呢？ ＝濡源（会首）一人。

李振刚的儿子呢？ ＝泮源一人。

李振堂的儿子呢？ ＝汇源、清源二人。

你父亲李振宗是五兄弟中的长子吗？ ＝老五。

你的父亲当过村长吗？ ＝是的。

祖父的名字是什么？ ＝李珍。

祖父的兄弟呢？ ＝李正。

李正的儿子叫什么？ ＝李振芳。

李振芳还活着吗？ ＝死了。

那个人的儿子呢？ ＝李深源、有源二人。

上面两人也都在村里吗？ ＝两人都在望泉寺。

什么时候搬去望泉寺的？ ＝大约十年前。

【离村者和本村人】上面两人是李振芳死后搬走的吗？ ＝死后搬走的。

为什么搬走？ ＝因为在村里既没房子也没土地，而在望泉寺有土地。

上面两人不是沙井村的人吗？ ＝现在成了望泉寺的人。

来村里参加庙会或李氏家族的婚丧嫁娶吗？ ＝来。

村里有庙会的时候通知他们吗？ ＝只在家族婚丧嫁娶的时候来。

摊款怎么办？ ＝交给望泉寺。

跟沙井村的道路修理等有关系吗？ ＝没有。

有没有什么不同于其他望泉寺人的和村里的关系？ ＝因为在沙井村留有一点土地，会来耕作。

留有土地的话，要向沙井村交大秋、麦秋吧？ ＝不，那个交给望泉寺。

交看青的费用吗？ ＝那个也交给望泉寺。

沙井村有村长选举的时候来沙井村吗？ ＝不来。

即使在村里留有土地，只要搬到外村就成了外村村民吗？ ＝是的。

【李氏的村长、会首】祖父也当过村长吗？ ＝是的。

李正也当过村长吗？ ＝没当过。

父亲的兄弟中有没有当过村长的人？ ＝李振英当过。

李振英的儿子中当过村长的是谁？ ＝李汉源。

祖父之前有没有当过村长的人？ ＝没有。

祖父接下来当村长的是谁？ ＝李振英。

接下来呢？ ＝李汉源。

再接下来呢？ ＝李振宗。

上面的人是一个接一个连续当村长吗？ ＝没有任何其他人插入其间，上面的人接着当村长。

李正也当过会首吗？ ＝因为会首每年在换，所以李正也当过会首。

李振英怎么样？ ＝当村长之前当过会首。

李振杰呢？ ＝没当过。

李振刚呢？ ＝没当过。

李振堂呢？ ＝没当过。

李汉源呢？ ＝当过。

李洪源呢？ ＝当过。

李瀛源呢？ ＝没当过。

李濡源呢？ ＝当过。

李泮源呢？ ＝没当过。

李汇源呢？ ＝没当过。

李清源呢？ ＝没当过。

祖父当村长大约是什么时候？ ＝是小时候的事不太清楚，我想大概七十年前。

李振英呢？ ＝大概五十年前。

李汉源呢？　＝大概三十年前。

李振宗呢？　＝大概三十年前。

李振宗接下来的村长是谁？　＝杜如海。

杜如海接下来呢？　＝杨振林。

再接下来呢？　＝杨源。

【村长的选举】父亲李振宗当村长的时代，你大约多少岁？　＝二十岁左右。

父亲是通过选举当上村长的吗？　＝是的。

【选举人】那时候你也去选举了吗？　＝因为没有资格，所以没去。

有什么样资格的人可以去？　＝懂得村里的情况的人有选举的资格。

不是全部村民进行选举吗？　＝全村村民进行选举。

不懂村里情况的人呢？　＝那个不行。

年幼的户主可以选举吗？　＝因为什么也不知道所以没资格。

选举的时候谁来判定谁是不通事理的人？　＝会首决定。

会首向通晓事理的人发通知吗？　＝是的。

不通知不通事理的人吗？　＝不通知。村长被选举出来后，教化不通事理的人成为通晓事理的人。

【口头选举】选举的时候是投票，还是口头选举？　＝选举懂得账目的人，能够当调解人的人。

投票是口头进行吗？　＝口头说。

账目是什么？　＝记录大秋、麦秋情况的青苗账。

现在也还使用账目这种说法吗？　＝经常使用。

口头选举的时候，会首会先提出村长候补者的名字吗？　＝如果账目有错误，会首有监督权。

选举的时候谁先提出候补者的名字？　＝会首和同村的人来说。

参会者每人提名吗？　＝是的。

【会首的协议】有没有会首事先商议决定当村长的人，向村民推荐的情况？　＝会首决定好的人选，请村民投票。

一般会首会事先商议吗？　＝是的。

对会首的事先商议，村民可以提出反对意见吗？　＝如果半数以上的人反对，就当不了村长。

有过那样的事情吗？　＝有过。

李振宗的时候也是按照事先商议决定的吗？　＝没有人反对会首的决定。

【参会人数】李振宗选举的时候大约有多少人集会？　＝记不清楚了，我想会首大概十人，其他的村民来了二三十人。

你去参加了杜如海的选举吗？　＝去了。

当时是投票还是口头选举？　＝全村村民商议之后把青苗账交给了杜如海，然后他就成了村长。

在哪里商议的？ ＝在村公会。

当时大约有多少人集会？ ＝全村六十户中大约来了一半。

【缺席者】没来的一半是什么样的人？ ＝会首向全村村民发了通知。但是觉得这更怎么选都行的人不来。

不来的人是没有土地的人吗？ ＝是没空闲的人。

选举需要很长时间吗？ ＝至少两个小时。

杜如海选举的时候会首推荐他了吗？ ＝会首做决定后拜托村民。

【村民的协商】除会首以外的村民有没有开会推选村长候补？ ＝李振英死后，大约有两天没有村长，所以村民之间商谈过关于村长的事。

商谈的事情在选举的时候报告过吗？ ＝说了。

推荐了谁？ ＝会首和乡民推荐了杜如海。

不推荐杜如海以外的人吗？ ＝没有那种事。

【村长的资格】向来都是李家的人当村长，为什么这时候不是李家而是杜氏被推先上呢？ ＝因为杜如海老成，比李家的人人格高。

当时李家没有老成者吗？ ＝没有。

当时杜如海有很多土地吗？ ＝是的，有七十亩左右。

当时李氏没有土地吗？ ＝李汉源有两个儿子李广田和李广茂，两人拥有八十亩左右土地。

杜如海是杜祥的什么人？ ＝叔伯兄弟。

当时除了上面的人还有拥有很多土地的人吗？ ＝杨源和赵廷魁。

你也参加了杨振林的选举吗？ ＝是的。

那是在杜如海死后举行的吗？ ＝是的。

当时的选举和以前的一样吗？ ＝是的。

大约来了多少人？ ＝四十人左右。

当时会首也事先商议过吗？ ＝是的。

当时杨振林的土地多吗？ ＝一顷三十亩左右。和杨源数量相当，但是因为杨源年轻所以杨振林当了村长。

【副村长的选举】当时有副村长吗？ ＝有。

从前就有吗？ ＝有。

副村长也是选举的吗？ ＝和村长一样进行选举。

换村长的话也换副村长吗？ ＝不一定。

【副村长的系谱】李珍当村长的时候副村长是谁？ ＝忘了。

李振英的时候呢？ ＝杨魁，是杨振林的叔父。

接下来的副村长呢？ ＝赵祥。

接下来呢？ ＝杨斌。

接下来呢？ ＝张瑞。

【村长的资格】祖父李珍的时代土地多吗？ ＝有两顷左右。

父亲李振宗的时代大约有多少？ ＝二十亩左右。

父亲当村长的时候是二十亩左右的土地吗？ ＝是的。

李濡源后来赚了土地吗？ ＝是的，现在有五十亩。

李汉源当村长的时代的土地呢？ ＝七八十亩。

李振英当村长的时代的土地呢？ ＝四十亩左右。

你的父亲土地比较少而当了村长是因为人望相当高吧？ ＝人望和李振英相同程度，哥哥死后当的村长。

【副村长的资格】赵祥是赵廷魁的父亲吗？ ＝是的。

那个人的土地多吗？ ＝一顷四十亩左右。

过去拥有一顷以上土地的人多吗？ ＝多。

当时拥有多少土地就会被叫作有钱人？ ＝有一顷左右的话，被叫作有钱人。

过去当村长、副村长的人大多是土地多的人吗？ ＝村长不是有钱人，而是人格端正的人来当，副村长一定是有钱人来当。向县里纳税的时候由副村长垫付。

现在也是副村长垫付吗？ ＝是的。

副村长是村里最有钱的人来当吗？ ＝有钱的同时还人品高尚的人来当。

【会首的姓名】请告诉我现在的会首的名字？ ＝赵廷魁、李濡源、张永仁、杨泽、杨正、杨润、李秀芳、杨源、张瑞、杜祥。以上十名。

知道这些人当会首的时代吗？ ＝杜祥是大概二十年以前。其他人也大致是同一时期当的会首。

李秀芳从前就是会首吗？ ＝从祖父一代开始当会首。

祖父的名字是？ ＝李文治。

和你是同族吗？ ＝不是的，是别处迁徙而来的。什么时候来的不清楚。

是从哪里来的？ ＝十里堡。

李秀芳的父亲名字是什么？ ＝李玉杯。

【迁来者和本村人】从别处来的迁徙而来的人和自古就在此居住的人相比，有没有什么歧视待遇？ ＝没有。因为很老实，没有任何歧视待遇。

【入村手续】如果是今年迁过来的人怎么办？ ＝不了解那个人的人品时，不让进村。

谁来调查其人品？ ＝村长、保甲长、会首商议决定。

现在住在杜祥家里的人（刘振廷）是什么时候来的？ ＝去年春天。

那个人进村的时候，村长和会首也调查了吗？ ＝这个人请求在村里居住，村长和会首允许了。

如果住下了但是人品不好的话，会赶他走吗？ ＝赶走。

谁去赶走他？ ＝村长和保甲长。

这种时候村民会向村长告那个人的状吗？ ＝保甲长去向村长申诉。

保甲制建立之前怎么办？ ＝过去是会首和村长、副村长商议决定。

【会首的资格】李秀芳从祖父的时候开始就有钱吗？ ＝从前土地就多，现在有六十亩左右。

李秀芳多大年龄？ ＝二十八岁。

什么时候当的会首？ ＝五六年前。

那是其父死后吗？ ＝是的。

是因为他父亲曾经是会首，所以他也当会首吗？还是因为他人好？ ＝因为他虽然年纪轻轻，但是人格好，又能胜任工作。

张永仁的祖父或父亲有没有当过会首？ ＝没有。

张永仁家从前就有钱吗？ ＝从他这一代变得有钱的。大约二十年以前。

赵廷魁呢？ ＝父亲赵祥是副村长。

张瑞是什么时候当副村长的？ ＝杨源当村长的同一时期。十几年前。

这个人从什么时候变得有钱的？ ＝大约二十年前。从父亲的时代开始变得有钱。

杜祥的祖先有没有当过会首的？ ＝有，但是不知道名字。

记得以前的会首名字吗？ ＝杜守义、杨永才。前者死了。

杜守义的儿子名字是什么？ ＝杜钦贤。

杜守义这一代土地多吗？ ＝杜守义的父亲是杜如海。

【会首的辞任】杨永才为什么不当会首了？ ＝因为农活多没有空闲。

一般会首是终身任职，还是中途辞职，哪个多？ ＝没有空闲的话，就不干了。还有死了的话也就不干了。

哪种多一些？ ＝大致一样。

杨永才是什么时候当会首的？ ＝从杨振林当村长的时代开始当会首，已经辞职二十年了。杨源当村长后辞职的。

杨永才和杨振林是什么关系？ ＝叔侄关系。

他当会首的时候大约有多少土地？ ＝三十亩左右。

现在呢？ ＝二十亩左右。

当会首的人大多都是有人望土地多的人吗？ ＝是有人格、有土地的人。

人格和土地哪个更受重视？ ＝有人望的人。

【会首的任命】会首是村长选任还是村民选举？ ＝村长拜托本人。此外和村民商议。

村长是和会首商议，还是召集众多村民商议？ ＝村长和会首商议，再召集全村村民商议。

召集全村村民之前村长和会首商议吗？ ＝是的。

关于会首的任命，村民有反对吗？ ＝没有。

那么对于村长和会首的事先商议结果，村民全都听从吗？ ＝是的。

【清代的会首】庙里有光绪十一年的匾额，想了解一下那上面看得到的人名。

李珍？ ＝我的祖父。

杨馗（魁）？ ＝杨源的祖父，很有钱。

杜儿海？ ＝杜钦贤的祖父。

杨斌？ ＝杨源的祖父。

杨馗和杨斌是什么关系？ ＝同族兄弟。

杨源的亲祖父是谁？ ＝杨斌。

赵良弼？ ＝赵廷魁的祖父。

李正？ ＝李珍的弟弟。

杜荣？ ＝杜钦贤的同族祖父，曾经拥有多达七顷土地。

赵才？ ＝不清楚。

杨忠？ ＝杨春望的伯父，很有钱。

杨忠和杨斌是什么关系？ ＝叔伯。

吴祥？ ＝吴殿臣的曾祖父。没什么土地。

崇德？ ＝崇文起的父亲。

当时崇德的家境吗？ ＝只有二十亩左右土地。但是崇德之前非常好，有五六顷，是首户（村里最有钱的）。

以前有土地的人直到后来也受尊敬吗？ ＝是的。

土地新增的人，和过去就有土地的人，哪个更受尊敬？ ＝没有那样的区别，只有人格好才受尊敬。

【村民的集会】有没有会首以外的村民集会商量村里事情的情况？ ＝没有会首只有村民的商议不被允许。

从前就是这样吗？ ＝民国以后是这样。

清朝时代怎么样？ ＝以前不管有什么事，村民都可以直接找村长商量。当时和保甲长商量，然后保甲长申报给村长。

过去村民有没有集合起来商议道路修理等事？ ＝过去是村长命令会首，会首转达给村民。

有没有村民的会议？ ＝没有。

现在保甲长和会首一样吗？ ＝是的。

【甲内的集会】有没有一个甲里的人集会商议的情况？ ＝有。甲长会召集甲里的家长商议关于道路修理、水井修理的事。

召开甲内会议时需要村长许可吗？ ＝甲内会议结束后甲长向村长报告，取得村长的许可。

这种会议是在一个甲里召开的情况多，还是两三个甲或是所有甲商议的情况多？ ＝先在一个甲里的集会上决定，然后通知其他甲，依次通知所有的甲。向村长报告像这样所有的甲决定的事情。

保甲制建立以前有村民的会议吗？ ＝有。村民集会商议，把结果告诉会首，会首向村长报告。

【没有会首的会议无效】有没有会首以外的村民的集议，比如关于道路修理等进行集议？ ＝没有。排除会首只有村民的商议是没有效力的，所以是没有用的。

【会首和村民的协商】有没有过会首和村民共同协商村里的事的情况？ ＝有过。

最近有那样的事吗？ ＝比如会首和村民昨天商议过今天谁来这里好。

【出勤分派的协商】关于水井、道路，有没有过这样的集议？ ＝有过，最近也有。会首和村长前天就修理汽车的共用路的事商议后，决定了出勤者。

当时谁和谁参加了？ ＝表里写的人参加了。

那个表叫作什么？ ＝出工人名表。在村公所。

那和保甲自卫团轮流表是一样的吗？　=是的。

当时是村长下命令吗？　=是的。

会首也来吗？　=是的。

出夫人名表是会首和村民商议后制作的吗？　=和村民商议后制作。

村民中谁去参加商议？　=谁都可以。

你也参加吗？　=是的。

可以有很多人参加吗？　=所有人都来。

表制作好之前向村民发通知吗？　=是的。

那个时候会首只是制作表给村民看吗？　=因为规定好一个月每十亩地出一人，所以不特意和村民商量。

有没有会议？　=没有。

村民聚集是为了去看土地亩数和出勤天数的比率是否有不公平的地方吗？　=也有那个因素，但是制表的人是公正的，所以没有差错。

如果十亩地却变得要出勤两天的人怎么办？　=不会出差错。村公所通知本人出勤日期。

给村民看完整的表吗？　=给看。贴在村公所的墙上。

村民会对差错抱怨吗？　=即使有那种事，村民也不会抱怨。

村民和会首的会议，还有没有其他的？　=修理庙宇、道路两旁植树等时候有商议过。不过最近没有，所以记得不是很清楚。

【只有村长、会首的协商】军队征发粮食、马粮等的时候，村民商议过吗？　=商议过。

征发的命令下达到哪里？　=下达到村长那。

村长和会首商议这事吗？　=村长召集会首商议。

那种时候会首以外的人也参加吗？　=其他人不参加。

村长只和会首商议，不和会首以外的人商议吗？　=是的，只告诉村民和会首商议的结果。

3月8日

村长　会首　村民对村政的发言

应答者　赵绍廷（沙井村民）

地　点　县公署

【村长的系谱】前村长是谁？　=杨振林。

周树棠是前村长吗？　=是的，当了一年多村长。

周村长之前是谁？　=杜守义。当时的副村长是杨振林。

再往前是谁？　=杜如海。副村长是杨斌。

杨振林没当过村长吗？　=没当过。

杜如海前面是谁？　=不是很清楚。

不是李振宗吗？＝是的，李振宗。

李洪源当过村长吗？＝当过。当了一年左右。

知道李秀山的名字吗？＝秀山是号，名是振英。

【会首的姓名】请告诉我现在会首的名字？＝李濡源、张永仁、赵廷魁、张文通、杨润、杨源。

杨泽不是会首吗？＝不在会首之列。

杜祥呢？＝不是会首，叫作会里的先生或者管账的先生。

杨泽也叫管账的先生吗？＝不叫。他在村里没有担任任何职务。

李秀芳呢？＝以前是会首，不过现在什么也没做。名义上当过会首，但是没有做过实际的工作。

杨正呢？＝不在会首之列。

有没有人不是会首，但是实际上负责村公所的？＝没有。

杨泽也什么都不做吗？＝什么都不做。

但是我们去的时候他总是在村公所，平常不帮忙吗？＝是的，平常什么都不做。

村公所有会首的人名表吗？＝没有。

有没有会首的任免证书？＝没有。只知道那个人是会首。

会首是谁任命的？＝村长。

上面的七名会首中有没有新近被任命的人？＝张永仁比较新，大约十年前当的会首。

【会首的资格】李秀芳是年幼时当的会首吗？＝今年二十五岁，大约十五岁的时候开始当会首。从祖父一代开始是会首。

父亲死后代替父亲当的会首吗？＝不是，父亲先去世的，祖父死后，代替祖父当的会首。父亲没当会首。

从前有过十五岁左右当会首的人吗？＝没有。

为什么如此年幼的人当了会首？＝因为土地多，所以当了会首。

其他的会首也是因为土地多而当的会首吗？＝是的。

土地多的人一定当会首吗？＝是的。

有没有即使土地多也不能当会首的人？＝有土地并且有空闲的人来当。因为从事商业等没有空闲的人当不了。

土地虽多但是没人望的人也能当会首吗？＝也有那样的情况。

有没有虽然没人望但是因为土地多而当了会首的人？＝有。

虽然有人望但是没有土地的人能当会首吗？＝没有土地的话就没有空闲，所以当不了会首。

【村长、副村长的资格】土地多的人当村长吗？＝财产少的话，就不能当村长。此外没有学问不能当，两者都需要。

从前有过没学问但是土地多所以当了村长的人吗？＝也有那样的人，那时村长会委托代理人，让代理人处理工作。

当代理人的人是什么样的人？＝口才好、会写字的人。

从前有没有人只有学问没有土地当了村长？ ＝绝对没有。不过可以当代理人。

当副村长的人也必须要有土地吗？ ＝是的，没有财产不能当。

副村长也是没有学问不能当吗？ ＝不是必须要有学问。

沙井村的人平均大约有多少土地？ ＝三十亩左右。

拥有多少被称为有钱人？ ＝张文通有一顷三四十亩左右才是有钱人。其他的人因为土地少不被叫作有钱人。

拥有三十亩左右土地的人能当村长吗？ ＝当是能当。杨源也没有广阔土地，但是代代当村长。

过去有百亩土地的人家即使变成了十亩左右，也能当村长吗？ ＝即使土地少，如果那个人能胜任工作，也能当村长。

过去贫穷现在变有钱的人能当村长吗？ ＝能当。

过去有钱现在变穷了的人能当村长吗？ ＝如果没有什么土地的话，不能当村长。至少也需要三十亩以上。

过去有钱现在变穷了的人能当副村长吗？ ＝不能当。副村长必须是有钱人。

副村长一定是村里最有钱的人吗？ ＝副村长也叫"村富"，一定是村里最有钱的人。

过去也是这样吗？ ＝是的。

【会首的资格】过去有钱现在贫穷的人也能当会首吗？ ＝当时能当，但是没有空闲的话不行。

有空闲的人是什么样的人？ ＝不一定是有土地的人。

有没有土地多而没能当会首的人？ ＝有虽然土地多，但是因为年老膝下无子而不当会首了的人。

在村民中没人望的话能当会首吗？ ＝不能当。

有没有既没人望也无法胜任工作，但是因为土地多而当了会首的人？ ＝不管多么有钱，不能胜任工作人格又不好的人不能当会首。

村民想当会首吗？ ＝没有人想当。

【会首的替换】杨源当村长是大约多少年以前？ ＝十年以前。

他当村长后会首变了吗？ ＝没变。

【旧会首的姓名】知道现在会首之前的会首吗？ ＝李如源的父亲、赵廷魁的父亲、杨润的父亲。

【会首的人数】现在有七名会首，以前的会首有多少名？ ＝不知道。

【只有村长、副村长、会首的协商】青苗费、劳役的分派，是只有村长、副村长以及会首商议决定吗？ ＝摊款、摊夫只用这些人决定。

决定分派时杜祥、杨泽、杨正不参加吗？ ＝不参加。

李注源也不参加吗？ ＝当然不参加。

【村民的不满】这种时候的协商，村民可以去听吗？ ＝不可以。

村民会对摊款、摊工的决定不满吗？ ＝即使分派有不公平，村民也不会有怨言。

心里会怀有不满吧？ ＝是的。

如果提出不满会被训斥吗？ ＝会被村长训斥。一般人信任村长，所以不会觉得不公平。

【村民的异议】 对村长或会首的工作，村民有提出异议吗？ ＝本村没有。别的村有。

即使会首等人用村费请客吃饭，村民也默不作声吗？ ＝本村没这种事。别的村有，也有怨言。

【村民的诉讼】 如果是对别的村，村民怎样提出异议？ ＝去县公署起诉。

那个时候村民是一个人去，还是聚集起来去？ ＝合会的人还有全村的人在起诉书上署名，然后合会的人代表村民去。

合会是什么？ ＝所有会首。

有没有村里一个人或两个人起诉的情况？ ＝一个人或两个人即使起诉，诉讼也不会成立。县里不受理。

有没有村民起诉村长、会首的情况？ ＝责任人是村长，会首没有责任，所以即使起诉会首也无效。

起诉村长的时候，什么样的人当村民的代表？ ＝识字的人，能干的人。

对于村长什么样的行为起诉的情况多？ ＝对于摊款的用途不当或者分派不当起诉的情况多。

会控告关于村长的个人行为或人品方面的事情吗？ ＝如果村费的用途是公正的，即使其他地方有缺点也不会控告。

村民起诉村长的事屡屡发生吗？ ＝屡屡发生。

起诉之前村民会商议吗？ ＝是的。

提出开展那种商议的是什么样的人？ ＝会首提议。

有没有会首以外的村民提议的情况？ ＝没有。因为不是会首不知道村长的做法正不正当。

沙井村曾经有过这样的事吗？ ＝没有。

【村民的集会】 进行这样的商议的时候，是全村村民集会，还是少数人集会？ ＝全村村民集会。

在哪里集会？ ＝在村公所的房间里。

因为人很多，所以进入房间的是村民的代表吗？ ＝是的，不进去的人只记下名字。

进去的是什么样的人？ ＝会首和有知识的村民。

没进房间的人聚集在外面吗？ ＝没有知识的人根本不来。只有懂事理的人在外面等。

这样的集会有一半左右村民来吗？ ＝大致一半左右。

不来的人也在起诉书上署名吗？ ＝不来的人也由参与商议的人在起诉书上代笔署名。

不想署名的人的名字也会被写上去吗？ ＝不想署名的人事先声明反对后免予署名。

没有声明反对的人全都署名吗？ ＝会首走访各家劝说署名。

会首代为署名吗？ ＝是的。

会首不弹劾村长的话就不能控告村长吗？ ＝村民委托会首，然后会首公开提出。村民自己公开的很少。

除了这种不好的情况，关于修理道路或者修理庙宇等，村民有没有召开集会？ ＝修理公用水井的时候，如果有十人，十人商议后拜托村长。修理费由公会出。

这种时候的参会者是公用水井的使用者吗？＝水井周围的人。

这样的商议在沙井村也有吗？＝极少有。

修理庙宇的时候怎么样？＝会首、有见识的人进行商议。

这种时候沙井村有见识的人是指谁？＝（没有回答）。

周树棠怎么样？＝因为上了年纪，不参加。

杜祥呢？＝他只管理账面，不参加。

杨永才呢？＝因为上了年纪，不参加。

杨泽呢？＝不参加。

【会首的力量】那么什么样的人参加？＝不管多么有见识，不是会首不参加。

除了公用水井还有什么样的情况村民会进行商议？＝没有其他的。道路坏了的时候自己随意修理，只把事情报告村长。不报告也行。

甲里的人有没有集会进行商议的情况？＝没有。

村民有没有集会就农耕的事情进行商议？＝没有。

有军队的征发的时候，有村民的集会吗？＝以前常常有。

事变以前有吗？＝有。以后没有。

前年发洪水的时候有没有召开？＝没有。

军队征发的时候全村村民集合吗？＝只有村长和会首商议后决定。

有没有村长、会首以外的村民也加入商议的情况？＝没有。

村里的任何事都是村长和会首决定吗？＝是的。

【村民的意见申述】关于修理道路等事情，会首会议之前，村长和会首会不会走访听取村民的意见？＝村长不来听。有村民去村公所提意见的情况。

村民频频去村公所提意见吗？＝不多。首先对会首说，经过会首传达给村长。也可以直接对村长说。

关于青苗钱，村民有没有去陈述意见？＝没有那种事。

去村公所说什么样的事？＝普通的事情。比如家门前的道路坏了拜托修理。不拜托个人事情。

你去拜托过吗？＝没有。

有没有去村公所说关于老师教课的方法不好这种事？＝老师的教课方法好坏，村长很清楚，所以村民不说什么。

【村长的选举】现任村长是什么时候被选举出来的？＝大约二十年前。

当时你去参加选举了吗？＝去了。

当时聚集了多少人？＝来了二十人左右。

当时村里有多少户？＝五十户左右。过去县里有一年一选的规定。

村里每年重新选举吗？＝每年举行。从民国二十年立下这样的规定。杨源是每三被选举出来的。现在也是这样。

去年几月选举的？＝十月。

你也去参加了去年的选举吗？＝去年只是走形式。

只是走形式是指谁也没来选举吗？＝只需要会首这些人商议后决定，然后向县里报告。

去年村民在形式上也不在纸上填写吗？＝不写。人们集合起来进行选举的只有二十年以前。县教育科的人来做公证，村民通过投票选举。那之后没有这样的投票。

二十年以前选举的时候是一户来一人参加吗？＝来了二十名左右。

二十名是二十户的人吗？＝是的。

当时为什么有三十户弃权？＝同姓人、主人不在的人家、老人、外出干活的人缺席。

有没有虽然在村里但是缺席的人？＝没有这种人。

【同姓的弃权】同姓人不能投票吗？＝是的。

同姓人为什么不能？＝因为别人不愿意。

选举前会首商议决定后向村民推荐了杨源吗？＝是的。

投票记名吗？＝写自己的名字。

选举杨源	赵绍廷

当时有没有人选举杨源以外的人？＝没有。

杨源加入了选举前的会首的商议吗？＝没有加入。

【副村长的连任】副村长也是选举决定吗？＝不选举。

副村长由谁决定？＝村长决定。不另外和会首商议。

【村长的推荐】周树棠选举的时候你去了吗？＝没去。

为什么？＝因为在外做买卖。

当时也投票吗？＝没有进行选举。前村长（杜如海）拜托的周树棠。

周树棠是代理村长吗？＝真正的村长。

不选举可以当村长吗？＝当时没有选举。也没有口头选举。

3 月 10 日

村长　村费　纷争

应答者　赵绍廷（沙井村民）

地　点　县公署

【村长的辞任】周树棠成为村长的时候杜如海还活着吗？＝是的。

杜如海为什么不干了？＝因为年迈（上了年纪）。七十多岁。

村长一般是多少岁左右的人来当？＝民国二十年以后年轻人也当，但是我小时候是老人当村长。

杜如海七十岁没有什么病吗？＝耳朵听不见，眼睛也看不见了。

杜如海是主动辞职的，还是会首劝说他辞职的？＝主动辞职的。

【继任的推荐】辞职的时候是怎么做的？＝召集全村村民，陈述辞职意向，推荐了继任者。

那个集会召开的时候你也去了吗？　=没去。

【会首的协商】为什么？　=因为只有会首集会。我不是会首。

杜的辞任，对周的推荐，是怎样通知村民的？　=会首通知村民。会首巡访通知各家。

这个时候，对于没有选举这一点村民有提出异议吗？　=没有怨言。村民没有空闲，什么也做不了，又没有知识，所以信任当村长的人。

不对会首独断的决定怀有不满吗？　=想当村长的人少。不愿意的人多。

村民觉得不管谁当村长都行吗？　=谁都行，但是能当的只限于有空闲有学问的人。

【村民的商谈】村长更替的时候，村民有没有互相谈论谁当村长好。比如站着商谈，或者父与子在家里谈论？　=有人在别人不知道的地方随意闲聊。

村民会传要当村长的人的闲言吗？　=是有传闲言，不过最终没什么用。

那么有没有甲想要 A，乙想要 B 当村长的情况？　=有那种情况。

那么村民不是觉得谁当村长都行，对此不关心吗？　=不是不关心。

有没有甲和乙对村长人选的想法不同而争吵的？　=有，但没什么意义。

那种时候村里的老人和年轻人意见不一致而发生争执吗？　=也有这种争吵，不过很少。

杨源当村长的时候有这样的对立吗？　=没有。

有没有同族不从自己族人中推选村长，同族之间变得不和的事？　=在我的记忆范围内没有那种事。

其外村有吗？　=不是很清楚，因为其外村大，人心不齐，因此说不定有这样的事。

【近亲的避讳】听说杨村长选举的时候杨氏家族不能投票，从前就是这样吗？　=是的，相近的亲属不可以。

那个时候姻亲怎么样？　=关系是姑爷（妹妹的丈夫）舅舅（母亲的兄弟）的人不能投票。

本村是这样关系的人也多吗？　=有是有，但是少。

为什么这样的人不能投票？　=丈人（妻子的父亲）等人投票的话，村民会说坏话。

这样的人不投票是因为避嫌，还是因为去了会被赶回来？　=是避嫌而不去。

如果去了的话会被会首训斥吗？　=即使去也不会被训斥，但是那个被投的村长不好的时候，会被说是那个人的错。

有去的人吗？　=没有。

【同族的制约】村长让同族当会首没关系吗？　=那个是可以的。

村长让同族当副村长怎么样？　=那不行。不可以任命自己的祖父或者弟弟。

叔伯兄弟的话没关系吗？　=关系浅的叔伯兄弟的话可以，但是关系深的时候不行。

从前本村有过正副村长都是同族的情况吗？　=没有。

杨源成为村长的时候，杨润不能参加有关决定村里会首的会议吗？　=杨润也可以去。但是什么也不能说。

【村长的职务】听说村民不愿意当村长，是为什么？　=有些时候有关系，工作多的时候不愿意。

工作少的时候乐意吗？ ＝村长的工作不少，不过以前比现在少。

现在村长的工作是什么样的事？ ＝做争端的仲裁，负责摊款、摊夫事项，还有大秋、麦秋（看青） ＝谢秋钱。摊款是指会里的钱不够时从每家按比例收一些。谢秋钱充当看青费、学校费、招待费等。

【村费征集的时间】去年谢秋钱你交了多少？ ＝两次。每次六十钱，共计一元二十钱。

摊款是怎么出？ ＝摊款由会首也就是香头交给村里。这笔钱之后从谢秋钱里面取。

麦秋是什么时候交？ ＝旧历五月。

大秋呢？ ＝从九月到十月。

除了上面的时间有没有临时交钱的情况？ ＝散户（普通村民）只交两次。

【会首的垫付】会首垫交很多次吗？ ＝是的。出的钱从谢秋钱里取回。

会首的临时摊派通知散户吗？ ＝不通知。

【收支明细单】一年的会计明细单告知村民吗？ ＝制作明细表张贴在人群聚集的地方。

上面写从谁那里收入多少钱吗？也写会首垫付了多少吗？ ＝详细写出。

支出费用的名目金额也详细写出吗？ ＝一样详细写出。

【村民的异议】这种时候，村民对招待费过多等事情，有没有抱怨？ ＝本村没有。外村有村民为这种事情把村长告到县里的事。

支出费用中什么是最多的？ ＝学校经费。因为我不是会首，金额不是很清楚。虽然详细写了，因为我不经常去看，所以不知道金额。

学校经费之下第二多的是什么？ ＝管账目的先生以外的人不清楚。

如果详细写上了，村民不是也应该知道吗？ ＝因为信赖村长，不去详细调查。只是看看每亩地出多少。张贴出来的纸叫作清单。贴在村正中的广场旁边的墙上。

对招待费的用途（会首的饮食），村民怀有不满吗？ ＝村长是公平的，不会有这种不满。

一年总共用多少钱？ ＝我想大概有一千元左右。

【决定支出的人】支出的费用项目、数额是村长决定吗？ ＝学校经费是县里决定。看青费是村长和会首决定。招待费出多少事先不知道，所以每次是村长和会首决定。

【纷争的仲裁】争吵的仲裁是村长一个人做，还是和会首一起做？ ＝小事谁都可以仲裁。大事一定要村长出面。是大事的时候带到村公所去请会首和村长仲裁。

那个大事是什么样的事？ ＝关于家族事务，土地亩数的事想去县里起诉的时候，先向村长控诉。

最近沙井村有这样的事吗？ ＝最近没有。

3 月 11 日

村长　会首和香头　办五会　村费和劳役

应答者　李清源（沙井村民）

地　点　县公署

【李氏的村长】李珍当过村长吗？ ＝忘记了。

李振英呢？ ＝当过。

李振宗呢？ ＝没当过。

李汉源呢？ ＝当过。

李洪源呢？ ＝短时间当过。

【会首的姓名】杨泽是会首吗？ ＝不认识杨泽这个人。

不是今天来的三个人中的一个吗？ ＝那是杨洪。

杨洪是会首吗？ ＝不知道是不是会首。

现在会首的名字是什么？ ＝杨源、李如源、张瑞、杨润、张永仁、李秀芳、邢尚德。但是邢尚德不处理会首的工作。

邢尚德在哪里？ ＝在顺义城里当同顺永的掌柜。

【会首的辞任】赵廷魁不是会首吗？ ＝以前是会首。因为辞职过一次，之后当没当会首我不知道。

他是什么时候不当会首的？ ＝大约七年前。

为什么不当了？ ＝因为要做其他的买卖没有空闲，所以不当了。

是什么买卖？ ＝在市场卖粮食。今年没做了，在种田。

【出钱的会首】邢尚德是杨源当村长后当的会首吗？ ＝是杨源村长这一任开始的。

村民把他叫作会首吗？他出席会首的商议吗？ ＝叫作会首。不出席会首的会议。摊款的时候出钱。

摊款的时候要找他商议吧？ ＝不加入商议。只出分派的钱。

杜祥是会首吗？ ＝去年冬天开始帮忙。是不是真的当了会首我不清楚。因为我十六岁的时候离村，去年二月末回来，不是很清楚村里的事。

去了哪里？ ＝这城里。

家在村里吗？ ＝我的家人留在了邢尚德家。

现在也是这样吗？ ＝是的。

【香头和会首】知道什么是香头吗？ ＝是会首那些人（注：说香头比说会首更容易让李清源理解——王翻译说）。

会首和香头两种叫法，哪个村民用得多？ ＝一般叫作在会的人，也叫作香头、办事的人，不怎么说会首。

【办五会的日期】香头的香是什么意思？ ＝庙里烧线香的时候作为代表去。正月十五日、二月十九日、四月八日、六月二十四日、七月三十日的时候，香头聚集到庙里举办宴会。

上面五次的时候会首以外的人也聚集到庙里吗？ ＝当天庙里的老道杨永才会拿着名叫"会叶"的纸张到村民家里。来的人交七十钱就可以吃宴席。

今年正月十五来了很多人吗？ ＝我没有去。我孩子去了。大约有三十户的人去了，一家去一人。

【聚餐】那个时候，会首也一起吃宴席吗？＝是的，吃一样的东西。

这样的集会有没有什么特别的名称？＝叫作办五会。以前是四次，最近加上四月八日成了五次。民国初年庙旁边的大树出现很多刺猬和大蛇，因为那一天是四月八日，所以定于四月八日也召开集会。

把办五会叫作庙会吗？＝不叫。

四回的时候叫作办四会吗？＝以前因为村民少，是随便去吃饭的。修建庙宇的时候是李珍、李振英当的发起人。

【修庙】现在修庙的时候，发起人是谁？＝会首。

最近修过庙吗？＝李振英的时代有一次。以后没有。

李振英时代的修庙是多少年前的事？＝光绪二十多年。我十二岁的时候。

记得当时的会首的名字吗？＝大概是赵祥、杨斌、杜如海、杜荣吧。

当时的村长呢？＝李振英。

副村长呢？＝杜荣。

当时的发起人是谁？＝李振英（秀山）。其他的会首全都委托了李振英。

当时召集全村村民商议了吗？＝没有必要和一般人商议。只和会首商议就行。

办五会的时候，一边用餐一边商议村里的公事吗？＝不进行那样的商议。只上供烧香。

【会叶】会叶是发给全部村民吗？＝一开始是全部发。到时候不来，两回三回不来，就不发给那人。

现在大约发多少人的？＝三十人左右。我在其中。

【宴会的出席者】没有收到会叶的人也可以出席宴会吗？＝没有收到的人绝不会去。

还记得今年正月去的人的名字吗？请告诉我这张表（调查表）里有的人名中的出席者和缺席者？＝今年正月我没去，所以不知道。

办五会上一起用餐的人大致是固定的吧，所以我想知道那些人的名字？＝李濡源、李注源、李秀芳、崇文起（不定）、张守俊、刘副、张树林（不清楚）、李祥林（不清楚）、王悦、任振纲、李树林（不确定）、赵利民（不清楚）、赵文。

有（不定）、杨永才、李广恩、周德福、杨永瑞、张永仁、邢尚德、李清源、赵绍廷、杜守田、李汇源、杜祥、杜春、景德福、杨绍增、杨润、杨源、杨正、杨洪（泽）、张诚、赵廷魁、张守仁、孙凤、张文通、吴殿臣、杨春旺。

不去的人为什么不去？＝虽然想去，但是没钱的话不能去。据说，想修好的人即使没钱也会给其会叶（修好是指向神许愿有个好的来世——王翻译说）。

向谁请求给会叶？＝老道杨永才上每家来时向他请求。

宴会之前杨永才到各家去吗？＝宴会之前巡访全村各家。在会帖子（会叶）上写上会费的预定金额，拿着依次去全村各家。

也去固定总是不来的人家吗？＝去几次都不来的人家，就不去了。

老道不去邀请的人家有多少家？＝二十家左右。

上面的表里没写的人家就不去吗？＝是的。

.

上面二十家想去的时候拜托谁？＝即使想去，老道不来的话也不去。老道来的话，向老道购买会叶，去参加宴会。

老道去的人家和不去的人家，是老道一个人决定的，还是会首决定的？＝去不去是老道一个人决定。会首制作六十张左右会叶，交给老道。会叶上没写收信人。带去哪家由老道一个人决定。

老道是什么意思？＝庙里一定有和尚，但是现在没有，所以让杨永才看庙。老道是尊号，实际是看庙。

基本上有钱的人都出席办五会吗？＝也有人虽然有钱但不去。那种人是没有空闲的人。

出席者大致是固定的吧？＝不一定。

【缺席者】老道不去邀请的二十家大致是固定的吗？请你根据这个表（调查表）列举出名字？＝李哑八、张了头（张麟辉）、赵文升、李广玉、赵文有、孙二、刘珍、张庆全、张树林、王春林、耿士成、王玺、杨永元、杨黄氏（寡妇）、张韩氏（寡妇）、杜复新、杜德新、李强林、蒋成福、刘张氏、杜钦贤、杜林新。

这些人中有土地多的人吗？＝不是很清楚。

有没有土地比你多的人？＝没有。我有十七亩。

李哑八、张了头、赵文升没有土地；杨黄氏十一二亩，张韩氏不清楚；杜复新二亩；李广玉四亩；赵文有没土地；孙二二亩；刘珍二亩；张庆全不清楚；张树林五亩；三春林六七亩；耿士成三四亩；王玺没有土地；杨永元五六亩；杜德新二亩；李强林十亩；蒋成福五六亩；刘张氏没有土地；杜钦贤三四亩；杜林新三四亩。

【参会者的资格】女性也可以出席吗？＝可以。寡妇是女的，称女同志；男的称男同志。

可以带孩子去吗？＝不能带去。

孩子可以代替父母去吗？＝如果是懂事的孩子的话可以。女孩子不去。

用餐时间大约花多久？＝白天进行。从开始到结束大约花三个小时。不喝酒。

在日本有村民聚集在一起吃饭，唱唱歌跳跳舞的节日，沙井村有这样的集会吗？＝以前庙会的时候，晚上有说书的，此外开光（落成仪式）的时候演出热闹的戏剧。光绪十年左右有过开光。是李振英当村长的时代。我小时候也有说书的，但是现在没了。

【只有本村人】办五会的时候邀请外村人吗？＝和外村村民没关系。

也邀请你在望泉寺的同族吗？＝因为那个人成了望泉寺的人，沙井村的集会跟他没关系。

最近从外村搬来的搬运工也参会吗？＝和村里关系浅的人不能住在村里。当然不能参加庙会。

牛栏山的张守仁参加了办五会吗？＝参加。如果本人没空闲，就由代理人出席。

他住在别的地方，为什么还可以参加沙井村的办五会？＝因为这个人自己想参加。

如果他的家人搬到牛栏山去也还来参加吗？＝我想不会来参加。

邀请在沙井村有土地的外村村民来办五会吗？＝因为不是本村村民，不邀请。

【本村人的资格】邢尚德的家人留在沙井村里吗？＝家人不在，但是有房子和土地。所以是本村村民。

如果他留下土地只把房子卖了，还是沙井村民吗？＝没有房子就不叫本村村民。

如果外村村民在沙井村造房子住下，马上就成为村民吗？＝是的，马上成为村民。但是有允许居住和不允许的情况。

如果外村村民借了沙井村里的人的房子的一部分居住，也成为沙井村民吗？＝如果那个人的土地在外村，就不叫落户，叫浮住。不是沙井村民。

那么即使在沙井村造了房子，如果土地在外村，就是浮住吗？＝那种情况，他会去拜托会首，如果得到许可，就是本村村民。不被许可的话，就是浮住。浮住的时候，不能在村里造房子。

【村费征集的时期】在沙井村从村民手上收钱是一年多少次？＝一年两次，只有麦秋和大秋。

【会首的垫付】有没有那以外的？＝临时需要的时候由会首垫付，之后从青苗钱中取回。今天车站附近有出徭役的夫役。出徭役的人自备伙食。

【劳役分派的决定者】今天去了多少人？＝六七人。张永仁、李清源（代理人）、李如源、张瑞、李广全等。

这个出徭役分派是谁决定的？＝村长和会首商议后决定的。老道去被分派的人家，询问有没有空闲。如果没有空闲就明天参加。

【分派基准】出徭役分派是以什么为根据决定的？＝五六亩地出一人。

今天的出徭役张瑞可以只出一人份的徭役吗？＝他不管什么时候都必须出徭役。因为他是长工。

长工是什么？＝是指其他人一个月出徭役两天或三天的时候，他要出徭役十五天。

佃农耕作的土地很多的时候也不参加吗？＝不参加。

比如有一百亩地，即使把五十亩租给佃农，也还是对一百亩进行分派吗？＝是的。

青苗钱怎么样？＝佃农交。

按照上面的例子说会怎么样？＝土地主人对五十亩出钱，剩下的五十亩由佃农出。

如果土地主人把一百亩全部租给佃农，可以一分钱都不交吗？＝可以一分钱都不交。

3 月 12 日

街坊的辈分　同族关系和村政　会首　村费和劳役

应答者　李清源（沙井村民）

地　点　县公署

你家是代代务农吗？＝是的。

多少岁的时候从村里来到顺义？＝三十九岁还是四十岁的时候来城里的。

现在多少岁？ ＝五十一岁。

那之后往来于村子和顺义之间吗？ ＝在顺义县住下了。

在顺义的叫作什么的店家？ ＝在悦来粮店当厨师。去年辞职回村了。

在顺义期间，家人在村里吗？ ＝是的。

村里有集会的时候回村吗？ ＝我在城里，孩子代替我去参加集会。

关于村里的大事，有没有通知到你这里？ ＝村里通知孩子，孩子来通知我。

邢尚德那里谁去通知？ ＝不通知。只在摊款的时候出钱。

摊款的时候怎么通知？ ＝老道来城里通知。

【村长、副村长的称呼】村民把村长叫作什么，有没有别的名称？ ＝叫作村长、村正。叫村长比较多。不怎么叫名字。

副村长叫作什么？ ＝一般叫作村副。有公事的时候叫作副村长。

不叫作村富吗？ ＝也叫作村富。

你遇见张瑞的时候叫他什么？ ＝叫继武（名字）。

【街坊的辈分】叫杨源什么？ ＝因为他比我辈分小，所以叫杨源。公事的时候叫村长。

你虽然和杨源是异姓，也有辈分吗？ ＝我对杨源来说是祖父辈（爷爷）的关系。

你对杨源以外的人，比如杜祥也有辈分吗？ ＝杜祥叫我叔父。

村里所有的人都有辈分吗？ ＝是的。

【辈分和年龄】你和石门村的人之间也有辈分吗？ ＝和外村村民之间只是叫年长者为兄。但是因为石门村离得近，有很熟的人，和这样的人之间讲辈分。不认识的人之间只有年龄的差距。

杨源叫你的孩子父亲吗？ ＝杨源叫我的孩子（广明）叔叔。

【辈分的称呼】一般有什么样的区分辈分的说法？ ＝爷爷、叔叔、大爷。

女性的时候怎么样？ ＝奶奶、婶子、大嬷。

【街坊和乡亲】你的孩子多少岁？ ＝十六岁。

对这样的孩子杨源叫叔叔吗？ ＝因为有辈分的关系，所以这样叫。同村的时候把辈分关系叫作街坊，外村的时候叫乡亲。

街坊乡亲是经常使用的说法吗？ ＝经常使用。

【村民间的叫法】你叫杨源孙子吗？ ＝不叫。就叫杨源。

你的儿子叫杨源什么？ ＝叫村长。如果那个人不是村长就叫名字。

你叫杜祥什么？ ＝叫侄子。

不叫杜先生吗？ ＝他辈分小所以不叫他先生。或者叫杜祥。

你的孩子叫杜祥什么？ ＝叫大哥。

杜祥叫你的孩子什么？ ＝兄弟。

你的孩子不叫杜祥杜先生吗？ ＝不叫。叫先生的话关系就变疏远。

村里用先生这种说法吗？ ＝因为辈分定好了，所以不说先生。

叫沙井村的刘先生什么？ ＝叫老师。

和那个人之间有辈分吗？ ＝没有辈分。即使有辈分也叫老师。不过辈分关系很深关系很好的时候，以辈分称呼。

杨源不叫你李清源吗？＝绝对不会叫名字。也叫我爷爷，一般叫十爷。叔伯兄弟加起来有十个，我是最末一位，所以叫十爷。

杨洪（泽）叫你什么？＝他和杨源同辈，所以叫我十爷。

杨润叫你什么？＝他也和杨源同辈，所以叫我十爷。

杨源的孩子叫你什么？＝叫大爷。

杨源可以叫你的孩子的名字吗？＝没问题。

明明辈分不同也没问题吗？＝因为我的孩子年轻。不是同族。是街坊的时候可以叫名字。

不叫叔叔吗？＝也有叫的。

叔叔和名字，哪个叫得多？＝因为面子的关系，有旁人的时候叫名字。没旁人的时候也叫叔叔。

杨源的孩子叫你的孩子什么？＝爷爷。

不叫名字吗？＝因为辈分的关系（论辈）不叫名字。

如果杨源的孩子无视辈分叫你的孩子的名字（李广明），村民会说坏话吗？＝不说坏话。杨源也直呼过我的名字。

【辈分的功能】辈分低的人对长辈（辈分上），有没有让路或者先打招呼的情况？＝从道理上讲应该有，但是实际上没有这种事。

宴席的座次怎么样？＝那个时候辈分高的人一定坐上座。

办五会的时候座次是根据辈分决定吗？＝那个时候按来的顺序坐。结婚、葬礼等时候按照辈分坐。

【因为结婚发生的辈分变化】杨源的女儿和你的儿子结婚的话，辈分会怎么样？＝那样的话我儿子广明的辈分会降低，因此我的辈分也降低，杨源和我会变成同辈。

那个时候杜祥还叫你叔叔吗？＝像以前一样叫叔叔。辈分降低只在和杨源的关系范围内。

【辈分和座次】除了宴会以外还有严格讲辈分高低的情况吗？＝晚上等时候聚到某人家交谈时的座次，也是按照辈分高低决定。

比如来这个房间坐的时候是什么样的？＝那个随意。

村里的座次经常按照辈分排吗？＝只有宴会的时候是严格的。

辈分低的人帮助辈分高的人吗？＝造房子、结婚等时候，小辈集合起来帮忙。

有辈分高的人帮助辈分低的人的情况吗？＝有，都一样。

【因为辈分产生的回避】集会的时候，有辈分低的人为了回避辈分高的人，而不反对其意见的情况吗？＝是的。辈分低的人不反对辈分高的人的发言。

会首的商议上辈分低的人也这样回避吗？＝那个时候没有辈分的区别，听从好的意见。

会首商议的时候的座次是按照辈分决定吗？＝那个时候不按照辈分。

辈分高的人年幼，辈分低的人年长的时候，如果意见对立，哪一方回避？＝根据不同的商量的事情而不同，如果辈分高的人的意见是错误的，辈分低的人不听从。

上面两者争执的话，哪个会被说有错？ ＝那个时候根据争执的理由决定。

除了宴席的座次以外，辈分的大小不成问题吗？ ＝是的。

比如村长选举的时候，两三人碰面品评的时候，辈分低的人听从辈分高的人的意见吗？ ＝意见不同的话互相反对。跟辈分高低没关系。

【辈分和年龄】在村里辈分的高低和年龄的上下哪个更严格讲究？ ＝辈分更严格。

【同族的辈分和街坊的辈分】同族内的排行叫作辈分吗？ ＝叫辈分。

同族内叔父年少侄子年长的时候，严格讲辈分吗？ ＝叔父不在的时候也可以叫叔父的名字，但是叔父在场的时候，绝对不能直呼其名。

同族内的辈分和街坊的辈分，哪个更严格？ ＝同族的时候更严格。

【同族关系和会首】要当会首，同族内的辈分高低成问题吗？ ＝只根据本人有没有本事。

村长任命会首的时候，有没有以同族为单位选取代表？ ＝也有那个意思。

如果李秀芳辞职，继任是从李氏中选吗？ ＝因为会首很多，即使一个人辞职也放着不管。

有没有会首辞职后从同族中选继任的事？ ＝没有那种事例。

两三个同族的人当会首也可以吗？ ＝如果本人有能力，同一家出多少人都可以。

当村长和副村长也没关系吗？ ＝没关系。

会首的继任会不会尽量从同族中选？ ＝如果同族中有有才能的人，一定选同族。

如果有同族和异族两个才能相同的人，选哪一个当继任者？ ＝两个都选。

任命会首的时候，是拜托族长，还是直接拜托本人？ ＝和族长没关系，直接拜托本人。

受到拜托的本人是和族长商量后接受，还是只需要本人就可以接受？ ＝不和族长商量。只自己决定。

【家族关系和会首】一家有父子两人的时候，村长是和父亲商议后让儿子当会首 还是马上拜托儿子？ ＝和父亲没关系。直接拜托孩子。

那个时候孩子不和父亲商量就可以决定是否答应吗？ ＝那个时候孩子会找父亲商量。

【会首的姓名】现在的会首的名字是什么？ ＝杨源、杨泽、张永仁、张守仁、李如源、李秀芳、邢尚德、张瑞、赵廷魁。因为去年开始变忙了，所以增加了。

杜祥呢？ ＝在帮忙。

杨正呢？ ＝我想大概在当会首吧。

张守仁在牛栏山，却也能当会首吗？ ＝虽然不处理村里的工作，但是他本人说想当，因为面子的关系让他加入的。

有摊款的时候他出钱吗？ ＝和其他的会首出一样的钱。

他来参加会首的会议吗？ ＝不来。

【会首中的主要人物】上面的那些人当中，实际上互相商量的都有谁？ ＝杨源、杨泽、杨润、李如源、张瑞、赵廷魁、杜祥。即使李秀芳不在也能做决定。张永仁照着别人说的做。张守仁和邢尚德不出席。

　　杨源、杨泽、李如源、杨润、张瑞、赵廷魁、杜祥等人中谁不出席的时候无法召开会议？＝杨源不出席的时候无法商议。其他的人一两个不在也没关系。

　　张瑞怎么样？＝因为杨源在张瑞不来也行。

　　张永仁、张守仁、张瑞是同族吗？＝张瑞和张守仁是同族同辈。是叔伯兄弟。张永仁和张守仁算同族，但是关系淡薄，在街坊的关系中，张守仁相当于祖父，张永仁相当于孙子。

　　李如源和李秀芳怎么样？＝算同姓，但不是同宗。

　　【孩子代理】李如源因为生病无法去参加会首的会议时，可以由孩子代替他去参加商议吗？＝可以去，但是讲情面，发言很少。

　　现在他在生病中，是他的孩子代为出席的吗？＝代替父亲出席，听从大家的发言。也可以自己发言。

　　其他人也可以由孩子出席吗？＝可以。

　　可以不让自己的孩子去，而是委托其他人让其出席吗？＝不行。

　　李如源的孩子叫什么？＝广瑞、广兴、广志。

　　其中谁代替父亲去？＝广瑞。

　　【父子的继承】像这样孩子代替父亲去的话，父亲的继任由孩子当会首的情况多吗？＝会首想辞职的时候，去庙里向村长表达辞职意愿。于是村长拜托李广瑞当会首。一般父亲辞职的话，就去拜托儿子。

　　【青苗钱的数额】你去年交了多少次青苗钱？＝两次。

　　麦秋交多少？＝一亩地六十钱。总共十元二十钱。

　　大秋交多少？＝十二元六十钱。

　　有多少土地是从别人那租借的？＝八亩。

　　麦秋的时候对这八亩也交钱吗？＝是的。

　　大秋的时候也一样吗？＝是的。

　　出工的时候，这八亩不在计算范围内吗？＝是的，只算自己拥有的土地。

　　田赋交多少？＝银两（银子钱）总共三元三十多钱。

　　【村民的不满】青苗钱好像要收很多，村民有不满吗？＝也有表达不满的人。

　　有没有人去村公所请求减少青苗钱？＝即使去村公所，也有交费明细单，村长解释说有这么多支出需求，没办法。没有人去说。

　　有没有人去抱怨说招待费太多？＝没有，因为说了也没用。

　　事变以前一亩地交多少青苗钱？＝十五钱。

　　【摊工】现在变成四倍这么贵是为什么？＝因为摊工最多，还有粮食也上涨了。

　　摊工是出劳役不出钱，青苗钱却因为摊工上涨吗？＝劳力不够的时候，会里出钱雇人。

　　会里雇人是雇用本村村民吗？＝雇用本村村民。

　　摊工的时候给钱吗？＝本人没参加的时候，代理人参加。会里给那个代理人钱。本人之后不向会里交钱的时候，最后就变成从青苗钱当中付。

　　那么摊工的时候，因为本人不去，多是由代理人去，所以青苗钱增加了吗？＝因为派代理人的人多青苗钱上涨，这也是一个原因。此外因为学校经费、招待费增加，青苗钱增加了。

【村民的集会】会首可以自由支出学校经费、招待费吗？ ＝小事只需要会首就可以决定，但是要支出一大笔钱的时候，会召集村民商议。

有召集村民商议过吗？ ＝时常有。

最近有吗？ ＝去年有过。满铁调查部的人来的时候商议过。

是用钱之后商议，还是事先商议关于使用的事情？ ＝用钱之前商议，用了之后关于用得太多的情况进行商议。

那个时候有很多人集会吗？ ＝十多个人。商量三个晚上。

那十多个人是只有会首，还是会首以外的人去了？ ＝我也去了。张瑞不在。张三二、邢尚德也缺席。其他的会首都参加了。

那个会议是在我们调查进行中的时候，还是调查后？ ＝去调查之前，从警察那边有通知来。接到那个通知后召开了会议。

当时商议了什么样的事情？ ＝商议关于招待的方法。当时没谈关于钱的事。

关于这次我们前来，也有这样的会议吗？ ＝这次开了会，这次有通知不准花钱，要把这件事通知会首，所以召开了会议。因为老道首先得知上面的消息，所以由老道传达聚集会的会首。

关于去年我们撤离后花的钱，召开了会议吗？ ＝召开了会议。

3 月 13 日

公会地　出工　办五会

应答者　杜复新（沙井村民、贫农）
地　点　县公署

【杜复新的经历】多大年纪了？ ＝四十四岁。

从前就在村里务农吗？有没有做过买卖？ ＝只务农没有其他的。

有没有去过别的地方挣钱？ ＝没有去过。铁路施工的时候去过车站。

有没有被雇为长工、短工？ ＝去年在村里当过短工。没当过长工。

是自己耕作自己的土地，还是租佃别人的土地？ ＝租佃别人的。

自己没有土地吗？ ＝有大约六分的园地。

租借的土地有多少？ ＝三亩多和两亩半。

【公会地的佃农】三亩多是向谁租借的？ ＝我是兄弟三人，三人合租村里的十一亩土地。所以一人分到三亩多。

那十一亩是三人共同耕作吗？ ＝是的。

你没有分家吗？ ＝分家了。

两亩半是向谁租借的？ ＝租借的大东庄的官地。

那在沙井村吗？ ＝在仓上村（沙井村以南约五里）南边。

那是大东庄的官地吗？ ＝是的。

那个租佃是交给大东庄的谁？ ＝交给大东庄的村长。去年每亩地付了十二元。

那片土地叫作大东庄的官地吗？不叫公会地吗？ ＝也叫公会地，又叫庙地。

你要交仓上村的青苗费吗？ ＝去年每亩地付给仓上村五十钱青苗费。只付了一次。

看青费和青苗费是一回事吗？ ＝一样。

除了租佃还要向大东庄上交什么吗？ ＝什么都没有。

一年向沙井村交多少青苗费？ ＝去年租的沙井村的土地，但是因为还没耕作，还没交青苗费。

沙井村公会土地的租佃是多少？ ＝每亩地十一元。

什么时候付的？ ＝去年十月十五日。

付给谁？ ＝村长。

【佃农投票】租借的时候我想也有其他想租的人，是因为你说的租佃是最高的，所以得以租到吗？ ＝佃农申请者在纸上写上租佃的金额，放进箱子了。之后打开箱子，租给出价最高的人。

关于那个投票有没有特别的名称？ ＝孤卷。

那种时候投票者多吗？ ＝多。二十多人。

开箱子的是谁？ ＝村长。在投票者集会的地方打开。

如果有两个人出的金额一样怎么办？ ＝投票用纸上写着序号，金额相同的时候租给序号小的人。给最早来的人一号，给下一个人二号，所以大家都早来。我当时没有金额相同的人。

【出工】你和村里的出工有关系吗？ ＝因为没有土地所以没关系。

你向村里交过青苗钱吗？ ＝民国二十八年耕作别人的土地，每亩交了二十五钱。之后没有了。

有出工的时候，你有当代理人去参加过吗？ ＝有。

今年有吗？ ＝今年没有。

去年呢？ ＝没有。

【有偿出工】什么时候出工的？ ＝没有代替人去过。有受村公所拜托去车站。当时如果车站不给钱的话会里给钱。

那是什么时候？ ＝本月十二日。

当时是从车站拿的钱，还是从会里拿的钱？ ＝从车站拿的。

那是什么样的工作？ ＝旧车站铁管的施工。

当时是受村公会委托吗？ ＝车站拜托村长，村长来拜托我。

拿到那笔钱了吗？ ＝车站还没给村里的老道，所以还没拿到。如果车站不给的话，会里给。

约好一天多少钱去的？ ＝一元二十钱。

两三天前的车站施工你去了吗？ ＝没去。当时是按照土地出工。

【按土地亩数出工】按土地亩数出工和你的出工，有什么样的区别？ ＝我是被车站雇用的。不愿意施工没人去的时候，按照土地亩数出工。我去不去随我，但是按土地亩数的时候必须去。如果本人不去的时候，要派代理人。

按土地亩数的时候也能获得一元二十钱吗？ ＝是的。

【代理人】听说摊工的时候派代理人的人很多，是真的吗？ ＝没有空闲的人派代理人。有空闲的话，本人去。

没有空闲而派代理人的人多吗？ ＝有，但是不多。

张瑞好像每次有摊工的时候都参加，他经常去吗？ ＝这个人没有空闲，所以每次都是派代理人。

杨源怎么样？ ＝因为他雇用着长工，所以派长工代替他去。

李如源呢？ ＝不是很清楚，大概去吧。

李秀芳呢？ ＝他家很远，所以不是很清楚。

雇用长工的人就派那个长工去吗？ ＝是的。

张瑞给代理人一元二十钱吗？ ＝张瑞只给三十钱，从车站拿到一元二十钱后，加起来给代理人一元五十钱。

三十钱是当天给吗？ ＝和一元二十钱同一天给。

一元二十钱是车站直接给本人，还是车站给村里钱，村里再转交？ ＝车站不直接给。一定是给村里，村里转交。

车站一定会付那笔钱吗？ ＝一定会付。工作结束后两三天就给。

张瑞是把三十钱直接给代理人，还是给会里？ ＝他从村里拿到一元二十钱，再加上三十钱，给代理人一元五十钱。

【无偿出工】有没有车站关系以外的摊工？ ＝修理汽车道路。

那个时候也给一元二十钱吗？ ＝那个时候一分钱也不给。

那个时候如果张瑞雇用代理人，要给代理人多少钱？ ＝张瑞有长工，所以长工去。如果没有长工、本人又去不了的时候，才派代理人。只请那人吃个饭，不给钱。

从车站获得的一元二十钱，是长工得，还是张瑞得？ ＝张瑞得。

【夜巡的出工】根据保甲自卫团轮流表，张瑞是每天都出工，是本人出工还是代理人出工？ ＝每天从张瑞家出三个人。

如果本人不能去，派代理人可以吗？ ＝一晚或两晚不派代理人也没有意见。派代理人也可以，不过没有人派代理人。

不派代理人休息的时候怎么办？ ＝告知不能去的情况。

据村长说，派代理人的时候要给代理人送谢礼，是怎么样的？ ＝不用钱或物当谢礼。

村长的话是错的吗？ ＝是的。

因为和车站有关的工作村民出动的情况时常有吗？ ＝最近时常有。

那么按土地亩数的摊夫，和被雇用去的，哪个多？ ＝按土地亩数多。

【出工方法的决定】谁来决定按土地亩数和受雇用？＝车站只要求来多少人。是否按土地亩数由村里决定。

是从车站来直接命令到村里，还是通过分局下来？＝从车站来。

村里的谁决定是否按土地亩数？＝村长、副村长和作为监察员的张永仁三人决定。

和会首没关系吗？＝上面的那些人就是会首。

香头是谁？＝杨源和张永仁。

监察员这个词使用得普遍吗？＝我们把张永仁叫作监察员。不知道意思。

【对村政的不关心】关于摊工、摊款等事情，村长、副村长、张永仁等人有没有找你商量过？＝没有。只有老道来通知他们商量的结果。

你对这样的事情关心吗？＝不关心。

因为和摊款、摊工无关，所以不关心吗？＝是的。

今年开始要交青苗钱了，即使如此还是不关心吗？＝那个是大家一样交，随便怎样都行。

【办五会】知道办五会吗？＝知道。如果发给会叶，就拿着去吃宴席。

去过吗？＝父亲去过，但是我没去过。

会叶是老道拿来给你吗？＝不拿来我家。虽然分了家，但是父亲还在，所以会叶送到父亲那。

【不参加的理由】因为分了家，岂不是可以和父亲一起出席？＝不想去所以不去，既没钱也没空闲。

不觉得和大家一起吃宴席很愉快吗？＝不觉得。

父亲愉快吧？＝不是因为愉快去，而是去烧香。

你有没有和某个人一起吃饭聊天的经历？＝没有。

不去办五会的人有很多吗？＝有很多。

听说不去的人是固定的，是这样吗？＝是固定的。因为各人想法不同，也有人虽然没钱，但是也去。

3 月 14 日

办五会　村费和劳役　纷争和仲裁

应答者　刘悦（沙井村小学教员　一直在沙井村公所写五会的邀请帖）

地　点　沙井村公所

【办五会的日期】办五会的日子是什么时候？＝正月十五日、二月十九日、四月八日、六月二十四日、七月三十日。

【会帖】这张纸叫作什么？＝会帖。

　　不叫会叶吗？ ＝不叫会叶。叫会议。把会费叫作会议。一般说会议多少钱。但是议这个字是不是对的我不是很清楚。用读音说出来是议。

　　【会费】会费是固定的吗？ ＝是的。不过以前便宜一些。

　　今年正月十五日是多少钱？ ＝三十五钱。

　　去年正月呢？ ＝三十五钱。这是散户的情况。对会首来说不一定，会费不够的时候会首出。

　　【会帖的张数】今天 写了多少张二月十九日的会帖？ ＝三十二张。

　　我拿两张没问题吗？ ＝没问题。

　　【会帖的发布对象】要拿着这个去的人家定下来了吗？ ＝定下来了。

　　从前就这样吗？ ＝是的。

　　没有收到这个的人想参加宴会怎么办？ ＝想去的人到这里来说。因为每年来宴会的人是定好的，不来说的话不给帖子。

　　【宴会的用餐】宴会的时候有美味佳肴吗？ ＝有素菜、豆腐、包子。不能吃肉。也没有酒。

　　【出席者的资格】张瑞家也只来一人吗？ ＝只来一人。

　　本村有个姓李的搬到望泉寺去了，他来吗？ ＝不来。

　　邢尚德来吗？ ＝给他发会帖，但是大概不会来吧。

　　他本人和家人都不在村里，为什么却给他发会帖？ ＝因为是喜庆事，所以发。

　　不发姓李的为什么发给邢尚德？ ＝姓李的不是本村村民，邢尚德是本村村民。

　　那个区别是从哪里来的？ ＝邢的房子和土地都在本村。李在本村什么都没留下。

　　如果李的同族有很多留在本村，他是本村村民吗？ ＝不是的。不是本村村民。

　　如果有房子的话怎么样？ ＝根据本人愿望决定是不是本村村民。

　　【不参加者】没来办五会的人会不会也想出席？ ＝大概不会想吧。

　　身为同村村民为什么没有这样的愿望？ ＝去了也没什么好处，只是吃顿宴席。从前就不去的人是固定的。

　　何先生也不参加吗？ ＝参加。虽然没收到会帖，但是去吃宴席。

　　刘先生呢？ ＝和何先生一样，虽然没收到会帖，但是去吃。

　　收到会帖的村民和没收到会帖的村民有什么区别？ ＝没有区别。根据其主观决定。

　　至今完全没参加过的人，如果自己说想去，马上就能获准出席吗？ ＝能获准，但是没有这样的人。

　　应答者　杨永才（看庙的）

　　【会帖的发布对象】拿着会帖上门去的人家是你决定的吗，拿着会帖上门去的人家是从前就定下来的吗？ ＝是从前定下来的。

　　从你小时候开始就定下来了吗？ ＝是的，从很久以前就定下来了。

　　至今为止你拿着会帖上门去的人家，有没有中途停止不再去的？ ＝没有那种事。

　　分了家的时候如果拿着会帖去了父亲家，也去其儿子家吗？ ＝如果儿子希望就给儿子家。一般父亲出席儿子不出席。

应答者　刘悦

【白地摊款】白地摊款和白地捐，那个说法用得多？＝一般是用白地捐款。

那是什么样的事情？＝青苗钱不够的时候，设立白地摊款。

那个时候拥有一百亩土地租给别人五十亩的话，是对一百亩收钱，还是对五十亩收钱？＝对一百亩收钱。

自己没有土地，租了三十亩的人呢？＝不交钱。

最近有白地摊款吗？＝旧历正月二十日前后有过。每亩地交了三十钱。

总共多少钱？＝不是很清楚，大概将近六百元吧。

告知村民设立白地摊款的理由吗？＝不告知。即使不宣布村民一般也知道。有时召集甲长召开会议。

那六百元是因为去年我们来，招待我们吃饭吗？＝那是望泉寺的事，不是沙井村的事。沙井村最近没这样的事例。

望泉寺为什么设立了白地摊款？＝因为支出过多。

支出干什么了？＝学校、团警、建筑、警防。

去年我们来的时候受到了款待，那笔费用只用青苗钱够吗？＝我想够了。如果不够的话也许从别处借了。没有白地摊款。

【出工】最近车站的工程征用了村民，车站一定付钱吗？＝每五天付一次。

有没有不付的情况？＝去年旧车站的时代有过不付的情况。

【按土地亩数出工】车站不付钱的时候村公会代为付钱吗？＝因为是按土地亩数的出夫，村公会不付钱。

有没有不按土地亩数，村里派穷人去的情况？＝车站只向村里命令出工人数。村里按照土地亩数分派。有有钱人雇用穷人当代理人派去的情况。

按土地亩数出工然后拿钱，村民会不会乐意？＝即使有钱拿也不愿意出工。因为会被打。

那么雇用代理人的多吗？＝不多。

应答者　赵绍廷（沙井村民）

【按土地亩数出工】最近很多村民去参加车站的工程，那是按照土地亩数派出的吗？＝是的，按照土地亩数。

【雇用的出工】有没有不按照土地亩数派出的？＝第一次的时候是被雇去的。有十二人。

那是什么时候？＝六天前。

当时车站给村里下达了派十二个人来的命令吗？＝当天车站来人拜托老道，老道拜托孙福，孙福带十二个人去的车站。因为那个工作很辛苦，从第二次开始就不愿意受雇了。

第二次的时候，是怎么做的？＝因为第一次去过的人谁也不想去，所以车站来拜托村长。

老道没有和村长商量吗？＝没有，只拜托了孙福。

第二次是什么时候？＝五天前。

当时去了多少人？＝十二人。

【代理人的出工】当天有没有本人不去、派代理人去的人？＝有。

本人给代理人钱吗？＝给。车站给一元二十钱，本人再给代理人三十钱。

因为可以赚钱而希望出工的人多吗？＝也有人为了赚钱而希望出工。因为现在很闲。

所有人都希望吗？＝只有两三人希望。那是没有土地的穷人。

雇有长工的主人对有这种工程乐意吗？＝家里的活很重要，所以不想有。

现在很闲受雇不是正好吗？＝现在乐意。

这个村里有多少雇有长工的人？＝有七家。张瑞、张守仁、李广全、杨源、赵绍廷、李清源、李秀芳。

工钱是从车站到村公所再从村公所交给本人吗？＝是的。

车站不付钱的时候由村公所付吗？＝那种事情很少，但是如果有那种事，村公所会付钱。

有过那样的事吗？＝没有。

修理汽车道路时得到钱了吗？＝没得到钱。只是因为第一分局下的命令出工。

那个时候有没有本人不去派代理人的情况？＝那种工程花的时间很长，所以今天不去会改天去。因此即使请代理人也不出钱。

【村规】有没有写着遵守村长的命令，或敬奉寺庙之类的村里的规则？＝没有。

听说村民的纷争村长出面仲裁，有没有那个时候作为裁决依据的规则？＝请村长仲裁是从前传下来的习惯。没有特别的规则。

【村长的仲裁】村里有纷争的时候，告到县里之前向村长说吗？＝有纷争的时候双方向村长申诉。双方都不听村长仲裁的时候告到县里。

【向县里的上诉】两人中一人服从村长仲裁另一人不服的时候，不服的一方可以向县里上诉吗？＝不服的人可以向县里上诉。

那个人不被指责吗？＝会被村长训斥，但是不听村长的话的时候没有办法。村长没有强制别人的权利。

有没有不和村长商量就上诉到县里的情况？＝有，有在村长不知道的时候上诉的事。

那样的人会被村长训斥吗？＝村长会训斥两人为什么不来找自己商量。

【会首的仲裁】村长以外还有没有仲裁的人？＝会首仲裁。

即使是会首之中，像李秀芳这样的，不觉得不能仲裁吗？＝因为他年轻，所以不能。

【仲裁者】谁最经常仲裁？＝张瑞和李如源。

会首以外的人，比如像周树棠和你有没有仲裁？＝有，一年有一两次。杨永才也做。

没有限定是谁。〔插话的人很多，不过关于大事是上面说的那些人仲裁。崇文起也经常仲裁〕

发生大的纷争的时候，这样有人望的人们会不会聚在一起仲裁？＝会。能够仲裁的人都聚在一起全体仲裁。

这样有人望的人集合起来仲裁的话，不用上诉到县里也可以解决了吧？＝是的，这样的人来抑制，尽量不让上诉到县里。

【纷争的原因】什么样的原因会发生这样大的纷争？＝原因是分家不均或者土地的界线等。

分家之争的时候，同族的人聚集起来仲裁吗？＝同族的人聚集起来也没用。村里是有人望的人出面仲裁。

【族人的仲裁】土地或分家的纷争，会先由同族的人仲裁，无法解决的时候再拜托村里有人望的人仲裁吗？＝分家之争的时候，不拜托同族中辈分最高的人或同族人，而拜托人望高的人。

【土地的纷争】最近你有没有做过仲裁？＝去年年底有。

当时是你一个人做的仲裁，还是和谁一起做的仲裁？＝我们三个人做的仲裁。

那都有谁？＝除了我还有周树棠和杨永才。

请问你的仲裁方法是什么？＝先确定发生纷争的原因，知道哪一方正确，教训有错的一方。

去年底的纷争，当时是当事人来请求仲裁的吗？＝是的。

当时争执的是谁和谁？＝李注源和李广恩。

当时的原因是什么？＝住宅土地的问题。李广恩说李注源那里有自己的土地，李注源不同意。

你是怎么仲裁的？＝李广恩的分家单上写着有，李注源的分家单上没写。所以双方各有主张。从李注源的立场上看分家单上什么都没写，所以不同意李广恩的主张。最后李注源给了李广恩和分家单上写的不同的土地（参考后面土地篇登载，土地纷争调停记录）。

3 月 18 日

村长　会首　纷争和仲裁

应答者　李广志（沙井村民）
地　点　县公署

【村长的系谱】你们是兄弟几人？名字是什么？＝三人。李广瑞、李广兴、李广志。

李如源的兄弟呢？＝李如源是一个人。

李如源的父亲的名字是什么？＝振杰。

振杰的兄弟呢？＝振英、振刚、振堂、振宗。

振杰的父亲名字是什么？＝李珍。

李珍的兄弟呢？＝李正。

李秀芳是属于哪个家系？＝他不是同族。

李珍的父亲名字是什么？＝李文魁。没有兄弟。

李文魁的父亲呢？＝李福。他的兄弟我不清楚。

李福当过村长吗？ ＝不知道。祖先之中我记得的，只有李振英当过村长。

李汉源、洪源当过村长吗？ ＝汉源不知道。洪源当过一年左右村长。

那是什么时候？ ＝光绪二十年左右吧。

洪源接下来是振宗当的吗？ ＝是的。

当了多少年村长？ ＝十年多。

李洪源是因为死了不当村长了，还是中途不当了？ ＝因为死了就不当了。

李振宗是怎样的？ ＝死后不当了。

振宗接下来的杜如海是怎样的？ ＝死后不当了。他死后，儿子杜守义当了村长。

杜守义怎么样？ ＝因为家变穷，中途不当了。

那大概是什么时候？ ＝民国十二三年左右。

那之前杜家是有钱人吗？ ＝有六七十亩地。

为什么变穷了？ ＝杜如海的葬礼花了钱，因为和守田分了家，土地变少了。

守义是父亲死后当的村长吗？ ＝因为父亲年老生病，代替父亲当了村长。

大约当了多少年村长？ ＝和父亲加起来十年左右。

守义不干了后接下来谁是村长？ ＝杨振林。

振林是当村长直到去世吗？ ＝当了一段时间不干了。在任五年。

为什么不干了？ ＝因为没空闲。

振林接下来是谁来当？ ＝周树棠。事变前每三年有一次村长选举。直到现在也是这样的规则，但是实际上是强行拜托杨源让杨源干。

周树棠当了多少年村长？ ＝一年左右。他人总是在外面，过了一年就出去了。

为什么振宗以后李氏没有出村长？ ＝人少没有空。振宗不怎么识字，无法胜任工作。

【村长选举】你有没有去参加过村长选举？ ＝选举在本村举行。分局来人给每户一张选票。我在杨源选举的时候去选举过。因为父亲和哥哥出门在外，我代替他们去的。

杨源是每三年被选举出来一次，连续当选的吗？ ＝选举的规则是三年一次，但是如果会首请求村长连任，村长同意的话就不选举。之后只有一次被选举出来，以后再没选举。

周村长不干的时候是向谁提出辞职的意向？ ＝向会首表达。

也报告县里吗？ ＝辞职的话向县里交报告。交报告的话，关于选举县里会来监督员。

那个监督员的名称叫什么？ ＝分局的书记。没有什么特殊的名称。

会首向村民报告了周村长辞职的事吗？ ＝没说。

关于推选下一个村长会首进行商议了吗？ ＝因为选举是村民的共同责任，只有会首不能商议。

会首是不是先推选候补者再请村民投他的票？ ＝没有那种事。

投票的时候村民在哪集会？ ＝村公所。

谁来发投票用纸？ ＝警察方面的人发给前来的人。不来的人不给。会首也在那里。

在会首面前写村长的名字吗？ ＝在别人不知道的地方写。

写有村长名字的纸怎么交上来？ ＝不让人看见，投进箱子里。

当时只有杨源一个人被投票吗？ ＝杨源以外的人也被投了票。

　　当时来了多少人？＝三十人左右。当时因为李家有婚礼，吴家是祭日，村民去李、吴两家帮忙，来的人少。

　　当时杨家的人来了吗？＝杨永才来了。其他的人不知道。

　　自己家族的人被选举的时候，同族不是不去吗？＝因为在被选举出来之前，不知道会选上谁，大家都去。

　　三十票中大约有多少票是杨源？＝二十票左右。

　　其他出现了名字的是谁？＝杨永才一票。张珍一票（已去世）。李如源一票。赵廷魁两票。

　　投了票的纸，是警察方面的人马上拿走，还是会首打开看？＝分局马上拿走，不给任何人看。

　　谁当选是分局的人宣布，还是会首宣布？＝从分局给当选者发委任状。那是选举后过一段时间，在那之前不知道谁是村长。

　　那么怎样知道谁是多少票？＝投票之后，投票者互相打听就能知道大概情况。

　　不在分局员、投票者的见证下在村里开票吗？＝保持放在箱子里带去分局。不在村里开票。

　　投票之后讨论的话，那投票之前也讨论吗？＝投票以前不讨论。

　　投票前村民之间品评适合当村长的人选吗？＝不讨论。

　　村民之间会了尽量让好的人选当村长而讨论吗？＝选举之前就知道谁是最合适的人选，所以没有商量的必要。杨源在分家之前被选举出来过。第一次的时候我没去，之后他分了家，不当村长了，所以举行第二次选举，那个时候我去的。

　　第一次选举是什么时候？＝民国十五年。第二次是民国十六年。

　　【会首的资格】你的父亲是什么时候当上会首的？＝杜如海村长的时代。

　　当时你家土地多吗？＝有五六十亩。

　　当时，有没有同族李姓的人当会首？＝没有其他人。

　　李姓家族的其他人家，当时都很穷吗？＝李泮源是二十亩，在同族之中算比较好的。

　　你父亲家是同族中最大的吗？＝是的。

　　父亲家是从振杰的时代土地就多，还是父亲当医生挣的？＝振杰分家的时候是二十亩多一点。从振杰手上增加了十三亩左右，其他的是父亲挣的。

　　【村长的资格】李振宗是只凭二十亩地就当了村长吗？＝是的。

　　李洪源怎么样？＝虽然土地少，但是做买卖赚了钱。

　　李振宗的时候因为变穷了，所以从李家不出村长了吧？＝是的。

　　李洪源的儿子名字叫什么？＝广亮、广臣、广华，都在刘家河。洪源的时候搬过去的。

　　为什么搬走？＝因为既没有土地也没有房子。

　　李汉源的儿子呢？＝李广田和李广茂。广田大约十年前去了满洲，广茂去北京了。

　　李广田是在管理旗地吗？＝在内务府皂班处工作。一直在干催租的工作。

　　其父汉源也干过吗？＝是的。

　　振英呢？＝不知道。

汉源的时候土地多吗？　＝有三十亩左右。

有三十亩左右土地的人多吗？　＝不多。当时最有钱的是副村长赵祥。有三十亩的话算多的了。

这样的家族的人为什么离开了村子？　＝广田很能花钱，为此把土地卖了。催租的时候在城里也很能花钱。汉源也很能花。

【纷争的仲裁者】你的父亲是人望很高的人，所以大概会有村民来商量各种个人问题吧？　＝是的，父亲周树棠当商量对象。

其他的会首也是人望高的人，所以村民去会首那里商量吗？　＝不怎么去会首那里。

关于土地边界的争执、不和等，是去村长、李如源等会首面前去商量吗？　＝也有那样的事情。

会首之中接受商量最多的是谁？　＝父亲、杨源、张瑞、赵廷魁。

杨泽怎么样？　＝因为经验少，不怎么去。

张永仁怎么样？　＝人很好，但是不是很会说话，所以当不了商量对象。经常接受商量的是周树棠。

为钱犯愁去邢尚德那里商量吗？　＝为钱犯愁的时候去邢先生那里。

去杨润那里商量吗？　＝也有人去。

有没有周树棠以外的有人望而仲裁的人？　＝周树棠以外有杨源、父亲、赵廷魁。

去赵绍廷那里商量吗？　＝去。

有没有其他的？　＝大事是上面那些人仲裁。

我想崇文起的见闻很广，他怎么样？　＝如果是小事，会去拜托他。

上面那些人有没有聚在一起仲裁商量的事情？　＝有，经常有。

【仲裁场所】那些人聚集在村公会吗？　＝去当事人家里。

两人为土地起纷争的时候，会把两人都叫到村公会吗？　＝绝对不会因为这样的事把人叫到村公会。仲裁人先去甲的家里，再去乙的家里。

你的父亲一个人仲裁，和周、杨等一起仲裁，一般是哪种？　＝一般是一起仲裁。

这样的人不是特别选举或任命的，自然而然就这样了吗？　＝是的，是习惯。

来你父亲、周树棠、村长那里拜托的是最多的吗？　＝是的。

【纷争的原因】商量什么样的事情？　＝最多的是意见不一致导致的争吵。土地之争也多。

【分家之争】分家的时候呢？　＝分家的时候一定会争吵。不争吵不会分家。即使父亲去世，如果孩子之间关系好，不分家共同生活更有利。

分家之争，也是上面三人仲裁吗？　＝是的。

【族长的仲裁】分家的时候族长仲裁吗？　＝族长也可以，但是一般族长不能仲裁。

分家的时候，是先拜托族长，族长无法仲裁的时候请求村长等人仲裁吗？　＝分家之前一定会请族长仲裁，不成功的时候请别人仲裁。

【同族、舅舅的仲裁】有没有不请族长仲裁直接请求村长的？　＝有，但是少。一般是族长、同族、舅舅（母亲的兄弟）聚在一起商议。那个时候妻子的父亲不能出面。妻子的兄弟就更不行了。

如果不找这样的人商量直接告到村长那里，本人会被同族斥责吗？　＝不管对村长说多少，分家也不会成立。村长绝对不会鼓励分家，而是尽量劝说在一起。所以不请族长和舅舅聚在一起，无法谈事情。

【分家人的仲裁】兄弟间的土地纷争是请同族人仲裁吗？　＝如果是分家之后，请分家单上的中保人（分家人）仲裁。

有没有不经过中保人直接请村长仲裁的？　＝拿着分家单去请村长仲裁也可以，不过一般是请中保人。

那个时候村长会训斥本人手续错误吗？　＝不会训斥。村长也会受理。

在沙井村什么样的人来当分家单上的中保人？　＝只有族长、舅舅。

【土地之争】沙井村里经常有土地之争吗？　＝少。

最近是什么时候有过？　＝以前有过。

当时你的父亲也出面仲裁了吗？　＝因为土地弄错了，所以来拜托父亲和杜祥。

那是分家的时候的事吗？　＝不是分家，是耕作土地时弄错了土地的界线。

当时只有你父亲和杜祥做的仲裁吗。还有没有别人出面？　＝除了父亲和杜祥，还有望泉寺的刘九爷也出面。争吵没有闹得多大。

【和外村人的纷争】村里的事外村的人会出面吗？　＝因为当事人的一方是望泉寺的一个人（张姓），另一方是沙井村的周树棠，所以望泉寺派出了仲裁人。

那片土地是在望泉寺和沙井村的边界上吗？　＝是在边界上的土地。

那么如果不在边界而在沙井村里的话，望泉寺的人就不来仲裁了吗？　＝还是会从望泉寺来。

周树棠请谁来仲裁的？　＝周树棠拜托父亲和杜祥，父亲和杜祥拜托望泉寺的刘。不是周拜托的刘。

张拜托了杜祥和你父亲吗？　＝张拜托的刘（村长）。

周树棠当时没有拜托刘吗？　＝本村村民拜托外村村长的非常少。拜托本村村民才对。

周为什么没有拜托沙井村长？　＝周和杜祥以及父亲闲谈提到土地的事，所以杜和父亲仲裁的。

和外村村民之间的纷争，一般不是拜托村长仲裁吗？　＝这样的事情拜托谁都行。

当时和杨源完全无关吗？　＝如果仲裁达成，村长不出面也行。如果没达成的时候村长一定出面。

张为什么拜托刘村长？　＝杜祥和父亲对刘说了，刘对张说的。

当时杜祥和你父亲不能找刘村长以外的人商量吗？　＝因为不认识和张关系好的人，所以拜托了刘村长。如果有其他的人拜托也行。不过一般对村长说是正确的。如果情况相反，张拜托望泉寺的人，那个人会来和沙井村长说。

【本村人的纷争】纷争的当事人双方是沙井村民的时候，一般拜托本村村民吗？　＝是的。

拜托外村村民怎么样？　＝没有那种事。

那不好吗？　＝外村村民不知道本村的事，所以无法拜托。

如果拜托外村村民会怎么样，会被村民指责吗？　＝不会指责。村民只是希望快点解决。但是没有听说过那样的事。

【村长的仲裁】村民之间争执的时候，村长没有受到拜托也会仲裁吗？ ＝如果没受拜托不去。村长不是一个人仲裁，一定会和两三人一起仲裁。

没有人仲裁，当事人不请仲裁人，长期不和的时候，村长出面仲裁吗？ ＝不出面。

即使村长受到只请他一人仲裁的拜托，也不会一个人去吗？ ＝不会一个人去。一定和两三个人去。

和村长一起去的人是谁？ ＝谁都可以。

但是能够仲裁的人不是前面讲的那些有人望的人吗？ ＝是的。

村里的仲裁去得最多的人是李如源、周树棠吗？ ＝大概周树棠最多。

周树棠去仲裁的时候也是和两三个人一起去吗？ ＝是的。随意带两三个人去。

受到村民拜托仲裁的时候，关于仲裁周和村长商量吗？ ＝不特别商量也行。

不听周的仲裁的时候请村长仲裁吗？ ＝周的仲裁没达成的时候，周拜托其他人仲裁，如果那还不行最后去村长那里。不听村长的仲裁的时候就放任不管。

像这样村长来仲裁的时候，村长也请其他人加入仲裁人行列吗？ ＝不听村长的仲裁的时候，拜托其他的仲裁人。如果还不行就放任不管。

【诉讼】有没有不依靠村里的仲裁，直接上诉到县里的？ ＝有。有不告诉任何人秘密起诉的。

有那样的事吗？ ＝有是有。争吵起来生气，任何人都会不请求仲裁而去起诉。

这种情况不会被村民指责吗？ ＝不会被指责。

【村内的解决】争吵的时候一般不是拜托村里仲裁吗？ ＝争吵的时候动静很大，所以村民出面仲裁，尽量不让其上诉到县里。有句谚语叫"好官司不如恶宴席"。这句谚语村民都知道。

当事人一方不听从仲裁的时候会怎么样？ ＝如果有理的话双方当然应该听从。如果一方无论如何也不听的时候，就让另一方让步不让其告到县里。

对不听从仲裁的一方，仲裁人会训斥或施加惩罚吗？ ＝我想没有那么坏的人。没有惩罚的权利，不过可以训斥。

有没有会首聚在一起当仲裁人的情况？ ＝仲裁人是两三个人当。没有聚集很多人的仲裁。

村长会不会把有不良行为的人叫去训斥？ ＝村长会去那个人家训斥他，不只是村长，任何人都可以训斥。

【族长和村长】不过是不是会当仲裁人的有人望的人训斥的多？ ＝也有那样的事，不过一般是族长训斥。

即使族长训斥也不听的时候会来拜托村长训斥吗？ ＝会。

会不会拜托村长以外的人？ ＝会。

哪种情况多？ ＝村长多。

村民一般听村长的话吗？ ＝大部分人听。不听的人少。

如果不听的时候怎么办？ ＝族长、村长、有势力的人一起告到县里。

有没有会首在村公会集会，把不好的人叫来由村长训斥的情况？ ＝有。

那是什么样的情况？＝说话方式恶劣。不听父母的话的时候。

【小偷的处置】是小偷的时候怎么样？＝青苗夫把偷作物的人带来。

家具类的时候呢？＝没有过那种事。

青苗夫抓住小偷的时候，会首集会吗？＝也有村长一个人处置的情况，也有会首集会商议的情况。

那个时候，会首以外的人参加吗？＝会首以外的人不出来。

有没有过小偷从别的地方来沙井村？＝有。去年孙有让家里供在佛前的五供和粮食被偷走了。小偷没抓到。

孙是向甲长控诉，还是向村长控诉？＝都可以。只告诉就行。

报告分局了吗？＝没报告。

为什么没报告？＝因为不知道是谁偷的，报告了也没办法。

如果是报告分局的时候，是自己去还是村长去？＝对村长说，和村长一起去分局。

3 月 21 日

纷争和仲裁　共同生活和相互扶助　会首

应答者　杨泽（会首）
地　点　县公署

【佃耕地的纷争】有没有争抢佃耕地的纷争？＝没有。

被拒绝租借土地的人会觉得不愉快吧？＝因为是土地主人随意，佃农不觉得什么。

知道赵廷魁和石门村民关于佃耕地争执过的事吗？＝不知道。

外村有没有这样的争执？＝没有。

分家的时候有争执吧？＝只有口头争吵。

佃耕的时候也有争吵吧？＝有，但是非常少。

佃耕地起争执的时候，即使不至于争吵也会关系不和吧？＝那只有本人知道，其他人不知道。

佃耕地起争执关系恶化的时候谁来仲裁？＝没有关系恶化的事。即使有仲裁人也不出面。

【分家之争的仲裁人】为分家争吵的时候仲裁人出面吗？＝出面。

什么样的人出面？＝邻居和族里的人。

族里的人是什么样的人？＝最开始是邻居和族长出面仲裁，让其不要分家。无论如何也必须分家的时候舅舅出面。

邻居并不是简单指邻居而是指村里有人望的人吗？＝是的，村里有人望的人出面。

什么样的人是有人望的人？＝李汇源、周树棠、崇文起三人经常出面。

杨源村长怎么样？＝上面三人无法仲裁的时候，拜托村长一起仲裁。

李如源呢？＝也有人来拜托他，但是少。

副村长怎么样？＝经常有人来拜托。

甲内的纷争由甲长仲裁吗？＝那个不一定。

分家的时候是当事人去请求仲裁，还是不等当事人请求其他人就出来仲裁？＝那一种都有。

哪一种多？＝吵架的时候上面讲的那些人自己去。分家的时候当事人来请求。

【诉讼】仲裁的时候当事人一方服从，另一方不服的时候怎么办？＝分家的时候，一方不服的话马上就分家。分家以外的情况不服的人上诉到县里。

那个人会不会被村民指责被排挤？＝如果那个人在理的话可以。没道理的话，会被仲裁人指责。

村民不喜欢上诉到县里吧？＝是的。

为什么？＝因为上诉到县里的话，要花钱，所以不喜欢。

【失窃】村里出小偷的时候，是受害人直接取回东西，还是拜托村长？＝至今为止没有那样的事。

如果有的话，村长会怎么做？＝即使被偷了也不会去取回。如果是贵重物品就拜托村长。

这样的时候拜托村长吗？＝是的。

不拜托上面讲的三人（崇、周、李）吗？＝是的，不拜托这种人。去拜托村长。

【救贫】有没有为救助贫民而设的设施？＝没有。

有没有免除家里有病人而贫困家族的青苗钱的情况？＝偶尔有。

那种情况是第二年一起收吗？＝不收，免除过的。

发大水的前年收了青苗钱吗？＝像往年一样收了。

有没有免除当时困难的人的？＝向所有人收了。

什么样的情况免收青苗钱？＝贫穷的人去村长那里请求，得到村长的允许就行。

那个时候是本人直接去请求吗？＝本人去。

有没有同族帮助贫穷的人的事？＝有。

那是同族的人凑钱或物帮助，还是有钱的人一个人帮助？＝同族中最有钱的人给钱或物。

有没有为了帮助同族成员而设的设施，比如族田？＝没有特别的设施，不过有有钱人让其耕作土地的事。

有没有优先让贫穷的人耕作村公会的土地？＝那个不一定。

村公会的收益分给贫民吗？＝没有那种事。

村公会有没有惠赠钱物？＝没有。

有钱人惠赠呢？＝没有。

【公共器具】村民使用村公会的磨，和使用自家的磨，哪个多？＝使用公用磨的人多。

那个磨是怎么称呼的？＝一般被叫作公共碾子、公用碾子、官碾子。

有没有名字带公共、公用、官等字的设备和东西？＝有桌子、椅子、墙板、夯等。

上面说的桌子、椅子在哪里？＝在庙里。庙和村公所是一个地方。

墙板是什么？ ＝是长板子，造房子的时候把那个组装起来，人站上去。

那个在哪里？ ＝在村公会。有八张。

那个是任何人都可以用吗？ ＝是的。

使用要付钱吗？ ＝不用。

如果弄坏了怎么办？ ＝因为很结实不会弄坏。即使弄坏了也不赔偿。

向谁请求后使用？ ＝写上姓名、使用日期，交给老道。

夯是什么？ ＝加固土地的用具。

那个在哪里？ ＝在村公会。

有多少？ ＝两个。

有使用金吗？ ＝没有。使用的时候写上姓名日期。除此之外村公会也有梯子。

梯子是干什么的？ ＝和墙板一起使用。有一个。

村民自己有墙板、夯吗？ ＝谁都没有。大家都借村里的东西。

【旌表】有没有孝子、贞女、善人等旌表？ ＝没有给证明，但是有挂匾，不过不在本村，在外村。

那是县里实行还是村里实行？ ＝村里实行。我这家族的古城村的人收到了挂匾。是一个死了丈夫、有一个养女的寡妇，作为贞女被授予挂匾。

有没有因为孝顺被授予挂匾的事？ ＝没有。

【育英】有没有村里出钱让头脑聪明的儿童上学的事？ ＝没有。

【义地】有村里的公共墓地吗？ ＝有。叫作义地。在村子西南。

使用义地的是什么样的人？ ＝没有土地的人。孩子死了的话，不葬在自己的墓里，葬在义地。

哪怕只有一点土地也葬在自己的土地吗？ ＝哪怕有一点也葬在自己的土地。

使用义地的人多吗？ ＝非常少。根据时节不同孩子埋葬的地方也不同。正九离南（南）、二月坤（西南）、三七正北（真北）、十一巽（东南）、五乾（西北）、八艮（东北）、六十东、四腊往西行。

那么义地是各个方位都有吗？ ＝义地只有一个。如果义地方位不符，就埋在没有作物没人使用的地方，不管是谁的土地都行。因为埋得浅，马上狗会吃掉。不给土地主人钱。不过那是一两岁的孩子的情况。埋葬五六岁的孩子的时候要放进箱子里深埋，稍微堆起一些土地。

义地是村里的土地吗？ ＝是官地（村里的土地）。

使用义地的时候向村里交钱吗？ ＝不需要钱。一般人埋在自己的墓地。

埋在义地的时候需要许可吧？ ＝如果是本村村民不需要许可。外村人需要许可去请求村长。

外村人也免费吗？ ＝不需要钱。

义地的空地种着作物吗？ ＝是砂地，什么也不长。

义地有多少亩？ ＝十亩左右。

不把义地叫作义塚吗？ ＝不叫。

除了义地有没有其他的名称？　＝也叫乱葬岗子。

【同族的墓地】即使分家同族也埋在同一个墓地吗？　＝是的。

那墓地叫作什么？　＝老坟地。

沙井村民死在外村的时候，也一定葬在家乡吗？　＝是的。

沙井村的人搬到望泉寺长住，成了望泉寺的人，也葬在沙井村吗？　＝如果在望泉寺建了坟茔就葬在那里。如果没有，就葬在沙井村。坟茔、茔地是指墓地。

可以去北京买茔地吗？　＝可以买。

那个时候如果父母兄弟在家乡怎么办？　＝埋在父母所在的地方。

有没有沙井村的人搬到别处后在那建造坟茔的？　＝有。

是你这家族的人吗？　＝伯父杨绍馨搬到小营村在那造了茔地。大约五十年前，他父亲那一代搬过去的。

在外村造坟墓的时候和家乡的同族商量吗？　＝不商量。可以自由修造。

在外村造坟墓的人多吗？　＝非常少。

沙井村杨家的婚礼，杨绍馨来吗？　＝不来。

那个人家里结婚的时候请求杨家族长的许可吗？　＝不请求。

关系淡薄吗？　＝几乎没关系。

日本有句谚语，叫远方的亲戚不如附近的外人，中国也有这样的谚语吗？　＝有远亲不如近邻这句谚语。经常用。

义地有管理者吗？　＝没有任何人。

最近被埋在那里的人是谁？　＝最近没有。

事变以前的人呢？　＝有个李姓的人三代接连埋在那里。

那个人的子孙名字叫什么？　＝李树林。现在建造了自家的坟茔。我回想建成那个是祖父一代。

知道李树林以外的埋在义地的人的名字吗？　＝没有李姓以外的。

【官井】公共的水井有多少个？　＝一个。

那口井叫作什么？　＝村民叫作官井。

有没有修理过那口井？　＝去年还是前年的春天，农闲期的时候修理过。

修理花了多少天？　＝三四天。

谁修理的？　＝水井附近的人集合起来。

村公所对出劳役的人下了命令吗？　＝是的，在村公所命令下集合的。

你也去修理了吗？　＝没去。

为什么没去？　＝这个修理不怎么需要人手。因为只是换掉井口的木头。

去修理的人村里给钱吗？　＝村里的人不给钱，只给了石门村来的一个木匠钱。

一天多少人出工？　＝除了木匠只有两三个帮手。

那两三人是轮换出工吗？　＝轮换出工。

那种情况是按土地亩数出工吗？　＝是的。

那是按照耕作土地的大小，还是拥有土地的大小？　＝根据拥有土地的大小决定。

从哪里出钱给木匠？＝村公会。

那笔钱是从青苗钱里出吗？＝是的。

不交青苗钱的人可以用水井吗？＝可以。

墙板、梯子、夯等物是用青苗钱买吗？＝是的。

有没有谁捐献东西？＝没有。

不出青苗钱的人也可以使用这样的东西吗？＝可以。

不交青苗钱的人也会来借吗？＝会来。

【官道、私道】有没有名字里带官字的道路？＝叫作官道。

也有私道吗？＝有。在杨家。杨家以外的人不能随便通过那里。把那道路叫作杨家官走道。也叫私道。

除此之外还有私道吗？＝没有。

修理官道是村公会进行吗？＝道路修理很少，家门前的道路就由那家人修理。

从沙井村到望泉寺的是官道吗？＝是的。

那条官道的修理怎么办？＝村公会修理。按土地亩数摊工。

这样的时候有没有两村共同修理？＝没有。

有没有共同贮藏蔬菜？＝每个人贮藏各自的。

有没有搭套成员之间的共同贮藏？＝没有。

【祭拜寺庙】外村来观音寺祭拜吗？＝不来。

村里的人都祭拜吗？＝不都来。只有想去的人去。

地藏庙（五道庙）和观音寺的祭拜者不同吗？＝没有区别。人们祭拜五道庙是从正月五日到十五日，和死人的时候。观音寺是每月初一和十五日去烧香。

【办五会】办五会是什么时候？＝正月十五日全供（五道庙、观音寺都去祭拜），二月十九日观音（只去观音寺），四月初八佛爷（祭拜庙里的后殿），六月二十四日关圣（在前殿），七月三十日地藏（祭拜地藏庙）。

据说办五会的宴席不是谁都可以去吃，去的人是固定的，为什么？＝因为拿着会帖去的人家是固定的。

会费是多少钱？＝一种是三十五钱，一种是七十钱。

为什么会有这样的区别？＝根据本人要求。吃的东西一样。

从前就有两种会费吗？＝是的。

哪一家出多少是固定的吗？＝那个老道知道得很清楚。三十五钱的会帖上写随代会印，七十钱的只写"请"字。

会首会出七十钱以上的钱吗？＝不出。

费用不够的时候村公会出钱吗？＝是的。

那个时候座次是怎样的？＝随意。

村长不坐在最好的地方吗？＝不一定，自由坐。

老人坐在好的地方吗？＝因为是简单的宴席，随便坐。

观音寺初一和十五日烧香那天有宴席吗？＝没有。

【结婚、葬礼】结婚、葬礼的时候，村民大多去帮忙吗？＝如果那家来拜托就去，不来就不去。

很多人去吗？＝很多人去。

同族多吗？＝同族和别族都去。

这样的人都吃宴席吗？＝是的。亲戚只吃宴席。

亲戚是指什么？＝表亲（姑母的孩子）、姨亲（姨母的孩子）、老亲（父亲的外祖父家）。这样的人不帮忙只是来见面。

同族都聚集起来吗？＝大家都聚集起来。

来的别族的人是什么样的人？＝平常关系好的人。

村长怎么样？＝不一定。

结婚的时候村公会送贺礼吗？＝不送。

葬礼的时候怎么样？＝不送东西。

穷得办不了葬礼的时候村公会出钱吗？＝不出。

那样的人怎么办？＝亲近的人出钱。

【和外村人结婚】婚嫁的时候带着蔬菜和盘子等去帮忙吗？＝是的。

结婚是在村里的多，还是和外村之间的多？＝和外村之间多。

和石门、望泉等之间多吗？＝村里的非常少。和石门村之间的也少。因为太近。望泉寺因为离得稍远，比石门村多。

和哪个村最多？＝和相隔十里左右的村子最多。枯柳树村、马各庄、衙门村、大营村、河南村等。

【外村人和公共器具】有没有人从外村来打村里官井的水？＝没有。

公用碾子呢？＝没有。

梯子、墙板、夯等物呢？＝也有人来借，不过很少。

来借的时候拜托谁？＝拜托沙井村民，那个村民对村长说，获得许可。

那个时候村民不能不和村长说就借用吗？＝是的，必须和村长说后借用。

【会首】你是什么时候当的会首？＝去年正月。

会首垫付村里的钱吗？＝也有垫付的情况，不过很少。

垫付的时候是所有会首垫付，还是其中有钱的人垫付？＝很少垫付。

村公会向会首借钱吗？＝不从会首那里借钱。从村外借。

杨永才曾经是会首吗？＝曾经是会首。现在是老道。

当会首这件事通知村民吗？＝只村长和会首决定不通知村民。不通知村民也知道

除你之外有没有新的会首？＝没有。

邢尚德、张守仁是会首吗？＝不是会首。

这些人在村里需要的时候出钱吗？＝不出。

3 月 22 日

学校　村长　会首　办五会　共同生活和相互扶助

应答者　何权（沙井村小学教员）

地　点　县公署

【教员的任命】你长大的地方是哪里？ ＝顺义城里。

学历是怎样的？ ＝民国二十六年六月从顺义简易师范学校毕业。

职业经历是怎样的？ ＝从民国二十七年到二十九年在海洪村小学任教。民国三十年到沙井村小学赴任。

到沙井村赴任是县里的命令，还是因为村长的请求？ ＝村长请求。

村长直接请求你的吗？ ＝直接请求的。

那之后你向海洪村的校长传达了辞职意向吗？ ＝没有，不和海洪村的校长说，和县学务科说了。

你去学务科说的吗？ ＝沙井村长向学务科递交了聘请状。

收了聘请状的学务科向海洪村下了命令吗？ ＝不是，直接向我下发了委任状。

从沙井村收到任免证书了吗？ ＝没有那种东西。

向海洪村递交了辞呈吗？ ＝不向海洪村而是向学务科递交。

你和沙井村长熟吗？ ＝熟。

因为什么样的关系变熟悉的？ ＝因为在邻村不时碰见。

你父亲是干什么的？ ＝在城里务工。

土地在哪里？ ＝军营村。

村里除了村长以外有没有从前就熟识的人？ ＝杜祥、副村长、李如源。

怎么和这些人相熟的？ ＝因为在邻村不时碰见。

现在往来于顺义和村里吗？ ＝是的。

之前的赵斌老师为什么辞职？ ＝不知道。

这个人辞职的时候，村长请求学务科了吗？ ＝好像是村长说想要我，所以赵老师向学务科递交了辞呈。然后和我交换去海洪村小学赴任。

你师范毕业去海洪村的时候，是受海洪村拜托吗？ ＝不是，县里直接发委任状。

一般调任的时候，是村里向县里递交聘任状，县里再下发委任状吗？ ＝是的。

【教学科目】今年的课程表是怎样的？ ＝

	周一	周二	周三	周四	周五	周六
1	算术	算术	算术	算术	算术	周会
2	常识（全体）	常识	常识	修身	常识	珠算

```
3 国语（一、四读法      国语   体育   劳作   国语   日语
    二、三书法）

4 自习            自习   自习   自习   自习   自习

5 日语            美术   国语   国语   体育   礼仪

6 国语（一、四书法      国语   国语   音乐   国语   礼仪
    二、三读法）

7 自习            自习   自习   自习   自习
```

这个课程表是学务科决定的吗？ ＝是的。有美术、劳作课的时候上日语的情况。

常识课教什么？ ＝卫生、地理、植物、动物、天文、历史。

自习是什么？ ＝自由阅读任何一本教科书。

日语有教科书吗？ ＝有小学日语读本（教育总署制定），我在教这门。

其他的学校也教吗？ ＝没有日语老师的地方不教。顺义县内两百多所学校中大约有二十所在教。

你是在哪里学的日语？ ＝在顺义跟着津田英俊老师学了两年。

劳作课是什么？ ＝手工。现在让学生干活。做学校和庙里的扫除等。

体育课干什么？ ＝新民体操、赛跑。

【上课时间】学校的上课时间是怎样的？ ＝从八点半上到七点左右。

农忙期也一样吗？ ＝是的。

【放假】放假是什么时候？ ＝秋假（旧历七月初—八月中），也叫农忙假。寒假（旧历十二月末—正月末）。

没有春假吗？ ＝规定三月末有两周，但是实际上不休息。

【学生人数】学生现在有多少人？ ＝五十七名。

其中沙井村的学生有多少名？ ＝大约十名。

从望泉寺来上学的学生人数呢？ ＝大约三十名。

从石门村来上学的学生人数呢？ ＝大约十七名。

和去年相比人数增加的原因是什么？ ＝每年旧历正月以后，一般会增加。

四月以后的农忙期减少吗？ ＝是的。

几月左右人最少？ ＝旧历正月和九月。

忙的时候不去上学，学校也不会有意见吗？ ＝那是没办法的事。

平时学生缺席的话询问理由吗？ ＝是的。

五十七名中女学生有多少名？ ＝八名。

沙井村的女学生有多少名？ ＝四名。

望泉寺的女学生有多少名？ ＝三名。

石门村的女学生有多少名？ ＝一名。

没有一个人从梅沟营来吗？ ＝是的，因为太远，所以不会来吧。

梅沟营一个人都不来却要出学校费吗？ ＝是的。

为什么沙井村的学生少？　＝因为村子小。

非常少是因为村民贫穷吗？　＝是的。

望泉寺的村民对教育最热心吗？　＝是的。

【学生的年龄】学生的年龄是怎样的？　＝最小八岁到最大十五岁。十二三岁最多。

【就学率】在沙井村就学儿童和不去上学的儿童，哪个多？　＝不去的儿童多。

劝说不去的儿童就学吗？　＝因为教室狭小，劝说了也没办法。

有没有父兄会之类的组织？　＝没有。

父兄有没有来查看教育的事？　＝有。

那个时候和老师交谈关于学生的事吗？　＝学生的父兄拜托老师让学生好好学习。

【就学目的】父兄是出于什么样的目的让学生就学？　＝为了识字。

不识字的话会困扰吗？　＝识字更方便。但是和农业没有直接关系。

父兄没有考虑通过教育可以提高人的判断力吗？　＝也有考虑那个。

有没有人为了出人头地让孩子上学？　＝有。

有没有学艺会、运动会？　＝顺义有，村里没有。

有没有同窗会？　＝没有。

村里有没有毕业生、中退生成为合格人才？　＝有很多。因为有人是今年来的所以不知道。

【学校的经费】学校一年的经费怎么样？　＝一千余元。

四个村以什么样的比率出钱？　＝回去问问校长。

【教员的工资】先生的工资怎么样？　＝每月三十二元。

去年是二十一元，什么时候上涨的？　＝今年新历1月开始。

【学校的预算】先生制定学校经费的预算交给村长吗？　＝制定预算是以村长为中心，老师也帮忙（杜祥说明＝经费分派大概是，沙井村八分、石门村九分、望泉寺十二分、梅沟营十一分吧。但是记不清了）。

那四个村长集会吗？　＝是的。

在哪里集会？　＝沙井村。

什么时候集会？　＝不知道。

什么时候制定预算？　＝每年新历正月制定预算，给县里看。

今年正月的预算制定，你帮忙了吗？　＝帮忙了。

以什么样的方式帮忙？　＝和校长一起商量支出费用的项目金额后制定的。

当时会首也一起制定吗？　＝和会首没关系。之后也没有报告。

制定预算的，只有你和刘老师、校长三个人吗？　＝是的。

那个预算给另外三个村长看了吗？　＝给他们看了。

在哪里给他们看的？　＝村长拿去给他们看的。

这么大的预算没有报告会首吗？　＝因为是关于四个村子的事情，和会首没关系。

【会首的姓名】沙井村的会首都有谁？　＝杨源、杨洪、杜祥、张瑞、李如源、张守仁、杨润、赵廷魁。

张永仁怎么样？　＝不是很清楚。

李秀芳呢？ ＝大概是会首吧。

邢尚德呢？ ＝我想是会首。

【办五会】去办五会了吗？ ＝去了。

【参加人员】大约来了多少人？ ＝来了三十位左右。

【主办人】是以谁为中心烧香的？ ＝李如源的儿子李广瑞。

村长怎么了？ ＝不在家。去参加县里的会议了。

【烧香的行列】烧香的时候是什么样子？ ＝李广瑞一个人站在前面，后面横着排几行队列。

【外村人除外】先生排在哪里？ ＝没有加入行列。

为什么？ ＝因为办五会是只有村里的人参加的会。不过吃了宴席。

你和刘老师以外还有外村人来吗？ ＝没来。

【用餐的席位】宴席的桌子摆了多少张？ ＝两张。其他的有的站着吃，有的在别处吃。我是在屋里吃的。

坐在餐桌吃饭的是谁？ ＝不清楚。坐不坐随意，谁来坐不一定。

副村长出席了吗？ ＝他弟弟代他来的。

弟弟坐上餐桌了吗？ ＝坐上了。

杜祥呢？ ＝坐上餐桌了。

杨洪呢？ ＝坐上餐桌了。

杨永才呢？ ＝坐在最后。他做菜。

邢尚德呢？ ＝没来。

张守仁呢？ ＝上了餐桌。

他不是在牛栏山吗？ ＝那是张有仁，张守仁经常在村里，打理着村公会。

赵廷魁来了吗？ ＝出席了，但是没上桌。桌子摆了两张，坐着的人吃完后接下来的人坐。想快点吃的人，如果桌上没座位了，就在别的地方吃。

正月十五日也以李广瑞为中心烧香了吗？ ＝因为当时学校还没开学，我没有参加。

【孩子当代理】这一次李广瑞代替父亲出面吗？ ＝是的。

【有人望的人、有钱人】村里最有人望的人是谁？ ＝村长。

还有呢？ ＝副村长。

还有呢？ ＝会首或者周德福。

村里最有钱的呢？ ＝邢尚德。

还有呢？ ＝李如源。

还有呢？ ＝张瑞。

其他还有谁？ ＝张守仁。

村费支出等大缘由谁决定？ ＝村长和会首。

【会首的资格】没有钱不能当会首吗？ ＝是的。

为什么？ ＝摊款的时候，村民没钱的话会首会垫付，所以没有钱不能当会首。

村长也是这样吗？ ＝村长不仅要有钱，还要有能力。

副村长怎么样？ ＝和村长一样。

有没有会首因为没钱而辞职的事情？ ＝我想有。

【会首的称呼】在海洪村也把村子的负责人叫作会首吗？ ＝是的。

有没有会首以外的名称？ ＝没有。

【香头】不叫香头吗？ ＝香头是开会的时候烧香的人，和会首不一样。会首也可以当香头，但是会首以外的人也可以当香头。海洪村也有不当香头的会首，也有会首以外的人当过香头。

香头总是固定的，还是临时决定？ ＝总是固定的。

【村长、副村长的称呼】在海洪村把村长叫作什么？ ＝村正。

副村长呢？ ＝村副正或村副。现在叫村长，以前叫村正，以前把副村长叫作村副。

把副村长叫作村富吗？ ＝不叫。不知道村富这个名称。

【搭套】知道搭套吗？ ＝知道。

是指什么？ ＝是指甲家里有一头驴的时候，和没有驴的乙家共同耕作。

【构成家数】海洪村搭套是在多少家之间进行？ ＝两家或三家。两家的多一些。

顺义县里一般进行搭套吗？ ＝是的。

有没有听说过十家二十家的搭套，最大的搭套有多少家？ ＝没听说过三家以上的。

【共用、公用】搭套有没有别的名称？ ＝分家后共用驴的时候，叫作"共用""公用"。

【帮工、帮忙】帮工和搭套不同吗？ ＝帮工是去帮助人，搭套是动物去帮。

帮工、搭套以外有没有同样意思的说法？ ＝帮忙。指的是结婚、葬礼时的帮助。那个不叫帮工。

【官地】村民共同使用的土地叫作什么？ ＝官地。比如共同出资购买土地，挖那块地的土耕作。村民可以使用，但是外村村民不可以使用。

沙井村有那样的土地吗？ ＝沙井村没有，顺义的西门外有。

在沙井村有没有村民聚在一起互相帮助的情况？ ＝即使不特别聚集，也直接去帮忙。结婚、葬礼（红、白事）等时候（帮忙）。也有帮工。

3 月 24 日

县行政和村政

应答者　许森（县公署秘书室 民治股科员）
地　点　县公署

你是从什么时候开始在这里工作的？ ＝从民国二十三年开始。当过原第八区自治区长（东府）、第三区（牛栏山）自治区长。民国二十三年到县里供职。

【区和警察分所】在顺义县、区的作用是怎样的？ ＝原来的八区现在没了，工作委托给了警察，有四个分所和四个分驻所。名字叫作警察所第○分所（分驻所）。那些分所在做以前区里的工作。

分所、分驻所的主要工作是什么？ ＝治安、建设、保甲、自治。

那些工作是按照县里的实行，还是分所和分驻所自己设立计划实行？ ＝治安是自己做，其他的按照县里的命令实行。

可以设立摊款吗？ ＝按照县里的命令实行。

有没有自己设立摊款，事后获取县里的许可的情况？ ＝罚金可以自己收。

上面的工作中自治是什么？ ＝选举镇长和乡长村长时发布命令。

有没有召集村长到分所召开会议的情况？ ＝修路、摊工、摊款等时候开会。

那个会议也是按照县里的命令召开吗？ ＝县里关于摊款等事项的命令会下到分所，分所为了实行那个命令召开村长的会议。

县里的命令是直接下达到乡公所，还是经过分所下达？ ＝大部分通过分所下达，不过有时也会直接下达到乡公所。

【主村和副村】组编乡村的时候分所的命令，是经过主村的乡公所到副村，还是直接到副村？ ＝因事情不同而有不同。如果有事找副村，就直接到副村。

经过主村下达是什么样的情况？ ＝集合乡长的时候是下到主村那边，不到副村。

县里下来的摊款的命令怎么样？ ＝乡长来分所召开乡长的会议，决定给各村的分派，然后分所直接向副村下达命令。

【区务会议】乡长的会议叫作什么？ ＝叫作区务会议。

区务会议是每月召开吗？ ＝召开时间不定。有事的话，随时召开。

副村的副乡长也去参加那个会议吗？ ＝主村的乡长，副村的副乡长一起出席。

望泉寺是主村沙井村是副村这件事是谁决定的？ ＝从前就有这样的规定。

什么时候开始有这样的规定？ ＝从我小时候就有，不知道是什么时候。

【乡长选举】乡长是怎么决定的？ ＝从前县里的人拿选票到村里，召集村民让对乡选举，不过现在这个工作委托给分所。

什么时候开始变的？ ＝民国二十六年的普遍改选以后。

普遍改选是什么？ ＝先让县里的村长全体辞职，新选村长。

当时分所拿选票到村里了吗？ ＝从县里直接拿到村里。当时也有分所，但是因为是重要的事，就由县里拿选票来。

当时很多村长都换了吗，旧村长被重新选出吗？ ＝少数人留任，多数都换了。

当时选举是怎样进行的？ ＝县里的官员到村里来，召集村民发选票，让大家填写投入箱子中。

当时要写上选举人的名字吗？ ＝是用无记名连记法投票。我给你看那个选票吧。这是现在使用的，不过格式和以前的一样。

（正面）

```
┌─────────────────────────────────────────┐
│                                           │
│                                           │
│   顺义县第    警区    村第    乡选举票      │
│                                           │
│                                           │
│                                           │
│          中华民国三十年    月    日        │
│                                           │
└─────────────────────────────────────────┘
```

（背面）

乡长候选人 姓　　名	副乡长候选人 姓　　名	监察员候选人 姓　　名

候选人是什么？ ＝被选举人。

监察员是什么？ ＝乡长、乡副的监督者。

被选举人的人数不管多少人都可以写吗？ ＝投票者随意。

【监察员】沙井村有监察员吗？现在还有监察员吗？ ＝有。我查一下告诉你吧……沙井村有张瑞一个人。大的村子有几名。

张瑞是副村长，即使这样也可以当监察员吗？ ＝沙井村只有一名副乡长，张瑞不是副乡长。从县里的角度看是监察员。

望泉寺和沙井村是一起选举乡长、乡副吗？ ＝各自进行。望泉寺选举乡长和监察员，沙井村选举副乡长和监察员。

监察员做什么样的工作？ ＝村长的职务中有错误的时候，监察员可以警告村长。

有没有召集监察员召开会谈的情况？ ＝没有。

【投票者的数量】选票是一户发一张吗？ ＝召集村民到村公所，只给召集来的人一人发一张。不来的人不发。

来的人太少的时候怎么办？ ＝只有来的人进行选举。因为没有人数规定，人少选举轻松更好。人多的话会起争论，人多的时候会形成党派，选举很麻烦。

知道因为党派引起问题的事例吗？ ＝知道。是大松各庄、赵全营。那不是因为同族，是党派之争。

那个党派是什么原因形成的？ ＝各种复杂原因，有坏人排挤正确人选，结成党派不让正确人选当上村长的事。以前也有穷人组成党派的事，现在没有。

沙井村有吗？＝完全没有。

【选举人的资格】如果是参会者的投票，一户有多少人投票都行吗？＝从二十岁到四十岁有选举权。所以一户出多少人都行。

女性怎么样？＝女性也有权利，但是不允许投票。政府允许，但是村里不允许。

县里也不允许吗？＝选举的时候容易起争执，女性参加的话，会很麻烦，所以县里也不允许。

如果是男性，乞丐也允许投票吗？＝不允许吸烟者、犯罪者、精神病人。其他的允许。

选举的时候县里的官员调查是不是这样的人吗？＝到村里来之前，县里事先通知这样的事。但是给全部参会者发投票。

那件事通知村里的谁？＝通知前村长。

有没有写下来的这样的规则？＝给（参见下页的乡村自治规程）。

【普遍改选】沙井村民国二十六年也选举了吧？＝选了。

民国二十六年以后一般有选举吗？＝没有。按照省里的命令进行普遍改选。规则二是每年选举，但是因为选举会起争执，实际上没有举行。

【开票】开票是在哪里开？＝在村里开，按照票数，最高票者当选。

【乡长的辞任】乡长辞职的时候手续是怎样的？＝从县里下发停职的命令。也有人自己主动辞职，这样的人好人多，所以让其放弃辞职。辞职的人向县里递交辞职书，县里批准的话可以辞职，不批准的话不能辞职。

【会首的地位】对村里的会首，县里进行监管吗？＝不监管。但是会首大多当保甲长。县里给保甲长颁发委任状。

保甲长可以自由辞职吗？＝不能。需要许可。

【关于村长的诉讼】有村民起诉村长的事吗？＝有。

什么样的情况？＝原因各种各样，有私仇，也有侵吞公款的事。是私仇的多，关系好的话也不会起诉其侵吞公款。

起诉乡长的是什么样的人？＝有钱的人觉得村长的做法不好，会直接影响自己，所以起诉。

穷人起诉是因为和村长关系不好。如果有诉讼，会把村长叫去，或者派人调查。

有钱人和穷人，哪个起诉的多？＝穷人的诉讼多。他们喜欢打官司。

贫民的诉讼县里也受理吗？＝详细询问理由后裁决。

有没有有钱人唆使穷人去起诉的事？＝有。

只有穷人自己起诉的少吗？＝少。

起诉是因为村里有党派之争吗？＝有各种各样的原因，所以不太清楚。

【村财政的监督】县里监督村里的财政吗？＝村里有预算，县里让村里报告，进行监督。如果超过预算会警告。

一亩地的青苗钱的金额是县里规定吗？＝是县里规定，但是实际上是村里自由规定。因为要有学校费和招待费，即使事先定好也没有办法。

现在县里规定的金额是怎样的？＝去年是一亩八十钱。今年没定。今年如果按照预算进行，县里就不会干涉青苗钱的多少。有职员摊款（村里的职员）。按照之前的规则一年是三十元，但是从今年新历正月开始变成一个月三十元，村费大概会增多吧。那也是从土地亩数摊款中出。事务摊款不特别临时收取。

去年的一亩八十钱是对一年收吗？＝按照县里的规则是对一年收八十钱，实际上收得更多。征收次数不定。

超过八十钱县里也不管吗？＝超过八十钱的时候，村里向县里请示，寻求县里批准。从今年开始县里让村里依照预算制度征收。

县里在进行关于"村费支出"方面的监督吗？＝因为今年开始形成了预算制度，会照核查预算和支出。县里让村里提交到去年为止的四柱册，报告支出费用项目。

关于四柱册的报告内容，县里会斥责村长吗？＝因为是交给县里的东西，大致会做得很好。报告上不会出现不好的地方。不公开的事情不知道（县知事说）。

县里规定了记载村费收支的账面格式吗？＝以前是村里随便记载，今后县里打算规定。现在只有预算书。

知道村里使用的账簿的名字吗？＝某公所出入总账、地亩账、出入账。

关于村里的摊工，县里监督吗？＝和县里没关系。区里分派人数。每亩地出工多少天是村里决定。那和区里没关系。

冀东各县乡镇规程　二十五年六月二十五日公布

第一章　总　　则

第一条　冀东各县乡镇依本规程编制之

第二条　凡县内百户以上之村庄地方为乡，其不满百户者得联合各村庄编为一乡，百户以上之街市地方为镇，其不满百户者编入乡，但因地方习俗或地势限制，虽不满百户亦得编为乡或镇

第三条　乡镇各依其原有区域，其联合各村庄或街市编成之乡，以所属村庄或原有域为准

第四条　乡镇区域之划定及变更，由县公所召集有关系之县镇长会议绘画列说，呈报民政厅核定

第五条　乡镇区域不明或发生争议时，由县公所召集有关系之乡镇长协商，由县长决定之

第六条　乡镇名称应用原有地名或新定地名，并冠以某县某警区字样

第七条　各乡镇于不抵触法令范围内，得拟定公约呈请县公所核准

第二章　设　　置

第八条　乡置乡公所，设乡长一人，乡副长一人，镇设镇公所，设镇长一人，副镇长一人，乡镇五百户以上者，得增设副乡长或副镇长一人，每增三百户得再增一人，但副乡长以四人为限。

联合编制之乡，应于户数较多之村庄设乡长，其余各村庄或街市各设副乡长一人，亦以四人为限

第九条　乡镇公所设监察员二人至五人

第十条　乡镇公所得雇用事务员一人至二人

第十一条　乡镇公所应设于适当地点联合编制之乡公所应设于户数较多之村庄或街市

第十二条　乡镇公所之图记由民政厅制定式样令，县公署点刊颁发之

第三章　职　掌

第十三条　乡长镇长承县公所之命暨该管警务局所之指挥

一、关于户籍及人事登记事项

二、关于土地调查事项

三、关于道路桥梁及一切公共土木工程建筑管理事项

四、关于教育及其他文化之举办事项

五、关于名胜古迹古物保管事项

六、关于国民体育之提倡事项

七、关于卫生疗养事项

八、关于保卫团及清乡事项

九、关于堤防水利事项

十、关于电线电杆之保护事项

十一、关于森林培植及保护事项

十二、关于粮食储备及调节事项

十三、关于农工商业改良及保护事项

十四、关于垦牧渔猎保护及取缔事项

十五、关于合作事项

十六、关于风俗改良事项

十七、关于育幼养老济贫救灾等项设备及其他一切社会救济事项

十八、关于公共营业事项

十九、关于拟定公约事项

二十、关于乡镇公款公产收支保管事项

二十一、关于县公所交办事项

第十四条　乡镇居民有下列情事时，乡镇长得分别轻重缓急报由县公所处理

一、违反现行法令者

二、违抗县公所命令者

三、违反乡镇公约者

第十五条　乡镇居民有触犯刑法或其他与刑法相同之特别法者，乡长或镇长应将之送交县公所或附近之警务机关依法核办

第十六条　副乡长副镇长襄助乡长镇长办理一切事务

第十七条　乡长镇长因故不能执行职务时，由副乡长或副镇长代理之，如副乡长或副镇长有二人以上时，由乡长镇长指定一人代理之

第十八条　乡镇公所监察员办理下列事项

一、调查各该乡镇公所之账目收支及款产事项

二、乡镇公款之收支或事务执行有不当时，得呈请县公所正之

三、乡长副乡长镇长副镇长及事务员有枉法失职情事，应呈请县公所查明惩处

第十九条　监察员有枉法失职情事由各该乡镇公民呈请县公所查明惩处

第二十条　乡镇公所事务员承乡镇长副之命办理公所事务

第四章　经　　费

第二十一条　乡长副乡长镇长副镇长监察员均为无给职

第二十二条　乡镇公所因事实上只需要得支办公费其数目由县公署酌定呈报民政厅核准备案

第二十三条　各乡镇公所事务员之津贴由各该乡镇拟定，呈由县公所核定，并呈报民政厅备案

第五章　选　　举

第二十四条　凡中华民国人民年满二十岁之男子，在本乡镇区域内居住一年或有住所二年以上者，经乡镇公所登记为乡镇选民，有出席选举之权

第二十五条　有下列情形之一者不得为乡镇选民

一、对于本国家有反动行为者

二、褫夺公权尚未清偿者

三、亏空公款尚未清偿者

四、吸食鸦片及其代用品者

第二十六条　乡镇公所调查选民登记后应即公告周知，并造具名册呈报县公所备案。若今于选民资格者如发现漏未登记时得自行请求登记并颁于选举期前两个月办理竣事

第二十七条　乡镇选民经乡镇公所登记后发现有第二十五条情事之一者，应由乡镇公所呈请县公所取消其资格

第二十八条　乡镇选民年满三十岁品行端正，有下列资格之一者，得为乡长副乡长镇长副镇长监察员之候选人

一、小学以上毕业家道殷实者

二、曾任委任官以上职务者

三、曾充小学以上教职员或中等学校以上毕业者

四、曾办理地方公益事务确有成绩者

第二十九条　有下列情事之一者，虽具有前条资格仍应停止当选

一、现役军人或警察

二、现任官吏

三、现在学校肄业之学生

四、僧道及其他宗教师

第三十条　候选人由乡镇公所临时调查登记于选举期前一个月造具候选人名册呈报县公所核定

第三十一条　乡长副乡长镇长副镇长均由各该乡镇选民用无记名连记法投票选举，以

得票多者为当选举监察员之投票亦同

第三十二条　乡长副乡长镇长副镇长监察员均颁加倍选出，呈请县公所择委

第三十三条　乡长副乡长镇长副镇长监察员如有枉法失职，经县公所撤职者，由县公所令该公所召集选民另行选举，乡长副乡长镇长副镇长监察员遇有辞职、死亡、失踪，依前项规定办理

第三十四条　乡长副乡长镇长副镇长监察员之任期均定为一年，但得连选连任，三中途被选者以继满原任所余之任期为限

第三十五条　乡长或镇长改选举后旧任乡长镇长应将图记文卷及一切公款公物分别造册移交新任接收后由新任呈报县公所备案

第三十六条　乡长副乡长镇长副镇长不得兼任监察员

第三十七条　选举时所用之票匦投票纸及各种调查表册之格式，由民政厅定之

第六章　乡镇款产

第三十八条　乡镇长对于乡镇公款之收支，每三个月公布一次，于任期届满期时，向乡镇会议作详细之报告，并公布周知

第三十九条　乡镇长对于乡镇公款之保管及其收益依前条之规定办理

第七章　乡镇会议

第四十条　乡镇遇有下列事项应由乡镇长召集乡务会议或镇务会议议定办理

一、筹集款项

二、重大征发

三、审核公款收支

四、处理公产公报

五、乡镇公约

六、间邻长及居民之提议事项

七、县长及警务局所交办事项

第四十一条　乡镇会议以下列人员组织之

一、乡长或镇长

二、副乡长或副镇长

三、间长

第四十二条　乡镇会议以乡长或镇长为主席，但遇乡镇长本身有关事项，应由副乡长或副镇长公推一人代理主席

第四十三条　乡镇长会议之议定案遇重大事项，须专案呈请县公所核准，再行办理

第八章　间　邻

第四十四条　各乡镇每五户编为一邻，每五邻编为一间，其余之户虽不满前定户数，亦得编为间邻

第四十五条　凡间邻均以等一等二等数字排列

第四十六条　间邻经第一次编定后，间增至超过三十五户，减至不满十五户，或邻增至超过七户，减至不满三户时，应由乡镇公所于每年间长或邻长任满一个月前改编之

第四十七条　闾设闾长一人，邻设邻长一人

第四十八条　闾长承乡长或镇长之命办理本闾一切事务

第四十九条　邻长承闾长之命办理本邻一切事务

第五十条　凡闾邻居民有违反法令及乡镇公约时，得由闾长报告乡镇公所核办

第五十一条　闾长邻长均为无给职

第五十二条　闾长经手收支乡公款应随时报告乡镇公所，并公告本闾居民周知

第五十三条　闾长或邻长由闾邻居民投票选举以得票多者为当选

第五十四条　闾邻长任期为一年，得连选连任，如有枉法失职者，由乡镇长呈明改选之

第五十五条　闾长得召集闾邻居民会议，以闾长为主席，但遇闾长本身有关事项，应由邻长公推一人代理主席

第五十六条　闾邻之变更及闾长邻长之选免，均由乡镇公所呈报县公所备案

第九章　附　　则

第五十七条　各乡镇闾邻居民之邻保规则另定之

第五十八条　本规程自公布之日施行

3 月 25 日

村里的财政　选举　青苗会　村子的界线

应答者　杜祥（沙井村民、司房）

地　点　县公署

【司房】你是司账吧？＝是管账，一般叫作司房先生。不叫司账。

当了多少年司房先生？＝从十七岁开始当。现在五十七岁。

那四十年间账簿的记录方式变了吗？＝没变。

【账簿】现在你在使用的账簿有什么样的种类？＝有流水账，那是村长填写，再交给我。我再把它誊写在出入账上。

流水账上写什么样的事？＝写关于学校和警官等的支出及收入。村长总是带着，随时记录。

出入账和流水账内容一样吗？＝一样。村长在会首面前宣读流水账，然后我把它记在出入账上。

村长宣读流水账的日子是固定的吗？＝至少一个月一次。其他还有临时宣读。

流水账、出入账以外，还有大秋账、麦秋账等账簿吗？＝有大秋账、麦秋账。那些是我写，村长把结果记在流水账上。如果钱不够的时候会制作摊款账。不过现在没有。

摊款账是白地摊款的时候使用吗？＝是的。

有没有关于学校经费的账簿？＝有，但是和我没关系，那是校长拿着的。叫作学校杂费总账。

除了上面的之外，还有没有记录分局下来的摊款分派的账簿？ ＝村长记在流水账上。

不用杂费老账吗？ ＝现在不用。那是学校经费的账簿。

不把流水账叫作暂记流水账吗？ ＝是同一个东西。

上交县里的四柱册是谁编写？ ＝不知道四柱册。上交县里的叫月报表。因为我现在视力不好，刘教员代替我写。写的人不固定。

月报表上是原封不动照抄出入账吗？ ＝是的。写在一分局给的呈文纸上。

从今年开始没有月报表了吧？ ＝到了今年也还是一直交月报表。

从今年开始不是向县里上交预算书取代月报表吗？ ＝不知道那回事。

关于那件事县里没有下发通告吗？ ＝也许有通知村长，我不知道。

【事务员】从今年开始村里有事务员了吧？ ＝从新历正月开始小东庄的宋九当了事务员。月工资三十元。总是在望泉寺。他是望泉寺、沙井村合并成的一个乡的事务员。

宋九当事务员是谁拜托的？ ＝合格通过县里的考试，因为县里的命令来赴任的。

他来沙井村吗？ ＝很少来。沙井村的村长去望泉寺。

他做些什么？ ＝和村长一起出席县、铁道、分所的会议。

那个会议杨村长也去吗？ ＝去。

宋九会处理乡公所的工作吗？ ＝他在乡公所等待县、铁道发来命令。此外也管理账簿。

沙井村的支出，比如招待费的支出报告事务员吗？ ＝经常报告。事务员将其记在账簿上。

支出之前征求许可吗？ ＝支出前不说。支出后报告。不报告也行。

关于村费的收支，事务员和会首商议吗？ ＝不商议。摊款的时候事务员决定给望泉寺、沙井村的分派。

现在分局下发的命令，是直接来沙井村，还是通过望泉寺的事务员过来？ ＝一定通过事务员过来。

那么和去年相比变了吗？ ＝有了事务员之后完全变了。

事务员来沙井村传达命令吗？ ＝事务员或者小伙子来。

分局向沙井村发来直接命令吗？ ＝不来。

向事务员报告的村里事情是什么样的事？ ＝只报告按照县、分局发来的命令做的事。

招待费怎么样？ ＝使用后报告。但是要记录在月报表上。月报表是事务员写，一张交给县里，一张交给分局。

刘老师写月报表是去年的事吗？ ＝是的。是去年的事，今年没写。

事务员懂得制定预算的事吗？ ＝不懂。

村长懂吗？ ＝也许懂。村里的人连会首都不懂。副村长大概懂吧。

【监察员】村里有监察员吗？ ＝知道那个名称，但是村里没有。

张瑞不是监察员吗？ ＝他兼任副村长和监察员。

【普遍改选】知道民国二十六年的普遍改选吗？ ＝知道。

当时在村里也有选举吗？ ＝有。那之后每年选举。

二十六年选举了什么？ ＝选举了村长。

监察员呢？ ＝不选举。

每年的选举是选举什么？ ＝村长。

【投票人数】二十六年的选举聚集了所有村民吗？ ＝不是所有，是会首和其他的散户聚集起来。

民国二十六年之后每年选举的时候怎么样？ ＝因为选举之前事先要求村民集会，所以聚集了很多人。去年也举行了。

去年是什么时候选举的？ ＝旧历正月。

聚集了多少人？ ＝分局带了三十票过来，聚集过来的有三十多位。

【一家一票】投票是一户一人，还是一户不管出多少人都可以投票？ ＝一户一人。

听说按照县里的规定是从二十岁到四十岁的男子全都有选举权，是怎么样的？ ＝在沙井村是一家一人。

民国二十六年以前每年有选举吗？ ＝不是每年有。

【菜园的村费免除】摊工的时候，菜园地不计算到按照土地亩数进行摊派中吗？ ＝菜园除外。

大秋、麦秋的时候也除外吗？ ＝是的。

大秋的时候没有分家的人家是一家一起交吗，还是家中的男子各自交？ ＝一起交。

【村费缴纳时间】去年大秋是什么时候收的？ ＝九月二十日左右。

是当天缴纳，还是前后几天缴纳？ ＝当天缴纳。

村民全部交了吗？ ＝也有少数没交的，等着。

交了给收据吗？ ＝不给。

怎样知道交没交？ ＝交了的人在大秋账上写收，没交的人写缺。

有没有还没交去年大秋的人？ ＝没有。

去年麦秋是哪一天？ ＝六月某日。

有没有人去年六月没交大秋的时候一起交了？ ＝大部分人都是当天交的。没有人直到大秋都没交。凶年也有这样的情况。

【缴纳者的名义】李如源、李广志是以李如源的名字缴纳吗？ ＝是的。

有没有以李广志的名字缴纳的情况？ ＝没有。

【连圈】望泉寺的人耕作沙井村内的土地时，向沙井村交青苗钱（麦秋、大秋）吗？ ＝向望泉寺交。石门、望泉寺、南法信的人交给各自的村子。

顺义的人耕作沙井村土地的时候怎么样？ ＝向沙井村交。

石门、南法信、望泉寺以外的人耕作沙井村土地的时候是向沙井村交吗？ ＝其他的都向沙井村交。

梅沟营、北法信、军营村怎么样？ ＝向沙井村交。

把沙井村、石门、望泉寺、南法信叫作连圈吗？ ＝叫作连圈种地。

四村之间算差额会怎么样。比如沙井村民耕作二十亩石门村土地，石门村民耕作十亩沙井村土地的时候，怎么样？ ＝从二十亩减去十亩，对剩下的十亩沙井村的青苗会交给石门村的青苗会二元（一亩二十钱）。

【青苗会的成立年代】青苗会是什么时候成立的？ ＝光绪三十年左右。

各村都有青苗会？还是四个村设立一个青苗会？　＝各村都有。

【青苗会和村公会】青苗会和村公会有什么不同？　＝村公会是指村公所。青苗会在村公所中。

负责青苗会的人是谁？　＝村长。

把村长叫作青苗会首吗？　＝叫。

杜先生是青苗会的什么人？　＝青苗会的司房先生。

你不是村公会的司房先生吗？　＝是的。村公会青苗会都一样。如果没有青苗会出的钱，村公会的活动就无法进行。

【上供会】会首是村公会的会首，还是青苗会的会首？　＝会首既叫村公会的会首，也叫青苗会的会首，又叫上供会的会首。都是同一个人来当。

村公会的账簿和青苗会的账簿一样吗？　＝一样。

上供会的账簿怎么样？　＝没有账簿。只写在纸上当天计算。也不写在流水账上。不够的时候会首出。

青苗会成立以前有没有前面讲的四村之间的算差额？　＝没有。如果自己的土地在外村，自己出钱雇请看青的。

【看青费的归属】现在耕作沙井村土地的北法信的人怎么看青？　＝现在不另外雇请看青的，沙井村进行看青。作为交换，沙井村的看青夫去北法信本人那里收钱。沙井村的青苗钱如果是每亩五十钱，收三十钱。因为沙井村白地摊款的时候，不对那片土地收费；北法信白地摊款的时候，对那片土地收费。

那三十钱是看青夫获得，还是沙井村的青苗会收取？　＝因为看青夫是会里雇请的，会里收取。

那三十钱叫作什么？　＝叫看青苗钱。

如果沙井村的青苗钱是六十钱，收多少？　＝四十钱。不过收多少是沙井村自由决定。

石门村民在沙井村里有土地的时候，白地摊款是怎样的？　＝不交沙井村开展的白地捐款，交石门村的白地捐款。

北法信的人在沙井村有土地的时候，向沙井村交多少钱？　＝不交白地摊款，只向沙井村交每亩地三十钱的看青苗钱。

那个人向北法信的青苗会交多少钱？　＝只上交北法信的白地摊款不交青苗钱。

沙井村民在北法信有十亩地的时候，他向沙井村交什么钱？　＝对于那十亩地交青苗钱。白地摊款也和沙井村民交同等比率。

那个人向北法信交看青费吗？　＝每亩交三十钱。那由北法信决定。

那个人既向沙井村交青苗钱，又向北法信交看青费吗？　＝不是的，看青费是北法信的看青夫从沙井村的会里拿三十钱。不是向本人直接收取。北法信的青苗费贵，如果沙井村民参加那个连圈就会吃亏，所以只是拜托北法信的看青夫。

北法信的人，比起耕作北法信的土地，耕作沙井村的土地更划算吗？　＝是的。

北法信也和其他的村组成连圈了吗？　＝北法信、焦各庄、大井窑是连圈。都很贵。

沙井村、石门村、望泉寺、南法信的连圈是什么时候开始的？　＝从青苗会成立的光绪三十年左右开始。那之前没有。

沙井村的土地卖给外村村民的话，沙井村的青苗钱会减少吗？＝不减少。

白地捐（白地摊款）会减少吧？＝是的。

【村子的土地】沙井村土地的大小是固定的吗？比如不论是卖给外村村民还是沙井村民买入土地，都是固定的吗？＝同圈的人即使买了沙井村的土地，面积也不会减少。其他圈的人买的话就减少。沙井村的人即使买了同圈人的土地，面积也不会增加，但是如果买其他圈的土地就增加。

【连圈】村子边界的地如果卖给其他圈的人，界线会变化吗？＝会变。即使卖给同圈的人也又会变。

石门村和其外村组成连圈了吗？＝沙井、顺义、石门。

石门村和望泉寺没有组成连圈吗？＝是的。

望泉寺怎么样？＝梅沟营、南法信、军营、沙井。

南法信怎么样？＝因为南法信对面是大兴县，没有其他的连圈。

沙井村里的土地，如果卖给北法信，就成了北法信的土地吗？＝所有权会转移到北法信，但是青苗钱还是向沙井村交。那片土地是北法信的土地。

这样的土地叫作飞地吗？＝不叫。只说是北法信的土地。

关于把土地卖给连圈外的人，有没有限制？＝没有限制。

以前沙井村的土地很多，是不是渐渐卖掉减少了？＝减少了五六顷。光绪十八年以后由于发洪水把土地卖给了外村村民，所以减少了。因为村里没了土地，大家都穷，村里人中没有买主。

在日本村子有界线，这里没有界线吗？＝设立连圈之后，连圈的界线没变。

连圈设立以前村子的边界变化了吗？＝没变。

【村长的系谱】杜荣是杜如海的什么人？＝叔父。

杜如海的儿子是谁？＝杜守义、杜守田。

杜守义的儿子呢？＝杜钦贤、小牛。

杜守田的儿子呢？＝杜士贤。

杜如海当过村长吗？＝是的。

杜守义呢？＝父亲死后当了村长。

他后面的村长是谁？＝李振宗。

接下来呢？＝周树棠。

杜守义是因为死了不再当村长的吗？＝没有空闲就不当了。

他当村长的时候土地多吗？＝辞职的时候有三十亩左右。因为土地不好，必须干活，所以辞去村长一职。辞职以前有六十亩左右。

杜如海当村长的时候怎么样？＝大约有一顷。儿子杜守义、杜守田分家后减少了。为了杜如海的葬礼卖了十六亩半土地。买主是邢润斋（邢尚德）。

【青苗钱的金额】去年大秋的时候每亩收了多少？＝六十钱左右。

杨润是十二亩，为什么交了十二元？＝大概是因为麦秋的钱没交，一起收的吧。

【缴纳者的名义】为什么李濡源和李广志没有分家却各自缴纳？＝因为有钱，担心土匪，表面上分了家。一家有很多土地的话，就有被袭扰的危险。张家也一样。

张文源是谁？＝张文通的弟弟。暂时和文通分了家。

一家有很多土地的话会被土匪盯上吗？＝没有那种实例，但是害怕。

【收支明细书的公示】大秋的交款明细表向村民公示吗？＝收完之后，写清单张贴在街上。

麦秋、大秋是各自张贴吗？＝旧历十一月时把两者同时贴出来。麦秋写前面，大秋写后面。

支出也张贴吗？＝纸张的最后附上净支出和目录，详细写上支出费用的项目、金额。如果有多余的写上余存多少，不够的时候写上缺少多少。

净支出的写法和出入账一样吗？＝一样写。

那么纸张会很长吧？＝有三丈以上。

3 月 26 日

庙和办五会　纷争和仲裁　劳役和村费　村子的界线

应答者　崇文起（沙井村民、卖饼子的）
地　点　村公所

【卖饼小贩】你的买卖是什么？＝卖烧饼和油饼等。

那是自己做吗？＝是的。

材料在哪里买？＝油是在顺义的通顺永。白面是从市场买来小麦自己磨成粉。

在哪里卖饼？＝在石门、沙井、望泉寺卖。以前去过南法信，不过现在不去。

是你去卖吗？＝我有时去卖，多数是孩子去。

卖了多少年饼？＝十八九年。从我三十岁左右的时候开始。

那之前是干什么的？＝当长工。

【有钱的祖先】你家以前有钱吧？＝听说大约两百年以前是有钱人。

当时的崇家人叫什么名字？＝崇国栋、崇国旗。是我六辈的祖先。

崇德是你的什么人？＝父亲，民国二十年去世。

他当过会首吗？＝不是会首，只是给会里帮忙。

庙里的匾额上写的崇禄是你的什么人？＝祖父的叔父。

【修庙宇】庙宇是什么时候修的？＝光绪二十六年。

当时花了多少费用？＝不知道。大概有一百吊吧。

当时三殿都一起修了吗？＝不是全部修，只是修缮损坏的佛像上个色的程度。不修理建筑。

修理费用是村里出的吗？有没有外村的捐款？＝因为不是修建筑，没有外村的捐款。是村里支出的。

那个费用是村里的谁出的？ ＝耕作村里土地的人按照土地大小都出了。

为了修庙，请过人吗？ ＝按照土地亩数派了人。

画匠是从哪里来的？ ＝从县里来的。

【祭拜寺庙】外村村民来祭拜这个庙吗？ ＝因为各个村都有庙，谁也不会来。

全村村民都祭拜这个庙吗？ ＝都来烧香。

那是什么时候？ ＝平常是每月一日和十五日。

【办五会】庙会是什么时候？ ＝正月十五日、二月十九日、四月八日、六月二十四日、七月三十日。

你去那个庙会吗？ ＝不去。以前参加，但是最近没空闲，所以经常不出席。

你的家人不参加庙会吗？ ＝收到会叶的话就去，没收到就不参加。这两三年没给我。

为什么不给？ ＝因为我家没空。

【青年外出干活】现在村里青年好像很少，是外出去哪里干活了吗？ ＝大约有十人去北京当商店的学徒。去顺义的有一名。

去做蜜供的人回来了吗？ ＝都回来了。

那些人在村里吗？ ＝在村里。

青年在家里吗？ ＝有七八人在家，都在田里干活。

青年这么少吗？ ＝非常少。

从前就少吗？ ＝是的。

那是因为青年都外出了吗？ ＝大部分都去当学徒（徒弟）了，所以村里的青年很少。

外出的青年和在村里的青年，哪个多？ ＝外出的人多。

是因为事变后外出的人增加了吗？ ＝不是，从前就是这样。

事变后普通村民的外出增加了吗？ ＝和以前一样。

【无土地者】你去年麦秋交了多少钱？ ＝因为完全没有耕作土地，麦秋费、大秋费都没有。

摊工怎么样？ ＝没有。

完全不交给村里任何钱吗？ ＝是的。

从前就没有土地吗？ ＝一直当佃农。

没有耕作村里土地的人参加庙会吗？ ＝不参加。

完全没有耕作村里土地的人有多少人？ ＝李广德。在当长工。

杜复新怎么样？ ＝有菜园。

不交青苗钱的人参加庙会吗？ ＝不参加。

有没有人交青苗钱却不参加？ ＝有。

没有自己的所有地的佃农参加庙会吗？ ＝有人参加，也有人不参加。

除了墙板、梯子、夯以外还有没有东西是村民从村里借？ ＝婚礼等时候借用庙里的椅子和桌子。

不交青苗钱也可以借用吗？ ＝不交青苗钱也可以。我也借过。

【纷争的原因】听说你多次仲裁村民的纷争，经常仲裁吗？ ＝是的。

因为什么样的原因起纷争？　＝有各种原因，言语恶劣、房产不均、为了孩子争执等。

房产不均是什么？　＝甲建造了房子，乙在旁边造房子，如果利用了甲的墙壁，之后就分不清那堵墙是谁的，破坏甲的房子的时候就起争执。

会不会因为田地的边界不明确，春天耕种的时候起纷争？　＝经常有纷争。

有没有分家之争？　＝那是最多的。

因为言语起纷争是什么样的事？　＝有闲聊中发生争吵的事。

停止搭套的时候起纷争吗？　＝不至于争执。

有没有因为不对年长者使用尊敬的言语，被年长者训斥而变成争执的事？　＝有，经常有。

【街坊的辈分】那个时候，年龄和街坊的辈分，哪个更受重视？　＝街坊的辈分更受重视。

除了说话措辞，还有什么样的时候重视街坊的辈分？　＝婚礼、葬礼的排座。

庙会的时候怎么样？　＝那个和辈分没关系。

争吵的时候是辈分高的一方获胜吗？　＝有理的一方获胜，如果辈分低的人没理，仲裁者会带其到辈分高的人面前让其道歉。辈分高的人没理的话，也可以不向辈分低的人道歉。

应答者　杨永才（看庙、杨姓的族长）

【会首和老道】你以前当过会首吗？　＝父亲也是会首，我接替父亲当了会首。

你多少岁的时候当的会首？　＝民国十九年。因为父亲年老无法进行工作，我代替父亲当了会首。当时我是四十岁左右。

什么时候辞任会首的？　＝之前的老道死后，辞任会首当了老道。那是大约六年前。

会首的工作和老道的工作有什么不同？　＝老道找村民有事的时候去叫人。

老道参加关于村里的公共事务的商议吗？　＝不参加。

为什么辞任会首？　＝因为分家后变穷了，辞任会首当了老道。老道和村长是最忙的，必须做各种各样的工作。我受村长和会首拜托当了老道。

没有很多土地的话当不了会首吗？　＝我分家后也当过一段时间会首，不过老道死后，代替他当了老道。

【修路】今天修的是哪里的道路？　＝去北京的汽车道路。

这个村派出人了吗？　＝从石门村、南法信、刘家河、沙井村、望泉寺、梅沟营、军营村派出人手。

大约派出多少人？　＝一百人以上。

沙井村派出多少人？　＝十人。

【按土地亩数的出工】是按土地亩数派出吗？　＝是的。

这样的出工经常有吗？　＝一年有两三次。

那些人的伙食怎么办？　＝出工的人自己带去。

给钱吗？　＝不给。

那大约要花多少天？　＝大概要花四五天。

什么时候开始的？　＝从昨天开始的。每天派出十人。

【出工者】昨天是谁参加了？　＝张继武（两名）、孙凤（一名）、李如源（一名）、杨

源（一名）、杨正（一名）、张永仁（一名）、李广全（一名）、李秀芳（一名）、杨泽（一名）。

今天是谁？＝张继武（两名）、李如源（一名）、杨源（一名）、任振刚（一名）、张成（一名）、景德福（一名）、杨正（一名）、杨源（一名）、赵立民（一名）、张永仁（一名）。

【出工分派】那个的分派是谁来决定？＝我来决定。每十亩一人。如果本人不能参加的时候顺延到下次。

村公会对出工者请吃饭或送谢礼吗？＝不请也不送。不满十亩的人不参加。

【出徭役命令】派出十人的命令是从哪来的？＝两三天前从分局来的。

不是望泉寺的事务员来通知的吗？＝不通知。他只写月报表。

分局发来的命令有没有经过望泉寺的乡公所来的情况？＝从分局直接发来望泉寺和沙井村两边。

今年望泉寺设置事务员后，分局的通告没有通过乡公所发来吗？＝和以前一样，没有变化。

应答者　崇文起

【仲裁人】仲裁的时候是你一个人仲裁，还是和谁一起仲裁？＝也有一个人的时候，但和两三人一起的情况多。

什么样的情况下一起仲裁？＝有重大事情的时候，一个人无法仲裁。

什么样的事情是重大事情？＝房产、土地之争。口角之争没什么。

和什么样的人一起仲裁？＝赵绍廷、周树棠、杨永才。

村长也仲裁吗？＝如果是很大的事，村长必须出面。如果上面的几人可以解决而村长很忙的话，可以不出面。

李如源也和你一起仲裁吗？＝是的。

房产、土地之争的时候是上面几人仲裁吗？＝赵绍廷、周树棠、杨永才、崇文起四人一起仲裁的最多，有时村长、副村长出面。

会首怎么样？＝纷争非常大的时候，村长、副村长、会首出面，一般不出面。

有没有过这些人出面的纷争？＝有。去年李汇源和他弟弟李十为了土地交换的不均起了争执。因为打谷场和住房的交换不成立。

当时所有的会首都聚集起来了吗？＝聚集了会首、崇文起、杨永才、周树棠、李注源。

当时的会首是谁？＝杨源、李如源两人。

那些人在哪里集会？＝村公会。

谁是中心？＝村长。因为担心两人告到县里，不让他们告。

结果怎么样？＝没有告。交换后写了证书。

谁当的证人？＝村长、杨永才、崇文起、李注源四人。

这个争执是最初有人仲裁，因为不成功，把村长请出来的吗？＝是的。不知道是谁仲裁失败，变得必须要去上诉，所以李十拜托了杨永才、崇文起，两人再拜托村长仲裁。

向仲裁人送礼吗？＝不送。

请吃饭吗？＝不请。

【诉讼】没有有力仲裁人，当事人不听劝的时候怎么办？＝那个时候本人向村长报告关于上诉的事情。

有没有人不和村长说就上诉？＝一般是和村长说过之后上诉。

没有村长的谅解就上诉的话会被村长训斥吗？＝村长放任不管。

关于向县里上诉，必须要有村长的谅解，不要求其他人的谅解吗？＝一定和村长说。

应答者　杨永才

【青苗会的成立年代】青苗会是什么时候成立的？＝我想大概是光绪二十年左右。

【那以前的村费】那以前是怎么收村费的？＝会首进行商议，决定哪家交多少钱。那时村费的支出很少，用庙里的租金凑合。

当时摊款是怎么交的？＝当时没有看青夫，自己看守自己的土地。

当时有没有从县里来过收钱的摊派？＝没来过。当时“地方”只来村里催促缴纳田赋，没有任何其他的。一年拿去县里交一次。

当时是每人拿去县里吗？＝每人去交。

【摊款的开始】摊款是什么时候开始的？＝分局成立以后开始的，那以前没有。

那是什么时候？＝民国初年。

民国以前除了田赋以外，县里来征收费用吗？＝除了田赋以外没有了。

不把青苗会叫作看青苗会吗？＝不叫。

叫作看青会吗？＝叫作会的看青，不叫看青会。

【村子的界线】以前沙井村的界线比现在要宽广吗？＝界线没有变，但是如果卖土地的话土地会变少。

南法信和沙井村之间有界线吗？＝有。

那个界线从前就没变吗？＝青苗会成立直到现在没有变。

当时沙井村民拥有的土地叫作沙井村的土地吗？＝叫作沙井村的土地。

当时沙井村民在石门村里买土地的话，那土地叫沙井村的土地吗？＝不叫沙井村的土地，还是叫石门村的土地。

应答者　杨润（会首）

【连圈】青苗会成立以前，沙井村的土地有增减吗？＝是的。

之后没有增减吗？＝是的。以后叫作属地主义。

村公会之间算的看青费的差额叫作什么？＝贴款。

和沙井村算差额的村子都有哪里？＝石门、望泉寺、刘家河、南法信、北法信。

那叫作连圈吗？＝叫。连圈的意思是边界相连。

军营村民在沙井村的土地的看青费怎么办？＝如果沙井村的看青费是每亩五十钱，沙井村公会就收三十钱。

那个人向军营村交钱吗？＝不交。不过那个人的土地非常多的时候，要向军营村交青苗钱，军营村的村公会再向沙井村交看青费。土地少的话，不向军营村交青苗钱。所以如果是少量土地，耕作村外的土地更划算。

　　沙井村民耕作军营村的土地时，向沙井村交青苗钱吗？ ＝不向沙井村交，向军营村交看青费三十枚。如果土地多的时候，向沙井村交青苗钱，然后沙井村的村公会向军营村交看青费。

　　沙井村大秋的时候，耕作连圈外村子的土地的人交钱吗？ ＝不交。

　　即使那片土地是沙井村民的所有地也不交吗？ ＝只向对方村子交看青费，不向自己的村子交。

3 月 27 日

干部　编乡　界线　财政　街坊的辈分　新民会

应答者　王金（望泉寺副村长）

地　点　望泉寺乡公所

你从什么时候当的副村长？ ＝从五六年前。

年龄多大？ ＝五十九岁。

村长的名字是什么？ ＝王沛。

以前应该有个姓刘的村长？ ＝王沛之前的村长是路守忠。

再往前呢？ ＝刘景春。

【编乡】望泉寺是主村、沙井村是副村这种关系是什么时候建立的？ ＝从三年前开始建立的。从自卫团训练的时候开始变为一个乡。现在是第四编乡。

　　那以前不是编乡吗？ ＝对。

　　成为编乡以后沙井村的村长和望泉寺的村长就村子的事商议过吗？ ＝因为村子的事是在各自村里处理，没有商议过。

【事务员】事务员是什么时候开始设置的？ ＝新历正月四日。

　　那个人的名字是什么？ ＝宋耕九。

　　他平时在村里吗？ ＝以前一直来，但是最近长达一个月完全没来。好像在分局帮忙。是小东庄的人，住在那里。

　　宋的月工资是多少？ ＝一个月三十元。

　　那是沙井村、望泉寺两边出吗？ ＝从两个村出。

　　各出一半吗？ ＝望泉寺比沙井村多出七元。

　　为什么？ ＝因为望泉寺的警团款比沙井村出得多。那是一年分两次交给县财务局。那是去年开始作为田赋附加特别要交的。警团款是望泉寺十元，沙井村六元，交两次。一年是望泉寺二十元，沙井村十二元。

　　事务员的工作是什么？ ＝监督县里派来的公务，或者一乡的账目。

　　沙井村来向事务员递交账目吗？ ＝是的，拿来添加在事务员的账目上。现在事务员不在所以没办法。

沙井村带来账目的日子是固定的吗？ ＝因为现在事务员不在，不带来。

事务员在的时候怎么样？ ＝那个时候也不固定。虽然拜托事务员来，却根本没来。

分局向沙井村派来的公务是到事务员那里，然后传达给沙井村吗？ ＝是的。

现在事务员不在是怎么做的？ ＝直接到沙井村。

去年没有事务员的时候怎么做的？ ＝去年村子各是各的，所以直接到沙井村。

今年沙井村长、望泉寺村长、事务员三人有没有商议过第四乡的事情？ ＝没有。

【村里的预算】村里的预算是事务员制定吗？ ＝昨天把村长的印章拿到县里交给了事务员，所以大概是他在制定预算吧。

你了解那个预算吗？ ＝不了解。

制定那个的时候和村里的人没关系吗？ ＝事务员不和村里的人商量，一个人根据去年的账目制定。

那个账目的名称是什么？ ＝出入流水账。

对于制定预算也不和村长商量吗？ ＝村长把一整年的月报交给事务员，事务员誊写后报告县里。月报和出入流水账内容一样。因为县里发来制作预算表的命令，村长拜托事务员制作，但是事务员还没制作，所以放着没管。他不来的话没办法。

预算表叫作什么？ ＝不知道。

沙井村的预算也是那个事务员制定吗？ ＝是的。

那是每个月的还是一整年的？ ＝预算的事情我什么也不知道。

事务员和村里青苗钱的分派有关系吗？ ＝会监督账目，其他的事情村民只是决定后报告事务员。

【会首】有会首吗？ ＝有。刘润德、刘树地、刘树平、刘广助、王朝文、刘洁臣、刘村润、王金、王沛。

村里的公事是这些人决定吗？ ＝是的。

那个时候事务员也参加吗？ ＝没有事务员也可以商议。

认识沙井村的会首吗？ ＝村长、副村长认识，其他的不认识。

【白地捐】本村除了青苗钱以外，还向村民收钱吗？ ＝因为旧历三月十八日要修庙，预定到时按照土地亩数收钱。木匠的钱大概要花一百七十元左右吧。材料费还不清楚。

那笔钱已经收了吗？ ＝施工完毕后收。

那笔钱怎么支付？ ＝从城里的商店借钱。

按土地亩数收钱叫作什么？ ＝修庙化费。

不叫白地摊款吗？ ＝叫白地捐。向十亩以上土地的所有者收取。

有没有会首垫付费用然后从青苗钱中取回那笔钱的事情？ ＝没有。如果那样做的话，土地少的人也要出钱，就变得不公平。所以从商店借钱，向十亩以上土地的所有者收取。

这个村白地捐多吗？ ＝没有工程的时候没有。

去年有吗？ ＝没有。

有没有从城里的商店借钱，青苗会来支付的情况？ ＝有。每年都有。

【圈】沙井村和望泉寺有边界吗？＝没有边界，但是有圈，在沙井村圈里的土地的看青钱交给沙井村。

圈是什么？土地的界线吗？＝汽车公路的北边是沙井村的圈，南边是望泉寺的圈。

位于公路以北的望泉寺村民的土地叫作沙井村的土地吗？＝叫作望泉寺的土地。

叫作沙井村圈的土地吗？＝叫作外圈的土地。

望泉寺的所有地不管在哪里都叫作望泉寺的土地吗？＝全都叫望泉寺的土地。如果在村外，就叫作在外圈的望泉寺的土地。

叫作望泉寺的某人的土地吗？＝叫。

叫望泉寺的土地的，和叫望泉寺的某人的土地的，哪个叫法用得多？＝如果知道土地所有者的名字，就叫望泉寺的某人的土地，不知道的时候叫望泉寺的土地。

【青苗会】这个村的青苗会是什么时候成立的？＝清代没有，自己的土地是自己看守。自己不看守的时候雇人。那个人叫作土棍，人们都怕他。

现在还把看青夫叫作土棍吗？＝不叫。现在需要保证人，不是好人不让当看青夫。

村子的圈是看青会成立以后建立的吗？＝是的。

本村的青苗会和沙井村的青苗会，哪个成立更早？＝我想大概是同时代成立的。

是和沙井村商量后成立的吗？＝那就不知道了。

【连圈】知道什么是贴款吗？＝知道。望泉寺每年向沙井村的村公会交六元。

为什么交六元？＝因为望泉寺的土地在沙井村的圈有很多，沙井村的土地在望泉寺的圈只有很少一点。

有没有本村村民在耕作连圈外的土地？＝没有。

有没有连圈外的人耕作本村的土地？＝没有。望泉寺的圈内顺义人的土地多。顺义和本村是连圈。

本村村民耕作石门村的土地的话，那个人向望泉寺交青苗钱吗？＝不交。向石门村交。

如果是沙井村圈的土地怎么样？＝向望泉寺交。

上面那种情况，向石门村交和青苗钱相同金额的钱吗？＝交青苗钱一半的钱。

交一半是石门村决定的吗？＝前年有圈长的会议，当时决定是一半。

那个会议上聚集了村长吗？＝是的，这附近的村长都聚集起来了。

【学校费】望泉寺出多少学校的经费？＝出全部经费的四十分之十一点八。金额不知道。

什么时候出？＝一年两次。麦秋和大秋的时候出。

决定学校的预算时，四个村的村长集会吗？＝年底结算的时候四村村长聚在一起计算，然后出钱。麦秋、大秋的时候出的钱只有教员的工资，其他的费用是到年底从青苗会出。

【村外结婚】有没有人从这个村嫁到沙井村？＝没有。

有没有从沙井村嫁过来的人？＝有两三人。

和很近的村子的人结婚，和遥远的村子的人结婚，哪种更多？＝不一定。

村内通婚的多吗？＝非常少。和外村之间的多。

那是为什么？＝从前的习惯。

村内通婚有还是有吗？＝只有斋和张的结婚这一桩。斋是曾经住在城里的人。

从前村内部的结婚就少吗？＝几乎没有。

【街坊的辈分】那一般是这个地方的习惯吗？＝是的。在村内通婚的话，街坊的辈分会变，所以村内通婚很少。

因为街坊的辈分会变而不喜欢和村内部的人结婚吗？＝是的。此外，村内通婚的后，夫妻吵架的时候离得近，会很麻烦，所以很少是村内部结婚。

和沙井村民之间也有街坊的辈分吗？＝和亲近的人之间有。

会避免和有街坊辈分的外村村民结婚吗？＝也有结婚的。结婚的话，辈分会变。

应答者　刘悦（教员）
地　点　沙井村公所

【村外结婚】村内部的结婚少吗？＝少。

与就在邻近的村子之间 和与稍微隔远的村子之间，哪个多？＝和稍微远隔的村子之间多。

和非常遥远的村子之间呢？＝少。

为什么？＝不知道。

【街坊的辈分】跟街坊的辈分的存在有关吗？＝那也许是一个原因。

应答者　张瑞（副村长 沙井村第一有钱的人 蜜供的头领）

【新民会的春耕贷款】有没有人在借新民会的春耕贷款？＝本村没有。

外村有吗？＝听说过。利息是九厘，每一百元每月付九十钱利息。有股份的人可以借，没有的人不可以借。

利息九厘便宜吗？＝便宜。

本村有多少持有股份的人？＝有十人。

那些人叫作合作社社员吗？＝叫作新民会合作社社员。拿着社员证书去合作社买东西。

【合作社的买卖】在合作社买东西的人多吗？＝合作社的商品不多，所以我没去买过。本村民谁也不去。

有没有关于股份的分红？＝方针是这样，但是分红还没下来。因为白面和石油等只有少量出售，想买也买不了。

【合作社员】那么为什么加入合作社？＝因为新民会下了命令，所以加入。

是新民会有指名命令，还是命令要多少人入社？＝有命令发给村长，村民的三分之二一定要当社员，但是因为村民贫穷，只有十人加入。

【新民会员】这个村的新民会员都加入了合作社吗？＝这个村没有新民会员。听说村长入会了，不是很清楚。

你不是会员吗？＝没有加入新民会。

没有来劝你加入吗？＝不来。

村长为什么入会的？＝入没入会我不清楚。有出席过新民会的会议。

加入合作社的手续是怎样的？＝写明户口册，再加上三元交给新民会就可以了。不需要保证人。

这个村的人和新民会也好合作社也好，实际上没有关系吗？ ＝不需要钱，也没有借钱，也不买东西。

【乡里的事务员】知道望泉寺的乡公所来了事务员吗？ ＝知道。

那人叫作什么？叫作书记吗？ ＝叫作事务员。

做什么样的工作？ ＝做乡里的外交工作。县、分局、新民会有会议的时候，他出席。

那个时候村长也出席吗？ ＝通知上有村长的名字的时候出席，没有的时候只有事务员去。

他也监督沙井村的事务吗？ ＝监督。

怎样监督？ ＝老道把青苗会的账面拿到事务员面前，老道向事务员口头传达其内容后，事务员将其记下来。但是现在事务员不在望泉寺，所以没办法。因为稍早之前，从车站下了写户口册的命令到村里，虽然写了交给了事务员，但是事务员带回了家没有交给车站，为此乡长挨了车站的人的打。

【村里的预算】那个事务员需要制作预算书吗？ ＝制作预算书。也制作月报。

沙井村的预算是怎样制定的？ ＝村长制作预算表后交给事务员，事务员照抄后报告县里。

不是村长和事务员商议后制定吗？ ＝好像是哪一种方式都行。本村还没有制定……（刘教员所述）"民国三十年度的预算表已经交给县里了"……但我没听说过那种事。

那个预算表是谁制作的？ ＝事务员制作的。然后县里订正后发回来（刘教员所述）。

事务员是以什么为材料制作预算表的？ ＝写那个的时候村长去了事务员那里（刘教员所述）。

不是以去年的月报为材料吗？ ＝不知道，大概是那样吧。

如果发生村费支出的话，要马上报告事务员吗？ ＝不马上报告。此外报告的日期也没有特别规定。

月报今后是村里制作吗？ ＝那应当是事务员制作。但是因为现在他不在也没办法。如果需要的话，制作也简单。

这个村里有没有制定过预算？ ＝村里至今为止没有预算。只有结算。

【学校经费】关于学校经费也没有预算吗？ ＝没有。

听说学校费是一年一千元，没有预算吗？ ＝没有。

学校的经费是使用后再从四村筹集吗？ ＝是的。

使用的时候借钱吗？ ＝物品是赊买。也有从村长那里借小额钱款的情况。老师的月工资也是之后给。

老师的月工资是什么时候给？ ＝拿到月工资的时间不定。村里有钱的时候发（刘教员所述）。

3 月 28 日

沙井村农家户别访问

在李祥林家（妻子的谈话）

【墓地】去拜祭祖先的坟墓吗？＝不去。

知道祖先的坟墓在义地这件事吗？＝不知道。

在李树林家

【墓地】知道祖先的坟墓在义地这件事吗？＝不知道。我家的墓地在别的地方……（杜祥讲）"只有老人知道村里的义地，年轻人不知道那个"。

在李广恩家

【会首】祖父李振刚当过会首吗？＝没当。因为振刚的哥哥振英是村长，弟弟当会首不好。

现在杨源是村长，弟弟杨泽不是在当会首吗？＝那是分家后的事情所以可以。分家以前不能做这样的事。

【官坑】这里的砖是自制的吗？＝是的。

土是从哪里取的？＝取的官坑的土。

那里的土是谁都可以取吗？＝如果是本村民，谁都可以。

不交青苗钱的人也可以吗？＝可以。

外村村民怎么样？＝外村村民不可以。

【官地】庙下方的广场是官地吗？＝是的（杜祥所述）。

这里谁都可以使用吗？＝谁都可以使用，不过实际上是这附近的人制作土粪的时候使用（杜祥讲）。

【砥石】庙入口的砥石是庙里的东西吗？＝是庙里的东西。夏天年轻人去割草的时候，在庙里睡午觉，磨镰刀后出门（杜祥所述）。

顺义县第一警区第四乡望泉寺乡公所三十年度岁出预算书
民国三十年一月　　日造
经常部支出额全年预算数为 6746.000 厘整

款	项	目	节	本年度预算数	上年度预算数	比较		备注
						增	减	
一、经费								
	一、薪津							
		一、职员薪津						
			一、乡长薪津					
			二、事务员薪津	360.000		360.000		月支三〇元全年如上数

款	项	目	节	本年度预算数	上年度预算数	比较 增	比较 减	备注
			三、书记薪津					
		二、夫役工资						
			一、夫役工资	480.000	480.000			一人月支四元全年如上数
			二、青夫工资	420.000	420.000			七人分二回麦秋各支三〇元大秋各支三〇元
			三、巡查员工资	96.000	96.000			铁道巡查员一人月支八元
	二、办公费							
		一、文具费						
			一、纸账费	96.000	96.000			每月八元全年如上述
			二、笔墨费	48.000	48.000			每月四元全年如上述
		二、消耗费						
			一、煤炭费	(50) [120.000]		120.000		每月十元
			二、煤油茶叶费	(50) [72.000]		72.000		每月六元
		三、购置费						
			一、家具费	60.000		60.000		

款	项	目	节	本年度预算数	上年度预算数	比较增	比较减	备注
			二、书报费	（12.000）[48.000]		48.000		
		四、杂费						
			一、旅膳费	150.000	150.000			
			二、开会费	（100）[150.000]	150.000			按照惯例于大秋会时聚餐一次年请联图
			三、训练费	200.000				关于青训及车站少年队
三、保甲办公费								
		一、保甲办公费						
			一、联保长办公费	120.000	120.000			月支十元全年如上数
			二、保长办公费	72.000	72.000			每保长月支三元其二保全年如上数
			三、甲长办公费	216.000	216.000			每甲长月支一元其十八甲全年如上数
四、教育费								
		一、教育费						
			一、联立初级小学费	440.000	440.000			沙井小学校每月经费为七四元
			二、新民学校费	100.000		100.000		于农闲时成立一二期

续表

款	项	目	节	本年度预算数	上年度预算数	比较		备注
						增	减	
	五、治安费							
		一、治安费	一、区警津贴	100.000	100.000			
			二、自卫团费	（150）[360.000]		[360.000]		
			三、防匪设施	（200）[300.000]	300.000			
			四、其他	（100）[240.000]				
	六、新民分会							
		一、新民分会						
			一、新民分会	60.000	60.000			
	七、预备费							
		一、工作费						
			一、建设费	200.000	200.000			关于公路之修补等
			二、调查费	200.000	200.000			关于保甲及土地之调查
			三、卫生费	100.000		100.000		关于预防消毒及施种牛痘
			其他	400.000	300.000	100.000		关于新兵安家费等
		二、应酬费						

续表

款	项	目	节	本年度预算数	上年度预算数	比较 增	减	备注
			一、招待摊款	300.000	500.000			关于全区招待之摊款
	（九）		二、杂费应酬	120.000	120.000			关于保正地方及指助均属之
合计				6746.000	5426.000	1320.000		

说明	查预算书各栏该乡镇如无此项开支者即可删去 沙井村属于本乡将该村全年预算数区加入此预算书内

（注）本预算书是乡公所向县里提交的原文。县秘书科认定预算额过大，进行了缩小删除。此外订正费用项目，对乡公所下了按照县里的指示制作新的预算书并提交的命令。上表的〔　〕表示县秘书科订正删除的地方；（　）中表示县秘书科改正的数字以及费用项目。虽然没有对预算总额加以订正　那个当然也应该发生变化。在3月调查期间，新预算书还没有提交。

在王悦家（做点心的）
【点心】什么时候开始做点心的？＝从民国十五年开始。
糖是从哪里买来的？＝从北京买来粗砂糖。买的时候是我去采购。
做好的点心在哪里卖？＝在顺义城里北街的市场上卖。村里有人买的话也卖。
不批发吗？＝不批发。
不干农活吗？＝干。只有天冷的时候做点心，除此之外就是老百姓。
有没有其他人把做点心当副业？＝这个村只有我一个人。
【磨】这个磨让村里的人用吗？＝谁都让用。
收使用金吗？＝不收。自由使用。

在赵文有家（卖木材的　本人不在　王悦所述）
【木材】这些木材是从哪里买来的？＝从白河东边买来的。
买来的木材就这样卖吗？＝削皮以后卖。
在哪里卖？＝去城里和北京卖。
有车吗？＝雇用别人的车搬运。
不耕作吗？＝稍微耕作一点，但是正业是卖木材。

赵立民家（本人不在，杜祥所述）

【外出】赵立民去哪里了？＝从今年正月开始当了杜兰庄的事务员，现在不在村里。

耕作怎么办？＝雇请短工。

王喜（在村里路旁）

【住在庙里】你家在哪里？＝没有家。大约十年前变得孤身一人，现在和老道两个人住在庙里。

在干什么？＝当苦力。

耿士成家（家在庙里的东北角，独居）

【庙里的家】从前就住在这里吗？＝十二三岁的时候双亲去世，让我用会里的材料造了房屋，住在了这里。如果我死了，这个房子就成为庙里的房子。

双亲去世的时候，村里没有同族吗？＝村里没有。外村有。但是我不愿意去外村，所以留在村里。

现在本村也没有同族吗？＝有耿正文。他在租房住，很穷。

你小时候是做什么的？＝双亲去世以后，大约有八年，当了杜荣家的小长工（小长工的意思是儿童长工。成人长工叫作大长工）。

那之后呢？＝在杨源家当长工，然后离开村子，当了枯柳树村的冯家、林家村的王家、沙坨村的杨家的长工之后，回到村里。

多少年之前回的本村？＝七八年前。

现在在做什么？＝耕作。有少许砂地。

那个房子是庙里给你造的吗？＝回村以后，从会里获得材料，以我自己的劳力造的。材料是免费获得的。因为一直和村民关系很好，大家都同情我，允许我造房子。

当时的村长是谁？＝杨源。

副村长呢？＝张继武。

除了你以外，还有没有人从会里获得材料，造了房子？＝除我以外没人。我是因为没钱，和村民关系好，所以给我材料。

应答者 三户（新民会次长）

地 点 新民会

【春耕贷款】从前沙井村民有没有借过春耕贷款？＝我查一下……沙井村从前没有。今年还没有实施。

【新民会员】沙井村民中有新民会员吗？＝我查一下……新民会河北省冀东道顺义县仁和镇分会会员名册（民国二十九年三月二十二日）上有下面这些人入了会。

名	年龄	入会日期	简历	备注
杨　源	43	民国二十八年 四月二十日	农	协赞会员
张　瑞	42	同上	同上	同上
李如源	61	同上	同上	同上
杜　祥	56	同上	同上	同上
赵亭奎	36	同上	同上	同上
张永仁	62	同上	同上	同上
杨　泽	35	同上	同上	同上
杨　润	35	同上	同上	同上

3 月 29 日

村里的预算

应答者　杨源（沙井村长）
地　点　顺义城内义聚楼（杨源的店）

【村里的预算】今年开始制作的预算书，是谁制作的？＝事务员制作的。现在他在忙分局的事，什么也没做。

那是在哪里制作的？＝在望泉寺乡公所。

那是什么时候？＝去年旧历十二月。但是那个弄错了，被县里退回来了。

制作的时候都有谁聚集到望泉寺乡公所？＝聚集了望泉寺的几个会首，事务员以及我。从沙井村就我一个人带着账面去了。

什么账面？＝流水账。那和四柱册一样。

去望泉寺之前，在沙井村开会商议了预算的事吗？＝不开会。只是和会首说。

拿流水账去做什么？＝给事务员看。

那个时候关于预算的格式，事务员进行了说明吗？＝简单地说明了。

你向事务员分项目说明了沙井村的预算吗？＝不，只是告诉他去年支出费用的合计，不说详细情况。

这个预算书上的六千七百四十六元中，沙井村的预算是多少？＝去年沙井村用了一千八百元。今年因为增加了四百元事务员的费用，是二千二百元。

望泉寺共出四千多元？＝是的，减去沙井村的金额，剩下的是望泉寺的金额。

知道这个预算书的各个项目之中，包括多少沙井村的费用吗？＝我不知道。

只告诉事务员合计金额，明细委托事务员处理吗？＝是的。

事务员是根据流水账制作预算明细，还是根据合计金额随意制作明细？＝根据流水账制作。我想如果看了流水账，事务员也能知道沙井村去年支出费用的明细。之前提交了二千二百元的预算，但是因为太多被县里退回来了，所以下次打算和村里的人商量后制定。因为我不知道预算书的内容，希望把它的抄写版借我到明天。

3月30日

村长的选任　纷争

应答者　周树棠（前村长）
地　点　村公所

【村民的商谈对象】村民来找你商谈各种各样的事情吗？ ＝来商谈。

来商谈什么样的事情？ ＝接受吵架、田地房产之争的商谈。

有没有代写书信？ ＝有。

普通人来拜托你吗？ ＝来。

村民中不会写信的人多吗？ ＝多。

读不懂信的人也多吗？ ＝多。

你也会读给他们听吗？ ＝会。

会向小孩讲自己的见闻吗？ ＝经常讲。

有没有在学校给孩子们讲话？ ＝没有。

在哪里讲给他们听？ ＝在家对自家孩子讲。

会对别人的孩子讲吗？ ＝讲过关于过去的风俗、人情。

在什么样的时间？什么样的地点讲？ ＝平时任何时候都会讲。庙会的时候不讲。把孩子们叫来，讲中国北部还很寒冷，但是在中国南部已经在耕作了等事情。

【官吏的履历】你历任过哪里？ ＝（一）江苏镇江府；（二）安徽州府；（三）湖南勤业道；（四）河北高线铁路站长；（五）保定府唐县收发处；（六）汉沽芦台场办事员；（七）江西杨口镇西务分局长。

那以后回村的吗？ ＝是的，民国十五年回来的。

【村长选举】那以后当的村长吗？ ＝立马当了村长。干了十七八两年。

前任村长是谁？ ＝杜如海（正）和杨斌（副）。

当时的村长不是杜守义吗？ ＝表面上如海是村长，因为年老，守义在做代理。

当村长的时候有选举吗？ ＝有选举。

当时全村村民都参加了吗？ ＝全村村民都参加了。

当时是口头选举，还是投票？ ＝是口头。

在庙里举行的吗？ ＝是的。

口头选举是怎样进行的？ ＝因为前村长年老不能工作，全村村民进行了商议，根据那个商议我当了村长。

【公议】关于那个商议有没有什么名称？ ＝叫作公议。召集全村村民，杜如海发言后推荐了我。

　　现在有公议吗？＝没有全村的公议，但是有会首的公议。

　　以前是什么样的时候召开公议？＝公议很少。只有选举村长的时候。

　　以前有没有为了防御土匪召开过公议？＝没有。

　　有没有召开过关于向县里交摊款的公议？＝那个只用会首的公议就行。

　　【会首】会首是从前就有吗？＝有。

　　青苗会是什么时候成立的？＝从民国初年开始。

　　现在的会首是青苗会的会首吗？＝有办事会首和青苗会会首。不过人员是同一个人兼任。

　　是庙会的会首吗？＝没有。

　　【香头】青苗会成立以前的会首是什么会首？＝叫作香头或者会首。

　　你年轻的时候有全村村民的公议吗？＝经常有香头的公议，但是全村的公议只在选举村长的时候召开。

　　从什么时候开始没有全村的公议的？＝名称一直存在，现在成了会首的公议。

　　你就任村长以后有没有全村村民的公议？＝没有。

　　【会首的公议】那以后的选举怎样进行？＝根据会首的公议。

　　不投票吗？＝不投票。如果县里不来人，就不投票。会首召开公议，意见达成一致的话，就向村民公布。

　　【普遍改选】知道民国二十六年的普遍改选吗？＝知道。

　　当时有选举吗？＝有。

　　在县里拿来选票之前，会首进行公议后决定村长，再向村民推荐了那个人吗？＝选举之前，会首召开公议决定当村长的人，然后拜托村民投他的票。

　　【纷争】村里的纷争是因为什么样的原因而起？＝土地之争最多。还有因为言语恶劣起争执的事情也多。有纷争的时候，尽量仲裁不让事态扩大，还有不让上诉到县里。去年有一桩纷争，我作出仲裁后，暂且解决了，但是到了今年又起了争执，闹着说要上诉到县里。

　　那是谁和谁的纷争？＝是叔侄关系的李注源和李广恩在争执。

　　那个纷争的内容是什么？＝（这个纷争的仲裁中的旗田直接关系到安藤。这件事的原委记载在后面的 348 页以后。）

4 月 1 日

乘坐卡车巡回白河东方地区，利用途中的短暂休息时间提问

在东府村（东府村民、村公诉事务员王所述）

　　【搭套】知道搭套这个说法吗？＝这个说法知道是知道，很少使用。

　　有驴子的人家和没有的人家合作耕作，有没有这种事？＝有。

那叫作什么？＝叫伙养活。

【伙养活】在伙养活中，是怎样合作的？＝互相借用家畜和农具进行合作。

那个时候也出人手合作吗？＝也出人手帮忙。

进行伙养活的时候大约多少家为一组？＝两家的多。三家的情况非常少。

有没有四家的组？＝没有。

在王泮村（商人刘锡赐所述）

有家畜的人和没有的人合作耕作，有没有这种事？＝有。

【打具】那叫作搭套吗？＝不叫。叫打具。

进行打具的时候，大约有多少家合作？＝一般是两家。也有三家的情况，四五家的情况大概也有吧。

打具大约持续多少年？有没有长年合作的打具？＝年数不定。关系变坏的话任何时候都会破裂。

打具是只在耕作的时候合作，还是耕作以外的结婚、葬礼等时候也协作？＝只在耕作的时候合作。

在小店村（路旁的村民所述）

知道搭套这个说法吗？＝不知道。

有家畜的人和没有家畜的人合作农耕，有没有这种事？＝有。

【插伙垄地】那叫作什么？＝叫作插伙垄地（说话的几个农民都不识字，前面的文字是根据翻译郭文山的推断写的）。

进行那个事情的时候大约多少家在一起？＝一般是三家或四家。最大的组合是六家。

进行垄地的人家之间，除了耕作以外还互相帮助吗？＝只在耕作的时候合作。

持续年限怎么样？＝不定。

这里的村民是从哪里迁徙而来的？＝不知道。

【街坊的辈分】同族以外的村民之间使用叔、侄、祖父等同族称呼吗？＝使用。

那叫作什么，叫作街坊的辈分吗？＝不知道名称。

在北务村（路旁的村民所述）

知道搭套这个说法吗？＝不知道。

有家畜的人和没有的人合作耕作，有没有这种事？＝有。

【插伙种地】那叫作什么？＝叫作插伙种地（村民只知道说法不知道文字。前面的文字是根据翻译郭文山的推断写的）。

大约多少家一起插伙种地？＝一般是两三家。大的组合有五六家的情况。

那些人除了耕作以外还互相帮助吗？＝只在耕作的时候合作。

这个村的人是从哪里来的？＝不清楚从哪里来。很久很久以前跟着龙（瑞龙）来的。

【街坊的辈分】同族以外的村民之间使用同族称呼吗？ ＝使用。

那叫作街坊的辈分吗？ ＝不叫。

叫作什么？ ＝没有特别的名称。

1941 年 3 月

（华北农村惯行调查资料第 26 辑）

土地买卖篇第 5 号　村民间关于土地的纷争的事件笔录
　　　　调查员　旗田巍、安藤镇正

　　本报告是在河北省顺义县沙井村进行第二次实态调查时的次要收获。也就是调查接近结束的 3 月 30 日，旗田在村公所询问周树棠关于村里的纷争的时候，周树棠说明了他正面临的事件，更进一步委托旗田调停那件事。这是沙井村民对满铁调查班的信任的表现，也是我们调查习俗的实际情况的宝贵机会，所以旗田和同去的安藤商量后，欣然答应了这一请求。从当天下午到第二天 31 日的调停结果是解决圆满成功，满足了村民的期待。同时得以了解一般调查无法接触到的几个问题。在此期间的提问和应答形成了本报告。此外本报告虽然属于土地买卖篇，但在内容上收入村落篇中。

3 月 30 日

纷争的内容　土地的买卖手续　仲裁方法

提问者　旗田巍
应答者　周树棠
地　点　村公所

　　【诉讼事件】村里的纷争是什么样的原因引起的？＝土地之争最多，此外也有因为言辞恶劣而引起的。有这样的纷争的时候，尽量仲裁不让纷争扩大，还尽量不让上诉到县里。去年有一桩纷争，仲裁后暂且解决，但是到了今年又起了争执，闹着说要上诉到县里。

　　那是谁和谁的纷争？＝李注源和李广恩在争执，是叔侄关系。

　　【事件的内容】那起纷争的内容是怎样的？＝村东边有像下图所示的一片土地。李广恩一直通过 B（原李注源所有地）到官道上。但是因为李注源把土地卖给了赵文有，李广恩变得无法上官道。那和李广恩的分家单上对通过 B 上官道的道路的明示相违背，而李注源的分家单上没有写那件事，因此买下 B 的赵文有不承认 B 中有李广恩的道路。本来赵文

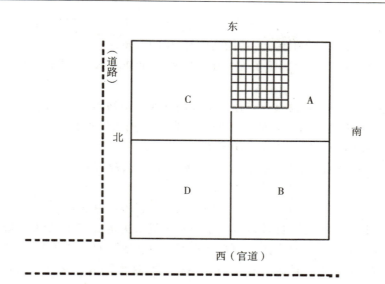

东

（道路）

北

C

A

南

D

B

西（官道）

A　李广恩的土地，他的家在其中
B　原本是李注源的土地，现在卖给了赵文有，不足一亩
C　李如源的土地
D　李清源的土地

有从李注源那里买土地的时候，没有和李注源的同族和邻居商量，就不声不响从李注源那里买了下来，而且签订契约的时候，没有使用村里的官纸，而是使用了县里的官纸。一般是邻居或族人出面测量土地、盖章。但是赵文有没有这样做。他一反通常的风俗，将土地买了下来。但他说要告到县里去。

赵文有要起诉谁、为什么事起诉？＝李注源把土地 B 卖给赵文有的时候，没有说明该地中有一条属于李广恩的路。这使得赵文有受到了损失，因此要向县里起诉这件事。在村里，被状告到县里是最可怕的事。这天早上，李注源拿着锄头要去土地 B 上开路。赵文有质问李注源时，李注源回答说，自家的分家单上写着土地 B 中有一条属于他的路。然后，赵文有说要起诉卖地给他的李注源，随后出了村子。应该是去分局或者县里起诉了吧。

谁是谁非？＝按道理说这事其中有误解，但我还是认为赵文有有错。他买土地时违反了规定，一声不吭地买了，而且明明知道土地上有李广恩的一条路，却装作不知道不承认这条路的存在。然后说要告到县里。

卖方的李注源没有错吗？＝李注源也有错。另外，李广恩在李注源把地卖给赵文有的时候没有作声，他也有错。要是早点说出那条路的事，就不会造成现在这样麻烦的纠纷了吧。

【土地买卖和邻居、族人】李如源和李清源不知道土地买卖的事吗？＝没有人通知他们。一般习惯上买方对邻居或者卖方的族人说是理所当然的。

去年的纠纷中上述三人中是谁和谁在争吵？＝李注源和李广恩在争吵。那时赵文有没有加入到纠纷中。

去年是因为什么理由发生纠纷的呢？＝由于李注源把土地卖给赵文有，李广恩没有了可以通过的那条路，李广恩就对李注源说 B 土地上有一条属于自己的路。然后李注源就说分家是均分的，自己的所有土地上不可能有李广恩的一条路。

【仲裁人】去年仲裁纷争的除了你，还有哪些人是仲裁人？ =除了我之外还有赵绍廷和杨永才。

是当事人委托的吗？ =没有人委托，是我们三人主动站出来仲裁的。

三人一起当了仲裁人吗？ =是这样的，三人一起先去了李广恩家，然后去了李注源家。之后把赵文有叫到庙里，三人当面谈了。

【族人的立场】李如源拥有该地旁边的土地，为什么没有站出来参加仲裁？ =由于纠纷双方是他的近亲，他不好出面仲裁。

同族内的事情不是在族内解决吗？ =同族的话，做不出制裁任何一方的事来。

去年的纷争经由你们三人的仲裁解决了吗？ =最后决定由李注源出钱买下赵文有那块地上那条路面大的土地交给李广恩。但赵文有明明只花了一百元买下那块地，却说付一百元的话，可以把那条路卖还给他。赵文有是牛栏山下坡屯的人，来沙井村已经五六年了。他平素就老和村民意见不合，大家对他的评价很不好。

李注源买没有买到那路面宽的土地。李广恩因此向李注源抱怨了吗？ =是这样的，没有买到。然后我们去了李如源家，我们请他从他的土地 C 中免费划一块可供通行所需的地给李广恩。李如源欣然答应免费划一块供他通行所需的地给李广恩。当时，为了防止日后李如源的子孙和李广恩的子孙为了那块地发生纠纷，说是免费给，但还是采取卖的形式，写了字据。这样一来问题算是解决了，但到了今年李广恩说不要从李如源那买的那块地了，把文契还给李如源了。李广恩也在和谈之后没有把李如源的那块地用来开路，一如既往地从赵文有家的地（原本是李注源的所有地）通过。李如源说现在把那块地给李广恩也没问题，如果现在跟李如源说的话也许能解决问题，但是由于李如源给的那块地用来开路有诸多不便，李广恩得到那块地也不是很开心。最好的办法是李注源从赵文有那廉价买回路宽大小的土地，把它送给李广恩。

【村长、会首的立场】处理去年纠纷的时候，村长开过口吗？ =村长没有出面，我们三人做的仲裁。

这次的情况怎么样呢？ =这次自己也不能想出仲裁方法了。

提出诉讼的时候不会跟村长谈谈谋求谅解吗？ =那不一定。

一般来说交谈不是最常见的吗？ =跟村长商量的话，就告不成了，所以不说。我准备今天下午把赵文有叫来，说服他把地便宜卖给李注源。

问题变得这么棘手，会首不会集合起来仲裁吗？ =那是会首的自由，这是与不想出面仲裁的会首没有关系的事。

村里有纠纷的时候，周先生总是会出来仲裁吗？ =是的。

那时赵绍廷和杨永才也会跟你一起仲裁吗？ =是的。

也有你一个人的时候吗？ =也有一个人的时候，但人多比较好。

村长出面仲裁的时候多吗？ =村长很忙，没时间仲裁。但就算是我们几个仲裁，事后也会跟村长汇报，但只是汇报，不会改变什么。

没有什么作用也还是必须跟村长汇报吗？＝是的，必须汇报。

【外来者】今天赵文有去起诉以后他不会受排挤吗？＝他是从别的村子里来的人。欺负外来人是不对的，所以就算他去起诉，也不会被说坏话或者被排挤。如果他是本族人的话，一开始就不会不经过邻人和族人，擅自买李注源的土地了吧。

李广恩的分家单里写着那条路的事，但李注源说没写那件事，这是为什么呢？＝分家单写的方式有问题。

一般情况下，路的事也会写进分家单吗？＝一定会写。

【和解的证明文书】仲裁成立时，会写和解的证明文书吗？＝必要的时候会写。

【保证人】那时有仲裁人担当保证人吗？＝是的。

村长不会担当保证人吗？＝参加仲裁的时候，会作为保证人署名，不参加就不需要署名。

写保证文书的时候多吗？一般是什么样的情况下写？＝一般的纠纷不需要写。有关土地房屋的纠纷需要写。

【与外村人发生纠纷时候的仲裁人】村民和外村人发生纠纷的时候，你也会出面仲裁吗？＝会出面。

村长怎么做？＝说不定。

那时赵绍廷和杨永才也一起出面的时候多吗？＝是的。三人商量之后，如果觉得能力不够，就会交给其他人。

其他人是指谁？＝赵廷奎、杨润、李如源。

有过交给村长处理的情况吗？＝有过。

（如上，在不停地询问回答的过程中，周树棠和当时在场的赵绍廷，赵廷魁商量，委托旗田来仲裁上述事情中李广恩、李注源和赵文有三人之间的纠纷。周似乎很在意赵文有去起诉的事，想早点仲裁，但是当天是周日，官厅不办公。旗田把这事告诉了周树棠，说县里可能不会受理起诉。并在仲裁之前如上所述地询问了纠纷的情况和村里仲裁的贯行。问完之后，旗田向调查员安藤说明了收到周树棠等人的委托以及纠纷的内容，并商量两人负责仲裁，也将其决定告诉了周树棠等人。下面是旗田和安藤二人一起随时问答的记录，主要是安藤提问。）

提问者　安藤镇正

应答者　李濡源（村长）、赵绍廷、周树棠、杨永才等（仲裁人）

【和同族四邻的协商】卖地时可以不和邻人协商吗？＝只要不是同族的人就可以。

同种族的情况下呢？＝必须协商。

那分家时分得的土地的情况下，必须和另一方协商是吧？＝是的。

那么像这次四家分家的情况必须要和其他三家协商是吧？＝规定必须优先卖给近亲，如果没人要的话就可以卖给外人。

李家三氏在那块地卖之前有接到协商吗？＝有说过，大家都说不要。

【同族的署名】那么在卖给别人的时候，他们会在场或者有需要署名什么的吗？＝那是在县城写的，所以不是很清楚。

　　一般来说不写同族的名字也可以是吗？ ＝在分家单上写有名字的人都必须要去，没写名字的人可以不用去（分家的四人中，李振宗卖地给别人时，同胞兄弟的三人中必须要去一个人，并签名）。

　　这次李注源卖地给赵文有，也必须要有一个人去签名吗？ ＝是的，（没去）是因为没有告知这次的买卖。

　　是买方还是卖方？ ＝卖主即李注源。

　　【对买卖的异议】那种情况下，同族的人可以对该买卖提出不满吗？或者说已经是无可奈何？ ＝之前大家都说了不要，所以现在没理由抱怨。

　　但没有之后买主出现问题的情况吗？ ＝再一次协商了，所以没问题。

　　【证明文书用纸】土地的买卖可以不用村长的官用纸吗？ ＝现在不行。民国十八年以前可以。

　　去村长那要官用纸时，村长会问证明文书上会出现李氏的姓吗？ ＝因为说了不会出现，所以村长没给。

　　说可以去县城拿，是去哪儿拿？ ＝仁和镇（县城）的镇长那。

　　【村长的见证】村里有买卖土地，但村长不当见证人可以吗？ ＝不行。

　　这个村的土地买卖可以请镇长当见证人？ ＝说和人谁都可以当，但见证人必须是本村的村长。

　　那么本村村长没有担当见证人是吧？ ＝是的，官用纸也没拿到。

　　【分家单的错误】分家单里写有那条路的事是只在一张上写就行，还是必须全部写上？ ＝本来应该全部写上的，但这次是出现问题了吧。

　　应答者　李广恩、李广德（当事人 兄弟）

　　【道路的确保】

　　你对李注源把地卖给赵文有有什么不满吗？ ＝他卖给谁我管不着，没什么不满。

　　之前李注源问你的时候，你说了不要是吧？ ＝是的，因为没钱。

　　之后他把地卖给别人的事，你不知道吗？ ＝不知道。

　　地卖给赵的事，你是什么时候知道的？ ＝去年秋天知道的。

　　知道之后直到现在就这样不闻不问吗？ ＝知道了也只能不管，现在开路，赵文有会不满。

　　为什么开路呢？ ＝听说赵文有要在我家门前建房子，弄得我没路可走，就不好了，想到分家单上有条路属于我，就开了路。

　　赵文有发了什么牢骚？ ＝今天在我开路的时候他来了，说这块地是他买的，面积也写了，于是我就说，分家单上有我的一条路。

　　赵说了不能开路是吧？ ＝是的。

　　那么你准备怎么办？ ＝尽量还是想开路，不然的话，没有通行的路。

　　听说李濡源给你开了条路，你不愿从那条路通行吗？ ＝那条路比现在的家的土地低很多，很不方便，所以不愿意走那条路。

【分家单的记载】赵文有如果说因为是他的土地开路不大好，那你怎么办？＝因为分家单上写着了，所以我准备以其为证据来开路。

如果他说给点钱的话，可以让你开路，你会出这个钱吗？＝那可不行。本来这地就在分家单上写着，让我出钱？一分也没有。

你觉得买主（赵）和卖主（李）哪一方有错？＝本来大家都是好朋友。现在是因为要在家门前建房子而导致了小纠纷，谁也没错。

但是赵文有知道那条路的存在吗？＝他本来不是沙井村的人，买地时并不知道，所以也不知道分家单上是不是写着的。

李注源是不知道分家单上写着那条路的事才把地卖了吗？＝他知道。

那么是李注源的错了？＝不，说他有错不是指这件事，他错在在我家院子的门坏掉的时候，把地和树木都卖给了别人。

你的意思是说，他在这次的买卖上没有错是吗？＝他卖地没错，但把分给我的路也卖掉，就是他的错了。

你知道李注源的分家单上没有写那条路的事吗？＝不知道，分家分到的院子和路都是他的比较好，我的位置都不好，没有路的话可不行。

你向李注源抱怨过吗？＝没有。从来没有跟他吵过架。他是今天我跟赵吵架的时候来的。

赵从来没有抱怨过你从那块地上通行，怎么今天你开路的时候就开始不满了呢？＝从没跟赵吵过架，从今天早上开始才第一次。

赵什么时候说他要建房子的？＝那就不知道了，但听说过他要建房子的事。之前赵来做过建房子的准备，所以知道了（大概半个月前）。

你觉得怎么办比较好？＝自己的分家单上写着我有一条路，只要让我通行就好。就算起诉，我也只会旁观。

李注源的分家单上没有写这事吗？＝没有写，但是他知道。

赵文有也是知道的吧？＝他买地时，在乡公所没拿到官用纸去县里拿的，但那上面没有写李的姓氏，是不行的。

应答者　刘福（李注源、赵文有的中保人）

你是中保人是吧？＝是的。

【官用纸】村长为什么不给官用纸？＝不清楚，是买主去拿的，所以我不是很清楚。

之后是从哪拿到的呢？＝我不识字，所以不大清楚。不过，据说本来是要在乡公所拿的，却从县里拿回来了。

【立字】在官用纸上立字的时候，你也去了吗？＝去了。那天下雨，所以乡长没有去。

在哪立字的呢？＝南门外的邱家店（大概是四月末的时候）。

你和买主、卖主三人写的吗？＝是的，就我们三个。

【见证人】见证人是谁名字也没有写上去吧？＝没写。

当场给钱的吗？＝不是。那时没给钱，9 月 15 号给五十元，后面就不知道了，总共应该是给了一百块吧。

是谁委托你做中保人的？＝李注源。

李注源是怎么跟你说的？＝他说和赵文有及价格的事都谈好了，面积也丈量好了，只要我出面挂个名字就行了。

那这之前你是不知道的了？＝是的。今天早上的事也是，拼命调停了，但赵不听，还是去了县里。

你知道那条路是留给李广恩的吗？＝不知道。只知道有四分之一的地是李注源的。

【道路的价格】你认为该怎么办才好？＝之前李注源拜托过我，我就一个人去了赵的家，问他这条路要多少钱，他说要八十块。而且这之前的树和地都归他使用。我告诉李注源之后，他说太贵了，就再一次拜托我去说和，看五十块行不行，结果这次赵就说非要一百块。跟李注源说了之后，李注源的想法最开始是一分钱都不想出，现在给中保人面子愿意出五十。但赵还是不卖。第三次去，他说没有三百块是不会卖的。李不会出那么多钱，所以没办法。李注源觉得李广恩是自己的侄子，花个四五十块把路买回来给他也可以，但赵不卖也是没有办法的事。

应答者　李注源（卖主）

【卖掉的理由】为什么要卖掉那块地？＝那里原来是场院。因为其他地方也有，所以也不需要那块了；而且现在还缺钱，就卖了。

【和同族人的协商】你和同族人协商过了是吧？＝我跟大家都说了，但他们都说不要。

【道路的存在】李广恩一直以来就把你的地作为通行的路在使用是吧？＝是的。

【分家单的记载】你知道李广恩的分家单是写着的事吧？＝不知道。我是根据自己的分家单把地卖了的。那是六十多年前的事了，又没见过其他人的分家单，所以不知道。

你不知道卖了那块地，李广恩的路就没了，他会很不方便吗？＝路没了是知道的。去年十月份的时候，就这事赵绍廷、周树棠、杨永才等人调停过一次。但广恩家也可以在围墙那开个出口，哪个方向都能开路。

把地卖给赵时，你跟他说过路会没有，让他从别处开路吗？他拒绝了吗？＝我提醒过他很多次。所以族长李濡源也说给他修条路，但广恩说不要。

那是在把地卖给赵之前说的吗？还是之后？＝把地卖掉之后。

你提醒他的时候，广恩说过分家单是有那条路的事吗？＝没说。……把地卖掉是我不对，但赵那个人，出两三百块他都不一定会卖。族长说了给他修一条路，但广恩说不要，真的是很为难。想好好协商一下卖掉。我早知道的话，就不会卖了。分家时分成了四份，不可能还剩一条路啊，而且自己的分家单上也没写，就觉得买了没关系的。

【官用纸】卖给赵时，村长为什么不给官用纸？＝卖的时候，邻居和李广恩要买是真的，所以怕以后会出现什么问题，就没有卖给我们，是赵直接去仁和镇买的。

【见证人】你觉得村里的土地买卖，村长不当见证人也行吗？＝那可不行。但这不是卖方的失误，是买方的失误。卖方是通过中保人卖地的，所以我不知道有没有见证人。这是买主该考虑的问题。

【立字】听说是在县城南门外立字的，这样就行了吗？ ＝我认为这样就可以了。

你觉得即使不给村长看看也没事是吗？ ＝是的。

那张立字没有见证人是吧？ ＝没有。

赵也说这样没关系是吗？ ＝是的。

没有村长的签字也没关系吗？ ＝我觉得不行。但买主说没关系，我就卖了。

为什么当时你没说还是需要村长的印呢？ ＝没有给我们官用纸，我觉得他也不会给我们他的印的，所以没去要。

赵当时为什么没有给钱？ ＝因为他没钱。九月十五的时候给了我五十块。

剩下的是什么时候拿到的呢？ ＝九月之内全部拿到了。

立字的时候把证书给赵了吗？ ＝当场给他的。

一般卖地的时候会这样做吗？ ＝一般很少这样。

【道路的价格】你想过从赵那买回那土地给李广恩吗？ ＝想过。但中保人去了赵那三次，但赵说要我出三百块，这样的话，除了审判就没有办法了。

你准备出多少？ ＝四五十块的话我是准备出的。一百块卖的，再多就不行了。

你觉得花四五十块买回来，把地给李广恩是最好的办法吗？ ＝我认为是，但赵文有不卖也没办法。

3 月 31 日

诉讼的理由 事情的内容 买卖手续　解决办法

提问者　安藤镇正　旗田巍

应答者　赵文有（买主 外村来的居民）（李如源、赵廷魁在旁）

地　点　村公所

【从外村来住】我们不是当官的。我们也没有考虑在这件事上要处罚谁。我们只希望村里的纠纷可以圆满解决。所以，希望大家畅所欲言。

你是什么时候来到这个村的？ ＝来了已经第七年了，来之前是在下坡屯。

来沙井村之后出席过办五会吗？ ＝出席过。

今年二月的办五会你也参加了吗？ ＝参加了。

从下坡屯来沙井村是谁介绍的？ ＝顺义县城里姓邱的人介绍的。

没有沙井村人的接收也能来吗？ ＝邱帮我跟村长说了的。

你要建新房子吗？ ＝搬到杜某典押给我的房子。那是来村里以前就典押给我的房子。

来到村子的时候有得到土地吗？ ＝没有地。

那你靠什么生活？ ＝租佃了十亩地。

是村民所有的地吗？ ＝城里人的地，在顺义和村子交界的地方。

你现在在村里有自己的地吗？＝有四亩地。

在村里也是以街坊的辈分称呼你吗？＝是的。

你是从外村来的，这村的习惯你都知道吗？＝虽是外村来的，但我加入了办五会、青苗会，所以与其外村民没什么差别。但村里的习惯还不是很清楚。

你觉得李注源卖地的手续遵循了村里的习惯吗？＝因为契约和中保人都有，我觉得是遵循了惯例的，但有没有错就不知道了。

【诉讼的理由】你昨天早上为什么去起诉呢？＝很明显那块地是我从李注源那买来的，但在我准备在那块地上建房子的时候，李广恩和李广德两兄弟跑出来抱怨，而且昨天早上还准备打我。当场跟他们吵的话，我可能会输，所以决定去县里告他们。

【吵架的原因】昨天早上和你产生纠纷的是李广恩和李广德两兄弟吗？＝是的。他们两个擅自在我的地上挖路。然后说，就算我说不行，他们也还是会挖。

【仲裁人】当时有谁来当仲裁人了吗？＝谁也没来。他们两兄弟，对我一个人说了很多不好听的话。

当时你没有委托过谁去阻止他们二人挖路吗？＝我找过仲裁人。我找过那块地的原所有者李注源和买卖时的中保人刘福。但他们二人没有出面。我很生气，就去了县城写了诉讼文书。

你是当面委托李和刘二人的吗？＝李注源家是让我孩子去拜托他来的。但他明明在家，却不出来。刘福当时来了我家。

刘福为什么不出面仲裁？＝那块地原本的所有者李注源没有出面，刘福也不好说什么。

没有去跟李如源说吗？＝李如源和李注源是同族，所以也不好去叫他。去拜托别族人倒是可以，但不能去找与纠纷相关的同族。

没有去找村长、副村长吗？＝原所有者和中保人都不愿出面，所以我觉得叫别人肯定也不会来的，就没去请他们。

【诉讼的严重性】诉讼是件大事，你们没有想过通过村里人的仲裁来圆满解决这件事吗？＝当然想过。但就是因为村里人的仲裁没办法解决才要去诉讼的。而且我觉得就算是委托仲裁也没有人会出面的。

你把去县里诉讼当做是件大事吗？＝我觉得如果不诉讼就不能解决问题，所以必须去起诉。我想审判所会给我解决好这件事的。昨天早上那个情况，我要是不小心还口了，肯定会被李广恩、李广德两兄弟殴打的。

【去年的纷争】昨天之前，也因为路的事跟李广恩起过纷争吗？＝有过。

什么时候？＝去年十一月有过冲突。那时候他们两兄弟也开过一条路。我拜托李注源去跟他们说了，他们才放弃了开路，就这样把纠纷解决了。

从去年四月买地到十一月之间，你都放任李广恩从那块地上通行吗？＝在我买之前，那块是荒地，谁都能从那儿通行。我买下之后，也是放任他们通行。之后我准备在那块地上盖房子，把地弄平的时候，李广恩兄弟就生气了，擅自来开路。

你铲平土地是在十一月吗？＝是的。然后十一月起了争议的时候，李注源、赵绍廷、周树棠三人出面仲裁帮我们解决了争议。那时李广恩说要我把一丈宽的地给他，地是我买的，当然不愿意白给他，我就说八尺宽的地可以一百块卖给他，但他说一百块的话不会买。然后中保人妥善调解为以八十元进行交易，但他也不愿意出八十块，说要免费通行。然后李如源就很担心问题闹大，就把他的地免费给了李广恩。李如源的地上建有房子，但那房子第二年就会被拆掉，然后把它作为通行的路给李广恩。李广恩也同意了李如源的安排，李广恩和李如源之间还签订了契约。这样李广恩就答应了，问题已解决了。但到了今年二月，李广恩的弟弟回来了，他反对上述的决定，说要走一向走的那条路。我反对过他们两兄弟的做法，但房子还没建，就允许他们通行了。但昨天，他们竟擅自挖路了。

【道路的买回】去年李注源有说要买路宽的地给李广恩这事吗？＝没有这事。是李注源卖的地没有买回去的说法，倒是赵绍廷等中间人有说过要我给他七尺宽的地。那是我说要我拿出七尺宽的地没问题，但那条路要作为我跟李广恩的共用道路，并且要地价一百块。

【道路的价格】那一百块由谁出呢？＝谁出钱我不知道，总之我说了我要一百块。

仲裁人说愿意出多少？＝他说一百块太贵了，问我六十块怎么样，我就降到了八十块。当时中保人说，不知道李广恩最后是会出八十块从原来的路通行，还是愿意走李如源给的那条路，所以让我等个两三天。

两三天后的答复呢？＝中保人说，李广恩不愿意出钱买地，决定从李如源给的地上通行，二人契约都签了。那时是赵绍廷过来跟我说的。

那是十一月的事吗？＝是的。

那之后就没有中间人来跟你说这事了吗？＝没有。

你完全没听说过李注源要把地买回去的事吗？＝听说过。

什么时候？＝十一月的时候。他跟中保人一起来的，并通过中保人说了想把地买回去的事。

十一月以后没听李注源说过什么吗？＝没有。

你觉得通过十一月的事，问题得到解决了吗？＝是的。

一百块买的地，为什么你要一百块就只卖其中的一条路呢？＝那块地上开一条路的话，再建房子的时候就会变窄，院子也没有了，我是不想让他们开路，所以故意开高价的。我想太贵的话他们也不愿意买。不管怎么高价，实际上我是不想卖的。

【诉讼的理由】到底为什么起诉？＝我从李注源那买地，签了契约，划了土地四面的界限，面积也说得很清楚。然后我想在那建个房子，李广恩、李广德兄弟两却不事先通知我擅自挖路，我跟他们说：“你们为什么挖路，这样我很为难”，但他们不听，很无礼。看那样子还想要打我，我想当时就我一个人，要说理的话去县里说就好了，于是就去了。拜托过中保人刘福但他没来，跟卖主李注源说了，他也没来。我很气愤谁都不愿出面，于是就去了县里写了诉讼状。

那块地要卖的事，你是什么时候从谁那听说的？＝四月份从刘万瑞那听说的（他也是中保人，石门村的）。

为什么决定要买呢？　＝因为我在这个村里一块土地都没有。

那买卖的事的说和人是谁？　＝刘万瑞和刘福。

不是一开始就跟李注源面谈的吗？　＝没有直接谈过。

中保人中谁主要负责说这事的？　＝刘万瑞。

关于土地的事当时问仔细了吗？　＝听刘万瑞说了（他是从李注源那听说的）。

【道路的存在】你知道那块地里面有李广恩作为通行的路这事吗？　＝我问过，他说没关系。

你应该知道李广恩实际上把那块地作为通行的路在使用吧？　＝知道。然后我就问刘有没有那条路，他说没有我就买了。如果早说有那条路的话，我就不会买了。

你没想过向其他人、邻居确认一下这件事吗＝没法开口问别人。不信任自己的中保人而去问别人，这样不好。

你觉得只要中保人说了没有路就行了是吧？　＝中保人说没有，就代表是李注源说的没有。

你没有担心过李广恩让中保人这么说是怕麻烦吗？　＝担心过。我就说以后两家共用路的话就没事。

和李注源谈好了进行交易的时候是怎么做的呢？　＝买了之后还住在承典的房子里，暂时还不需要就把它作为场院了。

【买卖手续】你知道那块地是分家分得的地吧？　＝是的。

买这种地时契约上需要同族人的签名你知道吗？　＝不知道。

你们中没有一个人知道吗？　＝那我不清楚。

买村里的土地时要从乡长那里拿官用纸，还必须请乡长做见证人，这你知道吗？　＝知道。然后我就去了。

乡长为什么不给你官用纸呢？　＝乡长说不能只有李注源的名字，没有李广恩、李广德的名字的话，就不会给我官用纸，也不会担当见证人。

乡长为什么这么说呢？　＝那时乡长说没有那两个人的名字就绝对不会给我，如果想要的话就到县里的镇长那要，他也是第一区管辖（可能是因为如果出了问题他就没有责任了吧）。

然后你去了镇长那吗？　＝既然乡长让我去，我就去了，然后镇长就给我了。

那镇长做见证人了吗？　＝刘万瑞写的，镇长担当了见证人（契约现在在镇长那里）。

去镇长那拿官用纸的时候，你说了乡长没给你的事吗？　＝说了。

乡长没给然后去外面拿了，你没想过以后可能会出问题吗？　＝当时没想过，只想着有契约就行了。

【解决办法】当时买了地，如果以后跟广恩之间出了问题，你准备怎么办？　＝我也没想过说要守在那，自己肯定也是需要一条路的，那就两家一起通行也是没关系的。

那么你生气是因为李广恩没跟你打招呼就准备开路吗？　＝是的。

我们一个月以前就来到这个村子，我们只想在这个村子相安无事地生活下去。所以也希望大家能够好好相处，畅所欲言。　＝我出钱买的地，对方却硬要对它做什么，我只说说的话，没有什么意义。

你觉得到底要怎么做才能妥善解决呢？＝我觉得我让八尺宽的地作为双方通行的路，这样就行了。不可以种树、砌墙什么的。如果想做那些事把路据为己有的话，就必须要出钱了，不那样的话就不用出钱。

在你看来是觉得哪样比较好？＝随便。

共同使用的路是要怎样修建呢？＝从建房的形状来说，在东南开个门是比较好的，如果在南边修条路一起通行就可以，那样的话我也不要钱了。

不能只卖那条路吗？＝不想卖。卖了的话我就不能通行了，然后就只能在西边开个门了，这样的话风水不好。

那如果对方说想出钱把路买过来供自己通行，这样行吗？＝可以。

那样的话要多少钱呢？＝如果也让我通行的话，多少钱都行，十块二十块都行。

（以上基本把事情弄明白了，双方的想法也说了，虽然有问题的那份契约和另一个中保人刘万福还没有调查到，但时间也不早了，二人同意了询问村里的有势力的人来提出解决方法的方案）。

应答者　周树棠、赵绍廷、李濡源、杨永才

【解决方法】想问问你们的意见，觉得怎样解决比较好？＝

【道路的买回】（李濡源）我让李注源出四五十元把路买回来，作为李广恩的所有地，不允许赵文有通行，这样比较好。双方一起通行的话比较麻烦。

（赵绍廷）同意上面的意见。

（周树棠）他们之间能圆满解决就行了。

赵文有所说的，如果修路并作为双方共同使用的路的话就不要钱，如果作为李广恩的所有地自己不能通行的话会很为难，如果让自己通行的话，随便出多少钱都可以，这种方案你们觉得怎么样呢？＝李广恩的分家单里路的所有栏上写着了，他应该不会允许赵通行吧。

他不会同意一起使用那条路是吗？＝是的。

赵说在西边开一扇门风水上不好所以不行，你们怎么看？＝没有那回事。没有关系的。

那么最好的做法是把路买回来给李广恩，自己在西边开一个门从那里通行吧？＝是的。

修路一起用不行吗？＝绝对不行。

杨永才先生，你觉得怎么做比较好？＝李注源花二三十块把路买回来，不让赵文有通行，赵自己在西边开个门就行了。没有风水不好之类的事。赵不管在哪边开门都能通行。而且我不同意赵让李注源多出钱，因为总共才卖一百块。

不能从南边的土地上只买那条路吗？＝南边是坡地卖不了。本来这条路就是李广恩的所有地，怎么做都很为难。

那么修路的话非要一丈吗？＝是的，分家单上写着了。

（然后就把路买回来的事问了当事人的意见。）

　　应答者　赵文有

　　【道路卖回】你是怎么也不准在西边开门吗？＝我觉得南边比较好，实在不行西南角也可以。

　　这样修路的话，多少钱比较合适？＝我想要八十块。南边的地比较好，我想用来建房。

　　你是花一百块买的，它的几分之一你却要收八十块不觉得贵吗？实际上到底多少钱合适？＝现在地价在上涨，便宜卖了就再也买不起了。全部的话，三百块都不卖。

　　平素关系比较好，没想过再便宜一点吗？＝南边还有树，那也算是损失。看在你们的面子上便宜一点至少也要五十块。不能再少了。你们作为中间人辛苦了。但当时李注源在卖的时候也说过这条路的事，他说将来光这条路就能卖一百块。我看过李注源的分家单上没写这条路的事所以就买了。

　　应答者　李注源

　　【道路买回】你觉得这件事到底该怎么办？＝我还是觉得能买回来还给广恩比较好。不这样的话问题没法解决。

　　你觉得出多少钱比较合适？＝三四十块怎么样。

　　你不觉得这件事是由于你当时很多问题都没考虑到而造成的吗？＝我的分家单上没有写就没考虑那么多。

　　但事实上李广恩确实在那条路上通行，你应该知道把地卖掉了他会不方便吧？＝通行的话哪都行。其他人的影响也是一样的。

　　卖地的时候村长没给你们官用纸。你们明明知道他为什么不给你们，还依旧不和广恩商量就把地卖了，不觉得不好吗？＝（没有回答）

　　到底你觉得最多出多少钱比较好？＝最多四十块。

　　去年你说过出八十、六十也可以吧？＝开始赵也说三十块就行了，后来慢慢涨上来了。

　　（我们觉得让李注源出五十块未免有点可怜，就决定让他出四十块，剩下的十块以我们满铁调查员的名义负担下来，我商量着达成协议，把这件事告诉了村里的头面人物。）

　　应答者　李濡源、周树棠、赵绍廷等

　　【道路的返还】我们听过大家的意见，询问过赵文有、李注源的想法，赵说至少要五十块，李说最多出四十块，大家觉得怎么样？＝可以。

　　他要卖的话出五十块也没关系。李注源只出四十块的话，我们可以出剩下的十块。你们信任我们满铁，并把这件事交给我们，剩下的十块就由我们出。我们想要这么做。＝那可不行。绝对不能再给你们添任何麻烦了。

　　（双方争论过要不要出钱，最后还是我们硬塞给他们了。因为双方都在场，就想直接签下土地买回的契约，因为怕各位回去了之后会又起什么变故，就当场拿来纸笔，由小学教员刘氏代笔签下了如下的契约。然后在仲裁人、当事人在场的情况下测量土地，办完之后向头面人物表示感谢，接着踏上了归途。）

参考资料

（1） 赵文有的诉状

赵文有副状

为强行控道，请求速赐传案确认地基所有权，依法判令：被告等不得强拒，并令赔补，负担诉讼费事，窃民国二十九年古历四月初六日，凭中人置买村人李枴元空基地一段，坐落沙井村大东上坎，计南北宽六丈五尺，东西长八丈五尺，价洋一百元，立有正式卖契为证。现民欲在此空基内建筑房屋，不料有东邻李广恩、李广德兄弟二人，倚情素横，于本年古历三月初三日硬行由民置买空基地内南头，由东往西强行控掘一丈宽车道一条，妨碍建筑，理论不服。查民置买空基内并无道路，今李广恩等强行控掘，妨碍他人建筑，实属违法欺人，为此来案具状。请求钧署鉴核、俯准，速赐传案，确认地基归原告所有权。依法判令被告等不得非法侵害，强行控道，并令赔补负担本案诉讼费用。实为德便。谨呈。

顺义县公署公鉴

（2） 李广恩的分家单

立分家单文约人李振刚因弟兄各已能事，均欲爨治其度日之道，于是将其产地亩一并均分。寺东五亩，小洼八亩，边把边地四亩，东院东厢房三间，此出身所受分者，弟兄情愿并无反悔。如有反悔者，则有中人一面承管，恐后无凭，立字存照。

受分房产宅院地，东西宽二丈七尺，南北长十丈

寺东地南二　　　　小洼地东二　　　　把边地东二

外有场东南角西南走道宽一丈

中保人　家长　　　张仁 十

　　　　　　　　　李正 十

光绪十二年正月二十一日将把边地四亩推于兄耕种。

自便父母生死葬俱归于长兄承办，永无反悔，恐口无凭，

立推字存照。振刚生不养，死不葬。

　　　　　　　　　英 十

　　　　　兄　杰 十

光绪九年二月初四日立字人 胞　棠 十

　　　　弟　宗 十

（3）李注源的分家单

立分家单文　约人李振刚因弟兄各已能事均欲自爨（cuàn）治其度日之道，于是将其房产地亩一并均分。自所受分者，寺东五亩小漥八亩，边把四亩，西院西厢房三间，弟兄情愿各无反悔如有反悔者，则有中人一面承管。恐后无凭，立字存照。

寺东地南一　　　小漥地东一　　　把边地东一
外有河蚂窝地六亩小漥地二亩场西南角树木相连

　　　　　　　　　　　　　　　　张仁 十

　　　　　　中保人　家长

　　　　　　　　　　　　　　　　李正 十

　　　　　　　　　　　　　　　　英　十
　　　　　　　　　　　　　　　　杰　十
光绪九年二月初四日立字人胞兄　振　刚　十
　　　　　　　　　　　　　　　　棠　十

　　　　　　　　代字人　族叔张朝臣

（4）赵文有给李注源的卖回证

立卖字人赵文有目置李注源空基地一段，坐落沙井村大庙，因李广恩之交通关系，愿将该地南段一丈复卖与李注源名下，言明卖价五十元，其洋笔下交清，但因远年异居之关系，此道当属李广恩，所有以利其通行，他人不得据为已有。此系面同中人三方言明，各无反悔，恐后无凭，特立此纸为证。

　　　　　　东　　李广恩　南　　张家坟
四至分明　　　　至　　　　　　至
　　　　　　西　　官道　　北　　赵文有

　　　　　中保说和人　　赵绍廷　平心

　　　　　　　　　　　　周树棠　押

　　　　　　　　　　　　杨永才　押

　　　　　　　　　　　　李濡源　平心

　　　　　　　　　　中华民国三十年阴历三月初四日

卖字人	赵文有	十
代笔人	刘悦勤	押

（5）四天后写的该地的保证书

　　为立地契事，因李广恩有祖遗空基地一块，坐落在沙井村家东，该地因远兰分居之时，按四股均分，各站一角，李广恩站受分东南角。该地东西长八丈一尺二寸。东头南北宽五丈尺五寸，西头南北宽六丈二尺，此地老契业以已遗失，俟后如若出现作为废纸。现有乡长副该地四邻中保作证，准其李广恩报粮税契，该地产权永归李广恩所有。李姓本族并无争论，俟如有争论舛错等情，自有乡长副中保人一面承管，恐口无凭，立有此纸为证。

　　计开四至 东 至 李濡源　　南 至 张林容
　　　　　　西 至 李注元　　北 至 李濡源

东北地邻	李濡源	平心
西地邻	李注源	押
南地邻	张林容	十
乡长	杨子泉	

中华民国三十年古历三月初八日立

乡副	张辑五	押
	赵绍廷	平心
中保	崇文起	中心
	杨永财	押
代笔	周树棠	押

　　（后记）另外也看了去年村里有势力者仲裁的时候，族长李濡源决定给李广恩提供道路用地的卖契，但错过了把它写下来的机会。事后听来村的郭翻译说，由于上述的问题已经解决了，该卖契就不需要了，所以烧毁了。有问题的那份赵文有的买卖契约说是存在镇长那，后来听小学何教员有传闻说，该教员问过镇长，但镇长说交给本人了，他那没有。问题虽然暂时解决了，但对赵的陈述还存有疑问。

1942 年 3 月

（华北农村惯行调查资料第 60 辑）

村落篇第 8 号　河北省顺义县沙井村
　　调查员　旗田巍
　　翻　译　徐秋仁

3 月 9 日

青苗会　香火地　公共器具

应答者　杨润（会首）、杨泽（会首）、杨永才（看庙）
地　点　村公所

【青苗会成立年代】青苗会是什么时候成立的呢？＝光绪年间的时候还没有。大概是民国初年兴起的吧。

【成立情况】青苗会是受县里的命令而成立的吗？＝是的。

那么邻村也曾经成立过吗？＝是的。

【看青】青苗会成立后和之前看守作物的方式有什么不一样吗？＝青苗会成立之后，是雇佣青夫来看守全村的土地，之前是自己的地自己看守。

【青苗会成立之前的村费】青苗会成立之前，村里的费用是怎么出的？＝村里不需要什么费用。只是个人向县里交税。

修理庙宇的时候怎么办？＝小数额的话就村里人出，数额较大就去邻村筹集。村里是按土地亩数筹钱的。

青苗会成立之前没有大秋、麦秋吗？＝没有。

当时没有掌房先生吗？＝有的。

杜祥是在青苗会成立后当上司房先生的吗？＝是的。

当时没有流水账吗？＝没有。

当时修庙的钱是谁筹集的？＝会首。

当时县里有拨款吗？＝没有。

当时没有官差吗？＝打仗的时候出过人力和车。

有在村里筹钱交给县里的事吗？ ＝没有。

【香火地】现在的公会地当时叫什么？ ＝香火地。

香火地也出租给人种吗？ ＝是的。

其收入用来做了什么？ ＝修庙。

【和尚的收益】当时庙里有和尚吗？ ＝有。

他是靠上述的收入生活吗？ ＝是的。香火地曾是和尚的。

租金是交给和尚吗？ ＝是的。

那钱怎么用是由和尚说了算吗？ ＝是的。

花剩下的钱是在和尚手里吗？ ＝是的。

那钱是和尚的财产是吗？ ＝是的。

【香头】当时村里有香头吧？ ＝是的。

香头与香火地的收入没有关系吧？ ＝是的。

修庙的时候和尚出钱吗？ ＝有钱的话就出。

【佃农】香火地的佃农由和尚决定吗？ ＝是的。

【弟子】和尚代代都是村里人吗？ ＝和尚会收弟子，有时候是本村人，也有外村人。

弟子长大后就成为和尚吗？还是有从别处来的和尚？ ＝一般是庙里培养的弟子成为和尚。有时也从别的地方招来其他和尚。

【和尚的债务】和尚借的钱村里帮他还过吗？ ＝和尚借的钱跟村里没关系。

当时香火地被叫过公会地吗？ ＝没叫过公会地。

当时没有公会地吗？ ＝没有。

【碾子】当时庙的前面有碾子吗？ ＝有。

那是庙里的东西吗？ ＝是的。

不是村里的东西吗？ ＝是村里的。

那是用香火地的收入做的吗？ ＝不是，是在全村筹钱做的。

【井】庙东那口公用的井是从前就有的吗？ ＝是的。

那井是香火地的收入打的吗？ ＝不是，是全村筹钱打的。

【磨刀石】庙的进门处的磨刀石呢？ ＝也是全村筹钱做的。

地点没换过吗？ ＝没换过。

当时村里的财产和庙里的财产是分开的吗？ ＝是分开的。

【梯子、夯、墙板】梯子、夯、墙板民国之前有吗？ ＝没有。

是什么时候开始有的东西呢？ ＝民国以后，杨润十七八岁的时候。

是用青苗钱做的吗？ ＝是的。

【和尚的断绝】和尚是从什么时候开始没有的？ ＝光绪十五六年和尚死后，就没有后继人了。

不是县里命令驱赶和尚吗？ ＝不是。

【老道】光绪十五六年以后，为什么没有去找和尚？ ＝村里雇了老道。

最开始的老道是谁？ ＝孙有温。

和孙有让是什么关系？　＝同族兄弟。

第二任老道是谁？　＝杨永才。

杨永才是什么时候当上老道的？　＝民国二十五六年。

【公会地】没有和尚之后香火地的收入归老道所有了吗？　＝不是，归会首。

用来做什么了？　＝村里的公事。

没有了和尚之后香火地就叫作公会地了吗？　＝是的。

没有了和尚以后村里的财产？　＝是的。

庙是谁的？和尚的，还是村里的？　＝都不是。盖庙的时候也有从别的村子筹钱。

【村公会的成立年代】村公会是什么时候成立的？　＝民国以后。

公会呢？　＝一样。

会呢？　＝一样。

3 月 11 日

村和庙的关系　会首和和尚　香火地　庙的祭典　青苗会　村的地界

应答者　周树棠（前村长）

地　点　周家

【会首与乡头】会首是以前就有的吗？　＝以前有。现在没有。会首是除村正、副村长以外，管理村里事务的人。

什么时候开始没有了的呢？　＝两三年前。村长、副村长变成了村长、村佐，会首变成了乡头。

现在也有乡头吗？　＝去年开始村长成为保长，乡头成为了甲长。

以前没有乡头吗？　＝没有。

会首也有很多种吗？　＝会首做全村的事。青苗会的事也是会首做。

［杨润说＝老人的话有些杂乱。乡头是香头的误称。香头做全村的工作。民国之后，青苗会成立，香头就成了会首。说到为什么那时候会出现青苗会，那是因为以前只向县里缴纳田赋（钱粮），民国以后生出了很多副税，为了缴纳副税，青苗会就出现了。在民国十九年，遵从县里的命令，会首改称为村长、村佐。］

【和尚】周先生年轻的时候，村里有和尚吗？　＝我十七八岁的时候有。

和尚做过什么坏事吗？　＝没有。

和尚死后为什么再没有和尚了？　＝和尚死后，庙地也不多，之后和尚就没有了。

没有再去找和尚吗？　＝是的，也没有和尚再来了。

【庙地】那之前庙地更多一些是吗？　＝也没有多。

和尚在的时候，他可以卖庙地吗？　＝可以。

可以不跟村人商量就卖吗？　＝庙地有两种，和尚自己的地和村里的公地。他自己的地可以自由卖出，但村里的公地需要跟村人商量。

【会首】当时和村里的谁商量过呢？＝会首（办事员）。

【香头】那样的人是称为香头吗？＝是的。

【首事人】也被称为首事人是吗？＝是的。

一般称为什么？＝香头。

【和尚的土地】和尚自己的土地是他买的吗？＝村里的庙地以外，有的是村人做善事给和尚的，还有的是和尚四处筹钱自己买的地。这些就是和尚自己的地。

本村有和尚自己的地吗？＝有。

【公产】庙里的公地和和尚自己的地哪个多？＝公产要多些。

和尚卖自己的地的时候，有必须要和谁商量吗？＝不用和谁商量。

和尚有卖过自己的地吗？＝没有。

和尚自己的地叫什么？＝还是叫庙产。也叫香火地。

和尚出租过自己的地吗？＝和尚自己的地没有出租过。

和尚在本村没有自己的地吗？＝没有。

这附近的村里，有和尚自己的地吗？＝不知道。

那刚才说的和尚自己的地是在哪？＝这附近没有。

如果和尚做坏事的话，村民可以把他赶出去吗？＝可以。

本村有过这样的实例吗？＝没有。

和尚在村里做什么？＝烧香。有能力的和尚会在葬礼上诵经。本村的和尚不会念经。

应答者　李濡源（会首）、杨润（会首）

地　点　村公所

【和尚的后继】和尚在本村待到什么时候？李先生年轻的时候有吗？＝有。也有弟子，但还俗了。

杨润先生出生的时候和尚已经没有了吧？＝没有了。

弟子有几人？＝两人。

两个弟子是本村人吗？＝是的。

是谁和谁？＝大弟子是李文山，二徒弟是王茂林。

两人还活着吗？＝都死了。

李文山的孩子是？＝李树林、祥林、强林。

王茂林的孩子呢？＝没有。有老婆。

是和尚选的徒弟吗？＝是徒弟家求的。过了一定年限之后还俗。

徒弟不一定会成为和尚是吗？＝请愿的时候可以还俗。也可以不还俗。如果是和尚自己选的就不能还俗。

两个徒弟是向和尚请愿的吗？＝是的。

当时没跟香头商量吗？＝没有。

和尚是什么样的人？＝不明。

本村人吗？＝是的。

那个人也没有请愿吗？＝他原来是外村的庙里的徒弟，后来请过来的。

是之前本村的和尚把他叫过来，让他当了和尚吗？＝前一个和尚死了之后，香头们请来的。

和尚死后为什么没让两个徒弟当和尚呢？＝两人在和尚死之前就还俗了。还俗了就不能当和尚了。

还俗的时候需要香头准许吗？＝不需要，是之前说好的。

和尚死后为什么没有找后继人呢？＝没有人愿意。

以前和尚是代代相传的吗？＝是的。

那为什么这个和尚死后就找不到和尚了呢？＝前一个和尚也是没有徒弟，是在死后请了新的和尚来。

【和尚的生活】和尚的生活辛苦吗？＝不辛苦。

为什么当和尚的人不多呢？＝因为和尚不能结婚生子。

和尚仅靠庙地的收入生活吗？＝庙地的收入和化缘的钱。

【庙地的收入】庙地的收入是和尚自己拿吗，还是有像看庙这样的人帮忙保管呢？＝和尚自己拿，没有看庙的。

【和尚的辞仕】和尚可以因为不喜欢这间庙而去别的庙吗？＝不行。

是必须在庙里待到死吗？＝是的。

【和尚的驱逐】村民可以在和尚做错事的时候，把他驱赶出去吗？＝可以。

【和尚的招聘】可以从别的庙请和尚过来吗？＝可以。

那是只用和那个和尚商量就行吗？还是需要跟村里的香头商量？＝要跟香头商量。但如果是好和尚的话，别的村也不会愿意让他离开。

【庙地的收入】和尚可以随便花那个钱吗？＝是的。

庙地不是村里的土地吗？＝是村里的地。

那么和尚钱花的不正当的时候，也不能说什么是吗？＝是的。

和尚的生活应该花不了什么大钱吧？＝和尚是好人的话，他会自己耕种，而且也不花钱。是坏人的话，吸鸦片、赌博什么的都会做，会很花钱。

【和尚的土地】多的钱怎么处理呢？＝自己买地。

那土地不是村里的地吗？＝不是。

那样的话，和尚死后土地归谁所有呢？＝有徒弟的话，就是徒弟的。

那不称为香火地吗？＝虽然是叫香火地，但是和尚的土地。

那地和尚可以自由卖出吗？＝可以。

和尚可以卖不是自己的土地的庙地吗？＝不可以，需要香头的许可。

本村的和尚有过自己的地吗？＝没有。本村的和尚吸鸦片，钱不够花，没钱买地。

钱不够的时候怎么办？＝和尚去化缘。

本村的和尚不好吗？＝是的。

【庙地的卖出】可以只跟香头商量，不跟和尚商量就卖掉庙地吗？＝不可以。必须跟和尚商量。本村有过跟香头和和尚商量后卖掉过庙地吗？ ＝没有。

香头想卖庙地，但和尚反对的时候，可以不顾反对卖掉庙地吗？ ＝如果是为了村里的公事的话就可以，但为了私事就不行。比如说为了偿还村里的债务的时候就行，那时必须留下够和尚生活的土地。

【善会】这庙会有其外村的人来参拜吗？ ＝善会的时候会来。

善会是指办五会吗？ ＝是的。今年的办五会由杨润、孙凤、景德福三人值年。

【值年的香头】那三人叫什么？ ＝值年的香头。

每年都会换吗？ ＝是的。

值年的香头是在全村范围内轮换的吗？ ＝香头轮流。全村村民轮换。

没有土地的人也可以当吗？ ＝穷人根据请愿来定。

【善会单】成为值年的香头的顺序是怎样的？ ＝根据善会单来定。

现在有吗？我们想看看。 ＝

善会单

　　新正月十五日庆贺

　　上元佳节吉日

香头

杨润、孙凤、景德福、杨源、杨政、杨泽、张瑞、李濡元、张永仁、张成、张守仁、傅菊、任振岗、刘福、李汇元、邢润斋、李秀芳

（以上是香头，以下是善会出席者）

赵文有、李广善、刘长春、杜祥、杜春、柏成志、杨少增、李清元、赵绍廷、赵廷福、赵廷奎、张贞、张守俊、杨春旺、李树林、赵立民、杜钦贤、李注元、孙旺.

这是正月写的吗？ ＝是的。

前面的七人是什么？ ＝香头。

下面的呢？ ＝香头以外的散户。

这个善会单上写的人都出席了十五号的善会吗？ ＝是的。

【值年的香头】值年的香头是每年从这十七个人中选吗？ ＝是的。

去年是谁和谁？ ＝李濡元、邢润斋、李秀芳。

前年呢？ ＝不知道。

明年呢？ ＝还没定。

是怎样确定的呢？ ＝这十七个人商量决定的。

杨先生您今年的职责是什么？ ＝准备办五会庙会时的供品。写善会帖。三人一起烧香的时候做首领带头。

【外村人的除外】善会的时候有别的村的人来吗？ ＝没有。

会叫本村学校的老师来吗？ ＝老师跟善会无关。

是因为是外村人吗？ ＝是的。只有吃饭在一起。

参加这个庙会的只有本村人吗？ ＝是的。

【会首和香头】本村会首和香头是不同的人吗？＝是同一个人。

这十七人是以前开始就是香头吗？＝不是，有增减。

什么时候固定为什么十七个人的呢？＝十几年前。

杜祥不是香头吗？＝一直就不是香头。四五年前一度成为过香头。

赵廷奎呢？＝他以前是香头。两三年前不干了。但有需要的时候会帮忙。

这十七人也称为会首吗＝？＝是的。

村公会会首也是这十七个人吗？＝是的。

实际上没有十七个人全部参与商量吧？＝是的。

关于村费支出是十七个人一起商量吗？＝由代表商讨。

谁是代表？＝张瑞（保长）和杨源（前村长）。

香头是由谁决定？＝香头与其商讨，并根据个人意愿决定。

傅菊以前就是香头吗？＝从七八年前开始成为香头的。实际上没有担当什么大任。

【和尚】和尚在葬礼上念经吗？＝念经，另外还会写表文，整理供品，烧香，等等。

本村和尚不会念经吗？＝会一点点。

有做过书信的代写代读吗？＝没有。

和尚没有了，是因为村民不再尊敬庙了吗？＝是因为没有合适的和尚了。

以前在庙里有演过戏吗？＝本村没有。

有过热闹的庙会吗？＝只有一年五回的善会。

以前的庙会更热闹吗？＝是的。

来的人很多吗？＝是的。

全村村民都会聚集到一起吗？＝是的。

民国以前首事人会在庙里进行商讨吗？＝是的。

在庙里进行纠纷的仲裁过吗？＝在庙里进行过，不在庙里仲裁的情况也有。

【清代的村费】青苗会成立以前没有摊款吗？＝有过但是很少。

当时的摊款是从哪拿出来的呢？＝会首从村民那筹集的。

按地亩吗？＝是的。

按地亩是所有地和耕种地中的一个吗？＝青苗会成立之前，是按所有地来收取钱的。

白地摊款之类的吗？＝是的。

青苗会之前的摊款叫什么？＝没有名称。

庙地的租金有充当过村费吗？＝有过。

把庙地的租金凑给村费够吗？＝费用很少，所以基本上是够的。

和尚在的时候有把庙地的收入用作村费吗？＝当时的租金连和尚的生活都不够。和尚抽鸦片，钱花得不够了。

【香头和首事人】和尚在的时候也有善会吗？＝有。

也有香头吗？＝有。

当时是叫会首吗？＝不叫。

不是成为首事人吗？＝代表村民处理村里事务的是首事人，会首是会首。

当时有村长、副村长吗？＝那是民国以后的了，民国之前没有村长、副村长。当时村里的代表人叫什么？＝首事人或者办事人。

你的祖先斌、严林当时是什么职位？＝首事人。

会首是什么时候开始有的？＝青苗会成立之后。

首事人中有领头人吗？＝有。

叫作什么？＝在村民都不识字的时候，成为村民代表，料理村里的事务的人俗称为首事人。有财产，品德高尚的人叫作董士、绅士。

首事人中的中心人物也叫首事人吗？＝是的。

李珍是什么时候的人？＝光绪初年死的。咸丰年间的人。

李珍是香头吗？＝是的。具体的不太清楚。

他也曾是首事人吗？＝是的。

是相当于现在村长、保长地位的人吗？＝是的。

没有特殊的称谓吗？＝没有。

一般是香头成为首事人吗？＝香头、首事人、会首是一致的。

当时有会首吗？＝有。

有村正、副村长吗？＝有。名称根据时代不同会有变化，有时叫甲长或保长。

李珍不是村正吗？＝不清楚。

李秀山是李濡源先生的伯父是吗？＝是的。

这人是什么时候的人？＝咸丰年间的人。

李秀山是村正吗？＝是的。李珍上了年纪不能工作之后，他就代为处理事务。

【青苗会的成立情况】青苗会的成立情况是怎样的？＝以前不需要什么特别的费用。到了民国，省政府通知县政府要建立青苗会，因此学警两款全部让村里出。

青苗会是筹钱的机构吗？＝是的。

青苗会会帮村里看青吗？＝是的。

【散看】青苗会成立之前，雇过人帮村里看青吗？＝没有，那之前是散看。

青苗会成立之前，非整体地雇人看守几个人的地的情况有吗？＝穷人成为看青的会看守着。

青苗会成立之前，也是穷人成为看青的吗？＝是的。

那是很久以前就有的吗？＝是的。

当时自己的土地不是自己看青吗？＝是自己看青。

那有两重看青吗？＝也有。土地多的人，会让看青的看守，自己也会看青。

土地少的人，没有拜托穷人帮忙看青吗？＝是的。

比如说沙井村的人在军营村里有地的情况下怎么办呢？＝拿钱给军营村看青的，让他帮忙看着。

当时有贴款吗？＝没有。

【看青范围】当时沙井村的看青的看守的区域也是固定的吗？＝各村都有界限。只能在界限之内看青。

　　听说青苗会成立以前没有界限，到底是怎样的呢？＝不是的。有界限。没有界限的话，村里的土地可能会没有。

　　村的界限和看青的界限不是一样的吗？＝是一样的。

　　【死圈】沙井村的界限每年都会变吗？＝不是，是固定的，是死圈。

　　【活圈】没有活圈吗？＝没有。这附近都是死圈。本来沙井村曾向别的村子买过地，想把界限向外延伸，但对方不允许，还打了官司。很久以前是活圈，但县里下命令都成了死圈。

　　【村公会】村公会是之前就有的吗？＝奉县里的命令设立了乡公所，来处理村里的事务。

　　民国以前首事人聚集在一起商讨村里的事不叫村公会吗？＝没有名字。以前有善会，所以用了会的名字。

　　以前不是在善会上讨论村里的事吗？＝不是。有事的时候，只是两三个人聚集在一起，算不上是会。

　　没有首事人的会合？＝没有。

　　村公会这个名字是民国以后的名字吗？＝是的。以前没有什么大事。

　　民国以前，村民们曾经为选举村长而聚集起来过吗？＝有。

　　是只有首事人吗？＝不是，是全村村民。

　　那样的会合叫什么？＝没有名字，选举吧。

　　没有公议吗？＝没听说过。

　　以前一说会就是指善会吗？＝是的。

　　青苗会和村公会有什么不同＝青苗会是大秋、麦秋两会（谢大秋会、谢麦秋会）。村公会是处理村里的公务的。

　　青苗会也在村公会里吗？＝是的，是村公会的一部分。

　　善会也是村公会的一部分吗？＝是的，也叫上供会、烧香会。

　　【首领】现在的会首是青苗会、善会、村公会三会的会首吗？＝青苗会和村公会有两个首领。善会有值年的首领。

　　两个首领是指谁和谁？＝杨源和张瑞。

　　【香头和会首】之前的十七个香头不是会首吗？＝在那中间有两个人是首领。

　　十七个香头不是村公会的会首吗？＝十七个人中有两个是首领，他们就村里的事情进行商讨然后决定。

　　香头和会首不是同一人吗？＝不是。

　　杨润先生不是会首吗？＝是会首。村里有什么事要决定的时候，那十七个人不一定要出席，但上述二人必须到场。

　　【会首的姓名】这个善会单上的人中哪些是会首？＝十七人中有十个是村公会以及青苗会的会首。杨润、杨源、杨泽、李濡元、张永仁、张成、李秀芳、杜祥、赵廷奎。但现在没有会首，由甲长和保长处理事务。

3 月 12 日

青苗会　香火地　善会　大乡制　保甲

应答者　张永仁（会首）
地　点　村公所

【青苗会的成立】青苗会是什么时候成立的？ ＝光绪十五六年的时候吧。

是奉县的命令成立的吗？ ＝不是，是村里成立的。村里雇佣看青的时候，各自给看青的谢礼钱很麻烦，就在村里建立了青苗会，青苗会负责把钱收起来一起给出去。

【看青】青苗会成立之前看青是怎么看的呢？ ＝以前是穷人看青，每一亩地给点小钱，十钱或者八钱。穷人看青，农作物被偷的话，当事人没钱赔偿，所以就决定创立青苗会，惩罚偷盗的人并给受害人以补偿。

青苗会成立之前，是在村里雇佣穷人为村民的土地看青吗？ ＝村里雇过一个人看，即便作物被偷了，他也不承担责任。

当时你有看守过自己的土地吗？ ＝一般不自己看青，而是雇看青的人看守。只有老三米成熟的时候会搭建窝棚自己看守。

现在玉米成熟时也是自己看青吗？ ＝不是，青苗会成立之后，就没有自己看青而是委托给看青的。

青苗会成立之前，看青的看守的范围是固定的吗？ ＝从以前就规定好了，现在也是。

范围跟现在是一样的吗？ ＝是的。

【村费】青苗会成立之前，从村民那收过钱吗？ ＝没有。

县里要求上交过田赋以外的钱吗？ ＝没有。有向地方和保正交过钱。

那钱是为了什么而收的呢？ ＝地方和保正为传达县里的通知而来，所以年底要给他们钱。金额是三四吊的小钱。大秋结束后，地方和保正会来拿钱。

那钱是村民各自出的吗？ ＝不是，会首从村民那收起来一起给的。

没有地的人也要出钱吗？ ＝不出。

自己没有地，租别人的地的人要出吗？ ＝要出。只要种地就要出钱。

有地但把地租出去、自己完全不种地的人要出钱吗？ ＝不出，他只要出田赋。

当时由谁调查谁家种多少地的？ ＝会首。

不是看青的吗？ ＝跟看青的没关系。

现在不一样吗？ ＝不一样，现在是由看青的调查。

当时有贴款吗？ ＝不大清楚，但我想青苗会成立之前是没有的。

修庙的时候收过钱吧？ ＝收过。大工程的话，在外村有亲戚也要拿着树头去那个村里，不是要钱而是收集粮食谷物，然后卖钱。这样还是不够的话，就按地亩收钱。

按地亩收钱的时候租佃的人也要出钱吗？ ＝也要出。

【庙地的收入】当时有庙地吧？ ＝有。

庙地的收入有用来修庙吗？ ＝没有。那是和尚用来生活的钱。

【和尚】和尚一直到什么时候没有的呢？ ＝曾经有个叫弓的和尚但他还俗了。之后有伍和尚。

伍和尚在你小时候还在吗？ ＝还在。

在你大概多大的时候死的呢？ ＝十几岁的时候。

伍和尚以后，本村没有和尚了吗？ ＝没有。有过弟子，但还俗了。

【老道】那之后有老道是吗？ ＝是的。当时庙损坏了，野草长到人那么高。也没有人到庙里来参拜，除了老道以外没有别人了。

那个老道的姓名是？ ＝我小时候的老道是个长胡须的老人。老道每年都会换。

都是本村人吗？ ＝有一个顺义的姓王的人，其他的都是本村的。也有个姓孙的。

杨永才是什么时候成为老道的？ ＝这所学校建立之前，十几年前的事了。

当时庙已经荒了吗？ ＝是的。

什么时候变得跟现在一样干净漂亮了？ ＝建了学校之后修缮的。

那是民国以前还是之后？ ＝民国二十几年的时候，那之前小学在望泉寺。

庙荒芜的时候有善会吗？ ＝有。只把前面的院子收拾了一下，其他地方都没管。

青苗会成立之前和尚就没有了吗？ ＝是的。

和尚没有了之后香火地归谁了呢？ ＝当时把香火地出租，其收入用来修庙。租金是一亩一吊钱或者是八百文。

那租金有交给过地方和保正吗？ ＝没有。

租金除了用来修庙，还用作过其外村里的费用吗？ ＝没有。

【村公会的成立年代】村公会是什么时候成立的？ ＝不清楚。

公会在你小时候就有吗？ ＝有。

【善会的解散和重建】善会（五会）在你小时候就有吗？ ＝以前村正、副村长是会首，但是一时解散了善会，中间两三年没有善会。因此拥有十亩以上二十亩左右土地的人就很生气，"善会是我们佛家的会，我们自己办，跟村长、副村长无关，我们自己办就好了"，然后十几个人集合起来开了善会。现在是十七家。没有善会的两三年间，善会那天，只有老道上供烧香，没有聚集村民。

两三年没有善会是什么时候的事？ ＝二十几年前。

当时的村正和副村长是谁？ ＝杨斌和杜荣。

十五六家是哪些人？你也是其中之一吗？ ＝我也是其中之一。

那十五六家是香头吗？ ＝不是，没有特别的名称。

当时有香头吗？ ＝五会的首领不做香头，十几家散户开了善会。那时村正、副村长也说想参加，但我们拒绝了。

那是你大概多大时候的事？ ＝三十几岁的时候。

为什么解散善会呢？ ＝那是因为轮流选五会的负责人，但谁也不愿意当。

为什么不愿意当善会的负责人呢？＝因为麻烦。

【香头和会首】当时香头有几个人？＝杨斌、杜荣、赵祥、杜如海、李秀山这五人。

这五人也叫会首吗？＝是的。

会首的会是什么意思？＝不清楚。

是公会的会吗？＝是的。

不是善会的会吗？＝不是。

不是青苗会的会吗？＝也有青苗会的会的意思。

公会是很早之前就有的吗？＝是的，没有公会的话，就没有代表村子的东西了。

那刚说的五人是公会的会首吗？＝是的。

当时除这五人外没有其他会首了吗？＝没有。

现在的香头是谁？＝以前有十几个人，现在是十七人。五会以外还有小会，加入五会要一块，加入小会要六十钱。

十七人是会首吗？＝不是，是五会的会首。

五会和善会不是统一的吗？＝参加五会交钱的时候，叫作参加善会。

之前的五人是善会的会首吗？＝是的。

刚说的十七人是香头吗？＝不是。

是什么？＝叫大会，一般人参加五会的一天要出六十钱，这个人要出一块。

十七人中有香头吗？＝值年的人是香头。五会的时候钱不够的话，由这十七人出。

香头每年会轮换吗？＝是的。以前香头不轮换，有空的人去买供品，但渐渐地没人去买了，就实行轮换了。

前面说的五个香头是轮换的吗？＝当时没有轮换，五人持续担任香头。

什么时候开始每年轮换的呢？＝大概五年前。之前是几个人的时候没有轮换。

前面说的十几个人（重建善会的）是善会的会首吗？＝不是。

是香头吗？＝不是。全部是散户。

那些人没有当香头吗？＝没有。

还有别的香头吗？＝村长、副村长。重建的第一次正月十五的善会是只有散户办的。村长、副村长说自己是香头不参加不好，但还是被拒绝了。但第二次二月十九日开始就允许他们参加 一起举办善会了。

加上村长、副村长以外的三人共五人是香头是吗？＝是的。

【会首和保甲长】现在公会的会首是谁？＝杨子泉和张辑五。这两人在有事商讨的时候，必须出席。其他人自由选择是否出席。

应该有与这两人商讨的人吧？＝六位甲长。

甲长是谁？＝李濡元、杜祥、赵廷奎、任振刚、吴殿杨、张永仁。

任振刚是什么时候成为甲长的？＝去年四五月份的时候。

保长呢？＝张辑五，去年十一月份左右任命的。

吴殿杨是什么时候被任命的呢？＝和任一样。

应答者　　杨润

地　点　　村公所

【大乡制】大乡制是什么时候开始实施的？＝今年阳历，一月一日。

大乡制实施之后，村里有什么变化吗？＝变成了保甲。

【保甲办公处】村公所没有了吗？＝有。也叫保甲办公处。

村长没有了吗？＝是的。

会首没有了吗？＝还是有会首。

【自卫团】成立了自卫团吗？＝是的。成立了保甲自卫团。

什么时候成立的？＝去年开始。

这个村里有几个人？＝从二十五岁到四十岁的是保甲自卫团，十五岁到二十五岁的是青年自卫团。

你是保甲自卫团的成员吗？＝是的。

是团长吗？＝不是。

保甲自卫团是做什么的？＝本村的自卫。县里有命令的话就去县里。

青年自卫团呢？＝一样的。

【训练】有训练吗？＝两个团一起训练。

你也去训练了吗？＝去了。

做了什么？＝体操。

本村有多少枪？＝保甲、青年自卫团成员都有。

你是什么时候去训练的呢？＝今年还没去。

由谁去是村里决定的吗？＝是的。县里只来指定人数。

最近村里有人去吗？＝昨天保长和保甲、青年自卫团两边共五人去了。

是哪些人？＝张昆、李广志、张荣。杨庆余、李广善。

他们是因为有时间才去的吗？＝是的。

会给去的人钱吗？＝以前没给，现在会出钱。午饭是有必要的。

一天出多少钱？＝一个人五十钱，村里出。

那钱是从青苗钱里出吗？＝是的。

今天的修道有几个人去了？＝二十个。

这是按地亩参加的吗？＝是的，十亩一个人。

这些人不出钱吗？＝不出。

去年有夏夜警（打更）吗？＝有。保甲自卫团打的。

是按地亩吗？＝是的。

打更是县里的命令吗？＝是的。

昨天去的五人是按地亩去的吗？＝还是按地亩。地亩多的人先去，去的次数也多。

完全没有地的人也加入自卫团吗？＝是的。

他们也会去接受县里的训练吗？＝去的人也有。县里要很多人的时候，没有土地的人也要去。但没有地的人去得次数少。

【甲长】甲长是谁？　＝

第一甲长　　李濡源

第二甲长　　任振刚

第三甲长　　张永仁

第四甲长　　杜祥

第五甲长　　吴殿杨

第六甲长　　赵廷魁

这些人是什么时候任命的？　＝去年春天的时候。

【甲的编成】编甲的时候，是把连续的十户合起来作为一甲吗？　＝不这样编的情况也有。

也有分开的家庭也加进去作为一甲的情况吗？　＝有。

为什么？　＝县里命令是说要把连续的家庭作为一甲，但本村没有听从那个命令。

编甲的时候先选甲长吗？　＝是的，先确定甲长。

比如说第三甲长住在第一甲的家庭中间的情况有吗？　＝有。本来也想按顺序来，但很麻烦，不好实施。

甲长由谁决定？　＝本村决定。会首（办事人）集合起来决定。

你也参加了吗？　＝是的。

去年杨源和张瑞都是甲长是吧？　＝是的。

这二人为什么不干了呢？　＝杨源在城里有间店，掌柜的没有经验，所以他离不开。于是辞了甲长。张瑞也很忙就轮换掉了。

【司房】杜祥现在还是司房先生吗？　＝现在不是了。他现在在做城里的事务员。

【事务员】本村记账的是谁？　＝以前是杜祥，现在是事务员。

村里的流水账是谁记？　＝杨源。

【账簿】前几天借来的大秋账是谁写的？　＝杜祥和刘存瑞（望泉寺的事务员）。

账里有个当收，是什么？　＝已收的意思。

姓名上画圈是什么意思？　＝到了缴纳日期没有交的和迟交的人。

邢润齐的名字出现过两次是？　＝因为他的地分成两块，一部分是自己耕种，另外一部分是叉伙种地。

王永万以下是什么？　＝外村人在本村拥有土地。都是城里的人。

现在没有村长了，账目的责任人是谁？　＝杨源。

跟保长没有关系吗？　＝账目整理的时候保长、甲长会聚集在一起。

杨源既不是村长又不是甲长为什么保管着账目呢？　＝保甲在变会有新人来，但他们不清楚账目的事，就还是像以前一样由杨源保管。

流水账在杨源家里吗？　＝是的。

现在买煤、烟的时候是谁出钱？　＝杨源。现在很多工作还没有交给保长。

【保长】张瑞是由选举当上保长的吗？　＝是的。

是会首选举的吗？　＝是的。

你也加入选举了吗？ ＝是的。

张瑞是什么时候当选上保长的？ ＝今年一月。

他当上保长之后换过甲长吗？ ＝是先决定甲长，然后由甲长们选举保长。

选保长的是上面说的六个甲长吗？ ＝甲长和会首。

现在还有青苗会吗？ ＝有。

村公会呢？ ＝不知道。

杨源辞掉保长，让给张瑞当是怎么回事？ ＝杨源不愿意干了，辞了好几次都没有批准。这次因为变成保甲，所以就借机让给张瑞了。

县里来催交田赋的是去谁那儿？ ＝大乡的事务员。

大乡成立之后还有来催促的吗？ ＝还没来通知。

是从大乡直接找村民还是找村的代表？ ＝来村公会。

来村公会找谁呢？ ＝找支应人（杨永才）。杨永才集结保长和会首商讨。然后以保长的名义通知村民。

草契监证是由谁来做？ ＝杨源。

【户口调查】户内的户籍变动是向甲长递交，甲长向保长递交，保长向第一分所递交吗？ ＝从户主经过甲长向保长递交，记在保长所保管的公会账面上。第一分所有时候派人来调查。

【实算税】最近摊款的分配到了村里吗？ ＝阳历二月时大乡分配过，按每亩四十钱。

那是按所有地出是吗？ ＝是的。

那钱出了吗？ ＝出了。

一共有多少？ ＝不清楚。事务员来取的。

那钱是分配到村民头上出的吗？ ＝由保长向甲长通知，甲长通知户长，一家一家地收。

没从青苗钱里出吗？ ＝没有。

你是按二十二亩地出的吗？ ＝是的。

除去租出去的地吗？ ＝不除。

没有地的佃农不出吗？ ＝不出。

和以前的摊款的出钱方式不同吗？ ＝是的。

以后只要来了摊款就要村民出吗？ ＝是的。

等于是白地摊款增加了是吗？ ＝是的，成为实算税。

以后青苗钱会减少是吗？ ＝将来青苗钱会由大乡收取。

青苗钱是按照耕种亩数来的吗？ ＝是的。

以后青苗钱也要拿到乡里去吗？ ＝以后的事不清楚。

实算税是县里的命令吗？ ＝是的。

村里没有人反对吗？ ＝有人不平但没有办法。很多人拿不出钱来。比之前的税款多了不少。每次要钱都是把摊款当实算税来收。以后还不知道要收多少。没有地的佃农也许会高兴，但本村有很多不高兴的人。

有了实算税之后是不是也有不愿当会首的人了？　＝也有人不愿意，但没有办法。

实算税以前没有吗？　＝以前的费用都是从青苗钱里出的。

地主受到损失，佃农收益，有没有因此提高租金的事呢？　＝根据作物的价格不同，租金会提高。提高租金需要佃农的理解。

3 月 13 日

大乡制　自卫团　香头与会首　青苗会　谢会　村费

应答者　杜祥（前司房）

地　点　村公所

【司房和事务员】你现在还是司房先生吗？　＝有事务员，所以我不是司房先生了。

你跟村里的账目没有关系吗？　＝没有。

【村里的账簿】村里谁跟账目有关系？　＝现在是保长。阳历1月成为大乡，望泉寺没有事务员了。

你是什么时候辞了司房先生的呢？　＝民国二十七年。

去年我们来的时候你不是司房吗？　＝去年不是司房。账目的责任在于事务员。

现在村里的流水账是谁在记？　＝保长和村长。

去年你记过账吧？　＝记过大秋、麦秋的账。没记过月报。因为眼睛不好使了，两年没记月报了。

以后你也会记大秋、麦秋的账吗？　＝会记。会帮事务员的忙。

去年大秋的账是你和事务员二人记的吗？　＝是的。事务员是外村的，对本村的事不是很清楚，我就帮了下忙。

【村费的征集】去年大秋的钱事务员来收集的吗？　＝来了。村正和村佐（杨源和张瑞）一起帮忙。

【村费的保管】收集的钱由谁保管？　＝村正保管。村民把钱拿到村公所来。然后由我和事务员记在大秋的账上，钱由村长保管。

【募捐】是今年1月变成大乡的吗？　＝是的。

那之后乡里来向村里拿过钱吗？　＝没有。

没来拿亩捐吗？　＝从大乡来过事务员。保长把钱收集起来交给事务员。

那是什么时候的事？　＝阳历1月的时候。

是来说全村要出多少多少的吗？　＝不是，是来通知按地亩出钱，一亩四十钱。

一亩四十钱是乡里决定的吗？　＝是的。由县里决定向乡里发出命令，乡里再向村里发出命令。

那是与所有地挂钩的吗？　＝是的。

租佃的人呢？　＝不出钱。

【青苗钱】青苗钱以后会消失吗？　＝以后由乡里收，不能在村里收。看青也由乡里雇人。

【看青】李注源以后不看青吗？＝是的。会由大乡找别的人吧。

【青苗会】本村的青苗会也会没有吗？＝是的。

现在没有吗？＝是的，没有了。

【村公会】村公会也没有吗？＝没有了。

【村公所】村公所呢？＝还有。

【会首】会首没有了吗？＝是的，变成了保长。

【保甲长】现在商讨村里事的是保长、甲长吗？＝是的。

以前的会首不加入商讨吗？＝是的，保长甲长一起商议。

杨源、杨润、杨泽不参加商讨吗？＝参加，会去帮忙。

杜先生你以前是会首吗？＝是的，现在是甲长。

杨源辞职的理由是什么？＝变成保甲的时候，他考虑到自己不能兼任村长、校长、保长，还要做买卖，所以就辞了。

流水账是由杨源持有的吗？＝是的。

不久就要把流水账交给张瑞吧？＝以后是必须要给的。

以后张瑞会履行村长的职责吗？＝是的。

【保长选举】张瑞是经过选举当上保长的吗？＝是的。

加入选举的是会首还是甲长？＝会首。

你也加入选举了吗？＝是的。

去年和今年的保长变了，什么时候换的呢？＝张瑞曾是第六甲长，后来成了甲长，换下了吴殿祥，第二甲长杨源和任振刚轮换了。这是去年阴历九月还是十月的事。

那时就有保长了吗？＝是的。

当时有村长吗？＝是的，当时大乡出台了但还没有实施，今年阳历 1 月开始实施。

杨源在有保长之后，还在做村长的工作吗？＝是的。

知道有保长之后，村长将会没有的事吗？＝知道。

杨源不想当村长吗？＝做生意很忙，所以想辞掉。

是杨源拜托张瑞成为保长的吗？＝是的。但现在有必要的时候，还是他们二人商量。

【甲长的任命】甲长是由保长指定的吗？＝是的。

没有跟会首商量吗？＝还是会商量的。村里的事不管是什么都会多人商量决定。

【自治的消灭】公会和青苗会没有了的话，会首的会合也就不再需要了吧？＝是的，也不会再商讨了。

甲长的商讨还有吧？＝也不需要了。只要乡里让去就得过去。

学校的费用由谁管？＝大乡管。

也没必要召集四村的代表进行商讨了吗？＝是的。

修路的通知是到保长那吗？＝是的。

由保长决定谁来吗？＝由保长决定。

【公会地的收入】公会地的租金由谁保管？＝以前是由杨源保管。今年的还没收。

以后由谁收？　＝保长。

【青苗钱】前几天请客的钱是从青苗钱里出的吗？　＝从公会地的租金里出的。

以后也要把青苗钱拿到乡里去吗？　＝是的。

以后不再在村里收钱了吗？　＝公会地的租金以外都没有了。

以后青苗钱的金额由乡里规定吗？　＝是的。

现在村里说起会就是专指上供会（善会）吗？　＝是的。

就算公会。青苗会没有了，一旦有什么事，之前的会首还是会商讨的吧？　＝是的。

没有了青苗会，贴款会怎么样？　＝没有乡里来的通知的话，暂时还不清楚。

以后修庙的钱怎么收集呢？　＝要花大钱的时候，会拿出树头从各村收集粮食。

如果只有本村修理的时候呢？　＝不从青苗钱里出，而拿公会地的租金出。

【清单】没有去年的清单吗？　＝没有。月报交给县里了。

没有通知村民吗？　＝没有通知。直到前年还有。

没有去年的麦秋账吗？　＝雨水少，麦子收成不好所以没记账。只做了张单子，在汤源那。

【村里的外债】去年村里的费用不够是吗？　＝不够。

不够的钱是借外债吗？　＝在城里的店里借钱。

那钱是用大秋的钱换的吗？　＝是的。

现在还有债吗？　＝不清楚。

为什么不做清单了呢？　＝因为把月报交给县里了，所以不给村民看也可以。

【自卫团】今天自卫团有几个人去了县里？　＝五个，跟昨天一样，是李广志、张羡、李广善、杨庆余。

【出去的人员分配】谁决定由哪些人去县里？　＝保长决定。

张瑞也去了吗？　＝男丁或者弟弟去的吧。

按地亩去的吗？　＝是的。

即使地多但家里没有男丁的话，可以不去吗？　＝可以。

那要出钱吗？　＝不出。

是从有十五岁到四十岁的男子的家里按地亩数量安排的吗？　＝是的。

其他的呢？　＝没有关系。

家里没有男丁，有长工的情况，是长工去吗？　＝长工与自卫团没有关系。

【菜地】你的菜地除了田赋没有其他的什么了吗？　＝是的。

今年一月的亩捐交了吗？　＝是的。

负担加重了吗？　＝以前菜地就是要自己看青，以后也是自己看守。只是以后不出青苗钱了，负担应该也没加重吧。

【香头和会首】香头现在有几位？　＝十二人左右。

在他们之中决定值年的香头吗？　＝是的。

十二个人都叫香头吗？　＝是的。

【上供会的会首】这十二人都是青苗会的会首吗？　＝是的。

除了上供会的会首，到去年还有青苗会的会首吗？ ＝有。

【青苗会的会首】青苗会的会首有几个？ ＝村长、副村长、司房先生还有上供会的会首中有几个人兼任青苗会的会首。

上供会的会首并不全是青苗会的会首吗？ ＝是的。

青苗会的会首都是村公会的会首吗？ ＝是的，是同一个人。

香头跟会首不一样吗？ ＝村长、村佐既是会首又是香头所以是一样的。

你年轻的时候有几位香头？ ＝七八人。那是打心底自愿来的。

五会的时候相对于散户，出钱多的人成为香头，多出钱的人每年差不多。都是固定的吗？ ＝是的。

你是香头吗？ ＝是的。

这个村的村公所是什么时候成立的？ ＝民国二十四五年。

村公会更早吗？ ＝是的，更早。

那是什么时候？ ＝光绪三十几年的时候。

跟青苗会比哪个更早？ ＝一起成立的。

【村长、副村长】青苗会成立之前也有村长、副村长吗？ ＝有。

当时有香头吗？ ＝有。

当时村里的事是由村长、副村长和香头商量决定的吗？ ＝没有商量过。

村长、副村长做什么工作？ ＝如果有人没交田赋，地方就会来催村长、副村长。村长、副村长就去催村民。

当时有摊款、摊夫吗？ ＝没有。

军队来要过东西什么的吗？ ＝我小时候（光绪三十几年的时候）来过钦差，要求要一辆马车。

【青苗会的成立】青苗会成立时候，香头成了会首是吗？ ＝是的。

青苗会成立之前，有会首这个称呼吗？ ＝有。一般叫香头。

青苗会是县里下令成立的吗？ ＝是的。

青苗会当上会首也是县里的命令吗？ ＝是村长、副村长拜托香头成为会首的。

【散看】青苗会成立之前看青是散看吗？ ＝是的。

村里没有雇过穷人帮忙看青吗？ ＝没有。

沙井村的人耕种的地在望泉寺的情况下怎么办？ ＝拜托望泉寺的看青的。

当时别的村里也有本村的看青的吗？ ＝各村有看青的界限，有村里的看青的。本村也有。各村有各自的看青的。

那样也叫散看吗？ ＝是的。

散看是什么意思？ ＝村里的穷人去做短工的时间也没有的情况下，作为看青的，给他点柴草、小钱什么的。穷人腿断了，短工也做不了了，就有村民当看青的。

看青的在看守界限以内的，其他的由村民各自看青是吗？ ＝是的。

现在没有各自看青吗？ ＝没有。

当时是一块地有看青的和所有者双重看青是吗？ ＝是的。

这样的就叫散看吗？ ＝是的。

当时有贴款吗？ ＝没有。

【死圈】当时村里的土地有增减吗？ ＝有个人的买卖，但村里的界限是不变的，是死圈。

【青苗钱】青苗会成立之后，就马上收取青苗钱了吗？ ＝是的。

青苗会成立之前有大秋、麦秋吗？ ＝有。

是村里收集的吗？ ＝不是，各自给看青的。

那是叫大秋、麦秋吗？ ＝是的。

那就叫青苗钱吗？ ＝因为是看青苗，所以也叫青苗钱。

青苗会成立之前村里有收过大秋、麦秋吗？ ＝没有。

村里开始收取青苗钱是在什么时候？ ＝青苗会成立的时候开始的。

【谢会】当时村里收取的钱只是给看青的钱吗，还是收取了比给青夫的要多的钱？ ＝当时除了田赋以外没有其他负担。五月收麦子，六月左右举办谢麦秋的时候收钱，大家一起吃饭，还有八月的大秋结束后、九月前后谢大秋的时候一起吃饭。因此收取了比给青夫更多的钱。

那就叫谢会吗？ ＝是的。谢麦秋会、谢大秋会。

现在还会开谢会吗？ ＝会，但最近散户们不吃饭只喝喝茶，只有会首们一起吃饭。

有规定多少亩地以上的人吃饭什么的吗？ ＝没有二十亩左右的地成不了会首。不是会首就不能一起就餐。

会首是指青苗会的会首吗？ ＝是的。

香头呢？ ＝香头中五会以外什么也不做的人不可以。不管有多少地，不是会首就不行。

青苗会成立的时候的谢会，是除了会首的散户们也一起聚集吗？ ＝是的，一起吃饭。

当时的谢会上有唱戏吗？ ＝没有。光绪十一年大幅修缮庙宇，举行开光仪式的时候唱过戏。

【白地摊款】白地摊款是什么时候开始有的呢？ ＝去年前年的时候有的。麦秋和大秋的钱不够的时候收的。以前没有。

白地是什么意思？ ＝因大秋、麦秋收钱是田里什么都没有了，所以取了白地之意。

和尚是什么时候没有的？ ＝光绪末年的时候。

是在青苗会成立之前还是之后？ ＝之前。

【公会地收入】现在公会地的收入用来干吗？ ＝给老道的钱、年节的上供，烧纸钱。

跟青苗钱一起用吗？ ＝剩下的钱是转入青苗钱里面的。

去年庙地收入大概有多少？ ＝五百多块。

【村费的金额】去年大秋、麦秋、白地摊款合起来大概有多少的收入？ ＝一千六七百。

加上公会地的租金有两千多块吗？ ＝加上那个以前六七百块。

那大秋、麦秋、白地摊款是一千块左右吧？ ＝一千一百块左右。

【费用开支项目】去年的一千六七百块中用在什么上的钱最多？ ＝学款和警款。

学款是指什么？＝学校的费用和老师的工资。

工资大概是多少？＝每人每月三十二块。

警款是指什么？＝给县里的马步警的钱，交给第一分所。

大概花费多少？＝四季分几回交的所以不是很清楚，应该有四百块左右吧。

除此之外有警察来村里收钱吗？＝没有。

除了钱以外，向分所交过马草或者柴火什么的吗？＝有过，由分所给日军守卫队。

去年出了多少钱？＝＝柴火一千斤左右，马草两三百斤。

那钱会付吗？＝给。

一斤给多少钱＝按官价给。时价的五分之三左右。

当时就给吗？＝不是，随时会来要，但付钱是分两季的，夏和冬。

写的这些东西不在本村吗？＝在杨源那。

学款、警款之外还有什么较大的开支项目吗？＝没有。

那些费用现在没有了吗？＝现在由大乡出。

3 月 14 日

村的范围　　村费　　会首　　街坊的辈分

应答者　　景德福
地　点　　景家

【入村者】你是什么时候来这个村的呢？＝民国二十七年来到这个村子，盖了这所房子。

来这个村的时候有人介绍吗？＝介绍人是杨永才。在这里买了地盖了房。

以前就在沙井村有地吗？＝二十五年的时候买了地。

是宅地吗？＝是的。

没有耕地吗？＝在沙井村西边有。

那耕地是以前就有的吗？＝是的，搬过来之前就有。

在沙井村之外其他地方也有地吗？＝有。

那是在哪？＝南法信的东边，北法信的东南，石西门的东边。

那些是你的所有地吗？＝是的。

大家都是自己耕种吗？＝是的，其中租给别人中的地有五亩（南法信）。

总共有多少地？＝加上宅地、出租地一共三十五亩。

【青苗钱】二十七年移居到沙井村之后就把青苗钱交给沙井村吗？＝不是的，交给石门村。人搬地不搬。

【白地摊款】白地摊款是交给沙井村吗？＝不是，都是交给石门村。

【役畜、体力劳动】向沙井村交过钱吗？＝没有。驴、马、大车、人夫是交给沙井村的。这些跟石门村无关。

还有像你这样从外村搬过来的不向沙井村交青苗钱的人吗？＝我没做过会里的工作，不是很清楚。

大乡成立之后向沙井村交过钱吗？＝石门村和沙井村同属于一个大乡。

没有向沙井村的村公会交过钱？＝没有。

【亩捐】

实行大乡制之后交过几次亩捐？＝一亩四十钱。旧历十二月二十七交过一次。

没有其他的摊款吗？＝没有。

我们想看看那个收据。＝一亩四十钱的收据条找不到了。

景德福	二十八亩	纳地款洋五圆陆角零分
中华民国卅年十一月五日		副乡长

（有石门村的印）

景德福	缴纳地款洋壹圆七角二分
中华民国卅年十一月五日	副乡长

（有沙井村的印）

这是从哪里拿来的？＝石门村。

四十钱的亩捐是从大乡那拿来的吗？＝是的。

去年石门的大秋是多少钱？＝一亩一元四十钱。

麦秋呢？＝一亩一元。

【白地摊款】白地摊款呢？＝三十钱分三次出。去年出了十一次钱。

十一次是指？＝大秋、麦秋、白地摊款三次，电线杆子（一亩二十钱）、副捐税（一亩二十五钱）、大乡制（一亩三十钱）、给望泉寺的钱粮（全额两元左右），其他的忘记了。

钱粮以外全部交给石门村吗？＝是的。

沙井村收的钱少一些吗？＝石门村是独立村，所以多一些，沙井村不是独立村，所以少一点。

你是沙井村的人交给沙井村怎么样？＝那样更好，但是不行。

【村与村的交涉】为什么不行呢？＝盖这栋房子的时候，石门村的村正去了第一分所作了声明，说景德福不管去哪，都应该把钱交给石门村。

你没说什么吗？＝我去了分所，说能给一村交钱，但不能给两村交钱。分所就说让我把驴、马、大车、人夫交到沙井村，钱交到石门村。

没让你把青苗钱交给沙井村吗？＝我说要向沙井村交青苗钱，但石门村那边说，因为是死圈不是活圈，所以要交给石门村。

沙井村和石门村有因此谈过吗？ ＝两村的村正、副村长交涉过，决定以后如果增加了土地，就把钱交给沙井村。

你在沙井村的地是谁在看青？ ＝沙井村的李注源。

出看青钱吗？ ＝出。但全部交给石门村。石门村公会和沙井村公会之间贴款。

南法信和北法信那边的地的看青是怎么弄的呢？ ＝南法信和北法信的看青的在看守。看青费交给石门村，石门村和两村之间进行贴款。谢会的时候看青的来石门村拿钱。

从石门村搬到其他地方的人都是向石门村交钱吗？ ＝是的。

以后青苗会没有了的话，就不用出了是吧？ ＝是的，交给大乡就行了。

从石门村搬到其外村里，青苗钱也要交到石门村，这是石门村的规矩吗？从牛栏上下坡屯搬到沙井村来的赵文有不就是交到沙井村的吗？ ＝我是石门村的老户，地亩账都在石门村，所以不得不交到石门村。

田赋也是石门村来催吗？ ＝是的。

分家的时候土地更名了吗？ ＝也有的地没更名。

交给望泉寺的钱粮是什么？ ＝因为合并石门村和沙井村的乡公所在望泉寺。

石门村不是独立村吗？ ＝总之交给望泉寺了。

从以前就一直交给望泉寺吗？ ＝只有去年一次。

除你以外的人也是交给望泉寺吗？ ＝南卷村、枯柳树的人也是交给望泉寺的。

那是为什么呢？ ＝不知道。

是钱粮吗？ ＝确实是钱粮。以前是交给县公署，去年没有交给县公署而是望泉寺。

石门村有庙会吗？ ＝有。

你去吗？ ＝除了去交青苗钱外不去。

沙井村的五会去吗？ ＝去。出席烧香会。

【地亩账】石门村有地亩账吗？ ＝有。没有的话，我就不用交钱了。

沙井村也有地亩账吗？ ＝有。大秋、麦秋账。

石门村的地亩账也是大秋、麦秋账吗？ ＝是的。

不能把你从石门村的地亩账上除开吗？ ＝我去过分所，说自己是喝沙井村的水的沙井村人 所以要把钱交到沙井村，但分所长说我们画的都是死圈，要我把钱交到石门村，不这样的话，石门村的土地就会减少了。

你没有加入沙井村的青苗会吗？ ＝是的。

计算入了石门村的青苗会了吗？ ＝是的。

石门村的青苗会是什么时候成立的？ ＝不清楚。

你小的时候有吗？ ＝八九岁的时候有。

那之前也有吗？ ＝那之前就有。

【会首和香头】石门村的青苗会也有会首吗？ ＝有。

也叫香头吗？ ＝是的，村长等人是香头。

石门村有村公会吗？ ＝有。

有会首吗？ ＝有。

会首和香头都是同一人吗？ ＝都是一样的人。

沙井村呢？ ＝都是一样的人。

应答者　杨庆余（十八岁，妻子二十一岁。十四岁结婚。妻子是刘家河人）

地　点　村公会

【自卫团】你加入了自卫团吗？ ＝加入了。

什么时候加入的？ ＝去年在新民会接受了三个月的训练，加入了青年自卫团。

青年自卫团有多少团员？ ＝在新民会接受训练的只有我一个。

其他的青年自卫团员有几个？ ＝不清楚。

也有枪吗？ ＝有。

自己买的吗？ ＝枪的头子是在县里花一块三十钱买的，木头是自己做的。

青年自卫团的团长是谁？ ＝杜钦贤。

保甲自卫团的团长呢？ ＝杜钦贤。

保长不是团长吗？ ＝不是，杜钦贤是班长。

【会首的姓名】青苗会的会首是谁？ ＝现在没有村长，有保长和甲长。

会首也没有了吗？ ＝没有。大乡成立之后乡公所也变成了保甲办公处。

大乡成立之前的会首呢？ ＝杨源、张瑞、李濡源、李秀芳、赵廷魁、周树棠、杜羊、张永仁

张守仁呢？ ＝是会首。

邢润齐呢？ ＝不是会首。

你的父亲呢？ ＝不是会首。

会首是干什么的？ ＝出人工之类的，做村里所有的事。

【保甲长】现在的甲长是？ ＝任振刚、赵廷魁、杜祥、李濡源、吴殿杨、张永仁。

任振刚是什么时候成为甲长的？ ＝新换的。按地亩来的，地亩多的人成为甲长。

他是什么时候成为甲长的？ ＝去年夏天。

吴殿杨也是差不多时候当上甲长的吗？ ＝不是，他是前年开始的。甲长选举的条件是人品和地亩的多少。

杨源也是甲长吗？ ＝他是乡长但不是甲长。大乡制实施之后任振刚是甲长。

张瑞是什么时候成为保长的？ ＝大乡成立之后。去年夏天的时候。

是张瑞当上保长之后任振刚才当上甲长的吗？ ＝不是，任振刚在那之前就是甲长。

是谁让张瑞当上保长的？ ＝甲长选举的。

你的父亲去选了吗？ ＝没参加。

杨源呢？ ＝会首都加入了选举。

【村外结婚】有村内通婚的人吗？ ＝有，但不多。

【前辈】为什么？ ＝村里有前辈，在村里结婚的话，那些会变的。

【街坊辈】把前辈叫街坊辈吗？ ＝是的。

应答者　杨泽（会首）

地　点　村公所

【入村者】望泉寺的人来沙井村在沙井村盖房子就成为沙井村的人了吗？ ＝是的。

【青苗钱的归属】如果那人以前的土地在望泉寺，那青苗钱是交到哪？ ＝望泉寺。以后买地的话，那块地的青苗钱就交到沙井村。

那如果那人的地以前就是在沙井村的话呢？ ＝还是交到望泉寺。

来沙井村之后买的地的青苗钱呢？ ＝交给沙井村。

在军营村有地的望泉寺的人来沙井村的情况呢？ ＝交给望泉寺。五六年前由于县里的命令成了死圈。

五六年之前是搬到哪就把青苗钱交到哪是吗？ ＝是的。地跟人一起搬。

赵文有是五六年前来的人吗？ ＝是的。

他不用向牛栏山下坡屯交青苗钱吗？ ＝他在那没有地。

在望泉寺没有地只在沙井村有地的人来沙井村的情况是怎样的呢？ ＝还是交给望泉寺。

人搬过来了但还是要向以前的村子交青苗钱是吗？ ＝是的。

【白地摊款】白地摊款呢？ ＝跟青苗钱一样。

【摊夫】摊夫呢？ ＝不一样。交给新搬到的那个村子。

【薪柴】薪柴呢？ ＝交给新搬的村子。

军营村的人在军营村没有地在沙井村有地的情况下搬到沙井村呢？ ＝还是一样的。

那人不加入沙井村的青苗会吗？ ＝不加入。

那人的地是由沙井村的青夫看守吗？ ＝是的。

【贴款】那该地的看青钱怎么办？ ＝军营村的村公会给沙井村的村公会钱。贴款。

实际上军营村与沙井村没有贴款吧？ ＝没有。

大东庄的人在沙井村有地，搬到沙井村的情况下呢？ ＝不连圈的话，不向大东庄交青苗钱。

军营村也是不连圈吧？ ＝是的。

那么军营村的人来沙井村的话，应该是向沙井村交青苗钱吧？ ＝是的。

【连圈】跟沙井村连圈的村子是哪几个？ ＝望泉寺、石门、南法信。

顺义呢？ ＝是连圈，但没有贴款。

北法信呢？ ＝北法信是只要加入青苗会，就由青夫看青。如果不加入就不看青。

你在北法信有地吗？ ＝有。

你加入了北法信的青苗会了吗？ ＝没加入。

那里的地是自己耕种吗？ ＝是自己种。

【带看】那里的地是谁看青？ ＝沙井村的青苗会雇用北法信的看青的让他带看。是北法信的青夫私看。

不是沙井村青苗会出钱，而是你自己出吧？ ＝不，是公会出。

钱不是给北法信的公会而是给看青的吗？ ＝是的。

那块地的青苗钱是交给沙井村的青苗会吗？ ＝是的。

【伙种地的村费】前几天看的大秋账上邢润齐的名字出现了两次，这是为什么呢？ ＝他的地是和周树棠、李清源二人一起伙种的。

邢自己没有种地吧？ ＝没有。

那为什么要出大秋钱呢？ ＝和别人伙种的时候，也必须要出青苗钱。

那地也不一定是自己家种的地吗？ ＝不是。

你不知道为什么他的名字出现两次吗？ ＝出现在大秋账上的亩数不一样。是七亩和十四亩。但总共有约三十亩。是周树棠七亩，李清源七亩，邢润齐十四亩吧。

邢润齐实际上交了多少青苗钱？ ＝十四亩十一块二十钱。

二十八亩都是上面说的三个人伙种的吗？ ＝是的。

那时邢会出农具吗？ ＝不出。周和李出。

邢出人力吗？ ＝只出地不出人力。

没有租金吗？ ＝没有。

邢只出地由周和李耕种是吗？ ＝是的。

收成怎么分呢？ ＝对半分。

对半分是邢一半，剩下的一半给李和周分吗？ ＝是的。

这就是伙种吗？ ＝是的。

以前他们三人就是伙种吗？ ＝大概两年前开始。

那又叫叉伙吗？ ＝不是。

叉伙是指什么？ ＝必须要一起工作。

大秋账里有个当收，是什么意思？ ＝当日所收的意思。

非当之收是什么意思？ ＝当天没有收获的情况下。

未收是指什么？ ＝没有在谢会收获，过了两三天才收的情况。

右肩的印章是什么？ ＝过了两三天之后才收获时的印章。

外圈人的便宜的理由是？ ＝县里的命令。外圈人都是六十钱。本圈人的青苗钱各不相同。

【大乡的税】大乡成立之后向大乡交过钱吗？ ＝交过三次。

三次都是每一亩地四十钱的标准吗？ ＝第一次是四十钱，后两次收取的金额少。

后来的两次也都是亩捐吗？ ＝不是，一次是电费，还有一次不记得了。

电费是公会出的，还是个人出的？ ＝村里按地亩收的。

是只按所有地来的吗，还是租地也出钱了？ ＝只按所有地分配的。

是来说要求一亩大概出多少钱的吗？ ＝是县里来决定一亩出多少。

去年大概花了多少费用？ ＝两千元左右。

【公会地的收入】公会地的租金大概有多少？ ＝六七百块。有三十多亩地。

王书田公议堂的地是公会地吗？ ＝现在是。

加上这个公会地一共是三十多亩吗？ ＝加上这个一共是四十四亩。

公会地的租金也是村里在使用吗？ ＝是的。

现在那些钱在谁手里？ ＝村长杨源。

3 月 15 日

大乡制 青苗会 村的范围

应答者 郭子林（仁和镇长兼乡长）

地 点 村公所

【大乡的户数】大乡是以什么为标准合成一乡的呢？ ＝大概一千户。

【保长的选任】各村的保长是怎样决定的呢？ ＝乡长是由各村保长选举的，保长由十个甲长选举，甲长由散户选举。

大乡制实施之前，村长就是保长吗 ＝是的，现在没有村长这个称呼。

【青苗会】没有青苗会了吗？ ＝是的。

撤销青苗会的理由是？ ＝以前地多的有钱人自己不种地，出租给别人种，从而收取租金，青苗钱由佃农负担。现在没有了青苗钱，实地捐由土地所有者负担，然后由大乡收齐交到县里。现在有钱人不得不多出钱。

青苗会不能收青苗钱了吗？ ＝是的。

【看青】青夫也由大乡决定吗？ ＝是的，大乡有预算，一个大乡雇佣三十名青夫。

给青夫的工资是大乡出吗？ ＝是的。

【禁止征集村费】现在禁止村子擅自收费吗？ ＝如果在村里擅自收钱，会受到惩罚。

【公会地没收】不管村子拿公会地的收入来做什么吗？ ＝公会的土地也会调查，然后计入土地账上。没有计入土地账的地，一经发现就会没收。

经过调查计入土地账的公会地的收入会给该村吗？ ＝公会地俗称香火地。出租香火地其收入由老道和和尚收取。保甲制施行之后，老道和和尚也会记入户口本。

大乡不会收香火地的租金吗？ ＝不收。

村里拿那租金做什么都与大乡无关吗？ ＝村里的费用必须向县里提交预算获得批准才行。不能随便使用。

可以允许村里因修庙而收钱吗？ ＝根据大乡的章程，村里的任何经费支出都要向县里提交公文立案，获得县里的许可之后才能在村里筹钱。私事的话不可以。

【预算制度】只要有县里的许可也可以在村里收钱的事吗？ ＝所有钱的支出都必须有预算。

预算是在乡里吗？ ＝是的。

村里有预算吗？ ＝有。把它交给乡里，由大乡交给县里获得县里的许可。

村里修庙的时候村里要向大乡交预算，由大乡交到县里获得许可吗？ ＝是的。

那时修庙的钱是由乡里收集起来再给村里吗？＝与大乡无关，村里按地亩从各户收钱就行。

现在，有给从村里来城里接受自卫团训练的人伙食钱，这钱是乡里给村里的吗？＝自卫团的训练是不给钱的。村里也不给，那是义务。

自卫团来城里吃饭的钱是自己出吗？＝按章程上说伙食费是自理的。

青苗会的会首会怎么样呢？＝以后没有了。

村公会呢？＝没有了。

村公所呢？＝成了保甲办公处。

村公所和村公会是什么关系？＝是一样的。

【亩捐】青苗会没有了之后，是收取亩捐来取代青苗钱吗？＝是的。

亩捐一亩多少钱是县里决定吗，还是乡里决定？＝县里决定。

这样一来土地所有者负担会加重吗？＝是的，而且以前有黑地，没有通知县里一直在逃税，现在只要有黑地就会被没收。

一直以来的摊款是从青苗钱里拿吗？＝是的。以后从亩捐里出。

亩捐一年收几次 还是不定的？＝不定。

没有地的佃农也要交青苗钱吗？＝是的。

这些人以后就没有负担了吗？＝除了给地主租金之外，佃农没有其他负担。

有可能提高青苗钱那么多的租金吗？＝不会。租金是根据物价高低，由地主和佃农商量决定。

本乡的预算有多少？＝在预算表上。

这个总额二万五千九百二十八元是由商人和农民一起负担的吗？＝不是，商人不负担，全部由农民的亩捐出。

乡与仁和镇没有关系吗？＝有关系。我就兼任仁和镇镇长。

给仁和镇保长的钱也是从这里面出吗？＝不给仁和镇保长工资的。

亩捐是乡里上交县里，县里再下拨费用给乡里吗？＝是的。

【学校的费用】沙井村小学是沙井、石门、望泉寺、梅沟营四村合办的，但现在沙井和石门是属于仁和镇的，望泉寺、梅沟营是属于军营村的大乡的，那小学的费用还是由仁和镇的大乡来出吗？＝学校在沙井村所以还是由本乡来出。望泉寺、梅沟营是属于军营村的大乡的，所以一部分的费用是由军营村的大乡给仁和镇的大乡（贴款）。但现在还没有实施。

【到村的发放金】今后从乡里给沙井村的钱只有十元的保甲费吗？＝是的。

那村里的费用够吗？＝以前村里的会首商量之后可以按地亩从村民那收取，但以后不允许这样了，规定如果擅自收钱会受到惩罚。这样可能费用会不够，但是也没有办法。

村里的费用不够的时候，可以拿香火地的收入用作村里的费用吗？＝那没关系。

没有写沙井村的预算吗？＝没有。

大乡的预算是怎样决定的？＝由县里决定。

不考虑村里的开支就做了大乡的预算了吗？＝是的。

应答者　祁自与（县公署秘书室书记，三十五岁）

地　点　县公署秘书室

【青苗会的成立情况】青苗会是什么时候成立的？＝听说是民国四五年的时候。

是奉县里的命令成立的吗？＝具体的不清楚。但我想应该是县里的命令。

是为了什么成立的呢？＝为了看青。

【棍头】青苗会成立之前有看青的吗？＝有棍头。也叫青夫、看夫、看青的。

是因为棍头做了坏事，所以成立青苗会的吗？＝以前是因为青夫做了坏事，所以成立青苗会。

【摊款】青苗会的成立和摊款没有关系吗？＝本来是有学款、警款的。这一两年来由于县里的命令，开始收摊款了。

县里的摊款是这一两年来的事吗？＝是的。

【圈界】村的圈界是以前就有的吗？＝以前没有圈界的规定，民国二十五年安县县长决定，发出了"圈界规定属地主义"的布告。那应该在民生科。

【村公所】村公所是什么时候成立的？＝民国十八年。民国二十九年开始变成乡公所，三十一年开始变成大乡公所。

【村公会】你知道村公会是什么吗？＝青苗会就是所谓的村公会。也叫公会，民国四五年的时候开始有的。县里来的呈文里没有青苗会这个名称，写的是公会。村里很早以前就有村长、副村长也变成了村长、村佐。后来变成了村长、副村长，再后来变成了乡长、乡副。

【会首】县里没有承认会首的地位吗？＝没有授予过委任状，但村里有实力的人是会首。也有过以会首的名义写的呈文。

【监察员】监察员是什么时候开始有的？＝民国十八年开始的。

【和尚】县里有发出过把村庙里的和尚赶出去的命令吗？＝没听说过。县是监管寺庙，保护和尚的。如果和尚做了坏事就会驱逐。

有寺庙监督的规定吗？＝四五年之前还有，现在没有。那是由内部总署制定的。

现在村里没有和尚，县里没有发出过驱逐令吗？＝是和尚做了坏事，村民们赶出去的吧。

北伐的时候没有驱逐过吗？＝当时有过毁坏佛像的事，但没有听过驱逐和尚的事。

应答者　杨永才（看庙）

地　点　村公所

【出村者】以前是本村人后来搬到望泉寺的姓李的人的名字叫什么？＝李深源。

什么时候搬走的？＝二十年前。

他搬走的时候在沙井村有地吗？＝没有。

在望泉寺呢？＝当时没有。

当时完全没有地吗？＝连家都没有。

他的青苗钱是交到望泉寺吗？ ＝因为住在望泉寺，所以是交到望泉寺。

【入村者】这个时候有搬到沙井村来的人吗？ ＝有。

是谁？ ＝柏成志、蒋成福。蒋来这已经四十年了。

柏成志在村里有地吗？ ＝有。

是搬来之前就有的土地吗？ ＝搬来以后的。

赵文有搬来之前有地吗？ ＝没有，之后买了地。

他在搬来之前在沙井村以外的地方有地吗？ ＝不清楚。

【青苗钱的归属】如果你搬到了望泉寺，青苗钱交到哪里？ ＝交给望泉寺。

你把地留在沙井村，人搬到望泉寺，也是要交到望泉寺吗？ ＝大概十年前只要搬到望泉寺，青苗钱就要交到望泉寺，现在是死圈，所以要交到沙井村。

如果你搬到军营村呢？ ＝还是交到沙井村。因为我在本村圈内有地。

如果你在望泉寺有地，在沙井村没有，然后搬到军营村的情况下呢？ ＝交给望泉寺。

你现在是把青苗钱交到沙井村，但如果以后搬到望泉寺了，青苗钱交到哪？ ＝还是沙井村，因为是死圈，如果是活圈的话，就交到望泉寺。

如果搬到军营村呢？ ＝还是交到沙井村。

如果是大东庄呢？ ＝去了很远但地还留在沙井村，只要还是沙井村的青夫看青，就还是交到沙井村。

景德福在沙井村有地，为什么不向沙井村家交青苗钱呢？ ＝他是石门村的人，以前就是交给石门村的，现在也还是交给石门村。

【土地买卖】他如果新买了地呢？ ＝如果新买的地在本村圈内的话，就是交到本村，在石门村圈内的话，就必须交到石门村。

【死圈、活圈】石门村跟沙井村之间有贴款，直接把青苗钱交到沙井村不就好了吗？ ＝活圈的话搬到沙井村，就是交到本村。但是因为是在成了死圈之后搬过来的，所以必须要交到石门村。

死圈是什么时候形成的？ ＝大概两年前。那之前是活圈。

是县里的命令吗？ ＝是的。因为活圈的时候经常打官司，所以县里就规定为死圈了。

景德福那是也打官司了吗？ ＝没有。在外村有过。

贴款是青苗会成立后当时开始就有吗？ ＝有。

杨泽在北法信有地，但把青苗钱交到沙井村，那是活圈吗？ ＝是的。两三年前成为死圈，那之后就规定人搬出来了还是交到一直以来交的那个村里。

搬到连圈外的村子也是这样吗？ ＝是的。

以后如果你在望泉寺买了地那是交到哪呢？ ＝望泉寺。

不是交到沙井村，由沙井村公会和望泉寺公会进行贴款吗？ ＝死圈形成之后，就不可以这样了。

以后会不是会没有吗？ ＝去年为止还有，今年变成大乡了，所以不清楚。

应答者　杨润（会首）

地　点　杨润家

【属地主义】景德福住在沙井村，但却向石门村交青苗钱，这是为什么呢？＝因为他本来是石门村的人。比如说我搬家到石门村的话，土地却带不走，而且卖的话会赔，所以也不卖。而且望泉寺又近，搬到望泉寺之后，以后也可以来沙井村自己耕种。这样如果我把钱交到望泉寺的话，沙井村的收入就会减少。而且如果把沙井村的地卖给外村人，把青苗钱交到买家的村里的话，沙井村就会大受损失。因此县里就制定了"属地主义"，规定圈内土地的青苗钱交给该村。关于景德福的事也有过争论，他虽说过想交到沙井村，但石门村反对，没有让他这么做。但是规定如果他在沙井村买地的话，那青苗钱就是交到沙井村。

这种属地主义是从什么时候开始的呢？＝四五年前开始的。

在那之前的搬迁是交到去的那个村里的吗？＝是的。

景德福的情况如果按属地主义的话，他在石门、沙井、南法信、北法信都有地并且自己耕种，应该是向各个村交青苗钱的，他却是交给石门村，这不是很难理解的吗？＝这其中有贴款，石门村的公会会给沙井、南法信、北法信各村贴款。那只是三村看青的费用，而交给石门村的还有各项杂费。

那么他是住在沙井村，但只向沙井村出青苗钱，不出其他杂费是吗？＝是的。

景来沙井村之后实行属地主义的吗？＝不是，在那之前就是属地主义。村里有纠纷的话，会根据大家的意愿来解决，但如果有人反对而引起纷争的话，就按属地主义解决。

如果你今后耕种望泉寺的地，那青苗钱是交到哪？＝交到望泉寺。

白地摊款呢？＝交到沙井村。

【死圈】死圈是指一直以来交的村费交到原来的村吗？＝是的。

景德福虽然说想交到沙井村但什么也不能做吗？＝关于这件事是石门村和沙井村进行交涉 双方公会都承认的事。他在石门村没地的话就行，但既然有就没办法了。

他的子孙辈也要交给石门村吗？＝是的。关于这个在县里有立案，出现纷争的话肯定会输。他的名字还留在石门村的大秋、麦秋账上，所以不管过了几代人还是必须交到石门村。

【大乡制和村费】大乡成立之后村的费用减少了吗？＝亩捐是拿到县里去了，但村里还是要花钱，今后也还是要收钱。在村里收钱的时候，缴纳可以稍微延期，但大乡收钱就不能延期了。我是卖了粮食交的亩捐。

不是规定不能在村里收钱吗？＝但是比如说自卫团在去县里训练的时候，要给每人五十钱，那钱乡里不出就必须在村里收了。而且道路施工之类的时候，县里来人了就必须要端茶拿烟。

只靠公会地的收入不够吗？＝不够。

那么还是要收青苗钱是吗？＝不能不收。

村里最花钱的是什么？＝杂费。

杂费是指什么？＝茶、烟、警察来时的饭钱，等等。他们不会说让我们做饭，但在吃饭的时间来，就要招待。而且，他们忙得没时间吃饭的话，就要给他们饭钱，这都成了习惯了。

没有什么办法减少存费开支吗？＝这个县里不考虑的话，就没有办法了。村里没法再减开支。

从什么时候开始村里的负担加重了的呢？＝民国以后。清朝的时候很轻松。

青苗会成立的时候开始的吗？＝是的。

青苗会和摊款有关吗？＝我觉得有。

3 月 16 日

看青　大乡制　会首　公会地　纷争和仲裁　会

应答者　赵绍廷（沙井村民）
地　点　商会

【看青的时代】现在沙井村农作物的看青是从什么时候到什么时候呢？＝麦秋的时候比较短，是从芒种（五月左右，今年是五月九号，去年是五月二十几号）到夏至的半个月。打秋的时候是从立秋到霜降两个半月的时间。

【偷盗赔偿】那段时间如果被偷了是由青夫赔偿吗？＝是的，金额由会决定。

麦秋时看青期间，土地主人可以自己收割吗？＝麦子大概五天就会全部成熟，在那期间去收割。可以自由收割。

那时要跟看青的说一下再去收割吗？＝不用说。

有没有坏心的人自己收割了，还说是被偷了，要看青的赔偿的事呢？＝沙井村没有。其外村也基本上没有。

秋天玉米也要看青吗？＝是的。

玉米地的主人可以不跟看青的说自己去摘玉米吗？＝可以。

有没有某段时期内作物的主人不能擅自收取的呢？＝任何时候都可以自由摘取。没必要跟看青的汇报。

【开圈打叶子】地里的高粱叶除了原主人外，其外村民可以拿吗？＝可以。取叶子的日期有限。该日期以外不行。

那日期是什么时候？＝有句谚语叫夏至三更变暑伏，进入暑伏到暑伏结束期间可以。入伏之前摘了的话会被看青的和会里骂的。

什么作物的叶子可以摘呢？＝只有高粱。

高粱的叶子是摘了更好吗？＝牛跟高粱的个头低摘了叶子会不好结果，所以不能摘。

摘高粱叶子是叫什么呢？＝打叶子。人伏之后打叶子叫"开圈打叶子"。

那其外村村民也可以来摘吗？＝可以，但只有附近村的人才会来。

以开圈命名的还有其他什么类似的吗？＝没有。开圈打叶子以外的是不被允许的。

高粱叶子是用来做什么的？＝喂家畜。多的时候会拿来卖。

【放牧】麦秋和大秋之后可以放牧家畜吗？＝不能放到田里。六月会放出来吃青草，但不能放到田里。如果家畜跑到田里，会被看青的人和会里骂的。只有在大秋之后，田里什么都没有的时候，可以把猪放出来。

可以把猪放到别人的田里吗？＝可以。

【青苗会的成立情况】你来村里多少年了？＝三十二年了。原来是在城里。

你来村的时候当时村里有青苗会吗？＝有。青苗会是光绪二十几年开始的。成立有近五十年了。那之前只有私看，没有青苗会。

青苗会是奉县里的命令成立的吗？＝是的。光绪末年县里经费增加，有了学款、警款两项费用，为了收这些，命令村里城里青苗会收青苗钱。

【村公会】青苗会成立之前有村公会、公会吗？＝以前村里没什么事，只有烧香会（修好会）。这是很久之前就有的。

村公会这个名称是新的吗？＝青苗会成立之后的。

【看青】青苗会成立之前也是雇佣穷人看青吗？＝是的，很早之前就有了。

【会首】青苗会成立之前也有会首吗？＝我小时候村里什么事也没有，不到现在的十分之一。会首只有烧香会的会首。

当时的会首是做什么的？＝五会的时候，请城里的主持僧或者伙家道（看庙）、买买供品什么的，其他的就没什么工作了。

当时决定看青的的也是烧香会的会首吗？＝是的。穷人也没工作就让他们当看青的。但是如果被偷了，他们没钱也赔偿不了。

当时抓到偷盗的人是由会首惩罚吗？＝以前就算有小偷也与会无关，只是地主和青夫揍一顿骂一下就了事。现在是由青夫带着去会里，由会首惩罚他。

当时有村长、副村长吗？＝那是新的称呼。

那当时是叫什么？＝会首。以前村里什么事也没有。城里有两名绅董，但村里没有。

青苗会成立之后村里忙起来了？＝是的。

现在会首的工作就是青苗会的工作吗？＝是的。

【光棍】青苗会和村公会是一样的吗？＝一样的。只是比起青苗会，村公会听起来感觉更好。我小时候看青的都是贼匪样的坏人，一边看守一边偷吃。他叫光棍。光棍是单身，跟人吵架打官司什么的，什么都不怕。现在我也能看青。如果有小偷，可以带到会里惩罚他，或者是报出小偷的名字，让会里处罚。

李注源也吵架吗？＝不吵。以前没有青苗会青夫跟人争吵过打过架，现在有青苗会发现小偷带到会里要求处罚，或者是报出名字，有时也可以去分所报告要求出处罚。看青的只需要看守着就行了。

以前虽然有看青的，但还是会自己看青吗？＝是的，自己看青的同时也会委托看青的。

【看青的圈】当时看青的圈也是固定的吗？＝是的。

和现在的看青的圈没有出入吗？＝是一样的。

【大乡制】大乡成立之后村里有什么变化吗？＝几个村合起来成为一个乡。其他的没注意到。

税金没变吗？＝官厅的章程我不是很清楚。

没有村长了吗？＝是的，没有了村长变成了保长。

【会首】会首还在吗？＝会首还在，因为没有什么重要的责任。

会首在村里做着重要的工作吧？＝县里来命令的话，由保长召集会首进行商讨。没有什么重大责任。会首只是比其他人地多一些，知识什么的就不清楚了。

【保长】甲长杨源和张瑞不干了，任振刚和吴殿杨成了新的甲长吗？＝张瑞成了保长，吴殿杨成了甲长，杨源没了村长的称呼，但他是四村合并的学校校长。

杨源是村长又兼任保长，为什么连保长也辞了呢？＝杨源出席了第一分所的会议，且他回到村里张瑞就成了保长了。

张瑞是什么时候成为保长的？＝阳历正月。那之前杨源是村长。

杨源不喜欢当村长、保长吗？＝是的。

杨源推荐张瑞之前村里商量过吗？＝什么也没有。太久以前的事不大清楚，但就我在村里住的这三十几年来看，没有人想当村长。

也没跟会首商量就推荐了吗？＝应该是。

张瑞没有生气吗？＝张瑞因为有钱，所以就成了保长。

他很高兴吗？＝不高兴，但是被任命了也没办法。

你觉得杨源和张瑞谁更称职呢？＝杨源当了很久的村长，工作都很清楚，所以工作上是杨源更称职。

张瑞是因为有钱所以成为保长的吗？＝是的，以前是以人品为标准的，但现在是以钱为标准。万一县里有什么要求张瑞拿得出钱来。现在是钱的社会，穷人什么也做不了。我来村里的时候张瑞很穷，在村里没有发言权。

他是怎么变成有钱人的？＝以前是老人一个人工作，现在孩子们都在工作，已去做蜜供，蜜供的收入不大清楚，但一年有五六百块吧。

【甲长】任振刚为什么成为甲长了呢？＝之前就是甲长。

他地多吗？＝不多。去年是张、李、赵、杜、杨、任六人。吴殿杨是去年冬天开始成为甲长。

吴殿杨的地多吗？＝不多。

村里会首和甲长哪个地位比较重要呢？＝现在是甲长比较重要。

甲长地位比较重要，那么为什么没有让地多的人当甲长呢？＝不知道。

甲长是选举决定的吗？＝不是，杨源等人决定的。

任振刚的人望高吗？＝他只有十几亩地，也没有什么人望。但是人老实。原来不是沙井村的人，是石门的人。父母还在石门村。十年前左右来的。

吴殿杨有人望吗？＝他祖父是前清的文生（秀才）。本人很老实。

这二人跟杨源关系好吗？＝沙井村的人都不吵架，没有什么特别亲密的关系。

没有其他的可以当甲长的人吗？＝没有人又好又有财产的人。

这二人是张瑞决定的吗？ ＝杨源决定的，杨源之前就想让张瑞当村长，但是没有机会。改成大乡之后，以此为契机，直接就换了。他从分所的会议回来，就跟张瑞说，定他为保长了。张瑞不愿意也没法子。

杨源和张瑞关系好吗？ ＝很好。

【会首人物】杨源、杨正、杨泽三兄弟中，杨源、杨泽是会首吗？ ＝杨源以前就是会首。杨泽是去年满铁的人来出来接待，临时当的会首。现在是有需要的时候会去，也有时候不去。杨源是村长，他弟弟是会首的话，会合的时候会有不便。

杨正为什么没有当会首呢？ ＝因为他哥是村长。

那最小的弟弟杨泽怎么当了会首呢？ ＝杨正热衷于农业，他不想当会首也没时间。杨泽是穿长袍的人。

杨正和杨泽谁的评价比较好？ ＝两人都很老实，但杨正很勤劳。杨泽是分家时得到的家小但相对的地比较多，而且是比较好的地，家人也少，不用像杨正一样干活，生活也很轻松。

【大会首和小会首】赵廷奎不是善会的香头吗？ ＝现在不是。他的父亲是大会首，他以前也是大会首，后来成为小会首，现在不是会首了。他帮杜祥的忙，是写大秋、麦秋的账面的司房先生。

司房先生有工资吗？ ＝没有。只在谢会的时候吃顿饭而已。

大会首和小会首有什么区别？ ＝大会首在县里有要求的时候帮忙垫付。小会首只在大秋、麦秋的时候帮忙。

现在的大会首是谁？ ＝杨源、张瑞、李濡源三人。

李秀芳呢？ ＝他年纪轻，只是在会合的时候出席。

这么年轻的人为什么是会首呢？ ＝从他祖父的时候开始就是会首。

张守仁不向会里交钱吗？ ＝不大清楚，不过张是牛栏山的商人，应该跟会里没有关系吧。

听说邢润齐向会里交钱，这是什么情况？ ＝住在顺义的商人，在村里什么也干不了。虽然是会首，散会首只在会合的时候聚集来默默地坐着，结束后就解散了。

村里会说大会首和小会首吗？ ＝不说。没有这样区分。

去村里问谁是大会首、谁是小会首也不清楚的，是吗？ ＝不清楚。这是我暂且加的名称，村民使用的称呼都是会首。

【公会地的出典】把公会地典出给张永仁是在什么时候？ ＝这是保长和甲长决定的事，散户不知道。

【公会地的佃农】出租公会地的时候，是怎样选定佃农的？ ＝民国二十九年以前佃农是不变的 。二十九年完秋以后由于村民说地租太少，所以就以投票的形式选定佃农。

村民有抱怨吗？ ＝有过不平。

二十九年以前是谁耕种公会地的？ ＝张起（逝世）、吴殿杨。其他的不知道。

二十九年以前公会地的佃农长期是同一人吗？ ＝是的。

该佃农是会首决定的吗？ ＝是的。

村民去过会首那抱怨吗？ ＝有过。

你去抱怨过吗？ ＝我连公会地投票的时候都没去。会里有什么我都不去。

为什么？ ＝我租佃了县里王氏的三十亩地，有一匹驴马，足够生活了，主张和睦，所以不去。投票的时候投低了没法租佃，投高了地少的人会讨厌我。

投票的人是穷人吗？ ＝是的。

二十九年以前是谁抱怨地租低了？ ＝沙井村人中如果没有想租佃的话，不要钱也不会抱怨。但如果想租佃的人多的话，人们就会抱怨。

是跟村长抱怨吗？ ＝是的。因为是公共的事，所以跟村长说。

有人说地租太低村里的收入会减少吗？ ＝想耕种的人抱怨过，明明村里费用不足借有外债，为什么不提高佃租还债之类的。

当时没有因此发生纠纷吗？ ＝没有。

【分家之争】有过关于分家的纠纷吗？ ＝很多。十家中有八家因为纠纷而分家，还有两家是心里这么想，但没有纷争地分家了。

村里人阻止过他们分家吗？ ＝阻止过。

受到村民阻止有想过放弃分家吗？ ＝有过。

【仲裁人】是谁都可以加入仲裁人吗？ ＝是的。

族长经常仲裁吗？ ＝族长在的话，就会出面。

你经常仲裁，分家的时候也会出面仲裁吗？ ＝是的，有争吵什么的，就会马上出面制止。

分家的时候仲裁的，除了你还有哪些人？ ＝周树棠、崇文起、杨永才、杨源、张端、李濡源。村里的纠纷、分家、结婚、葬礼等这些人也会出席。

李秀芳呢？ ＝不行。

杨泽呢？ ＝不行。他经验不足，年纪太轻的人不行。仲裁需要把话说圆满。年轻人的话，就是杨润出面。

张永仁呢？ ＝他不行。

赵廷魁呢？ ＝不行。

【连地、连房】去年我们仲裁的赵文有、李注源、李广恩的纠纷时，族长李注源怎么也不愿出面，这是为什么呢？ ＝因为有连地的原因。连房的时候也不好出面。

连地是指什么？ ＝房子是相连着的。

【家长和连地、连房】分家的时候兄弟二人连房，他们因分家的事发生纠纷的时候家长（也就是族长）如果家是分开的就会来仲裁是吗？ ＝是的。

那如果家长的家也是连房呢？ ＝那就不仲裁。

家长和兄弟连房，兄弟之间发生关于土地的纠纷的时候呢？ ＝会去仲裁。

家长和兄弟连地，兄弟之家就房子的事发生纠纷的时候呢？ ＝家长可以仲裁。但如果是关于土地的纠纷的时候就不行。

房屋分布是如下图的情况下，B 和 C 就房子的事出现纷争 A 会仲裁吗（假设 A、B、C 异姓）？ ＝不仲裁。

如下图的情况下，B 和 C 就土地的事出现纷争呢？ = A 可以仲裁。

A	B	C

　　　　　　　　　　| a | b | c |

如下图的情况下，B 和 C 就土地的事出现纷争呢？ = A 不仲裁。

A	B	C

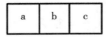

如下图的情况下，B 和 C 就土地的事出现纷争呢？ = A 不能仲裁。

| A |　| B |　| C |

a	b	c

如下图的情况下 B 和 C 就房子的事出现纷争呢？ = A 可以仲裁。

| A |　| B | C |

如下图的情况下，B 和 C 就房子的事出现纷争呢？ = A 不仲裁。

| A | B |　| C |

如下图的情况下，B 和 C 关于院子的纠纷呢？ = A 不仲裁。

A	B	庭 b
	C	庭 c

（如下图的情况下） B 和 C 就房子的事出现纷争呢？ = A 不仲裁。

A	庭 a	B	庭 b
		C	庭 c

　　如下图的情况下 ，B 和 C 关于院子发生纠纷呢？ = A 仲裁。但如果 A 和 B 之间的空地是一不能通行的小路的话就不能仲裁。

A		C	庭 b
		B	庭 c

　　种地的时候弄错边界，导致 B 和 C 发生纠纷的时候，与那块地相连的地的主人 A 可以仲裁吗？ = 不能。去年张瑞和杜守田因土地边界不明发生了纠纷。我的地虽然没有

与其相连，但因为离得近，所以没有仲裁。土地边界纠纷的时候，附近有地的人也不去出面。

不考虑像上面那样连房连地的关系就去仲裁会怎样？ ＝仲裁的人会被村民笑。

有过这样的实例吗？ ＝没有。

【与外村人的连地、连房】如下图连地的情况下 a 、b 是沙井村人 c 是石门村人，b 和 c 因土地发生纠纷时，a 会出来仲裁吗？ ＝会。纠纷对象是外村人的话会，就跟连房连地无关了。谁都可以来仲裁。

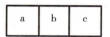

【亲兄弟】A，B，C 是亲兄弟但没有连地，B 和 C 因土地发生纠纷时 A 可以仲裁吗？ ＝不可以。亲兄弟的话不知道站在哪一边，所以不能种仲裁。如果 A 是同族兄弟的话就可以。关于房子的纠纷也是一样。但房子和土地以外的纠纷，亲兄弟也可以仲裁。

杨源、杨正、杨泽三兄弟之间在进行搭套，如果杨正和杨泽关于搭套发生纠纷地，杨源会仲裁吗？ ＝会。

邢、周、李三人在实行伙种，周和李因伙种发生纠纷时邢仲裁吗？ ＝仲裁。

【纠纷的种类】你仲裁的纷争中最多的是哪种纠纷？ ＝分家。

其他的呢？ ＝关于子女耕种父母养老地，子女之间的纠纷。借钱不还的纠纷。土地边界不明的纠纷。

因借钱发生纠纷时中间人不仲裁吗？ ＝那人不在，或者他不能顺利仲裁的时候，我就去。

【与北法信之间的纠纷】最近有什么纠纷吗？ ＝前几天跟北法信之间有过纠纷。关于修路的事村与村之间发生纠纷。北法信说要修一条我们并不需要的路，沙井村反对，昨天保长和前村长与石门村的保长以及北法信的乡长在分所聚集商谈，结果还不清楚。

跟石门村也有关系吗？ ＝因为石门村和沙井村同属一个乡。

关于这件事村里商量过吗？ ＝保长和前村长和李濡源三人商量过。

你和周、崇等人没加入商讨吗？ ＝我们虽然在村内的纷争中出面，但是跟其外村关纠纷我们这些散户不参加。但是很担心，如果北法信硬来的话，村民们会聚集在一起商量吧。

【打猪会】有猪会吗？ ＝有打猪会。我也干过。

怎么做呢？ ＝三家、四家、五家左右作为一组。三家的话就做三根钩子（签）决定一二三的顺序。第一年的时候，第二号、三号各出一元给第一号。多数时候是在春天给钱。大秋之后，二号、三号分别给一号五十斤大豆。年底杀猪，二号、三号各拿五十斤肉、一斤油，其他的全部归一号。同样的第二年由二号，第三年由三号养猪。

当值的人叫什么？ ＝没有名称。

如果其间猪死掉了怎么办？ ＝当值的人根据约定，年底的时候买来肉和油给他们。与其他人没有关系。

现在沙井村还有打猪会吗？＝只有杨明旺、杜复新、杜作新这一组了。

【钱会】有钱会吗？＝这是什么地方都有的，本村应该也有，但不是很清楚。

【打老人会】还有其他的什么以会命名的吗？＝听说过白辛庄有"打老人会"，集结二十家或者三十家家里有老人的成为一组，在会里设置会头。老人逝世的话，会头就在该老人所属的组里，每家收两三块钱作为办葬礼的费用。听说是穷人成立的这个会。

3 月 17 日

青苗会　和尚　公用地　会　萧家坡的概况

应答者　张如桥（慈善会的董事）
地　点　城里慈善会

【青苗会】青苗会是什么时候成立的？＝很早以前就有了，什么时候成立的就不知道了。

是奉县里的命令成立的吗？＝不是，是村里自然成立的。

青苗会是看青的会吗？＝不只是看青，村里的事都会做。和村公会是一样的。现在名字变成了村公会。

【会首】青苗会有会首吗？＝有。他会做村里所有的事。

【和尚的交替】会首也可以换庙里的和尚吗？＝不可以。只要和尚没干坏事，他就到死都是住持僧人。和尚烧香、打扫庙宇。和尚靠香火地生活，钱不够的时候就去各村筹钱。有庙的村子会出钱。

【和尚的后继人】和尚死的时候，是青苗会的会首寻找后继人吗？＝村里不能随便找。和尚有弟子的话，就由弟子成为和尚。没有弟子的话，就去和尚以前待过的庙把他师弟带过来。和尚干了坏事可以赶出去，但他没干坏事的话就不行。

为什么现在村里没有和尚？＝没有和尚的村子很多。由于和尚和村民关系变差，就在村里雇佣没有老人的人做在家道，成为看庙。

什么时候开始没有和尚的呢？＝有的村子以前就没有和尚，而且有的村和尚内部没有体系。有体系的和尚的话，就会带来后继人，没有体系的和尚就没有后继人。

现在没有和尚是因为村民不再尊敬和尚了吗？＝不一定。现在有和尚的村是有和尚体系的村。有的村以前就没有和尚，于是就雇佣在家道。

【和尚的驱逐】民国之后，各村驱逐过和尚吗？＝严守清规的和尚不会被驱逐，不守清规的话，就会被驱逐。

大多数村里都有香火地吗？＝有。

香火地以外村里的地还有什么？＝有民地。

【官土坑】那之外没有公会地和官地吗？＝没有。只有废地和官土坑。按中国的习惯是用土建房屋的，所以需要一块地用来取土修墙建房顶。于是村民就一起出钱买地，规定那块地上谁都可以取土。

庙地呢？＝是不能耕种的地，所以没有主。现在人多地少，也有很多地方人工施肥让地可以耕种。现在的废地是官土坑残存的。

很多村子都有官土坑吗？＝十个中有八九个村有。现在也还有。

【义地】有义地吗？＝顺义县的慈善会有两处，村里比较少。村民各自有地，在那里埋葬。城里没地的人多，就在慈善会设了义地。

【义仓】没有义仓吗＝这附近没有。有慈善会的这块地在明朝时有义仓，但到了清朝因地震毁掉了。以前这里叫作大仓。现在哪都没有了。顺义的地不好，一年的收成一年就吃光了，没有粮食剩下，所以就建不了义仓。

【打柴地】有没有村民又可以打柴的地？＝没有固定的地方。山脚的村子的话就上山砍柴。村里只要是剩在地里的东西，谁都可以拿去当柴。

那山不是哪一个人的山吗？＝有主人。不能取木材，但是柴火和草就没有关系。

村里有森林吗？＝有。

可以在那随便打柴吗？＝可以。

外村人也可以吗？＝可以。

【放牧地】有收获之后可以放养马和骡子的地吗？＝可以。在作物没有荒废的时候可以放养。在大秋之后、地里只有草的时候，把猪和羊放出来的情况比较多。

外村人也可以来放养吗？＝可以。以前从蒙古那边追着羊过来一直跑到北京。

那人经过村子的时候，会跟村人打招呼吗？＝没跟村民打招呼就擅自给羊草吃。没有作物的时候也没什么损失。反正是到了春天会耕的地。

【猪会】有猪会吗？＝有。地少的人、穷人会十家左右一起养猪。

还有别的帮助人的会吗？＝有老人会和钱会。另外城里有新民会的妇女会。

【谢会】有谢会吗？＝大乡制之后就没有了，以前各村都有。

谢会是村民们都很期待的日子吗？＝村民们关系都很好的村子的话是很开心的，关系不好的村子甚至起过争吵。

【唱戏】有村子在谢会的时候唱戏吗？＝事变后没有。在祈雨仪式上下雨的时候会唱戏。逢年的时候也有唱戏的。去年衙门村祈雨之后下了雨，就唱过戏。唱戏的时候，要从北京请演员来，很花钱。以前城里庙会的时候唱过戏，现在由于治安和钱的问题就不再唱了。

应答者　吴佩亭（萧家坡村民）
地　点　萧家坡戚子荣家
【户口】户口数有多少？＝三十四户，二百多口人。
【姓】吴姓呢？＝十三家。
排在其后的姓呢？＝李姓七家。
再其后呢？＝张姓两家，梅姓两家。剩下的都是一家。

【保甲长】现在的保长是谁？ ＝李凤。

之前的村长呢？ ＝吴崇勋。

现在的甲长是？ ＝第一甲长吴玉，第二甲长李森，第三甲长吴治彬。

监察员呢？ ＝没有了。

有公议圣会吗？ ＝本村没有，大营村有，是老爷庙的庙会。

本村也参加吗？ ＝这家的人原是大营村的，两三年前搬过来所以现在也会参加。

【庙】这个村的庙叫什么？ ＝老爷庙。

这个庙没有庙会吗？ ＝没有。

看庙呢？ ＝有。

有善会、上供会吗？ ＝有上供会。

上供会有会首吗？ ＝没有。

【青苗会】有青苗会吗？ ＝有。

青苗会有会首吗？ ＝没有，以前由乡长管理，现在是保长。

有人帮乡长、保长的忙吗？ ＝现在是甲长，以前是乡长和监察员。

有看青的吗？ ＝一直以来是一个人，以后就不知道了。

【青苗钱】收过青苗钱吗？ ＝从青夫看守的圈内的地里收取。

青苗钱一年收几次？ ＝两次。六月和十月（麦秋、大秋）。

那以外有过临时征收吗？ ＝本村没有。

【不在地主】现在会坏的房屋的主人是？ ＝吴崇瑞。号芝堂。逝世了。

这个人现在在哪？ ＝在北京有个儿子吴成厚。

吴成厚有很多土地吗？ ＝按钱粮的话有六百亩，本村摊款有二百亩，大乡的账面上有四百亩。实际上在本村应该有二百亩以上。光在本村就有四百亩左右，外村也有六百亩以上吧。

他是什么时候去北京的？ ＝民国十八年左右。

他还有家人在吗？ ＝都去北京了。有看房的。

搬到北京去了还向本村交摊款吗？ ＝只交二百亩。

本村的土地呢？ ＝根据实业摊款看有七百七十亩。

【实业摊款】实业摊款是指什么？ ＝所有地摊款。

计算实业摊款时，在外村有的地也要算进去吗？ ＝是的。

按青苗钱的话，有多少亩？ ＝二百亩左右。

为什么？ ＝因为本村人的地在大营、北上坡、仁和镇、西马坡的看青圈内。有的是自己耕种，有的是租给别人种。

有贴款吗？ ＝没有。

本村的看青圈中有外村人的地吗？ ＝有。

那青苗钱是本村收吗？ ＝是的。

你的地在大营村的话青苗钱是交到大营村吗？ ＝是的。

吴成厚搬到北京怎么也是交到本村呢？ ＝不自己耕种的话就不交。由佃农出。

你说这家人是两三年前从大营村搬过来的，那他们是向本村交青苗钱吗？＝在本村有地的话，就是交到本村。

如果你在仁和镇、大营村、西马坡有地的话，是向三个村子交青苗钱吗？＝是的。

有这样的人吗？＝有。

有村公会吗？＝没有。

有公会吗？＝没有。

会呢？＝没有。

公地呢？＝没有。

官地呢？＝没有。

义地呢？＝没有。

官井呢？＝有两个。

官碾子呢？＝有一个。

【香火地】香火地呢？＝有四亩。

那地有租给人种吗？＝没有。

那是怎么样？＝看庙的在耕种。收入都归看庙的。

【谢会】有谢会吗？＝秋天作物收获之后，收钱的叫谢会。

大秋的时候会收钱、一起吃饭吗？＝本村没有。

有在庙里烧香的日子吗？＝只有年节的时候。

那是会一起吃饭吗？＝不会。

吴姓是满洲人吗？＝汉人。

【旗地】没有旗地吗？＝有。庄头地。

本村曾是庄头地吗？＝是的。

【绅士】当时村里的头儿叫什么？＝绅士。跟现在的乡长是一样的。

这附近有只有旗人的村子吗？＝没有。

大营村也有很多吴姓的吗？＝很多。但跟本村的不是同族的。

【伙种】有伙种吗？＝没有。以前有过。

【搭套】搭套呢？＝没有。以前有过。

【放牧】有人养猪吗？＝有。

可以在大秋之后田里没东西的时候，把猪放出来吗？＝不行。

【看青】看青的时节呢？＝麦秋一个月，大秋月两个月。

那期间被偷了青夫赔偿吗？＝赔。

那时作物的价格是由青夫决定吗？＝由村里人商量。

村里会给看青的钱吗？＝会。

给多少？＝大秋的时候三四十元，麦秋的时候二十元左右。

除此以外地主会拿作物当谢礼吗？＝收获的时候给柴火（高粱秆）。

青夫抓住了小偷怎么办？＝马马虎虎放过，有时候村长会处罚。

那时小偷、青夫、地主、村长等人聚集在一起吃过饭吗？＝没有。

在庙里聚集起来商量过吗？＝有过。

什么时候会聚集起来商量呢？＝县里来命令的时候。

哪些人聚集起来呢？＝以前是乡长、监察员和村里的人。

没有分家吗？＝没有。

【自卫团】有自卫团吗？＝有青年自卫团。

那些人去接受训练的时候会给钱吗？＝没去接受过训练。

【摊夫】有摊夫吗？＝有。

那时是按地亩出吗？＝有地没人就没关系，有人没地的时候就出。

有人没地的人是村里给钱吗？＝不给摊工钱。但地多的人会出的多些。

【打更】夏天会打更吗？＝会。

雇人吗？＝不是，村民来打。

去年有几个人？＝一天六个。

是按地多的顺序来的吗？＝是的。

是耕作地还是所有地？＝实业和耕地混在一起。

当时有实业一亩一人，耕地二亩一人这样的规定吗？＝没有。人不够。

租佃地十亩的人也跟自耕地十亩的人一样算吗？＝不一样。

哪个出的多？＝所有地多人出的更多。

会做轮流表吗？＝会。

应答者　吴成恩（萧家坡村长）

地　点　萧家坡的庙

【庙】这间庙（老爷庙）是什么时候建成的呢？＝清初。吴永清一个人出钱建的。他是庄头。

最近修理过吗？＝民国十七八年的时候。

当时是从村民那收的钱吗？＝只有吴姓人家出了钱。

别的庙（土地庙）也是只有吴姓人修理的吗？＝是的，他姓的人都没出钱。

吴姓以外的人很穷吗？＝是的。

【满洲人】本村吴姓人是满洲人吗？＝顺治年间从满洲来的。吴姓是镇白旗的旗人。

吴姓的女人缠足吗？＝以前就没有缠足。本村他姓人缠足过。

吴姓人和汉人结婚吗？＝结。

大营村的吴姓人也是满洲人吗？＝不是。

【县灯聚会】这个庙有庙会吗？＝正月十五有县灯聚会。

那会有会首或香头吗？＝没有。庙会的时候看庙负责从村民那收钱买供品。

那时吴姓以外的村民也出钱吗？＝出小额的钱。

这个庙是村公所吗？＝有需要的时候大家会聚集在这。平时就只有看庙的。

在这里收青苗钱吗？＝村民把钱拿到这来。

【青苗会】有青苗会吗？＝有。

【会首】有会首吗？＝有，就是保甲长。

会首这个词平常也在用吗？ ＝知道，但是不怎么用。

【村费】一年的经费大概要花多少？ ＝两三百元。

【乡长】前乡长的姓名是？ ＝吴崇勋当了两年，现在大乡成立后就没干了。

他之前呢？ ＝吴治中。

再之前呢？ ＝汪润田。当了三年。

他之前呢？ ＝吴治中。他的父亲、祖父辈开始就一直是村长。

【庄头】庄头家的人不当村长吗？ ＝没有人当过，不过吴重瑞当过区董。

【土匪】来过土匪吗？ ＝二十年前左右来过。在庄头的家，里区的警官和家人共同击退了。

【基督教徒】这个村里有基督教徒吗？ ＝只有前乡长一家。因为他的孩子在城里的福音堂学习，所以他也成了信徒。他家的蜂蜜是福音堂分给他的。兔子是从北京买来的。

3 月 18 日

会和香头　连圈　和尚

应答者　王伯昭（河南村乡长）

河南村的乡公所设在关帝庙。那庙里有很多清代的碑文和匾额遗留下来。乡长带我们巡视了庙内一圈，并听了他的说明。

【戏会、香首】戏会、香首（庙里有供奉娘娘的天仙宫。有记载光绪十九年修缮时所需经费的出资人姓名的匾额。其中有戏会和香头的文字）。＝正月九日的庙会那天唱戏，是全村村民的乐趣。那戏所需的资金的出资人就是戏会的会首。香首也叫会首、香头，一般是叫香头。出资人基本上是固定的，不存在轮换，一个人当好几年的香头。现在不唱戏了，但戏会和香首的名称还留下来了，正月九日的时候，香首出钱向娘娘供奉供品、烧香礼拜。

【果供会】果供会（见于咸丰年间的碑文）。＝关帝庙的庙会在正月十日，香首出钱买水果、点心等供品供奉礼拜。现在也有果供会。香首（也叫香头、会首）并不一定是和戏会的会首是同一人。

【路灯会】路灯会（见于咸丰年间的碑文）。＝现在也有。十二月最后一天隶属于路灯会的四五十个人聚集在关帝庙，这些人一起出钱供奉蜡烛。这些人跟戏会、果供会一样叫作香首。然后在香首们的家门前点上路灯（像行灯一样的长方形的东西）。

【会名】（有光绪五年修建关帝庙的时候记载出资者姓名的石碑。出资者中有戏会、果供会、立夏会、香灯会、月会、地藏会、茶棚会、路灯会、虫王会、药王会、灯框会、天仙会、龙王会、？会等十四个会。）

戏会。＝（参考上述说明。）

果供会。＝（同上。）

立夏会。＝现在没有，是以前的，内容不清楚。

香灯会。＝现在也有。正月元日到十五日在庙里点灯，是出所需费用的会，出钱的人叫香首。

月会。＝现在没有，内容不明。

地藏会。＝正月一日有地藏会。现在也有。香首出钱上供。香首以外的人与此无关。

茶棚会。＝现在也有。四月一日至十五日附近村民来本村爬村东边的东大山。有从远村来经过河南村爬东大山的人。给这些人上茶接待他们的就是茶棚会。这所需资金的出资人是香首，不是全村村民的会。

路灯会。＝（参考上述说明。）

虫王会。＝现在也有。在正月二日虫王的庙会上供奉虫王。出钱的人叫香首。

药王会。＝现在也有。正月二日药王庙的庙会上，香首出钱供奉供品。

灯棚会。＝现在没有。唱戏的时候在关帝庙前铺盖苇席。晚上也会唱戏所以会把灯点上。出那钱的人是灯棚会的香首。

天仙会。＝正月一日的娘娘庙（天仙庙）的庙会上供奉。出钱并参拜的是香首。

龙王会。＝正月一日龙王庙的庙会上进献供品。出钱的人是香首。人们聚集在一起就是龙王会。

上述的诸会都有各自的香首。也有同一个人同时加入多个会成为香首，但香首也不限定于同一人。

（上述碑文中记载的会的名称下记载着出资金额。例如戏会下面记有共助二八租钱一千三百十五吊二百文 其他的会的下面都记着共助〇〇租钱〇〇。）

会的下面记载的出资额有额"租"字，租是出租会的所有地给人耕种所收的租金的意思。以前所有的会都有土地，有租金收入。现在那些地没有了，只有戏会还剩有六七亩地。

【戏地】戏地（关帝庙门前有顺天府昌平州顺义县河南村献戏地碑。那碑是乾隆三十七年建立的。其全文如下）。

顺天府昌平州顺义县河南村献戏地碑记
盖闻神之在天如地有矧
关大帝忠肝义胆耿日薄云洋溢弥漫何所不在故古人云
诚至斯格之日感而遂通兹村之奉之也中洞敬属气见
僾闻凡遇休咎一卜灵筮罔不徵验凿井得泉理固然也
前于乾隆二十年已买地立碣轮流月会戏呈供兹又
买地四十二亩入会资补又有本会香首户部主事和公
讳宁施地十六亩入会取租上供献戏余奉香火近又有
胡各庄张公讳玉者施地十五亩又有王明者施地一亩
四分有奇专给香火寺僧主之夫入庙入会事各有伟而
要皆

关大帝之灵感也呜呼河梁玉泉事已千年而一点英魂永
光日月自君公士庶以及九夷百蛮谁不敬信而尊崇者
而要其历久弥长则无如兹会之渊源相继也天厚施不
求报为善而不近名在会中及舍地诸公岂汲汲求名也者
然不有倡者后何以继不有传者后何以知兹碣之立也
毋以使后之贤者知某地入会某地给僧既可息其争端
而善人继起既息相传又可导以善路绵斯于无穷也而
与在天之神共千古乃以为记

辛卯科解元顺义县高思敬撰
顺义县生员李芝茂沐浴敬书

大清乾隆三十七年仲春良辰吉立　住持　僧来智徒自识

（在乡长的带领下我们参观了兴国寺。本庙里有永合老会、兴国寺保安会。另外寺的一部分成为了悟善堂公所。以下是乡长关于此事的说明。）

【永合老会】永合老会。＝在兴国寺中向关帝上供的会，现在有二十名会首。

【保安会】兴国寺保安会。＝在祭拜观音的四月十八日里上供的会。出供品所需金钱的人叫香首、香头、会首。

【在里】悟善堂公所。＝禁止烟酒的在里会的公所。

【和尚】兴国寺有和尚，是从县城里请来的让他做了住持。以前就有香火地。用来出租，收入用于和尚的生活。当收入不是很够的时候，和尚就去化缘。

应答者　姚凤祥（关帝庙的看庙）

【连圈】你知道连圈吗？＝知道。河南村和临河村是连圈。临河村民在本村内耕种的时候，本村帮他看青，而且还向临河村汇报其亩数。

如果你耕种临河村的土地的话，那青苗钱是交到本村还是交到临河村？＝交到临河村。

那个时候你把青苗钱交到本村，再由本村的青苗会向临河村的青苗会付看青费，这样不行吗？＝没有这样的。

没有贴款吗？＝没有。

【会的加入者】本村有很多会，那是同一人可以加入很多个会吗？＝可以。但入会就会花钱，也费时间，没有人加入很多个会。

有没有人哪个会都没有加入？＝穷人哪个会都不能加入。这样的人很多。本村有四大庙，各个庙又各自有很多的会。

加入关帝庙的会的人可以加入兴国寺的会吗？＝可以。

庙其实没什么会？＝没有。

四大庙是指哪几个？　＝关帝庙、药王庙、南大寺（普陀寺）、北大寺（兴国寺）。

【和尚的后继人】有和尚吗？　＝南大寺和北大寺有。

和尚死后怎么办？　＝让弟子当和尚。

【城隍庙】没有弟子的时候呢？　＝从县城里的城隍庙里带和尚来。

南、北大寺都是从城隍庙里带来吗？　＝是的。

从其他的庙里叫人来可以吗？　＝不可以。可以叫人来的庙是固定的。

【香火地】和尚可以卖香火地吗？　＝不可以。

村里要花钱的时候村子可以卖吗？　＝那是没有办法的。

和尚自己买地的话，那地是和尚自己的吗？　＝这种情况至今还没发生过。和尚生活很艰苦，根本没有多的钱买地。但是如果想生活的舒服点的话，会做坏事，所以还是生活艰苦点好。

香火地大概有多少？　＝共有二十多亩。

1942 年 12 月

（华北农村惯行调查资料第 112 辑）

村落篇第 14 号　河北省顺义县沙井村
　　　调查员　旗田巍
　　　翻　译　刘俊山

1942 年 2 月上旬，沙井村头面人物带着石门村村长来拜访职员山本，寻求满铁调查班的帮助。是关于石门村的香火地的事，石门村和城隍庙的和尚之间起了纠纷，石门村的香火地面临被城隍庙的和尚抢走的局势，而且同样的事情肯定也会在沙井村的香火地上发生。

在我们多次去调查的过程中，沙井村村民与我们关系已经非常亲密了，这次的委托也是对我们的信赖和亲近的表现。因此，为了继续与沙井村村民保持亲密关系，我们觉得应该接受此次委托。而且现在的问题可以成为我们很好的调查对象，并且我们的介入可以直接把握生动的事态，这是一般的调查无法企及的。因此我们愉快地决定接受这次委托，由职员旗田前往沙井村。旗田先从村民那确认香火地的状态、与和尚的关系、帮助和尚的无赖的存在等，同时询问了县顾问和承审员的意见之后，直接与和尚和无赖见面，抵制他们的不正当企图。其结果，作为沙井村的重要财源，香火地得以一如既往地存续下去，也消除了将来的不安。而且担心同样问题发生的顺义县下的各村，也因这次和尚的败北，同一样地安下心来。因为和尚准备在沙井村、石门村成功后，继续向县下各村的香火地下手。这次调停结束后，进行了关于村的边界的补充调查。调停记录以及上述的补充调查即为本报告内容。

12 月 16 日

村的香火地和城隍庙的关系　　与和尚共谋的无赖

应答者　刘万祥（石门村乡长 四十七岁）、李有功（石门村保长 三十七岁）。这二人以外还有沙井村的杨源、杨泽、杨永才、何（教员）在旁。上述的刘万祥是主要应答者
　地　点　沙井村会所
【香火地的所在、面积】出问题的土地是怎样的地呢？＝是石门村三教寺的地。
在哪？＝在沙井村西和石门村。

　　出问题的土地是石门村三教寺的香火地的一部分还是全部？ ＝全部。现在是石门村三教寺的香火地成为出问题的土地，这个问题解决后不久，沙井村的观音寺的香火地成为问题。

　　沙井、石门以外的村也有香火地吗？ ＝远处的村子不太清楚，但县城附近只有这两个村子有三教寺的土地。

　　在石门村有多少亩多少段？ ＝有五亩、三亩、五亩、六亩、四亩这五段。

　　沙井村呢？ ＝十二亩、五亩、三亩这三段。

　　用上中下划分的话是？ ＝都是下地。

　　这八段土地都叫香火地吗？其中没有叫公会地的吗？ ＝既叫香火地也叫公会地，是一样的。

　　【地券、税】有地券吗？ ＝有八枚。现在由车站的叫青山的人在保管（注：由于石门村是爱护村的关系，所以向车站的青山说了这件事请求帮助，那时将香火地的八张地券交给了青山。但是他因为生病，现在还没有解决问题，只是保管着地券。说过这事之后的第二天，即十七日，村民就从青山那拿回了地券，十八日时给我们看了。都是民国四年财政部的执照，名义人是三教寺）。

　　八段都要出田赋吗？ ＝是的。

　　亩捐呢？ ＝一样要出。

　　是谁缴纳呢？ ＝从香火地的租金里出。

　　名义人呢？ ＝保甲长联名。

　　有收据吗？ ＝有（之后拿来的是民国十八年、二十九年、三十一年的三组，各八张，都是以三教寺的名义交的。十八年、二十九年的只记录金额没有记录亩数，三十一年十二月十二日的记载了亩数和金额。五亩——一角一分五厘；三亩——六分九厘；十二亩——二角七分六厘；三亩——六分九厘；六亩——五角五分二厘；四亩——三角六分八厘；四亩——三角六分八厘；五亩——四角六分）。

　　田赋是从什么时候开始交的？ ＝民国四年开始。在那之前是黑地，四年的清查后就开始交了。

　　八段都是从四年开始交的吗？ ＝是的。

　　【佃农、租金】八段的耕种人是谁？ ＝刘旺（四亩）、杨玉田（三亩、五亩）、杨永享（六亩）、李芳（三亩）、李才（五亩）、刘明（五亩、他是看庙，没有租金）、任起（耕种十二亩中的四亩。剩下的是苇地。苇的收入大概是一年二百元。今年因为出问题了，没人买）。

　　上述的人都是哪个村的？ ＝都是石门村的人。

　　那些人是从什么时候开始租佃的？ ＝刘旺是从今年开始。杨玉田也是从今年开始。杨永享也是今年开始。李芳也是今年开始。李才是十几年前开始的。刘明是很早以前开始的。任期是从去年开始的。

　　租金是拿什么交的？ ＝钱。

　　各自的金额是多少？ ＝刘旺（一百四十元）、杨玉田（不明）、杨永享（不明）、李芳（八十五元）、李才（六十元）、任起（八十元）。

　　佃农是怎么决定的？ ＝保甲长在庙里投票。

租金由谁保管？ ＝保长和会首。这钱用于修庙。

有催收租金的账簿吗？ ＝有。

名字是？ ＝村公所的办公账。

只写租金吗？ ＝不是，记录着各种费用。

有租金支出的账簿吗？ ＝写在刚说的账簿上。

租金单独的账簿呢？ ＝没有。

【租金的用途】租金是项相当的收入，都用来做什么了？ ＝修庙，上供烧香的费用学校（在沙井村内）的费用。

和青苗钱一起使用吗？ ＝是的。

有单独把香火地的收入积攒起来吗？ ＝没有。

以前有和尚那个的时候也有佃农吗？ ＝从以前开始就一直没有和尚。

城隍庙来过人说租金应该用来做什么吗？ ＝没有。但是每年年底村里会给和尚二十元。其他的怎么用都与和尚无关。

今年也给了吗？ ＝因为是年底给，所以今年的还没有。

有人来就苇的钱的用途来说过什么吗？ ＝没有。

和尚出过田赋吗？ ＝没有。

【香火地的起源】香火地的八段是以前开始就是八段吗？ ＝是的。石门、沙井二村的庙虽然规定是由城隍庙的和尚管理的，但实际上一直以来就没有什么关系。今年他们向石门村下手，如果成功了的话，接下来就会来找沙井村的香火地的麻烦了吧。

八段的土地是什么时候开始有的呢？ ＝三教寺成立的时候就有了，具体什么时候就不知道了。

不是土地庙的土地吗？ ＝不是，本来是三教寺的土地。

捐赠的吗？ ＝是的。

是谁捐的呢？ ＝不是这附近的人，听说是一个叫全的人，但不知道他是哪里的人。

三教寺从以前就叫三教寺吗？ ＝原来是叫三清观，宣统年间改建后改称为三教寺。

八段地的大小是跟以前一样的吗？ ＝是不变的。

有过买卖吗？ ＝没有。

沙井村的三段地是谁在交青苗钱呢？ ＝佃农交给石门村的公会。

是石门村的公会再交给沙井村的公会吗？ ＝不给。

没有贴款吗？ ＝没有。

香火地以外的呢？ ＝同样没有贴款。

从以前开始就没有吗？ ＝因为插画圈，所以没有贴款。

【和尚和村子的关系】以前有和尚吗？ ＝以前一个叫意识的和尚在的时候，庙和城隍庙完全没有关系。

那是什么时候的事？ ＝他直到光绪十一年的时候还在。

是哪的人？ ＝不知道。是个好和尚。

他之后还来了哪个和尚？ ＝在他之后就没有和尚来了。来了一个叫陈的道士住了五六年。他在庙里开了私塾。他去了别的地方后，把庙托付给了宣涵。他就住在城隍庙，没有再来村里住了。他在二十五年前去世了。

他给过宣涵谢礼吗？＝直到宣统元年修庙的时候，香火地的租金都是归他的。上面说的修庙要花钱的时候，和尚没有出钱，是村里出的。因此以后租金就由村里收取，以此为交换，村里给和尚一点钱。

他之后是谁？＝宣涵的弟子圆洞。

圆洞住在村里吗？＝没有，只是名义上是庙里的和尚。住在城隍庙里，每年给村里钱。

他之后呢？＝照辉。现在城隍庙的和尚。

是什么时候委托照辉的？＝没有委托过他。他什么也没做，只是每年给二十元。

委托过圆洞吗？＝没有。

宣涵呢？＝委托过。

委托的时候做过什么约定吗？＝没有。只是因为没有和尚的话就不成庙，所以拜托他只是名义上做三教寺的和尚。

当时没有什么约定吗？＝好像说了他当和尚的话，就让他管理土地。但是和尚不知道土地在哪里。于是租金就交一部分给城隍庙一部分给村里。

是佃农直接拿到城隍庙去的吗？＝不是，佃农交给公会，再由会首和乡长把钱整理之后，拿到城隍庙去。那之后和尚就偷懒不怎么管理土地，只是拿钱。

以前和尚决定过佃农吗？＝没有。公会决定的。

那和尚管理土地是指什么？＝只是名义上的管理人。只是公会给和尚钱的时候，会汇报佃农的姓名和各自的租金。和尚也不问是谁在耕种，只是拿钱。

应答者　杨源（沙井村村长、会首）

【城隍庙】沙井村庙里名义上的和尚也是城隍庙的和尚吗？＝是的。每年给二十元。

从什么时候开始委托城隍庙的呢？＝和石门村同一时代。现在我们没有委托他们，但他们有实力，把我们庙收为城隍庙的管辖之内了。

村里有葬礼的时候，城隍庙会来和尚吗？＝不来。

以前呢？＝没有来过。

有什么关系吗？＝什么也没有。

村民会去城隍庙祭拜吗？＝根本不去。

城隍庙是县里最大的庙吗？＝在城里是最大的，但牛棚山有个更大的庙。城隍庙有十几个和尚，但他们都吸鸦片，把僧衣、葬礼的器具都给卖了，现在什么也没有。所以葬礼的时候就从牛棚山借来衣服和道具凑合着用。

应答者　刘万祥

【和尚和佃农】宣统元年以前，和尚收取租金的时候，和尚有指定过佃农吗？＝没有。只是村里给他们一部分的租金。

当时由谁决定佃农呢？＝会首和乡长。

村里有和尚住着的时候呢？＝和尚决定的。和尚自己也耕种，剩下的土地就让穷人耕种。

当时的租金全部都是由和尚收取吗？＝是的。

【城隍庙的管辖】为什么委托城隍庙的和尚管理庙呢？＝宣涵是个有实力的人，杀过同僚的和尚。是个什么坏事都干的人，还和当官的有关系。不委托他的话，事情的形势会变坏。

他也受过沙井、石门以外的村的香火地的收入吗？＝村里有和尚的时候没有成为代理和尚。杜各庄成为代理。

从城隍庙以外请过和尚来吗？＝没有。

现在城里有什么庙？＝城隍庙以外有西大寺、火神庙、东大寺、老爷庙。都是城隍庙在管理。

这些寺里有和尚吗？＝没有。

这些寺有香火地吗？＝火神庙有。

其收入是由城隍庙收取吗？＝不知道。

城隍庙是建在土地庙之上的庙吗？＝是的。一个县里有一个城隍庙。

以前城隍庙和三教寺是什么关系？＝完全没有关系。

城隍庙和观音寺呢？＝完全没有关系。本来是给他二十元，他们应该在庙会的时候寻些供品来的，但什么也没拿来过，二十元白给他们了。

不是城隍庙来的人吗？＝不是。

他在城隍庙学习过吗？＝没有。

没有什么关系吗？＝没有。

城隍庙在这附近有他们自己的地吗？＝石门村东北有，但是圈外的地。

那地是石门村人在租佃吗？＝没有。

【和尚照辉】照辉的年纪有多大？＝三十岁左右。

是哪的人？＝赵古营。

从小就是僧侣吗？＝是的。

一直待在城隍庙吗？＝是的。但在他之上有大和尚的时候，他没什么事，有时会去别地方转悠。

现在在城隍庙是最大的吗？＝是的。还有几个年轻的，但因为他们什么也不会做，照辉就成了头。他把火神庙的土地卖了。

那地在什么地方？＝南门外。

火神庙的会首什么也没说吗＝没有会首。地券在和尚那。

照辉的品行怎么样＝吸鸦片，有女人，还有孩子。也跟人吵架。坏事都做。

【和尚和无赖樊宝山】有手下帮他干坏事吧？＝有。有个叫樊宝山的无赖教了他很多。他偷过铁路的枕木。

樊宝山是哪的人？＝石门村的人。

现在也还在吗？＝在。

年龄呢？＝三十八岁。

【樊宝山的品行】他在做什么呢？＝以前当过乡长。当时利用乡长的地位做了坏事。把有怨恨的人说成是贼匪，告他们。但是有全体村民的保证，宝山反被捕坐了三年牢。他在顺义的官司输了，但拿到北京的法院，花了钱出来了。

因什么罪人狱的呢？＝由于故意把村民说成是贼匪。

他什么时候当的乡长呢？＝三年前。在任两年。

村民告他了吗。能说明一下当时的情况吗？＝石门村的豆腐店里有个叫杨玉田的人，是个老实人，很早以前就对樊宝山的不正当做法怀有不满。然后樊想让杨获罪，告他说他是贼匪。但是由于村民的证明失败了。而且宝山还偷了五六根枕木，扔了一根到李刘氏的院子里，然后把警察叫来让他们调查。但经过警察的调查，查明是宝山做的，在宝山家也找到两根。于是宝山反倒要获罪了。当时我在他手下做事，他让我证明他的控诉，但我没有帮他证明。

宝山和李刘氏是什么关系？＝因为他从李刘氏那借钱，被催债，宝山就发怒，揍了李刘氏一顿。李刘氏哭着去县里告他的时候，他为了阻止他追了上去。正好当时玉田在地里，宝山对玉田说让他阻止李刘氏，玉田没有听他的。于是宝山就发怒了，告玉田说他是贼匪。结果查明宝山所告之事与事实相反。这项罪和偷枕木那件事的罪合起来，判了宝山两重罪六年徒刑，在北京的监狱里待了两年。

宝山现在在做什么？＝什么也没干。种有四五亩地。

和尚有宝山以外其他的手下吗？＝没有。

石门村以外的人里没有和尚的手下吗？＝没有。

和尚来石门村的香火地抱怨是受宝山的教唆吗？＝是的。那地成和尚了的话，肯定是给宝山种。

宝山为什么跟和尚关系那么亲密？＝没有什么特别的关系。只是知道他做过乡长，所以认识了。

虽说和尚很坏，但宝山更坏是吗？＝是的。和尚连三教寺的地在哪都不知道。宝山带着和尚来到村里，在土地的边界处埋了石头。

有人帮和尚和宝山吗？＝没有。

也没有县里的人和警察吗？＝没有。来到村里的时候，只有和尚和宝山以及城隍庙的用人。

【和尚夺地】和尚是什么时候来到村里的？＝十一月二十九日和三十日。

那之前来说过什么吗？＝什么也没来说过。

在那天之前，完全不知道会发生这样的事吗？＝是的。

二十九日那天来做了什么？＝上述三人突然运来了石头。村里人知道了，会首就集合起来准备交涉的时候，宝山就说："只是埋个石头，又不是地雷，没什么危险的。"和尚说："我在我的地上埋石头有什么不行。"会首说："你说是你的地，有什么证据啊？"和尚回答说："以前城隍庙做过三教寺的代理和尚。"会首说："那是死去的和尚，不是你。"

和尚说：“总之就是我的地。”然后准备强制埋，但由于村民的反对没有成功就回去了。石门村的公会马上向第一分所汇报了这件事。

三十日那天怎么了？ ＝宝山雇了两个石门村的人把石头埋了。警察来了，但那时已经埋完了。听说分所把和尚叫来询问情况，和尚不予说明，并说：“我会去县里起诉，分所就不要管这事了。”

那石头现在还埋在地里。如果村里有人想挖出来的话，城隍庙就会有人来，很有可能会吵起来。村里向村事务所和分所申述。

宝山雇的埋石头的那两个人的姓名是？ ＝屈荣和王生。

他们是石门村的人吗？ ＝是的。

这二人跟宝山的关系很好吗？ ＝也不是关系很好，只是花钱雇的而已。

村里人帮忙干这种事不是很奇怪吗？ ＝两个人都很穷，而且没什么文化。

那之后城隍庙还来过人吗？ ＝没来。

分所是支持哪边的呢？ ＝跟双方都没关系。因为和尚说要去县里起诉。

爱护村是支持本村的吗？ ＝不大清楚。我们拜托的青山生病了。

【樊宝山的恶行】宝山现在还和往常一样住在村子里吗？ ＝是的。虽然是坏人但势力太强，谁也不是他的对手。平时要有什么纠纷他就会把事情弄大，周旋于双方之间从中收钱。

村民们都很憎恶他吗？ ＝大家都很怕他。

他那么强大吗？ ＝很强。谁也敌不过他。走路的时候都要注意不跟他遇上。遇上了不行礼的话，会被揍。

他是村里的老住户吗？ ＝是的。

因为他一个人让全村都那么困扰，何不给他点钱让他离开村子呢？ ＝他也是个可以轻易逃脱法律制裁的人。村里对他实在没办法。今年已经挑起了四五个事端了。

是些什么事？ ＝村里有一对叫景德发、景德旺的堂兄弟。代替父辈分家了，但分家的时候，院子里的围墙没有分。于是二人就围绕这堵墙发生争执，各自宣称是属于自己的东西。保长和甲长仲裁了，但没有解决问题，结果还是按保长的意思对半分了。因为德发的家里的墙是那堵围墙建成的，于是连着房子的那部分墙就是德发的 剩下的归德旺，终于二人也同意了，事情就这么解决了。但宝山跑出来建议他们提出诉讼。两天后我（刘万祥）出面仲裁了。在这之前，我很忙，没有出面斡旋。我把他们二人叫出来，跟他们说，诉讼的话，又花钱、又浪费时间，劝他们中止诉讼，建议他们不分墙二人共用。好不容易快谈成了的时候，宝山出来建议他们起诉。然后德旺就说要起诉，最后上了墙，开始破坏德发的房子。因此德发发怒了，去县里告他了。于是德旺就给钱宝山，委托他写诉讼状以及办理其他手续。宝山也收了德发的钱。听说二人花了好几百元。结果县里裁决出来，围墙成了德发的所有物。

应答者　李有功（关于宝山的恶事，刘万祥好像不想一个人说，就劝李有功来说）

【樊宝山的恶事】详细地了解宝山的恶事后，我们好去县里说，所以希望你能全部说出来＝今年阴历八月份有过铁道部的壕掘。当时轮到李垣来当壮丁，但他没有去，而且还说了去催促他的甲长任子春的坏话。任是个老实人，所以什么也没说。于是宝山知道任和李关系破裂 就带着李去县里告了任。以任偷了枕木和电线为理由。但村里人都一起证明了任是个好人，分所长也站在我们这边，借他的力没有获罪。所以李被要求写检讨书。

还有其他的恶事吗？＝本村的杜忠有六亩地，和本村的李荫春伙种，约定是一亩四斗。但到了收获的时候，杜说是大斗，李说是小斗（新斗），二人怎么也谈不拢。宝山因为是杜的亲戚所以出来周旋。杜还委托了车站的工务段的刘殿升。这样事情就变得纠结起来，于是保甲长出面仲裁，决定一亩收获三大斗的标准，双方也都同意了。这之前李是一亩收获两大斗，所以一亩一大斗，六亩也就是应该收获六大斗。但李很穷，就说少算点五大斗吧，杜和刘殿升也同意了。但是只有宝山主张剩下的那一斗也要收。另外杜还说借给李一百三十元，但李说没有借过钱。结果李出了一百三十元，交给宝山了。宝山得到一百三十元后都花掉了，就说要告李不收那一大斗米。保长碍于面子就说："你要告的话不要告李告我吧"。于是刘殿升就从中调停，阻止了诉讼。但那一百三十元好像还是宝山拿去了。

宝山看过青吗？＝没有。他自称在顺义县某地做过特务员（密探），但是否属实就很可疑了。

【村民的协议】关于香火地的事，村民们有过集会吗？＝有过。

什么时候？＝三十日下午。

有谁聚集了呢？＝甲长。

决定了什么样的对策呢？＝决定乡长刘万祥和杨永芳二人作为代表去申述。

杨永芳是甲长吗？＝不是甲长是会首，写字的先生。

一般村民的集会呢？＝没有。甲长集合来了就等于是全村的集会了。

你们决定的事，村民们都知道吗？＝知道。

没有人反对吗？＝没有。

是什么时候去拜托青山的？＝十二月四日。

满铁的山本呢？＝十二日。

三十日的集会上沙井村的人也来了吗？＝没有。因为沙井村的邻村，所以拜托他们支援了。

这是沙井村也不能放着不管的事态吗？＝是的。

是什么样的事？＝（杨源说如果石门村的香火地被夺了的话，下一个就是来夺取沙井村的香火地了）。

【苇地】有苇的地是沙井、石门二村的吗？＝是的，公用地。

总共有多少亩？＝十亩。

其中哪个村有多少亩呢？＝对半分的。

收获是怎样分的呢？＝对半分。

芦苇是放着不管就能生长的吗？＝是的。

会看青吗？＝两个村一起看青。

那地的地券是怎么弄的呢？＝石门村是包含在十二亩的一段中（好像有点不好回答的

样子)。

那块地的芦苇到现在还没卖,其理由是什么? ＝由于此次事件没有买家。

不能卖吗? ＝可以卖,但是卖了的话,和尚会有不满。

宝山和和尚除了埋了石头以外,还说了什么吗? ＝他们说从明年开始佃农由城隍庙找人,芦苇也由城隍庙来卖。

城隍庙已经在找佃农了吗? ＝还没找。

这件事上石门村就算输了,石门村的人也不会做和尚的佃农吧? ＝如果输了的话,宝山就会耕种。

应答者　杨源

【沙井村的对策】沙井村关于这件事进行过讨论吗? ＝讨论过。

对策如何? ＝虽然商量过,但没有什么好办法。我就说可以委托满铁。

应答者　刘万祥

【石门村的对策】是石门村去委托青山的吗? ＝是的。

第一分所呢? ＝是石门村去的。

沙井村只委托过满铁吗? ＝是的。

打官司的话很为难吗? ＝是的。

有什么为难的? ＝首先钱的方面就很困扰。

【无赖的威胁】没有向县里哪个当官的请求帮助吗? ＝宝山很难缠,当官的都不愿意搭理他。

大乡的乡长呢? ＝不行。

全村村民一起说好把宝山赶出去怎么样呢? ＝不可能。就算成功赶出去,他也一直对村子抱有敌意,这样很危险。

宝山对石门村所有的人都抱有敌意吗? ＝不仅是石门村,对沙井村的人也抱有敌意。

为什么?因为让他入狱了吗? ＝他素质太低。入狱了也根本不反省。

【樊宝山和和尚】除了这件事,宝山也跟和尚一起合谋干过什么事吗? ＝不太清楚。

二人是什么时候开始关系变好的呢? ＝香火地的佃农开始由投票决定之后,宝山就不能耕种了,他对此怀有不满,于是接近和尚。给过和尚鸦片。

是什么时候开始投票的呢? ＝今年开始的。

宝山租佃过庙地吗? ＝是的。

几亩? ＝最近是十二亩,以前更多。

为什么以前更多呢? ＝因为当过乡长。

当乡长之前呢? ＝没租佃过。

他当乡长的时候租佃多少亩呢? ＝十八亩。

(附记——在回来的路上看到了宝山用石头做的界标。在香火地上每隔一亩立着一个,上面刻着三教寺。在石门村的三教寺里查过碑文,但没有可以知道香火地由来的资料。)

12 月 17 日

村庙及香火地与城隍庙的关系　村里的无赖和和尚

应答者　照辉（城隍庙和尚）
地　点　县公署

我们拜托县顾问，通过第一分所把和尚和樊宝山二人叫了出来。和尚穿着很寒酸的木棉衣服，以很单薄的身影出现了。像吸过鸦片的脸上变得发黑，双眼无神。但是个很难对付的人，表现出了对事物利害关系的顽强态度。对自己不利时就会故作不知，而且绝对不会改变自己的主张。

【和尚照辉】姓名？＝照辉。

年龄？＝四十一岁。

是哪个村的人？＝赵古营。

什么时候开始在城隍庙的呢？＝三十岁的时候开始。

之后有去过别的地方吗？＝没有。

【城隍庙的下院】城里其他的庙和城隍庙是什么关系？＝火神庙等是城隍庙的下院。以前火神庙有会，他们来委托城隍庙以前的和尚宣涵来管理。

在那之前火神庙和城隍庙是什么关系？＝是同一宗派的庙。

城隍庙是什么宗派的？＝曹洞宗。

火神庙以外，城里其他庙是什么宗派呢？＝都是同宗。下院的庙里有财产，可以凭借其生活的时候城隍庙就会派住持去入住，但不足以生活的时候，就会只有名义上的住持，不派人去。

现在城里有有财产的庙吗？＝火神庙里有。

那里有住持吗？＝没有·

为什么？＝有老道。那财产不足以让和尚生活。

村里的庙和城隍庙有什么关系吗？＝城外的庙里也有成为城隍庙的下院的庙。比如说河南村的老爷庙、兴国寺、普陀寺。其中兴国寺和普陀寺里有住持。石门村和沙井村的庙也同样是城隍庙的下院。

石门、沙井两村的庙是什么时候成为城隍庙的下院的？＝从光绪二十四年开始。

是由于什么而成为城隍庙的下院的呢？＝会首来要求的。

是同宗的庙吗？＝城隍庙的宣涵被这样请求了，所以就成了同宗的庙了。

那之前没有什么关系吗？＝没有。

沙井村的庙的名字是？＝观音庙。

石门村的呢？＝三教寺。以前叫三清观。来请求的时候是三清观。

【和尚和下院的土地】宣涵有去过两村，在那住过吗？＝没有。庙太小，就算住那儿也没法生活，所以没住。但有庙会的时候去过。

宣涵被请过去的时候有跟村子做过什么约定吗？＝庙里的一切都归作和尚的东西，相反他要帮忙管理庙里的事。他们这样说着来请的。

那宣涵管理了吗？＝管了。

做了些什么事呢？＝有庙会的时候带些供品过去。

当时村里给钱了吗？＝没给钱，但庙的土地都让他耕种了。

和尚自己耕种吗？＝不是，租佃出去了。

佃农是由和尚决定的吗？＝城隍庙找的人。

租金是谁拿来的吗？＝佃农拿来的。

不是村公会拿来的吗？＝不是。

当时那地是谁的土地？＝和尚的地。是村的会首给和尚的。

和尚可以卖吗？＝那不行。因为是代管，可以租给别人，但不能卖。

卖过火神庙的地吗？＝没有。

和尚根本不能卖地吗？＝是的。

如果卖了的话会出问题吗？＝和尚没有能力卖。

【租金的归属】以前也从沙井村的庙地收取过租金吗？＝收过。

一直收到什么时候？＝民国十三四年左右。当时我上一代的圆洞收的。

那之后为什么不能收了呢？＝当时要修，会首来跟圆洞说："想暂时把庙地的收入交给公会。要用那钱来修庙。庙修完之后庙地的收入还是跟以前一样给你。"

那之后完全没有从村里收过钱吗？＝收过。

多少钱？＝石门村三十元、沙井村二十元。会首来请求的时候，圆洞没有答应，但因为来了好几次，终于还是同意了。当时约定说，修理完成之前暂时由村里收取庙地收入，但修理完成之后，也支出二十元。

和尚去村里抱怨了吗？＝石门村会首拜托樊喜，说要攒三年的租金用作修理，之后一定会把租金交还的。但后来却没有遵守约定。

【樊宝山之父】樊喜是什么人？＝石门村的人。当时在城里开了店，和城隍庙的和尚熟识。

现在还健在吗？＝去世了。他的儿子就是宝山。

【和尚的意图】你准备拿石门村的香火地怎么办？＝城隍庙有保管那块香火地的责任。上头也就庙的财产的保护下了命令。把那地交给会首的话，不知道他们会做什么。现在老地取土做炼瓦什么的，将来那块地会变低，最后变没有吧。于是就由城隍庙管理。

庙财保护的命令是从哪来的？＝从庙的总会来的。在北京的崇祝寺。

什么时候来的？＝几个月前。

命令中写了石门、沙井的土地的事了吗？＝没写。但下了命令说要好好管理庙财保护土地。

你们的想法是只要石门村的香火地继续存留就可以了是吗？＝是的。

埋石头也是这个意思吗？ ＝是的。

不是想获得别的收入吗？ ＝是的。

你的想法很好。在石头上刻三教寺也很好。如果刻城隍庙的话就会成为大问题了。 ＝因为我是三教寺的代理住持，所以就刻了石头。现在成了保甲制度，钱在村里应该没有什么用途。所以香火地的收入用来做什么成了问题。

你到底想要做什么？ ＝现在那收入用来做什么我不知道。但那也没关系。只是今后想去村里当住持，管理土地。

【请账】就算你想管理，石门村不来委托的话也没有办法吧？ ＝因为宣涵的时候有过"请账"，所以我当然可以当三教寺的住持。

你想当上住持取得全部的收入吗？ ＝是的。

你为村里做过什么事吗？ ＝每年都会去村里。另外村里也会来拿供品。

一年三十元不够这些费用吗？ ＝是的。

花了多少钱都会记在账上吗？ ＝因为在管理各处的庙，所以不太清楚三教寺单独的供品的费用。

你想收取县内村里的庙地全部的收入吗？ ＝我只准备收取来城隍庙委托的庙地的收入。

沙井村的香火地的收入也准备收取吗？ ＝是的。

可以给我们看看石门村的请账吗？ ＝（去城隍庙拿去了。）

应答者　樊宝山（石门村村民 原来是乡长、无赖）

宝山已经来了县公署，在我们叫之前在门外等着。眼神尖锐、面相不大好的人。和和尚交换来回答问题。

【樊宝山】现在提的提问希望你据实以告，绝无虚言。与你有关的事大家都知道吗？ ＝知道。

年龄？ ＝三十八岁。

在做什么工作？ ＝务农。

干过公职吗？ ＝做过乡长。

从什么时候到什么时候？ ＝民国二十八年到二十九年。

那之后就一直在家吗？ ＝是的。

完全没有去过其他地方吗？ ＝没有。

【打官司】你打过官司吧？ ＝打过。

什么时候？ ＝二十八年的时候。因为会的土地的事。

是什么事？ ＝会首从庙的地里取土建房子，所以就告了他"毁损庙产"。是在我当乡长的时候的事。以刑事起诉了，但是承审员说，不是民事的话不予受理。但是如果是民事的话，要花钱，所以最后没有起诉和解了。而且村里人更加放肆地取土。

你起诉了谁？ ＝保长李有功的父亲李恩。

还打过其他官司吗？ ＝打过。

起诉了谁？ ＝二十七年我当乡长的时候，起诉过杨玉田，但是败诉了。

　　因为什么事起诉的呢？＝因为"素无正业、家无恒产"而起诉的。他待在村里光做坏事的话，大家都会很困扰。但他虽没做什么坏事，但为了预防就起诉了。

　　结果怎么样了？＝由于杨跟铁路和警察的关系很好，以"把好人说成坏人"的理由，最后把我逮捕了。村里人证明了杨是好人。

　　你被县里拘留了吗？＝是的。还把我带到北京的高等法院。之后成缓刑（延缓执行）回来了。

　　那么今后必须要谨慎行事了吧？＝是的。

　　【樊宝山的意图】你跟村民的关系不好吗？＝也不是不好。大家都说我跟和尚一起做坏事，但我什么也没做。我的两个儿子在部队里，我是个穷老百姓，李恩是村里有实力的人，和他打官司，肯定是我成为坏人。庙产是上地，可以种出作物，但他们拿土做砖。李恩也在拿。村民们都在拿。我一点也不想要，但庙产被毁坏了就不好了。

　　你耕种过香火地吗？＝种过，民国二十七年、二十八年。

　　现在呢？＝没有耕种了。

　　想种吗？＝因为在租佃别的地，所以无所谓。

　　为什么埋石头呢？＝只是为了保护庙产。公会不好好珍惜庙产，土地在渐渐减少。旁边的地主都来侵入了。所以为了安全埋了石头。绝对不是我自己想要。

　　那么目的已经达成了吗？＝是的。

　　那石头的钱是谁出的？＝城隍庙的和尚。

　　花了多少钱？＝人工费也算进去，差不多一百元左右。

　　你还想干什么吗？＝想让村民们不要再取土了。只要能保住土地就行了。

　　【会首】你跟李恩从以前开始关系就不好吗？＝以前关系很好。我开始做公会的工作后，就变坏了。我的父亲也是会首，我也是会首，所以就算辞了乡长，也还是有保护庙产的义务的。我阻止李恩取土之后关系就变差了。

　　现在也还是会首吗？＝曾是香火会的会首，不是村的会首。最近香火会没有了。

　　香火会的会首是谁？＝李曾、刘万祥、樊宝山、樊宝珍、杨永恒、李瑞、李棣、刘明、李旺。

　　公会的会首呢？＝保长、甲长。

　　以前开始公会的会首和香火会的会首就是不一样的吗？＝公会的会首是乡长、乡副。

　　但香火会的会首会帮忙吧？＝他们只做庙里的事。

　　李恩是有实力的人吗？＝现在是最有实力的人。

　　土地呢？＝有三十亩左右。

　　为什么有实力呢？＝他的儿子是保长。

　　是什么时候开始有实力的呢？＝去年正月他儿子当上保长开始的。

　　村里的人听他的话吗？＝因为他儿子是保长，所以他说的话很管用。

　　你跟李恩关系变坏，有什么特别的原因吗？＝没有。只是他取土是不对的。

　　村民们好像反对你们埋石头，你怎么看呢？＝我没有去埋。

　　谁去的呢？＝和尚和小工。

那这是跟你没有什么关系吗？＝没有关系。我只希望以后不要再取土了。

【樊宝山和和尚】你跟和尚关系好吗？＝我父亲跟和尚关系很好。

是什么关系呢？＝因为父亲曾是木工，在修庙的时候认识了和尚。

听说埋石头的时候你也去了，是假话吗？＝是的。

【樊宝山的意图】今后准备不再跟这事扯上关系吗？＝不管是和尚还是公会来管理，只要不再取土就行了。我曾经起诉过李恩，因为没钱所以没能民事起诉，但这完全是为了村子着想的。

当时村民为什么没有支持你呢？＝村里人利己心都很强。李恩赢了官司的话，就可以随便取土了。

土可以作为肥料和做砖，我不会取土的。我的良心不允许。就算不取庙地的土地，还有别的官土坑，去那里的土就行了。

关于庙的土地收入你没有什么意见吗？＝没有意见。

在你缓刑期间发生什么事的话不太好，我们觉得你还是从这件事中退出比较好，你觉得呢？＝我也是这么打算的。村里人都反对我我也不想在村里住了。准备近期去北京的贤良寺工作。我的祖父四处筹钱修庙，用剩下的钱买了地。这事写在了庙的钟上。我不能看着祖先买的地被毁坏而袖手旁观。

【樊宝山的家系】你祖父的名字是？＝天顺，是会首。

土地呢？＝有一公顷以上。

父亲的姓名呢？＝樊喜，会首。

土地呢？＝有一公顷以上。我代替父亲卖地分家什么的，地变少了不少。

你祖父和父亲是村里有实力的人吗？＝不是。是老实人。

我们了解了你的想法。我们需要充分考虑村民的想法，他们应该很吃惊。我们很困扰，希望你今后不要再与这件事扯上关系。

你看怎么样？＝好的（樊宝山退出。和尚拿来了请账）。

应答者　照辉

【石门村的请账】（和尚拿来的请账上铺着红色的纸，封面上写着“请”字，里面有如下的记载。）

> 兹因石门村今于
> 光绪贰拾肆年拾月贰拾捌日
> 　　善末李芬等同拜
> 　恭请顺义县
> 　城隍庙宣涵住持
> 　　三清观
> 　　　永久拈香

【请账的约束力】这样就是有了什么约定吗？不会有什么不明确的吗？＝这就是请他成为庙的住持的约定，只要有这个，就自然地包括了庙的土地管理。

就算村民反对，你也准备管理吗？＝管理庙产是我的权利，村民没有理由反对。

你有什么证据证明那是正当的行为吗？＝在以前被"请"就等于是被赋予权利了。圆洞相信了他们说的只在修庙期间管理的说法，所以同意了。现在要回这个权利也是理所当然的。

也就是说，你是想要庙产的收入是吧？＝我不想要钱。我是想当住持。

只要被请过一次，就算和尚做什么样的坏事，城隍庙都有权利管理庙产吗？＝做了坏事的话，城隍庙会让别的和尚替换。

不跟村民商量就埋了石头，其中的缘由是什么？＝这不是什么坏事。又不是侵占土地。

那地是谁的？＝住持的。

那你持有地券吗？＝没有。

有交田赋吗？＝本来应该是和尚交，但是委托给公会了。

和尚交过吗？＝没有。但是城隍庙给过公会不少钱。

有什么证据证明给了多少钱吗？＝没有。

那这样还能说是住持的地吗？＝没有证据证明是住持的。双方关系好的时候，住持不交田赋地也是属于住持的。但是村里因为有地券等东西，出了问题就会处于有利地位吧。

【打官司】这件事如果打官司的话你觉得你会赢吗？＝不知道。

你准备起诉吗？＝总之我要把那地作为自己的所有物。如果村民不满的话，村民会去起诉吧。明年我就会耕种。

如果在你耕种之前村里就种了那怎么办？＝我就去起诉。

你认为那地是你的是吗？＝是的。

不是城隍庙的吗？＝是我自己的，不是城隍庙的。因为被请了，所以就是住持的所有物了。我当了住持，就是我的了。

村里想村里人耕种，你想自己耕种，这样肯定会发生冲突的，你做好心理准备了吗？＝没有办法。香火地的事已经报告给总会了，现在已经不能收手了。

事情变得复杂也没关系吗？＝没办法的事。

到那时你平时的品行也会成为问题，这样也没关系吗？＝没关系。我什么坏事也没干。

你又没地券又没交田赋，打官司的话肯定会输的。即使这样也要这么做吗？＝输了也没关系。那样的话，名义上、实际上，地都跟我没有关系了，反而落得清静。现在只是名义上的住持，得不到收入。这样的问题，在石门村以外的村里也有。也没有争吵，就当了住持在收取租金。在石门村收手的话，对其外村也有影响。

关于这件事，我会把我的想法告诉知事和顾问，这样你也还是要继续吗？＝是的。以前有过与城隍庙没有关系的和尚到了石门村以后，在村里挑起问题引发纠纷的事。从那时就由城隍庙管理，所以问题才得以解决。我是三教寺的住持，所以我要管理土地。

村里如果拒绝请了呢？＝口头上不能拒绝。

以书面形式拒绝呢？＝那是有条件的。如果是坏和尚的话，必须要陈述事情缘由。但就算是那样，也会派替代的和尚过来，是无法拒绝请的。这样的问题在其外村里我是赢了的。

可以不顾村民的反对派住持去吗？＝因为是庙产所以跟村民没有关系。只要保甲长处理村里的事就行了，庙里的事应该跟他们没关系。

【沙井村的请账】有沙井村的请账吗？＝有（去取。看了后来拿来的书写体裁和石门村的是一样的。封面上写着"请"字 里面有如下记载）。

> 兹因沙井村今于
> 民国元年贰月初六日
> 　　　　善末杨斌等拜
> 　　恭请
> 　　顺义县
> 　城隍庙内僧宣涵住持
> 　沙井村大庙
> 　　　　　永久拈香

【承审员的意见】在和尚去取请账的时候，向林县顾问说明了情况，听取他的意见。因为他说要先听取承审员的意见，所以访问了承审员张家宝，向他说明情况，听取了其意见。张氏的意见如下：

【请账的法律效力】和尚的主张只不过是全无凭证的借口。凭这个请账（看着实物所说的话）做不了任何证明。而且和尚打破了常规，管理土地是需要行政上的许可，应该去县里申请。他什么手续也没办，就擅自想把土地据为己有是大错特错。而且，城隍庙不顾村民的反对，强行派遣住持也是不对的，这是需要事先去的县里的许可的。如果强行派遣的话，村民可以拒绝。另一方面既然村里每年有出三十元，就像以前一样做就行了。但那是和尚的特别收入，和尚不能以此来找碴。但村里也不能擅自结束"请"。这也需要行政上的手续，必须去县里申请，也就是说像以前一样来就行了。而且，听说在其外村里和尚赢得了土地，这是村里自己放弃了权利，这种情况不能作为先例。

【和尚的屈服】向县顾问传达了承审员的意见，希望获得他的帮助。他大声斥责了和尚，说如果他还不改变主张的话，县里会下令让他退出。

不可思议的是，和尚竟然一脸平静。结果，虽然同意了不再打石门村香火地的主意，但让他写契约书的时候，说什么字不好看、不知道写的形式、要跟上头的人商量什么的，就是不肯写。于是让助手刘俊山写了个样本，严厉斥责他，让他写了。其全文如下（这份契约书后来给了石门村的乡长刘万祥）。

契约书　具结人城隍庙和尚照辉

今因石门村三教寺庙产土地之事，误听人言，无故生事。查该庙之土地，去石门村公会之产业，向与城隍庙无涉。今已悔悟，此后决不参与，任凭石门村会首等如可处置，该地自己决不干涉，且自己此后完能谨守清规，诚意修行。如再滋事，甘愿受罚，特此具结。

顺义县顾问林殿

城隍庙和尚　照辉（手印）
中华民国三十一年十二月十七日

【村民的喜悦】拿着照辉的契约书去沙井村，村民们已经集结起来，在等候结果。向他们说明了经过，递交了契约书之后，大家一起都很高兴。

樊宝山从县里回到村后，大声说："有人说了不该说的话，我才被叫到县里去"，所以我们就宝山说的事，向刘万祥追问，得到了不一样的回答。"庙地的土是不能不取的。自己有地的人可以用自己的土地，但是没有地的穷人，除了取庙地的土别无办法。除此以外，没有别的采土的地方了。所以就不能听宝山说的不要取土。而且说宝山的祖父筹钱买下了香火地，这根本是无稽之谈。香火地是很早就有的，可能明朝时候就有了。而且宝山的祖父是会首，但他的父亲只是木匠，没当过会首。"

跟他说了我们看过请账，他就说如果让满铁处理的话，以后村里跟城隍庙就完全没有关系了，也可以不用出那二十元钱，但又还给和尚了，真是遗憾。杨源说："可以把那个红贴作为满铁的资料，拿到北京去吧。"

应答者　刘万祥

【五会】香火会是指什么？＝我们不这样说。一年有五次会，我们叫五会。沙井村也是一样。

【会首】那五会的会首跟公会的会首是同一人吗？＝是的。

办公人跟会首是一样的吗＝现在也还有会首吗？＝有。

宝山当过会首吗？＝没有。

【乡长】宝山是乡长，也是公会的办公人，为什么不是会首呢？＝成为会首的话，摊款花的钱变多。会首是根据个人意愿来的，也可以辞退。

不是会首也可以当乡长吗？＝是的。乡长是由选举决定的。宝山当乡长的时候，没有拿出多余的钱交摊款，所以不是会首。

交多余的钱是用来做什么呢？＝五会的时候，买供品和食物的费用。

我觉得和尚埋的石头就这么放在地里也没什么关系，你怎么看？＝由于不是村里出钱做的东西，那些东西在的话会很困扰。

12 月 18 日

警察和村   村的边界

应答者   董万祥（巡警）

【警官的进入和检举】在去沙井村的途中，向巡警董万祥问话。"昨天去巡警三人（董也是其中之一）去叫宝山的时候，宝山躲起来了没在家。开始在石门村的村口遇到一位老人，问他宝山在不在家，他说在家，所以就去宝山家找了，之后又去跟他家连着院子的兄长家找了。我们撬开关着的门进去找了却没有人。仔细找过之后，发现他藏在杂物间的柴草中。他好像不知道自己为什么被传唤，因为平素就在干坏事，所以一看到我们就害怕地躲起来了。"问他去村里检举的时候，会跟保长或甲长说吗，他说一定会先说一声再检举。问他为什么，他说："不跟保甲长说一声，就去村民的家里的话，有可能会被人说警察去村民家里做什么坏事。所以要事先说一声。"问他昨天有没有跟保长说过，他回答说："说过了，但保长没有一起去宝山家，因为怕一起去了会被宝山记恨。"传唤和尚只去了一个巡警，没有什么问题。

应答者   马励（第一分所书记）

地   点   第一分所

【警察的立场】我们顺便去了趟第一分所，说明了情况经过，并委托以后的事。关于这个问题，书记马氏的发言如下："我知道这件事，但这事是民事，跟分所没有什么关系。如果吵起来之类，就就不能置之不理了。之前就知道和尚的恶行，我觉得这次向县顾问呈报，请求处理是最好的，但按中国的习惯，向县顾问呈报很费时间会来不及。你们日本人的话，可以很容易地跟你们说，很方便。我们准备严格监管和尚，不让他再擅自行动。听说和尚收到了来自北京的佛教总会的保护庙产的命令，那说的是城隍庙自身的财产，不是村里的庙产。"我们就和尚买的石头的处理问题跟他商量，他回答说，分所会命令和尚把石头拿走，拿走的时候会派巡警看着。而且村民把石头挖出来一起保管着，和尚去村里的时候，再交给他也没关系。

【界标】由于以上问题也姑且得到了解决，我们就去了沙井村公所，向沙井村、石门村村民传达了这一意思，大家都很感谢我们的辛苦。问他们界石的事怎么处理，他们说既然得到了分所的谅解，那就尽快把石头挖出来统一保管起来，直接埋上村里的石头。问他们准备刻什么，他们就问"石门村公会"怎么样。"那样的话，就跟地券的名义不符了，你觉得呢？""那就写石门村三教寺，把石门村清楚地写出来应该就不没问题了，怎么样？"大家都同意了。

关于香火地的事，还残留有很多与此相关的问题，值得探究，但由于没有时间，就此打住。以下是关于村的界限的提问。

应答者　刘万祥（石门村乡长）

地　点　沙井村公所

【插花圈】前几天说的插花圈是什么意思？＝比如说，沙井村在石门村有地，石门村的沙井村有地的情况下，那地上的作物就是由我们相互看青。然后把土地的亩数相减，地多的一方就要给另一个村每亩地十钱或者三十钱。

这是贴款吗？＝是的。

那插花圈和连圈是一样的吗？＝是的。

十钱或者三十钱，是说这是不定的吗？＝近村的话是十钱，远点的村子的话是三十钱。从石门村来说的话，沙井村、望泉寺、南法信是十钱，北法信是三十钱。那钱是看护费（杨源说，和北法信的关系是北法信在这边没有土地，只有我们这边在北法信有地，因为是单向的，所以不说连圈或插花圈。刘万祥也同意这种说法）。

【贴款】十钱跟三十钱的差额有什么缘由吗？＝双方相互的时候是十钱，单向的时候是三十钱。青苗会成立的时候开始有了贴款。

沙井村的青苗会和石门村的青苗会都是光绪三十二年的时候成立的吗？＝是的。县下的村子都是同时成立的。

从那时开始就有贴款了吗？＝是的。

当时一亩是多少钱？＝十五文。

当时近村和远村之间贴款有差额吗？＝不同村的青苗会的规定是不一样的。青苗会除了看青还要做其他的事，费用花得多的时候，钱也收得多。

关于贴款的金额，各村之间有商量过吗？＝没有。

沙井村和石门村之间商量过吗？＝没有。

那么一亩十钱是怎么确定下来的？＝县里的命令。

什么时候？＝民国十五年安知事下了命令。

那之前沙井村和石门村之间是怎么做的？＝在那之前根据亩数差额的不同贴款有增减，二十五年之后，就没有增减了。

去年贴款的金额呢？＝去年今年都没有贴款。两村的土地都差不多。

二十五年以后两村之间没有贴款吗？＝没有。

那么一亩十钱是什么时候的事？＝二十五年以前的事。以前是五钱。

现在石门村跟哪还有贴款？＝南法信和北法信。

为什么跟沙井村之间没有，跟南法信，北法信之间有呢？＝因为沙井村离得近，南法信、北法信离得远。

不是因为跟沙井村之间土地亩数差不多才没有贴款吗？＝是的。

如果差额变大的话，会进行贴款吗？＝是的。

【看青费】十钱是看青费吗？＝是的。交给公会，公会再雇看青夫。

十钱作为看青费是多还是少？＝现在来说有点少。

十钱以外会给看青夫作物的茎秆吗？＝一亩直接给看青夫一束。因为看青夫不是好人，所以一定要给。

石门村的人耕种沙井村的地的情况下，要给沙井村的看青夫吗？ ＝给。

跟沙井村的人给沙井村的看青夫的量是一样的吗？ ＝是的。

二十五年的时候一亩十钱的看青费是多还是少？ ＝不多也不少。

当时给看青夫多少钱呢？ ＝一人二十元。大的村子也有雇好几个人的。

那一千亩的小村子一亩十钱的话也要给一百元，十钱不是应该很高了吗？ ＝算起来比实际的看青费要高。多了的话，就会用作学校费等。

十钱是因为是外村人所以收那么高的吗？ ＝因为是外村人所以只收十钱。本村人都要出摊款，所以出的更多。

但那时耕种的人也要向本村出青苗钱，因为要从那青苗钱中拿出十钱，交到土地所在的村里。这样看来十钱很高吧？ ＝这样说的话是很高。

一亩交三十钱的时候会是交到耕种人所在的村里吗？ ＝不是。直接交到土地所在村里。那是连圈外的情况下。那三十钱比本村的青苗钱要便宜。但是三十钱不是固定的，村里可以随意决定数额。

为什么给他便宜呢？ ＝只耕种村里的地的外村人是不从村里的公会费（学校、课桌之类的费用）受益的。

是比看青费高，比青苗钱便宜是吗？ ＝是的。

为什么比看青费高呢？ ＝作物如果被偷的话，会赔偿的。

本村人的作物被偷也要赔偿的吧？ ＝是的。

那么外村的人看青费要高一些吗？ ＝是的。

为什么？ ＝想让外村人负担一点会的费用。

你说的我还是不太明白，二十五年以前沙井和石门之间的贴款是多少？ ＝一亩五钱。二十五年以后，全部都没有贴款了。

五钱是两村商量决定的吗？ ＝是的。

哪边的土地多一些呢？ ＝石门村的地多一些。所以是石门村的公会给钱沙井村的公会。

从什么时候开始是五钱呢？ ＝有孔的钱不再使用了之后开始的。大概在民国二十年之前，十七八年的时候吧。

五钱之前呢？ ＝十五文。

十五文也是两村商量决定的吗？ ＝是的。

十五文之前呢？ ＝青苗会成立最初的时候开始就是十五文。

散看的时候是一亩多少钱？ ＝一亩多少钱没有定数，两三吊。

当时也会给高粱秆之类的吗？ ＝会给。

当时看青的人数有多少？ ＝沙井石门村都是一两个人。

有人不找看青夫帮忙看青吗？ ＝有。

那人就什么也不给是吗？ ＝是的。

【青圈】当时有青圈吗？ ＝有。

和现在一样吗？ ＝大体上是一样的。

青圈是什么时候定下来的？　＝民国二十五年。

二十五年的时候是怎样把青圈定下来的呢？　＝根据二十五年的状态。

那状态指什么？村民耕种的土地吗？　＝地里打有桩。

桩是什么时候打的？　＝二十五年的时候。

在那之前也有桩吗？　＝没有。

在那之前是怎么规定青圈的呢？　＝村与村之间有过纷争。

青苗会成立之后没有决定青圈吗？　＝是的。由于土地买卖有所变动。因此打过官司，知事决定的。

应答者　杨源（沙井村村长）

【沙井村的看青的】李注源做看青的做了几年？　＝四年。

那之前的看青的呢？　＝王玺（去世）。

那之前呢？　＝杜泉山，六十岁左右。民国十八年到二十四年。是个说话完全不懂的人。

最早的人是？　＝高芳（去世）。

应答者　刘万祥

【本圈地、内圈地】现在在看清范围内的土地叫什么？　＝本圈地或内圈地。

很平常的使用吗？　＝是的。

沙井村的本圈地中的外村人的土地叫什么？　＝还是叫本圈地。

那地由石门村的人耕种的话呢？　＝还是叫本圈地。

本圈地在二十五年前就有吗？　＝有。

是什么样的地呢？　＝本村看青的地。

当时的本圈地每年会变化吗？　＝不会，是一定的。

发生买卖也不会变吗？　＝不变。

跟现在是一样的吗？　＝大体上是一样的。

那么是只有二十五年钱的看青范围是一定的，青苗钱的所属因买卖而发生变化是吗？　＝是的。

我再问一次，安知事的命令下达之前，看青的范围是固定不变的，青苗钱是交到耕种人所在的村子里的是吗？　＝看青的范围是固定不变的，青苗钱是交到人住的村子里。有地的村子想收青苗钱，因此打过官司。于是安知事就下了"死圈"的命令。

在那之前，有过因买地的人把钱交到他所住的村里，而导致交纳该土地青苗钱的村子发生变化的事吗？　＝有过。

当时也有一亩五钱的贴款吗？　＝有。

石门沙井两村之间打过官司吗？　＝没有。

二十五年的桩是打在哪里的，在看青的圈里吗？　＝是的。

民国以前看青的圈也是固定的吗？　＝是的。

散看的时候呢？＝是固定的。

当时其外村的看青夫跟本村的看青夫之间，有没有因为看青的圈里发生争执呢？＝没有。

散看的时代没有吗？＝没有。

村与村之间的纠纷呢？＝有过。

是因为什么发生纠纷的呢？＝土地变少村费还是花的一样多，因为钱的事争吵的。

是什么时候发生那样的纠纷的呢？＝光绪年间没有过。会成立之后，民国以后纷争变得多了。

青苗会成立时的光绪三十三年没有决定圈界吗？＝有圈，但因为没有县的命令，强村就夺取了弱村的土地。没有边界的标志。

民国十八年的时候没有决定过村的边界吗？＝没有。

二十八年还是二十九年的时候进行土地调查的时候，土地呈报是把住的村和在外村的所有地一起上报还是去土地所在村上报呢？＝在住的村里，把在外村的所有地也一起上报。

今年收取青苗钱了吗？＝收了。

大乡成立之后村的边界还有必要吗？＝有必要。

边界叫作什么？＝圈界。

光绪三十二年成立青苗会的理由是什么？＝为了筹措不断增加的村费，并且为了改变看青的方式。

是监管看青夫做坏事的意思吗？＝是的。

应答者　杨源

【圈界】看青夫看青的范围叫什么？＝本圈。

从以前开始就叫本圈吗？＝是的。

那个边界是叫什么？＝本圈界。

是跟以前一样的吗？＝不变的。

光绪二十三年以前呢？＝是固定的。

那是就算是圈内的地，有耕种人自己看青，不雇青夫看青的土地吗？＝以前有。

光绪三十二年的时候有跟别的村商量过关于圈界的事吗？＝没有，不用商量圈界是固定的。

从什么时候开始就是固定的呢？＝以前开始就是。

是什么时候开始收青苗钱的？＝圈成立之后开始的。

光绪三十二年以前有青苗会吗？＝没有。在那之前都是直接给青夫钱。

直接给青夫的钱叫什么？＝青苗钱。

【贴款】今年贴款了吗？＝还没有。

去年呢？＝给了。

给了哪个村？＝给了北法信、南法信，从望泉寺那收到了。

石门村呢？＝没有。

给北法信是一亩多少钱？＝三十钱。

南法信呢？＝五钱。

望泉寺给了多少？＝五钱。

为什么有三十钱和五钱的差额呢？＝北法信在沙井村没有地，只有本村人在北法信看地。所以钱不是给北法信的会，而是直接给北法信的青夫。

南法信呢？＝给南法信的会。

望泉寺呢？＝从望泉寺的会给本村的会。

那五钱是跟南法信、望泉寺商量决定的吗？＝是的。

是每年计算土地亩数根据差额来给钱收钱吗？＝不是。二十五年以后就是固定的了，没有增减。跟望泉寺说好是每年给八元的，但去年只给了六元。

每年给南法信多少钱？＝七元。

那个金额是从二十五年以后一直不变吗？＝是的。

以后不管土地怎样买卖都是不变的吗？＝买卖得太多的话，会变的吧。

【看青的】今年会给钱给看青的了吗？＝给了一部分。

大乡没有出钱吗？＝出了六十元。

村里出多少钱呢？＝还没决定。

谁看青呢？＝李注源和李树林。李注源是头头，李树林是李注源雇的人。

看青的有保人吗？＝有的有。但看青的是本村人的话，就不需要保人。

外村人看过青吗？＝没有。

看青的有契约书吗？＝没有。

【作物损失的赔偿】作物被偷的话对看青的有惩罚吗？＝被偷的话会赔偿，看青的不用赔偿。

但是会从工资里面扣吧？＝不会扣多少。

会的赔偿额是定的吗？＝规定好的。

那事会写下来吗？＝会。

现在有吗？＝没有了。

【作物偷盗者的处分】对作物偷盗者的罚金数是固定的吗？＝会把偷盗人带到分所去。如果偷盗人有保证人的话村里就会原谅他。

那种情况下村里会收罚金吗？＝让他买香。

是在庙里裁决吗＝让他在佛像前烧香，发誓以后不再偷盗。

偷盗者只要出买香的钱就行了是吗？＝是的。

别的村村民偷盗的话会罚得更重吧？＝偷盗者是穷人的话，罚得就不重。

一般都是本村村民偷的吗？＝本村外村差不多。

现在给南法信五钱的贴款，以前有给过南法信全额的青苗钱吗？＝没有。以前是二钱五厘。

有给过跟南法信的人一样多的钱吗？＝没有。

耕种南法信土地的人不用负担南法信的村里的费用吗？ ＝不用负担，只出看青费。

【界标】现在圈界里也有桩吗？ ＝没有。

二十五年的时候打过吗？ ＝打过。

在那之前打过吗？ ＝没有。

二十五年打桩是县里的命令吗？ ＝安知事的命令。

当时跟其外村商量过打桩的事吗？ ＝因为圈界是固定的，所以没必要商量。

石门村和沙井村的圈界是哪个村打的桩呢？ ＝两村都打了。两村都在场打的。

【活圈】你知道活圈吗？ ＝跟插花圈是一样的。二十五年以前有。

在那之前石门村人买沙井村的地自己耕种的话，青苗钱是交到哪？ ＝交到石门村。然后石门村要给沙井村一亩五钱的贴款。

二十五年之前沙井村也是活圈吗？ ＝是的。

在那之前也有圈界吗？ ＝有。

是看青的圈吗？ ＝是的。跟其他的没有关系。

虽然有点罗嗦我想再问一下，二十五年以前沙井村人买了石门村的地的话，那地的青苗钱是交到沙井村，二十五年以后上述同样情况，青苗钱是交到石门村是吗？ ＝是的。

那么二十五年以前沙井村人拥有的在石门村的地，二十五年以后被别的沙井村人买去了的情况呢？ ＝还是要把青苗钱交到沙井村。

那金额是跟一般沙井村人的青苗钱的金额是一样的吗？ ＝是的。

上述情况下，那地被石门村的人买了的话是怎样的？ ＝不管是谁买都要交到沙井村。跟所有者无关，规定是要村里的土地不变。根据二十五年的状况固定了收取青苗钱的范围。

上述情况有实际的例子吗？ ＝没有。

【白地摊款的归属】如果你把之前你的所有土地在二十五年以后卖给了石门村人的话，那地白地摊款是交到哪？ ＝白地摊款是交到地主所在的村子。

那么二十五年的规定只跟青苗钱有关，与白地摊款无关是吗？ ＝是的。

应答者　杨泽（沙井村村民 会首）

【青苗钱的归属】你在北法信有土地吧？ ＝有。

那地的青苗钱是交到哪的？ ＝交给沙井村。

跟沙井村的土地的青苗钱是一样多的吗？ ＝是的。

北法信的土地的一亩三十钱是由沙井村公会交给石门村公会的吗？ ＝是的。我只是交给沙井村的公会。

二十五年以前的事，沙井村的人耕种着外村的地，但青苗钱是交给沙井村的，这是哪个村的事呢？ ＝石门、望泉寺、南法信。

北法信的土地呢？ ＝本村公会雇佣北法信的青夫让他帮忙看青。

你在北法信的土地是二十五年以前就有的吗？ ＝是的。

以后如果把那地卖给北法信的人的话青苗钱怎么交？ ＝交给北法信。

那地被石门村的人买了呢？　=交给石门村。

不是很奇怪吗？　=我们跟北法信不是连圈。北法信是个有钱的村子，它承认谁买地就交到买者的村子。

应答者　杨源

你在哪些地方有地？　=沙井、石门、北法信。

都是二十五年以前买的吗？　=是的。

现在青苗钱都是交到沙井村吗？　=是的。

跟沙井村的土地的青苗钱是等额的吗？　=是的。

你在石门村的地如果今后卖给石门村的人的话，青苗钱是由哪个村收取呢？　=沙井村（杨源面向刘万祥问"是这样吧"，刘想了一下回答说是的）。

那地卖给城里的人的话呢？　=还是由沙井村收取。

你在沙井村的地卖给石门村人的话呢？　=交给沙井村。

那地卖给石门村的人呢？　=交给沙井村（刘万祥说不是，是交给石门村）。

卖给北法信的人呢？　=交给北法信。

为什么只有北法信的地是不一样的？　=北法信有钱，不会因为这点事而不满。

假如有人从以前开始就耕种梅沟营的地的话，那青苗钱是交到哪？　=交到梅沟营。因为跟本村离的太远，所以跟本村无关。

应答者　李濡源（沙井村村民、会首）

你在哪些地方有地？　=沙井、石门、南法信、北法信。青苗钱都是交到沙井村。

北法信和沙井村不是连圈吗？　=是的。北法信是大村，所以跟哪个村子都不是连圈。所以它的青苗会外村人进不了。

今后沙井村的人买了北法信的地的话，青苗钱交到哪？　=交到沙井村。

跟北法信不是连圈，那里的地的青苗钱怎么也要交到沙井村呢？　=因为沙井村的公会雇了北法信看青夫。作物被偷了的话，北法信的公会也不赔偿。南法信、石门村、望泉寺的话，它们的公会会赔偿。

顺义等耕种军营村的土地的时候，与沙井村的公会有关系吗？　=那时耕种的人加入各自的会。

那时的青苗钱是全额交到会里吗？　=交一半。

1943 年 11 月

（华北农村惯行调查资料第 113 辑）

村落篇第 15 号　河北省顺义县沙井村
　　调查员　旗田巍
　　翻　译　刘俊山

　　带着东亚研究院百濑、福满二人，旗田巍、前田胜太郎、刘俊山拜访了沙井村，在跟已经熟识的沙井村村民和小学儿童们重温旧谊的时候，在畅谈的间隙调查的内容就是本报告。另外，在县城里的住宿地点商务会，对与我们同住的县官员所访谈的内容就是本报告后的附录。

11 月 15 日

村的界限　公会地　庙的祭神　罪

应答者　杨泽（沙井村会首）、杜祥（原沙井村司房）
地　点　村公所
【私有地的界限】卖地的时候或丈量土地吗？　＝会。
卖一半的时候会在边界做什么标志吗？　＝会。
那个标志叫什么？　＝基址。
那是在丈量之后马上标上的吗？　＝是的。
是在签订契约之前还是之后？　＝签订契约之前。
不标基址的话不会签订契约吗？　＝是的。
村里人的土地是一定要有基址吗？　＝一定有。
基址是用什么做的？　＝埋石头或者是种柳树。埋石头的比较多。其外村子也有种马兰草的。
【村的边界】村和村的边界也有基址吗？　＝现在没有。
以前有吗？　＝以前也没有。
县和县之间呢？　＝清朝时有交界牌。现在也有。

【公会地的打谷场】在我们以前来调查的时候，庙的西边的空地还是荒地，现在变得很干净平坦了。现在村里为了秋收之后村民们可以用作打谷场，对该地进行了修整，这段时间一过又会变成荒地。打谷场叫作场。场到处都有。一个场里建有一间小屋。那小屋是张永仁建的。

公会地的场有几个？ ＝有十家在用。

一家有一个场吗？ ＝是的。十家十场。

那里平时是荒地吗？ ＝是的。因为是沙地，什么也做不了。

场是十家各自建的吗？ ＝是的。

那里是建的人才能用吗？其他人可以使用吗？ ＝建场的人会很忙碌，使用很频繁，所以没有给别人用过。如果有别人要用的话，就自己另外再建。

除十家以外，其他人也可以建场吗？ ＝可以。

十家是哪十家？ ＝张永仁、孙福、刘长春、孙凤、任振刚、张书代、张守俊、周树棠、张林荣（还有一家不清楚）。

这些人从以前开始就没变吗？ ＝从以前开始就使用公会地打谷场的只有张永仁。

张永仁是什么时候开始建的呢？ ＝十年左右之前。

建场的时候，需要公会的许可吗？ ＝不需要。

可以不跟谁说一声就自己建场吗？ ＝可以。

建场需要花钱吗？ ＝不花钱但要花费劳力。

建过的场可以让给别人吗？ ＝可以。

有人让过吗？ ＝没有。

建过场了是建的人一直使用吗？其他人可以在第二年在那建自己的场吗？ ＝没有人这么做。

这样做的话会发生争吵吗？ ＝保长会从中斡旋，不让这种事发生的。

那么是建过的那块地不让别人再用吗？ ＝是的。

如果有人想用的时候会去拜托建场的人吗？ ＝建场的人会一直在使用。所以其他人不能使用。

公会可以夺取某个人建的场吗？ ＝可以。

有那样的实例吗？ ＝没有。

现在还有未被作为场的公会地剩下吗？ ＝有一点。

如果建场的土地没有了，但还有人想建场的话怎么办？ ＝那样的话。就想别的办法。

现在在公会地有场的人在建场之前是怎么办的？ ＝他们之前很穷，不需要场。

土地多的人怎么办的？ ＝土地多的人在自己的土地上建场。

庙里有和尚的时候，现在的地方也有场吗？ ＝没有。

和尚不允许吗？ ＝和尚在的时候，没有人想要空地。当时有个大地主，雇佣了全部的村民，所以不需要每个人各自的场。他没落之后。大家就需要各自的场了。

那个大地主是谁？ ＝杜荣。

是什么时候的人？ ＝三四十年前。

杜祥认识杜荣吗？ ＝因为是同族，所以很熟。

今后想建场的人增多的话不会出问题吗？ ＝不会。因为是同村的人所以不会吵架。

有外村人来说想建场的话怎么办？ ＝不允许。

有场的土地是公会地吗，还是公议堂的土地？ ＝公会地。

以前是叫庙的土地吗？ ＝是的。

那地有地契吗？ ＝没有。

有交田赋吗？ ＝没交。

那块地有基址吗？ ＝没有。

建场的人可以标基址吗？ ＝没人那么做。

如果张永仁家要分家的话，场也要分吗？ ＝场是不能分的。如果有别的建场的地的话，会放弃现在的场吧。现在张永仁的场是张文恒建的，张文恒去世之后，他就在别处建了场，把那里放弃了。

当时张文恒说过要让给张永仁吗？ ＝因为没有人使用，所以张永恒就用了。以前每年谢秋的时候会给庙里上一炷香，现在变成十家了，就什么也不上供了。

不再用了可以什么也不说吗，还是要跟其他人说一下？ ＝什么也不用说。

前面的人什么也不说就不用了的时候，其他人可以什么也不说就使用吗？ ＝张文恒另外建场的事大家都知道。

张永仁没有跟公会说就使用了吗？ ＝是的。

分家后不能建别的场的时候，公会地的场怎么办呢？ ＝共同使用。

至今一直使用场的人家分家后，其他人可以擅自来使用场吗？ ＝可以的。但因为使用场的事发生纠纷是首先不会有的。在那附近有池子，每年到了春天去池里取土的人会通过场，使场变成荒地。关于地荒了的事，因为原来是公会地，所以没人说什么。只要自己有地建场的话，大家都不会想拿公会地建场。

【粪坑】是把池里的土用做肥料吗？ ＝是的。

那演的池子有几个？ ＝三个，叫作"粪坑"。

那地是公会地吗？ ＝是的。

有地契吗？有交田赋吗？ ＝都没有。

粪坑的大小呢？ ＝这间房子（一间房）的一半左右。

深度呢？ ＝三四尺。

那是谁建造的呢？ ＝和场一样，由建的人使用。

跟自然而然形成的池子不一样吗？ ＝不一样。

想在是哪几个人建造的呢？ ＝刘长春、耿士成、杜林新。

你们没有建造吗？ ＝有猪圈的人不需要另外建造粪坑。

粪坑可以自由建造吗？ ＝可以。

粪坑里面会放什么东西呢？ ＝草、粪、水。

【死坑】有跟粪坑不同的其他的大池子吗？ ＝有。粪坑就在大池子旁边。

那个大池子是叫什么呢？ ＝死坑。

死坑有几个？ ＝三个。

那跟苇地是不一样的吗？＝不一样。

死坑的土也是用作肥料吗？＝把那土放进猪圈，跟猪的粪便混在一起做肥料。

死坑是取砖的土留下的痕迹吗？＝是的。

现在也还会取做砖的土吗？＝现在有积水取不了土。冷的时候会结冰。来年春天水退了，就会取土。一般三四月的时候，死坑的水会退。

用作肥料的土到了春天也会取吗？＝是的。

死坑的土是既用作肥料又用来做砖吗？＝是的。

死坑是公会地吗？＝是的。

也叫香火地吗？＝是的。

村里人可以自由地取死坑里的土吗？＝可以。

外村人也可以拿吗？＝那不行。

取得公会的许可之后再拿呢？＝没有人从远处来拿土。因为搬运土很不方便，所以即使是本村的人，搬运不便的话，也不会取土。

【苇地】苇地本来是死坑吗＝是的。如果在现在的死坑里种了芦苇的话，就要向县里报告，交田赋。

【公会地的买入】立卖民粮地契文约人杨润因无银元使用今将祖遗受分地壹段贰亩坐落在沙井村西地名小河北东西行陇四至在后亲烦中人说合情愿卖与本村公会永远为业言明卖价现大银元叁拾元整其元笔下交足不缺言明地与公会自便不与杨姓相干此为两家情愿各无反悔如有反悔者则有卖主中人一面承管恐口无凭立卖字存照为证

　　　　　东　张姓　西　吴姓
计开四至　　至　　　至
　　　　　南　官会地　北　官道

　　　　　　　　　杨永才　押

　　　　　　　　　李濡源　平心

　　　　　　　　　杨源　平心

　　　中保说合人　张文源　十

　　　　　　　　　周树棠　押

　　　　　　　　　赵廷奎　平心

中华民国贰拾叁年　古历　九月二十八日

　　　　　立卖字人　杨润　平心

　　　　　代字人　　杜祥　公平好心

以上地契现在在谁手里？＝不知道。

在交田赋吗？＝在交。

杨润是为什么卖了这块地呢？＝需要钱。

为什么卖给公会呢？没有别人买吗？＝这块地一边是河，一边是道路，位置不太好，所以没有买家。公会以外没人买。

当时的中保说合人都是会首吗？＝是的。

张文源是张瑞的什么人吗？＝叔父。

这块地是杨润想卖吗？还是公会说想买？＝杨润想卖。

杨润跟谁说过他想卖地的事？＝大概他跟地契中六人中的谁说，那人再去跟公会说。

公会就买杨润的地的事商量过吗？＝商量过。

是会首们商量的吗？＝是的。

会首以外的人也加入商讨了吗？＝会首们商量就行了。没必要与其外村民商量。

买那块地的钱是怎么出的？＝公会出的。具体的不清楚。

现在那块地的田赋是怎么弄的呢？＝用公会的租金缴纳的。

现在那块地在耕种吗？＝现在成了坑。

那块地在哪？＝在苇地旁边，连接着石门村的地。

跟杨源卖掉的地是一块地吗？＝是的。

（同年同月同日杨悦也卖给公会一块地。地契的写法跟杨润的是一样的。亩数是八亩，卖价是一百一十元。中保说合人中代替杨源的是杨润的名字）。

【公会地的卖出】什么样的地叫香火地，什么地叫公会地呢？＝以前只是谁向庙里捐赠的地就叫香火地，公会出钱买的地叫公会地。

公会可以卖香火地和公会地吗？＝不可以。但其外村有卖过。

沙井村在非常需要钱的时候也可以卖吧？＝可以。但是没有卖过。

【苇地的纷争】

　　　立毗连字据和解人等兹因石门村有地壹段与沙井地毗连因年深自久被水冲成池河两造地基毗连无法辨明界限今经三村来人说合追迹建筑灰椿作为永远地界俟后各守各界如遇水冲刷漏时两村议和仍旧追迹复行建设此意两村永远和好意见此系两造情愿各无反悔空口无凭立毗连字据为证又经和解人与两村指定石门村公地又一段与沙井村地潭河南河边北河边官道旁灰椿永远为界再无争论永远存照

　　　　　各执一纸

	李际芳
	刘殿祥
	张润圃
中华民国十九年六月十九日立毗连和解人	刘溪川
	张玉圃
	郭仲臣
	刘永泉
代字人	王振声

（在县里的档案里有与上述有关的诉讼记录。）

上面的是谁保管着？杨源吗？ ＝不知道。

上面写着的李际芳是哪个村的人？ ＝南法信。

刘殿祥呢？ ＝梅沟营。

张润圃呢？ ＝南法信。

刘溪川呢？ ＝望泉寺。

张玉圃呢？ ＝不知道。

郭仲臣呢？ ＝顺义县内。

刘永泉呢？ ＝望泉寺。

张振声呢？ ＝沙谷村。做过沙井村小学的教员。

委托上述这些人调停了吗？ ＝没有。他们是自愿出面的。

这些人是各自村里的有实力的人吗？ ＝是的。

他们是与沙井、石门两村有什么特别关系的人吗？ ＝这些人所在的村离得近，是熟识的人。

这块地有地契吗？ ＝没有。是把这个当做地契来用的。

田赋呢？ ＝在交。比一般的地要高四分。

为什么？ ＝因为以前是租佃地。

是公会地吗？ ＝是的。

也叫香火地吗？ ＝是的。公会地和香火地没有什么明显的区别。

这个纠纷发生的时候，沙井村的村长是谁？ ＝不知道。

当时与石门村交涉的是村长吗？ ＝是的。

村长以外会首也参与交涉了吗？ ＝是的。

当时村里人聚集起来商量过吗？ ＝商量过。

会首以外的人也加入商谈了吗？ ＝只有会首。会首以外的人说什么也没有什么效力，所以没有召集其他人。

当时纷争的原因是什么？ ＝沙井村和石门村的土地相连形成了一个坑。沙井村在自己的土地上种了芦苇。那芦苇延伸到石门村的土地上，分界线变的不清不楚的了。石门村那边说坑都是石门村的土地，沙井村也这样说，就发生了纠纷。

这纠纷是以前开始就有的吗？ ＝民国十九年开始的，很快就解决了。

芦苇是什么时候种的？ ＝事情发生之前的四五年。

应答者　杜祥、杨泽、几位其外村的重要人物
地　　点　村公所
【观音寺的祭神】有村公会（村公所）的观音寺分为前、中、后三殿，各自设有如下顺序的祭神

（后殿）

文	释	普
珠[1]	迦	贤

（中殿）

老	龙	财	文	观	普	青	虫	土	二
爷	王	神	珠	音	贤	苗	王	地	郎

（前殿）

药	老
王	爷

【释迦】 因为释迦、文殊、普贤住在一起，所以在释迦的生日四月八日那天祭拜。文殊、普贤的生日不明。释迦使做好事的人幸福，并会惩罚做坏事的人。

【观音】 会在观音的生日二月十九日那天烧香叩头。观音救苦救难，保佑有灾难的人平安无事。坏人都感念观音的恩惠，而变成好人。

【财神】 财神名叫比干，也叫回回。九月十七日进行参拜。人们说向财神祈祷会发财。不向财神叩头，也不会有灾难。财神不会惩罚人。没钱的人、破产的人都是干了坏事的人，所以他们发不了财。世上也有不做坏事只干好事，但还是发不了财的人，但那样的人在来世（死后再次转世为人的时候）会发财。

【龙王】 龙王的生日是六月二十五日。干旱的时候向龙王祈祷，发誓说如果下雨的话，就改建庙宇并唱戏。如果真的下雨的话，就必须要执行。因为如果不执行的话，来年干旱会更厉害。

【老爷】 老爷是关羽，六月二十日是其祭日。关羽是忠义之士，所以死后被作为神来供奉，被认为是一般人的模范。

【青苗神】 青苗神没有设置在中央，所以不是什么重要的神，在祭拜其他神的时候顺便拜一拜青苗神。青苗神是青苗的神灵，保护作物在成熟时不受到损害。

【虫王】 虫王拿着瓶子。听说那瓶子里装着很多虫子，虫王不打开盖子的话，虫子就

---

〔1〕 原书如此，可能是当地的习惯称呼。

出不来，于是作物就不会被虫子吃掉。但如果虫王发怒了，打开盖子放出虫子的话，作物就会被吃掉。虫王打开盖子是根据玉皇大帝的命令，但那也是在谁做了坏事的时候。村里有一两个人做坏事也不代表是全村都做坏事，应该只有做坏事的人受罚，其他多数人应该没有灾难。如果为了一两个人其他多数的人受了难的话，那是其他人运气不好。六月二十四日祭拜庙里所有的神的时候，也要一起参拜虫王。

【土地爷】土地爷在各村都有，所以本村的土地爷只保佑本村的人。看神像的话，是个和蔼的老爷爷，所以应该会保佑这个地方的人的平安吧。但是做了坏事的人，土地爷会惩罚他，让他生病。人死后家里人要向土地爷汇报，土地爷再向城隍爷汇报。土地爷和城隍爷正好是现在的官员之间的上下级关系。

【二郎】祭拜二郎的日子没有规定。这个村里不是单独祭拜某一位神灵，而是给每个神都一起供奉供品，每年五次的祭日要参拜所有的神。二郎会在村里出现怪物的时候帮忙打跑怪物。不会惩罚人。

【药王】药王是治病的。病人在药王跟前叩头保证说"病好了会上供烧香"，病就会好。

【五道庙】五道庙是个横宽二间、进深二间的小庙，和观音庙没得比。观音庙的神都是土像，而五道庙的神都只不过是墙上挂的画像。神灵的摆设位置如下图。

土	虫	青	二	地藏菩萨	五	龙	财
地	王	苗	郎		道	王	神

五道庙因供奉着五道神而称为五道庙。但因为现在有九位神灵，所以也叫九圣祠。

【五道神】五道神是管理死人的。跟土地爷一样，把死人的灵魂送到城隍爷那里去。五道神是城隍爷下面的雇工。

土地爷在观音庙也有在五道庙也有。每个庙都会有土地爷。结果是一样的，所以去哪里祭拜都是一样的，但人死了要去五道庙祭拜。

土地爷是管理一个村子吗？虫王和青苗呢？＝别处的人来本村祭拜的话，也是会受益的。

土地爷也是这样吗？＝是的。

【家族的祭神】村里人在家里祭拜的神有哪些？＝佛、关老爷、财神、南海大士、灶王、天地爷、马王。马王只在过年的时候买来画供奉。

佛是每家都有的吗？＝是的。

财神呢？＝也有的人家没有。家里小的话，就不供奉。

灶王呢？＝每家都一定会有。

马王呢？＝只有养有家畜的人家在过年的时候祭拜一次。

天地爷呢？＝不一定。

有保佑孩子健康茁壮成长的神灵吗？＝张仙爷。

参拜张仙爷的日子是固定的吗？＝每天上香。

张仙爷是每家都在供奉吗？＝孩子成长得不好的人家供奉。

【因果报应】你知道功过格吗？＝不知道（在场的石门村村长也说不知道）。

写着做善事有好报，做坏事有恶报的书，你不知道吗？＝不大清楚，应该是善书吧。

有人有善书吗？＝可能有。

你们有看过吗？＝本村很少有人看过。

有做了坏事受到神的惩罚的人吗？＝有。

本村也有吗？＝好像有，不大清楚。上了年纪之后变穷就是恶报吧。

【罪恶】什么样的事是最坏的呢？＝贼匪。抢劫偷盗的话，被抓到衙门是要被枪杀的。

不孝顺父母呢？＝是最坏的。

不孝顺父母和偷盗那个更坏呢？＝偷盗更坏。因为不孝顺只是个人家里的事。

子女打父母呢？＝是最坏的。

父母打孩子呢？＝那是孩子不对，这是应该的。

夫妻吵架呢？＝这没什么。

孩子打父母和妻子通奸哪个更坏？＝通奸更坏。

11 月 14 日

县的边界和村的边界　　本村人和外村人

应答者　贾慰苍（县民政科办事员，乐亭县的人，以前在顺德道尧山县公署工作，来顺义县大约半年）

地　点　商务会

【县界】尧山县的邻县有哪些？＝隆平县（东）、任县（南）、内邱县（西）、高邑县（北）。

这些县之间有界限吗？有的话叫什么呢？＝叫边界。

现在的边界处有牌子吗？＝公路有牌子。

公路是什么时候修建的？＝是民国二十八年开始修建的，民国三十年完工的公路。

在公路牌立牌子的地方，是以前开始就被视为边界吗？＝是的。

以前的边界是根据什么来确定的呢？＝根据哪个县拥有的土地来决定的。

不是有田赋归哪个县来定的吗？＝是的。以前没有牌子的时候，边界处也有沟和路。

【插花地】把边境内的土地卖给外县人的话，也还是本县的土地吗？＝是的。叫作插花地。民国二十九年出台关于插花地的规定之后，田赋的归属就确定了，但在那之前还有些没有明确的地方。

民国二十九年以前有没有决定缴纳田赋到哪个县的土地吗？＝因为我不是本县的人，

收田赋的时候我不会出面，也有收不到田赋的地方。乡公所的摊款也有所有者所在的乡公所和土地所在的乡公所因为归属的事发生过纠纷。

二十九年以前不是交到插花地所在的县，而是由所有者所在的县收取吗？＝田赋是土地所在县收取的。摊款是两县有过纷争。

那县收取田赋的范围是从以前开始就是固定的吗？＝是的。

从民国以前开始的吗？＝是的。

县里的军队追击土匪时可以越过界限吗？＝要跟对方的县里的警察联系。没有联系的时候不能擅自越界。

农民呢？＝因为有公路的地方都有警卫队的检查所，而在田里没有，所以可以自由地从田里穿过。

在县界附近的村民拥有他县的土地的人多吗？＝很多。

二十九年的规定出来以前，那地的摊款是土地所在的乡收取吗？还是所有者所在乡收取？＝既不向住的乡里报告又不向土地所在乡里报告，两边都不缴纳的情况比较多。渐渐地，摊款增加、村民的负担加重之后，村民就开始说让插花地也缴纳摊款。

插花地的摊款缴纳到土地所在的县里吗？＝因为没有汇报，所以没有缴纳。

二十九年以后呢？＝由土地所在村收取。

应答者　于清和（县宣传室职员 宝坻县大赵各庄人，去年八月到顺义县赴任）
地　点　商务会
【县境的村】有没有村民住的房子跨越两个县的情况呢？＝有。

跟顺义县的连接的村子有吗？＝在和昌平县交界的地方的平义分村就是一个例子。

那个村是属于哪个县？＝属于两个县。顺义县制作的地图里是含在顺义县内的，昌平县的地图里也包含在昌平县内。

那个村子大概有几户人家？＝大概一百户。

那个村子里有县境吗？＝是的。

也有牌子吗？＝听说好像有。

以前开始县境就是不变的吗？＝不变。

那是收取田赋的范围吗？＝是的。

摊款是交给两个县吗？＝向县里缴纳亩捐，向大乡缴纳摊款。

摊款是交给两个县的大乡吗？＝是的。

平义分村有青苗会吗？＝有。

青苗会是一个吗？＝一个。

不是顺义县这边和昌平县那边共两个青苗会吗？＝不是的。

青苗会收取青苗钱吗？＝收。

青苗钱是分麦秋和大秋来收取吗？＝是的。

那时是全村村民都在同一天缴纳吗？＝是的。

有没有这样的呢，分为麦秋和大秋两次，一部分村民第一次缴纳，另外的村民在第二次的时候缴纳？＝没有。

　　青苗钱一亩的金额是全村统一的吗，还是有差额呢？＝全部是一样的。

　　是从村里的青苗会收取的青苗钱中交一部分摊款给顺义县的大乡，交一部分摊款给昌平县的大乡吗？＝是的。

　　【私有地的界标】一般来说，个人私有土地里有什么标志吗？＝一定会有。柳、石头、马兰等。

　　也有没有界标的土地吗？＝没有。

　　顺义县、宝坻县都同样有界标吗？＝是的。中国无论哪里，私人土地都有界标。宝坻县因为洪水多发，所以种柳树的较多。

　　把自己的土地卖掉一半的话，会建新的界限的界标吗？＝会新建界标。

　　那时买主、卖主、中人都会在场吗？＝是的。四邻也会在场。丈量完之后，马上建界标。

　　那是在签契约之前还是之后？＝先签契约，再丈量土地，再建界标。

　　【村界】村和村之间的界限会用石头、柳树、马兰等设立界标吗？＝现在有牌子，但也是这两三年来才有的，之前什么都没有。

　　顺义县呢？＝好像是在民国二十七八年的时候，设立了牌子。

　　在那之前呢？＝完全没有。

　　个人土地都必须要界标，为什么村的界限没有界标呢？＝因为个人的土地在村的界限里面，每个人设好各自的界标，好好注意就足够了。不需要特意设立村的界标。

　　村里人买了村界的土地的话，那地是成为买者所在的村的土地吗？＝只要在买的地上做些标志就行了。但是农民的话，有各自的陇的方向，新买地的话，也很少能连成一块地。

　　那种情况下村的边界不变吗？＝不变。

　　买了边界外的土地的人，那土地的摊款是交到买者所在村里吗？＝不是，摊款是交到土地所在村的大乡。

　　大乡成立之前是怎样的呢？＝以前是交到土地所在的村里。

　　民国以前呢？＝以前开始就是一样的。

　　你所在的宝坻县呢？＝那里有两种情况。把地卖给外村人村费也不会减少的情况和村费会减少的情况。后者就是圈随地走。

　　现在也是两种吗？＝是的。

　　宝坻县各村有看青的圈吗？＝有。

　　【开叶子】你知道开叶子吗？＝知道。宝坻县也叫劈叶子、劈高粱叶子。

　　也叫开圈叶子吗？＝宝坻县叫开叶子圈（乐亭县叫开圈——贾慰苍）。

　　开是什么意思？＝开放至今为止所禁之事的意思。

　　宝坻县开叶子的时候可以进入谁的地里摘叶子吗？＝可以。

　　外村人呢？＝不可以。只限于圈内住的人（乐亭县外村人也可以——贾慰苍）。

　　在圈内拥有土地的外村人呢？＝只能进入本人的地里。

　　本村人的话，就可以进入圈内的任何土地里摘叶子吗？＝可以。

开圈没有去掉圈对外村人也开放的意思吗？＝圈是不会没有的。外村人是不行的。

开圈的日期是各村不同吗？还是几个村子约定好在同一天开圈呢？＝是各村青苗会决定的日期，所以各村都不一样（乐亭县也是这样——贾慰苍）。

【拾落穗】白薯等在收获之后剩下在地里的，别人可以来捡吗？＝可以，但是外村人不行（乐亭县外村人也可以——贾慰苍）。

【本村人和外村人】作物被偷的时候，如果抓到偷盗的人的话，会罚钱吗？＝会。

罚金是外村人比本村人罚得重吗？＝外村人的话罚的重些（乐亭县没有什么区别——贾慰苍）。

本村人和外村人是根据什么区分的？＝住在本村的是本村人，离开了村子就是外村人。

把家人留在这里离开村子的人呢？＝本村人。

为什么？因为家还在村子里吗？＝因为有房子。

其他地方来的人，如果在村里盖了房子，也马上就成为本村人吗？＝是的。

那是在写户口本时的规定吗？＝在有户口本之前，本村人和外村人有区别吗？＝有。

当时的本村人跟上面说的是一样的吗？＝是的。

来村里借住在别人家里的人是本村人吗？＝全家搬过来的话，就是本村人。

不在本村修墓也是本村人吗？＝是的。只要在户口本上有名字的，就是本村人。

【土地庙和关帝庙】土地庙和关帝庙有什么不同？＝土地爷只跟一个村子有关系，关帝爷不是跟一村，而是跟全国都有关系。

外村人不来祭拜土地庙吗？＝不来。外村的人来了也没什么用。

关帝庙呢？＝各处的人都会来。不管去哪的关帝庙祭拜都是一样的。

修建土地庙的话，外村人也会捐赠吗？＝外村人不捐赠，只有本村人出钱。

关帝庙呢？＝不限哪里的村子，从各处筹钱。

【土地爷】土地爷是"地方"吗？＝是的。

土地爷之上的神是？＝城隍爷。

土地爷不会调职吗？＝不会吧。

【青苗神】青苗神是做什么的？＝让作物长得更好。

青苗神是保佑看青的圈内的作物吗？＝青苗神和看青的圈没关系。

是保佑本村人地里的作物吗？＝没有说的那个村的人的作物。每个村的青苗神都是一样的。

在外村的庙里向青苗神烧香叩头的话，会保佑那个人的作物吗？＝会。

【神罚】土地爷会处罚做坏事的人吗？＝会。

孩子做坏事的时候，也会处罚父亲吗？＝不会处罚父亲，只处罚孩子。

村里一部分人，比如说十个人做了坏事的话，会处罚整个村子的村民吗？＝会。作了损害公益的事的时候，就算是一部分人做的，也会处罚所有人。

做了好事的话神会赐给幸福吗？＝会。

那是什么神呢？＝土地爷。"独坐五道口，专查善恶人"。

什么样的事是最好的事呢？＝孝顺、慈善、公益。

庙会时每个村都有的吗？＝是的。

是土地庙还是关帝庙？＝关帝庙。土地庙几乎没有庙会。

【香火地】于先生所在的大赵各庄的庙里有和尚吗？＝有。

那个庙有香火地吗？＝有。

那香火地是和尚在耕种吗？＝是的。

有租给别人耕种吗？＝有过。

租给谁耕种是和尚自主决定的吗？＝是的。

从香火地收取的钱，和尚可以自由使用吗？＝去除修庙的钱和香钱之外，都是和尚的生活费。

庙的修理费是和尚拿着的吗？还是由谁保管的呢？＝在和尚手里。

会把一年的收入中拿出一定的钱作为修理费积攒起来吗？＝没有特别规定。

和尚可以把香火地卖掉吗？＝不行。

为什么？＝那是人捐赠的土地，所以不能卖。

村里需要钱的时候，村里人可以卖吗？＝绝对不能卖。

（大赵各庄约有一百四十户人家。李姓约有三十户，孙姓接近三十户，张姓约二十户，其他的杂姓的比较多。没有水田。宝坻县城距天津约一百六十里。大赵各庄距县城约二十五里。村里有地主、自耕农、佃农，但自耕农是最多的，一般拥有四、五十亩地，在整个县里也算是公认的富裕村。跟顺义县下的村民相比，生活富足很多。）

1944 年 8 月

（华北农村惯行调查资料第 114 辑）

村落篇第 16 号　　河北省顺义县沙井村
　　　调查员　　旗田巍
　　　翻　译　　杨恩贵

　　与本田悦朗先生一起，在调查京古线沿线概况的途中，顺便到了顺义县，调查了沙井村。这时的治安已经严重恶化，要进入离县城只有两站的沙井村，途中也是很危险的，所以我们叫了村民来县城问话。

8 月 29 日

本村人的资格　办五会

应答者　杜祥（原沙井村司房）
地　点　顺义县城内宿所

【本村人、外村人】有本村的人和外村的人这种说法吗？ ＝有。

这个村的人是叫什么呢？ ＝沙井村的人的话，就是沙井村的人。石门村的人就叫石门村的人。本村人这个词也会用。

其外村的人怎么叫呢？ ＝不知道那人是哪个村的话，就叫外村人，知道村的话就叫某某村人。

【老户】住在沙井村的人叫什么？ ＝本村的老户、本村人、老户。

有没有住在本村但不叫本村人的人？ ＝没有。

从外村来的长工呢？ ＝不是本村人，是外村人。

叫什么呢？ ＝没有名称。如果在雇主家没地方住的话，就会住在庙里。

不叫寄居、浮住吗？ ＝不叫。

有没有不住在本村，但称为本村人的人？ ＝没有。

【落户】落户是指什么呢？ ＝是指从外村到本村来的人。租房、买房的人。

以前就住在这的人不叫落户吗？ ＝那是叫老户不叫落户。落户是新来的人。

【浮住】浮住是指什么呢？ ＝没有自己的家，而是住在本村的亲戚朋友家里的人。

【寄居】寄居指什么呢？ ＝跟浮住差不多。

【附户】附户是指什么呢？ ＝一个院子里有两户人家的情况，一家为正，一家为附。

【副户】副户跟附户有什么不同吗？ ＝附户跟寄居差不多。副户是比如说我把房子租给别人，租的人就叫副户。

落户、散户、浮住、寄居、附户、副户等词经常在村里使用吗？ ＝是的。

本村人、外村人这两个词也经常使用吗？ ＝是的。

什么时候会说呢？ ＝外村人来本村游玩的时候、以及本村人去外村游玩的时候。

【新户】从外村新来到本村的人叫什么呢？ ＝新户。

最近有人从别的村搬过来吗？ ＝赵文有是民国十几年的时候来的。其他的就没有了。

景德福呢？ ＝他是新来的。民国二十五六年的时候来的。

【入村手续】他为什么搬到沙井村来呢？ ＝景之前是石门村的人，但他在石门村什么都没有，在沙井村有地。

他来村的时候有介绍人吗？ ＝没有。

外村人来村的时候，不需要介绍人吗？ ＝需要。

景德福的时候为什么不需要？ ＝因为他是石门村人，之前就很熟悉了。

一般外村人搬来的时候，什么人会做介绍人呢？ ＝之前住的村子的保长。

那保长会做什么呢？ ＝写保证书。

介绍人以外有保人吗？ ＝没有。

搬过来的人要向村里的谁提交移居申请吗？ ＝搬到别的村的时候，在那个村里有亲戚朋友。搬来的人拿着保证书去找他们。那些人就成为介绍人。

那介绍人要做些什么？ ＝只需要找房子，其他的什么也不用做。

要跟搬去的村的保长说吗？ ＝要。

由谁去说呢？ ＝介绍人。

有就算提出移居的申请也会被拒绝的情况吗？ ＝如果知道那个人是坏人的话，就会拒绝。是好人的话，就不会。

同意的是保长吗？ ＝是的。

保长是跟谁商量之后才同意的吗？ ＝是要跟别人商量。

跟哪些人商量呢？ ＝保甲长一起商量。

搬到村里的人会带特产来吗？ ＝没有那些东西。

搬到村里来的人会去各家打招呼吗？ ＝不会。有去过村公所的，但这也不一定。

搬到村里来的人招待过村民吗？ ＝没有。

那他会去庙里向神烧香叩头吗？ ＝不会。

新来的人一定会出席办五会吗？ ＝出席办五会是要花钱的。像移居过来的人一般是穷人，很多人不出席要花钱的会。

新来的人跟土地爷有什么关系没有？ ＝没有。

搬过来的人会马上就被称为本村人吗？ ＝是的。

那人在还没有在本村拥有房子的期间怎么样呢？ ＝还是本村人。

那人把房子留在以前住的村子里的话呢？ ＝还是本村人。

搬来的人在本村盖房子的时候，需要获得谁的许可吗？ ＝不需要，这个是随意的，不需要许可。

有没有不让盖房子的情况？ ＝没有。

盖房子的时候，需要介绍人或者保人吗？ ＝不需要。

那种人在卖地的时候呢？ ＝只要有钱，就可以随便买。

在本村没有墓地，搬过来之后也是马上成为本村人吗？ ＝是本村人。

【出生】孩子出生的时候要向谁申报吗？ ＝向甲长申报。甲长报给保长。

孩子出生时会分发贺礼吗？ ＝不会。

孩子出生时会通知庙里的神吗？ ＝不会。

孩子出生时会从村民那收到贺礼吗？ ＝会收到鸡蛋和板栗。

【取名】孩子的名字什么时候取呢？ ＝满月之后。

谁取名呢？ ＝不一定，父母或者祖父母都可以。

取名字的时候会有什么仪式吗？ ＝没有。

请客、分发贺礼之类的呢？ ＝没有。

【改名】孩子长大之后，可以改名字吗？ ＝到了上学的年纪，会取个学名。

不上学的孩子呢？ ＝也会改。

大概什么改名呢？ ＝十八九岁或者二十岁左右。小时候的名字（乳名）不好听。

那个名字是谁取的呢？ ＝教书先生。

在沙井村是谁呢？ ＝小学的老师。现在是何老师。以前是刘先生。

那时会招待大家分发贺礼吗？ ＝不会。

不会做些什么特别的事吗？ ＝不会。

【分家】分家的时候会叫人来吗？ ＝会叫写老亲老友来。还有保长、甲长。

老亲是指什么？ ＝表亲、姑表亲。

会分发什么东西吗？ ＝不会。

【结婚】娶媳妇的时候会招待人吗？ ＝会招待老亲老友。

会招待在外村的同族吗？ ＝会。

在外村的异姓呢？ ＝不会。

新娘会去各家打招呼吗？ ＝不会。

会分发东西吗？ ＝不会。

嫁到外村的话，娘家要给村里钱或者东西吗？ ＝不给。

再婚的时候呢？ ＝什么也不给。

孩子出生的时候，会给土地爷烧香吗？ ＝不会。

出生和土地爷有什么关系吗？＝没有。

分家、结婚和土地爷有什么关系吗？＝没有。

【离村】有人带着家人一起搬到外村去住吗？＝最近没有。

那叫什么呢？＝迁移。

什么样的人会迁移呢？＝人多房子小的人。没有地方睡觉的时候。

那种情况在分家前多还是分家都比较多呢？＝分家后。

分家前呢？＝没有。

一般叫带着家人一起搬走的人叫什么？＝搬到目的村子的本村人。

不叫原村的本村人吗？＝不叫。

那人在原来的村子看来是外村人吗？＝是的。

那人把房子留在这里，自己搬走，也是外村人吗？＝是的。

没有留下房子，自己搬走但还是叫本村人的情况吗？＝跟房子没有关系。

留有土地的情况下呢？＝外村人。但像以前一样，把捐税交到本村的话，就叫本村人。

墓地留在这里呢？＝还是外村人。

邢尚德是本村人吗？＝本人虽然不在村里，但他的家人还在，所以是本村人。

从外村来寄居的人也是本村人吗？＝是的。只要有门牌的人，都是本村人。

离开村子的时候，要向土地爷汇报吗？＝不用。

移居跟土地爷有什么关系没有？＝没有。土地爷跟盖房子有关。整地的时候不跟土地爷烧香的话，土地爷会发怒，工程就不能顺利进行。

那时要去土地庙祭拜吗？＝不是。买来土地马，铺在盖房子的那块地上，对着它烧香叩头。

租房的时候呢？＝没有关系。只跟盖房子有关。

修理房子的时候呢？＝没关系。

【谢会】什么时候开谢会？＝麦秋和大秋。收获一次，开一次谢会。

有跟什么表示感谢的意思吗？＝没有。

不跟神灵们说谢谢吗？＝跟青苗神烧香说谢谢。

那时也会感谢土地爷吗？＝不会，只跟青苗神。

负责协会的人叫什么呢？＝香头、会中人、会首。现在是保甲长。

【会食】谢会的时候有宴会吗？＝没有。

简单的聚餐呢？＝没有。

仅会首们吃饭呢？＝没有。

以前呢？＝以前会一起吃饭，但现在物价太高了，所以不聚餐了。

【会帖】开谢会的时候，会通知村民吗？＝会。因为要通知他们带钱来参加。

各家各户地通知吗？＝是的。那时会拿着会帖到各家各户去。会帖上写着时间和地点。

```
            午 刻
        于九月初九日

                    清茶恭候
    谢  大  秋  会  会末同拜
    请  随代每亩地大洋○○元
```

（有好吃的的时候就不写"清茶"，改写"粗茶"。）

没有土地的人也会发会帖吗？ ＝不需要发。

事变以后吃过饭吗？ ＝没有。物价太高。没钱吃饭了。

以前吃过什么吗？ ＝面、馒头。

以前只有一亩左右的地的人也一起吃过吗？ ＝是的。

没有土地的人呢？ ＝不行。

小学的老师呢？ ＝一起吃过饭。

外村人也一起吃过饭吗？ ＝就算是城里的人，在沙井村有地的话，都一起吃过饭。他们也会在谢会那天带着钱，到沙井村村公所聚集一起吃饭。

以前在谢会那天唱过戏吗？ ＝没有。

【烧香】谢会的时候会烧香叩头吗？ ＝会。

在哪个庙进行呢？ ＝大庙。大庙的后殿。

后殿里有青苗神吗？ ＝没有。青苗神在中殿。但后殿是正坐，所以在后殿烧香。买一张画在画上的青苗马，把它放在后殿，对着它烧香叩头。

烧香叩头的时候，村民会聚集在一起吗？ ＝只有会首烧香。

【看青】给看青夫的工资是在谢会那天支付吗？ ＝是的。

看青的时期跟谢会有关系吗？ ＝没有。但要在看青的工作完成之后，才开谢会。

作物被偷了的人在谢会时也会出钱吗？ ＝看青的会赔偿被偷的人，所以被偷的人也要出钱。

作物偷盗不是公会赔偿吗？ ＝跟公会没关系，青夫自己赔偿。那钱从工资中出。

谢会的会首跟青苗会的会首是不是一样的？ ＝是一样的。

【青苗会】青苗会和谢会那个更早呢？ ＝同时有的。

谢会不是从很久以前开始有的吗？ ＝不是。光绪二十几年的时候，在青苗会成立的同时成立的。在那之前是散看，没有谢会。是跟青苗会一样的。

那么为什么有不一样的名称呢？ ＝看青苗结束之后就会开谢会。

【会账】在谢会的会账上写有每个人带来的钱的金额吗？ ＝只写了每亩多少钱，没有写该带多少钱来。会账（谢秋账）上写了。谢会的时候不带会账，只带钱过去。

会账上写了谁多少亩地多少金额吗？ ＝是的。

会账什么时候写呢？ ＝谢会之前。

那上面写的亩数是根据什么来决定的呢？＝做会账之前，看青的会去各家各户，召集村民到公会。然会问他们"你今年种了多少亩地"。

由谁问呢？＝会首。

根据个人说的来记载吗？＝是的。

有人报上比自己实际种的地要少的亩数吗？＝有。比如说有时自己说是十亩，但看青的说是十五亩。那时会改为十五亩。

真的发生过这样的事吗？＝有过。

在公会说的不是所有地是耕种地吧？＝是的，在耕种的地。

【家长】拿钱到谢会的是家长吗？＝是的。

不是家长也可以吗？＝是的。家长有事的话，谁去都可以。

女的也可以吗？＝可以。

一般是谁去？＝家长。

会在会账上写家长的姓名吗？＝会。

有没有一家写两人以上的名字？＝没有。分家之前，一家只出一个人的名字就行。

分家之后马上就会在下次的会账上写上各自的名字吗？＝分家那年还是算一家人，从第二年开始分开写。

比如说如果四月分家，六月麦秋，九月大秋的情况下呢？＝六月、九月的会账上按一家来写，第二年开始分开写。

一定会写家长的名字吗？＝是的。

家长外出打工不在家的时候呢？＝还是写家长的名字。

【办五会】办五会还叫什么？＝上供会。

不叫善会吗？＝不叫。

一般叫什么？＝烧香会。

正月十五的时候祭拜哪个神呢？＝正月十五叫作全供，要祭拜庙里所有的神。不是哪一个神的生日。也叫上元佳节、元宵佳节。

【席次】办五会那天烧香的时候会聚集很多村民吗？＝是的。

烧香的时候会排队吗？＝随便排在哪都可以。

香头和散户分开排队吗？＝一起排。排队的地方随便。

【值年的香头】值年的香头的位置是固定的吗？＝只有值年的香头排在前面，其他人排在后面。

值年的香头有几位？＝两位或三位。两人的时候较多。

今年有几位？＝三位。

都有谁？＝刘福、任振刚、杨正。

三人中有领头的吗？＝没有。

烧香的时候三人排的位置是固定的吗？＝在开办五会之前做一张表，在那上面写有村长的名字。拿着那个表的人站在三人的中间位置。

【名簿】那表叫什么？＝表。

不叫善会单吗？＝不叫。

你知道善会单吗？＝没有那种东西。

表上写的是全体村民的名字吗，还是烧香的人的名字？＝来烧香的人的名字。

那表什么时候做？＝当天做。

是按来的顺序写名字吗？＝老道在办五会召开前两三天去各家各户，问他们参不参加办五会。参加的人就把名字写上。

那就是表吗？＝那是单子不是表。

表是谁写呢？＝会首写。会写字的话，不是会首的人也可以写。把单子上的名字写到表上去。

【会帖】老道在去各家的时候会发帖吗？＝会。

那帖叫什么？＝会帖。

会帖要发多少张呢？＝三四十张。

由谁写帖子呢？＝不一定。老师也可以。

发会帖的人家是固定的吗？＝香头是一定会发的。其他人不一定。

完全没有来过的人也会发吗？＝不发。

老道去转的人家大体上是固定的吗？＝是的。

以前一直收会帖的人搬到外村去了的话，也会去外村发给他吗？＝搬到外村就不发。

男人外出打工，家里只剩女人和孩子的情况呢？＝可以发。

实际上呢？＝发。

没有收到会帖的人也有出席办五会吗？＝没有。

一直以来没有收过会帖的人，后来想参加的时候怎么办呢？＝向老道申请。老道把那人的名字写在单子上。

新从外村来的人也会发会帖吗？＝会发。道会去他家，问他想不想出席。

一定会问新来的人吗？＝一定会问。

老道在各家转的时候，有不去的人家吗？＝有。以前开始就不出席的人家是不去的。

寄居、浮住的人家也会发会帖吗？＝会。

附户、副户呢？＝会发。

本人想要的话，谁都会发给他吗？＝本人想要的话，不管事谁都会给。

一家发过两张以上吗？＝没有。

分家的话是分开发吗？＝愿意的话就分开发。

一般是想分开发吗？＝有钱的话就会愿意。

父亲健在的时候分家的话，子女不会不愿意吗？＝一般是不愿意。但是可以提出意愿。

有人拿到会帖但不出席的吗？＝有。但是只要拿到会帖，不出席也必须要出钱。

【会食】办五会的时候，村民们会以前聚餐吗？＝会。大家一起吃。

这叫什么呢？＝破供。

为了什么破供呢？ =（没有回答。）

向神上供过的东西，又从神灵拿回来吃吗？ =是的。这就叫破供。

吃从神灵那拿回来的东西有什么好处吗？ =有。

有没有有钱人向穷人施舍之意？ =没有。

香头向散户施舍之意呢？ =没有。

村里人聚在一起吃饭，庙里的神灵会高兴吧？ =不会高兴。

是为了村里人一起开心一下而聚餐的吗？ =不是。

一起吃饭有什么意义在里面吗？ =没有。聚集在一起的只有一部分村民。

一起吃饭的话，聚集在一起的村民关系会变亲密吗？ =不会。

【香头的负担】香头比散户出的钱多吗？ =都是一样多的。

以前呢？ =以前香头出得多些。

以前不是只有香头出钱，散户什么都不出吗？ =不是，以前散户也出了。

以前香头比散户出的多是为什么？ =以前香头很热心。让散户多出钱的话，他们就不来了，所以香头就多出了。

现在老道出钱吗？ =不出。和尚跟老道一样，都只不过是当差的。

【香头的资格】穷人也可以当香头吗？ =没有点财产是不行的。穷人没时间，当不了香头。

不识字的人呢？ =可以当香头。

寄居和浮住的人呢？ =可以。本人愿意的话。

那样的人有自己愿意的吗？ =有。邢尚德和刘洪旭就是这样的。

年轻的人也可以当香头吗？ =可以。

几岁以上就可以呢？ =十五六岁以上就可以。

有不能当香头的人吗？ =有。穷人。

那人自己想当也不行吗？ =对神誓愿的话就行。但是穷人没有时间，不会向神誓愿。

一般是什么人向神誓愿呢？ =会首。

是办事人吗？ =是的。

父亲是香头的话，死后是儿子成为香头吗？ =是的。

那时是按儿子的意愿吗？ =是的。

那时有不向神誓愿的吗？ =有。

有没有父亲和儿子同时成为香头的情况吗？ =那不行。

分家后呢？ =那没关系。

有这样的实例吗？ =有。杨源的祖父当香头的时候，他的叔父也是香头。

七月分家，八月就可以父子同时当香头吗？ =向神誓愿的话，就可以。但是没有实例。

分家之后，兄弟五六人都可以当香头吗？ =可以。门户不一样的话，就没关系。

是家长当吗？有过子女当的情况吗？ =家长当。

家长以外的人不行吗？ =家长不在的情况下，其他人也可以。

家长外出打工的时候，其弟弟、子女也可以当香头吗？＝可以。以前在本村有过实例。

现在呢？＝现在没有。

【香头的人数】想当香头的人多吗？＝多。

香头的人数不管多少都可以吗？＝可以。

二三十人也可以吗？＝可以。

【向神誓愿的内容】什么样的人会向神誓愿呢？＝有财产的人会求神保佑。

当香头的话有什么好处吗？＝有。

为了利益而当香头的吗？＝是的。

当香头的时候，是为了村里人或者同族的人誓愿吗，还是为了自己的家里誓愿呢？＝为了自家。

【就任】想当香头的人跟谁说自己的意向呢？＝烧香的时候，说自己想从下回开始当香头。

跟谁说？＝办事人即会首。

他是香头吗？＝是的。

在办五会那天说吗？＝是的。

除那天以外的日子不能说吗？＝什么时候都可以。跟老道说就行了。

跟老道说的时候有没有说"你当不了香头"，然后就拒绝的情况？＝绝对没有。只要说的话，就一定能当。

那时老道是跟谁商量之后再回复吗，还是不跟别人商量直接自己给答复呢？＝老道不需要跟谁商量。

有没有劝人当香头？＝有。但财产多的人没有不自己请愿的。

现在有被劝诱而当香头的人吗？＝没有。

当了香头之后，会跟村民通知这件事吗？＝不通知，没有必要。

不通知村民大家也都知道吗？＝是的。

也有大家不知道的香头吧？＝有散户不知道的。

大家不知道也没关系吗？＝知不知道都是跟散户无关的事。

【值年的香头】值年的香头的任期是？＝一年。

从什么时候到什么时候？＝正月一日起到七月最后一天。

八月以后呢？＝没有。

什么时候决定值年的香头呢？＝七月最后一天暂且决定一下，到正月一日再次决定。

怎样决定呢？＝七月最后一天的时候，香头们商量决定的。

有轮流表吗？＝有。但是有人不想当值年的香头。

有自己是香头但不想当值年的香头的人吗？＝有。

那样的人会出特别的钱或东西吗？＝不出。

是什么样的人呢？＝没有时间的人，不誓愿的人。当值年的香头的话必须要垫钱（垫付）。

新当上香头的人，可以马上当值年的香头吗？＝不可以。

是按资历老的人的顺序来值年的吗？＝是的。

值年的香头做些什么呢？＝办五会的时候买供品。另外要垫钱。但是如果跟城里的店铺熟识的话，可以赊账。

当上值年的香头的人可以中间退出吗？＝可以。

有这样的人吗？＝有。

那时是要找接替的人吗？＝不需要接替的人。决定三个值年的人就行了。一个人退出的话，还剩两个。

新成为香头的时候要出入会钱或者东西吗？＝不用。

新成为香头的时期是固定的吗？＝不一定。

新成为香头的人要去庙里祭拜吗？＝不用。

【香头的辞任】有人辞去香头吗？＝有。

什么情况下会辞职呢？＝不一定。

辞职的时候要跟谁说吗？＝跟会首说。跟老道说也可以。

可以不跟谁说就不干吗？＝可以。因为是根据自己的意愿当的香头，所以可以随意辞职。不会强迫烧香。

【香头的会费】办五会那天很忙，不能出席的香头要出钱吗？＝不出。

那人的子女在家也可以不用出钱吗？＝可以。

有那样的人吗？＝有时有。

香头是只在出席办五会的时候才出钱，不出席就不出钱是吗？＝是的。

【是否出席的自由】一般在办五会那天即使有事也会推掉来出席吗？＝可以不出席。那人就算不来，表上也有他的名字。表上有名字的人必须要出钱。

是否出席办五会是个人的自由吗？＝是的。

出席更好吗？＝是的。

不出席的话其他人会说坏话吗？＝不会。

【祈愿的内容】出席会是为了受到神佛的利益吗？＝是为了求神保佑。

求神保佑什么？＝事情顺利。

祈求孩子出生呢？＝有。

祈求阴间的祖先的幸福呢？＝有。

那时是祈求全村的事呢，还是一家的事？＝祈求各自的幸福。但是保甲长也会祈求全村的事。

【席次】办五会吃饭的时候，坐席是确定好的吗？＝不一定。随便。

女的也来办五会吗？＝来。

女孩子呢？＝可以来。

一家可以来两人以上吗？＝来两人的话，吃得多就要多花钱。

办五会的坐次跟街坊的辈有什么关系没有？＝完全没有。

【公会地的佃农】租佃公会地的只能是本村人吗？＝是的。

外村人不能租佃吗？＝不行。但如果本村没人租佃的话，外村人也可以。

原来是沙井村的人搬到望泉寺的情况下呢？＝只有在本村没有人租佃的时候，才可以租佃。

一般到外村去就不能租佃了吗？＝是的。

在沙井村留有房子和土地的时候呢？＝不行。

家人还留在这呢？＝可以租佃。

外出打工的家人呢？＝可以。

那时是用谁的名义租佃呢？＝家长的名义。

没有房子没有土地的本村人也可以吗？＝可以。只要付租金就行。

至今没有交过青苗钱的人呢？＝不行。

家里没有男人的人家呢？＝可以。

寄居的呢？＝本村没有人愿意的时候可以。

浮住的呢？＝不可以。

附户呢？＝可以。

从外村来的人在沙井村有房子的话，可以租佃吗？＝可以。

有住在沙井村想租佃的但是不被允许的人吗？＝（没有回答。）

【租佃投票者】佃农是由投票决定的吗？＝是的。

有人不可以参与投票吗？＝没有。只要是本村人都可以参与投票。

会通知村民投票的日期吗？＝老道会去各家各户通知。

有老道不去通知的人家吗？＝没有。

投票的时候一个人可以投任何亩数吗？＝只要有钱不管多少亩都可以投。

有想租佃但投票的时候有顾虑的人吗？＝有。如果变成从一直以来租佃的人那里抢地的情况的话，会对不起那个人，作为同乡这是违反义理的。

一家一票吗？＝是的。

分家后是单独进行吗？＝是的。

有过父子竞争吗？＝有。

那是子女会让给父母吗？＝不让。

成为公会地佃农的人会去庙里上供吗？＝不会。

不会作为谢礼给庙里上供烧香之类的吗？＝什么也不做。

8 月 30 日

本村人的资格

应答者　杜祥（沙井村人　原司房）

地　点　顺义县城内宿所

【寄居和浮住】昨天说的姓柳的人是寄居还是浮住？＝寄居。

不叫浮住吗？ ＝原来是浮住，住的时间长了就变成了寄居。

寄居跟浮住有什么不同？ ＝住在亲戚朋友家里的时候叫浮住。如果自己租了房子就叫寄居。浮住只限于一两个月的短时期内。

浮住不是指并不租整栋房而是只租一两间房间吗？ ＝住在亲戚朋友家，所以租的是房间。

寄居时租房子吗？ ＝浮住的时候跟亲戚朋友一起吃饭，寄居的时候自己独立做饭。

现在沙井村有浮住的人吗？ ＝没有。

寄居的呢？ ＝只有姓柳的一家。

附户呢？ ＝有四五家。一个院子住两家人的时候就是附户。

【离村者】有从沙井村搬到别的村子后还向沙井村交青苗钱的人吗？ ＝有。搬走之后也必须向沙井村交。

这种人叫沙井村人吗？ ＝不叫。是他所住的村子的人。

这样的人可以租佃公会地吗？ ＝不行

【官土坑】村民制砖取土的地叫什么？ ＝官土坑。

是公会地吗？ ＝是的。如果官土坑没有了的话，公会会出钱买两三亩地给大家取土。

有人从自己的地里取土吗？ ＝有。距官土坑比较远的时候，挥着官土坑里有积水不能取土的时候。

一般是从哪取土比较多呢？ ＝官土坑。

取土的只有本村人吗？ ＝是的。

外村人呢？ ＝不可以。

如果外村人提出申请的话呢？ ＝穷人没有自己的地，而且住的村里没有官土坑的时候，会向本村公会提出申请，希望让自己取土。那时是否同意由公会商量决定。

本村人的话不需要申请吗？ ＝不需要。随便。

本村人一次取土的量有限制吗？ ＝没有。随便。

取土的时间有限制吗？ ＝没有。但六月时候坑里会有积水，取不了土。

寄居的人也可以取土吗？ ＝可以。

浮住的人呢？ ＝可以。

新来的人在取土的时候要先跟公会说吗？ ＝随便。可以什么也不说。

搬到沙井村来之前要先说一下"搬过来之后请让我取土"之类的吗？ ＝搬过来的人要在沙井村盖房子的话，会大量需要土。该人应该提前跟公会说。

跟谁说呢？ ＝公会的保长。

要给钱或物品给公会吗？ ＝可以什么也不给。

一直以来就住在村里的人盖房子的时候呢？ ＝什么也不用说。可以随意取土。

有不让外村来的人取土的情况吗？ ＝没有。

外村来的人会有点顾虑吧？ ＝不会。除了官土坑，没有地方可以取土了。

像乞丐一样的穷人，只要是本村的都可以随便取土吗？ ＝可以。

可以把从官土坑取土制的砖卖掉吗？ ＝不行。

有这样的人吗？＝没有。自己需要的话多少都没关系，为了卖的话就不能取土。

有外村人来取土吗？＝没有。因为太远，而且每个村都有官土坑。

从沙井村搬到望泉寺的人，有来过沙井村取土吗？＝没有。那边的村里也有官土坑。

【粪坑】粪坑在公会地吗？＝自己没有地的人，会在公会地建粪坑。

有几个人在公会地建了粪坑呢？＝三四个。

在公会地建粪坑的时候，需要跟公会说吗？＝不会拒绝谁。所以随便。

本村以外的人呢？＝只能本村人建，外村人不行。

寄居的人呢？＝可以。

浮住的人呢？＝浮住的人不用建粪坑。浮住的人不种地，所以不需要粪坑。

有没有住在沙井村，但是不能建粪坑的人？＝没有。谁都可以。

坑是每年挖的吗？＝是的。

挖坑的地点是一样的吗？＝是的。

挖过一次的坑，以后不管多少年都是挖坑的人使用吗？＝是的。一直使用。

有把自己挖的坑让给别人的吗？＝有。

那是别人会给谢礼吗？＝不给。

分家的时候，坑怎么办呢？＝再重新建就行了。

一家可以挖多个坑吗？＝没有这样的事。一个坑就足够了。

【土粪放置处】在庙外的广场上堆积土粪的是哪些人？＝李濡源和李清源二人。

那块地叫什么？＝官地。

其他人吧土粪放在哪呢？＝放在自己的土地上。

为什么这二人不放在自己的土地上呢？＝没有地方放。如果有的话，就不会放在官地上了。

如果其他人要使用官地的话，要先取得这两个人的谅解吗？＝有他们没有使用的地方，放在剩下的地方就行了。

在官地上放土粪时，要跟公会说吗？＝可以随便使用。本村人的话，不需要跟谁说。

寄居的人也可以吗？＝可以。

【打谷场】在公会地建场的是哪些人？＝刘长春、张永仁、任振刚、孙福、孙凤、周树棠、张守俊、张林荣。还有一个人，但是不记得他的名字了。

这些人是从以前开始就在使用公会地吗？＝他们都使用公会地二十多年了。

这些人为什么不在自己的土地上建场呢？＝没有合适的地方。

他们每年都在同一个地方建场吗？＝各人的地方是固定的。

还有没有用作建场的公会地吗？＝还有很多。

以后没有多的地方了，但想建场的人增加的话怎么办？＝后来的人自己想办法就行。但这种事以后也不会发生。

如果将来发生的话，会抽签或者投票平分公会地来使用吗？＝不会。一直以来都在使用的人继续使用，后来的人自己想办法。

建场的时候要跟公会说吗？＝不说。随便。

有把自己的场让给别人的吗？＝以前使用公会地建场的人在自己的土地上建场，不再使用公会地的场了的话，其他人就会跟他说："你的场不再用了的话，可以给我用吗？"

那时候要给谢礼吗？＝不给。

建场的时候一家的人手够吗？＝够。

要花几天？＝半天。

一家人建不了一场以上吗？＝一场是完全足够的。

可以耕种场吗？＝做场的地都是沙地，什么也种不出来。

父辈死后，他建的场是由子女使用吗？＝是的。

分家的话呢？＝公用。

分家的时候场不分吗？＝不能分官地。

分家后可以另外建场吗？＝可以。

寄居的人也可以建场吗？＝可以。

【祈雨】最近祈雨了吗？＝去年前年都祈雨了。每年都会祈雨。今年还没有。

是谁提出要祈雨的呢？＝大家。

会首吗？＝是的。

决定祈雨的日期会通知大家吗？＝由老道通知。

寄居、浮住的人也会通知吗？＝是的。

搬到外村的人呢？＝不通知。

那人的地还留在沙井村的话呢？＝不通知。

祈雨那天村民们会聚集在庙里吗？＝会。

聚集来的人会烧香叩头吗？＝会。

大家一起排好烧香叩头吗？＝不是，随便。祈雨三天的话，随便哪天去烧香叩头就行。

祈雨的时候，香头会负责安排吗？＝会。

是值年的香头吗？＝不是。

祈雨和办五会有什么关系吗？＝没有。

祈雨的时候，有人不去庙里吗？＝有。

是一家去一个人吗？＝不一定。随便。

祈雨的队伍会绕着村子走一圈吗？＝祈雨三天，如果不下雨的话，队伍就会游行。

那时候会烧香叩头吗？＝会。随便做做。

队伍中是一家出一个人吗？＝不一定，会首一定会去。

也有人不在队列中吗？＝有。

女人也参加吗？＝女人不行。只限男人。

家里有男丁的一定要出一个人是吗？＝是的。

家里有男丁但是不出人的情况有可能吗？＝不出人也可以。

那样的人会被村里人说坏话的吧？＝不会。

队伍游行的时候，龙王会在每家门前停留吗？＝会。

所有人家门口都会停留吗？ ＝会。

乞丐家门口也会吗？ ＝不会。没有钱人家门口不会停留。穷人不会买香，所以不能向龙王烧香。

有不会去的人家吗？ ＝有。但很少。

那样的人不祈雨吗？ ＝是跟祈雨无关的一些人。

那是些什么样的人呢？ ＝不信佛的人。

那样的人会被人厌恶的吧？ ＝不会。

不会去穷人家的门口吗？ ＝不去。

寄居、浮住的人家门口呢？ ＝会去。

扛龙王的人是固定的吗？ ＝不一定。累了的话就会换人。谁都可以。

祈雨要花钱吗？ ＝要花不少钱。

那钱是从青苗钱里出吗？ ＝小额的话就从青苗钱里出。数额大的话，就按地亩收取摊款。

和白地捐是一样的吗？ ＝是的。

那摊款邢尚德和景德福也要负担吗？ ＝是的。

【结婚、葬礼】订婚的时候要通知村民吗？ ＝不用。

通知同族吗？ ＝也不通知。

结婚的时候呢？ ＝通知老亲老友。

不是所有的村民吗？ ＝不是所有人。

村长甲长呢？ ＝可以不通知。

村民会去有人结婚的家里帮忙吗？ ＝会去。

没有收到通知的人也会去吗？ ＝会去。

同族呢？ ＝都会通知的。

在外村的同族呢？ ＝会通知。

在外村的朋友呢？ ＝会通知。

葬礼的时候呢？ ＝跟结婚的时候是一样的。

沙井村有本村人之间的通婚吗？ ＝没有。

为什么？ ＝结婚之前男女会时常见面。村内通婚的话，见面会很难为情。

【街坊辈】跟街坊辈的有什么关系没有？ ＝有。村内通婚的话，辈分会乱。

新搬来村里的人和以前就住在村里的人之间会通婚吗？ ＝不会。

搬到外村的人和本村人之间会通婚吗？ ＝辈分会乱，所以不通婚。

本村人都有街坊辈吗？ ＝有。

跟外村人之间也有吗？ ＝跟很熟悉的人之间有。

跟外村人之间很少吗？ ＝很少。

跟石门村之间呢？ ＝因为村子离得近所以有很多。

村里有没有辈的人吗？ ＝没有。

村民平时说话，是按辈分称呼还是名字称呼？ ＝辈分。

对方比自己有钱的时候呢？＝还是按辈分。

有乞丐的叔父是有钱人的情况吗？＝有。就算是出去当大官的人，回到村里还是按辈分称呼。

一起出去打工的人，在打工的地方是按辈分称呼的吗？＝是的。

孩子也有辈分吗？＝有。

一两岁的孩子呢？＝也有。

五六岁的孩子有个六十岁左右的祖父的情况呢？＝有。

那是不叫名字吗？＝不叫，还是称呼辈分。

从外新来的新媳妇也有辈吗？＝有。

从外村搬来的人和本村人之间呢？＝有。

搬走的人的子女呢？＝也有。

辈分是不会变的吗？＝不变。

本村人之间的辈分和本村人外村人之间的辈分的称呼是一样的吗？＝一样的。

【拜年】串门拜年是从哪天到哪天？＝一日到十五日。

拜年的顺序是固定的吗？＝先是族长，然后是本族和街坊。

外村的本族那也去吗？＝去。

外村的本族和街坊先去哪一个？＝外村的本族。

村里全部人家都会去吗？＝一般人家都回会去。

浮住的人家呢？＝会去。

寄居的人家里呢？＝会去。

也有不去的人家吗？＝按辈的关系，自己辈分高的时候，不去比自己辈分低的人家。

那是要回拜吗？＝自己不去，辈分低的人来回拜。

也会去寡妇的家里拜年吗？＝会去。

同辈或者是比自己辈分高的人家里，有不去拜年的吗？＝没有。一定会去。

拜年是家长去吗？＝是的。

不是家长也可以吗？＝可以。

外村人家里也去吗？＝去比自己辈分高的人家里。

女的也去拜年吗？＝村里的话，女的也可以。但外村的话，女的不去。

分家的话是各自去拜年吗？＝是的。

父亲还健在，也是分开去吗？＝是的。

寄居的人也去拜年吗？＝会去。

附户呢？＝去。

浮住的人呢？＝因为大家都不认识，所以不去。

其他人会去浮住的人家里吗？＝不去。

搬到外村去的人那里呢？＝不去。

他们会来吗？＝不来。

村离得近的话会来吗？＝有空的话可能回来。

村里人中也有不去拜年的人吧？ ＝有。

什么样的人？ ＝不善交际的人。

沙井村有这样的人吗？ ＝没有。

不去拜年的人会被人厌恶吗？ ＝是的。杜守田就不去拜年。那不是人做的事。

他为什么不去呢？ ＝（没有回答。）

他是老户吗？ ＝是的。

会出席办五会吗？ ＝不出席。他是个特别的人，不跟一般人一样。

是穷人吗？ ＝钱倒是有。他要是去大家聚集的地方，其他人就都会回家去了。

为什么？ ＝他人性不好。

有人把地租给他让他种的吗？ ＝他在租佃土地。

出青苗钱吗？ ＝出。但是不出席办五会。

那样的人也可以租佃公会地吗？ ＝可以。只要有钱就可以租佃。

他以前就是不跟人来往的人吗？ ＝是的。他性格就这样。

李注源呢？ ＝跟杜守田差不多的人。

耿士成是本村人吗？ ＝是的。是老户。

他也会去拜年吗？ ＝不去。因为是老人。

因为年老不能走路吗？ ＝不是。他的辈分在村里是最高的。

会回拜吗？ ＝不会。

村民会去他家拜年吗？ ＝不会。在路上遇到的话会问候新年好，但不会特意去拜年。

为什么？ ＝因为他不去村民家里拜年。

【搭套】现在有几组搭套的？ ＝因为驴不够用，所以大部分村民都在搭套。

最近增多了吗？ ＝不是。跟以前一样。

也有不搭套的人吗？ ＝有。

那样的人很少吗？ ＝很少。

搭套的人跟不搭套的人，哪个更多呢？ ＝不搭套的人占三分之一，搭套的人占三分之二。

你知道谁和谁在搭套吗？ ＝每年搭套对象都在变，所以不知道。

杜先生你在和谁搭套？ ＝张林荣和张成二人一起，三人在搭套。两个人的话，在耕种的时候力量不够。

杨源先生呢？ ＝杨泽、杨正。

有跟外村人搭套的吗？ ＝没有。太远了不方便。不跟住得近的人一起的话，不好搭套。

同族人之间的搭套要比跟异姓人搭套的要多吗？ ＝不怎么多。

有钱人跟有钱人，穷人跟穷人搭套吗？ ＝没有这样的事。穷人地少可以不搭套。

杜守田跟谁搭套呢？ ＝杨福。

有想跟人搭套，但是找不到对象的情况吗？ ＝有。

什么时候？ ＝其他人都搭套了的时候。

平时跟村民关系不好的人也可以搭套吗？ ＝可以。

寄居的人呢？ ＝可以。

有别人想搭套但是被拒绝的情况吗？ ＝有。如果不喜欢对方的话，就可以拒绝。

说什么来拒绝呢？ ＝"不理"。

【借债】村民之间会相互借小额的钱吗？ ＝会。叫"浮摘"。浮摘的时间短也没有利息。时间长的时候叫"借钱"。浮摘没有介绍人，但借钱有介绍人。

向外村人浮摘过吗？ ＝是认识的人的话会。

向外村人浮摘跟向本村人浮摘那种情况多？ ＝向本村人的时候多。

寄居的人浮摘吗？ ＝会。

浮住的人呢？ ＝浮住的人很少向人借钱。

是不借给浮住的人吗？ ＝浮住的时候不需要钱。如果需要的话，向他所住的家里的人（亲戚、朋友）借就行了。

不还浮摘的时候怎么办？ ＝没有不还的。

向本村人和向外村人借钱的时候利息不一样吗？ ＝是一样的。

做借钱担保的东西是不一样的吧？ ＝没有什么差别。

期限呢？ ＝一样的。

浮摘的金额是一样的吗？ ＝一样的。

【钱会】沙井村现在有钱会吗？ ＝没有。

以前有过吗？ ＝有过。

大概有几个人呢？ ＝十个还是二十个人。

沙井村的钱会是只有本村人才能加入吗？ ＝是的，只限本村人。

外村人不能加入吗？ ＝外村人离得远不方便来参加。

寄居的人参加吗？ ＝参加。

没有房子也没有地的穷人也可以吗？ ＝可以。加入该会的人大多是穷人。

寡妇也参加吗？ ＝参加。

一家可以有好几人参加吗？ ＝可以。

父子二人都可以参加吗？ ＝可以。

那时是分别报名，还是同一个名字报两个人呢？ ＝父子分开报名。

可以报上女孩子的名字吗？ ＝可以。

【猪会】有猪会吗？ ＝有。每年都有。

杜先生也参加了吗？ ＝＝去年参加了，今年没有。

当时的人数有几个？ ＝杨明旺、杜德新、杜广新、杨绍增和我。

外村人也可以加入猪会吗？ ＝可以，但是一般外村人都不加入，只有本村人。

外村人为什么不加入呢？ ＝太远不方便。

新搬来村里的人可以参加猪会吗？ ＝可以。

【选举】最近村里举行过选举吗？ ＝去年春天，奉县里的命令选举了保长和副保长。

当时的选票是从县里拿来的吗？ ＝是的。

拿来了多少张呢？　＝三四十张。

是分给各家吗？还是召集人过来只发给来的人呢？　＝会召集人来，发给那些人。

也有没通知的人吗？　＝家里没男丁的不通知。

也通知寄居的人吗？　＝通知。

浮住的人呢？　＝不通知。浮住的人不是本村人，跟村里的事无关。

家里有男丁但是也不通知的人家有吗？　＝有。像杜守田那样的人就不通知。

李注源呢？　＝不通知。

家长外出打工不在家，他弟弟在家的话呢？　＝那样的人家也通知。

邢尚德呢？　＝也通知。现在他不在同顺永，在家。

穷人家里也会通知吗？　＝特别穷的人家里不通知。

不通知的人家大概有多少家？　＝十几家。

有收到通知也不来的人吗？　＝有。没有时间就不来。来不来是个人的自由。

会特意去叫没来的人吗？　＝不管。

是在选举当天通知吗？　＝当天早上。

来了的人都会给选票吗？　＝会给。但是选票不够的话，也有的人没有。

按来的先后顺序给吗？　＝先给会写字的人。

不会写字的人是让别人写吗？　＝是的。

老道只通知本村人吗？　＝是的。

附户呢？　＝会通知。

一直住在村里，最近搬到外村的人呢？　＝不通知。

来投票的是家长吗？　＝家长比较多。

弟弟或儿子代替家长去可以吗？　＝女人和孩子不行。本人不在的话，不去也可以。

如果家长年纪轻，也要去吗？　＝二十岁以下的也要去。

到多少岁左右就要去呢？　＝二十岁左右。

家里就算有二十个人也是一家一票吗？　＝是的。分家的话，就分开投。

父亲还健在的话，分家之后也是各自投票吗？　＝是的。有空的话就各自去。

【打更】有打更吗？　＝在打。

一天几个人呢？　＝治安好的话，五个人。不好的话，十个人或者十五个人。现在是四五个人。

轮流去吗？　＝按地亩轮流。

没有地的人不去吗？　＝虽然是按地亩出人，但当值的人有事不能去的话，就叫没有地的人去。

没地的人可以不用去吗？　＝可以。去不去随便。

寄居的人呢？　＝跟老户一样要去。

按地亩的时候，在外村的土地也要算进来吗？　＝是的。

景德福会在沙井村打更吗？　＝是的。

会去石门村打更吗？　＝不去。

他现在还是向石门村交青苗钱吗？＝是的。

浮住的人有地的话也要打更吗？＝是的。

有地但是没有男丁的人家怎么办呢？＝出钱雇人打更。

男的出门打工，只剩下女人和孩子的人家呢？＝跟上面的一样。

杜守田呢？＝要去。

有地但不打更的人有吗？＝没有。

【帮忙】最近有人盖房子吗？＝去年杨泽建了。

那时除了木匠和泥瓦匠以外还需要人手吧？＝是的。

村民们去帮忙了吗？＝去了。

给帮忙的人钱了吗？＝没有。

一天大概有几个人去帮忙呢？＝二三十人。

帮了几天呢？＝两三天。

会来请人过去帮忙吗？＝也有来请的，也有不来的。立架和上盖的时候，不来请人也会去帮忙的。那时候是最忙的需要人手。其他的时候不来请的话就不去。

去帮忙的人跟盖房子的人都是什么关系呢？＝谁都会去。家里没男丁的话，就雇人去。

那是雇人的钱由谁出？＝雇人的人出，盖房子的人不出。

外村人也会来帮忙吗？＝知道要盖房子的话，朋友会来，不知道的话就不来。

寄居的人呢？＝会帮忙。

浮住的人呢？＝不帮。

新搬来的人盖房子的话村民会去帮忙吗？＝大家都会去帮忙。

平时和村民交往不太好的人盖房子的话呢？＝还是会帮忙。

有没有被大家讨厌的人盖房子的时候没有人去帮忙的情况呢？＝还是会去。但去的人少。

一般去帮忙的是只有关系亲密的人吗？＝关系不那么亲近的人也会去。

有根本不去帮别人盖房子的人吗？＝有。

什么样的人？＝（没有回答。）

那样的人大概有几个？＝很少。一两户。

帮忙的时候一家会去好几个人吗？＝一家一个人。

是家长吗？还是年轻的男丁？＝家长多是老人，没什么力气，所以不去。其他人去的情况比较多。

分家后父亲还健在的时候，也是自个去吗？＝是的。

新来的人跟老户相比，去帮忙的人要少些吧？＝那是当然的。

修理房子的时候也会去帮忙吗？＝有人拜托就去，没人拜托就不去。

是拜托本村人吗？有拜托外村人的吗？＝拜托本村人。

【公共器具的使用】公会里有梯子和夯吧？＝有。

这些叫什么呢？＝公用。

也让外村人使用吗？　＝是本村人的亲戚朋友的话可以用。但是很少有外村人用。

本村人要用的时候，跟谁说一声之后再用吗？　＝随便。不说可以。使用的人自己把使用的日期、姓名、器具的名称写在纸上，贴在庙里的墙上就行了。

外村人用的时候呢？　＝外村人不能随便用。必须要跟保长说。那是不用写在纸上。

寄居的人可以随便用吗？　＝可以。

浮住的人呢？　＝浮住的人不需要用。

附户和副户呢？　＝随便。

他们用的时候要花钱吗？　＝不用。

公用的器具不是村里人一起出钱买的吗？　＝是的。也有砍了会里的树做的。

新来的人没有出过钱，也可以随便使用吗？　＝可以。

搬到外村去的人来借用的话让他用吗？　＝本村人不用的时候，可以给他用。

有这样来来借用的人吗？　＝几乎没有。

【土地买卖】本村人之间买卖土地的时候，也要丈量土地吗？　＝是的。

有哪些人在场？　＝四邻。

跟卖给外村人相比，丈量的方法和在场的人有什么不一样吗？　＝一样的。

本村人之间的买卖需要保人吗？　＝需要。

跟卖给外村人的时候有什么不同点吗？　＝没有。

卖地的时候先要从同族中找买家吗？　＝是的。介绍人会去问。

同族中没人买的话，接着是从本村找买家吗？　＝是的。

可以不找本村的直接卖给外村人吗？　＝可以。

一般是怎样的呢？　＝按同族、本村、外村的顺序。

等价的时候是卖给本村人吗？　＝是的。

就算便宜一点也是卖给本村人吗？　＝不是。如果外村人出价高的话，就卖给外村人。

在本村找买家的时候，是跟所有人说吗？　＝不是。跟有钱人，能买的人说。

那时也会跟寄居的人说吗？　＝有钱的话就说。

本村人和在外村的同族之间先找哪个？　＝先跟本村的同族说。然后不管是外村的同族还是本村人都可以，随便。

寄居的人和老户都想买的时候怎么办？　＝不区分寄居和老户，谁出价高就卖给谁。

有可以卖给本村人但不能卖给外村人的地吗？　＝没有。

【租佃】出租土地的时候，本村人和外村人都有意愿，是租给哪一个呢？　＝本村人。

外村人出价稍微高一点的时候呢？　＝外村人。

寄居和老户有意愿的时候呢？　＝没有寄居和老户的区别。

【香头】现在值年的香头是哪几位？　＝杨振、刘福、任振刚。

香头呢？　＝除了上面三个人以外有三十多个。

有那么多人吗？　＝在办五会的时候烧香的人都是香头。

以前不是十几个人吗？　＝那是会首，跟现在的保甲长是一样的。

会首不叫香头吗？　＝＝不叫。办五会的时候烧香的话，那人就叫香头。

昨天说的表里有名字的都是香头吗？ ＝是的。

之前来调查的时候香头和散户的会费金额是不一样的，现在呢？ ＝从去年开始等额了。

去年之前出得较多的是香头吗？ ＝是的。

为什么统一成等额了呢？ ＝现在物价高。如果香头还是像以前一样出钱多的话，要花很多钱，可能会干不下去。于是就等额了。

值年的香头也是等额吗？ ＝是的。

8 月 31 日

村的负担　　秘密结社

应答者　张瑞（保长）、杜祥（沙井村村民 原司房）

地　点　顺义县城内宿所

【义务提供劳动力】从阴历三月二十五日到五月四日的两个多月（阴历四月因为闰年所以有两个），白河东方地区的截断沟开掘工程征用沙井村村民，沙井村公会支付劳动力每人每天五元。本人不能去的时候就找人代替。听说该费用总计达一万元以上。

【征集实物】那一万元是如何筹集的呢？ ＝按地亩摊款。一亩大概十五元或者十六元。这个县里的命令是要出木材，也要每亩两元的摊款。木材要长六尺、直径五寸，整个县要八万根，第一区八千根，沙井村要出一百根。买的话时价是一根四十五元左右，不给货款。他们说要每四根给五盒火柴、五斤盐、十斤玉米。

【白地摊款】那钱是村里大秋的青苗钱里出吗？ ＝不是。白地摊款出。

为什么不从青苗钱里出？ ＝如果征收青苗钱来出那个钱的话，一次收取的青苗钱就会变得多很多，所以就以白地摊款收取，需要的时候就分开征收。

是为了减少佃农的负担吗？ ＝是的。

村里有人反对说如果以青苗钱征收的话会很为难吗？ ＝有。

是谁决定征收白地摊款还是青苗钱的？ ＝是会首们商量决定的。

青苗钱原来是看青费吧？ ＝是的。

所以青苗钱不能太高是吗？ ＝就是这样。以前支出很少，靠青苗钱就足够了，但现在支出变多，青苗钱不够了，所以就征收白地摊款了。

青苗钱有没有一个限度说多少以上征收不了？ ＝没有。

全部都征收青苗钱可以吗？ ＝不行。那样的话穷人出不起。但北法信以前开始就是所有的费用都征收青苗钱。

县城里在沙井村有地的地主，比如说何先生，要负担沙井村的白地摊款吗？ ＝如果是用在村里的钱就不负担，如果是用在村以外事情的钱就要负担。

这次木材的钱何先生要出吗？ ＝要。

在沙井村有地的望泉寺的人呢？＝要交给沙井村。

梅沟营的刘殿祥呢？＝因为在沙井村有"台账"所以要交给沙井村。

"台账"是什么？＝也叫实产账。一般叫台账。

是以前就有的吗？＝是的。

白地摊款以前不是只由本村人负担的吗？＝以前是这样，但是民国三十年有了台账之后，也让外村人出了。

是县里的命令？＝是根据华北政务委员会的命令。

那个命令是什么时候下达的？＝民国二十九年下达，三十年开始实施。

那个命令跟大乡的成立有关吗？＝大乡也是三十年成立的，所以有关系。

县公署的言科长应该在沙井村有地，他出了沙井村的白地摊款了吗？＝没有。

没有通知他吗？＝去了好几次让他交但他都没交。没法子。除他以外，还有个叫莘凤明的人也没交。以前是队长，现在去了唐山。家里没人。他的地租佃出去了。一般情况下，其他的官员好像也没有交白地摊款。

【先天道】沙井村有先天道的人吗？＝有十几个人。

那些人是什么时候加入先天道的？＝就是最近加入的。以前沙井村没有先天道。

先天道是做什么的？＝自卫。

是只防卫加入先天道的人，不保护一般村民吗？＝不是，没有这种区别。也会保护一般村民。

先天道有类似佛像的东西吗？＝没有。有写着什么的东西。但我们不知道内容。

不给别人看吗？＝谁都不能看。

有说信奉先天都不会被子弹打中的说法吗？＝有。说是"心地善良的话就不会打中，被打中是因为心肠不好"。

老人也有加入吗？＝也有五十岁左右的人。

穷人比较多吗？＝以前主要是穷人，有钱人很少。但虽说是穷人，也不是那种完全没有土地的穷人，拥有十亩、十五亩地的中等人家比较多。

像杜守田那样的人也可以加入吗？＝他的话会被拒绝吧。

李注源呢？＝他是会员。

听说他是保长代理，他是什么时候成为保长代理的呢？＝今年四月十五日开始。因为村里比较忙，（张瑞）一个人忙不过来。

因为是先天道的会员，所以让他当代理的吗？＝不是，他是当上代理保长之后才成为会员的。

会员之间关系亲密吗？＝亲密。但人各有不同，也有吵架不和的。

与会员以外的人之间相比，会员之间关系要亲密吗？＝那是当然的。

会员之间会互相帮助吗？＝会。

会员与会员会搭套吗？＝那跟先天道无关。

不会一起耕作一起收获什么的吗？＝不会。

会员不会共同工作吗？＝不会。

会员在什么方面互相帮助呢？＝精神上很亲密。

先天道是好的吗？＝做好事的话就是好的。做坏事的话就是不好的。

要交钱给先天道吗？＝不用。

先天道变强大、会员增多的话、村民的生活会变轻松吗？＝生活不会有变化。

如果没有巡查或坏人来拿钱拿东西的话，村民的生活不会轻松点吗？＝可能会变好一点。

（注：顺义县下最近"先天道"的信徒在骤增。县政负责人方面将其视为重大问题来看待。上述问答也表明了沙井村里也有会员，而且根据沙井村小学教员所说，沙井村杨润、杨泽二人也是会员。并且不是很想提先天道的事。很明显张瑞、杜祥也似乎在回避应答。而且根据杜祥所说，今年县里禁止栽种高粱，但听说先天道说"有我们保证，可以种没关系"，所以村民们就栽种了，现在也还没受到县里的任何惩罚。）

家　族　篇

1940 年 11 月—12 月

（华北农村惯行调查资料第 7 辑）

家族篇第 1 号　　河北省顺义县沙井村
　　调查员　　本田悦朗
　　翻　译　　李寻春

11 月 18 日

家

应答者　李如源、张永仁、杨润（会首）
地　点　村公所
【家族、亲属、亲戚的称呼】
这个村是叫"家族"吗？＝是叫"家族"。
其他的有叫亲属的吗？＝也叫"亲属"，跟家族是一样的。
一家里有不是亲属的人住吗？＝没有那样的人家。
一家中有姓氏不一样的人一起住吗？＝有两家。张永仁家里住有蒋成福，刘福家里住有关氏。
蒋成福是亲戚吗？＝是张永仁的外甥。是张庆善的外甥（女儿的儿子）。张永仁和张庆善五六代以前是亲戚。
亲戚跟亲属不一样吗？＝不一样。亲属是同一姓氏，祖先传下来的。亲戚是结婚之后有的，是异姓，婚姻关系而来的。
家族和亲属是一样的吗？＝是的。
女孩子出嫁的时候，那家叫什么？＝叫"儿女的亲戚"。
乡长你和杨润是家族吗？＝和他是兄弟，因为他的父亲和我的父亲是兄弟。
杨润家有几口人？＝六口人。
和乡长他们同姓人一起叫作家族吗？＝这也是家族。
【妻子的称呼】杨润的妻子是杨毛氏吗？＝因为是从毛氏嫁过来的，所以叫杨毛氏。
小时候的名字呢？＝不知道。

这个村的媳妇都是这样的吗？＝谁都没什么文化，所以都是用氏来称呼。

比如说李家嫁到赵家的时候怎么称呼呢？＝叫赵李氏。

比如说没家人之前叫李牌文，出家后名字就没有了吗？＝没有了。

如果离婚回娘家的话，还是叫李牌文吗？＝那种情况下还是不会叫原来的名字，叫"大姑娘"或者"二姑娘"（有个女儿叫杨贵祯，只有父亲叫贵祯，别人都叫她二姑娘）。嫁到李氏的话就叫李杨氏，回娘家的话户口本上是李杨氏，称呼是叫二姑娘。男方再娶媳妇的话还是叫李杨氏。

【住房的】前面说的蒋成福是张永仁的家族吗？＝不是家族，是亲戚。

三餐是一起吃吗？＝分开吃。

土地也是分开的吗？＝是的。

只有房子是一起的吗？＝房子是一起的。

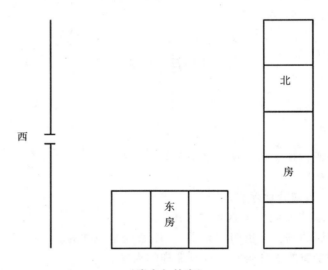

（张永仁的家）

注 东房是蒋成福在住，也是张永仁的储物间。"附户"是个新词。其他人叫蒋成福、张永仁的"住房的"。张永仁（户主）自己不那么叫。如果蒋成福买下东房作为自己的家的话，就不叫住房的。蒋成福自己有地也这么叫。

本村有谁家使用用人的吗？＝因为都很穷，没有人用。

【妾的称呼】有纳妾的怎么称呼呢？＝不叫"妾"，诸如赵李氏一样称呼。

"二房"（妾的意思）吃饭和住都跟他们一样吗？＝一样的（注"二房"是李翻译的用语）。

"二房"是指什么？＝第一位妻子没有孩子的时候，就会再娶一个，再娶的就叫二房。

那人是跟第一位妻子一样做事吗？＝一样地做事，什么都是一样的。

递交这张表（户口本）的时候怎么写呢？＝以"妻○○氏"来递交。

二房是叫家族吗？＝是的。

家族里"一房"的孩子也还是叫"二房"为妈妈吗？ ＝是的。

两位妻子之间有发生过争吵吗？ ＝那是不可避免的。

丈夫死后，二夫人是和第一夫人一样住着吗？ ＝还是住在一起。

丈夫死后分财产的时候，一房的孩子和二房的孩子有什么区别没有？ ＝没有区别。都是一样。

【户和家和门牌】以什么为标准来划分一户呢？ ＝父母和孩子全部加起来叫作一户。

父母和孩子住在不同的院子里也叫一户吗？ ＝是的。

父母在西房，孩子在东房住的话怎么样？ ＝还是一户。有两个"门牌"。

如果财产是分开的，吃饭以外也是分开的时候呢？ ＝这是两户，户长不同。

但是这样叫家族吗？ ＝叫。

没有其他名字吗？ ＝叫"父子"。没有其他的像家族一样的称呼。

房子是分开的，但是耕种父亲的地，以其收获为生的话，是分为一户一户的算的吗？ ＝这跟合成一家住在一起没有什么区别。

这表（户口本）怎么填呢？ ＝一起写。

门牌呢？ ＝门牌不同。

门牌不同也一起填进表里吗？ ＝是的。

那父亲是叫作家长吗？ ＝是的。

一个院子里住着兄弟，分开做饭的话呢？ ＝门牌不同，户长也不同。

有分开种地一起做饭的情况吗？ ＝没有。

一起耕种同一块地，一定会一起做饭吗？ ＝一定会。

那时三餐是哥哥在哥哥家吃，弟弟在弟弟家吃吗？ ＝同一张桌子上吃饭。

土地不同，吃饭不同的时候门牌也不同吗？ ＝不同。

号码是怎么的呢？ ＝连续的八或九这样排号。

【新娘和娘家和婆家】有孩子，那父母和孩子及其兄弟姐妹都叫作亲属吗？ ＝是的。

那孩子娶了媳妇的时候呢？ ＝叫家族。

那新娘是家族的吗？ ＝是的。

女儿嫁到别处的时候叫自己的家族吗？ ＝是家族。

于是新娘不就是两家的家族了吗？ ＝两边都叫家族（不大明白提问的意思的样子）。

孩子娶媳妇的时候，新娘的父母和新娘是家族吗？ ＝不是家族，叫"亲戚"。

新娘的兄弟在这边怎么叫？ ＝亲戚。

孩子的父母和那母亲的父母是？ ＝亲戚。

妻子的亲兄弟和丈夫是？ ＝亲戚。

妻子的亲兄弟的孩子和丈夫是？ ＝亲戚。

妻子的亲兄弟和丈夫的父母是？ ＝亲戚。

不管隔多远都是亲戚吗？ ＝是的。

妻子死的时候是葬在哪边的墓地里呢？ ＝葬在夫家的墓地。

丈夫的兄弟的孩子也是亲戚吗？ ＝是的。

那孩子的祖父母也是吗？＝是的。

妻子不称呼自己的兄弟的孩子和自己为亲戚关系吗？＝不称呼，同族是家族（？）〔1〕。

丈夫和孩子和妻子的娘家的父母是亲戚吗？＝是亲戚，不叫家族。

孩子不管是男是女吗？＝是的，都是亲戚。

【族长的称呼】哥哥和弟弟分别拥有土地，分别做饭的时候，包含那兄弟的家族有族长吗？＝有"家族长"。

一户一户的长怎么称呼呢？＝"家长"。

一户一户的长呢？＝称为"家长"，但上面（县的行政机关的意思）是叫"户长"。

李如源是家族长吗？＝是"家族长"，他下面有"家长"李泽山。

这人的一户除了李如源外还有家长吗？＝没有。他是家族长、家长、户长。

有是家长但不是户长的人称为家族长的情况吗？＝？

李如源先生被称为家族长还是族长呢？＝李姓下的人都叫"族长"，外姓的人都叫"家族长"。

【旁系家族】一户的人家里有家族以外的人住吗？＝没有。

没有亲戚住吗？＝"亲"住过。

有别的家长（跟族长非同一人）住在族长家吗？＝没有住过，门户不一样。

没有亲戚住在一户的人家里吗？＝有。

李氏的亲戚住在李氏家的时候，别人会把他看作是李的家族吗？＝不叫李的家族。

那是看作什么人？＝只称呼其姓名。

那亲戚和家族是一起吃饭做事吗？＝没有。如果两三天的话就是一起，时间长的话就分开。

那个亲戚耕种李家的地的时候呢？＝那种情况是帮忙的意思。

如果那个亲戚生病了呢？＝户长会看着，叫医生来看。

如果那人是年轻的姑娘要嫁人的时候呢？＝户长会帮忙做各种准备。

有亲戚一起住着，别的地，分开吃饭工作的情况吗？＝有。

那时亲戚生病了呢？＝没有关系，就那么放着。

嫁人的时候呢？＝只会帮帮忙。

因为租着房子，所以以还礼的形式帮忙的吗？＝送钱和点心为谢礼，还会帮忙。

不这么做的话会被赶出去吗？＝不会，一定会送礼。

【长工、短工和家族】不是父母什么的人，为了耕田帮忙，会长期住着吗？＝会。

那样的人叫什么？＝叫"长工"。与此相对的，两三天的叫"短工"。

如果李家有这样的人其他人是叫他李家的长工吗？＝是的。

那种情况下长工是跟家族一起吃饭吗？＝是的。

同一张桌子吃饭吗？＝也有同一张桌子吃饭的，也有分开吃的。分开吃的情况比较多。

---

〔1〕　译者注：原文如此。

亲戚来李氏家，耕种李氏的地生活的时候，是同一张桌子吗？ ＝一张桌子，没有分开吃的。

那时一年的话会给亲戚一年的钱等作为谢礼吗？ ＝会做几件衣服，给点钱。

一定会给吗？ ＝一定会给，不给的话就回去了。

衣服的话一年会做几次呢？ ＝四季不同的衣服，大概做四次吧。

那钱大概要花多少？ ＝四十元左右，也有给便服的。

11 月 19 日

家族　族长

应答者　杨泽、杨润、张永仁
地　点　沙井村村公所

【分家的称呼】兄弟住在一起，弟弟搬到别处分开生活，财产分开，这叫什么？ ＝"分居"。

不分财产，三餐也不分开，只有房子分开住的情况下叫什么？ ＝"未分居"。

只有房子分开叫什么？ ＝没有什么说法。

不叫分家吗？ ＝跟"分居"一样，一般叫"分家"。写的时候写"分居"。

以前也是这么叫的吗？ ＝是的。

不分财产的话不叫分居吗？ ＝是的。

住在一起 财产分开的时候呢？ ＝叫"分家"。

【靠人】叫妾吗？ ＝写的时候写"妾"，称呼的时候叫"二夫人"。

男人跟不是妻子、不是妾、不是二夫人的女人保持长期关系的情况吗？ ＝好像有，但村里没有。

那个女人叫作什么呢？ ＝叫"靠人"。

男人会给靠人生活用品吗？ ＝会给钱、物。不是免费的。

生了孩子的时候叫什么？ ＝一定会通知所有人，并作为正式的孩子。

那孩子是跟妻子的孩子一样对待吗？ ＝一样对待。

成为家族吗？ ＝成为"男人的孩子"。

靠人的孩子年长一些，妻子的孩子年纪小一些 ，户主死后怎么办？ ＝年长的成为户主。

靠人不叫男人的家族吗？ ＝成为家族。没有孩子的话成不了。生了孩子就成为家族。

靠人生了孩子，但孩子是男是女还不清楚的时候也是吗？ ＝还是叫家族。

一个女人生了孩子，但不知道父亲是谁的时候，孩子叫什么？ ＝叫"私娃"。

那孩子属于谁的家族？ ＝女方的家族。

给靠人钱物的时候（还没有生孩子）跟第二夫人有什么不同？ ＝如果家里人知道了，

就叫第二夫人。家族的人不同意的话，就不能成为家族。

【家长不在】假设户主一人去了北京并长期住在那里，把家人留在村里的时候，那个家的家族的首领呢？ ＝那个在北京的人叫家族的长。

好久也不从北京回来一次，那个家长（在北京的）也叫家族吗？ ＝双方有通信联络的话，就是家族，没有的话就不是。

【家长和子不在】孩子去了北京，跟家里无关地生活的时候，户长呢？ ＝没有关系了。

户长死后，其财产也会分给在北京的孩子吗？ ＝回来的话就给，否则就不给。

北京的孩子生活困难的时候，也不会接济钱物吗？ ＝会给钱物帮他。

那种情况下，不回来也会帮他吗？ ＝父亲知道孩子的住所的时候一定会给。

【族长的工作】族长的工作是什么？ ＝吵架、分居、诉讼、商谈。

吵架——当（说和人）仲裁人。

分居——当证人。分家的时候一般要取得族长的同意。不同意也可以。族长反对的话，就让其他的亲戚当证人。证人就是证明财产均分的人。没有亲戚当证人，没有其他人来证明就不能分家。不管什么亲戚都能当证人。

【家长和分家】弟弟要分家的时候，哥哥作为户长不同意的话，就不能分家吗？ ＝要取得哥哥的同意。哥哥不同意就不能分家。

哥哥作为户长同意了，但其他亲戚不同意的情况下呢？ ＝不行。

分家的时候要递交申请吗？ ＝不用。

【分书】会写文书吗？ ＝写"分书"。

叫"分家单"吗？ ＝叫。虽是一样的但一般叫"分书"。说的时候叫"分家单"写的时候用"分书"。

【分书的效力（没有分书的分家）】一定会写吗？ ＝不写分书不能分家。

有分家但没写分书的情况吗？ ＝不能叫作分家。

不写分书，分地的时候，那地是谁的土地呢？ ＝叫"平种地亩"。

土地是哥哥所有还是弟弟所有？ ＝耕种的地分别称为哥哥的土地和弟弟的土地。

兄弟发生纠纷，哥哥把弟弟的土地占为己有的情况下呢？ ＝去县里起诉。

其他人（村民）觉得那地是谁的呢？ ＝不知道是谁的地。

村民把那地分清是哥哥的还是弟弟的比较好吗？ ＝村民是不知道的。

村里的费用分摊下来，兄弟分开种地的时候是分开出吗？ ＝是的。

那时的费用是按地的比例来的吗？ ＝是的。

哥哥有十亩地的时候，是按十亩的比例来分担费用吗？ ＝是的。

分成两个五亩的时候，村费怎么交呢？ ＝分开交。

没有写分书的情况下呢？ ＝弟弟不能成为户长，还是哥哥是户长。

税金是兄弟分开缴纳吗？ ＝那种情况下，以哥哥的名义收取。

弟弟给哥哥五亩的费用吗？ ＝是的。

村里会直接去找弟弟收钱吗？ ＝会直接去拿。

先给账单吗？ ＝不写账单。兄长只交税金，村里的费用是单独的。

【家长和分家】兄长作为家长反对的时候，可以分家吗（房子分开，土地、吃饭在一起的情况下）？ ＝其他仲裁人出面给予许可。

【族长和分家】那时族长反对的时候呢？ ＝找其他的仲裁人。亲戚可以，不是亲戚也可以。

亲戚以外的人也一定会当保证人吗？ ＝是的。

族长和亲戚都不允许的时候呢？ ＝村长当保证人的话就能分家。

那时不是亲戚也不是村长的人可以吗？那人作为保证人要把名字写在分书上吗？ ＝那人作为保证人要写进分书。

这个村的人都拿有分书吗？ ＝有很多。

我先看看？ ＝可以。

【族长和婚姻】刚说了要去县里起诉，诉讼的时候跟一般的吵架有什么不同？ ＝向县里呈报的话，族长成为仲裁人（证人）。

家族的人结婚，女儿出嫁的时候，族长反对的话，可以吗？ ＝跟族长没有什么关系。

族长会出席仪式吗？ ＝一定会请族长来招待他。

那时族长是坐在上席吗？ ＝亲戚不坐上席的话，族长就坐上席。

【户长和家族的婚姻】女儿出嫁的时候要取得户长的许可吗？ ＝要跟户长商量。

户长反对的时候呢？ ＝不能。

有祖父（户长）、父亲、母亲、子（男）、子（女）的情况下，子（男）娶媳妇的时候，要得到祖父（户长）的许可吗？ ＝是的，会商量。

那时父亲的许可呢？ ＝由祖父（户长）处理，父亲反对也可以结婚。

【婚书、小帖儿】那时要写文书吗？ ＝写"婚书"（在从县里拿来的纸上写）。村里做的村里一般叫作"小帖儿"。

小帖儿上写户长、父亲的姓名吗？ ＝排列着写。

父亲反对的时候呢？ ＝还是要写。

是谁写呢？而且如果父亲反对，写自己的名字也要写吗？ ＝要写。

那文书上要按印章、花押吗？ ＝小帖儿上什么都不需要。婚书上要按。户长有父亲的印章，所以由户长盖章。

父亲自己持有印章的时候呢？ ＝祖父（户长）一定会召集亲戚来仲裁，让他拿出印章。

父亲怎么也不拿出印章的时候呢？ ＝只有祖父的印章也行。

没有写婚书和小帖儿之前会举行仪式吗？ ＝在那之前，没人会从男方家里拿走女方的饰品。

会举行结婚仪式吗？ ＝会。举行仪式的时候会写"通书"（日记＝日程表）。

通书是在仪式之前写的吗？ ＝写完小帖儿之后，在仪式之前写。

【户长和家族的婚姻】户长的儿子去了北京做生意。结婚的时候要取得户长的许可吗？ ＝有时也会商量，也有不商量的。

没有商量就结婚的情况下，女方会成为户长的家族吗？ ＝生了孩子就成为家族。

户长不知情的情况下写了婚书举行了仪式的时候的女方呢？　=户长不知情也是家族。

在沙井村的话户长反对的话就不能结婚，在北京的话可以吗？　=不同意也会成为家族。

那时，孩子（丈夫）死后，妻子生活困苦的话，户长会帮助她吗？　=女方有婚书的话就会帮。

那女方回到村里的时候，可以长期住在户长家里吗？　=女人有孩子的话就可以。没有孩子的话，户长不会许可的。女方拿来婚书也不会认可。

那时户长会给钱女方接济她吗？　=根据女人有没有孩子决定帮不帮她。不拘于有没有婚书。

【墓地（族产）】家族有共有的财产吗？　=只有墓地。

墓地由谁管理？　=一起管理。

在墓地的那里新建墓地是由谁决定？　=有一定的顺序。

顺序是？　=先把墓地按家分开，埋在里面。如果分的地已经没有空处了的话，其所有者就再另买地，埋在那。

有同族三户人家，其中一户生活困苦的时候，有用来扶助他的土地吗？　=墓地周围有。用来祭祀祖先的地。

那周围的地只是用来祭祀祖先的吗？　=也有按家分墓地的，也有不分的。分了的话，地里长出的东西自己拿回家。

那墓地没有分开的时候，长出的作物的保管呢？　=从同族内选一个人出来让他管理，大家一起选同族人。

【墓地和族长】族长不保管吗？　=也有那种情况。没有同族的许可是不行的。

墓地没有按家分的界限的时候，由谁决定呢？　=有"阴阳先生"，询问他之后决定。

不是族长决定的吗？　=族长不能决定。

没有边界的时候要想种周边的地有什么办法吗？　=轮换耕种（一年由谁种之类的）。

那是由谁决定的？　=按家里兄弟的顺序决定的。

那是族长决定的吗？　=同族商量之后决定的。

跟那些同族商量的时候，族长会出席吗？　=会出席，但缺席也没关系。没有必要一定出席。

户长卖地、典当的时候呢？　=跟族长无关。

族长反对的情况下呢？　=族长没有那个权力。会写文件，书写格式里只写户主的名字。

【墓地】除墓地周围的土地以外，还有祭祀祖先的地吗？　=有仅一亩的地在杜姓那里。

那不是墓地吗？　=那里不是墓地。

那是谁的名义？　=名义是"祖遗祭田"。

是谁的所有地？　=以长子家、次子家的顺序每年轮换。

作物由谁家收取呢？　=当年耕种的人收取。

税金由谁缴纳呢？　=当年耕种的人缴纳。

以谁的名字向公所呈报呢？＝以最初葬在墓地的人的名义呈报。

税金是现在耕种的人上税吗？＝是以墓地所葬的人的名义来的，但是是由现在耕种的人上交。

11 月 26 日

打工　继承　住所

应答者　赵廷魁、杨泽、张永仁
地　点　村公所

【外出打工】外出打工的人是长子、次子哪个比较多？＝不一定。

外出打工的人是把妻子留着村里出去的吗？＝大家都是带着去的。

比如说，移居到北京生活的时候呢？＝这时得以维持生计的话，就会带着妻子儿女一起去。收入大多一半寄回家，一半够妻子儿女的生活的时候就会接过来。

村民里有带着妻儿外出打工的人吗？＝有一户，李广全，他母亲还在村里住着。

李广全在做什么呢？＝在做"刻骨头花"（在骨头上雕刻的工作）的掌柜的。

李现在跟村里的税、摊款、村里的庆典等有关系吗？＝因为她母亲还在村里，税、庆典等由他母亲来承担。跟以前没有变化。

谁住在村里的房子里？＝他母亲。

户长是谁？＝李广全。实际上是他母亲在做户长的事。

【打工和户长】户长都可以外出去打工吗？＝对户长的外出打工没有限制。

李广全去了哪？＝北京哈达门外。

村里的户口本上是如何申请的呢？＝上面记载着"手艺"。

谁来祭祀祖先呢？＝留在家里的人做？

一般村里是由谁来祭祀祖先？＝户长。没有男的的时候女的也可以。祭祀叫作"祭祖"。

祭祖是什么时候？＝阴历十二月三十日以及清明节（大规模祭祖），阴历七月十五日、十一月一日。除此以外在结婚的时候临时祭祖。

留在家里的（母亲）不做家长、族长的事吗？＝没有父亲，母亲是家长，所有的家事都是母亲做，但名义上广全是家长。

李广全不是家长吗？＝门牌上是家长。

纳税名义是谁？＝广全。

他母亲和广全分家了吗？＝没有。

母亲什么事都不和广全商量自己办吗？＝没有必要通知他。

土地的名义呢，他母亲可以不跟广全说擅自卖地吗？＝这种情况下要商量。母亲想卖，买主也不会买。大事要跟住在北京的广全商量。

李广全会在母亲生病的时候回来吗？ ＝会回来。

【女户长】本村有女户长的人家吗？ ＝有。杨黄氏。没有丈夫。

丈夫去世了吗？ ＝是的。叫杨永利。

有孩子吗？ ＝没有。

一个人住吗？ ＝是的。

多大年纪？ ＝三十岁左右。

有地吗？ ＝有。

税金的名义呢？ ＝杨黄氏。

有亲戚吗？ ＝有。

出生地在哪？ ＝李遂镇（县内东南二十里）。

丈夫死后没有回李遂镇吗？ ＝没有。因为在本村有财产。

丈夫有父母吗？ ＝没有。

【外出打工和继承】户长有三个儿子，长子和次男都想去北京打工的时候父亲怎么办？ ＝父亲根据才能决定。

上述情况下，决定由长子继承的时候会拘泥于长幼顺序吗？ ＝这种情况下，还是按才能高低来决定谁外出打工。

【均等继承】家里的继承人是父亲在世的时候决定的吗？ ＝父亲死后，长子顺理成章地成为继承人。就算父亲什么也没说，也是顺理成章。

长子自然而然地继承父亲的财产、祭祀吗？ ＝是的。但是有时要跟兄弟商量（就财产关系）。

家里有十亩地的时候，十亩全部归理应继承人吗？ ＝土地不是全部归属于继承人。要求土地有子女均分。

家产全部平分吗？ ＝是的。

户主死后，长子把全部家产归到自己名下吗？ ＝归到。

户长死的时候，村民们怎么看待长子的继承地？比如有十五亩地，兄弟三人的时候？ ＝各自拥有五亩地是理所当然的。

祭祀主要是谁来做呢？ ＝次子也可以。

户长死后家谱由谁保管呢？ ＝长子。

次子不能吗？ ＝不能。

祭祖的时候，地点是在长子的家吗？还是固定的？在次子的家吗？ ＝按顺序来。

【女子和继承】有兄弟姐妹，姐姐已经出嫁的时候，也会举行祭祀吗？ ＝姐姐已经在别人家了，所以不进行。

还没有嫁人的妹妹呢？ ＝女子不排入祭祀之列。

祭祀的地点呢？ ＝祭祀的地点按哥哥家，然后是弟弟的家这样的顺序来轮换。

【继承的对象】户长死后，长子一般继承什么东西呢？ ＝"家务"财产（土地、房子等）、家谱。

墓地呢？ ＝共有的，共同管理。

一户有多个孩子，这些孩子有了家室，分家的时候，房子是归谁所有呢？ ＝房子的归属没有确定。

长子是得到继承的财产吗，还是管理？ ＝管理（?）[1]。

户长即父亲去世后，会聚在一起分家产吗？ ＝会合也只在分家的时候才有。

不分家的时候，有分财产的情况吗？ ＝同住的时候，不分财产。

分家以外没有分财产的情况吗？ ＝没有。

户长死后，子女不分家住在一起，直到有了妻儿的时候，是谁来分配家族成员的粮食等的呢？ ＝新户长。但也有长子把家务让给次子做的情况。

家务一直都是长子继承的吗？ ＝不一定，原则上是长子。

即使有长子但还是由次子继承了家务的情况，是在什么时候呢？ ＝长子没有才能的时候。

【遗言】户长临终时有留话（遗言）说让次子当继承人的情况吗？ ＝可以这样。但是如果长子反对该遗言的话，很有可能次子会要求分家。

上述情况下，次子可以以父亲的遗言为后盾主张自己继承吗？ ＝次子可以坚持，但长子不同意的话还是会导致分家。

一般父亲生前留有遗言的情况是多还是少？ ＝少。

母亲的遗言也可以吗？ ＝父母的遗言叫作"遗言"。可以。像之前说的李氏（外出打工的人）的母亲的情况下，母亲会留遗言吧。

遗言有固定的书写格式吗？ ＝口头遗言。

发生争执的情况下怎么证明遗言的真伪呢？ ＝一般是口头，只会主张说是以前说过的话（?）[2]。

长子和次子关于遗言有不同的主张的时候，认为那一方是对的呢？ ＝没有这种情况。如果有的话，遗言被认为无效，家务均分。

父母的遗言相互矛盾的时候呢？ ＝双方的遗言都被认为无效。平均分配。

父母去世后，财产是平分吗？ ＝是的。

【女子和分家】不嫁人的女儿也是平分吗？ ＝女的不能分得土地和财产。但是可以拿到仅够结婚的费用。比如说父亲留下十亩地的话，她可以得到一亩地作为结婚的费用。有时候拿钱。

兄弟十人，土地五亩的时候也是均分吗？ ＝是的。

【过继】户主死后，孩子只有姐妹的情况下呢？ ＝女孩子不能继承。让户长的兄弟的孩子过来继承家务。收别人家的孩子为养子的时候，需要同族的许可。一般叫养子为"过继"。

过继来的孩子叫什么？ ＝叫"养子"。

【过继的顺序和范围】收养子的顺序是怎样的？ ＝由近及远。

上述情况下，怎么对待兄长和弟弟的孩子呢？ ＝没有顺序，自由选择后决定。

上述情况下，妹妹的孩子呢？ ＝不是同族，是别人家的孩子，所以与养子无关。

---

〔1〕 译者注：原文如此。

〔2〕 译者注：原文如此。

可以把自己的弟弟收为养子吗？ ＝同代之间不可以。

弟弟想把哥哥的孩子收为养子，但哥哥不同意的时候呢？ ＝哥哥再给他找一个人选。这时候也可以从同族外找人。

上述情况，哥哥可以劝他让他先从其他同族中选吗？ ＝？

上述情况下，弟弟不要哥哥的孩子的话，可以说从同族以外的人中收养子吗？ ＝？

上述情况在同族中找得到适当的人选的时候也可以吗？ ＝这时同族会有意见。同族人反对从别处收养子的话就要从同族中收养子。

上述的集会怎么办的，族长是集会的主宰者吗？ ＝想要养子的人是集会的主持者，召集近亲，听取意见。

在场人的意见不合的时候由谁决定呢？ ＝不决定，本人再找其他的候选人。

这个集会叫什么？ ＝没有名称。也不叫同族会。

在场的人中五人赞成三人反对的时候呢？ ＝不按少数服从多数来定。这时本人去承审处请求裁定。

上述情况可以反对承审处的决定吗？ ＝要服从命令。

哥哥是族长的时候，弟弟收哥哥的孩子为养子的时候呢？ ＝杨家的组长是杨永才（看庙的），叫"族长"。永才是杨家的中心。

集会的时候一定会叫杨永才吗？ ＝是的。

【族长的顺序】族长是根据什么决定的？ ＝同辈最年长的人。同年的话按出生年月日来定。

一般族长的工作是什么？ ＝最重要的是葬礼、结婚的时候的事前商量。

其他人家也是这样吗？ ＝是的。

甲比乙年少，甲是长子的孩子，乙是次子的孩子的时候，甲可以当族长吗？ ＝还是由年长的乙来当族长。

【同族】由杨家分散出去的人都是同族吗？ ＝是的（关于杨家的同族参考本书 250 页）。

同族（杨氏）的家是分散的，还是聚在一个地方（本村）的呢？ ＝不一定。

同族的人搬迁到满洲后也是同族吗？ ＝是的，还是被认为是同族。

同族会议事项也要通知远处的同族吗？ ＝以前有信的时候会通知。

【家的构造】最古老的房子是谁家的？ ＝张永仁。

张永仁是族长吗？ ＝不是。

那族长是谁？ ＝张文通。

他家也很古老吗？ ＝是的。

张永仁家的房子是什么时候建的？ ＝一百五十年前。

上述房子跟其他人家的样式不一样吗？ ＝一样的样式。

大小呢？ ＝跟其他的一样。

有几间房？ ＝五间。

房子的方位呢？ ＝一般是正方朝南向，扩建的时候问"阴阳师"。

祭祀祖先的时候在丙室祭祀吗？ ＝一家里人多的时候在中间的房间里祭祀。只有一间房的时候，在正中间祭祀（参考图）。

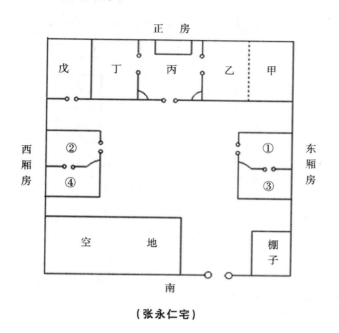

（张永仁宅）

注：

甲——长子、妻子、儿女

乙——家长、妻子

丙——中央有祭坛，两侧有灶台

丁——次子、妻子

戊——三子、妻子

①②——厨房、灶台

③——侄媳、侄嫂

④——侄媳、侄孙（女）

【家族的居住顺序】 主人可以住在正房以外的房间吗？ ＝不行，必须住正房。

有祖父的时候住在哪里（房子的）呢？ ＝住正房。可以让孩子住厢房。

长子、次子住的房间的顺序呢？ ＝从东边开始数。女儿小的时候跟父母住在正房里，长大了的住在厢房。

男子在前、女子在后，居住的房间是固定的吗？ ＝不定。

一般人家，户长在正房东边的房间（甲），长子在其旁边（乙）住吗？ ＝一般的正房多有五间

哪个房间最大呢？ ＝正中间的最大。

各个房间的大小呢？ ＝C＞B＝D＞A＝E

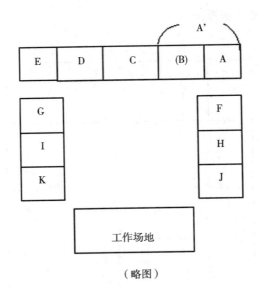

（略图）

注：

（1）一般 A、B 之间没有墙，是一间房

（2）间数忌讳"五"，所以是四，五间有鬼住的房子的意思

（3）E 不住人，一般多是用作仓库

（4）有钱人家 D、E 之间不修墙

（5）H 是厨房。没有祭坛

（6）I 也不住人

人住的房间有顺序吗？＝A（B）、D、E、F、G、J、K 的顺序（房间不够用的时候）。

C 房间呢？＝有祭坛，那里有灶台，也就是厨房。

祭坛在哪里？＝只在 C 房间有。

户长住在正房吗？＝是的。

不住厢房吗？＝不住。

户长的父母（祖父母）住在哪？其理由呢？＝祖父母住在 A 房间，户长在 D 房间。因为左边是上位（左右是面向南边说的）。

【户长和父母】户长有父母也不能在上位吗？＝他有父母的时候，一定是其父为户长。

那么，只要他有父亲，只要他父亲健在，他就绝对不能当户长是吗？＝是的。

父亲年老生病的时候，儿子也不能成为户长吗？＝只要父亲在世，他就是户长。

父亲去世，留下母亲，谁成为户长？＝儿子。那是母亲住在 A 房间。

【家族的居住顺序】身为户长的父亲和母亲住在 A，长子次子怎么住呢？＝A、D、F、G 的顺序住。

长子（二十五岁）、下面是长女（十九岁）、次子（十七岁）、次女（十岁）的时候怎么居住呢？＝女儿和母亲一起即住在 A 房间，不管多大年纪。

不管儿子有没有妻室。房间都不变吗？＝小时候跟父母一起住，二十岁左右搬到单独的房间住。但是一般的在二十岁之前都会有妻室了。

次子（住在 F）孩子较多的时候呢？＝

①让他的孩子住在祖父母的房间（A）。但孩子在五六岁之前要跟父母住（F）。仨西厢房的话孩子太寂寞了，让他住东厢房。

②让孩子住下一个房间 K。

分家之前住在一个厢房吗？＝是的。

分家的时候怎么办，一般是怎样的？＝房子房间多的话。就住那。房间少的话。就另外新建房子搬过去住。

分家的时候，次子（住 F）搬离之前住的房间到其他地方住的情况是较为常见吗？＝不一定。

分家的时候，一个厢房中住着好几家吗？＝有一个厢房里住着三家的。

本村一个厢房住几家呢？＝一般是两家，多的时候有三家。

分家的时候三餐是分开的吗（住在一个厢房的时候）？＝是的。准备和做饭都是分开的。这是必须这样的。

分家以前三餐是怎么样的呢？＝一家一起吃。

分家以前次子（住 F）是在户主的房间里吃吗？＝是的。

次子有妻儿的时候也是这样。

【佣人的房间】有佣人的时候住在哪？＝住在最下等的房间（J、K），或者是院二（工作场地）那边的房子里。

长工住在哪？＝工作场有房间住在那里（短工不住那，上下班）。那栋房子的间数不一定，五到十间左右。比如说张瑞建就有。这房子叫"场房"。

村里大概有几户有场房的人家？＝作业场地村里的人家都有。场房只有张瑞一家有。

张瑞家的场房有几个房间＝一栋五间房，离正门五十弓（二丈五尺）。

张瑞的长工在场房生活吗？＝是的。

雇长工的人家会新建场房吗？＝不一定会。有空房间的时候就借那个给他住，也有长工会找合适的房子。找了也找不到的时候就住在庙里。住在庙里的时候不用付房租。三餐在雇主家吃。

11 月 27 日

住处　年度节庆

应答者　杨润、杨泽

地　点　村公所

【村长杨源家的结构】杨源从小就住在现在的家里吗？ ＝是的。

住在哪个房间？ ＝分家前（四年前）是在 E 房间。

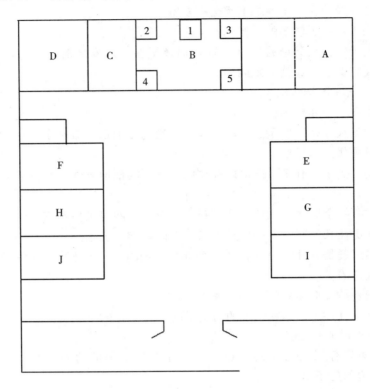

（村长杨源家的平面图）

注：

瓦房十一间、土房三间

女儿嫁到昌平县

A 杨源居住

B 中央有佛爷（1）、它左边是财神（2）、右边是橱柜（3）、两侧是灶台（4）（5）

次子是什么时候结婚的？ ＝二十年前。结婚的时候和妻子住在 E 房间，三餐和哥哥一起在 A 房间吃。有兄弟四人，但其中有一个是堂弟。村长是长子。三兄弟在四年前分家，三子在分家前有妻子，住在 I 房间，当时 A 房间是现村长在住。叔父十年前分家，堂弟在叔父分家之前有妻子，住在 I 房间。叔父分家前，A 房间是祖父，C 房间是叔父在住。三兄弟的父亲住在 F 房间。因为结婚的时候就住在这所以就一直住在这了。叔父在去世前两年的时候分的家，五十四岁。三兄弟的父亲四十六岁时去世。

父亲是什么时候去世的？ ＝四十六岁，民国七年。

祖父有兄弟几人？ ＝没有（杨斌）。

杨斌的孩子呢？ ＝哥哥是杨严林（民国七年去世），三个孩子，弟弟是杨振林，有一个孩子。

严林去世的时候，杨斌在世吗？ ＝在世。

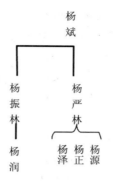

杨斌是什么时候去世的呢？＝民国二十一年。

【户长和父亲】杨严林是什么时候成为户长的呢？＝没当过户长，还没成为户长就去世了。

一般父亲在世时儿子不能成为户长吗？＝在世时是绝对不行的。

【分家前家族成员的居住顺序】严林在世是居住顺序是怎样的？＝父亲和三子（当时十三岁）一起住。堂弟也没有妻室（十三岁），长子、次子都有家室。如下图：

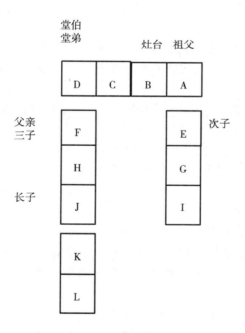

父亲（严林）在 C、D 住过吗？＝住过。

上面的格局叔父住在哪里？＝因为年纪小，（直到二十岁左右）跟祖父住在 A 房间。

父亲（严林）是什么时候搬到 F 房间的？＝在父亲三十岁的时候。同时叔父搬到 C、D，在那里举行了结婚仪式。

一般不是哥哥住在 C、D，弟弟住在 E 吗？＝每家不同，不一定的。因为三子在父亲去世之前一直跟父亲一起住，所以父亲死后也留在这里。

三子的结婚仪式在哪个房间举行的呢？＝在 F 房间，然后就住在 F 了。

那时叔父在世吗？＝在世。

叔父还未分家吗？＝分家了，民国十九年的时候分的。

民国十九年分家之后住在哪呢？＝现在的杨润宅里。

【分家和住所】一般分家的时候是离开另找房子吗？＝是的。

房子的厢房中只有户长的家人住吗？＝是的。

分家了也还可以住在原地方吗？＝不可以。

那上述情况下户长会命令他到别的地方去住吗？＝不需要命令，自然会搬出去。

分家的人怎么也不想换地方住的时候呢？＝没有这种情况，没有上述需要裁判的情况。

不分家的人在成家的时候，需要户长的同意吗？＝要。

父亲在世、长子成家的时候，要跟祖父或父亲商量吗？＝先跟祖父商量，再跟父亲商量。

一般上述情况下，祖父同意但父亲不同意的时候怎么办？＝祖父和父亲的意见相左的时候就不结婚。祖父可以把自己的意志强加到父亲身上，父亲必须服从。

父亲在世时，叔父的三餐在哪吃？＝一起在 A 房间。

叔父分家后，堂弟在哪里吃饭？＝现在的杨润家。

叔父是什么时候分家的？＝民国十九年。

跟叔父分居的同时，堂弟搬到现在住的地方吗？＝是的。

堂弟在二十岁之前住在 C、D 房间吗？＝是的，二十岁的时候搬到 I 房间，一直住到二十六岁。

叔父分家的时候，堂弟不可以留在 I 房间吗？＝是的，要搬走。

叔父分家的时候，分得了财产了吗？＝是的。

长子成为户长的时候，叔父已经分家搬走了吗？＝是的。

【户长和家族成员的生计】家族成员全都健在，一起住的时候土地是共同耕种的吗？＝是的。

上述的收成是怎么分的呢？＝不分。

那么是由户长收取全部的作物吗？＝是的。

家族成员所需的衣料及其他费用怎么办？＝户长（祖父）每月给他们钱，但是金额不定。

上述给的金额不同年纪的人不一样吗？＝父亲的孩子有三个，叔父一个，所以给前者的较多

上述情况祖父不会直接给孙子钱吗？＝不会。

【分家和财产分割】杨源成为户长的时候，他继承的财产和叔父带走的财产是如何分割的呢？＝均等的。

叔父孩子少，杨源家人多，所以不会后者的财产多一些吗？＝不是，等额的。

一般人多的时候会在厢房里再建吗？＝里面地方小，所以不建，在外面建房。

【女子的居住顺序】祖父有几个女儿呢，都住在哪里呢？＝四个，住在 A 房间。长大后会嫁人，所以挤点也没关系。

女儿在出嫁之前，住在父母的房间里吗？＝根据年龄、房间数的不同有所区别。

房间多的时候，会给女儿固定的房间吗？＝没有给每个女儿一人一间房的，给所有女儿一间房。

有比女儿小的弟弟的时候怎么办呢？＝弟弟小的时候，住在父母的房间里，长大之后就有自己单独的房间。

【节日】家里的年度节庆有哪些？＝很多。家人一起吃饭的活动如下图：

```
元宵节      （阴历正月十五日）  ┐
圣诞日      （阴历二月十九日）  │
华佛圣诞    （阴历四月七日）    ├ 祭祀
关帝圣诞    （阴历六月二十四日）│
地藏王圣诞  （阴历七月二十日）  ┘
祭灶        （阴历七月二十三日）别名"小年"
            （小正月）
庆贺新年    （阴历十二月三十日）
清明节      （三月左右）祭祀祖先
以上是神节
```

```
元宵节是什么？＝上元天宫的圣诞。
圣诞日呢？＝观音大士的生日。
除此之外还有什么？＝
端阳节      （阴历五月五日）
中秋节      （阴历八月十五日）
鬼节        （阴历七月十五日）祭祀各家的死者
寒衣节      （阴历十月一日）
以上是人节。
```

以上的节日是每年都有吗？＝是的。

【节假日】上述日子要下田工作吗？＝不用。

休息的日子……只有端阳、祭灶、庆贺新年、元宵节、清明节。

不休息的日子……中秋节（因为很忙）其他。

除上述以外还有其他不耕作的日子吗？＝

歇伏（中伏到末伏的十天）暑中休息。

演戏放工……唱戏的日子休息。大多是从北京来的（阴历四月二十八日）。村里没有唱戏的。

不耕作庆祝节日的时候是只有家族吗，还是大家往来庆祝？＝同族人不来，只有家里人，但是拜年例外，这是要串走各家。

上述节假日的时候，有请客吃饭或者喝酒等活动吗？ ＝没有。

上述节假日有全村一起的活动吗？ ＝神节的时候，大家一起聚集在庙里（村公所）烧香，其他什么也不做。

上述日子里，家族有谁来吗？ ＝户长以外女性也来参加集会。

一般节日里要去族长家问候吗？ ＝不去，但是拜年除外。

【族长和集会】有族长亲自出席的场合吗？ ＝没有。

没有族长出席的集会吗？ ＝结婚、葬礼。

上述时候会请族长来吗？ ＝是的。

这时也会招待村内外的族人吗？ ＝是的，都会通知。

上述族长出席的时候是什么情况呢？ ＝吵架、仲裁、分家。

关于吵架、仲裁、分家，族长和户长有过意见不合的时候吗？ ＝有。

上述情况是谁赢呢？ ＝大家一起商量决定。

族长和户长意见对立的时候，大家支持哪一边呢？ ＝支持对的一方。

支持族长的有五人，支持户长的也有五人的时候，谁赢谁输呢？ ＝平手，无法决定。

赞成族长的有五人，户长的有三人的时候怎么决定呢？ ＝召集村长、人格高尚者（好人）等一起商议。

上述时候会召集长老吗？ ＝会。

"好人"来，和族长意见不一样的时候怎么决定？ ＝再叫其他人来商议。

【妻儿和集会】上述情况，妻儿等可以出席商议吗？ ＝不能，只限男的。

成家了的儿子可以出席上述集会吗？ ＝可以出席。

没有妻室的年长的儿子可以出席吗？ ＝可以。

【同族的集会】同族会议要跟村长汇报吗？ ＝不需要汇报。但是特别的事件（像杀伤事件、严重的吵架、抓捕小偷之类的）要汇报。

庆典同族聚集的时候会请他们吃饭吗？ ＝会。

那费用大概要花多少？ ＝一人五六元。

由谁负担呢？ ＝招待的人负担。

没有族长主导的情况吗？ ＝有。

是什么样的情况下呢？ ＝商量同族公共的事 （＝祖坟）的时候。

祖坟是什么？ ＝同族的墓地。在祭祀、修理的时候有同族会议。

11 月 28 日

家族成员的职分

应答者　杨泽、杨润
地　点　村公所

【家族成员的职分】家里主要的工作是什么事？ =现在是农耕。

户长、妻子、长子、次子等工作的分配不同吗？ =不分配，共同工作。

户长的工作呢（其他人不做的工作）？ =分配（分派）家族成员，让男的出去干活，女的做裁缝之类的。

农耕是家族成员一起做吗？ =没有全部出去的，仅男力出去的时候较多。人手特别不足的时候女的也会去。

上述时候户长也会去吗？ =是的，跟家族成员一样。

每天工作的计划是怎么决定的呢？ =户长召集大家一起商量，早饭的时候较多。

同一家族里有族长、户长、还有其他人的时候，由谁决定工作的分担呢？ =族长、户长商量后决定。一方不在的时候由另一方决定。

【相互扶助】李如源兼任族长和户长吗？ =兼任。

村里有族长和户长不是同一人的吗？ =没有。

收获的时候是一家自己来吗，还是同族的其他人也会来？ =不一定，根据关系的好坏来定。

播种的时候也是这样吗？ =是的，所有跟相关的农业活动都是一样。

没有同族全部一起来耕作吗？ =没有。

同族来帮忙的时候大概有几家？ =三四家。

上述时候，族长来吗？ =不一定，跟族长关系亲密的时候会来。

上述时候的相互扶助是谁来决定？ =户长相互商量决定。

不是同族的人也会来帮忙吗？ =关系亲密的会来。

有外村人来帮忙的吗？ =有。

杨家的话有谁来？ =望泉寺那边的人也会来。

妻子娘家那边会有人来帮忙吗？ =有时会来。

上述时候是哪些人来？ =男的女的都来。

妻子娘家来人帮忙的时候是做些什么呢？ =农事的时候，结婚的时候。

来帮忙的人会住下吗？ =不会。吃饭是三餐一起给钱。但是离得远的人也会住下。

同族以外的人也是这样吗？ =是的。

以前上述帮忙的是大规模的吗？ =就算是以前也没有举家前来帮忙的。

有以前来帮忙的人多、现在减少的趋势吗？ =没有什么变化。

【男女的职分】播种、耕种的时候女人做什么工作呢？ =女人什么也不做，留在家里脱谷，或者做其他不需要体力的工作。

女人做饭吗？ =做。

各家都有场院吗？ =一定有。

农闲的时候男人做什么呢？ =像现在因为没有农工，会做"蜜工"、"短工"、苦力、饲养家畜等事。

现在女人做什么？ =做裁缝（所有的衣服）。

有佣人的家里职分是怎样的？ =有阿妈的时候裁缝由阿妈做，家里的女人也会发号施令。本村有阿妈的人家很少。

【女仆、扶役】女的佣人叫什么？＝"女仆"，男的叫"扶役"。

女仆的雇佣期间是多久？＝一、二、三个月左右，没有长期的。

女仆是已婚的还是未婚的？＝已婚的较多。有时也有未婚的朋友亲戚过来，那时不叫女仆。

女仆的吃住都是跟家人一起的吗？＝看情况。女仆家近的话就回家，远的话就住下。

女仆家远的时候吃住怎么样呢？＝有时一起，有时分开。三餐也是一起。也有不让吃好的的时候。一起吃的时候桌子也是分开的。

女仆的工资呢？＝一个月五到七元，供伙食。衣服自带（也有时候会给些旧衣服）。

上下班和住下的情况工资不一样吗？＝差不多一样的。

女仆做些什么事呢？＝裁缝、做饭、哄孩子（看孩子），收获的时候帮忙做场院的事，还要洗衣服（在井边、河边）。

扶役做什么呢？＝农耕、耕地、锄割（用锄头锄草）。春天土粪工、泥水工（涂墙壁等）和跑道（跑腿的）。秋天收割（收获）之后"打轧"（脱谷）、"入囤"（储藏谷物）、种麦（播种麦子）。

没有女仆的家庭，女仆的工作谁来做？＝家里的女人做。

没有扶役的时候，扶役的工作谁来做？＝自家人做。

没有女仆的时候，女儿们做什么？＝什么都做。

儿子们呢？＝什么都做。

老人呢＝能做的话什么都做。村里没有不做事的人。

指挥女仆和扶役的是谁？＝户长。

户长（父亲）有三个儿子，三个儿子成家的时候，谁雇女仆和扶役？＝户长雇。

上述时候长子可以不经过户长擅自雇人吗？＝不可以。

【家族成员的纷争和户主】家族成员中有人偷懒，是由父亲训斥责罚吗，还是由户长？＝谁都可以训斥。

家以外的交涉由谁来做？＝户长。户长不在时由长子、次子、三子的顺序来代行。

户长和家族成员的意见有冲突的时候怎么处置？＝调停直到意见一致。调停的人是附近的人、亲属的人。

家人意见不一样的时候，户长会怎么做呢？＝户长进行仲裁或者斥责。

户长有两个儿子，他们的妻子之间发生争执的时候谁来仲裁呢？＝户长的妻子或者户长仲裁。

女人之间吵架的时候，是户长的妻子仲裁吗，还是户长？＝户长的妻子。

户长的妻子和长子次子的意见不合时由谁仲裁呢？＝户长。

户长的妻子和长子的意见不合时，长子的妻子是什么态度呢？＝一般支持户长妻子是正确的。

上述场合，三子应该支持哪一边？＝支持实际上正确的一方，礼仪上来说，支持母亲也是正确的。

没有户长的妻子雇佣女仆的情况吗？＝没有。

【户长、家族的席次】招待家人吃饭的时候怎么坐？ ＝祖父、祖母、父亲、母亲、长子、次子等顺序坐。

户长坐上席，有长子次子，并有妻子的时候怎么坐？ ＝男的就光男的坐。

○户主　　　○地位高的妻子
○长子　　　○同上
○次子　　　○同上

不跟上图一样坐成一列的话是什么样的顺序呢？ ＝正式宴会（婚礼的时候），户长坐正中间，户长的兄弟围着他坐。婚丧的时候"父子不同席"。但是平常会一起吃饭。"男女不同席"，正式的场合男女不能同席坐。

正式宴会的时候如何分配座次的呢？ ＝

第一桌　　　　　　　　第二桌　　　　　　　　第三桌
兄　户长　弟　　　　次子　长子　三子　　　长子妻　户长妻　三子妻

第三桌个第一桌和第二桌在不同的房间。

日常吃饭的时候坐次的顺序呢？ ＝没有。

杨氏兄弟分家前是如何排列的呢？ ＝分为男一桌、女一桌。

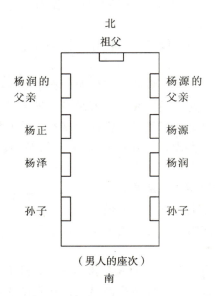

（男人的座次）

一直都是向上图一样坐着的吗？ ＝是的，按礼仪来的话就是跟上图一样。

【户长的行为不端和家族成员】户长做了坏事的时候，家族成员怎么做？ ＝家族劝他向善。

户长提出无理的意见的时候，家族成员持什么态度？＝家族不会遵从。

户长有两个儿子，一个儿子结婚的时候其他的儿子赞成，户长反对的时候怎么办？＝商量不成的时候，叫其他人商议。其他人指亲戚、同族的人。

户长有十亩地，户长要卖其中的八亩地的时候，要跟家族成员商量吗？＝要商量。

卖地的时候户长可以不顾家人的反对，利用户长的权利卖地吗？＝可以不顾反对卖地。

户长独断借了别人的钱的时候，家族成员持什么态度呢？＝没法子，不予处置。

户长犯罪的时候，家族成员可以采取诸如把他赶出去，或者对户长的权利加以限制的态度吗？＝虽然不能把他赶出去，但户长说的话将不再管用。

上述情况有代替户长的人吗？＝会由户长的儿子代理。

户长的妻子呢？＝不可以，有句话说"家有长子，国有大臣"。

11 月 29 日

父子　　夫妇　　离婚

应答者　杨泽

地　点　村公所

【女儿、男子、老人的职分】村民多少岁的时候娶媳妇？＝二十岁以下，十五六岁的时候比较多。二十岁以上的也有，但很少。

男子退休的年纪是多少岁的时候，那叫作什么？＝六十岁以上，年老不能工作，没有什么特别的说法（不明）。

没有女仆、扶役的家里，十二三岁的男子们做什么工作呢？＝读书的比较多。少数会做家里的工作。十一二岁的女儿会做针线活。不做饭，母亲做。

十二三岁的男子帮忙做家事的时候是什么样的事？＝早上扫地，其他的不做。

做在地里用货车（马车）装草的工作吗？＝做。暑假和收获的时候会看守作物，每天都要。

上述的是只看自己家里的吗？＝是的。

没有孩子的时候是谁看守呢？＝让老人做。

那老人是一整天都坐着的吗？＝每天走走坐坐地看守。

大点的女儿呢？＝一样的。

那时大男人（大人）做什么呢？＝收获、搬运作物，还有晒干谷物。

那时男人的妻子们做什么呢？＝即使帮助男人，女人做的劳动也比较少。

女人参加播种、收获的工作吗？＝参加。

【父子之争】父母与子女之间的争执一般是由什么引起的？＝子女懒惰、挥霍等比较多。

子女不听父母的话的时候怎么办？ ＝孩子小的时候会打，长大了就骂。打屁股的时候较多，也有打头的（不明）。

十五六岁的孩子有妻子的时候，骂他也不顺从的话怎么办？ ＝父母还是会打。被打的孩子的妻子会哭着向父亲求情。

【父子之争与户长】祖父（户长）、父、子的时候，父亲训斥孩子的时候，祖父会不出声地看着吗？ ＝孩子不对的时候祖父也会训斥。

上述情况，不知道父子哪一方的说辞是正确的时候，祖父会出面仲裁吗？ ＝激烈时候会仲裁。

上述时候，有没有父子一致反对祖父的时候？ ＝双方都反对的话，祖父（户长）就会沉默了。

这样的话，父子的争执不就会持续下去吗？ ＝是的。邻居和同族内的人会来仲裁。

上述时候，族长没有出来担当一职吗？ ＝不仅是族长，附近的村民、同族的人也会来仲裁。

村长在上述时候不怎么参加吗？ ＝没有怎么来。

【户长的行为不端和家族成员】祖父（户长）不道德的时候，子孙怎么办呢？ ＝没有办法，子孙只能沉默。

默不作声的话，祖父的行为不端导致家产有被败光的危险的时候怎么办？ ＝不得已。

户长懒惰，在收获时沉迷于喝酒的时候，家族成员怎么办？ ＝没法子。

上述时候，户长的妻子怎么办？ ＝会劝他，但他不听的话，也没办法。

上述时候大家会就户长的事一起商量吗？ ＝不会，与其相关的时候会很积极。

户长有妻子但还是去找其他女人的时候怎么办？ ＝没法子。

上述情况不是关系到家族的荣誉吗？ ＝只关系到祖父的名誉，与家族名誉无关。

上述情况，儿子劝父亲的话说不定可以阻止祖父的行为，防止祖父名誉受损。这样想的话也会有责备家族的声音，不是也会影响家族的生育吗，没有这样想过吗？ ＝村民只会觉得是祖父的错，不会怪家族的人。

户长没有想过自己的行为不端会受到子孙的责备吗？ ＝不会这样想。

户长找别的女人的时候不会与妻子之间发生争执吗，不会时不时争吵吗？ ＝会时不时吵架。

上述时候，妻子不会要求离婚吗？ ＝如果妻子有孩子的时候会要求离婚。但是如果没有孩子在家又没有财产的时候不会离婚。

丈夫有财产，妻子没有孩子的时候呢？ ＝要求离婚的时候比较少。

祖父（户长）的妻子去世了，娶了后妻，前妻的儿子与后妻之间平时不会发生不和吗？ ＝不一定会有不和，和平相处的比较多。

上述时候什么样的事会产生不和呢？ ＝因为不是生母，有时会不听后妻说的话。

【续弦】后妻叫什么？ ＝续弦。

与续弦相对，前妻叫什么？ ＝叫生母姐姐，但死后就不叫了。

不叫生母吗？ ＝只叫"母亲"，但对后妻也叫"母亲"。

续弦生了男孩子，与前妻的孩子之间的关系一般怎么样？ ＝要看后妻的人品。后妻宠自己的孩子的话，关系就会变差。

续弦会区别对待自己的孩子和前妻的孩子吗？ ＝有区别对待的。

这样的话前妻的孩子在上述情况下和后妻发生争吵，会把她赶走之类的吗？ ＝因为父亲还在，不会发生这样的事。

父亲会对续弦默不作声吗？ ＝父亲贤良的话，会责骂或打续弦。父亲愚钝的话，就默不作声。也有在孩子面前打骂的。

前妻有两个儿子，后妻有一个儿子时怎么称呼呢？ ＝按年龄顺序长子、次子、三子来称呼。

【续弦和分家】有没有诸如父亲宠爱后妻的孩子并留下遗言说把"家务"留给三子的情况吗？ ＝不可以那样。

上述时候可以多分给三子一些财产吗？ ＝不行。

父亲死后，前妻的孩子会团结起来，分给续弦的孩子很少的财产吗？ ＝不可能有那样的事。分家的时候需要保证人，那样的话谁也不会当保证人了。

上述时候前妻的儿子和续弦的儿子发生争执的时候怎么办？ ＝没有理由的话是吵不起来的。这时三男还有后妻在，反而必须多分些财产给他。

上述家族里，分家的时候，续弦住在哪个家里呢？ ＝住在三子家里，三子必须赡养她。

但是家务由长子继承，长子成为户长。

父亲死后，不是由长子赡养续弦的吗？ ＝关系好的时候会去长子家。

上述时候，续弦应该去哪家？ ＝根据母亲的意愿去她想去的地方。

母亲想去三子家，但长子想赡养续弦的时候怎么办？ ＝即使长子主张去他那，但还是让母亲去她想去的地方。

父亲死后，妻子还年轻，有过再嫁人的情况吗？ ＝没有。

那么是一生独身一人吗？ ＝抛弃孩子嫁到别家。绝对不会留在那个家里。

【养老女婿】父母只有女儿的时候，有给女儿收"养子"的情况吗？ ＝有。

上述时候，养子死后还可以再收养子吗？ ＝不可以。不管跟之前的养子之间有没有孩子，都不能再收养子了。但是可以把女儿嫁到别家。

上述"养子"叫什么？ ＝"养老女婿"，从别人家来的养子。

有男子的时候可以收养老女婿吗？ ＝不可以。

把男子收为养子叫什么？ ＝"招女婿"。

养老女婿与养家的父母发生争执离家而去的时候，他的妻子即女儿怎么办？ ＝大多数时候女婿会带着女儿（即妻子）一起走，而且还会带走他们之间的孩子。

【轰出去】养家的父母把女婿赶出去，这叫什么？ ＝"轰出去"。

上述赶出去之后，除父母之外不就没有人了吗，下一个继承家务的是谁呢？ ＝父母年轻的时候没有关系，父母年老的时候，会在适合的时候回来。

但是被赶出去的人，不是不会再回来了吗？ ＝有人加入仲裁，会回来的。

上述时候，女儿（妻子）拒绝跟他一起走的话呢？＝女儿跟那个男的即丈夫关系好的时候比较多，所以都会跟着走。

上述时候，女儿有留在家里的情况吗？＝基本上没有，大体上是跟着去。

女儿讨厌被赶出去的男人的时候会留下来吗？＝会。只有男人走。

那时，男人回老家，还可以再娶新的妻子吗？＝可以。因为这边离婚了（?）[1]。

养子生了男孩，然后回老家，再娶，这期间生了男孩。那时，两个男孩之间怎么称呼呢？＝过继的家里有男孩的话，就不会被赶出去，所以这样的情况无法想象。

在养家与女人之间有了孩子，之后养子被养家的父母和妻子厌恶了的时候呢？＝没有这样的实例。

男的被赶出去，和女人一起离开养家，回到男人的老家，继承家务。这期间养家父母去世的时候，还能回到养家吗？＝被养家赶出来之后，成不了老家的户长（因为老家一定还有成为户长的人在）。

【夫妇之争和仲裁】夫妇吵架的主要原因有？＝多数原因是男人懒惰、奢靡。

吵架激烈了，妻子会回老家之类的吗？＝有。

上述时候会有几个人当仲裁人呢？＝有来自娘家的人，也有本家的人，亲戚、同族的人、朋友都有。

长老、村长等一定会来吗？＝不一定，不请的话就不来。

一般是哪些人比较多？＝附近的人较多，不一定是同族的人。

有叫过族长来吗？＝叫过，但不一定会叫族长来。

族长仲裁的时候，会开诸如同族的会议吗？＝不会。

【靠人】丈夫有了其他女人（妾、靠人）的时候，妻子怎么对丈夫呢？＝会吵架。

有户长在的时候，女人会向户长抱怨上述事情吗？＝没有过，有时会跟别人说。

没有向户长、族长申诉过吗？＝没有。

没有向户长的妻子申诉过吗？＝有过。

户长的妻子会告诉户长吗？＝会。

户长会怎么仲裁呢？＝户长会训斥丈夫。训斥也不听的话就没有办法。

夫妇吵架的时候，丈夫对妻子使用暴力的情况多吗？＝也有使用暴力的。

妻子会打回来吗？＝被打过三四次就会反抗。

吵架的时候是斗嘴比较多还是暴力比较多？＝前者较多。

丈夫有了靠人的时候会叫到家里来吗？＝会。靠人是未亡人的情况较多（媚妇）。

祖父（户长）会反对儿子把靠人带到家里来吗？＝有户长的时候，儿子是绝对不允许有靠人。

正妻的儿子有个女儿（十八岁），和靠人有个儿子（一岁）的时候，给女儿招女婿并把家务交给他，不给后者的男孩是一般情况吗？＝生了男孩的话，就不能收"养老婿子"了。

---

〔1〕　译者注：原文如此。

【二房】生了男孩的话，靠人是会上升为正房吗？＝不能成为正妻，但是叫"二房"。

上述时候，要写申请等公文的时候怎么写呢？＝写"妾"，写"妾"的时候较多。

（1）没有带回家之前是叫靠人

（2）带回来之后（进门之后）叫二房

公文里有没有省略"二房""妾"的时候呢？＝一定会写上去。

同居的"靠人"叫什么呢？＝二房或者妾，叫二房的时候较多。

【正妻和妾】妾有了孩子的时候，其名分不变吗？＝不变。

正妻、妾的房间呢？＝房间分开的较多。

谁做饭比较多呢？＝妾做饭的时候较多。

妾比较受宠爱的时候呢？＝作为正妻，让她做饭。

妾更受宠爱的时候，正妻会离家出走吗？＝丈夫会分给妻子很少的钱，让她单住。妻子会向男人请求回娘家（？）[1]。

丈夫不让她带着孩子走的时候呢？＝正妻会抛弃孩子，去别的村。

上述情况下，去了别的村的正妻不再是家人吗？＝回到娘家还是会被认为是夫家的家人。

直到什么时候还是家人呢？＝直到男人死后，还是被叫作家人。

正妻像上述一样回娘家，夫家在正妻的孩子之外有了妾的孩子，这时丈夫死了的话，由哪个孩子继承呢？＝丈夫死后，关系好的话同居（回了娘家的正妻和在夫家的妾）的时候分家。财产平分，家务由正妻的孩子继承（？）[2]。

上述时候，正妻可以回来把妾和她的孩子赶走吗？＝不可以。

上述正妻回到娘家的时候，村人怎么称呼妾呢？＝"二房"或者"小小"，没有什么俗称。

【离婚】有一对夫妻，失去了孩子，丈夫死后财产是归谁所有呢？＝归妻子所有。

有女儿的话呢？＝成为妻子的财产。

妻子被丈夫赶出去（轰出去）之后就不再是家人了吗？＝不是了（？）[3]。

被赶出去的妻子一定不会被称为家人了吗？＝回到娘家后，还没有嫁到别人家的时候，被称为家人。

不是在被赶出去的同时就不再是家人了吗？＝不是。

被赶出去的时候要写什么文书吗？＝不写。

"离婚"是什么时候的？＝必须要在国家允许的时候。

"轰"和"离婚"不同吗？＝不同。

村里有离婚的吗？＝很少。

什么时候会离婚呢？＝夫妇不和的时候。

---

〔1〕　译者注：原文如此。

〔2〕　译者注：原文如此。

〔3〕　译者注：原文如此。

没有其他什么原因吗？＝比如说在丈夫不在的时候，妻子通奸之类的时候。

离婚是户长来办吗，还是丈夫来办？＝仅夫妇之间是离不了婚的。在有了县公署承审处的判决时才可以进行。

离婚手续呢？＝告知丈夫通奸的时候，丈夫会报告给女方的母亲，得到谅解，然后离婚。父母同意的话不经过裁判也可以离婚（？），需要取得女方父母的同意。

女方家里有祖父（户长）的时候，需要取得他的同意吗？＝不需要。

娘家只有父亲同意的时候可以离婚吗？＝可以。

只有娘家的母亲的同意呢？＝不可以。

娘家只有父亲同意，母亲反对的时候呢？＝需要诉讼。

娘家父母同意，户长反对的话呢？＝会成为诉讼的原因。

娘家的父亲和户长同意，母亲反对的时候呢？＝会成为诉讼的原因。

丈夫在寻求上述人的同意的时候，需要实现取得自家的户长、父亲的同意吗？＝一般会去取得自家的户长、父亲的同意的。但没有取得同意的时候，也可以去娘家进行交涉。不管有没有自家户长、父母的同意都可以。

有了妻子和娘家父母的同意，但自家父母反对的时候怎么办？＝只要有了妻子的同意丈夫的父母反对也可以离婚，不需要裁判。

【休书】上述情况下要写离婚的文书吗？＝叫"休书"。

被休的女人是在离婚的事谈妥之后马上回娘家吗？＝是的。

上述情况的女人有孩子的时候怎么办？＝不能带着孩子走。

上述情况的女人什么时候开始不再是家人了？＝同意了之后，就不是了。

休书是什么？＝相当于"离婚证明书"。休书是私人的东西，离婚证明书是国家发的。

休书要写几张？＝两张。

由谁保管？＝女方父母和男方自己保管。

休书上要写些什么内容？＝不会写。

休书的样式都是一样的吗？＝大体相同。

【再婚】写了休书之后，女方留下孩子回娘家。她还能嫁到别人家吗？＝可以。

丈夫可以再娶吗？＝可以。

上述时候，前妻有一子，新妻有一子的时候丈夫（户长）死后，由谁继承户长的家务呢？＝前妻的儿子也是长子继承。

【分家和母亲和养老费】丈夫和妻子离婚，他们之间有一长子，丈夫再婚后又有一子，然后丈夫（户长）去世，这种情况下，分财产的时候怎么办？＝财产不是对半分，次子要多分得一些。大概是长子六亩、次子九亩左右的样子。

父母之间有长、次、三、四子，父死之后，母亲一定是由长子赡养吗？＝一般母亲跟四子一起住的比较多，所以分家的时候要多分给四子一点土地。

上述是四子小的时候的情况吗？＝是的。如果都成家了的话，母亲可以随意去哪家。

一般母亲会去哪家？＝长子或者四子。

长子和四子哪家去得较多呢？＝要看四子的性格。四子不能独立生活的时候，就去四子家监督他。

本村一般是怎样的？＝交替、轮流的比较多。按顺序每三四天去。

在孩子要分家时，母亲要和谁一起生活？＝成为四人家庭。

但是如果分家的话，就会变成四个家庭，母亲不就必然会和其中一个家庭一起生活吗？＝申报上去的是和长子一起生活。

【判决离婚】判决离婚是谁申请判决？＝丈夫（本人）申诉的情况比较多，但本人在十五、十六岁年纪较轻的情况下，由其父母提起申诉。

去哪里申请呢？＝去受审处。

去受审处请求什么？＝请求离婚。

女方由谁出庭？＝女方、女方父母。

判决离婚后怎么办？＝如下判决决定后，女方和女方父母都要放弃。

由谁拟定离婚判决书？＝由受审处员工拟定。

拟定几份？＝两份，由双方父母保管。

持有休书的女方，有可能再和前夫复合吗？＝事实上是不可能回去的，因为女方会很丢脸。如果男方希望复合的话是可以的，那个时候把休书烧掉即可。

如果是"离婚证明书"的情况下怎么办？＝如上一样。

【户籍长的债务和家族成员】祖父（户籍长）借款很多，无法返还时，还款的责任只在祖父身上吗，还是其他的家族成员全部都要承担责任？＝全部家族成员都要负担责任。

12 月 3 日

分家　同族　家长

应答者　赵廷魁
地　点　村公所

【分家的原因】分家和分居有什么区别？＝一样。

分家的原因一般是因为什么？＝

（一）父母都老了，不能工作的情况下，趁着父母还在想要平分财产；

（二）兄弟间吵架、意见冲突、不和的情况下。

【分家和财产分配】分家必须要分财产吗？＝必须分财产。

居住地（房子）怎么办？＝一直以来居住的房子也要分割，由抓阄（抽签的意思）来决定。

抓阄时房子不够的情况下呢？＝由财产、空地来代替进行替换（等价）。

【分家单】分家时要拟定文件吗？＝拟定分家单，如下图所示

书写格式

```
            立分家单○○○（某名）
            受分○○○房 ○○○间
                 ○○○亩
                 其他○○○
        凭亲属见证、各立门户、恐后无凭据立此分家单为证
                    家长　　○○○印
                    见证人 ○○○印
                    受分人 ○○○印
```

必须拟定吗？＝必须拟定。如果不这样的话，分家无效。

【分家和财产分配】有不分财产就分家的情况吗？＝没有。

有不通过分家的方法而自立分户的情况吗？＝没有。

假如家族成员中有谁去了外地独立经营生活的情况下呢？＝那种情况不属于分家。

分家的时候不要财产，把财产让给别人可以吗？＝可以。那个时候要在分家单上记录。

【分家请求者】请求分家的人是谁？＝参与分家的人。没有户籍长命令分家的情况。

【分家和父母】分家后称呼分家前的家叫本家吗，还是叫什么？＝叫"老宅子"。

长子可以分家吗？＝是的，原则上由长子继承家谱，也可以让给其他人。

那种情况下"老宅子"的家务怎么办？＝不再管。

那样的话，大家都分家的情况下父母居住的房子会没有吧？＝是的，那种情况下父母交替到分家的儿子家居住。另外一种方法是父母之前存钱，在儿子们分家时保留自己的财产，作为自己以后的生活费。

【分家的方法】日期暂且不说，有哥哥先分家，然后弟弟分家情况吗？＝绝对没有。一旦兄弟全部分家，之后也有其中两人或三人一起在同一个屋子里生活的情况。

【分家和父母】那种情况下（大家都分家的情况下）父母属于哪家？循环到各个儿子家的情况下，没有自己找房子居住的情况吗？＝可以叫分家的儿子轮流来做家事。

那个时候，负担父母赡养任务的是谁？＝没有特别要负担义务的人。

【分家的请求】兄弟中有一人拟定分家单时呢？＝其他兄弟也要拟定。兄弟中有一人请求分家时 其他人就必须全部分家。

兄弟中有一人想要随便分家的情况（其他人不想分家时）下呢？＝父母允许。也有那人被家里赶出去的情况。那个时候，不拟定文件。这不是分家，也不分给其财产。将来那个被赶出去的人境况变好的时候可以回家。没有一个人离的情况（不详）。

在被赶出家的人还没有回家期间分家时，那个人怎么办？＝还是会保留被赶出家的人的平等权利（财产）。

一人请求分家，其他人（不想分家的人）呢？＝虽然已经各自拟定了分家单，但是其余的人可以如往常一样就一起住在以前的房子里。然后，他们就可以把分家单作废，使之

无效。

那以后其余的人中其中一人请求分家的情况下呢？＝与之前的分家单无关，重新拟定分家单。

【分家和父母的赡养】一人分家，根据抽签一直住在之前的房子里的情况下，父母可以把其他兄弟放逐吗？＝可以。

在孩子分家的情况下，父母通常或者肯定会自己保留财产吗？＝没有规定。也有全部留给儿子的情况。

儿子在分家后拒绝抚养父母的情况下，由谁承担抚养义务？＝有义务（不详）。

【分家和父母的财产保留】父母保留的财产怎么办？＝不统一。比儿子财产多或少的情况都有，保留多少都是可以的。一般不会留多少。

将保留财产给某个儿子的情况下，那个儿子有抚养义务吗？＝有。

父母可以保留全部财产吗？＝可以（权利上），但是一般不会这样做。

父母保留财产后剩下的财产会分给儿子吗？＝剩余财产平分给分家的儿子们。

【本家和分家】分家的人帮忙老宅子的耕作劳动（播种、收获）吗？＝不帮忙。因为不知道老宅子里住的是谁。

户籍长居住的情况下呢？＝户籍长没有请求帮忙的权利。

作为民俗，即使没有权利，分家的人就不去帮忙吗？＝还是没有统一，不一定。

【分家和村民】分家之后，作为村民的权利义务有变化吗？＝做父亲之前做的事情，完全是一样的。

分家之后，对村民该做什么事情？不叫村长、会首吗？＝做"散伙饭"。

那个时候要叫以下的人吗？村民、熟人（村长、会首）呢＝？[1]。

亲戚呢？＝会叫哪些范围内的人是不一定的。

族长呢？＝原则上应该来，但是不来的话，分家也是可以进行的。

同族呢？＝还是不一定。

见证人呢？＝要来。在吃"散伙饭"前写好分家单，或在席上写。

【分家的情况】分家的情况怎么样？多还是少呢？＝最近变多了，在父母去世后大多都会分家。

原因是什么？＝"承通衰微"。家境变差，然后趁没变差之前占有财产。不早点分家的话，能够占有的部分就会慢慢变少。

今年分家的家族有多少户？＝两户。

（1）刘福（长子）、刘珍（次子）、刘祥（三子）。只有刘珍一人离家，剩下两人一起还在（母亲还在）。

（2）李树林（长子，现在母亲跟着一起生活）、李祥林（次子，早先离开家，那个时候长子、三子还是一起住，今年三月又分家了）、李强林（三子）。

去年呢？＝记不起了。没有。

〔1〕　译者注：原文如此。

父母必须只能住在老宅子吗？＝不一定。

【族谱】大家一般都持有族谱吗？＝有家谱，但是没有听说过族谱。

姻戚不是同族吗？＝嫁过来的新娘不是家族成员，不是同族，是亲戚、姻戚。一般来说。

没有族谱就不知道是不是同族吗？＝没有族谱，辈分隔远之后就不知道了。

【同族户数】这个村子主要的同族有哪些？＝杨氏十一户（外村有一户），张氏十一户，李氏五户，别族的李氏九户，赵氏五户（外村有两户）。

同族间有分歧、不和等时由谁来调节处理？＝不一定。同族外的人也可以进行仲裁。并非一定要族长来仲裁。

同族一般都知道自己的祖先（同族的）吗？＝是的。如果是同族，大家都相互知道他们有共同祖先的关系。

有所属不详的同族吗？＝没有。

有同族外的人新加入同族内的例子吗？＝没有。

反过来，有被同族除名的例子吗？＝也没有。同族是根据祖先相同来确定的。

【同族的等级】同族里有等级（例如宴席等时）吗？＝"辈分大的"（上一代的人的意思）等级最高，同辈的人按照年龄区分。

有血统的远近吗？有中心血统吗？＝有远近。表达的敬意不一样。中心血统叫"长门"（直系长子血统的意思），接着是次门、三门。

长门要比次门、三门更受人尊敬吗？＝敬意是有的。大多数族长是由长门中诞生（不详）。

【墓地】同族之间有特别是协同、协力、共有等事情吗？＝同族之间有共同的墓地。但是也可以选择别的地方的墓地。

现在墓地是每户一起吗，还是以同族为中心埋葬？＝以户为中心的墓地较多，同族全部埋在相同地方的情况较少。

【同族集会】有集会吗？＝没有，没有一起聚集的情况。

祭祖时呢？＝每家每户自己拜祭。

同族多多少少聚集的情况呢？＝没有。

只是同族合作做某事的情况呢？＝没有。

就同族的墓地同族聚集的情况呢？＝有全部聚集的情况。

在什么情况下呢？＝被他人占领的情况下商讨对策。

就其他事情同族商量的情况呢？＝没有。完全没有，不知道共同墓地是谁的土地。李家的墓地也好，不知道是李家中谁的墓地（不详）。

【同族的扶助】就同族的事情，有特别的人来承担吗？＝没有这样的人。

同族间有援助、扶助吗？＝扶助关系多少是有的。

什么情况下呢？＝结婚、葬礼、生活困难的时候多少有些援助。那也是根据关系好坏来决定是否援助。关系不好时，就算是同族也不会援助。

同族间的金钱借贷关系怎么样？有与一般情况不同的地方吗？＝没有特别的地方。就算是同族外的人，关系好，当事人又是正直的男子的话，都会援助，所以，因为就算是同族也不会特别援助。

【家长的顺序】家里的头、长叫什么？　＝叫户长，或是家长。

哪一个用得比较多？　＝一般家里的话，家长用得比较多。户口本的情况下户长用的多一些。

家长去世时，用什么方法决定新的家长职务由谁担任？　＝由其儿子来担任（长子成为家长，首先根据辈分区分，然后根据年龄排序）。

通常由家长之子担任吗？　＝不一定非是家长之子。那家儿子有叔父时，由叔父担任。但是他也可以把家长职位让给儿子。

那么成为家长的顺序是怎么样的呢？　＝下图所示的情况下顺序是，B 死亡时由 A 担任，A 让位的话由 C 担任，C 让位的话由 D 担任，再然后是 E、F 的顺序。顺序不论本人（顺序之内的人）的疾病、能力不足等都是一样的。

家	（A）弟弟（次子）　＝　（D）儿子（年龄最大）
	（B）家长（长子）　＝　（E）儿子（年龄居中）
	（C）弟弟（三子）　＝　（F）儿子（年龄最小）

家里只有家长、妻子和女儿，家长去世的情况怎么办？　＝这种情况下由家长的妻子担任。女儿的丈夫以养子的身份入赘到女儿家时，由女儿的丈夫担任（养子入赘的那个时候，户长的妻子让给女儿的丈夫较为普遍）。

这种家长的顺序是预先就决定好的吗？　＝是的。

【私生子】第一夫人的孩子和第二夫人的孩子在家长的顺序是如何的呢？　＝依据年龄来决定顺序，妾所生的孩子不能成为家长，因为不是男人的家族。妾是未婚女儿的情况下，那个孩子就可以叫作"私生子"，妻子所生的才称为这个人的孩子。私生子在取得多数人同意时可以杀掉，或者送给别人，完全没有留在自己家养的情况。男人将妾所生之子接到自己家里养的情况有是有，但是很少。男人不能在公众面前承认是自己的孩子。宣称是捡来的，然后作为自己家的孩子。那种情况下，与正妻的孩子还是按照年龄来排顺序。雇女生下孩子的情况下，还是和私生子一样，按照年龄排顺序。

【家长的顺序】家长，他的长子、次子（去别家当养子），三子都有的家庭的家长顺序是？　＝次子去了别人家当了养子的时候，家长去世后，下一代家长长子去世的时候，次子不能从养家回来，成为家长。由三子担任家长。

【家长的辅佐人】家长年少时有辅佐的人（职务辅佐、代行）吗？　＝当然需要辅佐。辅佐人大多是家长的叔父。正式的也是必须的。那个孩子的母亲为最初的辅佐人，母亲去世时由其叔父担任。

这种情况下，土地是以谁的名义买？　＝以孩子的名义买。

辅佐人的称呼呢？　＝没有特别的称呼。

在卖契上辅佐人写作什么？＝写王李氏同氏子〇〇〇（母亲辅佐的情况下）。或者叔父为辅佐人的时候，叔父必须是保证人。

辅佐人必须是保证人吗？＝叔父的情况下就是叔父。母亲的情况下，叔父等为保证人，母亲不能成为保证人。

12 月 4 日

家长（当家的）

应答者　杜祥
地　点　村公所

【家长的顺序】户长、其妻子、长子（三岁）都有的时候，户长去世的情况下，他家的长子会成为户长吗？＝是的。

那种情况下，因为长子还是幼儿，所以必定需要援助、辅佐的人吗？＝是的，由户长的妻子或者新户长的叔伯担任。不是亲戚的人不能担任。并非只要是同族的人谁都可以担任。

提供援助、辅佐的人叫什么？＝没有特别的名称。

有辅助人的资格吗？＝实际的叔伯，实际的娘舅（母亲的兄弟），实际的兄弟（母亲的兄弟的儿子）吗？

家长在生前可以指定下代家长吗？＝可以。可以留下遗言。这样指定长子的情况较多。

可以指定次子吗（例如根据能力这点来考量）？＝可以。能力程度相同的话 由长子担任。

如果能力不突出的话不能指定次子，那么那个能力由谁做出判定呢？＝亲生的孩子的话，父母应该很熟悉他的能力。

对于这个有人提出反对意见（假设父亲认为次子有能力，但是别人认为长子有能力）时呢？＝那个家族以外的人不能干预。

家族内的母亲提出反对意见时怎么样？＝母亲一般不能反对作为家长的丈夫。

母亲的亲生父亲反对的情况下呢？＝和他没有关系。

家长的已经分家的弟弟提出反对意见呢？＝不能。

家族内家长的弟弟提出反对意见呢？＝那个时候其弟弟成为家长。不能越过弟弟，指定自己的孩子。就算弟弟能力不足也有成为下代家长的权利。一般来说，一定是弟弟担任家长，然后才是孩子（长子）担任。一般来说，户长越过长子，指定次子、三子的情况很少。

在村子里有指定次子的实例吗？＝没有。

生前就指定的实例多吗？＝指定的情况下，把孩子全部叫来说"团结友爱一起生活"，家长去世之后，长子顺理成章成为下一代家长，这是村子里的风俗。

有这样的实例吗？＝没有。

留下"遗言"的实例呢？＝谁都可以会这样。

通常什么样的遗言比较多？＝"团结友爱"，关于土地（耕作的地点等）的问题。关于分家如何分割财产的指定很少。

一般来说家长都希望不分家吗？＝死后两三年分家的情况较多。不希望分家。

别家的同族成为家长可能吗？＝没有，不可能。

有家族灭绝危险的情况怎么办？＝领养离自己最近的亲戚的孩子（兄弟的儿子等）。

家长可以兼任别家（家长兼任）的吗？＝不能。

一方有灭顶的危险的情况下？＝"绝次不绝长"，不能兼任。

可以再一次成为家长吗？＝不可以。

例如有父亲（家长）、长子、次子的情况下，父亲去世后，长子担当下一代家长，过一段时间让给次子，然后次子也去世了，无可奈何再次由长子担任家长的情况有可能吗？＝虽然可以，但是村子里没有这样的实例。

【成为家长的条件】成为家长的条件是要在能力、年龄、血统远近等其中一个得第一吗？＝第一是能力，第二是辈分（代），第三是年龄。下一代的人如果有很强能力的话，也可能先成为家长。

辈分中下一辈如果年长的情况呢？＝即使年少，还是上一辈的人成为家长。同一辈的情况下根据年龄来决定。

【家长的呈报】家长确定之时，需要呈报吗？＝需要呈报。先向甲长呈报，然后甲长向村长呈报，村长向分局长（警察）呈报，分局长向县公署呈报。

呈报的是什么形式？＝普通口头上的，没有文书。

那个时候需要披露吗？＝没有特别的需要，在家族内部也没有披露的活动。

【家族成员的住所变更】反对家长意志，家族成员变更了住所的情况如何处置呢？＝？[1]。

一般对家长的兄弟呢？＝什么都不能做。

孩子的情况呢？＝生活困难的情况，虽然有抚养的义务，但是一般行踪不明的人很多，抚养也不是问题。但不抚养也可以。这样的事，村民是不会做的，还是援助比较好。

村里有这样的实例吗？＝没有。

【家族成员的除名】如下的情况，有从家族内除名的情况吗？＝没有。

家长的妻子与别的男子私奔了的情况呢？＝提起诉讼，不要妻子（离婚的意思）。

一般家族将家族成员除名的情况必须提起诉讼吗？＝只是妻子的情况。孩子的情况下，无论做了多大的坏事，也是家人，做不出通过诉讼将孩子除名的事情。

例如当了匪贼做了坏事的情况下呢？＝通过新闻广告"脱离父子关系"。或者向村长呈报文书（文书是由父亲撰写，村长撰写文书向县里报告，将父亲撰写文书附着于后）。

---

〔1〕　译者注：原文如此。

然后完全断绝关系。

其他家族成员的情况也是像"脱离父子关系"一样的方法吗？ ＝是的。

除了这个方法以外还有其他除名家族成员的方法吗？ ＝没有。

【家族成员的复籍】对嫁入别人家的人离婚后恢复原籍，需要家长的同意吗？ ＝需要。

不同意的情况呢？ ＝女儿要再回到夫家。

夫家不允许的情况呢？ ＝还是回娘家。

那种情况下，还是娘家的家人吗？ ＝是的。因为既然已经离婚了，由于娘家的父亲同意了，不会不让女儿进家门的事情。

从王家嫁到李家的孩子，后来因为一些事情，回归到王家的情况下，需要得到王家家长的许可吗？ ＝需要。

【入籍和家长】收养养子的情况呢？ ＝需要。

纳妾，娶第二夫人的情况呢？ ＝需要。

婚姻、养子等离开自家的时候，必须要家长的许可吗？ ＝没有得到许可就不能离开。没有许可女儿也不能出嫁。

只需要家长的许可就可以了吗？ ＝对方的许可也是必要的。双方的许可都需要。

祖父（家长）、父亲、父亲的弟弟、儿子（女儿）都有的家族里呢？ ＝女儿只得到家长的许可也不能出嫁，必须还要得到父亲的许可。

如下的情况，父亲许可而家长反对的情况呢？ ＝不能出嫁。

需要先得到哪一方的许可呢？ ＝有婚姻介绍人，先到女儿的父母处商讨，再到家长那儿去。

精神失常的人、耗弱的人、耳聋者、哑的人，家长要怎么处置？ ＝只是抚养吗（?）[1]。

对于浪费者怎么办？ ＝没有合适的处置。没有办法。就算责备，也不听的情况下也无可奈何。

【同族】您（杜氏）的家族有几人？ ＝九人。

同族有几户？ ＝七户。

祖先是怎么样的？ ＝以前开始就是从一个祖先那儿分支下来。

从一个祖先那儿分支下来的人叫什么？ ＝"各属各族"。

那种情况下分支下来的人们居住的泽山的家叫什么？ ＝叫"同族"。

那种情况下，各家如何计数？ ＝就是"一个同族"。

【当家的的称呼】那种情况下，各家有长、头吗？ ＝有。

那个长的名、头的名叫什么？ ＝叫"当家的"。

杜祥氏是家里的当家的吗？ ＝是的。

祥现在住的家中还有其他的当家的吗？ ＝没有。

为什么您一个人，没有别人呢？ ＝因为其他人都是自己的孩子。

---

〔1〕 译者注：原文如此。

规定一个家里只有一个当家的吗？　＝是的。

当家的有其他的称呼吗？　＝没有。

担任当家的的人叫什么？　＝那个人掌管钱财支出、收入。叫当家。没有名称。

当家和当家的不一样吗？　＝一样的。

村子里的人给当家的叫什么？　＝叫当家的。

现在村民还使用这个词吗？　＝是的。例如去拜访家长时，说着"当家的在吗"进去。

户主是什么？　＝当家的人就是户主。

户长是什么？　＝户长也是当家的。

现在村民还在使用"户主"这个词吗？　＝村民不怎么说。

也有会说的情况吗？　＝普通村民不说。但是和尚化缘时叫"老户主"或者"老施主"。

"户长"这个词还在用吗？　＝没有人用。

有用的情况吗？　＝没有。

村里的户口册等上面没有写"户长"吗？　＝户口册上有户长一栏，但是只是在其下面写入户名。

户口册的户长一栏写的名字是谁？　＝当家的。

您的同族中当家的有几人？　＝有七人，杜春、杜复新、杜德新、杜守田、杜钦贤、杜祥都是当家的。

【族长的称呼】这些当家之中的长是谁？　＝各管各业。

这之中没有长或者头吗？　＝没有。

杨同族中杨永才是什么？　＝因为年龄很大，所以叫族长。

是因为他是最年长的人吗？　＝是因为他是辈分最高的。

杜同族中像杨永才一样的人是谁？　＝杜春和杨永才一样。

为什么一样？　＝辈分最高，同辈之中又是哥哥。

杜春多大年龄？　＝大概六十二岁。

您呢？　＝五十七岁。

您和他们是亲兄弟吗？　＝堂叔伯弟兄。

您的父亲是？　＝杜芝旺，杜春的父亲是杜芝瑞。

杜芝旺和杜芝瑞是亲兄弟吗？　＝一爷之孙。

同族中的中心人物是谁？　＝没有。

不是族长吗？　＝不是。

族长有其他的名字吗？　＝就是一个族长，族长和家长一样。

为什么相同？　＝各管各事没用处。

您是您家的家长吗？　＝是的。

您是族长吗？　＝不是。

为什么不是族长？　＝因为有哥哥。

有祖父（家长、族长）、长子、次子，祖父将家长让给长子时呢？　＝长子成为当家的。

【当家的和族长】当家的和族长是一样的吗？ ＝一样的。

为什么一样？ ＝?[1]。

现在村子里还在使用"家长"这个词吗？ ＝不使用。

现在村子里还在使用"族长"这个词吗？ ＝不使用。

杜春、杨永才是叫什么？ ＝叫当家的。辈分在上面也没有什么特别的意思。

但是他们不是同族中的长或头吗？ ＝只是辈分较高而已。

同族中没有上位者、长或头吗？ ＝没有。

只有同族一起聚会说话的活动有吗 ＝没有。

【家族长】"家族长"是什么意思？ ＝即"族长"。

家族长和家长是一样的吗？ ＝是的，家和族是一样的意思？

杜春是族长但是同时也是杜春一家的家长吗？ ＝是的。妻子也叫丈夫"当家的"。

结婚需要当家的（户籍长）的许可另外还要谁的许可吗？ ＝没有。葬礼的时候同族的都会来。

12 月 6 日

亲属关系　同族关系

翻　译　郭文山

应答者　杜祥、赵廷魁

地　点　村公所

【亲属的聚集】有亲属聚集的情况吗？ ＝没有。

结婚的时候呢？ ＝结婚、葬礼的时候，亲戚全部都会来。

其他的时候呢？ ＝没有，一般这两项之外没有。有钱人的老人生日时，亲戚也会聚集。

发生需要亲属间多数人聚集的事件时不聚集吗？ ＝没有。

例如，亲属中谁很穷，不会为救济他聚集吗？ ＝不聚集。

提起裁判诉讼的情况呢？ ＝没有。

收获时、农忙时亲属中某人有困难时，不去帮忙吗？ ＝虽然那个时候不会特别地聚集亲属，但是近亲者会自然地聚集起来帮忙的。

变卖土地时，不和亲属的人商量吗？ ＝只是近亲者聚集过来。

来的亲戚有哪些？ ＝女儿、女儿的丈夫、分家的儿子们、兄弟的孩子等。根据情况聚集（结婚、葬礼、生日等情况）。

变卖土地时商量吗？ ＝非常非常近的近亲会聚集而来。在那之前不聚集。

一般同样的价钱怎么办？ ＝将土地卖给亲戚，不卖给其他人。

---

〔1〕．译者注：原文如此。

签约的日子聚集起来做什么？＝成为中保、监证人。

成为这些人的人与变卖者什么关系？＝不一定（希望的人[1]）。需要各家的户长。

【辅佐人】为了就养子的问题进行探讨，要计算亲属吗？＝不用。

选定领养人的时候，亲属聚集吗？＝不聚集。自然地选择近亲者。由孩子的母亲决定并请来。

那个时候，母亲的意见和近亲的意见相悖时呢？＝母亲来决定，其他近亲者不能反对。

辅佐人与母亲的意见相悖时呢？＝母亲不要辅佐人。

辅佐人的工作是什么？＝就耕作的商量，商量雇人。

那种情况下，关于雇人、耕作，辅佐人和母亲对立的情况下呢？＝不要辅佐人。母亲单方面解雇辅佐人，招新辅佐人。那种情况下，其他近亲者不向母亲提出意见。

【家族成员的抚养】家族成员中有人有困难的情况下，其抚养顺序是什么？＝户长作为第一来抚养。户长自身都很困难的情况下，家族全员扶助。但是困难的人因为不知道向谁第一个商量，由此抚养者也不知道。

有祖父（户长）、其妻子、父亲、其妻子（母亲）、自己、自己的妻子、孩子的人，自己一个人去北京，这种情况下去了北京又很困难时，按顺序应该向谁商量，然后接受求助人的人按顺序应该向谁商量呢？＝

（1）妻子是＝母亲是第一商量对象。从母亲再到父亲或者祖父商量。妻子不直接找父亲商量；

（2）那种情况下，父亲应该首先扶助吗，还是祖父（户长）首先扶助呢？＝祖父决定扶助；

（3）那种情况下，那个人的父亲认为自己应该扶助，可以拒绝户长的扶助吗？＝为了家族事务时，户长应该扶助这个孩子，做了坏事遇到麻烦时，父亲找来亲戚一起商量；

（4）那种情况下叫谁来呢？＝找来与祖父关系好的人；

（5）其他的谁会来吗？＝关系好的人和祖父不和时，会叫很多人过来；

（6）那些人是？＝还是关系好的人。即使不是亲戚也没关系。

【家族成员的财产行为和家长】家族、家长得到来路不明的财产时判定为户长的吗？＝不存在这样的东西。

家里有祖父（户长）、祖母、父亲、母亲、孩子的情况下，例如六岁的孩子从别人那里得到金钱的情况下，那是谁的东西？＝孩子交给母亲。

那是母亲的东西吗？＝但是要明示是谁给的东西。

家族成员造成的损失由谁来赔偿？＝事件很大的话，由户长承担责任。事件小的话，犯错人的父母承担责任。

雇人造成的损失呢？＝还是由家长。

家族成员取得的财物，例如某人去了北京赚的钱是属于他自己吗，还是户长的东西？＝户长的东西。

---

〔1〕　译者注：原文如此。

但是赚钱的人呢？＝将钱交给户长是义务。

户长有剥夺的权利吗？＝有。

不是应该给孩子的父亲吗？＝父亲因为不是家长，所以不是这样。

一般的风俗来说呢？＝即使户长不说交钱，外出赚钱的人也应该主动上交。

全部上交吗？＝假设本人赚了十元全部上交是理所当然的。但是只赚了七元的情况下，就只上交七元也是没有办法的，那就要看这个人的人品了。

【家长的财产行为】有家长和家族成员共有的东西吗？＝没有。

为什么没有？＝不管财产有多少都是"全家族"的东西。

家族全部的东西是户长的东西吗？＝是户长的东西。但是财产的所有者是整个家族，户长只是管理财产的人，尽管通常会说是户长的东西，但是并非为户长所有。

为什么，户长为什么不是实际的所有者？＝因为是户长只有管理和处置的权利，但是实际上并非户长独有的东西，而是整个家族的东西，那些东西的处置（土地变卖）必须与整个家族商量。

商量之后家人反对的情况下呢？＝由其理由来决定。由于家计的原因，户长就算得到其他人的反对也有变卖的权利。没有理由就变卖的情况下，其他人反对的话，户长就不能卖。

绝对不能卖吗？＝通常不会卖。但是不管怎么样非卖不可的话，家人也没有办法。家族成员也做不了什么，因为户长有权利。

【贴己财产】户长有管理家族成员的财产的权利吗？＝不能代替管理。

家族成员的财产叫什么？＝"贴己财产"。

变卖贴己财产的情况下是以户长的名义变卖吗？＝不能卖。以所有者的名义变卖。与户长本人完全没有关系。

作为一般的风俗，家中成员都有贴己财产吗？＝村子里有的人应该没有，但是持有"贴己财产"人存在。父母也不能动用所有者的东西。

家族成员要服家里以外的劳役时，需要户籍长的同意吗？＝需要。

绝对需要吗？＝没有得到许可不能。

【隐居】抛弃家长权，例如虽然是家长但是只将财产的管理交给家长成员可以吗？＝可以。但是就算移交财产管理，但是以后还是没有户长的许可不能随便处置。

家长可以转让隐居吗？＝活着的时候必须是家长，不能转让。事务可以移交。

可以"隐居"吗？＝可以，老了让给儿子。

那个时候呈报吗？＝还是不能转让。户长的名义完全不能改变，只是将实际的工作转交。

家长在世的时候，可以代替其表面上的地位吗？＝不可能。

土地变卖的时候，家长可以将卖却人的名义转交给孩子或者孙子吗？＝不可以，还是写家长的名字。

家长行踪不明，判有终身监禁时怎么办？＝？[1]。

那个时候家长的工作呢？＝那种情况下由长子成为家长。

---

〔1〕 译者注：原文如此。

【家长的代理】但是，因为家长现在还在狱中＝是的，但是名义上还是那个人，长子只是代理事务。

就代行进行告示、广告吗？＝不，让他人知道也可以。

但是不和在狱中的户籍长商量就变卖土地的情况呢？＝可以变卖，以父亲的名义。

用父亲的名义，买家不会为难吗？＝怀疑的人也有。但是代理者可以变卖。

变卖以后，本人（狱中的户长）可以撤销吗？＝不可以提出取消。

【奉父命】不用特别的手续吗？＝虽然不用，但是那个时候要签"奉父命"。那个时候以自己的名义变卖 。

可以不与父亲商量任意地写"奉父命"吗？＝有中保人、见证人的话不妨碍。

【家族成员对家长的抵抗】家族成员对家长的家长权滥用可以抵抗吗？＝做太粗暴的事情时，可以抵抗。

方法是？＝家族成员只是忠告。

可以进行停止行使家长权的忠告吗？＝不能。

就是根据裁判呢？＝也不可能。即便家长再坏，除了忠告以外没有办法。

【家族成员的除籍】家族成员冒犯家长权的情况呢？＝家长忠告并斥责。最终的情况是被赶出家门。

方法是？＝户长对其家族成员。

被赶出家门的那个家族成员呢？＝还是家族成员。

仅仅只是赶出家吗？＝是的。

"除籍"呢？＝不能，就算裁判也不能。

有家族外取缔这些"滥用""侵害"的人吗？＝没有，村公所、县公署没有。

什么情况下家长会得到官公署的受理，或者能够呈报？＝没有那样的事。

【族产】同族间有共有的财产吗？＝除了墓地以外没有。

附近、外村拥有共有财产的人呢？＝没有。

【村子的老坟地】墓地是大家同族共有的墓地吗？＝叫"老坟地"。最近以家为单位的墓地很多，老坟地很少。

这个村子的老坟地是＝

所有者名	墓地面积	附属耕地面积	所有名义
（1）张　瑞	6 亩	2 亩	（？）
（2）杜　祥	2	6	（杜泉山？）
（3）赵廷魁	2	1	？荒地
（4）杨　源	2	2	？
（5）孙有让	2	0.5	？
（6）孙　凤	0.5	1.5	（孙凤？）
（7）李如源	3	5	？

老坟地以外的墓地可以叫"墓地"，没有名字。附属耕地面积大家种植。

【老坟地的由来】老坟地的由来是？＝以前，分家时就开始保留的土地。

【老坟地的管理】由谁来管理？＝同族中谁都有管理权，不可以交替管理？

修理呢？＝共同管理。

修理费用怎么办？＝自己管自己墓地的部分。

老坟地中，有决定各家的地面分配吗？＝有一定的比例，地位高的开始如下图所示，从上到下决定。

有人在名义上拥有那个土地吗？＝没有。

如果这样的话税金以什么名义呢？＝不接受课税。现在是埋于田地，要交课税。与田地相同比例进行分配。

这是买卖，可以作为典型吗？＝不能，同族大家都同意的话可以。但是没有实例。老坟地的树木也不能随便卖。

坟地是各家平均分配吗？＝不能分配，协同管理。

【护坟地】坟地有附属的耕地吗？＝周围有附属，叫附属耕地为"护坟地"。

长出来的作物呢？＝有按顺序耕作的方法和仅一户耕作的方法。一户耕作时，清明节时，叫同族一起吃饭。然后，进行"祭坟"。这个时候的费用都由这家承担，税金由耕种护坟地的人出。税金由耕作的交纳。一直以来没有课税。土地调查以后开始交纳。

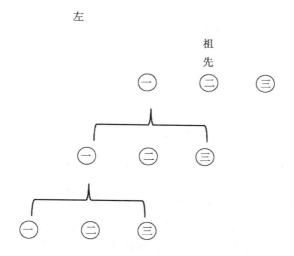

护坟地可以卖吗？＝可以，必须商量

是否拥有份额呢？＝没有。

哪一家卖掉的情况呢？＝通常本来就是不卖的。族长尤其与墓地无关，和普通同族一样。佃耕、出典也不是不可以，必须商量而且很麻烦，一般不会这样做。

耕作的所有名义是怎么样的？＝全体同族，地契上没有。

呈报是以谁的名义？ ＝?[1]。

【同族关系】同族间有佃农吗？ ＝有，但是不是这个村里的?[2]。

同族间有金钱、作物借贷吗？ ＝有。

那种情况下与其他的借贷关系有区别吗？ ＝大多是与普通人一样的。

不同的地方呢？ ＝契约格式也一样。

借贷、买卖的情况中介人、保证人必须是同族的人吗？ ＝不一定。

通常的情况是怎么样的？ ＝哪种情况都有。

那种情况下产生纠纷时，族长怎么办？ ＝一定情况下是请求族长作为仲裁人。一般相对来说，族长的情况更多。族长以外的人成为仲裁人情况也不一定。

同族间的疾病、受伤、生产、死亡等情况下会去帮忙吗？ ＝会去帮忙。

大家都去吗？ ＝大多都去。那种情况下不需要族长指示。

【忙活人】建筑、修理的情况下帮忙呢？ ＝不一定。虽然有照顾的人，但是是谁不一定。

那个照顾的人叫什么？ ＝叫"忙活人"。

同族间通常有忙活人吗？ ＝没有规定。根据事件的情况会产生忙活人。他的选出是自发性的。

同族有共有的仓库、作业场吗？ ＝没有，各自都有。祀庙的作业场是公共碾坊。

12 月 7 日

养子　过继子　家产

应答者　赵廷魁
地　点　村公所

【收养养子的情况】在什么情况下收养养子？ ＝女孩、男孩都叫养子，双方都可以成为养子。

女儿在什么情况下被收养？ ＝这边全是男孩，对方很穷困时，这边想要女儿。

男孩的情况呢？ ＝没有男孩的情况。没有男孩，收养女孩的情况下，女儿可以是这家的家族成员，而非原来家的家族成员。"养女"的年龄大概是小的时候（生下来几个月的人，再大也不过一二岁）。收养之后，收养的家就会全部看作自己的孩子一样照顾。

养子的目的是什么？ ＝继承自己的目的也有。也有自己家里有男孩也要收养男孩的情况。自己家有孩子的情况下，收养的孩子也叫养子。

作为风俗，收养孩子家有孩子的情况多吗？ ＝通常作为继承人的情况较多，有孩子仍

---

〔1〕　译者注：原文如此。

〔2〕　译者注：原文如此。

收养的情况占百分之一。

继承人的养子有契约吗？＝没有。

【养子的回家】养子可以随意重回原来的家吗？＝不能。

没有回去的实例吗？＝通常也有回去的情况。那种情况下成为原来家的家人。

长子去世了，原来家里没有继承人的情况呢？＝也有重回的情况。

没有契约书的情况，例如在法庭上怎么证明是自己家的养子？＝邻居帮他证明。他虽然不是养子的中保人，但是不需要其他的中保人。

【养子的提出】养子是由收养家提出还是原来家提出？＝原来家贫困的情况下，也有由原来家提出的情况。

通常，让出养子的家贫困的情况多吗？＝是的。

让出养子时会给予相应的报酬吗？＝没有，只是让出孩子。

收养养子之后，又生了男孩的情况怎么办？＝就算生了男孩，养子也和亲生儿子一样地对待。

【养子约定】收养养子时，会约定成为家里的继承人吗？＝什么约定也没有。

养家是否将养子作为继承人是其自由吗？＝虽然没有约定，但是肯定会让其成为家长。

养家生了亲生儿子之后也会让养子成为家长吗？＝没有权利不让养子成为家长，肯定会让其成为家长。

【村里的养子的实例】村子里有几户收养养子的实例？＝三户。

（1）刘福＝养家的家长是刘风山。两岁的时候成为了养子。收养养子的时候，刘风山没有孩子，之后过了五年，生了三个孩子。原来的家是本村的李文山家的次子。本来是作为亲戚，李文山父亲的妹妹嫁给了刘风山的父亲。双方的家都很贫困。

（2）孙继贤＝现在养家的家长。原本是被捡来的，孙凤的妻子在榆村外的荒野捡到的孩子。

（3）耿正文＝养家的家长耿士成。耿正文的父亲和耿士成并非有亲戚关系。收养为养子的是耿士成的哥哥耿通，成为了耿士成的侄子。

【收养养子的情况】可以将原来家的长子作为养子的让出吗？＝只让出次子、三子，没有让出长子的情况。

只有家长有收养养子的权利吗？＝是的，家族成员不能随意收养养子。

【婿养子】有作为女婿收养的养子吗？＝没有，不可以。养子的妻子要从养家以外来找。

实际有男子的情况可以收养养子吗＝可以。与自己的孩子同等对待。以兄弟相称。

养子和其他妻子分家的时候财产份额是怎样的？＝还是与亲生孩子一样平均分配。

【养子和过继子】养子是从同族间收养的情况多吗？＝虽然也有从同族间收养，但是也有从外族收养。外族收养的情况叫"养子"，同族收养的情况叫"过继子"。过继子的情况，既有契约也有中保人。

【过继单】上交契约书吗？＝原来家立契约书。由养家持有。

格式是什么样的？＝称为"过继单"。

立过继单人何某（实际家长）今将某（长、次）子过继与族某（兄弟）为子此后族某……

【村里的过继子的例子】过继子的实例呢？＝有两户。

（1）张永仁＝现在家长，亲生父亲张自正的兄弟张自文的继子，二十三岁时成为过继子。

（2）赵廷魁＝现在家长，八岁时成为亲生父亲赵瑞的哥哥赵祥的过继子。

（3）过继子通常多少岁？＝不一定。

【过继子和养子的差异】过继子和养子的不同点是什么？＝除有过继单以外，养子是小的时候就收养，但是过继子的情况是多大都可以的。然后只有同族才可以过继孩子。有关于财产是一样的，分家时平均分配。

过继子的收养家族本身就有孩子的话呢？＝不可以。

全是女孩的情况呢？＝可以，但是只要有一个男孩就不可以。

可以将女儿作为过继子吗？＝不能，只能男孩。

【家产】家长可以随意处理全体家族成员的财产吗？然后有家族成员可以随意处理的东西吗？＝没有那样的东西。

分家时，有不分割的财产吗？＝只有墓地。

有虽然是家族成员所有的物品，但是自己不能随便处置的东西吗？＝没有。虽然有各自的财产，各自自行处理。

【家族成员的财产和家长】家族成员去世的情况下，他的所有物品归还给谁？＝成为家长的东西。

祖父（家长）、父亲和父亲的弟弟、孩子都在的时候，孩子所有的物品在其去世时归还给谁？＝还给父亲，父亲的兄弟分家时，那些东西不作为分割财产，直接成为父亲的东西。

【外出打工和家长】和外出打工带回来的钱不是归还给父亲，而是归还给作为家长的祖父的时候是一样吗？＝不一样，那种情况下，归还给家长。

孩子的所有物品很明确的情况下，归还给作为家长的祖父，不清楚的情况下归还给父亲，但是如果不明白的话，父亲应该也不明白吧？＝但是死的时候是告知父亲。

【家族成员的财产和家长】一旦归属给父亲的东西，之后家长判明那个东西是孩子的所有物的情况下呢？＝有撤销的权利。

那种情况下，父亲声称是自己的东西的话呢？＝家长在那种情况，还没分家之时，大家有主张是自己所有物的权利。

那样的话，父亲作为父亲的身份从朋友那里得到的钱财，家长不能拿走吗？＝朋友的东西的情况下归还给父亲。

那么之前的情况下，父亲声称是在孩子生前给父亲的情况呢？＝还是由家长取得。

那么，家族成员间的交换呢？＝不被认可。家族成员外的人和家族成员间的交换，家长没有权利取得。

那么家族成员在没有得到家长同意卖给家族外的人的情况下，家长可以花钱买回来吗？＝可以。

那种情况下的买方是谁？＝不能拒绝家长的话。必须取得家长的许可。

家族成员自己的东西，没有得到家长的同意可以送给、卖给他人的东西有吗？＝没有什么，绝对没有。

但是，从朋友那儿得到的呢？＝不必要取得同意。

1941 年 3 月

（华北农村惯行调查资料第 31 辑之一）

家族篇第 4 号之一　　河北省顺义县沙井村
　　　　　　调查员　内田智雄
　　　　　　翻　译　达光

3 月 7 日

族长　家族

应答者　杨泽（会首）

【杨姓的族长】杨姓在村子里有几家？＝十二家。

有族长吗？＝最年长者为族长。

名字叫什么？＝杨永才。

最年长的人去世的话呢？＝由接下来的人（当族长）。

族长做什么？＝只有名义，其他没有什么。一直"看庙"。

"看庙"做些什么？＝村子里的事情向村民通知，做庙里的事情（庙变成了村公会）——观音寺。

杨永才拥有多少的田地？＝十亩左右。

十亩在村子里的田地所有是什么样的水平？＝中等。村公会也有田地四十亩左右。与杨永才无关。

管理庙宇的人叫什么？＝叫"老道"。

杨永才的家里有几人？＝六人。妻子、儿子、儿子的妻子、孙子、孙女。

"看庙"的报酬是多少？＝一年一百元。不给钱使用村里的土地。

那是什么意思？＝从村子里借八亩土地。

不获取地租吗？＝地租变成月俸。

杨永才不是因为贫困做的"老道"吧？＝是因为贫困。

十亩土地六个人很辛苦吗？＝土地很少，所以生活很难维持。六口之家有十二亩土地就可以生活。

【同姓不同宗】有两个同姓的杨，假设一个是河南、一个是河北，这个叫什么？ ＝同姓不同宗。

【同宗】如果祖先相同的话叫什么？ ＝叫同宗。

双方六代以上都是同宗吗？ ＝如果知道祖先的话，是同宗。

【亲属】双方都是六代则叫亲属吗？ ＝不叫亲属。

【家族】应该不是同姓的人全部都叫家族吧？ ＝叫同宗、同族，不叫家族（这项的调查，参考本书家族篇以后）。

家族是指什么？ ＝是一起居住的人。

同宗的人在别人家住时呢？ ＝那不叫家族成员。

3 月 8 日

婚姻和亲戚　妾　分家

应答者　杨泽

【当家子、本族、本宗】家族和亲属一样吗？ ＝不一样。同姓的人叫家族。亲属是两人的孩子生了孩子，这样的关系持续五代，五代以内是叫同族、同宗。

同族的人叫家族吗？ ＝不叫。

即使一间房子里居住的血亲叫家族成员，同族的人就不叫家族成员吗？ ＝回答不详。

【亲戚】亲戚是怎样的人？ ＝例如妻子的父母家的人就叫亲戚。

有姻戚这个词吗？ ＝没有。

【亲家里】有什么和家族同义的其他叫法吗？ ＝亲家里。

有什么和亲戚同义的其他叫法吗？ ＝亲家里。

【表亲、姨亲】有什么和亲戚同义的其他叫法吗？ ＝表亲（姑亲）和姨亲。

女儿的亲戚是什么意思？ ＝女儿嫁入的家。然后虽然从婿到新娘的家也说，但是不怎么说。通常叫亲家。

家族、亲属等是很普遍使用吗？ ＝经常使用。

还有其他的与之相当的词汇吗？ ＝亲戚没有什么。家族有叫一家子。亲属又叫当家子（？）[1]。

【分家】有分家这个词吗？ ＝有。

【分居】分居是什么意思？ ＝与分家一样。分家更常用。

有分家之后还住在一个院子的情况吗？ ＝有。

【家子】这是一个家族，还是两个家族？ ＝叫俩家子。是两家。

---

〔1〕 译者注：原文如此。

家长几人？ ＝两人。

一个家族在这个地方叫什么？ ＝"一家子"。

【老家长】家族长是什么意思？ ＝同姓中最年长的人。通常叫"老家长"。

和族长一样吗？ ＝写的时候是族长，说的时候不要家字。

【表亲和姨亲】表亲是什么？ ＝父亲的姊妹嫁人后，其孩子是父亲的孩子的表亲。男的是表兄弟，女的是表姊妹。

姨亲是什么？ ＝母亲的姊妹家人后，其孩子是母亲的孩子的姨亲。男的是姨兄弟，女的是姨姊妹。

门户是什么意思？ ＝一家子。

【帮忙】帮忙是什么意思？ ＝忙的人有关系者去帮忙。

亲属的人、亲戚的人常年来帮忙时，那个叫什么？ ＝叫帮忙。结束之后道谢。预先给钱雇佣时不叫帮忙。

【长工】亲属、亲戚的人也叫长工吗？ ＝雇佣的时候即使是亲属也叫长工。

【离婚】有"离缘"这个说法吗？ ＝没有。叫离婚。

沙井村有离婚的吗？ ＝一个人都没有。

【男女的结婚年龄】男的大概多少岁结婚？ ＝十六七以上，二十以下。有时十一二岁结婚的也有。

女的呢？ ＝一般小的话十六岁，三十岁的也有。

女的到了三十岁才结婚是什么原因呢？ ＝这种情况很少。一直没有等到合适的人才变成这样的。

有因为喜欢而结婚的人吗？ ＝没有。

【定婚年龄】什么时候定婚？ ＝六七岁的时候。女的比男的年长二三岁。

为什么？ ＝为了照看孩子。

有结婚之后双方不愿意的情况吗？ ＝因为中间有媒人在，可以取得双方的同意之后离婚。结婚的延期是因为女方太小，由女方提出延期二三年。没有延期的特别的名词。在沙井村没有定婚之后，男女一方不愿意的情况。附近也没有听说过。

有没有年轻的男女自己随便结婚的？ ＝沙井村没有，外村也没有。

【私通】妻子会做私通的事吗？ ＝有。

那个时候会离婚吗？ ＝不知道的话就不用。也有知道了但是很贫困，又娶不到其他妻子，假装不知道的情况。如果是有钱人的话，会离婚。

【妾】有娶妾的人吗？ ＝沙井村里没有。别的村有。

哪里的村子？ ＝北法信村。并不远，离县城五六里。

离这个县城很近拥有妾的人多吗？ ＝非常少。有钱人因为没有孩子而娶妾。

称呼妾什么？ ＝二太太。妻子和妾吵架的话，妻子便称呼妾为小老婆，或姨奶奶。

妾叫妻什么？ ＝任意骂。

吵架之后有妻或妾离家的情况吗？ ＝离家的情况很少。

如果要离开的话，哪一方的情况更多？ ＝妻妾不一定。

住房的是什么意思？ ＝租房子的人。租人家房子的人叫作附户，住自己房子的人叫住户。住房的和附户是一个意思。

妻子离婚后回到娘家被称作什么？ ＝如杨李氏，就去掉杨，叫李氏。按女儿的顺序叫大姑娘、二姑娘的也有。

【娶妾的年龄】娶妾的年龄是多大？ ＝四十岁。

有四十岁以下娶妾的吗？ ＝甚少。

那是男女哪一方的年龄？ ＝男的四十岁，女的四十岁以上。

四十岁以下就娶妾会被人说闲话吗？ ＝只要有钱就可以。

四十岁是通常的吗？ ＝是的。

妾是当地的吗，还是外村的？ ＝外村的。

妾是花钱买来的吗？ ＝四百元以上。

妾的家很贫困吗？ ＝是的。

【媒人】有媒人吗？ ＝有媒人。

那叫媒人还是介绍人？ ＝媒人。

给媒人送礼吗？ ＝给钱。不一定，几十元。

【妾的环境】妾会被村民轻视吗？ ＝不会。

为什么？ ＝因为家境不好，村民会同情。

家境指的是什么？ ＝妾娘家的事。

妾多少岁左右嫁过来？ ＝二十岁左右。

姑娘还是寡妇？ ＝既有姑娘也有再嫁的。

有仪式吗？ ＝与结婚仪式一样。

会有婚书吗？ ＝不清楚。

【妾和正妻】妾和正妻关系好吗？ ＝关系有好的，也有不好的。

有妾嫁过来之后，妻怀小孩的情况有吗？ ＝有。

这种情况下继承人是谁？ ＝妻妾的孩子是一样的。

妾的孩子年长的话？ ＝妾的孩子成为长子。

【家长的顺序】谁成为家长？ ＝家里有男人的话，女人不能成为家长。

家长是男的吗？ ＝男的。虽然家长是男的，但是例如变卖土地等时，要遵从母亲的命令。

这样的母亲叫什么？ ＝没有名词。变卖土地等时会写奉母命。

这样的情况下，哥哥去世的话，下一任家长是谁？ ＝弟弟成为家长。

然后家长的弟弟去世后，下一任家长是谁？ ＝弟弟的孩子如果年长的话，就成为家长。

【分家的事由】分家是什么样的情况下进行？ ＝兄弟关系不好时，生活困难时。

【田地的分法】假设有十二亩田地，兄弟二人和妹妹三人分家的话，田地的分法是怎样的？ ＝哥哥六亩，弟弟六亩。妹妹去兄弟二人哪一方都可以。出嫁的费用由兄弟二人出资。

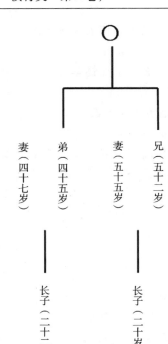

假设有十二亩田地，分家时，妹妹的结婚费用会先抽出来吗？ ＝分家时，亲戚聚集在一起商量。假设去哥哥那边，需要一二亩的结婚费用，就给哥哥六七亩的田地，剩下的给弟弟。

【嫁妆费、胭脂钱】那叫什么？ ＝嫁妆费。

嫁妆费以外给一二亩田地的时候，叫胭脂钱。给一两百的零花钱，那是胭脂钱。

对于十二亩田地，有兄弟二人和父母在时，分家的话，兄弟每人给两亩，剩下的留给父母。也有不给的情况。

【养老地】父母的土地叫什么？ ＝养老地。没有其他名称。

养老地是父母佃耕吗，还是自耕？ ＝孩子无偿耕作或佃耕的情况都有。

分家时，有给长子多一点的情况吗？ ＝一样的。

【李树林的分家】沙井村有最近分家的吗 ＝有。李树林。

李家有几人？ ＝兄弟三人。都是男的。

田地呢？ ＝十九亩。都是旱田。

理由呢？ ＝兄弟的妻子们关系不好。

兄弟希望分家，父母反对时怎么办？ ＝虽然分家，但是给多少土地不知道。父母自由给。

李树林家父母都在吗？ ＝只有母亲。

母亲的养老地有多少？ ＝十亩。

九亩呢？ ＝兄弟二人平分。长子得到房子。

由此长子待遇不同吧？ ＝长子与母亲一起生活。

两兄弟拥有各自的家庭吗？＝没有各自的家庭，但是从不同的人那里租的。

【父母的生活方法】在山东有父母分家之后，轮流在孩子家里生活的情况，这边有这样的例子吗？＝有父母去孩子那里养老的情况。

这样的话，有养老地吗？＝没有。

有三人交替养老的情况吗？＝有。

【靠人】靠人是？＝私通的女方。

分居之后叫靠人吗？＝不叫。

沙井村里有家谱吗？＝没有。

【杨的老坟地】有杨的同族的墓地吗？＝有。

叫什么？＝老坟地（俗语）、老祖坟。

在村子里的哪个方向？＝县城的西门外。

村的东北处有几处坟＝二十五六处。

坟墓有管理人吗？＝没有。

【清明节】族长不做什么吗？＝清明节的时候，从各家抽取一人去植树，盖土。

面积呢？＝十五六亩。

坟是只在坟地吗？田地里有吗？＝田地里有。那个田地是杨的同族耕作。代替耕作，清明节时翻土、上供品。

供品是什么？＝肉、馒头、酒、纸钱。

【老坟地的耕作人】坟田的耕作人是谁？＝杨永瑞。

这个人的名称是？＝没有。因为家里贫困。

坟的耕作人由谁来决定？＝同族之间商量之后决定的结果。

从以前开始吗，还是交替的？＝两年前是其他人。杨绍增。

有期限吗？＝不一定。

如何交接？＝因为耕作人变得不愿意。

3 月 10 日

过继子　分家

应答者　张辑五（四十五岁、副村长）

【过继子】说过继子这个词吗？＝说。

是什么意思？＝本家里有孩子而送给别家的时候的事。既有写过继子协议的，也有不写的。

【本家】本家是什么？＝姓氏一样。

与同族、同宗一样吗？＝一样的。

相对于分家有说本家吗？＝兄弟分开了也叫本家。

相对于分家有本家的意思吗？＝很早以前开始，就算分家也叫本家。

【老家】分家后父母有养老地时，从分家后兄弟家的角度叫称呼父母家为什么？＝老家、老院子、老宅子，或者父母住的家。

叫本家吗？＝相对于父母来说不叫，兄弟叫本家。

分家后的家族成员，父母的角度叫什么？＝叫儿子。

这叫分家吗？＝不叫。

【分家缘由】分家是在什么样的情况下进行？＝因为兄弟关系不好，因为父母和孩子关系不好。

有因为贫困而兄弟太多的吗？＝因为贫困而分家的没有。不管多贫困，兄弟努力也可以生活。

【分家的抑制】对人说"好像要分家"是非常不礼貌的吗？＝对于分家的家族来说，好像要分家是非常不礼貌的。父母在时就分家是不好的。村内有要分家的家族的话，村民就会去劝，尽量不让其分家。虽然有听别人说分家，但这是不礼貌的。

村民阻止其分家的是同族的人吗？一般的村民可以吗？＝吵架的情况能阻止，所以可以劝，但是分家的情况是不能阻止，所以不劝。

那是同族的人去吗，还是异姓的人去？＝同族、邻居、朋友等去。

【田地的分法】有二十亩的田地，兄弟三人、父母和女儿在的情况下，田地是如何分的？＝还没出嫁就给一些钱。不一定。要使父母能够生活下去。由此每个孩子两亩左右。

兄弟的分法是一样吗？＝通常是一样的。有结了婚的人和没结婚的人的话不一定。那个时候结了婚的人少一些，未婚的人多一些。

为什么？＝作为结婚费用。

如果全部未婚的话呢？＝一样。

为什么？＝如果不一样的话，兄弟会有意见。

长子本来应该多一些吗？＝没有多一些。

长子的家叫什么？＝长子。

【祖先祭祀】父母去世后，是由长子祭祀祖先吗？＝兄弟三人一起祭祀。

在谁的家进行？＝在长子的家。

费用呢？＝三人平分。

一年有几次？＝七月十五日、清明节、正月。

需要花多少？＝不需要花太多，一次一百左右。

兄弟三人的情况呢？＝兄弟三人各自祭祀。

不在长子家祭祀吗？＝不在。

七月十五日叫什么？＝盂兰节。村里的人不知道名字，知道的人很少。

【家屋的分法】有正房和东西厢房，没有父母兄弟二人分家的话，怎样分？＝父母在的话，父母分正房，东、西房根据抽签来分。

抽签时有仪式吗？＝没有。

没有分财产就独立分户的有吗？ ＝田地很少时，一方要土地，一方要房子。

只有房子的人如何维持生活？ ＝土地就算少，也要平均分配。

有不分财产就分家的吗？ ＝没有。

正房和东西两房都有，兄弟二人分家时，如果父母去世的话，如何分？ ＝将正房平分，哥哥分得东房的话得正房的东半部分，弟弟得正房的西半部分和西厢。

东西厢和东西房都有说吗？ ＝有说。

【过继子】过继子有其他的名称吗？ ＝抱儿（动词）子、过继儿子。

过继子从哪里得到？ ＝从本家。

从本家的意思是从同族吗？ ＝是的。

如果本家里没有的话呢？ ＝同族没有的话，异姓也是可以的。

从异姓那得到，就必须叫别的称呼 ＝叫过继。

【过继子】有从外姓那里得到的例子吗？ ＝那样的话，写过继字。

写过继字只限于从外姓过继吗？ ＝孩子小的时候就过继的情况较多。

那个时候写过继字吗？ ＝是的。

从本家过继的不写过继字，从外姓那过继就必须写吗？ ＝即使是本家也要写。外姓是必然要写。

过继字是不管本家、异姓、长幼都要写吗？ ＝不管长幼都要写。

【过继子的年龄】过继子的一般年龄是多大？ ＝不一定。大的小的都有。

有二十五、二十岁的吗？ ＝有。

有超过三十岁的吗？ ＝很少。

有夫妇都成为过继子的吗？ ＝有，但很少。

有十五六岁的过继子吗？ ＝有。

三四岁的也有吗？ ＝有。

最多的是多大的？ ＝三四岁，四五岁。

有返还过继子的吗？ ＝因为收养过继子的都是有钱人，所以接受钱财之后不会返还过继子。

不喜欢之后返还的情况有吗 ＝没有，因为收养的时候花了大价钱。

为什么花钱？ ＝收养过继子，其长大之后让其结婚。其结婚仪式会需要钱财。收养过继子时不给钱。

有说退继子这个词吗？ ＝没有。

有过继子返还的名称吗？ ＝没有。

【过继孙】有叫过继孙吗？ ＝有叫，但是指的是过继的孙子。

过继的孙子是什么？ ＝有父亲，有孩子却已死亡，妻子还在，妻子没有收养过继子，这种本家里没有成为过继子的孩子时，从不是同族的同姓那收养吗，还是从完全是异姓那收养吗？ ＝不是这个顺序，是因为孩子可爱，得到对方同意之后收养。

同村还是外村？ ＝既有同村也有外村。

哪一方更多？ ＝从本村收养的情况更多。

　　从同姓那收养时要与族长商量吗？＝即使兄弟三人分开住，也要三人商量之后收养。

　　兄弟以外呢？＝与族长商量。

　　与邻居商量吗？＝不。

　　与朋友呢？＝不。

　　有只给富人家，不给穷人家的吗？＝虽然想给富人家，但是即使不是有钱人也会给。因为家里贫困，孩子又很多。

　　【过继字】会立中介人吗？＝两种情况都有。孩子小的时候收养的话，没有过继字的情况更多。迄今为止沙井村里没有。

　　没有过继子没有过继字的吗？＝只有一家是孩子时收养的所以没有过继字。叫孙凤的人。那个过继子现在二十岁左右。从亲戚那收养的。

　　是什么样的亲戚？＝从孙凤姐姐那收养的。

　　【说合人】立中介人的话叫什么？＝说合人。

　　怎样的人成为说合人？＝朋友中正直的好人。

　　不是同族的人不可以吗？＝兄弟二人中一方有孩子的话，就不能收养。不能是同族的人。

　　不能成为吗？＝不是不能成为。同族孩子多的话，可以收养过继子。因为同族赞成不成为说合人也可以。

　　有仪式吗？＝只是收养就可以了。

　　【一子两不绝】父亲在，兄弟二人中。哥哥有一个孩子，弟弟没有时不收养过继子吗？＝一子两不绝。

　　那是叫兼桃吗？＝不叫。

　　叫承支吗？＝不叫。

　　知道兼桃这个词吗？＝不知道。

　　这样的情况，兄弟二人分家了的话怎么办？＝如果兄弟关系好的话，即使分家了也不收养过继子。

　　【老宅】分家之后，父母的家叫什么？＝没有称呼。

　　不叫本宅、老宅吗？＝相对于家而叫老宅，不叫本宅。

　　本宅是什么？＝现在自己居住的家。

　　从老宅分家之后的家叫什么＝从父母的角度叫大儿子的院子，二儿子的院子。

　　【分家和父母的反对】父母反对也可以分家吗？＝懂理的人就不会分家。不分家也经常吵架。

　　分家家长反对而父母赞成时可以进行吗？＝因为祖父年老不会干涉。但是必须商量。这样的事很少。

　　如果反对的话呢？＝不可以，只能等祖父去世。

　　【养老女婿】女儿有收养养子的吗？＝没听说过也没见过。

　　女儿的养子叫什么？＝养老女婿、坐地招夫虽然理解，但是没有见过。

　　没有男孩，只有三个女儿的情况怎么办？＝三人都要出嫁，父母有钱的话，三个女儿都给一些钱，最好都收养过继子。那种情况下父母年老后由本家的人照顾。

【远亲、近亲】本家里有厚薄之分吗？ ＝有，有远近之分。

那叫远亲、近亲吗？ ＝叫。

近亲的范围是？ ＝只是一种说法，没有特别大的区别。假设儿子结婚之后，妻子的家就是近亲。表亲就变得远了。

伯叔父是远亲还是近亲？ ＝不管是表亲、兄弟、姐姐的儿子都是近亲，姐姐儿子的儿子是远亲。

3 月 10 日（周一）下午

分家

应答者　张辑五

【分家单】分家时必须写分家单吗？ ＝要写分家单，但是物件不用一个一个写。

分家单的样式是一定的吗？ ＝大致是一定的，但是只有文字少的样式。

写谁和谁的名字？ ＝写分家人的名字，不需要保证人的名字。

只写分家人的名字吗？ ＝只写分家人的名字。

分家时要向村长报告吗？ ＝不呈报也可以。通常不呈报。

【分家和门牌】分家之后还是被村子里视为一家吗？ ＝与之前一样。

与之前一样是什么意？ ＝分家之前一样。

不视为一家吗？ ＝即使分家因为是兄弟视为一家。

门牌有几个？ ＝两个。

家长是谁？ ＝如果父母在的话，父亲是家长，不在的话兄弟二人成为户籍长。父亲不在的话，哥哥成为家长。

户籍长有两人的话不是两家吧？ ＝是两家。

与分家前不同吧？ ＝不同。

【邻居】住在附近的家叫什么？ ＝邻居、街坊、老乡亲（同村的人）。

四邻是指什么意思？ ＝指一家的情况是邻居。住在附近的家叫四邻。

叫邻闾吗？ ＝不叫。

知道邻闾这个词吗？ ＝知道但是不说。

知道五家为一邻，二十五家为一闾吗？ ＝那是以前的事，现在不说。

村子里还有残留吗？ ＝名字还有残留。现在十家为一邻，邻长一人。

【保甲制】颁布了保甲制吗？ ＝保长一百户，保长即村长。村长即乡长。

甲长是？ ＝保甲一百五十户（？）。

甲长是？ ＝保甲长也是村长。

甲长是？ ＝通常不会只叫甲长。没有甲长。

五家十家不叫一甲吗？　＝十户为甲，甲长一人。邻长是甲长。

【分家的手续】分家时要做什么？　＝邻家前来，土地有二亩的话，分二亩。

烟草和铅笔一样，都是抽签。结束之后招待邻居。

只有邻居吗？　＝村里明事理的人也会来。

同族或族长呢？　＝同族的人来的话不方便。

为什么？　＝来的话，分家时一方多（好），一方少（坏）的话，很容易发生矛盾。

邻居必须来吗？　＝必须来。

应该邀请吗？　＝邀请。

多少人左右？　＝二人。

四邻都有的时候如何邀请？　＝即使不是邻居，也可以邀请有学问的人。

分家单由谁写？　＝会写字的人。

什么时候写？　＝全部分好之后。

【分家的倾向】分家是现在以前都是一样进行吗？　＝活动是一样的，但是现在的做法更多。

知道去年分家的数目吗？　＝没有，今年也没有。家里没有大事的话，不会分家。

但是听说和李树林家和分家了一样？　＝三四年前的事情。

分家以后的人跟亲属还有来往吗？　＝要。

【分家和新居】分家时会建新家吗？有的话就不建吗？　＝有的话就不会建。

作为家长的父亲在时，而且兄弟三人也有孩子时，三人都要写分家单吗？　＝让别人来写。

【分家后的居住方法】正厢、东西厢房都有时，作为家长的父亲有三个儿子分家时，长子与谁住？　＝通常不一起住。分家之后的生活方式有两种。父母在兄弟家中轮流居住，或者兄弟的妻子来给父母帮忙。

长子通常不和父母住吗？　＝不一定。

哥哥和父亲一起住时谁是家长？　＝父亲。去世之后是长子。母亲不能成为家长。

【土地分割的比例】有二十亩田地的话，而且假设父母在、兄弟三人都有孩子，分家的比例如何？　＝孩子每人二亩。给一些茶碗等。

【养老地】有分家之后没有给父母留养老地的情况吗？　＝没有。

如果兄弟三人每人二亩的话，父母就留下十四亩吗？　＝是的。

有兄弟三人每人五亩，父母五亩的情况吗？　＝没有。孩子很年轻能够劳动，即使少一点也没关系。父母年老不能工作的很多，父母去世后三人平分。

父亲在母亲去世的话，养老地会减少吗？　＝不一定。

有减少的情况吗？　＝有。

减少的情况多还是少？　＝不减少的情况较多。

【兄弟中一人年幼时】兄弟三人中如果三子只有六七岁时怎么办？　＝那种时候三子不能工作，多给一些。

三子放在哪里养？　＝和父亲一起。

几岁之后与父亲分开？ ＝分家时。三子分家的情况也有。

三子长大之后怎么办？ ＝即使长大了也和父母一起。

也就是说三子不分家吗？ ＝是的。

兄弟不全部分家吗？ ＝因为三子很小。

三子一直不分家吗？ ＝是的。三子长大之后 父母去世的话，十四亩三人平分。

三子十三、四岁之后也不分家吗？ ＝即使结婚也不分家。结婚之后分家的话，不能孝顺父母，会被村里人嘲笑。

假如有十亩（一亩房子、一亩水田、八亩旱田），兄弟二人如何分家？ ＝兄弟二人不给很多，分每人半亩水田。

不好分的很小的土地呢？ ＝将孩子分出去什么都不分。

分家人什么都不能得到吗？ ＝没有。有分家这个动词，没有分家人这个名词。

【有反对分家时】有兄弟二人，一人给钱，一人给土地的分法吗？ ＝没有。

哥哥希望分家，但是弟弟不赞成时呢？ ＝不可以分家。父母一般不想分家。

孩子两人都希望分家，但是父母反对时呢？ ＝一般父亲健在的话，分家的情况很少 父母去世后分家的情况较多。父母在世时孩子希望分家的话，带着妻子离开就可以。

【轮班、上班】父母去分家之后的孩子家住的情况叫什么？ ＝“轮班”或者“上班”。

哪一个用得更多？ ＝两个都用。

有顺序吗？ ＝有。

什么样的顺序？ ＝哥哥、次子、三子。

期限呢？ ＝一般三天。

【侍候父母】妻子或兄弟去照顾父母有什么叫法吗？ ＝叫侍候父母。

有顺序吗？ ＝从哥哥开始。

期限呢？ ＝三天。

带着食物去吗？ ＝带着在家做的食物去。

父母的零花钱呢？ ＝父母有财产，所以自己出。

养老地以外还有名字吗？ ＝没有。

养老粮说吗？ ＝不说。

养老钱呢？ ＝不说。

【分家后的共同耕作】收获之前兄弟的土地有共同耕作的吗？ ＝没有。分家的话，就明确分开。

【赶出去】孩子希望分家，有被父母驱逐到村子或近村的吗？ ＝有。

叫什么的人？在哪里的人？ ＝沙井村就有，杜春。

杜春，有三个孩子，三子很小所以与父亲一起居住，另外兄弟二人得到一些菜地，搬出去了。

没有田地吗？ ＝有一些墓地。

被驱逐的吗？ ＝不是被驱逐的。分家了。

有被驱逐的吗？ ＝没有。

被驱逐这件事叫什么？＝赶出去。

【家产】分家时有不分的田地吗？＝没有。

知道家产这个词吗？＝家产这件事、土地的事都有。

家的财产叫什么？＝家具（儿）。

家的土地呢？＝房产。土地叫地产。

有叫家产的吗？＝有。家产包含房产、地产。

【特有财产】没分家的家里，有个人名义的财产？＝虽然外村里好像有，但是沙井村里没有。外村里有也很少。

父母、兄弟三人时，有特别以父亲的名义的田地吗？＝没有。

房产地产是家长的东西吗，还是家里的东西？＝父母还健在时是父母的东西。

父母去世之后怎么样？＝孩子的东西

孩子有三人的话是谁的东西？＝共同的财产。长子叫老大，其次老二、老三，最后是老的、小的、头小的、老嘎姐（作为乳名使用）。

嫁来时会带着财产来吗？＝有的持有金钱。来的情况，二三十元。

那是谁的东西？＝女儿的钱。

嫁进来之后难道不是丈夫的东西吗？＝自己的东西。

也可以随意使用吗？＝可以，可以给丈夫，但是不能给别人。

孩子在另外的地方工作得到的钱是谁的东西？＝共同的。

有新娘带着田地嫁人的吗？＝没有。

家里有残疾的人，有给其孩子特别留的财产吗？＝没分家时由家里养着，但是分家的话会留有一部分。

去到北京工作得到的钱是自己的东西，还是家里的东西？＝给父母的话，就变成共同财产。

没有给父母的话呢？＝是自己的东西。没有不给父母的情况。会给一些。

在北京安家的话呢？＝家里人不知道的话自己的东西，知道的话家里的东西。

家的财产叫什么？＝家里财产。

共同财产是什么意思？＝公众财产。

一直使用公众财产这个词吗？＝不使用。

其他的孩子赚的钱呢？家人不知道的话就是自己的东西，有不知道孩子住房一类的事情吗？＝有。很少。

【养老地的比例】二十亩的田地，三个孩子分家的话，养老地的比例如何？＝十四亩。

只有父亲在世的话呢？＝十亩或者八亩。

只有母亲在世的话呢？＝一样的。

父母和女儿都健在的话呢？＝兄弟三人每人两亩。

女儿的嫁妆呢？＝从十四亩中抽出。

【出嫁费】父母去世，三个兄弟在，更只有一个女儿时，出嫁费大概多少？＝二十亩中三亩作为出嫁费，其他的三人平分。

父母去世，有一个女儿，而兄弟三人已经分家的情况的话，女儿的出嫁费是从养老地中抽出吗？＝从养老地中抽出三亩作为出嫁费。

有二十亩田地的话出嫁费大概多少？＝二百元左右。

卖掉三亩大概能卖多少钱？＝三百元左右，剩下的一百元作为女儿给哥哥的伙食费。

3 月 11 日

分家

应答者　杨泽

【同族户数】杨的同族有多少家？＝十二三家。

张氏呢？＝十家。

李＝十家。

孙＝五六家。

赵＝同姓但不是同族的人也有，三家、一家、一家。

同姓但是不同族的人叫什么？＝同姓不同宗。

周＝一家	刘＝三四家
王＝二家	任＝一家
耿＝一家	邢＝一家
崇＝一家	吴＝一家
杜＝五六家	傅＝一家
蒋＝一家	景＝一家
关＝一家	

【各族和分家】杨氏有分家的家吗？＝以前分家过。现在没有。

张？＝现在没有。以前有过。

李？＝两年前分家过。李树林。

孙？＝以前有过。现在没有。

赵？＝有三家，二十年前分家的。

杜？＝四五年前分家。杜春。

孙？＝以前有过，现在没有。

刘？＝二三年前分家的。刘福。

【王家的分家】王？＝十年前分家的。王春林。

王的兄弟？＝三人。

叫什么名字？＝王贵林、王春林、王茂林（参考卷末附图"村民住宅区划图"）。

王贵林的家是？＝现在王悦的家，王悦是四子。

王茂林的家是？＝出租给赵文有了（出典）。

王茂林的家怎么样了？＝给了王悦。

为什么？＝因为王茂林没有孩子。

没有孩子时，会给分家的兄弟房子吗？＝会。

不分给王春林可以吗？＝只是王悦管理着。

王茂林的田地有多少？＝五亩。

那些田地怎么办？＝王悦管理着。

没有王春林管理的东西吗？＝没有。

为什么？＝因为春林年纪大了。

【分家然后没有子嗣时】分家后家里没有子嗣时，家里的田地等怎么办？＝给有孩子的兄弟。

【过继子】大哥有三个孩子，二哥有两个，三子没有子嗣就去世了，有田地五亩的话怎么办？有的话如何分？＝从兄弟那收养过继子。

茂林没有收养过继子吗？＝目前还没有。妻子尚且在世。

妻子大概多少岁？＝六十岁左右。

为什么没有收养过继子？＝现在，茂林的妻子和王悦一起生活。

王春林、王悦有孩子吗？＝春林没有孩子。

王悦大概多少岁？＝三十九岁。

没有可以作为过继子的孩子吗？＝没有。

王悦有几个孩子呢？＝一个。

王春林的孙子呢？＝没有孩子，所以没有孙子。

茂林的妻子去世的话，田地怎么办？＝商量之后分。

大致怎么样分？＝因为葬礼的费用开支大，由此田地的钱剩不了多少。

【杨家的分家】杨泽是从杨源的家里分家的吗？＝四五年前分家的。

杨泽称呼杨源的家为什么？＝叫老家。

老家是？＝生养的家。

本家是？＝不说本家。

杨源家叫杨泽家什么？＝叫西院。

东边有的话叫什么？＝东院。

为什么会分家？＝人口太多，一起生活费用开支太大。

分家的只是二家吗？＝三家。源（长子），正（次子），泽（三子）。

田地大概有多少？＝一顷十亩。

有姊妹吗？＝两人。姐姐一人，妹妹一人。

父母呢？＝不在了。

父母是什么时候去世的？＝母亲是在十四五年前，父亲是二十几年前。

杨泽现在多少岁？＝二十七岁。

父亲去世后家长是谁？＝源。

源那时多少岁？＝三十几岁。

家里的事情全部是哥哥做的吗？ ＝杨润的父亲做的。

父亲去世时家里有多少人？ ＝但是下图不知道是否存在的全部家族成员。

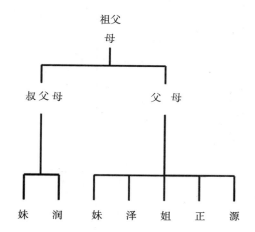

家长是谁？ ＝祖父。

祖父去世后家长是谁？ ＝很快分家。

当时田地有多少？ ＝二顷七十亩。

怎么分？ ＝叔父母一顷二十亩，杨泽兄弟三人一顷二十亩，剩下的三十亩卖掉作为葬礼的费用。

杨润得到多少后分家？ ＝一顷二十亩。

分家之后家长是源吗？ ＝源。

祖母活到了什么时候 ＝祖母比祖父先去世。

母亲还健在吗？ ＝不在了。十四五年前去世的。

不说杨泽家从杨源家分家吗？ ＝不说。

分家的话不说分家吗？ ＝只说分田地、分道具。

兄弟三人田地的分法是怎样的？ ＝源——三十亩，正——三十五亩，泽——三十五亩，二十亩卖掉。

为什么卖掉？ ＝因为生活费不够。

姐姐和妹妹的嫁妆呢？ ＝二十亩作为泽和正以及姐妹俩的结婚费用。

姐妹的结婚费用呢？ ＝姐妹俩每人十亩。

泽的结婚费呢？ ＝一百元左右。

十亩换成钱有多少？ ＝三百元左右。

姐妹俩嫁到了哪里？ ＝姐姐是嫁给县城内的黄瑞华。妹妹是嫁给网圈村的刘成德。

大家都是农民吗？ ＝黄是商人。刘也是商人。

泽的家与源的相比好像小一些，是一直以来都是的，还是因为刚分家新建的缘故？ ＝分家当时杨泽分得了杨明旺的住所。杨明旺在杨泽家里住过，因为很狭小就给了钱搬出去了。

兄弟三人的家的分法是怎样的？ ＝如下页图所示

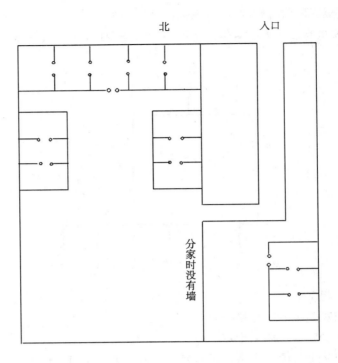

源——南面的五间和东西三间房子。

西厢的三间本应该是泽的，但是源出五十元泽就让给了哥哥。

泽——现在杨明旺的家和西厢。杨明旺的三间房子不是特别好。

正——靠近入口东院三间。

正得到的有点少啊？＝正得到了三间房子，扇车一辆，踱子（石磨）一盘。

为什么只有源只得到三十亩？＝因为家大。

3 月 11 日（下午）

分家　葬礼

应答者　杨泽

【杨家的分家】分家之后的三家是怎样的关系？＝没有特别的关系。

出嫁、葬礼等怎么办？＝各自付。

源有女儿吗？＝六人。最大的二十五六岁，最小的二岁。

二十五六岁的女儿出嫁了吗？＝是的。

出嫁时作为嫁妆给了什么？＝当时还没分家。

什么时候出嫁的？＝六七年前。

【分家之后的相互关系】分家之后的相互关系好吗？＝和没分家之前一样。

分家之后有人因为贫困而烦恼等时怎么办？＝兄弟中有人有困难的话，有钱的兄弟会给食物。

山东那片分家之后关系不好，这边有这样的情况吗？＝有。

关系好的情况是否常见？＝很常见。

关系很好为什么会分家？＝兄弟之间关系很好，但是也有妻子间的关系不好的情况。

分家之后长子的家有特别的名称吗？＝没有。

祖先的祭祀在哪里进行？＝自己家进行。

不去长子家祭祀吗？＝不去。

去长子家叩头吗？＝去拜年。

请客吃饭吗？＝在杨家朋友亲戚来时，会邀请兄弟。

分家之后，兄弟们的家中最受到照顾的是谁？＝大家都是管自己。

分家之后，兄弟不来吗？＝只是得到几百元的礼物。

【杨姓的同族】杨姓是村里最大的同族吗？＝是的。

同族中有在分家的吗？＝没有。

【族中】知道族家的存在吗？＝叫族中。

族中是指什么？＝同族全部叫族中。

【亲属】同族中特别的近亲叫什么吗？＝叫亲属。

杨泽有亲属吗？＝亲属是全部。父子是近族。

【近族】伯叔父是什么？＝近族。

伯叔兄弟呢？＝父亲的弟弟是亲堂叔。

父亲的哥哥是？＝写的时候是亲堂伯，叫的时候叫大伯、大爷。

伯父、叔父是近族吗？＝既是亲属也是近族。

伯叔父的孩子呢？＝近族。五辈之内叫近族。

五服是？＝五辈的意思。

五辈是？＝父亲—儿子—〇—〇—〇，以及父亲的兄弟的同样的五辈。

父亲的哥哥的妻子也在五辈之中吗？＝是的。

【服丧】服丧叫什么？＝叫穿孝。

大功是？＝一年。小功——半年。期服——字面来说一年。对哥哥没有服丧。葬礼时在腰上围白布，结束之后扔掉。

孩子死掉父母的服丧呢？＝没有。父母对孩子，伯叔父对外甥，祖父对孙子，哥哥对弟弟的都没有服丧。

返服呢？＝没有。

三年、一年的丧期必须严密遵守吗？＝必须遵守。

他们平常的生活有什么不同呢？＝服丧中不参加宴会。

只是这样吗？＝期间用白布做成帽子戴着，系着白带、穿白鞋。

服丧的期间实际上并没有执行吧？＝在执行，服丧期间金指环不能戴。不能穿鲜艳的衣服其他的还用什么吗？＝有钱人家虽然穿，但是只是暂时的。通常丧服是深灰色。

不能吃肉、饮酒吗？＝自己喝酒、吃肉可以，但是参加宴会不可以。

服丧期间需要服村役吗？＝一样地做。

正月怎么办？＝不贴春联。父母去世之后两个月不能剃头、不刮脸。当然也不能参加宴会。这两个月过后可以参加宴会。

正月去拜年吗？＝不去。

丈夫去世后妻子的服丧期间是？＝一年。

妻子去世后丈夫的服丧呢？＝没有。

【坟墓的祭祀】什么时候去扫墓吗？＝清明节、七月十五日、正月。

扫墓只是清明节去吗？＝七月十五日、正月只在家祭祀。

进行什么样的祭祀？＝做包袱，包袱表面写上。

里面放入冥币、金银箔、元宝之后燃烧。除夕晚上供奉，元旦晚上烧。

在哪里？＝七月十五日及正月在大街上。清明节在墓前烧。

鬼节是？＝七月十五日、十一月一日。

十一月一日不去扫墓吗？＝因为是给鬼送寒衣的季节，所以送纸的衣服代替送纸钱。

那个衣服是怎么样的东西？＝纸用剪刀剪着制作的。

十一月一日去扫墓吗？＝不去。

【葬礼】出殡或出棺是指什么？＝举行葬礼。

人去世后，给他穿上新衣服（装裹）和新鞋，第二天入棺（入殓）。抬棺放于腰以上的位置（停灵），摆放供品（祭奠）。

因为人死后会去西方，所以要烧马和车（迎三）。迎三是因为第三天。写的时候迎三和烧东西叫送三。

逢灵是用草席盖住。止弔是去除供品。

选择日子（择日）是请阴阳先生来选定。决定出棺的日子，出棺的前二三天开弔。开弔就是去除灵柩的草席，拿出供品，允许亲戚、朋友前来祭祀。许可过来吊唁。

葬礼是在去世几天后进行？＝不一定。

大概几天左右？＝六七天 一个月。非常贫困的人家是三天。普通人家是六七天，有钱人家是一个月。

开弔结束后举行丧礼吗？＝进行开棺。

开棺结束后呢？＝圆坟，给坟盖土，用高粱秆作棚（搭棚）。摆上供品。烧纸。

逢七烧纸是七日、十四日、二十一日……一直到四十九日每隔七日烧纸（在村外）。

第五周把花圈和伞烧掉（在街上）。一周年把楼库烧掉（在坟地）。

3 月 13 日

辈墓

应答者　李广志（三十一二岁　村民）

【李的同族】李的同族有几家？＝本族有八家。

本族是？＝因为有同姓但不同族的人叫本家。

同姓但不同族的人有几家？＝五家。

沙井村李姓的有几家？＝十三家。

族长是？＝李濡源。

现在多少岁？＝六十五岁。

本家中有比李濡源年长的人吗？＝女的有，男的没有。

怎样的人成为族长？＝本族中最年长的人。

女人可以成为族长吗？＝不可以。

【辈】即使再年长辈分小的话也不能成为族长吗？＝是的。

这叫什么？＝叫家长和族长，没有别名。

【论辈不论岁数】辈分的大小叫什么？＝叫辈分大、辈分小。

不论辈分吗？＝论辈不论岁数。

李濡源的下一任族长是谁？＝李洭源。

【排行字】辈分的大小如何判定？＝除去这个人的父亲，李洭源最年长。

因为年长是不论岁数的，可以判定是同一代的吗？＝名字最后的"源"字是一样的，所以是同一代的。

祖父及其同辈是振。父辈是源。李广志及其同辈是广。广字之后是春。根据中国习俗，字是取自四书五经。如温良恭谦让。如李振温、李振良、李振恭。当然也有不是按这样的人，第二个字是取自四书五经里面的人也有。

名的第一个字叫什么？＝叫排行字。同辈就取一样的字。那第一个字或第二个字叫排行字。

源的字与同辈的一样用汉语叫什么？＝"源"字辈。

同辈中字不统一的有叫什么？＝祖父里有英、杰。第二个字就随意加刚、方、棠、宗。

另外名字是由谁取？＝老师。

【老墓地】有同族的墓地吗？ ＝有。

有多少座坟？ ＝三十座。

同族墓地叫什么？ ＝老坟地。老墓地。

多少面积？ ＝八亩，已有九代。

李广志有其他的墓地吗？ ＝没有地方埋时就埋在其他地方。

现在还可以埋吗？ ＝能埋在里面的人也有。

埋在别处的人有吗？ ＝有。

如何决定埋在那里？ ＝随便。

与族长商量吗？．＝不需要。

知道哪一个是自己的祖先吗？ ＝不知道。高祖以后的知道，其前的就不清楚。

九辈如何知道？ ＝有九列。

这里有一两座独立的坟，那是什么原因？ ＝不详。

【人字葬】有见过人字葬吗？ ＝沙井村里没有，但是外村有。这种形状需要土地很大才可以。

人字的中间什么都没有吗？ ＝做成明堂。

明堂里为什么要画线条？ ＝为了指正方向。因为阳宅指正的话阴宅也能指正。

【阳宅、阴宅】房子朝南叫阳宅吗？ ＝是的。

阴宅是怎样的？ ＝根据地点不同而不同。掩埋的时候请教阴阳先生，根据先生所说，决定阴宅的方向。

【坟边、坟的形式】坟周边的土地叫什么？ ＝坟边。

坟的形式

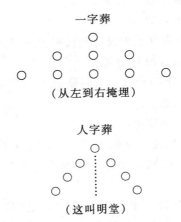

一字葬

（从左到右掩埋）

人字葬

（这叫明堂）

叫护坟地吗？ ＝不叫。

坟的中间有田地时叫什么？ ＝即使是田地也叫坟边。

坟边是指什么？ ＝坟的周围。

李的墓地谁在耕作？ ＝李濡源、李广权。

称呼那些人为什么？ ＝没有称呼。

【看坟的】耕作共同坟地时叫什么？＝没有。以前官员的坟地有管理人，那叫作看坟的。普通人没有。

【墓的出典和回来】濡源和广权为什么会去耕作？＝以前坟地是一家人的东西，分家之后就分开了。很贫困而出典，同族的人又买回。现在是两人佃耕。土地是共同的东西。

同族什么样的人出钱买？＝同族中的有钱人出钱买回。

会变成出钱人的东西吗？＝佃耕，并不是那人的财产。代替出典的人，同族的人承担负债，现在那人进行佃耕。

分家和出典时，通常除去坟地面积吗？＝坟地可以出典但是不能卖。出典时包括坟地一起出典。

那个人分家了吗？＝没有。以前分过几次。

李氏分家时，与共同坟地有关系吗？＝没有。

为什么之前提到分家时，公共坟地要分为一家一家的？＝因为分家当时坟很少，坟的周围和中间可以耕作。

出典时坟墓除外吗？不这样的话有没有破坏的情况？＝出典时契约书上，明确标记有多少座坟，不能毁坏。

普通坟地的土地，不会出典吧？＝通常不会，但是没有其他土地迫不得已出典的情况也有。

【定婚和女儿的死】定婚之后一方去世了怎么办？＝定婚之后女方去世的话，男方退还小帖。婚书就叫小帖。归还定婚时给女方的两个戒指（还没有给钱）。

【下定礼】下定礼？＝赠送两个戒指。

【拿帖】拿帖？＝得到写有女方的出生年月的婚书。

送两个戒指的寓意是什么？＝作为定礼赠送。

定婚了的女方的尸体埋在哪里？＝自家的坟地里。

没有定婚就去世的女方尸体呢？＝自家的坟地里。

【阴亲】知道阴亲这件事吗？＝不知道。

在山东有实行阴亲，但是这边没有实行吗？＝不让女儿埋在祖坟地里。埋在其他地方。但是没有阴亲的习俗。

【夫妇的埋葬】埋葬夫妇的尸体时如何做？＝两个棺材并列埋在一个墓穴里。坟高出来的地方叫坟头。

【人字葬和一字葬】男方在左边吗？＝左边。女方在右边。如果是人字葬的时候，男方埋在明堂一侧，女方埋在外侧。坟是一个。

在哪里有人字葬？＝吴家坟村。

离沙井村？＝东南方向八里。

除此之外还有人字葬吗？＝别的没有。

一字葬很普遍吗？＝是的。

【街坊的辈分】街坊的辈分是什么？＝有。

怎样的？＝以前开始一直一起居住的人，对与自己同一年龄的人叫伯父叔父。

你称杨源什么？ ＝叫侄子。

你称杨源的儿子什么？ ＝孙子。

杨源称呼李广志什么？ ＝叫的时候是叔叔。写的时候是叔父。

杨源称你的孩子什么？ ＝弟弟、兄弟。

杨源称你的父亲什么？ ＝爷爷。

杨源的妻子称你什么？ ＝叔叔。

平常这些叫法会在李和杨源之间用到吗？ ＝很平常地使用。

杨源比你年长吗？ ＝年长。

即使年长也这样叫吗？ ＝是的。

村里其他人也这样叫吗？ ＝是的。

为什么会有这样的叫法？ ＝习惯了。

你叫侄子的人村里大概有几位？ ＝大概十个人。

有说东村头和西村头吗？ ＝叫。

【辈数】叔叔、弟弟、爷爷是根据年龄叫的吗？ ＝根据辈数。

辈数是如何判定的呢？ ＝小的时候不能判定，但是懂事之后，根据父亲的叫法就能知道。

小孩之间也叫吗？ ＝会说话的时候就开始叫。

亲近的意思吗？ ＝是的。

身份（财产和地位）悬殊很大的情况下也叫吗（对村长和乡长等）？ ＝没有差别。没有贫富之分。

六岁的孩子对十五岁的孩子叫大爷或者伯父难道不奇怪吗？ ＝不奇怪。

村子里辈数最大的是谁？ ＝（暂时想到的）孙有俭。

大概多少岁？ ＝六十六岁。

【移居者和辈分】沙井村里有从其他乡来的人吗？ ＝有。

对那些人也适用吗？ ＝外村迁移的时候会有介绍人。根据移居者和介绍人的辈数来决定辈数。

如果移居的人五十六岁，介绍人四十岁的话，如何决定辈数？ ＝根据介绍人与那个人之间的称呼来决定。

这个地方大家都有各自的辈吗？ ＝都有。

有不说辈的地方吗？ ＝没有。

在顺义县以外呢？ ＝这附近大家都是这样的。辈数是这样的，但是杨源叫这个人（李广志）"老叔"的话，李广志就不叫杨源"侄儿"而是叫杨源。那是因为杨源是乡长的缘故，就叫名字或者乡长。

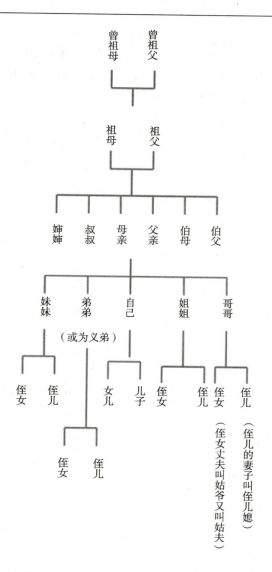

【干爹（干娘）】对父母年纪的人呢？＝没有。只是有叫干爹（或是干娘）的。那是一家里只有一个孩子，一个孩子却死了的话会很麻烦，所以就成为孩子多的人家的假父母。有信仰说，这样做的话可以保持寿命。由此，认的父亲叫干爹，认的母亲叫干娘，孩子叫干儿子。

各个这样的称呼只是名称吗？在困难的时候会帮助吗？会更加亲近吗？＝对长辈可以，对下面的人叫学名。

【学名、号、字】学名是什么？＝孩提时有乳名，但是没有真名。长大之后让老师取，那就是学名。

学名以外还有什么吗？＝没有。只有名字。

字是什么？＝名以外还有"字"和"号"。杨源号子泉。号一般是别人赠送的。字是自己取的，也可能是有学问的人取的。

【神道】坟上有神道吗？ ＝没有。两个棺材并列埋葬。

在山东（如图所示）如下有神道，但是这边没有吗？ ＝这儿没有。两个棺材并列。沙井村一户当官的人家，棺材周围用瓦环绕。那时会在内侧建穴。那就叫神道。用瓦建坟叫砌瓮。

那在外面可以看到吗，还是看不到？ ＝看不到。

有尸体不能埋在家坟的情况吗？ ＝没有。

【张瑞的分家】三个兄弟只有一人分家的情况有吗？ ＝张瑞家就是这样的。

他的家族关系是怎样的？ ＝如下。

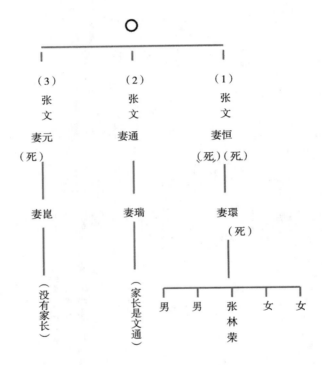

分家是什么时候进行的？ ＝二十几年前。

为什么只有一个人分家？ ＝分家当时是分成三家了。文元的妻子去世后，没有照顾的人就合并在一起了。

分家当时田地有多少？ ＝不怎么多。

现在在文通有多少？ ＝一顷二十亩。

哥哥有多少？ ＝二十亩。

李氏的田地呢？ ＝七十四亩。

【李广志的分家】以前分家过吗？ ＝祖父的时候。现在兄弟三人一起生活。

祖父当时分家后的家现在怎么样了？ ＝兄弟五人。如下图所示。

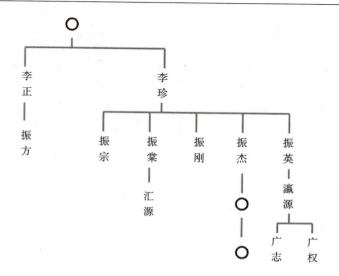

假设李家有六十亩田地，上图的情况如何分家？＝先是兄弟二人分家，然后是李珍家兄弟五人分家。事实上也是这样分家的。

振方的田地现在大概有多少？＝十亩左右。

为什么那么少？＝吸鸦片花钱而死。六人都去世了。

以前大概有多少田地？＝已经四十多年以前的事情忘记了。

【同族的上坟】同族中有会议和祭祀吗？＝没有。清明节时一起去上坟祭拜。

一起祭拜是什么意思？＝聚集起来祭拜。

在哪里聚集？＝只是在家门口叫。

不去族长那儿吗？＝不去。

族长做什么吗？＝只是一起去祭拜，什么工作也没有。

【坟边的佃耕】杨氏的共同坟地的坟边耕作这样的事，你的同族里有吗？＝同族中有两个人在坟边佃耕。

有坟墓的田地叫什么？＝坟地前叫坟前，坟地后叫坟后。还有坟边。

佃耕的土地有多少？＝八亩。

佃耕人是谁？＝李瀛源，李广权。以前是广权的父亲一人佃耕，没有钱就给别人出典了一半。瀛源是"赎回来"的。

有地租吗？＝没有。

没有地租，有义务吗？＝什么也没有。坟的修理是共同做的。

佃农有名称吗？＝没有。

从以前开始就租佃的吗？＝从以前开始。祖先出典之后 振英"赎回来"的。

杨氏的佃农也会修坟，但是李氏这边为什么不做？＝杨家是共同坟地，分家时没有分，李家已经分了。

在这之前，瀛源一直是一个人租佃吗？＝很久以前分的。本村的杨姓、杜姓、张姓是一样的情况。只有李姓是例外。

　　因为坟地的佃农只有一个人，不是很久以前就分家了吗？＝清明节时，墓地祭拜的同族人请客（请他们吃饭）时叫"办清明会"。杜氏、张氏都有，但是李氏没有。

　　进行怎样的祭拜方法？＝同族中每人来到坟前祭拜，介绍以后去佃农家里吃饭。

　　拿出什么样的东西？＝李家没有所以不知道。肉、酒、馒头等。

　　即便不知道每一座坟墓的墓主是谁时，全部都要祭拜吗？＝全部加土。

【年度节庆】一年里村里和家里的活动

元旦——拜年

二日——祭财神

八日——祭星

十五日——元宵节

十六日——祭财神

二月一日——供太阳

二月二日——龙抬头（蛰伏初始）

二月十九日——（观音）菩萨会

三月——清明节

四月八日——大佛生日

五月三日——端午节（一般的地方是五月五日，只有顺义是五月三日，不知道理由）

三伏

五月里初伏——夏至后十天（夏至三庚即初伏）

中伏——初伏后十天

末伏——中伏后十天

五月十三日——单刀会（以前开始只流传名称）

六月六日——"六月六"（没有名称）吃宴席

六月二十四日——关帝的生日（关老爷生日）

七月七日——七夕会

七月十五日——盂兰会

七月三十日——幽冥教主生日（菩萨的名称）

八月一日——来风糕（那天作饼。祈愿风神吹风）

八月十五日——仲秋节

十月一日——送寒衣。给鬼送衣服

腊八——吃腊八粥

十二月二十三日——祭灶君（神）

十二月除夕——三十日晚

　　家里每月祭祀是哪一天？＝二日、十六日祭财神。

　　佛？＝元旦、元宵节

　　死者忌日要祭拜吗？＝三年内的话，祭拜。

在家还是去坟地？ ＝在家祭祀。

灶王爷？ ＝十二月二十三日送上天。除夕晚迎接。

每月呢？ ＝不祭祀，每天上香。

对财神、佛、土地神呢？ ＝每天上香。

土地神的祭日有吗？ ＝没有。除夕到元旦。

祖先的灵位是在家里祭祀吗？ ＝有灵牌（祖匣）的话每天上香。正月十五日、清明节、七月十五日、十月一日祭祀。

普通的人家里有"祖匣"吗？ ＝没有。赵廷魁和吴殿臣（祖父是秀才）的家里有。

这两家是有钱人家吗？ ＝以前是有钱人家。

3 月 15 日

年度节庆　墓地

应答者　杨润（三十七岁 农民）

元旦做些什么事情？ ＝吃猪肉馒头、馒头。

大概什么时间？ ＝早上七点左右。

晚饭呢？ ＝随便。

【拜年】拜年要做些什么？ ＝去朋友那里向佛像敬礼。进房间后按辈数的顺序拜年。

需要拿什么招待吗？ ＝拜年结束后去其他地方。拿出烟、茶招待。

普通的茶吗？ ＝是的。

杨润的家族呢？ ＝现在五人。去年有六人（一人出嫁了）。

谁和谁？ ＝母亲、本人、妻子、两个女儿。

在家拜年吗 ＝拜。

如何拜？ ＝除夕夜不睡觉。过了十二点之后，拿出饺子，摆好碗筷，然后倒两杯酒，长辈喝，晚辈叩头。

倒两杯的寓意是什么？ ＝敬父母。

你父亲不是去世了吗？ ＝即使父亲不在了，也像在时一样。

谁喝这两杯酒？ ＝母亲，然后随便。

你们也喝两杯吗？ ＝一杯，我们喝的时候有女儿斟酒，母亲的时候由我们斟酒。

元旦的致辞有吗？ ＝我给您斟酒了，我给您拜年了。

其他没有吗？ ＝去朋友那儿拜年的时候，说我给您拜年了，恭喜发财。

拜年只是去朋友那儿吗？ ＝村里、亲戚、朋友全部都要去。

邻村乃至更远的亲戚那儿也去吗？ ＝元旦去不了的话，就正月去。

正月是指什么时候？ ＝从一日到三十日。

亲戚那儿必须去拜年吗？ ＝不去也可以。去是礼节，但是如果没有时间，不去也行。

　　娶新娘的家姑且不论，出嫁的家怎么样？ ＝将女儿从嫁入的家里接回来。第一次时，女婿和女儿都来。

　　那个有什么名称吗？ ＝接新年。

　　一般哪一天去接新娘？ ＝五日到十日之间。

　　去接就相当于拜年吗？ ＝与拜年不同。

　　拜年是另外再去吗？ ＝去接时顺便拜年。

　　不仅是新嫁新娘，以前嫁的也要去接吗？ ＝结婚之后第一年叫接新年，以后就叫拜新年。拜新年是娘家这边去接，或者那边自己来都可以。古时是自己来。

　　要去村中六十几家拜年，一天能拜完吗？ ＝可以。去了之后立即回来。一天拜不完的话，第二天也可以去。

　　按怎样的顺序去？ ＝从离家近的开始。

　　同族、亲属、邻居没有区别吗？ ＝按同族的顺序拜年。

　　你是先去哪家拜年？ ＝杨春旺。

　　为什么？ ＝家里有辈分最高的人。两个女人。

　　是什么人？ ＝两个伯母。

　　辈分高的意思是？ ＝长辈的意思，相对自己是长辈。

　　长辈就算不是亲属也可以吗？ ＝是的。

　　辈分大小如何知道？ ＝小的时候父母会教。

　　辈分是同族的辈分吗，还是街坊的辈分？ ＝两者都有。

　　有相较于同族的辈分、街坊的辈分更高的人时，先去哪里？ ＝先去同族。

　　去给族长拜年吗？ ＝去。

　　去的话先去哪里？ ＝先是杨春旺，然后是（杨永才）族长。

　　然后呢？ ＝杨绍增、杨永林、杨永瑞、杨永源（杨永才和兄弟四人）、杨源、杨正（因为杨泽比两人小）、杨明旺。

　　然后呢？ ＝邻居。邻居是从近的开始。

　　邻居拜完了之后去哪里？ ＝外村的亲戚。然后就结束。

　　如果去拜年的家里正是服丧中的话呢？ ＝就不去。

　　【正月游玩】正月玩什么？ ＝孩子扔皮球、砸钱游戏（堆积五元、十元硬币，然后划定钱堆到投掷点的距离，游戏者站在投掷点上，用铜钱砸向钱堆，砸中并脱落下来的钱就是自己赢得的部分，但是现在是用玻璃球投掷）。毽（踺）球是男女小孩都可以玩。拧泥饽饽是捏土，自己做成馒头的形状，用那个来打地问从前。玩药儿是用高粱做马和风车玩。大人玩"推牌九"和打牌（麻雀），看纸牌（主要是妇女），象棋等。

　　捏土这边有吗？ ＝有。

　　晚上做什么？ ＝没有什么。

　　大人小孩玩游戏玩到什么时候？ ＝平常很忙，不怎么玩。但是因为新年很闲才玩。忙的时候，刮风下雨时玩。通常正月里玩一下，二月之后就会忙起来，不能玩。

　　家中没有大人小孩一起玩的东西吗？ ＝聊天玩。

以前是聊天还是杂谈？＝以前也聊天。

【破谜】民间故事有些什么？＝没有什么名称。

笑话、讲古儿、打灯虎（破谜）等。

打灯虎的例子：

一点奸心曹操。三战吕布欢阵。口说赵云好将。十万雄兵拦挡。一计气死周瑜。四川刘备为王。目下一场大战。八卦孔明过江（打一字）。

虫入凤窝飞去鸟。七人头上长青草。大雨下在横山上。半个朋友不见了（风花雪月）（用意打）。

关老爷升天（翠）等。

【年度节庆】正月二日做什么？＝拜年没有结束的，去拜年。

祭祀财神是哪一天？＝祭祀。

怎样祭祀？＝供奉肉、酒上香。供奉元宝、黄钱之后烧掉。

不做特别的食物吗？＝吃饭很随便，但是要吃馒头、肉包子、米饭。

平常吃什么？＝小米、玉米、豆子（豆面）、高粱米、白面。

八日做什么＝祭星。和祭财神一样。说着散灯火，用黄色、红色的纸作灯芯，沾上芝麻油后点火。

十五日呢？＝元宵节。散灯花。吃元宵。元宵丸子是米粉中加入馅儿，用开水煮着吃。吃馒头。正月五六日开始商业买卖，叫开市。

那一天是固定的吗？＝六日较多。

这样的节日喝酒吗？＝不喝。

为什么不喝？＝因为是敬神的日子，所以不喝。菜是素菜，不吃肉（素菜）。

十五日到二月一日做什么？＝十六日祭财神。

二月一日呢？＝供太阳。做饼，将白菜放在饼上，供奉一碗冷水。在院子里祭祀。烧黄钱、元宝。

二月二日？＝龙抬头。休息。吃煎饼。

供太阳是在院子里哪里进行？＝院子正中间摆一张桌子，挂上太阳神像（上面画有太阳星君，是印刷物品）。

神像中小的叫纸马，大的叫神像（望泉寺村有制作的人家）。神像放于南面。供奉之后，与纸马、黄钱、元宝一起烧掉。烧掉后在茶里点三下。这就叫"清茶"。

那有什么寓意吗？＝仅仅只是知道敬神的意思，不知道其他的意思。

蛰伏初始的意思有吗？＝二月一日是太阳的生日，万物没有太阳不能生存。所以这个时候，报答神恩。

二月十九日？＝观音圣诞。那天供奉馒头和素菜。那天，村里各家派出一人，到村公会大庙去上香祭祀，结束之后一起吃供奉的素菜。

为神佛供奉肉吗？＝给神供奉，不给佛供奉。

二月十九日？＝村民不吃肉，吃素菜。素菜相对的叫荤菜。

村里说起素菜是指什么？＝葱、韭、葫、蒜。

三月是清明节吧？ ＝是的。

清明节做什么？ ＝坟上祭拜。也是植树节，所以植树。

【杨姓的清明会】你（杨润）家里是如何上坟的？ ＝同族中有清明会，家族中一个人去上坟，给坟埋土，植树和供奉物品等。结束之后，一起吃清明会的饭。

在谁的家进行？ ＝有顺序。

【坟地的租佃】坟墓周围由谁耕作？ ＝杨永瑞。

听说没有地租是吗？ ＝没有。

为什么？ ＝坟地是祖先的遗产，因为他非常贫困，所以让其租佃，维持生活。

代替地租的是什么？ ＝清明会他请同族吃饭。

费用是多少钱左右？ ＝一个人六七十钱左右。全部六七元。

其他同族来的时候有吗？ ＝没有。

坟地有多少？ ＝坟地有二十亩左右。能够耕作的有四五亩。

同族共有的土地叫什么？ ＝祖墓、祖坟、老墓地、老坟地。

有说族产吗？ ＝是祖产，但是是坟，所以就叫坟地。

其他的同族也有清明会吗？ ＝有。

李氏也有吗？ ＝以前有现在没有。

坟地的佃农由谁决定？ ＝同族大家一起商量决定。清明会时，在佃农的家里决定。

在佃农家里确定下一任佃农？ ＝租佃前，因为是祖产，只要是同族就有耕作的权利。所以可以变更。

如果本人不想继续租佃的话呢？ ＝清明会的时候，说出理由放弃。

不与族长商量？ ＝因为同族大家的事情，与族长无关。

如果有十一个同族，五人让 A 六人让 B 佃耕时，如何决定？ ＝会起争论。族长有势力的话，由族长决定。如果没有的话，村里的有权者来决定。那样还不能决定的话，由县里诉讼决定。杨的同族不会为如此的小事争吵。

其他的同族争吵过吗？ ＝争论过，但是过去的事了。

【承办清明会的人】公共坟地的佃农有名称吗？ ＝承办清明会的人。

决定佃农时，二对四遭到反对时，族长赞成两人时怎么办？ ＝族长通常情况下能够服众，不这样的话，就不问他的意见。

【地租】坟地四、五亩的地租，如果用钱计算，是多少钱？ ＝一亩三元，共十四五元。如果耕作别人的田地，必须付地租。

地租的预缴叫什么？ ＝叫先交租后种地。

有其他的地租支付方法吗？ ＝另外一个是打粮，春天支付一半，秋天收获后支付一半。

（以下为佐野和内田协议提问）。

打粮在以前很多吗？ ＝是的。

怎样的情况下进行打粮？ ＝去年收成不好，不能全部交租的情况下。

打粮是交钱还是交物？ ＝交物（粮食）。

立契约的时候支付一半，收获的时候支付一半吗？ ＝是的。

打粮是伙种的一种吗？＝不叫伙种，不一样。

同族墓地是什么样的人耕作？＝同族外的人很少。

同族中是怎样的人？＝贫困的人家。

【佃耕契约书】制作契约书吗？＝有写的也有不写的。杨家要写。

佃耕契约书由谁写？＝同族立会上制作。

由谁保存？＝佃农。

有期限吗？＝有。杨家是六年。

佃租不写吧？＝不写，但是要写承种地亩（佃耕权），办清明会（义务）、期限等。

同族人名字要一起写吗？＝是的。

作物是自由耕作吗？＝是的。

3 月 16 日

墓地　辈

应答者　杨润（农民）

【合族公单】将墓地给同族的人租佃时写的契约书叫什么？＝叫合族公单。因为一直以来都没有，有亩数不足的情况发生，所以就开始写这个。

　　立杨姓合族人等办清明会公单一事今因修理西门外祖墓祭田一端南上坡地二亩西上坡十八亩共计二十亩合族人等议定每年清明佳节以祭田之利祭奠其祭奠花费之外有余，仍归承种之人预备清明午饭一顿议定此十八亩归杨永瑞承种预备清明供品干伩一顿承种六年为限系后再议为要如若有破坏偷土等情自有合族人等干涉究辨此系合族人等一体尊理城意恐后退缩曝弃无人整理故立此公单为证。

　　合族人等开会议定清明修理一日六月十五日修理九月十五日修理一日此事议定之礼是日齐到会场诚意工作如若是日不到会场受罚公面一顿不准违犯会章当希族口之义乃是人道之常

杨永万	平心	杨春旺	平心
杨少增	平	杨　源	印
杨永林	平心	杨名旺	十
杨永瑞	平心	杨　正	平好心
杨永元	中	杨　源	平心
杨　泽	中心		

中华民国二十九年古历二月二十八日　　　立公单人

代字人　　　　杨　润　平心

沙井村里谁家的人口最多？ ＝李濡源、张瑞。

李濡源？ ＝接近二十人——四代。

张瑞？ ＝接近二十人——四代。

合族公单上的祭田是什么意思？ ＝有坟地，其周围是耕作地。因为那些土地是坟地祭祀物资所用地。

沙井村里哪个同族都有祭田吗？ ＝有的有，有的没有。只有坟地的也有。

与坟地独立的祭田有吗？ ＝沙井村里有。杨家在铁道沿线附近南上坡有二亩。以前有两座坟，由于铁道建设将坟迁至西上坡。

那两亩由谁耕作？ ＝一直以来不能耕作，但是今年开始可以了。

二亩的佃农是什么时候决定的？ ＝杨永瑞。去年坟刚刚移址。今年开始耕作。

谁租佃？ ＝二亩中铁道穿过只剩下一亩，今年有可能卖掉。

移动坟地时如何决定移动的？ ＝同族商量后，同族掘土引棺，移至新地。

移动这件事最初是谁商量？ ＝因为乡长的杨源最早知道铁道建设，然后向各家通知。同族在乡长家聚集决定了移至十八亩土地之中。

是因为杨源是乡长才聚集的吗，还是因为是同族？ ＝因为既是同族，又是乡长。

那两座坟是怎样的坟？ ＝第一的祖先（始祖）。

移至十八亩土地后如何配列？ ＝放于最上面的地方。两座坟中，一座是始祖，一座是晚辈。

晚辈是？ ＝英年早逝。

小时候死的话，要埋在其他地方吗？ ＝少亡无妻者，不能入坟。

请阴阳先生占卜吗？ ＝择吉地吉时埋葬。

小时候是指多少岁左右？ ＝三十岁以内。

有妻子的话呢？ ＝即使有也叫英年早逝。超过三十岁就不叫英年早逝。

刚好三十岁的话呢？ ＝三十岁为一世。三十岁为英年早逝。六十岁为花甲。五十岁为半百。超过六十岁为年事高（有德）。九十岁为三世（修）。

【墓的排列方法】始祖移动后如何排列？ ＝如下所示。

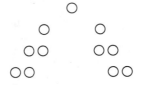

为什么只有始祖在别处？ ＝请阴阳先生占卜后，那里不能再继续埋葬，便更换了。

始祖是什么时候的人？ ＝三百年以前，应该是明朝时代。

根据坟墓的排列可以决定辈分吗？ ＝是的。

街坊的辈分和坟地的辈分有关系吗？＝没有关系。

同族的辈分是在族内不成问题吗？＝是的。

【街坊的辈分和同族的辈分】街坊的辈分和同族的辈分呢？＝大爷的情况，按照街坊的辈分应该像杜大爷一样叫。

街坊的辈分乱了也没关系，但是同族的辈分不能乱。

兄弟二人。别人家里的女儿，按照街坊的辈分应该叫侄女，那个侄女嫁给兄弟的哥哥的话，就不叫侄女叫嫂子。

【祖先牌】怎样称呼牌位？＝灵牌（葬礼时用）。祖先牌、祖匣。

【家谱】兄弟三人分家的话，祖先牌和家谱谁保管？＝属于长门。

分家后父母在世的话呢？＝父母。

父母去世了的话呢？＝长门。

次子、三子叫什么？＝叫二门、三门。

【接续香火】长门相对二门、三门有什么特权吗？＝长门没有特权，但是可以继承祖先牌。叫接续香火。分家时由父母交给长子祖先牌，二门、三门也可以在孩子去世后寺有祖匣。因为已经分家了。沙井村里有家谱。祖先牌和家谱是一样的东西。祖先牌的排列方式与人字葬一样。

		〇始祖		
	次子〇	〇	〇三子	
		〇		
		〇		
		〇		
		〇		

长门

【人字葬】知道坟的人字葬吗？＝知道。

附近有吗？＝不知道。

【一字葬】一字葬的正中叫什么？＝如图（B）。

人字葬的正中叫什么？＝如图（A）。

（A）

（B）

明堂有别名吗？＝没有。

3 月 17 日

同族　年度节庆

应答者　杨润（农民）

【族长的顺序】族长有期限（任期）吗？＝没有。

族长那里保存有同族的什么东西吗？＝没有。族长只有名号，什么事情也不用做。

现任族长去世后，族长怎么办？＝杨永才去世的话，最年长的杨绍增成为族长。

杨绍增是因为最年长吗，还是辈分最高？＝因为最年长，也是辈分最高。

如果同辈年龄又相同时呢？＝出生年月年长的人。同辈的话，年长的人成为族长。

新族长上任时，会有委托和宣告吗？＝不会特别委托和宣告。

如果族长做了坏事的话？＝自己负罪，与同族无关。

对族长行礼吗？＝只有名号没有权力。没有仪式。

清明会时坐上席吗？＝是的。

清明会以外，会有同族的宴会和集会吗？ ＝没有。

【同族的互助】同族间有共同做农事吗？ ＝家畜不足时，会共同进行。

那样的时候会送礼吗？ ＝会送礼。

什么样的东西？ ＝物品。

什么样的物品？ ＝粮食（五谷），如果不送礼的话，对方忙时也要去帮忙。

骏马和农具是同族共有的吗？ ＝是的。

有什么？ ＝去年，杜和杨一起买了一匹骏马。

同族里呢？ ＝以前有现在没有。

有什么东西？ ＝耕耘的农具，有犁杖、锄头、铁锹、镐、钝子、磂轴、碾子、磨、镰刀、爪镰等。

保管场所在哪里？ ＝放置在谁家都可以。

买的时候怎么办？ ＝二人共同买，赵廷魁、周树棠。

同族全部吗？ ＝不是。

有只能同族使用外姓人不能用的东西吗？ ＝没有。

你（杨润）有多少田地？ ＝二十二亩。

全部都是自家耕作吗？ ＝自己耕大部分。六亩租出去。

【同族和他姓的佃耕】六亩是租给同族人，还是他姓人租佃？ ＝赵小廷（三亩），杜士贤（三亩）。

租佃是尽量租给同族吗？ ＝租给谁都可以。

有同族的人地租很便宜的情况吗？ ＝有感情的因素多少会有差别。

没有感情因素的话，同族和他姓人都是一样的吗？ ＝一样。

【同族和他姓的租借】在同族中很少发生金钱上的租借的情况吗？ ＝有。

借钱的话有利息吗？ ＝有。

一百元一年的利息大概多少？ ＝一年二分利（比例），二十元。

十个月为一年。十二个月是二十四元。

同族的人会有利息便宜一些的情况吗？ ＝关系很好的话，也有算一分五厘的情况。

关系好不仅仅是同族吗？ ＝是的。

像李、杨之间的同族对立的情况吗？ ＝有。

多数是关于什么事？ ＝主要是田地，房产关系。

有什么样的实例吗？ ＝这人和弟弟的财产问题。

同族和其他族姓之间的争吵呢？ ＝有。忘记了。

有发生的情况吗？ ＝有。

同族中借钱时会根据金额写借条吗？ ＝百元以上就要写。

百元以下的情况呢？ ＝有介绍人的情况就可以不用写。

介绍人是同族里的还是他姓人？ ＝异姓、同族的都有。

【同族的互助】同族人中有人有困难时，同族会帮助吗？ ＝同族一起帮助。主要是提供食物。

需要钱时怎么办？＝还是会帮助。这种情况下给钱和借钱的情况都有。

有那样的实例吗？＝有。李长林去世后，同族人出钱买了棺材，给了食物。

对异姓人也这样吗？＝也这样。李长林的父亲去世时，我就给了一斗小米。

同族帮助钱物的比例是怎样决定的？＝大家出一样。

财产的多少有关系吗？＝有关系的情况也有。

照顾的人是谁？＝共同照顾。

谁说出要帮助？＝李长林去世时等，家族里的人去同族其他人家里述说。

这时去族长家吗？＝没有关系。

杨的同族中有去城市发展的吗？＝吴殿臣的祖父曾经是清朝的秀才。杨文增在担任驻日本大使时，去过日本。

有经商赚了钱的人吗？＝张文通（长瑞的父亲）是在北京经商赚了钱。

有给乡里的同族寄钱的情况吗？＝并非不间断。只是有事时才寄。

发生了什么事？＝村里贫困的人去求助了。

只限同族吗？＝不限。

同族中有出息的孩子时，同族会全体出钱送孩子去学校吗？＝不会。但我父亲给过钱。

什么样的事情？＝因为刘长春很贫困，给过他钱物。孩子不能去学校，就免费在家里教。直奉战争时，军队进村造成了损失。当时，在杨家把粮食柴火分发给村里。

【年度节庆】四月八日做什么？＝那天各家派一人去帮助给佛像供奉、上香，一起吃饭后回来。

庙的哪里？＝在院子里吃。

在外面呢？＝什么也不做。这就叫"办善事"。

办善事是只在四月八日吗？＝不只是。

五月三日做什么？＝端午节。做粽子，吃馒头和猪肉。

孩子做什么？＝早上将艾蒿、蒲棒、枣枝紧紧粘贴在门上。门上贴符纸。在孩子肩上贴符。

符是什么东西？＝街上有卖。

【端午节的传说】别的地方是五月五日，但是为什么这里是三日？＝有传说。以前唐朝时，黄巢发动叛乱时，遇到的人全部杀掉。据说杀人八百万。人们都在避难。那时一个老婆婆带着两个孩子避难。背上一人，手上牵着一人。手上牵的人比肩上背的人小，不能走了，拍打了老婆婆。黄巢从旁边经过，询问了将小的牵着，大的背着的原因。然后老婆婆说肩上的是侄子，手上的是自己的孩子。回答说，由于小的是自己的孩子，所以不能背着而是牵着。黄巢很感动，然后说道："即使不逃也可以，将艾草放于你家门前挂着，然后士兵就不会杀你们。"听了老婆婆的话，村民全部都在家门上挂上艾草，由此全村才免于遭难。

黄巢将遇到的人全部杀害是以下面的事件为基础的。地藏菩萨修道当时的名称是叫目连僧。那时母亲还在，因为一生坏事做尽被打入十八层地狱。目连僧修道后成为地藏，为救母亲而去了地狱。那时门卫的鬼不开门。目连僧就用莲环的杖将门打破了。门被打破后，鬼逃出来转世为人。释迦非常生气，就追究责任。地藏以蛙神为使转生（投生）到世间，那就变成了黄巢。那黄巢长大后，将那八百万鬼转世的人杀掉了，因为必须让他们回到地狱，所以才遇人就杀。

这就是七月的传说吗？＝不是。

五月三日为什么进行？＝遇到黄巢的是五月三日。说是黄巢会在五日左右通过你的村子。村民都在三日将艾草挂在门上。

【年度节庆】三伏要做什么？＝因为非常热，所以休息。其他不做什么。

五月十三日（单刀会）？＝三国时代，关羽拿着单刀出席吴的宴会。

什么都不做吗？＝不做。

六月六日呢？＝吃面条。

为什么？＝不知道。

名称是什么？＝六月六日后谷物会出穗。由此"六月六日"又叫"看谷穗"。

七月七日呢？＝牛郎会织女。

做什么？＝有表演。在城内的新民会演出天河配。

女儿不做什么吗？＝不做。没有乞巧。

七月十五日呢？＝放（散）河灯。用西瓜皮和木板做，其上点灯放于河里流走，这是为了超度冤魂。

只是做那个吗？＝叫"办善事"。

叫盂兰节吗？＝不知道。

七月三十日呢？＝地藏菩萨的生日。办善事、供奉佛像。宴会是在大庙进行，但是上供烧香是在那个庙（地藏庙）进行。

所花费用呢？＝平摊。

八月一日呢？＝用小米制饼。秋天收获时，即谷物收获时吹风的话是好时机。为了祈求。

八月十五日呢？＝祭月。供奉月饼、鲜果。晚上祭月玩一天。

十月一日呢？＝用纸做成衣服的形状烧掉。

不去庙里吗？＝不去。

腊八呢？＝上供。大佛出家的日子。也去庙里上供。

十二月二十三日呢？＝叫小年。新年叫大年。祭祀龙神。龙神去天朝见玉帝。上供、烧香、糖瓜（点心）供奉。烧龙神的画。说着（因为龙神要上天）"上天言好事，下界保平安"。吃饺子。

除夕＝烧香、上供。那天晚上诸神下界。一晚上不睡跨年。过十二点之后吃饺子拜年。

3 月 18 日

婚姻   过继

应答者   杨泽

【结婚年龄】大体上多少岁结婚？ ＝二十岁以下的人很多。

男方的年龄呢？ ＝最小的人十一二岁，最大的人三十岁以上的也有。

女方的年龄呢？ ＝一般比丈夫大四五岁。例如丈夫十一岁的情况下，女方十五六岁的情况较多。

理由是什么？ ＝因为家里人口很少，希望有帮忙的人。

有同姓的人结婚的吗？ ＝有，但是非常少。但是同族中同姓的人绝对不能结婚。

和外村的人结婚的情况多吗？ ＝是的。

【结婚的手续（通书）】结婚时有什么样的仪式吗？ ＝结婚前，男方先将通书给女方，通知结婚的日期。

通书是什么？ ＝在街上有卖。

【嫁妆】女方接受通书后做什么？ ＝女方接受通书后，直接准备装匣等。

女方其他还要做什么吗？ ＝女方在自己的枕头上绣花。做鞋。准备衣服（单、夹、棉）、夜具（被褥子）等待结婚的日期。以上的东西叫内妆匣。

外妆匣是什么？ ＝皮箱、桌子、凳子、帽镜、瓶腊仟、立柜（只有有钱人家）、盆景、钟（表）、茶叶罐、茶壶、茶碗、茶盘子、脸盆、胰子盆（肥皂盒）、簸口盥、锡灯、花瓶、磁罐、梳妆用具等。

这些全部都准备好之后做什么？ ＝结婚前一天，女方说"办喜事"，邀请亲友宴会。亲友来时叫"添箱"，送给女方钱和点心。那天男方也送食盒给女方。

不相亲吗？ ＝不进行。过嫁妆是在结婚前一天或结婚当天早上带着去男方家。

【定婚】定婚是在多少岁左右？ ＝小则六七岁，大则十二三岁。

定婚前做什么？ ＝媒人在中间劝说双方结婚。两人赞成的话，就成了。

调查财产吗？ ＝秘密调查。男女双方都调查对方父母。

财产调查之后就定婚吗？ ＝当然阴阳先生也会来，算命先生会占卜两人的命（出生年月）占卜男方与女方的命相是否相合。

结婚的话是在男方家进行吗？ ＝两方都进行。劝说结婚就叫提亲。

【媒人】提亲最初是父母还是媒人？ ＝媒人比较多。

媒人由怎样的人来担任？ ＝谁都可以。主要由亲友担任。

定婚之后到结婚要经过十几年吗？ ＝有的。然后定婚之后立刻结婚的也有。

当事人知道定婚吗？ ＝知道。

见过面吗？ ＝不能见面。因为外村的人较多。

【破约】有经过很长时间由于境遇变化有解除定婚的情况吗？＝没有。

不管如何贫困也要结婚吗？＝结婚。

没有毁约的情况吗？＝很少。

年轻的男女，难道没有遇到自己喜欢的人吗？＝没有。

【媒人】媒人去世了的话怎么办？＝别的人来担任。媒人的孩子担任。

媒人是一个人还是两个人？＝通常是一个人，也有两个人的情况。

多数是男的还是女的？＝男女都有。

媒人去世后，其孩子只有十一二岁的话怎么办？＝其他的亲戚来担任。

给媒人送礼吗？＝送。

送什么样的东西？＝点心。没有钱。二三元左右的东西。

定婚之后亲戚交往吗？＝有钱人家就交往。"办丧事"时进行"上礼去"（送钱和烧钱）。这叫作"动新规"。

结婚之年是在定婚时决定吗？＝以后决定。

决定日子叫什么？＝没什么，但是催促的是男方。媒人给女方，半年前决定口头日期。然后奉上通书。上面写有日期。

女方对于通书？＝什么也不做。

【结婚费】沙井村通常结婚的费用大概是多少？＝三十亩，二三百元（男）。即便是贫困的家里也要花百元以上，花千元两千元的也有（男）。

女方要三十亩？＝二三百元。非常贫困的人家也有一毛也不花的。也有花千元两千元的。

【结婚的季节】结婚的时期什么时候最多＝十、十一、十二、正月的农闲期。

【回门】出嫁后第一次回来叫什么？＝回门。

第几日？＝日子不一定，选择吉日。通常是第四五日。

丈夫也一起回去吗？＝是的。

【妻子的工作】会计吗？＝普通家族里没有会计。

钱由谁保管？＝家长。

妻子不管钱吗？＝妻子和家长都知道家中的经济情况。

妻子可以瞒着家长买花费相当大的东西吗？＝不可以。

妻子做了非常坏的事情时呢？＝家长知道的话，不会允许。

妻子瞒着家长借了一百元的话呢？＝那样的事情很少。通常是花钱买粮食。

夫妻吵架的话丈夫会殴打吗？＝邻居会去阻止。那叫"劝架"。

【离婚】有与妻子离婚的情况吗？＝很少。

什么样的理由？＝通奸。

离婚时媒人呢？＝媒人大多去世了。

媒人很年轻、还活着的话呢？＝丈夫送去妻子的父母家。与媒人没有关系。

【定婚】年轻男女欢喜小时候的定婚吗？＝不清楚。

大多都在小时候定婚吗？＝是的。

也有不这样的家族吗？ ＝有。

是怎样的家族？ ＝女方有三十亩田地，期望有五十亩的男方时。门不当户不对时。

【结婚仪式】结婚仪式同族全体都要出席吗？ ＝男方同族全体出席的较多。女方一家一人出席。

去哪里？ ＝去男方的结婚仪式，女方去女方家。女方的同族只是送亲的出席。

那是些什么样的人？ ＝既有男的也有女的。

女方在出自己家时有什么仪式吗？ ＝没有。

和朋友、亲属分别时的聚餐上也不做什么吗？ ＝不做什么。

【生产祝贺】新娘生孩子之后？ ＝女方的母亲会送食物、婴儿的衣服、首饰。

那叫什么？ ＝孩子还没出生时就去的话叫"催生"。

出生之后再去的话呢？ ＝孩子出生后第三天去叫"做三天"，第十二天叫"做十二天"，一个月叫"做满月"。

孩子出生后不带着什么去吗？ ＝每次去时都带着。

全部带着去几次？ ＝四回。

生的孩子是男是女有差别吗？ ＝男生较多，女孩较少。

长子和次子的情况呢？ ＝第二个较少。

孩子出生后不带着米去吗？ ＝去。

有名称吗？ ＝没有。

叫送米吗？ ＝不叫。亲友送砂糖、鸡蛋、面条（喜面）。

没有名称吗？ ＝叫"送礼"，没有名称。长辈的生日叫"寿面"。

结婚之后五六年都没有生孩子时呢？ ＝没有办法。

【妾和妻和孩子】四十岁了还没有孩子时呢？ ＝没有办法。丈夫有钱的话就娶妾。

妾从哪里可以娶到？ ＝从外村。

出钱吗？ ＝三百到五百元。

妾多少岁左右来？ ＝二十岁左右。

是初婚吗？ ＝是的。

没有定婚吗？ ＝没有。

贫困的家族不定婚吗？ ＝定婚并非是普遍的。

娶妾大概是多少岁？ ＝四十岁左右。

男的四十岁还是妻子四十岁？ ＝男女都四十岁以上。

即使四十岁以下娶妾也不会被说是坏人吗？ ＝有。因为是有钱人，不会被说是坏人。

有返还妾的情况吗？ ＝没有。那个时候与妻妾分居。那叫另过。

什么样的情况会发生另过？ ＝妻妾关系不好时。

有妻子有孩子也娶妾的人吗？ ＝有，但很少。

妻子没有孩子，妾有孩子时，妾有权力吗？ ＝没有。

为什么？ ＝孩子将来会有，但是妾没有。

妾的孩子成为家长的话？＝妻子还在世的话，妾没有权力。

妻在妾的孩子成为家长之后，会被残酷对待吗？＝没有什么。

为什么？＝那个时候正妻年长，不会万事干涉。

孩子对妾和妻如何区别称呼？＝正妻叫大妈，妾叫妈妈。

如果有家谱的话，会写是谁的孩子？＝写是妾的孩子。

妾来之后，妾的姓呢？＝杨的话就变成杨。

给妾零花钱吗？＝给。

一年多少？＝不一定。

丈夫去世后，妾怎么办？＝与正妻一起生活。

如果没有孩子的情况下呢？＝守节的话，一起生活。

如果不守节的话呢？＝改嫁也可以。

哪一种情况更多呢？＝守节的情况更多。

【夫妇吵架】夫妇吵架的原因是什么呢？＝金钱的问题。

举例说的话呢？＝买东西的时候，妻子想买，但是丈夫不想买时。

吵架时谁来仲裁？＝只是阻止。

仲裁呢？＝谁都可以。有叔父和哥哥时他们来仲裁。

父亲为什么不做？＝父亲说的话父子间容易吵架。

家族外的人的话谁来做？＝邻居。

妻子被丈夫骂时，妻子向谁哭诉？＝并不哭诉。

怎么办？＝什么也不做。

丈夫会说像"给我滚出去"的话吗？＝虽然有，但很少。

定婚、结婚后，女方长得很丑遭嫌弃的情况有吗？＝只是关系不好。

会离婚吗？＝没有大过是不会的。

有在外面养女人的事情吗？＝没有。

为什么？＝虽然可能有通奸，但是一般做不出来。

【过继】一家里有两兄弟，哥哥没有孩子，弟弟夫妇有孩子时如何相续？＝弟弟的孩子过继给哥哥。

弟弟不需要继承人吗？＝不需要。绝次不绝长。

哥哥夫妇只有三个女儿没有男孩时，弟弟有男孩时呢？＝过继。女孩嫁出去。

【一子两不绝】长门的哥哥没有孩子，次门的弟弟有一个孩子时，这一个孩子有两个女儿来配，各人生一个男孩，有其中孩子的一个作为长门的继承人的情况吗？＝有。

那叫什么？＝叫"一子两不绝"。

这样的话，次门的男孩要娶两个人吗？＝是的。

沙井村里有这样的实例吗？＝没有。

【一子三不绝】外村里呢？＝河北村里有。那就变成以下的关系，一个男人娶三个妻子，生三组双胞胎。

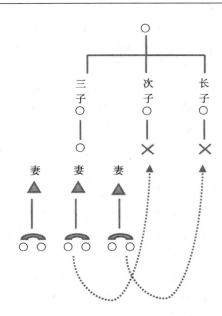

　　然后这变成怎样？ ＝变成两人给长子，二人给次子，二人给三子。

　　不这样的话有兄弟二人，哥哥没有孩子，弟弟有一个孩子，给这个孩子娶两个妻子，一个妻子没有孩子，另一个妻子有孩子时怎么办？ ＝只有一人的话就过继。两人的话就分。

　　如下的情况生了两个孩子时，长子就去长子的家里吗？ ＝爱子过子（使深爱的孩子成为过继子）。

　　有兄弟二人依赖一个孩子的情况吗？ ＝没有分家的话就可以。

　　这叫什么？ ＝"一子两不绝"。

　　过继子的同义词有哪些？ ＝抱儿子，过继儿子。

　　过继儿子是从哪里收养？ ＝既有从近族那儿，也有从亲戚那收养。

　　过继子从近亲那儿不如远亲很平常吗？ ＝从近族那收养是真的嘛。

　　收养过继子时与同族商量吗？ ＝要。

　　【过继单】怎样商量？ ＝写过继单时，请同族签名（这叫出名）。

　　同族全部吗？ ＝全部。

　　商量时与族长商量吗？ ＝与兄弟商量。

　　不与同族商量吗？ ＝不商量。

　　有养子这一说法吗？ ＝没有。

　　【干儿子】义子呢？ ＝干儿子。将他人的父母认作父母，从认的父母角度这样叫儿子。

　　有大宗、小宗的叫法吗？ ＝没有。

　　兼祧呢？ ＝没有。

　　有与过继子解除养子关系的吗？ ＝有。因为平常不是很好。

　　有例子吗？ ＝有，但是不记得了。

过继子大概多少岁？ ＝通常十多岁。四五岁的也有。也有结婚之后成为过继子的。

长子有孩子，次男没有孩子时，次男可以收养过继子吗？ ＝不能。侄子娶两个妻子，将他的孩子作为自己的孩子。

同族没有孩子时，从异姓那收养吗，还是从不是同族但是同姓那儿收养吗？ ＝随便。

过继子会很高兴去有钱人家，而不想去贫困人家吧？ ＝是的。

过继孙 ＝抱孙子。写的时候写过继孙。

村里有过继子吗？ ＝赵廷魁。

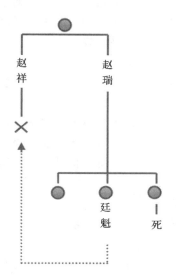

赵瑞没有田地，赵祥有两顷，瑞将廷魁给祥作为儿子养。

【爱子过子】次子为什么去了？ ＝爱子过子。

给祥儿子之前是怎样生活的？ ＝在杨家营家住。

做什么的？ ＝生意。瑞是沙井村的人住在杨家营那。

杨家营有赵的同族吗？ ＝没有。

收养过继子时举行仪式吗？ ＝没有，但是那天有宴会。

举行怎样的宴会？ ＝邀请亲属亲戚吃饭。

过继子带什么来吗？ ＝不来。

衣服、器具呢？ ＝只是穿着的衣服。

邀请同族全体吗？ ＝在同族中出名才请客吃饭。

【辈和席次】有同族的席次吗？ ＝不依据辈分。即使表亲中有辈分最高的也不能坐正席。如果有姑爷（女儿的丈夫）在场的话，就坐正席。

有根据辈分坐席的吗？ ＝有。宴会中只有同族时根据辈分坐。

这时候族长坐正席吗？ ＝是的。

只有同族的集会呢？ ＝只有清明会。

【分家分居】分居是？ ＝分家。

有口语与书面语的区别吗？ ＝没有。

写的时候和说的时候有不同吗？ ＝写时和说时都是分家。

【贴己】不分财产拥有不同的家时叫什么？ ＝"贴己"。

沙井村里有吗？ ＝没有。妻子收钱时也叫"贴己"。

是在什么情况下不分家拥有不同的家？ ＝父子之间关系不好时另过。

【另过】另过和分家不同吗？ ＝不同。财产会分一点。

分家和另过有什么区别？ ＝不分家但是住在不一样的地方。

住在同一院子里也叫另过吗？ ＝不叫。同一院子的话就不叫。

家长由谁担任？ ＝不得独立。家长是父亲。

另过时给钱、土地、道具吗？ ＝给田地。

有二十亩、父母兄弟二人在时，一人另过的话怎么办？ ＝最多给四五亩。

另过的另外叫法？ ＝单过。

分家的话，会是怎样的比例？ ＝留下父母的养老地之后平分。

另过后父母去世时，养老地怎么办？ ＝因为没有分家，所以没有养老地。

哥哥会分给另过的弟弟财产吗？ ＝父母去世的话，回到本家，举行父母的葬礼。发送父母，葬礼结束后平分。

另过后，发送父母后必须分家吗？ ＝不分家也可以。

从另过后的家的角度，叫本家什么？ ＝老家。

本家和另过的家有名称吗？ ＝没有名称。

另过和分家有什么区别？ ＝分家是分清楚财产，另过只分一点。

这边分家的家族多，还是另过的家族多？ ＝分家的多。

另过是父子之间吗，还是兄弟之间？ ＝父子。

另过的人会被村子指指点点地批评吗？ ＝不能确定是孩子不好。

【贴己】贴己是什么？ ＝私产。

私产的种类有哪些？ ＝土地、房屋、钱。钱和土地更多。

什么时候会有私产？ ＝妻子有钱的情况下。这给丈夫，丈夫购买土地作为自己的财产。

村里有拥有私产的人吗？ ＝没有。

哪里有？ ＝不知道。

为什么持有私产？ ＝娘家的钱。

娘家假设有三十亩的话有多少？ ＝娘家没有孩子时，女儿的父母给的。

通常会带几元过来？ ＝三十元、四十元。

三四十元可以买田地吗？ ＝买不了田地。

家产呢？ ＝有。

家产是怎样的东西？ ＝共同的东西，没分家的家的财产。

私产是什么？ ＝贴己。

【另过】另过会给田地吗？租给他吗？ ＝租给他。

需要文书吗？＝没有。

不借土地的话怎么生活＝依赖亲戚（族）向父母要求。

要求的话就会借给吗？＝多少会给。

独身时娶妻怎么办？＝没结婚的人不能另过。

老家的工作什么都不做吗？＝一切没有关系。

有家长有父亲，父亲有孩子三人时，让那三个兄弟的一人另过，家长赞成，父亲反对的话怎么办？＝依靠亲戚，得到父母的许可后另过。

只得到家长的许可不可以吗？＝父亲掌管家务时不可以，但是祖父执掌的话就可以。

【当长的】不是家长但管着家里事务的人叫什么？＝当家的，管事的。家长叫老当家。父亲叫小当家。

家长和当家的意见不合时怎么办？＝与家长商量，家长不会不许可。

【公产】孩子在北京赚的钱是私产还是公产？＝如果带回家的话就是公产。不带回来的话就是私产。

公产是？＝家里的公共财产。不分的东西。

公产和家产？＝一样的。

哪一个更常说？＝家产。

说祖产吗？＝说。

什么东西是祖产？＝不是自己买的东西，祖宗遗留的东西。

【分家】父亲分家后与兄弟三人的长子家一起共同生活时，写分家单吗？＝写三台分家单。

有正房和东西房，家族里有父亲和三个儿子时分家的话，三子年幼时怎样生活？＝父亲健在的话三子和父亲一起住，父亲去世的话和长子或次子家共同生活。如果父母在的话，三子与父母在，一起生活，不分财产。

三子长大后怎么办？＝结婚后可以分家。

【养老地】那种时候养老地会增多吗？＝因为三子还没有结婚，多少会得多一点。父母在，兄弟三人有孩子时，分家后父母与长子一起生活，假设父母有养老地，父母生活一切依赖长子，去世后葬礼等一切由长子负责，次子、三子没有关系。那就叫活着不养，死了不葬。

3 月 19 日

家长　家产　家的结构　分家

应答者　杨泽

【老当家、小当家】被父母赶出家的孩子要回家的话，需要谁的许可吗？＝不需要。

家长反对也可以回去吗？＝家长反对的话，又要出去。

老当家（祖父）赞成、小当家（父亲）不赞成时？＝请求亲友与父亲商量，这样的话大抵会许可。

不管怎样都不承认的话？＝多少分一点土地给他，或者又直接出去。

分土地的是谁？＝家长。

老当家和小当家意见不同时呢？＝遵从老当家的意见。

实际上给家里东西的不是小当家吗？＝是的。

即使是实际上给家里的东西，但老当家有权力吗？＝重大问题上是这样的。

小当家上任时会有宣告吗？＝没有。

会对同族宣告吗？＝没有。

对邻居呢？＝没有。

如何知道小当家的存在？＝因为家长非常年长，会负担一部分家务。

小当家是在多少岁左右开始的？＝七十岁以上的人。

只限于长子吗？＝长子。

即使次子、三子做得很好也是吗？＝如果长子是傻瓜的话，就是次子。

沙井村里有寄居者吗？＝没有。

长子是傻瓜，次子担任小当家时，应该听取谁的意见？＝需要家长的许可。

【离婚和娘家】离婚时女方的娘家家长反对，也可以回去吗？＝没有这样的事。

与他人通奸或者受到其他怀疑时让其回娘家，娘家不接受时呢？＝与娘家的家长商量收留或者使其改嫁。

【结婚和家长】有不得到家长的许可就进行提亲的情况吗？＝如果家长在家的话就不行，但是在北京或其他地方就可以。

如果家长反对的话怎么办？＝已经定下了，不管怎样都很困难。

在家的话有这样的情况吗？＝没有。

有在别乡的情况吗？＝有。

有很多吗？＝很少。

这样的人会回村里打招呼吗？＝会来。

【会员】村里有集会吗？＝村公会有会议的话聚集。

那个时候家长会出现吗？＝会员会出席。

会员是？＝和村长一起做事的人。

【会首】会首是会员吗？＝是的。

会员有几人？＝九人。

杨泽是会首吗？＝最近当上的。

会员是各家家长吗？＝是的。

村公会时，家长不出席可以派代理来吗？＝可以。

【村长的选举】村长是选举的吗？＝选举。

谁来选举？＝从警察中派遣委员，给农民三十票左右进行选举。

警官会来吗？ ＝警察一人。委员一人。

委员是怎样的人？ ＝助理。

助理是警官吗？ ＝不是。如警察分局的书记等人。

三十票会不会太少？ ＝根据村的大小。

在村里分发吗？ ＝因为聚集三十人左右。配备三十票左右。

选举是由家长进行吗？ ＝是的。

六十几家人中只聚集三十人吗？ ＝剩下的不识字。

会首是选举的吗？ ＝是的。

可以选举同族的人为村长吗？ ＝可以选举但一般不会这样做。

为什么？ ＝因为村长的工作很麻烦，谁都不想做，所以同族的人不会选举。

会先列出以前的候补者的名字来听吗？ ＝不做。

村长的选举不是家长也可以吗？ ＝可以。

孩子去也可以吗？ ＝不能，二十岁以上。

因为不关心村政吗，还是因为不会识字？ ＝因为不关心。

【家长和财产处分】家的财产可以由家长随意处分吗？ ＝可以。如果家长的母亲还在的话，需要得到许可。

假设杨泽有二十亩，随意卖十亩也可以吗？ ＝可以。

如果母亲反对的话？ ＝不能。

家产是家长的东西还是家族全体成员的东西？ ＝全体。

全体的东西可以由家长处分吗？ ＝如果是兄弟一人的话可以，有两人以上的话就应该商量。

新娘嫁入时带来的钱是谁的东西？ ＝新娘丈夫的私有财产。

不是与新娘两人的东西吗？ ＝是两人的东西。

家长可以处分吗？ ＝可以交给家长，但是不能自己持有。

【胭粉地】嫁入时有带着土地来的吗？ ＝有，但是很少。

什么情况下带着土地来？ ＝很多都是结婚后带着过来。

为什么？ ＝父亲给的。因为父亲是有钱人，很爱孩子。

那个土地是谁的东西？ ＝如果土地契约书给丈夫的话，是两人的东西，不给的话就是一个人的东西。

有名称吗？ ＝胭粉地。

胭粉地是作为妻子的东西，还是夫妇二人的东西，哪一个更多？ ＝二人。

二人的东西是家产还是私产？ ＝私产。

丈夫成为家长的话，那是家产还是私产？ ＝私产。

这儿有这样的土地吗？ ＝没有。

有从外面的情况得到的私产吗？ ＝例如孩子去北京赚的钱一部分给家里，一部分以妻子的名义作为自己的东西。那是私产。

二人私产的收入是？ ＝只是自己的东西。

家里的关系像这样好吗？ ＝因为是自己的东西，谁都不会干涉。

胭粉地是租出去还是自己种呢？ ＝转租给别人，收租金。

胭粉地只限于有钱人家吗？ ＝是的，只是有钱人家。

在有钱人家如果有男孩，那这胭粉地就不外租吗？ ＝不是的，即使有男孩儿，还是会给女儿土地。

哪种位阶的人家才能拿出地呢？ ＝至少要土地三四亩以上，家里只有一个女儿的情况下。

胭粉地不管到什么时候都是私有财产吗？ ＝如果丈夫没有兄弟，父母双亡的话就作为家产。

在分家的时候私有财产会分开清算吗？ ＝是的，分开清算。

家长能自行放弃（作为家长的权利）并且让长子继承吗？ ＝（可以，不过）名义上还是父亲的家长。

家长有浪费恶行的时候，家人会不会出面制止吗？ ＝不会。

那怎么办呢？ ＝孩子们另外想办法。

什么办法？ ＝经商，学手艺。

那土地呢？ ＝任凭父亲处理。

那孩子们能分得到吗？ ＝不能，分不到。

隐居呢？ ＝不会的。

【家族结构与居住状况】沙井村的家族结构大致是怎样的呢？家人是怎样分置的呢？以家里有五个男孩子为例。 ＝

没有结婚的住在哪儿呢？ ＝和父母一起住。

有东厢房比西厢房好这样的说法吗？ ＝都是一样的。

在有长子与次子的情况下，长子住在哪儿？ ＝长子住在正房右边，次子住在东厢房。

长子、次子还有三子的情况下呢？ ＝与图所示一样。

如果住正房，长子与次子住东、西厢房是该怎么办呢？ ＝也有不按照顺序住的家族。

沙井村中正房是五间的多，还是三间的多呢？ ＝五间的多。

东西厢房呢？ ＝三间的多。

【饮食】在哪里吃饭呢？ ＝家长的房间里。

不在正房中吃饭吗？ ＝有钱的家庭有食堂，平常家庭就在家长屋里的炕上吃。

吃饭时家人一起吗？ ＝有在一起的家庭，也有没有的。

哪样的家庭在一起吃呢？ ＝人少的家庭。

人多的家庭怎么办呢？ ＝家长分开，兄弟几人一桌，妻子和孩子们一桌。

房间也都在一起吗？ ＝家长和兄弟们在家长的房间，妻子和孩子们在正房。

沙井村有带食堂的家庭吗？ ＝没有（赵廷魁家的图作为参考）。

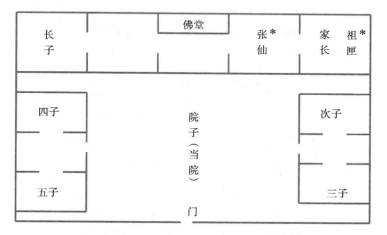

（A）正房五间的家（父和兄弟五人的情况）

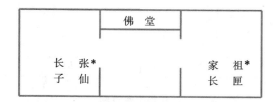

（B）正房三间　＊张仙只在没有孩子的房屋里祭祀

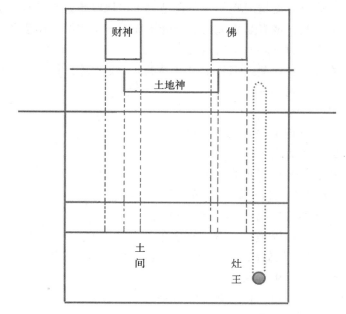

（C）佛　堂

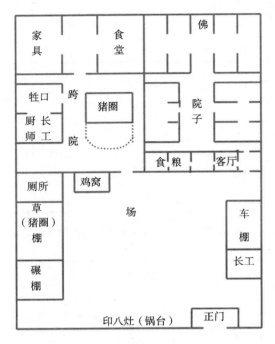

赵廷魁家示意图

【儿媳的土地购买】有除开家长以外的人用自己的钱买地的情况吗？ ＝有。

怎么样的时候下有这样的情况呢？ ＝用自己妻子出嫁时带过来的钱买。

妻子可以随便买地吗，或者是丈夫买地给妻子呢？ ＝丈夫买地给妻子。

那是作为夫妻二人的财产吗？ ＝当然。

名义上呢？是丈夫吗？ ＝契约书是丈夫（签的），钱是妻子出。

丈夫可以随便卖掉地吗？ ＝可以。

妻子不会抱怨吗？ ＝会。

仅仅是抱怨（没有其他办法）吗？ ＝没法子。

地契是谁拿着的？ ＝丈夫。

不和家长商量就可以卖掉（地）吗？ ＝是的。

【贴己】这种地叫什么呢？ ＝贴己，私有财产

私放地是什么？ ＝不这样说。

家长和短、长工一起吃饭吗？ ＝不，分开吃。

【副业】村里有人在家里做副业的吗？ ＝（有）提供蜂蜜、手艺。

谁在做呢？ ＝村里有三十几人在做。

女人不做副业吗？ ＝不做，到北京去做副业。

村里有夜里在家做副业的吗？ ＝没有。

鸡呢（谁照顾）？ ＝妻子照顾。

收入呢？＝家里私用的钱。

把钱交给家长吗？＝因为少，所以不交。

那钱由谁保管？＝妻子。

不论妻子买什么都可以吗？＝可以。

丈夫会责备吗？＝买应该买的东西时不会。

【借债的继承】家长去世之后，孩子继承家长时，借债怎么办？＝孩子偿还。

孩子所欠下的债呢？家长会偿还吗？＝孩子不能偿还时由家长负担。

必须偿还吗？＝对方不会免除（欠款）。

祖父、父辈的欠款会代代留存吗？＝是的。

利息呢？算吗？＝算。

【结婚和家长】作为家长的祖父不同意，而父亲同意时该怎么办呢？＝请求亲朋好友与之商量。

作为家长的祖父，与作为孩子的父亲之间意见不合的情况多吗？＝不多。

妻子回娘家，丈夫同意，但是家长不同意时怎么办？＝不去，即使有丈夫陪伴妻子也不去。

如果家长不同意的话，丈夫同意时该怎么办呢？＝如果家里贫苦可以去，如果生活殷实就不去。

【借债与家长】在准备借巨额借款时，家长会与家人商量吗？＝如果是为了家族就商量，如果是私事就不需要商量。

家人全部反对，但是家长还是执意要借，怎么办？＝如果是因为葬礼或者其他事情而没有钱的话就算反对也会去借。

所有的事情家长都是按照自己的想法去做吗？＝如果家长是父母的话可以，但是如果是兄弟姐妹的话必须商量。

【分家与院子】分家的时候，院子和房子是分开处置的吗？＝是的。

那样的话，四个兄弟分家时，正房三间，东西厢房各三间的情况下怎么办呢？＝根据抽签像下面这样分，也就是说，A 是长子与次子共有公用，B 则分给三子，C 则分给四子，D 作为公共通道。A 在此叫作风岔。

长子有特权，与其他兄弟平等分家吗？＝祖辈相传的匣子属于长子之外，其他没有什么特权。

为什么？＝因为是习俗。

【祖传的匣子与长子】祖传的匣子由长子保管是特权吗？＝不是特权，是为了传递香火。

想要卖掉上图中长子与次子公用的正房中间地带的话，需要兄弟相互应允吗？＝要卖的话（只能）卖给兄弟。

分家之后要卖掉财产需要兄弟们的应允吗？＝商量后卖的与没有商量就卖的都有。（即使）商量也是因为面子。

没有商量就卖其他兄弟会生气吗？＝可能会起争执的地方时不会有人买的。不会起争

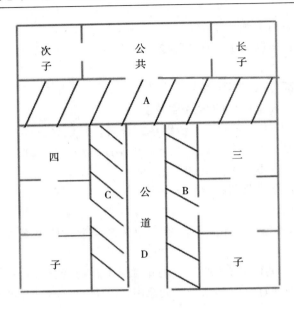

执的地方买的话也是可以的。

　　【分家与兄弟之间的相互关系】分家后生活困难，兄弟之间会相互关照吗？＝多少会帮助一点儿。

　　帮助的话平时会给劝告，建议吗？＝会。

　　分家之后如果和父亲同住，家长是谁呢？＝父亲。

　　【分家与另过】父亲生前有财产分割的情况吗？＝有过。

　　什么时候？＝因为兄弟之间关系不好，（为了）让其另外过，财产不明确分时是另过，财产明确分开时是分家。

　　分家是兄弟全部，而另过则是兄弟中的一两个人而已吗？＝三人一起另过的情况也有过。

　　分家的时候是平均分吗？＝当然。

　　另过是财产分开给予时没有比例吗？＝都是一样的，允许出租，但是不允许卖。

　　父亲的葬礼的费用怎么办？＝兄弟们一起商量，如果没有钱的话，就可以卖掉土地。

　　兄弟全部另过的时候，父母的地多吗？＝比三个人合起来多一些。

　　父母所有的土地的户主是谁呢？＝没有。

　　【养子】什么是养子？＝从小得到的婴儿并抚养长大。

　　"过继子"同族人之间的话是过继子，异性的话呢？＝是养子，但是要从婴儿时就开始抚养。

　　无男孩儿有三个女孩儿的话，全部都嫁出去吗？＝在贫穷的家里，孩子太多养不起时，给别人一个孩子，成为有钱人家的养子，养子与母亲之间没有血缘关系。

　　贫穷的家中有三个女儿时怎么办呢？＝那就需要一个过继子。

沙井村有养老的女婿吗？＝没有。有三个女儿的嫁出去两个，留一个招上门女婿。城里有一个人这样。但是基本上没有。同族之间家中人口不足，也没有过继子时才这样做，但是不仅限于贫穷人家。

【遗言】有遗言这样的说法吗？＝有。

什么时候（留遗言）呢？＝父亲病重没有（治愈的）希望的时候。

是写下来还是说呢？＝只是说不写。

关于什么说得多呢？＝债务，债权以及家务。

写的是些什么呢？＝遗嘱、遗训。有钱有学问的人做这些。

【私有财产】妻子有很多私有财产吗？＝是的。

如果妻子去世的话，那变成谁的财产呢？＝丈夫的。

【分家和债款】有千元债款，父亲与有着孩子的三个兄弟的情况下还会分家吗？＝那就由兄弟三人分担。

有巨额借债的时候还分家吗？＝就算不分家，借债还是存在，所以会分家。

分家时父亲自己私人欠下的债务怎么办？＝孩子三人（一起）分担。

【遗言与平均分配】父母去世时遗言中这样说道：长子三垄，次子五垄，妻子口垄。这样的遗言他们会遵循吗？＝不会。

为什么？＝长子会抱怨，必须平均分配。

同姓不同宗的家族之间可以通婚吗？＝可以，但是断定为不合理的话就不能。

同族中有特别亲近的族人吗？＝（有）叫近亲同族。

你的同族呢？＝五服之内大家都是。

3 月 25 日

家族　家长　订婚

应答者　杨润（农民）

【族长与辈分】族长的年龄和辈分呢？＝辈分高，年龄也长。

没有辈分高年龄小的情况吗？＝如果辈分最高的话，年龄小的也可以。

【老道】老道是指什么？＝寺庙的看护人，也说道教的和尚。

可以不是僧人吗？＝僧人就是和尚。

如果和尚也是道教的人的话，也叫老道吗？＝是的，也叫。

老道和道士分别指什么？＝对道教的人来说是道士，寺庙的管理人叫老道不叫道士。

【同宗】同宗，平时也这样说吗？＝说。

有五代、六代这样的界限吗？＝没有。

有只限于第五代等这样的说吗？＝没有。

【远亲近亲】远亲近亲在来往上有什么区别吗？＝结婚、葬礼时，如果是近亲，那就邀请全家而远亲就只邀请一个人。

亲戚会来几人呢？＝有全家都来，也有只来一两个人的。

远亲和近亲哪一方更亲呢？＝女婿和儿媳妇的家是近亲。

分家或其他重大事情的时候，近亲等亲戚不管什么时候都会到场吗？＝是的，会来。

【姨亲】舅子和姨子的结婚对象，以及女婿家的妹妹的结婚对象也是亲戚吗？＝也是亲戚，但是比较远。

这种叫作什么呢？＝叫作姨亲。

【家族】家族是指什么？＝一家的所有人，就叫家族。

长工与雇佣的工人也是吗？＝不是的。

父母有养老地的人，兄弟两人分家时，会将其算作自己的家人吗？＝所有的人都是一家人。

有三个人都是家长的情况吗？＝即使分家了，父亲仍然是家长，兄长是兄长家的家长，弟弟也是一样的。

和户口簿等不一样吗？＝有户口的是户长，户长是三个人。

即使兄弟两人都是户长，那么家长的职务有限制吗？＝当然。

分家时只是对财产吗？其他的都是一样的吗？＝当然。

兄弟另外分开住呢？＝那样的时候都是一样的。

即使这样还是一样的吗？＝仍然还是一家人。

父亲去世后，兄长成为家长时也是一家人吗？＝是一个家庭，如果父母一起去世的话，兄弟就分开成为两个家。

父亲去世后，谁成为家长？＝兄长是自己家的家长，弟弟也是一样的，没有三家共同的家长。

母亲能成为实质的家长吗？＝母亲能成为实质的家长，这时也称为家长。

不说当家的吗？＝不说。

【借债、分家与家长】即使有巨额债款，也会分家吗？＝是的，分，兄弟们分担债务。

父母不再分担偿还债务了吗？＝是的，不还。因为上了年纪，所以由兄弟们分担偿还。

父亲生活下去（的立场来看）债务方面也就没有责任了对吗？＝孩子有责任并代替父母偿还债务。

即便是家长也没有责任吗？＝是的，没有。

从社会这个角度来看 承担债务责任的难道不是家长吗？＝如果父母双亡，则孩子偿还；如果（生活）较为宽裕的话，则生前偿还，如果生活贫苦的话，就由兄弟们偿还。

虽然分家时就偿还债务是真的，但是分家时还要和家长商量。如果你们偿还的话，那我就不用卖掉地分家，但是如果你们不偿还，那我就卖掉地来还债。＝如果说兄弟们承担责任的话，那就修改字据（另立字据 换字据），让兄弟们承担责任。

家长担起一家的责任，不这样说吗？＝当然（不说）。

与债务相关的事也不承担责任吗？＝是的，不承担。

那这是有特别的吗？＝只是名义上的家长。

那对其他的事情负责吗？＝对其他的事也没有。

分家后还有养老地的家长，已经不是真正意义上的家长了，对吗？＝仅仅是名义上的家长，家长的权利已经没有了。

这种家长有什么名称吗？＝没有。

如果分家就只是名义上的话，那就是并不是实际上的，对吗？＝当然。

分家之后再组成一家，这种情况下，家长就不能做了对吗？＝不能。

【户长与家族长】根据户口本，户长也是家长，但是实际上是三家只有一个家长是吗？＝三家有三个家长，家族长只有一个，那就是父亲。

平时说家族长这种说法吗？＝说。

因为家长、家族长是父母，所以有尊敬的意思，是吗？＝当然。

实际上有实权吗？＝没有。

【祖匣】祖传的匣子在父母那儿吗？兄长有吗？＝在父母那儿（兄长没有）。

父亲去世的话呢？＝母亲。父亲去世的话，来哥哥的地方。

【当家子】当家的是指什么呢？＝是指管理一家事物的人。

没有别的意思吗？＝（杨泽在五代以外的叫当家的）没有。

五代以外的叫当家的吗？＝这叫当家子。

有什么意思呢？＝同姓同宗。

不管是几代都可以吗？＝是的。

五代以内和以外的都行吗？＝没有关系，但是有远近之差，叫作远当家、近当家。

【本族、本宗】本族是指什么呢？＝一族中大家都说。

本宗呢？＝和本族同样。

同族、同宗、本族、本宗相同？＝相同。

哪个最常用呢？＝都常用。

【一家子】一个家族的情况下叫什么呢？＝一家子。

有和亲戚家族相同意思的称为什么呢？＝亲家里，平时不这么说，称为当家子。

分居呢，指什么？＝分家时财产的划分。分居是指分开居住，平时就说分居。

什么情况下分居呢？＝分家时。

是同样的吗？＝是的，同样。

【家族长与族长】家族长与家长是一样的吗？＝一个家族的首领成为家族长，族长是指同族的首领。

家族长只在分家时才会参与吗？＝是的。只在分家时。

在村里是个什么样的人呢？＝一般是有资历的老家长。

【门户】门户是指什么？＝户就是家的意思，门就是家的入口，也就是指一家的意思。

一家族也有这个意思吗？＝和家族不同。

是指一家的意思吗？＝是的。

帮忙的人算作家人吗？　＝不算。

家人到别人家里居住，算作家人吗？　＝不算。

你的弟弟到北京的叔叔家居住的话呢？　＝是家人，因为姓相同。

分居后，大家便不是家人了吗？　＝不算作一家人。

【离婚的原因】离婚的原因大多是因为什么呢？　＝作为一家之主但是女方做了坏事的情况下时。

那女方出嫁时带过来的钱财、衣物之类的都要还吗？　＝有还的情况，也有不还的情况。

娃娃亲是指什么？　＝一般不这样说。

夫妇之间妻子比丈夫的年纪大吗？　＝当然一般大两、三岁。

【订婚的年龄】订婚是指什么？　＝一般是十四五岁，结婚是十六七岁。

这是指男性还是女性？　＝都是一样。

女性要年龄要稍微大一些吗？　＝女性十七八岁。

你订婚了吗？　＝十四五时订的婚。

现在仍然还有订婚吗？　＝有。

必须订婚吗？　＝是的。

【定婚与本人的意愿】订婚时（订婚双方）知道吗？　＝知道。

是怎么样知道的呢？　＝订婚时事先要和孩子商量，以前根本不和孩子商量，但现在要商量。

你订婚的时候呢？　＝商量过。

如果孩子不愿意怎么办呢？　＝如果不愿的话，则不订婚。

【订婚后的爱人】有订婚后喜欢上别人的人的情况吗？　＝有。

那时该怎么办呢？　＝经常会吵架，如果订婚后有喜欢的女孩，则要与父母商量，如果父母赞成，那就娶。

如果不赞成呢？　＝那就不能进入家门。

那就住在外面吗？　＝是的。

住在哪儿呢？　＝男子在北京的话，就住在北京。

村里有像左先生那种情况吗？　＝有是有，不过很少。

比如说沙井村的年轻男子与石门村的女子订婚后，爱上了望泉寺村的女子，这样的情况下该怎么办呢？　＝就住在望泉寺村。

住在女子父母家里吗？　＝分开借住在别人家里。

如果男子的父母反对呢？　＝如果父母反对的话，就不能住在家里。

女子的父母对此保持沉默吗？　＝是的。

如果男子的父母赞成呢？　＝男子的父母与石门村的女子的父母商量。首先与订婚的女子结婚，然后与望泉寺村的女子结婚。

那谁是妾呢？　＝望泉寺村的女子。

望泉寺村的女子是妾还是妻？　＝是妾。

可以取消与石门村女子的订婚，与望泉村村的女子结婚吗？　＝解除婚约，然后可以

（与望泉寺村的女子）结婚。

是强制结婚的吗？ ＝是的，强制结婚。

对于结婚很少听取年轻人自己的意见吗？ ＝如果孩子反对，那孩子就离家出走（一般是父母指婚）。

如果孩子还未婚时就分家，可以不用听家长的话吗？ ＝必要的时候也是父母指婚。

孩子不听呢？ ＝因为孩子年轻，所以会听。

如果不听的情况下，就会把分家的份额拿回来，有这样的说法吗？ ＝没有。

是不行呢，还是没有？ ＝是不行。

把妾叫作什么呢？ ＝二房、二太太、小奶奶。

【附户】附户是指什么？ ＝分家时，弟弟与兄弟住在同一个院子，叫作附户。

杨正是杨源的附户吗？ ＝不是附户。

不是像正房、西厢房、东厢房这样的关系的同一个院子吗？ ＝是的。

分家后的兄弟们，如果兄长就借兄长的家，是这个意思吗？ ＝即便是（自己）得到了也叫附户，因为是同一个院子。

在没有分家时，父亲住在正房，兄弟二人各自住在东厢房、西厢房，这也叫附户吗？ ＝不叫。

同一个院子中的一栋屋子被别人借走叫什么？ ＝叫附户。

附户是指附属的家族的意思吗？ ＝对，是的。

出不出钱都可以的吗？ ＝可以。

如果别人是长工呢？ ＝那就不叫附户。

住户是指什么？ ＝正住着的这个家叫住户。

不管是别人的还是自己的家都这样说吗？ ＝都这样说。

住房和附户是指什么？ ＝住房是指与人有关的说法，附户是与家有关的说法。

3 月 25 日　下午

妾　过继子

应答者　杨润（农民）

【妾】沙井村有妾吗？ ＝没有。

为什么没有呢？ ＝因为没有钱。

【无子嗣者与过继子】有没有孩子的人吗？ ＝有，王喜、耿士成。

王喜多少岁呢？ ＝四十左右。

耿士成呢？ ＝六十。

王喜的地呢？ ＝他没有地。

耿士成呢？ ＝四五亩。

那后嗣怎么办呢？＝如果去世的话，就由同族的人埋葬。

那这一家就会没有了是吗？＝对。

那没有过继子吗？＝因为没有钱（所有没有）。

同族在物质上帮助吗？＝也仅仅是在饮食上帮一下。

同族间不管贫穷与否都不过继孩子吗？＝如果去世的话还有侄子（由侄子操办一切）。

【妾】在这边，妾会受到有地的人家的侮辱吗？＝不会。

为什么？＝虽然身为妾，但也会根据人的善恶来定是否侮辱。

难道妾不是被人从别处买来的吗？＝有被从别处买来的，也有自愿过来的。

在别的村子里有在同一个村子里做妾的人吗？＝很少有。

少是因为会受到别人的侮辱是吗？＝是的。

做妾的人的家里是不是因为家里很穷？＝是的。

【妾的媒人】需要给媒人多少钱呢？＝没定数，一般是几百元。给媒人钱叫作谢媒。

妾的媒人（一般）是怎么样的人呢？＝穷人居多。有受委托而做媒的，也有将其作为职业的。

有没有因为没有孩子，同族、亲戚成为媒人的情况呢？＝有。

同族人有没有人为亲戚没有孩子而纳妾这事而感到不开心的呢？＝因为没有子嗣，所以同族之间不会干涉有妾这一事。因为没有孩子，所以还会劝丈夫找妾。

【庆祝妻妾的仪式】有婚姻契约吗？＝没有。

结婚仪式呢？＝有。

做些什么呢？＝与庆祝娶妻仪式相同。

庆祝仪式时丈夫、妾、妻子的席位是怎样的？＝虽然妻子会参加庆祝仪式，但拜完天地之后，妾会问候妻子。

【妻子与妾的争吵】丈夫会只到妾那儿去（不去妻子那儿），妻子和妾会吵架吗？＝当然会。

怎样解决呢？＝这时亲戚、朋友、家族亲人出面制止，多数是为了不让今后再起争端，进行分房（轮流就寝）。

【妾的离家出走】如果起来纷争无法制止时，妻子会离家出走吗，还是妾会离家出走呢？＝妾离家出走的情况多。

出走后妾还会回来吗？＝会回来。

在什么样的情况下回来呢？＝丈夫与妻子商量后带回来。

妾如果不回来的话，那以前的钱怎么办呢？＝可以不用还。

妾为了捞钱会几度（到别人处）做妾，有这样的情况吗？＝有。

这种情况叫什么？＝在城市的话就叫折白党，在农村叫作吃事的或打虎的。

为了防止这种情况需要写证明吗？＝不需要写。

证明人是媒人吗？＝是媒人。

如果对媒人不信任就得不到妾吗？＝这与媒人没有关系。

如果什么都没有发生妾便回去了，会很危险吗？＝如果逃走了，就会把媒人找到，让媒人去找，如果找不到就没有办法了。

一两岁的可以成为家长吗？＝可以，（但是）要找代理人。

什么样的人能成为代理人呢？＝同族中最亲的人。

这就叫作代理人是吗？＝是的，别的就叫管事的。

如果当家的话还需要代理人吗？＝不需要。

在前面所说的情况下，一般是母亲成为当家的吗？＝母亲当家虽然可以决定家里的事情，但不能决定外面的事情，此时就花钱雇人做，被雇来（做）管事的不管是谁都可以。

如果管事人是近亲呢？＝（也会）出钱。

如果是近亲的话，家内外的是都会做吗？＝管事的根据妻子的指示做。

管事的谢礼是怎么算呢？＝根据家里的财产不同而不同。

有大致的比率吗？＝一年大致三四百元。

孩子到几岁可以被雇为管事人呢？＝孩子的话，十五岁。

【成年】孩子十五岁就成年了是吗？＝还没有成为大人，也没有成年，仍然还是幼年。结婚后才算成年。

即使十二三结婚也算是成年了吗？＝是的，算成年。

到了二十岁结婚才是正当的成年年纪是吗？＝是的。

就算到了二十五岁还没有结婚的话，也不能说成是成年，对吗？＝是的。

不拘泥于结婚，有大致上成年的年纪这一说法吗？＝不知道。

家长二三岁的时候父亲去世，当家的母亲会有别的称呼吗？＝没有，叫当家的。

3 月 26 日

分家　过继　祭祀先祖

应答者　杨泽

【旁系近亲家族的分家】如果是如下情况，作为家长的哥哥去世了的话，分家一般由谁提出？＝一般是叔父。

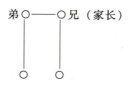

弟○——○兄（家长）

兄长的儿子提出的话呢？＝能分。

弟弟的儿子说出的话呢？＝如果父亲还健在的话则不行。

如果家里有二十亩地是该怎么分呢？＝叔叔十亩，兄长的孩子十亩。

分家的比例呢，是怎样的？＝每人十亩。

以家为单位，有区别兄弟家族血统的称呼吗？比如说长孙与第二个孙子这样的（的情况下）？＝可以对兄弟间进行大排行。如下图：

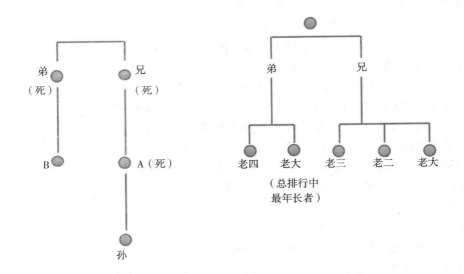

兄长和 A 去世时，孙子和 B 分家的情况下，这两者平分家产。这是因为孙子可以得到作为祖父的兄长的那份财产，同时 B 能得到作为父亲的弟弟的那份财产。

【分家缘由】除了前几天说过的那些理由，还有其他理由吗？＝一般有两个。

父母如果是老人无法劳动的情况下，有在生前为了给兄弟们平均分配家产而分家的吗？＝这个也有。

分家时，有人不要财产吗？＝如果此人有才能，会有这种情况。如果没有（才能），是不会做出这种事的，很少有。

【分家的提议】想要分家的事，最先是谁提出呢？＝家长。

如果有三个人，是三人商量，然后向家长提出分家，还是单独说呢？＝都可以。

周树棠家里分家时（你）听到什么与一般（分家）不同的事吗？＝分家的理由是因为妻妾们的关系恶化。

知道财产的分配方式有什么不同吗？＝是均分。

知道是去养子家，而且没有平均分配（这些事）吗？＝具体不清楚。

【老宅子】老宅子是指什么？＝祖宅。

祖宅是什么？＝上一辈留下的房子。

如果分家该怎么办呢？＝老宅子是从小就住的房子。

说到房子，有传下来做本家的意思吗？＝只是作为房子，没有别的其他意思。

把这个房子卖给别人，那还叫老宅子吗？＝不叫。

祖宅子一定是老宅子吗？＝不是。

分家时兄弟们必须一起分家吗？＝当然。

如果有五岁的小弟弟的时候呢？ ＝首先一起分家后，和兄弟们中的一个一起过。

也就是说五岁的弟弟是分家之后的事是吗？ ＝是的。

【分家后的家长】父母没有养老地，轮流住在兄弟家的时候，父母作为哪一家的家人呢？ ＝兄弟们的家人。

父亲能成为家长吗？ ＝不能。

父母分开居住，由兄弟几人赡养，有这种情况吗？ ＝有。

家长呢？ ＝成为老家长。

如果父母另外有家，就不能成为老家长吗？ ＝如果孩子们有家，那父母就一定有。

长子在正房，次子在西厢房，三子在东厢房，如果这样分家，父母就不能轮流待孩子的家里了，是这个意思吗？ ＝父母得正房的一半。

正房的家长是谁？ ＝家长是父亲，户长有三人。

门牌号怎么写呢？ ＝只写作为户长的兄弟三人。

兄弟四人有人希望分家，其他人反对应该怎么办呢？ ＝仍然分家。

家长把其中一个人赶出家门的情况有吗？ ＝有。

这种事情叫什么？ ＝叫单过或者另过。

没有养老地的父母需要孩子们的抚养，但是孩子们不抚养该怎么办呢？ ＝让稍微殷实的孩子赡养。

能举例吗？ ＝这个办不到。

生活在不想抚养父母的孩子家里会不会很不愉快？ ＝没有办法。

会把父母赶出去吗？ ＝不会。

结果也仍然不会被好好赡养对吗？ ＝有不赡养父母的。

【散伙饭和出名】分家时吃散伙饭吗？ ＝分家时，吃的最后一次饭。

这时，都有谁会出席呢？ ＝全家人以及出名的人。

除开出名的人以外没有其他人了吗？ ＝是的。

族长呢？ ＝出席。

即使不出名也行吗？ ＝不出名不行。

村长与村会代表呢？ ＝村长出席，村会代表不出席。

分家的清单什么时候写呢？ ＝吃散伙饭之前写。

分家的多还是少呢？ ＝少。

今年有几家？ ＝今年没有。

去年呢？ ＝没有。

赵廷魁经常（帮忙）分家吗？ ＝前年（帮）刘福、李树林分家；四五年前帮李应思分家。

承通衰微（前年十二月三日的调查，在本书498页）是指什么呢？ ＝不知道。

刘祯去刘福家是什么意思呢？ ＝刘福、刘祥现在一起住了。

刘祯现在在村里吗？ ＝在。

福、祥为什么在一起住呢？ ＝因为刘祥没有结婚。

刘祥多少岁？ ＝二十五六岁。

为什么不结婚呢？ ＝因为贫穷。

有多少土地呢？ ＝十几亩。

是土地很少吗？ ＝（是因为）土地贫瘠。

刘祯大概得了多少地呢？ ＝（另外）六亩左右。

【养子与养女】什么叫养子？ ＝从小从别人那里得到养大的孩子。

什么情况下养呢？ ＝孩子的母亲去世后，交给别人养。

不管男孩女孩儿都叫养子吗？ ＝女孩儿叫养女，男孩儿叫养子。

什么情况下养女孩儿呢？ ＝女孩儿的母亲去世后。

因为全是男孩儿，养女孩儿的情况很少吗？ ＝因为没有孩子。

村里养子养女大概有多少？ ＝现在没有，以前有，杨明旺（43 岁）的父亲是养子。

会去认养吗，或者是别人送过去养呢？ ＝找亲戚帮忙，寻找没有孩子的人家，然后送过去养。

有认养养子之后，自己有生孩子的情况吗？ ＝有。

那（与）继承相关的事该怎么办呢？ ＝（养子年长的情况下），财产二人平分。

（让其）分开住吗？ ＝可以一起住，但是分家的时候是平分。

父母健在的时候，谁会希望分家呢？ ＝父母健在的时候不分家。

父母双亡呢？ ＝谁先提出来都无所谓。

养子会改姓吗？ ＝会改。

养子会回自己出生的家里吗？ ＝得不到财产的情况下可以回去，如果能得到财产，就不回去。

得到财产后回去不是更好吗？ ＝没有这种事情。

领养孩子有什么证明吗？ ＝没有。

【过继子】村里有过继子吗？ ＝有。

有过继子为什么没有养子呢？ ＝那时因为过继子大多是在长大之后认养的。

（决定）是让养子继承家业还是让亲生子继承家业（这种事）是父母或者家长的自由吗？ ＝不知道，杨明照的父亲生病的时候是平分财产的。

刘福是养子吗？ ＝李树林的弟弟从小就被收养为养子。

刘风山领养孩子后有了自己的孩子吗？ ＝之后有了三个。

孩子们的名字呢？ ＝刘福、刘禄、刘祯、刘祥。刘禄、刘祯分家另外过了，刘福和刘祥在一起住。

刘风山和李文山是亲戚吗？ ＝不知道。

如果是亲戚，就不能过继子嗣吗？ ＝如果是从婴儿时期就领养，不需要写过继证明。村里也叫过继子。

领养孩子时，会办酒宴吗？ ＝什么都不做。

过继子时孩子是长子、次子还是三子都可以吗？ ＝是的。

有作为女儿的丈夫的养子吗？ ＝没有。

即使有男孩儿也可以领养吗？＝没有人收养子。

村里大概有几个人家里有过继子？＝赵廷魁、张永仁。

过继子不管是大孩儿，还是小孩儿都行吗？＝大孩儿较多。

大概多少岁？＝二十岁左右。

小孩儿呢？＝四五岁。

养子必须是小孩儿吗？＝是的。

过继子与养子的区别是什么？＝过继子岁数较大，养子年龄较小，其他的就没有了。

有没有过继的证明也是二者之间的不同之处对吗？＝是的。

同族领养与不同族领养有区别吗？＝没有关系。

异姓收养也可以叫作过继子吗？＝可以。

同族收养当然不用问了？＝是的。

【贴己】能得到不是家里共有的，而是作为自己私人物品的东西吗？＝能。（北如）钱、地、房子。

土地是哪种地呢？＝是结婚时妻子从娘家带过来的钱买的地。

这种叫什么呢？＝叫贴己。

如果是房子呢？＝将城内的房子租出去，收租金。

买房子的钱呢？＝妻子的钱。

这也叫贴己吗？＝是的。

外面有吗？＝没有。

土地和房子名义会有什么不同吗？＝都一样。

坟后面的土墙叫什么？＝坟山。

这一代大家都做坟山吗？＝是的，都做。

杨的坟也有吗？＝也有。

为了什么才做的呢？＝为了防止煞气。

【本家】分家之后的兄弟之间会相互称为本家吗？＝会。

【分家之后相互间的称呼】一般杨源是怎样称呼你的呢？＝称东院子、西院子。

杨源的家是（哪一个院子）？＝东院子。

分家从父母哪儿得到的房子叫什么？＝大屋里（长子的家）、二屋里、三屋里。

父母不会说分家的事是吗？＝不说。

是因为分家是不好的事情吗？＝也并不是这样。

因为贫穷，（而且）孩子多所以分家，这是什么意思呢？＝因为家里孩子多，生活费用不足，所以让其分开住。

（生活费用）不足即使分开不也一样吗？＝如果不够，就自己想办法维持生活。

虽然有点儿失礼，但因为你家分家了，可以说说这件事吗？＝没有打听（这种事）的人。

为什么呢？＝（因为）打听的话会很失礼。

【抑制分家】有制止分家的对策吗？＝有。

谁做这种事情呢？怎样做到可以制止呢？＝邻居，朋友，亲戚等去家里制止。

是劝解父母还是劝解兄弟们呢？＝劝解兄弟们。

有过这样劝解分家的事例吗？＝有。

【家产分割的标准】分家时土地的分配方法是父母随意分吗？＝不会随意分配，要与亲戚商量后分配。

亲戚与父母意见不一致的时候怎么办呢？＝没有这样的情况。

财产分配依据是兄弟的人数、父母的生活安排这些都是确定的吗？＝没有确定。

以什么标准来决定呢？＝没有标准。

二十亩的地十五亩作为养老地，五亩让兄弟们分可以吗？＝可以。

兄弟们不会觉得这不公平吗？＝因为是养老地太少，父母的生活会很贫苦。

三人分五亩地能够维持生活吗？＝（不会）相互帮助维持生活。

兄弟们不会觉得不公平吗？＝不觉得。

【祖先祭祀】在家什么时候祭祀祖先的灵位？＝新年、清明节、七月十五。

有忌日祭祀吗？＝过了三年之后就不祭祀了。

第三年呢？＝会祭祀。

用什么祭祀呢？＝烧包袱、供酒、馒头、菜。

这一天在家里做其他什么吗？＝不做其他的事。

忌日称为什么呢？＝称为一年、二年、三年忌日。

【去世那天】这一天家里会休息，去祭祀吗？＝不休息。

会穿孝服吗？＝不穿。

会请和尚念经诵佛吗？＝有钱人家里，会在第三年的时候，请和尚念经诵佛。

有钱人家会请别人吗？＝会请。亲朋好友的话会送两份人情，而一般的朋友只送一份人情。

贫苦的家族不会请客是吗？＝是的，不请。

【节日】一年有几次不工作，换衣服出去游玩的时间呢？＝正月，重要节日［元宵节、端午节（五月节）中秋节等不工作］，四月二十八（庙会在城内的娘娘庙里有戏剧）。节目在顺义县内，地方不同也会有不同。

像这样的日子都做些什么？＝五月的节日就去衙门村，四月二十八就去城内听戏剧。

去西北的衙门村（有多远）？＝八里路，到县城（从沙井村出发）有 3 公里（备注：此处指日本的距离单位，1 里大约 3.927 千米）。

从本村到泽山村呢？＝大多都会去，因为那里都在卖农具，顺便买回来。

没有在家里玩的吗？＝没有。

是一年之中没有人在自己家里玩的意思吗？＝只在新年的时候（才可以）。

去年在家里干什么呢？＝打纸牌。

大人小孩儿都可以玩吗？＝是的，都玩儿。

在外面呢？＝打牌九。三十二个竹制的牌。

下象棋呢？＝只是在平时下。

【庙里的神佛】村里（的人们）是信奉的哪一个庙呢？＝大庙（观音寺）。

然后呢？＝小庙（地藏王菩萨）。

观音菩萨里有很多神、佛。最信奉哪一个呢？＝都一样。

神与佛有什么不同呢？＝佛比神地位高一些。

佛指哪些呢？＝十八位佛。

名称呢？＝释迦佛、如来佛、燃灯佛、弥勒佛。

佛、菩萨、罗汉之间有什么区别吗？＝罗汉是和尚，有十八位。

菩萨呢？＝观音、文殊、普贤、地藏，另外还有娘娘。

娘娘有哪些呢？＝天仙娘娘、子孙娘娘、眼光娘娘、催生娘娘、送生娘娘、王母娘娘、女娲娘娘、昭君娘娘。

神呢？＝山神、河神、火神、路神、龙王神、青苗神、虫王神、马王神、牛王神、财神、门神、青龙神、白虎神。

仙呢？＝有八仙，上八仙、中八仙、下八仙。狐仙、张仙、玉皇大帝、紫微大帝、后土大帝、勾口大帝、另外还有东狄大帝、协天大帝、玉清、上清、太清。

佛、菩萨、娘娘、神与仙，最了不起的是谁？＝佛。

其次呢？＝菩萨、娘娘、三清、四帝、神、仙。

佛当中呢？＝释迦。

然后呢？＝不知道。

菩萨中呢？＝观音。

然后呢？＝文殊菩萨、普贤菩萨、地藏王菩萨。

娘娘中呢？＝天山圣母娘娘。

三清是指哪三清？＝玉清、上清、太清。

四帝是指哪四帝？＝玉皇大帝、紫微大帝（之后就忘了）。

神中（的排序）呢？＝财神，其他都相同。

仙呢？＝上八仙。上八仙中东方朔，中八仙中有汉钟离、蓝采和、何仙姑。

下八仙呢？＝不知道。

关帝、老子、孔子、韦驮（天）算入哪一类呢？＝关帝是关圣大帝，算入四帝中。老子算入道中一门，孔子算入神。

【农民的宗教心】是为了什么而祭祀祖先的？＝是为了慎终追远。

祖先的灵在去世后会消失吗？＝还有另叫灵魂的。

祖先的灵位会保佑子孙吗？＝不会。

那为何要祭祀供物呢？＝（是因为）礼节，想象着亲人还活着。

实际上没有觉得祖先还活着是吗？＝（是的）没有活着。

祭祀祖先，送供物这种事是因为礼节和惯行才做的对吗？＝只是学习古人的礼节而已。

家里有重大事情发生，生病了会向祖先祈求保佑吗？＝不祈求。

隆重地举行葬礼也是因为礼节才做的吗？＝是因为礼节。

父母去世后哭泣也是因为礼节才做的吗？ ＝是因为不舍，不愿失去而做的。

祭祀的时候是因为不舍怀念吗？ ＝是因为礼节。

信奉神、仙、佛吗？ ＝信。

怎样信呢？ ＝有时祈祷。

即使不觉得祖灵活着，还是信奉佛神吗？ ＝是的。

像你这个岁数的人，大都是这样的吗？ ＝是的。

吃牛肉吗？ ＝吃。

在服丧时呢？ ＝也吃。

在县里的寺庙中最信仰哪一座呢？ ＝没有特别信奉的。

最大的寺庙是哪一座呢？ ＝衙门村的娘娘庙、关帝庙、佛爷庙、现在一个都不知道了。这四个庙都由一个和尚看管。

3 月 27 日

结婚与分家

应答者　杜祥（57 岁、农民）

【订婚】似乎前些日子成了媒人，能告诉我吗？ ＝是经过杨永泽的仓上村（沙井村）的李燕田的儿子介绍的。

什么时候？ ＝民国二十五年五月。

最开始的媒人吗？ ＝是的。

是怎样定下来的呢？ ＝李燕田是杜祥妻子的弟弟，李燕田的孩子到杜祥家里玩儿，（见其）是个好孩子，因为到了十五岁还没有完婚，想要给他介绍一个好女孩儿，因为杨永源那儿有一个好女儿，便说一起去庙里看看。而对方（杨永源这边）也说想要帮忙介绍一个女婿，因此给两家说，于是便谈妥了。

杨永源有多少地？ ＝二十亩。

儿子几岁呢？ ＝女儿十五岁，儿子十五岁。

问了他们本人的意见吗？ ＝没有问孩子的意见。和双方的父母商量了。

订婚还是已经结婚了呢？ ＝订婚了，（定于）农历十七日结婚。

有不订婚直接结婚的吗？ ＝没有。

订婚与结婚之间有多长时间？ ＝没有一定的，根据男方那个的时间来定。

订婚后一两个月可以吗？ ＝可以。

订婚后两个人会见面吗？ ＝不结婚就不能见面。

【村内的结婚】有同村人之间结婚的吗？ ＝有。

多吗？ ＝（不多）很少。

为什么呢？ ＝因为不方便，男方可以，但是女方见面后，会感到害羞。

在结婚之前本人知道吗？＝知道，订婚的时候女方写好占帖，男方将首饰交给女方。这就是聘礼（订婚的事）。

与邻村结婚的多吗？＝有。

像石门村这样近的村子见面的机会多吗？＝因为女方很少出门（所以不多）。

有小学是在一起读书喜欢上而结婚的情况吗？＝没有。

为什么没有呢？＝因为沙井村今年才开始让女孩儿上学。

【结婚的条件】结婚时财产的多少是最大的一个问题吗？＝是的。

财产之外是一些什么问题呢？＝经常会问到男方是否正直，或者女方的家族状况。

美丽不美丽呢？＝这个没有关系。

【门当户对】门当户对只是财产吗？＝是的。

家境、血统、地位这些都不纳入门当户对中吗？＝纳入。

【土地的数量与兄弟的人数】杨有二十亩地，但是李却有五十亩地（是怎么回事）？＝李是兄弟三人一起有五十亩，而杨是一个人二十亩。

兄弟间的多少也会成为结婚的指标吗？＝是的。

关于财产也是评判的标准之一吗？＝是的。

关于财产，六十亩地兄弟三人的话，一人二十亩，兄弟一个三十亩的话，后者相对好一些对吗？＝是的。

兄弟多这个问题不是主观方面的问题吗？＝是的。

如果三个人总共有六十亩的话，这是共同财产还是分开种植呢？＝三个兄弟六十亩的情况下，结婚后可以还会生一个弟弟，如果孩子是很优秀的话可以少分一点儿。家乡一个人种。

结婚之后，就不会给零花钱吗？＝不会。

如果这样的话，反正是贫苦，一个人生活不是轻松吗？＝是的。

一个人生活这种情况，父母，女方都不希望是吗？＝是的，不希望。

女方到订婚后才知道是？＝是的。

有订婚后，因为知道对方家里兄弟多而不愿意出嫁的情况吗？＝没有。

【结婚的吉日】你在订婚后会干什么呢？＝订婚后过了两年，男方到我（杜祥）家里，商量结婚的日子。结婚的吉日里，五月十一日和五月二十一日两者选择其一，媒人也去女方家商量，于是就选定了五月二十一日。

男方与女方的好日子不同吗？＝相同。

根据什么定吉日呢？＝交给风水师选。

吉日只选一天吗，还是选两天？＝一般是选两天。上半月和下半月各一天。

选两天是什么意思呢？＝是因为月经的关系。结婚当日有月经，对男方不好。有这样的一个传说，对男方不好的话，对女方也不好。

有传说吗？＝只是一个惯行而已。

选两个日子的话，就不会碰到月经了吗？＝一般碰不上。

如果碰上了怎么办呢？＝那也没有办法。

不重新选定日子吗？＝因为已经准备好了，所以不改了。

只选一天这样的情况有吗？＝如果女方十五岁的话就选一天。

为什么？＝因为十五岁还没有月经。

即使没有月经也会结婚吗？＝是的，会结婚的。

不能生孩子呢？＝到了十六岁、十七岁就有月经了。

没有结婚后马上就有（月经）的情况吗？＝没有。

【嫁娶的年龄】一般大概是在多少岁结婚呢？＝女方的话是在十八岁，男方不管什么时候都行。

【结婚的顺序与迷信】结婚的日子定了之后，做些什么呢？＝结婚前一天去男方家里做准备，第二天一早就抬着轿子出门接新娘。

大概有多少人呢？＝花轿一辆，拿红毛毯两人，媒人一人，一共三人。

拿红毯的人做什么呢？＝在途中路经坟、井、寺庙、孤树时，用毛毯遮住轿子的两侧。

什么意思呢？＝为了防止妖魔鬼怪。

防井是为什么呢？＝因为住着龙。

寺庙呢？＝因为有祭祀的神佛在。

庙里的神与佛也要遮挡吗？＝因为是流传下来的风俗。

孤树指什么？＝因为有妖魔鬼怪居住，另外，过桥渡河的时候，要插香烧神像。

神像是什么呢？＝事先准备好的。

是纸吗？＝是纸。

新郎不去接新娘吗？＝不去。

【抱轿】然后呢？＝新娘在家里要换上新衣服，在头上戴上红色手帕，然后新娘的叔叔抱着新娘放进轿子里（抱轿）。

为什么要叔叔抱呢？＝是因为"叔叔"的发音与"舒心舒意"的"舒"字同音。

女方出家门时没有什么仪式吗？＝（没有）只有抱轿。

媒人的礼节呢？＝没有。

新娘的父母呢？＝没有。

新娘这边不拜神吗？＝不拜。

【送亲的】有几个人跟着新娘一起到新郎这边？＝新娘的家里来两名男性。

这些人叫什么呢？＝叫送亲的。

送亲的人中最亲的人是谁？＝不一定，叔叔伯伯或者兄长都行。

新娘的父母不送吗？＝不送。

回来的路上与前面去的时候的井、庙、坟、桥等相同吗？＝因为在回来时候做前面说的那些事，所以去的时候不做。

【新郎家的仪式——拜天地】到了新郎家之后呢？＝在院子里放下轿子之后，新郎这边的两名女性给新娘（添姻粉）。做完这些之后，两个人就带着新娘到天地桌。然后，新郎出来与新娘拜天地。这叫作"拜天地"。

两名女性的身份是什么呢？＝邻居也行，仅限于结了婚的人。

天地桌放在哪里呢？ ＝在院子正房的佛堂（天地神）的前面放一个桌子，这就叫天地桌。

用什么装饰桌子呢？ ＝放一个斗（枡），里面装满高粱，用红纸封口，在其上供上九佛的佛像，后面配上一张弓，前面放两个烛台、香炉一个、供奉之物三个。

这时父母不出来吗？ ＝不出来。

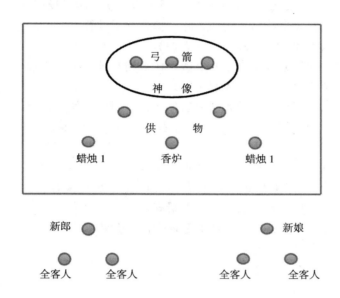

【全客人】全客人是指什么？ ＝新娘的全客人及新郎的全客人都由新郎招待，指有父母、妻子、孩子的人。拜天地的时候与新娘属性相克的，比如申、子、辰年的人结婚属蛇、属鸡、属牛的人就不能观看。

【拜天地与洞房】随着轿子来的人呢？ ＝在休息室休息，新娘新郎则拜天地（四起八拜）。新郎对着新娘像弯弓一样做。做完这个动作之后新郎先入洞房，此时将箭放在新娘的头上，（待新娘）入了洞房之后，用这支箭将新娘头上的手帕挑下，这就是拜天地了。之后，将弓与箭放在炕旁边，新郎出洞房，新娘休息。然后，虽然新郎会再次入洞房，但此时如果喜神是朝向西南方向的话，夫妻二人就得在炕上朝向西南方向坐着，吃了子孙饺子后，两人再出洞房。拜佛，祭拜祖先。然后新郎就没事儿了。而新娘要对新郎的父母及同族的长辈们问好。

洞房是指什么呢？ ＝花烛洞房。结婚时才说。平时就是住房。

拜天地一般是在几点呢？ ＝上午八九点的时候。

拜完天地是什么时候呢？ ＝（上午）十点、十一点。

然后呢？ ＝向长辈们问好结束后，新娘回到洞房，新郎就自由了。

【坐席】不请客吗？ ＝虽然请客，但是新娘新郎不出来。

大概几点？ ＝过来十二点，结婚时的请客叫作"坐席"。

坐席是哪些人出席呢？ ＝亲朋好友、同族的人。

新娘的父母兄弟呢？＝不来，只是送亲的人。送亲的人在拜天地结束的时候，给新郎的父母打招呼。这称之为"道喜"。

弓箭有什么寓意吗？＝不知道。

弓箭意味着男女，箭中靶的话正如生孩子，有这样的说法吗？＝没有。

【媒人的谢礼】给媒人怎样的谢礼呢？＝因为是亲戚，所以没有谢礼。

如果不是亲戚呢？＝送礼品，比如茶叶、糖果，不送钱。

大概多少钱的东西呢？＝三四元的（东西）。

媒人在夫妻二人吵架或者生小孩儿上做些什么呢？＝什么也不做。

请客之后新娘做些什么呢？＝入洞房。

结婚第二天呢？＝如果是有钱人家的话什么也不用做，如果是穷人家的话做饭。

【回门】有回门吗？＝第四天、第六天左右与女婿一起回娘家。那一天不在娘家停留，直接回来。这就叫回门。

新娘的父母一直到回门都没见过女婿吗？＝没见过。

【坐九瞧日子——会亲家】定婚后女方的父母会去女婿家看女儿、女婿吗？＝不去。结婚后第九天新娘的父母、兄弟姐妹会去女婿家，这叫"坐九瞧日子"。

那个时候做些什么事情？＝与女婿的亲戚会面。会亲家。

会亲家是只在结婚时吗？＝是的。

【结婚的相性】

（申、子、辰年的人要忌讳蛇、鸡、牛属性的人。以下相同）

合婚之时之犯相：

猪猴不到头（亥和申）恶

金鸡怕玉狗（酉和戌）恶

羊鼠一代修（未和子）良

蛇虎如刀蹉（巳和寅）恶

龙兔泪交流（辰和卯）恶

白马犯青牛（午和丑）恶

【出产和庆祝】孩子出生时要做什么？＝通知娘家。带着鸡蛋、砂糖、面等过来。

那叫什么？＝叫送面。

送面是什么？＝送喜面。

生男孩和生女孩都一样吗？＝一样。

男女哪一方出生时都要在门附近做什么吗？＝不做什么。

只是娘家送面吗？＝出生之前送面。第三天也送一次。

一样的东西吗？＝带着面和肉去。

男方家什么也不做吗？＝不做。

【命名和呈报】名字是第几天取？＝一个月"满月"时开始取。

呈报到哪里？＝呈报给甲长。

从以前就这样做吗？＝前年开始。

以前是怎样的？＝什么也没有。

【死亡和葬礼】人去世后首先做什么？＝换上叫"穿祜"的新衣服。从地板上移至椅子上放置，那就做"停床"（放三个椅子，其上放一块板，再将尸体放在上面）。然后放入棺材中。那叫作"入殓"。那个结束后通知同族、亲戚、朋友。那叫作"报丧"。守夜只需要一人做。第二天叫迎三（接三），亲友来祭奠（吊孝）。

那一天亲友们在那家吃饭。那结束之后邀请阴阳先生，选取入棺的日子。日子定定后，再通知亲友们。在入棺那天，通常的人家是自己将棺材带到祖坟那埋葬。如果是有钱人家，请僧人来读经。读经之后再将棺材抬到祖坟埋葬。掩埋就叫"安葬"。

会葬时村民全体都要去吗？＝每家派一人去。同族是必然的，外村的亲戚、朋友都要去。送丧是会葬后，一起去坟上祭拜。

大家一起送到坟上吗？＝送到村外。子孙必须送到坟上，但是兄弟怎样都行。父母不去。

抬棺材的人叫什么？＝抬杠。那是雇的人。十六人、二十四人、三十二人、四十八人、六十四人。

抬杠的是村里人吗？＝从外村雇来的人。

普通人家会请和尚念经吗？＝只是富贵人家。

夫妇同穴的坟里，男方在左女方在右吗？＝是的。

普通人家葬礼的费用需要多少钱？＝普通人家需要百元左右，富贵人家达到数千元。

有人字葬的坟吗？＝很少。

哪里有？＝河东。

【旁系亲戚的分家】如下图，如 A 或者 B 想要分家时，有三十亩田地的话如何分家？＝首先每人分十五亩。AB 平分十五亩。C 十五亩。

不管多少代，只要是兄弟就会平分吗？＝是的。

【分家单和抽签】分家单什么时候写？＝抽签后写。

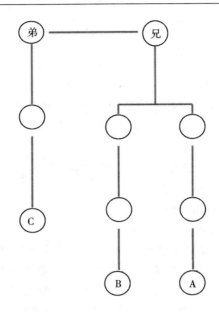

　　分家时必须抽签吗？　=财产很少的家族不抽。

　　不抽签的家族什么时候写分家单？　=分好田地和房子后。

　　分好后是指什么？　=份额确定后。

　　【分家及相互关系】分家的人之间关系好吗？　=很好。然而妻子之间关系不好。女人在夜里睡觉时向丈夫申述，叫枕头状。

　　【分家后父母的生活方式】分家父母如何生活？有几种吗？　=家里有十亩田地的话，给兄弟二人六亩，父母持有养老地四亩，田地全部给孩子，按顺序去孩子家生活。

　　父母没有养老地，由兄弟养老的情况有吗？　=有。

　　有养老地，和长子一家一起在正房生活时，费用是完全分摊吗？　=例如像每个月兄弟三人每人给一元。

　　【养老地的目的】那样做的话，有没有养老地不是一样的吗？　=在人活着期间，养老地没有很大关系。人去世后，就用来支付葬礼费用。

　　这么说，养老地少一些也没有关系吗？　=有钱人家的话，拥有很多养老地。

　　养老地不是像字面所说一样，保证老后生活吗？　=为了生养死葬。

　　有养老地孩子也会给零花钱吗？　=养老地少时，孩子多少给点。现在讲的是贫困人家，有钱人家不要零花钱。

　　【养老地的租佃】养老地租佃是给孩子吗，还是别人？　=给孩子。

　　分家后父母和哥哥一起住在正房，伙食和钱款是分开吗？　=大多数父母不做饭。因为父母不要地租，所以饮食由孩子照顾。如果分开住的话，伙食就要分开。兄弟是分开进行。

　　这边养老地是自种的更多吗？分家之后给孩子吗，还是给别人租佃？　=自己耕作的较多。那时让孩子帮忙。

　　自种时父母的伙食与孩子分开吗？　=分开。

【父母的吃住】分家之后和孩子在一个院子里住的多吗，还是不住一起的多？ ＝同一院子的多。

如果父母自种，与哥哥一起住在正房的话，伙食是分开吗，还是一起？ ＝分开。

钱款也是完全分开吗？ ＝分开。

让孩子租佃的话，地租会便宜吗，还是普通？ ＝普通。

【家长和户长】在下图，如果父母有养老地，有几家？户长多少人？ ＝四家，四人。

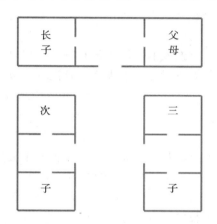

父母没有养老地有几家？户长几人？ ＝没有也是四家，户长四人。

家长是谁？ ＝父亲。孩子是户长。

父亲去世后，家长是谁？ ＝母亲。

户长有几人？ ＝四人。

母亲也是户长吗？ ＝是的。

母亲去世后，家长是谁？ ＝兄弟三人各自成为家长。

如前如述，家族中没分家，父亲去世后，家长是谁？ ＝长子是家长。

女子是在什么情况下成为家长？ ＝家里没有男子的时候。

如下图分家的话，家长是一个人吗？ ＝家长四人（农民不能判明家长、户长的区别）。

门牌是民国二十六年散发之后，出现了户长。以前是只有户口簿，没有门牌。

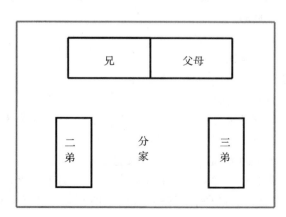

　　民国二十六年前，在同一院子里居住、非同姓的人是两家吗？＝两家。

　　分家之前，像这种家庭关系的人如果居住在一起，是几家？＝一家。

　　那每一家有户长吗？＝有户长。当时还不太严格，所以只是数门。

　　【寄居】如果只数门的话，即使有异姓的人，住在同一院子的话，是一家吧？＝户口簿上写的是寄居。

　　寄居是什么？＝暂时在那儿居住。

　　那不是亲属只限异姓人吗？＝他人。

　　如果是同族的话？＝寄居。

　　现在有寄居吗？＝没有。有亲戚的寄居。没有寄居，但是门牌是分开张贴。

　　如果有丈夫有妻子，孩子三岁时父亲去世家长是谁？＝妻子。

　　【家长的年龄】如果丈夫去世，妻子五十岁，男子二十岁，幼子三岁的话，家长是谁？＝二十岁的男子是家长。

　　也是户长吗？＝一样。

　　男的失去父亲后，多少岁左右代替母亲成为家长？＝十五岁以上。

　　【当家】那时叫母亲什么？＝是掌权者但没有名称。

　　不叫当家吗？＝不叫。

　　什么时候叫当家？＝是家长的话叫当家。

　　当家不是代替家长的人的称呼吗？＝当家即家长。

　　当家即家长的话，当家的话就不需要吗？＝村里通常叫当家。

　　叫老当家、小当家吗？＝有。

　　母亲五十岁，男子二十岁的话，老当家和小当家是谁？＝母亲是老当家，孩子是小当家。

　　母亲在世时，母亲是老当家吗？＝是的。

　　父母、兄弟四人，分家之后一个人住在其他院子的话家长有几人？＝二人。住在别家的人算一人，父亲是家长。

　　这样的话，从老宅出来拥有另外一个家的人叫什么？＝没有名称。

　　父亲去世后母亲是当家吗？＝是的。

　　母亲是老当家吗？＝是的。

　　分家后长兄是？＝小当家。

　　如果长子去世了的话？＝次子是小当家。

　　母亲去世，哥哥也去世的话？＝次子是当家。

　　哥哥的妻子呢？＝不能成为当家。

　　现在，哥哥的妻子在哥哥去世后不能成为家长吗？＝可以成为家长。

　　能成为户长吗？能成为家长吗？＝都可以。

　　父亲在世时父亲是四家的家长吗？＝父亲家的家长。

　　民国二十六年前也像上面一样吗？＝有父不言子，有男不言女。

　　【杜春的分家】杜春是分家的吗，还是被赶出去的？＝与孩子分家的。

杜春是你的什么？＝同族的哥哥（族中的哥哥）。

多少岁？＝六十岁，家中六人（妻子一人，孩子四人）。

与谁分家的？＝与孩子分家的。

孩子多少岁？＝三十二岁，三十岁，二十八岁，二十五六岁。

怎样分家的？＝分家以前，田地三亩、菜园四亩。杜春和孩子分家之后，杜春的养老地三亩。另外菜园二亩。剩下的二亩分给四个孩子。

四人分家了吗？＝分家了。

一个人大概有多少土地？＝四子和父亲一起生活。每人半亩。四子也半亩。

杜春有五亩半吗？＝是的。

为什么这样分家？＝因为妻子之间关系不好。

孩子希望分家的吗？＝是的。

有妻子的是谁？＝三个儿子都有妻子。

兄弟如何生活？＝被人雇佣而生活。

家是分别都有吗？＝次子、三子从老院子里离开了。长子在一个院子里住。

【代理结婚】指作为女婿的代理派给女方而成为媒人吗？＝杜春的四儿子杜广新（今年二十六岁）因为制作蜜供去北京，但是城门关闭了不能从北京回去，杜祥的女儿代替他拜了天地。

即使代理时也一样举行仪式吗？＝是的。

有代理女方的情况吗？＝有。

从前就有吗？＝有。

为什么代理也要结婚？＝因为女婿约定了在那天回来，约定派轿子来接新娘，女婿没回来，没办法只能派代理。

男子缺席才代理吗？＝必须是。

为什么？＝因为女子什么也不知道。

代理的女子多少岁？＝十七岁。

【轰出去】轰出去是什么？＝孩子做了坏事被父亲赶出去。

小孩子、大孩子都是吗？＝小孩子不会被赶出去。

将想分家的孩子赶出去也叫"轰出去"吗？＝分家是分家，这个是什么也不给就赶出去。

3 月 28 日

村内通婚少的理由

应答者　杜祥
地　点　村公所

村内通婚少是因为什么？　＝和昨天一样。

村内通婚完全没有吗？　＝有，但很少。我（杜祥）就是和村里的姑娘结婚的。

娶的哪一家姑娘？　＝张林荣父亲的妹妹。

张林荣还在世吗？　＝在世。

有媒人吗？　＝有。

很了解女方吗？　＝小时一起玩过。

喜欢吗？　＝与自己无关。

村内通婚少是因为街坊辈分会乱吗？　＝不是。

夫妇吵架时，同村的话就不太方便是吗？　＝不是。

3 月 29 日

同族和村长会首　亲属的称呼和街坊的辈分

应答者　杜祥

【没有媒人就结婚】有没有无媒人而结婚的情况？　＝没有。

如果没有媒人就结婚，那叫什么？　＝好像新文明规定结婚不需要媒人。

不叫野合吗？　＝不叫。

在没有父母许可下就结婚的叫什么？　＝没有这样的情况。

【同族的亲疏】同族的关系中，有没有以前关系很好，现在关系变淡了的情况？　＝以前交往密切，现在交往淡薄，以前同族中贫困的人经常去有钱人家。

你小时候的同族关系与现在有什么不同吗？　＝没有什么变化。

那样的话为什么说"以前关系密切"？　＝例如与祖父的兄弟关系很好，因为不是他的孩子或孙子，所以就变淡薄了。

同族全体有与外姓的关系有区别吗？　＝没有区别的地方。

对租佃和贫困的人，作为同族有特别的照顾吗？　＝有。

怎样算有？　＝同族中有贫苦人家的话同族会照顾，比如让其租佃墓地。

现在怎么样？　＝现在也是这样的。

这附近有同族部落吗？　＝没有。

以前有吗？　＝以前也没有。我的祖先从山西来时，沙井村里的异姓人已经有八家了。

没有族产吗？　＝有。

什么样的财产　＝房子、坟地、田地。

同族的房子是？　＝坟地以外什么也没有。

【杜姓的坟地和佃耕】杜姓的坟地大概有多少？　＝六亩。

以前就有的吗？　＝以前开始就是六亩。

现在呢？　＝坟地一亩，其他五亩作为租佃。

谁租佃着？＝杜源山。

大概什么时候开始租佃的？＝光绪年间开始的。他的父亲开始租佃。

佃农叫什么？＝只是根据辈分叫，没有名称。

杜源山将来也租佃吗？＝将来也继续。

地租呢？＝虽然不收地租，但是要办清明会。

为什么杜源山要像交地租那样呢？＝因为同族中他的父亲最贫困。

如果同族中出现比杜源山更贫困的人怎么办？＝那个时候两个人一起耕作。

每人分二亩半耕作吗？＝是的。

除祖产以外，没有帮助同族中贫困人家别的方法吗？＝没有。

那样的话，同族的人不管怎样贫困都不会不能生存下去吧？＝同族中有富人的话，那个人会帮助抚养。但也只是给三顿饭。

墓地佃农是否贫困只是由是否拥有土地判定吗？＝是的。

村内同族之间会对抗吗？＝不会。

【同族和村长会首】同族中产生村长或会首很容易吗？＝是的。

很方便的话，会很努力使同族中产生村长或会首吗？＝同族的人不投票。

为什么不投票？＝因为如果投票的话，就会投给同族。

成为村长会首的人会预先判定吗？＝预先不知道。

选举如何进行？＝选举时，警察会来唱票，只有识字的人去投票。

记名还是不记名？＝记名。

杜姓也不给村长会首投票吗？＝是的。

你是会首吗？＝是的。

这样的话，你是由其他族姓选出来的吗？＝是的。

不能代替不识字的人投票吗？＝不能代理。

村长或会首大概是什么时候有的？＝村长、副村长是民国时期开始的。以前只是有"绅董"。这不是根据选举而是由村里的有钱人担任。那个时候会首又叫"香头"和"香首"。因为一人的"绅头"不能全部处理村里的工作，所以"香头"帮忙。

"香头"为什么会变成香头？＝被"绅头"拜托的。

几人？＝有六人，也有八九人的时候。

那"绅头"是谁？人数也是自由决定吗？＝是的。

有报酬吗？＝没有，是义务工作。

"绅头"或"香头"是什么时候的事？＝清朝时代。

【杜祥的喜仪账簿】（结婚的祝仪簿、这个不介绍、根据这个进行以下提问）。

【亲属的称呼】

刘大姨爷＝杜祥妻子的叔伯妹的丈夫，杜祥的妻子的堂姐妹

张亲家爷＝杜祥妻子的叔叔

黄鸡心支一件是什么？＝钗的事情。

王二姨＝杜祥妻子的叔伯妹妹

（以上三分内收）

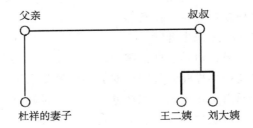

黄耳挖是什么？　＝掏耳勺。

梁四舅爷＝杜祥妻子的弟弟的妻子的第四个弟弟

张亲家爷＝妻子的父亲

刘亲家爷＝义子（干儿子）

李亲家爷＝朋友

白茉莉花针一件是？　＝钗的一种。

有叫朋友亲家爷吗？　＝在外村，大家都写亲家爷。

族中四侄＝同族的外甥

四是什么样的意思？　＝兄弟四人的第四人。

贺亲家爷＝妻子的侄女的丈夫

李亲家爷＝孩子妻子的哥哥

同顺永＝既是店名也是朋友

刘亲家爷＝妻子的表兄弟是作为过继子去了刘家

族中兄＝同族的哥哥

王二姑爷＝杜祥的第二个女儿的丈夫

韩三姑爷＝杜祥的第三个女儿丈夫

李亲家爷＝孩子的妻子的嫂子

茹亲家爷＝杜祥妻子的干妹妹

族中二弟＝同族的二弟

同族中大哥、二哥、三哥……老哥、大弟、二弟、三弟……老弟。女儿是大姐、二姐……老姐。叫大妹、二妹……老妹。

梁二舅爷＝杜祥的妻子的弟弟的妻子的第二个弟弟。

单老姑爷＝杨春旺的女儿的丈夫

根据朋友、街坊的辈分称呼：

张大舅爷＝妻子的伯父的孩子

族中大侄＝族中的最上面的外甥，族中四个侄儿的老大

族中大弟＝同族的表兄弟

族中三叔＝同族的叔父

写有名字的既有同族的人也有朋友亲戚。

李先生＝李濡源，海廷是号。

为什么写作先生？＝因为是医师。

铜钱是？＝铜币，十吊一百吊。

除支下存？＝除去之后的结余的意思。

桥子房张掌柜＝轿行的张老板

礼拜洋五毛＝结婚时女儿去轿子房打招呼时给的钱

赵二姑爷＝从杨家出来嫁到赵家的第二个女儿的丈夫

琴家＝亲家爷

果匣是什么？＝点心（祭祀用）。

纸盒是什么？＝用纸做的盒子，里面放入燃的纸。这就叫纸盒。

做什么用的？＝那个纸是为了给鬼烧纸钱的。

食盒是？＝放入点心的盒子。点心盒有箱子的五倍。十元左右。

结婚和葬礼时，同族的人送多少钱？兄弟亲戚送多少钱？有大致的标准吗？＝亲戚一元（现在），同族六毛，朋友六毛。

其他的喜事时附加首饰一个（价值一元五十钱），丧事时附加点心盒（价值二元）。

分家后的兄弟呢？＝五毛左右。

那样的话就比亲戚、朋友更少吗？＝少。

同族怎么样？＝差不多一样。以前亲戚铜钱十吊，同族铜钱六七吊，朋友铜钱十吊，首饰七八吊，点心盒二十吊。

官吊？＝纸盒上放上蜡烛和香就是官吊。

四色＝蜡烛、香、纸、冥衣

纸盒上放置写有冥衣的纸。

张二弟＝根据街坊的辈分

张大叔＝根据街坊的辈分最大的叔叔

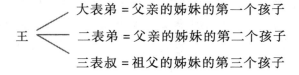

王 — 大表弟＝父亲的姊妹的第一个孩子
二表弟＝父亲的姊妹的第二个孩子
三表叔＝祖父的姊妹的第三个孩子

大外甥＝本人的姊妹的孩子

大姑太爷＝李家的女儿嫁给的丈夫叫姑爷，同样的李家的女儿（上辈）的丈夫叫姑太爷，祖父的姊妹的丈夫叫大姑太爷

【街坊的辈分】亲戚中有用街坊的辈分的吗？＝同族中隔得最远的人根据街坊的辈分。直接的亲戚是根据亲戚的辈分。

街坊的辈分里有表兄弟吗？＝没有。

亲戚的辈分里还有别的吗？＝有（有别的）。

平常是根据街坊的辈分叫人吗？＝下辈的人对上辈的人根据辈名叫，上辈对下辈的人根据名字叫。

亲戚间是根据亲戚的辈分叫吗？＝上对下是名字，下对上是根据辈分。

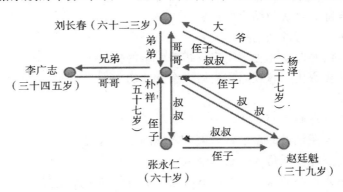

同族的辈分是怎样的？＝一样的。

街坊的辈分是怎样出现的？＝从以前流传下来的。

小学的学生们也根据街坊的辈分叫吗？＝同学之间不根据辈分叫。

【老师的家族和辈分的称呼】为什么不叫？＝因为学生是根据与老师的关系，都是学生。

对于老师同学间没有具体的辈分吗？＝没有。老师叫老师，老师的兄弟妻子叫师娘。老师的父亲叫师爷，老师的母亲叫师奶奶。老师的兄弟叫师大爷、师叔。老师的姊妹叫姑姑。老师的孩子比自己年长的叫师兄，年少的叫师弟。

同学间怎么样？＝应该叫师兄、师弟，但是不那样叫，刚刚入学的人叫小（乳）名，之后就叫学名。

【学名】学名是如何取的？＝入学时给取的。

为什么取学名？＝因为自己取的名不好听，所以让老师取。

没有学名时不可以叫乳名吗？＝读书的人没有不取学名的人。

【乳名、字和号】乳名与长大后的名不一样吗？＝不一样。

为什么不一样？＝婴儿在满月后，同族和亲戚来祝贺时，根据婴儿的容貌、性质别取乳名。例如经常哭的孩子取蛤子的乳名，像叫生头、二生头、三生头等。乳名之后有学名（即本名）。然后也有取"字"或"号"的。

张瑞号为辑五。五子（或者傻五）是乳名，学名为瑞。

3 月 30 日

再婚　过继子　同族的门和坟　称呼

应答者　杜祥

【再婚】父母有养老地，有兄弟三人分一个院子或者一个房子的吗？＝没有。

杨氏嫁入李氏，李氏去世后，再嫁给杜氏的话，娘家是哪里？＝杨氏。

这样的情况下，李氏即使有财产也能再嫁吗？＝不能。

财产很少的时候呢？＝不能维持生活时可以再嫁。

李的财产怎么办？＝再嫁的话也是李家的财产。

李家没有家人时怎么办？＝李家一个人也没有的话，就收养过继子。

有从杨家嫁入李家，再嫁入杜家的情况吗？＝有。

从李家再嫁入杜家时，需要得到谁的许可吗？＝与李家没有关系，需要杨家的许可。

【身价钱】即使李家有父母吗？＝与杨家的父母、哥哥商量，哥哥或者父母对李家说，从杜家拿一点钱给李家的父母。

那个钱是什么钱呢？＝叫"身价钱"，李家的父母去世后，负担葬礼的费用。

李家没有父母或其他时，再嫁于杜家，而且夫家又去世的话，女方是还给李家，还是还给杨家？＝如果可以回去的话就回杨家。

【同姓不同宗的结婚】从杨家嫁给李家，然后又嫁给不是同宗的杨家的话，是叫杨杨氏吗？＝是的。

同姓不同宗的结婚多吗？＝有，但是不多。

为什么？＝因为对象必须不是同姓。

也就是说要避开同姓不同宗的结婚吗？＝不是。

有姊妹同时嫁给同一人家弟兄的吗？＝没听说过。

【过继子】如下情况，收养过继子吗？＝弟弟的长子让给哥哥作为过继子。

为什么？＝长子必须去长门当过继子。

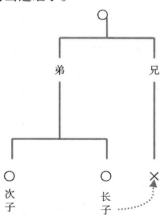

【绝次不绝长】如下的情况，怎么办？＝"绝次不绝长"，让次子的孩子去哥哥那。

有将孙子作为过继子的情况吗？＝孩子过继给长门后，孙子留给次子作继承人。

长子对应的次子、三子是叫二门、三门吗？　= 叫。

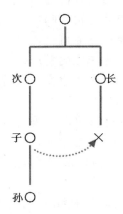

分家之后还叫长门、二门吗？　= 叫。

长门有什么特权吗？　= 没有。

【坟的排列方法】在长门为什么给长子过继子？　= 坟是如下图，不能断绝长门。

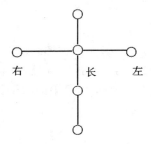

坟是像上图所画从左向右这样排列吗？　= 实际的墓地不是如上所示的。

不是从左到右排开的吗？　= 有。

根据排列方式的不同有名称吗？　= 如下所示。

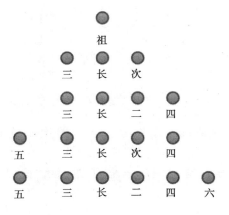

（此图是第二列为兄弟三人，以下为四人、五人、六人的情况的例子。）

坟的明堂不是开着的也可以吗？ ＝可以。

【长门、次门】同族中有如长门、次门、三门的叫法吗？ ＝有。

杜祥的同族有几家？ ＝二家。

坟的长、二门不是错误了吗？ ＝一样的。

杨家有叫长门、次门吗？ ＝叫。

杜家同族的长门在哪？ ＝杜春，二门是祥。

杜春和杜祥有什么样的血缘关系吗？ ＝同族的哥哥。五服以外的哥哥。

这样的话，就不知道春和祥的祖父是怎么样的血缘关系？ ＝如下所示。

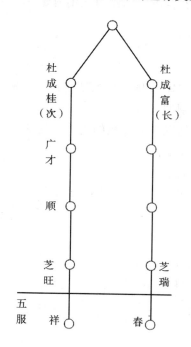

【坟的排列】坟的排列是怎样的？ ＝与杜春的祖父分开的。

没有同族坟地吗？ ＝以前是一起的，现在分开了。坟型变成如下所示。

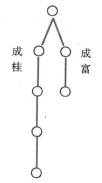

杜成福的下一代叫招魂葬，柩就按原样，做灵牌葬于别处。

为什么这样做？＝因为孙子不能挖除祖父的坟，所以就按原样放置。"孙子不拔爷爷"。

可以随意在别处葬坟吗？＝是的。

吵架、分家之后才这样做的吗？＝不是的。

【同族的门】杨润的长门在哪里？＝杨源。

二门是？＝润。

三门是？＝兄弟里虽然有门，但是同族间没有。

同族全体的长门、次门有吗？＝不追溯到祖先不清楚。

分家之后也叫吗？＝叫。

见到坟的话，就能知道门吗？＝知道。

因为通常不叫吗？＝叫。

杨润的同族有多少家？＝十二家（杨正和源是一起的门牌）。

知道十二三家的门吗？＝如别图。

同族的门是兄弟分家之后的情况下最好懂的吗？＝是的。

因为没有同族全体的门吗？＝是的。

即使不分家也叫门吗？＝不叫。

一家中不叫长兄长门，次子次门吗？＝叫长子、次子。

【杜姓的门】

　　　杜德新
　　　杜复新
长　杜　春（杜祥的族中的哥哥）
次　杜　祥
长　杜钦贤
　　　杜林新
次　杜守田（杜钦贤的侄子）

```
              ┌── 复新 ──── 长门
              ├── 德新 ──── 次门
              └── 林新 ──── 三门
```

（对于具体的说明，杜祥无法回答）

【杨源的喜仪账簿】杨源的喜仪账簿的封面＝民国二十七年十月十三日立（也写作"吉立"）。

黄戒是什么？＝黄戒指。

蔡大姑老爷？＝姐婿（姐丈或者姐夫）。

举出的姓氏中也有亲戚吗？＝没有。

亲戚必须写亲家或辈分吗？＝是的。

账簿是谁写？＝识字的人。

不限于同族亲戚吗？＝是的。

【亲戚的交往范围】亲戚间一般赠送多少礼物？＝表亲是父母去世之后，渐渐不来往。
以妻子的血缘关系进行的交往，是以男系为中心的吗？＝是的。

因为与妻子的姐妹的嫁入人家不怎么交往吗？＝是的。

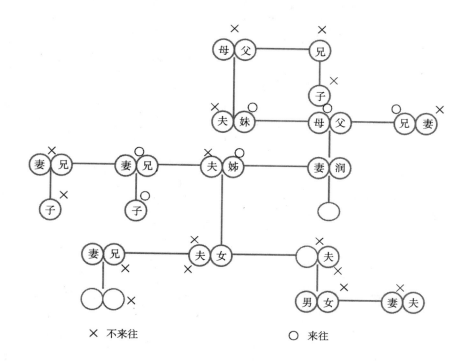

×　不来往　　　　　　　　　　　　　○　来往

吉凶交际的范围（以杨润夫妇为中心）。

杨润的孩子和妻子哥哥的孩子是表亲，与姐妹的孩子是姨亲。

丧葬和结婚的来往的客人是一样的人群吗？＝一样的。

出生时所送礼物的人群是哪些？＝如果是满月"办喜事"的话，亲戚、同族、朋友都
会来。

同族是全部来往吗？＝是的。

【出生的礼物】孩子出生时有同族之间送礼物吗？＝只是最亲近的人。杨润的孩子出
生时，源、正、泽三家有送祝贺的礼物来。

长子的时候办喜事吗？＝是的。

那时同族最亲近的人带着什么过来？＝面四斤、鸡蛋二十个、送钱的人也有。多的送
一元、少则五十钱左右。

同族的远亲呢？＝给钱（有一元的、五十钱的）。如果不办喜事的话，什么也不带过
来。

【杨姓的门】

妻子娘家那边怎么样？＝孩子的衣服、锁。生斗（腕环）、米、面、肉、糟、鸡蛋、
芝麻、核头仁（核桃）。

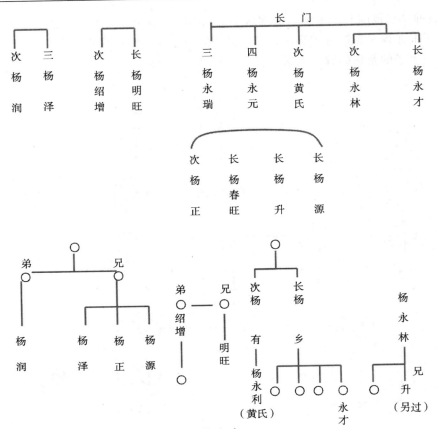

钱送多少？＝二十元以上，四五十元的也有。

妻子的兄弟姐妹带多少钱的东西？＝十元左右的东西。

不办喜事的话也会带来吗？＝是的。

办喜事的话会额外带来吗？＝一样的。

第二个孩子出生时呢？＝没有。本家（娘家）会送东西过来，十元左右的东西。

男孩女孩都这样吗？＝是的。

【亲戚的称呼】舅父（舅舅）、舅母＝母亲的兄弟及其妻子。

姑父母＝父亲的姐妹及其丈夫

舅爷＝内兄—内弟（大、小舅子）即妻子的兄弟

岳父母＝妻子的父母

姨父母＝母亲的姐妹及其丈夫

姑爷＝女婿

外甥＝姐妹的孩子

内侄＝妻子兄弟的孩子

外祖父母（姥爷、姥姥）＝母亲的父母

姨兄、姨弟、姨姐、姨妹＝姨父母的孩子

外孙＝女儿的孩子

侄子、侄女＝父母的兄弟的子女

叔伯兄弟＝表兄弟

表兄、表弟、表姐、表妹＝舅父母、姑父母的子女

曾祖父母＝祖父的父母

高祖父母＝祖父的祖父母

重孙（曾孙）＝孙子的孩子

玄孙＝孙子的孙子

孙女＝女儿或者儿子的女儿

【同族的称呼】

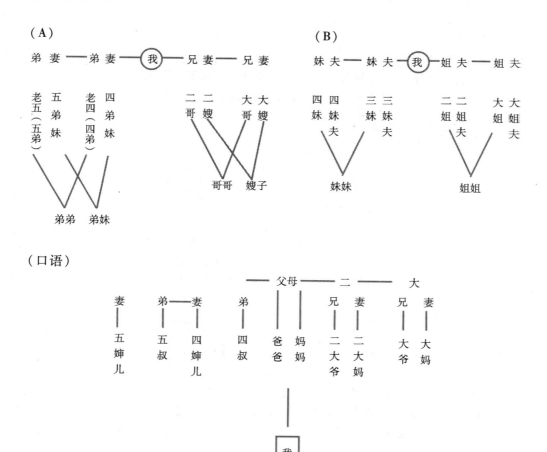

（A）

（B）

（口语）

（文语）

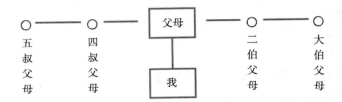

3 月 31 日

家里的工作　短工　奶妈　土地纷争和仲裁

应答者　杜祥

【杜家的家族和居室】

考虑到杜祥家的房间配置及人数，然后配置房间 = 如下图所示。

婴幼儿与母亲一起。稍长大一点后与祖父母一起。

孩子结婚的话就住在西厢房。

二组结婚的话住在二组。

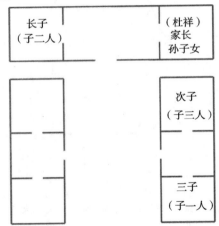

三组结婚的话，就会建新家。

只婴幼儿在母亲那，其他的全部去祖父母那里吗？ = 是的。

祖父母那里十分喧闹吗？ = 是的。

祖父母只是照看孩子吗？ = 是的。

为什么不把孩子放在与父母一起？ = 干农活晚上睡得早，早上起得早，所以孩子不方便。

与祖父母一起住到多少岁左右？ = 一直到结婚。

到了十五六岁的话会帮助干农活吗？ = 孩子长大后，因为与父母一起住不方便，所以与祖父母一起生活。

不管男孩、女孩，即使到了十五六岁，也是在祖父母那与其一起生活吗？＝是的。

据说有"男女七岁不同席"，需要介意吗？＝这边没有这样的事情。

【家族成员的工作、农耕】女人在家一般做什么？＝炊事、衣服、除草、收获时帮忙。研磨等。

女人一般不做农活吗？＝是的。

男人呢？＝春季搬粪。垄麦子（准备麦种），田地耕作，种子栽种（撒种），翻土，开苗，苗的两侧垒土（为了防风）。

夏季？＝因为谷物已长到五尺左右，所以要再垒土一尺左右。

秋季？＝收获。

收获时只有家里人劳动吗，还是会雇佣其他人？＝人手不足时，会雇佣其他人。

【短工】那是短工吗？＝是的。

一天大概多少钱？＝一元四五十钱（去年）。

亲戚、朋友会来帮忙吗？＝那个时候谁家都很忙，所以不来帮忙。

【短工市场】短工需要多少都有吗？＝如果村子里没有短工的话，就去短工市场（县城内）雇佣。

县城哪里有？＝县城的正中心，石塔处。短工会拿着铁锹站着。

每天大概聚集多少人？＝四五十人。

早上几点左右？＝五点左右。

短工是从哪里来的？＝附近的村子。

有照看短工市场的官员吗？＝没有。随便。

从村里来市场雇佣吗？＝是的。

来雇佣的人大概有多少人？＝十个人左右。

短工大概会余剩下多少人不被雇走？＝十人左右。每一个人大概雇佣三个人。

农民一个个来交谈吗？＝是的。

短工余下的话价格会变便宜吗？＝短工多雇主少的话，会变便宜。

短工市场是从以前开始就有的吗？＝从以前开始就有。

这附近已经没有了吗？＝离县城较远的一个大村里有。衙门村和枯柳树村有。

为什么在县城内进行？＝来县城买东西时，顺便雇佣短工。

农民早上大概几点开始聚集？＝五点左右（旧时间）。

早上五点左右就开店吗？＝六点左右开店。

与短工交谈的情况是怎样的？＝称呼为"打短工的"。雇主问"应人了没有"。如果回答"没有"的话，就谈价钱。尽量选择强壮的人。

【短工的待遇】日结是什么时候支付？＝每天。

吃饭呢？＝雇主包。

与家中成员一起吃饭吗？＝短工最先吃。吃完后去田地。

饭菜是和家中成员一样的吗？＝一样的。

工作很卖力的会一直继续雇用吗？＝是的。如果不怎么卖力的话，雇用一二次之后，下次就不会再雇用了。

女仆是什么？＝家里没有工作，去别人家做针线活、洗衣服、炊事等的人。

一天大概多少钱？＝一天三十钱左右。

吃饭谁管？＝雇主。

一天一天地雇佣吗，还是一个月？＝既有一天一天的，也有长期雇佣的。

长期雇佣有二年、三年的吗？＝有。

是村里的人，还是外村的人？＝既有村里的也有外村的，也有去北京的。

一个月的话大概多少钱？＝六七元。在北京也是一样的价，但是有零花钱（主人打麻将赢钱后给的。一次一二元。还有客人给的）。

【女仆—奶妈】村里有很多女仆吗？＝很少。

什么样的人家有？＝有钱人家。沙井村里一家也没有。

女仆是家族的人吗，还是外族的人？＝不是。叫的话，如李妈、张妈一样叫。还有叫奶妈的。喂奶。

女仆有年龄的限制吗？＝没有。

她们大多多少岁左右？＝三十岁左右的较多。

有没有丈夫？＝有。

只有贫困人家的人才会做吗？＝是的。

与丈夫几乎见不到面吗？＝是的。

如果有孩子的话不行吗？＝可以。

有很小的孩子的话就不行吗？＝有哺乳期孩子的话，也可以去当奶妈。

【贴奶】孩子怎么办？＝在村子里雇佣别的奶妈。村子里的奶妈叫贴奶。

贴奶是什么意思？＝村子里有刚刚生小孩的女人的话，拜托她"匀一半奶救命"。

被拜托的是不是有钱人家呢？＝不是什么有钱人家。

孩子一直放在那家里吗？＝是的。

一个月多少钱左右？＝贴奶是一个月八九元，奶妈是一个月十五六元。衣服、被子、首饰由雇主负责。

村里有奶妈吗？＝没有。

因为去北京当奶妈的收入高吗？＝是的。

孩子生病的时候怎么办？＝生病、去世都没有办法。写契约书。通常两年，期间绝对不能回家。

那契约书叫什么？＝叫契约。

将孩子放于别家里养叫什么？＝叫贴奶。

父亲可以去孩子贴奶的地方吗？＝可以。

孩子生病时，丈夫可以请医生、买营养物吗？＝可以。

孩子是哪一个家族的？＝父亲的家族。

【秋季和冬季的生活】秋季收获结束后做什么？＝什么也不做。

冬季干什么？＝拾薪、木、蒿等。

冬季很闲吗？＝有空闲。也有人去做蜜供。

在村子里的人干什么？＝能识字的人可以读小说。

不识字的人呢？＝拾薪、木、蒿。

一年中什么时候最快乐？＝正月。

正月以外呢？＝没有快乐的时候。

孩子什么时候最快乐？＝正月。然后就是节日。虽然孩子很快乐，但是大人必须要去田地里工作。

【赵和李的土地纷争】赵文友和李德源之间好像有纷争，是因为什么事情？＝如下。李注源兄弟共五人，李汉源（死）、濡源、泮源、注源、清源。而李广恩（D）是李泮源的孩子，这 A. B. C. D. E 五笔五亩的土地是兄弟五人分家时平均分配的土地，但是因为李注源将 C 卖给赵文友，这样到李广恩（D）家的道路就成了问题，由此产生了纷争。这样的话，这条道路是没有记录在李注源及其他兄弟的分家单上的，只是记在了李广恩的分家单上。变卖契约书是在仁和镇的镇长家写的。代笔人是石门村的刘万瑞。保证人是沙井村的刘福。

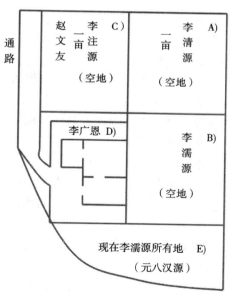

分家单呢？＝是以前的事情所以不知道，清朝时代光绪初年的事。广恩在分家之后建的房子。在那以前住在老宅子里。兄弟三人一甲三户。

分家是在什么时候进行的？＝民国二十年的时候。

房子建成是什么时候？＝二十三四年左右。

李注源什么时候卖的土地？＝去年。

李广恩在那之前是随便出入吗？＝在空地上随便走。李注源卖了土地之后，修了路。

你认为是哪一方的错？＝我认为是赵文友的错。明明是注源和广恩同时出钱买的，说好不会变卖。

李注源卖土地时告诉广恩了吗？＝没有。

明明是卖土地，还要四邻在场听吗？＝是的。

李注源在卖土地时，为什么没有告诉同族的广恩呢？＝因为告诉他，会被反对的。

四邻不在场，土地变卖契约有效吗？＝有效。

即使不跟广恩说，变卖之后他还是会知道，还会反对吗？＝如果广恩对清源说的话，有一方就会卖掉。这样的话，就不能高价卖出。

一亩一百元是很高的价格吗？＝很好的价钱。虽然先对李清源说了，但是他出不到百元，所以卖给了赵文友。

没有对广恩说吗？＝没有说。如果说了的话，我觉得当时就会产生纠纷。

知道变卖之后会产生纠纷，还是卖了吗？＝预先就知道。所以李注源有错在先。

一亩一般多少钱？＝一百元。

这样的话不是并非好价钱吗？＝这个土地凹凸不平，如果卖给其他人的话，只能卖七八十元。

李注源急需用钱吗？＝是的。

知道什么原因吗？＝不知道。

不能找同族借钱吗？＝即使借钱，也不会借一百元。

为什么？＝只有百元的土地，只能借到五十元。

向同族的人写借据也不行吗？＝是指地借款或出典，因为土地不好也借不到。

为什么出百元卖掉？＝因为想建房子。

你认为怎么做比较好？＝李广恩和李注源两人共同出钱买八尺左右的条状土地，做成道路就行。因为收获时，马车进入很有必要。

【同族的仲裁】同族的人会做出仲裁吗？＝不会。

为什么？＝因为最初就没有对同族的人说过这件事。

一般虽然知道这样的事，为什么同族不出面呢？＝同族出来，李注源、李广恩出钱买地，但是赵文友不卖。

村长为什么沉默？＝村长出面了。

怎么样了？＝文友不管怎样也不卖。

文友不卖是有什么理由吗？＝因为和李广恩吵过架。

为什么吵架？＝道路没有了，广恩新开了路。他有路就不会开路了，但是道路没有了，而那又是祖产。

赵文友是不是不让他通行？＝是的。

【村里的仲裁和制裁】村长和会首的权限不能调停吗？＝会首没有如下权限。

村里即使产生了纷争，也不能在村里裁决吗？＝不能。

同族之间发生了类似的事情怎么办？＝如果是同族人之间变卖的话，不会起纷争。

为什么？＝因为是戚侄爷俩（同族关系）。

如果同族之间发生了怎么办？＝同族阻止了的也有，阻止不了的也有。也有提起诉讼的。这种小事的话可以处理。

大事是怎样的事情？＝侄子侵占叔父的土地，在上面建了房子，引起纠纷。如果侄子承认错误的话还好，否则就提起诉讼。

调停同族间纠纷最多的是谁？＝村长和会首们。

同族的事是在同族内部解决吗？＝如果是小事的话可以。

可以把不听从村长或会首意见的人驱逐到村外吗？＝不能。

村里有不与坏人交往这样的制度吗？＝有。

村里制度有名称吗？＝没有什么名称，叫"事事不沾染"。

有这样的例子吗？＝没有。

在村里诉讼的人会被定义为村里不自律的人吗？＝是的。

努力阻止使其不诉讼吗？＝是的。

不认同的话，也没有办法吗？＝是的。

广恩所属的保甲长没有关系吗？＝没有。

村里比较明事理的人是谁？＝没有最懂的人。杨源知道与官府之间的联络方式。

村里知道旧事的是谁？＝会首们。

村里最古老的家有哪些？＝最初八家。张、赵、杜、杨、孙、崇、王、李。

最有学问的人是谁？＝周树棠。

【资料】沙井村收集的分家单

赵祥、赵良才、赵良弼的分家单　　三页

立分单人　赵祥　　同室纷难理不能同处只得各食各衣兄弟侄男情愿托亲朋说合受分长幅匠役地一段二十亩东边水洼旅粮地一段七亩五分南边车一辆大缸两口小缸一口坐辕一个种槽一个铁煤火炉一个小鸟枪一杆碾磨一个猪槽一个北院空基地一块红契二张土房三间棚子两间树木相连内有石椎一言明碾磨久用

家内又有立柜二顶板柜一顶抽屉桌一各橱柜一顶板凳一床磁胆瓶一个字腊阡一对此系三人情愿各无反悔恐后无凭立此字为证。

说合人	王士佶	押		
	吴与江	公平		
同治十二年十二月初六日			弼	十
立分单人	赵良才	喜	赵良	
			才	十
代字人	李振杰	公平好心		

立分单人　赵良才　　同室纷难理不能同处只得各食各衣兄弟侄男托亲朋情愿说合受分

长幅子匠役地一段十亩水洼旅粮地一段三亩七分五墙西地一段二亩柳树一棵三人言明短管六亩棋盘一亩草场地两段六亩水洼地三亩七分五一共五段十六亩七分五以地亩顶辅三百一十八吊二百九十文不与赵良弼侄男

赵祥二人相干又受分东厢房四间园子西边一半井一元三家公用南场一半驴一口板柜两顶抽屉桌二个犁杖辕一根大缸一口小缸一口大鸟一杆碾磨公用此系三人情愿各无反悔恐后无凭立字为证。

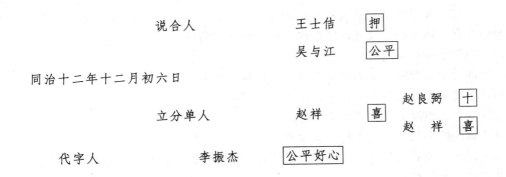

说合人	王士佶	押
	吴与江	公平

同治十二年十二月初六日

			赵良弼	十
立分单人	赵祥	喜	赵祥	喜

代字人	李振杰	公平好心

立分单人　赵良弼　同室纷难理不能同处只得各食各衣兄弟侄男托亲朋情愿说合受分长幅匠役地一段十亩西墙外地一段二亩佛前供器一堂板柜两顶黑柜一顶抽屉桌一件橱柜一个骡一个侧刀一把大缸一口小缸一口火锅一个锅盛一个北房四间南至回陇园子东边一半土房两间南头官过道许胞弟良才所走南场一半碾磨公用此系三人情愿各无反悔恐后无凭立字为证

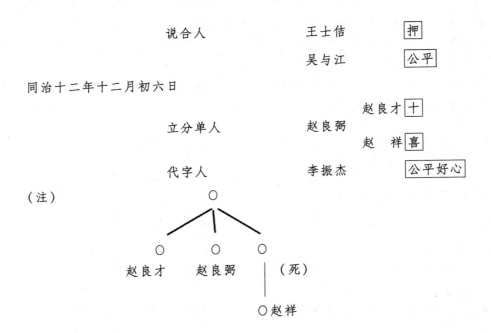

说合人	王士佶	押
	吴与江	公平

同治十二年十二月初六日

		赵良才	十
立分单人	赵良弼	赵祥	喜

代字人	李振杰	公平好心

（注）

○赵祥分到的部分

长幅匠役地一段二十亩东边、水洼旅粮地一段七亩五分南边、车一辆、大缸二コ、小缸一口、垄辕一个、种槽一个、铁煤火炉一个、小鸟枪一挺、碾磨一个、猪槽一个、北院空基地一块（红契二枚付）、土房三间、棚子两间（树木相连内有石头）、立柜二顶、板柜一顶、抽屉桌一个、橱柜一顶、板凳一床、磁胆瓶一个、腊阡一对

○赵良才分到的部分

长幅匠役地一段十亩、水洼旅粮地一段三亩七分五厘、墙西地一段二亩、柳树一棵、短管六亩、棋盘一亩、草场地（两块）六亩、水洼地三亩七分五、这四项一共十六亩七分五厘，这些土地由赵良才承担责任，共有借款三百一十八吊二百九十文返还。东厢房四间、菜园子西边一半、井户三间公有 南场（打麦场）一半、驴一匹、板柜两顶、抽屉桌二个、犁杖辕一根、大缸一口、小缸一口、大鸟一挺

○赵良弼分到的部分

长幅匠役地十亩、西墙外地二亩、佛前供器一套、板柜两顶、抽屉桌一件、橱柜一个、驴一匹、一个侧刀一把、大缸一口、小缸一口、火锅一个、锅盛一个、北房四间、蔡园子东边一半、土房两间

杜春的分家单　一页

立分单分拨人杜春所生四子三子均已婚娶唯第四子尚未婚配今因年纪老迈精习目疲难于料理家务故此邀请宗亲乡友将所有田地园房产代物等项除提出养老费与第四子婚费外高低搭配，一概均分自分之后各安本分务相和睦此系同面言明各无反悔恐口无凭立分单存照。

计　开

养老费提出园子东半块菜畦四排井官用收地一段树木养老四子广馨受分土房三司二门通行中分院子东半边外院东边管道八尺园子西边第一排畦

佛前五供二堂供桌三张水缸一口顶箱竖柜

		杨永才	押
中说人	李汇源	平心
	赵兰田	十
亲族人	杜祥	公平血心
	馥馨	平心
	德馨	十
立分单人	杜春	林馨	十
	广馨	十

　　　　　代字人　　　吴殿臣　　　公平心

　　　（略）

　　　计开

　　　（略）

中华民国二十五年正月二十三日

次子德馨受分南场一块小房一间树木相连东园子一段井在内族中公用全柁两套檩十二
条园子西边第三排畦

杨振林和杨源等的分家单　　　　　一页

　　立分居书杨玢次子杨振林长门孙杨源等会议均在年力富强树大分枝古理所有伙居人众
勤惰不异谆请亲邻眼同将所有祖遗家产两门均分所分产业抓阄均分开例于后杨振林受分南
院住房一所计北房五间东西厢房各三间西棚一间以上共土房十二间门外西小园一块西大场
东边一段以中间大榆树为界此树两门官树后地四亩树木相连假河地三亩猪圈一个东坟地四
十四亩内有坟场四亩各分二十亩北法信地四十亩各分二十亩大协子地六十亩各分三十亩大
头鱼地十五亩各分七亩半小分地五亩各分二亩半张家坟地六亩各分三亩长幅子地二十四亩
各分十二亩河头子地十亩各分五亩磁盘地五亩各分二亩半牛角地八亩各分四亩南草厂地两
段六亩各分一段三亩北草厂五亩归次门受分岔道口地三亩归长门受分小河北地十二亩长门受
分八亩次门受分四亩西门外旱地三段四十八亩田地二十一亩半每年所得老祖青菜两门均分外
有八分地五亩小分地五亩尹庄前地六亩共地十六亩又当出墙南地四亩砂窝地六亩路北地四亩
八分共当地十四亩八分当价二百八十五元至明年秋后两家发洋回赎此以土地三十亩零八分归
杨玢生者归长门孙奉养若故时以此养身地葬埋长门孙杨源等受分北院北上瓦房五间东西厢瓦
房六间门楼一座东西路顶土房四间东外院一处猪圈一个房后空基地一块东园子一块园头子地
三亩西大场一段西边以中间大榆树为界次树两门官树以上四段树木相连北院佛爷财神全分相
随所有祖遗家具一概均分此系两家情愿各无反悔如有反悔者自有证见一面承管恐后无凭立分
书字据为证杨振林受分西场东边一段南北长十八丈五尺东西宽五丈二尺五东坟地四十四亩契
纸二张在次门收存北法信地四十亩契纸一张在次门收存大协子地六十亩契纸一张在长门收存
大头鱼地十五亩契纸一张在次门收存牛角地八亩契纸一张在长门收存张家坟地六亩契纸一张
在长门收存草场地三段十二亩契纸一张在长门收存长幅子地二十四亩契纸二张在长门收存河
洛头子地十亩契纸二张在长门收存磁盘地五亩契纸一张在长门收存小河北地十二亩契纸存长
门西门外旱地园田契纸均存长门

　　　　　　　　　　　　　　　　　　　　　　　　　　　　李会源　　平心

　　　　　　　　　　　　　　　　　　吴成玉　十　　　张文通　十

　　　　　　　　　杨春旺　平心　　　王进贤　中　　　杜　春　十

　　　本族　　　杨永才　中心　　　龚书麟　如平　　　周树棠　押

<table>
<tr><td>杨绍增</td><td>十</td><td>张树敏</td><td>十</td><td>杜　祥</td><td>公平好心</td></tr>
<tr><td></td><td></td><td>代笔</td><td></td><td>张文恒</td><td>十</td></tr>
<tr><td></td><td></td><td></td><td></td><td>刘长春</td><td>平心</td></tr>
</table>

以先分书失落无存如若出现作为废纸以此分书为证

中华民国十七年阴

历十月二十四日　　　　　立分书人

杨振林	公平
正	平好心
杨　源	平心
洪	中心

杨源、杨正、杨泽的分家单　　一页

立分家人 杨洪 杨源 杨正 今因家务繁冗难于治理情愿各立门户分居异处兹此邀请宗亲将祖遗所有田地房什物等项分配三股合均各门分受产业开列于后计开长门受分祖宅北瓦房五间东瓦房三间门楼一个地基南北通长东西宽四长九尺滴水在内井角地四亩岔道嘴三亩佃耕二亩五分大头鱼七亩五分长幅子西边六亩二分五厘小河八亩

次门受分东院土房三间棚子二间碾子一个扁车子一个骡子一个车一辆绳套俱全东园子一块北法信东边十亩坟后北边七亩河头子五亩草场三亩坟前水边三亩磁盘子二亩五分园头子三亩驴一头槽子一个小猪圈一个猪槽子一个祖宅东院地基均规此股由祖房地基以外往北通行有官道一丈四尺为两家通行三门受分西大场土房二间西瓦房三间以民国二十三年底为限准受分人拆毁东北房山兴上盖木料砖瓦以水房槽为齐如是期主房贴价五十元不准强拆此房拆毁以东北下地基为齐大斜子十亩北法信西边十亩坟后南边七亩长幅东边六亩二分五厘坟前南边三亩大猪圈准拆其东南西三面并上盖外有典出丈斜子十亩准此股回赎此外两股并有争论各门受分地址树木相连自立分单以后如倘和门反悔争论只凭此纸并中保人亲邻族宗为证外有顺义县西街首饎楼一座茹姓合股拆与长门出洋五十元俟后买卖赔偿若干与次门三门无涉

	张绍曾	中心		
	杨永才	押	邻	周树棠　押
族中	杨　润	平心	中保人	
	杨春旺	平心	亲	吴成玉　十

西门外菜园子淏地租项菜葱规三家共起

中华民国二十二年旧　　　　　　　　　　　　　　杨正
历十一月二十九日　　　　　　　立分单人　　　　杨源
　　　　　　　　　　　　　　　　　　　　　　　杨洪

　　　　　　　　　　　　　　　代字人　　　　　吴殿臣

杨正　　自好心
杨源　　平心
杨洪　　公平中心
吴殿臣　公平心

杨璞增、杨绍增的分家单　　一页

　　立分单文约人　杨少增杨璞增 弟兄二人商议公分家产地亩以及常院房屋弟兄二人均
用老母养老地五亩地各狼窝弟兄二人各自二亩半交租叁十吊兄南弟北杨绍增受分上房五间
杨璞增受分东西厢房四间房北山为其南归璞增北归绍增猪圈中侧绍增借用三十年西常一块
以上房后言滴水为其南归璞增北归绍增本村东南地名三亩地一块七亩弟兄二人各分三亩半
兄东弟西张家坟地六亩各分三亩兄南弟北杜家坟二亩归绍增承种家伙弟兄二人均用上房走
道弟兄二人出入

　　　　　　　　　　　　　　　族中人　　杨永盛　　十

　　　　　　　　　　　　　　　　　　　杨文增　　平心

　　　　　　　　　　　　　　　　　　　　　璞　　　十
中华民国八年七月初九日　　　立分单人　杨　增
　　　　　　　　　　　　　　　　　　　　　绍　　　十

　　　　　　　　　　　　　　　代笔人　　任仲
　　　　　　　　　　　　　　　中保人　　杜春　　十

1941 年 3—4 月

（华北农村惯行调查资料第 31 辑之二）

家族篇第 4 号之二　河北省顺义县沙井村
　　　　　调查员　早川保
　　　　　翻　译　郭文山
　　　　　地　点　县公署

3 月 29 日

家长　　过继子　　分家

应答者　杨润

【户长和家长】户长和家长不同吗？ ＝一样的。

什么时候叫户长？什么时候叫家长？ ＝有门牌之后就变成户长，在那之前叫家长。

大概什么时候出现门牌的？ ＝六七年前。

六七年前是因为什么而出现的？ ＝为了清查户口。

沙井村里有户长和家长不同的例子吗？ ＝没有。

什么样的人成为家长？ ＝年龄很大，辈分很高，是男的就行。

男的是多少岁左右成为家长？ ＝没有年龄限制。

即使是男的年龄非常小时怎么办？ ＝不管怎么小，都能成为家长。

六七岁也可以成为家长吗？ ＝是的。

二三岁也是这样吗？ ＝是的。

刚出生的也可以吗？ ＝是的。

哪种情况下有实际掌管家政的人呢？ ＝父亲去世后，母亲还在时，实际由母亲来做。

【养老地和少当家】那样母亲叫什么？ ＝叫老当家。

孩子叫什么？ ＝叫少当家。

这种情况下户长是谁？ ＝孩子是户长。

【家长的顺序】家长去世后孩子三十岁，家长的弟弟是二十八岁时谁担任家长。 ＝叔父担任。

那种情况下孩子二十八岁的话如何？　=还是叔父担任。实际也可能是孩子做事。

家长去世后，孩子和其母亲在时家长是谁？　=孩子。

孩子是女孩的情况下怎么办？　=那种情况下，母亲担任。

有姐姐和弟弟的情况下谁成为家长？　=弟弟。

弟弟是白痴的话如何？　=还是一样的。

家长有两个男孩，次子成为别家养子，后来长子去世后没有继承人时，谁成为家长？　=成为养子的弟弟将自己的孩子送到原来出生家，继承家族。

弟弟没有孩子时怎么办？　=长子的妻子还在世的话，其妻子掌管家政。

【过继子】那时那个妻子是家长吗？　=是的，这种情况下，先从别处收养继承人。

这个叫什么？　=叫过继子。

过继子必须是男孩吗？　=是的。

那种情况下过继子必须比自己年轻吗？　=过继子全部都是孩子。长子是从别家的长子，次子是次子成为过继子。

必须是多少岁左右？　=年龄并没有固定。

那样的话，长子的妻子二十岁，过继子十六七岁也可以吗？　=不可。

为什么不可以？　=如果同族里实在都没有的话，十六七岁的孩子也没办法。

不收养过继子，哥哥的妻子可以迎接第二任丈夫吗？　=那种情况下，那个人必须去别家，不可以迎接丈夫。

【再嫁和同姓不婚】那种情况下，哥哥妻子也可以嫁入别家吗？　=也可以再嫁。

那样做的话，那个家不就变成谁也没有了吗？　=是的，断绝了。

那种情况下，嫂子可以随意嫁入别家吗？　=不需要谁的承诺。有"先嫁由爹娘，后嫁由自己"的谚语。

嫂子从杨家出去时，可以不用得到杨家父母或家长的允许吗？　=不用。

从杨姓嫁到李姓的嫂子（李杨氏）去别家时，可以嫁给杨姓吗？　=同族的杨姓家不可以，异族的杨姓的话没关系。即同姓不同宗可以，同姓同宗的话不可以。

从杨家嫁入李家的人再嫁入异姓的杨家时，那个人叫杨杨氏吗？　=是的。

嫂子嫁入别家时，第二任丈夫去世后离开夫家时，是回最初的夫家吗，还是回娘家？　=回娘家。

不管娘家反对与否，从第一次结婚的家里再婚时，可以回娘家吗？　=可以。

以没有得到娘家许可就再婚为理由，娘家可以拒绝其回家吗？　=不管那个孩子怎么坏，也不能拒绝。

再婚时，是暂且先回娘家，然后再去第二次结婚的夫家，还是不回娘家，直接去再婚家？　=必须先回"娘家"（实际的家）。

婚家叫什么？　=叫"婆家"。

从杨家嫁到李家的李杨氏，丈夫去世后可以去同宗的别的李姓吗？　=不可。

可以是不同宗的李姓的话吗？　=可以。

家长有两个孩子，次子去了别家成为养子，之后长子去世，去别家成为养子的次子不能回来吗？　＝回不去。

　　为什么回不去？　＝因为次子已经是别家的人，所以不能回去。

　　【抱养和借子】次子不是过继子身份，而是去别家成了养子的情况下如何？　＝"抱养""借子"的话可以。

　　"抱养""借子"是什么样的情况下进行的？　＝不固定。

　　同姓人家间有"抱养""借子"吗？　＝那种情况下不叫"抱养""借子"。

　　"抱养""借子"是与异性间的过继子相当的人吗？　＝是的。

　　"抱养"和"借子"是一样的意思吗？　＝是的。

　　为什么过继子不能回原来出生的家，但是"抱养""借子"可以回去＝过继子■的情况也没有。不能回去。如果原来家断绝了继承人的话，那个过继子虽然不能回去，但可以继承两家。

　　【一子两不绝】过继子兼管原来家和养家是什么意思？　＝"一子两不绝"。失去原来家的李姓，财产变成过继子的东西，原来家被养家吞并而灭亡。

　　原来家的财产是变成养家父母的东西呢，还是变成过继子的东西？　＝变成过继子的东西。

　　为什么不变成养家父母的东西？　＝因为这个是过继子生身父母的东西。

　　如果过继子只有十岁的话，是由养父母管理吗？　＝是的。

　　其养父母可以将这些财产随意使用或卖掉吗？　＝不可以。

　　如果这样做了的话会怎么样？　＝没法子。

　　原来家被养家吞并消失后，然后有原来家和养家分开的情况吗？　＝过继子有孩子之后，那个孩子继承原来家的姓。

　　【绝次不绝长】那种情况下过继子的孩子只有一个的话如何？　＝没办法，因为原来家没有后继的人，长子必须继承原来家，即"绝次不绝长"。

　　那也叫过继子吗？　＝是的。

　　那个过继子有两个孩子时，可以不让长子而是次男去继承原来家吗？　＝不可。

　　【绝户】家族成员全部死掉了，家也灭绝了的时候，这叫什么？　＝叫绝户。

　　不叫绝家吗？　＝不叫。

　　长子去世后，因为没有其他家族成员，长子的妻子成为女户主，由于那个女户主嫁入别家，有那个家灭绝的情况吗？　＝有。

　　那种情况下家灭绝叫什么？　＝叫绝户。

　　家族成员全部去世时叫绝户，不是去世了而是嫁入别家而灭绝时也叫绝户吗？　＝是的。

　　不叫"废家"吗？　＝不叫。

　　过继子对原来家的父母叫什么？　＝叫伯父伯母。现在的父亲比实际父亲年长的话就叔父叔母

　　为什么这样叫？　＝因为变成了别家的儿子。

　　现在的父亲五十岁 实际的父亲四十八岁，母亲五十一岁时，叫原来的父母叔父、伯

母吗？ ＝不是的。随父亲，父亲是叔父的话，母亲是叔母。

【过继子和养父母相互的称呼】过继子叫养家的父母什么？ ＝叫父母。

不叫养父母或者养亲吗？ ＝不叫。

原来家的父母叫过继子什么？ ＝叫侄子。

过继子叫原来家什么？ ＝叫伯父家。

过继子叫养家什么？ ＝叫我们家，自己家。

【分家和老家长、小家长】分家即使父母在世时也有进行的吗？ ＝有。

父母去世之后分家和父母在世时分家，哪一种情况更多？ ＝父母去世后分家的多。

父母在世时分家，但住在同一屋檐下，是怎样住的？ ＝父母住在正房，长子住在东厢房，弟弟住在西厢房。

姊妹呢？ ＝与父母一起住。

那种情况下门牌有几个？ ＝三个门牌。

户长也是三个人吗？ ＝是的。

家长是三个人吗？ ＝是的。但是父母是老家长，兄弟是小家长。

长子家家长是谁？ ＝长子。

次子家的家长是谁？ ＝次子。

父母是长子家的家长吗？ ＝是的。叫老家长。

那样的话，长子家有两个家长吗？ ＝不是的，长子家只有一人是家长。但是对别人说时，以前的家长的意思是"自己的父母"，而叫"老家长"的也有。即不过是"称呼"。

长子家是长子做主，一切与父母无关吗？ ＝是的，"各掌各业"，与父母没有关系。

父母在世时长子、次子分家后分开了，住在其他不同的家里时（即不共同的院子，在不同的土地里拥有房子时），还是称呼父母为老家长吗？ ＝是的。

分家后住在同一个院子的情况下，长子、次子被称为小当家吗？ ＝是的。

父母叫老当家吗？ ＝是的。

【妾】沙井村里有妾吗？ ＝没有。

曾经有过吗？ ＝没有。

别的村有吗？ ＝不清楚。

第二夫人和妾是一样的吗？ ＝不是一样的。

什么样不同？ ＝妻子是正室，妾是侧室。

第二夫人是正室吗？ ＝是的。

沙井村里有拥有除妻子以外的女人的人吗？ ＝没有。

【家长的顺序】家长去世后，家长的孩子和家长的弟妹，即是孩子和孩子的叔母二人在时，谁成为家长？ ＝孩子。

叔母为什么不能成为家长？ ＝有男孩的情况下，女人不能成为家长。

留下家长的妻子和孩子时，母亲成为家长吗？ ＝不是的，孩子成为家长。

父亲还健在，有孩子（男孩）成为家长的吗？ ＝有。

是怎么样的情况？ ＝父亲年长，生病的情况下，孩子当家承担着着家里的事务，父亲名义上还是家长。

家长去世后，家长的孩子二十五岁，两个三十岁的堂兄弟在时，谁会成为家长？ ＝堂兄弟因为年龄较大，所以成为家长。

如上情况堂兄弟成为家长的话，家谱由谁保管？ ＝家长的孩子保管。家谱总是家长的长子保管。

【私生子和二房子】妻子以外的女人，例如在北京的女人生有孩子的话，那个孩子叫什么？ ＝如果北京的女人和许多男人有关系而生下的孩子的话就是"私生子"，如果是固定一个男子发生关系而生下的孩子就叫"二房子"。

父亲可以领回二房子吗？ ＝可以。

那时需要妻子的承诺吗？ ＝妻子没办法。

正室的妻子所生的孩子叫什么？ ＝没有名称。

正室的孩子三岁，二房子四岁时，家长去世后，他们两人谁成为家长？ ＝三岁的正室的孩子成为家长。

二房子叫父亲的妻子为母亲吗？ ＝叫大娘、大母亲。

叫父亲什么？ ＝叫父亲。

如上的情况下，正室的孩子叫二房子"哥哥"，二房子叫正室的孩子"弟弟"吗？ ＝是的。

有一个女儿时，双亲去世后，留下一个女儿的话，那个女儿成为家长吗？ ＝是的。

女儿成为家长后迎来了丈夫的话，谁成为家长？ ＝丈夫是家长。

那时也有女儿依旧是家长，丈夫不是家长的情况吗？ ＝有，例如丈夫去远方工作时，丈夫是名义上的家长，妻子当家。

那个女儿的第一任丈夫去世后，与丈夫之间有一个女儿时，由此是母亲的那个女儿是家长时，可以迎接第二任丈夫吗？ ＝孩子的父亲有多个的情况不好，所以不能。

有男孩，其父去世后，母亲可以迎来第二任丈夫吗？ ＝不可。

不管有没有孩子，孩子的母亲去世后，父亲可以迎娶第二任夫人吗？ ＝这是普遍的。

分家是在什么样的情况下进行？ ＝兄弟吵架时，或家族成员变多时。

【分家和家产的分割】分家时必须分财产吗？ ＝是的。

没有财产只是人分开时也叫分家吗？ ＝是的。

什么样的情况下写分家单？ ＝不管怎样贫困，多多少少有些财产，所以要写分家单。

分家时要分什么样的东西？ ＝家里有的东西全部都要分掉。

衣服类如何？除自己的钱买的衣服以外都必须分吗？ ＝自己的衣服不分。

分什么样的东西？自己个人使用的东西是各自的东西吗？ ＝是的。

为什么分家单上没有写炊事道具食器类的东西？ ＝那些东西不是什么大的东西，所以作为"家具"概括地写。

有分家单上没有写的东西吗？ ＝如果不是什么大件物品的话，即使没有写也会分。

分一匹马时怎么办？ ＝两人分一匹马时，马一匹百元的话得到一匹马的人给另一人五十元。那种情况下是固定地哥哥得到马吗？ ＝没有规定。

【中人】兄弟二人关系不好分家时，谁从中调停呢？＝同族亲戚中适合的人都可以。

调停的是几个人左右？＝至少四五人。同族或者亲戚的人聚集起来劝和，不能和解时就分家。

那种情况下中人是同族的人多还是亲戚的人多？＝并没有确定。同族、亲戚，再远一点，街坊中谁都可以当中人。

【分家单的记载事项的样式】现在有田地八亩（千六百元），家四间（千元），猪四匹（八百元），钱二千元时，父母、兄弟、妹妹分家时怎么样写分家单？＝

立分书人　赵俊山、赵德山弟兄二人今因父母年迈不能执掌家业恐慌事业败弃弟兄不能强权谨遵天伦指挥特请诸亲族长乡友将家业财产均分各自掌管不得争吵强夺理逾中人合配均分今有祖遗房四间长门受分东房二间次门受分西房二间祖遗地八亩各自受分二亩余四亩作为父母生养老死葬现有洋元一千作为姐妹出嫁妆奁所用所有大小家具一概均分立此分书为证

年　月　日

立分书人
中保人
代字人

有兄弟三人，最小弟弟只有十岁时，小弟也要分家吗？＝同样分家。然而小弟的那份一起作为父母的养老地，与父母一起生活。

【养老地】兄弟二人、妹妹一人、父母在时，养老地的比例是怎样的？＝只给可供父母生活的，余下的兄弟二人均分。

只有三亩土地时怎么办？＝三亩土地全部作为父母的养老地，兄弟二人想分也分不了。

【妆奁费】妹妹结婚的准备金叫什么？＝叫妆奁费。

妆奁费是怎样的比例？＝女儿不能和男的兄弟一起平等的分配，分的话能得到的份额不一定。

除去父母的养老地，另外除去妆奁费，剩下的话兄弟均分吗？＝不是，除去父母的养老地，剩下的兄弟、妹妹分。必须给妹妹分。但不是给妹妹先分，剩下的兄弟二人再均分，而是除去养老地之后，剩下的少的话，也就把仅有的给兄弟、妹妹分。妹妹不能得到和兄弟一样的份额。

妆奁费必须是钱吗？＝通常是钱，但是没有钱的话，也可以给土地。

【作为分割对象的院子】兄弟分家后父母住在正房时，院子由兄弟二人分吗？＝是的。

院子不给父母分吗？＝因为院子是将来父母去世后，兄弟二人均分的东西，所以不给父母分。

不给父母分正房和院子吗？＝是的，但是正房一直到去世父母都可以使用。

面向正房右边有炊事场物置等时，那要怎么分？＝根据那所在地点，哥哥的土地为的话，是哥哥的东西；弟弟的土地内的话，是弟弟的东西。

但是那些是分家后也共同使用的吗？＝是的。

例如井户是在哥哥的土地时，弟弟也可以随意使用吗？＝是的。

那种情况下不管哪一方将那块土地卖给别人时不会很麻烦吗？＝没法子。

将有井户的土地卖给别人时怎么办？＝与买的人一起使用。

买的人拒绝共同使用时怎么办？＝没法子。

【分家后的土地变卖】哥哥要将分家后得到的土地卖掉时，应该事先要与弟弟商量吗？＝是的，先与弟弟商量"你买吗"，弟弟说"不买"的话再卖给别人。

不与弟弟商量就卖给别人时，弟弟认为那是自己应该买的土地，不承认那项买卖怎么办？＝弟弟是野蛮人的话，弟弟就赢了。

弟弟说应该是自己买的土地，将买主无理地赶出去时，村里人会承认这种行为吗？＝弟弟说的是正确的。

那时弟弟强行赶买主可以吗？＝不能。

与买卖的中人交涉呢？＝即使交涉也没办法。

那样的话弟弟对哥哥说"井户不能使用了"，可以请求哥哥进行赔偿吗？＝弟弟向哥哥请求损害赔偿也没有用，卖掉土地是因为哥哥家贫困。

如果哥哥有钱的话呢？＝应该多少给弟弟一点。

分家时从道路到家的路怎么办？＝因为是兄弟二人家的路，所以共有。

将那条路竖着分一半吗？＝不是，全体二人共有。

兄弟中一人卖掉家产时，那条路怎么办？＝兄弟中一人虽然不能卖那条路，但是因为卖家产时那条路是家和土地附加的东西，自然地那条路是与买的人共有。

有三个兄弟，弟弟二人关系好时，弟弟二人和哥哥有分家分成两家的情况吗？＝有。

兄弟关系都好，但与父母关系不好时，父母拿掉养老地分开的话，兄弟相互间不分家的话也叫分家吗？＝是的。

3 月 30 日

分家

应答者　杨润

【租佃地和分家】有租佃地四亩的话，兄弟二人分家的话，一直以来租佃的土地也要分吗？＝分。

那时必须与地主商量吗？＝没有那个必要。

租佃四亩的人因为家里有病人，可以给别人一半使其租佃吗？＝可以。

那时需要地主的承诺吗？＝不需要。

佃农叫什么？＝租地户、租户。

租佃地叫什么？＝租子地。

佃农可以将自己全部的租佃土地让给别人佃耕吗？＝可以。

沙井村里有这样的情况吗？＝有。

那时佃农和佃农之间的写什么样的契约书？＝不写。本来租佃契约就没有契约书，因为每年都在变更。

佃农将自己的租地让别人租佃时，为什么不需要地主的承诺？＝因为佃租是先缴纳的，后面谁耕作都可以。"先纳租后种地"。

为什么分家时财产平分？＝不那样的话会吵架。

但是长子一系要继承家谱，不是很重要的吗？＝是的，多少多分一点。

长子分家时一定会多少多分一点吗？＝是的。但是多少没有确定。

【父母和幼子的同居】分家后父母通常是和分家后的孩子分开住吗，还是和兄弟中一人一起住的比较多？＝与幼子一起住的比较普遍。

为什么？＝因为幼子是年龄最小的。

年龄最小就要一起住吗？＝因为父母对幼子特别亲爱。

如果不和幼子一起住的话，就分开住吗？＝是的。

去长子家的情况很少吗？＝很少，因为长子年龄很大，孩子很多，去不了。

【分家和分居】有分居这个词吗？＝有。

什么样的情况下使用＝和分家一样地使用。

房子很小建了别的新家，将家族成员一部分移居过去时（现在还没有写分家单），那叫分家吗？＝不叫。

叫分居吗？＝不叫。

叫什么？＝叫"同居隔宅居住"。

分家和分居是一样的意思吗？＝是的。

通常哪一个用得比较多？＝大致使用得差不多。

【兄弟的取得分放弃和让与】有兄弟三人，二哥在北京生活，分家时即使完全没有必要分财产，也还是要分吗？＝必须要让那个二哥自己说自己不需要。

那个二哥分配得到的财产，可以直接给最小的弟弟吗？＝可以给。

全部给最小的弟弟也可以吗？＝那完全没问题，好事情。

三亩土地分成一亩一亩的，二哥将自己的那一亩直接给小弟的话，变成长兄是一亩，小弟二亩也没关系吗？＝没关系。

分配有墓地的土地时，是平分除去墓地剩下的部分吗？＝是的。

【坟场、坟地】有墓地部分的土地叫什么？＝叫"坟场"或"坟地"。

那么坟地周围是以圆形除去吗，还是以方形除去？＝自由进行。

【养老地的残余和小弟】父母去世后，养老地怎么办？＝除去父母葬礼的费用，即为了出葬礼的费用需要卖掉一部分土地，剩下的部分平分。

父母与小弟一起生活的话，那养老地剩下的全部归小弟所有吗？＝没有这样的事。

【分家和借款的分担】父母、兄弟、姐妹在时，假设有借款六百元，分家时如何分？＝兄弟各负担二百元。与姐妹没有关系。父母得到很多养老地时，会多少负担一些。

那借款是家族赌博和喝酒借的，哥哥得到一亩，弟弟得到一亩，只得到仅有的土地时，不是很麻烦吗？＝没办法。

如上的情况可以不要一点土地，由此也不负担借款吗？＝我认为这种事情应该极其稀少。

承担与分家后得到的财产相应借款的责任，可以不管更多的借款吗？＝有借字（借用证）的情况下没有办法，只能一点一点地还，没有借款证明的情况下，说没有借过钱就不还。

借出钱的人在借钱的人分家之后如何请求偿还？＝分家时，叫债主商量好借款在兄弟之间的分配。

那种情况下，需要重新写借款的证明文书吗？＝有重新写的，也有不重新写的。

兄弟二人平分六百元借款时，哥哥在期限内只能支付一百元时，弟弟将自己负担的三百元还完以外，哥哥归还不了的二百元也必须接替他归还吗？＝没有这样的事情，弟弟在三百元以外，没有任何归还义务。

【家长和土地的处分】家长可以自由处置家里的财产吗？＝可以。

免费给别人也可以吗？＝不能，儿子们会反对。

家长有其他女人，其他女人有孩子时，为了那个孩子可以将所有的四十亩地中的十亩给那个女人吗？＝可以。

妻子可以反对吗？＝无论同意与否，妻子很弱小，所以没办法。

家长将四十亩中的二十亩捐赠到村里时，孩子不管怎样都很困难吗？＝是的。

四十亩全部捐赠到村里时，孩子可以对此抱怨吗？＝因为这样做的话不能维持生活，家长不会做这样的事情。

【财产的不均分】分财产时有不平分的分法吗？＝有。

例如因为哥哥很能工作，即使不做一点点，即使哥哥不服也没关系吗？＝没关系。

哥哥三亩土地，二哥四亩，小弟五亩的分法，哥哥即使不服也可以无视继续分吗？＝那不行。土地这样分不行。不知道土地价格会不会上涨，又是重要东西，分家时在场的中人不会同意，又怕承担责任所以不能那样分。钱的话一点点没关系。分配鸡或家鸭这样的东西的话，即使有人不服也没关系，但是分配马和猪时，有人不服的话，不能无视意见而继续分。无视那样的事的话，中人就没有尽到责任。

写分家单时，即使分家者的一人不满的话，就不能写吗？＝是的。

写分家单时必须需要中人吗？＝是的。

分家者的父亲是家长，他可以成为分家的中人吗？＝不可，家中的人不可以当中人。

【遗言】有遗言这种东西吗？＝有。

沙井村有遗言这个说法吗？＝是的。

有遗书这种东西吗？＝极其稀少。

沙井村里有吗？＝没有。

见到过吗？＝没有。

遗言是作为必须遵守的东西吗？＝是的，是作为必须遵守的东西。

遗言是得重病时，死亡之前当着大家的面说的吗？＝是的。

说了遗言之后为了不起纷争，例如请求村长立会，将其事先写好，会做这种得到村长证明的事吗？＝不做这样的事。

遗言上有决定财产的分配方式的吗？＝这样的事极其少，之前就分好。死的时候只是"相亲相爱生活下去"呀，"好好工作"等程度的事。

遗言就写在普通的纸上吗？＝不做这样的事情。

对于临终时没有听到遗言的人，如何证明遗言的内容？＝对于遗言的证明，并没有考虑过。

那么立了哥哥分三亩，弟弟分四亩土地的遗言的话，没有亲耳听到遗言的哥哥，可以用不能证明遗言的真假为理由，拒绝这样的遗言吗？＝是的。

尚未分家时，因为家族成员多，一部分住在建在别处的家里的话，这个家是一户吗？＝不是一户。

这个新分出的家叫什么？＝不围院子而在旁边建的家的话叫"配房"。

这个新分的家里有家长吗？＝没有，因为没有分家。

虽然没有分家，但是次子的家人全部迁移到新家时，那个新家的家长是次子吗？＝不是。

那么当家呢？＝不是的，没有这样的人。

家长权

应答者　杜祥

【家长权】家长和当家是一样的吗？＝是的。

祖父是家长，但是年长了，实际是自己的父亲在打理家里一切事物时，这样父亲叫什么？＝并没有名称。

沙井村里让孩子上小学是自由的吗？＝是的，让其上学不上学都可以。

虽然让孩子上学，父母和家长（祖父）意见不同时怎么办？＝父母和家长商量，祖父反对的话，就不让孩子上学。

然而祖父年长不能工作，因为实际是父亲在工作，可以用自己的力量让孩子上学吗？＝"有父不言子"，实际上可以，但是不应该这样做。

祖父是家长时，有他反对无效的情况吗？＝没有。

假如在上小学，学校里有什么急事的话，是通知家长还是父母？＝通知家长（祖父）。

只有一个孩子，父母和这个孩子分家吗？＝没有。

父母拥有养老地与孩子的家庭分开居住时，那不是分家吗？＝不是分家。只有一个孩子的情况下，可以得到父母的全部土地，如果分开居住的话，就是将孩子赶出去。

对于孩子的妻子去北京做阿妈，家长同意，但孩子（丈夫）不同意时怎么办？＝如果生活没困难的话，丈夫可以阻止，但是生活困难的话就不能反对。

　　孩子违反家长的意志去北京工作，那个孩子叫自己的妻子一起去北京，妻子能去吗？＝因为家里没有人做家事，所以不行。

　　如果那个孩子是次子，长兄的妻子在家，不影响做家事时如何？＝那没关系。

　　违反家长的意志外出去北京工作的孩子的妻子遵从夫命去了北京时，家长不阻止这位妻子的行为吗？＝根据场合而不同。

　　遵从夫命的妻子不是应该被允许吗？＝因为父母可以控制孩子，以及孩子的妻子，这种情况下，不能说妻子应该遵从夫命。

　　家长嗜酒好赌博时，也将工作的收入全部交给家长吗？＝如果有那样的家长的话，各自持有。

　　那种情况下，家长说全部上交的话，可以拒绝吗？＝家里人说没有钱就不交。

　　那种家长会有变卖房屋和田地的危险行为，有预防的办法吗？＝将地契给同族或其他亲近的人保管，即使家长买卖东西，我们也不知道，所以要预先警告。

　　如果家的人在做小买卖的话，赚到的钱要全部交给家长，之后家长会给他们零花钱吗？＝全部交给家长的情况很多。

　　赚到的钱交给家长，从家长那得到的钱存起来，将来买土地时，可以自由使用那钱买土地吗？＝以自己的名义买。然而那仅限于别的弟兄也有的情况下。

　　只有一个孩子的情况如何？＝因为将来不分家，自己的名义买不了。应该是以父母的名义买。

　　【妻子的持参金】孩子的妻子嫁入时，所持有的钱可以既不交给家长也不给丈夫吗？＝可以。

　　妻子也可以将那钱以自己的名义买土地吗？＝不管怎样使用都可以。自己的名义买也可以。

　　【家长权】家长可以将家里的财产想怎么用就怎么用，然后卖掉吗？＝可以。

　　那时不与家人商量也可以吗？＝可以。

　　通常都会商量吗？＝是的。

　　家里的财产是谁的东西？＝一直到分家都是作为家长的父亲的东西。

　　不是家长的东西，不是应该是家族全体的东西吗？＝不是，是家长的东西。

　　是家长的东西的话，分家时有不将财产全部分给孩子，说你们自己随意去工作的情况吗？＝有。

　　孩子结婚，父母赞成，孩子本人也赞成，但是家长反对时怎么办？＝强行结婚的话，也没有办法。

　　那样的话，家长不是没有履行职责吗？＝这种程度可以许可。

　　那时娶来家长不喜欢的新娘，这样也许可吗？＝这样做也可以。

　　那种情况下家长出席婚礼吗？＝必须出席。

　　为什么？＝因为父母都心疼孩子，"虎毒不食子"。

　　假如你因为生病很困扰时，你有妻子、孩子、孙子、兄弟、父母、伯父（家长）在时，因为分家前掌管钱的都是家长，即使你有妻子和孩子，家长也应该养你吗？＝是的。

　　如上的情况大家都很忙，不能照顾你的病时，谁首先应该担当你的看护？＝我的妻子、儿子、孙子、父母、伯父母、弟弟（弟弟的妻子不会）、哥哥（哥哥的妻子可以）这样的顺序。

为什么弟弟的妻子不可以？＝哥哥和弟弟的妻子间很尊重，有一种特别的关系，不能太亲近地说话。

为什么伯父、母排在兄弟前面呢？＝因为看在自己父母的面子。

你的妻子、儿子、孙子、父母、伯父母、哥哥、哥哥的妻子、弟弟、弟弟的妻子全部都生病时，首先是看护谁？＝伯父母、父母、哥哥、哥哥的妻子、弟弟、弟弟的妻子（看一下就回）、接下来是孙子、孩子、最后是自己的妻子。这是由面子来决定。有表兄弟在的话，首先看护表兄弟。"屈己从人"。

墓地是家长的东西吗？＝是的。

同族的墓如何？＝同族的各家家长的东西。

假如家长有孩子的话，家长祖先的墓也是孩子的祖先墓吗？＝是的，是家长的墓，也是孩子的墓。

那样的话，是全体家族的东西吗？＝是的。

孩子父母的墓埋在祖先的墓地里，之后，孩子分家土地变更时，即家长（伯父即父母的哥哥）变更到别的土地时，那个墓依然既是家族的东西吗，是家长的孩子表兄弟的东西吗？＝是的。

那样的话，是家族全体的东西吗？＝是的。

同族全体的东西吗？＝是的。

像这样的墓一样，同族全体的东西别的还有吗？＝没有。

家谱如何？＝家谱是长子家的东西。

家谱只是长子家的人代代保管着，不是大家的东西吗？＝是的。然而因为家谱既不能变成钱或其他什么，是谁的东西都可以。

神棚是谁的东西？＝家谱的附加物。

那么是大家的东西吗？＝是的。

3 月 31 日

家长权　姻戚　同族

应答者　杨润

【家产和家长】有家产吗？＝有，意思是家里所有的财产。

家产这个词很平常地使用吗？＝使用。

家里所有财产是家庭全体的东西吗？＝是的。

家族这个词在沙井村里是说什么？＝叫一家子。说"家族"的话，就变成同族的意思。

家族全体的东西，是指家族成员全体拥有的意思吗？ ＝是的。

不是说是家长的东西吗？ ＝家里包括人和物都是家长的东西。

既然是家长的东西 家长可以随意地将大家的东西卖掉吗？ ＝应该与大家商量。

即使大家反对也可以卖吗？ ＝如果就一两个人反对的话可以，大家都反对的话，就不能卖。

如果卖了的话如何？ ＝家长拥有这个权力。

【家长的顺序】家长发生事故的情况下，即生病或长期不在的话，谁成为家长？其顺序有规定吗？ ＝固定的。世代高的人，即辈分高的人，年长的人，男人担任。

家长是伯父，他生病的话，自己的父亲是家长最小的弟弟，但比家长的二弟弟即二伯父会工作，有自己的父亲处理家长事务的情况吗？ ＝有。

家长自身可以指定代替自己工作的人吗？例如可以指定小弟而不是指定二哥吗？ ＝如果二哥认同的话就可以。

结论是如果其他人都认同的话，谁担任都可以吗？ ＝是的。

那个时候村里人不说坏话吗，或者不认为很奇怪吗？ ＝没有这样的事。

大家认可的话家长的妻子也能成为吗？ ＝不可。

为什么不可？ ＝因为不能开展工作。

大家都说工作不行也没关系的话呢？ ＝那样也不行。

为什么？ ＝因为村里的人不配合，女人不行。

【代办】如上代替家长处理家族事务的人叫什么？ ＝叫代理执事，"代办"。

代理执事等词在沙井村里有实际使用吗？ ＝不是，叫代办。

即使说代办村里人直接就能懂吗？ ＝懂。

那不叫家长吗？ ＝只要本来的家长还在世就不叫。

不叫当家吗？ ＝不叫。

【代理当家的】你知道代办这个词，那别人知道吗？ ＝普通人说"代办当家的"就能懂。

例如土地变卖时，如何让别人知道自己是代理当家的？ ＝中保人和代理当家的去家长那确认。

要让村里人知道你是代理当家的吗？ ＝并不需要特别告知。在村集会时，只要说自己是代理，当家的一般都知道。

代理当家的不与家长一个一个商量的话，就有很多事都不能处理吗？ ＝重大的事与家长商量，小事自己决定。

重大的事是指什么样的事？ ＝如房子和土地的变卖，当保证人，谷物的变卖（如果数量大的话），雇佣长工，家畜的变卖，结婚，过继子，租地，典，押，借款。

家长不在不能商量时怎么办？ ＝按自己的意思进行。

哥哥在场的话与其商量吗？ ＝商量。

哥哥反对的话怎么办？ ＝反对的话就不可以。

那么比起代理当家的哥哥更有权力吗？ ＝是的。

代理当家的的话，即使是弟弟也比哥哥强吧？＝是的。但是哥哥要作为哥哥来尊重。

代理当家变卖土地时要写奉家长命吗？＝写奉兄命、奉父命、奉伯父命、奉叔父命。

不写奉家长命吗？＝写也可以，通常不写。

为什么？＝因为不明确家长对于自己来说，是怎样的接续关系。

本来应该由家长做的事情，必须只能由家长做吗？＝是的。

【家长和家长的行动】那么家长有必须自己亲自做的事吗？＝没有那样的事，不管什么事，有代理人代表就可以。

村里的集会、附近的葬礼、结婚典礼、买卖等所有的事情也都可以代理吗？＝是的。

虽然可以代理 但是必须需要家长命令的承诺吗？＝是的。

一家子人不跟家长商量也可以随意做的事，是什么样的事？＝与自家农事相关的事。播种、施肥等可以随意进行。

从家长那得到的钱可以随意使用吗？＝是的。

还有别的可以随意做的事情吗？＝别人给的东西，得到的钱（正当理由的话可以），工作，使用从家长那得到的钱。

可以随意地外出去北京工作吗？＝有正当理由的话，家长不会不许可。

那样的话，就有与家长商量的必要了？＝是的。

什么情况下可以任意地工作？＝不妨碍自己家干活。

除此之外还有什么事情吗？＝没有。

从家长那得到的钱买了猪和鸡来养，将其卖掉也还是自由的吗？＝是的。

家长有孩子，孩子有妻子时，作为丈夫的孩子可以不得到承诺就自由地命令妻子做的事情有哪些？＝裁缝和炊事不需要家长的承诺，有关农事丈夫可以自由命令。

妻子去做短工时怎么样？＝贫困人家的话妻子可以去做短工。与家长无关。

所得的钱给谁？＝交给丈夫。

丈夫将那钱交给谁吗？＝交给家长。

不交给家长也可以吗？＝可以。

丈夫工作所得的钱必须交给家长吗？可以一部分给妻子吗？＝原则上全部交给家长。但是可以悄悄地交给妻子。

你是如何？＝多少保留一点，剩下的交给家长。

不管家长在不在，可以不与家长商量自由地做与孩子相关的事吗？＝有。

什么样的事情？＝入学，作为学徒去北京工作，结婚（嫁女儿、儿子娶媳妇），给孩子买东西，农事。

不与家长商量的话，有哪些跟孩子相关的事情不能做？＝与家长没有直接关系的事情都可以做。

不与家长商量，例如家长的弟弟收养过继子的事如何？＝家长有孩子的话，应该收养家长的孩子。

家长的孩子即侄子只有一人的情况下如何？＝收养过继子时必须写过继单，这必须要家长的证明。

明明自己作为父母收养过继子，也必须要家长的证明吗？ = 是的。

孩子结婚时，即使家长反对，作为父母也可以许可吗？ = 是的。

孩子杀了邻居的狗或者鸡，偷了农作物时，是父母承担责任，还是父母的哥哥家长承担责任？ = 父母和家长都承担责任，但先是父母承担责任。

家长有两个孩子，次子在北京工作，次子叫自己的妻子也去北京，作为家长的父亲反对时，妻子应该怎么做？ = 如果去北京没有特别的理由的话，就不能忽视家长反对就去。

家长喜欢赌博，好饮酒，挥霍浪费时，分家了的伯父因为要给侄子（家长的孩子）的教育费时，怎样给侄子土地呢？ = 伯父给地券，同时附上写有这土地给侄子的字据。

那时作为家长的父亲要求孩子交出那个地券或字据，伯父或家长的孩子可以拒绝交付吗？ = 可以。

家长的弟弟可以不与家长商量就借钱吗？ = 如果是很勤劳的人，可以。

弟弟赚的钱必须全部交给家长，那怎么样还借款呢？ = 赚的钱先还借款，剩下的再交给家长。

弟弟没有与家长商量就借款，如果弟弟还不了的话，家长也要承担责任吗？ = 是的。但是发生这样的问题的话，就是分家的开始。

对于土地的变卖，三十岁的孩子成为中保人的话，孩子承担中保人的责任时，孩子的父亲、孩子的家长有责任吗？ = 没有。

三十岁的孩子可以成为中保人吗？ = 可以。

那孩子可以借款吗？ = 可以。

对于那借款孩子的父亲、家长有责任吗？ = 有。

孩子借款的情况下，孩子的父亲或家长有责任，孩子成为中保人的情况下，为什么孩子的父亲或家长没有责任？ = 借款和成为中保人的情况不一样。成为中保人并非孩子借款。

那孩子可以成为保证人吗？ = 可以。

那叫什么？ = 叫保证人。

与中保人不一样吗？ = 不一样，中保人并不借款也不支付。

沙井村里有立保证人的吗？ = 非常稀少。

因为借款立保证人时，必须要有中保人吗？ = 不要。

如上情况因为借主不能还借款，孩子作为保证人必须还钱时，孩子的父亲、家长对此有责任吗？ = 从一开始就知道孩子成为保证人这件事的话另说，否则孩子的父亲、家长没有关系。

在家拜祭祖先时，叔父是家长，侄子（长子的子孙）却持有家谱时，谁成为中心？ = 家长成为中心。

如果那个长门的孩子与叔父分家后成为家长时，就有两个家长，这时如果要祭祀祖先的话，谁成为中心？ = 因为辈分高，叔父成为中心。

然而侄子的家里有家谱，不是长门吗？ = 与这样的事情没有关系。

【家长权的限制】如果家长是浪费者，专横霸道，那么村长或同族的人会不让家长管钱吗？会限制家长的权力吗？ = 除了分家以外，没有办法。

只有一个孩子的时候如何？＝没法子。

【父家长和分家】作为家长的父亲反对分家，兄弟同意分家时怎么办？＝兄弟二人去请求同族或亲戚朋友。

即使那样，家长也不愿意的话怎么办？＝那种情况下，给父亲相当的养老地，自己分家。

给父亲四亩养老地，哥哥三亩、弟弟三亩的分法，不管家长是否承诺，可以分家吗？＝得到同族、亲戚的同意就可以。

【当家子】沙井村里有一家姓刘的一家子，分家后变成两家时那叫什么？＝叫分家子。

同族也这样说吗？＝是的。

【姻戚间的称呼】李姓的长女嫁到杨姓，妹妹去了刘姓时，李姓和杨姓是怎么样的亲戚？＝叫"儿女亲戚"。

杨姓和刘姓间是什么样的亲戚关系？＝叫"两姨亲戚"。

如上的情况再加上杨姓的女儿嫁到黄姓时，刘姓和黄姓，李姓和黄姓是怎么样的亲戚？＝叫"连续亲戚"。

刘姓有两个女儿，一个女儿嫁给王姓，一个女儿嫁给李姓，王姓和李姓是什么样的亲戚？＝"妯娌亲戚"。

亲戚是家族全体相互叫亲戚的意思吗？＝是的。

【亲戚和同族的亲戚】跟亲戚和同族间哪一边交往更多？＝亲戚的那边更多。

亲戚和同族间哪一方更重要？＝亲戚更重要。

家里有争吵时，去找亲戚和同族商量时，找哪一方的更多？＝与同族无关的事情，全部去与亲戚商量。

【给同族的土地先卖】变卖土地时，先问同族还是先是问亲戚"买土地吗"？＝应该先去问同族。

为什么？＝因为土地本来是从同族那里分来的东西。

变卖不是从同族那继承的土地，变卖自己从别人那里买的土地时如何？＝那种情况下可以。

有亲戚之间聚集的吗？＝有。

什么样的情况下？＝聚集后探寻事件解决时。

【亲戚议和】这样的会议叫什么？＝叫"亲戚议和"。

这样的事经常有吗？＝非常稀少。

那种情况下哪家成为中心，同族里的话有族长，有这类似的人吗？＝没有。

有同族聚集的情况吗？＝极其稀少，清明会的时候聚集。

【清明会】清明会是一年一次吗？＝是的。

清明节时同族的聚集叫什么？＝"同族议和"。

清明会是同族议和吗？＝是的。

清明会上商量什么？＝商量祖坟的修理、费用、植树等事情。

同族间有纷争时会有聚集吗？＝没有。

同族有共同财产吗？＝没有。

同族有共同的土地吗？＝只有祖坟。

除那之外，有比如围着同族的土地作为共同耕种一类的土地吗？ = 没有。

【零细农家和分家】分家时只有半亩土地，也要二三人一起分吗？ = 再怎么少也要分。

面积非常小时不好分，分家后有一起共同持有土地的情况吗？ = 沙井村里没有，但是有听说过。通常这样的情况下，一方全部持有土地，把相当于一半、三分之一的钱给其他的分家者。

【中人】土地变卖时，同族的人做中人更好吗？ = 谁都可以。

亲戚和同族，哪一方更好？ = 不限资格，只要诚实就好。住得近的就可以。

4 月 1 日

姻戚 同族

应答者 杨润

不是同族的李姓家的女儿嫁入李姓时，这两家是亲戚吗？ = 是的。

【借子和同族】不是同族的李家向不同宗的李家"借子"时，两家是同族吗？ = 不是，"借子"成为家长时，才成为同族。

"借子"之后有了孩子，关系变得不好，分家分成三家时，"借子"以外的李姓二家与"借子"原来的出生家庭是同族关系吗？ = 父亲这边不是同族关系，但是因为与生下的孩子这一家是兄弟，所以是同族。

【亲戚照管】家长去世后留下一个孩子，孩子只有五岁的话，谁来辅佐？ = 同族的祖父或母亲那方的亲戚来辅佐。

【叔伯照管】这样辅佐的人叫什么？ = 叫"亲戚照管""叔伯照管"。

那辅佐的人叫什么？ = 根据辈分叔父的话，叫叔父。

不说辅佐人、后见人吗？ = 不说。

说照管人吗？ = 是的。

那种情况下，即使五岁也成为家长吗？ = 是的。

男孩、女孩都能成为家长吗？ = 是的。

那个孩子有五十亩土地和三千元财产时，那孩子的照管人如何选择？ = 最初是拜托母亲娘家的兄弟。不行就拜托父亲的兄弟。

父亲去世时，葬礼上父方的同族和母方的同族都会来，但是那时从哪一方选择？ = 从母方亲戚中选择。

谁来选择？ = 大家商量后选择。

在亲戚中选择时会问同族的意见吗？ = 通常父亲去世之前，对母亲的亲戚说拜托了，所以同族不会插嘴。

那种情况下，父亲拜托同族中的一人，如分家了的弟弟时，亲戚可以干预吗？ = 如果拜托了同族的话，亲戚这边不能干预。

父亲哪一方都没有拜托时，怎么办？＝亲戚这方来辅佐。

成为照管人的人，是男是女都可以吗？＝是的。

不是家长也可以吗？＝是的。

母亲娘家的家长即母亲的弟弟、其妻子、母亲的亲妹妹谁都可以吗？＝可以。

照管那孩子到多少岁？＝一直到孩子到十五六岁时。辅佐人一直到那孩子结婚才功成身退。

【照管人的权限】那时，例如母亲的弟弟，即舅舅，可以为了孩子自由地使用财产吗？＝自由地买什么都可以，为了孩子可以自由地使用财产。但是不能失去土地。

如果失去的话怎么办？＝这样的情况由同族进行干涉。留给孩子的钱可以自由使用，但是不能变卖土地。

留给孩子没有钱只有土地时，为了养育孩子照管人可以自由出典土地，为了孩子可以借款吗？＝可以。

同上理由将土地租出也是自由的吗？＝是的。

照管人自己作为租地户为了孩子佃耕的话如何？＝没关系。

照管人可以自己作为承典人借出钱，将孩子的土地做抵押吗？＝那样做的几乎没有。照管人耕作需要出很多的费用。

孩子母亲的妹妹即姨母辅佐时，如果姨母必须听从丈夫的命令的话，实际上那孩子不是由亲生父母而是姨夫辅佐的吗？＝那时应该由姨母进行。

【孤子靠亲】被辅佐的人叫什么？＝叫"孤子靠亲"。

拜托同族时也是一样的吗？＝是的。

孩子父亲去世时，亲戚聚集商量孩子养育或照管等事情的会议叫什么？＝叫亲属合议。

只有亲戚的合议叫什么？＝因为只有亲戚中关系密切的人，所以并非合议。

有同族的会议吗？＝叫伯叔会议。

有监督照管人的照管吗？＝没有。

那时与村长等有关系吗？＝不能干涉。

照管人有记录孩子财产的必要吗？＝既有记录的情况，也有不记录的时候。

那个记录叫什么？＝叫日记账簿，没有适当的词语。

【照管的实例】沙井村里有选择照管人的例子吗？＝现在是杨永才在照管自己女儿的儿子。

女儿的丈夫住在哪里？＝别的村，住在西市莹。女儿的丈夫（贯姓）去做长工去世时，女儿也去做佣工去世。他们有个一二岁的女儿，与杨永才同住着。

还有其他例子吗？＝张庆善做为照管人照看着姐姐家的孩子。

为什么？＝姐姐和其丈夫都去世了。

那个孩子多少岁？＝男孩子。十一二岁开始照管，现在二十五六岁了。

一直照管到多少岁？＝一直照管到二十岁。

那时结婚了吗？＝是的。

结婚之前一直照管都可以吗？＝是的。

父亲老龄之后有隐退的吗？＝有。

那时家长是谁？＝还是父亲。

哥哥只是做着实际的家里的事务吗？＝是的。

【养老地的再分割】父母去世后留下养老地，将其卖掉作为葬礼费用，有多余的话怎么办？＝分家了的兄弟三人健在的话三人分配。

那种情况下有葬礼费用是相互出，养老地就这样三分的吗？＝很多这样做。

妹妹嫁到别家时，妹妹什么也得不到吗？＝得不到。

【给已出嫁女儿分赠遗物】已出嫁的女儿分父母的衣服吗？＝虽然不分土地和财产，但是给衣服。

其他还给什么吗？＝分给饰物。

另外还有吗？＝也有瞒着兄弟悄悄给钱的。

父母可以根据遗言，自由地将一半给嫁入别家的女儿吗？＝不可以。

这样的遗言留下的话，孩子不会遵守吗？＝是的，俗话说"儿受家产女受柜"。

父母生前可以自由卖掉养老地吗？＝不能卖。做了这样的事的话，必须要谁养。

那么养老地不是父母的东西，而是分家了的孩子的东西吗？＝不是，只是儿子们监督着。

【卖地和分家单】买分家后的土地时，买的人必须看分家单吗？＝不看。必须看地券。然后要写上那地券是谁谁谁分家时得到几亩土地，谁谁谁卖的。和写上"此契纸批卖与某人地几亩"或"此契纸李二门受分2.5亩批卖与某人名下"。

要写年月日和中保人的名字吗？＝不写。

分家后的兄弟要全体到场吗？＝到场。

将分家单上的土地全部卖掉时，卖的人要将分家单交给土地买主吗，还是废弃掉？＝卖的人保存。

为了什么而保存？＝以后土地变多时，因为有可能对分家方说出在分家时分割不平等，那时证明很有必要。

卖掉分家单上的土地时，会在分家单上写这土地已卖吗？＝什么也不写。

买土地的人看不看分家单都可以吗？＝通常不看，因为中保人知道情况。

因为已分家的弟弟卖掉了土地，阻断了其他兄弟土地的近道时，买的人主张迂可绕远道。可以拒绝从自己买的土地通过吗？＝不可以。中人应该要看分家单。

兄弟三人分家时有三份分家单的话，中人必须三份分家单都看吗？＝因为通常分家单都是一样的，只看一份就可以。

买的土地所在分家单上没有写道路的事，其他分家单上写又是如何？＝那时中人、代笔人可以证明。

证明了的话买的人就没办法吗？＝是的，买主向卖主收钱后可以通过。

然而实际上土地里附有道路的话，买土地时应该知道，买的人因为知道情况，后来买的人不可以主张不让通过吗？＝是的，必须在变卖时商量，将商量的结果写在卖契上。不写在卖契上以后即使出问题也没办法。

【分家、出生、结婚等事的呈报】成为家长时，大家会汇报从今以后我成为家长吗？＝不汇报。

呈报吗？ ＝哪里都不呈报。

不呈报到村长或保甲长那吗？ ＝即使不去，自然也会知道。

分家时呈报吗？ ＝没有要呈报的地方。

田赋和拨款时不会产生障碍吗？ ＝大家对村里的情况都很了解，所以没有障碍。

生孩子的时候呈报吗？ ＝不呈报。

结婚时呈报吗？ ＝不呈报。

收养过继子时呈报吗？ ＝不呈报。但是收养过继子时，叫来村长作为监证人。

需要呈报的事项有哪些？ ＝以前只是变卖、典（押不需要，租地也不需要）需要呈报，现在是亲戚过来留宿需要呈报。雇用长工时需要呈报。

孩子外出去北京工作时呢？ ＝随意呈报。

呈是大家向村长呈报吗？ ＝是的。

直接呈报到县公署去吗？ ＝不去。

到甲长那也可以，不是通过甲长呈报到村长吗？ ＝直接呈报给村长也可以，哪一个都可以。

同族中有叫族长的人吗？ ＝有，最年长的男的成为族长。

沙井村里也有吗？ ＝有。

【同族数和族长名】沙井村里有多少位同族？ ＝张姓十二户（族长张文通），杨姓十三户（杨永才），王姓二户（王春林），李姓四户（李树林），不同宗的李姓八户（李如源），赵姓一户（赵少廷），不同宗的赵姓二户即赵廷奎、赵廷福（赵廷奎），杜姓七户（杜春），刘姓二户（刘长春），刘姓四户（刘福），孙姓四户（孙有让）。

还有其他的同族吗？ ＝没有。

如何知道是同姓不同宗（例如赵姓）？ ＝因为他从其他地方来。

【族长的任务】族长是为了什么而存在的？ ＝不为什么，只是最年长。

同族中有坏人时，不是应该族长警告他吗？ ＝完全没有这样的事。

只有同族祭祀时，族长成为中心吗？ ＝是的。

【同族的相互扶助】农事或其他，村里的生活需相互帮助时，会因为是同族，而做特别的事情吗？ ＝并不会做这样的事。

同族中有除族长以外成为同族中心的家吗？ ＝没有。

这些同族大家都持有族谱吗？ ＝没有。

同族大家都持有的东西，除墓地以外没别的吗？ ＝没有，只有墓地。

【同族坟地的耕作人和祭祖】墓地周围有宽阔的土地余裕时，那土地怎么办？ ＝让同族中贫困的人耕作，祭祀时土地耕作人会出场。清明节时那人请同族吃饭。

沙井村里有这样的土地吗？ ＝有。杨姓的墓地杨永瑞在耕作，张姓的墓地张庆善在耕作，杜姓的墓地杜全山在耕作。除此之外没有了。

那耕作的土地是谁的东西？ ＝是共同的土地。

那土地的地券由谁持有？ ＝那由同族们决定谁持有。那是非常古老的东西。

耕作的人要支付租金吗？ ＝不支付。

【坟地和田赋、摊款】田赋怎么办？ ＝没有田赋。

因为是墓地吗？ ＝因为是古老的土地。

是因为古老土地没有呈报吗？ ＝是的。

那土地会有摊款来吗？ ＝不一定由耕作的人出，也有同族帮助出的。

那土地由谁监督吗？ ＝同族全体监督。

不是族长监督吗？ ＝不是。

【同族坟地的卖却】这样基地周围的土地在没有得到大家赞成时，不可以卖吗？ ＝是的。

族长不能决定卖吗？ ＝不能。

有八户同族，其中六户赞成卖，二户反对时可以卖吗？ ＝这样的情况下，我认为可以卖。因为有一半以上的人赞成。

同族有邻接的田地，在各户田地中间有道路通过时，那路是同族的路吗？ ＝是的。

有拥有这样路的同族吗？ ＝有，李如源的同族就是这样的。

那时同族中的一人，将有通过自己田地道路的一部分土地卖掉不可以吗？ ＝是的。

那路在自己的土地里可以自由改变吗？ ＝是的，能够通过就没有关系。

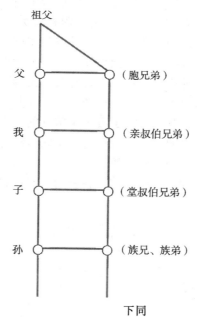

妻子是哥哥的妻子的话，就是嫂嫂
妻子是弟弟的妻子的话，就是弟妹

同族家里围起来的空地，有同族的人共同作业的土地吗？ ＝没有。

同族的会议家长必须出席吗？ ＝没有这样的必要。

【五服】同族中有亲疏之别吗？ ＝有。以自己为中心，祖父、父亲、自己、孩子、孙子是近族（或亲属），其他是远族（祖父一代，自己的孙子是五代）。

如上的范围叫五服？ ＝是这样叫五服、五代、五辈。

1942 年 7 月

（华北农村惯行调查资料第 108 辑）

家族篇第 17 号　河北省顺义县城内及沙井村
调查员　内田智雄
翻　译　刘俊山

本篇资料的前半部分，是在河北省顺义县承审处承审员张家贯书记员孙邵瀛处访谈所得的。该承审处获取、保存了从民国元年至我们调查时为止，数千卷的民事刑事案件卷宗。我们将其借到我们在北京的调查所，为了使其成为家族制度和其他调查研究的资料而专心整理这些内容。作为处理这些卷宗的预备知识，很有必要事先了解承审处是什么。我们必须承认，因为没有这方面的相关知识，准备极其不充分，但是以往几乎从未介绍过关于中国的下级裁判组织及沿革的内容，基于这种事实，这些内容或许具有某种程度的资料性意义。由此，作为调查参考，我们抄录了有关承审处的若干章程。

后半的大部分是与家族相关的内容。这些是为了解该地的一般概况，叫来慈善会的会长李梦云，从这位特定知识分子处了解的情况。沙井村的情况也占了极小一部分内容，那些是上次调查未完成或有疑点的地方，我们只在极短时间内进行了调查。

7 月 18 日

承审处　承审处的职员

【承审处职员的定员和俸禄】承审处的职员？.=承审员一名、书记员一名、书记一名、承发吏二名、检验吏一名。共计六名。规定是六名，另外有缮状生二名。

承审员的俸禄有多少？　=预算五十四元，另外有津贴。共计一百三十元。

书记员呢？　=俸禄四十五元，津贴三十元，共计七十元。

书记呢？　=俸禄四十元（包含津贴）。

承发吏呢？　=与书记一样。

检验吏呢？　=四十五元，和书记一样。

【承审员的资格】承审员的资格是？　=从保定的法政学校（三年）毕业的话，既可以成为法官，也可以成为承审员。

法政学校入学的资格是？＝中学毕业（高级）。

法官和承审员有什么不同？＝离开学校之后参加考试可以成为法官，而承审员不参加考试。

法官的考试是什么？＝中央政府考试院的考试，叫司法官考试。

法官比承审员地位高吗？＝有法官资格的话，可以进入法院成为司法官，承审员不可以。

这样的制度，在事变前也一样吗？＝一样的。

【书记员和书记】书记员和书记有什么不同？＝书记员是书记的头儿。

书记员不需要学校毕业和考试吗？＝对书记来说什么也不需要，但是书记员需要很长的经验。

【承发吏】承发吏是做什么的人？＝民事裁判的通知和带去传唤的通知。

只是那样的吗？＝有土地纷争的话，去现场调查。

与之前的差役一样吗？＝与之前的差役有一点不同。现在的承发吏多少都有法律的常识。

差役是很久以前就没有了吗？＝一直到民国初年还有。

什么样的人成为差役？＝谁都可以。县知事的任命。

能得到月俸吗？＝是的。

【检验吏】检验吏是＝刑事中检查尸体，看受伤程度。需要专业知识。

这样的话，是懂医术的人吗？＝能读洗冤录的人就可以。

检验吏、承发吏是每天都要上班吗？＝上班。有急事的话去别处。

【缮状生】缮状生是什么？＝写诉讼状的人。

【顺义县承审处的沿革】此处什么时候有承审处的？＝以前叫帮审员。

过去承审处叫什么？＝没有承审处，县知事那里有帮审员，做着司法工作。

县知事进行司法管理到什么时候？＝一直到民国八年那时正式成立了承审处。

民国八年以后有什么样的变化？＝民国十二年四月成立顺义县司法公署。

还是叫承审处吗？＝叫审判官。县长兼职检察官。

有审判官，其他还有检察官吗？＝是的。

检察官是？＝刑事事件里检察官进行事件调查并上诉。相当于日本的检事。

那个制度里审判官和检察官是一个级别吗？＝是的。

之后如何？＝民国十四年六月设立了京师地方审判厅顺义县分厅。

那时就说审判员吗？＝监督推事和检察官。那时检察官不是县知事另外任命。这时与县公署分离，完全独立。

可以叫监督推事，检查官另外独立的也是民国十四年六月以后吗？＝是的。

分厅在那时设立了很多吗？＝顺义、涿县、武清县三个地方。

分厅是一直到什么时候才有的？＝民国十七年七月变成了河北北平地方法院顺义分院。

那时承审员叫什么？＝院长、检察官。

之后如何？＝那以后一个月，八月变成了河北北平地方顺义分庭。

为什么立即改变了？＝顺义分院在北伐时期建立了战地委员会。八月战地委员会消失，国民政府的司法行政部将分院减少变成了分庭。

分院时设立了许多承审员吗？ ＝承审员一人。

在分院为什么需要许多经费？ ＝分院长期持续的话，更加需要费用，没有这些，中间就发生了变化。

分庭以后如何？ ＝叫院长为庭长。民国二十四年七月变成了顺义地方法院。然后又变成院长。

职员变多了吗？ ＝只有书记变多了。院长下面只是有推事的名称，院长全部做事。

即使变成地方法院，实际没发生变化吧？ ＝是的。

涿县和武清也变成了地方法院吗？ ＝是的。

顺义变化时，涿县和武清也一样变化吗？ ＝大体一样的。

地方法院的管辖是只有顺义吗？ ＝是的。

这样的话，没有地方法院的地方怎么办？ ＝没有地方法院的地方有承审处。

县里必须有承审处吗？ ＝有。

二十四年以后如何？ ＝二十五年四月变成了承审处。

从那以后呢？ ＝和现在一样。

变成承审处之后才叫承审员吗？ ＝是的。

事变后如何？ ＝没有关系。二十五年冀东政府成立，冀东政府那没有给经费。二十五年一月到四月没有给。从四月开始冀东政府才给经费。

现在从哪里得到经费？ ＝河北省财政厅。

冀东政府是什么时候开始给经费的？ ＝一直到临时政府建立都得到了。

事变中经费呢？ ＝没有能拒绝。

【法政学校】法政学校？ ＝光绪二十八年成立。民国元年与天津的北洋法政专门学校合并。北洋专门学校是民国六年左右都有，不知道什么时候消失的。

【上诉】上诉是提交到哪里去？ ＝河北高等法院（北京司法部街）。

那里也解决不了呢？ ＝最高法院华北分院。

从高等法院向最高法院上诉时，与此处的承审处没有关系吗？ ＝没有。

【职员的任免】职员的任免由哪里决定？ ＝只是承审员的话，河北高等法院就可以任免，其他由县长任免。

不论县知事和承审员关系怎样恶劣也没有关系吗？ ＝没有关系。有坏事的话，知事可以去高等法院，但是知事不能免职。

知事去高等法院的话？ ＝因为司法制度不完备，现在这种承审制度，不像日本那样执行。县知事要和承审员一起在全部的裁判上签字。然后知事要对困难事件写上意见。

【刑事事件的处分书】（看刑事事件的处分书）

顺义县公署侦查庭

知　事　夏崧生

承审员　张家实

这一份，侦查庭是刑事上不能定罪时写的。写刑庭时是有罪。刑事事件是警察来，然后检查那个的是承审员。

民事的情况下，有罪的话处分书写为起诉书，结束时写民庭，写上知事和承审员的名字。

【县长和检察官】知事在这个上面署名是什么意思？＝因为知事是检察官的代理。

那是作为知事还是检察官的署名？＝检察官。

检察官是检察审判员的判决的意思吗？＝检察官是在判决以前调查实情。

有监督承审员的判决的意思吗？＝处分书是为了寻求检察官的同意而带去。如果其他检察官在场的话，没有去的必要。

这样的话知事署名不是错误的吗？＝是的。

知事是作为检察官的文言吗？＝承审处章程上有。

很普遍吗？＝是的。

什么章程的哪一条？＝河北省县政府承审处暂行规程的第二条有"承审处置承审官，处理初级或地方管辖第一审之民刑诉讼事件，关于检察事务，由县长兼理之"。

【县长和承审员】承审员和知事意见不同的话怎么办？＝依据知事的意见。

是因为承审处在知事的监督下存在的吗？＝是的。

如果有事件，即使承审员认定为有罪，知事说是无罪的话会怎么样？＝按照知事所说的进行。有地方法院的地方可以像日本一样进行，但是在承审处不可以。

【地方法院和承审处】地方法院在哪里有几个？＝北京、天津、唐山、栎县。

民国元年有初级审判处、地府审判处、高等审判处、大理院的四级三审制，但是民国三年没有了。

地方法院和承审处是在什么样的区别下建立的？＝因为经费。

栎县和唐山很近，为什么建立二处地方法院？＝因为栎县的面积很大，诉讼很多。

为什么石门（石家庄）那里一个也没有？＝现在石门和保定正在计划成立地方法院。

现在顺义县商会会首李懋修氏曾经在北京做了律师，因为生病疗养和经济的关系，成为顺义的商会的会长。此人毕业于天津的直系法政专门学校（民国六年）。由此，我们询问了学校的沿革。据他介绍，学校创立于光绪三十一二年左右，始于袁世凯在天津创立的北洋法政专门学校。民国以后，变成北洋法政专门学校，民国二年与保定的法政学校合并，成为直隶法政专门学校。民国十年以后，改称河北法商学院，现存至今。

李先生读书时的学制是预科一年，本科三年毕业。通过考试可以成为律师，但是也有落榜的人。承审官根据规定参加考试，但是不参加考试也可以，他本人和承审处的张先生都是这样的。

7 月 19 日

承审员　　民事诉讼

【张承审员的经历】张先生离开学校后做了些什么？＝做了北京陆军学生队的教官，

民国二年成为了东光县的帮审员。民国三年成为沧县的承审员，民国六年成为盐山县的承审员，民国七年成为北京税务监督公署的稽徵科科长，民国八年到十年在保定担任律师。十一年在河南省延津县成为承审员，十二年担任新乡的承审员，十三年回到保定担任律师。十四年成为奉天省辽阳县的地方检察厅的检察官。十五年成为易县的承审员，十六年任束鹿县的承审员，十七年为定县的承审员，十八年为丰润县的承审员，十八年为秋董强县的承审员，一直做到二十六年。二十六年担任冀县地方法院推事，因为事变停止工作，回到保定玩。二十七年六月成为顺义县的承审员。

【承审员的任免】承审员的任命如何进行，申请就出任吗？＝到民国十七年为止是县长任免。名义上是高等法院进行，但是实际上是县长的推举。

民国十七年以后如何？＝变成河北高等法院的院长进行任免，到他县的转任是听从院长的意见。

十七年以后实际上由县长进行吗？＝不是。

想停止工作时，什么时候都可以吗？＝是的。

退职之后再就职时怎么办？＝拜托高等法院的院长。

承审员是什么时候都不足吗？＝不多。

缺员是什么时候都有吗？＝河北省现在五十县没有承审员去。全省一百三十县。

【承审员的加薪】有加薪吗？＝每年一回。包含津贴，今年提高了二十元。

基本工资如何？＝不增加。二十五年以来都没有增加。

加薪与县长有关系吗？＝津贴从县长那得到。高等法院没有。

加薪的法令在哪里？＝县长。

【承审员的身份】承审员是县公署的职员吗？＝是的。

与科长相比，哪一个地位高？＝大体相同。宪兵队的某地是做与宪兵联络的事。

县长可以就承审员的转任与高等法院院长商量吗？＝有适当理由的话可以。

也可以阻止吗？＝可以。

民国十七年以后没怎么变化吗？＝是的。但是法院的法官是终身官。

承审员的身份没有保证吗？＝没有相当程度的保证，但是有一些。

怎么样的保证？＝现在，县长也不可以自由阻止。

民国十七年为什么改变？＝北伐成功，为了提高承审员的身份，使得县长不能自由任免。

【孙书记员的经历】书记员的任免呢？＝县长。

承审员是？＝高等法院。

成为书记员之前做了什么？＝民国元年京师劝学办公处的书记，民国七年湖南省督军署的军需科书记，民国十年北京实务军校的教师，十三年京师税务监督署的办事员，十七年升职为同科员，二十年辞职了。民国二十年清苑县产销税局的征收股股员，同年天津的河北省财政厅的书记，二十一年到了这儿。

有加薪吗？＝来时书记薪得（办理书记官事务），十六元。以后二十三年候补书记官，四十五元。二十四年顺义地方法院候补书记官，二十五年七月成为顺义承审处书记员。

【承审员的代理】承审员不在时怎么办？＝县长做也可以。

实际做吗？＝延期。

法律上承认代理吗？＝法律上可以从高等法院任命代理。

除此以外不可以吗？＝是的。

【民事诉讼】发生民事诉讼的话，首先怎么办？＝写诉讼状，自己可以写的话，就自己写，不能写的话，就拜托缮状生。诉讼大多是关于财产的事情，一百元的案件，要出诉讼费四元五十钱。这笔钱交给县里的收发处。收发处将诉讼状和钱带到承审处。诉讼费和同额的印纸贴在状面儿上。

让缮状生写诉讼状时需要多少钱？＝每一百字十钱。

其他还需要什么钱？＝其他没有了。

收发处收的钱诉讼费用于哪方面？＝购买印纸。去高等法院。

征撰缮费、抄录副件等的费用交给谁？＝月末交给县里的会计，百分之四十作为报酬给缮状生。

印纸和状面儿传到了这儿的话再怎么办？＝通知原告、被告和证人。那是司法警察带去。然后其费用向原告和被告征收，不向证人收取。根据路程远近而不同。

一里大概多少钱？＝十里以内十五钱。十里到十五里二十三钱。十五里到二十里三十钱。二十里到二十五里三十八钱等。征收诉讼费用须知（河北高等法院会计科编印）里的规定（参考本篇资料四之五）。

开审之后怎么办？＝叫上双方当事者，提出疑问，听取证人的申述，书记员做笔记。简单的事情，很快就做出判决。复杂的事情，民事五天以内，刑事七天以内，定好日期，当面判决。

复杂的事情的话要开审很多次吗？＝事件没解决时，证人不在时。地亩等事因为要去现场丈量，所以要进行很多次。

判决是要叫出证人、原告、被告之后进行吗？＝不来也可以，但是以规定的方式站在庭上朗读判决书。

【上诉】被告不服判决时怎么办？＝民事案件二十天以内不上诉的话，可以请求实行。

上诉时需要办理什么样的手续？＝让缮状生或自己写上诉状，带到这儿来。另外添加卷宗送到高等法院。高等法院向上诉人收取审判费（第二审）。

这儿的承审处与高等法院有关系吗？＝没有。

【强制执行】对这儿的判决，有被告既不上诉也不执行的情况吗？＝有相当一部分。

那时怎么办？＝根据胜诉方的请求强制执行。

由谁强制执行？＝承审员。

用什么方法进行？＝有关土地的问题的话，法警进村处分土地。

裁决胜利的一方有不能得到执行的情况吗？＝有。

有什么样的例子？＝不能实行的情况很少。城内某妇人有期限地租房，但是期间超过了也不退房，变成诉讼，虽然败诉了，但是因为不出来，所以法警去将此人的东西及此人赶出来了。这就是强制执行的例子。

【案由的记载】案由通常是言过其实地写吗？＝如实写。

如实写的话，有没有变成诉讼时的依据呢？＝是的。

【承审处的管辖区域】来上诉的话，全部会作为诉讼来处理吗？＝只在县内处理。

【裁定】这儿的裁决是判决和和解都有吗？＝是的。另外还有裁定。只交诉状不交诉讼费时 进行裁定。

什么时候不交诉讼费？＝只交诉状，原告和被告和解，这样的情况，就通知只带几天的诉讼费就可以。

裁定不奇怪吗？＝在日本叫决定。当事者不来，不能对决时，承审处就自己判决，那就叫裁定。

裁判有尽可能使其和解的方法吗？＝是的。

【县长考试】张先生通过了县知事的考试，有什么样的考试科目？＝四个问题。一、行政诉讼和诉愿法的区别；二、县公署的组织和职务；其他二个问题。

其他还有什么吗？＝口答试题，问到了以往的经验和履历。

几个人通过考试？＝一百五十人，合格者五十六人。

县知事出现缺员时，是按成绩顺序赴任吗？＝不一定。

有像以前的状元一样的人吗？＝第一名。

7 月 20 日

承审员　　承审处的职员　　民事诉讼

【承审员的转任】张先生的转任是和县知事一起的吗？＝不是的。

转任是任命还是申请？＝因为换了县长，就提交申请书辞职了。新县长带来许多新的承审员。

辞职后去新的地方就职，是拜托县知事的熟人才能去吗？＝辞职后，没有承审官的县过来要人才去。本人答应后，县知事向高等法院推荐。这是民国十七年以前的事。

民国十七年以后怎样？＝再一次召集以前的承审员，考查履历成绩之后，由高等法院任命。那是由于北伐结束之后，新政权建立了。

从那以后，辞职和转任如何处理？＝事务繁忙的县承审处，向高等法院寻求熟练的承审员。然后高等法院征求本人同意之后，派其赴任。

十七年以后县长换了的话，承审员也要换吗？＝如果不想和新县长一起的话，可以自己向高等法院申请转任。由此转任的情况很少。

十七年去定县赴任，然后十八年变到丰润县去是因为什么原因？＝定县里有二个承审员。新县长上任后，因为经费的关系只要一人，其中一人向自己的熟人丰润县长申请了之后，他向高等法院申请之后转任的。

到这儿来的情况是？＝向保定临时政府的司法部部长申请，当时三十一名承审员提交了就职履历书，作为第一名赴任的。

与顺义的知事不是熟人吗？ ＝是的。

【县长资格考试的参考资格】知事资格考试是什么样的人参加？ ＝先是大学毕业生，荐任者（有委任官、荐任者、简任官、特任官四个等级），当过县长的人，省公署的厅长以上的人推荐的人。

你是以什么资格？ ＝法政学校毕业，民政厅长推荐。

【承审员的成绩判定】承审员的月薪由谁出？ ＝俸禄是由河北省财政厅出，津贴是由县里出。

承审员的成绩由谁判定？ ＝县长向高等法院报告。

与县长关系不好的话，是不是既不能待在这儿，也不能升职？ ＝是的。

【承审员不足的缘由】承审员不足是因为什么原因？ ＝有能力的人不想来县里，想来的人没有资格。

承审员的考试现在没有了吗？ ＝是的。必须法政学校毕业。县知事的话什么学校都可以。

现在天津的法商学院的毕业生不能成为承审员吗？ ＝可以成为试办承审员。三个月之后成为代理承审员。

想成为承审员的人很少吗？ ＝是的吧。

什么原因呢？ ＝因为不想到县里去。

为什么呢？ ＝因为治安不好，作为承审员自己的意见也不被采纳。

意见不被采纳与县里有关系吗？ ＝是的。与宪兵队和军队的关系更难处理。

【推事和检察官】地方法院的推事是什么人？ ＝与日本的推事一样，正式的裁判官。

这儿的承审员是判事，县长是检察官吗？ ＝是的。

【刑事的起诉】刑事事件的起诉是从哪儿来的？ ＝有从原告、警察、宪兵队、县警备队那来的，警备队来的很少。

现在从哪儿来的最多？ ＝原告、警察、宪兵队（这很少）。

刑事事件中什么事件最多？ ＝强盗的嫌疑、偷盗、伤害、另外的很少。

【缮状生】缮状处在哪儿？ ＝在县公署的接受处。

什么样的人担当？ ＝会写字的人，以前通过缮状生考试的人。

什么时候有的考试？ ＝二十五年四月，与这儿的承审处同时建立的。

然后没有代替吗？ ＝那时四人参加了。二十六年减少了二人，现在剩下二人。

为什么让二人放弃？ ＝缮状生的报酬是写字的四成，四人的话收入会变少，二人的话还勉强。

二人以前是做什么的？ ＝一人以前开始就是缮状生，一人以前是法院的书记。

一个人一个月大概多少收入？ ＝平均每月二十元左右。

其他的收入呢？ ＝没有。

【法警】法警是做什么的官吏？ ＝传出的通知，发送判决的人。

多少人？ ＝十人。也做着行政警察的工作。

作为法警的俸禄有多少？ ＝在警察署领取，与警察一样的月俸。

【贿赂】有想要胜诉带礼物给承审员和书记的情况吗？＝没有。

他县里也没有吗？＝没有。

不贿赂是为了对原告和被告公平对待吗？＝因为是根据法律条文判决。

有活动知事和顾问的情况吗？＝没有。

【调辞架讼】有像日本"三百代言"一样的情况吗？＝中国叫调辞架讼，但是这儿没有。

这儿有与其类似的事吗？＝没有。但是有朋友、亲戚不收礼也帮助的人。

【报告】大多数事件有证人吗？＝没有。

报告是什么？＝一起有过。一直到民国初年都有。父亲提起诉讼而由儿子代替出庭。

不说是由别人代替吗？＝不说。仅限于父子。

亲属、亲戚如何？＝不说。

报告是由孩子代替父亲是什么意思？＝父亲生病了或孩子语言表达能力强时。

那是坏事还是好事？＝既不是坏事也不是好事。本来孩子是不能出庭的。

报告不说成是孩子代替父亲吗？＝不说。

【绅耆】绅耆是做什么的人？＝什么也不做但是有财产，以前是大官，有县民的信赖，反对县里的政策等的话，县里就无法实行，由此县长等新上任时会来拜访这些人。

与判决有关系吗？＝没有。

他们与土豪劣绅一样吗？＝前者是做好事的人，但是后者是做坏事。

【歇家】歇家是什么？＝诉讼人离开县衙而停留在城内住的地方。

顺义县里有吗？＝有。赵家店、王家店。

这是普通的旅馆吗？＝是的。

这旅馆和承审处有关系吗？＝没有。

在那儿住宿会方便于裁判吗？＝没有。

【上诉和诉状】上诉是以县长的名义进行吗？＝是的。

缮状处写的诉状是自己带到承审处的吗？＝本人。

【民事诉讼的种类】承审处处理什么样的民事诉讼？＝财产关系、债务、土地、婚姻、继承。

只有这样吗？＝房产、船。

船的诉讼有哪些？＝共有一艘船，假设一个人想卖，另一人不同意时。

怎么样的判决？＝不能卖。卖了也无效。

那是无故卖掉吗？＝是的。应该商量。

继承是什么样的问题较多？＝最近很少。

有避开长子，让次子做为家长的诉讼吗？＝没有。

继承是财产的问题吗？＝是的。

有分家的争论吗？＝有。

什么样的事件较多？＝兄弟分家，没有平分。

有关于均分的法律吗？＝民法亲属法继承篇。民法第五编继承，第一章遗产继承人。一一三八条。

女人有继承权吗？＝均分。

有兄弟二人、妹妹一人在时，这是三等份平分吗？＝是的。

实际是多少给一点胭粉钱，不三等份平分吗？＝习惯上是这样做。

女儿上诉的话是可以胜诉的吗？＝是的。

在婚姻中什么样的事件较多？＝由于婚姻不和，妻子要回娘家，丈夫不让她回去的事件最多。

那是夫妻关系不好吗，还是家族内部不好？＝两者都有。

判决会变成回去这样的结果吗？究竟会变成什么样的？＝即使胜诉也不能强制实行。

【诉讼费用】诉讼费用是原告和被告双方分担吗？＝从原告那扣除。被告输了的话，从被告那全部扣除。

7 月 22 日

裁判的制度　　诉讼的费用　　判决

【书记】这儿有书记吗？＝有。

那是什么样的人？＝与书记员一起工作。主要是将文书进行清书。

经历如何？＝从以前开始就在顺义的地方法院做书记。

【承审员的本俸和县公署科长级的本俸】承审员有五十四元的本俸吗？＝是的。

没有录事吗？＝与书记一样。

县公署科长的俸禄呢？＝一百三十元（特别一百四十元）。民国三十一年度科长一等县——一百三十元（特别一百四十元），二等县——一百二十元，三等县——一百一十元。

知事？＝三百四十元（特别四百元），二等县——一百五十元，三等县——一百四十元。

【判决制度的创始】中国的判决制度是什么时候创立的？＝宣统二年前后。

【上诉】高等法院向最高法院上诉时，需要办理什么样的手续？＝从第一审开始的资料全部收齐，带到最高法院去。

原告带去吗？＝高等法院的书记官送去。

与承审处有关系吗？＝了解情况后，资料将会返还这儿。

高等法院向最高法院是控诉还是上诉？＝上诉。民国十二年以前叫上告。

向高等法院的上诉结束后，资料会返还吗？＝会还。

到高等法院去的诉讼案件一年有大概多少起？＝民事较少，刑事较多，一年中有好几十起。

今年有事上诉吗？＝十起左右。三十年二十起，二十九年二十起左右。

一年大概有二十起左右吗？＝有。

有民事去最高法院的吗？＝今年还没有。不足五百元的事件不能去高等法院。

【送达费】裁判资料的送达费是法警立即收取吗？＝是的。刑事案件不收取。

【诉讼费】诉讼费是从败诉方那收取吗？＝是的。

原告首先要收取诉讼费吗？＝是的。

被告如果败诉了的话，然后收取吗？＝是的。

谁去向败诉的被告收取诉讼费？＝承审处发出催促状（法警带去），带回现金，向承审处缴纳。

不缴纳时呢？强制执行吗？＝这很少。

败诉的人几天之内收缴？＝五天、七天以内，没有定。

会接收没有贴着司法印纸的诉状吗？＝接收。

诉状原则上是先收取诉讼费吗？＝是的。没有收纳时，状面上写"欠"。然后几天之后还没上交时，出通知进行裁定。诉讼费可以和诉状一起上交，也可以裁定期限内上交。

裁定是什么事情？＝这儿不向当事者询问任何事，缺席也裁定。与日本的裁决一样。

即使不上交诉讼费，诉状也作为诉讼处理吗？＝因为是由原告递交诉状，进行裁定。

人民上诉的事情全部作为诉讼处理吗？＝民事原告来上诉的话，不管怎样无聊的事情都作为诉讼处理。

【裁定、判决相对的县长的权限】县长是检察官以外，也是判决的负责人吗？＝没有那样的权限。对于刑事事件提出意见。

有关刑事县长调查情况制成资料，交给承审处吗？＝由承审处进行。

承审员是兼任判事和检事吗？＝是的。

县长是怎么样的角色？＝办理行政方面的事务。

县长有对民事诉讼提出意见的吗？＝也有重大的事自己进行裁决的情况。

这样的话，县长是承审处长一样的人吗？＝是的。

承审员的法令摘要上有承审员要和县长商明商同的话，但是似乎没有承审处长一样的监督权。＝重大事件两人承担责任，小事承审员进行。

小事件只需要县长裁判吗？＝是的。

承审员是刑事的裁判，也进行判决吗？＝是的。

通常承审员内定判决，然后向县长听取意见，由此才宣判吗？＝重大事件是这样的。

承审员判决之后，有知事提出意见的情况吗？＝没有。判决资料交给县长，盖印，然后递交判决书。

重大事件有由县长判决的情况吗？＝主旨由县长写了交给承审员。那由承审员读。

有县长自己做的事吗？＝有，但很少。

有关民事诉讼也可以吗？＝可以。

刑事诉讼也可以吗？＝可以。

有那种章程吗？＝第一条、第二条。

【承审员的回避和忌避】诉讼事件与承审员有关系时怎么办？＝第四条、第七条以及第八条（县知事审理诉讼暂行章程）。

那是刑事相关吗？＝一样回避。

诉讼人忌避承审员的情况有吗？＝不行的话，上诉就可以。

有左右的章程吗？＝没有。

【帮审员】承审处有没有有检察官的地方？＝没有。大县的话，承审员以外运设有帮审员制度。

那是做什么事情？＝繁忙时帮审员帮忙判决。

章程第八条里有吗？＝没有。另外请求从高等法院派来。称为帮审员。

【执行费、诉讼费】前几天的新娘逃回娘家时，说是即使胜诉也不能强制执行，但是那是裁判的终结吗？＝叫出新娘劝其回家。收取原告七十五元执行费。那是执行费。然后就算不回来，也没办法。

诉讼费找谁收取？＝四元五十钱。与财产无关的诉讼一定是四元五十钱。

那是找新娘收取吗，还是找家长收取？＝女人本人。

可以向男的上诉损害赔偿吗？＝在中国不会做。

【离婚、重婚】男方可以提起离婚诉讼吗？＝不能。离婚条件不符。

不是不回去了吗？＝因为即使在娘家，也没有做任何坏事。

不是违反丈夫的意志的不是不能回家吗？＝离婚的条件不满十条。

丈夫可以迎娶新妻吗？＝不能。

如果敢那么做的话，女方这边可以提起什么样的诉讼？＝重婚。

重婚和姨太太有什么区别？＝妻子是由轿子迎娶，进行拜天地；但是姨太太不用。如果做了拜天地等仪式的，就变成重婚，即使作为刑事案件也可以上诉。

这样的话仅仅是仪式的问题吗？＝是的。

有姨太太也进行仪式的地方吗？＝举行仪式的话就变成重婚。不举行仪式就不能作为新娘接来。

【承审员的退职金】你退职时有退职金吗？＝没有。

很多年任职后也没有吗？＝没有。

由县长随便给点吗？＝没有。

这样的话不是生活完全没有保障吗？＝没有。地方法院以上的司法官有。

7 月 24 日

诉讼

应答者　张家实（只有今天孙书记员没有同席）

【诉讼人的资格】诉讼人的资格有什么限制吗？＝成年（民法上满二十岁）。

不是家长也可以吗？＝可以。

有能力的限制吗？＝禁治产者，以及准禁治产者。

即使是女的也可以吗？＝可以。

年龄呢？＝和男的一样。已婚的话，即使是未成年也视作成年。

结婚了或没结婚是以什么为标准？＝嫁娶。

禁治产是？＝浪费者、气狂、精神不健全的人。

是否为浪费者是根据什么来决定？＝孩子很坏的话，父母来承审处宣告。

【中国的法律】中国法律出现是什么时候？＝民国十八年公布的。在那以前叫作临时法律。

承审制度是民国三年左右开始有的，那以前是怎样的？＝那时只有法律理论，完全没有条文。

法官或承审官用脑子想出来的吗？＝是的。

我认为日本的法律学者对中国的法律制度有所贡献。有调查这些的方法吗？＝因为是日本人制定的，不知道名字所以不清楚。暂行新刑律是名叫"冈田朝太郎"的人制定的，一直使用到民国十八年。

民法也不清楚吗？＝日本的法律就这样一直使用。

知道一个叫吉野作造的人吗？＝不知道。

【资料一】 县知事审理诉讼暂行章程

民国三年四月五日第四六号教令公布

修正 {
十年一月十四日第三号教令公布、二月十五日政一三三号法
十年三月一日呈准、一三六号法
十二年三月二十九日第七号教令公布、三月三十日政一七六号法
}

第一条 凡未设法院或司法公署各县应属初级或地方管辖第一审之民事诉讼刑事诉讼由县知事审理

设有承审员各县属于初级管辖案件概归承审员独自审判以县公署名义行之由承审员负其责任地方管辖案件得由县知事交由承审员审理但县知事应与承审员同负其责任

第二条 县之司法区域与其行政区同

第三条 民事刑事诉讼之管辖有错误时在判决前发现者应分别情形移交该管县知事或法院审理

第四条 申请县知事回避应向高等法院为之

第五条 刑事诉讼条例第三十一条第七款应行回避之情形于县知事不适用之

第六条 高等审判应得依职权或依申请将县知事应回避之民刑案件移转于距离该县最近之法院或司法公署或兼理诉讼之县知事审理或酌派所属推事及邻近县公署或司法公署之承审员到县审理

第七条 县知事自认为应行回避或应否自行回避有疑义者得请高等法院裁决之

第八条 第四条至第七条之规定于承审员准用之但高等审判应得斟酌情形指定该县知事或他承审员审理

第九条 声请书记员回避向县知事为之由县知事裁决

第十条 刑事案件县知事因告诉告发自首或其他事情之有犯罪嫌疑或由司法警察

官署移送者得进行审批但因告诉乃论之罪而未经告诉者不在此限

第十一条　告诉及书状为之者应记载下列事项

一　告诉人之姓名籍贯年龄住址职业

二　被告之姓名住址及其他足资辨别之特征（若为告诉人所不知者毋庸记载）

三　告诉之事实

四　告诉之年月日

上述规定于告发准用之

以言词告诉或告发者县知事应作笔录向告诉人告发人朗读命其签名

（附录略）

以下资料二及三是中华民国二十五年四月河北高等法院辑印根据"承审员参考法令摘要"抄录。

【资料二】河北省县政府承审处暂行规程

民国十七年九月十四日省政府委员会

第二十次会议通过　九月十八日公布

第一条　河北省未设法院各县政府组织暂行条例第一条及第五条之规定置承审处以县长管理之

第二条　承审处置承审员处理初级或地方管辖第一审之民刑诉讼事件关于检察事务由县长兼理之

第三条　承审官由高等法院院长于下列资格人员中任用之

一　曾充推事或检察官者

二　在高等法院所管区域内之候补或学习司法官

三　在司法储材馆毕业者

四　经承审官考试及格者

五　县长考试及格或曾经考试取得荐任资格而在国内外法律法政学校一年半以上毕业得有文凭者

六　曾任法院书记官三年以上确有成绩而在国内外法政学校一年半以上毕业者

七　曾充律师二年以上办理案件著有成绩者

八　曾充各县帮审员或承审员二年以上著有成绩立经报部有案者

第四条　为下列情事之一者虽具上条资格不予任用

一　有反革命行为审察确实者

二　叛党跨党有证明者

三　贪官污吏土豪劣绅经人告发查有实据者

四　曾受刑事处分者

五　曾受退职处分尚未复职者

六　曾欠公款尚未清缴者

七 有精神病者

八 曾受宣告破产者

九 有鸦片嗜好者

十 年力衰弱不能称职者

第五条　承审官之任用依下列次序行之

一 代理 各县承审官初任时高等法院院长就本规定第三条所列资格人员遴派代理但各县县长在该条所列资格范围内得呈荐二人请由高等法院院长择一派充

二 署理 代理承审官满三月后经查核学误经验堪以胜任者得改为署理

三 实任 署理承审官满六月后经查核办案成绩确属优良者得改为实任

高等法院院长于派署承审官及改为实任承审官时应即呈报司法部立分函省政府及民政听备案

第六条　承审官在职中不得为下列各事

一 于职务外干预政事

二 为报馆主笔及律师

三 经营商业及官吏不应为之业务

第七条　承审处设置承审官至多不得逾三人其置二人以上者以一人为首席

第八条　承审处得视事务繁简置书记员一人或二人录事二人至五人承发吏二人至六人检验吏一人或二人司法警察四人至十人

第九条　书记员录事承发吏及检验吏受县长及承审官之监督指挥执行职务

第十条　承审官考试章程及惩戒条例另定之

第十一条　本规程如有未尽事宜应由高等法院院长提出省政府委员会随时修正之

第十二条　本规程自公布之日施行

【资料三】河北省县政府承审处暂行办事细则（抄）

第一章

第三条　承审官应与俸禄由高等法院院长以院令定之

第四条　承审处办理司法事务与行政部分人员分立但关于保管款项及金钱出纳事务得与行政部分合并办理县长与承审官共同负责

第五条　承审官暨其他办理司法事务人员各办公室及法庭由承审官商同县长就署内房屋划定地点标示名称

第六条　（处务时间）

第七条　承审官因不得已事故不能执行职务在十日以上者应经由县长呈请高等法院给假其有急不及待情形得先商明县长起假再呈报高等法院核示

第八条　承审官遇有上条事故不能执行职务时由县长或其徒承审官兼理其假期逾一月以上者得由县长呈请高等法院委员代理

以下的资料四是中华民国二十年四月十五日河北高等法院会计科编印的，根据"征收诉讼费用须知"抄录。

【资料四之一】河北省各级法院暨兼理司法各县征收审判费计算表

第三审			第二审			第一审			审判处
合计	加征	原征	合计	加征	原征	合计	加征	原征	诉讼标的之金额
元	元	元	元	元	元	元	元	元	
70	24	48	63	21	42	45	15	30	10以下
144	48	96	126	42	84	90	30	60	10—20
360	120	240	315	105	210	225	75	150	25—50
528	176	352	462	154	308	330	110	220	50—75
720	240	480	630	210	420	450	150	300	75—100
1440	480	960	1260	420	840	900	300	600	100—200
1920	640	1280	1680	560	1120	1200	400	800	200—300
2400	800	1600	2100	700	1400	1500	500	1000	300—400
2880	960	1920	2520	840	1680	1800	600	1200	400—500
3360	1120	2240	2940	980	1960	2100	700	1400	500—600
3840	1280	2560	3360	1120	2240	2400	800	1600	600—700
4320	1440	2880	3780	1260	2520	2700	900	1800	700—300
4800	1600	3200	4200	1400	2800	3000	1000	2000	800—900
5280	1760	3520	4620	1540	3080	3300	1100	2200	900—1000
6000	2000	4000	5250	1750	3500	3750	1250	2500	1000—2000
7680	2560	5120	6720	2240	4480	4800	1600	3200	2000—4000
10080	3360	6720	8820	2940	5880	6300	2100	4200	4000—6000
13200	4400	8800	11550	3850	7700	8250	2750	5500	6000—8000
16800	5600	11200	14700	4900	9800	10500	3500	7000	8000—10000
720	240	480	630	210	420	450	150	300	逾万元者每千元加征数

附记　1. 逾万元者每千元加征四元五角不满千元者亦按千元计算

　　　2. 民事非因财产权而起诉者原加征共征审判费四元五角

　　　3. 第二审判费系按第一审加征十分之四第三审系按第一审加征十分之六

　　　4. 征收审判费计算错误时应即依法补正

　　　5. 本表列数以元为单位

【资料四之二】河北省各级法院暨兼理司法各县

征收申请审判费计算表

附记	上列各项以外之民事声请或声明	声请除权判决	声请假扣押或假处分	声请回复原状	抗告或再抗告	类别 / 审判费
声明诉讼救助者免予征收；前项以外之民事声请或声明应参阅贴用司法印纸办法摘要第五款第二项	50	100	100	100	100	原征
	25	50	50	50	50	加征
	75	150	150	150	150	合计
	本表列数以元为单位					备注

【资料四之三】河北省各级法院暨兼理司法各县

征收执行费计算表

附记	逾千元者每千元加征数	五百元以上千元以下	二百五十元以上五百元以下	百元以上二百五十元以下	五十元以上百元以下	二十五元以上五十元以下	二十五元以下	执行标的 / 执行费	执行类别
本表分位以下元数均按四舍五入计算	75	175	125	90	50	25	15	原征	不经拍卖者
	38	88	63	45	25	13	08	加征	
	23	263	188	135	75	38	23	合计	
	150	350	250	180	100	50	30	原征	强制执行者
	75	175	125	90	50	25	15	加征	
	225	525	375	270	150	75	45	合计	
	本表以元为单位 不满千元者亦按千元计算							备注	

【资料四之四】 河北省各级法院暨兼理司法各县

征收非讼事件费用计算表

附记	五万元以上	五万元以下	万元以下	五千元以下	千元以下	五百元以下	等差／费用
1. 非因财产权关系为为申请者征收费用（原加征）四元五角 2. 继续为申请或声明异议者每次征收费用（原加征）七角五分	3000	1200	500	300	200	100	原征
	1500	600	250	150	100	50	加征
	4500	1800	750	450	300	150	合计
	本表列数以元为单位						备注

【资料四之五】 河北省各级法院暨兼理司法各县

征收送达费计算表

附记	合计	加征	原征	送达费／里数
	0.150	0.050	0.100	10 以内
	0.230	0.070	0.150	10—15
	0.300	0.100	0.200	15—20
	0.380	0.120	0.250	20—25
1. 民事送达十里以内者征收送费一角十里以外者每五里加收五分并按原价加征十分之五 2. 本表列数以元为单位分位以下按四舍五入计算	0.450	0.150	0.300	25—30
	0.530	0.170	0.350	30—35
	0.600	0.200	0.400	35—40
	0.680	0.220	0.450	40—45
	0.750	0.250	0.500	45—50
	0.830	0.270	0.550	50—55
	0.900	0.300	0.600	55—60
				其余类推

【资料四之六】 河北省各级法院暨兼理司法各县

征收抄录费计算表

附记	合计	加征	原征	抄录费 ╱ 字数
	0.15	0.05	0.10	一百字以下
	0.30	0.10	0.20	1 百字—2 百字
1. 抄录费每百字征收（原加征）一角五分不满百字者亦按百字计算	0.45	0.15	0.30	2 百字—3 百字
	0.60	0.20	0.40	3 百字—4 百字
2. 凡民事送达裁判书及关系人申请付与之卷宗谱本均应征抄录费	0.75	0.25	0.50	4 百字—5 百字
	0.90	0.30	0.60	5 百字—6 百字
3. 本表列数以元为单位	1.05	0.35	0.70	6 百字—7 百字
	1.20	0.40	0.80	7 百字—8 百字
				其余类推

【资料四之七】 河北省各级法院暨兼理司法各县

征收翻译费计算表

附记	合计	加征	原征	翻译费 ╱ 字数
	0.30	0.10	0.20	1 百字以下
	0.60	0.20	0.40	1 百字—2 百字
	0.90	0.30	0.60	2 百字—3 百字
1. 翻译费每百字征收（原加征）三角不满百字者亦按百字计算	1.20	0.40	0.80	3 百字—4 百字
	1.50	0.50	1.00	4 百字—5 百字
2. 本表列数以元为单位	1.80	0.60	1.20	5 百字—6 百字
	2.10	0.70	1.40	6 百字—7 百字
	2.40	0.80	1.60	7 百字—8 百字
				其余类推

【资料四之八】河北省各级法院暨兼理司法各县

征收缮状计算表

附记	撰状费	缮状费	类别／征收额／字数
	0.15	0.10	1 百字以内
1. 代缮民刑书状每百字征收国币一角不满百字者亦按百字计算	0.30	0.20	1 百字—2 百字
	0.45	0.30	2 百字—3 百字
	0.60	0.40	3 百字—4 百字
2. 代撰民刑书状每百字征收国币一角五分不满百字者亦按百字计算但每件最多不得逾二元	0.75	0.50	4 百字—5 百字
	0.90	0.60	5 百字—6 百字
	1.05	0.70	6 百字—7 百字
3. 本表列数以元为单位	1.20	0.80	7 百字—8 百字
	最多不得逾二元		其余类推

【资料四之九】其他的费用

书状挂号费

1. 凡在司法机关呈递书状除依诉讼状纸规则所定应购用部颁状纸不再贴用司法印纸外余均贴用司法印纸一角

司法状纸之状费

2. 民事状每套国币六角

3. 刑事状每套国币三角

登录费

4. 律师声请指定管辖区域行其职务应缴纳登录费二十元

【资料五】河北省兼理各县承审处附设缮状室暂行规则

十九年七月二十二日公布

第一条　各县政府为诉讼当事人便利起见按照承审处办事暂行细则承审处附设缮状室

第二条　缮状室置缮状生一人至三人（其名数按事务之繁简由县长酌定之）专代诉讼人缮作民刑诉讼及其他各状但当事人确系能自缮写者听

第三条　缮状生须备具下列资格由县政府选充办报高等法院备查

一　年在二十五岁以上者

二　文理清通字迹端正略具法律知识者

三　品行纯正确无嗜好并旧日胥役及专以架撰词讼为业者

四　未受刑事处分者

第四条　被撰取之缮状生须取具殷实铺保二家由县政府刊缮状生名戳别分于代作代缮状尾盖用

第五条　缮状生有下列情事之一被告发或查觉即豫撤换如触犯刑事依法究办

一　不得于规定代作代缮各种状词价目外违章需索

二　不得教唆诉讼或故意刁难

三　对于请求之代作代写之当事人宜和平接待不得傲慢无礼

四　案件于自己有关系者应申请回避

五　不得将代缮状词之内容向具状相对人私行传述

六　不得代入关说案情或包揽招摇

七　代人作状不得违反具情人之本意

八　代人作状宜从速办理不得故意延宕

【资料六】河北省县政府承审处暂行办事细则（抄）
第五章　所属司法人员

第四十六条　书记员之职务如下

一　收发文件保管卷宗撰拟稿件为文牍职务

二　民刑事案件之录供编卷归档收发案卷为记录职务

三　编制统计及其他表类为统计职务

以上各职务得酌量情形以书记员一人或二人兼任之

7 月 19 日

祭田　论辈　分家　土地神

应答者　李梦云（慈善会会首）

地　点　慈善会

【祭田和清明节】先生的老家在哪里？＝第八区前郝家瞳村。

县内拥有很多族产的是？＝祭田。祭田得到的钱用作清明节上坟的费用。

那拥有祭田最多的地方在哪儿？＝不知道。

城内呢？＝不知道。

你那里有吗？＝有三段，十二三亩。

租给怎么样的人？＝也租给同族外的人。

那是在坟周围吗，还是在其他地方？＝一个是在坟旁边，连接着坟。另两个距离坟八里。

那是租给了几个人？ ＝三人。坟旁边是看坟的耕作，另外两个地方二人耕作。

看坟的是同族吗？ ＝不是。

看坟的做些什么事情？ ＝看守坟，看守坟周围树木。

修坟吗？ ＝不做。打扫坟墓。

看坟的的生活呢？ ＝六七亩的护茔地（或者祭田）的耕作。不收取地租。房子也是免费租。

这片土地在清明节上供时不用交钱吗？ ＝清明节那天，同族的人二三十人去修坟的话，看坟的要用小米饭（白米的饭）招待他们。

另外五六亩叫什么？ ＝祭田。从墓地回来，一起吃饭的费用是从那祭田里出。

烧纸或上供的费从哪儿出？ ＝从二段的祭田。

同族的饭是要全部出席吗？ ＝一家一人。

同族有多少家？ ＝七十家。

一人大概花多少？ ＝一人二元七毛（今年）。

二段七八亩的土地可以上交多少佃租？ ＝一亩二十元，二百元左右。

多少会剩下吗？ ＝那就转到明年。

那个会叫清明会吗？ ＝是的。

上坟是同族都要去祭拜吗？ ＝坟地离村里稍微有一点远，家里没有年轻人的就不去。

那是族长带头去祭拜吗？ ＝是的。

那只是清明节吗？正月二日不去吗？ ＝只有清明节。

【清明会值年】主办清明会的人叫什么？ ＝六家，轮流，清明会值年。

什么样轮流？ ＝不知道，但是以前开始就是六家轮流，另外五人帮助一人。

钱的保管，租佃的管理等是由这些人处理吗？ ＝是的。

报酬呢？ ＝没有。

【族长】族长是做什么的？ ＝什么也不做。

不叫这六家大头、小头、会头等？ ＝不叫。

族长与分家有关系吗？ ＝不是必定的。

分家单上写名字吗？ ＝写的更多。

分家单写谁的名字？ ＝当事人、族长、亲戚（朋友）、代笔。

街坊如何？ ＝没有。

写族长还是族人？ ＝是族长的话，上面写族长。不是的话，上面写族人。出现邻人的话，上面写街坊。

结婚或葬礼时，族长做什么？ ＝有教养的人家在结婚、葬礼时会与族长商量，但是一般也有无视的人。

【同族和土地的先卖】卖田地时与同族人商量吗？ ＝向相近的同族询问，但是不问远的同族。

近的同族说要买的话，那卖给他吗？ ＝卖。

比起同族的人，外姓人出价更高的话怎么办？ ＝如果关系很近，就算是损失也卖给同族。

应该卖吗，还是不卖？ ＝即使不想卖，在面子的关系上必须卖。

那是因为是同族吗，还是因为面子？ ＝因为是同族。

如果卖给外姓人了呢？ ＝是坏事。

没有制裁吗？ ＝没有。

作为同族可以进行买卖吗？ ＝不能。

【祭田】祭田是怎样形成的？ ＝二百年前的事情，无法判断。

卖掉祭田时需要办理什么样的手续？ ＝同族全体商量。只要有一人反对就不行。

【同族和拜年】正月里去同族那里拜年吗？ ＝去。一家一家地去。

清明节的会食是在谁那里举行？ ＝值年人的家里。

去同族家里拜年时，是根据同族辈分去拜年吗？ ＝是的。

拜年是从近处开始去吗？ ＝去。

不要先去族长那吗？ ＝从近处开始去。

【姓氏和户数】前郝家疃村的姓有多少个？ ＝李一百三十户，约只有七十户是同族。郭二十户，宋十五户，于一户，王一户，刘一户，黄一户，徐一户。

【街坊的辈份】村里有街坊的辈分吗？ ＝有。

那叫什么？ ＝辈数。

不叫街坊的辈吗？ ＝不叫。

县城内有辈吗？ ＝有。

城里是怎样决定的？ ＝有从亲戚关系而来的；也有不是亲戚关系，但经过长年的交往而形成的。

城里辈分的使用范围很小吗？ ＝是的。

村里的辈分是在村中使用的吗？ ＝是的。

知道那是怎样形成的吗？ ＝从亲戚关系开始，决定两个没有关系的人的辈分。与一人成为亲戚，就确定了与其同族所有人的辈分。

【村内通婚和辈】有村内通婚的吗？ ＝有，但是很少。

为什么很少？ ＝理由不清楚。

是因为村内通婚辈分会乱的缘故吗？ ＝因为村里同族的很多，然后年、辈、财产安排妥当的很少。

【近亲异辈结婚】同姓不同宗结婚应该没关系吧？ ＝很少。

伯父和侄女的关系可以结婚吗？ ＝可以。

这样的话，辈分会改变吗？ ＝是的。

女方这边同族全部的辈分都要变吗？ ＝是的。全部变。

【过继子和辈】收养过继子时，辈分怎么办？ ＝从同族那收养的话，需要辈是一样的，外姓的话也可以。

外姓那里收养的话，也叫过继子吗？ ＝叫。

这样的例子多吗？ ＝不多。

　　从外姓那里收养的话，也叫养子吗？ ＝养子和过继子不同。过继子是给自己财产，去世的话埋葬在自己的养家。养子与财产没有关系。干儿子也是养子。过继子是与原来出生家族完全脱离关系。

　　【过继子和亲儿子的出生】没有孩子收养了过继子，后来又生了男孩的话怎么办？ ＝得到过继子的承诺退继。不这样的话，财产一分为二后分家。

　　这样的情况下，有不退继也不分家，让过继子成为家长的情况吗？ ＝从道理上讲是这样的，但是大多数是父母去世后分家。

　　【分家和父母的去世】分家是在双亲在世时更多吗，还是去世后更多？ ＝去世后更多。

　　父母的哪一方去世后的更多？ ＝父亲的更多。

　　【养老地的比例】养老地的比例大概确定了吗？ ＝田地多的情况，养老地的比例变少。九亩，有父母和二个男孩在的话，每个孩子三亩，三亩给父母。有九顷田地的话，每个孩子四顷，父母一顷。

　　那是为什么？ ＝养老地是用于维持父母的生活，父母不能劳作，如果田地多，养老地就少留。

　　【父母的养老方法】分家的方法大概三种方法吗？ ＝是的。养老地、养老粮、轮流。

　　【阴亲】这儿有阴亲吗？ ＝没有。

　　年轻男女死后怎么办？ ＝不埋于祖坟里。

　　埋在哪儿？ ＝即使在同样的地方，埋在不列入祖坟内的土地。

　　为什么不埋入祖坟？ ＝因为祖坟里埋葬的是夫妇二人。

　　埋在祖坟附近吗？ ＝埋在哪儿都可以。

　　你去过的地方里，有举行阴亲的地方吗？ ＝这附近没有实行的。京古沿线、北京、包头边没有。

　　【城隍庙和土地神】城隍庙里是什么样的神？ ＝城隍神。阴间（人间的社会叫阳间）的县知事、地方官吏。

　　土地神如何？ ＝乡官、范围很小。

　　土地神不是掌管人间性命的神吗？ ＝天——性，地——命。

　　父母呢？ ＝身。

　　听说城隍神也有考试吗？ ＝有的。

　　土地神不是土地的神吗？ ＝不是。土地神是向城隍神报告人类的善恶，给出吉凶。

　　人去世的话，要去拜土地神吗？ ＝五道庙、土地庙、城隍庙（城内去城隍庙）、九圣庙。

　　去将其报告吗？ ＝从人类去世到去阴间期间还有时间。在那期间食物需要钱，所以要去土地庙烧纸钱、元宝。

　　有农民的土地神吗？ ＝没有。没有五谷神。周的后稷是五谷的神，在民间不祭拜。在稷坛政府去祭拜。

7 月 21 日

论辈　个人的特有财产　兼祀

应答者　李梦云（慈善会会首）
地　点　慈善会

【尸体的埋法】未婚就死了的话，不管多少岁不能埋入祖坟吗？ ＝是的。

独身的人或夭折的人埋的地方很随便吗？ ＝是的。

妻子比丈夫先死时，会先埋入祖坟吗？ ＝是的。

妻子有二人以上时怎么埋？ ＝男子在左，女子按顺序往右。

　　　这是一座坟　　　有这样的埋法吗 ＝没有这样的　　　叫合葬不叫狭葬

【结婚和论辈】论辈最麻烦的问题是什么？ ＝分家和结婚。分家是同辈平分。哥哥有五个孩子，弟弟只有一人也平分。

结婚的话如何？ ＝李家有姐姐和弟弟，姐姐嫁入王家后，这两家之间各自的子孙结婚时，需要找同辈的。

侄子和侄女的结婚没关系吗？ ＝没关系。

以下的结婚多吗？ ＝不多。

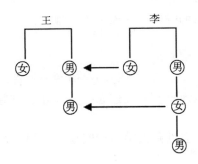

这样的结婚是非常好的。相反的话就不可以。那是因为姐姐是李家的，王家从李家嫁过去很好，从王家那得到的没有。

为什么不是同辈就不可以？ ＝伦理和血统会乱。

伦理乱具体是什么意思？ ＝如果不是同辈结婚的话，五伦中父子和夫妇会乱。

血统乱是？ ＝伦理的问题。

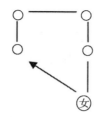

（这样不可结婚。）

结婚拜天地上辈的人不出席吗？ ＝上辈也出席。同族亲戚全部出席。

父母也出席吗？ ＝女方父母不出席。

结婚仪式不论辈吗？ ＝语法上论辈，白话按辈。

【葬和论辈】葬礼时，上辈来吗？ ＝来的也很少。弟弟为哥哥守全孝，但是哥哥只是戴白。

戴白是只有葬礼那天吗？ ＝是的。

丈夫为妻子如何？ ＝只戴三天白。

送殡时上辈去送吗？ ＝送的也有。很少。朋友的关系的话，上辈的人也来送。

葬礼时上辈的人来的、送的都很少吗？ ＝葬礼来的都是下辈的人为了尽孝来的，上辈不需要来。

【辈的上下和称呼】上辈和下辈很随意的叫吗？ ＝长辈、晚辈。上、下。大、小。叫前、后。

【族长和辈】族长是因为在同族及同族中辈分最高而确定身份的吗？ ＝如果某人辈分最高、年龄也大，可以成为族长。如果某人辈分高，但有另一个人辈分低于他，却比他年龄大十岁以上，那么另一个人可以成为族长。

【承继】家长一定由长子担任吗？ ＝是的。

家长去世后，长子成为家长，这称为什么？ ＝承继。

俗语叫什么？ ＝没有。

叫承继的话，人们通常懂吗？ ＝懂。也叫继续，接续。

使用得最多的是什么？ ＝承继。

【家长】称家长为普通当家吗？ ＝是的。

弟弟或儿子代替哥哥和父亲担任家长时叫什么？ ＝管事的。

叫老当家或小当家吗？ ＝叫。叫小当家。

叫家长是从什么时候开始的？ ＝以前开始。也叫户长。通常叫家长。

家长最重要的职责是什么？ ＝指挥监督全家。

其次呢？ ＝家长能做的事情自己做，自己做不了的事让别人做。

祖先祭祀如何？ ＝是的。

女的有成为家长的吗？ ＝家中没有男的，孩子还小时。

孩子长到几岁时成为家长？ ＝二十岁。

通常成年是指多少岁？ ＝二十岁。法律上讲也是的。

与已婚未婚没有关系吗？＝没有。

【结婚】通常进行定婚吗？＝乡下的话，很多人早早就定婚了。

几岁左右？＝七八岁至二十岁左右的都有。二十岁左右的话，很快就结婚。

结婚通常是多少岁？＝十七八岁。

同村结婚的很少吗？＝是的。

门当户对是什么意思？＝两家的知识、财产在同一个水平线上。

【家产】家的财产叫什么？＝家当。

家当是谁的东西？＝法律上是家长的。

实际上是谁的东西？＝家中有三兄弟的话，由三人共有。

家中有二子一女的话，几人共有？＝法律上来说，女的也有，但是实际上没有。

不叫家产吗？＝叫。

产业是什么？＝也可以叫。

哪一个是用得最多的？＝家当（白话），书面语是产业。

那都包含了什么东西？＝房子、地、铺子、树木、院子、衣服、钱、家具。

【分家的原因】分家最多的原因是什么？＝兄弟不和、妯娌不和、父子不和、生活困难、婆媳不和。

其中最多的是什么？＝兄弟不和。

兄弟不和的原因是什么？＝发展不均、勤俭不均、友情不一、意见不一。

【分家和事变和土匪】最近分家变多了吗？＝不是的。

与日中事变有关系吗？＝事变后变多了。财产多了，就有匪贼注目。

匪贼是从以前开始就很多吗？＝以前很少。

什么时候开始土匪变多的？＝民国二十六年以后。

是什么原因？＝第一是政治的变化，第二是民间变得可以持有枪炮。

村里经常有自律的击退土匪的事情吗？＝是的。

有为了避开土匪的注目而分家的情况吗？＝有。那是理由之一。

税金是分家之后收取吗？＝一样的。

【分家】分家大多是由抓阄决定吗？还是由谁来分？＝抓阄。

由分家人分家的情况有吗？＝十分少。

在分家方面，长子有特权吗？＝没有。

有父母而分家时，什么样的分家方法较多？＝养老地、轮流养、每年出钱和食粮。

其中哪一个是最多的？＝贫困的家里是轮流养，有财产的家是养老地。

【遗言、遗书】有遗言、遗书吗？＝乡下多在生前口述，很少写下来。

在遗言、遗书里有财产的分法吗？＝有。

什么样的？＝全部分给自己儿子的很少，有家中有过继子、想给女子分财产的情况。

多给心爱的孩子一些财产如何？＝不行。

【个人的特有财产】家当中有个人财产吗？＝体己。

体己是什么东西？＝个人的私有财产。

为什么会有那样的东西？＝同样从家长那得到的零花钱没花掉而储存起来的钱，新娘从娘家带来的钱物。

新娘在什么时候带来的？＝不管哪一家，父母多少都会给点。

二三十元的钱也是叫体己吗？＝叫。

新娘有带着田地过来的吗？＝很少。

据你所知，有新娘带着田地过来的人家吗？＝听说过。

大概能带多少钱过来？＝不一定。二三十元到几百元。

新娘可以随便花这些钱吗？＝可以。

由此变得不和的情况有吗＝根据使用用途，也有嫁入方的父母会限制。

知道新娘带了多少钱来吗？＝不知道。

那是妻子的东西吗，还是丈夫和妻子的东西？＝给丈夫的话，是妻子的东西。

也有不给丈夫的吗？＝感情不好时不给。

可以用这些钱买田地吗？＝可以。田地是新娘的东西。

耕作和收获怎么办？＝租给别人。也可以租给嫁入家的人。

县城内有这样的例子吗？＝不知道。

【兼桃】同一家族的哥哥没有孩子，弟弟有一个孩子时，怎么办？＝弟弟只有一个孩子的话，给哥哥或者兼桃。然后那个孩子给哥哥当孩子。那叫过继承重孙。一般过继承重孙多，兼桃少。兼桃时有娶两个妻子的情况。叫一子两不绝。

兼桃叫一子两不绝吗？＝一样。

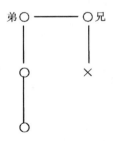

娶两个妻子的话没有其他名称吗？＝没有。

娶一个妻子，娶两个妻子，都叫一子两不绝吗？＝是的。

娶两个妻子的话，要区分哥哥家的妻子和弟弟家的妻子吗？＝是的。

经常实行的是？＝过继子、过继孙很多。

娶两个妻子时，坟要怎样埋？＝如下所示。

【过继子】如下情况，弟弟的孩子哪一个给哥哥当过继子？ ＝哥哥喜欢的那个。哥哥不带走长子，喜欢的那个叫爱子过继。

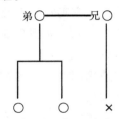

不是同族的过继子，其辈分没关系吗？ ＝没关系。从亲戚那来要来辈分相当的。

【亲戚的交往】亲戚是交往到哪一代？ ＝大体四辈。根据感情的好坏，转移等而变。

【街坊的辈】异性杂居的村里，同族内的叫法和村全体的辈数不矛盾吗？ ＝不矛盾。因为街坊是从同族的辈里产生的。

【乳名】孩子出生后满月时取乳名吗？ ＝不一定。

大体几个月左右？ ＝满月前后。

根据什么取乳名？ ＝按照吉祥观念取。根据时节、四季。根据地方名、纪念性等取。

蛙子等名是属于什么？ ＝特殊。

【学名】学名呢？ ＝进入学校后，由老师取。

那是根据什么标准来取？ ＝取同辈的字。

同辈取的同样的字叫什么？ ＝排字。

【字、号】字或号由谁取？ ＝朋友取。

有什么样的东西？ ＝通常取与名相关的。

多少岁左右取？ ＝二十岁以上。

【学名】学名有根据五行取的吗？ ＝很少。

什么重要的标准都没有吗？ ＝是的。

【端午节】听说五月三日是端午节是真的吗？ ＝因为衙门村的庙会是五月三日，就放到一起了。

那是庙会的关系吗？ ＝是的。

听说与黄巢传说有关系，不是这样的吗？ ＝不是的。不知道这样的传说。

7 月 23 日

论辈　服丧

应答者　李梦云（慈善会会长）
地　点　慈善会

【辈】辈数多是下辈对上辈使用的吗？ ＝下辈的人经常用。

上对下用吗？ ＝词语上是同辈，俗语上是平辈。

也叫一辈吗？ ＝叫。

平辈是用得最多的吗？ ＝叫。

女方之间也用辈数吗？ ＝是的。

女的对其他人也用辈数吗？ ＝是的。

辈数和同族完全一样吗？ ＝一样。

父母和孩子没有吗？ ＝是的。

【兼祧】同一家族三兄弟。只有孩子一人时，让其娶三个妻子叫什么？ ＝没有娶三人的。

有娶两人的吗？ ＝有。长兄和二弟没有孩子，三弟有三个孩子时，原则上三弟的长子给长兄，次子给二弟。

【分家的均分原则】如下家庭关系，前面二代悉数死亡，第三代有二十亩田地，分家的话怎样分？ ＝二等分。

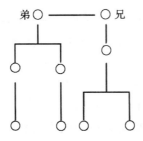

这样的关系即使持续很多代，仍然追溯到最初的兄弟数量均分吗？ ＝是的。

【服丧】五服是什么？ ＝自己、子、孙、曾孙、玄孙。

同族五服以内不是直系吗？ ＝如下所示。

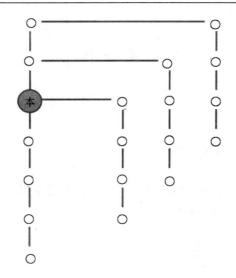

为父母服丧叫什么？＝斩衰（三年）。

讣闻上不写斩衰吗？＝不写。母亲在世为孤子，父在母亡为哀子，父母同时死亡为孤哀子，两位母亲死亡时称孤哀哀子。

母亲一人在世，父母二人去世时呢？＝奉慈命称孤哀子。

伯叔的丧事＝期服（一年）。

祖父母＝期服孙（一年）。

曾祖父母＝大功丧（九月）。女人出嫁的话，讣闻上不写名。

高祖父母＝小功服（五月）。

玄祖父母（太高祖父母）＝缌麻丧（三月）。

镡服＝只在葬礼时的丧服。

现在穿白服穿白鞋，以前除丧服以外不穿其他吗？＝除丧服以外，不穿白鞋。

什么时候开始变成穿了？＝民国维新后开始，穿白鞋白服。

祖父的兄弟叫什么？＝叔祖、伯祖。

叔伯祖的丧呢？＝大功九月。

叔伯祖的孩子呢？＝叔叔伯伯，小功五月。

亲戚是什么程度的服丧？＝岳父母——没有规定，禫服。舅父母——期服。外祖父母——期服。姑父母——期服。舅父母——期服。然而实际上并不服丧。

岳父母为什么没有规定？＝因为看重血统，比起岳父母，妻子的兄弟姐妹更重。

【同姓不同宗的结婚】同姓不同宗的结婚，和近亲结婚，哪一种更多？＝前者更多。

两者中，嫁给近亲是更坏的情况吗？＝是的。

【服丧和讣闻】兄弟服丧，是禫服吗？＝是的。孩子死后讣闻上不写名字，但是长大后死去的话，讣闻上要写名字。

那是只写到侄子吗？ ＝五服以内要写。

长大后是？ ＝娶妻之后开始。

【讣闻用语的说明】伴宿？ ＝出棺的前夜，死者的孩子睡在灵柩旁。

送库＝烧纸马、纸人等。

抗棺＝灵上置棺。

接三、迎三、送三的意思一样吗？ ＝不说迎三。

【发引】有钱的话，会延迟出棺吗？ ＝十日。二十日。

贫困的人呢？ ＝三日。

停灵是？ ＝放置在房子或院子中间。入殓后。

【结婚仪式和弓箭】结婚仪式上男方在女方头上放箭是怎么意思？ ＝男子志在四方，即使结婚也不忘带着武器生活（注，关于拜天地的弓箭，听农民说，李梦云讲的不一定完全正确）。

7 月 24 日

讣闻

应答者　李梦云（慈善会会首）
地　点　慈善会

【反服】所谓反服是什么？ ＝长辈服丧。

什么样的时候进行反服？ ＝亲近的同族时。

那也是仅限于那时的东西吗？ ＝仅在讣闻上，实际上没有。即使父母也只在长子死时进行反服。对次子以下不用反服。次男以下也不用写。

反服要做到什么程度？ ＝只有叔伯父。

【讣闻用语的说明】因为是长辈写"拭泪拜"吗？ ＝是的，拜的字义是和稽首一样的，但是文字上有区别。

不杖期是？ ＝丈夫去世的话写不杖期，未去世的话写杖期。

慈命是？ ＝维祺的母亲。

世谊、友谊……等用红字的原因是？ ＝尊敬的意思。

红色为什么表示尊敬的意思？ ＝颜色当中，红色是最好的颜色。丧事只用黑和白。

降服是指？ ＝为去了别家的过继子，要写降服。

期服侄＝亲兄弟的侄子。

功服侄＝叔伯兄弟的侄子。

功服弟兄侄＝这是比叔伯兄弟更远的侄子。

7 月 23 日

清明会　分家单

应答者　　农民三四名
地　点　　沙井村村公所

【听房】知道"听房"是什么吗？＝叫"闹洞房"，但是这边没有，山东、山西有。

【清明会】支出同族清明会费用的土地叫什么？＝祭田。

【清明值年】举办清明会的人叫什么？＝"清明值年"，也叫"办清明会的"。

【杨姓的清明会】叫"值年"是轮流的意思吗？＝杨姓以往是轮流办清明会。今年是杨永瑞。

杨永瑞办了多少年左右？＝六年。

那以前呢？＝轮流。

轮流的顺序呢？＝杨少增办了四五年。

十年以前是轮流吗？＝是的，顺序不知道。

"办清明会"时是由谁进行，确定轮流办了吗？＝是的。

（以下为张永仁的应答。）

【张姓的清明会】张姓的族长是张文通。祭田是一亩。清明会是最贫困的张庆善举办。他现在是县城南门外的火神庙的老道。

办清明会的会场在哪儿？＝近年都是在张庆善的女儿所嫁的本村人李树林家进行。

祭田有几亩？＝一亩。

做些什么？＝谷子或黍子，收获百斤左右。换成钱五十元左右。

同族有几家？＝十三家。

吃饭时，同族会去几人？＝七八人。豆腐、白菜、面、酒等花十元左右。花了多少钱吃饭后再问。花费多的话，钱由同族人出，差不多的话就不出。

祭拜坟地吗？＝祭拜。

坟在哪儿？＝村东一里。

坟墓周围有祭田吗？＝有。

村里进行清明会吗？＝杨、杜、张。

张姓的坟墓是在不同的地方吗？＝是的。

一起埋的是祖坟吗？＝是的。

祖坟那有多少座坟？＝一百左右。

有多少辈？＝不知道。有好几十辈。

【村的老户】这个村里有最古老的姓吗？＝是的。以前这个村里古老的姓有八个。现在只有张和孙。

杨和杜是后来来的吗？ ＝是的。

山西洪洞县吗？ ＝是的。

孙姓大概是什么时候来的？ ＝孙姓和张姓来时，这个村里一家人也没有。

【杨家的分家单】

立分家单文约人杨少增、杨璞增弟兄二人商议。公分家产地亩，以及常院（1）房屋。弟兄二人均用老母养老地五亩。地各狼窝（2）弟兄二人，各自二亩半。交租（3）三十吊。兄南弟北。杨绍增受分上房五间（4）。杨璞增受分东西厢房四间，厢房北山为其（5）。南归璞增，北归绍增。猪圈（6）中侧，邵增借用三十年。西常（7）一块。以上房后檐（8）滴水（9）为其。南归璞增，北归邵增。本村东南地名三亩地（10）。一块七亩。弟兄二人各分三亩半。兄东弟西。张家坟地（11）六亩，各分三亩，兄南弟北。杜家坟（12）二亩，归邵增承种（13）。家伙（14）弟兄二人均用上房走道（15），弟兄二人出入。

族中人	杨永盛	十	
	杨文增	平心	
	璞	十	
中华民国八年七月初九日立分单人	杨　增		
	邵	十	
代笔人	任　仲		
中保人	杜　春	十	

【分家单的解说】 以下是对分家单字句的简略解说。

（1）常院＝我认为因为"常"和"场"是同音，所以场院即家周围的空地或院子。

（2）各狼窝＝我认为是养老地所在地的名字。后面也有"本村东南地名三亩地"，其中"三亩地"也是这个意思。

（3）交租＝地租，那是三十吊。

（4）上房＝正房。

（5）为其＝"其"的音是 chi，所以"为其"是"为齐"。

（6）猪圈＝猪小舍。

（7）西常＝西方的场院。

（8）后言＝后檐，后面的屋檐。"言"和"檐"的发音都是 yen。

（9）滴水＝雨落的地方。

（10）三亩地＝所在地的名字。

（11）张家坟地＝有张姓祖坟的地方，这也一般是所在地的名字。

（12）杜家坟＝杜姓的祖坟所在地。与（11）相同。

（13）承种＝租佃。

（14）家伙＝家具农具。

（15）走道＝通行道路。

7 月 24 日

辈 葬丧

应答者 杜祥

地 点 沙井村村公所

【辈和结婚】你和同村张林荣的妹妹结婚，结婚后，你与妻子及街坊变成同辈了吗？＝张林荣比我低一辈。

村内通婚，辈分一样或不一样都可以吗？＝没关系。

那样的话，街坊的辈分不会乱吗？＝不同的话，根据那个改变大家的辈分。

由于结婚双方中的男方不在家，偶尔也有女性代理举行仪式的情况吗？＝很少。由新郎的妹妹"拜天地"。

意思是要同辈年龄小的女性吗？＝姐姐也可以。

【辈和清明会】举办清明会的是哪些姓？＝杨、张、杜。

清明会吃饭时的座位顺序是按照辈分排的，还是不按辈分排的？＝必须按照辈分排。族长坐最上位。

同辈有三四人时？＝年长的人坐上席。

原配是指？＝本妻、先辈。

孺人是？＝妇人。

不杖期？＝不知道。

反服？＝不知道。

【服丧】有为丈夫的叔父服丧的吗？＝没有。

没有哥哥为弟弟服丧的。有哥哥的妻子为哥哥的妹妹服丧（反服）的。

反服是指？＝不服丧的人还在世，讣闻上列有名字时，叫作反服。葬礼当天不穿丧服，或是完全不服丧。

降服是指？＝六十日，因为是在五服之外。

与侄子相比，兄弟更远吗？＝是外服吧。

RURAL CUSTOMS AND PRACTICES OF CHINA

The present volume is the first of a series of books which, it is our ardenthope, are to be published in the near future, containing detailedly recorded dataobtained through the legal sociological researches into the customs and practicesrelating to the. family, village, land ownership, tenancy, irrigation, taxes andrates, trade, finance etc. of the agrarian community in North China which wereconducted during the Pacific War under the direction of the late Dr ItsutaroSuehiro. The publication of the materials herein contained has long been awaitedwith keen expectation by the academic circle not only in Japan but in manycountries of the world also.

Chinese villages in those days were standing on the very eve of their libera – tion; the principles of the New Democracy of China were fast approaching. Thedata now published would, we believe, make it possible to see the hiStorical andsocial background of the recent revolution in China. For this reason, I am surathe materials would be of immense value not only to specialists on China but alsogenerally to students of law, economics, sociology, history and folklore.

The research project on rural customs and practices in North China was ori – ginally conceived and initiated in October, 1939, by a scientific research groupheaded by Dr. Saburo Yamada in the Sixth Research Committee of To – a Ken – kyusho (East Asia Research Institute). as a part of a larger sheme which in – cluded further another research project on commercial customs and practices inCentral China. The research group on the project on rural customs and practiceswas in the main staffed by persons connected with the University of Tokyo. Atthe same time with the initiation of the project, the Research Department of theSouth Manchurian Railway Company organized, as a section of its North ChinaEconomics Investigation Office. a field research group staffed by a number of ableand active research workers under the direction of Mr. Shun – ichi Suginohara. The staff workers of the scientific research group of To – a Kenkyūsho and thoseof the field research group of the South Manchurian Railway Company met in aseries of conferences to study. and eventually decide on, the policy to be followed. the items to be investigated and the methods to be adopted in conducting theresearch project. so that the academic work to be carried out in Tokyo and thefeld work to be conducted in North China would be perfectly coordinated.

Amidst the unfortunate intellectual climate in the years following 1937, thisresearch work can be said to have veritably constituted a unique piece of con – scientious academic undertaking aimed at the progress of science in Japan. Thisis to be seen in the very words of the late Dr. Sue-hiro himself, who, as generaldirector of this research, in explaining the ultimate aim of this pro-ject, stated: "The aim of this research project is not to obtain data for legislative or ad – ministra-tive purposes. Rather is it aimed at portraying as vividly as possible thecharacteristics of the Chi-nese society by clarifying the customs and practicesunder which the masses in China maintain their community life or, in otherwords, by examining such customs and practices as are prevailing in the Chinesesociety. "

The field research work of the project in North China was frequently inter – fered with by the inteDsification . of war and since 1943 the work itself had to bevirtually suspended. By this time, however, the field research group under theleadership of Mr. Suginohara was able through its re-lentless efforts to have com – pleted its large scale field research program in four. villages in Hopei Province （河北省） and two villages in Shantung Province （山东省）, and has turned out aseries of 123 volumes of interim reports in drytype manuscripts on the hearingsmade in the course of its field works. The scientific research group in Tōkyō, having received copies of these drytype man-uscripts, either distributed them toits members or reproduced them for distribution. But the num-bor of copies ofthe manuscriDts made was very small. and it is feared that a complete set ofthese valuable manuscripts is not easily available for study now. The situationbas been causing a great deal of inconveniences to those scholars who desire tomake use of these manuscripts in their re-spective studies.

The progress of the war and its ultimate end causea most of us engaged inthis research project to lead scattered life in different parts of Japan and China, but after two or three years since the surrender many of us were fortunatelyable to meet together again in Tōkyō. The first thing which was expressed un – animously by all of us when we happened to celebrate our reunion in Tōkyō wasthe hope to publish. if possible. the results of this research project in book formso as to make them the common property of the academic world, now that theproject itself had to be suspended in midway and although its continuation couldno longer be hoped for. Besides, were the research pro-ject to be resumed, itwould be impossible to obtain research results similar in contents and quality tothe ones we obtained during the war years, due to the prevailing state of affairsin the area. A-gain, whereas several excellent studies have so far been producedwith these data as basic materi-als, it is very likely that these data would still serveas basic sources for many more valuable studies in different fields of socialscience in the future.

Prompted by these considerations. we organized a society with the late Dr. Suehiro as its President for the expressed purpose of materializing the publicationof the whole set of the data in book form. The diffculty of obtaining the neces – sary amount of fund to materialize the publication turned out to be beyond ourexpectation. To our profound gratification, however, the prospect for thematerialization of our cherished hope was opened up in 1951 by three favorablefactors. The first was a grant from the Ministry of Education, the second was aspecial grant of money procured through the efforts of the late Dr. Suehiro fromthe Institute of Politics and Economy (headed by Mr. Takeo Itō) , and the thirdwas the generous consent of the Iwanami Shoten , Publishers , to undertake thepublication of the first volume of our researches regardless of cost. Through thekind cooperation of the above mentioned quarters , we have at last been enabledto parform the work of editing the first volume of our series containing Chapterson Family and Village and on the General Features in Sha Ching Village (沙井村) , Shunyi – hsien (顺义县) , Hopei Province (河北省). We take this opportunity of ex – pressing our profound thanks for the help rendered us by various quarters towardsthe publication of this volume.

Needless to say , the publication of the present volume is only an initial partof the formidable program of publishing the whole series of the entire results ofour research works which are yet to be provided for in terms of expenses andtime. For this reason , we would sincerely hope that the interested quarters wouldrender us further encouragement and cooperation so that our publishing programwould be brought to successful consummation in the not too diStant future.

In concluding this brief introduction , it is my keen regret to have to notethe lamentable bereavement of Dr. ltsutarō Sueiro on September 11. 1951 , withoutawaiting to see the appearance of this first volume which would never have seenthe light of day but for his able direction of the research works and his ardentefforts for their eventual publication in book form. We pledge here to do ourutmost to complete the task of publishing the whole series of the research results , so that the cherished wishes of the late Dr. Suehiro may be finally perfectly ful – filled.

March 1, 1952
Noboru Niida
Professor of Tōkyō University
Research Committee for Rural Customs
and Practices of China

中国农村惯行数据汇编表

总体概况	12 卷	10 卷——河北 2 卷——山东
家族	19 卷	15 卷——河北 4 卷——山东
村庄	16 卷	12 卷——河北 4 卷——山东
土地权	4 卷	3 卷——河北 1 卷——山东
房屋租赁	18 卷	14 卷——河北 4 卷——山东
农业灌溉	12 卷	11 卷——河北 1 卷——山东
赋税	17 卷	13 卷——河北 4 卷——山东
土地买卖	13 卷	10 卷——河北 3 卷——山东
金融贸易	12 卷	9 卷——河北 3 卷——山东

共计　123 卷

译者后记

参加中国农村研究院院长、长江学者徐勇教授和社科处原处长、人文社会科学高等研究院石挺常务副院长共同发起和促成的满铁农村调查翻译出版工作，是我和我的 13 人的日语教师翻译团队组成以来所做的最大的项目，也是我们所遇到的最大的挑战，但同时也是我们所从事的最有跨学科学术意义和未来指向的世纪工程。

在此，我想用几个关键词说明一下保证我们完成翻译工作的人员组织基础：石挺常务副院长是中国农村研究院与外院日语系、徐勇教授和我之间的"媒人"，而邓大才教授则是在我们中间做具体工作和多方协调的"调度"，另外还有学校领导和科研处等相关部门的指导和资金支持等方面的"促成"，更有我的教师团队和我的研究生全体、以及我的高年级本科生优秀骨干的积极"参与"与"投入"，不能不提的还有日籍教授石桥一纪这位日语母语"顾问"等等，这一切都缺一不可地保证了翻译工作的阶段性顺利进行。

翻译工作的难度超过了我们的想象，不仅是与现代日语有着很大语法和词语环境不同的明治与昭和前期的日语问题，更有俚语方言、外来语、少数民族发音的模拟词汇等等非当时当地人无法理解和明白的词汇与用法的大量出现，特别是调查资料的影印版年代久远，字迹模糊无法辨认、度量衡标准与制度无法统一、随意性强等不一而足。因一个单词一个地名或人名多方查找、开会研究、多语种同时辨认，一个星期无法进展的尴尬困苦经常出现。

团队的女同事偏多，她们为了每个人每期几十万字的翻译，废寝忘食、子女难顾、家庭出现矛盾的情况也此起彼伏，不言自明，这与她们繁重的教学科研工作是同时进行的；研究生和部分本科生们不但有繁多的科目学习以及大量的作业和研究报告等，还要在频繁的课外活动、集体行动的同时担任初步的翻译和资料核实工作，许多同学苦不堪言。当然，尤其要指出的是，个别教师和同学住进医院还病床上校对译稿，令人动容。

凡此种种，困难重重，但我们团队教师和学生共 70 多人，严肃认真、不分昼夜、同心协力、共同奋斗，仍然按时初步完成了阶段性的满铁农村的调查的惯行部分的翻译工作。我们已经从最初的项目型、任务型变成了我们自己的一种事业追求。各小组的教师和同学积极参加每次日译汉翻译培训活动，互通信息，举一反三，交流心得体会。教师翻译、指导、校对，严肃认真，一丝不苟，学生忠实践行教师的翻译理念和翻译方针，学习教师的翻译方法和技巧，协助教师的校译工作。作为整个项目的主译我感到无比的欣慰，同时向团队的每一位教师和同学表示衷心的谢意！

具体各翻译小组的成员构成情况如下：

第一小组：李俄宪：王思璇，汤俊峰，郑萌，胡晓晓，李亚芬，林智丹

第二小组：尹仙花：万珺，徐金晶，聂咸昌，林子愉，李思琦

第三小组：吕卫清：高歌，董春玲，阚旭琴，李晨，倪丽畅

第四小组：娜仁图雅：马倩，项莹莹，隋玲梅，李龙，刘琦

第五小组：汉娜：张红，姚晓静，陈晨，姜俊芳，郭新梅

第六小组：李雪芬：谢芬，卢珊珊，张佳凤，吕佳琳，王登林

第七小组：李莹：赵晓婧，王珂，万卫平，张勇，谭鹤

第八小组：金英丹：宋兰奇，李倩，陈佳桂，黎智，杨佩瑶

第九小组：王霞：朱璐瑶，戴思佳，贾茹，齐锦轩，廖珍珍

最后，谨在此向中国社会科学出版社的赵剑英社长表示感谢！向认真负责的责任编辑冯春凤女士谨致谢意！向中国农村研究院的满铁农村调查编辑团队的教师和同学们表示感谢！

李俄宪

2015 年 12 月 6 日

黄承天德

明清御窑黄釉瓷器
出土与传世对比珍品展

编著　冯玮瑜

自得堂
景德镇市陶瓷考古研究所
景德镇中国陶瓷博物馆

文物出版社

黄承天德

黄 承 天 德

『展品提供』
自得堂
景德镇市陶瓷考古研究所
景德镇中国陶瓷博物馆

黄承天德

明清御窑黄釉瓷器
出土与传世对比珍品展

黄承天德
明清御窑黄釉瓷器出土与传世对比珍品展

暨明清御窑黄釉研究国际学术研讨会

时　间｜
2017 年 10 月 16 日至 11 月 15 日

地　点｜
景德镇中国陶瓷博物馆

展品提供｜
自得堂
景德镇市陶瓷考古研究所
景德镇中国陶瓷博物馆

承办单位｜
景德镇市陶瓷考古研究所
景德镇中国陶瓷博物馆
景德镇市唐英研究会
景德镇市东方古陶瓷研究会
广州市融熙文化发展有限公司
江西陶瓷文物遗存保护暨御窑研究协同创新中心

指导单位｜
中国人民政治协商会议景德镇市委员会
中共景德镇市委宣传部

协办单位｜
中国嘉德国际拍卖有限公司
景德镇市检验检疫科学技术研究院
景德镇市陶瓷检测评估所

主办单位｜
景德镇国际陶瓷博览会执委会办公室
景德镇陶瓷大学
景德镇市文广新局

鉴定专家｜
江建新　郭学雷　曹建文　何身德　李　峰

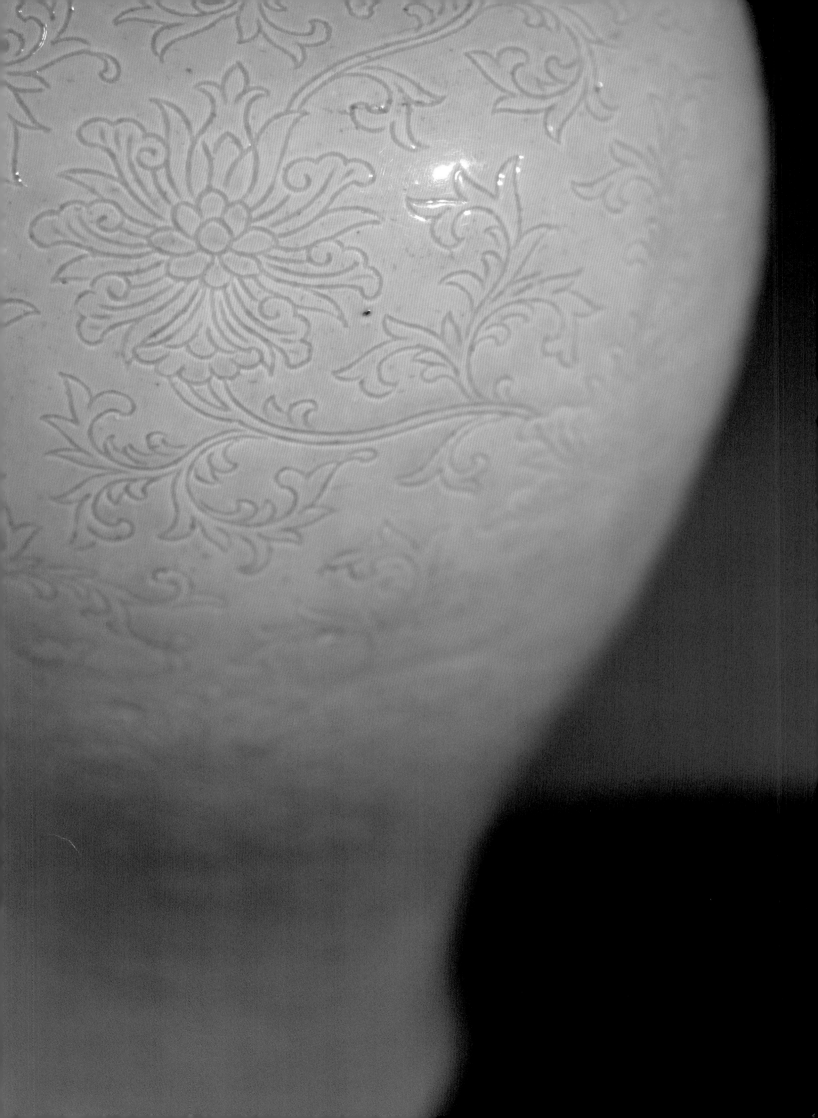

序言一

江建新

景德镇市陶瓷考古研究所所长

由黄河孕育的中华民族，对黄色似乎有着特殊的感觉，唐·杜佑《通典》谓："黄者，中和美色，黄承天德，最盛淳美，故以尊色为溢也。"隋唐以来又以黄为贵，禁士庶不得黄服，宋·王楙《野客丛书·禁用黄》："唐高祖武德初，用隋制，天子常服黄袍，遂禁士庶不得服，而服黄有禁自此始。"明代皇家对于黄色的使用限制更为严格，《明史·舆服制》记载，明洪武二十四年（1391 年）规定官吏衣服、帐幔，不能使用玄、黄、紫三种颜色。黄色日后也就成了历朝帝王的专利，成了权利和尊贵的象征。明清以来黄釉瓷为皇家所独享，从明清御窑厂对黄釉瓷的烧造与管理来看，已形成了一套要求特殊的严格管理制度。

从相关文献看，明初便严禁民间使用黄釉器，据《明英宗实录》记载，正统十一年 (1446 年)："禁江西饶州府私造黄、紫、红、绿、青、蓝、白地青花瓷器……首犯凌迟处死，籍其家资，丁男充军边卫，知而不以告者，连座。"其中黄釉瓷置于首位，说明明初以来，黄釉瓷被皇家以法典的形式严禁民间使用，以后各朝成为例制。据《清宫档案》中《唐英奏折》记载："乾隆二十一年七月七日，唐英将次色黄器一万一千七十九件及次色祭器一百六十四件开造清册呈交广储司按册查收。"可见，清廷对黄釉瓷的管理是非常严格的，即使是残次品也要进行严格处理。

黄釉瓷一直被认为是明清官窑瓷器之冠，其原因可能是使用对象和对制品的特殊要求而言。明官窑黄釉瓷是从简而粗向繁而精发展的，明初洪武至成化间黄釉器以碗、盘、杯、靶盏为主，弘治黄釉瓷最精，始见黄釉尊，嘉靖出现豆、爵之类。明代黄釉瓷器除作御用餐具外，还被用作方丘（地坛）的祭祀用器，《大明会典》卷二百零一载："嘉靖九年，定四郊各陵瓷器：圜丘青色，方丘黄色，日坛赤色，月坛白色，行江西饶州府如式烧解。"

清代黄釉瓷不仅量大而精，且又开始出现诸如牺耳尊、绳耳尊、飘带耳尊等体量较大的黄釉器，可见当时黄釉器烧造属于官窑的特殊之作了。从清代相关文献亦可见一斑，据清·鄂尔泰、张廷玉等编纂《国朝宫史》（卷一七经费条）中记载：皇太后"黄瓷盘二百五十，各色瓷盘百；黄瓷碟四十五，各色瓷五十；黄瓷碗百，各色瓷碗五十。"皇后"黄瓷盘二百二十，各色瓷盘八十；黄瓷碟四十，各色瓷碟五十；黄瓷碗百，各色瓷碗五十。"皇贵妃"白里黄瓷盘四，各色瓷盘四十；白里黄瓷碟四十，各色瓷碟十五；白里黄瓷碗四，各色瓷碗五十。"贵妃"黄地绿龙瓷盘四，各色瓷盘三十；黄地绿龙瓷碟四，各色瓷碟十；黄地绿龙瓷碗四，各色瓷碗五十。"嫔"蓝地黄龙瓷盘二，各色瓷盘十八；蓝地黄龙瓷碟四，各色瓷碟六；蓝地黄龙瓷碗四，各色瓷碗四十。"从文献记载中可以看出清宫等级制度是非常严明的，使用瓷器在釉色、纹饰、数量上都是按等级来分配的。清代的官窑黄釉瓷器大概有几种用途：宫廷祭祀礼器；日常生活膳食用具；宗教用品；宫廷陈设用具等。其中宫廷祭祀礼器尤显重要，据《清史稿》记载，"初沿明旧，坛庙祭品遵古制，惟器用瓷……凡陶必辨色……"可见清初祭祀沿袭明旧制，唯有器物改用瓷器，并按照颜色来区别。黄釉瓷作为清宫祭礼的器物，据乾隆十三年《皇朝礼器图式》中记载："天坛正位登、簠、豆、尊、爵、盏，和祈谷坛配位簠、豆，用青色瓷；地坛正位登、簠、豆、尊、爵、盏，社稷坛正位尊用黄色瓷；朝日坛爵、盏、登、簠、豆、尊，用红色瓷；夕月坛正位爵、盏、登、簠、豆、尊，用月白色瓷；先农坛盏，天神坛爵、豆、尊；太岁坛正位盏、登、簠，用白色瓷；太庙正殿登用黄色瓷……"如北京故宫收藏的清乾隆款黄釉鹿头尊，尊底篆书"大清乾隆年制"六字款，此尊为祭祀用器，造型与《皇朝礼器图式》中地坛正位尊形制基本一致，说明这种器形属清代地坛或社稷坛的正位祭器。清宫黄釉宗教用瓷，主要是清朝皇帝出于政治目的，尊崇藏传佛教优待达赖喇嘛之用，清代御窑厂还仿制了大量佛堂供器。

黄釉是我国传统颜色釉品种之一，以铅为助熔剂，以铁、锑等元素为着色剂，在坯胎上施釉，经氧化焰烧制而成。最早的黄釉见于汉代陶器上，其黄釉为低温铅黄釉，着色剂主要是含铁量较高的赭石，唐三彩、宋三彩中的黄釉也属于此类。黄釉器在唐代出现了两类产品：一类是以唐三彩为代表的低温铅黄釉陶器；一类是以安徽寿州窑为代表的高温石灰黄釉瓷器，它是经高温氧化后呈现光润透明的玻璃质黄色。根据原料和烧制温度的不同，黄釉可分成三类：一类是低温铅黄釉，最早见于汉代陶器上，呈黄褐色或深黄色；一类是高温铁黄釉，用含少量铁的石灰釉，在高温氧化气氛中生成三氧化二铁，呈现黄色；还有一类是低温锑黄釉，清代雍正时期景德镇烧制的低温锑黄纯正黄釉瓷便属此类。

一般认为黄釉最早出现于唐代，如安徽淮南寿州窑、河南密县窑烧造的黄釉，但正色黄釉是宋代汝窑茶叶末釉为代表的高温黄釉。明代洪武官窑出现低温黄釉瓷，永乐、宣德黄釉器开始增多。弘治较为成熟，出现所谓"娇黄"，为黄釉瓷的顶峰之作。嘉靖以后，又有鱼子黄等。雍正出现所谓"鸡油黄"，亦称柠檬黄釉，即从西方引进的珐琅彩料中改进而来锑黄釉。在康熙以前，不论是五彩中的黄彩或低温色釉中的黄釉，都属于以氧化铁为着色剂的铁黄。雍正的锑黄中含有锡，二氧化锡是作为锑黄的稳定剂而特意引进去的，锑黄釉的釉层为乳浊状，透明度较差，具有与传统铁黄釉截然不同的风格特点。由于锑黄釉呈色浅淡幽雅，具有粉质感，所以这种黄釉又称为淡黄釉，唐英在《陶成纪事碑记》中提到的"西洋黄色器皿"即指这一品种。锑黄以雍正朝制品最佳，由于烧气技术难度大，且釉料珍稀，乾嘉以后，锑黄釉瓷器几乎不再烧制了。

本次黄釉瓷展览之展品，较系统地反映了明清各时期官窑黄釉瓷烧造的历史面貌，内容极为丰富，其中展品不乏精品和有重要参考价值的器习。

本图录中有一件"内府供用"铭黄釉罐，该器圆唇口，短颈，溜肩，至底渐收，圈足。罐外壁修坯平整，通体施黄釉，釉质厚润、有玻璃质感，釉色深沉浓郁而不失鲜亮，釉面有细小开片，肩部一侧模印楷体"内府供用"四字；内壁满釉，有使用痕迹。器底无釉露胎，似刷了一层白色化妆土，依稀可见三胎质略显粗糙，呈褐色。传世品中与该"内府供用"铭黄釉罐形制相似者，另有两例：一为大英博物馆展览的大维德旧藏孔雀蓝釉罐；一为山东博物馆藏白釉罐。从形制上看，其多有明初风格。由于"内府""官用供器"之类铭文器于元及明初陶瓷中较为多见，宣德后基本消失，由此可见，该器当大致制作于元末明初。另外，细观此器造型之敦厚，线条之圆润，也颇具质朴、庄重的明初风格，无比近年来景德镇出土的洪武官窑瓷器，可见该器很可能是洪武时期景德镇官窑制品。关于"内府供用"铭，明《大明会典》有："岁造内府供用库每年该用瓷坛一千五百个……河南彰德府每年造瓶、坛、缸共一万七千二百八十四件。钧州每年造瓶、坛、缸共一万七千二百八十三件……俱送光禄寺供用。"文中所谓"内府供用库"所需瓷坛记载，或为明初"内府供用"铭器提供某种联系线索。黄釉罐上"内府供用"铭字体方正紧密、丰腴雄浑、圆厚端庄，与楷书颜体颇为相似。景德镇御窑遗址曾出土有洪武白釉书"官用供器"铭碗残器，碗心铁料书"官用供器"四字，"用"

字书写风格与该黄釉罐铭文中的"用"较为相似。关于该黄釉及化妆土和胎质，景德镇窑宋元瓷器一般胎白致密，少见使用化妆土白瓷，而此罐底部施有白化妆土。元代景德镇已掌握了化妆土工艺，1988年明御厂遗址北侧出土了一批元代官窑遗物，其中有一批孔雀绿器使用了化妆土。景德镇曾出土大量洪武官窑建筑构件，大部分胎质较为粗糙，胎呈棕褐色。明中都遗址出土的黄釉堆塑白釉凤纹水滴，使用了化妆土罩黄釉烧制的技法。由此可见，北方窑场化妆土黄绿铅釉琉璃器的制作工艺，已经在洪武二年至八年营造明中都时期就传入了景德镇，景德镇最初的黄釉即为烧制建筑构件之用，很可能最开始也使用化妆土。该罐底部的修坯痕迹明显，所施化妆土只是简单刷了一层，好似刷釉一般，这种工艺与洪武官窑部分青花或釉里红大碗、大盘底部简单地刷一层稀釉浆的痕迹类似。所以，该黄釉罐可能使用了洪武时期类似建筑构件的胎质并施化妆土罩黄釉烧制工艺，因此，此罐的烧造时期在洪武早期。洪武中后期开始出现不施化妆土的黄釉瓷器，从景德镇出土情况看，以碗、盘为多，甚至有内黄釉外红釉器。此时的黄釉，釉色与此罐相比更为纯净，但也有釉面开片的特征。此罐铭"内府供用"，自然与"内府""内府供用库"有关系。"内府"二字取于《周礼》，原为"掌受九贡、九赋、九功之货贿"的官职，后渐成皇宫仓库之意。此类铭文在元代磁州窑器上已有，传世及近年来出土器多件。近年来，有学者根据北京出土相关遗物，考证元廷无专设名为"内府"的机构，在元明之际，此类铭有"内府""内府供用"的器物，当为宫廷所用之器。但"供用"二字作何解呢？"内府供用"铭与"内府供用库"之间的关系当如何？据《明史》载，内府供用库，始置于明洪武二十八年，为内府诸库之一，设掌印太监一员，总理、管理、掌司、写字、监工无定员。掌宫内及山陵等处内官食米及御用黄蜡、白蜡、沉香等香，凡油蜡等库俱属之。如此看来，内府供用库不仅掌管、存放了"内官食米"，也有御用的"黄蜡、白蜡、沉香等香"，甚至"凡油蜡等库俱属之"。明代文献中对黄蜡等为祭祀之用已有记述，所以，此类御用香蜡很可能是被用于帝王祭祀，而贮存它们的坛罐，署"内府供用"也就合乎情理了。该"内府供用"铭黄釉罐，有可能是作为祭祀的供器，用来存放祭祀所需香蜡的器皿。黄釉瓷器在明清两代宫廷内使用亦有等级，并非寻常之物。除帝后日常使用器外，一般见于方丘地坛祭地及太庙祭祖。明洪武元年二月，太祖下诏"士庶服杂色盘领衣，不得用黄色为饰"，所以，洪武帝对于黄釉瓷器应该也较为注重。由此可见，该类署"内府供用"铭器与其他一些印或铁料、青花书"内府"铭或"官用供器"铭之器物，显然是宫廷内重要之物。另外，"内府"

一词有可能是延续了元代对于宫廷大内的称呼，"供用"也可以解释为"作为'供器'使用"，甚至有可能是因为该类器物虽使用不多，却是祭祀所需，甚是重要，需要单独建库存放，才在后期专设了"内府供用库"。综上所述，该"内府供用"铭黄釉罐，很可能是洪武时期烧造的宫廷作为祭祀用的瓷器。可见，该器当属一件有重要学术研究价值的器物。

冯玮瑜女士以自己多年收藏经验和慧眼，以黄釉瓷为主题，以一己之力，经多年努力，集明清历代官窑黄釉器之大成，通过举办展览反映黄釉瓷各时期的面貌和发展历程，又从陶瓷工艺史、文化艺术史等多角度发掘其意义，为学术界、收藏界提供了一份极珍贵的鉴研资料，起到嘉惠学林的效果，尤其是对有志收藏的后学者，有一定的帮助和启示！

是为序。

2022 年 4 月 28 日

序言二

何身德
景德镇中国陶瓷博物馆副馆长

　　黄，与"皇"谐音，是我国古代一种最高贵的色调。《通典》注云："黄者，中和美色，皇承天德，最盛淳美，故以尊色为溢也。"从唐代开始，尤其在明、清两代，黄色便成为历朝帝王的专用颜色，象征着至高无上、唯我独尊的皇权，如皇帝专用的黄色龙袍、龙椅、龙旗、圣旨、御辇和黄釉瓷等。其中，明、清黄釉瓷仅限于皇家瓷厂——景德镇御窑厂烧造，民窑不可生产，庶民不得使用，否则便有性命之虞。《明英宗实录》记载："禁江西饶州府私造黄、紫、红、绿、青、蓝、白地青花等瓷器，命都察院榜谕其处，有敢乃冒前禁者，首犯凌迟处死。"即便是落选的次品也得砸碎掩埋，严禁流入民间。由此可见，黄釉瓷是古代等级最高的皇帝用瓷。

　　黄釉瓷从汉代铁黄铅釉发展而来，著名的"唐三彩"中的黄釉也是铁黄铅釉。它与普通瓷器在制作工艺上存在着一定的差异，明、清黄釉瓷分为高温釉和低温釉两种，其中，高温黄釉瓷指先在坯胎上施以黄釉、再在1350℃以上的高温中一次烧成的瓷器，这比普通瓷器的烧成温度高很多；而低温黄釉瓷则需先烧熟瓷胎，再罩以黄釉，然后在800℃～900℃的低温中焙烧，即瓷胎和瓷釉先后二次烧成。黄釉瓷着色剂在清康熙之前使用的是含有铁的天然颜料——赭石，在清康熙之后使用的是氧化锑。黄釉瓷色泽娇艳，以明弘治的"娇黄"最为著名。其装饰方法多样，除全黄釉之外，还有暗刻纹饰、黄地绿彩、黄地青花和黄地粉彩等，具有很强的艺术感染力，在中国陶瓷史上占据举足轻重的地位。

　　作为景德镇国际陶瓷博览会的重要活动之一，"黄承天德——明清御窑黄釉瓷器珍品展"于2017年10月16日在景德镇中国陶瓷博物馆隆重举办。本展览共展出黄釉瓷84件（套），其中"自得堂"堂主、著名的收藏家和艺术家冯玮瑜女士提供了她从嘉德等拍卖公司拍得的完整器58件（套）。展前，我作为馆方专业副馆长、副研究馆员，同深圳博物馆副馆长、研究馆员郭学雷，景德镇市陶瓷考古研究所所长、研究员江建新以及景德镇陶瓷大学教授曹建文等古陶瓷专家对这批民间收藏的黄釉瓷进行了鉴定。专家们一致认为"自得堂"提供的展品时代可靠，来源合法，流传有序，而且朝代序列基本齐全，质量优良，可以对外展出；景德镇中国陶瓷博物馆提供的13件黄釉瓷完整器，均于20世纪50年代初从北京故宫博物院调拨而来，时代准确，品相精美；景德镇市考古研究所提供的13件黄釉瓷标本均出土于其烧造地——景德镇御窑厂遗址。它们虽然属于残片，却可与博物馆和"自得堂"所藏的黄釉瓷完整器相互对比，相互印证，是断代的重要依据。这三家提供的展品美轮美奂，不仅彰显了其淳和至美的艺术魅力，还诠释了瓷器背后的宫廷制度和皇家文化。

　　这是国内首次由博物馆、考古研究所和民间收藏家共同举办的展品数量最多、质量最高的明清御窑黄釉瓷专题展览，引起了海内外文博界、学术界及收藏界的共同关注，得到了业内专家们的一致好评，展览期间，除普通观众之外，许多政要、专家、学者、藏家以及新闻媒体都慕名而来，对本展览称赞不已。北京大学考古文博学院教授秦大树观展后感叹道："这次的展览展示了非常优秀的私人藏品和考古挖掘的出土品，而景德镇中国陶瓷博物馆的精品也是来自于故宫调拨品，很可能为皇帝使用过的，这些来源不同的黄釉瓷器放在一起以飨观众，大家可以看到当时的生产情况、后来的使用情况和民间收藏情况，这是一个很了不起的活动！"故宫博物院器物部主任、研究员吕成龙对展品赞美道："黄釉瓷器是中国陶瓷发展史上非常重要的单色釉品种，从明洪武年间至清末一直没有间断烧造。它是历史上最重要的供御瓷器之一，尤其是全黄釉瓷器等级最高。此次展览除了来自'自得堂'的全黄釉瓷器精品以外，还有景德镇中国陶瓷博物馆的馆藏和景德镇市陶瓷考古研究所发掘出土的黄釉瓷器标本，展品的内涵更丰富，也更有意义。"景德镇市陶瓷考古研究所所长、研究员江建新观展后说："纵观中国陶瓷史当中，黄釉瓷器一直是皇家生产的重要品种，也是体现皇家意识形态和上层建筑的重要艺术载体。黄釉瓷器的工艺和文化都有非常丰富的内容。这次展览的举办为研究者提供了一次非常好的研究机会。"

　　本次展览是官方和民间共同宣传推广御窑陶瓷文化的成功案例，是"让文物活起来"的具体表现。展览期间，主办单位还召开了以"黄承天德——明清御窑黄釉瓷器"为主题的学术研讨会，吕成龙、秦大树、郭学雷、江建新、曹建文以及中国国家博物馆研究馆员耿东升、香港中文大学文物馆前馆长林业强、上海博物馆研究馆员陆明华、中国艺术研究院研究员方李莉、中国嘉德国际拍卖有限公司陶瓷部总经理于大明等著名专家、学者、收藏家均云集于此，畅所欲言，普遍认为所展示的器物十分精美，承载着厚重的御窑陶瓷历史文化信息，本展览是一场明清御窑黄釉瓷的饕餮盛宴。展览结束后，"自得堂"堂主曾玮瑜出于对中国传统文化的挚爱，编著了《黄承天德——明清御窑黄釉瓷器出土与传世对比珍品展》一书。

御窑背后的皇家文化，令人无比爱恋，充满自豪；文博工作者对文化事业的倾心付出，执着而深情，是我们学习的榜样；民间藏家对文化遗产的默默守护，让人感慨，值得推广。出于敬仰之心，挥笔而书，是为序。

2022 年 5 月 31 日

序言三
"俯仰求索"的"黄釉展"DNA 溯源

李　峰

景德镇陶瓷大学陶瓷文化高等研究院研究员、景德镇市东方古陶瓷研究会执行会长

国庆前夕，玮瑜发给我一份请柬，邀请 10 月 3 号参加在香港会议展览中心举办的"御案存珍——竹月堂、明成馆、自得堂藏清初三代御窑单色釉文房瓷器展览"，同时邀我给新书《黄承天德——明清御窑黄釉瓷器出土与传世对比珍品展》图录写序。电话那头玮瑜以标准的普通话说道：2017 年 10 月王景德镇中国陶瓷博物馆举办的"黄承天德——明清御窑黄釉瓷器珍品展暨明清御窑黄釉研究国际学术研讨会"，因您起意，唯有您了解源起和参与整个过程。于是我"半推半就，又惊又爱"……有了以下赘言。

五年来，我对"黄承天德——明清御窑黄釉瓷器珍品展暨明清御窑黄釉研究国际学术研究会"的系列活动（既是黄釉珍品展，又是对比展，简称"黄釉对比展"），仅停留在记忆中，未主动去触碰，只有偶尔在业内茶叙"公垂仁帛"时，才会"藏拙"提及。当年我受景德镇市东方古陶瓷研究会委托，在广州"自得堂"与冯玮瑜女士商讨合作，在政府有关部门给予极大支持下，"黄釉对比展"取得圆满成功，得到绝大多数参与者肯定和赞赏，也完成了我退休后全新的一次"奢华"转场。

记得我当时发了一个朋友圈，是这样描述：2017 年景德镇国际陶瓷博览会期间，我代表东方古陶瓷研究会与"自得堂"合作，推出"黄承天德——明清御窑黄釉瓷器珍品展暨明清御窑黄釉研究国际学术研究会"，获极大成功。

玮瑜雅好瓷珍，倾心研瓷于埏埴抟泥之道、御窑典藏之要，是一位"心藏瓷器，细触窑温"的美女收藏家。这次展览将历年御窑黄釉瓷器庋藏荟萃一册，聚珍一堂以飨同好，展现世人，令业界窥见其良苦用心、生平雅志、学识情操，则几可登立德之境矣！

与诸多同类展览不同，"自得堂"藏瓷虽不乏贵重之器，却不奉贵重为圭臬，而以数据溯源、学术比对和单色审美为轴心，展示的是文化和趣味，心得与体会，

视野与格局，钟情与珍爱，是古陶瓷收藏中的一股清流。

当今很多人在讨论百年未有之大变局的语境和文化交流会面对着新的话题，我以为无论是历史文化中的每一件重器，还是今天在这里展示的景德镇御窑黄釉瓷器，都能够使大家产生出更多的文化交流话题。

纵是转瞬时岁有五，对"黄釉对比展"活动的前因后果，具体细节可能有些模糊，但主要过程我可倒背若干。五年前我就像一个刚入行的新手，尽管有近四十年的陶瓷质量管理经历，并带领团队以完胜的成绩，与多个国外老牌著名认证检测实验室打过交道，仍是怀着忐忑的心情，组织参与"黄釉对比展"策划，事后反思我还是有三点遗憾：一是策划展品特征数据采集溯源工作没有延续下去；二是广州"自得堂"的完整器与景德镇陶瓷考古研究所的窑址标本，没有对应展陈（希望能在书中得到弥补）；三是活动结束后，国家一级博物馆首次与民间藏家共同举办的"黄釉对比展"，其办展经验和学术成果没有得到及时输出。

为了写序，玮瑜又把当初的影像资料发给我，完整的影像我还是第一次细观。看着一张张曾经一起"披星戴月"的熟悉场景画面，我"激动"了。五年来作为"黄釉对比展"主要承办方之一的景德镇中国陶瓷博物馆，柔软"圣殿"身段，与民间多次办展，"德泽天下"；五年来作为"黄釉对比展"主要承办方之一的景德镇市陶瓷考古研究所，多次走出景德镇，在境内外各大博物馆，举办御窑陶瓷标本和修复件的对比展，有江建新研究馆员参与的学术研讨，每一次都取得极大成功与轰动；五年来作为"黄釉对比展"主要承办方之一的景德镇市东方古陶瓷研究会，从一个"呱呱落地"的新生儿，成长为在业内颇有影响的公益性学术社团，从"黄釉对比展"伊始，取得多项学术成果，如：在越南成功承办并广获好评，第 21 届 IPPA（南岛—太平洋史前学会 Indo-Pacific Prehistory Association）第 41 讨论组——《东亚及东南亚地区古代陶瓷的生产与技术交流国际学术研讨会》等；五年来作为"黄釉对比展"主要承办方之一的广州"自得堂"在香港会展中心、广东省博物馆等国有博物馆多次举办御窑单色釉瓷器展，并相伴学术研讨和普及陶瓷文化讲座，取得成功和影响；五年来在"国家陶瓷文化传承创新试验区"的大战略驱动下，景德镇挖掘御窑陶瓷文化底蕴"撸起袖子加油干"，以陶溪川文化街区、名坊园、陶阳十三里和三宝瓷谷等陶瓷文化板块为代表，沉寂多年的"景德镇陶瓷"，在当今中国陶瓷历史上的地位发生了极大变化，成为了国际陶瓷文化"网红"和"打卡地"。

退休后，我大部分时间客居上海，但常常关注景德镇陶瓷文化发展和广州"自得堂"陶瓷收藏的变迁，赣粤两家最近一两年的长足进步和"黄釉对比展"效果的"外溢"，让我对五年前那场活动留下来的遗憾，逐渐觉得有释怀的必要，写序使我有机会"打乱哇"了。我个人认为，这部新书所呈现的内容，王坚持固本培元、守正创新，推介以景德镇御窑黄釉瓷器为载体的中国御窑文化地标和中国陶瓷文明标识体系方面，做出了科学普及的努力，让中国陶瓷器物更加可信、可爱、可敬。

记得当年坐在广州"自得堂"一楼策划讨论"黄釉对比展"方案时，我问：展览期间，国家级陶瓷检测重点实验室（景德镇）可否对展品进行科技检测数据采集溯源，建立唯一特征数据库？这是一个全新的领域，需要勇气和智慧。玮瑜手指正面墙上挂着的国画说：我收藏的岭南艺术大师杨之光的五十多幅画作，已经由雅昌文化扫描数据入库了。非常赞同！我听后佩服其先知先觉早早践行"文物科技创新体系"，达藏鉴之大道：甄赏，品知，保藏，分享。

玮瑜乐于藉古望今，在五年前就为国家级陶瓷检测重点实验室的青年才俊，提供一次难得的陶瓷 DNA 科技检测溯源实战经验。为了在唯一数据采集的科技检测过程中，做到对标的物保护万无一失，我与国家级陶瓷检测重点实验室（景德镇）的检测人员，一起补充研制检测方法规范性标准，完善建立测试技术流程，健全基于互联网的特征数据库……昼夜模拟，不敢懈怠。五年前，我团队参与"黄釉对比展"策划的具体执行人员，基本是刚毕业就被我从全国各地招进来的博士和硕士，近年来像"散去满天星"，在各自岗位熠熠发光。现在这些博士和硕士，活跃在陶瓷科研、文博和教学第一线：有的担任"景德镇制"区域品牌重塑和保护工作，推动陶瓷产业标准化、体系化、数字化发展；有的积极合作"景德镇古陶瓷标本基因库"建设；有的作为主要骨干参与"建立元青花综合数据库"；有的积极推广"艺术陶瓷特征数据溯源体系"；有的在艺术陶瓷领域努力"构建相关标准体系"；有的加入开创"陶瓷知识产权快维中心"；有的在第五届中国国际进口博览会上，提供艺术展品溯源鉴定服务。"俯仰求索"建设陶瓷溯源大数据，目前在景德镇"方兴未艾"。确实没有想到，五年前"自得堂"的展品陶瓷 DNA 特征数据采集溯源的"半拉子工程"，如今成为景德镇一种现象，当初的"尖尖角"，成了陶瓷 DNA 溯源大数据平台的"顶梁柱"，不由戏改一句诗："有益"插柳柳成荫。

我有些"无厘头"地想：这些"记忆"和"进步"难道不是五年前"黄釉对比展"的"溢出"效果吗？作为曾经的策划和参与者，我骄傲！

"黄釉对比展"场地首先选定"陶瓷圣地"——景德镇中国陶瓷博物馆。记得我"三顾"馆长办公室，最后一次还带来了"口信"，与时任馆长赵纲先生，深入探讨国家博物馆向民间古陶瓷收藏者开放展览场地的"难点"，共同合作展陈的有关法律的"边界"。我把自己的思考向赵馆长提出并求教：国有博物馆的展示方式是不是可以紧跟时代步伐，以有利于助推时代进步、文化发展的观念来呈现。明确提出在法律框架下，"去伪存真"的展示原则。是我提出策划广州"自得堂"明清御窑黄釉展，"纯、真"文化本质的保证，更是东方古陶瓷研究会在进行陶瓷文明传承传播，积极倡导与追求的文化价值观念。这次展览如果能够顺利举办，可以促使民间有序收藏的价值和国有博物馆的功能尽可能得以最大化的展示，促进民间有效收藏与国有文博系统保管标本的有机结合和共同发展。

赵馆长说，国家批准的拍卖机构拍卖的瓷器，合法收藏，由政府主管部门批准并主办，可以合作展览，但一定要做到：积极配合"一带一路"倡议、长三角一体化发展等国家重大战略，用展览的语言来讲好中国故事、讲好陶瓷文化，用展览的语境感染和打动每一位参观者，深入挖掘展示中华优秀传统文化中跨越时空的思想理念、价值标准、审美风范，以古鉴今、古为今用、启迪后人，弘扬优秀传统文化，增强国人的民族自豪感和文化自信。在国有博物馆首创"黄釉对比展"，是一种担当，是一种品质，是一种大智慧，赵纲先生"棘手著文章"。

"黄釉对比展"中，民藏瓷器与御窑标本"对比"展览是一大核心亮点。记得在景德镇老城区，设在国家重点文物保护单位——祥集弄民宅内的办公室，我拜访时任景德镇市陶瓷考古研究所所长江建新研究员，恳请提供御窑瓷片标本，支持"自得堂"民藏明清御窑黄釉瓷器展。当时，御窑出土标本与民间古陶瓷收藏合作展览还没有先例，作为业内专家，江研究员知道"自得堂"御窑陶瓷藏品出自国际大拍卖行，来源清楚，但如何"比对"展陈需要思考。2013年在上级部委和地方政府指导下，我搭建艺术陶瓷"检政产学研"服务平台，建设基于互联网的陶瓷DNA数据库，得到景德镇市陶瓷考古研究所的大力支持。广州"自得堂"同意所有器物在展出期间，进行科技检测特征数据采集，录入大数据平台，这在国内御窑古陶瓷收藏界开了先河。我请江研究员考虑，可否共同做一个吃"螃蟹"的人？江研究员听后若有所思。我告辞时，江研究员从身后书柜里，拿出自己编写出版的《中国釉上彩瓷史略》和《纪念刘新园先生文稿》两本专著赠予我，并说"请予指正"。骤听此言，吓我一激灵，我与江研究员是议事"同袍"，面对"彬彬有礼"的"抬爱"，唯有捧书"三更灯火五更鸡"。

此后我们的几轮交谈，一步一步把"黄釉对比展"推进完善，江研究员不断丰富阐述御窑出土标本与"自得堂"藏品对比展的学术作用：认为可以明清两代黄釉瓷器为主线，深度挖掘当时烧造的历史背景，皇家制度，工艺流程，还原中国陶瓷史辉煌灿烂的一段佳话，探寻景德镇御窑黄釉瓷器的源流发展脉络等，同意可以试着首创由国家御窑文博系统与民间藏品合作对比展览的先例，取得成效，再行延展。这真是典型的"学者"决策，"出山同比在山清"。

我亦认为"黄釉对比展"采用民藏瓷器与御窑标本"对比"应该比单个"讲述"更有价值，就像"对话"比"讲课"更有趣一样，这应该是"黄釉对比展"展陈策划的一大亮点。这些"对比"远比以时间线"讲述"更能"激活文物，去伪存真"，"对比"展览往往有更符合大众的知识写真，不像三思而后言的"讲述"，让观众在参观趣味中更容易捕捉收获、记住和思考，方便探索中国传统文化，并在景德镇御窑瓷器中跨越时空，了解工艺标准、审美风范和探究群体性工匠等，以古鉴今、启迪后学。这就像儒教孔子与学生的经典"对话录"流传的"经书"中《论语》《檀弓》等著作。"乐者，德之华也。"

紧接我又陆续拜访请示了政府有关部门、机构和景德镇陶瓷大学，几个重要的"对话"取得成果，在此行礼感谢对"黄釉对比展"活动支持和帮助的所有朋友。骄阳下我马不停蹄赶往广州"自得堂"，最后商量展品事宜。其实早在起意之初，我便和东方古陶瓷研究会秦大树教授、曹建文教授等人，数次来主于北京、深圳、景德镇三地，与玮瑜商讨策划具体"黄釉对比展"。当时相比于现主，"黄釉对比展"民间古瓷器收藏走进国家一级博物馆办展，在没有先例的情况下，确实需要扎实的学术功底和敢为人先的勇气。时机成熟后，由景德镇中国陶瓷博物馆邀请江建新、郭学雷、曹建文、何身德和我等人组成专家组，精心挑选展品。最终选取"自得堂"藏明清黄釉瓷器 58 件（套）和景德镇中国陶瓷博物馆藏 13 件黄釉瓷器，以及由景德镇市陶瓷考古研究所提供的 13 件出土黄釉瓷器标本。

2017 年 9 月 2 日下午，景德镇国际陶瓷博览会组委会办公室官方主持，由景德镇市东方古陶瓷研究会和广州"自得堂"发起并参与承办，"黄承天德——明清御窑黄釉瓷器珍品展览暨明清御窑黄釉研究国际学术研讨会"新闻发布会，在景德镇中国陶瓷博物馆一号会议室举行。新闻发布会介绍：这是国内首次由官方和民间共同举办明清御窑黄釉瓷器的展览，旨在通过流传有序的完整器和窑址出土的残器标本对比展览，为观众提供一次较全面欣赏明清御窑黄釉瓷器的机会，也为明清御窑黄釉瓷器的学术研究再添重要砝码。本次展出的御窑黄釉瓷器自明代早期至清代末期，朝代序列基本齐全，甚为难得。并且展品来源清晰，流传有序，精、真、美、雅俱全，很多重器都是寻常难得一见的。例如，美国纽约大都会艺术博物馆旧藏的康熙黄釉刻缠枝莲纹梅瓶、琵金顿旧藏的明弘治娇黄盘、玫茵堂旧藏的康熙黄釉大碗、仇炎之旧藏的雍正黄釉暗刻龙纹盘、马钱特旧藏的清雍正柠檬黄菊瓣盘、茧山龙泉堂旧藏的明嘉靖黄釉盘、艾斯肯纳齐旧藏的明正德黄地绿龙盘、日本山中商会旧藏的清乾隆黄釉水洗等，均是博物馆级别的明清御窑精品瓷器。"黄釉对比展"邀请了国内外专家、学者及研究人员等近百人参加，自此历经大半年策划筹备、甘苦备尝的"黄釉对比展"正式扬帆起航，笃行不怠。

"黄釉对比展"新闻发布会后，景德镇市人民政府市长梅亦、副市长熊皓等领导亲自到展陈布置现场看望大家，指导本次展览活动。

"黄釉对比展"按期隆重开幕后，在古陶瓷圈内和文博系统得到极大关注，国家有关部门、省市领导前来观看，围观者络绎不绝，尤其是专家学者对"黄釉对比展"有极浓厚的兴趣和话题。有句俗话说："会看的看门道，不会看的看热闹"，就"黄釉展"来说，一般遣兴的观众和读者，则看其"热闹"。笔者不敏，当年在展馆，夹在众多"爱好者"之中，争看自己参与策划的这场"热闹"，测试按顾廷龙先生的"专为前贤行役，不为个人张本"的精神来要求自己退休转型是不是可行？当然还想通过陶瓷这个载体，积极推广中国传统陶瓷文化，确立东方古陶瓷研究会有一条可以走得通的"文化自信"道路。

前来参加明清御窑黄釉研究国际研讨会的专家学者便看其"门道"，"评头论足"，不同凡响。北京大学考古文博学院教授秦大树说："这次的展览展示了非常优秀的私人藏品和考古挖掘的出土标本，景德镇中国陶瓷博物馆的精品也是来自于故宫调拨品，很可能为皇帝使用过的，这些来源不同的黄釉瓷器放在一起以飨观众，大家可以看到当时的生产情况，后来的使用情况和民间的收藏情况，这是一个很了不起的活动。"时任北京故宫博物院器物部主任吕成龙道："黄釉瓷器是中国古陶瓷发展史上非常重要的单色釉品种，从明洪武年间至清末一直没有间断烧造，它是历史上最重要的'供御'瓷器之一，尤其是全黄釉瓷器等级最高。此次展览除了来自'自得堂'的全黄釉瓷器精品以外，还有景德镇中国陶瓷博物馆的馆藏和景德镇市陶瓷考古研究所发掘出土的黄釉瓷器标本，展品的内涵更丰富，也更有意义。"时任景德镇市陶瓷考古研究所所长江建新指出："纵观中国陶瓷史当中，黄釉瓷器一直是皇家生产的重要品种，也是体现皇帝意识形态和上层建筑的重要艺术载体。黄釉瓷器的工艺和文化都有非常丰富的内容，这次展览的举办为研究者提供了一次非常好的研究机会。"中国嘉德国际拍卖有限公司陶瓷部总经理于大明说："期待国内有更多像自得堂主人冯玮瑜这样的藏家，不仅对所藏之品有系统的收藏研究，更能推广收藏理念及发掘藏品的历史价值，使更多的瓷器爱好者对明清御窑瓷器有更深的理解。""震撼，是我听到参观者说得最多的词。"时任馆长赵纲告诉我：明清御窑全黄釉瓷器是等级最高的皇家御用瓷，因存世数量稀少，收藏尤为不易，而此展览能够一次性看到这么多的黄釉瓷器是非常难得的，除了数量最多的实用器皿碗、盘、杯、碟以外，还有难得一见的黄釉陈设器和祭器。这些曾经在景德镇诞生的最高等级瓷器在流传百年之后，又回到了瓷器的故乡展览，它们所蕴含的文化艺术魅力，具有穿越时空的力量。

现在回过头来看，我认为"黄釉对比展"活动除它清晰明亮的"历史形象"之外，更多的是它"讲好中国故事"的现实意义。要讲好"中国故事"，只有走进博物馆，仔细观看"黄釉对比展"，就可以"见一叶而知深秋"。"黄釉对比展"的对比效果简单明了、童叟无欺，会愈看愈清楚，愈看愈明白"讲好中国故事"是怎么回事，对科学普及传统陶瓷文化极具"实用价值"。

如今"黄釉对比展"已经过去五年了，记得两年前我受邀参加坐落在景德镇陶溪川，颜山美术馆举办的"唐·现——唐代洛阳三彩与当代李颜珣三彩特展"。低温黄釉是随着汉代铅釉陶而出现，后来在唐三彩、宋代红绿彩及元明清时期景德镇娇黄釉上都有演进和发展。唐三彩工艺精湛，色彩绚丽，艺术成就卓越，在中国陶瓷史上占有重要地位，是驰名世界的艺术瑰宝。唐三彩和娇黄釉同属国际顶级艺术品。景德镇娇黄釉工艺与唐三彩黄釉的制作工艺具有极大的相似性，它是唐三彩黄釉的传承和再创造。

在观展中我请教景德镇陶瓷大学研究生院院长、博士生导师张茂林教授，明清御窑黄釉瓷器在单色釉中占有重要的地位，受到许多藏家追捧并成为"财富密码"，除黄色按中国传统的"五行学说"享有崇高的地位外，最旦《周易》记有"黄裳，元吉"，说明黄色是吉利之色。《汉书》："黄色，中之色，君之服也。"《元史》卷七十二·志第二十三："昊天上帝色皆用青，皇地色皆用黄。"《明史》曰："闪黄，乃上用服色也。"但究竟是哪些因素造成景德镇御窑（器）厂，曾一度盛行并大力发展黄釉瓷器，且烧造质量非常高，冠绝当时。张教授说：明清景德镇颜色釉，包括黄釉的大力发展是多方因素综合促成的，其中专属于帝王的御窑（器）厂的设立，以及由此衍生的皇帝的个人爱好和亲自参与、督陶官的主动与被动创新、皇家礼仪祭祀需要仿古之风的兴起，及优质资源的得以垄断和专用是其中最为关键的原因。同时，悠久制瓷历史所积淀的雄厚技术基础，四面环山的独特地理环境和丰富的制瓷资源，以及因北宋末年至元的连年战乱影响而造成的"工匠来八方"的局势，是明清景德镇颜色釉瓷得以不断创新和发展的又一重要原因。此外，明清时期御窑（器）厂管理下所产生的定量化、精细化、标准化和程序化的生产工艺方法体系，也是促进景德镇制瓷技术不断提高，以及对原料、烧制等工艺环节要求更为严格的颜色釉瓷创新和大发展的重要原因。

这些清晰和明确的知识点，有的人没有听过，有的人可能听过多遍，俗话说"话说三遍淡如水"。无论听过和没有听过，这时候玮瑜适时出版的新书就有了"点醒梦中人"的作用，书中把大量的实物图片呈现给大家，互印学者总结出来的明清御窑单色釉瓷器之"黄承天德"的美学意蕴，读者应该可以"先睹为快"了。

玮瑜聪慧、干练、精致，她的热情和广州人标准普通话，有一种与生俱来的感染力，真是"又美又飒"。而我对玮瑜的认知：学习是她的"职业"，收藏是她的"训练"，文学则是她的"爱好"。书中她讲收藏的心路历程，在全国各大专院校、博物馆"敏而好学，不耻下问"，"因物与各位老师交往，依然清楚如初"；在公众号里她带领学子游历全国各窑口，"触摸"古窑的温度，"对话"古瓷的冷暖，"学习"自是她的"职业"。她跑遍各大拍卖行，与藏品结缘，见证艺术品市场"烈火烹油"和"寒冷彻骨"，接受"社会科学"的严格"训练"。在《你所不知道的中国收藏》这本书里，她在有关"清康熙豇豆红釉镗锣洗"的收藏描述，"小女子一见到这件豇豆红的釉色，犹如'一见杨过'似的，心旌荡漾，魂牵梦萦。我可不能'误终身'啊！"这么美妙的"文学"修养，可见她品味生活、传道解惑的"爱好"："不去惊艳谁的人生，只温柔自己的岁月"。

玮瑜写书清新脱俗，文字优美，细腻流畅，雅俗共赏。这本书实际上是"复原"了五年前轰动全国业界的"黄釉对比展"盛况，遗憾的是当初由于种种原因，没能把近二十位专家学者的学术报告留存下来，现在成为了本书的一个"空白"页。好在现今研究明清御窑（器）厂和御窑瓷器的学术文章"满坑满谷"，既然"复原"给读者们看，我觉得瓷器"爱好者"可以在"满坑满谷"中"量脚做鞋"，对着"图录"一一对应阅读，好在当今学术文章在引证上比较明确易解，方便学习。

2022 年 11 月

序言四

冯玮瑜

自得堂主人、广州市当代艺术研究院理事长

    《通典》注云："黄者，中和美色，黄承天德，最盛淳美，故以尊色为溢也。"由于"黄"与"皇"同音，黄釉是代表至尊皇权的颜色，象征皇权神圣不可侵犯。黄釉是明清时期皇家严格控制的釉色，为皇帝御用，或为祭祀专用，体现对皇权的膜拜和尊崇。自明初以来，黄釉瓷器就被以法典的形式确定为御用瓷，成为各朝例制，不论烧造工艺还是釉料配方都属于御窑厂秘方。黄釉瓷器是明清皇家专用瓷器，其他人不得擅用。尤其是清代，全黄釉器只有皇帝、皇后和皇太后才能使用，是等级最高、最尊贵的皇家御用瓷器。

    御用黄釉器存世量稀少，收藏尤为不易。本次展品跨越明清两代六百多年，历经朝代更替、灾难兵燹，这些皇家御窑瓷器的完整器能完好保存到今天，殊为难得，每一件都弥足珍贵。在御窑遗址上发掘出来的黄釉器瓷片，是当时烧制后因不符合标准而被打烂埋藏，虽不是完整器，却是无可争议的标本、重要的断代依据。

    完整器和标本同场展览，互相对比，互相印证，无论从学术研究角度，还是从考古实证角度，都具有非常重要的意义。

    本次展览展品是由景德镇中国陶瓷博物馆、景德镇市陶瓷考古研究所和"自得堂"三家共同提供，是首次将国有博物馆、考古研究所和私人藏家所藏明清御窑黄釉瓷器共同展出，并辅以出土标本，时代自明代早期至清代末期，朝代序列基本齐全，展品来源清晰，流传有序，真、精、美、雅俱全，很多重器都是难得一见。

    本次展览为观众提供较全面欣赏明清御窑黄釉器的机会，通过实物和标本的参照对比，也为明清御窑黄釉器的学术研究提供了重要例证。通过参观展览，可以了解明清每个朝代御窑黄釉器的生产工艺及烧制水平，了解明清御窑生产发展史。这是一次不可多得、水平极高的皇家御窑黄釉瓷器专题展览。

这次展览的展品经景德镇市陶瓷考古研究所所长江建新、深圳市博物馆副馆长郭学雷、景德镇陶瓷大学教授曹建文、景德镇中国陶瓷博物馆副馆长何身德、景德镇市东方古陶瓷研究会执行会长李锋等专家学者精心挑选与鉴定，确保每一件展品的真实性和准确性。

2022 年 2 月 22 日

权威推荐

吕成龙

故宫博物院器物部主任

　　黄釉瓷器是中国古陶瓷发展史上非常重要的单色釉品种，从明洪武年间至清末一直没有间断烧造，它是历史上最重要的供御瓷器之一，尤其是全黄釉瓷器等级最高，只有皇帝、皇后、皇太后才能使用，是皇家特别重视的一个最主要的瓷器品种。上个月 29 号在故宫博物院隆重举行了景德镇市御窑遗址考古发掘出土的黄釉瓷器修复件，还包括标本跟故宫博物院藏的明代弘治、正德时期的御窑的黄釉瓷器的一个对比展，深受观众的喜爱。今天此次展览除了来自"自得堂"的全黄釉瓷器精品以外，还有景德镇中国陶瓷博物馆的馆藏和景德镇市陶瓷考古研究所发掘出土的黄釉瓷器标本，展品的内涵更丰富，也更有意义。三家共同把展品汇聚在一起来举办这个展览，跟故宫博物院正在举办的弘治、正德的御窑瓷器展的对比展，应该说也是南北之间的很好呼应。我想这个展览的举办，应该说对于弘扬我们景德镇的陶瓷文化，还有博大精深的中国陶瓷文化，对于进一步促进明清时期皇家御窑的黄釉瓷器的研究，必将起到一个非常好的促进作用，也必将作为非常精彩的一页，载入景德镇的陶瓷文化史。

——

耿东升

中国国家博物馆研究院古陶瓷研究所所长

　　黄釉瓷应该说是明清时期重要的一个瓷器品种，它代表了皇家气派，北京的皇宫，颜色也是黄的，是代表了顶级的、至尊的颜色。冯女士黄釉的收藏昨天都看过了，器物种类非常丰富，品相也非常好。我跟冯女士说，你是一个非常有心的人，收藏的东西是非常珍贵、非常精美的。

——

禚振西

陕西省考古研究院研究馆员

耀州窑博物馆名誉馆长

玮瑜的明清御窑黄釉瓷器收藏既有深度也有广度，特别是成系列的收藏，她是第一人，作为一个女性藏家，取得如此成就，特别难能可贵。这次跟景德镇市考古研究所和景德镇中国陶瓷博物馆共同举办对比展，能让民间收藏的高质量官窑黄釉瓷器回娘家和当地文博部门共同展览，让人眼前一亮。展品太好了！也很震撼！出土和传世品共同对比展出，也为学术研究提供了难得的实物资料。

———

秦大树

北京大学考古文博学院教授

黄釉瓷器在古代历史上占有非常重要的地位，黄色代表皇家的颜色，从我们对御窑厂的考古工作来看，大概从明中期御窑就以黄釉瓷来制作礼器，并一直延续到清代后期。这个展览也让大家看到明清御窑这种最核心的祭器礼器生产的风采。这次展览展示了非常优秀的私人藏品和考古挖掘的出土品，而景德镇中国陶瓷博物馆的精品也是来自于故宫调拨品，很可能为皇帝使用过的。这些来源不同的黄釉瓷器放在一起以飨观众，大家可以看到当时的生产情况，后来的使用情况和民间的收藏情况，这是一个很了不起的活动。

———

江建新

景德镇市陶瓷考古研究所所长

纵观中国陶瓷史，黄釉瓷器一直是皇家生产的重要品种，也是体现皇帝意识形态和上层建筑的重要艺术载体。黄釉瓷器的工艺和文化都有非常丰富的内容，这次展览的举办，为研究者提供了一次非常好的研究机会。

———

郭学雷

深圳博物馆副馆长

黄釉瓷器是明清宫廷礼仪制度的产物，作为专为供奉帝王及满足宫廷需求而生产的特殊瓷器品种，其与宫廷庄重繁缛、等级森严的各类政治与生活礼仪密不可分，地位显赫。这次以黄釉为主题的展览，汇聚公私收藏，在呈现黄釉瓷器特殊的工艺之美的同时，也为推进黄釉瓷器的研究，提供了难得的契机。

占启安

景德镇陶瓷大学副校长

景德镇作为一个非常厚重的陶瓷历史文化名城，每年一次陶瓷博览会主办的活动，它的文化性、欣赏性，更重要的是它的权威性，无疑是非常高的一种体现。这次明清黄釉瓷器的展览，体现是皇家官窑的感觉，我想它的制作本身就精美，能留存下来更是一种幸运。

曹建文

景德镇陶瓷大学考古文博学院教授

黄釉是中国古代陶瓷的一种重要釉色，其起源可以追溯到汉唐时期，它是以适量的铁为呈色剂，以铅为助溶剂，在氧化焰气氛中烧成的。黄釉瓷器的真正成熟发展是景德镇的明清御窑，其功能不仅仅是供皇家日用或观赏，更重要的是它反映了明清国家和皇族的礼仪制度，是皇权在瓷器中最尊贵的代表。这次展览既是民间与国有考古文博单位成功合作的范例，同时对我们认识景德镇明清御窑黄釉瓷器产生与历史发展具有重要的学术意义。

李 峰

景德镇陶瓷大学陶瓷文化高等研究院研究员

景德镇市东方古陶瓷研究会创始人

原国家级陶瓷检测重点实验室（景德镇）主任

中外专家聚瓷都，陶瓷研究在黄釉，百家争鸣论御窑，珍品展览醉中国，著书立说传百世，东方陶瓷联世界。本次展览的黄釉珍品一是展示了最能体现当时皇权的御窑黄釉；二是收藏家纵向深入从世界各地著名博物馆、大拍卖场收购御窑黄釉瓷器；三是透过成系列的黄釉瓷器展览，全方位了解其在明清两代所产生的政治、经济、社会价值。展览是东方古陶瓷研究会通过古陶瓷这一载体，积极推广中国传统文化的成功活动，这是一条可以走得通的文化自信道路。今后需继续与有责任的民间收藏家合作共赢，达到挖掘御窑陶瓷内涵，文化强国的目的。

刘成基

广东省文物鉴定站站长

此次展览，汇聚了景德镇中国陶瓷博物馆藏黄釉瓷、景德镇市陶瓷考古研究所发掘出土的黄釉瓷标本和来自"自得堂"的黄釉瓷精品，品种齐全、内涵丰富，公私藏品各自精彩。展览既涉及考古发掘标本与博物馆传世藏品的对比研究，又结合了私人珍藏的精彩展陈，为观众深入了解中国明清时期皇家特殊瓷器品种黄釉瓷器的生产使用、工艺特色、文化内涵和当下民间收藏的情况，提供了一次非常难得的研赏机会。

刘 旸

中国嘉德国际拍卖有限公司瓷器及古董珍玩部总经理

明清时期礼制、等级制度愈发森严，官府在器用服色方面都有严格的规定，臣庶不得僭越。黄色，尤其是明黄色，系帝后专用的颜色，是身份等级的象征，故而黄釉瓷器的使用范围和品种也有严格的规范，可以说是单色釉瓷器中最为高贵的釉色。今天，黄釉瓷器这类尊贵的皇家御用珍品除典藏在博物馆中，同时也是市场中极受追捧的品类。自得堂冯玮瑜女士收藏黄釉瓷器多年，潜心研究，步伐坚实，渐成今日之规模。其藏品均是品相优美的佳作，涵盖明清两朝，品类齐全，蔚为大观。本次展览将博物馆藏品、考古出土品、民间珍藏品共聚一堂，为观众呈现了一场别开生面的文化和视觉盛宴，同时也将自得堂专业的收藏理念展示给大家，是为民间收藏的成功典范。

——

于大明

中国嘉德国际拍卖有限公司陶瓷部原总经理

非常高兴能够前来参加"黄承天德——明清御窑黄釉瓷器珍品展"的开幕式。嘉德作为协办单位，我感到非常的荣幸。我们和自得堂主人冯玮瑜是老朋友了，在2016年春季，冯女士就甄选了33件（套）明清黄釉瓷器，与中国嘉德共同在北京举办过"皇家气象——自得堂藏明清御窑黄釉瓷器特展"呈现给观众，展览广受好评，不仅使广大瓷器爱好者对明清两朝黄釉瓷器有更深刻的认识，更是对瓷器市场有很好的推动。今天冯女士在明清御窑发源地举办展览，我相信这次展览一定会取得更大的反响。期待国内有更多像自得堂主人冯玮瑜这样的藏家，不仅对所藏之品有系统的收藏研究，更能推广收藏理念及发掘藏品的历史价值，使更多的瓷器爱好者对明清御窑瓷器有更深的理解。

——

曾波强

广东省鉴定委员会委员

广州市文物总店原总经理

瓷器藏家慕御瓷，御瓷尊贵数黄釉。这是迄今为止所见极高水平的成系列明清御窑黄釉瓷器展览，该展览由景德镇市陶瓷考古研究所发掘御窑厂出土的部分文物、景德镇中国陶瓷博物馆部分馆藏文物、自得堂收藏的传世品共同组成，进行同时代器物比对展，富有特色及创意，深具学术价值。展品里有广州市文物总店旧藏库出的传世品，让我有似曾相识燕归来的感觉。自得堂冯玮瑜是从广州走出来的藏家，其收藏的视野遍及国际，尤其对御窑黄釉瓷情有独钟，颇有心得，达到了一个新高度。这场展览让人们能够通过出土和传世实物的对比，认识和鉴赏御窑黄釉瓷器在各个时期的演进和特征，意义重大。

如何让文物活起来，特别是民藏文物活起来？最好的途径莫过于研究推广、借助公共平台举办展览、出版著作。该书的出版，也是此次展览的重要成果之一，值得期待！

——

熊 浩

景德镇市人民政府副市长

在景德镇中国陶瓷博物馆举办明清御窑黄釉瓷器展览，可以说是我们瓷博会整个活动体系当中一个重要的活动，也契合了我们正在与故宫博物院共同举办的明代弘治、正德御窑黄釉瓷器对比展。今天这个活动是民间收藏和我们陶瓷博物馆以及御窑博物馆举办的明清两代各个时期的黄釉精品展，可以促进学术研究方面有更好的提高。

——

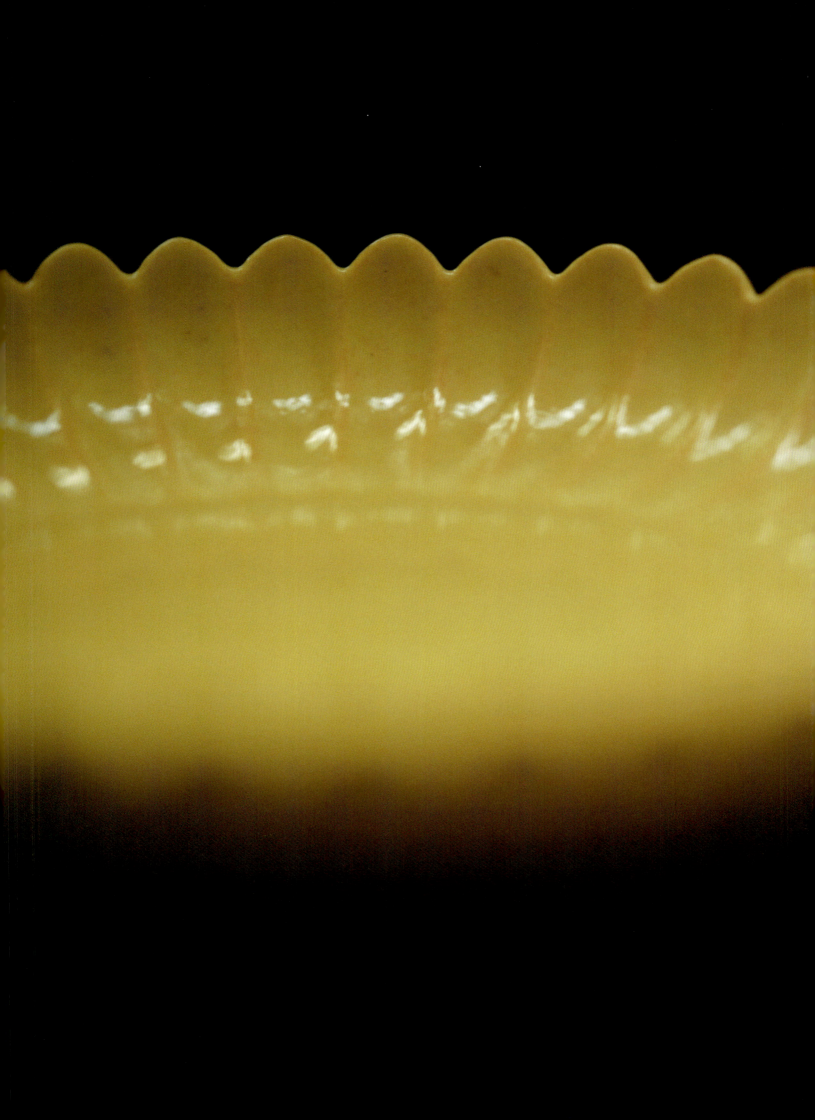

黄釉御窑瓷器简介

冯玮瑜

　　黄色在中国享有崇高的地位，其理论依据来源于中国传统的"五行学说"。"五行"指的是金、木、水、火、土，它们各有对应的方位与色彩。前四位"金、木、水、火"对应的方位为"西、东、北、南"，其对应色彩为"白、青、黑、赤"。而最后一位"土"则居于中央，对应黄色，有统率四方之意。

　　中国历代帝王崇尚土德，故黄色成为帝王之色。皇帝是中央集权的象征，将黄色融入皇帝的衣食住行之中，则象征了皇帝贵在有土，有土则拥有天下至高无上的权威。

　　中国古代很多朝代都以黄色为贵。早在《周易》中，就有关于黄色为吉利之色的记载，如"黄裳，元吉"。《明史》记载："闪黄，乃上用袍色也。"《汉书》说："黄色，中之色，君之服也。"由此可以看出古代先民对黄色的尊崇。

　　黄色是历代帝王所崇尚的专属颜色，黄釉则成为明清时期皇家的御用釉色。《明英宗实录》卷一百六十一载，明正统十二年十二月十七日，上命："禁江西饶州府私造黄、紫、红、绿、青、蓝、白地青花等瓷器。命都察院榜谕其处，有敢仍冒前禁者，首犯凌迟处死，籍其家货，丁男充军边卫，知而不以告者连坐。"据此可知，一些为皇家专用的瓷器品种是禁止民间烧造的，其中放在首位的就是黄釉瓷。

　　明代初期烧造的黄釉器物较少，多以盘、碗为主。直到明代弘治时期，低温黄釉瓷的烧制达到了历史最高水平。此时黄釉釉色娇嫩、淡雅，光亮如同鸡油一般，被称为"娇黄"或"鸡油黄"。又因其使用浇釉法施于瓷胎之上，故又称"浇黄"。弘治黄釉瓷器壁较薄，通体施黄釉，光素无纹。造型规整，修坯细洁，多见直口盘。器物底足低矮，圈足光滑，底微塌，造型呈窝状，俗称"窝盘"。款识除了"弘治年制"四字篆书刻款外，还有"大明弘治年制"两行六字楷书青花双圈款。弘治黄釉瓷除了釉色超凡绝伦外，还突破了品种上的局限，烧制出诸如牺耳尊、绳耳尊、飘带耳尊等体量较大的琢器。

正德时期黄釉瓷继承弘治之作，但釉色不如弘治浅淡而嫩，显得深沉，胎体加厚，有"老成持重"之说。款识与弘治期保持一致。同时，正德黄釉工艺繁复、花样翻新，品种拓展到黄地绿彩、黄地紫彩等。

嘉靖时期黄釉变深，釉质肥厚，釉面有不平感，色调大多鲜亮，偶有极淡且釉面匀润者。器物多为素面，也有双线或单线暗刻花纹装饰，器型以盘、碗、杯、碟、罐为多。款识有青花双圈或单圈六字双行楷书款。

明代万历晚期，景德镇御器厂停工辍烧，黄釉官窑瓷器以"官搭民烧"方式，质量不一。

到了明代天启、崇祯时期，社会动荡，战乱频繁，黄釉官窑器已不可见。

清代顺治时期，黄釉瓷恢复烧制。到了康熙时期，以仿制明代"娇黄"为主，釉质细腻晶莹，质量提升。此时还出现了蛋黄釉，因色如鸡蛋黄，故称"蛋黄釉"。康熙黄釉瓷不仅在釉色上有所发展，瓷胎上还出现了加刻各种图案花纹的工艺以及堆塑纹饰。另外，器型也有创新，多以素面为主。底部款识为青花"大清康熙年制"六字款，器物的圈足较明代偏矮。

雍正时期是清代黄釉瓷烧制最好、艺术水平最高的一朝。此时黄釉瓷以柠檬黄釉最为出名。这一时期的黄釉瓷不仅造型完美，做工精细，胎薄、质细，更重要的是除了承袭前朝单色釉和黄地绿彩制品外，还出现了黄釉地施加粉彩的图案。同时，官窑典型器造型也更加丰富。

乾隆时期黄釉器物明显少于康熙、雍正时期，呈色极为淡雅匀净，釉层较薄，施釉均匀，没有深浅不一的色差。传世品多为日常生活用具。此时黄釉瓷在单色黄釉创新上并无发展，多作为黄釉彩瓷的底色。

清三代之后，每一代皇帝均有烧造黄釉瓷器，但没有什么创新，质量更是每况愈下。到了光绪时期，黄釉瓷的烧造质量和品种有所恢复和提高，黄釉瓷数量与器型仍旧不少。宣统虽然仅仅三年，但黄釉御瓷仍有生产，质量与光绪时期大体一致。

2022 年 2 月 22 日

目 录

黄承天德 · 图版

黄承天德 · 文论

黄承天德 · 图版

明

洪武

1368–1398 年

黄釉罐

明 洪武

『内府供用』款

高：23.8厘米

自得堂藏品

明

永乐

1403-1424 年

黄釉碗残片

明 永乐

残高：7.8厘米

———

景德镇市陶瓷考古研究所藏品

来源———

2002 年出土于珠山北麓

03

黄釉盘残片

明 永乐

残高：13厘米

景德镇市陶瓷考古研究所藏品

来源—

2002年出土于珠山北麓

黄釉碗残片

明 永乐

景德镇市陶瓷考古研究所藏品

明

宣德

1426–1435 年

05

黄釉盘

明宣德

『大明宣德年制』款

口径：14.9厘米

自得堂藏品

黄釉梨形壶

明 宣德

高：12.7厘米

景德镇市陶瓷考古研究所藏品

来源——

1988年出土于珠山路北侧御窑遗址

黄釉直壁碗

明 宣德

『大明宣德年制』款

口径：13.8厘米

景德镇市陶瓷考古研究所藏品

来源——

1988年出土于宣德地层

黄釉碗

明 宣德

口径：10.2厘米

景德镇市陶瓷考古研究所藏品

来源——

2002年出土于珠山北麓

黄彩花卉纹盘残片

明 宣德

残长：9.2厘米

景德镇市陶瓷考古研究所藏品

来源——

1993年出土于宣德地层

黄彩牡丹纹盘残片

明 宣德

残长 15.8 厘米

景德镇市陶瓷考古研究所藏品

来源—

1994 年出土于宣德地层

明

成化

1465–1487 年

黄釉盘

明 成化

口径：18.8厘米

自得堂藏品

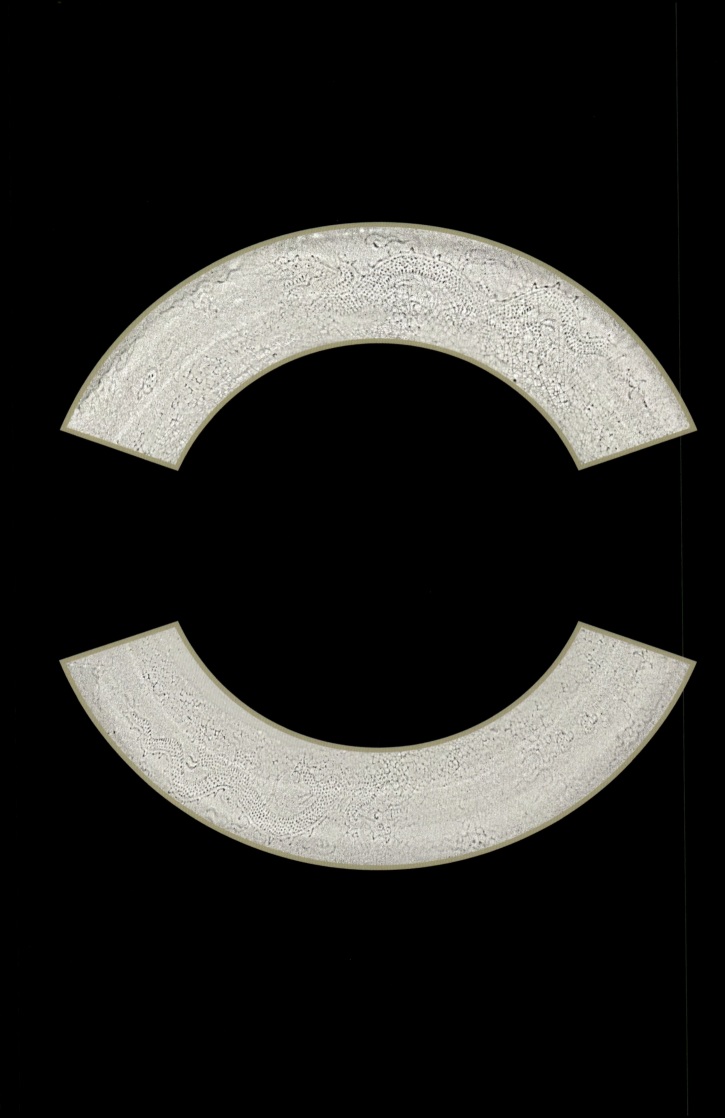

12

黄釉碗

明 成化

『大明成化年制』款

口径：10.3厘米

——

景德镇市陶瓷考古研究所藏品

来源——

1987年出土于珠山成化地层

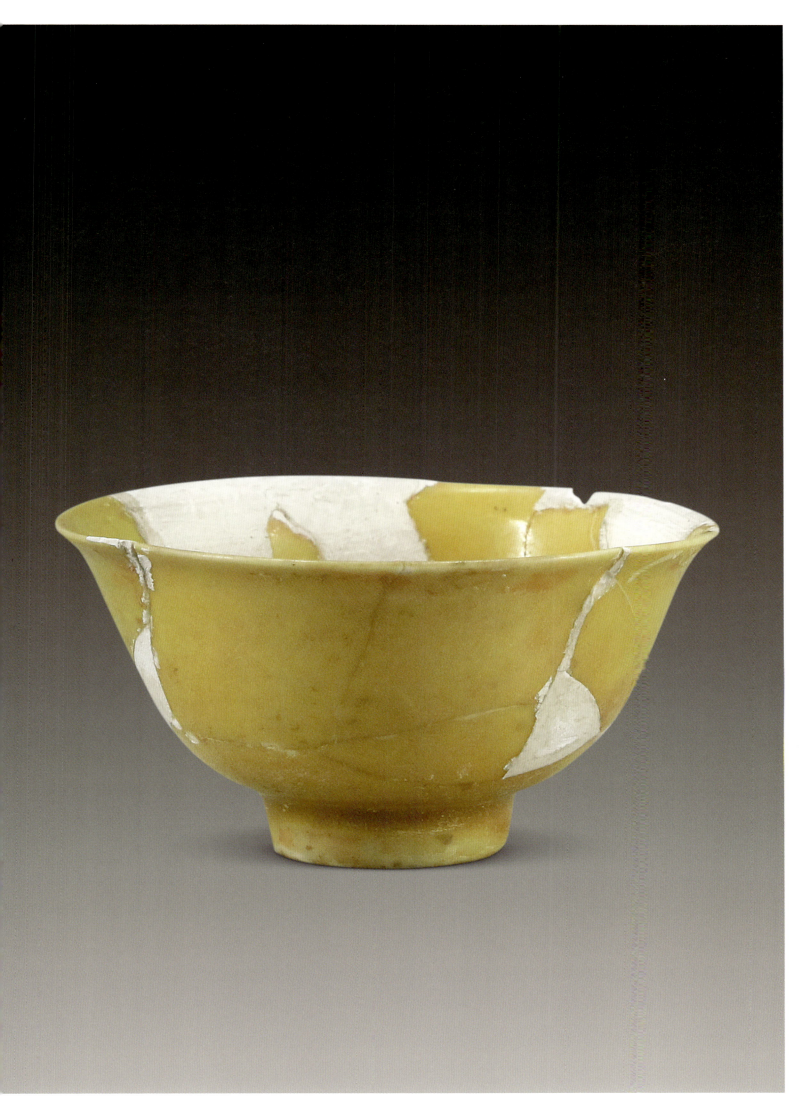

黄彩梵文碗残片

13

明 成化

『大明成化年制』款

底径：6.8厘米

景德镇市陶瓷考古研究所藏品

来源——

1987出土于成化地层

展览—

『皇家气象—自得堂藏明清御窑

黄釉瓷器特展』，北京，2016年，编号2。

14

黄釉碗

明 弘治

『大明弘治年制』款

口径：19.5厘米

自得堂藏品

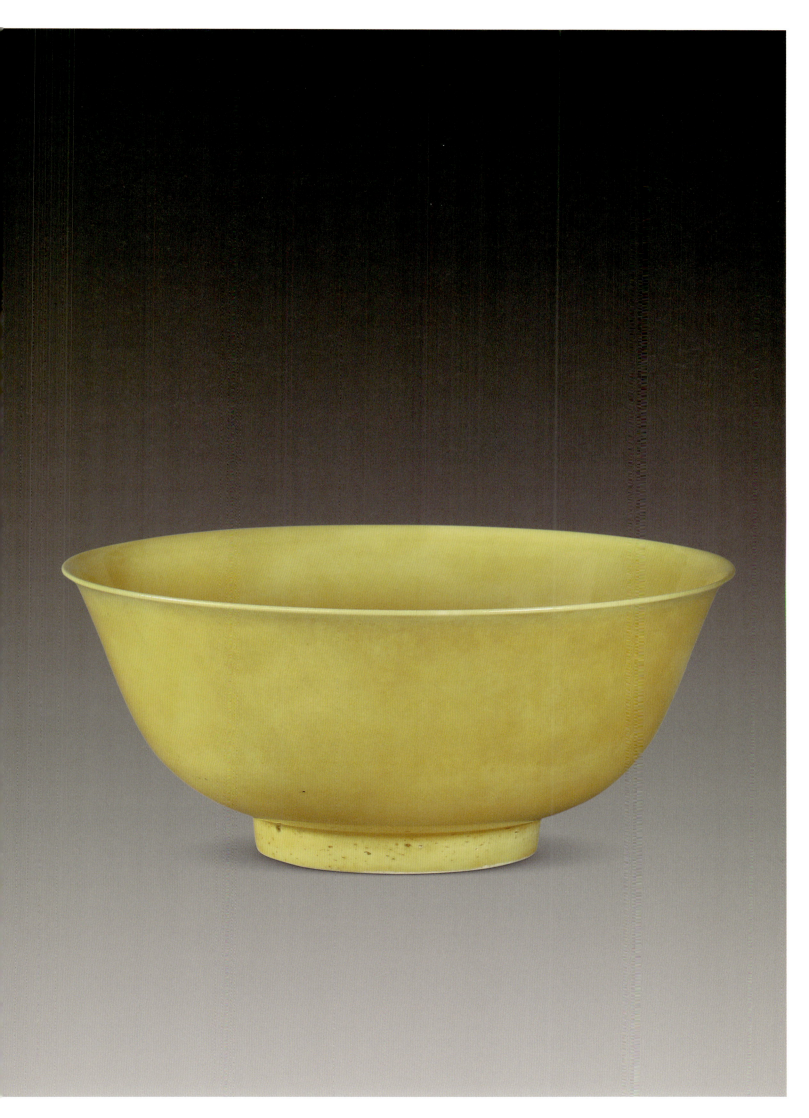

黄釉盘（一对）

15

明 弘治
『大明弘治年制』款

口径：21.5厘米

—

自得堂藏品

展览—

『皇家气象—自得堂藏明清御窑
黄釉瓷器特展』，北京，2016年，编号1。

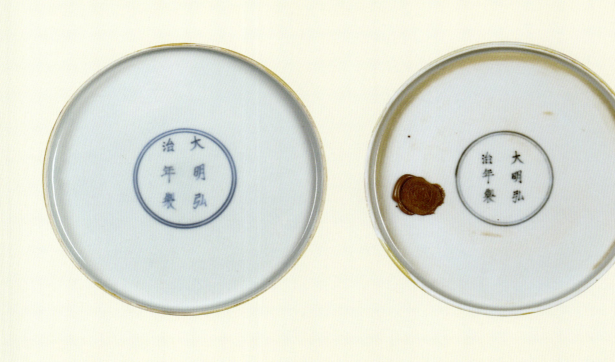

展览—
『皇家气象—自得堂藏明清御窑
黄釉瓷器特展』，北京，2016年，编号 3。

著录—
冯玮瑜：《藏富密码》第三章，
广州：广东人民出版社，2018年，62 页。

黄釉盘

16

明 弘治

『大明弘治年制』款

口径：21.5 厘米

自得堂藏品

黄釉盘残片

明 弘治

『大明弘治年制』款

底径：12.1厘米

景德镇市陶瓷考古研究所藏品

来源——

1988年出土于珠山御窑遗址

黄釉盘残片

明 弘治

景德镇市陶瓷考古研究所藏品

19

黄釉碗残片

明 弘治

『大明弘治年制』款

景德镇市陶瓷考古研究所藏品

黄地紫彩碗残片

明 弘治

『大明弘治年制』款

景德镇市陶瓷考古研究所藏品

明

正德

1506–1521 年

黄釉碗

明 正德

『大明正德年制』款

口径：17.7厘米

自得堂藏品

展览——

『皇家气象—自得堂藏明清御窑

黄釉瓷器特展』，北京，2016年，编号 5。

著录——

冯玮瑜：《藏富密码》第四章，

广州：广东人民出版社，2018年，154 页。

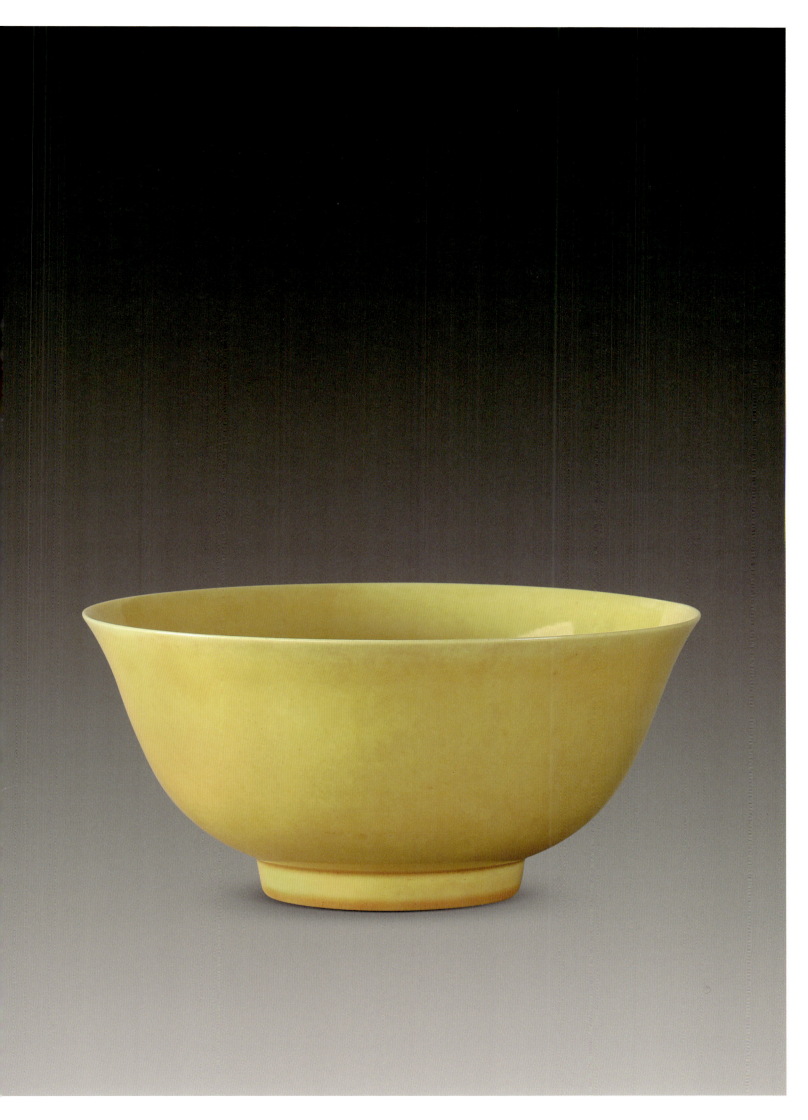

22

黄釉盘（一对）

明 正德

『大明正德年制』款

左 口径：20.9 厘米 右 口径：21.1 厘米

自得堂藏品

展览—

『皇家气象—自得堂藏明清御窑
黄釉瓷器特展』，北京，2016年，编号 6。

23

黄釉盘

明正德

『大明正德年制』款

口径：17.7厘米

自得堂藏品

24

黄地绿龙纹盘

明 正德

『正德年制』款

口径：18.9厘米

自得堂藏品

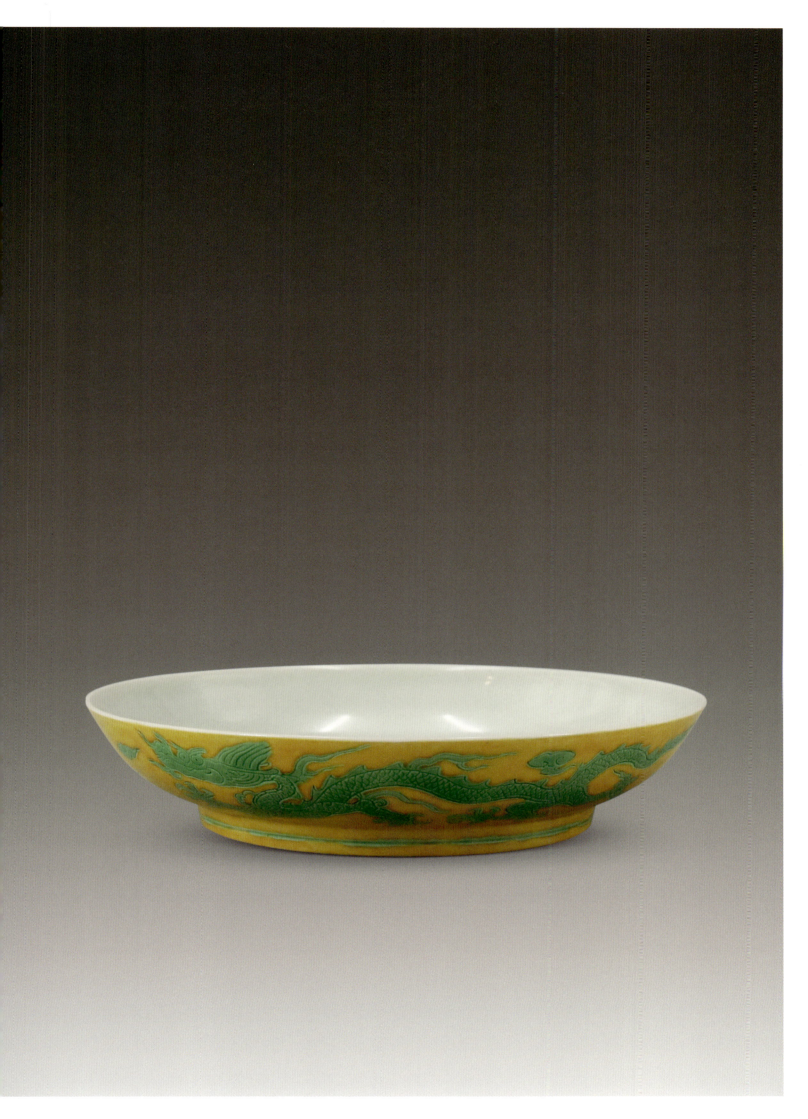

黄釉碗残片

明 正德
『大明正德年制』款
景德镇市陶瓷考古研究所藏品

明

嘉

靖

1522—1566 年

黄釉罐

明 嘉靖
『大明嘉靖年制』款
高：15厘米
—
自得堂藏品

展览—
广东省博物馆『五色祥云—自得堂藏
宋元明单色釉瓷器特展』，2017年，编号53。

著录—
《五色祥云—自得堂藏宋元明清单色釉瓷器》，
广州：岭南美术出版社，2021年，81页。

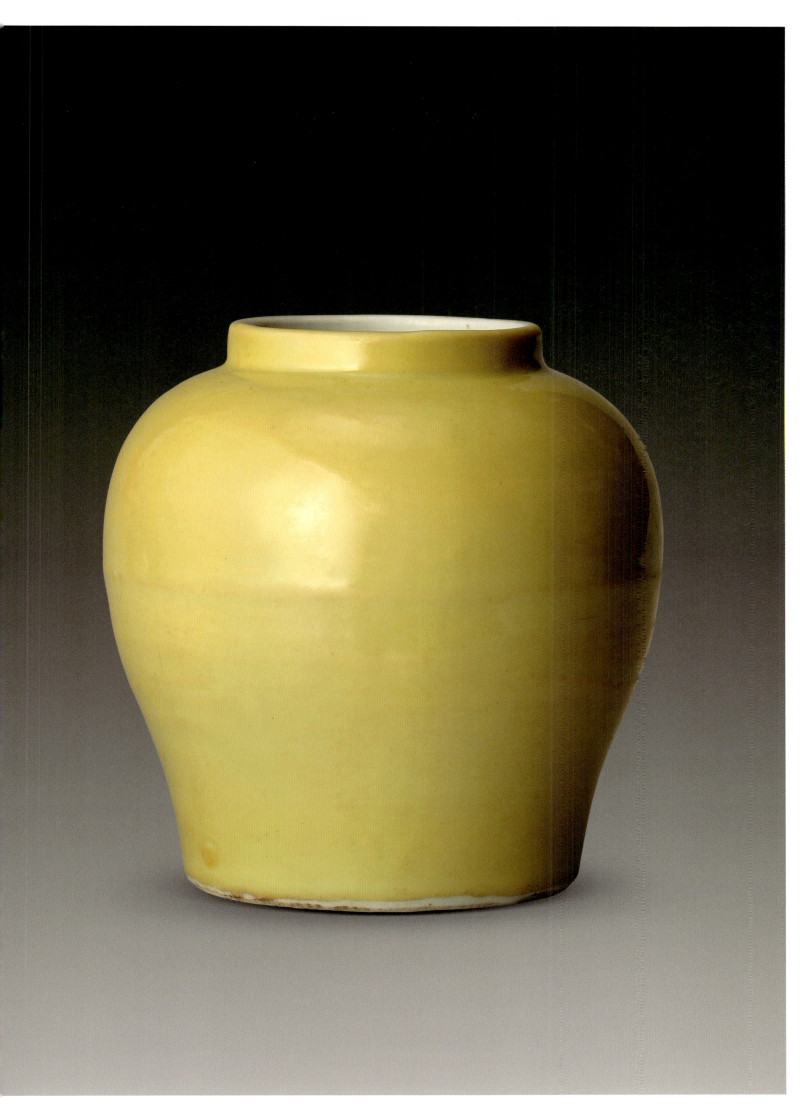

27

黄釉宫碗

明 嘉靖
『大明嘉靖年制』款
口径：19.6厘米

自得堂藏品

展览—

『皇家气象—自得堂藏明清御窑
黄釉瓷器特展』，北京，2016年，编号9。

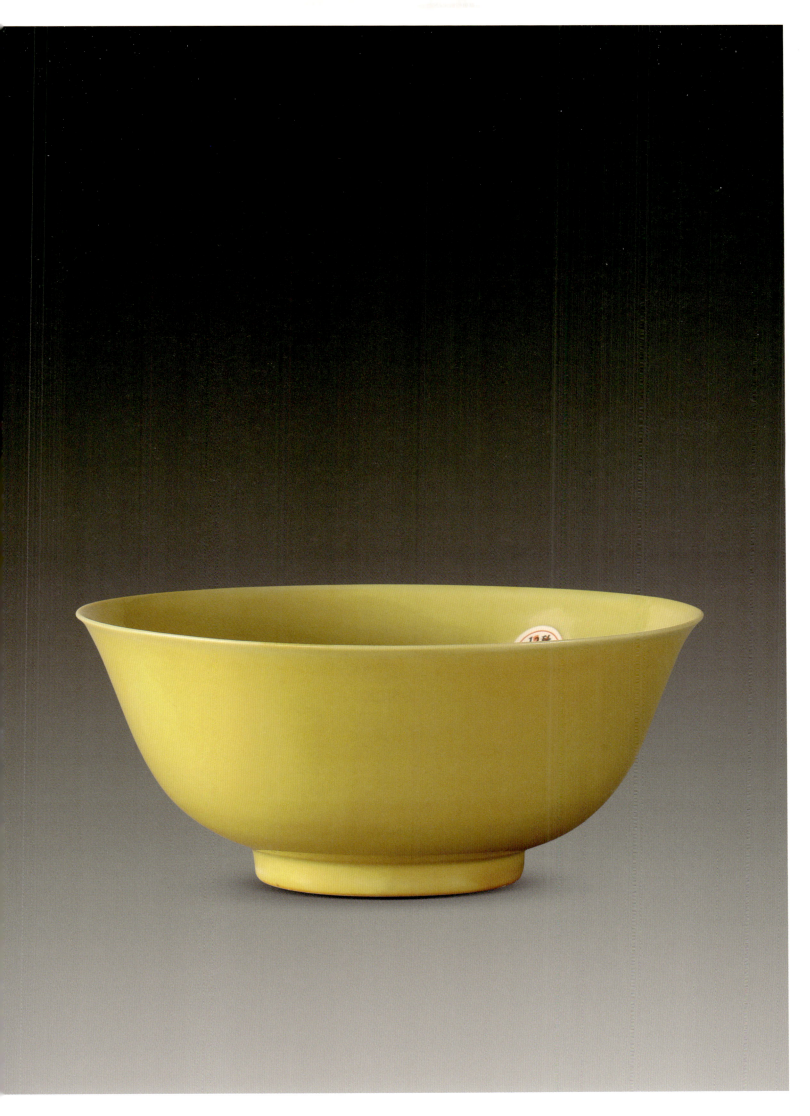

自得堂藏品

口径：21厘米

明 嘉靖
『大明嘉靖年制』款

黄釉盘

28

展览—
『皇家气象—自得堂藏明清御窑
黄釉瓷器特展』，北京，2016年，编号7。

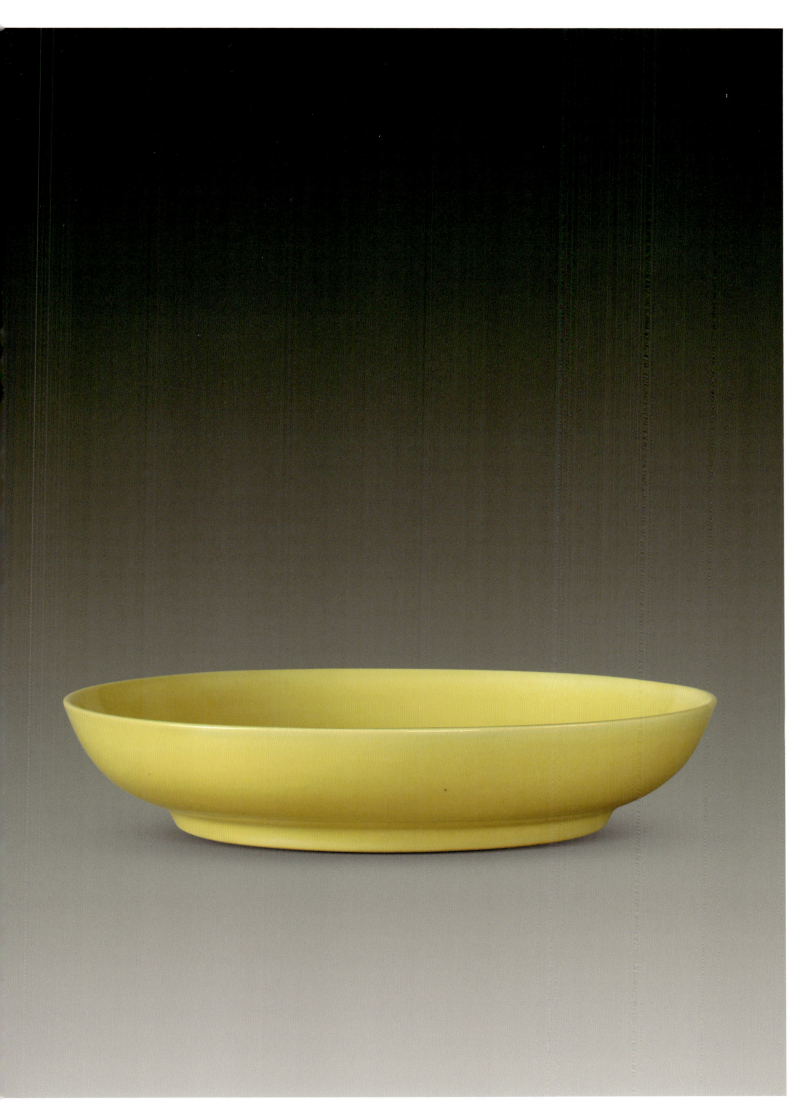

29

黄釉折沿盘

明 嘉靖

『大明嘉靖年制』款

口径：22.3厘米

自得堂藏品

展览—

『皇家气象——自得堂藏明清御窑黄釉瓷器特展』，北京，2016年，编号7。

30

黄釉盘

明 嘉靖

『大明嘉靖年制』款

口径：17.4厘米

自得堂藏品

展览—

『皇家气象—自得堂藏明清御窑

黄釉瓷器特展』，北京，2016年，编号10。

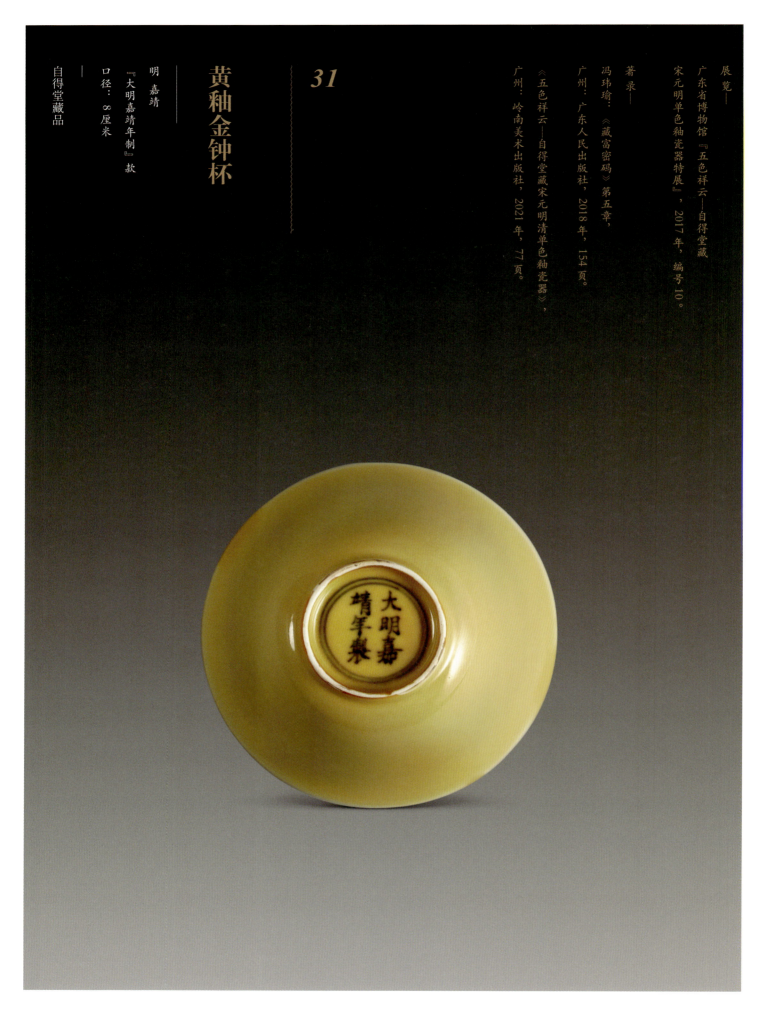

31

黄釉金钟杯

明 嘉靖
『大明嘉靖年制』款
口径：8厘米
自得堂藏品

展览—
广东省博物馆『五色祥云—自得堂藏
宋元明单色釉瓷器特展』，2017 年，编号 10。

著录—
冯玮瑜：《藏富密码》第五章，
广州：广东人民出版社，2018 年，154 页。
《五色祥云—自得堂藏宋元明清单色釉瓷器》，
广州：岭南美术出版社，2021 年，77 页。

32

黄地绿彩刻螭龙纹碗残片

明 嘉靖

『大明嘉靖年制』款

残高：6.3厘米

景德镇市陶瓷考古研究所藏品

来源—

2014年出土于珠山御窑遗址

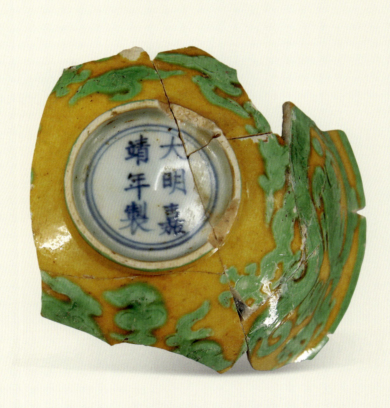

黄地青花云龙纹爵杯残片

明 嘉靖

『大明嘉靖年制』款

景德镇市陶瓷考古研究所藏品

明

隆庆

1567—1572 年

黄釉锥拱龙纹大碗

明 隆庆

『大明隆庆年造』款

口径：22 厘米

自得堂藏品

明

万历

1573—1620 年

展览—

『皇家气象—自得堂藏明清御窑

黄釉瓷器特展』，北京，2016年，编号11。

著录—

冯玮瑜：《藏富密码》第六章，

广州：广东人民出版社，2018年，138页。

35

黄釉折沿盘（一对）

—

明 万历

『大明万历年制』款

口径：12.2厘米

—

自得堂藏品

36

黄釉折沿盘

明 万历

『大明万历年制』款

口径：13.8厘米

—

自得堂藏品

清

顺治

1644–1661 年

展览—

『皇家气象—自得堂藏明清御窑

黄釉瓷器特展』，北京，2016年，编号13。

著录—

冯玮瑜：《藏富密码》第八章，

广州：广东人民出版社，2018年，176页。

37

黄釉筒瓶

清顺治

高：20.4厘米

自得堂藏品

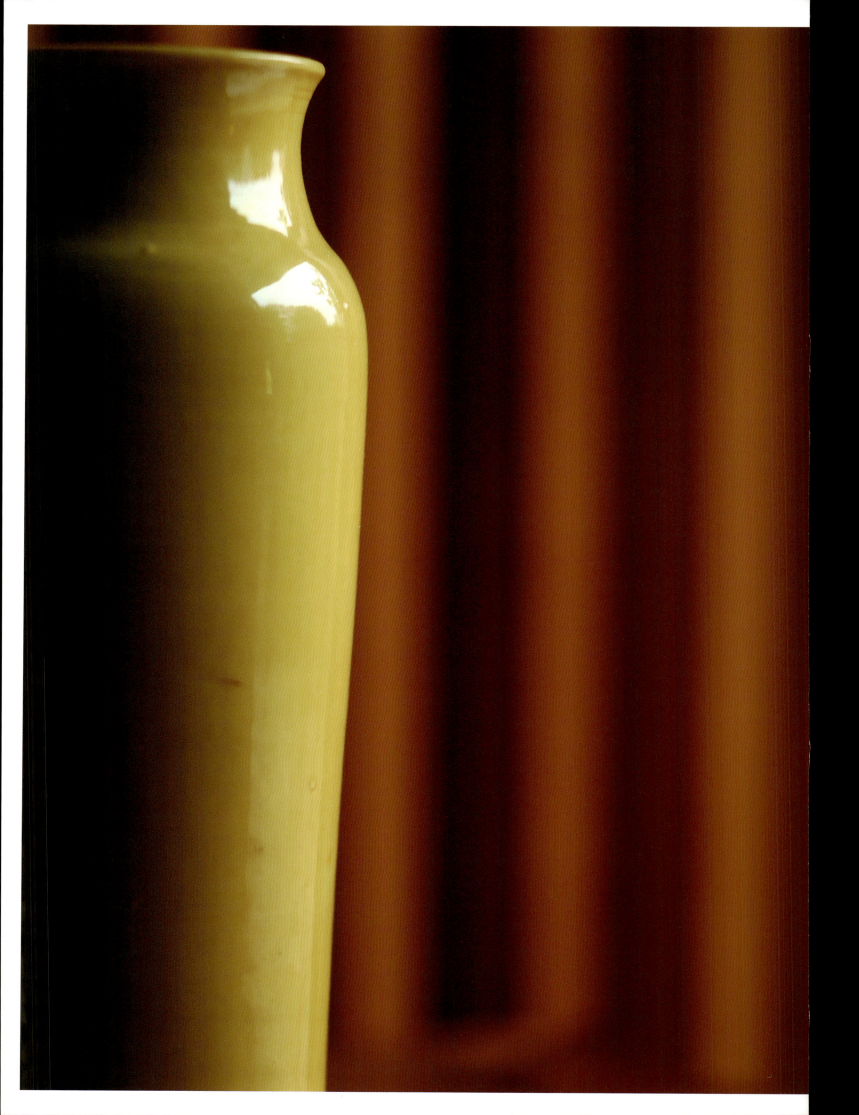

黄釉斗笠碗

清 顺治

口径：17.5厘米

自得堂藏品

清

康熙

1662–1722 年

39

黄釉锥拱缠枝莲纹梅瓶

清 康熙

『大明宣德年制』款

高：36.2厘米

—

自得堂藏品

展览—

纽约大都会艺术博物馆

广东省博物馆『五色祥云—自得堂藏宋元明单色釉瓷器特展』，2017年，编号 3。

著录—

《玫茵堂中国瓷器》第二卷，编号 893。

小山富士夫：《东洋陶瓷大观》卷十二之《大都会艺术博物馆》，日本讲谈社，1977年，编号 137。

冯玮瑜：《藏富密码》第二章，广州：广东人民出版社，2018年，034页。

《五色祥云—自得堂藏宋元明清单色釉瓷器》，广州：岭南美术出版社，2021年，85页。

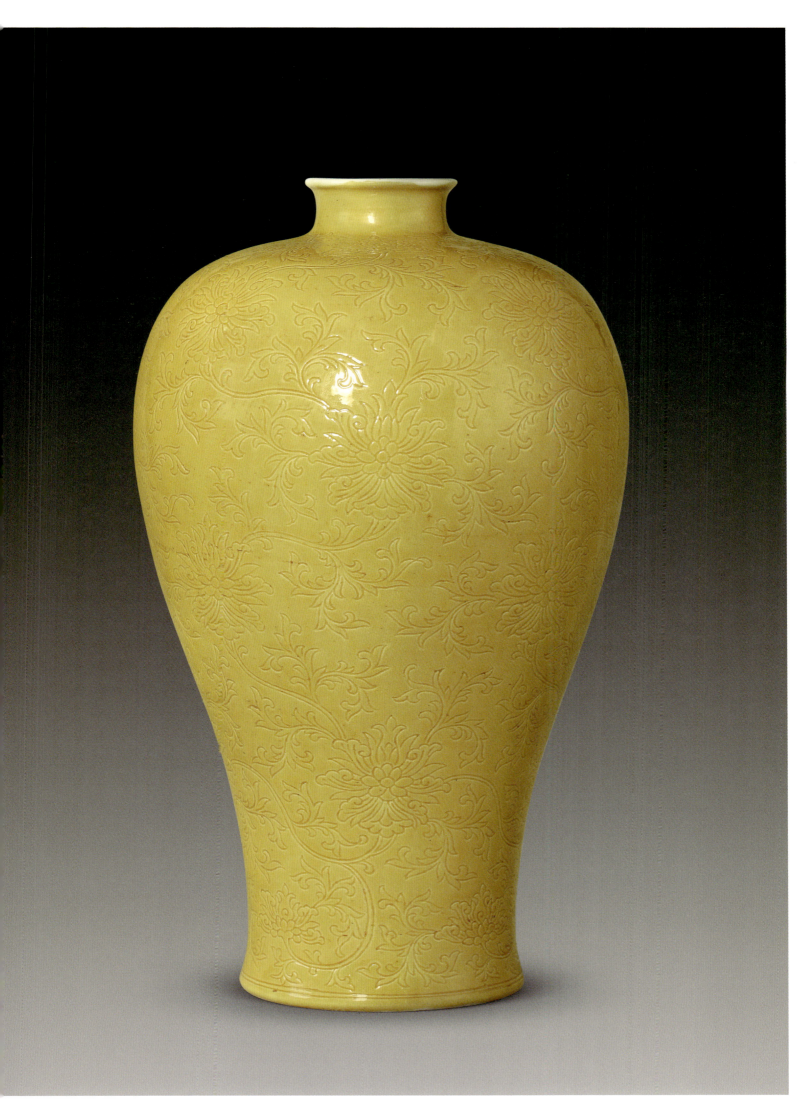

展览—

『皇家气象—自得堂藏明清御窑

黄釉瓷器特展』，北京，2016 年，编号 17。

40

黄釉盖罐

清 康熙

『大清康熙年制』款

高：22 厘米

—

自得堂藏品

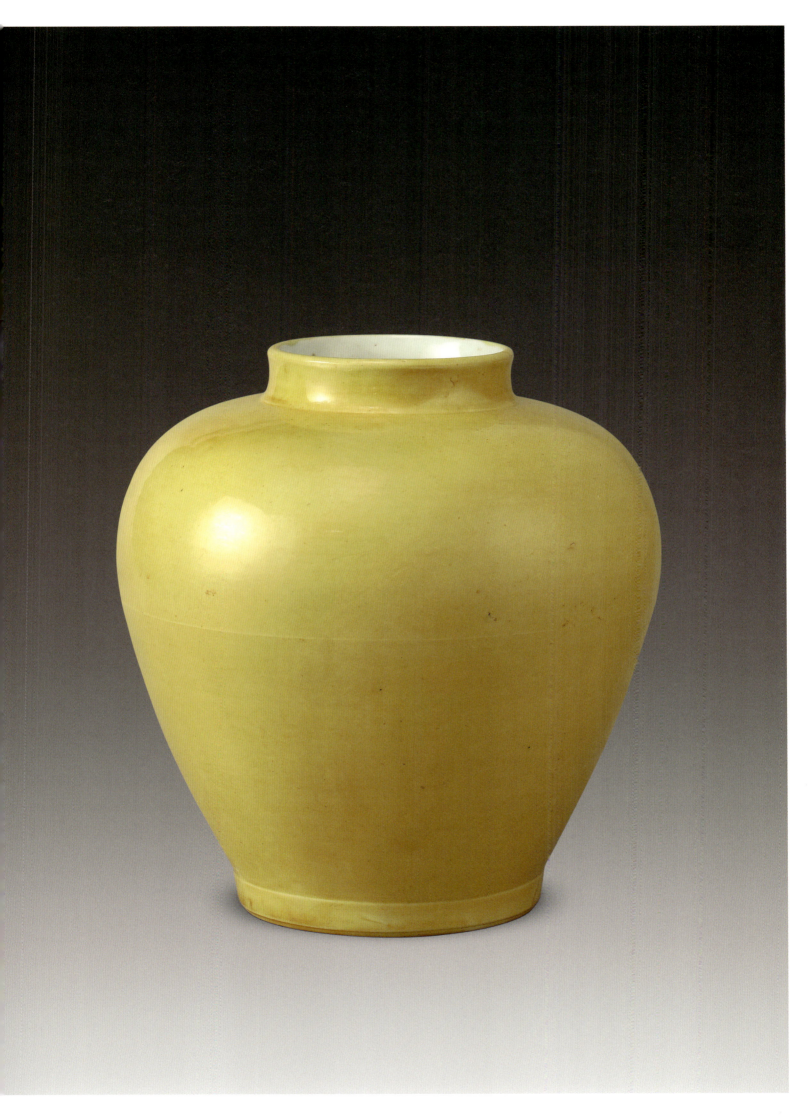

展览──

『皇家气象──自得堂藏明清御窑

黄釉瓷器特展』，北京，2016年，编号18。

41

黄釉盖罐

清 康熙

『大清康熙年制』款

高：22厘米

——

自得堂藏品

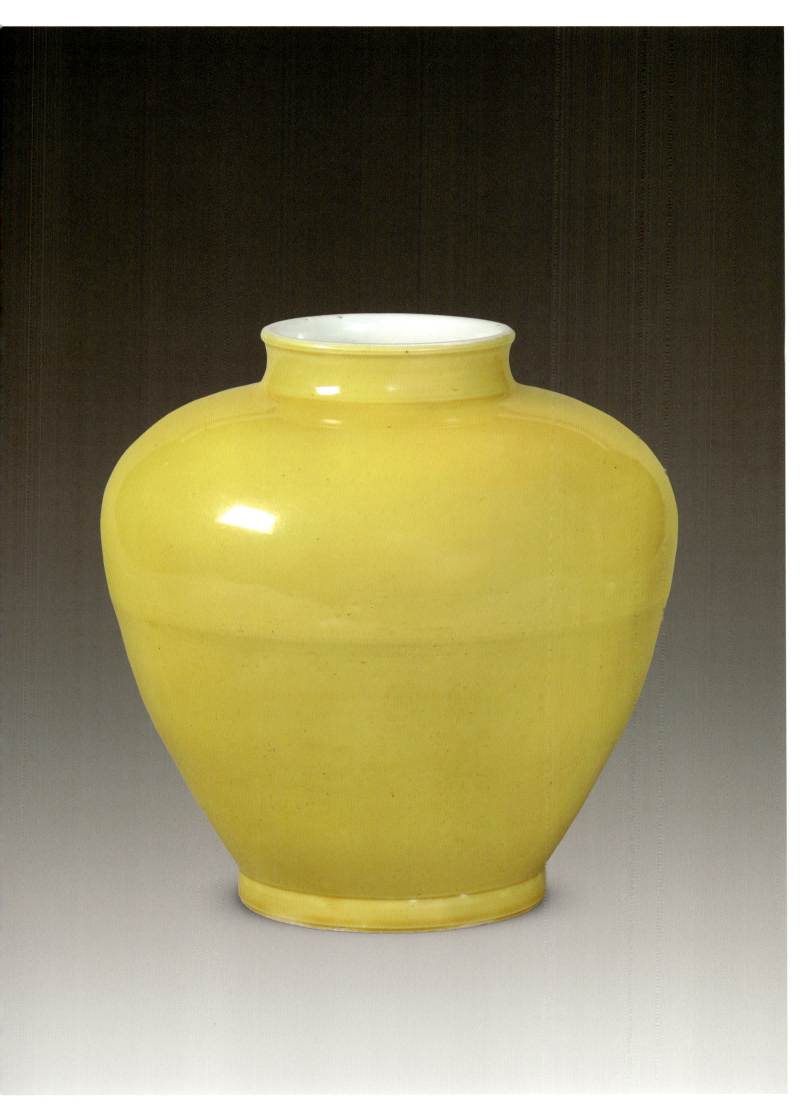

黄釉大碗

清 康熙
『大清康熙年制』款
口径：31.6厘米

自得堂藏品

展览—

『皇家气象—自得堂藏明清御窑
黄釉瓷器特展』，北京，2016年，编号14。

广东省博物馆『五色祥云—自得堂藏
宋元明单色釉瓷器特展』，2017年，编号5。

著录—

《玫茵堂中国瓷器》第二卷，编号893。

冯玮瑜：《藏富密码》第一章，
广州：广东人民出版社，2018年，002页。

《五色祥云—自得堂藏宋元明清单色釉瓷器》，
广州：岭南美术出版社，2021年，89页。

43

黄釉大碗 （一对）

清康熙

『大清康熙年制』款

左 口径：20.8厘米　右 口径：20.9厘米

自得堂藏品

展览——

『皇家气象——自得堂藏明清御窑
黄釉瓷器特展』，北京，2016 年，编号 20。

44

黄釉碗（一对）

清 康熙

『大清康熙年制』款

口径：12.8 厘米

自得堂藏品

45

黄釉锥拱双龙戏珠纹碗

清 康熙

『大清康熙年制』款

口径：16.5厘米

—

自得堂藏品

展览—

『皇家气象—自得堂藏明清御窑

黄釉瓷器特展』，北京，2016年，编号16。

46

黄釉锥拱双龙赶珠纹洗

清 康熙
『大明宣德年制』款
直径：15.8 厘米
自得堂藏品

展览—
佳趣雅集 2019 年度双年展『东瀛遗珠
——山中商会及日本旧藏名窑瓷器展』，北京，2019 年，编号 122。

著录—
金立言：《东瀛遗珠——山中商会及日本旧藏名窑瓷器展》，
北京：北京工艺美术出版社，2019 年，300 页，图 122。

黄釉锥拱龙纹双耳杯（一对）

清 康熙

『大清康熙年制』款

口径：5.8厘米

自得堂藏品

展览—

『皇家气象—自得堂藏明清御窑

黄釉瓷器特展』，北京，2016年，编号15。

48

黄地绿龙凤纹碗

清 康熙

『大清康熙年制』款

口径：14.3厘米

景德镇中国陶瓷博物馆藏品

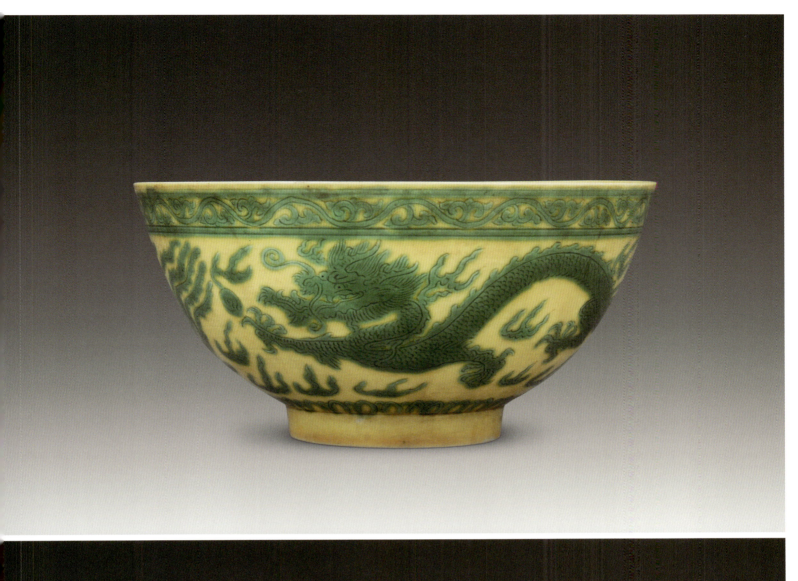

49

黄地绿龙凤寿字纹碗

清　康熙

『大清康熙年制』款

口径：12厘米

景德镇中国陶瓷博物馆藏品

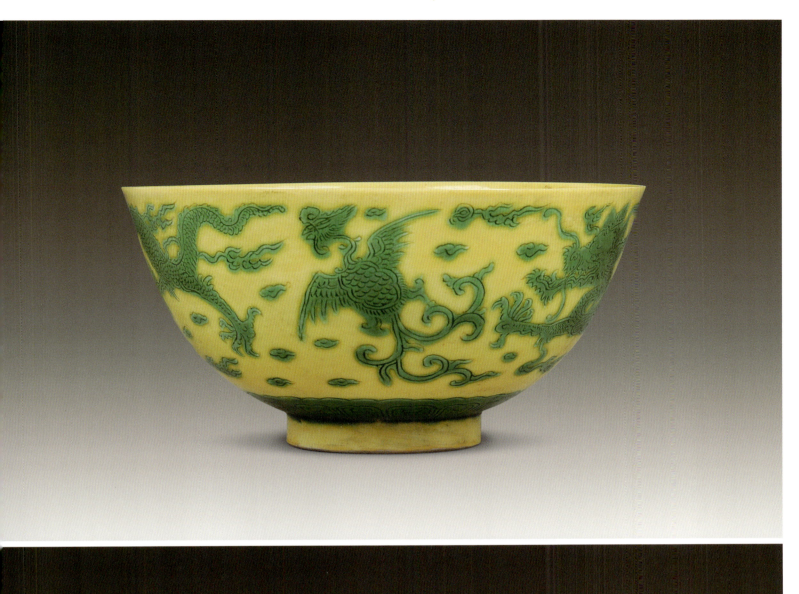

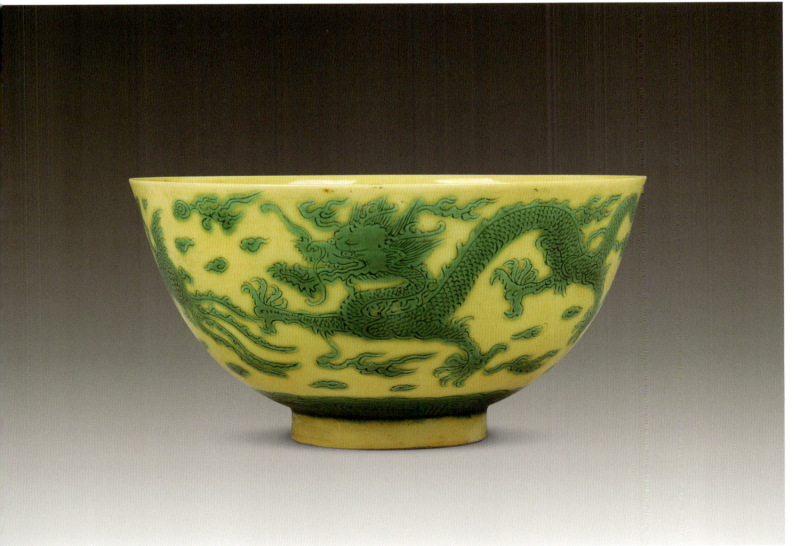

50

黄地素三彩双龙纹折沿盘

清 康熙

『大清康熙年制』款

口径：42厘米

景德镇中国陶瓷博物馆藏品

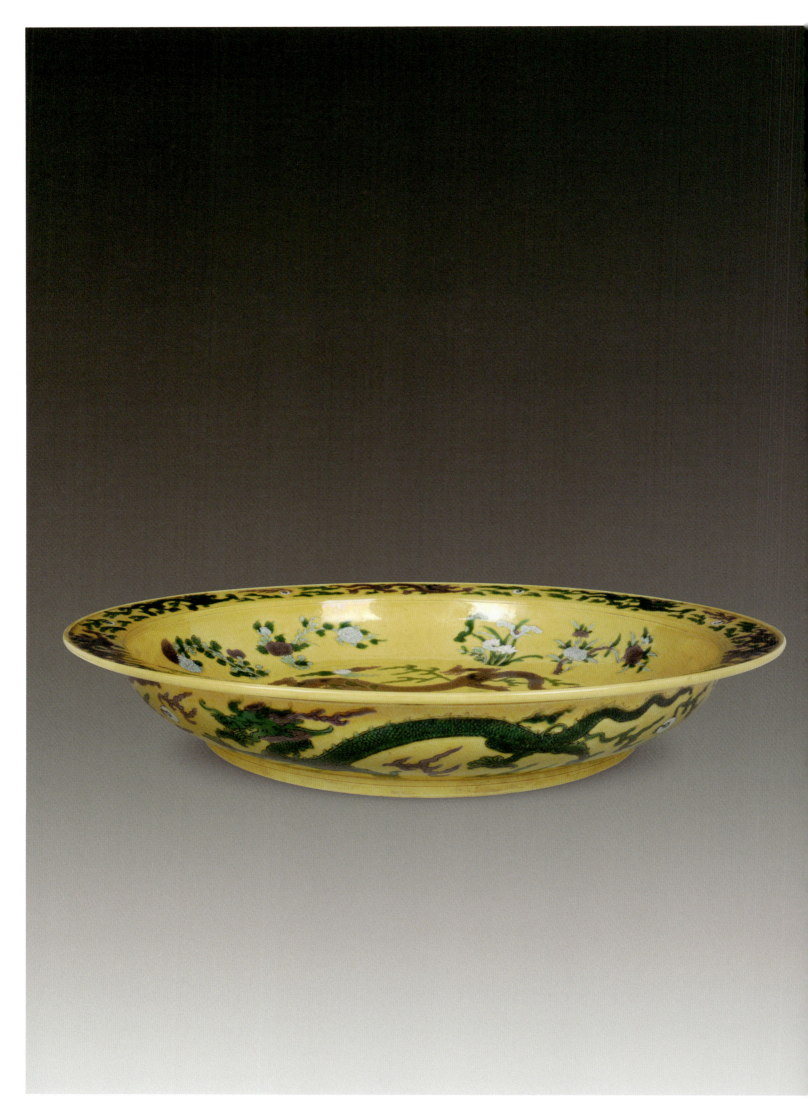

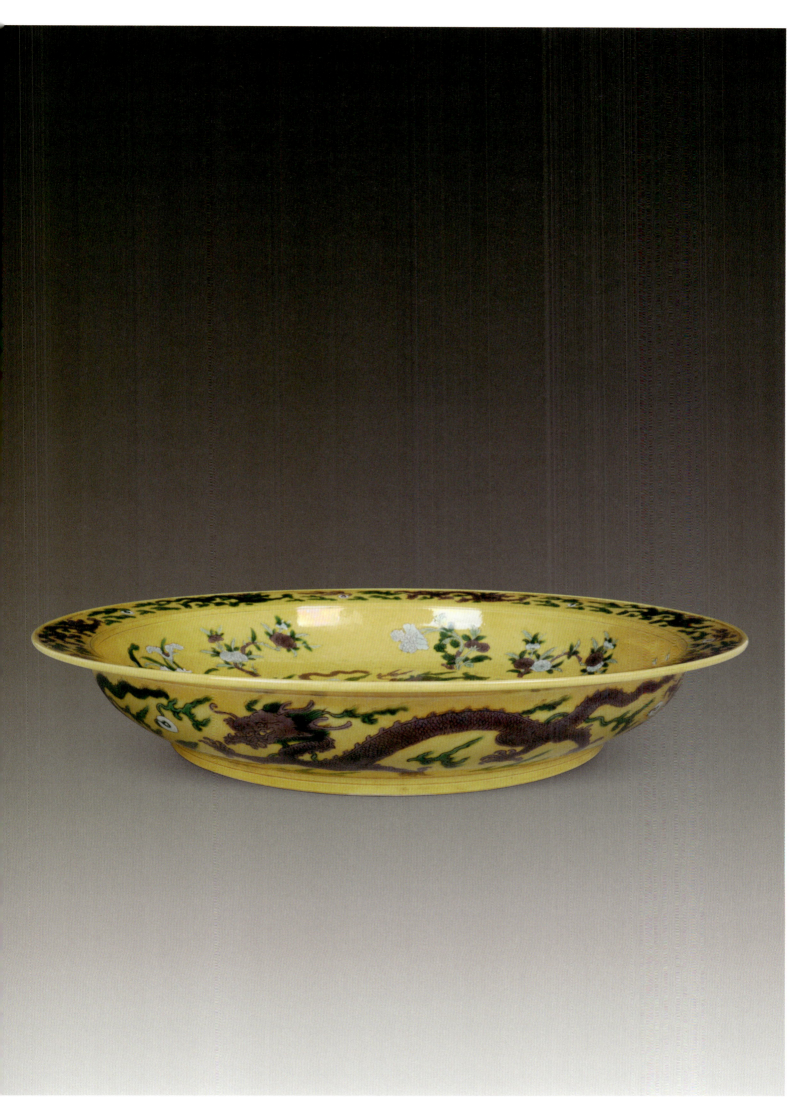

展览—
佳趣雅集 2017 年度双年展『雄奇昳丽
—十七世纪青花与五彩瓷特展』，北京，2017 年，编号 67。

著录—
梁晓新：《雄奇昳丽—2017 年度佳趣雅集会员珍藏特展》，北京：北京工艺美术出版社，2017 年，196 页，图 67。

51

黄地青花五彩双龙戏珠纹盘

清 康熙
『大清康熙年制』款
口径：14 厘米

自得堂藏品

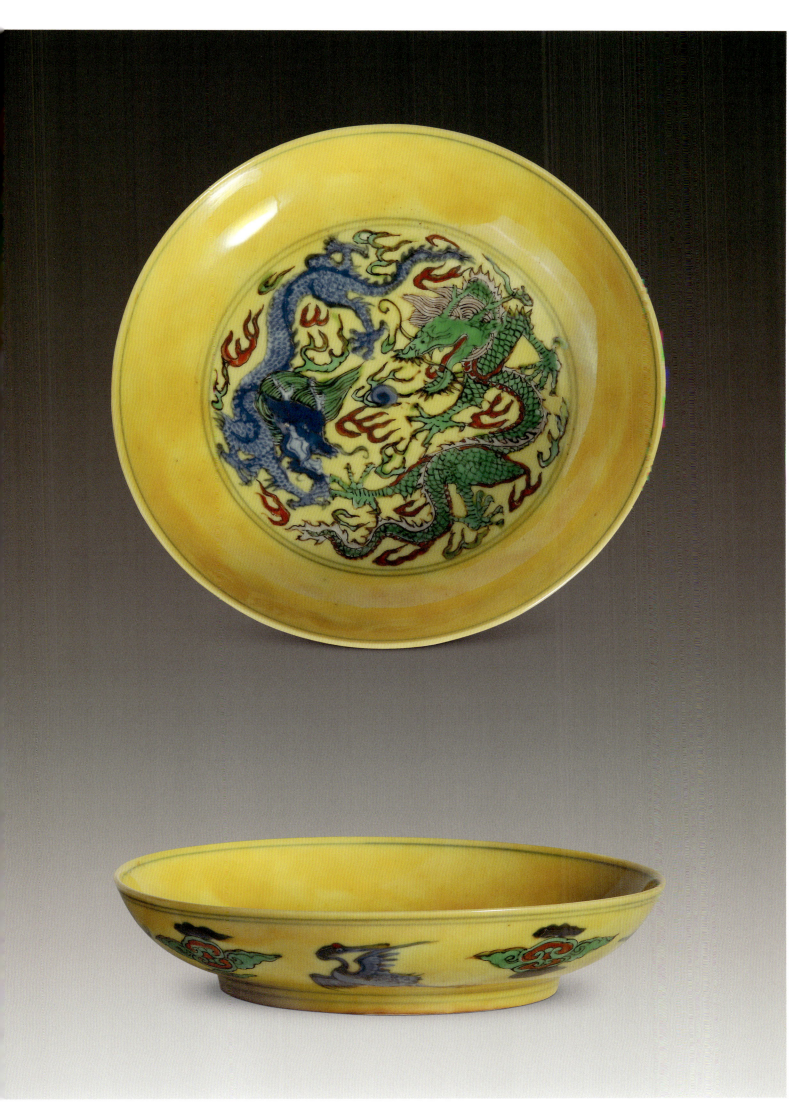

52

黄地五彩龙凤纹盘

清 康熙

『大清康熙年制』款

口径：21.4厘米

—

景德镇中国陶瓷博物馆藏品

黄地青花双龙戏珠纹盘

清 康熙

『大清康熙年制』款

口径：20.8厘米

景德镇中国陶瓷博物馆藏品

黄地绿龙纹荷口盘

清 康熙

『大清康熙年制』款

口径：13.2厘米

景德镇中国陶瓷博物馆藏品

清

雍正

1723–1735 年

55

柠檬黄釉菊瓣盘

清雍正

『大清雍正年制』款

口径：17.5厘米

自得堂藏品

展览—

广东省博物馆『五色祥云

——宋元明清单色釉瓷器特展』，2018年，编号16。

著录—

《马钱特最新收录》（MARCHANT RECE-

ENT ACQUISITIONS），伦敦，2010年，第60页。

冯玮瑜：《藏富密码》第四章，

广州：广东人民出版社，2018年，第84页。

《五色祥云——自得堂藏宋元明清单色釉瓷器》，

广州：岭南美术出版社，2021年，第93页。

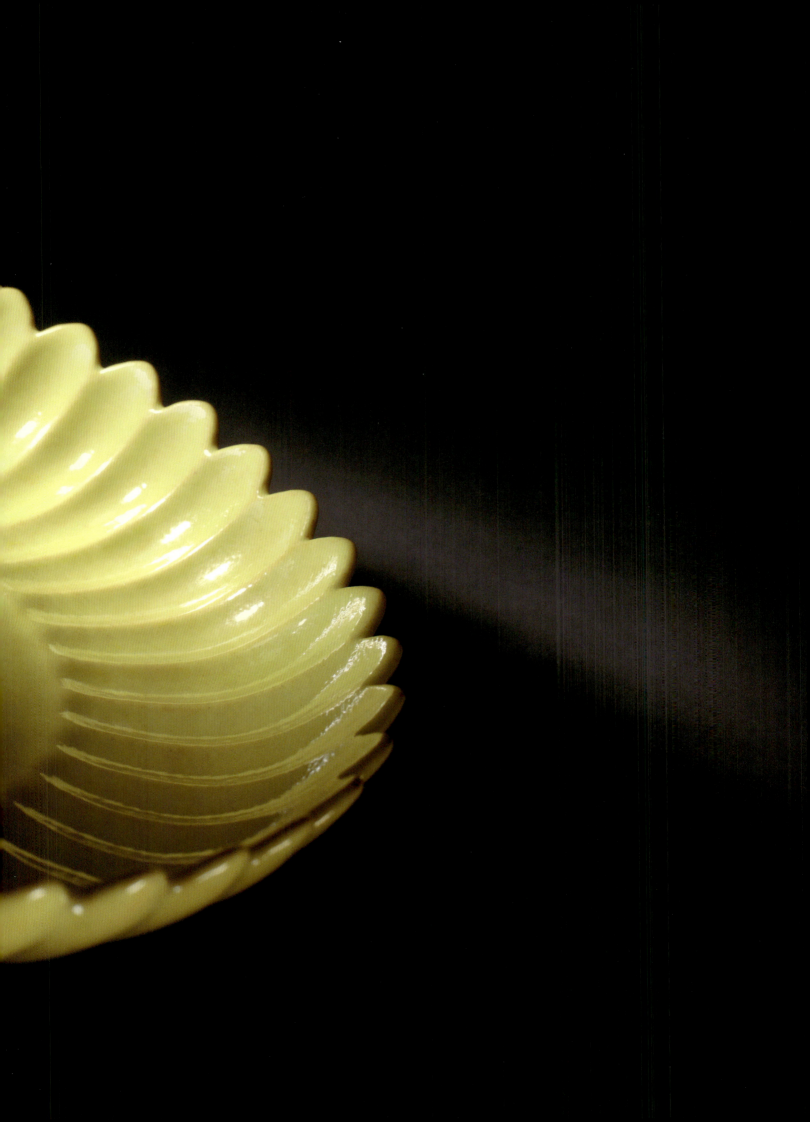

展览—
『皇家气象—自得堂藏明清御窑
黄釉瓷器特展』，北京，2016 年，编号 21。

著录—
美国中国美术学会档案（ARCHIVES OF THE
CHINESE ART SOCIETY OF AMERI-
CA），1959 年，第 13 期，图 14 之 2。

56

黄釉锥拱八吉祥纹盘（一对）

清雍正

『大清雍正年制』款

口径：15.7 厘米

—

自得堂藏品

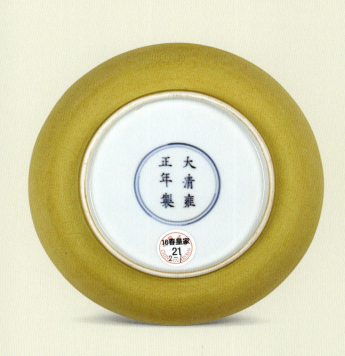

展览—

『皇家气象—自得堂藏明清御窑

黄釉瓷器特展』，北京，2016 年，编号 22。

57

黄釉锥拱缠枝菊花纹盘（一对）

清雍正

『大清雍正年制』款

左 口径：14.7 厘米　右 口径：14.6 厘米

—

自得堂藏品

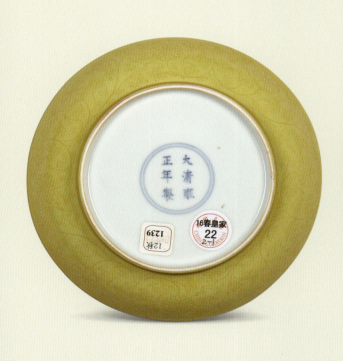

展览―

『皇家气象―自得堂藏明清御窑
黄釉瓷器特展』，北京，2016 年，编号 23。

著录―

冯玮瑜：《藏富密码》第四章，
广州：广东人民出版社，2018 年，第 202 页。

58

柠檬黄釉小盘（一对）

清雍正
『大清雍正年制』款
口径：6.3 厘米
―
自得堂藏品

59

柠檬黄釉小盘

清雍正

『大清雍正年制』款

口径：7.9厘米

——

自得堂藏品

展览——

『皇家气象——自得堂藏明清御窑

黄釉瓷器特展』，北京，2016年，编号24。

60

柠檬黄釉莲瓣形盘

清 雍正

『大清雍正年制』款

口径：29.2厘米　高：5.9厘米

景德镇中国陶瓷博物馆藏品

61

黄地绿釉婴戏图碗

清雍正

『大清雍正年制』款

口径：15厘米 高：7厘米

景德镇中国陶瓷博物馆藏品

62

柠檬黄地绿釉海水纹盘

清雍正

『大清雍正年制』款

口径：35.7厘米　高：6.6厘米

景德镇中国陶瓷博物馆藏品

清

乾隆

1736–1796 年

黄釉宫碗

清 乾隆

『大清乾隆年制』款

口径：14.8厘米

自得堂藏品

展览—

『皇家气象—自得堂藏明清御窑

黄釉瓷器特展』，北京，2016年，编号26。

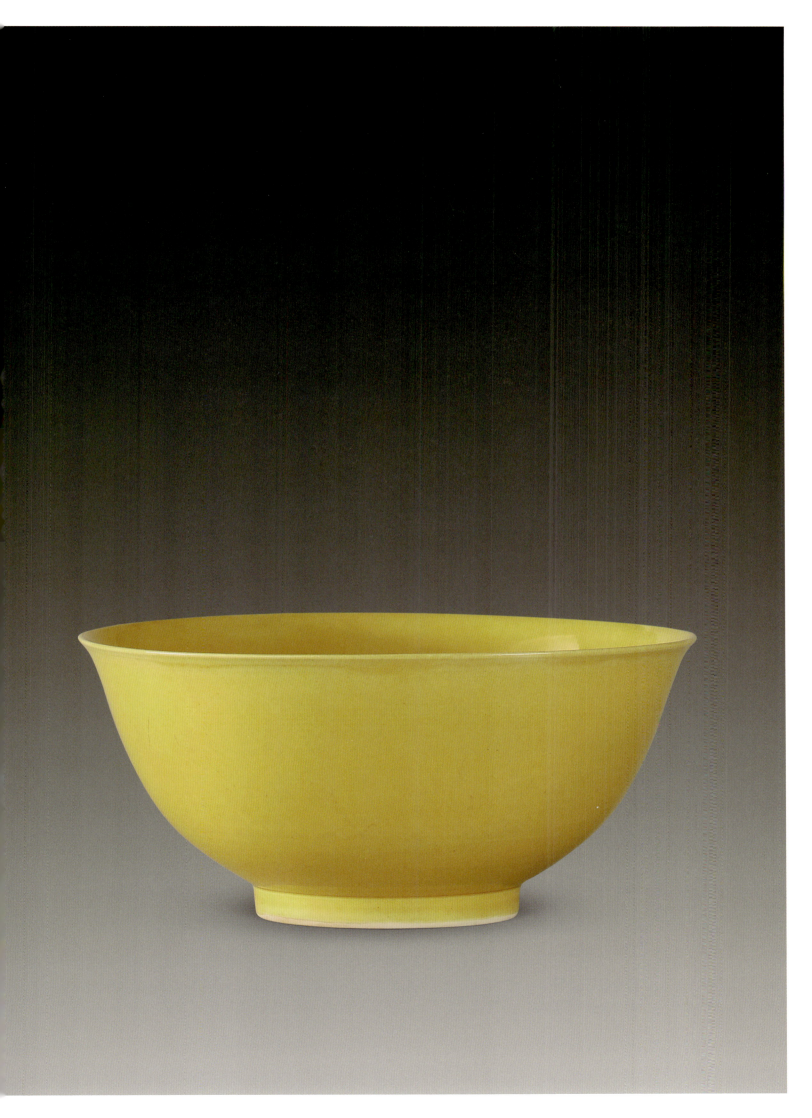

64

柠檬黄釉小盘（一对）

清 乾隆

『大清乾隆年制』款

口径：8.9厘米

自得堂藏品

展览—

『皇家气象—自得堂藏明清御窑
黄釉瓷器特展』，北京，2016年，编号25。

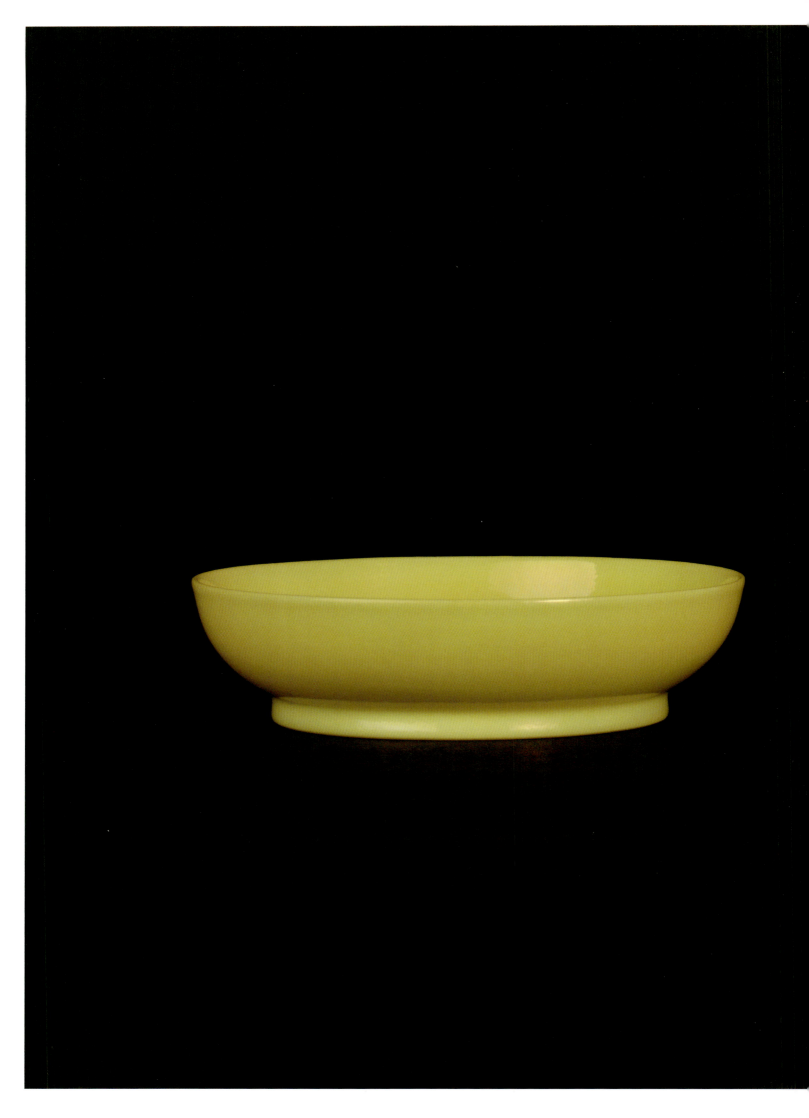

65

黄釉盘

清 乾隆

『大清乾隆年制』款

口径：33.2厘米

景德镇中国陶瓷博物馆藏品

黄地青花九桃纹盘

清 乾隆

『大清乾隆年制』款

口径：26.7厘米

景德镇中国陶瓷博物馆藏品

清
嘉庆
1796–1820 年

67

黄釉锥拱苍龙教子图长颈瓶

清 嘉庆

高：31.4厘米

——

自得堂藏品

展览——

伦敦东方陶瓷学会展览，1948年，编号164。

『皇家气象—自得堂藏明清御窑黄釉瓷器特展』，北京，2016年，编号28。

黄釉锥拱海水云龙纹碗（一对）

清 嘉庆

『大清嘉庆年制』款

左 口径：14厘米　右 口径：13.9厘米。

自得堂藏品

展览——

『皇家气象——自得堂藏明清御窑

黄釉瓷器特展』，北京，2016年，编号27。

清

道光

1821–1850 年

黄釉锥拱双龙戏珠纹盘（一对）

清 道光

『大清道光年制』款

口径：18.5厘米

——

自得堂藏品

展览——

『皇家气象——自得堂藏明清御窑

黄釉瓷器特展』，北京，2016年，编号29。

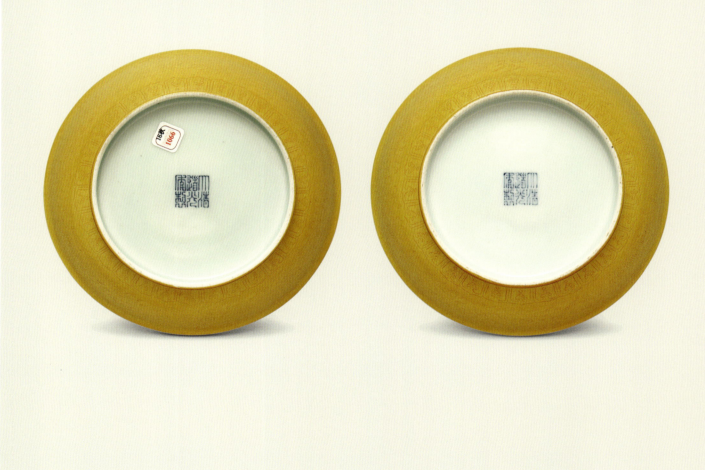

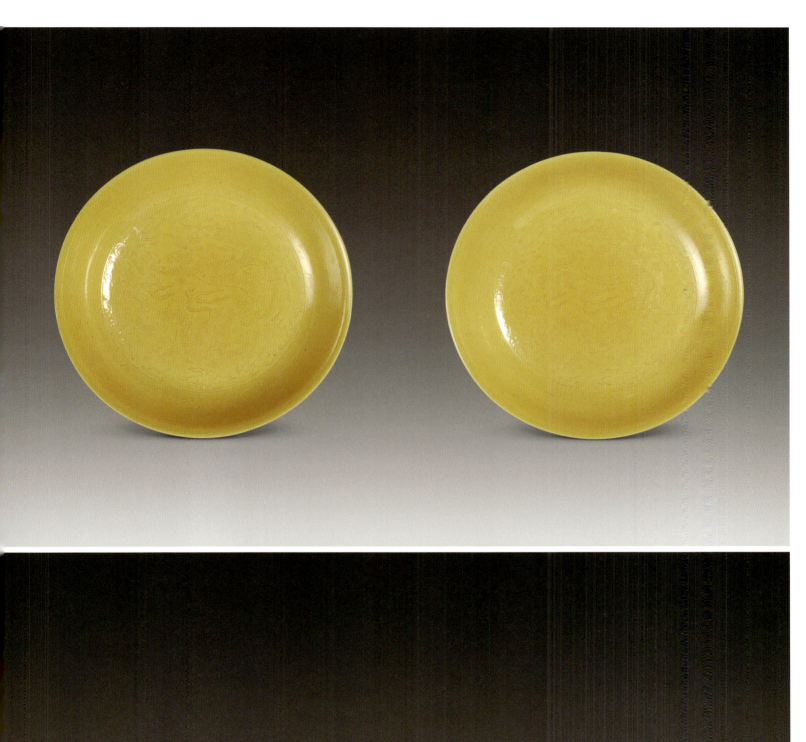

70

米黄釉折腰碗（一对）

清　道光

『大清道光年制』款

口径：15.8厘米

自得堂藏品

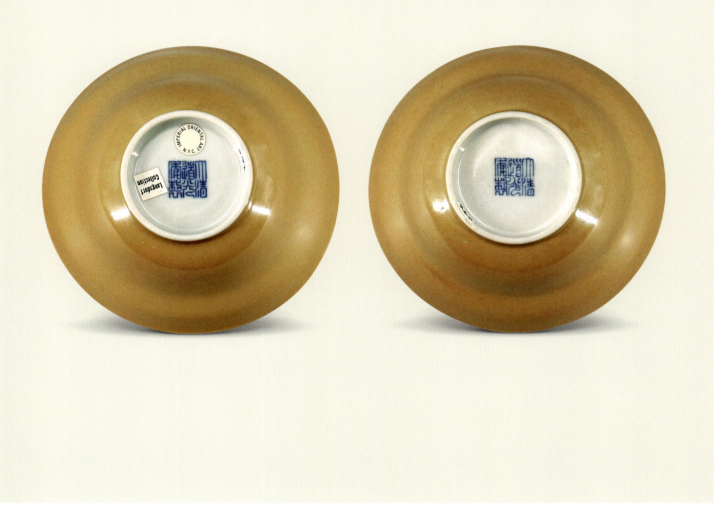

清

咸丰

1851–1861 年

黄釉锥拱双龙戏珠纹碗

清咸丰

『大清咸丰年制』款

口径：12.5厘米

自得堂藏品

展览—

『皇家气象—自得堂藏明清御窑

黄釉瓷器特展』，北京，2016年，编号29。

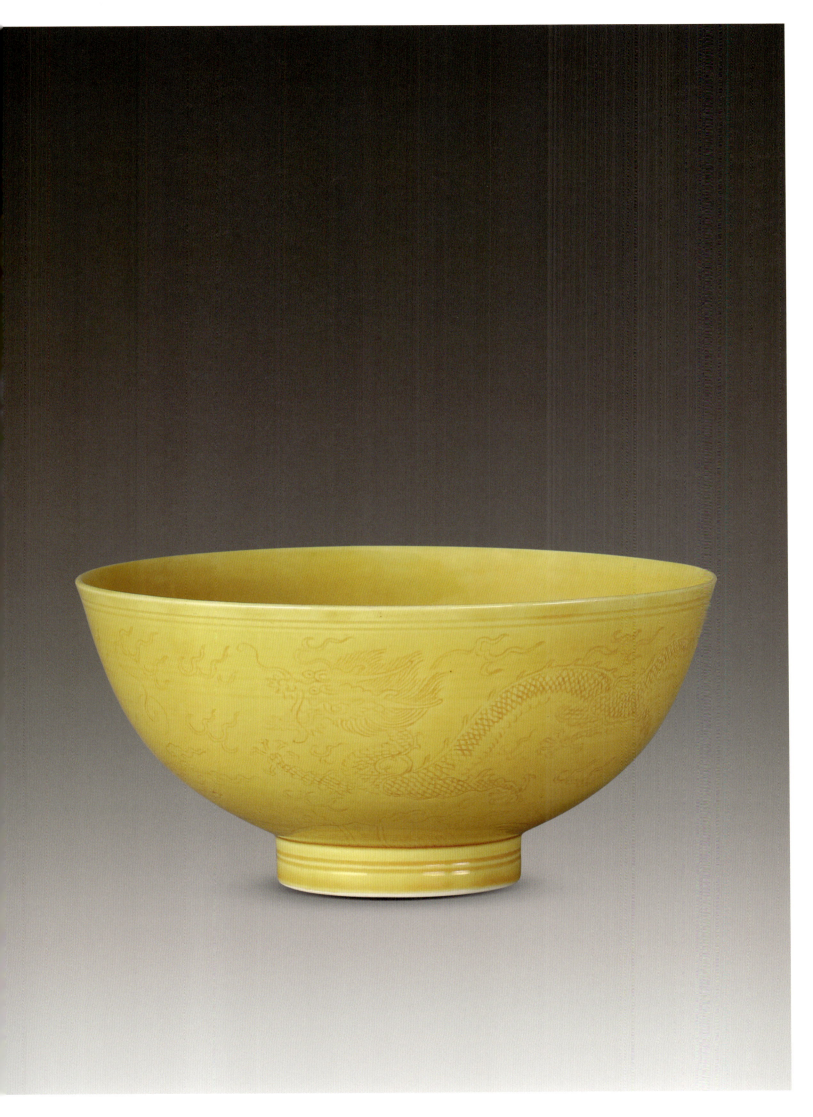

清

同治

1862-1875 年

72

黄釉锥拱龙凤纹碗 （一对）

清 同治

『大清同治年制』款

口径：10.1厘米

自得堂藏品

展览—

『皇家气象—自得堂藏明清御窑

黄釉瓷器特展』，北京，2016年，编号30。

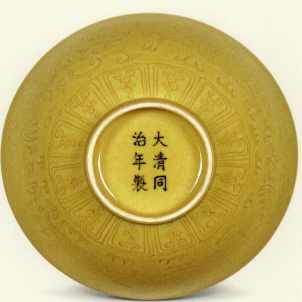

清

光绪

1875–1908 年

73

黄釉锥拱龙纹碗（一对）

清光绪 『大清光绪年制』款

口径：12.5厘米

—

自得堂藏品

黄地描金蝠寿纹碗

清 光绪

『大清光绪年制』款

口径：17厘米

景德镇中国陶瓷博物馆藏品

外黄釉内花鸟图盘

清 光绪

『大清光绪年制』款

口径：13.1厘米

景德镇中国陶瓷博物馆藏品

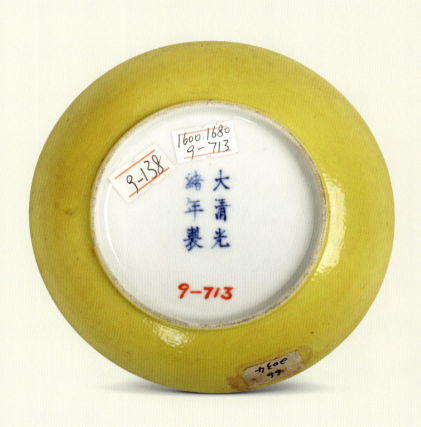

270

清

宣统

1909–19□ 年

黄釉锥拱双龙戏珠纹碗

清宣统

『大清宣统年制』款

口径：13.9厘米

自得堂藏品

展览—

『皇家气象—自得堂藏明清御窑

黄釉瓷器特展』，北京，2016年，编号32。

黄釉碗

清宣统

『大清宣统年制』款

口径：12.6厘米

自得堂藏品

展览—

『皇家气象—自得堂藏明清御窑

黄釉瓷器特展』，北京，2016年，编号31。

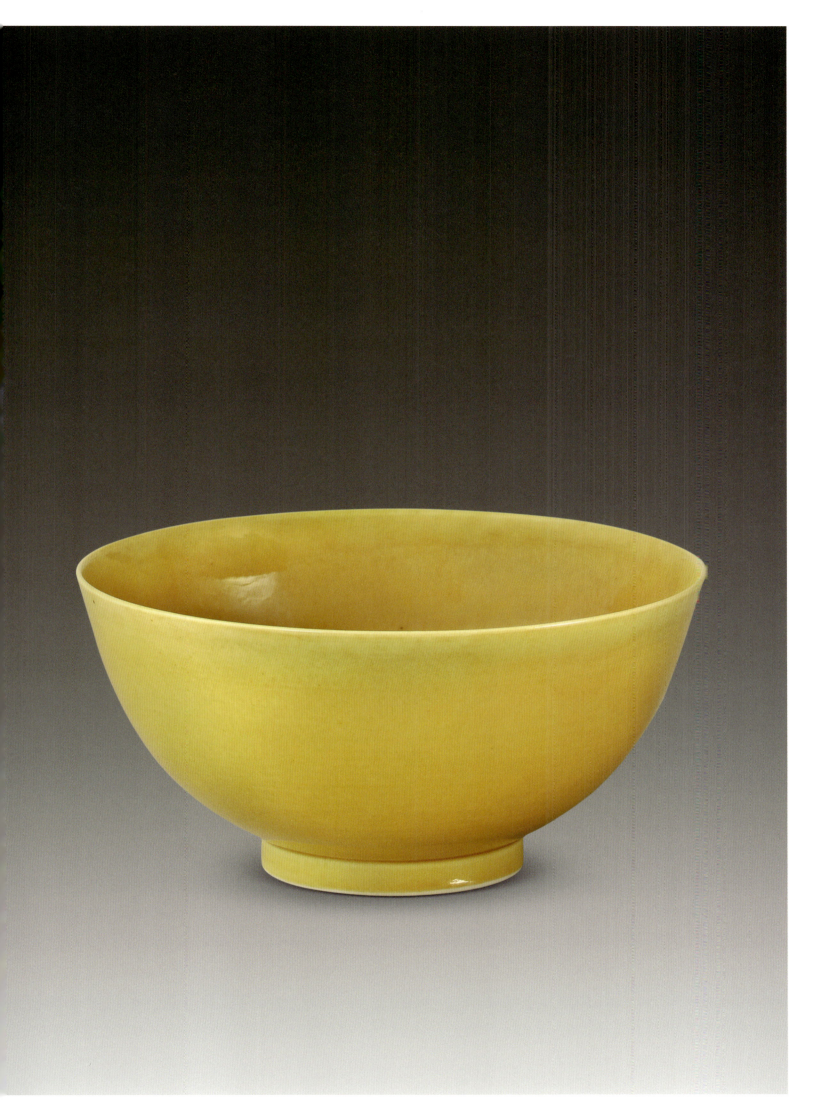

78

黄釉锥拱龙纹碗

清宣统

『大清宣统年制』款

口径：13.9厘米　高：6.6厘米

景德镇中国陶瓷博物馆藏品

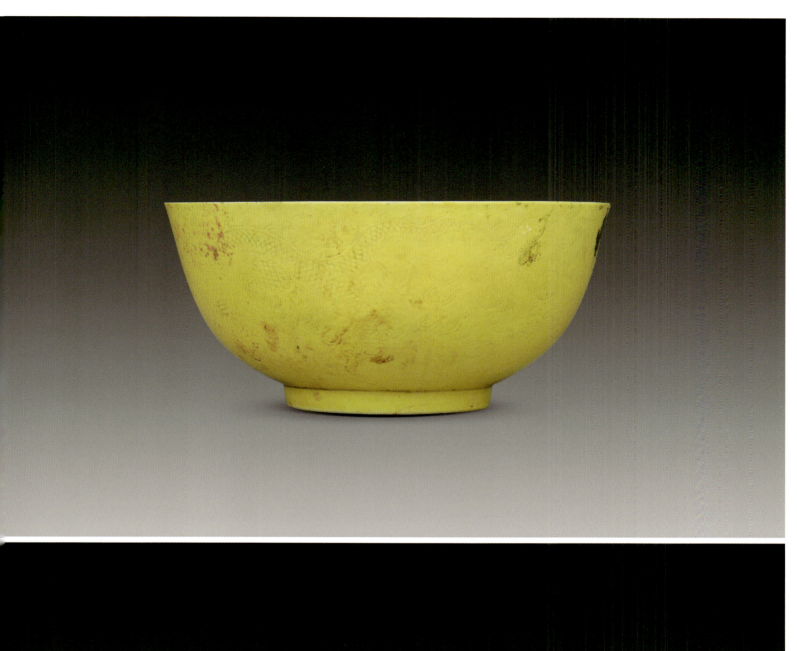

黄釉盘

清 宣统

『江西瓷业公司』款

口径：14.3厘米

自得堂藏品

80

《景德镇陶录》

清宣统

清代刊刻本

自得堂藏品

黄承天德 · 文论

浅谈御器厂出土
明代官窑黄釉与黄彩瓷器

文／肖 鹏

景德镇御窑博物院器物部主任

　　景德镇有着悠久的制瓷历史，瓷土资源丰富，主要有瓷石、石灰石、高岭土、耐火黏土等，东河与南河一带，水位落差较大，便于陶瓷原料的粉碎加工，其茂密的松柴可为烧制瓷器充分的燃料，昌江水域流入鄱阳湖，便于瓷器水运，故古代文献称景德镇其地"水土宜陶"。明代洪武二年（1369 年），朱元璋延续元官窑制在景德镇珠山设置御器厂，并创了一套完整的御窑生产制度，产品专供御用是其最显著的特色。集中了全国最优秀的制瓷工匠，"不惜工本"创新研发的资金支持，为御窑瓷器的蓬勃发展提供了雄厚的技术支持和物质供需，烧制了无数精美的产品，青花、斗彩、五彩，争奇斗艳；黄釉、霁蓝、霁红，美不胜收；丰富的器形、精美的纹饰，是最优秀的工匠、窑工和宫廷画师合作的艺术结晶，是迎合皇帝独特的审美情趣。而当时烧造官窑时产生的残次品则被抛弃掩埋在御器厂内，不为世人所知。20 世纪 80 年代以来，景德镇市陶瓷考古研究所考古工作者为配合城市建设，在御窑厂遗址进行了十余次的考古清理发掘，抢救了数以吨计的明代官窑瓷片，后经精心修复，复原了数千件明代官窑珍品，这些精美的修复品即展示了古人的智慧，也凝集着今人的汗水。在这些修复品中，有一类特别的黄色装饰器，从明代洪武开始一直延续至今。本文拟根据明代御窑遗址出土的黄色装饰瓷器，对其工艺与传承及对后世的影响做一介绍。

一、明代御窑遗址历次出土黄色装饰瓷器

　　明代御窑瓷器是我国古陶瓷的一座丰碑，在器形、装饰、工艺等方面，都具有重要的开创之功，为后世所模仿、继承。这些瓷器专供皇帝、皇室使用。从出土资料看明代洪武官窑开始烧造黄色装饰瓷器，之后历代官窑沿袭。

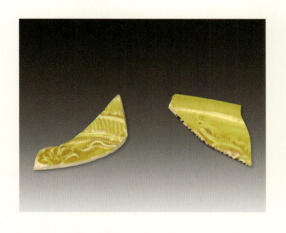

1. 洪武内黄釉外红釉盘（残片2件）

残宽：3.9厘米　残高：1.7厘米（左）；残宽：3.4厘米　残高：2.3厘米（右）

2002年出土于珠山北麓

盘侈口，浅弧腹。内壁模印五爪龙纹施低温黄釉，外壁施红釉。二次烧成。即在外壁施高温红釉、内壁模印五爪龙纹素胎高温烧制，然后在内壁模印五爪龙纹涩胎上施低温黄釉，经700℃～850℃的温度烤烧而成。此盘是目前御窑遗址出土的黄釉装饰瓷器，具有重要的学术研究价值。

2. 永乐锥花黄地绿龙纹盘

高：3.4厘米　口径：14.7厘米　底径：8.8厘米

1984年出土于永乐后期地层

侈口，弧壁，圈足。足内满釉，内壁印花。烧成瓷后盘心锥刻三朵折带如意云，外壁锥刻火珠云龙两条，龙与火珠、朵云均涂透明绿釉，地填黄彩釉。即在涩胎上按锥花纹样分别填以低温黄、绿铅釉，再经700～850℃的温度烤烧而成。低温铅绿、铅黄釉始于汉代，但涩胎上涂填低温釉彩，则是洪武官窑对青三彩的继承和发展。

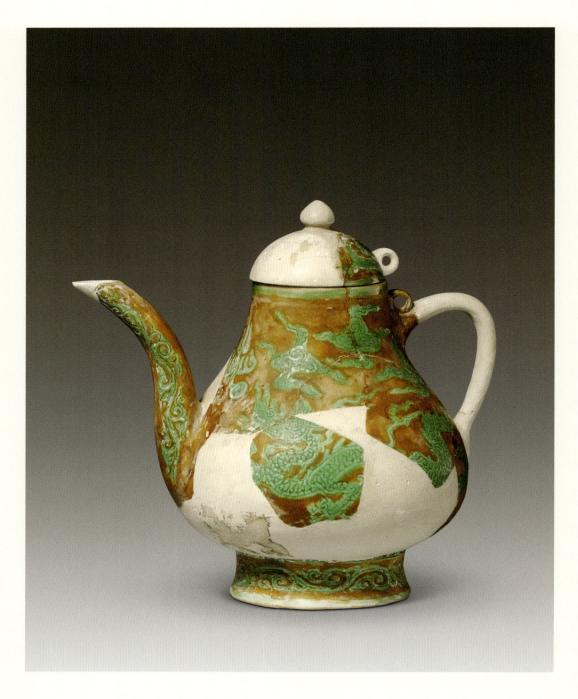

3. 永乐锥花黄地绿龙纹梨形壶

通高：12.4 厘米　口径：3.9 厘米　底径：5.6 厘米

1983 年出土于永乐后期地层

　　壶身作梨形，内施白釉。圆口珠顶盖，弯流曲柄。盖沿与柄的上端各有一小系。圈足微撇，外底足内施白釉。在烧成瓷后，壶身涩胎填低温黄彩釉、锥刻双龙戏珠及祥云十四朵。腹下部与盖锥刻变形莲瓣一周，珠顶锥刻成花蕾状。流两侧与足外壁锥刻卷草，皆填绿彩，再经 700～850℃ 的温度烤烧而成。

4. 永乐黄釉碗（残片）

残高：7.8 厘米

2002 年出土于珠山北麓

撇口，弧壁，圈足。内壁印五爪云龙纹，碗心印折带如意云。碗内、外底施白釉。烧成白釉后，外壁白釉上通体施低温黄釉，再经 800～900℃的温度烤烧而成。该器釉色浅黄。在白釉上施黄釉，为永乐首创。

5. 永乐黄釉盘（残片）

高：3.4 厘米　残长：13 厘米

2002 年出土于珠山北麓

撇口，浅弧壁，圈足较浅。内壁印五爪云龙纹，盘心印三朵折带如意云。内施白釉，外底施白釉。烧成白釉后，外壁白釉上通体施低温黄釉，再经 800～900℃的温度烤烧而成。

6. 永乐黄彩花盆托（残片 3 件）

残长：5 厘米（1）　残长：20 厘米（2）　残长：6.3 厘米（3）

2014 年出土于珠山北麓

在已烧成白釉托后，外壁以低温黄彩绘缠枝花、变形莲瓣纹饰，再经 700 ～ 800℃的温度烤烧而成。同类器型装饰有青花、绿彩、孔雀绿彩。

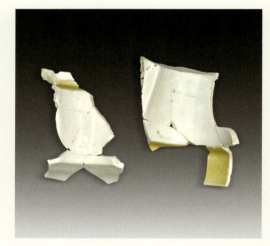

7. 宣德黄釉僧帽壶（残片 2 件）

残长：12 厘米（1）　残长：14 厘米（2）

2016 年景德镇公安移交（现藏御窑博物院）

壶烧成白釉后，器内口折沿、外壁施黄釉，再经 800 ～ 900℃的温度烤烧而成。从断面观看胎质细腻洁白，釉色浅黄，应属于宣德早期黄釉僧帽壶。壶因口部形似僧人之帽而俗称"僧帽壶"，为西藏喇嘛使用的宗教器皿，一般为金属制品，瓷制品始见于元代的青白釉瓷。景德镇御窑厂出土同类器形有白釉、红釉、蓝釉，黄釉出土极少，罕见。

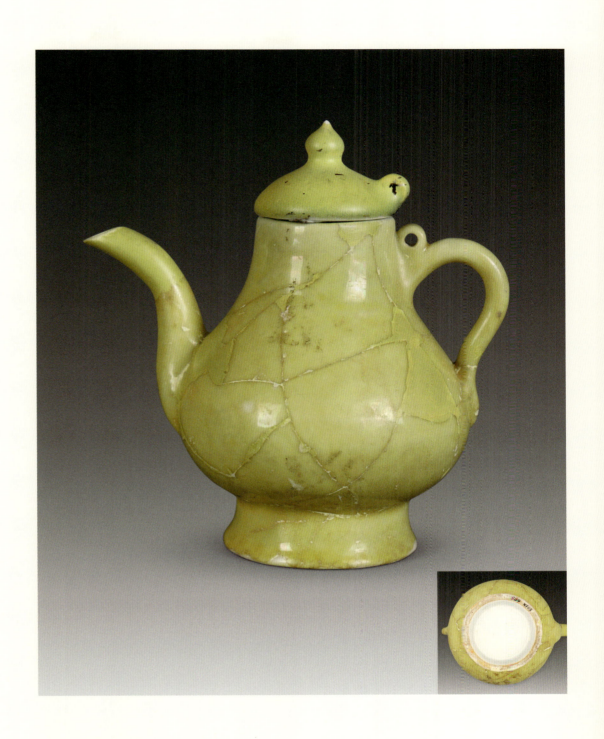

8. 宣德黄釉梨形壶

通高：12.7厘米　口径：4厘米　底径：5.7厘米

1988年出土于珠山路北侧御窑遗址

壶身作梨形，圈足外撇。柄上端接壶颈处做一小环形系。珠顶盖，盖沿亦做一小系。外底施白釉，釉下见有刻划的双圈，圈内刻"大明宣德年制"六字双行楷书款。在烧成白釉后，壶身通体施低温黄釉，再经800～900℃的温度烤烧而成。

9. 宣德黄釉直壁碗

高：7.4 厘米　口径：13.8 厘米　底径：7.8 厘米

1988 年出土于宣德地层

碗直口，深腹，圈足。外底内施白釉，烧成白釉后，通体施低温黄釉，再经 800～900℃的温度烤烧而成。该器无纹饰，黄釉色泽不匀，足外壁下积釉。外底青花双圈内书"大明宣德年制"六字双行楷书款。

10. 宣德黄釉多棱盘（残片）

残长：16 厘米

2014 年出土于珠山北麓

盘多棱状，葵口，浅腹，模具成型。盘烧成白釉后，器内、外壁施低温黄釉，再经 800～900℃的温度烤烧而成。圈足内则为白釉，器口黄釉较薄、外足壁下有积釉，釉色较深。

11. 宣德黄釉碗

高：5.1 厘米　口径：10.2 厘米　底径：4.1 厘米

2002 年年出土于珠山北麓

碗侈唇口，曲壁，深腹，圈足。内壁印云龙纹，底心刻折带云纹。施白釉烧成后，内、外施低温黄釉，再经 800～900℃ 的温度烤烧而成。外底施白釉，釉下有刻划的双圈，圈内刻"大明宣德年制"六字双行楷书款。

12. 宣德黄釉碗

高：9 厘米　口径：15 厘米　底径：9 厘米

2002 年出土于珠山北麓

碗侈口，弧壁，深腹，圈足。外底边刻莲瓣纹一周，碗施白釉烧成后，内、外施低温黄釉，再经 800 ～ 900℃的温度烤烧而成。外底足内施白釉，该器底残缺。但同类型器底釉下见有刻划的双圈，圈内刻有"大明宣德年制"六字双行楷书款。

13. 宣德黄彩花卉纹盘（残片）

残长：9.2 厘米

1993 年出土于宣德地层

盘施白釉烧成后，内外口沿饰黄彩一圈，内外壁均用黄彩绘缠枝花卉，再经 700 ～ 800℃的温度烤烧而成。

14. 宣德黄彩牡丹纹盘（残片）

残长：15.8 厘米

1994 年出土于宣德地层

盘施白釉烧成后，盘心用黄彩绘折枝牡丹纹，再经 700～800℃ 的温度烤烧而成。底部泛白、粘砂。

15. 宣德黄地青花萱草纹盘

高：6.2 厘米 口径：35.4 厘米 底径：24.8 厘米

1983 年出土于宣德地层

盘心绘青花萱草，内壁饰卷草，外壁绘折枝柿子、桃子、石榴及茶花、菊花、石榴花，其花、果相间。该盘青花烧成后，在白釉处涂填黄彩釉，再经 700～850℃ 的温度烤烧而成。该盘口沿残缺，同类型宣德青花萱草纹盘，在外壁口沿下用青花料书"大明宣德年制"六字楷书横款。萱草为明代宫中喜栽植物，唐代诗人孟郊《游子》诗："萱草生堂阶，游子行天涯。慈母倚堂门，不见萱草花。"借萱草表达对母亲的思念。

16. 宣德黄地青花葡萄纹盘

高：7.5 厘米　口径：48.3 厘米　底径：35 厘米

1993 年出土于宣德地层

盘心绘青花折枝葡萄纹，内壁饰折枝菊花、牡丹、百合、栀子、山茶、莲花。外壁绘六朵折枝灵芝，外壁口沿下用青花料书"大明宣德年制"六字楷书横款，字间不涂填黄彩釉。该盘青花烧成后，在白釉处涂填黄彩釉，再经 700～850℃ 的温度烤烧而成。

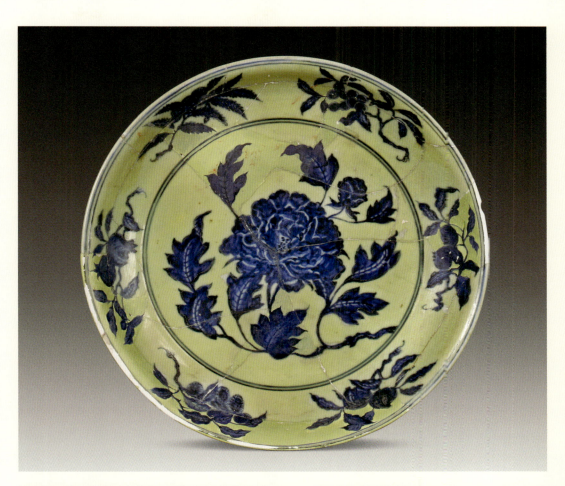

17. 宣德黄地青花牡丹纹盘

高：5.5 厘米　口径：38.8 厘米　底径：28.2 厘米

1984 年出土于宣德地层

　　盘心绘青花折枝牡丹，内壁饰瑞果纹，分别为折枝桃、荔枝、石榴、枇杷、樱桃、柿子。外壁绘缠枝菊花，口沿下用青花料书"大明宣德年制"六字楷书横款，字间涂填黄彩釉。该盘青花烧成后，在白釉处涂填黄彩釉，再经 700～850℃ 的温度烤烧而成。

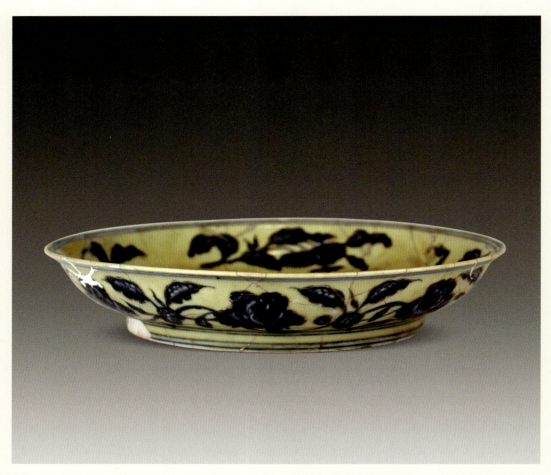

18. 宣德黄地青花析枝花果纹盘

高：4.9 厘米　口径：25.6 厘米　底径：16.9 厘米

1984 年出土于宣德地层

盘心绘青花折枝栀子花，内壁饰折枝石榴、柿子、葡萄、莲花带蓬。外壁绘缠枝茶花。外底青花双圈内书"大明宣德年制"六字双行楷书款。该盘青花烧成后，在白釉处涂填黄彩釉，再经 700 ～ 850℃ 的温度烤烧而成。

19. 宣德黄地堆绿龙纹盘

高：4.1 厘米　口径：18.2 厘米　底径：11.2 厘米

1988 年出土于御窑宣德地层

盘撇口，弧壁，圈足微敛。盘内、底施白釉，盘心刻品字云，内壁印双龙纹。外壁用胎泥堆两条赶珠龙，龙纹涂填绿釉，纹饰外涂填黄彩釉。该盘烧成日瓷后其黄彩釉、绿釉均为涩胎上涂填，再经 700～850℃的温度烤烧而成。此器无款，系宣德早期遗物。

20. 黄釉碗（残片）

残长：11 厘米　底径：7.5 厘米

2014 年出土于珠山北麓（明正统至天顺时期）

碗弧壁，圈足微敛。烧成白釉瓷后，内、外壁施低温黄釉，经 800 ～ 900℃的温度烤烧而成。外底施白釉，无款。

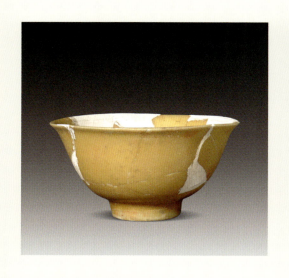

21. 成化黄釉碗

高：5.5 厘米　口径：10.3 厘米

1987 年出土于珠山成化地层

侈口，深曲腹，圈足。碗施白釉烧后，在内、外壁施低温黄釉，再经 800 ～ 900℃的温度烤烧而成。外底青花双圈内书"大明成化年制"六字双行楷书款。

22. 成化黄彩梵文碗（残片）

底径：6.8 厘米

1987 出土于成化地层

碗施白釉烧成后，外壁用黄彩绘莲瓣，内底以黄彩绘双圈，内书一梵字，再经 700 ～ 800℃ 的温度烤烧而成。底施白釉，外底青花双圈内书"大明成化年制"六字双行楷书款。明代瓷器上书写梵文在成化、弘治、正德时达到巅峰，民窑的大量青花器物也以梵文作装饰，寓意着吉祥、如意。

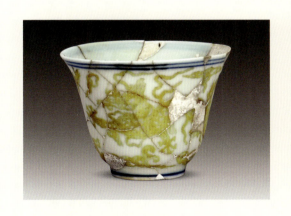

23. 成化黄彩龙纹杯

高：4.8 厘米　口径：6.1 厘米　底径：2.3 厘米

1987 年出土于珠山成化地层

杯敞口，深弧壁，圈足。杯施白釉烧成后，外壁以黄彩绘五爪云龙两条，再经 700 ～ 800℃ 的温度烤烧而成。外底青花双方框内书"大明成化年制"六字双行楷书款。

24. 成化白釉黄彩内梵文外云龙纹碗

高：8.4 厘米　口径：19 厘米　底径：7.8 厘米

2002 年出土于珠山北麓

碗撇口，弧壁，圈足。碗施白釉烧成后，外壁以黄彩绘莲瓣、云龙纹，碗内底以黄彩绘双圈，内书一梵字，再经 700 ～ 800℃ 的温度烤烧而成。外底青花双圈内书"大明成化年制"六字双行楷书款。

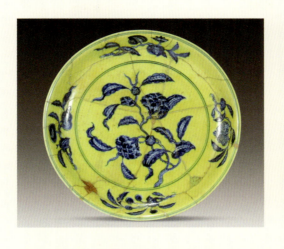 

25. 成化黄地青花折枝花果纹盘

高：5.5 厘米　口径：29.8 厘米　底径：20.3 厘米

1987 年出土于珠山成化地层

盘心绘青花折枝石榴花，内壁绘青花折枝柿、桃、荔枝、樱桃四果，沿绘线二道。外壁饰四朵相间折枝莲花，外壁口沿下用青花料书"大明成化年制"六字楷书横款，经高温烧成。然后内、外壁施黄彩釉，并抹去青花纹饰上的黄彩釉，再经 700 ～ 850℃的温度烤烧而成。其装饰工艺是继承宣德官窑技法，并改进低温黄彩釉施釉技法。

26. 成化黄地堆绿龙纹盘

高：4.6 厘米　口径：20.2 厘米　底径：12.9 厘米

1987 年出土于珠山成化地层

盘外壁用胎泥堆两条赶珠云龙，盘内、底施白釉，内壁印双龙纹。该器烧成白瓷后，云龙纹涂填低温绿彩，纹饰外施低温黄彩釉，再经 700 ～ 850℃的温度烤烧而成。外底青花双圈内书"大明成化年制"六字双行楷书款。御窑遗址出土的宣德器中有同类器物，此器系沿袭宣德制品，并改进施低温黄彩釉技法。

27. 成化黄地绿龙纹碗

高：7.2 厘米　口径：17.2 厘米　底径：6.8 厘米

1987 年出土于珠山成化地层

碗内施白釉，碗心刻折带云纹，内壁印双龙纹。外壁刻赶珠云龙纹两条，下刻莲瓣，外底青花双圈内书"大明成化年制"六字双行楷书款，底施白釉。其工艺过程：先在坯胎上刻赶珠云龙与莲瓣，底用钴料书款，内壁、外底施白釉，经高温烧成。然后在外壁涩胎上施低温黄彩釉，口沿、足墙、莲瓣线、纹饰上涂填绿彩，再经 700～850℃ 的温度烤烧而成。

28. 弘治黄釉盘

高：4.5 厘米　口径：21.3 厘米　底径：12.8 厘米

2016 年景德镇公安移交（现藏于御窑博物院）

盘通体施黄釉，圈足内施白釉，外底青花双圈内书"大明弘治年制"六字双行楷书款。釉色莹润，淡雅娇嫩。其工艺过程：已烧成的白釉盘，用浇釉的方法浇黄釉在白釉上，再经 800～950℃ 的温度烤烧而成。弘治黄釉因它的色釉比较淡而显得娇艳，又称"娇黄"。

29. 弘治黄釉盘（残片）

底径：12.1 厘米

1988 年出土于珠山御窑遗址

盘出土时已残，但从传世完整器可知其造型应为撇口，浅弧壁，圈足内敛。烧成白瓷后，内、外均施黄釉。圈足内施白釉，外底青花双圈内书"大明弘治年制"六字双行楷书款，再经 850～950℃ 的温度烤烧而成。弘治黄釉瓷，因将釉料浇在白釉釉表上，俗称"浇黄"。因烤烧温度比永乐、宣德、成化黄釉瓷略高，胎质细腻、釉面平整、釉色娇嫩、光泽度好，弘治黄釉瓷逾越永乐、宣德、成化，被视作明、清两代黄釉瓷的典范。

30. 弘治黄釉碗

高：8.6 厘米　口径：19.7 厘米　底径：8.2 厘米

2016 年景德镇公安移交（现藏于御窑博物院）

已烧成白釉碗上，通体施黄釉，再经 850～950℃ 的温度烤烧而成。匜足内施白釉，外底青花双圈内书"大明弘治年制"六字双行楷书款。

31. 弘治黄地填绿彩靶杯（残片）

残高：6.4 厘米　足径：4.1 厘米

1987 年出土于珠山御窑遗址北路

该靶杯残片靶心中空，施白釉。内心刻单圈篆书"弘治年制"四字双行款。外壁刻海水纹，经高温烧成涩胎后再施低温黄彩釉，并在纹饰和年款上填绿彩，经 700 ～ 850℃ 的温度烤烧而成。杯身与足部采用湿胎泥接，沿袭元代工艺。明代靶杯的杯身与足部也是采用湿胎泥接，足内修坯平整，坯体阴干后施釉。

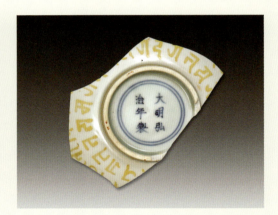

32. 弘治黄彩梵文碗（残片）

底径：5.4 厘米

2014 年出土于珠山北麓

已烧成白釉碗上，外壁以低温黄彩书写梵文，整齐排列。碗心书一梵字，其外围绕两圈变形莲瓣，莲瓣内各书一梵字，再经 700 ～ 800℃ 的温度烤烧而成。外底青花双圈内书"大明弘治年制"六字双行楷书款。

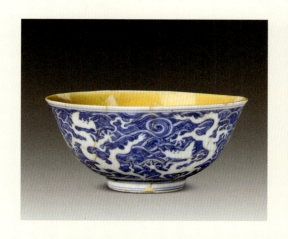

33. 弘治里浇黄釉外青花海水地白龙纹碗

高：6.8 厘米　口径：14.7 厘米　底径：5.6 厘米

2016 年景德镇公安移交（现藏于御窑博物院）

碗撇口，深弧壁，圈足。外壁近口沿处绘青花双线，腹部绘青花海水地白龙纹。烧成后碗内素面无纹饰，白釉上施黄釉，再经 800 ～ 900℃的温度烤烧而成。外底青花双圈内书"大明弘治年制"六字双行楷书款。

34. 弘治黄地青花折枝花果纹盘

高：4.7 厘米　口径：26.7 厘米　底径：16.9 厘米

2016 年景德镇公安移交（现藏于御窑博物院）

盘撇口，浅弧壁，圈足。盘内底心以青花料绘双圈线，内绘折枝栀子花，壁绘折枝莲花带蓬、石榴、柿子、葡萄，外壁绘缠枝茶花，圈足内施白釉，经高温烧成。然后内、外壁吹黄彩釉，并抹去青花纹饰上的黄彩釉，再经 700 ～ 850℃的温度烤烧而成。外底青花双圈内书"大明弘治年制"六字双行楷书款。

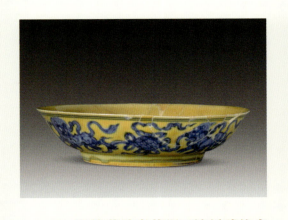

35. 弘治黄地青花狮子滚绣球纹盘

高：3.7 厘米　口径：15.2 厘米　足径：8.4 厘米

2016 年景德镇公安移交（现藏于御窑博物院）

盘撇口，浅弧壁，圈足。外壁绘两对狮子滚绣球，近口沿处和圈足外墙均绘二道线。外底青花双圈内书"大明弘治年制"六字双行楷书款，经高温烧成。然后内、外浇黄彩釉，并抹去青花纹饰上的黄彩釉，再经 700～850℃ 的温度烤烧而成。

36. 弘治里黄釉外孔雀绿地洒蓝刻云龙纹盘

高：3.8 厘米　口径：15 厘米　足径：8.8 厘米

2016 年景德镇公安移交（现藏于御窑博物院）

盘撇口，浅弧壁，圈足。外壁刻双行龙，间有卐字云，圈足内施白釉。外底青花双圈内书"大明弘治年制"六字双行楷书款。烧成素胎瓷后，外壁纹饰内填洒蓝釉，地涂填孔雀绿釉，内壁施黄彩釉，素面无纹饰，再经 700～850℃ 的温度烤烧而成。此盘以孔雀绿釉、洒蓝釉、黄彩釉装饰融为一体，极为罕见。

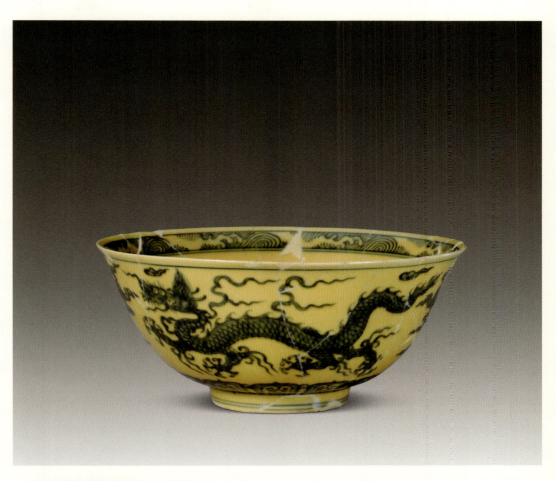

37. 弘治黄地青花龙纹碗

高：7.2 厘米　口径：16 厘米　底径：5.8 厘米

2016 年景德镇公安移交（现藏于御窑博物院）

碗内壁口沿用青花料绘水波纹，碗心青花料双圈内绘双龙戏珠纹，外壁绘云龙两条，底部饰变形莲瓣纹一周。外底青花双圈内书"大明弘治年制"六字双行楷书款，经高温烧成。然后内、外浇黄彩釉，再经 700～850℃ 的温度烤烧而成。该碗没抹去青花纹饰上的黄彩釉，其青花呈色暗黄，黄地青花色泽欠佳。

38. 弘治内黄釉外瓜皮绿釉盘

高：3.8 厘米　口径：15 厘米　足径：8.9 厘米

2016 年景德镇公安移交（现藏于御窑博物院）

盘撇口，浅弧壁，圈足。外底青花双圈内书"大明弘治年制"六字双行楷书款。盘烧成白釉后，在内、外白釉上分别施低温黄、绿釉，再经 700 ～ 850℃的温度烤烧而成。外壁以铜为着色剂的低温绿釉，釉色翠绿似西瓜皮，故称"瓜皮绿"。

39. 弘治黄地青花云龙纹碗

高：7.2 厘米　口径：15.1 厘米　足径：5.3 厘米

2016 年景德镇公安移交（现藏于御窑博物院）

碗敞口，深弧壁，圈足。外壁近口沿处和圈足外墙均绘线两道，腹部绘两条五爪龙，两龙之间以"壬"字形云纹间隔，外底青花双圈内书"大明弘治年制"六字双行楷书款，经高温烧成。然后内、外浇黄彩釉，并抹去青花纹饰上的黄彩釉，再经 700 ～ 850℃的温度烤烧而成。

40. 弘治黄地青花折枝花果纹盘（残片）

高：4.7 厘米　口径：26.7 厘米　足径：16.9 厘米

2016 年景德镇公安移交（现藏于御窑博物院）

盘撇口，浅弧壁，圈足。内壁绘折枝花果纹，内底绘折枝栀子花纹。外壁绘缠枝茶花纹，圈足内施白釉，外底青花双圈内书"大明弘治年制"六字双行楷书款，经高温烧成。然后内、外浇黄彩釉，并抹去青花纹饰上的黄彩料，再经700～850℃的温度烤烧而成。

41. 正德黄地绿彩刻云龙纹盘

高：3.5 厘米　口径：15.2 厘米　底径：8.9 厘米

2014 年出土于珠山御窑遗址

盘撇口，浅弧壁，圈足。内壁模印云龙纹，外壁坯胎上刻赶珠龙纹两条，以朵云纹相隔。盘内、外底施白釉，外底青花双圈内书"正德年制"四字双行楷书款，经高温烧成。然后在外壁涩胎上施黄彩釉，龙纹上填绿釉，再经700～850℃的温度烤烧而成。此工艺沿袭宣德时期。

42. 正德绿地黄彩缠枝莲纹碗

高：7.4 厘米　口径：15.1 厘米　底径：5.3 厘米

1987 年出土于珠山御窑遗址

碗直口，敛腹，高圈足。内壁施白釉、无纹饰。外壁口沿刻回纹一周，外壁及足壁均刻划缠枝莲纹。烧成青花瓷后，其双勾纹内填低温黄彩釉，地填低温绿釉，再经700～850℃的温度烤烧而成。外底青花双圈内书"正德年制"四字双行楷书款。

43. 正德黄地青花螭龙纹碗

高：8.4 厘米、口径：15.8 厘米、底径：5.9 厘米

口微敞，深弧壁，圈足。内壁施白釉，无纹饰。外壁腹部绘青花螭龙纹，口沿、足壁用青花勾描流花纹。烧成青花瓷后，口沿、足壁流花纹，流水以低温矾红、绿釉描绘，花填以黄彩釉，腹部除青花螭龙留白处均填以低温黄彩釉，再经700～850℃的温度烤烧而成。外底青花双圈内书"正德年制"四字双行楷书款。

44. 正德黄地红绿彩龙纹盘

口径：18.7 厘米

1988 年出土于珠山正德地层

敞口，敛腹，高圈足。内壁施白釉，无纹饰。外壁锥刻赶珠龙纹两条，间饰朵云。烧成素胎瓷后，外壁龙纹及朵云均填绿彩，以黄彩釉为地，再经 700～850℃ 的温度烤烧而成。因黄彩釉有缺陷，工匠在黄彩釉上填矾红彩进行补救，因矾红脱落，露出黄彩釉地。外底青花双圈内书"正德年制"四字双行楷书款。

45. 嘉靖黄地绿彩刻螭龙纹碗

残高：6.3 厘米　足径：4.8 厘米

2014 年出土于珠山御窑遗址

碗撇口，深弧腹，圈足。口沿、底足外壁饰绿彩线纹一道。外壁刻螭云龙纹并涂填低温绿彩，空白处施黄彩釉。内壁施透明釉。外底青花双圈内书"大明嘉靖年制"六字双行楷书款。其工艺过程：先在坯胎上刻螭云龙纹，底用钴料书款，内壁、外底施白釉，经高温烧成。然后在外壁涩胎上施黄彩釉，纹饰上涂填绿彩，再经 700～850℃ 的温度烤烧而成。瓷器涩胎上施低温黄彩釉、绿彩装饰，始创于明永乐朝官窑，明嘉靖沿袭。

46. 嘉靖黄釉刻花碗（残片）

残高：4 厘米

1987 出土于成化地层

碗圈足。外壁、近底处刻花卉、莲瓣纹，外底足内施白釉。烧成白釉瓷后，内外壁均施黄釉，再经 800 ～ 950℃ 的温度烤烧而成。

二、工艺和传承

从明代御窑厂出土的黄色装饰器皿看，可分黄釉（黄彩釉）和黄彩装饰。黄釉是用含铁的天然矿物作着色剂，再经 800～950℃ 烧成的低温铅釉。氧化铁在釉中的含量直接影响着黄釉色泽。黄釉着色力强，容易分散。已往的配方潘文锦、潘兆鸿《景德镇的颜色釉》举例："铅粉 79%、石末 15%、赭石 6%"。其工艺过程："按配比称料，磨细过筛，将釉浆以吹釉法或浇釉法，施于烧好的白釉器上或烧好的涩胎上（二者的釉浆稠度应有所不同）。应用吹釉法时，以含水率为 40% 左右为宜，而应用浇釉法时，则含水率以不超过 32% 为宜。釉层干后，置于烤花炉中以 800～950℃ 的温度进行烤烧。"黄釉为低温颜色釉，在烧制过程大致分为①缓火期：温度在 400～500℃ 之间，②热火期：温度在 500～700℃ 之间，③速火期：温度在 700～950℃ 之间。御窑遗址出土的黄色装饰器皿有两类，一类：单一的黄釉器，创烧于明代洪武官窑，从御窑遗址出土资料看，黄釉施在涩胎瓷上，黄釉色泽土黄色，釉面哑光。明代永乐黄釉色泽淡黄，黄釉敷在甜白釉上较薄。黄釉器制作工艺有所改进，黄釉不再直接施釉于涩胎瓷上，而是在已烧造好的甜白釉器上再施一层低温黄釉再径 800～900℃ 的温度二次烤烧。永乐白釉瓷胎洁白致密，使用含铁质极微、助溶剂极少的优质原料，在胎泥里参入较多的高岭土，使瓷胎的烧成温度提高，瓷器的白度也相应得到提高，并且在瓷釉中尽量少用石灰石，改用钾长石作助溶剂，避免瓷釉泛青，以追求釉面的纯白效果。

黄釉器在明代洪武、永乐、宣德、正统、成化、弘治、正德、嘉靖时期均烧制，但以宣德黄釉"开一代未有之奇"。正如许之衡《饮流斋说瓷》中已："宣窑之美，为有明一代冠，不但宣红，宣黄，彪炳奕叶已也，即青花五彩各器，亦发明极多，咸为后来所祖。"宣德黄釉制作工艺沿袭永乐，黄釉也是在已烧造好的白釉器上再施一层低温黄釉二次烧成，但宣德白釉瓷釉面与永乐甜白釉瓷釉面有细微差异。宣德白釉瓷瓷胎细白，釉面不太平整，若对光斜视，可见釉面有极细微的孔眼，即所谓的"橘皮纹"。如：宣德黄釉直壁碗(图1)，其施黄釉后釉面肥厚，色泽淡雅，"橘皮纹"现象较为明显。宣德白釉有"橘皮纹"，后朝无法超越。明代张应文《清秘藏》论窑器中描述："我朝宣庙窑器，质料细厚，隐隐橘皮纹起，冰裂鳝血纹者，几与官、汝窑敌。"明代宣德黄釉釉面肥厚，釉色深沉不及弘治黄釉细润。弘治黄釉比成化黄釉显得深厚，而比正德黄釉又浅淡。弘治黄釉器胎白质纽，器物颜色通体一致，较宣德、成化时颜色鲜亮，均匀光润，釉色淡雅娇嫩，其主要原因是低温黄釉烧制温度比宣德、成化有所提高。弘治黄釉器在历朝黄釉瓷器中有极高的声誉，为明、清黄釉的典范，其烧造技术已臻成熟。另一类：①黄彩釉、绿彩的综合装饰，其黄彩釉与绿彩均为素胎上挂釉，经二次烧成的低温釉。如：宣德黄地堆绿龙纹盘（图 2），其制作工艺是：盘内、底施白釉，外壁用胎泥堆雕云龙纹，经高温烧成后，黄彩釉、绿釉均为素胎上涂填，再经 700 ～ 850℃的温度烤烧而成。成化黄地堆绿龙纹盘（图 3），改进黄彩釉施釉方法，先在经高温烧好的堆雕云龙纹涩胎瓷上用墨涂填后，（墨为用松木烟灰制的墨锭。沈括《梦溪笔谈·杂志一》："予疑其烟可用，试扫其煤以为墨，黑光如漆，松墨不及也。"）再浇黄彩釉，然后抹去堆雕云龙纹上的黄彩釉，填绿彩，置于烤花炉中经 700 ～ 850℃的温度进行烤烧。这种装饰工艺在成化时期应用，弘治、正德、嘉靖继承，后朝有沿袭。②黄彩釉、青花的综合装饰，在坯体上用青花料画好纹样，全部图案以青花构成，然后施白釉经高温烧成，图案以外的白地全涂填黄彩釉，再经二次烧成。如：宣德黄地青花葡萄纹盘（图 4），其制作工艺是：在坯体上用青花料在盘内底心以青料打双圈，内绘折枝葡萄纹，内壁饰折枝花卉，外壁绘六朵折枝灵芝纹样，口沿用青料涂饰，褐砂底，经高温烧成。图案以外的白地全涂填黄彩釉，外壁口沿下用青花料书"大

图 1 宣德黄釉直壁碗

图 2 宣德黄地堆绿龙纹盘

图 3 成化黄地堆绿龙纹盘

图 4 宣德黄地青花葡萄纹盘

明宣德年制"六字楷书横款，字间不涂填黄彩釉（图5）。然后入炉经700～850℃的温度烤烧而成。成化黄地青花折枝花果纹盘（图6），其制作工艺是：在坯体上用青花料画好纹样，全部图案以青花构成，然后施白釉经高温烧戓，再通体浇黄彩釉，然后抹去青花纹饰上的黄彩釉，外壁口沿下青花"大明成化年制"六字楷书横款上的黄彩釉用竹片工具抹去，入炉经700～850℃的温度烤烧而成。这种装饰工艺在成化时期应用，弘治、正德、嘉靖时期继承，后朝有延续。

宣德青花填黄彩釉装饰技法是由永乐高温酱彩填绿技法直接寅变而来的。青花填黄彩釉，以黄作地子色来映衬青花的幽蓝神采，这种独特的装饰手法，为宣德首创，后世历有追仿一直沿袭，成为明、清两朝瓷器的传统装饰品种。但从御窑遗址出土的明代成化、弘治、正德、嘉靖瓷器看，明代成化时期以黄作地子的黄彩釉施釉方法有所改进，将宣德时期涂填法改成浇釉或吹釉法。在烧成好的青花瓷器上浇上或吹上黄彩釉，因黄彩釉的透明度较好，青花纹样能透过釉层而显现出来，抹去青花上的黄彩釉，然后入炉经700～850℃温度烤烧而成。改进施釉方法，一、提高工时，二、黄作地子的釉面更加均匀，烧成后色泽光亮，附着在白釉上的黄彩釉更加牢固。

黄彩是以铁为着色剂的低温釉上彩，末烧前为黄红色，以主的配方举例："老黄19.8%、矾红1%、雪白79.2%"。在清康熙以前釉上黄彩是以氧化铁作着色的铁黄。关于清代铁黄料的制备工艺，当时在景德镇居住了多年的法国传教士昂特雷科莱（汉名殷弘绪）在给教会的第二封信中是这样描述的："要制备黄料，就往一两铅料中调入三钱三分卵石粉和一分八厘不含铅粉的纯质红料……如果调入二分半纯质红料，便会获得美丽的黄料。"这里所说的红料即

图5 宣德黄地青花葡萄纹盘

图6 成化黄地青花折枝花果纹盘

指矾红料，制成的黄料即为铁黄。黄彩装饰瓷器是受矾红彩装饰影响，黄彩纹样是用毛笔蘸取色料在已烧成的白釉瓷器上绘制，纹饰凸起于白釉瓷之上，再经700～800℃的温度烤烧而成。明代御窑厂遗址出土的黄彩装饰瓷器，以单一黄彩装饰瓷器首见明永乐，后朝明宣德、成化、弘治用单一黄彩装饰瓷器工艺沿袭永乐，但彩绘纹样方面，成化、弘治比永乐、宣德时期更加细腻清晰。

三、对后世的影响

黄釉瓷最早出现于唐代安徽淮南寿州窑，四川邛崃窑，河南密县西关窑、郊县窑，陕西黄堡窑，山西浑源窑，河北曲阳窑，其中以寿州窑黄釉瓷最为著名。但真正意义上的黄釉创烧于明代永乐时期，是一种以铁为呈色剂的低温釉色。在低温氧化气氛中烧成，黄釉不再直接施在涩胎瓷上，而是在已烧造好的甜白釉瓷器上再施一层低温黄釉再经二次烤烧。黄釉敷在甜白釉上较薄，故釉面色泽淡黄。明代宣德上承永乐技术而竭力改进，并在有"橘皮纹"白釉上施黄釉，其呈色妍丽，遂有"宣黄"名品问世。从御窑遗址出土的黄釉瓷器看，明代永乐、宣德数量屈指可数，正统、景泰、天顺、成化较少，弘治颇丰。后世历有追仿。在清代康熙以前，瓷器上的黄釉和黄彩均用铁黄，康熙时期的斗彩、五彩中的黄彩也是铁黄；康熙珐琅彩瓷器上所用的黄彩是进口锑黄彩料，雍正时期开始使用国产的锑黄彩料装饰瓷器，锑在1000℃以下与铅共用时为良好的黄色彩料，但在1000℃以上时常褪色，须用氧化焰烧成。锑含料的多少也会影响黄的呈色。唐英在《陶成纪事碑记》中提到的"西洋黄色器皿"即指这一品种。锑黄釉的釉层为乳浊状，透明度较差，具有与铁黄釉截然不同的特点。锑黄器以雍正朝制品为最佳。

用黄色釉装饰瓷器，可能跟黄色具有极为特殊的象征意义有关。《易·坤》曰"天玄而地黄"，古人崇拜土地，也就崇尚土地之色——黄色。这种风习延续至后世，并逐渐被推到极致。到了隋代，黄袍为皇帝常服，而唐代只有皇帝可以服黄色，到宋代明令禁止士庶穿着黄色。据《明史·舆服制》记载：洪武二十四年（1391年）规定"官吏衣服、帐幔，不许用玄、黄、紫三色"，英宗天顺二年（1458年）再度重申禁令，将黄色服装的禁止范围扩大到皇族以外所有人的身上。又如《大明会典》载："洪武九年定，私郊各陵瓷器，圜丘青色，方丘黄色，日坛赤色，月坛白色。"可见黄色专用于祭地。明嘉靖九年更定祀典，各坛所用的祭器也重新作了规定，登、簋、盏、豆等祭器皆以瓷盘代之，说明瓷器取代了青铜器作为皇家祭祀用品，使用的瓷器有专属的颜色，祭地为黄釉瓷器。从历年来景德镇城市建设出土的民窑瓷器看，各类釉色俱备，以青花瓷居多，黄色釉瓷极少。《明英宗实录》卷一六一载："禁江西饶州府私造黄、紫、红、绿、青、蓝、白地青花瓷……首犯凌迟处死，籍其家资，丁男充军边卫，知而不以告者，连坐。"由此可见，不仅衣服不许用黄颜色，就是黄色的瓷器也绝对不许民间烧制使用。

四、结语

一，根据明御窑遗址发掘出土的资料分析，明代洪武已用黄釉装饰瓷器，黄釉施在已烧成的涩胎瓷上，釉面色泽哑光。明代永乐、宣德黄釉器屈指可数，黄釉施在已烧造好的白釉瓷上，釉面色泽润感好、有光亮。这种制作工艺为明代永乐首创，后朝宣德、正统、景泰、天顺、成化、弘治、正德、嘉靖沿袭。

二，明代御窑遗址出土的黄彩釉与绿彩的综合装饰瓷器，黄彩釉直接涂填在涩胎上始于明代宣德早期，成化时期改进施釉方法，黄彩釉浇在涩胎上。黄彩釉与绿彩的综合装饰瓷器，明代成化、弘治、正德时期居多。

三，黄地青花装饰瓷器创造于明代宣德，其装饰技法是由明代永乐高温酱彩填绿彩技法直接演变而来，以黄彩釉作地子色来映衬青花的幽雅。明代成化时期施釉方法用浇釉或吹釉替代宣德涂填法，并堤高烤烧温度，以黄作地子的黄彩釉，釉面更加均匀，色泽更加光润，附着在白釉上的黄彩釉更加牢固。

四，用单一黄彩装饰瓷器始见于明代永乐，黄彩装饰瓷器是受矾红彩装饰瓷器影响。

五，在清代康熙以前，瓷器上的黄色釉和黄彩均用铁黄，雍正时斯开始使用国产的锑黄彩料装饰瓷器。

皇家宝藏：
论明清御窑黄釉瓷器珍品展

文／李伟信

景德镇学院人文学院副教授

李 峰

景德镇陶瓷大学陶瓷文化高等研究院研究员

景德镇市东方古陶瓷研究会执行会长

冯玮瑜

自得堂主人

广州市当代艺术研究院理事长

2017 年 10 月 16 日至 11 月 15 日，"黄承天德——明清御窑黄釉瓷器珍品展"
在中国景德镇陶瓷博物馆举办。广州自得堂的藏品，中国景德镇陶瓷博物馆的藏品，
景德镇市陶瓷考古研究所的修复件和标本参加了本次展览。展品最早为明代洪武
时期，最晚至清末，基本覆盖了明清有官窑瓷器生产的各个时期，较为全面地反
映了明清御窑黄釉瓷器的历史面貌。

黄釉器及标本精品赏析

此次展览黄釉瓷器大部分来自广州自得堂冯玮瑜女士的个人收藏。展出的明
清黄釉展品朝代序列基本齐全，而且来源清晰，流传有绪，真、精、美、雅俱全，
实为古瓷收藏带来一道靓丽色彩。下文就其中几件精品做以介绍。

明代弘治黄釉盘
口径：21.5 厘米

图 1 明代弘治黄釉盘　　　　　　　　图 2 明代嘉靖黄釉金钟杯

撇口，深弧腹，圈足。内、外施娇黄釉，圈足内施白釉。外底署青花楷体"大明弘治年制"六字双行款，外围青花双圈。造型规整，釉色匀净，款识字体清秀，充分体现所谓"弘治款秀"的特征（图1）。

明代嘉靖黄釉金钟杯

口径：8 厘米

敞口，弧腹，圈足。内外施黄釉，其釉汁肥厚，流淌自然，发色娇美，犹有"娇黄"风采。器形饱满庄重，品格不俗，底署单圈两行六字"大明嘉靖年制"楷书款。存世嘉靖时期黄釉杯，底部多为施白釉署青花款识，而如本品之底部施黄釉并署青花款者，或许宫中使用级别更高，尤显珍贵。此件藏品曾为日本关东大名堂旧藏（图2）。

清代顺治黄釉筒瓶

高：20.4 厘米

撇口，束颈，溜肩，筒腹，平底，底边倒角。外壁通体和瓶口内均施浇黄釉，外底无釉。外壁黄釉稍有垂流，局部流至倒角处。此种造型的瓶俗称"筒瓶"，主要流行于明末崇祯至清初顺治时期，以青花和五彩品种较为多见，浇黄釉品种殊为少见。此瓶造型规整，釉色匀净，保存完好，弥足珍贵。曾在香港苏富比 1974 年 10 月 31 日、香港苏富比 1982 年 11 月 8 日、香港苏富比 2002 年 5 月拍卖会上有流传记录（图3）。

清代康熙黄釉锥拱龙纹双耳杯一对

口径：5.8 厘米

撇口，深弧腹，圈足，腹部两侧对称置弧形耳。内、外均施浇黄釉，圈足内施白釉。外底署青花楷体"大清康熙年制"六字三行款，外围青花双圈。外壁锥共二云龙赶珠纹。此种双耳杯属于当时御用酒杯，与其配套使用的还应有托盘。胎体轻薄，

图 3 清代顺治黄釉筒瓶

图 4 清代康熙黄釉锥拱龙纹双耳杯一对

胎质细腻，锥拱技艺娴熟，图案线条流畅自然。杯形设计巧妙，两耳较大，便于执拿（图4）。

清代雍正柠檬黄釉菊瓣盘

口径：17.5厘米

此盘取材秋菊，呈菊花瓣形，造型隽美。通体施柠檬黄釉，釉色明亮均匀，宛如一朵秋日黄菊，清丽脱俗。足内亦施柠檬黄釉，底心留白，双圈书青花"大清雍正年制"楷书款。器形周正传神，体现了当时高超的修胎水准。此件藏品曾为法国DeGanay家族旧藏（图5）。

清代嘉庆黄釉锥拱苍龙教子图长颈瓶

高：31.4厘米

盘口，细束颈，溜肩，长圆腹，圈足。通体内、外和圈足内均施浇黄釉。外壁通体锥拱海水云龙纹，盘口外和圈足外墙锥拱均匀分布的小圆圈纹。造型规整，黄釉呈色略重，纹饰清晰。虽不署款，但从瓶之造型和所饰龙的形象看，当属于嘉庆时期景德镇御窑厂产品。此瓶曾为伦敦苏富比2012年11月7日拍卖第422号拍品，伦敦苏富比1954年6月29日拍卖第164号拍品，1948年伦敦东方陶瓷学会展览第164号展品（图6）。

图5 清代雍正柠檬黄釉菊瓣盘　　　　　　图6 清代嘉庆黄釉锥拱苍龙教子图长颈瓶

黄釉瓷器的产生和发展

在中国瓷釉的发展过程中，黄釉的产生可以追溯到釉陶时代。汉黄釉陶釉色黄中带有褐色，虽不纯正，却属黄釉无疑。釉的本质是覆盖在陶胎或瓷胎表面的一层较薄物质，往往具有一定的光泽度和玻璃质感，如在釉料中加入了烧成后呈黄色的金属元素，就产生了黄釉。

科学测试分析表明，我国汉代黄色釉陶、唐代寿州窑黄釉、明清御窑黄釉器等釉中黄色的发色元素都为铁元素，而铁元素在自然界分布广泛，用于陶器、瓷器制作的原料中多多少少都含有铁，这为黄釉的产生提供了原料的基础。加上黄色呈色艳丽，传统文化、审美方面的倾向也决定了黄釉陶、瓷器在民众的日常生活中的广泛应用。

中国传统文化中，很早就有颜色和方位的对应之说，《易·坤》中"天玄而地黄"，把黄色赋予大地母亲的角色；传统五行也与五色对应，金木水火土分别对应白青黑赤黄，其中黄色对应土，五个方位中，东南西北中的中央方位也对应黄色。

到唐代，已出现了质量上乘的黄釉瓷器。唐代生产黄釉瓷器的窑口主要有安徽省淮南市寿州窑、萧县白土窑，河南省密县窑、郑县窑，陕西省铜川市黄堡窑，山西省浑源窑和河北省曲阳窑等。其中，寿州窑为唐代著名窑口，陆羽《茶经》中就有"寿州瓷黄"的说法，《增补古今瓷器源流考》亦有"江南寿州，唐时烧造，其瓷黄"的记载。此外，瑰丽的唐三彩中亦有黄色铅黄釉出现，虽不能与明清艳丽鲜黄相比，但也算明艳动人，别有风味。宋元时期，黄釉瓷器发展相对停滞，仅在三彩瓷器及琉璃建筑构件上有所表现。至明清时，御窑厂的建立把黄釉的生产推到了历史的高峰。

图 7 明洪武外黄釉内白釉刻云纹盘标本

图 8 明永乐黄釉盘标本

图 9 明永乐黄釉碗标本

从目前御窑考古资料看来，御窑厂遗址出土的黄釉瓷器标本始于永乐时期，属于典型的低温黄釉瓷，但曹建文教授研究成果是明洪武早期（洪武四年即1371年左右）就应有黄釉瓷器的生产（图7），并提出低温黄釉瓷器不排除在元代就已生产的可能。明清黄釉瓷器历经明早期至万历，清早期至清末，御窑厂一直在生产，而且所占比例不低。据清宫瓷器档案记载，故宫藏清代官窑瓷器31万余件，其中黄釉瓷器就有12.8万余件，占故宫藏全部清代官窑瓷器的41.2%。黄釉种类繁多，有娇黄、浇黄、娇深黄、淡黄、鹅黄、金黄、明黄、姜黄、素黄等。黄釉器型丰富，涉及日用、陈设、祭祀等各个方面。

从历年来御窑厂遗址出土情况看，在永乐、宣德时期出土的黄釉器物不多。1988年出土于永乐地层的黄釉盘（图8，残高3.4、残长13厘米）和黄釉碗（图9，残高7.8厘米），釉面肥厚滋润，为在白釉基釉上低温黄釉。宣德黄釉釉色相比永乐时期略深，但不及弘治时期细润，由于宣德时期瓷器白釉釉面往往具有"橘皮纹"，施加黄釉后釉面肥润，"橘皮纹"更加明显（图10）。而成化（图11）、弘治（图12）、正德（图13）的黄釉器却是明代黄釉烧制的黄金时期，烧制的黄釉已掌握了准确的烧成温度和气氛，使器物颜色通体一致，均匀光润。成

图10 明宣德黄彩牡丹纹盘标本

图11 明成化黄釉碗标本

图12 明弘治黄釉碗标本

图13 明正德黄釉宫碗

化时黄釉釉色有深有淡，釉面均净娇嫩，浅淡者，釉质稀薄。弘治时期，黄釉瓷已近乎完美，也是整个明代黄釉烧制最成功时期，达到历史上低温黄釉的最高水平，由于其黄色特别娇嫩，故犹如鸡油之色。正德时期则继续沿袭弘治黄釉的特点，总体质量不如弘治朝，但也不乏精品。嘉靖（图14）、万历时期黄釉色调多较前略深，釉质肥厚，釉面不平，但一般色调都很鲜亮。

清代黄釉官窑器烧造数量巨大，从顺治到宣统每朝都有烧造。清官瓷器档案从奏折文稿到贡档进单，及清档簿册各种文本均有记载。目前看到清代最早的黄釉官窑瓷器烧造为顺治七年 (1650 年)。"江南江西总督马国柱咨文户部。叙述先前户部咨文江南江西总督转行造碗地方作，迅速烧造吃茶龙碗，黄色、金黄色、豆黄色、酱色、蓝色共四百个解京应用。"

因此，顺治朝黄釉瓷器应有黄色、金黄色、豆黄色三种，皆为暗刻龙纹碗。康熙朝上色、次色黄釉瓷器烧造 11 万余件，故宫现存黄釉 2 万余件，其中黄釉暗刻纹饰最为丰富，为其他朝代所不及（图15）。雍正朝上色、次色黄釉瓷器烧造 2 万余件，故宫现存黄釉瓷器 9000 余件，以常见的娇黄釉为主；亦有不少洋黄器，釉面呈色娇丽淡雅，比"娇黄"颜色更浅，因为颜料来自西洋，故称"洋黄"，是一种以锑盐为着色剂的黄釉，呈色清新淡雅，娇嫩柔和，这种具有珐琅色彩的黄釉瓷器代表了清代黄釉烧造水平的最高峰。

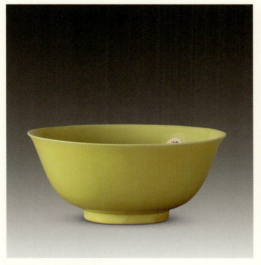

图 14 明嘉靖黄釉宫碗

图 15 清康熙黄地刻绿龙纹盘

图 16　清乾隆黄地青花九桃纹盘

　　乾隆朝是清代中黄釉瓷器产量最大的一朝，仅上色黄釉瓷器烧造 9 万余件，故宫现藏就有 5 万余件。乾隆朝黄釉呈色极为淡雅匀净，釉层较薄，施釉均匀，没有深浅不一的色差（图 16）。嘉庆朝上色、次色黄釉瓷器烧造 1.7 万余件，故宫现存黄釉 1.3 万余件。道光朝上色、次色黄釉瓷器烧造 5 万余件，故宫现存黄釉 2 万余件。咸丰朝上色黄釉瓷器烧造 400 余件，故宫现存黄釉仅 30 余件。同治朝上色黄釉瓷器烧造 4000 余件，故宫现存黄釉 800 余件。光绪朝上色黄釉烧造 4

万余件，故宫现存黄釉 9000 余件。宣统朝上色黄釉烧造 3000 余件，故宫现存黄釉 1600 余件。统计还表明，清代官窑黄釉瓷器虽然烧造数量巨大，但碗、盅、碟等圆器还是占了绝大多数，琢器不仅数量少，器型也比较单调，釉色主要是娇黄，还有娇深淡黄、鹅黄、金黄、洋黄等。装饰风格有里外黄，白外黄，暗刻，锥拱等。纹饰以龙纹为主，还见有凤、双凤、西莲、团花等。

明清御窑黄釉瓷器的皇家垄断

皇家缘何要把原本民间通行的黄釉瓷器独家垄断呢？一种说法，黄通"皇"，黄色与皇权的挂钩早在唐代就有体现，把赭黄归为皇家专属，禁令士庶穿着。到了明代，皇家把这种垄断延伸到瓷器领域，禁止民间烧造和使用黄釉瓷器亦不难理解。

皇家通过对黄釉瓷的严格管制，提高黄釉瓷器的地位，使其成为权力、皇权的象征。《通典》注云："黄者，中和美色，黄承天德，最盛淳美，故以尊色为溢出也。"至清代，皇家进一步对黄釉器在皇族内的使用制定更为明确的等级划分，《国朝宫史》卷十七记载了后宫用瓷标准，全黄器仅限皇帝、皇后及太后使用，皇贵妃使用外黄内白器，贵妃使用黄地绿龙器、嫔妃等使用蓝地黄龙器，余者诸如贵人、常在、答应等都有相应的规定，并且在数量上严格把控。多者皇太后、太后所用瓷器上千件，皇贵妃占有百余件，妃子、嫔、贵人不足百件，常在仅有 30 余件。

皇家对黄釉瓷器的垄断还体现在黄釉瓷器的烧造上。明初黄釉器自烧造以来，就被皇家垄断，严禁民间私自烧造。《明英宗实录》卷 161 记载，正统十一年（1446 年）下令"禁江西饶州府私造黄、紫、红、绿、青蓝、白地青花瓷器……首犯凌迟处死，籍其家货，丁男充军卫边，知而不告者，连坐"，其中放在第一位的就是黄釉瓷器。如此严厉的法典，足以说明皇家垄断黄釉瓷器地位的决心。

此外，对黄釉瓷器的甄选及次品处理也极其苛刻。从景德镇珠山御窑址出土的残次器物中可以看出明代黄釉瓷是工艺制作最为精细的品种之一，也是挑选最为严格的品种，因此残器瓷片数量较大。御窑厂清代官窑堆积虽少，但从文献上看，清代对黄釉器的处理也异常严格。《清宫档案》中《唐英奏折》载，乾隆七年（1742 年），为搏节开支，皇帝曾下旨令"脚货"不必运到京城，但唐英认为不妥，上奏《请定次色瓷器变价之别以杜民窑冒滥折》："唯是国家分别等威，服务采章，俱有定制……至于黄器及五爪龙等件，尤为无可假借之器，似未便以次色定价，致本处窑户伪造僭越，以紊定制……"后乾隆朱批："黄器如所请行。五爪龙者，外边常有，仍照原议行。"可见黄釉器管制之严。

尊贵源于复杂精细的工艺

黄釉瓷器分为高温黄釉和低温黄釉。高温黄釉是一种以三价铁离子作为着色剂的石灰釉，其着色原理与青釉没有本质的区别，只是釉中有适当的铁含量，同时在适当的窑温和窑内气氛条件下产生的一种发色而已。

低温黄釉与高温黄釉不同，它是以铁着色、铅为熔剂的低温颜色釉。《江西省大志》"颜色"条记录了一种低温黄釉的配方："金黄：用黑铅末一斤，碾成赭石一两二钱。"说明黄釉配方中铅粉是一个重要的成分。

铅釉的使用降低了色釉的熔融温度，拓宽了烧成温度范围，从而降低了烧成

图 17 明弘治娇黄釉碗及盘

图 18 清康熙黄地绿彩龙纹碗

图 19 清康熙黄釉刻缠枝莲纹梅瓶

难度，同时铅釉在高温时候黏度较小、流动性好、表面张力小，同时铅釉对颜料的着色能力强，表面对光的折射率较高，使得烧成瓷器釉面光滑、莹润，有效避免了颜色不均、釉面"橘皮"等缺陷。颇有盛名的弘治"鸡油黄"就是低温黄釉的巅峰代表作（图17），此件弘治娇黄盘犹如涂抹的鸡油，恬淡娇嫩，清澈明亮，是弘治黄釉的典型发色，款识字体清秀，充分体现所谓"弘治款秀"的特征。

黄釉（黄彩）陶、瓷器根据其工艺特点又可以分为将铅釉施在瓷胎（陶胎）上和施在瓷器基釉上两种。早期的低温黄釉直接施于陶胎上，色泽相对较差，色调多为黄褐色或深黄色。明清时期开始在已上釉瓷胎上施低温铅釉，其制作方法是在烧成的白瓷釉面上涂以含铁铅釉料，再低温烧成；同时也存在在素烧过的涩胎上直接施黄釉再低温烧成的，但釉色不及前者洁润。

一般来说，素三彩瓷器色釉（彩）直接施于素烧过的瓷胎上，主要包括黄地绿彩瓷（图18）、绿地酱彩瓷等。而黄釉瓷、黄地青花、斗彩瓷等一般都有基釉，其黄彩施于白釉之上，但这也不是绝对的，也有例外的情况，比如宣德三彩中的黄彩就直接施在素胎上，展出的一件康熙时期的黄釉梅瓶（图19），就是在素烧瓷胎上直接通体施黄釉烧造而成。此梅瓶肩丰硕而挺阔，胫部内收，至近底处又微撇，通体施以黄釉，色泽尊贵，表面均匀暗刻缠枝莲纹，刻工飘逸流畅。此件梅瓶曾为著名慈善家玛丽·克拉克·汤普逊珍藏，后在1923年入藏美国纽约大都会艺术博物馆，馆藏近百年后释出，现藏于广州自得堂。

黄釉瓷器的上釉工艺也有区别。关于瓷器的施釉工艺众多文献郡有记载，如宋应星的《天工开物·陶诞》中记载了蘸釉和荡釉工艺。

唐英《陶冶图说》记载刷釉、荡釉、吹釉之法并做了图文说明："上釉之法，古制，将琢器之方长棱角者，用毛笔拓釉，弊每失于不匀……今圆器之小者，乃于缸内

图20 明嘉靖黄地绿彩螭龙纹碗标本

图21 明嘉靖黄地青花云龙纹爵杯标本

蘸釉；其琢器与圆器大件俱用吹釉法。以径寸竹筒截长七寸，头蒙细纱蘸釉以吹。俱视坯之大小与釉之等类，别其吹之遍数，有自三四遍至十七八遍者。此蘸釉所由分也。"

另有陶瓷著述记载："弘治的黄釉达到了历史上低温黄釉的最高水平。这时的黄釉是用浇釉的方法施在瓷胎上的，所以称为'浇黄'。又因为它的釉色娇嫩、淡雅，光亮如鸡油，又称为'娇黄''鸡油黄'。"这说明还有浇釉方法。

除此之外，从目前出土标本研究，诸如黄釉绿彩、黄釉青花等品种，其施釉方法中还存在一些小技巧。大明嘉靖年制款的黄地绿彩碗（图20，残高6.3、足径4.8厘米），其黄釉和绿彩都施加在素胎上，但是先施黄釉还是绿彩？黄釉采用何种施釉方法进行施釉？可以从黄釉和绿彩的叠加顺序得到答案，黄釉覆盖在绿彩之上，说明先拓涂料绿彩，再刷涂黄釉。

大明嘉靖年制款黄地青花云龙爵杯（图21）应是在青花基础上施加黄釉低温重烧而成，其黄釉又是如何施加的呢？若是通体进行刷釉、吹釉或者浇釉后再刮去青花部位，似乎说不通，因为釉料在烧制之前应为不透明的，如何能准确刮除青花部位上面的釉料呢。因此，有学者提出应是在上黄釉之前，采用某种物质（如锅底灰）先覆盖青花位置，然后再施黄釉。

斗彩中的黄彩就直接施在素胎上，展出的一件康熙时期的黄釉梅瓶（图19），也是在素烧瓷胎上直接通体施黄釉烧造而成。此梅瓶肩丰硕而挺阔，胫部内收，至近底处又微撇，通体施以黄釉，色泽尊贵，表面均匀暗刻缠枝莲纹，刻工飘逸流畅。此件梅瓶曾为著名慈善家玛丽·克拉克·汤普逊珍藏，后在1923年入藏美国纽约大都会艺术博物馆，馆藏近百年后释出，现藏于广州自得堂。

黄釉瓷器的上釉工艺也有区别。关于瓷器的施釉工艺有众多文献都有记载，如宋应星的《天工开物·陶诞》中记载了蘸釉和荡釉工

唐英《陶冶图说》记载刷釉、荡釉、吹釉之法并做了图文说明："上釉之法：古制，将琢器之方长棱角者，用毛笔拓釉，弊每失于不匀……今圆器之小者，仍于缸内蘸釉；其琢器与圆器大件俱用吹釉法。以径寸竹筒截长七寸，头蒙细纱蘸釉以吹。俱视坯之大小与釉之等类，别其吹之遍数，有自三四遍至十七八遍者。此蘸釉所由分也。"

另有陶瓷著述记载："弘治的黄釉达到了历史上低温黄釉的最高水平。这时的黄釉是用浇釉的方法施在瓷胎上的，所以称为'浇黄'。又因为它的釉色娇嫩、淡雅，光亮如鸡油，又称为'娇黄''鸡油黄'。"这说明还有浇釉方法。

明清景德镇御窑
黄釉瓷造型比较研究

导师 / 曹建文

景德镇陶瓷大学考古文博学院教授、博士生导师

文 / 罗馨

景德镇陶瓷大学研究生院

摘要

隋唐以来，黄色成为皇帝的御用色，到了明代初期，景德镇御窑厂建立，黄釉瓷器从诸多单色釉瓷器中脱颖而出，成为皇室的御用瓷，并且被宫廷严令禁止民间私造，而后的各个时期也都是如此。

黄釉瓷不仅具有实用性，也是皇权与封建等级制度的体现。就目前馆藏的明清御窑黄釉瓷器来看，按其功能主要以帝后生活用瓷、文房陈设用瓷以及宫廷祭祀用瓷为主。现有的相关研究只见到关于景德镇御窑厂制度、颜色釉的配制及明代以前其他地区黄釉瓷等文献或著作，除低温黄釉的科技分析之外，并无更多有关景德镇御窑黄釉瓷的相关系统性研究。

本文以御窑黄釉瓷器的器物造型发展演变为研究重点，通过对于各个时期典型器物造型变化的研究来进一步探讨此类皇家御制瓷器的风格特点与文化意涵。文章首先按照黄釉瓷的发展脉络，对明代与清代进行了早、中、晚的三期分类。再根据搜集到的文献与图片资料，就明清御窑黄釉瓷的功能特点将不同形制的器物进行分类研究。然后以景德镇传统陶瓷的圆、琢器之分，着眼于明清常见黄釉器型的造型对比分析，以期发现两朝代的御窑黄釉主要产品的不同之处。总的来看，明代御窑黄釉瓷造型敦实古朴，表现出含蓄之美；清代御窑黄釉瓷造型则精致典雅，且种类丰富多变。文章最后深入探析了形成明清御窑黄釉瓷造型特征差异的主要原因，发现其受到当时的制作工艺、政治文化背景、帝王审美倾向以及古代哲学思想等不同程度的影响。

关键词：明清时期 御窑黄釉 造型 比较研究

1 引言

1.1 本课题研究的目的与意义

明清时期，全国的瓷器生产主要以景德镇为中心，产品生产的数量最多，质量最高，也最具代表性。这足以反映出明清时期的景德镇瓷器制造业的繁荣景象，同时也是中国陶瓷发展史上的高峰期。

故宫博物院所藏 180 万件藏品中[1]，陶瓷器占 36 万多件。故宫藏瓷主要以清宫旧藏为主，除汝、官、哥、均、定五大名窑与龙泉窑、元青花、釉里红等的前朝瓷器外，大部分为明、清两代景德镇御窑厂烧造的宫廷用瓷。其中三分之一为黄釉瓷器，明代有 600 余件，清代则有 11 万多件[2]。以宫廷生活日用器皿为主，各式大小不一的黄釉碗、黄釉盘数量众多，其余多是碟、杯等器型。还有大量祭祀用的黄釉瓷器以及文房陈设用的黄釉瓷器等，均由景德镇御窑厂生产，为皇家所垄断。

由于黄釉瓷是一种单色釉瓷器品种，明清帝后御用的黄釉瓷都是内外全黄色[3]。从现有实物资料来看，其主要装饰风格为暗刻或锥拱，纹饰以龙纹为主，且变化并不明显。因此，若要研究景德镇御窑黄釉瓷在明清两代的主要特征与异同，就应从黄釉瓷的器型变化与造型风格方面入手。

在中国传统的陶瓷艺术中，表现艺术形式的元素除了陶瓷功能与装饰之外，还有一个重要的方面，就是陶瓷造型。我们可以从大量馆藏的明清瓷器中看到，陶瓷造型在传统的陶瓷烧制过程中起着主导作用。陶瓷造型不仅决定了陶瓷的基本形式和功能，而且与陶瓷的原材料和生产工艺的特点密切相关。通过研究瓷器造型特点，我们对传统陶瓷艺术有了更加全面的认识。

在瓷器造型领域，明清时期的景德镇取得了显著的成就。其设计和制作出了许多优秀的作品，并积攒了各种加工方法，至今还保存着大量的图文资料与实物资料，这为现代人的研究学习提供了许多不同途径的便利。我们可以在博物馆、图书馆和网络电子文献中看到很多优秀古代陶瓷作品，这些造型风格的变化与其背后所蕴含的时代审美特征与文化内涵，都值得我们去探讨和研究，并且进行综合分析与系统地学习。或许景德镇的瓷器造型与其他地区存在不同之处，但它仍有其独特的地方，直到今日，我们依然能够看到景德镇制瓷优良的传统风格和精湛的工艺，这些技艺对其他地区的制瓷工艺水平也起到了重要的影响作用。然而，从大量的文献资料中，我们可以发现目前对于明清时期的瓷器的研究和整理，更多的重点仍放在器物装饰上而忽视了造型的重要性，这对于综合的研究与传承陶瓷文化是不利的。

因此，本文的研究目的主要是通过分析御窑黄釉瓷的造型特征、成型因素、文化内涵等，试图从过去较为简单的研究阶段向为更加深入的探讨与总结的阶段迈进，目的是为了揭示明清时期景德镇御窑黄釉瓷的造型在功能、审美和艺术形式方面的时代特征。结合古代陶瓷造型的变化规律，讨论御窑黄釉瓷造型的特征，希冀填补明清御窑黄釉瓷造型研究方面的空白。在实践考察与总结分析黄釉瓷的特性方面，着力于探寻御窑黄釉瓷的时代文化特征与审美价值，从理论和实践相结合的观点出发，使御窑黄釉瓷能体现更高的价值，甚至可以拓展黄釉瓷元素在现代生活中的应用范围，而不仅仅是局限于文人收藏与鉴赏。

通过资料的搜集研究发现，目前有关御窑黄釉的造型研究相对还是比较稀缺的，大多是关于御窑瓷器的创烧年代、工艺技法、官窑特性、釉色装饰等的研究，对其造型的研究几乎不可见。论文以最常见的典型器物入手，根据已有的理论性知识来总结与梳理器物的造型特点和艺术形式，并在已存在的文献研究基础上加以补充说明，这对于研究明清御窑黄釉瓷历史具有一定的理论意义。

现代瓷器的造型继承和发展了古代的各类器物，通过此研究能够达到借古启今的作用。分期来研究明清时期宫廷御用黄釉瓷器的造型差异并探析其演变规律及成因，对于运用古陶瓷鉴定知识来分辨各代御窑黄釉瓷的真伪及艺术价值具有重要的现实意义。

1.2 现有研究综述

有关黄釉瓷历史发展的研究：

清代古陶瓷专著《南窑笔记》记载："黄色用石末、铅粉、入矾红少许配成。"[4] 但明代以前的低温黄釉多施于陶胎上，且色调多为黄褐色或深黄色。1982 年中国硅酸盐学会主编《中国陶瓷史》中记载我国传统的黄釉有两种，一种是以三价铁离子着色的石灰釉，是一种高温黄釉。另一种是低温黄釉，也用含铁的天然矿物作着色剂，但基础釉是铅釉，这种低温黄釉早在唐三彩上就已出现[5]。低温黄釉瓷器最早创烧于明初的景德镇御窑厂，1993 年耿宝昌编著的《明清瓷器鉴定》中提到："近年，北京地区出土有与南京地区红彩器风格一致的明初黄釉印花龙纹盘，较之永乐、宣德时的同类器施釉略厚，色泽较深，黄釉色调近似洪武二十五年（1392 年），而瓷器上纯正的黄釉，始自明永乐年间。"[6] 2003 年曹建文的

《明洪武官窑低温黄釉瓷的发现及其时代考证》通过研究景德镇御容厂附近发现的多种低温黄釉瓷器，并参照有关实物资料和文献史料，认为低温黄釉瓷应产生于明洪武早期[7]。2006 年冯先铭编著的《中国陶瓷》中亦提到："明代黄釉自永乐朝开始，已经烧制得相当成功"[8]。证明低温黄釉瓷确实在明代早期已经存在。

有关景德镇黄釉瓷文化特征的研究：

明清时期，黄釉瓷作为皇家御用瓷，受时代政治文化背景的影响，存在一定特殊之处。根据《明英宗实录》卷一百六十一记载，明正统十二年十二月十七日，上命"禁江西饶州府私造黄、紫、红、绿、青、蓝、白地青花等瓷器。命都察院榜谕其处，有敢仍冒前禁者，首犯凌迟处死，籍其家货，丁男充军边卫，知而不以告者连坐。"[9]由此可知，黄釉瓷在明代仅宫廷可以烧造，代表了至高无上的地位。《清宫档案》中《唐英奏折》载："乾隆十一年七月七日，唐英将次色黄器一万一千七十九件及次色祭器一百六十四件开选清册呈交广储司按册查收。"乾隆七年（1742 年），为撙节开支，皇帝谕旨："嗣后，脚货不必来京，即在本处变价。"但唐英认为不妥，次年上奏《请定次色瓷器变价之别以杜民窑冒滥折》："唯是国家分别等威，服务采章，俱有定制……至于黄器及五爪龙等件，尤为无可侵借之器，似未便以次色定价，致本处窑户伪造僭越，以紊定制……"[10]而后乾隆朱批"黄器如所请行。五爪龙者，外边常有，仍照原议行。"可见黄釉器为皇家垄断，绝对不允许流落民间。

清代雍正《江西通志》卷二七"饶州府条"记载：清代御窑厂的生产史上，明确烧造瓷质祭礼器的时间，始于康熙十年。而祭礼器物在整个清代的御窑产品中一直占有相当比例，黄釉瓷也在其内[11]。乾隆三十一年由武英殿修书处刻版印刷的《清代皇朝礼器图式》卷一《祭器》中记载："钦定祭器地坛正位尊用黄色瓷"，表明"地坛"的祭祀器为黄釉瓷[12]。《清史稿》卷八二《礼志一》记载："初沿明旧，坛庙祭品遵古制，惟器用瓷……圜丘、祈谷、常雩青，方泽、社稷、先农黄，日坛赤，月坛白。"[13]乾隆十八年《记事档》亦有烧制运送"祭天神坛、地坛祭器"的记载："正月二十日，员外郎白世秀将九江关督唐英送到天神坛祭器一案，地抵坛祭器七案并备用祭器……"

不只在宗教祭祀中，黄釉瓷即使在宫廷使用也有着严格规定。清代《国朝宫史》卷十七记载："皇太后、皇后用里外黄釉器；皇贵妃用黄釉白里器；贵妃用黄地绿龙器；嫔用蓝地黄龙器；贵人用绿地紫龙器；常在用绿地红龙器。"[14]另有清代《钦定宫中现行则例》卷三《铺宫》记载了内宫后妃们使用黄釉瓷的情况："皇太后：黄磁盘二百五十件、各色磁盘一百件……皇后：黄磁盘二百二十件、各色磁盘八十件……皇贵妃：白里黄磁盘四件、各色磁盘四十件……贵妃：黄地绿龙磁盘四件、各色磁盘三十件……妃：黄地绿龙磁盘二件、各色磁盘二十件……嫔：蓝地黄龙磁盘二件、各色磁盘十八件……贵人：绿地紫龙磁盘二件、各色磁盘十件……常在：五彩红龙磁盘二件、各色磁盘八件……皇子福晋：各色磁盘十四件、各色磁碟八件……皇子侧福晋：各色磁盘八件、各色磁碟四件……皇孙福晋：各色磁盘八件、各色磁碟四件……皇曾孙福晋：各色磁盘八件、各色磁碟四件……"[15] 由此表明，按清宫规定，皇帝、皇太后、皇后日常使用的黄釉瓷器为最高等级，要制成内、外满施黄釉的器物，在宫内称为"黄器"或"殿器"，其他妃嫔、皇子及王公贵族均不得擅用满黄釉器。

1986 年由志奇的《明弘治黄釉和清雍正胭脂水釉浅谈》谈到明代弘治时期黄釉瓷的特点以及黄釉瓷的祭祀功能。

2003 年王光尧的《清代瓷质祭礼器略论》中到：黄釉瓷器的形制特点，作为祭祀用瓷除了沿袭明代旧制生产一些用于祭礼的大碗、大盘、爵、罐外，从乾隆时期开始还生产模仿三代青铜器形制的簋、簠、登、豆、铏等瓷质祭器，从而形成了清代御窑瓷器的一大特点[16]。

2005 年叶佩兰主编《中国明清瓷器真伪鉴别》（彩图版）一书中阐述了明清两代几个典型时期黄釉瓷概况，对几种黄釉典型器进行了分析与价值评估[17]。

2006 年纪泽的《明代宫廷黄釉瓷的鉴赏与市场价值》[18] 与《清代宫廷黄釉瓷的鉴赏与市场价值》[19] 两篇文章对明清两个朝代的黄釉瓷进行分期研究，结合实例介绍其各阶段的文化艺术特征，并分析黄釉瓷在市场上的艺术价值。

2008 年铁源、溪明著《清代官窑瓷器史》以清宫档案文献为依据，全面、系统地对清代官窑瓷器进行了阐述。其中提到了皇家祭祀、陈设、餐饮、婚嫁、寿庆及丧葬用瓷均有黄釉瓷器专供宫廷使用，为皇家所垄断，渗透着浓郁的封建社会的等级观念[20]。

2011 年刘晓晨的《皇家气象——清宫黄釉瓷》[21] 与 2013 年的《试论清代皇帝尚黄与黄釉瓷的用途》[22] 主要是结合古代文献与馆藏实物来介绍清代黄釉瓷的功能与艺术特征。

2015 年陈佩的《浅析明代黄釉的时代特征》根据釉色与款识将明代黄釉瓷分为早、中、晚三期，并分别对各时期黄釉瓷的风格特征作简单阐述。2015 年崔婷的《北京故宫博物院藏康雍乾黄釉瓷器赏析》主要结合馆藏资料，就清代康雍乾三个时期黄釉瓷的风格特征进行分析研究，并对清代各时期的黄釉瓷数量进行简单统计[23]。

有关景德镇黄釉瓷工艺特征的研究：

唐英写于雍正十三年的《陶成纪事碑记》对景德镇御窑厂制瓷品种作了集大成的总结，其中各类黄釉彩瓷器有数种之多。如果从烧造原理上对其中的御用黄釉瓷器进行区分，则可分为铁黄釉和锑黄釉两种[24]。

许之衡在《饮流斋说瓷》中将包括黄釉瓷在内的黄色做了大概区分，有鹅黄、蛋黄、密蜡黄、鸡油黄、鱼子黄、牙色淡黄、金酱、芝麻酱、茶叶水、鼻烟、菜尾、鳝鱼皮、黄褐色、老僧衣等，并对这些黄色做了简易说明："黄亦宣德时所尚之色，其时色深，有同密蜡，故有宣黄之称。至嘉靖始夹青花，色同鱼子。深者又别之为鸡油黄矣。康熙以后，专尚淡黄，统称蛋黄也。其稍深者谓之熟蛋黄，稍浅者谓之生蛋黄……"[25] 不过人们对于颜色的深浅程度无法量化共识，因此面对同样的黄釉瓷器时，不同人会产生不同的感官刺激，未必会所见略同。

2007 年陈晓军的《"黄地"至尊，民器何缘》（上下）中到了影响黄釉瓷形成机理的三个工艺要素，即在配釉过程中对于不同金属氧化物的控制、对于窑室温度的控制以及对窑室内是氧化焰还是还原焰的控制[26, 27]。2007 年金鹏的〈颜色釉中的贵族——黄釉瓷器〉写到关于黄釉瓷的祭祀器特点与其在艺术市场上的地位[28]。

2008 年李何的《富丽堂皇王者风范浅论清代黄釉瓷的发展与创新》介绍了清代黄釉瓷与其他彩绘结合形成的创新品种与工艺特点[29]。2010 年李理《清朝帝后御用黄釉瓷及其纹饰》简单阐述了清代黄釉瓷的主要工艺、器型与纹饰品种[30]。

2018 年程晓中的《明清黄釉瓷器浅说》对黄釉瓷的历史源流、功能特征以及工艺进行了一个较为全面的阐述[31]。

有关景德镇黄釉瓷的科技研究：

1980 年张福康、张志刚主编的《中国历代低温色釉的研究》对中国历代低温色釉的特点做了系统性的了解：熔剂和着色剂的化学组成、釉的显微结构、理化性质以及有关工艺；对铅釉的起源出了新的看法，认为铅釉是中国古代陶工们独立自创的；就化学组成而言，中国历代低温色釉都属于 PbO-SiO_2 二元系统；历代低温色釉的主要着色元素为 Fe、Cu、Co、Mn 四种[32]。

2007 年吴军明的《景德镇历代低温黄釉的初步研究》对景德镇低温黄釉瓷的文化背景进行简单阐述并主要利用古陶瓷科技手段进行数据化的研究与分析[33]。

2008 年郑乃章、吴军明、吴隽、孙加林的《明清以来景德镇低温黄釉的初步研究》[34] 与 2008 年郑乃章、孙加林、吴军明、吴隽、曹建文的《景德镇明清以来低温黄釉的显微结构》[35] 两篇文章主要介绍了明清景德镇低温黄釉的文化艺术特征，并采用透射电镜 (TEM)，电子探针—能谱 (EPMA-EDS) 组合等仪器对不同年代景德镇低温黄釉瓷片的组成、结构进行分析。

2010 年吴军明、吴隽、郑乃章、李其江、张茂林、邓泽群的《唐三彩黄釉与娇黄釉的比较研究》[36] 通过实验，借助电子探针、X 衍射仪和热膨胀仪等对同属低温铅釉的唐三彩黄釉和明清时期景德镇娇黄釉进行测试分析和对比研究，探讨了其内部结构特征、化学组成及工艺制度之间的关系。2010 年吴军明、李其江、张茂林、吴隽、郑乃章、曹建文的《景德镇传统低温黄釉的文化与科技内涵》研究和分析了景德镇传统低温黄釉蕴含的历史文化内涵及社会文化对其的影响，得出传统低温黄釉技术与封建社会文化、制度等的关系；同时借助于科学仪器对其进行了化学成分、显微结构等分析研究。通过分析比较得出了历代低温黄釉制品胎、底釉、黄釉和白釉的化学组成变化规律，以及不同工艺方法对制品外观和显微结构的影响情况[37]。

2013 年李合、丁银忠、陈铁梅、苗建民的《北京明清建筑琉璃构件黄釉的无损研究》以北京明、清典型官式琉璃构件的黄釉为研究对象，利用 EDXRF 分析了釉料的化学组成，结合文献记载初步研究了北京明清官式琉璃构件釉料的变化规律[38]。

1.3 研究思路与研究方法

研究思路：

在收集、整理黄釉瓷的相关资料，进行系统梳理、总结各时代的陶瓷史料，明确黄釉瓷发展史的兴衰历程之后，论文首先对明清御窑黄釉与早期黄釉做了一个时间与概念上的区分，然后通过分析与比较明代与清代黄釉瓷的造型特点，结合各时期的典型器物，深一步探寻政治、经济、文化、宗教等多方面因素对黄釉瓷发展的影响，从而揭示景德镇御窑黄釉瓷的文化艺术特征与时代审美内涵，并总结其发展规律，客观探讨景德镇明清御窑黄釉瓷造型的历史成因。

研究方法：

一、运用历史文献学研究方法，使文献资料与考古材料能够结合互证。本文所依据的文献来源主要是通过图书馆的馆藏书籍和电子数据，以及各种陶瓷考古文献和有关明清两代的历史、人文、经济政策与社会实践等各个领域的文献搜集而来。此法为本文的研究奠定了前期资料的累积与研究基础。

二、运用图片对比方法，收集、整理现存的相关课题图片，直观、形象地对明清御窑黄釉瓷造型形态进行观察与对比，通过此法来系统研究其审美功能、文化特征及成因等问题。

三、运用类型学研究方法对景德镇黄釉瓷造型进行简单的分类与分期，使得研究结论可以更加直观与专业化。

四、运用统计学分析方法统计出景德镇御窑黄釉瓷在明清两个时代的大致存世数量，并用图表表现各种造型器物重点部位在两代之间的变化曲线，分析不同时期黄釉瓷的器型变化规律，由此揭示明清景德镇黄釉器物的造型特征以及演变规律。

1.4 概念界定

黄釉瓷首先出现在唐代的安徽淮南寿州窑，四川邛崃窑，河南密县西关窑、郊县窑，陕西黄堡窑，山西浑源窑，河北曲阳窑，其中的寿州窑黄釉瓷是最著名的[39]。到了辽代还能够见到一些黄釉瓷器，而后的宋元时期则极少发现了。

瓷器烧制时的配料与温度要求大都有所差异，根据这个特点，黄釉瓷主要分成高温黄釉与低温黄釉。高温黄釉的烧成温度通常在1250℃以上，以含有少量铁的石灰釉在氧化气氛下烧成，后呈现出黄色，其中最具代表性的就是唐弋寿州窑生产的黄釉瓷。还有一种深浅不一的黄褐色釉也属于高温黄釉的范畴，唐三彩与宋三彩瓷器上皆有所表现。低温黄釉也就是铅釉，是在850℃和900℃之间的温度下，用铅作为助熔剂、氧化铁作为着色剂的一种黄色釉种类。其颜色较浅且釉稍薄。本文所研究的景德镇黄釉属于低温黄釉。

明代以前，低温黄釉被运用在陶器之上，黄釉的发色通常呈现出黄褐色或深黄色。这类颜色在后来的唐三彩、宋三彩以及元、明时期的琉璃上面都有所体现和发展。由此可见，低温黄釉瓷的发展就如同陶瓷是由陶器发展而来一般，是在时代的各种环境与因素的影响之下，一步步发展成了后期颜色娇美、变化丰富的黄釉。

直至明代初期，景德镇创烧的低温黄釉瓷在前代的基础上进一步发展，不仅是在瓷胎上挂釉，而且呈色基本上趋于纯度较高的明黄色，烧制出了纯正的黄釉。自明洪武至万历朝，景德镇的黄釉瓷生产从未间断，其中，以明弘治时期的"娇黄""浇黄"或"鸡油黄"为烧制的最高水平[40]。

清宫档案中所记载的黄釉品种较为丰富，有娇黄、浇黄、娇深黄、鹅黄、姜黄、淡黄、素黄、金黄、明黄等。虽然唐英《陶成纪事碑记》《制造瓷器则例章程册》中所不载这几种釉色，但道光以来的大运及传办瓷器清册中见有上述品种器物，无论是各项物料工价银，还是烧造工艺均没有差异，每尺泥土银为一厘六毫，釉料银二厘七毫，柴价银五厘二毫，颜料银分五厘，吹色工饭银二分五厘，浇洗工饭银五分，烧炉工饭银二分，炭价银分六厘，唐英《制造瓷器则例章程册》中的娇各色圆器则例差别不大，仅多出釉料银一项，另浇烧炉工饭银为浇洗、烧炉工饭两项。而与同治以来的浇黄釉祭器用银完全相同，说明上述几种黄釉的烧造工艺没有变化，只是釉的呈色略有不同，而清宫档案中最为常见的里外黄釉、黄釉白里、黄瓷、黄釉等称谓的瓷器，在烧造工艺上没有差别，均见有颜料、吹色、浇洗、烧炉等项用银，只是具体器物的称谓不同，由此可知清代官窑瓷器中的黄釉称谓较为复杂[41]。

以上对于黄釉瓷釉色的分析是以釉料成分与烧成温度为基础的，就科技研究方面而言，还有另外一种分类方法。

根据国内古陶瓷科学研究最权威机构——上海硅酸盐研究所化验分析，中国古代黄釉瓷器的呈色剂有氧化铁和氧化锑之分[42]。清代著名督窑官唐英在雍正十三年对景德镇御窑厂制瓷品种做了集大成的总结，其中各类黄釉有"仿浇黄器皿"和"西洋黄色器皿"。用现代化学分析的方法检测出，"仿浇黄器皿"属铁黄釉，"西洋黄色器皿"则属锑黄釉。

铁黄釉是指着色剂为"铁"，烧成后会呈现出黄色，分高温与低温。上文提到的唐代寿州窑黄釉是高温黄釉，明清两代景德镇官窑生产的则是低温黄釉。

锑黄釉是指着色剂为"锑"。锑黄是康熙年间从西洋引进的釉料，在康熙珐琅彩瓷器上多有使用，甚至被大面积用作地色。雍正时期，御窑厂成功运用其创烧出新的黄釉品种。由于呈色浅淡幽雅，具有粉质感，所以这种黄釉被称为淡黄釉，又因相似之故，亦名柠檬黄釉。唐英在《陶成纪事碑记》中提到的"西洋黄色器皿"即指这一品种。锑黄釉的釉层为乳浊状，透明度较差，具有与铁黄釉截然不同的风格特点。锑黄以雍正朝制品为最佳，且由于釉料珍稀，烧制技术难度较大，故烧成数量极其有限，可谓件件珠矶。嘉庆以后，锑黄釉瓷器几乎不再生产。

上海硅酸盐研究所研究员张福康、张志刚在 20 世纪 80 年代就对上海博物馆提供的明代黄釉瓷器标本就行了系统科学研究，最终得到的结论是：在研究的低温黄釉对象中，主要有明成化、明弘治、清康熙、清光绪素三彩上的黄釉与唐三彩上的棕黄釉这五个品种。从釉色上来看，弘治和光绪素三彩的黄釉绞为接近，都呈现为正黄色调。康熙黄釉的色泽呈现出姜黄色，略微有些深。而釉色最深的则为唐三彩，呈现棕黄色。成化黄釉则是其中颜色最淡的。

化学分析的结果表明，这五种色釉都属于铁黄，其中唐三彩棕黄釉、弘治黄釉和光绪素三彩黄釉的 Fe_2O_3（氧化铁）含量分别 4.71、3.66 和 1.39，根据现代景德镇的生产方法，Fe_2O_3 是以赭石的形式引入的。我们认为，古代的铁黄可能也是用赭石来制造的。此外，在明、清时代，也有采用矾红料作为 Fe_2O_3 的来源[43]。

用 Sb_2O_3（氧化锑）作着色剂的锑黄，曾在康熙以后的黄色釉上彩中使用过，但在所研究的四个明清黄釉中，却没有发现锑黄，光谱分析的结果表阴，成化黄釉中含有锑，但 Sb_2O_3 的含量极低，只有 0.0012%，不足以呈色。我们认为它不是故意引进去的。

在目视显微镜下可以看到，这五种黄釉中，只有弘治黄釉有底釉，底釉无色而色釉施在底釉上。其他四种样品都无底釉，色釉直接施在胎上（表 1-1）[44]。

表 1-1

历代低温色釉的化学组成												
名称	化学组成（%）											
	SiO_2	Al_2O_3	Fe_2O_3	TiO_3	PbO	CaO	MgO	MnO	K_2O	Na_2O	CuO	C-O
东汉绿釉	33.8	6.20	2.31		46.89						1.26	
汉"银釉"	31.32	1.90	2.20		60.31							
唐三彩绿釉											5.24	
唐三彩绿釉			0.99		45	0.79	0.43	0.03	0.88	0.22	0.38	0.03
唐三彩棕黄釉	25.07	8.22	4.71		41.16							
宋绿釉	32.26	4.83	1.41		54.84	2.24	0.47	<0.01	0.65	0.31	2.80	
明弘治黄釉	42.93	4.52	3.66		45.00	1.16	0.10	0.03	1.30	0.73	0.05	
明嘉靖矾红			75ppm		652ppm							
清光绪素三彩黄釉			1.39									

2 明代景德镇御窑黄釉瓷器的分期与分类

2.1 明代御窑黄釉瓷的分期

耿宝昌主编的《明清瓷器鉴定》，有关于明代瓷器的分期方式，大致分为早、中、晚三个时期。早期包括洪武、建文、永乐、洪熙、宣德；中期包括正统、景泰、天顺、成化、弘治、正德；晚期包括嘉靖、隆庆、万历、泰昌、天启、崇祯[45]。本文结合搜集到的关于景德镇黄釉瓷的文字与图片资料中显示的时间并参考以上分期方法，将明代的景德镇御窑黄釉瓷分为早、中、晚三期。

2.1.1 早期

一、洪武

明初烧造的黄釉器物较少，多以盘、碗为主。明洪武时的黄釉瓷少见完整器传世，唯有景德镇御窑厂遗址和北京地区出土过此期的黄釉盘残片[46]。内白釉外黄釉，色泽较深，有细微开片，器物底部呈现一周深黄色积釉层，外足部没有釉，有较明显的火石红现象（图2-1、2-2）。

二、永乐

《明史·舆服志》中提到，明代早期的黄釉瓷主要以永乐和宣德两朝的黄釉瓷为主[47]。永乐时期，黄釉瓷只见过出土之物，未曾见有传世品。永乐时期的黄釉瓷以盘类居多，内外均施黄釉，外底施白釉[48]。此时的制作工艺在前朝的基础上有所发展，不再直接施釉于涩胎上，而是以白釉作为底色，待器物烧成之后，覆盖一层淡黄釉即可。在白釉的映衬之下，釉面往往显得浅薄，色泽淡雅，胎薄体轻，橘皮纹现象较为明显，圈足窄小且很浅，具有鲜明的时代特征（图2-3）。

三、宣德

宣德时期黄釉瓷器型以碗、盘为主。此外，景德镇珠山还出土了宣德黄釉梨形壶。尽管宣德时期御窑厂生产了许多瓷器，但成熟的黄釉瓷器才刚刚成功烧成，

图 2-1 洪武黄釉盘　　　　图 2-2 洪武黄釉盘　　　　图 2-3 永乐黄釉高足杯

因此很少能看到宣德黄釉瓷的传世之作。宣德黄釉瓷釉色娇嫩而略深，但不及之后弘治的釉面细润[49]。素面无纹饰，施釉到底，瓷器置于桌上不见圈足露抬。和同期的其他类型的宣德瓷器一样，黄釉瓷器上也出现了橘皮纹[50]。器物底足内部大多是白釉，通常器物的壁稍有些深，圈足略高，底部有些许凹陷。款识为青花或刻款的"大明宣德年制"（图2-4）。后世有将宣德白釉瓷后加黄釉复烧而冒充宣德黄釉瓷。

四、正统、景泰、天顺

由于正统、景泰、天顺三个时期受当时的时政影响，历经的时间也较短，此时期景德镇御窑厂已极少烧制瓷器，因此也没有发现确切年款的御窑瓷器。专家学者们称此时为陶瓷史上的"空白期"。在既无更多文献资料也无馆藏或传世器的情况下，此三期的黄釉瓷造型特点暂时无法考证。

2.1.2 中期

一、成化

考古发现最早的"娇黄"釉出现在成化时期，但由于数量有限，且没有传世品存世，所以不为人知[51]。在明中期，黄釉瓷的烧制已经掌握了准确的烧成温度和烧成气氛，瓷器的颜色均匀平滑，不仅符合皇室对于黄釉瓷的等级要求，而且符合时代艺术特征与审美情趣（图2-5）。

二、弘治

"鸡油黄"因其使用浇釉法施于瓷胎之上，故又称"浇黄"[52]。弘治黄釉瓷器壁较薄，通体施黄釉，器物光滑没有纹饰。造型规整，碗盘类器物较多。弘治黄釉底足较矮且四周光滑，底部有稍稍的凹塌情况，造型呈窝状，常被叫作"窝盘"。款识有四字篆书刻款的"弘治年制"和六字楷书青花双圈款的"大明弘治年制"。此时期的黄釉器物不仅釉色精美绝伦，还突破了品种上的局限，烧制出诸如栖耳尊、绳耳尊、飘带耳尊等体量较大的琢器（图2-6）。

  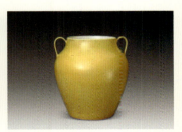

图2-4 宣德梨形壶　　　　　图2-5 成化黄釉盘　　　　　图2-6 弘治黄釉双耳尊

三、正德

正德时期黄釉瓷继承弘治之作，但釉色不如弘治浅淡而嫩，显得深沉，胎体加厚，有"老成持重"之说。款识与弘治时期保持一致。此时期的黄釉出现了许多创新品种，例如黄釉绿彩、黄釉紫彩等等。款识仍然继承了前朝的特点，底部为双行的六字青花双圈"大明正德年制"楷书款[53]。正德黄釉的瓷器底部较弘治时期偏深一些，胎体略微有些厚重，底足内部的釉色与弘治底足相比稍青（图2-7）。

2.1.3 晚期

一、嘉靖

嘉靖时期黄釉变深，釉质肥厚，釉面有不平感，色调大多鲜亮，偶有极淡且釉面匀润者。器物多为素面，也有一些以双线或单线来做暗刻装饰的花纹。嘉靖黄釉瓷器型大方，造型主要有盘、碗、杯、碟、罐等[54]。器底款识常见的有青花双圈或单圈"大明嘉靖年制"六字双行楷书款。若器底施黄釉，则为刻款（图2-8）。

二、隆庆

此时期烧制的黄釉瓷比前期的颜色更深，尽管釉质厚度良好，但釉面总是不十分均匀，这是由熔融引起的釉面滞流现象造成的[55]。由于釉面较厚，所以器物的纹饰图案大都看不清楚。主要器型有碗、盘等。

三、万历

明王朝到了万历时期，社会动荡，战乱频繁，景德镇御器厂辍烧停工，因此万历黄釉瓷几乎不可见。仅发现少数黄釉瓷碗，颜色较深，已失去"娇黄"之色[56]。碗内有青花双圈，碗外壁有双龙戏珠刻划纹装饰，款识与前朝并无差异（图2-9）。

图 2-7 正德黄釉碗

图 2-8 嘉靖黄釉杯

图 2-9 万历黄釉素三彩盘

2.2 明代御窑黄釉瓷的分类

明代御窑黄釉瓷器按用途分类主要有日用、陈设与祭祀器。根据《故宫博物院年鉴（2010）》记载，宫藏的明代黄釉瓷大约有 600 多件。其中弘治约 168 件，正德约 229 件，嘉靖约 106 件，万历约 69 件，其余时期则数量较少。以造型种类来看，是以生活日用瓷与宫廷祭祀瓷为主，且碗盘类居多。明代黄釉碗共约 355 件，其中弘治约 104 件，正德约 86 件；黄釉盘共约 233 件，其中弘治约 55 件，正德约 141 件；其余的皆为杯、碟、罐等类器物（图 2-10）[57]。

2.2.1 生活日用瓷

明代的生活日用类黄釉瓷器物占总数较大，目前各大馆藏的明代黄釉日用瓷主要以碗、盘类为主。

碗是最为常见的生活用瓷之一，主要作为盛放食物的器皿。其形制结构较为单纯，基本为大口小底、器壁弧圆。黄釉碗类器物可根据其口部与足部特点大致分为三类：A 型直口碗、B 型撇口碗、C 型高足碗。A 型直口碗通常为直口直腹，圈足稍高，底心处有轻微凹陷。B 型撇口碗多为深弧腹，圈足。C 型高足碗主要为撇口，深弧腹，高足中空，与 A、B 型碗的底足有较大差别（表 2-11）。

盘的用途与碗相似，其特征是采取了横向展开的扁平状造型，径大复浅，四周有斜向围起的边沿。盘类造型的变化也很多，根据口沿的不同可大致分为三类：A 型撇口盘、B 型敞口盘、C 型折沿盘。此三类黄釉盘除口部不同外，其他部位并无明显差异，均为浅弧腹，圈足（表 2-12）。

明代御窑黄釉瓷器型除常见的碗、盘类之外，还有杯、碟、壶等，从搜集到的图片资料来看，造型普遍较为单一，变化很少（表 2-13）。

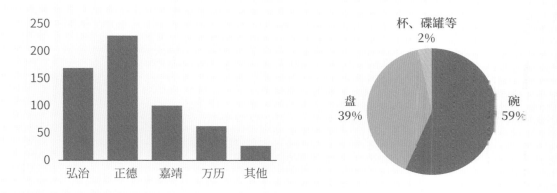

图 2-10 明代御窑黄釉瓷数量分布情况

表 2-11

明代御窑黄釉碗器型分类		
	A 型	B 型	C 型
线描图			
实物图			
来　源	故宫博物院	故宫博物院	故宫博物院

表 2-12

明代御窑黄釉盘器型分类		
	A 型	B 型	C 型
线描图			
实物图			
来　源	故宫博物院	故宫博物院	故宫博物院

表 2-13

明代御窑黄釉其他生活用瓷器型分类		
	杯	碟	梨形壶
线描图			
实物图			
来　源	自得堂	自得堂	景德镇御窑遗址出土

2.2.2 祭祀瓷

除日常生活用瓷外，明代的黄釉瓷器还主要作为皇室的宗教祭祀用瓷。《明会典》记载："洪武元年令，太庙器皿易以金造，乘舆服御诸物应用金者以铜代。二年定祭器皆用磁。"[58] 由此确定了明代祭祀礼器"祭器皆用瓷"之基本制度。"礼之初，始诸饮食"，各色的祭品都要盛放祭器中，故而除了几种传统玉制礼器外，其余的爵、尊、登、铏、簋、簠、豆、笾等基本上都是依照典籍制作的复古的饮食器。但据国内外馆藏资料显示，发现有爵、酒尊（即盖罐）、尊类祭祀瓷器，却不见登、铏、簠、簋、笾、豆等器物形制的存在。

故查阅古籍，据万历时期重修《明会典》"器用"条记载：嘉靖九年"定四郊、各陵瓷器，圜丘青色，方丘黄色，日坛赤色，月坛白色，行江西饶州府如式烧解。计各坛陈设太羹碗一，和羹碗二，毛血盘三，着尊一，牺尊一，山罍一，代簠簋笾豆瓷盘二十八，饮福瓷爵一，酒盅四十，附余各一。"[59] 其中"代簠簋笾豆瓷盘二十八"的叙述可知，当时簠、簋、笾、豆之类器物是用瓷盘类代替的，且"方丘黄色"表明方丘地坛使用的祭祀器即为黄釉瓷。

综合以上记载，可推知明代黄釉祭祀瓷主要有罐、尊、爵等。而登、铏、簠、簋、笾、豆等器物实际上是以碗、盘类代替。由于在上一章节已介绍过碗、盘类器物特征，故此章主要以罐、尊、爵类为主。

罐在古代主要是盛东西或汲水用的器物，明代黄釉罐则多用于祭祀，根据形制的不同主要分为三类：A 型盖罐、B 型大罐、C 型双耳罐。三种罐均为鼓腹，近底部有不同程度收拢。其中 A 型罐无颈，B 型罐颈部较 C 型罐细，C 型罐独有双耳装饰。

尊的造型特征为敞口，粗颈，深腹，圜底，圈足。明代黄釉尊最常见的形制为牺耳尊，器物的肩颈有两个对称的兽首装饰。

爵的造型主要是仿青铜爵，本是古代酒器，明代则作为祭祀器使用。器物特征为口沿外撇，前尖后翘，深腹，平底，底下承以三个高足，三足呈四棱形外撇。口沿两边对称置立柱，腹部正面置铺首装饰。内、外均施黄釉，口沿、立柱顶、铺首所衔环与三足以金彩绘。

此外，还有明代黄釉鼎，但极为少见，造型仿青铜鼎而来，主要有三立腿，两耳（表 2-14）。

表 2-14

明代御窑黄釉祭祀瓷器型分类

类型	线描图		实物图	来源
罐	A 型			自得堂
	B 型			故宫博物院
	C 型			故宫博物院
尊				故宫博物院
爵				故宫博物院
鼎				台北故宫博物院

3 清代景德镇御窑黄釉瓷器的分期与分类

3.1 清代黄釉瓷的分期

根据耿宝昌编著的《明清瓷器鉴定》有关清代瓷器的分期方法，大致分为了四个时期段。第一是顺治、康熙时期；第二是雍正、乾隆时期；第三是嘉庆、道光、咸丰时期；第四是同治、光绪、宣统时期[60]。同样根据搜集到的有关景德镇黄釉瓷的资料中显示的时间且参考以上分期方法，将清代的景德镇御窑黄釉瓷分为早、中、晚三期。

3.1.1 早期

一、顺治

清朝定都后，迅速恢复御窑厂，重启窑火，顺治时已经开始黄釉瓷器的生产，但其釉色往往较深，做工也常常呈现粗糙的状态，与明代晚期时的情况类似。底部常伴有有炸口，一些器物的底部有"大清顺治年制"的款识（图 3-1）[61]。

二、康熙

康熙时期，以仿制明代"娇黄"为主，釉质细腻晶莹，质量提升。此时还出现了蛋黄釉，因色如鸡蛋黄，故称"蛋黄釉"或"西洋釉"[62]。康熙黄釉瓷不仅在釉色上有所发展，瓷胎上还出现了加刻各种图案花纹的工艺以及堆塑纹饰。另外，器型也有创新，多以素面为主。底部款识为青花篆书"大清康熙年制"六字三行款（图3-2）。

3.1.2 中期

一、雍正

雍正时期的制瓷工艺水平是清代中最高的，最著名的莫过于此时期创烧的"柠檬黄"釉。此时黄釉器物造型完美，做工精细，胎体较薄且胎质细腻。雍正黄釉在继承弘治"娇黄"与黄釉绿彩的基础上，还创烧出了黄釉粉彩的新品和。同时，官窑典型器造型也更加丰富（图 3-3）[63]。

二、乾隆

乾隆时黄釉器物明显少于康、雍两朝，传统的低温黄釉与雍正朝差别不大，器物有碗、盘、杯、尊、簋等。乾隆黄釉瓷器色泽较为淡雅，釉面匀净，釉层薄，无深浅不一的色差。由于釉中掺有玻璃白，故釉汁混而不透。馆藏实物器中主要有生活用瓷类器物。乾隆黄釉瓷在本时期并没有较大发展，时常被作为瓷器的底色，与其他彩绘结合使用。黄釉青花瓷、黄釉粉彩瓷、黄釉珐琅彩瓷在此时出现的较为频繁[64]。这种由黄釉与其他工艺共同烧制而成的御窑产品，代表着御窑制瓷水平的进一步提升（图3-4）。

三、嘉庆、道光、咸丰

嘉庆时期的黄釉瓷数量不多，除了景德镇传统的低温铁黄釉瓷之外，还没有看到其他种类的黄釉产品。此时与之前相比，釉色多泛红，且因为施釉不匀，所以出现了波浪釉的现象。馆藏实物资料中，常见的形制有碗、盘、杯，多为素面无纹，偶有雕瓷器物的釉色更深。款识是楷款或篆款的"大清嘉庆年制"（图3-5）。

道光时期黄釉瓷较前朝明显增多，一度失传停烧的淡黄釉偶有发现。传统的黄釉色泽较乾隆时略深，有明显的泛红现象，施釉不匀，有流淌，釉面有细碎的开片。嘉庆时的黄釉雕瓷仍很流行，色泽较前朝略浅。传世品有瓶、碗、盘、杯、碟、笔筒、豆等。此时黄釉产品器型较多，种类也较丰富，有盖罐、盒、爹斗、笔筒、托、碟等，器物表面有的没有纹饰，有的暗刻，还有的采用了雕塑等装饰方法[65]。款识上也有了进一步的创新，出现了一些人名款，如"李裕成作""陈国治作"等，也有"道光年制"暗刻楷书款（图3-6）。

咸丰时期黄釉瓷传世品甚少，具体面目不清晰。从其他单色釉器物来看，胎质

图3-1 顺治黄釉盘

图3-2 康熙黄釉碗

图3-3 雍正柠檬黄釉瓶

图3-4 乾隆黄釉牺耳尊

图3-5 嘉庆黄釉碗

图3-6 道光黄釉笔筒

粗松，胎骨不坚实，釉面几乎没有光感，出现较明显的波浪釉现象，并伴有少量的橘皮纹[66]。

3.1.3 晚期

一、同治

同治时期的黄釉瓷数量比较可观，釉色不匀，较深处略泛红，釉下常见颗粒状的斑点。此时的黄釉瓷器产品中，雕瓷艺术的水平普遍较高，除素面无纹和刻花器物外，黄釉加彩绘的器物类型也非常多。除传统器型外，还有尊、渣斗、盒、盖碗等。底部款识除了官款的"大清同治年制"楷书款、"体和殿制"款等外，还有民窑人名款等（图3-7）[67]。

二、光绪

光绪时期黄釉瓷在烧造质量和品种上达到了又一高峰。到了清晚期，黄釉瓷数量与器型仍旧不少，在烧造质量和品种上都堪称晚清之冠。器物表面的黄釉颜色光泽感很好，但因施釉不匀故而造成釉质较粗，且釉下多呈现出颗粒状斑点。色深者施釉略厚，色淡者施釉较薄。除传统器型外，还有鼎、花盆、印等（图3-8）[68]，釉下多有暗刻纹饰，亦有以黄釉为地上绘三彩、粉彩器物。传世品以盘、碗、罐、渣斗等较为常见。器物底部以"大清光绪年制"楷书款为多见。由于此时的朝廷规定开始松懈，民间也开始了生产黄釉瓷的步伐，但都是数量很少的米黄釉。底部款识除六字楷款外，还出现了民窑人名款等。

三、宣统

宣统黄釉器数量很少，器物釉色与光绪时期相比稍微淡一些，釉质细腻，釉面匀净，色差很小。有些产品的口沿有流釉现象[69]。釉下多有暗刻纹饰，刻画精细流畅。馆藏实物器中常见罐、碗、杯、盘等（图3-9）。

图3-7 同治黄釉粉彩梅鹊纹盒

图3-8 光绪黄釉刻折枝花圆花盆

图3-9 宣统黄釉盖罐

3.2 清代御窑黄釉瓷的分类

清代御窑黄釉瓷器的功能用途与明代大致相同，主要为日用、陈设与祭祀。根据《故宫博物院年鉴（2010）》记载，清代黄釉瓷总共约 11 万多件，其中乾隆 30000 多件，康熙 20000 多件，道光 20000 多件，嘉庆 13000 多件，光绪 9000 多件，雍正 8000 多件，宣统 1600 多件，同治 800 多件，咸丰约 37 件。主要还是以碗、盘等生活用瓷类器物为主，宫廷祭祀瓷也占一定比例。另外，还有一些陈设与文房用器等[70]。康熙时期黄釉碗约 17927 件，黄釉盘约 4553 件；雍正时期黄釉碗约 1521 件，黄釉盘约 3000 件；乾隆时期黄釉碗约 29840 件，黄釉盘 6946 件，黄釉盅约 2274 件；嘉庆时期黄釉碗约 4567 件，黄釉盘约 1007 件；道光时期黄釉碗约 12189 件，黄釉盘约 3238 件，黄釉盅 159 件（图 3-10）[71]。

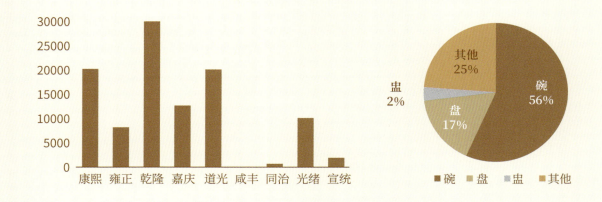

图 3-10 清代御窑黄釉瓷数量分布情况

3.2.1 生活日用瓷

目前各大馆藏的清代黄釉瓷器以皇家生活用瓷类为主，形制上主要有碗、盘、杯、碟等。生活日用瓷在清代黄釉瓷器的总数量中占比最大，其中以黄釉碗和黄釉盘数量最多。

清代黄釉碗按其口沿特征可分为 A 型敞口碗和 B 型撇口碗。两种碗除口沿明显不同外，腹部大多为深弧腹，底部为圈足（表 3-11）。

清代黄釉盘按口沿形制的不同可分为四类：A 型撇口盘、B 型敞口盘、C 型折沿盘、D 型花口盘。造型大多为浅弧腹，圈足。其中 D 型黄釉盘根据花口形式的不同，又分为 Da 型菊瓣盘、Db 型葵口盘、Dc 型莲口盘（表 3-12）。

表 3-11

	清代御窑黄釉碗器型分类		
类型	线描图	实物图	来源
A 型	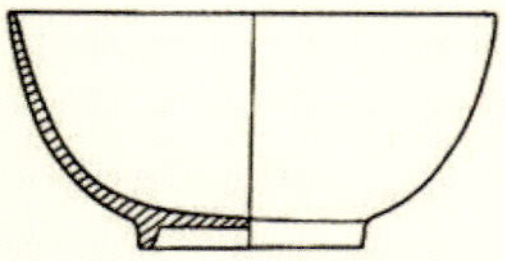		四川博物院
B 型	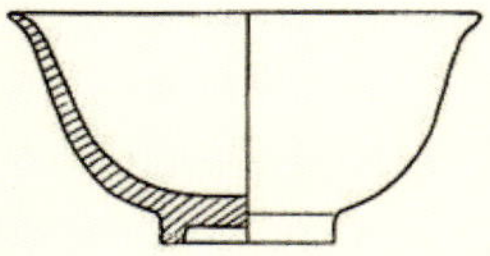		四川博物院

图 3-12

	清代御窑黄釉盘器型分类		
类型	线描图	实物图	来源
A 型	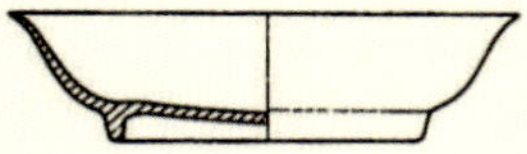		故宫博物院
B 型	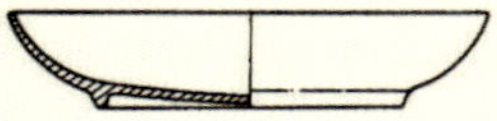		故宫博物院
C 型	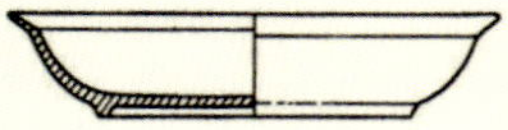		故宫博勿院
Da 型	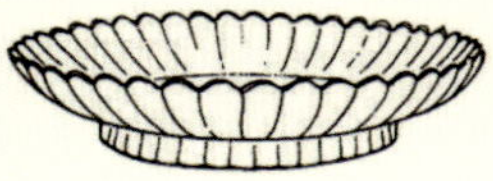		自得堂
Db 型	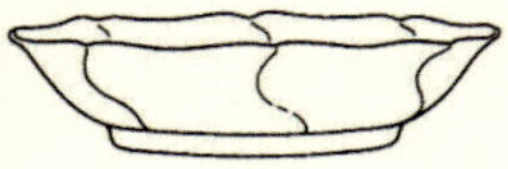		沈泪故宫博物院
Dc 型	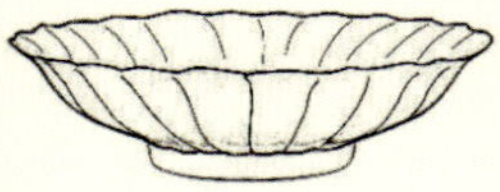		湖北省博物馆

除碗、盘外，清代其他生活日用黄釉瓷器型还包括杯、碟、盅、爹斗 等。常见的黄釉杯可分为三类：A 型圆杯、B 型方杯、C 型双耳杯。碟、 盅、爹斗则形制较单一，常见器型可见图表所示（表 3-13）。

表 3-13

清代御窑黄釉其他生活日用瓷器型分类				
类型		线描图	实物图	来源
杯	A 型			大英博物馆
	B 型			大英博物馆
	C 型			上海博物馆
碟				故宫博物院
盅				故宫博物院
爹斗				故宫博物院

3.2.2 陈设瓷

陈设瓷也是观赏用瓷，是皇家用于室内装饰、玩赏、文房所使用的一类瓷器。陈设器既能直接反映宫廷的生活状态与陈设理念，同时也起着点缀和美化生活的作用。清代黄釉文房陈设瓷在各个时期均有精美之作，如黄釉瓶、黄釉花盆、黄釉笔筒等。清代黄釉瓶按其形制不同可大致分为六类：A 型梅瓶、B 型柳叶瓶、C 型撇口瓶、D 型锥把瓶、E 型天球瓶、F 型筒瓶、G 型宝月瓶（表 3-14）。

表 3-14

清代御窑黄釉瓶器型分类			
类型	线描图	实物图	采源
A 型			自得堂
B 型			故宫博物院
C 型			自得堂
D 型			沈阳故宫博物院
E 型			伦敦大卫·珀西瓦尔中国艺术基金会
F 型			自得堂
G 型			故宫博物院

明清御窑黄釉瓷器出土与传世对比珍品展 **黄承天德**

A 型黄釉梅瓶肩部较为丰满，腰部以下渐收，足部稍向外撇，造型优美，线条流畅，是清代常见的瓶类造型。梅瓶也叫"经瓶"，最早出现于唐代，宋辽时期较为流行。《饮流斋说瓷》中曾述梅瓶的形制、特征及名称由来："梅瓶口细而颈短，肩极宽博，至胫稍狭，抵于足微丰，口径之小仅与梅之瘦骨相称，故名梅瓶。"[72] 古代梅瓶主要作为盛酒器，同时又可作为观赏品。

B 型瓶造型为撇口，细颈，溜肩，肩下渐敛，圈足。器型是由康熙时的柳叶瓶演变而来，是黄釉瓶类中最较小的一种。

C 型瓶造型为撇口，长颈，弧腹，腹下内收，圈足。此为清代雍正时期非常流行的瓶式之一。

D 型瓶造型为小口，长颈上细下粗，溜肩，鼓腹，浅圈足。此器型产生于清代康熙时期，主要流行于康雍乾三朝。

E 型瓶瓶颈稍长、腹较圆，雍正、乾隆时期较为流行。其造型与 D 型锥把瓶有些相似，均为长颈瓶，但瓶颈粗细与腹部还是存在明显差异。

F 型筒瓶又称"象腿瓶"，造型特征为器口较大且微微外撇，颈部较直，溜肩，长腹。

G 型宝月瓶也叫"抱月瓶"，造型为直颈小口，颈侧双耳，腹部呈圆形。

清代花盆主要有两种类型：A 型圆花盆、B 型长方形花盆。A 型花盆呈圆形，板沿，直壁，圈足。底开两圆形小孔。B 型花盆呈长方形，平口，直壁，方圈足。两种盆均为内施白釉，外施浅黄釉，盆体有暗刻花纹装饰，底部有"体和殿制"四字篆款暗刻。

印盒是存放印泥、印章的器物。器形以扁圆居多，内分为六个大小相同的格子。

笔筒主要是用来存放笔具的容器。对于文人雅士人来说，它不仅仅只是一种工具，其更大的价值在于欣赏与收藏。清代黄釉笔筒主要分为三类：A 型仿竹雕笔筒、B 型雕刻山水笔筒、C 型凸雕人物长形笔筒。清代黄釉笔掭只有秋叶形这一种造型（表 3-15）。

表 3-15

清代御窑黄釉陈设瓷器型分类				
类型		线描图	实物图	来源
花盆	A 型			故宫博物院
	B 型			故宫博物院
印盒				故宫博物院
提梁壶				故宫博物院
笔筒	A 型			故宫博物院
	B 型			故宫博物院
	C 型			故宫博物院
笔掭				故宫博物院

3.2.3 祭祀瓷

清代的黄釉祭祀瓷沿用明制，但在数量比重上不及明代。《清史稿》记："初沿明旧，坛庙祭品遵古制，惟器用瓷，雍正时，改范铜。"[73] 然"初沿明旧"的顺治、康熙时期的宫廷祭祀瓷也只是碗、盘、尊、爵等器型。

直到乾隆时期以后，祭祀器才开始使用符合古代礼器的形制。清乾隆《大清会典事例》"礼部祭器"条记载："乾隆十二年谕：国家敬天尊祖，礼备乐和，品物其陈，告丰告洁，所以将诚敬、昭典则也。考之前古，笾、豆、簠、簋诸祭器，或用金玉以示贵重，或用陶匏以崇质素，各有精义存乎其间。历代相承，去古浸远。至明洪武时更定旧章，祭器祭品悉遵古，而祭器以瓷代之，惟存其名。我朝坛庙陈设祭品，器亦用瓷，盖沿前明之旧……朕思坛庙祭品，既遵用古名，则祭器亦应悉仿古制，一体更正，以备隆仪。着大学士会同该部，稽核经图，审其名物度数、制作款式，折衷适当，详议绘图以闻，朕将亲为审定。敕所司敬谨制造，用光禋祀，称朕意焉。"[74] 据上述记载可知乾隆以前宫廷祭祀器形制与古制不同，而在乾隆十二年，皇帝诏命改制祭祀礼器，至十三年完成后，登、铏、簠、簋、豆等祭器恢复了古代青铜器的形制。简单而言，乾隆朝以后的官窑祭器有登、簠、簋、豆、铏、爵、尊这些种类。碗、盘已不再作为祭器在国家祭祀中出现。

又《清代官窑瓷器史》第二卷第八章"皇家祭祀用瓷"记载："每年的春、秋仲月（二月、八月）戊日（第一个戊日）祭祀社稷坛……祭祀用瓷有登、铏、豆、簠、簋、爵、尊等7种，均为黄色。"[75] 在清代御窑厂的生产史上，明确烧造瓷质祭礼器的时间，始于康熙十年（雍正《江西通志》卷二七"饶州府条"）。而祭礼器物在整个清代的御窑产品中一直占有相当比例。从这些祭器的形制看，除了沿袭明代旧制生产一些用于祭礼的大碗、大盘、爵、罐外，从乾隆时期开始还生产模仿三代青铜器形制的簠、簋、登、豆、铏等瓷质祭器。由于在明代簠、簋、笾、豆、登、铏、爵、盏、尊类祭祀器物仅仅是保留了古时候的名称，实际上都是一些特意制成的瓷碗、盘等，因此清代烧造的瓷祭器也只能是碗、盘等[76]。

清代黄釉罐按其形制不同分为三种类型：A型太白罐、B型盖罐、C型双耳罐。A型罐唇口粗颈，肩部较圆，弧腹，近足部渐收。B型罐同样是肩腹丰满，但下腹部较A型罐更加收拢，圈足，且带盖。C型罐无颈，罐身呈球形，肩侧有对称绳纹双耳，上腹部也有一圈绳纹装饰。

清代黄釉尊分为A型牺耳尊和B型牺耳汉壶尊。A型尊在明代就已存在，B型尊则是仿青铜器而来。

　　清代黄釉爵呈椭圆形口，深腹，下承以三柱形足。通体施黄，杯上部觯面涂金。此类造型常用于太庙祭祀。

　　除以上常见黄釉祭祀器外，清代还有一些仿古代青铜形制的黄釉瓷豆、黄釉瓷镫、黄釉瓷簠、黄釉瓷簋、黄釉瓷铏（表3-16）。

表3-16

清代御窑黄釉祭祀瓷器型分类			
类型	线描图	实物图	来源
罐	A型		故宫博物院
	B型		四川博物馆
	A型		南京博物院
尊	A型		故宫博物院
	B型		南京博物院

清代御窑黄釉祭祀瓷器型分类			
类型	线描图	实物图	来源
爵			故宫博物院
豆			故宫博物院
镫			福建省博物馆
簋			故宫博物院
簠			故宫博物院
铏			故宫博物院

4 明清景德镇御窑黄釉瓷主要圆琢器造型对比

景德镇传统瓷器对于不同造型的器物，有一种古老而独特的分类方法，即圆器与琢器。

明代晚期，宋应星编著的《天工开物》一书曾讲到："凡造瓷坯有两种。一曰印器，如方圆不等瓶、瓮、炉、盒之类，御器则有瓷屏风、烛台之类。先以黄泥塑成模印，或两破，或两截，亦或圆圈，然后埏白泥印成，以锈水涂合其缝，烧出时自圆成无隙。一曰圆器，凡大小亿万杯盘之类，乃生人日用必需，造者居十九，而印器则十一。造此器坯，先制陶车。车竖直木一根，埋三尺入土内，使之安稳。上高二尺许，上下列圆盘，盘沿以短竹棍拨运旋转，盘顶正中用檀木刻成盔头，冒其上。"[77]

清代乾隆时期，御窑厂督陶官唐英主编的《陶冶图说》中，有一些圆器与琢器的记载，甚至特意用了一节的文字来介绍"圆器青花"。根据《陶冶图说》第十节的记载："大小圆器拉成水坯，俟其潮干，用修就模子套坯其上，以手拍按，务使泥坯周正均匀，始褪下阴干以备旋削。"[78] 就此可以清楚了解圆器制作的前后过程。而在《陶冶图说》的第七节，也有关于"琢器造坯"的记载："瓶、尊、罍、彝皆名琢器，其浑圆者亦如造圆器之法，用轮车拉坯，俟其晒干仍就轮车刀旋定样之后，以大羊毛笔蘸水洗磨，俾光滑洁净，然后吹釉入窑即成白器。如于坯上画料、罩釉即为青花。其镶方棱角之坯，则用布包泥以平板拍练成片，裁成块段，即用本泥调糊黏合。另有印坯一种，系从模中印出，制法如镶方、镶印二种，洗补摩擦与圆琢器无异。"[79] 这里也详细说明了琢器的制作过程。

所以，圆器是一次性拉坯成型的器物，主要为生活用瓷。品种以碗、盘、杯、碟为主。此类品种要求尺寸统一，有利于批量生产。因此约占整个制瓷业的三分之二。它的特点是形状全部呈现圆形，工艺上需经过打杂（搓）、做坯、印坯、利坯、剥合（割）坯、剐（挖）坯以及画坯等工序间续而成。

琢器则是不能一次拉坯成型，或以拉坯成型的方法制作的复杂性器物，种类繁多，简单来讲，除圆器之外的器型都是琢器的范畴。琢器的器型多是通过接坯、印坯或雕镶等多步骤或多种成型方法来完成。比如罐类器物通常体积较大，都是先将口沿、腹部、底足三部位分开制作，修坯之后，再通过黏合将其组合为一体。

因此，景德镇御窑黄釉瓷器也应按照传统方法分为圆器类与琢器类。

4.1 圆器类黄釉瓷造型比较

4.1.1 碗类

明代早期烧造的黄釉碗器物较少。洪武时的黄釉瓷完整器较少，永乐黄釉瓷目前只见过出土之物，未曾见有传世品，直至宣德朝偶有发现。

1988 年景德镇御窑厂遗址出土了明代宣德时期黄釉直口碗，碗高 7.4 厘米、口径 13.8 厘米、足径 7.8 厘米。弧壁且腹部较深，圈足稍高，底心微凹，素面无纹饰。与此时期的其他类宣德瓷器一样，黄釉瓷碗上多出现橘皮纹。与永乐时期其他碗类其相比，宣德黄釉碗器型略偏大，口沿圆润厚实，腹部稍丰满，足背脊略圆。由于泥质精炼并无粗笨感，因此整体具有敦厚凝重之风。

至成化时期，皇帝喜爱玲珑小巧的物品。据朝鲜文献资料记载："成化二十年，韩僭进贡玩好之物，皇帝见而悦之曰：所进物至为精巧，朝鲜有如此巧匠，可当更赐五百两，如前朝制造以进。"因此，为适应帝王偏好，瓷器造型大多娇小俊秀。江西省景德镇市考古研究所藏有成化黄釉碗，高 5.4 厘米、口径 10.4 厘米、足径 3.8 厘米。碗口外撇，深弧腹，圈足，底足较高，整体造型小于宣德朝，显得娇小而精致。

明代弘治时期，低温黄釉瓷的烧制达到历史最高水平。中国国家博物馆馆藏弘治黄釉碗，高 10.5 厘米、口径 23.6 厘米、足径 9.6 厘米。此碗口沿微撇，深弧腹，圈足，造型规整。通体施黄釉，光素无纹，有细微开片，颜色娇嫩。总体来说，弘治黄釉碗造型与成化时期大致相同，但整体尺寸比成化时大很多，制作工艺上更加精湛柔美，器壁较薄，修坯细洁，底足较成化低矮，圈足光滑细腻，盘底塌陷，抚之突兀。

正德时期黄釉瓷继承弘治之作，但釉色不如弘治浅淡而嫩，显得深沉，在制作上不如前两朝精细，胎体由轻薄向凝重过度，有"老成持重"之说。广东省博物馆收藏有正德黄釉碗，高 7.3 厘米、口径 16.4 厘米、足径 6.6 厘米。敞口，深弧腹，圈足，通体施黄釉。由局部特征可以看出，黄釉碗口部直径与底足直径均小于弘治时期，但仍大于成化期，在整个明代黄釉碗中尺寸基本适中。

嘉靖时期黄釉釉质肥厚，釉面有不平感，色调大多鲜亮，偶尔有极淡且釉面匀润者，器物口沿与底足宽度有明显增加，较前期尺寸变大。浙江省博物馆藏明嘉靖黄釉碗，高 8.5 厘米、口径 19.8 厘米、足径 8.9 厘米。敞口，斜弧腹，圈足。

明代晚期社会动荡，战乱频繁，景德镇御器厂辍烧停工，黄釉官窑器几不可见，黄釉碗具体情况也无从得知。

2016 年南京博物院从天津征集到一件明万历官窑黄釉宫碗，口径 17.5 厘米。侈口，弧腹，浅圈足，通体施正黄釉。造型端庄，釉色纯正，是典型的御窑宫碗。底书"大明万历年制"青花六字双圈款。

综上所述，明代景德镇黄釉碗根据口沿部位特征，可大致分为直口碗、敞口碗和撇口碗。腰腹的曲线主要以直腹、斜弧腹、深弧腹为主，呈现出简洁且柔美的特点。足部包含了短小稳重的圈足和高挑秀气的高足。此三部位间相互协调搭配，呈现出丰富多变、粗细兼有的明代黄釉碗的造型风格特点。

清代顺治时期，黄釉瓷恢复烧制。到了康熙时期，以仿制明代"娇黄"器为主，瓷器质量有所提升。故宫博物院馆藏康熙黄釉碗，高 6.5 厘米、口径 16.7 厘米、足径 4 厘米。敞口微撇，深弧腹，下腹收敛，圈足较高，但较明弘治偏矮。圈足滚圆深厚，说明当时修胎相当仔细，所以碗足打磨后呈"泥鳅背"状，手感滑润。从造型上看，清代早期黄釉碗仍带有明末遗风，器物显得厚重，器型沿袭明代嘉万朝时风格。

雍正时期是清代黄釉瓷烧制最好、艺术水平最高的一朝，黄釉瓷以柠檬黄釉最为出名。此时期黄釉碗造型一改康熙朝的浑厚古拙之风，显得轻巧精致，不比明代永乐与成化时期的造型差。此时的器物造型均匀平和，线条流畅的恰到好处。四川博物院藏清雍正黄釉云龙纹，碗高 6 厘米、口径 11.9 厘米、足径 5 厘米。口沿微撇，深弧腹，器壁较矮，圈足与清早期相比偏大，形成大口大足的独特风格。

乾隆时期黄釉器物明显少于康雍两朝，色泽淡雅且釉层较薄，施釉均匀没有色差。此时黄釉大多作为黄釉彩瓷的底色。浙江省博物馆藏清乾隆黄地绿釉龙纹碗，高 5.3 厘米、口径 10.3 厘米、足径 4.5 厘米。此时黄釉碗造型规整，撇口，深弧腹，底足较大，手感滑润，也有仿明代宣德器型的。从碗的大小来看，乾隆黄釉碗几乎保持在一个特定的范围内。《钦定皇朝礼器图式》记载："盛大花瓷碗，口径一尺一寸七，高五寸三分等。"从清康熙时期开始就存在这种规律，因此清代景德镇御窑烧制的黄釉碗应该也是有尺寸限制的。

湖北省博物馆藏清嘉庆黄釉暗刻缠枝莲纹碗，高 8.1 厘米、口径 13.2 厘米、足径 7.4 厘米。碗撇口，深弧腹，圈足。就尺寸上来看，器物整体造型较前几个时期都要大出许多，大约是清代黄釉碗的规格顶峰时期。

清晚期，黄釉碗造型逐渐趋于统一，各部位变化均无较大差距。故宫博物院藏清同治黄地蓝寿字纹碗，高 7.5 厘米、口径 14.7 厘米、足径 5.9 厘米。碗为撇口，弧壁，深腹，圈足。器物内施白釉，外壁为黄釉，黄底之上饰以蓝彩，内容为寿字纹，字体为篆书。经考证，此碗是当时宫廷在御窑厂订烧品类之一，主要用来恭祝慈禧太后寿辰。此时器物造型变小，慢慢回归到清中期形制。

纵观清代黄釉碗造型特征，可以看出碗口沿处主要以敞口和撇口为主。腰腹曲线多为深弧腹，简洁柔美。底足宽度明显减小，且打磨光滑细嫩，"泥鳅背"已普遍存在。与明代（除成化朝外）相比，清代景德镇御窑黄釉碗整体造型风格偏精致娇小，尤其底足宽度的变化极为明显，足径已接近明代成化时期。

明代与清代御窑黄釉碗类器型的变化，我们以黄釉撇口碗为例进行对比（表4-1、图4-2、图4-3、图4-4）：

综合图表可以看出，黄釉敞口、撇口碗的高、口径与足径在明清两代均有不同程度的变化。总体而言，明代黄釉碗造型整体比清代规格大，明中期除成化外，

表 4-1

御窑黄釉撇口碗器型对比				
时期		尺寸（厘米）	线描图	实物图	来源
明代	洪武				
	永乐				
	宣德				
	成化	高 5.4 口径 10.4 足径 3.8			景德镇市 陶瓷考古研究所
	弘治	高 10.5 口径 23.6 足径 9.6			中国国家 博物馆
	正德	高 7.3 口径 16.4 足径 6.6			广东省博物馆
	嘉靖	高 8.5 口径 19.8 足径 8.9			浙江省博物馆

御窑黄釉撇口碗器型对比					
	时期	尺寸（厘米）	线描图	实物图	来源
明代	万历				南京博物院
清代	顺治				
	康熙	高 6.5 口径 16.7 足径 4			故宫博物院
	雍正	高 6 口径 11.9 足径 5			四川博物院
	乾隆	高 5.3 口径 10.3 足径 4.5			浙江省博物馆
	嘉庆	高 8.1 口径 18.2 足径 7.4			湖北省博物馆
	道光				
	咸丰				
	同治	高 7.5 口径 14.7 足径 5.9			故宫博物院
	光绪	高 5.5 口径 10.1 足径 4.6			浙江省博物馆
	宣统				

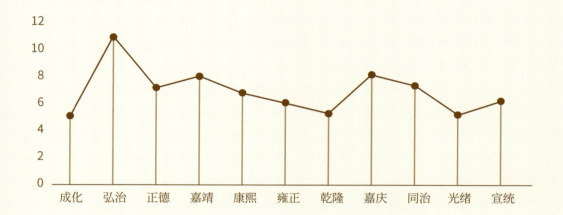

图 4-2 明清黄釉碗高度变化趋势

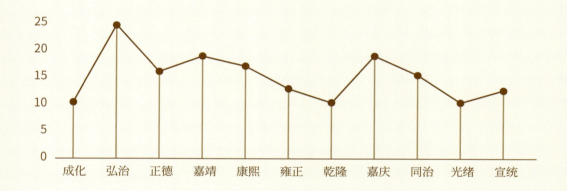

图 4-3 明清黄釉碗口径变化趋势

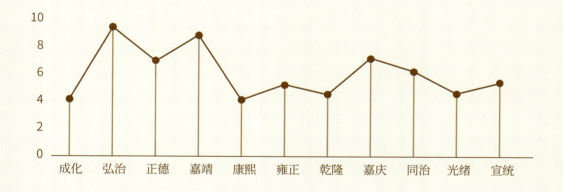

图 4-4 明清黄釉碗足径变化趋势

黄承天德 明清御窑黄釉瓷器出土与传世对比珍品展

其他期的各项尺寸数值达到明清顶峰。清早期至中期器物形制偏小，唯嘉庆期器物尺寸明显增大，清晚期逐渐回落，与清早期持平。

4.1.2 盘类

中国国家博物馆藏明宣德黄釉盘（陈设品），高 2.9 厘米、口径 12.8 厘米、足径 7.3 厘米。盘为撇口，弧壁，广底，圈足。器物通体黄釉，足内白釉。款识"大明宣德年制"，是常见的两行六字青花双圈楷书款，胎体较轻薄，呈色素雅。

故宫博物院藏明成化浇黄釉盘，高 3.9 厘米、口径 14.8 厘米、足径 9.2 厘米。盘撇口，浅弧壁，圈足。器物内外皆施黄釉，圈足内为白釉。底内书双行的青花双圈楷书款 "大明成化年制"六字。此盘胎体轻薄，造型秀美，黄釉发色纯正，釉层均匀，显示出较高烧造水平。成化黄釉盘与永宣时期相比有了显著进步，造型规整，釉面匀净肥润，色泽有深浅之分，为后期的弘治黄釉瓷器的辉煌积累了丰富的实践经验。在景德镇御窑厂的遗址中，曾发现少量的成化黄釉碎片，外部底足面上常伴有"甜"字刻款，是烧成之后再加上的。

中国国家博物馆藏明弘治浇黄釉盘（陈设品），高 4 厘米、口径 18 厘米、足径 10.5 厘米。盘为撇口，弧壁，平底微塌，圈足。器物通体施黄釉，釉质匀称，釉色淡雅，底足内为白釉，款识为两行六字青花双圈"大明弘治年制"楷书款。

故宫博物院藏明正德浇黄釉盘，高 4.5 厘米、口径 20.5 厘米、足径 12.3 厘米。盘撇口，浅弧壁，塌底，圈足。内外皆施以娇黄釉，釉面光亮，釉色鲜艳纯正。器物底足内为青白釉，足端不施釉。无款识。

故宫博物院藏明嘉靖黄釉盘，高 5.1 厘米、口径 22 厘米、足径 14.1 厘米。盘为敞口，浅弧壁，圈足。通体施黄釉。底部为白釉，款识为"大明嘉靖年制"六字青花双圈楷书款。此盘造型规整，黄釉艳丽，为嘉靖黄釉器中的佳品。故宫博物院藏明万历黄地素三彩二龙戏珠纹盘，高 4.4 厘米、口径 23.3 厘米、足径 16 厘米。盘为敞口，弧壁，圈足。盘心有凹塌现象，底足内部施黄釉，属于黄釉与素三彩的综合装饰形式的器物。内部饰双龙戏珠纹，外壁绘缠枝莲纹。底足内有青花双圈双行六字"大明万历年制"楷书款。此时盘的口沿、腹部与足底部位出现了不能程度的窑裂，反映出此时的瓷器生产质量并不算好，侧面证明了景德镇御窑厂在明代万历时期的生产状况每况愈下。

综上所述，明代景德镇黄釉盘根据口沿部特征，可大致分为敞口盘和撇口盘。盘壁多为弧形，有深有浅，呈现出简洁且柔美的特点。足部皆为圈足，塌底情况多有发生。就各部位尺寸来看，明代盘类造型呈逐渐增大特征。

故宫博物院藏清顺治黄釉暗云龙莲瓣盘，高 4.4 厘米、口径 24.8 厘米、足径 15.8 厘米。盘撇口，弧壁，圈足，足微撇。通体饰黄釉，色调较深。盘心暗刻正面云龙纹，内壁刻双龙赶珠纹，剩余部分暗刻朵云纹。在靠近器物的外壁下方一圈绘以青花绘莲瓣纹，纹饰较为精细。底部白釉，款识为"大清顺治年制"青花双圈六字楷书款。顺治时期官窑瓷器很少，署有官窑款的制品更是罕见。

故宫博物院藏清康熙黄釉盘，高 4.4 厘米、口径 20.5 厘米、足径 13.2 厘米。盘为敞口，曲腹，圈足，薄胎。内外壁皆施以黄釉，通体没有纹饰。外底罩一层透明釉，并绘双圈青花，底内款识为"大清康熙年制"三行六字青花楷书款。根据《钦定宫中现行则例》的记载，此类满施黄釉的器物，专供皇太后、皇帝、皇后使用。

故宫博物院藏清雍正蛋黄釉盘，高 2.8 厘米、口径 13.3 厘米、足径 8 厘米。捐献自孙瀛洲。盘为敞口，浅弧壁，圈足。器物造型较前期整体变小。

景德镇中国陶瓷博物馆藏清乾隆黄釉盘，高 4.3 厘米、口径 16.8 厘米、足径 10 厘米。盘为撇口，浅弧腹。外壁施淡黄釉，釉色娇嫩光亮，盘内与底足施白釉。款识为青花楷体"大清乾隆年制"六字。

台北故宫博物院藏清道光景德镇窑黄釉龙纹盘，高 3.8 厘米、口径 19.9 厘米、足径 12.1 厘米。此盘侈口，弧形浅壁，平底微拱，矮圈足。器内外纹样均在烧成的胎上刻划而成，盘内底心饰一戏珠龙，龙作升腾状，隙地饰祥云，器外壁为行龙纹。通体除圈足底部外皆施黄釉，釉面有细碎纹片，因釉的流淌，口沿呈色浅，向下渐深。纹样线条纤细，刀工精湛。器底有"大清道光年制"两直行六字篆书款。从传世实物看，嘉靖以前的黄釉器大多素面无纹，但从嘉靖始黄釉器上流行浅刻纹样的装饰，而且出现了圆头龙的形象，这件盘中的龙纹即保留了嘉靖龙纹的这一特征，只是刻划的线条较明代的活泼流畅。

故宫博物院藏清同治黄地蓝寿字纹盘，高 5.1 厘米、口径 17.3 厘米、足径 10.4 厘米。盘为敞口，浅弧壁，圈足。器物内部饰黄釉蓝彩"寿"字纹，字体为篆书。"寿"字由盘的中心散开，由密到疏，总共呈现四圈字数不同的排列，但间距维持不变。黄釉蓝彩盘的外壁以折枝花卉纹为装饰，共三组。底部内为白釉，款识为"同治年制"四字红彩楷书款。此盘是为慈禧太后祝寿所订制。

故宫博物院藏清光绪白里红五蝠外黄地粉彩盘，高 3.1 厘米、口径 16.6 厘米、足径 9.5 厘米。盘为敞口，浅弧壁，圈足。内为白釉，器外为黄釉与粉彩工艺的结合。

盘内中心以矾红彩绘五只蝙蝠，器物外部以多种缠枝花卉为装饰。底足内款识为"大清光绪年制"六字矾红彩楷书款。

故宫博物院藏清宣统黄釉暗云龙盘，高 4 厘米、口径 18.7 厘米、足径 11.4 厘米。盘为敞口，弧壁，圈足。盘通体施黄釉，盘心与外壁暗刻云龙纹。底足内款识为"大清宣统年制"六字青花楷书款。此盘刻有龙纹，根据清代宫廷规定，仅有皇帝一人可使用龙纹纯黄釉器物。因此，这件应为清末宣统皇帝溥仪的御用瓷器。

纵观清代黄釉盘造型特征，可以看出盘主要以敞口和撇口为主。另外还出现一种莲瓣形口沿的盘。盘壁仍为深浅不一的弧形，简洁柔美。盘的高度较明代相比变化不大，但口沿与底足尺寸皆呈现下降趋势。明代的塌底现象已经少见。

现以黄釉撇口盘与黄釉敞口盘为例分别作明清器型对比如下（表 4-5、表 4-6、图 4-7、图 4-8、图 4-9）：

表 4-5

御窑黄釉撇口盘类器型对比				
	时期	尺寸（厘米）		实物图	来源
明代	宣德	高 2.9 口径 12.8 足径 7.3			中国国家博物馆
	成化	高 3.9 口径 14.8 足径 9.2			故宫博物院
	弘治	高 4 口径 18 足径 10.5			中国国家博物馆

御窑黄釉撇口盘类器型对比					
	时期	尺寸（厘米）		实物图	来源
明代	正德	高 4.5 口径 20.5 足径 12.3			故宫博物院
清代	顺治	高 4.4 口径 24.8 足径 15.8			故宫博物院
	雍正	高 2.8 口径 13.3 足径 8			故宫博物院
	道光	高 3.8 口径 19.9 足径 12.1			台北故宫博物院

表 4-6

御窑黄釉敞口盘类器型对比					
	时期	尺寸（厘米）		实物图	来源
明代	嘉靖	高 5.1 口径 22 足径 14.1			故宫博物院
	万历	高 4.4 口径 23.3 足径 16			故宫博物院
清代	康熙	高 4.4 口径 20.5 足径 13.2			故宫博物院

续表 4-6

御窑黄釉敞口盘类器型对比					
	时期	尺寸（厘米）		实物图	来源
清代	乾隆	高 4.3 口径 16.8 足径 10			景德镇 中国陶瓷博物馆
	同治	高 5.1 口径 17.3 足径 10.4			故宫博物院
	光绪	高 5.1 口径 17.3 足径 10.4			故宫博物院
	宣统	高 3.1 口径 16.6 足径 9.5			故宫博物院

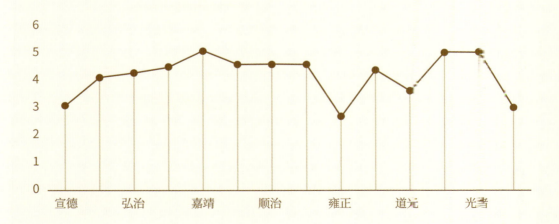

图 4-7 明清黄釉盘高度变化趋势

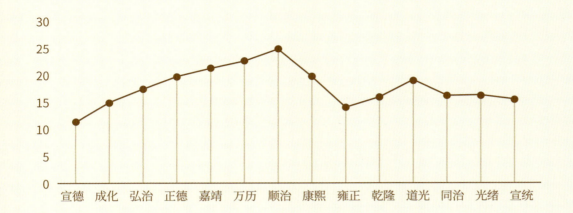

图 4-8 明清黄釉盘口径变化趋势

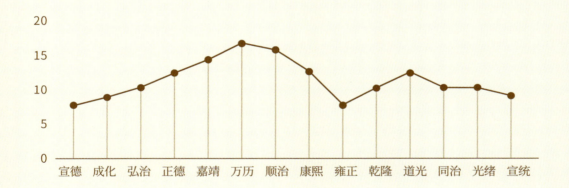

图 4-9 明清黄釉盘足径变化趋势

　　从图表可以看出，就明清黄釉盘的高、口径与足径尺寸上来说，明代整体造型比清代大。明早期器物尺寸较小，至明中期、晚期，器物各部位尺寸呈明显加大趋势，明晚期达到两代的最高值。清早期黄釉盘整体尺寸逐渐回落，至清雍正期器物尺寸与明早期接近。清晚期黄釉盘口径与足径逐渐变大，高度则与明晚期持平。

　　　　　　　　　　　　　　　　　黄承天德 明清御窑黄釉瓷器出土与传世对比珍品展

4.2 琢器类黄釉瓷造型比较

4.2.1 罐类

　　明清两代相同形制的罐主要以双耳罐与盖罐两类为主。故宫博物院藏明弘治黄釉双耳罐，高 31.6 厘米、口径 18.8 厘米、足径 17 厘米。罐为直口，溜肩，肩部往下渐渐收敛，平底，口沿与肩部之间有对称曲带形双耳，口沿与底部的尺寸大致相同。

　　南京博物院藏清康熙黄釉绳纹耳罐，高 19.5 厘米、口径 13.2 厘米、足径 12.2 厘米。罐为直口，无肩，腹部呈现圆形，口沿与肩部之间有对称的绳纹双耳，底足高，口与底基大小基本相同。明清黄釉双耳罐对比如下表所示（表 4-10）：

表 4-10

明清黄釉双耳罐造型对比		
	明代	清代
线描图		
实物图		
局部图		
尺寸（厘米）	高 31.6　口径 18.8　足径 17	高 19.5　口径 13.2　足径 12.2
来源	故宫博物院	南京博物院

根据上表对比可以看出，明代黄釉双耳罐颈肩处有明显曲线变化，至腹部趋于直线渐收，底足为平底。而清代黄釉双耳罐则无颈，两侧双耳装饰与明代不同，腹部圆润，有圈足。且清代双耳罐整体尺寸较明代小。

　　自得堂藏明嘉靖黄釉盖罐，高 14.7 厘米，肩部以及腹部中上段较丰满，腹部下端开始收拢，底为平底，微微外撇。

　　四川博物院藏清光绪黄釉盖罐，高 22 厘米、口径 9.2 厘米、足径 11.3 厘米。罐为直口，束颈，圆腹，腹下渐敛，圈足。明清黄釉双耳罐对比如下表所示（表 4-11）：

　　根据对比可以看出，明代黄釉盖罐粗颈，清代则为束颈。清代罐下半部分曲线较明代更为收拢。明代罐为平底，清代则有明显圈足，高度也较明代稍高。

表 4-11

明清黄釉盖罐造型对比		
	明代	清代
线描图		
实物图		
局部图		
尺寸（厘米）	高 14.7	高 22　口径 9.2 足径 11.3
来源	自得堂	四川博物院

4.2.2 尊类

故宫博物院藏明弘治浇黄釉弦纹牺耳尊，高 32 厘米、口径 19 厘米、足径 17.5 厘米。器物为广口，短颈，溜肩，腹部上面丰满，下部微微收敛，平底，肩两侧置对称牛头形耳。

故宫博物院藏清道光黄釉牺耳尊，口沿外撇，颈微收，下腹部收敛，底足微撇。明清黄釉牺耳尊对比如下表所示（表 4-12）：

表 4-12

明清黄釉牺耳尊造型对比		
	明代	清代
线描图		
实物图		
局部图		
尺寸（厘米）	高 32　口径 19 足径 17.5	
来源	故宫博物院	故宫博物院

据上表可看出，清代牺耳尊颈部较明代稍长，肩部曲线更为突出，下腹部收拢也更明显，呈直线状。明代尊的两侧兽首为平视，头部较圆，耳朵呈直立状。而清代兽首则为俯视，头部变得更为立体，嘴部略尖，耳朵呈前趋状。

5 景德镇明清御窑黄釉瓷造型变化的成因分析

5.1 明清生产工艺对御窑黄釉瓷造型的影响

明清御窑黄釉瓷器的造型成就与明清御窑厂的瓷器生产工艺的进步是密不可分的。不管器物造型是玲珑精致还是粗犷豪放，都需要经过一系列严格的工艺流程。若要得到完美的成品，没有先进的工艺基础根本无法完成。

清代唐英的《陶冶图说》详细记载了明清瓷器的整个生产过程，它们分别是采石制泥、淘炼泥土、炼灰配釉、制造匣钵、圆器修模、圆器拉坯、琢器造坯、采取青料、拣选青料、印坯乳料、圆器青花、制画琢器、蘸釉吹釉、旋坯挖足、成坯入窑、烧坯开窑、圆琢洋彩、明炉暗炉、束草装桶、祀神酬愿。而后唐英订制的《制造瓷器则例章程册》在工艺上较《陶冶图说》更为详尽，特别是物料、工价方面更是填补了之前对清代陶瓷研究的空白。

"则例"是手工业制造规范的核心内容，制造瓷器则例既是工匠造作之时必须遵守的规章制度，同时也是评判制作是否合乎要求的基本标准。清代以前有关文献多不载这些内容，即使是清早期也不见有较为详尽的记述，结果造成制造某件器物时必以成型的器物或图样为依据，以直观为首要条件，缺乏标准化说明。制造过程中以手眼判定为依据，缺乏技术指标，成本工料核算也无统一的标准。因此，《制造瓷器则例章程册》与《陶冶图说》二者之间多为互补，是我国陶瓷工艺著述中的双璧。

根据上述著作内容，可知影响景德镇御窑制瓷工艺的几方面重要内容：

第一，原料。制瓷原料工艺包括瓷石与高岭土的开采、舂洗、制不练泥等，为瓷器成坯的首要工序。这决定着制瓷好坏的根本，是整个工艺流程中最基础的部分。

景德镇制瓷业在清代初期对于高岭土的需求量大大增加，远比明代要多出许多。所以，清初御窑厂的瓷器硬度已接近现代水平[80]。尽管清代瓷器的造型复杂多变，但坯体仍然保持着较好的质感，很少出现变形的情况。而且，清代瓷器原料配比已经与明代的存在不同。此时胎质细腻而洁白，气孔与杂质都变得极少，被称为"糯米汁"。这些优点都与原料的配比和炼制有分不开的联系。

第二，就是器物成型。在瓷器开始造型之前，首先要有图稿参考，之后制瓷工匠就开始分工，有的以制作圆器为主，有的则负责琢器。如此精细的成型技术和专业化的分工，能够确保瓷器以高质量的成品形式展现给世人[81]。清代御窑瓷器造型准确、规范，成品率较明代相对要高，与成型方法的进一步完善有密切的关系。

御窑黄釉瓷作为明清皇家在景德镇御窑厂定烧的产品之一，其工艺制作水平更是众多多色釉瓷器中的重中之重。造型不但需严格按照图样标准化制作，还要求在此基础上不断做出创新以达尽善尽美。由于明代御窑厂制瓷工艺远比不上清代完善，故我们所见的明代黄釉瓷器在造型上普遍较为单一且厚重，器型不如清代康雍乾时期变化丰富，形制上也没有清代精巧别致。因此，御窑黄釉瓷必须具备一定的材料、工艺和优秀成型技术作为保障与基础。

第三，器物烧成。火候的掌握对烧制一件瓷器同样起到至关重要的作用。瓷器是"火的艺术"，烧成温度的控制将会直接影响造型的成功与否。如果器物在窑内得不到适宜的温度，偏高或者偏低，后果都会是失败的。温度偏高，瓷器膨胀变形；温度偏低，瓷器无法瓷化（宁钢、乐明亮《官窑瓷器造型研究——以清康雍乾时期景德镇瓷器为例》）。对于御窑黄釉瓷的烧制，圆器较之琢器成型相对容易。然而，产品的成果都建立在完美的烧成之后。由于清代窑炉技术的不断改进，产生了"瓮形窑"，其内部结构和烧成技术日趋合理与成熟，避免了许多瓷器生烧的发生，窑炉的温度较之明代有了更进一步的加强。

清代瓷器烧成温度的提高同样是制瓷技术进步的标志，不仅可以增强瓷器坯体的强度与硬度，而且可以减少器物异常变形的情况发生[82]。

5.2 宗教礼制、政治文化对御窑黄釉瓷造型的影响

在景德镇御窑黄釉瓷的发展过程中，宫廷的宗教礼制、政治文化在其造型变化上有极大的影响力。黄釉瓷作为御用瓷器，也是宗教祭祀用瓷，一直受到礼仪制度的强有力制约。

祭祀瓷与日用瓷相比，在造型上存在一定的特殊性。瓷质类祭祀器的各种形制主要从古代商周时期的青铜器演变而来（表5-1）。此类瓷器通常应用于特定的礼仪场合，反映着某种礼制的内部含义。它们或象征权势，或为重大祭礼用具，或成为历史发展的见证者，又或是代表着当时朝代的政治制度与等级观念，成为帝王赏赐给别人的特殊器物。这种种用途都使得黄釉瓷器被烙印上宫廷阶级和政治文化的标志[83]。

在《大明会典》中，"器用"章节提到了明代祭祀瓷在使用时的一些变化。大约洪武元年时，祭祀用器仍使用金器，到了洪武二年，就全部换成了瓷器。

表 5-1

<table>
<tr><td colspan="4" align="center">古代祭祀器演变图表</td></tr>
<tr><td>名称</td><td>青铜祭祀器</td><td>玉质祭祀器</td><td>黄釉瓷祭祀器</td></tr>
<tr><td>登</td><td></td><td></td><td></td></tr>
<tr><td>豆</td><td></td><td></td><td></td></tr>
<tr><td>簋</td><td></td><td></td><td></td></tr>
<tr><td>簠</td><td></td><td></td><td></td></tr>
<tr><td>尊</td><td></td><td></td><td></td></tr>
<tr><td>铏</td><td></td><td></td><td></td></tr>
<tr><td>爵</td><td></td><td></td><td></td></tr>
</table>

到了嘉靖九年，宫廷对各个祭坛使用器物的颜色做出了规定：圜丘为青，方丘为黄，日坛为红，月坛为白。于是，天、地、日、月相对应的主要祭祀颜色为青色、黄色、红色、白色[84]。由此得知，明代的"方丘"所用的主要祭祀器物即为黄釉瓷。洪武二十六年，"著令：天下府州县合祭风雷雨、山川、社稷、城隍、孔子及无祀鬼神等，有司务要每岁依期致祭。其坛禅庙宇制度，牲礼祭器体式，具载洪武礼制。今列于后：……祭器……笾、豆、簠、簋俱用瓷碟（簠、簋碟稍大）；酒尊三，用瓷尊，侮尊用盖布巾一、酌酒勺一；爵六，用瓷爵；铡一，用瓷碗。"而紧接其下的"盥具"条也载："尊一，用瓷瓮……盆一，锡铜瓷随用。"据其记载可知，明代用以祭器的簠、簋、笾、豆、登、铡、爵、盏、尊诸器中，除瓷爵还存有三代礼器的形制外，簠、簋、笾、豆实则为瓷盘（代簠、簋的盘稍大，代笾、豆的盘稍小），登、铡实为瓷碗，为小碗，尊则为瓷罐[85]。

皇家使用的瓷器都是由政府设立的专门机构来设计和制作的。统治阶级下达命令，对官方的瓷器形制有着严格的制度要求。因此在研究御窑黄釉瓷器造型时能够发现，其形制与政治因素之间存在密切联系。

黄色在中国古代历史上是非常特别的颜色，它通常带有象征意义。到了明清时期，朝廷更是对黄色的使用制定了更加严格的法律法规。根据《明史·舆服制》的相关记述，大致情况为：明洪武二十四年，宫廷规定全国各地区的官吏不许使用黄色、紫色与黑色在衣服与帐缦之上。英宗天顺二年，朝廷再次下达指令，禁止皇族之外的一切人穿黄色的衣服。根据《明英宗实录》一六一卷的记录：正统十一年（1446年）时，皇帝就曾下旨，严禁江西饶州府（今江西省鄱阳县）私自烧造黄色、红色、绿色、紫色、蓝色等陶瓷器，若有忤逆者会被判凌迟处死，并剥夺其所有家产。如果家中有男丁，将会被发配到边境充军。而且，所有知道此事而不告知官府的人，一律同罪处理。由此可以看出，当时黄色已经被皇族垄断，黄釉瓷成为皇家御用瓷器，民间是绝对不允许私造的。

清代时，皇室贵族使用黄釉瓷器甚至有了严格的等级规定。《国朝宫史》（卷一七经费条）曾有如下记载：皇太后"黄瓷盘二百五十，各色瓷盘百；黄瓷碟四十五，各色瓷五十；黄瓷碗百，各色瓷碗五十。"皇后"黄瓷盘二百二十，各色瓷盘八十；黄瓷碟四十，各色瓷碟五十；黄瓷碗百，各色瓷碗五十。"皇贵妃"白里黄瓷盘四，各色瓷盘四十；白里黄瓷碟四十，各色瓷碟十五；白里黄瓷碗四，各色瓷碗五十。"贵妃"黄地绿龙瓷盘四，各色瓷盘三十；黄地绿龙瓷碟四，各色瓷碟十；黄地绿龙瓷碗四，各色瓷碗五十。"嫔"蓝地黄龙瓷盘二，各色瓷盘十八；蓝地黄龙瓷碟四，各色瓷碟六；蓝地黄龙瓷碗四，各色瓷碗四十。"贵人"绿地紫龙瓷盘二，各色瓷盘十；绿地紫龙瓷碟二，各色瓷碟四；绿地紫龙瓷碗四，各色瓷碗十八。"常在"绿地红龙瓷盘二，各色瓷盘八；五彩红龙瓷碟二，各色瓷碟四；五彩红龙瓷碗四，各色瓷碗十。"由文献表明，全黄色的瓷器仅有皇帝、皇后和皇太后才能使用，而全黄且带有龙纹的，只有皇帝一人可用，容不得任何人僭越。皇贵妃也只能配里白外黄瓷，其余嫔妃等人都只可使用黄釉彩瓷种类[86]。

明清时期，黄釉瓷器代表着帝王皇室最尊贵的象征，这些在档案中都有详细记载。如乾隆八年，当时负责景德镇御窑场为宫廷烧造瓷器的督陶官唐英，在请示皇上如何处置烧坏的黄釉瓷器一事时，曾以"为请定次色瓷器变价之例，以杜民窑影造僭越之端"专门上奏皇上。唐英在奏折中说："虽所造之器出自窑火之中，不能保其件件全美，每岁每窑均有跌落之价，计次色脚货及破损等数，几与全美之件数相等。"[87]在这里唐英强调了一个事实，瓷器是在火中烧成、不能保证件件完美，每窑瓷器都可能有残次器。对于这些残次品，特别是与皇室有关的黄釉器，以及绘有龙纹的瓷器，不应随便处理。在每年大运之时，唐英都要将正品与次品一并呈进宫中，交内务府贮藏，"有可以变价者，即在京变价，有可供赏赐者，即留备赏用"。可是，乾隆七年时，皇帝让造办处下了谕旨给唐英："嗣后脚货不必到京，即在本处变价，钦此。"[88]对于皇帝的这道谕旨，唐英觉得不妥，他认为："惟是国家分别等威，服物采章，俱有定制，故厂造供御之瓷，则有黄器及锥拱彩绘，五爪龙等件。此等器皿，非奉赏赐，凡在臣下，不敢珍藏擅用，以滋违制之戾。""今若将每年之次色脚货于本地变价，则有力之窑户，皆得借端影造，无从查禁，恐一二年间，不但次色脚货一项其影造之，全美者亦得托名御器以射利。""至于黄器及五爪龙等件，尤为无可假借之器，似未便以次色变价，致本处窑户伪造僭越，以紊定制。""奴才愚昧之见，请将此选落之黄器、五爪龙等件照旧酌估价值，以备查核，仍附运进京，或备内廷添补副余，或供赏赐之用，似可以尊体制而防亵越。"[89]

在这段文字中，唐英特别强调了黄釉瓷器的重要性，认为此类器物如同"服物采章"一样"俱有定制"，"非奉赏赐，凡在臣下，不敢珍藏擅用，以滋违制之戾"[90]。黄釉瓷器绝对不能流散民间，如果将残次的黄釉器流散民间，则当地窑户就会仿照此器进行烧制，而官府"无从查禁"就会"以紊定制"。皇帝看过唐英的奏折后，认为其说得很有道理，于是批注："黄器如所请行，五爪龙者，外边常有，仍照原议价。"由此看来黄釉器比所谓五爪龙纹器还要尊贵。龙纹只有皇帝使用的器物上才能出现，但此种规制在清代特别是乾隆时期已不甚严格，因当时民间器物以及一些为王府定烧的器物上也常见五爪龙纹。鉴于此种情况，乾隆皇帝不得已传下喻旨，将残次的五爪龙纹器就地变价处理。但黄釉瓷仍严禁民间使用，即使是残次品也要运进京城，"或备内廷添补副余，或供赏赐之用"[91]。

明代是中国封建社会的末期，也是皇权的繁荣时期。同时，御窑厂的制瓷也受到了中央集权的影响，一时之间，黄釉瓷不仅形制功能受到制约，许多当时的政治文化特点也体现在瓷器上。

明代早期，景德镇御窑厂刚刚建立，朝廷加强了对陶瓷烧造的控制。皇家瓷器与官方和民间瓷器有所不同，它的造型设计是由专门机构管理，只有在皇帝的授权下，才能予以烧造。因此，皇帝的信仰与施行的政治都对烧瓷有很大的影响。与此同时，为了保持其最高统治地位，皇帝下达了各种的禁令。最终，皇室不仅垄断了最优秀的瓷器工匠和最好的瓷器原料，而且还垄断了特定的瓷器品种，例如黄釉瓷[92]。

黄釉瓷器被赋予精神内涵，与其特定的政治文化、宗教礼制联系在一起，于是礼器的造型与政治制度有了很大的关联性。在强大的规章制度的制约下，一切活动都需按照社会法制来完成，因此，黄釉祭祀礼器的造型特点，在特定的宫廷制度下同样受到了包括政治等因素的控制，具有较强的稳定性。

5.3 帝王审美观念对御窑黄釉瓷造型的影响

不同群体的人的审美意识与审美标准是存在差异性的，这种差异性体现在瓷器造型上，有的会影响它的尺寸大小，有的则影响它的风格特征。不同民族与阶层的使用者对瓷器造型样式的审美感受皆尽相同，他们会将内心深处的情感积淀运用在实物上，通过这种方式来获得独特的审美知觉、审美理解与审美想象。

由于受到来自各种阶级群体审美价值观的影响，陶瓷器物的造型会根据这些审美价值做出相应的变化。在陶瓷生产业最开始的时候，中国古代瓷器制作的主体是普通手工工匠，其他社会群体很少直接参与，于是他们只有通过一定的途径，利用自己的审美观念来影响瓷器种类、造型等方面的改变[93]。

景德镇的御窑厂生产明清御窑黄釉瓷器，与其各方面发生密切联系的，除了督陶官与工匠之外，最重要的就是皇帝本人。但是由于皇权集中制，御窑厂生产的瓷器必须按照宫廷规定严格烧造，因此，瓷器造型上的改变与陶瓷工匠和督陶官的关系不大，而是体现在皇帝的审美观念上。

瓷器是手工业者的劳动产品，其主要功能就是实用。因此，陶瓷的发展，其实是在实用价值的基础上发展起来的。尽管御窑厂工匠生产了许许多多的产品，但终究使用和欣赏这些瓷器的人不是他们。民窑瓷器是如此，御窑瓷器更加如此。

御窑瓷器主要是为帝王制造，皇帝作为观赏者，他的审美想象力与审美价值观念将直接影响瓷器的发展。御窑瓷器的一系列制作，都要严格按照皇帝的想法来规范进行。皇帝对御用瓷器的生产十分在意，例如明代嘉靖时期，皇帝时常临时命令御窑厂烧造"钦限瓷器"。而且，御器厂总会接到宫廷下发的瓷器官样式样，以便烧制出符合要求的瓷器。直到清代，依然以这种方式进行。

清代雍正、乾隆时期，御窑厂的督陶官唐英递交给皇帝的奏折中显示乾隆皇帝通常会因为自己的兴趣爱好来下达关于御窑瓷器烧造的任务，以及他较为欣赏的瓷器种类与造型，也都体现在谕旨上。若是唐英等人的个人设计，或是有关于陶瓷器型、纹饰等方面的修改意见，都一定要首先呈给皇帝过目，征得其同意后，方可执行。那时候御窑厂瓷器的生产与运输大多是由皇帝直接派遣的督陶官员负责。因此，瓷器上的各种变化主要来源于皇帝的审美想象力，这些都能够直观地表现出皇帝的文化素养与审美追求。皇帝在对御窑瓷器进行欣赏时，由于其心理诉求基本贯穿始终，工匠制造出的瓷器效果使得其理解力与想象力达到和谐的一种状态。这样的御窑瓷器，从皇帝的角度来说就是美的。因此，明清时期的御窑黄釉瓷器反映的主要是各朝皇帝不同的审美观念。

御窑黄釉瓷器在造型上表现出的帝王审美观，不仅体现在器型的大小尺寸上，还有器物整体制作风格与艺术形式感上。例如明代成化时期，皇帝喜爱小巧精细之物，于是此期的黄釉瓷器造型多为小碗、小杯类。

中国国家博物馆藏清乾隆黄地粉彩番莲八吉祥纹藏草瓶(图5-2)，高25.7厘米、口径2.9厘米、足径10.3厘米。器仿藏传佛教供器藏草瓶的造型，形如宝塔，下承以高足。通体黄地粉彩绘八吉祥、番莲和变体莲瓣纹等，器内壁施松石绿釉，外底松石绿釉地红彩书"大清乾隆年制"六字三行篆书款。

清皇室崇信藏传佛教，其中尤以乾隆皇帝为最，清宫廷中设有许多藏传佛教殿堂，供有佛像、佛塔、供器、法器等，质地有瓷、金、银、铜等，均制作精工。乾隆时期景德镇御窑厂生产瓷质藏传佛教用器有佛像、藏草瓶、贲巴壶、甘露瓶、法轮、五供、七珍、八宝等。藏草瓶又称为"贲巴瓶"，"贲巴"是藏语"瓶"的译音，贲巴瓶即宝瓶，是八吉祥之一，也称为"命瓶"，是无量寿佛的显著标志。贲巴瓶供在佛前，内插吉祥草或孔雀翎。腹部置长流者，称为"藏草壶"或"贲巴壶"。乾隆官窑有红彩等和色地粉彩等品种，延烧至嘉庆时期。此器秀美的造型，精细的绘工，协调的色彩与精美纹饰浑然一体，为乾隆官窑精品。

嘉靖时期，由于皇帝崇尚道教，许多的审美喜好都与之相关，因此，景德镇御窑厂制瓷风格明显发生了改变。当时景德镇人口不过百万，而"民以陶为业，聚拥至万余人"[94]。从目前馆藏的嘉靖瓷器观察，此时造型高大的器物，应该属于祭祀用瓷的范围。瓷器常见的有大龙缸、大罐、大酒坛、大瓶、大羹碗、大盘等，这些器物在清宫旧藏品有很多，它们与前朝瓷器风格存在明显的差异。例如口径为80.7厘米的黄釉青花缠枝莲龙纹大盘（图5-3），此种尺寸是极其罕见的器物。

清代初期，皇帝因酷爱明弘治浇黄釉瓷器，于是命御窑厂烧制仿弘治黄釉器物。清代中期时，根据皇帝的审美变化，御窑厂各类工艺的瓷器大量创新，雍正时期，黄釉瓷创烧出了远近闻名的"柠檬黄"。从《清代档案史料丛编》记载来看，皇帝在举办万寿节的时候，尤其喜爱寓意福寿题材的器物，显得喜庆。故宫博物院作为明清两代皇宫，藏有大批曾用于皇帝万寿庆典的瓷器，这批瓷器特征也十分鲜明。一件光绪时期的盖碗，器身与盖面在黄色釉地上开四个圆形开光，内书金彩万寿无疆四字，并配以蝙蝠、寿桃、卍字纹等（图5-4），其含义更加明确。从档案记载看，此盖碗为慈禧六十寿辰的器物，这种类似的器物还见有大渣斗、盘、羹匙等，说明当时为迎合帝王的审美倾向，这些器用都是大量成套烧制的。以上足以说明，御窑黄釉瓷器的形制变化与当时皇帝的审美情趣与审美喜好密不可分。

图5-2 乾隆黄地粉彩藏草瓶

图5-3 嘉靖黄釉青花大盘

图5-4 光绪黄釉地盖碗

5.4 古代哲学思想对御窑黄釉瓷的影响

中国皇帝对黄色的厚爱体现在中国古代哲学思想中。古代"五行学说"盛行且影响力很大，它将天地万物起源和多样性的统一结合为"水、火、木、金、土"五种基本物质形态，在此基础上产生了"五行相生相克"的理论。孔子曾回答季康关于"五帝"的问题，他说："天有五行，水、火、金、木、土，分时化育，以成万物，其神谓之五帝。古之王者，易代而改号，取法五行，五行更王，终始相生，亦象其义。是以太昊配木以木德王于天下，色尚青。炎帝配火，以火德王于天下，色尚黄。少昊配金，以金德王于天下，色尚白。颛顼配水，以水德王于天下，色尚黑。"[95]为了适应"五行配制"的道理，历代帝王都制定出相应的制度。根据《史记》第六卷记载："秦始皇二十六年（前221年），秦王既统一天下，称始皇帝。乃推五德之运，以周得火德，秦代周，为水德。于是以十月为岁首，衣服旄旌节旗皆尚黑，数以六为论，符、法冠皆六寸，舆六尺，以六尺为步，乘六马。更名黄河为德水。重刑法，刻薄寡恩，以合于水德之数。"秦朝之后，各代都以德为之根本。汉主火德，色尚赤，魏主土德，色尚黄，晋主金德，色尚白，唐主土德，色尚黄，宋主火德，色尚赤等等。但是不管各代主要以哪种德为主，都有一个共同尊崇的，即是土德。土地象征着国家的权力，且土本身还含有"中央"的意思。《十史大辞典》曾解释为："赤，甲乙木；南，丙丁火；西，庚辛金；北，王癸水；中，戊乙土。"除此之外，明清时期皇家的神稷坛是用来祭祀土神的，坛面上的相应位置会放有五种颜色不同的土：青土位于东方，白土位于西方，红土位于南方，黑土位于北方，黄土则居中而放，这也显示出其作为国家根基之象征。由此可见，帝王崇尚黄色的由来是从历史上的崇尚土德而来[96]。

从御窑黄釉瓷的造型艺术角度来看，它表现出了明清两个时代丰富的文化内涵，是整个明清御窑瓷器文化系统中的一个关键组成部分。尽管陶瓷造型所包含的并不全都是造型艺术，或许与更加具象化的纹饰、色彩相对比而言，陶瓷造型更加的抽象难懂，但我们可以从不同时期的造型差异上探寻潜在的艺术文化底蕴。

中国古代的哲学思想对御窑黄釉瓷的影响，反映在陶瓷器型中的创造意识与美学思想方面。中国美学是在哲学的基础上发展而来的，其美学观总是会特意强调伦理道德或真善美对于艺术的重要性。例如明代"理学"盛行，讲究秩序与规矩，习惯一成不变。因此，明代御窑黄釉瓷的整体艺术风格是朴实的、厚重的、克制的。而清代哲学思想注重"真"，追求的自由、创新、打破常规，故此时的御窑黄釉瓷无论造型、品种、装饰方法都有了革新与改变，整体感觉

黄承天德 明清御窑黄釉瓷器出土与传世对比珍品展

是生动的、精巧的、多变的。

中国古代艺术经历了漫长的历史过程，艺术思想始终坚持着中国传统文化的主要精神，它是一种美与善、情与理、认识与直觉、人与自然的和谐统一。中国工艺美术随着中国古代艺术思想的成长，一直具有精神生产和物质生产的双重性质。它们通过服装、食品、住房、交通等生活的各个方面为人民服务，通过品种的不同种类反映着不同时期的艺术形态。中国众多工艺美术种类里，陶瓷艺术就是最具代表性和影响力的类型。在漫长的发展过程中，它蕴含着丰富的中国文化内涵。各种造型的陶瓷在时代变迁之下，通过它的功能向人们揭示了古代社会生活与文化的关系[97]。

6 结 语

本文从明清景德镇御窑黄釉瓷的造型研究入手，对搜集到的文献与图片资料进行系统的归纳总结，根据各时期瓷器形制的功能分类与造型特点，得出了以下结论：

一、明清景德镇黄釉瓷作为皇家御用瓷器中非常重要的一种，在故宫博物院的瓷器藏品种占总数量的三分之一。其中主要器型以碗、盘类为主，存世数量在黄釉瓷总量上占比最大。其余器型有杯、碟、罐、尊类。

二、明清景德镇御窑黄釉瓷就两个朝代的造型种类来看，分为圆器与琢器两大类。明代黄釉瓷造型早期古朴凝重，有元代遗风，中期玲珑秀逸、粗细兼有，晚期敦厚大气、由精到拙。器物尺寸通常较大，整体看起来庄严稳重。器物多以碗、盘类生活用瓷与宗教祭祀瓷为主，形制较为单一，创新器型较少。相较之下，清代黄釉瓷器造型更加多变，品种也开始增加，整体风格典雅俊秀，圆器类器物通常尺寸不大，以精致小巧为主。

三、明清景德镇御窑黄釉瓷造型变化受当时的工艺技术、宗教礼制与政治文化的影响，既要对制瓷原料、成型工艺与烧成等多方面有严格要求，又要在形制上体现出皇家等级观念与宫廷祭祀意义。同时，还要按照政治制度的规范，将黄釉造型以最完善的形式展现出来。

四、明清景德镇御窑黄釉瓷的造型风格与各时期皇帝的审美观念有相当大的联系。帝王的喜好对于瓷器造型的发展与演变都起到了一定的积极促进作用，这对于研究其他御窑瓷器也有一定的学术意义。

五、古代哲学思想对御窑黄釉瓷造型也存在一定影响与指导作用。

六、本文虽然对明清景德镇御窑黄釉瓷造型做了较为全面的研究，但也存在许多方面的不足。例如缺乏对明清时代各种造型的黄釉瓷器做进一步分类并考证每种小类型的变化规律；另外，缺少一些时期的馆藏器物信息与具体尺寸，个别时期未找到相关图像与文字记载。这些未能解决的问题，还需要通过之后的进一步调查研究，以期能够将此课题更加完善。

注 释

1　故宫博物院 . 故宫博物院年鉴 (2010). 北京：紫禁城出版社 .2011:32.

2　李卫东 . 故宫博物院藏明清黄釉瓷器考略 . 北京：东方博物 .2012(04):35-42.

3　[清] 鄂尔泰，张廷玉等 . 国朝宫史，卷十七 . 北京：北京古籍出版社 .1987:390-394.

4　[清] 佚名 . 南窑笔记 .

5　中国硅酸盐学会 . 中国陶瓷史 . 北京：文物出版社 .1982.

6　耿宝昌 . 明清瓷器鉴定 . 北京：紫禁城出版社 . 香港：雨木出版社 .1993.

7　曹建文 . 明洪武官窑低温黄釉瓷的发现及其时代考证 . 东南文化 .2003(05):73-75.

8　冯先铭 . 中国陶瓷史 . 上海：上海古籍出版社 .2006.

9　明英宗实录，卷一百六十一 .

10　清代档案史料丛编 . 第 12 辑 . 北京：中华书局 .1987.

11　[清] 谢旻等 . 江西通志 .

12　清代皇朝礼器图式，卷一 .

13　赵尔巽 . 清史稿，卷八二 . 北京：中华书局 .1977.

14　[清] 鄂尔泰，张廷玉等 . 国朝宫史，卷十七 . 北京：北京古籍出版社 .1987.

15　清内务府 . 钦定宫中现行则例 . 武英殿刊本 .

16　王光尧 . 清代瓷质祭礼器略论 . 故宫博物院院刊 .2003(02):70-79.

17　叶佩兰 . 中国明清瓷器真伪鉴别 (彩图版). 郑州：大象出版社 .2005.

18　纪泽 . 明代宫廷黄釉瓷的鉴赏与市场价值 . 艺术市场 .2006(02):54-55.

19　纪泽 . 清代黄釉瓷的鉴赏与市场价值 . 艺术市场 .2006(03):56-58.

20　铁源，溪明 . 清代官窑瓷器史 . 中国画报出版社 .2012.

21　刘晓晨 . 皇家气象——清宫黄釉瓷 . 收藏 .2011(01):30-34.

22　刘晓晨 . 试论清代皇帝尚黄与黄釉瓷的用途 . 清代宫廷史研究会 . 清宫史研究 (第十一辑)
　　　——第十一届清宫史研讨会论文集 . 清代宫廷史研究会 .2013:13.

23　陈佩 . 浅析明代黄釉的时代特征 . 东方收藏 .2015(12):51-54.

24　[清] 唐英 . 陶成纪事碑记 .

25　[民国] 许之衡 . 饮流斋说瓷 .

26　陈晓军 . "黄地" 至尊民器何缘——黄釉瓷器浅谈 (上篇). 收藏界 .2007(05):80-82.

27　陈晓军 . "黄地" 至尊 民器何缘——黄釉瓷器浅谈 (下篇). 收藏界 .2007(06):81-83.

28　金鹏 . 颜色釉中的贵族——黄釉瓷器 . 艺术市场 .2007(01):78-79.

29　李何 . 富丽堂皇王者风范 浅论清代黄釉瓷的发展与创新 . 收藏家 .2008(10):29-35.

30　李理 . 清朝帝后御用黄釉瓷及其纹饰 . 沈阳故宫博物院院刊 .2010(01):138-142+7.

31　程晓中 . 明清黄釉瓷器浅说 . 收藏家 .2018(01):45-48.

32　张福康，张志刚 . 中国历代低温色釉的研究 . 硅酸盐学报 .1980(01):9-19+113-115.

33　吴军明 . 景德镇历代低温黄釉的初步研究 . 景德镇陶瓷学院 .2007.

34 郑乃章，吴军明，吴隽，孙加林．明清以来景德镇低温黄釉的初步研究．建筑材料学报．
2008(04):450-456.

35 郑乃章，孙加林，吴军明，吴隽，曹建文．景德镇明清以来低温黄釉的显微结构．人工晶体学报．
2008(04):981-985+990.

36 吴军明，吴隽，郑乃章，李其江，张茂林，邓泽群．唐三彩黄釉与娇黄釉的比较研究．中国陶瓷．
2010，46(09):21-23+27.

37 吴军明，李其江，张茂林，吴隽，郑乃章，曹建文．景德镇传统低温黄釉的文化与科技内涵．江苏陶瓷．
2010，43(02):39-41.

38 李合，丁银忠，陈铁梅，苗建民．北京明清建筑琉璃构件黄釉的无损研究．中国文物科学研究．
2013(02):79-84.

39 中国硅酸盐学会．中国陶瓷史．北京：文物出版社．1982，208-209.

40 曹建文．明洪武官窑低温黄釉瓷的发现及其时代考证．东南文化．2003.

41 [清]唐英．制造瓷器则例章程册．

42 吴军明．景德镇历代低温黄釉的初步研究．景德镇陶瓷学院．2007.

43 张福康，张志刚．中国历代低温色釉的研究．硅酸盐学报．1980(01):9-19+113-115.

44 程晓中．明清黄釉瓷器浅说．收藏家．2018(01):45-48.

45 耿宝昌．明清瓷器鉴定．北京：紫禁城出版社．香港：雨木出版社．1993.

46 李军强．近年来御窑厂遗址的考古发掘．紫禁城．2016(11):66-73.

47 陈佩．浅析明代黄釉的时代特征．东方收藏．2015(12):51-54.

48 纪泽．明代宫廷黄釉瓷的鉴赏与市场价值．艺术市场．2006(02):54-55.

49 熊寥．明代官窑艺术（二）．景德镇陶瓷．1993.

50 纪泽．明代宫廷黄釉瓷的鉴赏与市场价值．艺术市场，2006(02):54-55.

51 同上．

52 吴军明．景德镇历代低温黄釉的初步研究．景德镇陶瓷学院．2007.

53 吴军明．景德镇历代低温黄釉的初步研究．景德镇陶瓷学院．2007.

54 吴军明．景德镇历代低温黄釉的初步研究．景德镇陶瓷学院．2007.

55 纪泽．明代宫廷黄釉瓷的鉴赏与市场价值．艺术市场．2006(02):54-55.

56 陈佩．浅析明代黄釉的时代特征．东方收藏．2015(12):51-54.

57 故宫博物院．故宫博物院年鉴(2010)，北京：紫禁城出版社．2011:32.

58 明会典．工部·器用．

59 明会典在明代弘治，嘉靖，万历前后三次开局编撰、续修和重修，万历会典除校订前朝会典，
还增补了嘉靖以后的事例．

60 耿宝昌．明清瓷器鉴定．北京：紫禁城出版社．香港：雨木出版社．1993.

61 纪泽．清代黄釉瓷的鉴赏与市场价值．艺术市场．2006(03):56-58.

62 吴军明．景德镇历代低温黄釉的初步研究．景德镇陶瓷学院．2007.

63 纪泽．清代黄釉瓷的鉴赏与市场价值．艺术市场．2006(03):56-58.

64 崔婷．北京故宫博物院藏康雍乾黄釉瓷器赏析．文物天地．2015(08):76-79.

65 冯先铭 . 中国陶瓷 . 上海：上海古籍出版社 .1994..

66 熊寥 . 中国古代制瓷工程技术史 . 山西教育出版社 .2014

67 吴军明 . 景德镇历代低温黄釉的初步研究 . 景德镇陶瓷学院 .2007.

68 吴军明 . 景德镇历代低温黄釉的初步研究 . 景德镇陶瓷学院 .2007.

69 熊寥 . 中国古代制瓷工程技术史 . 太原：山西教育出版社 .2014.

70 故宫博物院 . 故宫博物院年鉴 (2010). 北京：紫禁城出版社 .2011:32.

71 铁源，溪明 . 清代官窑瓷器史 .2012(4):454-460.

72 [民国] 许之衡 . 饮流斋说瓷 .

73 清史稿，卷八二，礼志一 .

74 大清会典事例，礼部·祭器 .

75 傅振伦等 . 唐英瓷务年谱长编 . 景德镇陶瓷 .1982，02.

76 崔婷 . 北京故宫博物院藏康雍乾黄釉瓷器赏析 . 文物天地，2015(08):76-79.

77 [明] 天工开物 . 陶埏 .

78 [清] 唐英 . 陶冶图说 .

79 江西通志 . 卷一百三十五，陶冶图编次 .

80 宁钢，乐明亮 . 官窑瓷器造型研究——以清康雍乾时期景德镇瓷器为例 . 文艺争鸣 .2010(08):89-92.

81 高丰 . 论明代瓷器的造型和装饰设计 . 装饰 .1998(01):40-43.

82 李纪贤 . 康熙瓷器造型艺术 . 收藏家 .2000(02):52-58.

83 丁胜年 . 明代御窑厂瓷器颜色审美文化研究 . 江南大学 .2012.

84 金鹏 . 颜色釉中的贵族——黄釉瓷器 . 艺术市场 .2007(01):78-79.

85 王光尧 . 清代瓷质祭礼器略论 . 故宫博物院院刊 .2003(02):70-79.

86 金鹏 . 颜色釉中的贵族——黄釉瓷器 . 艺术市场 .2007(01):78-79.

87 刘庆 . 清代官窑瓷器的装饰特色及文化传承研究 . 南开大学 .2014.

88 孙悦 . "榷陶"唐英与清代官窑 . 中国艺术研究院 .2010.

89 张德山 . "唐窑"的御器生产、解运及次色瓷管理 . 景德镇陶瓷 .2007(02):44-46.

90 赵聪月 . 故宫藏与恭王府相关的堂名款瓷器 . 清代宫廷史研究会 . 清宫史研究（第十一辑）
    ——第十一届清宫史研讨会论文集 . 清代宫廷史研究会 .2013:12.

91 刘伟 . 帝王与宫廷瓷器 . 北京：故宫出版社 .2012.

92 程珮 . 明代皇权及其影响在陶瓷上的反映 . 中国社会科学院研究生院 .2014.

92 程珮 . 明代皇权及其影响在陶瓷上的反映 . 中国社会科学院研究生院 .2014.

93 高纪洋 . 中国古代器皿造型样式研究 . 苏州大学 .2012.

94 [清] 蓝浦 . 景德镇陶录 . 郑廷桂补编 . 初刻于清嘉庆三十年 .

95 刘晓晨 . 试论清代皇帝尚黄与黄釉瓷的用途 . 清代宫廷史研究会 . 清宫史研究（第十一辑）
    ——第十一届清宫史研讨会论文集 . 清代宫廷史研究会 .2013:13.

96 刘伟 . 帝王与宫廷瓷器 . 北京：故宫出版社 .2012.

97 龚保家，涂雅琴 . 浅谈中国传统陶瓷造型与古代哲学思想之关系 . 艺术评论 .2012(12):87-89.

参考文献

一、古籍类

[1] 天工开物 [明]. 陶埏 .

[2] 明英宗实录，卷一百六十一 .

[3] 大明会典 . 工部·器用 .

[4] 佚名 [清]. 南窑笔记 .

[5] 谢旻等 [清]. 江西通志 .

[6] 清史稿，卷八二，礼志一 .

[7] 清代皇朝礼器图式，卷一 .

[8] 大清会典事例 . 礼部·祭器 .

[9] 唐英 [清]. 陶冶图说 .

[10] 唐英 [清]. 陶成纪事碑记 .

[11] 唐英 [清]. 制造瓷器则例章程册 .

[12] 清内务府 . 钦定宫中现行则例 . 武英殿刊本 .

[13] 蓝浦 [清]. 景德镇陶录 . 郑廷桂补编 . 初刻于清嘉庆三十年 .

[14] 许之衡 [民国]. 饮流斋说瓷 .

二、著作类

[1] 赵尔巽 . 清史稿，卷八二 . 北京：中华书局 .1977.

[2] 杨永善 . 陶瓷造型基础 . 北京：中央美术学院陶瓷美术系 .1979.

[3] 中国硅酸盐学会 . 中国陶瓷史 . 北京：文物出版社 .1982.

[4] 鄂尔泰，张廷玉 [清] 等 . 国朝宫史卷十七 . 北京：北京古籍出版社 .1987.

[5] 清代档案史料丛编 . 第 12 辑 . 北京：中华书局 .1987.

[6] 耿宝昌 . 明清瓷器鉴定 . 北京：紫禁城出版社 . 香港：雨木出版社 .1993.

[7] 冯先铭 . 中国陶瓷 . 上海：上海古籍出版社 .1994.

[8] 张岱 . 陶庵梦忆 . 上海：上海古籍出版社 .2001.5.

[9] 王光尧 . 中国古代官窑制度 . 北京：紫禁城出版社 .2004.

[10] 杨永善 . 陶瓷造型艺术 . 北京：高等教育出版社 .2004.

[11] 姚江波 . 中国古碗 . 北京：百花文艺出版社 .2004.

[12] 许之衡著，叶喆民译注 . 饮流斋说瓷译注 . 北京：紫禁城出版社 .2005.10.

[13] 叶佩兰 . 中国明清瓷器真伪鉴别（彩图版）. 郑州：大象出版社 .2005.

[14] 冯先铭 . 中国陶瓷史 . 上海：上海古籍出版社 .2006.

[15] 第一历史档案馆，香港中文大学 . 清宫内务府造办处档案总汇 . 北京：人民出版社 .2007.

[16] 朱淡 [清]，杜斌译著 . 陶说 . 济南：山东画报出版社 .2010.

[17] 曾肃良 . 明代官窑鉴定 . 北京：百花文艺出版社 .2010.4.

[18] 刘伟 . 帝王与宫廷瓷器（上下）. 北京：紫禁城出版社 .2010.9.

[19] 王光尧 . 明代宫廷陶瓷史 . 北京：紫禁城出版社 .2011.

[20] 故宫博物院 . 故宫博物院年鉴（2010）. 北京：紫禁城出版社 .2011.

[21] 铁源，溪明 . 清代官窑瓷器史 . 北京：中国画报出版社 .2012.

[22] 刘伟 . 帝王与宫廷瓷器 . 北京：故宫出版社 .2012.

[23] 熊寥 . 中国古代制瓷工程技术史 . 太原：山西教育出版社 .2014.

三、论文类

[1] 张福康，张志刚 . 中国历代低温色釉的研究 . 硅酸盐学报 .1980(01).

[2] 傅振伦等 . 唐英瓷务年谱长编 . 景德镇陶瓷 .1982，02.

[3] 由志奇 . 明弘治黄釉和清雍正胭脂水釉浅谈 . 文物，1986(12).

[4] 陈润民 . 明嘉靖黄釉红彩缠枝莲葫芦瓶 . 文物，1992(09).

[5] 闵正国，金绍菊 . 清代瓷雕黄釉地莲鹤纹罈 . 陶瓷研究，1993(04).

[6] 熊寥 . 明代官窑艺术（二）. 景德镇陶瓷 .1993.

[7] 高丰 . 论明代瓷器的造型和装饰设计 . 装饰 .1998(01).

[8] 李纪贤 . 康熙瓷器造型艺术 . 收藏家 .2000(02).

[9] 董健丽 . 明代瓷质礼器概说 . 中国陶瓷 .2001.

[10] 冯小琦 . 明清黄釉青花瓷器概说 . 中国历史文物，2003(02).

[11] 王光尧 . 清代瓷质祭礼器略论 . 故宫博物院院刊 .2003(02).

[12] 曹建文 . 明洪武官窑低温黄釉瓷的发现及其时代考证 . 东南文化 .2003

[13] 郭菲 . 中国古代碗的造型发展研究（硕士学位论文）. 无锡：江南大学 .2005.

[14] 耿志潮 . 温润娇黄釉 . 中国商报，2006.

[15] 纪泽 . 明代宫廷黄釉瓷的鉴赏与市场价值 . 艺术市场 .2006(02).

[16] 纪泽 . 清代黄釉瓷的鉴赏与市场价值 . 艺术市场 .2006(03).

[17] 刘新园等 . 江西景德镇明清御窑遗址发掘简报 . 文物 .2007.

[18] 方玉瑞 . 黄釉青花福禄寿碗 . 中国商报，2007.

[19] 吴军明 . 景德镇历代低温黄釉的初步研究 . 景德镇陶瓷学院 .2007.

[20] 金鹏 . 颜色釉中的贵族——黄釉瓷器 . 艺术市场 .2007(01).

[21] 张德山 . "唐窑"的御器生产、解运及次色瓷管理 . 景德镇陶瓷 .2007(02).

[22] 陈晓军 . "黄地"至尊民器何缘——黄釉瓷器浅谈（上篇）. 收藏界 .2007(05).

[23] 陈晓军 . "黄地"至尊民器何缘——黄釉瓷器浅谈（下篇）. 收藏界 .2007(06).

[24] 李文 . 黄釉钵 . 紫禁城，2007(08).

[25] 郑乃章，吴军明，吴隽，孙加林 . 明清以来景德镇低温黄釉的初步研究 .
    建筑材料学报 .2008(04).

[26] 郑乃章，孙加林，吴军明，吴隽，曹建文 . 景德镇明清以来低温黄釉的显微结构 .
    人工晶体学报 .2008(04).

[27] 李何 . 富丽堂皇王者风范 浅论清代黄釉瓷的发展与创新 . 收藏家 .2008(10).

[28] 孙悦 . "榷陶"唐英与清代官窑 . 中国艺术研究院 .2010.

[29] 张予林 . 陶瓷碗类造型的发展演变研究 . 景德镇陶瓷学院 .2010.

[30] 罗海兰 . 元末明初景德镇盘类瓷器造型及演变规律研究 . 景德镇陶瓷学院 .2010.

[31] 李理 . 清朝帝后御用黄釉瓷及其纹饰 . 沈阳故宫博物院院刊 .2010(01).

[32] 宁钢，乐明亮 . 官窑瓷器造型研究——以清康雍乾时期景德镇瓷器为例 . 文艺争鸣 .2010(08).

[33] 陈财茂 . 论唐英对景德镇高温颜色釉瓷发展的贡献 . 知识窗（教师版），2010(12).

[34] 吴军明，吴隽，郑乃章，李其江，张茂林，邓泽群 . 唐三彩黄釉与娇黄釉的比较研究 .
中国陶瓷 .2010，46(09).

[35] 其江，张茂林，吴隽，郑乃章，曹建文 . 景德镇传统低温黄釉的文化与科技内涵 .
江苏陶瓷 .2010，43(02)

[36] 刘晓晨 . 皇家气象——清宫黄釉瓷 . 收藏 .2011(01).

[37] 丁胜年 . 明代御窑厂瓷器颜色审美文化研究 . 江南大学 .2012.

[38] 高纪洋 . 中国古代器皿造型样式研究 . 苏州大学 .2012.

[39] 彭恩仁 . 明代嘉靖皇帝审美观研究 . 景德镇陶瓷学院 .2012.

[40] 李卫东 . 故宫博物院藏明清黄釉瓷器考略 . 东方博物 .2012(04).

[41] 吴军明，李连红 . 黄地粉彩"佛日常明"碗 . 湖北社会科学，2012(09).

[42] 丁山 . 一品清廉与一品青莲——关于一件雍正黄釉莲纹盘的解读 . 收藏家，2012(10).

[43] 龚保家，涂雅琴 . 浅谈中国传统陶瓷造型与古代哲学思想之关系 . 艺术评论 .2012(12).

[44] 刘晓晨 . 试论清代皇帝尚黄与黄釉瓷的用途 . 清代宫廷史研究会 . 清宫史研究（第十一辑）
——第十一届清宫史研讨会论文集 . 清代宫廷史研究会 .2013.

[45] 王菁菁 . 明代青花瓷的器型和纹饰研究 . 兰州大学 .2013.

[46] 韩莉亚 . 明代景德镇瓷碗的造型设计研究 . 景德镇陶瓷学院，2013.

[47] 赵聪月 . 故宫藏与恭王府相关的堂名款瓷器 . 清代宫廷史研究会 . 清宫史研究（第十一辑）
——第十一届清宫史研讨会论文集 . 清代宫廷史研究会 .2013.

[48] 李合，丁银忠，陈铁梅，苗建民 . 北京明清建筑琉璃构件黄釉的无损研究 .
中国文物科学研究 .2013(02).

[49] "高贵之至"话黄釉 . 东方收藏，2013(05).

[50] 朱方芳 . 宣德款黄釉花卉纹盘真伪考英国大威德基金会藏 . 收藏家 .2013(12).

[51] 刘庆 . 清代官窑瓷器的装饰特色及文化传承研究 . 南开大学 .2014.

[52] 程珮 . 明代皇权及其影响在陶瓷上的反映 . 中国社会科学院研究生院 .2014.

[53] 康熙年黄釉龙纹碗鉴赏 . 文物鉴定与鉴赏 .014(11).

[54] 大明弘治鸡油黄釉贲巴壶 . 收藏 .2014(17).

[55] 崔婷 . 北京故宫博物院藏康雍乾黄釉瓷器赏析 . 文物天地 .2015(08).

[56] 陈佩 . 浅析明代黄釉的时代特征 . 东方收藏 .2015(12).

[57] 吕成龙 . 明成化朝御窑瓷器简论 . 故宫博物院院刊 .2016(04).

[58] 杨铎成 . 陶瓷造型艺术之我见 . 陶瓷科学与艺术 .2016，50(03).

[59] 李军强 . 近年来御窑厂遗址的考古发掘 . 紫禁城 .2016(11).

[60] 吕成龙 . 明代御窑瓷器 景德镇出土与故宫院藏弘治、正德瓷器对比展 . 收藏家 .2017(11).

[61] 吕成龙 . 明代弘治、正德朝景德镇御窑瓷器简论 . 故宫博物院院刊 .2017(05).

[62] 秦大树，钟燕娣，李慧 . 景德镇御窑厂遗址 2014 年发掘收获与相关问题研究 . 文物 . 2017(08).

[63] 耿宝昌 . 明弘治、正德朝瓷器的赏与鉴 . 紫禁城 .2017(07).

[64] 江建新，钟燕娣，李军强，江小民，秦大树，单莹莹，王光尧，丁雨 . 江西景德镇明清御窑厂遗址 2014 年发掘简报 . 文物 .2017(08).

[65] 吕成龙 . 文雅温润 柔和素净 明代弘治、正德朝景德镇御窑瓷器钩沉 . 紫禁城 .2017(07).

[66] 黄卫文 . 清宫旧藏明代弘治、正德朝御窑瓷器 . 紫禁城 .2017(07).

[67] 高雪 . 吉林省博物院藏雍正单色釉瓷器 . 收藏家 .2017(06).

[68] 武贞 . 缤纷瑰丽的明清单色釉瓷 . 收藏 .2017(04).

[69] 程晓中 . 明清黄釉瓷器浅说 . 收藏家 .2018(01).

"黄承天德——明清御窑黄釉瓷器珍品展"开幕式

自得堂主人冯玮瑜开幕式致辞

开幕式剪彩现场

开幕式现场

全国政协副主席马培华（右二）、景德镇中国陶瓷博物馆馆长赵纲（左二）与自得堂主人冯玮瑜（右一）观展

故宫博物院器物部主任吕成龙观展

陕西省考古研究院研究馆员禚振西（左）与自得堂主人冯玮瑜（右）观展

北京大学考古文博学院教授秦大树（右一）、中国嘉德陶瓷部原总经理于大明（左一）观展

中国国家博物馆研究院古陶瓷研究所所长耿东升（右）与自得堂主人冯玮瑜（左）观展

台北故宫博物院研究员蔡和璧（右）与自得堂主人冯玮瑜（左）观展

上海博物馆陶瓷研究部主任陆明华（中）与景德镇市陶瓷考古研究所所长江建新（右）观展

广东省鉴定委员会委员管波强（中）与学生观展

中国嘉德（香港）陶瓷工艺品部总经理 Nicholas Wilson 与访问学者观展

展览现场

香港中文大学文物馆前馆长林业强（右）宣讲学术报告、台湾鸿禧美术馆副馆长文廖桂英（左）做学术主持

研讨会现场

专家鉴定

景德镇陶瓷大学陶瓷美术学院教授曹建文（左一）、景德镇中国陶瓷博物馆副馆长何身德（右一）

景德镇市陶瓷考古研究所所长江建新（右二）、深圳博物馆副馆长郭学雷（右一）

景德镇陶瓷大学陶瓷美术学院教授曹建文（左）、景德镇市东方古陶瓷研究会执行会长李峰（右）

鉴定专家团队：李峰会长、曹建文教授、江建新所长、何身德副馆长、郭学雷副馆长、自得堂主人冯玮瑜

"黄承天德"展览开幕式
暨"明清御窑黄釉研究国际学术研讨会"

部分领导及专家名单

梅　亦　景德镇市人民政府市长

熊　皓　景德镇市人民政府副市长

张景根　景德镇市政协副主席

张维汉　景德镇市政府秘书长

方霞云　景德镇市政府副秘书长瓷局局长

艾春龙　景德镇市文广新局局长

禚振西　陕西省考古研究院研究馆员

吕成龙　故宫博物院器物部主任

秦大树　北京大学考古文博学院教授

耿东升　中国国家博物馆研究院古陶瓷研究所所长

江建新　景德镇市陶瓷考古研究所所长

赵　纲　景德镇中国陶瓷博物馆馆长

何身德　景德镇中国陶瓷博物馆副馆长

陆明华　上海博物馆陶瓷研究部主任

蔡和璧　台北故宫博物院研究员

林业强　香港中文大学文物馆前馆长

廖桂英　台湾鸿禧美术馆副馆长

郭学雷　深圳博物馆副馆长

占启安　景德镇陶瓷大学副校长

曹建文　景德镇陶瓷大学考古文博学院教授

刘成基　广东省文物鉴定站站长

曾波强　广东省鉴定委员会委员

舒佩琦　台湾鸿禧美术馆研究员

李　峰　景德镇市东方古陶瓷研究会执行会长

刘　旸　中国嘉德国际拍卖有限公司瓷器及古董珍玩部总经理

于大明　中国嘉德国际拍卖有限公司陶瓷部原总经理

Nicholas Wilson　中国嘉德（香港）陶瓷工艺品部总经理

阎　焰　深圳望野博物馆馆长

黄云鹏　中国陶瓷工艺美术大师

肖　鹏　景德镇御窑博物院器物部主任

王建保　中国收藏家协会古陶瓷学术研究委员会会长

赵克锋　上海财经大学经济学院副教授

刘申宁　凤凰卫视时事评论员

李伟信　景德镇学院人文学院副教授

刘金成　高安元青花博物馆馆长

冯玮瑜　暨南大学客座研究员

开幕式

【开幕时间】2017/10/16上午　【展览时间】2017/10/16～11/15
【展品提供】自得堂 景德镇市陶瓷考古研究所 景德镇中国陶瓷博物馆

后 记

文／冯玮瑜

　　"黄承天德——景德镇明清御窑黄釉瓷器珍品展"是景德镇中国陶瓷博物馆、景德镇市陶瓷考古研究所和自得堂在景德镇中国陶瓷博物馆联合举办的出土和传世御窑黄釉瓷器对比展览，旨在通过流传有绪的完整器和窑址出土的残器标本对比展览，为观众提供一次较全面欣赏明清御窑黄釉瓷器的机会，不仅使广大瓷器爱好者对明清两朝黄釉瓷器有更深的认识，也为明清御窑黄釉瓷器的学术研究再添重要砝码，同时，这也是国内首次由国有博物馆、考古研究机构和私人收藏机构联合一起举办展览。这破天荒的第一次，有赖于景德镇中国陶瓷博物馆和景德镇市陶瓷考古研究所对学术研究的推动和自得堂藏品的精美以及在收藏领域的良好美誉。

　　景德镇市人民政府市长梅亦女士、景德镇市人民政府副市长熊皓先生、景德镇市政协副主席张景根先生、景德镇市政府秘书长张维汉先生、景德镇市政府副秘书长瓷局局长方霞云女士、景德镇市文广新局局长艾春龙先生等领导出席展览开幕式，梅市长代表市委市政府在开幕式上做热情洋溢的讲话，她对这场对比展褒奖不已，认为这些曾经为皇家宫廷所使用的最高等级瓷器以这样别开生面的形式在产地江西景德镇再次聚首，甚为难得，这些御窑瓷器重回故里，让景德镇别有一番情怀，也给景德镇这个千年瓷都增色增光。开幕式后众位领导一起参观展览。

　　这场对比展轰动一时，两岸三地文博界、考古界的专家学者以及全国各地瓷器收藏爱好者云集景德镇中国陶瓷博物馆，北京故宫博物院器物部主任吕成龙先生、中国国家博物馆研究院古陶瓷研究所所长耿东升先生、陕西省耀州窑博物馆名誉馆长禚振西女士、北京大学考古文博学院秦大树教授、台北故宫博物院研究员蔡和璧女士、香港中文大学文物馆荣休馆长林业强教授、深圳博物馆副馆长郭学雷先生、上海博物馆陶瓷研究部主任陆明华先生、景德镇陶瓷大学副校长占启安先生、景德镇陶瓷大学文博学院曹建文教授、中国艺术研究院研究员方李莉女士、景德镇市陶瓷考古研究所所长江建新先生、景德镇中国陶瓷博物馆馆长赵纲先生、江西高安元青花博物馆馆长刘金成先生、深圳望野博物馆馆长阎焰先生、台湾鸿禧美术馆执行长廖桂英女士、台湾鸿禧美术馆研究员舒佩琦女士、广东省文物鉴定站站长刘成基先生、中国收藏家协会古陶瓷学术研究委员会会长王建保先生、景德镇市东方古陶瓷研究会执行会长李峰先生、中国嘉德国际拍卖有限公司陶瓷部总经理于大明先生、中国嘉德（香港）国际拍卖有限公司瓷器工艺品部总经理 Nicholas Wilson 先生、中国嘉德国际拍卖有限公司四季拍卖陶瓷部总经理刘旸先生、中国工艺美术大师黄云鹏先生、景德镇御窑博物院保管部主任肖鹏先生、广州文物总店原总经理曾波强先生、上海财经大学副教授赵克锋先生、凤凰卫视时事评论员刘申宁先生等专家学者共一百多人出席展览开幕式和研讨会（排名不分先后）。

这一个个名满天下的专家学者，任何一位单独列出来，都是文博界、学术界最顶尖、最有名望的大家，他们不辞劳累，从两岸三地齐聚景德镇中国陶瓷博物馆，共同参加"黄承天德—景德镇明清御窑黄釉瓷器珍品展"的开幕式，一起参观展览，共同出席研讨会，共襄盛事。

山川映照，名流如云，少长咸集，群英荟萃，星光熠熠，人物风华，极一时之盛。

展品来源清晰，流传有绪，很多展品寻常难得一见，众位专家、学者给予高度评价，充分肯定对比展的重要意义。在随后召开的学术研讨会上，多位专家激情飞扬，发表真知灼见，探讨研究，贯通古今。秦大树、蔡和璧两位教授分别作为学术主持，主持了明清御窑黄釉瓷器研讨会。林业强、曹建文、冯玮瑜等专家学者分别发表学术报告，对御窑黄釉瓷器的起源、发展、时代特征、生产工艺、文献记载等多方面，发表了最新研究成果，赢得专家学者们的好评。

这场对比展的消息传出，收藏圈为之一振，前来观展者络绎不绝，上至全国人大常委会副委员长、江西省委领导，下至全国各地收藏爱好者纷纷而至，毕竟这是国内第一次明清御窑黄釉瓷器的对比展，标本和存世实物互相比照，难得一见，长达一个月的展期，观者如云，好评如潮。

就像名藏让人惦记一样，这场展览虽然已经结束，但很多人一直念念不忘，常常追问展览图录何时面世。是的，展览是有期限的，而图录存世久远。图录把展览的瞬间凝固下来，留下美好回忆，也留下图片、文论等资料，可以让人们随时翻阅查对资料，为学术研究搭建一个台阶。

经与景德镇中国陶瓷博物馆、景德镇市陶瓷考古研究所商量，决定出版本书，并且双方各补充几件具代表性的藏品，以丰富本书的内容。

展览六年后才出版本图录，事出有因，因为书里要采用考古所藏品多个角度的照片，而其间景德镇市陶瓷考古研究所改为景德镇御窑博物院，藏品要移库，博物院要开馆，以及景德镇中国陶瓷博物馆的领导变动等诸多事项而延迟，况且新冠疫情又突然爆发，都影响到本书的编辑出版。特此向各位读者致歉。

本书得到景德镇中国陶瓷博物馆、景德镇市陶瓷考古研究所大力支持和帮助，深表感谢！

感谢景德镇市考古研究所江建新所长为本书作序！感谢景德镇中国陶瓷博物馆何身德副馆长为本书作序！感谢景德镇市东方古陶瓷研究会李峰执行会长为本书作序！感谢景德镇御窑博物院藏品部肖鹏主任为本书撰写学术论文！感谢景德镇学院李伟信副教授、景德镇陶瓷大学李峰研究员为本书撰写学术论文！感谢景德镇陶瓷大学文博学院曹建文教授和他的研究生罗馨小姐一起为本书撰写学术论文！他们的论文，旁征博引、梳理详细，对明清御窑黄釉瓷器做了深入研究，论据翔实，形成本书深厚的学术支撑。对他们的支持和帮助，深表感谢！

2023 年 5 月

图书在版编目（ＣＩＰ）数据

黄承天德：明清御窑黄釉瓷器出土与传世对比珍品
展 / 冯玮瑜编著 .－－ 北京：文物出版社，2023.10
ISBN 978-7-5010-8017-5

I. ①黄… Ⅱ . ①冯… Ⅲ . ①瓷器（考古）一鉴赏 – 中
国一明清时代 IV. ① K876.32

中国国家版本馆 CP 数据核字 (2023) 第 065131 号

黄承天德
明清御窑黄釉瓷器出土与传世对比珍品展

编　　著：冯玮瑜
责任编辑：张小舟
责任印制：王　芳

出版发行：文物出版社
社　　址：北京市东城区东直门内北小街 2 号楼
邮　　编：100007
网　　址：http://www.wenwu.com
经　　销：新华书店
印　　刷：北京雅昌艺术印刷有限公司
开　　本：965mm × 1270mm　1/16
印　　张：26.75
版　　次：2023 年 10 月第 1 版
印　　次：2023 年 10 月第 1 次印刷
书　　号：ISBN 978-7-5010-8017-5
定　　价：880.00 元